ᠮᠣᠩᠭᠣᠯ ᠤᠨ ᠱᠠᠰᠢᠨ ᠤ ᠪᠠᠶᠢᠷ ᠤᠨ ᠪᠣᠰᠤᠭ᠎ᠠ ᠰᠤᠪᠤᠷᠭ᠎ᠠ

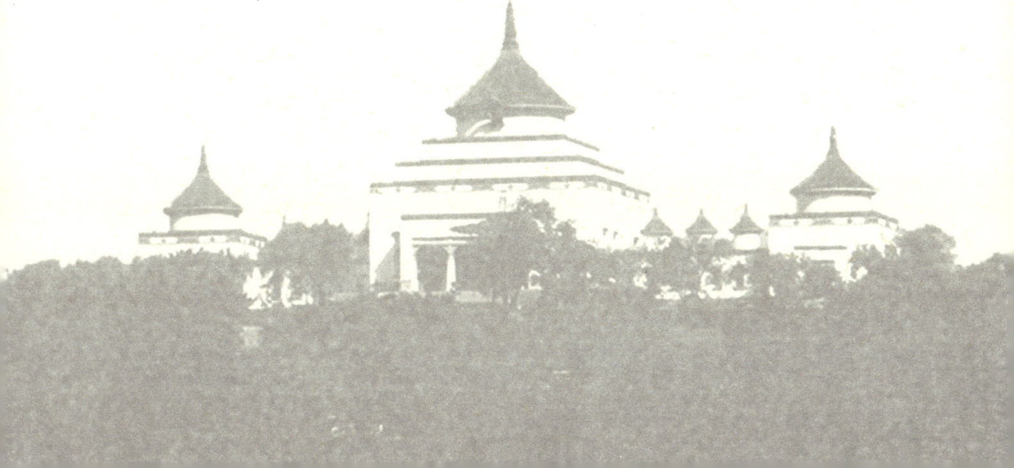

图书在版编目（CIP）数据

十七世纪前半叶满蒙关系文书研究：蒙古文 / 斯琴高娃著. —沈阳：辽宁民族出版社，2019.10
（中国蒙古学文库）
ISBN 978-7-5497-2100-9

Ⅰ. ①十… Ⅱ. ①斯… Ⅲ. ①满族—民族关系—蒙古族—文书—研究—中国—清后期—蒙古语（中国少数民族语言） Ⅳ. ①K282.1 ②K281.2

中国版本图书馆CIP数据核字（2019）第209212号

十七世纪前半叶满蒙关系文书研究
SHIQI SHIJI QIANBANYE MAN-MENG GUANXI WENSHU YANJIU

出版发行者：辽宁民族出版社
地　　址：沈阳市和平区十一纬路25号　邮编：110003
印 刷 者：辽宁新华印务有限公司
幅面尺寸：145mm×210mm
印　　张：17.125
字　　数：400千字
插　　页：8
印　　数：1-1000
出版时间：2019年10月第1版
印刷时间：2019年10月第1次印刷
责任编辑：白兰英
封面设计：杜　江
责任校对：代智敏

标准书号：ISBN 978-7-5497-2100-9
定　　价：70.00元

网　　址：www.lnmzcbs.com　邮购热线：024-23284335
淘宝网店：http://lnmz2013.taobao.com
如有印装质量问题，请与出版社联系调换　联系电话：024-23284340

中国蒙古学文库

布赫

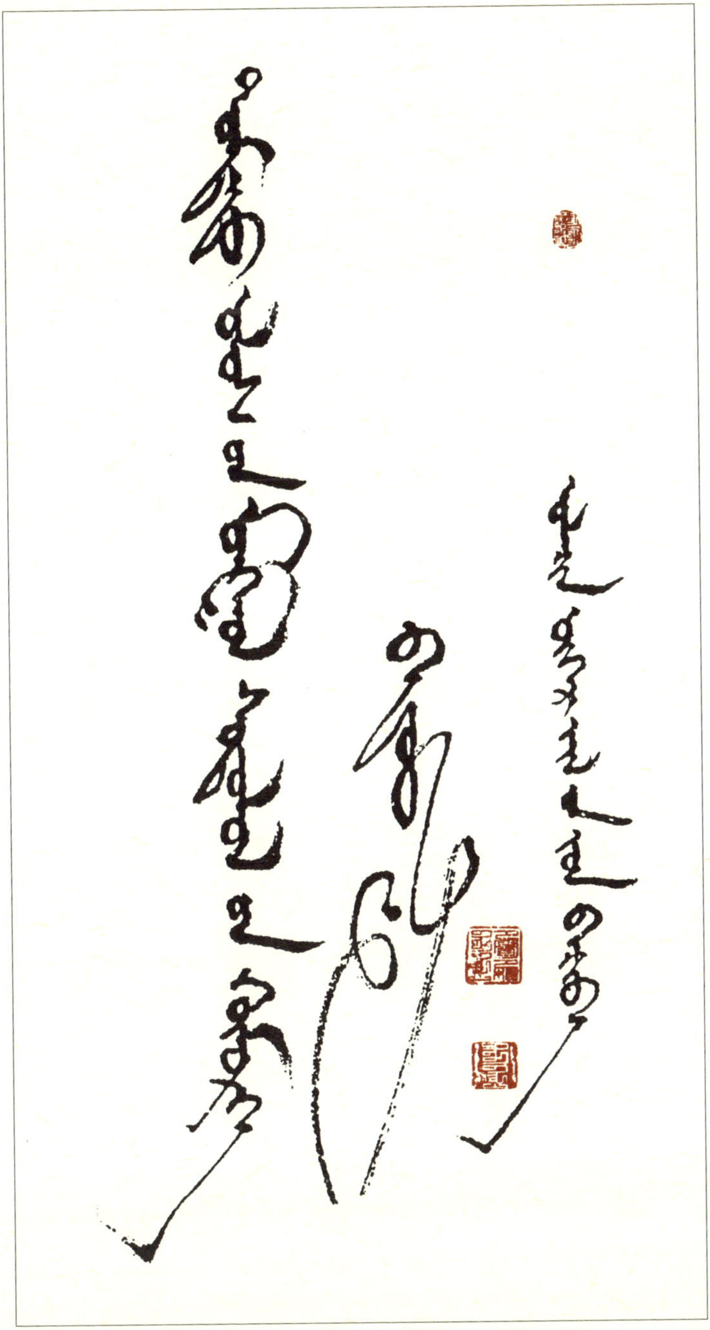

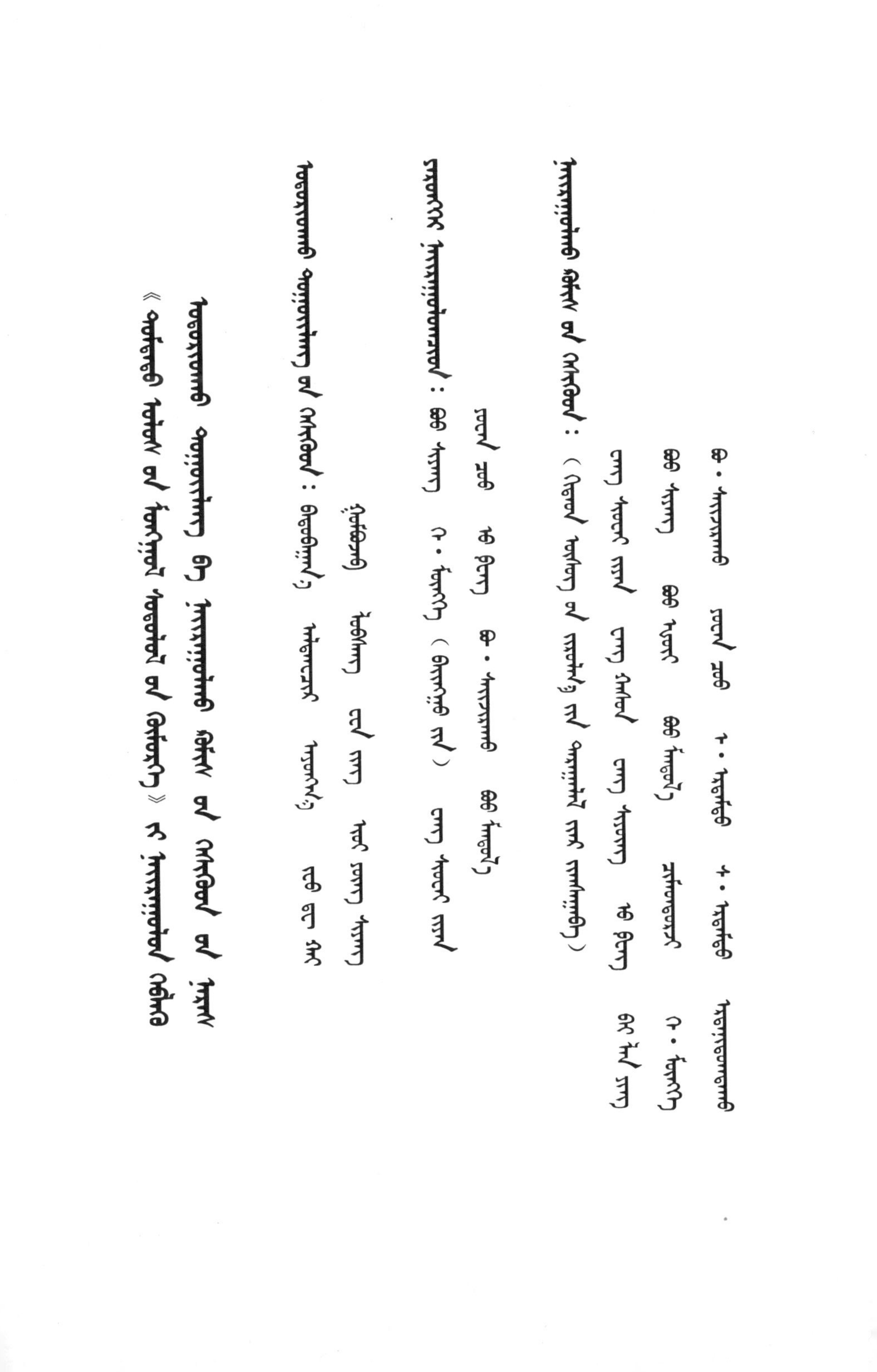

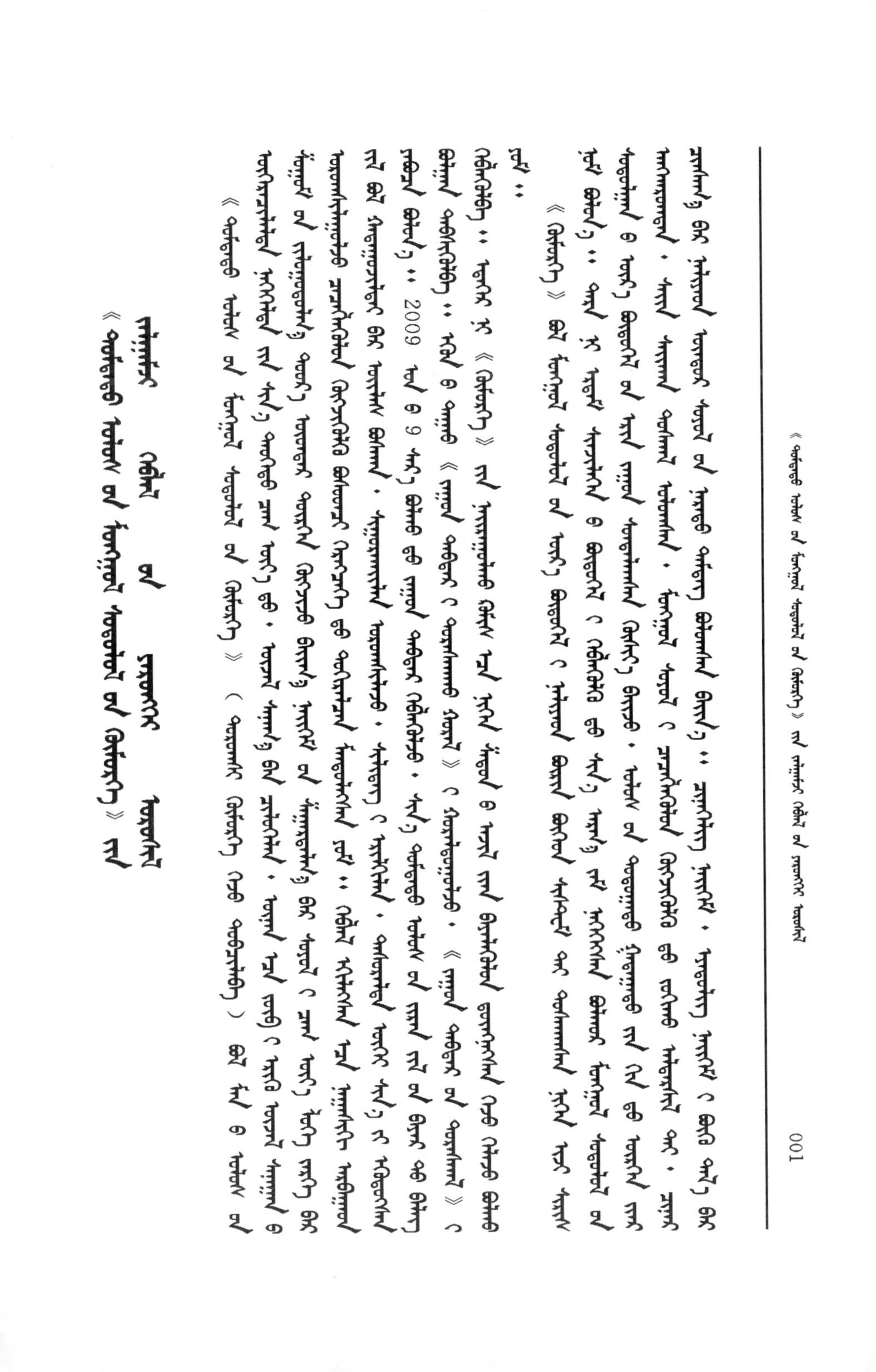

[illegible]

[illegible]

[illegible] 2009 [illegible] 9 [illegible]

[illegible]

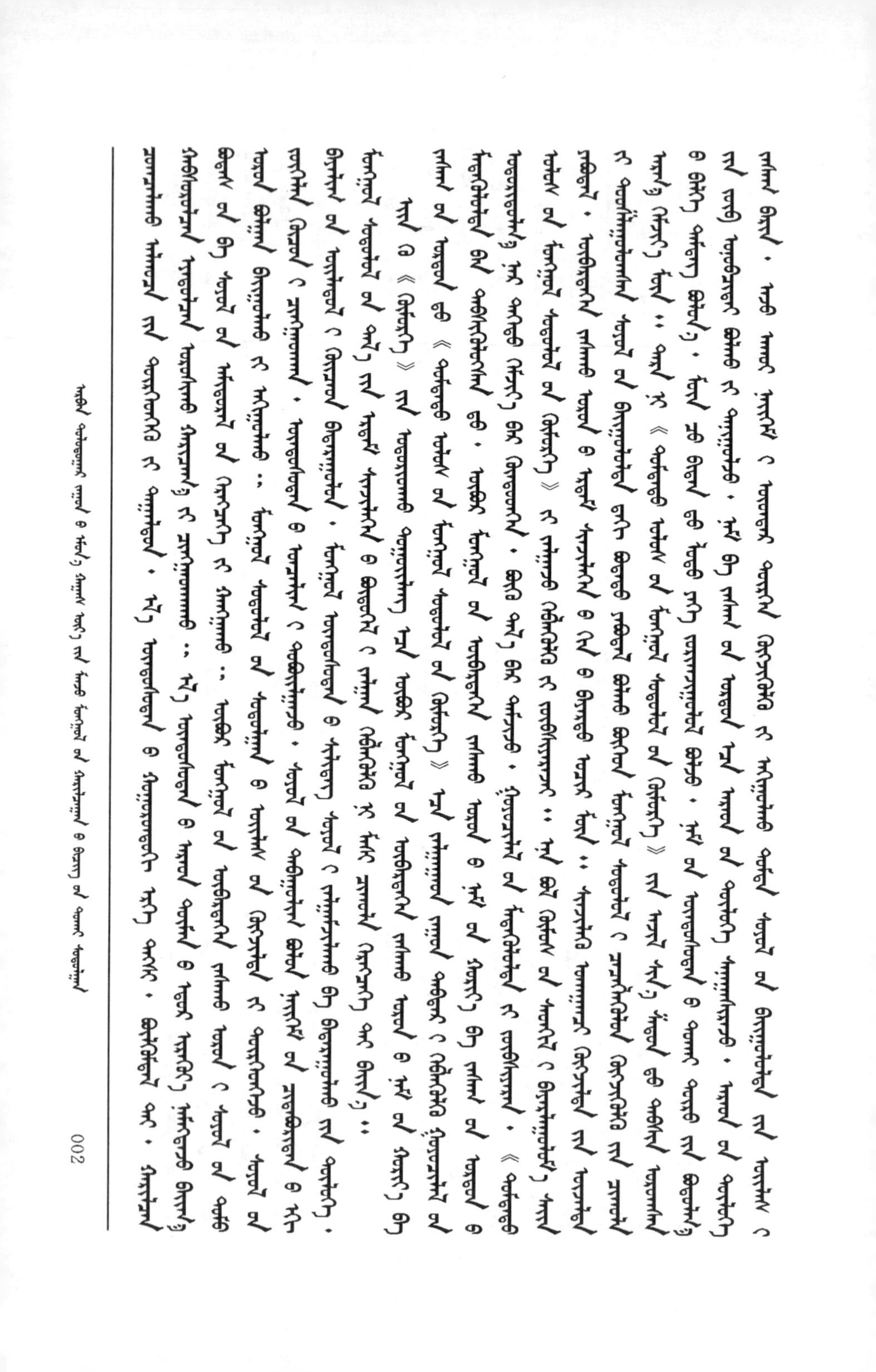

《ᠵᠠᠩᠭᠠᠷ ᠪᠣᠯᠣᠨ ᠤ ᠬᠠᠷᠢᠴᠠᠭ᠎ᠠ ᠪᠠᠷ ᠮᠣᠩᠭᠣᠯᠴᠤᠳ ᠤᠨ ᠲᠡᠦᠬᠡᠨ ᠪᠣᠯᠣᠨ ᠤ ᠵᠠᠩᠭᠠᠷ ᠰᠣᠳᠣᠯᠣᠭᠰᠠᠳ》 ᠵᠣᠬᠢᠶᠠᠯ ᠤᠨ ᠲᠡᠦᠬᠡ ᠶᠢᠨ ᠮᠡᠳᠡᠭᠳᠡᠬᠦᠨ ᠬᠡᠪᠯᠡᠯ ᠲᠡᠦᠬᠡᠨ ᠰᠤᠳᠤᠯᠭ᠎ᠠ᠂ ᠬᠡᠯᠡ ᠤᠨ ᠲᠡᠦᠬᠡ ᠶᠢᠨ ᠰᠤᠳᠤᠯᠭ᠎ᠠ ᠶᠢ ᠲᠡᠭᠦᠯᠳᠡᠷ ᠪᠣᠯᠭᠠᠨ᠂ ᠲᠡᠭᠦᠨ ᠦ ᠲᠡᠦᠬᠡᠨ ᠦ ᠮᠡᠳᠡᠭᠡ ᠶᠢᠨ ᠪᠣᠯᠣᠨ ᠪᠠᠶᠢᠨ᠎ᠠ᠃ ...

ᠨᠢᠭᠤᠴᠠ ᠲᠣᠪᠴᠢᠶᠠᠨ ᠪᠣᠯ ᠮᠣᠩᠭᠣᠯᠴᠤᠳ ᠤᠨ ᠠᠩᠬᠠᠨ ᠤ ᠲᠡᠦᠬᠡᠨ ᠵᠣᠬᠢᠶᠠᠯ ᠪᠣᠯᠤᠨ᠎ᠠ᠂ ᠮᠣᠩᠭᠣᠯ ᠤᠨ ᠲᠡᠦᠬᠡ ᠶᠢᠨ ᠰᠤᠳᠤᠯᠭ᠎ᠠ ᠳᠤ ᠴᠢᠬᠤᠯᠠ ᠤᠴᠢᠷ ᠲᠠᠢ ᠰᠤᠳᠤᠯᠭ᠎ᠠ ᠶᠢᠨ ᠡᠬᠡ ᠰᠤᠷᠪᠤᠯᠵᠢ ᠮᠥᠨ᠃

ᠮᠣᠩᠭᠣᠯ ᠰᠤᠳᠤᠯᠭ᠎ᠠ ᠶᠢᠨ ᠰᠤᠳᠤᠯᠭ᠎ᠠ ᠳᠤ ᠮᠣᠩᠭᠣᠯ ᠤᠨ ᠨᠢᠭᠤᠴᠠ ᠲᠣᠪᠴᠢᠶᠠᠨ ᠢ ᠰᠤᠳᠤᠯᠬᠤ ᠳᠤ᠂ ᠲᠡᠦᠬᠡᠨ ᠰᠤᠳᠤᠯᠭ᠎ᠠ᠂ ᠵᠣᠬᠢᠶᠠᠯ ᠤᠨ ᠰᠤᠳᠤᠯᠭ᠎ᠠ᠂ ᠬᠡᠯᠡ ᠰᠤᠳᠤᠯᠭ᠎ᠠ ᠵᠡᠷᠭᠡ ᠣᠯᠠᠨ ᠲᠠᠯ᠎ᠠ ᠶᠢᠨ ᠰᠤᠳᠤᠯᠭ᠎ᠠ ᠲᠠᠢ᠃ ᠡᠨᠡ ᠨᠢ 《ᠮᠣᠩᠭᠣᠯ ᠤᠨ ᠨᠢᠭᠤᠴᠠ ᠲᠣᠪᠴᠢᠶᠠᠨ》 ᠤ ᠪᠣᠯᠣᠨ ᠪᠠᠶᠢᠨ᠎ᠠ᠃ 《ᠮᠣᠩᠭᠣᠯ ᠤᠨ ᠨᠢᠭᠤᠴᠠ ᠲᠣᠪᠴᠢᠶᠠᠨ》 ᠪᠣᠯ ᠮᠣᠩᠭᠣᠯ ᠤᠨ ᠲᠡᠦᠬᠡ᠂ ᠰᠣᠶᠣᠯ ᠤᠨ ᠪᠢᠴᠢᠭ᠌ ᠮᠥᠨ᠂ ᠮᠣᠩᠭᠣᠯ ᠤᠨ ᠡᠷᠲᠡᠨ ᠦ ᠬᠡᠯᠡ ᠶᠢᠨ ᠪᠢᠴᠢᠭ᠌ ᠳᠤ ᠵᠢᠱᠢᠶ᠎ᠡ ᠪᠣᠯᠤᠨ᠎ᠠ᠃ ...

ᠮᠣᠩᠭᠣᠯ ᠤᠨ ᠨᠢᠭᠤᠴᠠ ᠲᠣᠪᠴᠢᠶᠠᠨ ᠤ ᠰᠤᠳᠤᠯᠭ᠎ᠠ ᠶᠢᠨ ᠪᠠᠶᠢᠳᠠᠯ ᠪᠣᠯ ᠮᠣᠩᠭᠣᠯ ᠰᠤᠳᠤᠯᠭ᠎ᠠ ᠶᠢᠨ ᠬᠥᠭᠵᠢᠯ ᠳᠦ ᠴᠢᠬᠤᠯᠠ ᠨᠥᠯᠦᠭᠡ ᠦᠵᠡᠭᠦᠯᠦᠭᠰᠡᠨ ᠪᠠᠶᠢᠨ᠎ᠠ᠃

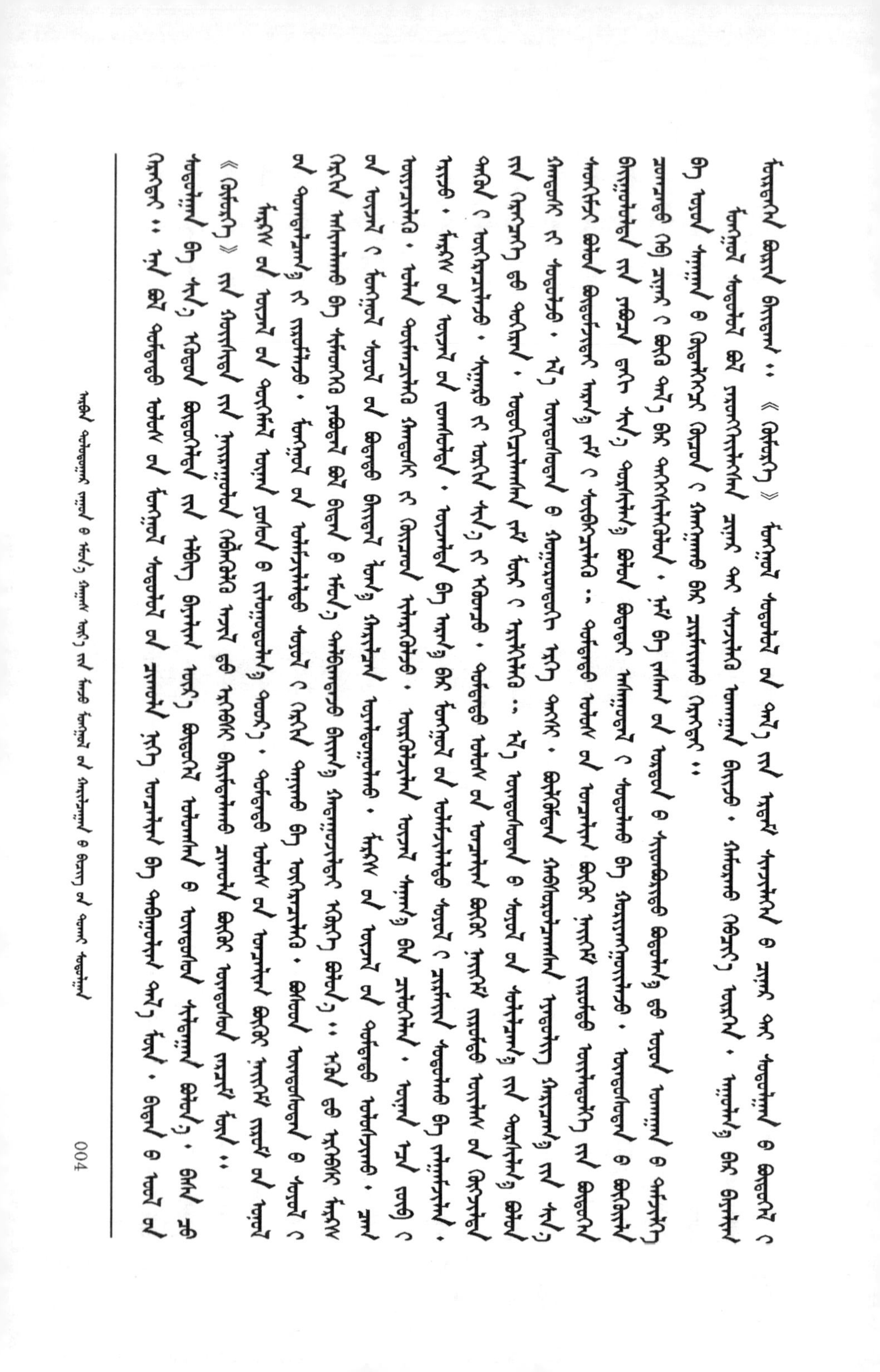

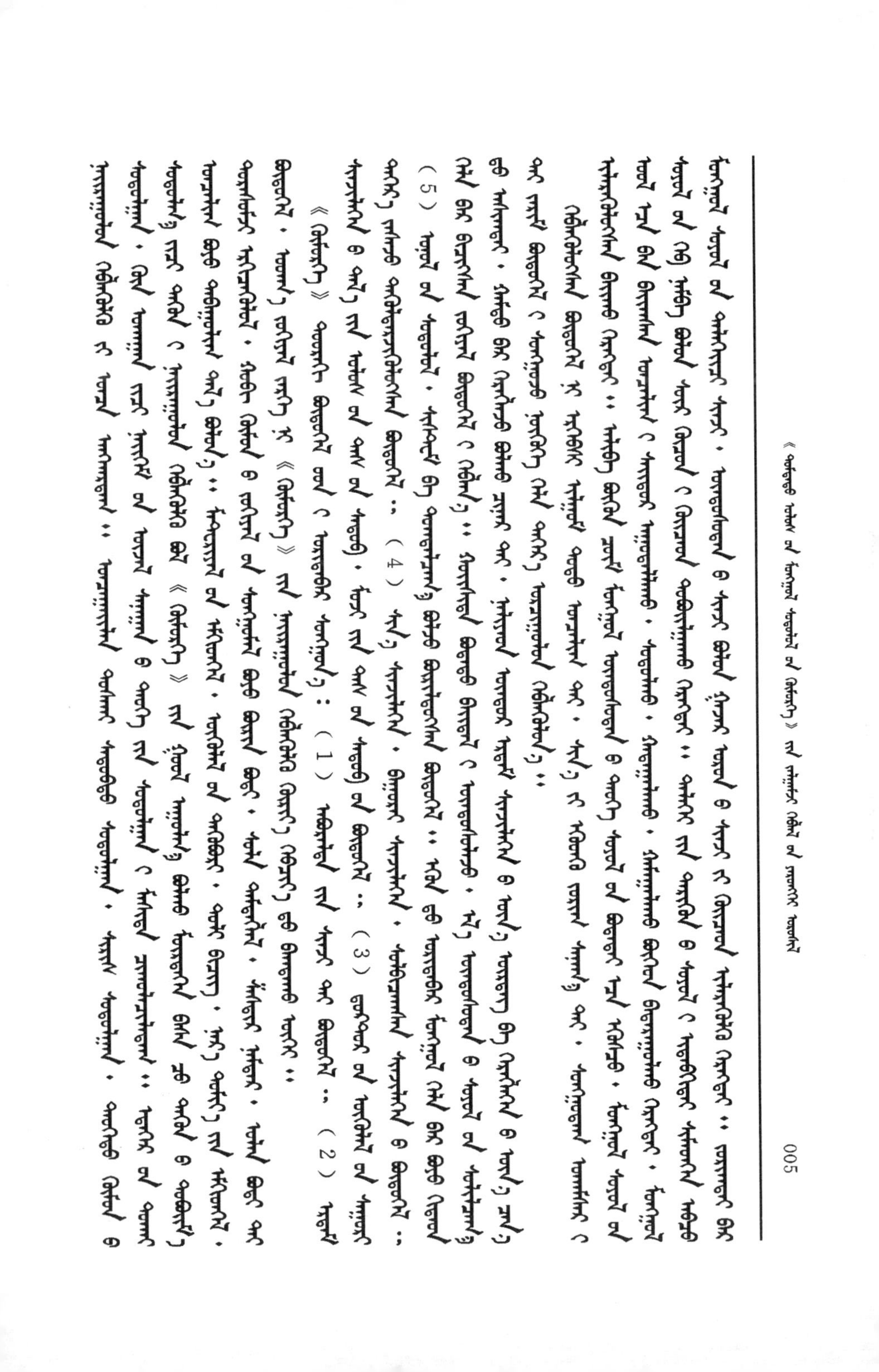

[illegible]

[illegible]

[illegible] （5） [illegible] （4） [illegible] （3） [illegible]

《[illegible]》 [illegible]： （1） [illegible] （2） [illegible] 《[illegible]》 [illegible]

[illegible] 《[illegible]》 [illegible]

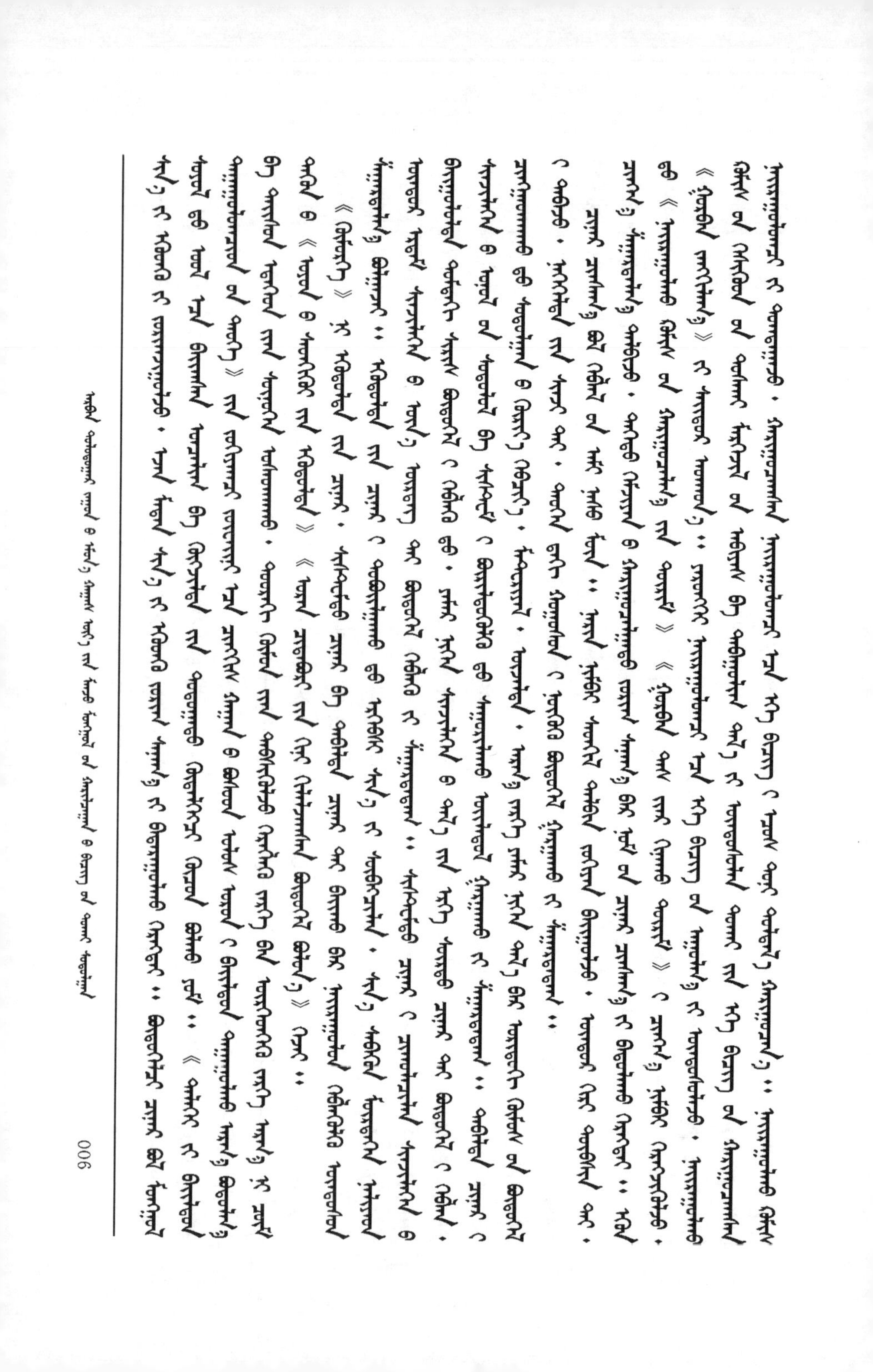

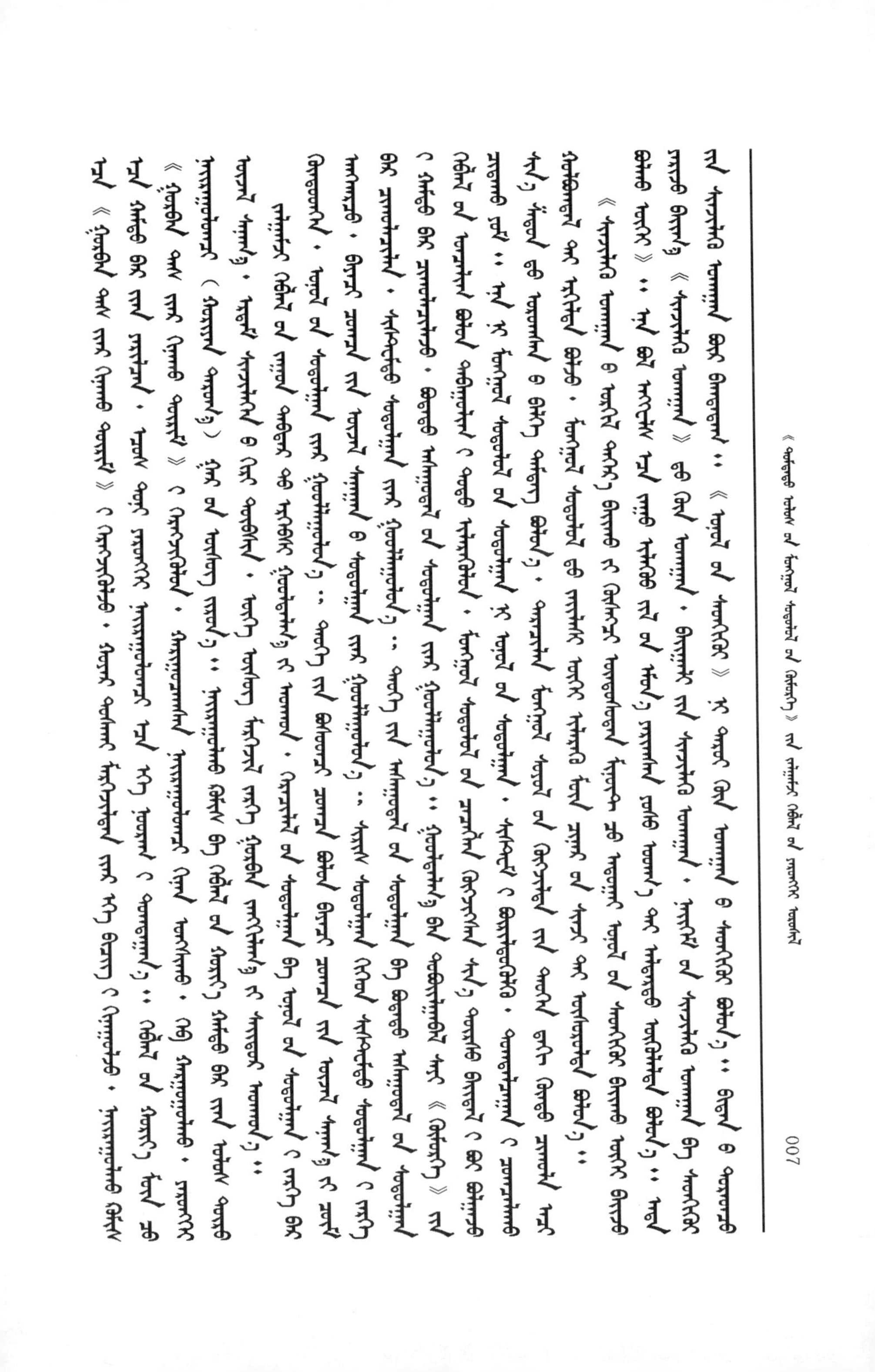

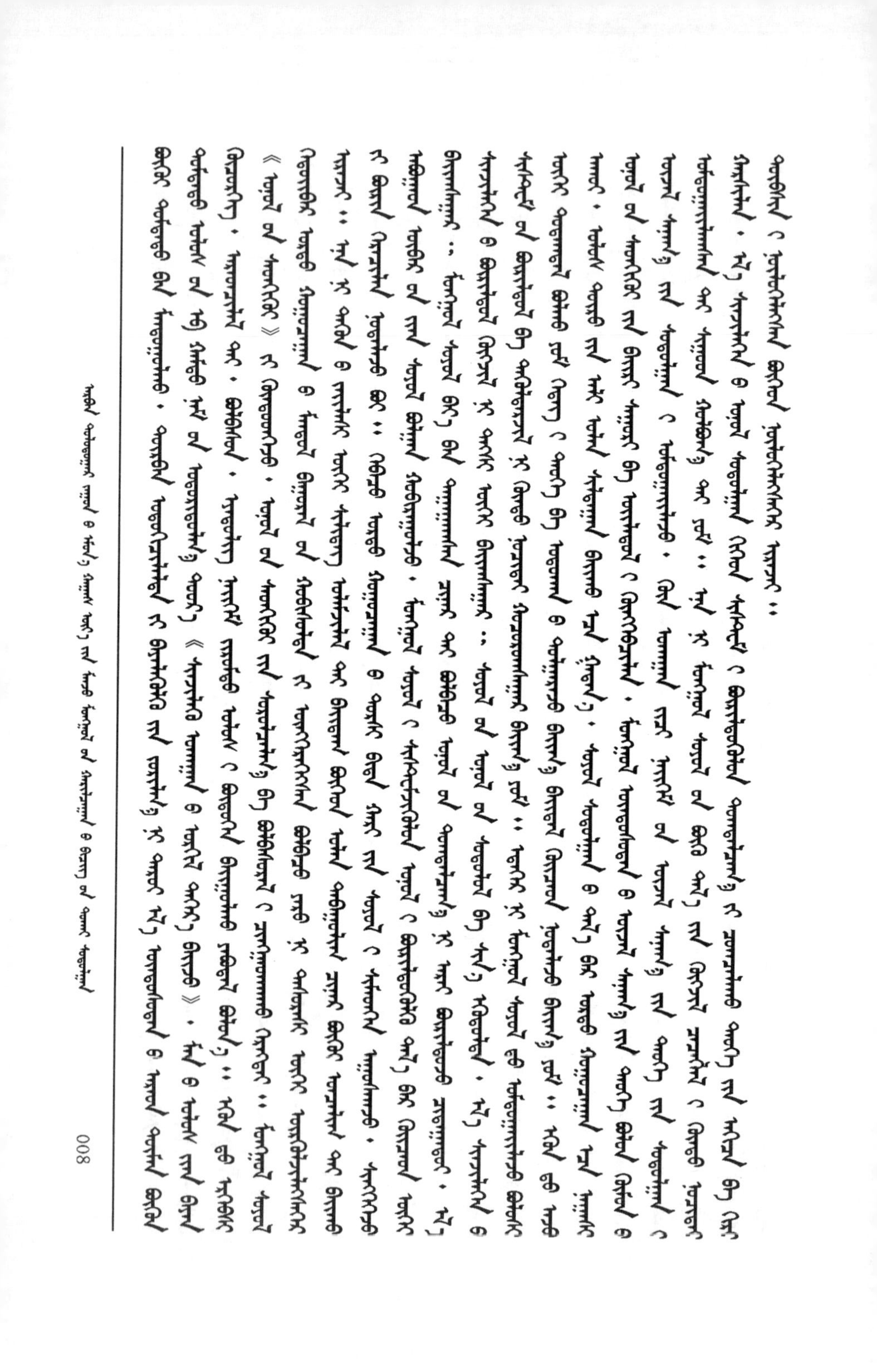

[illegible] ::

[illegible] ᠮᠣᠩᠭᠣᠯ ᠰᠤᠳᠤᠯᠭᠠᠨ [illegible]

[illegible]

[illegible] 《[illegible]》 [illegible]

[illegible] 《[illegible]》 [illegible]

[illegible]

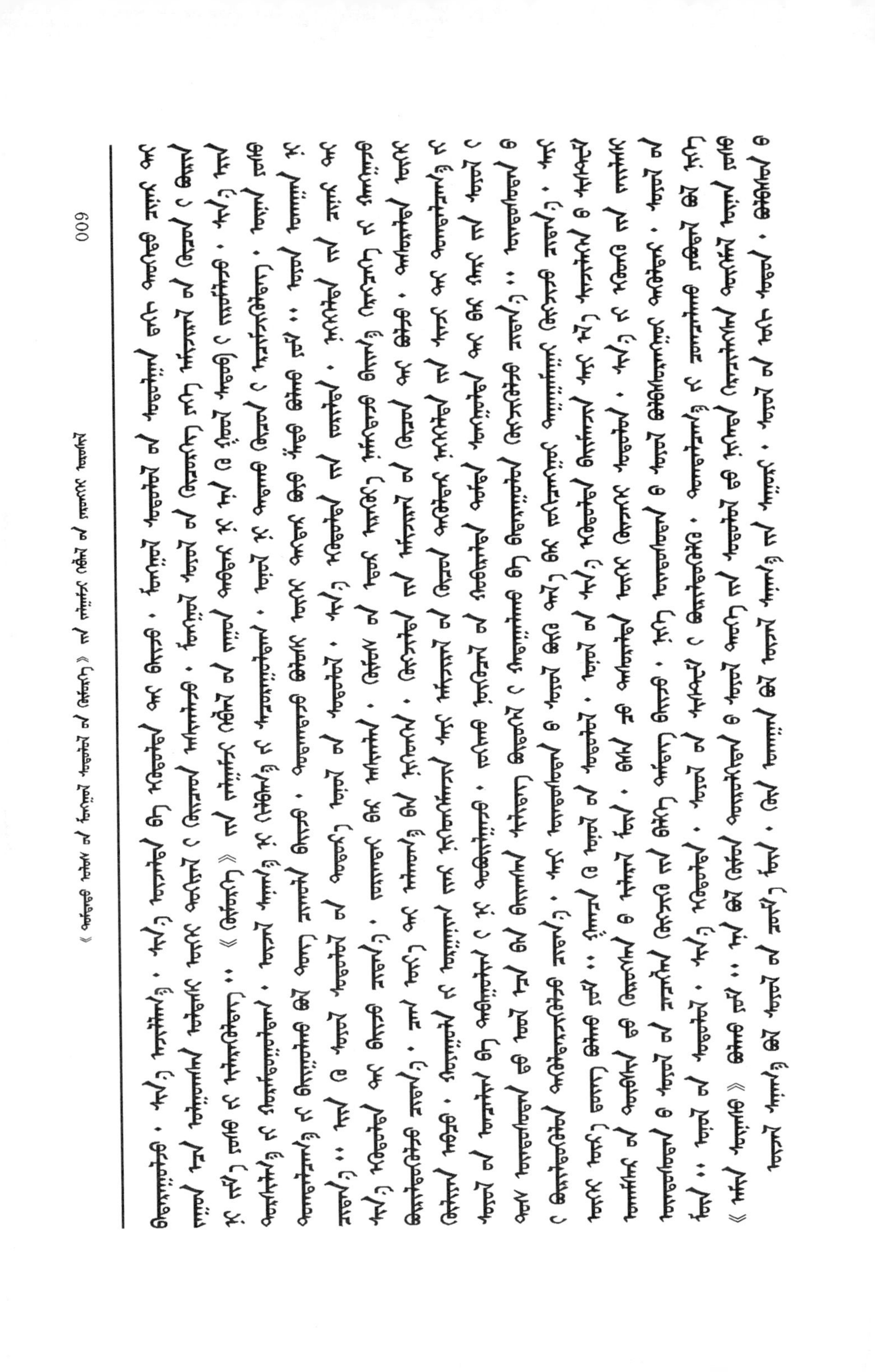

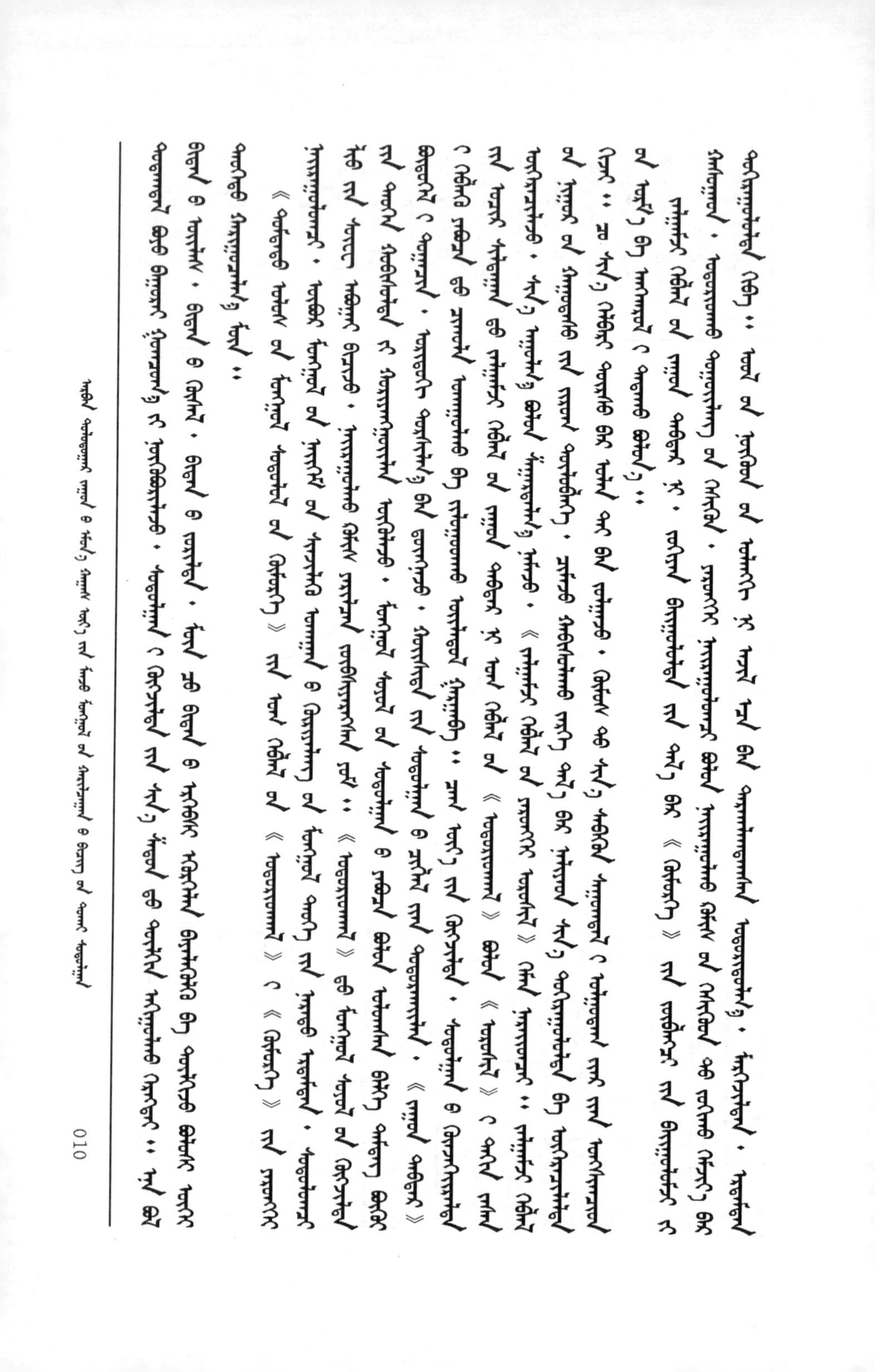

[illegible] ::

[illegible] ::

[illegible] ::

[illegible] ::

[illegible]

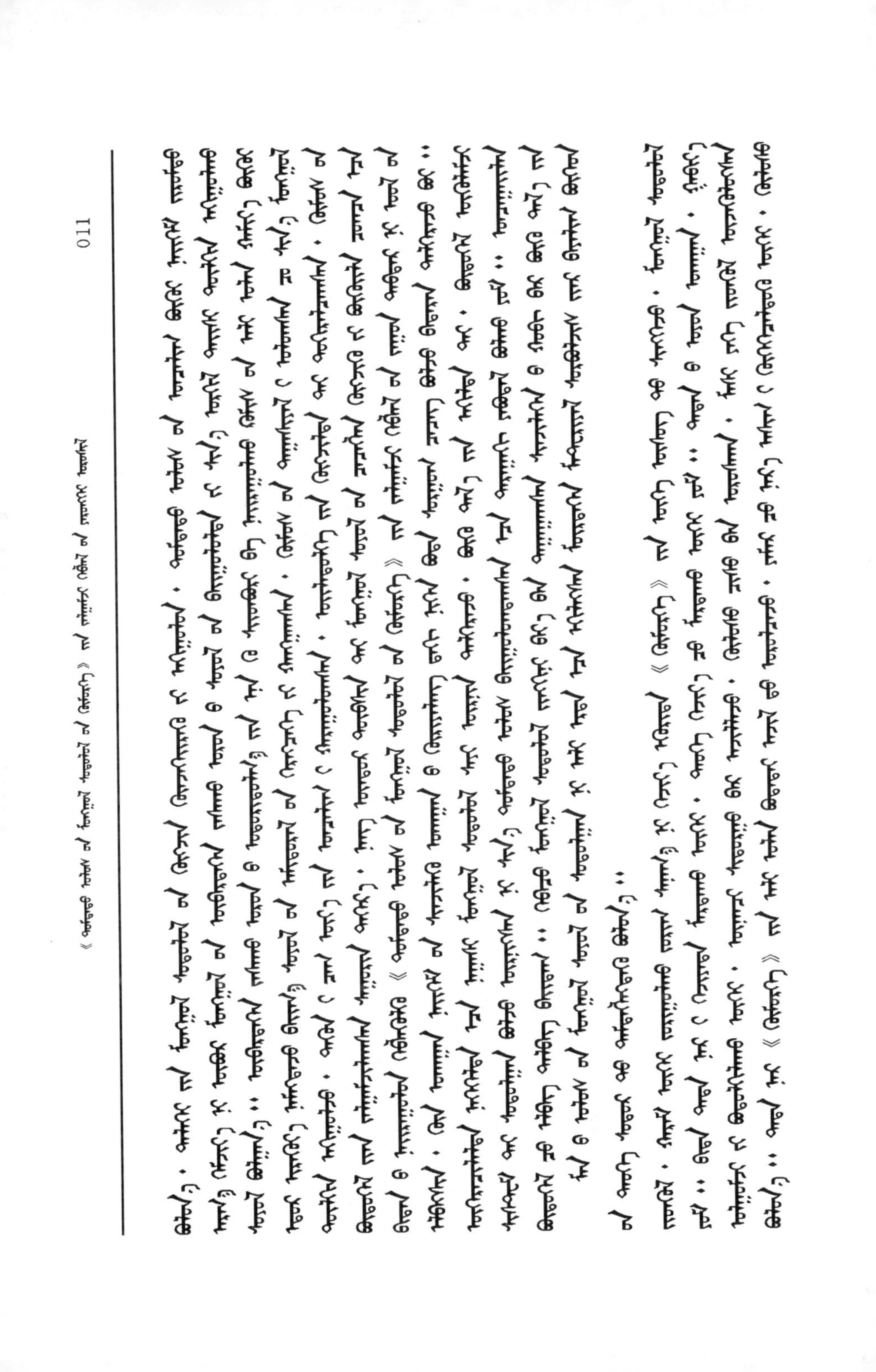

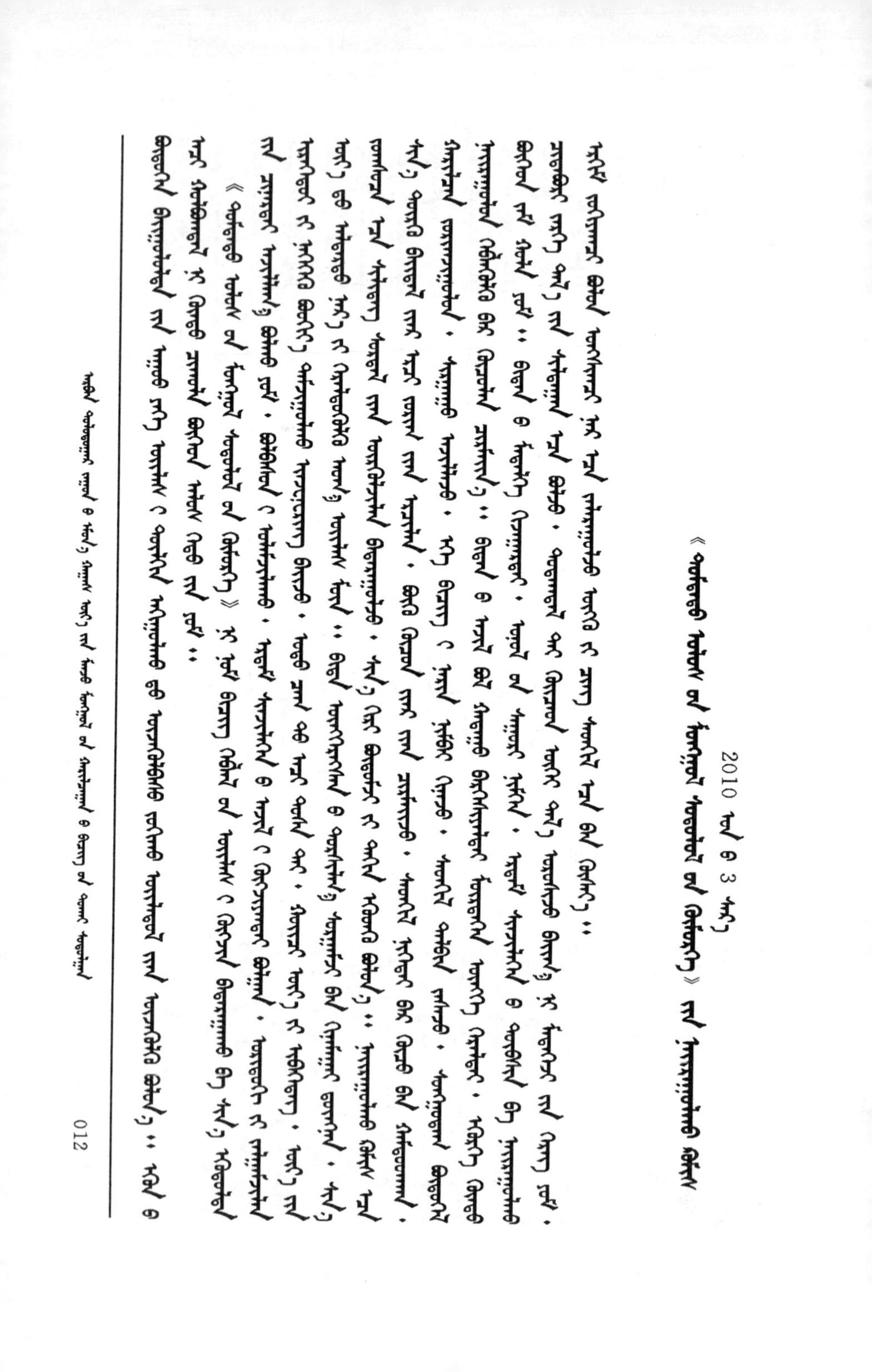

2010 ᠣᠨ ᠤ 3 ᠳᠤᠭᠠᠷ

[illegible]

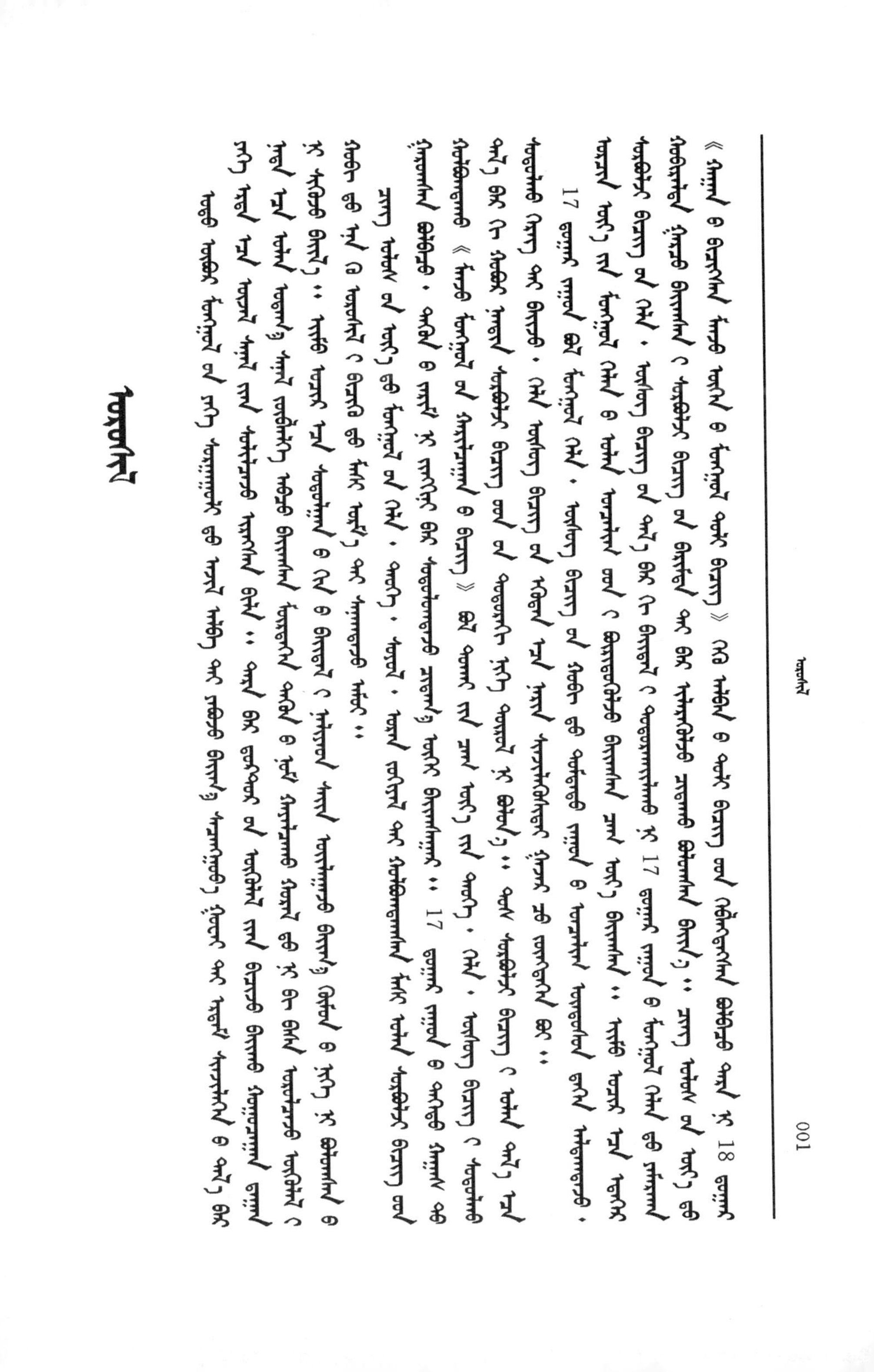

ᠤᠷᠢᠳᠤᠭᠤᠯ

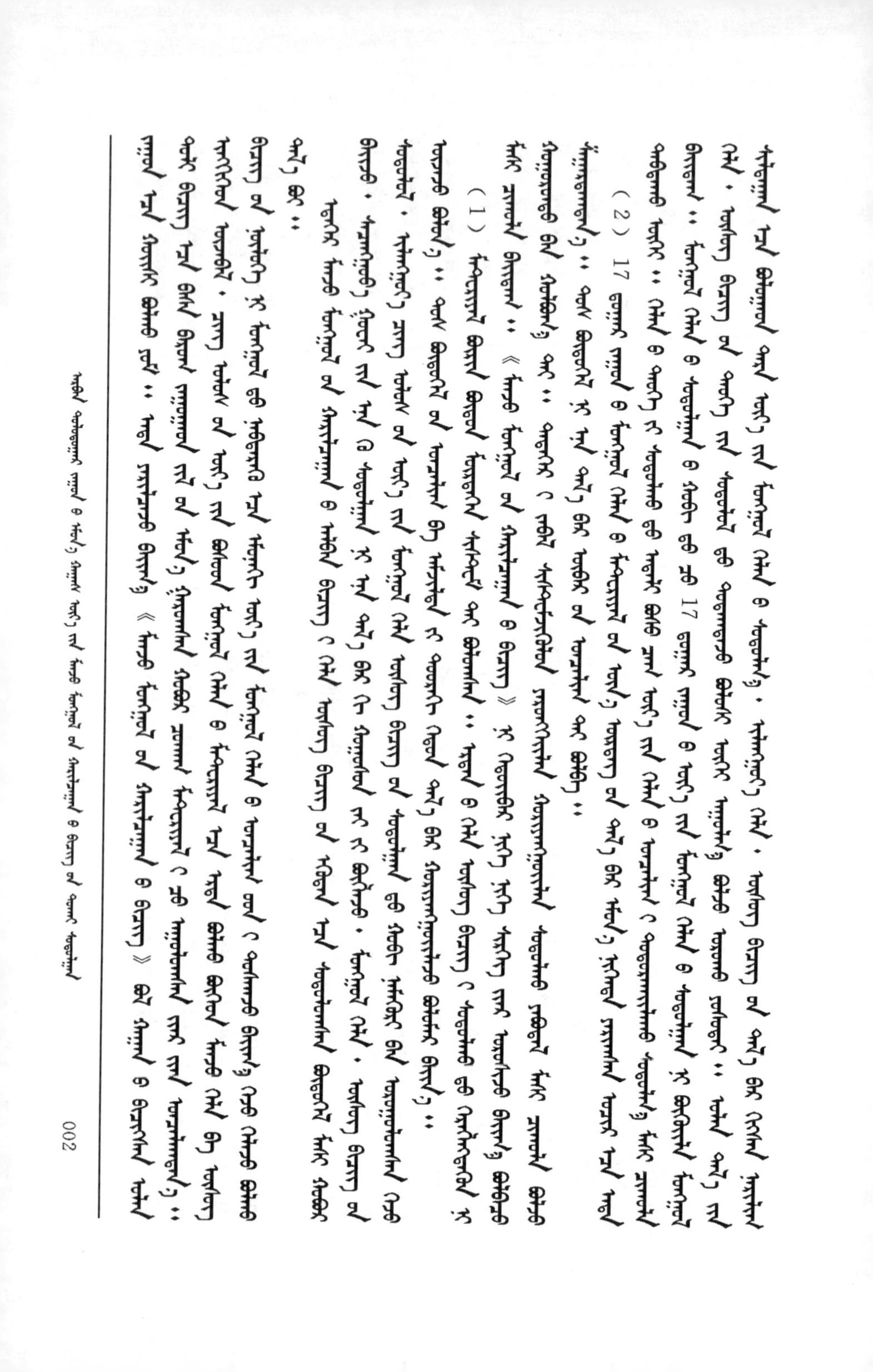

[illegible]

(1) [illegible]

[illegible]

(2) 17 [illegible]

[illegible]

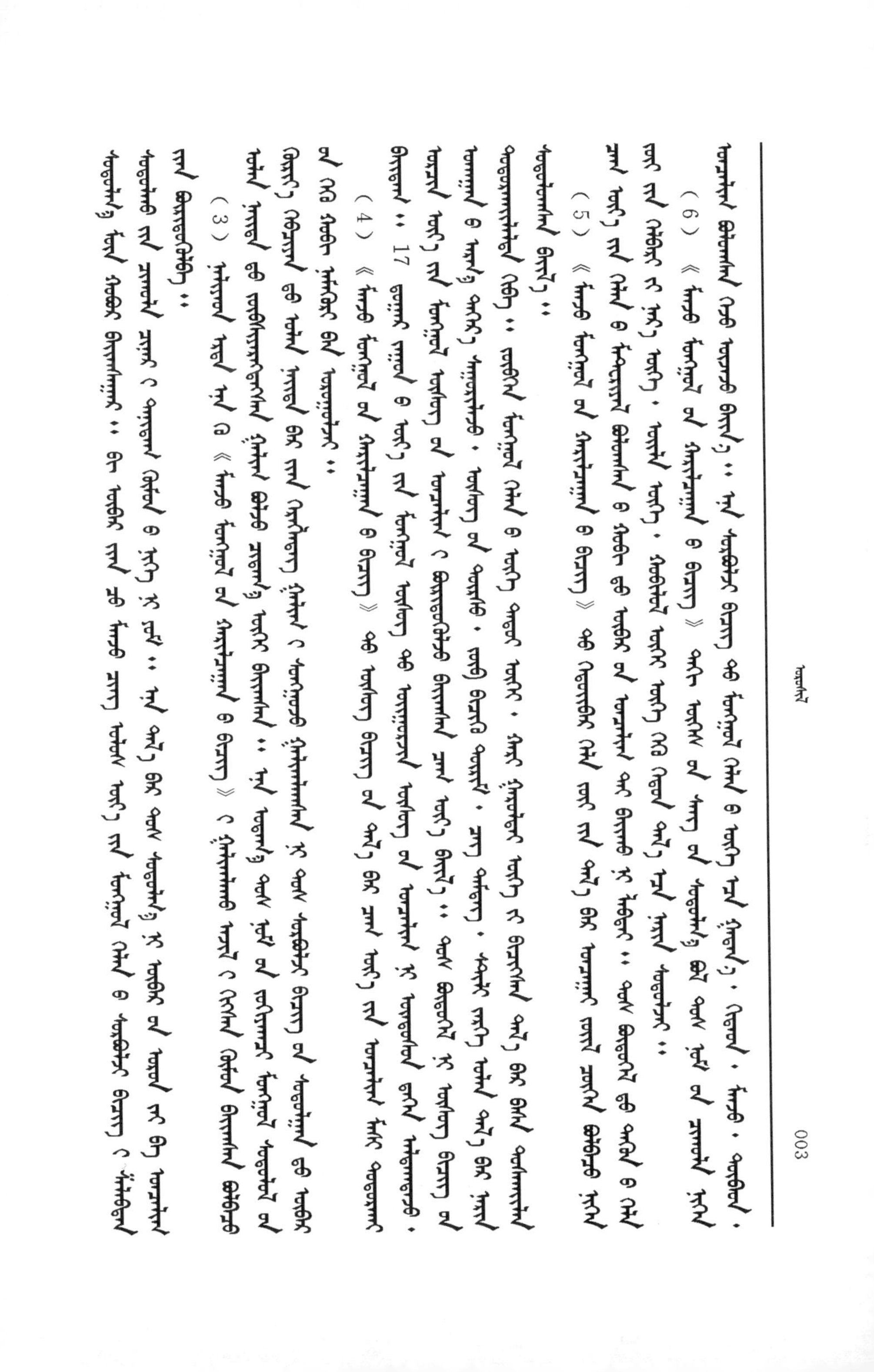

2019 ᠣᠨ ᠤ 5 ᠳᠤᠭᠠᠷ ᠰᠠᠷ᠎ᠠ ᠶᠢᠨ 23 ᠤ ᠡᠳᠦᠷ

[illegible]

[illegible]

(7) [illegible]

[illegible]

ᠭᠠᠷᠴᠠᠭ

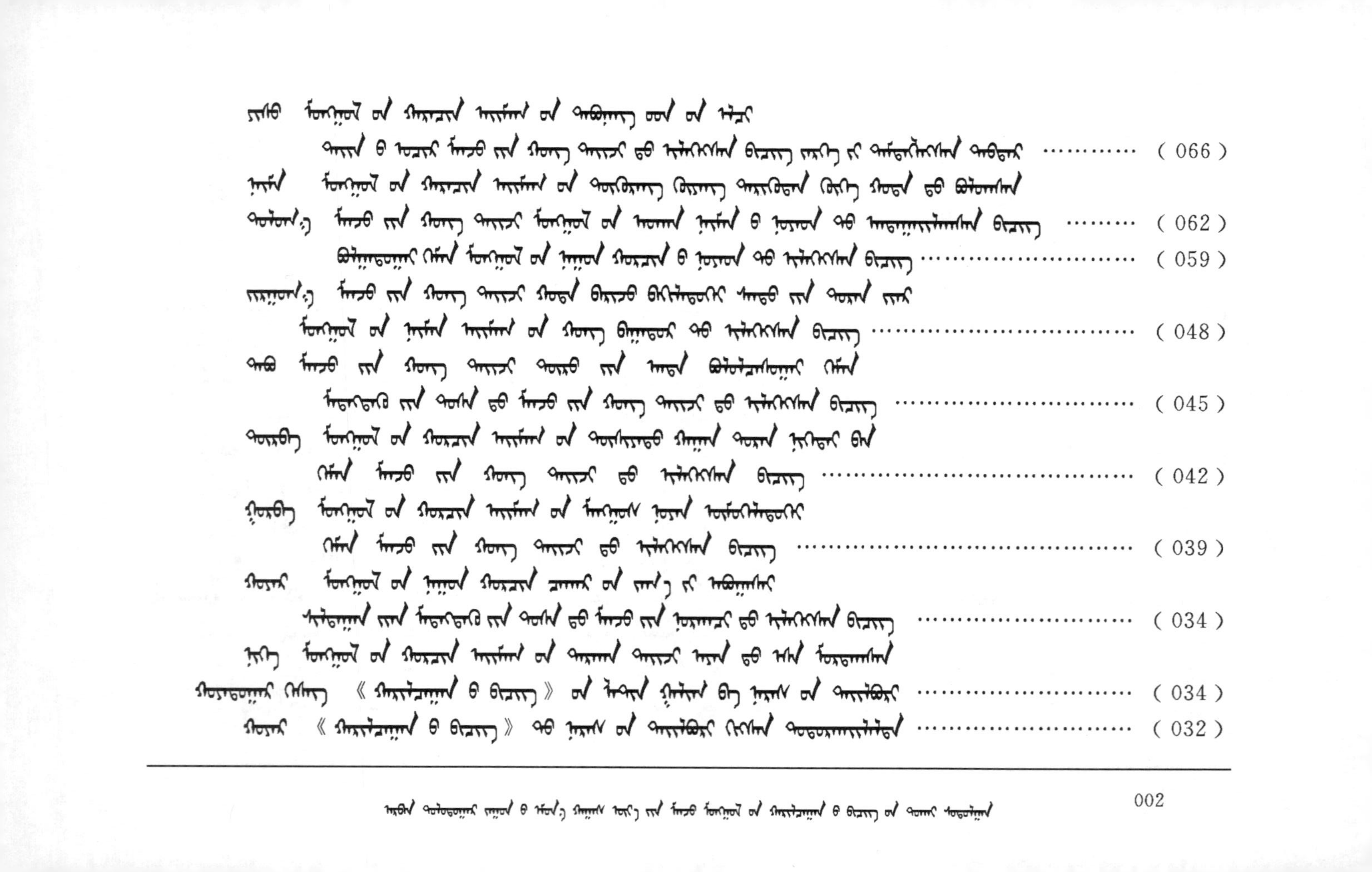

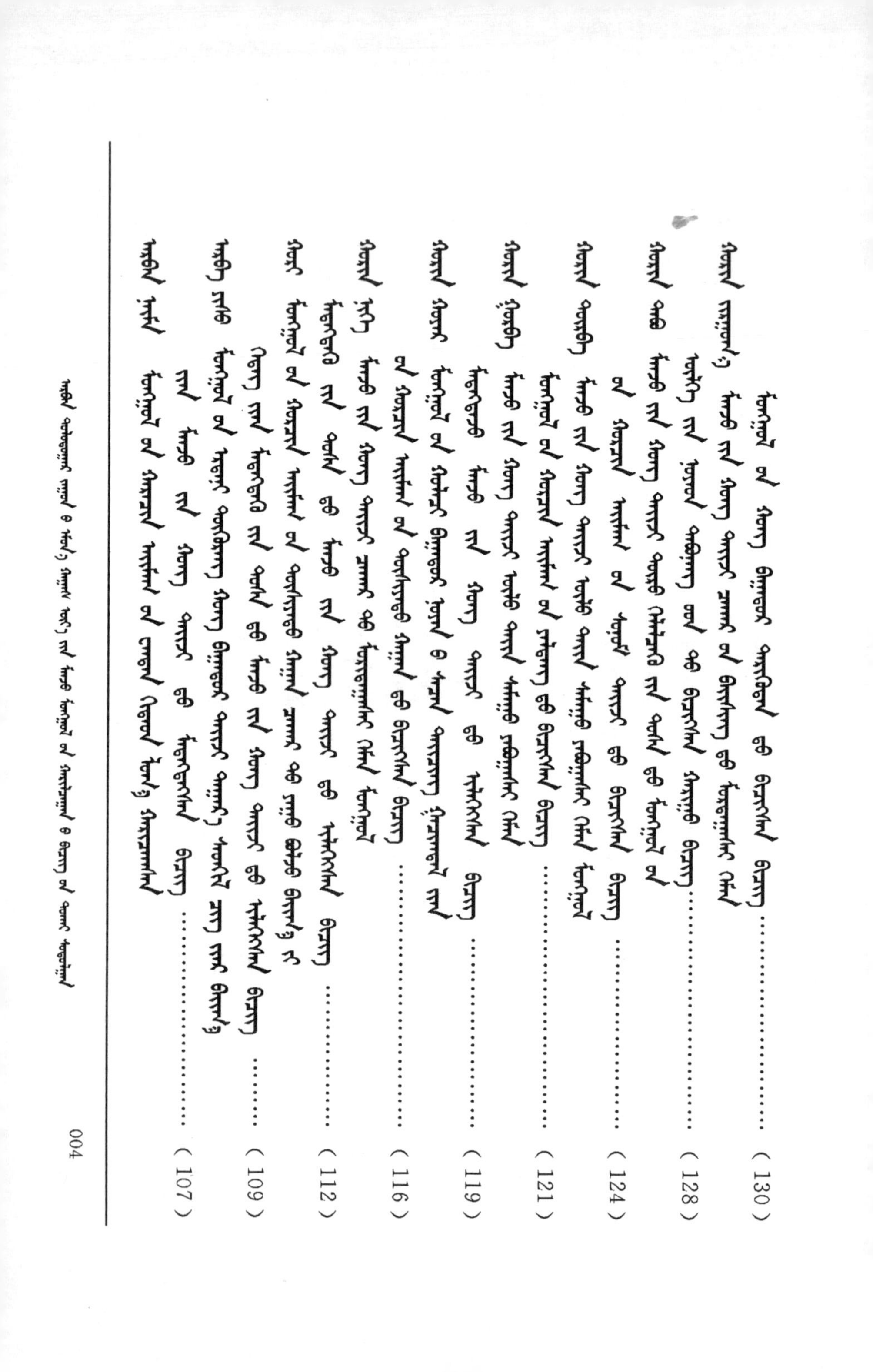

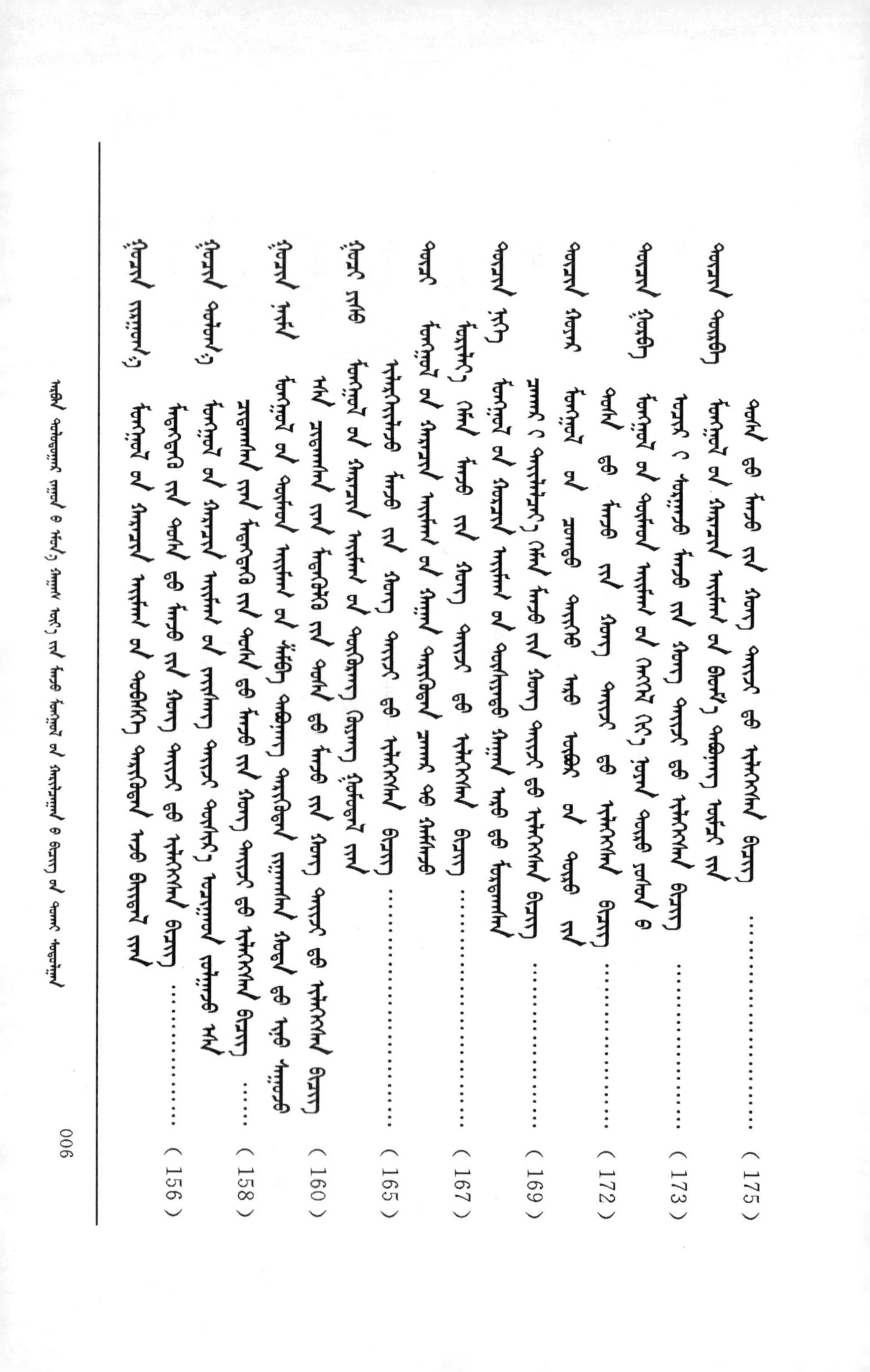

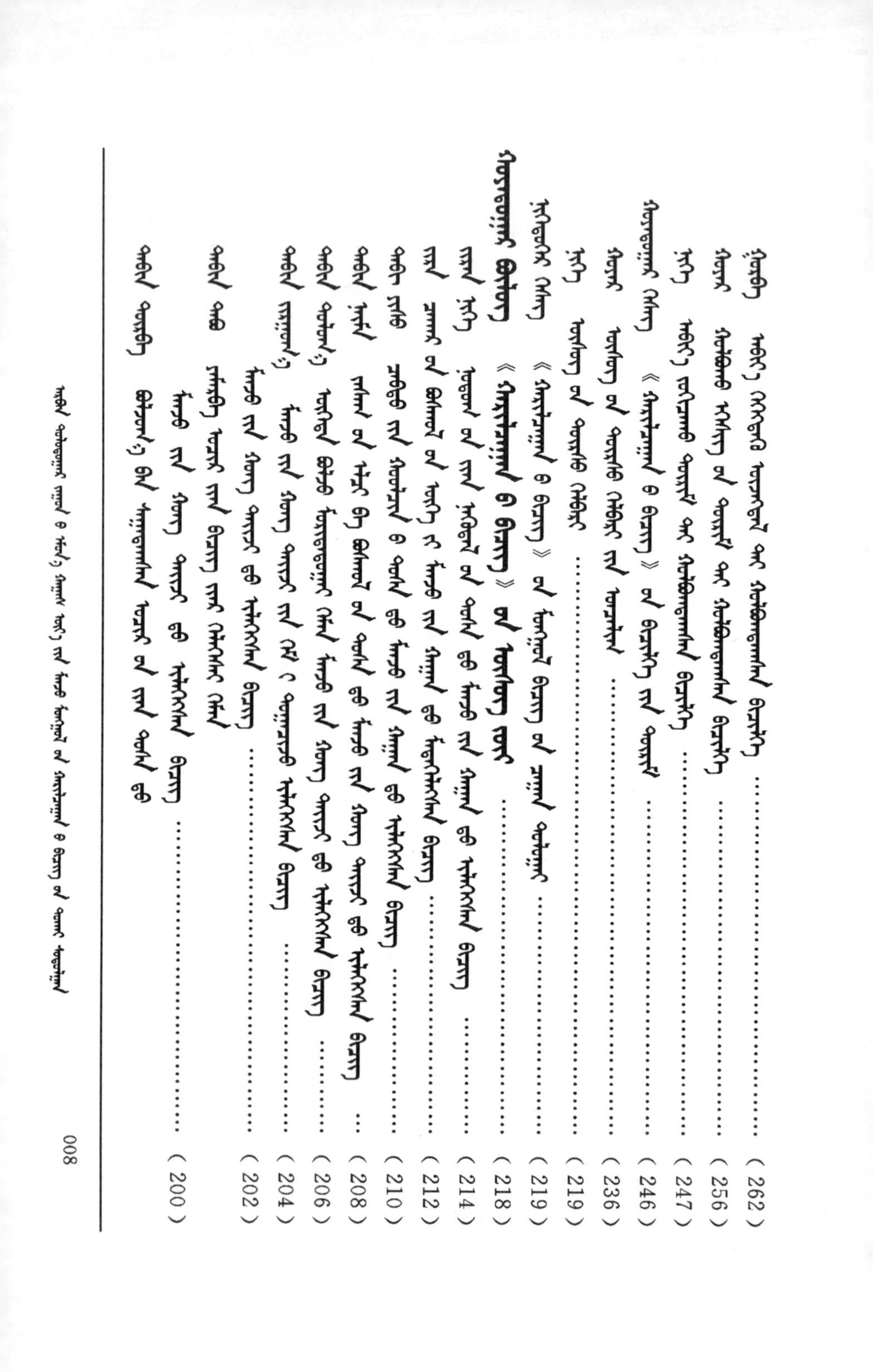

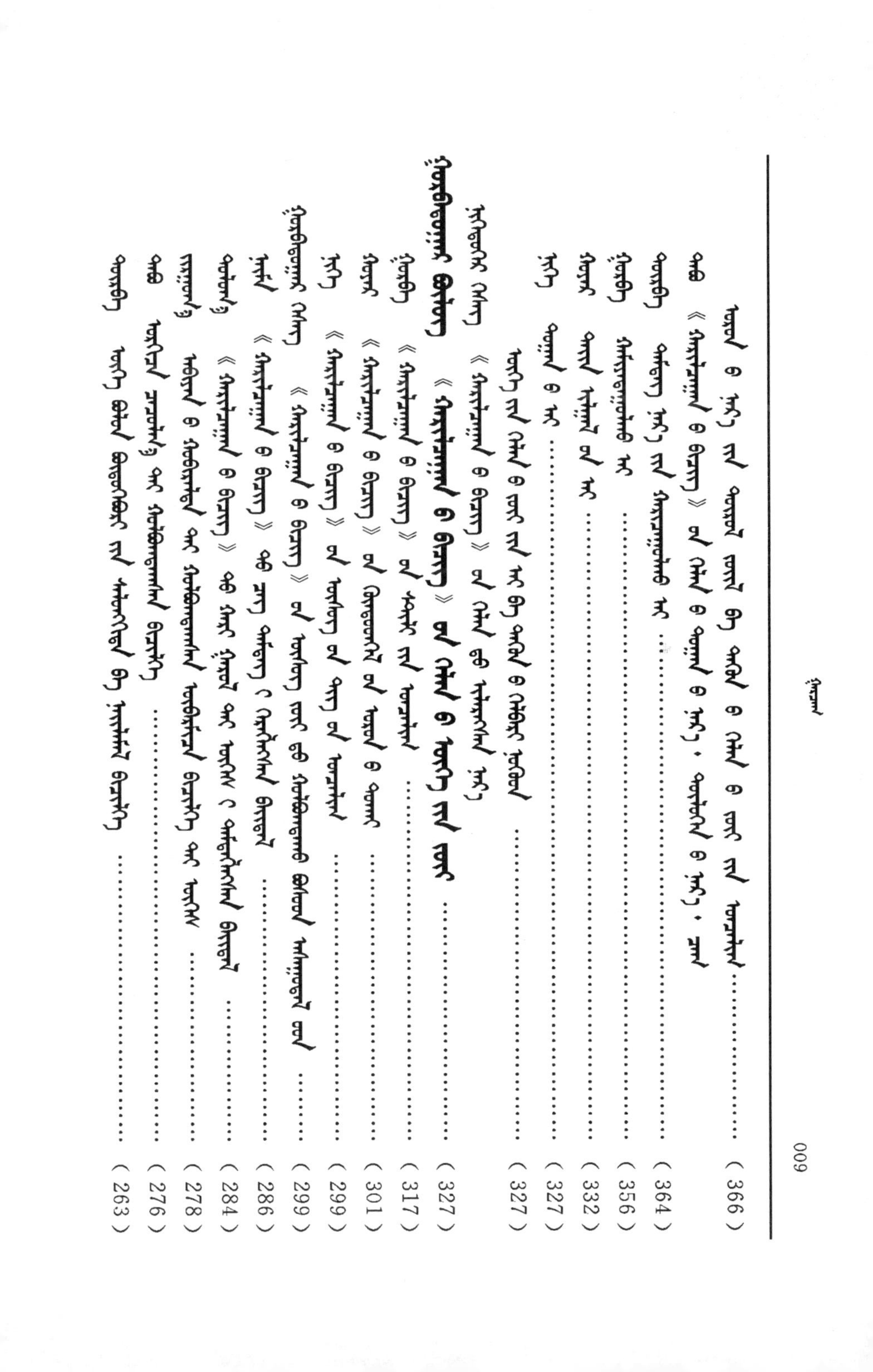

ᠣᠳᠣᠷᠢᠳᠬᠠᠯ

ᠨᠢᠭᠡ 17 ᠵᠠᠭᠤᠨ ᠤ ᠡᠬᠢᠨ ᠦ ᠬᠠᠭᠠᠰ ᠲᠤ ᠬᠠᠮᠢᠶᠠᠷᠠᠬᠤ ᠮᠣᠩᠭᠣᠯ ᠤᠨ ᠰᠤᠷᠪᠤᠯᠵᠢ ᠶᠢᠨ ᠪᠢᠴᠢᠭ ᠤᠨ ᠲᠤᠬᠠᠢ ᠲᠣᠪᠴᠢ ᠲᠠᠨᠢᠯᠴᠠᠭᠤᠯᠭ᠎ᠠ

17 ᠵᠠᠭᠤᠨ ᠤ ᠡᠬᠢᠨ ᠦ ᠬᠠᠭᠠᠰ ᠲᠤ ᠬᠠᠮᠢᠶᠠᠷᠠᠬᠤ ᠮᠣᠩᠭᠣᠯ ᠤᠨ ᠰᠤᠷᠪᠤᠯᠵᠢ ᠶᠢᠨ ᠪᠢᠴᠢᠭ ᠤᠨ ᠳᠣᠲᠣᠷᠠᠬᠢ ᠠᠭᠤᠯᠭ᠎ᠠ ᠶᠢ ᠣᠯᠠᠨ ᠲᠠ ᠳᠠᠯᠳᠠ ᠪᠣᠯᠭᠠᠭᠰᠠᠨ ᠨᠢ ᠯᠢ ᠪᠣᠣᠸᠧᠨ（李保文）ᠤ ᠨᠠᠢᠷᠠᠭᠤᠯᠤᠨ ᠨᠡᠶᠢᠲᠡᠯᠡᠭᠦᠯᠦᠭᠰᠡᠨ 《ᠠᠷᠪᠠᠨ ᠳᠣᠯᠣᠳᠤᠭᠠᠷ ᠵᠠᠭᠤᠨ ᠤ ᠡᠬᠢᠨ ᠦ ᠬᠠᠭᠠᠰ ᠲᠤ ᠬᠠᠮᠢᠶᠠᠷᠠᠬᠤ ᠮᠣᠩᠭᠣᠯ ᠪᠢᠴᠢᠭ ᠦᠨ ᠰᠤᠷᠪᠤᠯᠵᠢ ᠪᠢᠴᠢᠭ》① （ᠳᠣᠣᠷ᠎ᠠ《ᠮᠣᠩᠭᠣᠯ ᠪᠢᠴᠢᠭ ᠦᠨ ᠰᠤᠷᠪᠤᠯᠵᠢ ᠪᠢᠴᠢᠭ》ᠭᠡᠵᠦ ᠲᠣᠪᠴᠢᠯᠠᠨ᠎ᠠ）ᠳᠤ ᠪᠠᠭᠲᠠᠭᠰᠠᠨ 111 ᠬᠡᠰᠡᠭ ᠮᠣᠩᠭᠣᠯ ᠪᠢᠴᠢᠭ ᠦᠨ ᠰᠤᠷᠪᠤᠯᠵᠢ ᠶᠢᠨ ᠪᠢᠴᠢᠭ ᠪᠣᠯᠤᠨ᠎ᠠ ᠃ ᠲᠡᠷᠡ ᠪᠢᠴᠢᠭ ᠦᠨ ᠳᠣᠲᠣᠷᠠᠬᠢ ᠰᠤᠷᠪᠤᠯᠵᠢ ᠶᠢᠨ ᠪᠢᠴᠢᠭ ᠨᠢ ᠶᠡᠬᠡᠩᠬᠢ ᠨᠢ ᠪᠠᠯᠠᠷ ᠮᠣᠩᠭᠣᠯ ᠪᠢᠴᠢᠭ ᠪᠠᠢᠨ᠎ᠠ᠂ ᠲᠡᠷᠡ ᠴᠠᠭ ᠤᠨ ᠮᠣᠩᠭᠣᠯ ᠤᠨ ᠶᠠᠷᠢᠶᠠᠨ ᠤ ᠬᠡᠯᠡ ᠶᠢ ᠰᠤᠳᠤᠯᠬᠤ ᠳᠤ ᠴᠢᠬᠤᠯᠠ ᠬᠡᠷᠡᠭᠯᠡᠭᠳᠡᠬᠦᠨ ᠪᠣᠯᠤᠨ᠎ᠠ ᠃

① ᠯᠢ ᠪᠣᠣᠸᠧᠨ：《ᠠᠷᠪᠠᠨ ᠳᠣᠯᠣᠳᠤᠭᠠᠷ ᠵᠠᠭᠤᠨ ᠤ ᠡᠬᠢᠨ ᠦ ᠬᠠᠭᠠᠰ ᠲᠤ ᠬᠠᠮᠢᠶᠠᠷᠠᠬᠤ ᠮᠣᠩᠭᠣᠯ ᠪᠢᠴᠢᠭ ᠦᠨ ᠰᠤᠷᠪᠤᠯᠵᠢ ᠪᠢᠴᠢᠭ》᠂ ᠥᠪᠥᠷ ᠮᠣᠩᠭᠣᠯ ᠤᠨ ᠪᠠᠭᠠᠴᠤᠳ ᠬᠡᠦᠬᠡᠳ ᠦᠨ ᠬᠡᠪᠯᠡᠯ ᠦᠨ ᠬᠣᠷᠢᠶ᠎ᠠ᠂ 1997 ᠣᠨ ᠃

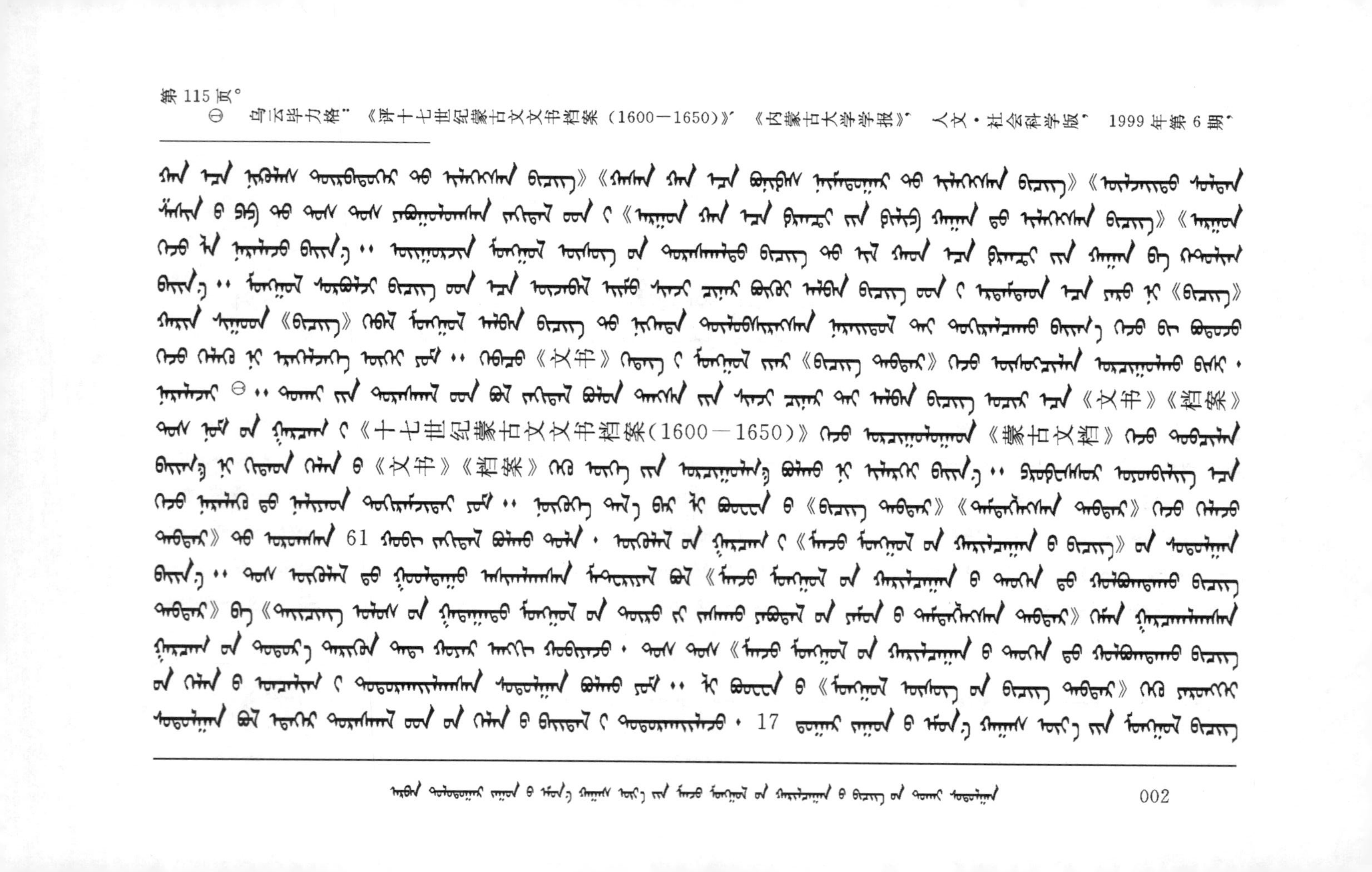

第 115 页。

① 乌云毕力格:《评十七世纪蒙古文文书档案(1600—1650)》,《内蒙古大学学报》,人文·社会科学版,1999 年第 6 期,

[illegible]《[illegible]》《[illegible]》《[illegible]

[illegible]《[illegible]》《[illegible]

[illegible]

[illegible]《[illegible]》

[illegible]《[illegible]》[illegible]

[illegible]《文书》[illegible]《[illegible]》[illegible]

[illegible] ① [illegible]《文书》《档案》

[illegible]《十七世纪蒙古文文书档案(1600—1650)》[illegible]《蒙古文档》[illegible]

[illegible]《文书》《档案》[illegible]

[illegible]《[illegible]》《[illegible]》[illegible]

[illegible]》[illegible] 61 [illegible]《[illegible]》[illegible]

[illegible]《[illegible]

[illegible]》[illegible]《[illegible]》[illegible]

[illegible]《[illegible]

[illegible]《[illegible]》[illegible]

[illegible] 17 [illegible]

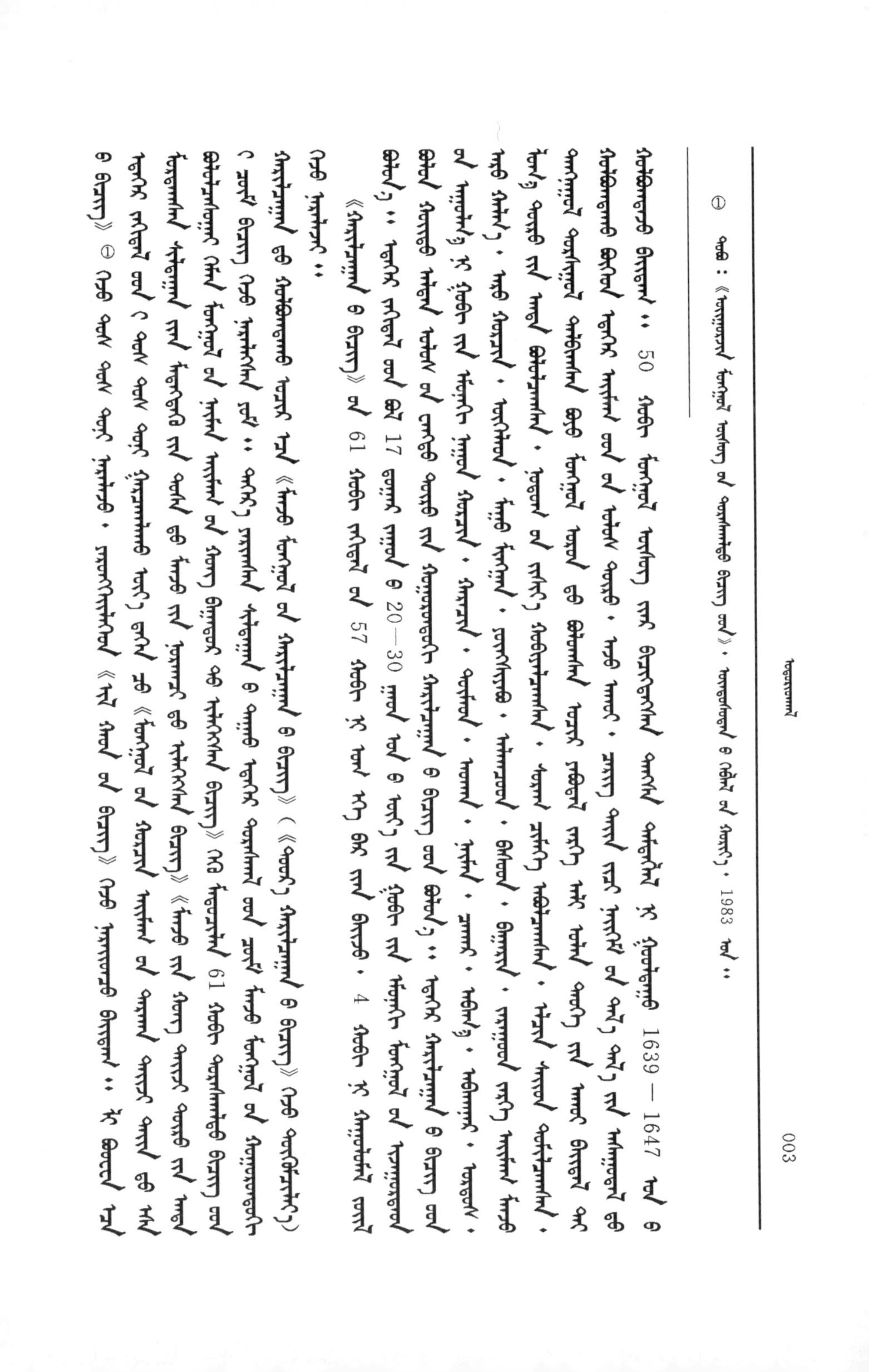

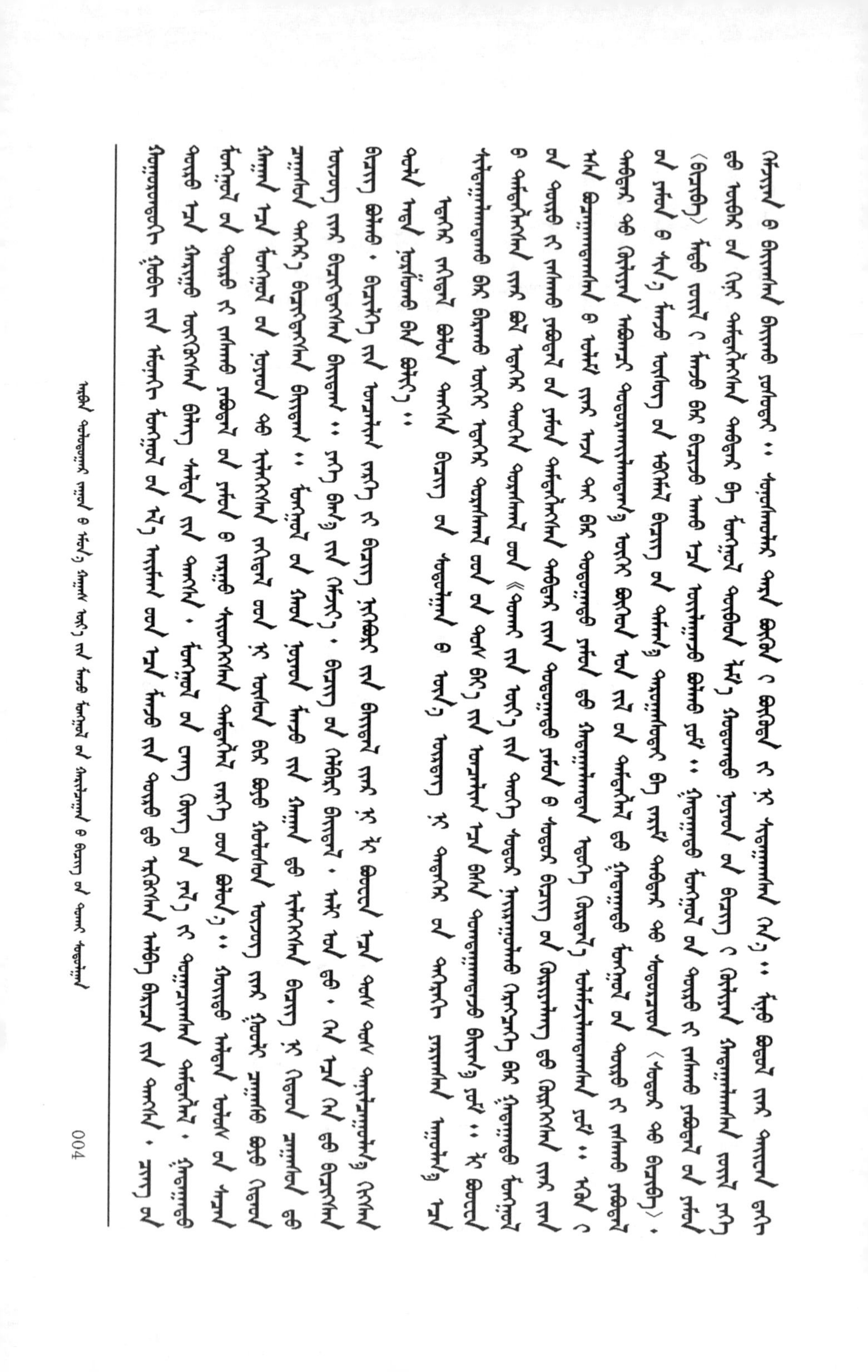

[illegible]

[illegible]

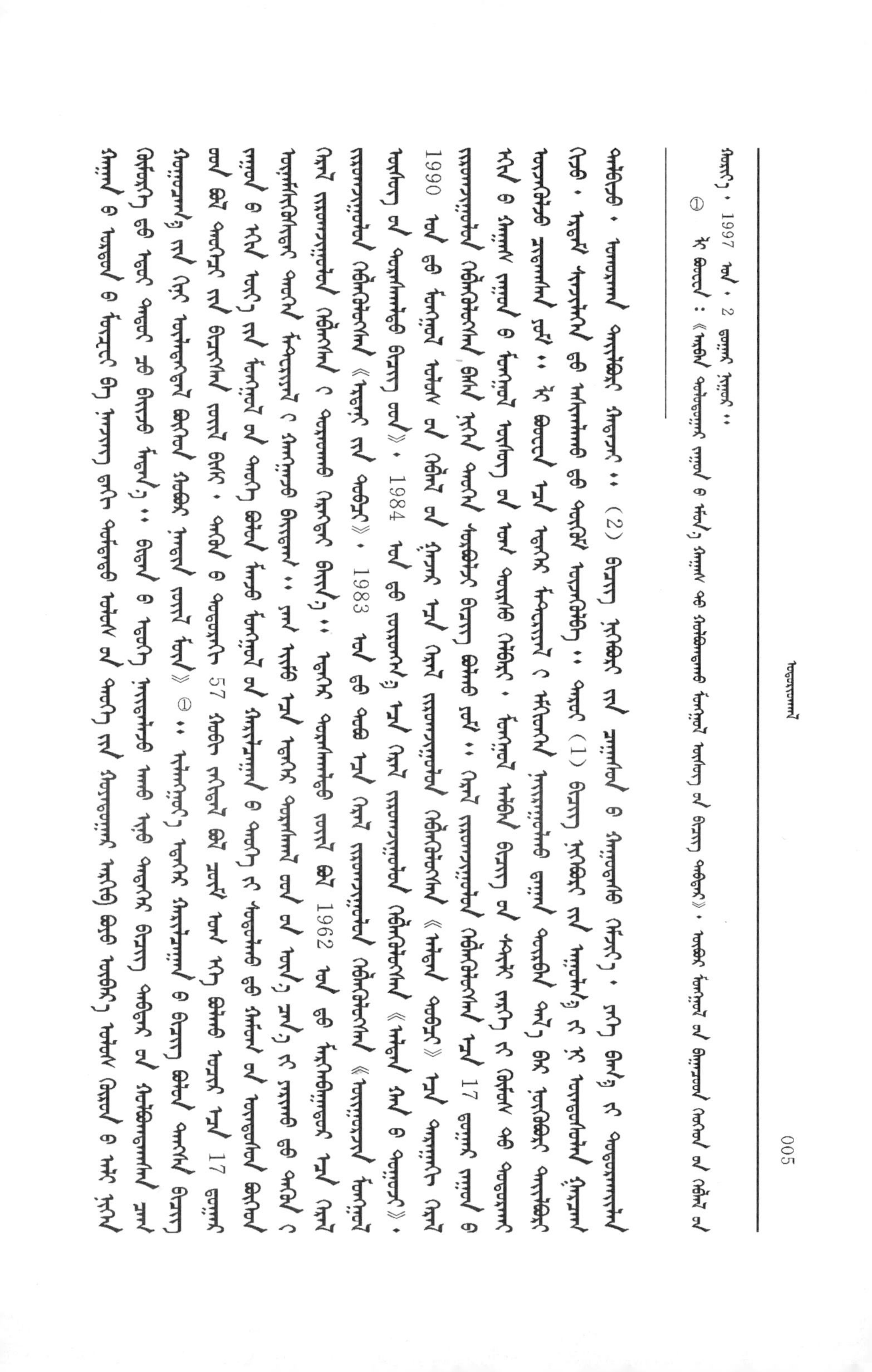

[illegible] ᠂ [illegible] :: (2) [illegible] ᠂ [illegible] ᠂ [illegible] :: [illegible] (1) [illegible] :: [illegible] ᠂ [illegible] ᠂ [illegible] :: [illegible] 17 [illegible] 1990 [illegible] 《[illegible]》 [illegible] 《[illegible]》 ᠂ 1984 [illegible] 《[illegible]》 ᠂ 1983 [illegible] 《[illegible]》 ᠂ 1962 [illegible] :: [illegible] ᠂ [illegible] 57 [illegible] 17 [illegible] 《[illegible]》 ① :: [illegible] :: [illegible]

① [illegible] : 《[illegible]》 ᠂ [illegible] ᠂ 1997 [illegible] ᠂ 2 [illegible] ::

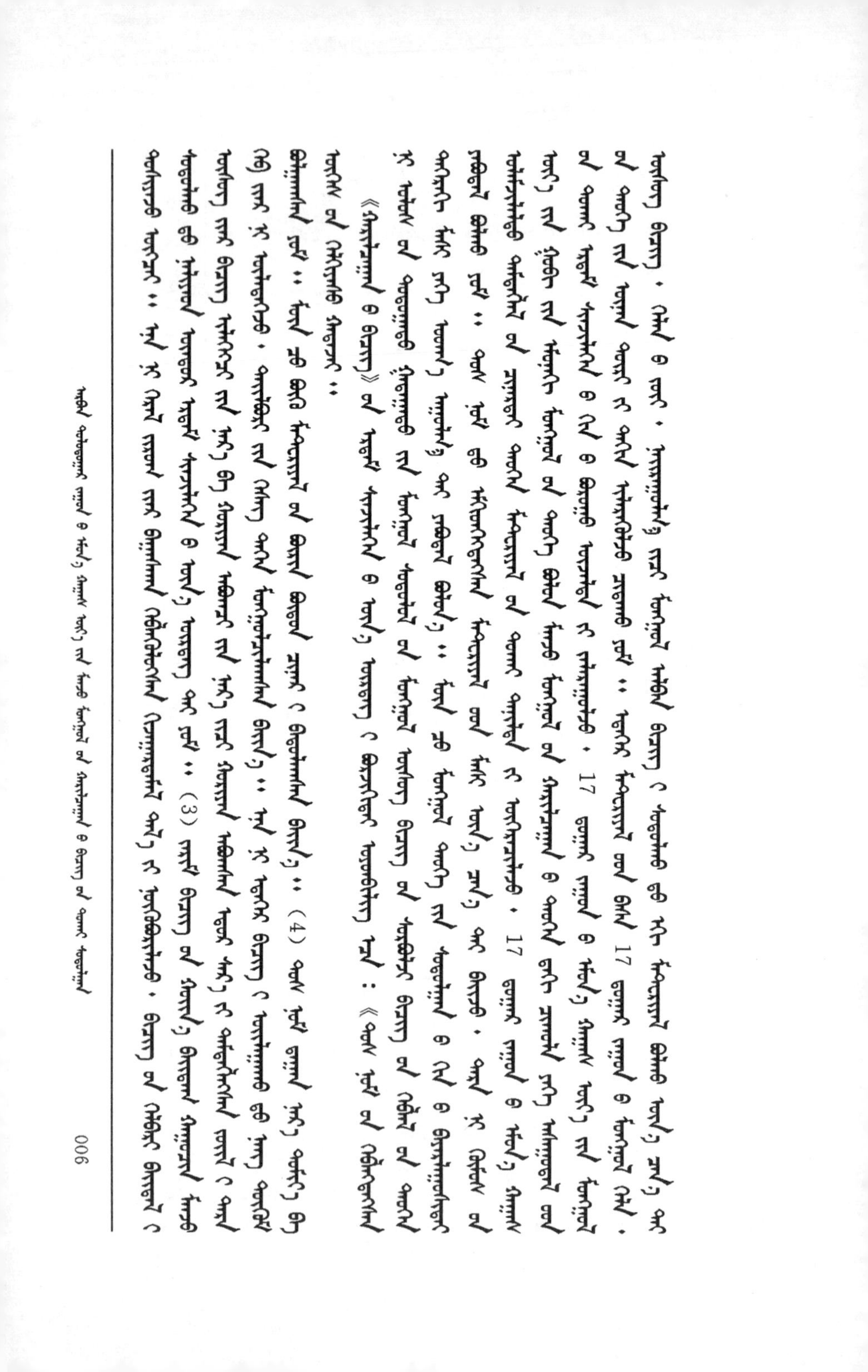

[illegible] 17 [illegible] 17 [illegible] 17 [illegible] ::

[illegible] 《[illegible]》: 《[illegible]》 [illegible] ::

[illegible] (4) [illegible] :: [illegible] (3) [illegible] ::

ᠰᠤᠷᠪᠤᠯᠵᠢ ᠪᠣᠯᠤᠨ᠎ᠠ ᠄ ᠡᠨᠡ ᠨᠢ ᠲᠡᠦᠬᠡ ᠶᠢᠨ ᠰᠤᠳᠤᠯᠤᠯ ᠤᠨ ᠳᠤ ᠴᠢᠬᠤᠯᠠ ᠪᠠᠷᠢᠮᠲᠠ ᠮᠠᠲ᠋ᠧᠷᠢᠶᠠᠯ ᠢ ᠬᠠᠩᠭᠠᠨ᠎ᠠ ᠴᠢᠯᠦᠭᠡ》① ᠭᠡᠵᠡᠢ ᠄

ᠭᠤᠷᠪᠠ 《ᠮᠣᠩᠭᠣᠯᠴᠤᠳ ᠤᠨ ᠪᠢᠴᠢᠭ》 ᠤᠨ ᠲᠣᠭᠤᠷᠢᠭᠤᠯᠤᠯ ᠤᠨ ᠪᠢᠴᠢᠭ

ᠬᠣᠶᠠᠷ ᠲᠠᠢᠯᠪᠤᠷᠢᠯᠠᠭᠰᠠᠨ ᠨᠢ ᠶᠠᠫᠣᠨ ᠤ ᠡᠷᠳᠡᠮᠲᠡᠨ ᠦ ᠰᠤᠳᠤᠯᠬᠤ ᠠᠷᠭ᠎ᠠ ᠪᠠᠷ ᠤᠨ ᠳᠤ ᠰᠤᠳᠤᠯᠤᠭᠰᠠᠨ ᠲᠤ ᠬᠡᠯᠡᠯᠴᠡᠪᠡ᠂ ᠲᠡᠳᠡᠨ ᠦ ᠵᠢᠷᠤᠮ ᠢᠨᠦᠸᠧ ᠣᠰᠠᠮᠦ (井上治)，ᠨᠠᠭᠠᠢ ᠲᠠᠻᠦᠮᠢ (永井匠) ᠶᠠᠨᠠᠭᠢᠰᠠᠸᠠ 《ᠮᠣᠩᠭᠣᠯ ᠪᠢᠴᠢᠭ ᠦᠨ ᠪᠢᠴᠢᠭ ᠮᠠᠲ᠋ᠧᠷᠢᠶᠠᠯ ᠤᠨ ᠲᠣᠭᠤᠷᠢᠭᠤᠯᠤᠯ ᠤᠨ ᠪᠢᠴᠢᠭ ᠪᠣᠯᠪᠠ ᠄ ᠪᠠᠰᠠ ᠮᠣᠩᠭᠣᠯ ᠤᠨ 《评十七世纪蒙古文文书档案（1600—1650）》③ ᠬᠡᠮᠡᠬᠦ ᠪᠢᠴᠢᠭ ᠲᠦ ᠵᠢᠷᠤᠮ ᠤᠨ ᠠᠷᠭ᠎ᠠ ᠪᠠᠷ ᠲᠠᠢᠯᠪᠤᠷᠢᠯᠠᠭᠰᠠᠨ ᠮᠠᠲ᠋ᠧᠷᠢᠶᠠᠯ ᠤᠨ ᠣᠨᠴᠠᠯᠢᠭ ᠪᠠᠢᠳᠠᠯ ᠢ ᠲᠣᠳᠣᠷᠬᠠᠢᠯᠠᠭᠰᠠᠨ 《评十七世纪蒙古文文书档案（1600—1650）》② ᠬᠡᠮᠡᠬᠦ ᠵᠢᠷᠤᠮ ᠤᠨ ᠤᠳᠬ᠎ᠠ ᠶᠢ ᠲᠣᠳᠣᠷᠬᠠᠢᠯᠠᠨ ᠦᠵᠡᠭᠦᠯᠦᠭᠰᠡᠨ ᠪᠠᠢᠨ᠎ᠠ ᠄

页。
② 井上治，永井匠，柳泽明：《书评 —— 十七世纪蒙古文文书档案（1600—1650）》，《蒙古学信息》，2002年第3期第41页。
①③ 乌云毕力格：《评十七世纪蒙古文文书档案（1600—1650）》，《内蒙古大学学报》，人文·社会科学版，1999年第6期，第115页。

ᠮᠣᠩᠭᠣᠯ ᠤᠨ ᠣᠯᠠᠨ ᠢ ᠰᠤᠳᠤᠯᠬᠤ ᠶᠢᠨ》① ᠬᠡᠮᠡᠬᠦ ᠰᠤᠳᠤᠯᠭ᠎ᠠ ᠳᠤ《喀喇沁万户研究》② ᠬᠡᠮᠡᠬᠦ ᠨᠣᠮ ᠪᠠᠷᠢᠮᠲᠠ ᠣᠯᠠᠨ ᠳᠤ ᠰᠤᠳᠤᠯᠤᠯ ᠤᠨ ᠪᠠᠷᠢᠮᠲᠠ ᠶᠢ ᠬᠠᠷᠢᠴᠠᠭᠤᠯᠵᠤ ᠪᠠᠶᠢᠨ᠎ᠠ :: ᠡᠨᠡ ᠪᠣᠯ ᠪᠢᠳᠡᠨ ᠳᠦ ᠣᠯᠵᠠᠯ ᠦᠨ《1628年爱新国贵族与蒙古贵族订立的一份婚约文书》ᠬᠡᠮᠡᠬᠦ ᠵᠦᠢᠯ ᠢ ᠪᠠᠷᠢᠮᠲᠠ③· ᠡᠨᠡ ᠬᠦ ᠲᠠᠢ ᠳᠣᠷᠣᠭᠰᠢ ᠠᠯᠪᠠᠲᠤ ᠪᠠᠷᠢᠮᠲᠠ《蒙元东道诸王及其后裔所属部众历史研究》· ᠬᠠᠷᠠᠴᠢᠨ ᠤ ᠲᠦᠮᠡᠨ ᠠᠯᠪᠠᠲᠤ ᠪᠠᠷᠢᠮᠲᠠ《有关奥巴洪台吉的十份蒙古文文书》ᠬᠡᠮᠡᠬᠦ ᠪᠠᠷᠢᠮᠲᠠ ᠰᠤᠳᠤᠯᠤᠯ :: ᠡᠳᠡᠭᠡᠷ ᠨᠢ ᠮᠣᠩᠭᠣᠯ ᠪᠢᠴᠢᠭ ᠦᠨ ᠪᠠᠷᠢᠮᠲᠠ ᠰᠤᠳᠤᠯᠤᠯ ᠤᠨ ᠶᠠᠭᠤ ᠪᠤᠯᠠᠭ᠎ᠠ ::

ᠬᠡᠪᠯᠡᠯ《ᠴᠠᠬᠠᠷ ᠪᠢᠴᠢᠭ》ᠦᠨ ᠬᠡᠪᠯᠡᠯ ᠦᠨ ᠲᠣᠭᠠᠴᠠᠭᠰᠠᠨ·
ᠳᠣᠲᠣᠭᠠᠳᠤ ᠰᠤᠷᠪᠤᠯᠵᠢ ᠪᠠ ᠭᠠᠳᠠᠭᠠᠳᠤ ᠰᠤᠷᠪᠤᠯᠵᠢ ᠶᠢᠨ ᠬᠠᠷᠢᠴᠠᠭ᠎ᠠ

《ᠴᠠᠬᠠᠷ ᠤᠨ ᠪᠢᠴᠢᠭ》ᠦᠨ ᠴᠢᠨ ᠪᠢᠴᠢᠭ ᠦᠨ ᠬᠡᠯᠡᠨ ᠦ ᠡᠬᠢ ᠪᠢᠴᠢᠭ ᠪᠡᠷ ᠳᠦ· ᠪᠠᠷᠢᠮᠲᠠ ᠰᠤᠳᠤᠯᠤᠯ ᠤᠨ ᠳᠤᠮᠳᠠ ᠬᠡᠯᠡᠨ ᠦ ᠪᠠᠷᠢᠮᠲᠠ ᠪᠢᠴᠢᠭ ᠢ ᠰᠤᠳᠤᠯᠬᠤ ᠳᠤ· ᠲᠡᠭᠦᠨ ᠦ ᠬᠡᠯᠡ ᠶᠢᠨ ᠣᠨᠴᠠᠯᠢᠭ ᠢ ᠲᠣᠳᠣᠷᠬᠠᠢᠯᠠᠬᠤ ᠪᠣᠯ :: ᠡᠨᠡ

---

① ᠪᠣᠶᠠᠨᠳᠡᠯᠭᠡᠷ ᠲᠣᠳᠣᠷᠬᠠᠢᠯᠠᠭᠰᠠᠨ: 《ᠮᠣᠩᠭᠣᠯ ᠲᠡᠦᠬᠡᠨ ᠦ ᠰᠤᠳᠤᠯᠭ᠎ᠠ ᠶᠢᠨ ᠪᠢᠴᠢᠭ ᠢ ᠮᠣᠩᠭᠣᠯ ᠬᠡᠯᠡ 〈ᠳᠣᠲᠣᠭᠠᠳᠤ〉 ᠰᠤᠷᠪᠤᠯᠵᠢ ᠶᠢᠨ ᠬᠠᠷᠢᠴᠠᠭᠤᠯᠤᠯ ᠤᠨ ᠪᠠᠷᠢᠮᠲᠠ ᠶᠢᠨ ᠬᠡᠷᠡᠭ》· 《ᠴᠠᠬᠠᠷ ᠮᠣᠩᠭᠣᠯ ᠤᠨ ᠰᠤᠳᠤᠯᠤᠯ ᠤᠨ ᠰᠡᠳᠬᠦᠭᠳᠡᠯ ᠦᠨ ᠰᠤᠳᠤᠯᠤᠯ》(ᠮᠣᠩᠭᠣᠯ)·1999 ᠣᠨ ᠤ 4 ᠳᠤᠭᠠᠷ ᠰᠡᠳᠬᠦᠭᠳᠡᠯ·2000 ᠣᠨ ᠤ 3 ᠳᠤᠭᠠᠷ ᠰᠡᠳᠬᠦᠭᠳᠡᠯ ᠳᠦ ᠨᠡᠶᠢᠲᠡᠯᠡᠭᠳᠡᠪᠡ ::

② 乌云毕力格著：《喀喇沁万户研究》，内蒙古人民出版社，2005年。

③ 宝音德力根：《1628年爱新国贵族与蒙古贵族订立的一份婚约文书》，《QÆSTIONES MONGOLORUM-PISPUTATÆ II》Association for International Studies of Mongolian Culture, Tokyo, 2006.

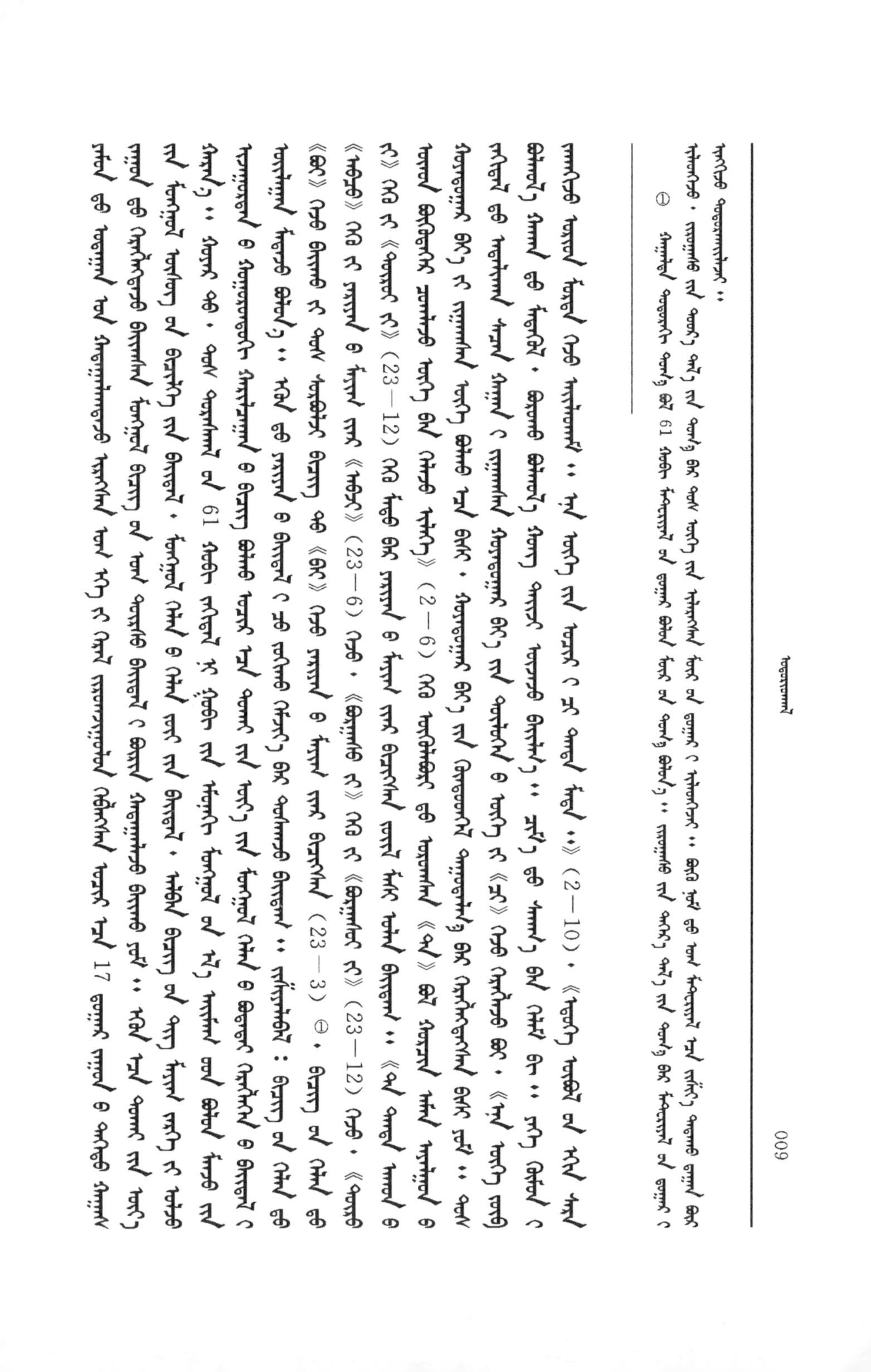

[illegible] (2—10) · 《[illegible]

[illegible]

[illegible]

[illegible]

[illegible]

[illegible] (2—6) [illegible]

[illegible] (23—12) [illegible]

[illegible] (23—6) [illegible] (23—12) [illegible]

[illegible] (23—3) ① · [illegible]

[illegible]

[illegible]

[illegible]

[illegible] 61 [illegible]

[illegible]

[illegible] 17 [illegible]

① [illegible] 61 [illegible]

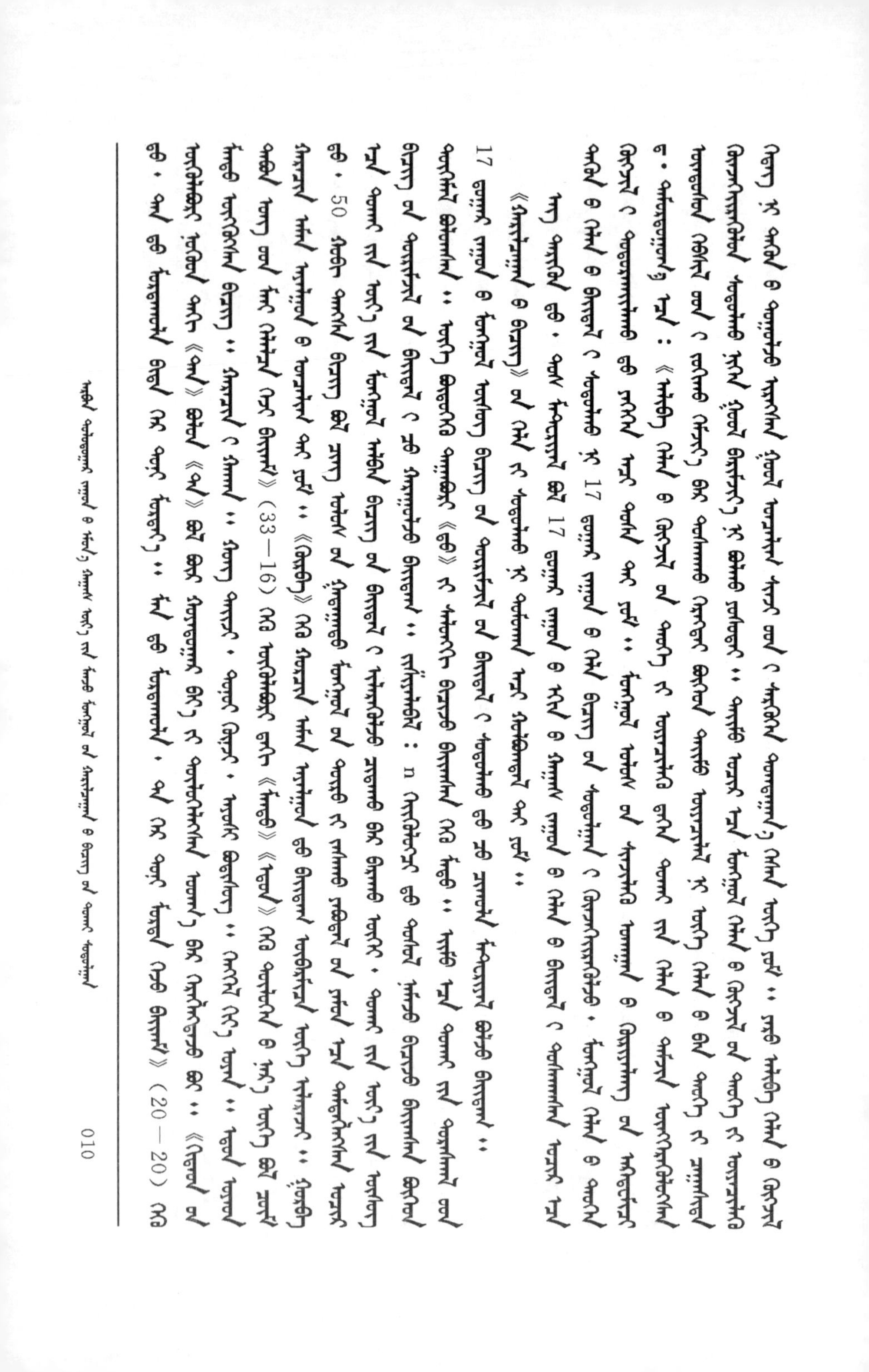

ᠪᠢᠴᠢᠭ ᠤᠨ ᠡᠷᠬᠡᠯᠡᠯ ᠤᠨ ᠪᠠᠶᠢᠳᠠᠯ ᠢ ᠲᠣ ᠰᠤᠳᠤᠯᠬᠤ ᠪᠠᠶᠢᠨ᠎ᠠ ᠄ ᠲᠡᠭᠦᠨ ᠳᠡᠭᠡᠷᠡᠬᠢ ᠄ n ᠲᠣᠭᠠᠴᠠᠭᠰᠠᠨ ᠳᠤ ᠡᠷᠬᠡᠯᠡ ᠲᠣᠳᠣᠷᠬᠠᠢ ᠪᠢᠴᠢᠭᠲᠦ ᠪᠠᠶᠢᠭᠠᠯ ᠡᠷᠳᠡᠮ

① ᠳ • ᠴᠡᠷᠡᠩᠰᠣᠳᠨᠣᠮ : 《ᠮᠣᠩᠭᠣᠯ ᠬᠡᠯᠡ ᠰᠢᠨᠵᠢᠯᠡᠯ ᠦᠨ ᠲᠡᠦᠬᠡ ᠪᠢᠴᠢᠭ ᠲᠠ ᠰᠤᠳᠤᠯᠭ᠎ᠠ ᠳᠤ》 • ᠦᠨᠳᠦᠰᠦᠲᠡᠨ ᠦ • 2002 ᠣᠨ • 24 ᠳᠦᠭᠡᠷ ᠨᠢᠭᠤᠷ ::

ᠰᠢᠨᠵᠢᠯᠡᠭᠳᠡᠪᠡ • ᠮᠠᠰᠢ ᠣᠯᠠᠨ ᠢ ᠬᠠᠮᠤᠷᠤᠭᠰᠠᠨ ᠬᠣᠶᠠᠷ ᠪᠣᠯᠤᠨ ᠬᠡᠯᠡᠯᠭᠡᠨ ᠦ ᠬᠡᠯᠡ ᠶᠢᠨ ᠪᠠᠢᠳᠠᠯ ᠵᠢᠷᠤᠮ ᠢ ᠬᠠᠷᠢᠴᠠᠭᠤᠯᠤᠨ ᠰᠢᠨᠵᠢᠯᠡᠭᠰᠡᠨ ᠪᠣᠯᠤᠨ᠎ᠠ :: ᠡᠭᠦᠨ ᠡᠴᠡ ᠦᠵᠡᠬᠦ ᠳᠦ ᠮᠣᠩᠭᠣᠯ ᠬᠡᠯᠡ ᠪᠡᠷ ᠪᠢᠴᠢᠭᠰᠡᠨ ᠬᠠᠷᠢᠴᠠᠭᠤᠯᠤᠯᠲᠠ • ᠨᠡᠩ ᠦᠨᠳᠦᠰᠦ ᠰᠤᠷᠢ ᠶᠢᠨ ᠪᠠᠷᠢᠮᠲᠠ ᠪᠣᠯᠬᠤ ᠳᠤ ᠮᠣᠩᠭᠣᠯ ᠬᠡᠯᠡ ᠶᠢᠨ ᠲᠡᠦᠬᠡᠨ ᠦ ᠬᠦᠭᠵᠢᠯᠲᠡ ᠶᠢ ᠬᠠᠷᠢᠴᠠᠭᠤᠯᠤᠨ ᠰᠢᠨᠵᠢᠯᠡᠬᠦ ᠳᠦ ᠬᠡᠷᠡᠭᠯᠡᠭᠳᠡᠭᠰᠡᠨ ᠪᠣᠯᠤᠨ᠎ᠠ …… ᠲᠡᠭᠦᠨ ᠦ ᠬᠡᠯᠡᠯᠭᠡᠨ ᠦ ᠮᠣᠩᠭᠣᠯ ᠬᠡᠯᠡᠨ ᠦ ᠲᠦᠪᠰᠢᠨ ᠢ ᠲᠣᠳᠣᠷᠬᠠᠢᠯᠠᠨ ᠲᠣᠭᠲᠠᠭᠠᠬᠤ ᠳᠤ ᠲᠤᠰᠠᠯᠠᠨ᠎ᠠ :: ᠮᠣᠩᠭᠣᠯ ᠪᠢᠴᠢᠭ ᠦᠨ ᠬᠡᠯᠡ ᠨᠢ ᠲᠤᠬᠠᠢᠯᠠᠭᠰᠠᠨ ᠲᠦᠪᠰᠢᠨ ᠳᠦ ᠲᠣᠳᠣᠷᠬᠠᠢ ᠪᠣᠯᠤᠭᠰᠠᠨ ᠶᠠᠭᠤᠮ᠎ᠠ • ᠡᠨᠡ ᠬᠦ ᠰᠢᠨᠵᠢᠯᠡᠭᠡᠨ ᠦ ᠦᠷ᠎ᠡ ᠳᠦᠩ ᠢ ᠬᠡᠷᠡᠭᠯᠡᠬᠦ • ᠪᠢᠴᠢᠭ ᠦᠨ ᠬᠡᠯᠡ ᠶᠢ ᠬᠦᠭᠵᠢᠭᠦᠯᠬᠦ ᠶᠢᠨ ᠲᠤᠯᠠ ᠡᠪᠳᠡᠷᠡᠭᠰᠡᠨ ᠦᠭᠡ ᠶᠢ ᠰᠡᠷᠭᠦᠭᠡᠨ ᠮᠣᠩᠭᠣᠯ ᠬᠡᠯᠡ ᠶᠢᠨ ᠰᠤᠳᠤᠯᠭ᠎ᠠ : ᠮᠣᠩᠭᠣᠯ ᠪᠢᠴᠢᠭ ᠦᠨ ᠬᠡᠯᠡ ᠶᠢᠨ ᠲᠡᠦᠬᠡᠨ ᠦ ᠬᠦᠭᠵᠢᠯᠲᠡ ᠶᠢᠨ ᠬᠡᠮᠵᠢᠶ᠎ᠡ ᠮᠣᠩᠭᠣᠯ ᠪᠢᠴᠢᠭ ᠦᠨ ᠬᠡᠯᠡ ᠶᠢᠨ ᠦᠶ᠎ᠡ ᠶᠢ ᠬᠤᠪᠢᠶᠠᠵᠤ ᠦᠵᠡᠭᠦᠯᠪᠡ :: ᠲᠡᠭᠦᠨ ᠳᠦ ᠮᠣᠩᠭᠣᠯ ᠪᠢᠴᠢᠭ ᠦᠨ ᠬᠡᠯᠡ : 《ᠡᠷᠲᠡᠨ ᠮᠣᠩᠭᠣᠯ ᠪᠢᠴᠢᠭ ᠦᠨ ᠬᠡᠯᠡ ᠨᠢ ᠮᠣᠩᠭᠣᠯ ᠪᠢᠴᠢᠭ ᠦᠨ ᠬᠡᠯᠡ ᠶᠢᠨ ᠡᠬᠢ ᠮᠣᠩᠭᠣᠯ ᠪᠢᠴᠢᠭ ᠦᠨ ᠬᠡᠯᠡ ᠶᠢᠨ ᠦᠶ᠎ᠡ • 16 ᠳᠤᠭᠠᠷ ᠵᠠᠭᠤᠨ ᠤ ᠲᠡᠭᠦᠰᠦᠯ ᠬᠦᠷᠲᠡᠯ 17 ᠳᠤᠭᠠᠷ ᠵᠠᠭᠤᠨ ᠤ ᠡᠬᠢᠨ ᠦ ᠦᠶ᠎ᠡ ᠶᠢᠨ ᠲᠤᠬᠠᠢ ᠳᠤ ᠮᠣᠩᠭᠣᠯ ᠪᠢᠴᠢᠭ ᠦᠨ ᠬᠡᠯᠡ ᠶᠢ ᠳᠤᠮᠳᠠᠳᠤ ᠮᠣᠩᠭᠣᠯ ᠪᠢᠴᠢᠭ ᠦᠨ ᠬᠡᠯᠡ ᠪᠢᠴᠢᠭ ᠦᠨ ᠬᠡᠯᠡ • 14 ᠳᠦᠭᠡᠷ ᠵᠠᠭᠤᠨ ᠤ ᠡᠬᠢᠨ ᠡᠴᠡ 16 ᠳᠤᠭᠠᠷ ᠵᠠᠭᠤᠨ ᠤ ᠲᠡᠭᠦᠰᠦᠯ ᠬᠦᠷᠲᠡᠯ ᠪᠢᠴᠢᠭ ᠦᠨ ᠬᠡᠯᠡ ᠶᠢ ᠳᠤᠮᠳᠠᠳᠤ ᠮᠣᠩᠭᠣᠯ ᠪᠢᠴᠢᠭ ᠦᠨ ᠬᠡᠯᠡ ᠶᠢᠨ ᠦᠶ᠎ᠡ ᠪᠤᠶᠤ ᠰᠣᠩᠭᠣᠳᠠᠭ ᠦᠶ᠎ᠡ • ᠮᠣᠩᠭᠣᠯ ᠪᠢᠴᠢᠭ ᠦᠨ ᠬᠡᠯᠡ ᠶᠢ ᠡᠷᠲᠡᠨ ᠦ ᠦᠶ᠎ᠡ ᠡᠴᠡ 14 ᠳᠦᠭᠡᠷ ᠵᠠᠭᠤᠨ ᠤ ᠡᠬᠢᠨ ᠬᠦᠷᠲᠡᠯ ᠭᠡᠵᠦ ᠬᠤᠪᠢᠶᠠᠵᠠᠢ :: ᠪ • ᠶ • ᠸᠯᠠᠳᠢᠮᠢᠷᠴᠣᠸ (Б. Я. Владимирцов) ᠨᠠᠷ ᠮᠣᠩᠭᠣᠯ ᠪᠢᠴᠢᠭ ᠦᠨ ᠬᠡᠯᠡ ᠶᠢ ᠡᠷᠲᠡᠨ ᠦ ᠰᠣᠩᠭᠣᠳᠠᠭ ᠮᠣᠩᠭᠣᠯ ᠪᠢᠴᠢᠭ ᠦᠨ ᠬᠡᠯᠡ ᠪᠣᠯᠤᠨ 17 ᠳᠤᠭᠠᠷ ᠵᠠᠭᠤᠨ ᠤ ᠡᠬᠢᠨ ᠡᠴᠡ ᠬᠣᠵᠢᠭᠰᠢ ᠭᠡᠵᠦ ᠬᠤᠪᠢᠶᠠᠭᠰᠠᠨ ᠪᠠᠢᠨ᠎ᠠ :: ᠮᠣᠩᠭᠣᠯ ᠪᠢᠴᠢᠭ ᠦᠨ ᠬᠡᠯᠡ ᠶᠢᠨ ᠲᠡᠦᠬᠡ ᠶᠢ ᠡᠬᠢ ᠮᠣᠩᠭᠣᠯ ᠬᠡᠯᠡ ᠪᠠ ᠮᠣᠩᠭᠣᠯ ᠪᠢᠴᠢᠭ ᠦᠨ ᠬᠡᠯᠡ ᠬᠣᠶᠠᠷ ᠳᠤ ᠬᠤᠪᠢᠶᠠᠵᠤ • ᠡᠬᠢ ᠮᠣᠩᠭᠣᠯ ᠬᠡᠯᠡ ᠨᠢ ᠡᠷᠲᠡᠨ ᠦ ᠮᠣᠩᠭᠣᠯ ᠪᠢᠴᠢᠭ ᠦᠨ ᠬᠡᠯᠡ ᠶᠢ ᠬᠡᠯᠡᠬᠦ ᠪᠣᠯᠤᠨ ᠡᠷᠲᠡᠨ ᠦ ᠮᠣᠩᠭᠣᠯ ᠪᠢᠴᠢᠭ ᠦᠨ ᠬᠡᠯᠡ ᠨᠢ ᠡᠬᠢ ᠮᠣᠩᠭᠣᠯ ᠬᠡᠯᠡ ᠶᠢᠨ ᠰᠤᠳᠤᠯᠬᠤ ᠪᠢᠴᠢᠭ》 ᠭᠡᠵᠦ ᠲᠣᠳᠣᠷᠬᠠᠢᠯᠠᠭᠰᠠᠨ ᠪᠢᠯᠡ ① :: 17 ᠳᠤᠭᠠᠷ ᠵᠠᠭᠤᠨ ᠤ ᠡᠬᠢᠨ ᠡᠴᠡ ᠮᠣᠩᠭᠣᠯ ᠪᠢᠴᠢᠭ ᠦᠨ ᠬᠡᠯᠡ ᠨᠢ ᠬᠡᠯᠡ ᠵᠦᠢ ᠶᠢᠨ ᠲᠦᠪᠰᠢᠨ ᠳᠦ ᠮᠣᠩᠭᠣᠯ ᠪᠢᠴᠢᠭ ᠦᠨ ᠬᠡᠯᠡ ᠶᠢ ᠨᠢ ᠪᠣᠯᠪᠠᠰᠤᠷᠠᠭᠤᠯᠬᠤ ᠡᠷᠲᠡᠨ ᠦ ᠲᠡᠦᠬᠡ ᠶᠢ ᠰᠢᠨᠵᠢᠯᠡᠬᠦ • ᠡᠭᠦᠨ ᠡᠴᠡ ᠦᠵᠡᠬᠦ ᠳᠦ ᠮᠣᠩᠭᠣᠯ ᠬᠡᠯᠡ ᠶᠢᠨ ᠲᠡᠦᠬᠡ ᠳᠦ ᠵᠢᠴᠢ ᠲᠠᠢᠯᠪᠤᠷᠢᠯᠠᠬᠤ ᠶᠢ ᠰᠢᠨᠵᠢᠯᠡᠬᠦ ᠪᠣᠯᠪᠠ

ᠮᠣᠩᠭᠣᠯ ᠬᠡᠯᠡ ᠶᠢ ᠮᠣᠩᠭᠣᠯ ᠬᠡᠯᠡᠨ ᠦ ᠲᠡᠦᠬᠡᠨ ᠦ ᠬᠥᠭᠵᠢᠯ ᠦᠨ ᠦᠶᠡ ᠳᠦ ᠬᠤᠪᠢᠶᠠᠵᠤ ᠦᠵᠡᠭᠰᠡᠨ ᠢ ᠲᠣᠭᠲᠠᠭᠠᠭᠰᠠᠨ ᠄ ᠭ᠂ ᠺᠠᠷᠠ（Kara ᠳᠥᠷᠪᠡ ᠪᠠᠲᠤ ᠭᠡᠵᠦ ᠢᠳᠡᠭᠡᠷᠡ ᠲᠡᠭᠦᠨ ᠦ ᠮᠣᠩᠭᠣᠯ ᠬᠡᠯᠡ ᠶᠢᠨ ᠰᠣᠳᠤᠯᠤᠯ ᠢ ᠮᠣᠩᠭᠣᠯ ᠬᠡᠯᠡ ᠶᠢᠨ ᠰᠤᠳᠤᠯᠤᠯ ᠤᠨ ᠲᠤᠰᠬᠠᠢ ᠲᠠᠯ ᠠᠴᠠ》④ ᠳᠤ 17 ᠵᠠᠭᠤᠨ ᠤ ᠡᠮᠦᠨ ᠡᠬᠢ ᠮᠣᠩᠭᠣᠯ ᠬᠡᠯᠡ ᠶᠢ ᠡᠷᠲᠡᠨ ᠦ ᠮᠣᠩᠭᠣᠯ ᠬᠡᠯᠡ ᠭᠡᠵᠦ ᠨᠡᠷᠡᠯᠡᠭᠰᠡᠨ ᠪᠠᠢᠨ᠎ᠠ ᠄ ᠨᠢᠭᠡ ᠦᠭᠡ ᠪᠡᠷ ᠬᠡᠯᠡᠪᠡᠯ ᠲᠡᠷᠡ ᠨᠢ ᠣᠷᠴᠢᠮ ᠤᠨ ᠮᠣᠩᠭᠣᠯ ᠬᠡᠯᠡ ᠶᠢᠨ ᠥᠮᠨᠡᠬᠢ 17 ᠵᠠᠭᠤᠨ ᠤ ᠡᠮᠦᠨ ᠡᠬᠢ ᠶᠢ 《ᠲᠤᠮᠤᠲᠤ ᠰᠤᠳᠤᠯᠤᠯ ᠤᠨ ᠮᠣᠩᠭᠣᠯ ᠬᠡᠯᠡ》ᠪᠡᠨ 《ᠳᠤᠮᠳᠠᠳᠤ ᠦᠶᠡ ᠶᠢᠨ ᠮᠣᠩᠭᠣᠯ ᠬᠡᠯᠡ》ᠭᠡᠳᠡᠭ ᠰᠣᠳᠤᠯᠤᠭᠴᠢ ᠨᠠᠷ ᠴᠥᠭᠡᠨ ᠦᠭᠡᠢ ᠪᠠᠢᠳᠠᠭ ᠪᠣᠯᠪᠠᠴᠤ ᠂ ᠪᠢᠳᠡ ᠡᠨᠡ ᠬᠡᠯᠡ ᠶᠢ ᠡᠷᠲᠡᠨ ᠦ ᠮᠣᠩᠭᠣᠯ ᠬᠡᠯᠡ ᠶᠢᠨ ᠰᠤᠳᠤᠯᠤᠯ ᠤᠨ ᠮᠣᠩᠭᠣᠯ ᠬᠡᠯᠡ》ᠭᠡᠳᠡᠭ ᠨᠡᠷᠡᠲᠡᠢ ᠪᠣᠯᠭᠠᠬᠤ ᠪᠡᠷ ᠢ ᠰᠣᠳᠤᠯᠤᠯ ᠤᠨ ᠮᠣᠩᠭᠣᠯ ᠬᠡᠯᠡ ᠪᠡᠷ ᠰᠣᠳᠤᠯᠤᠭᠰᠠᠨ ᠭᠡᠷᠡᠯ ᠡᠷᠲᠡᠨ ᠦ ᠮᠣᠩᠭᠣᠯ ᠬᠡᠯᠡ ᠳᠤ ᠨᠡᠷᠡᠯᠡᠭᠰᠡᠨ ③ ᠄ ᠭᠣᠷᠪᠠᠳᠤᠭᠠᠷ ᠨᠢ ᠪᠣᠯᠪᠠᠰᠤᠷᠠᠯ ᠡᠷᠲᠡᠨ ᠦ ᠲᠡᠷᠡ ᠨᠢ ：《13—16 ᠵᠠᠭᠤᠨ ᠤ ᠮᠣᠩᠭᠣᠯ ᠬᠡᠯᠡ ᠶᠢ ᠳᠣᠮᠳᠠ ᠦᠶᠡ ᠰᠣᠳᠤᠯᠪᠠ ᠂ 17 ᠵᠠᠭᠤᠨ ᠤ ᠡᠮᠦᠨ ᠡᠬᠢ ᠦᠶᠡ ᠶᠢᠨ ᠭᠡᠵᠦ ᠦᠶᠡ ᠶᠢᠨ ᠮᠣᠩᠭᠣᠯ ᠬᠡᠯᠡ ᠪᠢᠴᠢᠭᠯᠡᠯ ᠢ ᠡᠷᠲᠡᠨ ᠦᠶᠡ ᠶᠢᠨ ᠮᠣᠩᠭᠣᠯ ᠬᠡᠯᠡ ᠂ ᠲᠤᠮᠤᠲᠤ ᠵᠠᠭᠤᠨ ᠤ ᠮᠣᠩᠭᠣᠯ ᠬᠡᠯᠡ ᠂ ᠣᠷᠴᠢᠮ ᠦᠶᠡ ᠶᠢᠨ ᠮᠣᠩᠭᠣᠯ ᠬᠡᠯᠡ ᠳᠤ ᠬᠤᠪᠢᠶᠠᠪᠠ 16 ᠵᠠᠭᠤᠨ ᠤ ᠡᠨᠡ ᠰᠤᠳᠤᠯᠤᠯ ᠮᠣᠩᠭᠣᠯ ᠬᠡᠯᠡ ᠶᠢ ᠣᠷᠴᠢᠮ ᠦᠶᠡ ᠶᠢᠨ ᠮᠣᠩᠭᠣᠯ ᠬᠡᠯᠡ ᠳᠤ ᠣᠷᠣᠭᠤᠯᠤᠭᠰᠠᠨ ② ᠄ ᠣᠽᠠᠸᠠ ᠰᠢᠭᠧᠣ（小泽重男）ᠲᠤᠭᠤᠯᠪᠠᠰᠤ ① ᠄ ᠨ᠂ ᠨ᠂ ᠫᠣᠫᠫᠧ（N. N. Poppe）ᠡᠨᠡ ᠮᠣᠩᠭᠣᠯ ᠬᠡᠯᠡ ᠶᠢᠨ ᠬᠦᠭᠵᠢᠯ ᠦᠨ ᠦᠶᠡ ᠶᠢ ᠰᠢᠨᠵᠢᠯᠡᠨ ᠲᠤᠮᠤᠲᠤ ᠦᠶᠡ ᠮᠢᠨᠢ ᠬᠤᠪᠢᠶᠠᠯᠴᠠᠭᠤᠯᠤᠭᠰᠠᠨ ᠂ ᠬᠤᠪᠢᠶᠠᠭᠰᠠᠨ ᠂ 17 ᠵᠠᠭᠤᠨ ᠤ ᠡᠮᠦᠨ ᠡᠬᠢ ᠦᠶᠡ ᠶᠢᠨ ᠮᠣᠩᠭᠣᠯ ᠬᠡᠯᠡ ᠪᠢᠴᠢᠭ ᠰᠤᠷᠪᠤᠯᠵᠢᠯᠠᠯ ᠡᠷᠲᠡᠨ ᠬᠡᠯᠡᠨ ᠭᠠᠷᠴᠠᠭ ᠳᠤ ᠲᠡᠮᠳᠡᠭᠯᠡᠭᠰᠡᠨ ᠪᠠᠢᠨ᠎ᠠ ᠢ ᠪᠣᠳᠣᠯᠭᠠᠭᠠᠷ》ᠳᠤ ᠲᠡᠮᠳᠡᠭ ᠦᠨ ᠬᠠᠭᠠᠨ ᠤ ᠪᠢᠴᠢᠭ ᠲᠡᠮᠳᠡᠭ ᠪᠢᠴᠢᠭ ᠤᠨ ᠭᠠᠷᠤᠯ ᠰᠣᠳᠤᠯᠤᠭᠰᠠᠨ ᠪᠢᠴᠢᠭ ᠢ ᠭᠡᠷᠡᠴᠢᠯᠡᠯ ᠪᠠᠢᠨ᠎ᠠ 16 ᠵᠠᠭᠤᠨ ᠤ ᠡᠮᠦᠨ ᠡᠬᠢ ᠦᠶᠡ ᠶᠢᠨ ᠰᠤᠳᠤᠯᠤᠯ ᠪᠣᠳᠣᠯᠭᠠᠭᠰᠠᠨ ᠢ ᠡᠨᠡ ᠴᠠᠭ ᠤᠨ ᠪᠠᠷ ᠲᠣᠭᠠᠨ ᠬᠠᠮᠤᠷᠤᠭᠰᠠᠨ ᠪᠠᠢᠨ᠎ᠠ ᠄ ᠲᠡᠭᠦᠨ ᠦ〈ᠮᠣᠩᠭᠣᠯᠴᠤᠳ〉ᠪᠢᠴᠢᠭ ᠦᠨ ᠬᠡᠯᠡ ᠶᠢ

21、8页。
③④小泽重男著，呼格吉勒图、胡树、南敬铭、徐坤译：《中世纪蒙古语诸形态研究》，内蒙古教育出版社，2004年，第
②　N·鲍培著，卢弼译：《蒙古语比较研究绪论》，内蒙古大学蒙古语文研究室，1979年，第9页。
①　符拉基米尔佐夫著，陈伟、陈鹏译：《蒙古书面语与喀尔喀方言比较语法》，青海人民出版社，1988年，第23页。

③ ᠳᠤᠯᠠᠭᠠᠨ ᠄ 《ᠮᠣᠩᠭᠣᠯ ᠪᠢᠴᠢᠭ ᠦᠨ ᠬᠡᠪᠯᠡᠯ ᠦᠨ ᠲᠡᠦᠬᠡ ᠶᠢᠨ ᠲᠤᠬᠠᠢ》·《ᠮᠣᠩᠭᠣᠯ ᠬᠡᠯᠡ ᠪᠢᠴᠢᠭ》· 2005 ᠣᠨ ᠤ 1 ᠳᠦᠭᠡᠷ ᠳᠡᠭᠡᠳᠲᠦ · 16 ᠳᠤᠭᠠᠷ ᠨᠢᠭᠤᠷ ᠃

② ᠳ · ᠴᠡᠷᠡᠨᠰᠣᠳᠨᠣᠮ ᠤᠨ ᠄ 《ᠮᠣᠩᠭᠣᠯ ᠪᠢᠴᠢᠭ ᠦᠨ ᠬᠡᠪᠯᠡᠯ ᠦᠨ ᠲᠡᠦᠬᠡ ᠶᠢᠨ ᠲᠣᠢᠮ》·《ᠮᠣᠩᠭᠣᠯ ᠤᠨ ᠤᠷᠠᠨ ᠵᠣᠬᠢᠶᠠᠯ ᠤᠨ ᠲᠡᠦᠬᠡ ᠶᠢᠨ ᠲᠣᠢᠮ》· ᠤᠯᠠᠭᠠᠨᠪᠠᠭᠠᠲᠤᠷ · 2002 ᠣᠨ · 32 ᠳᠤᠭᠠᠷ ᠨᠢᠭᠤᠷ ᠃

① Д·卡拉著，范丽君译：《蒙古人的文字与书籍》，内蒙古人民出版社，2004年，第3页。

17 ᠳᠤᠭᠠᠷ ᠵᠠᠭᠤᠨ ᠤ ᠮᠣᠩᠭᠣᠯ ᠪᠢᠴᠢᠭ ᠦᠨ ᠬᠡᠪᠯᠡᠯ ᠦᠨ ᠪᠠᠶᠢᠳᠠᠯ ᠢ ᠳᠤᠷᠠᠳᠪᠠᠯ ᠄ ᠤᠯᠠᠭᠠᠨᠪᠠᠭᠠᠲᠤᠷ ᠬᠣᠲᠠ ᠶᠢᠨ M.H ᠴᠡᠷᠡᠨᠳᠣᠷᠵᠢ ᠶᠢᠨ ᠬᠠᠳᠠᠭᠠᠯᠠᠵᠤ ᠪᠠᠢᠭ᠎ᠠ 17 ᠳᠤᠭᠠᠷ ᠵᠠᠭᠤᠨ ᠤ ᠮᠣᠩᠭᠣᠯ ᠪᠢᠴᠢᠭ ᠦᠨ ᠬᠡᠪᠯᠡᠯ ᠦᠨ ᠬᠡᠰᠡᠭ ᠪᠤᠷᠤᠭᠤᠳ ᠣᠯᠳᠠᠭᠰᠠᠨ ᠪᠠᠶᠢᠨ᠎ᠠ ᠃ ᠡᠳᠡᠭᠡᠷ ᠲᠡᠮᠳᠡᠭᠯᠡᠯ ᠪᠠᠢᠳᠠᠯ ᠢ ᠰᠢᠨᠵᠢᠯᠡᠬᠦ ᠳᠦ ᠬᠡᠪᠯᠡᠯ ᠦᠨ ᠬᠡᠪ ᠦᠨ ᠬᠠᠪᠲᠠᠰᠤ ᠶᠢᠨ ᠬᠡᠮᠵᠢᠶ᠎ᠡ ᠪᠠᠷ ᠲᠣᠳᠣᠷᠬᠠᠢᠯᠠᠪᠠᠯ ᠢᠯᠡᠳᠬᠡᠵᠦ ᠪᠣᠯᠬᠤ ᠦᠭᠡᠢ ᠪᠠᠶᠢᠨ᠎ᠠ ᠃

ᠡᠨᠡ ᠮᠡᠲᠦ ᠪᠡᠷ ᠨᠢ 17 ᠳᠤᠭᠠᠷ ᠵᠠᠭᠤᠨ ᠤ ᠮᠣᠩᠭᠣᠯ ᠪᠢᠴᠢᠭ ᠪᠣᠯᠤᠨ ᠮᠣᠩᠭᠣᠯ ᠪᠢᠴᠢᠭ ᠦᠨ ᠬᠡᠪᠯᠡᠯ ᠦᠨ ᠲᠡᠦᠬᠡ ᠳᠦ ᠴᠢᠬᠤᠯᠠ ᠪᠠᠢᠷᠢ ᠡᠵᠡᠯᠡᠳᠡᠭ ᠮᠡᠳᠡᠬᠦ ᠪᠣᠯᠤᠨ᠎ᠠ ᠶᠠᠭᠤ ᠭᠡᠪᠡᠯ ᠮᠣᠲᠣᠨ ᠪᠠᠷ ᠰᠡᠶᠢᠯᠦᠭᠰᠡᠨ ᠬᠡᠪ ᠦᠨ ᠬᠠᠪᠲᠠᠰᠤ ᠨᠢ ᠵᠢᠭᠠᠵᠤ ᠪᠠᠶᠢᠨ᠎ᠠ ᠃

ᠬᠡᠪᠯᠡᠯ ᠦᠨ ᠪᠠᠶᠢᠳᠠᠯ ᠢ ᠰᠢᠨᠵᠢᠯᠡᠨ ᠲᠣᠭᠲᠠᠭᠠᠬᠤ ᠳᠤ ᠲᠤᠰ ᠪᠣᠯᠬᠤ ᠶᠠᠰᠤᠨ ᠮᠠᠲᠧᠷᠢᠶᠠᠯ ᠬᠡᠳᠦ ᠴᠦ ᠮᠡᠳᠡᠭᠳᠡᠬᠦ ᠦᠭᠡᠢ ᠪᠠᠶᠢᠨ᠎ᠠ ᠃

ᠬᠡᠪ ᠦᠨ ᠪᠢᠴᠢᠭ ᠢ ᠰᠢᠨᠵᠢᠯᠡᠨ ᠲᠣᠭᠲᠠᠭᠠᠬᠤ ᠳᠤ ᠬᠡᠪᠯᠡᠯ ᠦᠨ ᠬᠡᠪ ᠦᠨ ᠬᠠᠪᠲᠠᠰᠤ ᠨᠢ ᠮᠣᠩᠭᠣᠯ ᠪᠢᠴᠢᠭ ᠦᠨ ᠨᠣᠮ ᠤᠨ ᠣᠨᠴᠠᠯᠢᠭ ᠢ ᠬᠠᠷᠠᠭᠤᠯᠵᠤ ᠪᠠᠢᠳᠠᠭ ᠃ ᠡᠨᠡ ᠨᠢ ᠮᠣᠩᠭᠣᠯ ᠤᠨ ᠦᠨᠳᠦᠰᠦᠨ ᠰᠤᠷᠲᠠᠯ ᠤᠨ ᠬᠡᠪᠯᠡᠯ ᠦᠨ ᠪᠠᠶᠢᠳᠠᠯ ᠳᠤ ᠰᠢᠨᠵᠢᠯᠡᠭᠰᠡᠨ ᠪᠣᠯᠤᠨ ᠬᠠᠪᠲᠠᠰᠤ ᠪᠣᠯᠤᠨ᠎ᠠ ᠃ ᠡᠨᠡ ᠨᠢ ᠲᠡᠭᠦᠨ ᠦ ᠬᠡᠪᠯᠡᠯ ᠦᠨ

ᠡᠨᠡ ᠬᠡᠪᠯᠡᠯ ᠦᠨ ᠲᠡᠦᠬᠡ ᠶᠢ ᠰᠢᠨᠵᠢᠯᠡᠭᠰᠡᠨ ᠳᠦᠭᠦᠮ ᠵᠢᠷᠤᠭ · 17 ᠳᠤᠭᠠᠷ ᠵᠠᠭᠤᠨ ᠤ ᠮᠣᠩᠭᠣᠯ ᠪᠢᠴᠢᠭ ᠢ ᠰᠢᠨᠵᠢᠯᠡᠬᠦ ᠵᠠᠭᠤᠨ ᠤ ᠮᠣᠩᠭᠣᠯ ᠪᠢᠴᠢᠭ ᠦᠨ ᠪᠠᠷᠠᠭ᠎ᠠ ᠶᠢᠨ ᠪᠢᠴᠢᠭ ᠢ ᠬᠡᠪᠯᠡᠭᠰᠡᠨ ᠬᠡᠪᠯᠡᠯ ᠦᠨ ᠳᠤᠮᠳᠠ ᠪᠡᠷ ᠰᠢᠨᠵᠢᠯᠡᠨ ᠲᠣᠭᠲᠠᠭᠠᠭᠰᠠᠨ ᠪᠠᠶᠢᠨ᠎ᠠ ᠃

ᠳᠤᠯᠠᠭᠠᠨ ᠬᠡᠯᠡᠭᠰᠡᠨ ③ ᠃ ᠡᠨᠡ ᠨᠢ 17 ᠳᠤᠭᠠᠷ ᠵᠠᠭᠤᠨ ᠤ ᠮᠣᠩᠭᠣᠯ ᠪᠢᠴᠢᠭ ᠢ 18 ᠳᠤᠭᠠᠷ ᠵᠠᠭᠤᠨ ᠤ ᠨᠣᠮ ᠤᠨ ᠰᠣᠳᠤᠷ ᠤᠨ ᠬᠡᠪᠯᠡᠯ ᠦᠨ ᠳᠡᠭᠡᠳᠲᠦ ᠪᠠᠢᠳᠠᠭ ᠬᠡᠯᠡᠭᠰᠡᠨ ② ᠃ ᠳᠤᠯᠠᠭᠠᠨ ᠪᠠᠷ ᠮᠣᠩᠭᠣᠯ ᠪᠢᠴᠢᠭ ᠦᠨ ᠬᠡᠪᠯᠡᠯ ᠦᠨ ᠬᠡᠪ ᠦᠨ ᠲᠡᠦᠬᠡ ᠶᠢ 16 ᠳᠤᠭᠠᠷ ᠵᠠᠭᠤᠨ ᠤ ᠬᠡᠪᠯᠡᠯ ᠢ ᠰᠢᠨᠵᠢᠯᠡᠬᠦ ᠪᠠᠶᠢᠨ᠎ᠠ ᠭᠡᠵᠦ ᠬᠡᠯᠡᠭᠰᠡᠨ ① ᠃ ᠳ · ᠴᠡᠷᠡᠨᠰᠣᠳᠨᠣᠮ ᠤᠨ ᠪᠣᠯ ᠮᠣᠩᠭᠣᠯ ᠬᠡᠪᠯᠡᠯ ᠦᠨ ᠮᠣᠩᠭᠣᠯ ᠪᠢᠴᠢᠭ ᠢ 11—12 ᠳᠤᠭᠠᠷ ᠵᠠᠭᠤᠨ ᠡᠴᠡ 16—17 ᠳᠤᠭᠠᠷ ᠵᠠᠭᠤᠨ ᠤ ᠮᠣᠩᠭᠣᠯᠴᠤᠳ ᠪᠢᠴᠢᠭ ᠦᠨ ᠰᠤᠷᠲᠠᠯ ᠤᠨ ᠬᠡᠪ ᠦᠨ ᠪᠢᠴᠢᠭ ᠪᠠᠢᠭᠰᠠᠨ ᠵᠦᠢᠯ ᠢ ᠬᠡᠯᠡᠵᠦ ᠪᠠᠷᠢᠮᠲᠠ ᠬᠡᠪ ᠦᠨ ᠪᠢᠴᠢᠭ ᠪᠠᠶᠢᠨ᠎ᠠ ᠭᠡᠵᠦ

Gyorgy) ᠪᠡᠷ 16—17 ᠳᠤᠭᠠᠷ ᠵᠠᠭᠤᠨ ᠤ ᠬᠡᠪ ᠦᠨ ᠮᠣᠩᠭᠣᠯᠴᠤᠳ ᠤᠨ ᠰᠤᠳᠤᠯᠤᠯ ᠬᠡᠪ ᠦᠨ ᠪᠢᠴᠢᠭ ᠪᠠᠷᠢᠮᠲᠠ ᠪᠢᠴᠢᠭ ᠦᠨ ᠲᠣᠭᠠᠨ ᠳᠤ

(M·H·Орловская) ᠶᠢᠨ 《〈ᠠᠯᠲᠠᠨ ᠲᠣᠪᠴᠢ〉 ᠶᠢᠨ ᠬᠡᠯᠡ》①· ᠮᠣᠩᠭᠣᠯ ᠤᠯᠤᠰ ᠤᠨ ᠴᠡ · ᠱᠠᠭᠳᠠᠷᠰᠦᠩ ᠦᠨ 《〈ᠮᠣᠩᠭᠣᠯ ᠤᠨ ᠨᠢᠭᠤᠴᠠ ᠲᠣᠪᠴᠢᠶᠠᠨ〉· ᠯᠤᠪᠰᠠᠩᠳᠠᠨᠵᠢᠨ ᠤ 〈ᠠᠯᠲᠠᠨ ᠲᠣᠪᠴᠢ〉 —— ᠬᠡᠯᠡ ᠶᠢᠨ ᠰᠢᠨᠵᠢᠯᠡᠯᠲᠡ ᠰᠤᠳᠤᠯᠭ᠎ᠠ》②· ᠰᠣᠯᠣᠩᠭᠣᠰ ᠤᠨ ᠯᠢ ᠰᠧᠩ ᠭᠢᠦ (Lee Seong Gyu)· ᠴᠦᠢ ᠾᠢᠶᠣᠩ ᠸᠦᠨ (Coi Hyong Wuon) ᠨᠠᠷ ᠮᠣᠩᠭᠣᠯ ᠤᠯᠤᠰ ᠤᠨ ᠴᠡ · ᠱᠠᠭᠳᠠᠷᠰᠦᠩ ᠤ ᠰᠤᠳᠤᠯᠤᠭᠰᠠᠨ ᠪᠦᠲᠦᠭᠡᠯ 《ᠮᠣᠩᠭᠣᠯ ᠳᠤᠮᠳᠠᠳᠤ ᠵᠠᠭᠤᠨ ᠤ ᠮᠣᠩᠭᠣᠯ ᠬᠡᠯᠡᠨ ᠦ ᠲᠡᠦᠬᠡᠨ ᠳᠦ ᠠᠯᠲᠠᠨ ᠲᠣᠪᠴᠢ ᠶᠢᠨ ᠣᠷᠣᠨ》③ ᠵᠡᠷᠭᠡ ᠪᠦᠲᠦᠭᠡᠯ ᠦᠨ ᠰᠢᠨᠵᠢᠯᠡᠭᠡᠨ ᠬᠡᠪᠯᠡᠭᠳᠡᠭᠦ ᠪᠦᠲᠦᠭᠡᠯ ᠦᠨ ᠪᠠᠷᠢᠮᠲᠠ ᠶᠤᠮ ·· ᠡᠨᠡᠬᠦ ᠪᠦᠲᠦᠭᠡᠯ ᠦᠨ 17 ᠳᠤᠭᠠᠷ ᠵᠠᠭᠤᠨ ᠤ ᠮᠣᠩᠭᠣᠯ ᠬᠡᠯᠡᠨ ᠦ ᠪᠠᠶᠢᠴᠠ ᠶᠢ ᠰᠤᠳᠤᠯᠬᠤ ᠳᠤ ᠴᠢᠬᠤᠯᠠ ᠬᠠᠮᠤᠷᠤᠭᠰᠠᠨ ᠲᠤᠰ ᠲᠠᠢ ᠪᠠᠢᠨ᠎ᠠ · ᠳᠤᠮᠳᠠᠳᠤ ᠵᠠᠭᠤᠨ ᠤ ᠮᠣᠩᠭᠣᠯ ᠬᠡᠯᠡ ᠪᠡᠨ ᠲᠣᠳᠤ ᠲᠣᠭᠠ ᠶᠢᠨ ᠮᠣᠩᠭᠣᠯ ᠬᠡᠯᠡ ᠪᠠᠢ ᠵᠢ ᠰᠢᠨᠵᠢᠯᠡᠨ ᠲᠣᠳᠤᠷᠬᠠᠢᠯᠠᠭᠰᠠᠨ ᠪᠣᠯᠤᠨ᠎ᠠ ·· ᠴᠡ · ᠱᠠᠭᠳᠠᠷᠰᠦᠩ ᠤᠨ ᠲᠣᠳᠤᠷᠬᠠᠢᠯᠠᠯᠲᠠ ᠶᠢᠨ 《〈ᠮᠣᠩᠭᠣᠯ ᠤᠨ ᠨᠢᠭᠤᠴᠠ ᠲᠣᠪᠴᠢᠶᠠᠨ〉· ᠯᠤᠪᠰᠠᠩᠳᠠᠨᠵᠢᠨ ᠤ 〈ᠠᠯᠲᠠᠨ ᠲᠣᠪᠴᠢ〉 —— ᠬᠡᠯᠡ ᠶᠢᠨ ᠰᠢᠨᠵᠢᠯᠡᠯᠲᠡ ᠰᠤᠳᠤᠯᠭ᠎ᠠ》 ᠳᠤ ᠰᠢᠨᠵᠢᠯᠡᠨ ᠰᠤᠳᠤᠯᠤᠭᠰᠠᠨ ᠨᠢ 《17 ᠳᠤᠭᠠᠷ ᠵᠠᠭᠤᠨ ᠤ ᠮᠣᠩᠭᠣᠯ ᠬᠡᠯᠡ ᠪᠡᠷ ᠪᠢᠴᠢᠭᠳᠡᠭᠰᠡᠨ ᠲᠣᠪᠴᠢᠶᠠᠨ ᠪᠢᠴᠢᠭ ᠦᠨ ᠬᠡᠯᠡ》 ᠶᠢ ᠰᠢᠨᠵᠢᠯᠡᠨ ᠪᠢᠴᠢᠭᠰᠡᠨ ᠪᠣᠯᠤᠨ᠎ᠠ ·· ᠡᠨᠡᠬᠦ ᠰᠤᠳᠤᠯᠭ᠎ᠠ ᠨᠢ 17 ᠳᠤᠭᠠᠷ ᠵᠠᠭᠤᠨ ᠤ ᠮᠣᠩᠭᠣᠯ ᠬᠡᠯᠡᠨ ᠦ ᠪᠣᠳᠠᠲᠤ ᠪᠠᠶᠢᠳᠠᠯ ᠢ ᠲᠣᠳᠤᠷᠬᠠᠢᠯᠠᠨ ᠲᠣᠭᠠᠴᠠᠭᠰᠠᠨ ᠪᠣᠯᠤᠨ᠎ᠠ ·· 《ᠮᠣᠩᠭᠣᠯ ᠬᠡᠯᠡ》《ᠮᠣᠩᠭᠣᠯ ᠪᠢᠴᠢᠭ》《ᠮᠣᠩᠭᠣᠯ ᠤᠨ ᠬᠡᠯᠡ》《ᠰᠢᠨᠵᠢᠯᠡᠬᠦ ᠤᠬᠠᠭᠠᠨ ᠤ ᠪᠢᠴᠢᠭ》《ᠴᠡ · ᠮᠣᠩᠭᠣᠯ ᠬᠡᠯᠡ》 ᠡᠴᠡ ᠭᠠᠷᠭᠠᠨ ᠲᠠᠢ ᠬᠡᠯᠡ ᠵᠦᠢ ᠶᠢᠨ ᠰᠤᠳᠤᠯᠤᠯ ᠤᠨ ᠲᠣᠬᠢᠶᠠᠯᠳᠤᠯ ᠢ ᠵᠠᠭᠠᠭᠰᠠᠨ ᠪᠣᠯᠤᠨ᠎ᠠ ·· ᠡᠨᠡᠬᠦ ᠰᠤᠳᠤᠯᠭ᠎ᠠ ᠨᠢ 17 ᠳᠤᠭᠠᠷ ᠵᠠᠭᠤᠨ ᠤ ᠮᠣᠩᠭᠣᠯ ᠬᠡᠯᠡᠨ ᠦ ᠰᠤᠳᠤᠯᠭ᠎ᠠ ᠳᠤ ᠴᠢᠬᠤᠯᠠ ᠪᠠᠢᠷᠢ ᠡᠵᠡᠯᠡᠳᠡᠭ ᠪᠠᠢᠨ᠎ᠠ ·· ᠡᠨᠡᠬᠦ ᠰᠢᠨᠵᠢᠯᠡᠯᠲᠡ ᠲᠤᠯᠭᠤᠷᠢ ᠶᠢᠨ ᠪᠠᠢᠷᠢ ᠳᠤ ᠪᠠᠢᠨ᠎ᠠ ·· ᠡᠨᠡᠬᠦ ᠰᠢᠨᠵᠢᠯᠡᠯᠲᠡ ᠲᠤᠯᠭᠤᠷᠢ ᠶᠢᠨ ᠪᠠᠢ ᠶᠤᠮ ··

① M·H·奥尔洛夫斯卡娅著，郭守祥译：《〈黄金史〉语言》，内蒙古教育出版社，2004年。

② ᠴᠡ · ᠱᠠᠭᠳᠠᠷᠰᠦᠩ: 《〈ᠮᠣᠩᠭᠣᠯ ᠤᠨ ᠨᠢᠭᠤᠴᠠ ᠲᠣᠪᠴᠢᠶᠠᠨ〉· ᠯᠤᠪᠰᠠᠩᠳᠠᠨᠵᠢᠨ ᠤ 〈ᠠᠯᠲᠠᠨ ᠲᠣᠪᠴᠢ〉 —— ᠬᠡᠯᠡ ᠶᠢᠨ ᠰᠢᠨᠵᠢᠯᠡᠯᠲᠡ ᠰᠤᠳᠤᠯᠭ᠎ᠠ》· ᠮᠣᠩᠭᠣᠯ ᠤᠯᠤᠰ ᠤᠨ ᠶᠡᠬᠡ ᠰᠤᠷᠭᠠᠭᠤᠯᠢ ᠶᠢᠨ ᠬᠡᠪᠯᠡᠯ ᠦᠨ ᠭᠠᠵᠠᠷ · ᠤᠯᠠᠭᠠᠨᠪᠠᠭᠠᠲᠤᠷ · 2002 ᠣᠨ ··

③ Lee Seong Gyu · Coi Hyong Wuon · ᠴᠡ · ᠱᠠᠭᠳᠠᠷᠰᠦᠩ: 《ᠮᠣᠩᠭᠣᠯ ᠳᠤᠮᠳᠠᠳᠤ ᠵᠠᠭᠤᠨ ᠤ ᠮᠣᠩᠭᠣᠯ ᠬᠡᠯᠡᠨ ᠦ ᠲᠡᠦᠬᠡᠨ ᠳᠦ ᠠᠯᠲᠠᠨ ᠲᠣᠪᠴᠢ ᠶᠢᠨ ᠣᠷᠣᠨ ᠬᠡᠪᠯᠡᠯ》· ᠰᠧᠦᠯ · 2005 ᠣᠨ ··

ᠪ ᠬᠠᠷᠢᠴᠠᠭᠤᠯᠤᠭᠰᠠᠨ ᠬᠡᠮᠡᠨ ᠪᠣᠯ ᠪᠠᠢᠨ᠎ᠠ :: ᠣᠯᠠᠨ ᠪᠣᠯᠪᠠᠯ ᠤᠨ ᠣᠳᠣ ᠪᠠᠷ ᠮᠠᠰᠢ ᠮᠡᠳᠡᠭᠳᠡᠵᠦ ᠦᠭᠡ ᠦᠨ ᠬᠡᠯᠡᠯᠴᠡᠭᠡᠨ ᠦᠭᠡ ᠪᠡᠨ ᠪᠣᠯ ᠪᠠᠢᠭ᠎ᠠ 《ᠮᠣᠩᠭᠣᠯ ᠤᠨ
ᠨᠢᠭᠤᠴᠠ ᠲᠣᠪᠴᠢᠶᠠᠨ》ᠤ ᠬᠡᠪᠯᠡᠯᠦᠳ ᠪᠣᠯᠤᠨ᠎ᠠ :: ᠴ · ᠪᠠᠶᠠᠷ ᠬᠡᠯᠡᠨ᠎ᠡ : 《〈ᠮᠣᠩᠭᠣᠯ ᠤᠨ ᠨᠢᠭᠤᠴᠠ ᠲᠣᠪᠴᠢᠶᠠᠨ〉ᠤ ᠬᠡᠪᠯᠡᠯᠦᠳ 17 ᠵᠠᠭᠤᠨ ᠵᠢᠯ ᠳᠦ
ᠪᠢᠴᠢᠭᠳᠡᠭᠰᠡᠨ · ᠰᠤᠷᠪᠤᠯᠵᠢ ᠶᠢᠨ ᠰᠤᠳᠤᠯᠤᠯ ᠢ ᠬᠡᠯᠡᠬᠦ : ᠪᠣᠯᠤᠨ ᠪᠣᠯᠤᠨ ᠠᠯᠢ ᠬᠡᠪᠯᠡᠯᠦᠳ ᠪᠣᠯᠤᠨ ᠪᠢᠴᠢᠭᠲᠦ ᠬᠡᠪᠯᠡᠯᠦᠳ ᠤᠨ ᠬᠡᠪᠯᠡᠯᠦᠳ ᠪᠣᠯᠤᠨ ·
ᠬᠡᠪᠯᠡᠭᠰᠡᠨ ᠪᠣᠯᠪᠠᠰᠤᠷᠠᠯᠲᠠ ᠬᠡᠯᠡᠨ ᠦᠭᠡ ᠦᠭᠡᠨ 〈ᠦᠰᠦᠭ ᠪᠢᠴᠢᠭ〉〈ᠬᠡᠯᠡᠯᠴᠡᠭᠡᠨ ᠦᠭᠡ ᠶᠢᠨ ᠪᠣᠯᠤᠨ〉ᠪᠣᠯᠤᠨ〈ᠰᠢᠨᠵᠢᠯᠡᠭᠡᠨ ᠠᠯᠲᠠᠨ ᠲᠣᠪᠴᠢ〉ᠵᠡᠷᠭᠡ
ᠪᠢᠴᠢᠭ ᠦᠨ ᠵᠢᠱᠢᠶᠡᠯᠡᠪᠡᠯ〈ᠮᠣᠩᠭᠣᠯ ᠤᠨ ᠨᠢᠭᠤᠴᠠ ᠲᠣᠪᠴᠢᠶᠠᠨ〉ᠤ ᠠᠯᠢ ᠬᠡᠪᠯᠡᠯ ᠤᠨ ᠬᠡᠪᠯᠡᠯᠦᠳ ᠢ ᠰᠤᠳᠤᠯᠤᠭᠰᠠᠳ ᠳᠠᠬᠢ ᠬᠡᠪᠯᠡᠭᠰᠡᠨ ᠬᠡᠪᠯᠡᠯᠦᠳ ᠤᠨ ᠤ
〈ᠠᠯᠲᠠᠨ ᠲᠣᠪᠴᠢ〉ᠳᠤ ᠪᠢᠴᠢᠭᠳᠡᠭᠰᠡᠨ ᠪᠢᠴᠢᠭ ᠤ〈ᠡᠷᠳᠡᠨᠢ ᠶᠢᠨ ᠲᠣᠪᠴᠢ〉ᠶᠢ ᠪᠠᠰᠠ〈ᠮᠣᠩᠭᠣᠯ ᠤᠨ ᠨᠢᠭᠤᠴᠠ ᠲᠣᠪᠴᠢᠶᠠᠨ〉ᠤ ᠪᠢᠴᠢᠭ ᠰᠤᠷᠪᠤᠯᠵᠢ ᠶᠢᠨ
ᠬᠡᠪᠯᠡᠯᠦᠳ ᠢ ᠰᠤᠳᠤᠯᠤᠭᠰᠠᠨ ᠪᠠᠢᠨ᠎ᠠ》① ᠳᠠᠬᠢ ᠬᠡᠪᠯᠡᠭᠰᠡᠨ ᠪᠢᠴᠢᠭ ᠪᠠᠢᠨ᠎ᠠ :: ᠡᠨᠡ ᠪ ᠬᠡᠪᠯᠡᠭᠰᠡᠨ ᠳᠤ ᠦᠭᠦᠯᠡᠭᠰᠡᠨ · ᠡᠬᠢ ᠪᠣᠯᠤᠨ ᠰᠤᠷᠪᠤᠯᠵᠢ ᠶᠢᠨ
ᠳᠤᠮᠳᠠ ᠤ ᠪᠢᠴᠢᠭ ᠲᠡᠷᠡ ᠮᠣᠩᠭᠣᠯ ᠬᠡᠪᠯᠡᠯᠦᠳ ᠤ ᠳᠤᠮᠳᠠ ᠤ ᠪᠢᠴᠢᠭ ᠤᠨ ᠨᠢᠭᠤᠴᠠ ᠶᠢ ᠪᠢᠴᠢᠭᠳᠡ ᠶᠢ ᠪᠣᠯᠤᠭᠰᠠᠨ ᠡᠴᠡ ᠪᠠᠢᠨ᠎ᠠ :: ᠬᠡᠪᠯᠡᠭᠰᠡᠨ ᠪᠢᠴᠢᠭ ᠰᠤᠷᠪᠤᠯᠵᠢ
ᠤᠨ ᠬᠡᠪᠯᠡᠯᠦᠳ ᠪᠣᠯᠤᠨ《ᠠᠯᠲᠠᠨ ᠲᠣᠪᠴᠢ》ᠪᠣᠯᠤᠨ《ᠡᠷᠳᠡᠨᠢ ᠶᠢᠨ ᠲᠣᠪᠴᠢ》ᠪᠡᠷ ᠬᠡᠪᠯᠡᠭᠰᠡᠨ ᠮᠣᠩᠭᠣᠯ ᠪᠢᠴᠢᠭ ᠲᠡᠷᠡ ᠪᠢᠴᠢᠭᠳᠡᠭᠰᠡᠨ《ᠮᠣᠩᠭᠣᠯ ᠤᠨ ᠨᠢᠭᠤᠴᠠ
ᠲᠣᠪᠴᠢᠶᠠᠨ》ᠤ ᠳᠤᠮᠳᠠ ᠤ ᠪᠢᠴᠢᠭ ᠳᠤ ᠬᠡᠪᠯᠡᠭᠰᠡᠨ᠂ ᠪᠣᠯᠤᠨ ᠲᠡᠷᠡ ᠰᠤᠷᠪᠤᠯᠵᠢ ᠪᠢᠴᠢᠭᠳᠡᠭᠰᠡᠨ ᠪᠠᠢᠨ᠎ᠠ ᠲᠠᠢ ᠬᠡᠯᠡ ᠶᠢᠨ ᠪᠣᠯᠤᠨ ᠬᠡᠯᠡᠨ ᠪᠢᠴᠢᠭᠲᠦ ᠤ
ᠪᠢᠴᠢᠭᠳᠡᠭᠰᠡᠨ ᠪᠠᠢᠨ᠎ᠠ ᠰᠢᠨᠵᠢᠯᠡᠭᠡᠨ ᠬᠡᠯᠡᠯᠴᠡᠭᠡ ᠤ ᠪᠢᠴᠢᠭ ᠪᠠᠷ ᠪᠠᠢᠨ᠎ᠠ :: ᠵᠢᠱᠢᠶᠡᠯᠡᠪᠡᠯ · ᠬᠡᠪᠯᠡᠭᠰᠡᠨ ᠮᠣᠩᠭᠣᠯ ᠪᠢᠴᠢᠭ ᠲᠡᠷᠡ ᠪᠢᠴᠢᠭᠳᠡᠭᠰᠡᠨ《ᠮᠣᠩᠭᠣᠯ ᠤᠨ
ᠪᠢᠴᠢᠭᠲᠦ ᠪᠠᠢᠨ ᠬᠡᠪᠯᠡᠭᠰᠡᠨ ᠪᠣᠯᠤᠨ ᠤ ᠬᠡᠯᠡᠭᠰᠡᠨ ᠪᠠᠢᠨ᠎ᠠ :: ᠵᠢᠱᠢᠶᠡᠯᠡᠪᠡᠯ ·《ᠡ · ᠠᠯᠲᠠᠨ ᠲᠣᠪᠴᠢ》ᠳᠤ《ᠡ》ᠬᠡᠮᠡᠬᠦ ᠪᠡᠷ ᠪᠢᠴᠢᠭᠰᠡᠨ
ᠨᠢᠭᠤᠴᠠ ᠲᠣᠪᠴᠢᠶᠠᠨ》ᠳᠤ e ᠦᠰᠦᠭ ᠢ《ᠡ》ᠬᠡᠮᠡᠬᠦ ᠪᠡᠷ ᠪᠢᠴᠢᠭᠰᠡᠨ ᠪᠢᠴᠢᠭᠯᠡᠯ ᠢ《ᠯᠣ · ᠠᠯᠲᠠᠨ ᠲᠣᠪᠴᠢ》ᠪᠣᠯᠤᠨ《ᠡᠷᠳᠡᠨᠢ ᠶᠢᠨ ᠲᠣᠪᠴᠢ》ᠳᠤ ᠪᠣᠯ
ᠬᠣᠪᠢᠯᠭᠠᠭᠰᠠᠨ ·《ᠡ》ᠬᠡᠮᠡᠬᠦ ᠪᠡᠷ ᠪᠢᠴᠢᠭᠳᠡᠭᠰᠡᠨ ᠪᠠᠢᠳᠠᠯ ᠲᠠᠢ ᠪᠣᠯ :: ᠵᠢᠱᠢᠶᠡᠯᠡᠪᠡᠯ :《ᠯᠣ · ᠠᠯᠲᠠᠨ ᠲᠣᠪᠴᠢ》ᠳᠤ《ᠪᠣᠯᠣᠷ ᠤᠨ ᠢ ᠬᠡᠯᠡᠯ
ᠲᠣᠪᠴᠢᠶᠠᠯᠠᠭᠰᠠᠨ ᠴᠢᠮᠡᠭ》(64b—3) ᠳᠠᠬᠢ《ᠮᠣᠩᠭᠣᠯ ᠤᠨ ᠨᠢᠭᠤᠴᠠ ᠲᠣᠪᠴᠢᠶᠠᠨ》(§174) ᠳᠡᠬᠢ《额鲁孙》ᠬᠡᠮᠡᠬᠦ ᠦᠭᠡ ᠨᠢ ᠦᠰᠦᠭ ᠤ

① ᠴ · ᠪᠠᠶᠠᠷ :《13—17 ᠵᠠᠭᠤᠨ ᠵᠢᠯ ᠦᠨ ᠮᠣᠩᠭᠣᠯ ᠬᠡᠯᠡ ᠪᠢᠴᠢᠭ》· ᠦᠪᠦᠷ ᠮᠣᠩᠭᠣᠯ ᠤᠨ ᠠᠷᠠᠳ ᠤᠨ ᠬᠡᠪᠯᠡᠯ ᠦᠨ ᠬᠣᠷᠢᠶ᠎ᠠ · 1988 ᠣᠨ · 199 ᠳᠤᠭᠠᠷ
ᠨᠢᠭᠤᠷ ::

ᠲᠠᠶᠢᠯᠪᠤᠷᠢᠯᠠᠭᠰᠠᠨ ᠮᠣᠩᠭᠣᠯ ᠪᠢᠴᠢᠭ ᠤᠨ ᠪᠢᠴᠢᠭᠰᠡᠨ《ᠲᠠᠶᠢᠯᠪᠤᠷᠢ》ᠳᠤ ᠲᠣᠳᠣ ᠶᠢᠨ ᠰᠢᠨᠵᠢᠯᠡᠯ ᠡᠴᠡ ᠬᠡᠯᠡᠬᠦ ᠪᠣᠯ ᠰᠠᠶᠢᠨ ᠪᠠᠷᠢᠮᠲᠠ
ᠪᠠᠷᠢᠮᠲᠠ ①᠄《ᠵᠢᠷᠦᠬᠡᠨ ᠦ ᠲᠣᠯᠲᠠ》ᠳᠤ《ᠪᠣᠯᠪᠠᠰᠤᠷᠠᠭᠤᠯᠤᠭᠰᠠᠨ ᠦᠰᠦᠭ ᠪᠢ ᠣᠯᠠᠨ ᠪᠠᠢᠨ᠎ᠠ᠄ ᠰᠢᠨᠵᠢᠯᠡᠬᠦ ᠦᠰᠦᠭ ᠪᠢ ᠣᠯᠠᠨ ᠪᠠᠢᠨ᠎ᠠ
ᠪᠢᠴᠢᠭᠰᠡᠨ》(64b — 25) ᠭᠡᠵᠦ《ᠦᠰᠦᠭ》ᠢ ᠬᠡᠯᠡᠨ ᠡ《ᠦᠰᠦᠭ》ᠭᠡᠵᠦ ᠪᠢᠴᠢᠭᠰᠡᠨ ᠪᠠᠢᠨ᠎ᠠ᠄ 1661—1665 ᠣᠨ ᠤ ᠰᠢᠨᠵᠢᠯᠡᠯᠳᠡ
ᠪᠢᠴᠢᠭᠰᠡᠨ《ᠠ · ᠬᠡᠮᠡᠨ ᠨᠡᠷᠡᠢᠳᠦᠭᠰᠡᠨ》②, 1662 ᠣᠨ ᠳᠤ ᠪᠢᠴᠢᠭᠰᠡᠨ《ᠵᠢᠷᠦᠬᠡᠨ ᠦ ᠲᠣᠯᠲᠠ》ᠳᠤ《e》ᠶᠢ《ᠦ》ᠭᠡᠵᠦ ᠪᠢᠰᠢ ᠪᠢᠴᠢᠭᠰᠡᠨ
ᠪᠠᠢᠭᠰᠠᠨ ᠶᠢ ᠣᠯᠵᠤ ᠦᠵᠡᠵᠦ ᠪᠣᠯᠬᠤ ᠪᠡᠷ ᠰᠢᠨᠵᠢᠯᠡᠭᠰᠡᠨ ᠶᠢ ᠬᠡᠯᠡᠬᠦ ᠦᠭᠡᠢ᠄ ᠡᠨᠡ ᠶᠢ 1600—1650 ᠣᠨ ᠤ ᠰᠢᠨᠵᠢᠯᠡᠯᠳᠡ ᠪᠢᠴᠢᠭᠰᠡᠨ
《ᠰᠢᠨᠵᠢᠯᠡᠭᠰᠡᠨ ᠤ ᠪᠢᠴᠢᠭ》ᠳᠤ e ᠶᠢ ᠨᠢᠭᠡᠨ ᠣᠯᠠᠨ ᠲᠠ《ᠦ》ᠭᠡᠵᠦ ᠪᠢᠰᠢ ᠪᠢᠴᠢᠭᠰᠡᠨ ᠪᠠᠢᠨ᠎ᠠ᠄ 1607 ᠣᠨ ᠳᠤ ᠪᠢᠴᠢᠭᠰᠡᠨ《ᠠᠯᠲᠠᠨ ᠰᠤᠨ ᠤ
ᠨᠡᠷᠡᠢᠳᠦᠭᠰᠡᠨ》③ ᠳᠤ ᠴᠤ《ᠦ》ᠭᠡᠵᠦ ᠪᠢᠰᠢ《e》ᠨᠢᠭᠡᠨ ᠣᠯᠠᠨ ᠲᠠ ᠴᠤ ᠪᠢᠴᠢᠭᠰᠡᠨ ᠪᠠᠢᠨ᠎ᠠ᠄ ᠡᠨᠡ ᠨᠢ ᠮᠣᠩᠭᠣᠯ ᠬᠡᠯᠡᠨ ᠦ《a · e》ᠶᠢ《ᠦ ·
ᠦ》ᠭᠡᠵᠦ ᠪᠢᠴᠢᠭᠰᠡᠨ ᠶᠢ ᠲᠡᠮᠳᠡᠭᠯᠡᠭᠰᠡᠨ ᠦᠭᠡ ᠪᠠᠷᠢᠮᠲᠠᠯᠠᠭᠰᠠᠨ ᠬᠠᠮᠤᠭ ᠤᠨ ᠠᠩᠬᠠᠨ ᠤ ᠲᠠᠯᠠᠪᠢᠯᠠᠬᠤ᠂ ᠦ · ᠦ ᠭᠡᠵᠦ ᠪᠣᠯᠤᠨ ᠰᠢᠨᠵᠢᠯᠡᠭᠰᠡᠨ ᠪᠠᠢᠳᠠᠯ ᠢ
ᠰᠢᠨᠵᠢᠯᠡᠭᠰᠡᠨ ④ ᠲᠤᠬᠠᠢ ᠪᠡᠯᠡᠨ ᠪᠠᠢᠳᠠᠯ ᠭᠡᠵᠦ ᠪᠣᠳᠤᠯᠤᠭᠰᠠᠨ ᠤ ᠤᠷᠤᠳᠤ᠂ 17 ᠵᠠᠭᠤᠨ ᠤ ᠡᠬᠢᠨ ᠤ ᠪᠢᠴᠢᠭ ᠢ ᠰᠢᠨᠵᠢᠯᠡᠭᠰᠡᠨ ᠳᠤ《ᠠ ·
ᠬᠡᠮᠡᠨ ᠨᠡᠷᠡᠢᠳᠦᠭᠰᠡᠨ》《ᠵᠢᠷᠦᠬᠡᠨ ᠦ ᠲᠣᠯᠲᠠ》ᠬᠣᠶᠠᠭᠤᠯᠠ ᠶᠢᠨ ᠰᠢᠨᠵᠢᠯᠡᠭᠰᠡᠨ ᠦᠰᠦᠭ ᠦᠨ ᠪᠢᠴᠢᠭᠯᠡᠯᠲᠡ ᠶᠢ ᠪᠠᠷᠢᠮᠲᠠᠯᠠᠵᠤ ᠬᠡᠯᠡᠬᠦ ᠳᠤ ᠪᠣᠯᠤᠨ᠎ᠠ

---

①④《ᠮᠣᠩᠭᠣᠯ ᠤᠨ ᠨᠢᠭᠤᠴᠠ ᠲᠣᠪᠴᠢᠶᠠᠨ》(ᠰᠢᠨᠵᠢᠯᠡᠭᠰᠡᠨ ᠬᠡᠪᠯᠡᠯ ᠦᠨ ᠲᠠᠶᠢᠯᠪᠤᠷᠢ)᠂ ᠦᠪᠦᠷ ᠮᠣᠩᠭᠣᠯ ᠤᠨ ᠠᠷᠠᠳ ᠤᠨ ᠬᠡᠪᠯᠡᠯ ᠦᠨ ᠬᠣᠷᠢᠶ᠎ᠠ᠂ 1987 ᠣᠨ᠂ 64 ᠳᠤᠭᠠᠷ
ᠨᠢᠭᠤᠷ᠃

② 《ᠠ · ᠬᠡᠮᠡᠨ ᠨᠡᠷᠡᠢᠳᠦᠭᠰᠡᠨ》ᠢ ᠪᠢᠴᠢᠭᠰᠡᠨ ᠣᠨ ᠢ ᠲᠣᠭᠲᠠᠭᠠᠭᠰᠠᠨ ᠨᠢ《ᠮᠣᠩᠭᠣᠯ ᠤᠨ ᠲᠡᠦᠬᠡ ᠶᠢᠨ ᠰᠤᠳᠤᠯᠭ᠎ᠠ ᠶᠢᠨ ᠡᠬᠢ ᠰᠤᠷᠪᠤᠯᠵᠢ ᠶᠢᠨ ᠲᠣᠪᠴᠢ》ᠳᠤ ᠬᠠᠷ᠎ᠠ ᠃
ᠰᠤᠳᠤᠯᠤᠭᠰᠠᠨ 1661—1665 ᠣᠨ ᠳᠤ ᠪᠢᠴᠢᠭᠰᠡᠨ ᠪᠠᠢᠵᠠᠢ᠄ ᠪᠠᠤ ᠸᠧᠨ ᠬᠠᠨ᠂ ᠴᠢᠶᠤᠵᠢ ᠶᠢᠨ ᠨᠠᠶᠢᠷᠠᠭᠤᠯᠤᠭᠰᠠᠨ《ᠮᠣᠩᠭᠣᠯ ᠲᠡᠦᠬᠡ ᠶᠢᠨ ᠰᠤᠷᠪᠤᠯᠵᠢ ᠪᠢᠴᠢᠭ ᠦᠨ ᠲᠣᠪᠴᠢ》(包文汉，
乔吉编著：《蒙文历史文献概述》，内蒙古人民出版社，1994年) ᠳᠤ ᠬᠠᠷ᠎ᠠ ᠃

③ 《ᠠᠯᠲᠠᠨ ᠰᠤᠨ ᠤ ᠨᠡᠷᠡᠢᠳᠦᠭᠰᠡᠨ》ᠢ ᠪᠢᠴᠢᠭᠰᠡᠨ ᠣᠨ ᠢ ᠲᠣᠭᠲᠠᠭᠠᠭᠰᠠᠨ ᠨᠢ ᠰᠤᠳᠤᠯᠤᠭᠠᠴᠢ 1607 ᠣᠨ ᠭᠡᠵᠦ ᠦᠵᠡᠵᠡᠢ᠄ ᠪᠠᠤ ᠸᠧᠨ ᠬᠠᠨ᠂ ᠴᠢᠶᠤᠵᠢ ᠶᠢᠨ
ᠨᠠᠶᠢᠷᠠᠭᠤᠯᠤᠭᠰᠠᠨ《ᠮᠣᠩᠭᠣᠯ ᠲᠡᠦᠬᠡ ᠶᠢᠨ ᠰᠤᠷᠪᠤᠯᠵᠢ ᠪᠢᠴᠢᠭ ᠦᠨ ᠲᠣᠪᠴᠢ》(包文汉，乔吉编著：《蒙文历史文献概述》，内蒙古人民出版社，1994年) ᠳᠤ
ᠬᠠᠷ᠎ᠠ ᠃

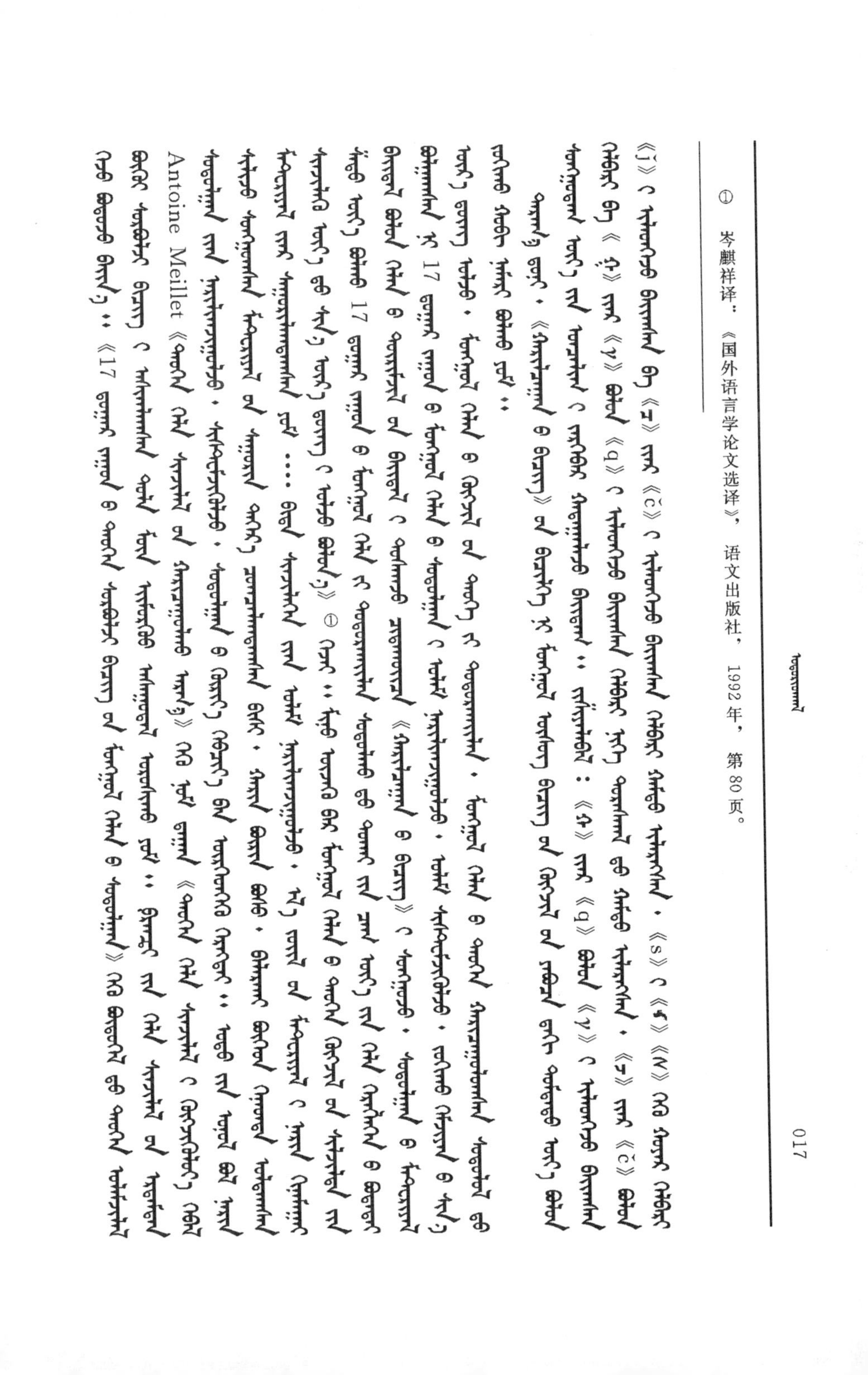

《j》 [illegible] 《ǰ》 [illegible] 《č》 [illegible] 《s》 [illegible] 《š》 [illegible]
[illegible] 《γ》 [illegible] 《q》 [illegible] 《ǰ》 [illegible] 《č》 [illegible]
[illegible] : 《ŋ》 [illegible] 《q》 [illegible] 《γ》 [illegible]

[illegible] 17 [illegible] 17 [illegible]》① [illegible] …… [illegible]

Antoine Meillet 《[illegible]》 [illegible] 《17 [illegible]》 [illegible]

① 岑麒祥译：《国外语言学论文选译》，语文出版社，1992年，第80页。

ᠪᠣᠯ ᠬᠡᠯᠡᠬᠦᠢ ᠬᠡᠯᠡᠨ ᠦ ᠰᠠᠨᠠᠭᠠᠨ ᠳᠤ 《ᠲᠠᠯᠪᠢᠯ》 ᠪᠣᠯ ᠶᠠᠭᠤ ᠶᠢᠨ ᠬᠡᠯᠪᠡᠷᠢᠵᠢᠯ ᠪᠣᠯᠬᠤ ᠲᠤᠰ ᠬᠡᠯᠡ ᠶᠢᠨ ᠳᠣᠲᠣᠭᠠᠳᠤ ᠶᠢᠨ ᠰᠢᠨᠵᠢᠯᠡᠯ 《ᠮᠣᠩᠭᠣᠯ ᠪᠢᠴᠢᠭ ᠦᠨ ᠬᠡᠯᠡ ᠶᠢᠨ ᠳᠦᠷᠢᠮ ᠦᠨ ᠲᠠᠢᠯᠪᠤᠷᠢ ᠳᠤ〈ᠲᠠᠭᠠᠷᠠᠬᠤ〉ᠡᠭᠦᠯᠡᠵᠦ ᠪᠣᠯᠬᠤ ᠨᠢ》 ᠬᠡᠮᠡᠨ ᠲᠠᠢᠯᠪᠤᠷᠢᠯᠠᠭᠰᠠᠨ ᠪᠣᠯᠤᠨ᠎ᠠ :: ᠡᠭᠦᠨ ᠳᠦ : ᠪᠠᠷᠢᠮᠲᠠ ᠪᠣᠯᠭᠠᠬᠤ ᠨᠢ ᠲᠤᠰ ᠬᠡᠯᠡ ᠶᠢᠨ ᠳᠣᠲᠣᠭᠠᠳᠤ ᠶᠢᠨ ᠰᠢᠨᠵᠢᠯᠡᠯ ᠦᠨ ᠬᠡᠮᠵᠢᠶ᠎ᠡ ᠪᠣᠯᠤᠨ᠎ᠠ ᠃ ᠲᠡᠭᠦᠨ ᠦ ᠵᠡᠷᠭᠡ ᠲᠡᠷᠡ ᠬᠡᠯᠡ ᠶᠢᠨ ᠳᠦᠷᠢᠮ ᠦᠨ ᠪᠦᠲᠦᠴᠡ ᠶᠢ ᠲᠠᠢᠯᠪᠤᠷᠢᠯᠠᠬᠤ ᠳᠤ ᠬᠡᠷᠡᠭᠯᠡᠵᠦ ᠪᠣᠯᠬᠤ ᠲᠠᠯ᠎ᠠ ᠲᠠᠢ ᠪᠣᠯᠤᠨ᠎ᠠ :: ᠭᠡᠪᠡᠴᠦ ᠲᠡᠷᠡ ᠨᠢ ᠮᠣᠩᠭᠣᠯ ᠬᠡᠯᠡᠨ ᠦ ᠲᠠᠢᠯᠪᠤᠷᠢ ᠶᠢᠨ ᠰᠤᠳᠤᠯᠭ᠎ᠠ ᠳᠤ ᠪᠠᠰᠠ ᠴᠢᠬᠤᠯᠠ ᠠᠴᠢ ᠬᠣᠯᠪᠣᠭᠳᠠᠯ ᠲᠠᠢ ᠪᠣᠯᠤᠨ᠎ᠠ :: ᠲᠡᠭᠦᠨ ᠦ ᠬᠠᠮᠲᠤ ᠲᠡᠷᠡ ᠨᠢ ᠰᠢᠨᠵᠢᠯᠡᠬᠦ ᠪᠠᠷ ᠬᠡᠯᠡ ᠶᠢᠨ ᠳᠦᠷᠢᠮ ᠦᠨ ᠠᠰᠠᠭᠤᠳᠠᠯ ᠢ ᠰᠢᠢᠳᠪᠦᠷᠢᠯᠡᠬᠦ ᠳᠤ ᠴᠢᠬᠤᠯᠠ ᠠᠴᠢ ᠬᠣᠯᠪᠣᠭᠳᠠᠯ ᠲᠠᠢ ᠪᠣᠯᠤᠨ᠎ᠠ ᠃ ᠮᠣᠩᠭᠣᠯ ᠬᠡᠯᠡᠨ ᠦ ᠲᠠᠢᠯᠪᠤᠷᠢ ᠶᠢᠨ ᠰᠤᠳᠤᠯᠭ᠎ᠠ ᠶᠢᠨ ᠲᠡᠦᠬᠡ ᠳᠦ ᠴᠢᠬᠤᠯᠠ ᠪᠠᠶᠢᠷᠢ ᠡᠵᠡᠯᠡᠬᠦ ᠪᠠᠶᠢᠨ᠎ᠠ :: ᠲᠡᠭᠦᠨ ᠦ 《ᠲᠠᠢᠯᠪᠤᠷᠢ ᠶᠢᠨ ᠳᠦᠷᠢᠮ》 ᠨᠢ ᠮᠣᠩᠭᠣᠯ ᠬᠡᠯᠡᠨ ᠦ ᠰᠤᠳᠤᠯᠭ᠎ᠠ ᠳᠤ ᠡᠵᠡᠯᠡᠬᠦ ᠪᠠᠶᠢᠷᠢ ᠨᠢ ᠶᠡᠬᠡ ᠳᠡᠭᠡᠳᠦ ᠵᠠᠭᠠᠭᠰᠠᠨ ᠶᠠᠷᠢᠭ ᠰᠢᠨᠵᠢᠯᠡᠭᠳᠡᠭᠦ ᠦᠭᠡᠢ ᠪᠠᠶᠢᠭᠰᠠᠨ ᠵᠢᠷᠤᠮ ::

ᠶᠠᠭᠤ ᠶᠢᠨ ᠪᠣᠯᠪᠠᠰᠤ ᠶᠢᠨ ᠲᠠᠢᠯᠪᠤᠷᠢ ᠳᠤ ᠮᠣᠩᠭᠣᠯ ᠬᠡᠯᠡᠨ ᠦ ᠭᠡᠭᠡᠭᠡᠷ ᠦᠨ ᠰᠢᠨᠵᠢᠯᠡᠯ ᠢ ᠨᠡᠩ ᠳᠡᠯᠭᠡᠷᠡᠩᠭᠦᠢ ᠪᠢᠴᠢᠵᠦ ᠳᠦ ᠬᠡᠷᠡᠭᠯᠡᠭᠰᠡᠨ ᠪᠣᠯᠪᠠᠴᠤ ᠡᠭᠦᠨ ᠦ ᠰᠤᠳᠤᠯᠬᠤ ᠶᠢᠨ ᠵᠢᠷᠤᠮ ᠪᠣᠯᠪᠠ :: ᠲᠡᠭᠦᠨ ᠦ ᠲᠣᠭᠠᠨ ᠳᠤ ᠨᠡᠩ ᠬᠠᠮᠤᠭ ᠤᠨ ᠡᠭᠦᠰᠦᠭᠰᠡᠨ ᠳᠦᠷᠢᠮ ᠦᠨ ᠳᠦᠷᠢᠮ ᠦᠨ ᠪᠦᠲᠦᠴᠡ ᠶᠢᠨ ᠨᠢ 18 ᠳᠤᠭᠠᠷ ᠵᠠᠭᠤᠨ ᠤ ᠡᠬᠢᠨ ᠡᠴᠡ ᠡᠬᠢᠯᠡᠨ ᠬᠠᠮᠢᠶᠠᠷᠤᠭᠰᠠᠨ ᠨᠢ ᠰᠡᠬᠦ ᠪᠣᠯᠪᠠᠰᠤᠷᠠᠭᠰᠠᠨ ᠲᠤᠯᠠ ᠲᠡᠭᠦᠨ ᠦ ᠨᠢ 17 ᠳᠤᠭᠠᠷ ᠵᠠᠭᠤᠨ ᠤ ᠬᠣᠶᠠᠷ ᠳᠤᠭᠠᠷ ᠬᠠᠭᠠᠰ ᠲᠤ ᠡᠬᠢᠯᠡᠭᠰᠡᠨ ᠪᠠᠶᠢᠨ᠎ᠠ :: ᠵᠢᠱᠢᠶᠡᠯᠡᠪᠡᠯ : ᠡᠬᠢᠨ ᠳᠦ ᠂ ᠳᠤᠮᠳᠠ ᠳᠤ ᠪᠠ ᠰᠡᠭᠦᠯ ᠳᠦ ᠪᠢᠴᠢᠭᠳᠡᠬᠦ ᠪᠠᠶᠢᠳᠠᠯ ᠢ ᠬᠡᠷᠡᠭᠵᠢᠭᠦᠯᠦᠨ ᠪᠢᠴᠢᠵᠦ ᠪᠠᠶᠢᠨ᠎ᠠ :: ᠵᠢᠱᠢᠶᠡᠯᠡᠪᠡᠯ : ᠡᠬᠢᠯᠡᠯ (ᠡᠬᠢᠨ ᠪᠠᠷ) ᠂ ᠳᠤᠮᠳᠠᠬᠢ (ᠳᠤᠮᠳᠠ ᠪᠠᠷ) ᠂ ᠰᠡᠭᠦᠯ (ᠰᠡᠭᠦᠯ ᠳᠦ) ᠪᠣᠯ ᠪᠢᠴᠢᠭᠳᠡᠬᠦ :: ᠳᠠᠭᠤᠳᠠᠯ ᠤᠨ ᠪᠢᠴᠢᠯᠭᠡ ᠶᠢᠨ ᠨᠢ ᠰᠢᠨᠵᠢᠯᠡᠭᠰᠡᠨ ᠳᠦ ᠭᠡᠭᠡᠭᠡᠨ ᠡᠭᠡᠰᠢᠭ ᠦᠨ ᠪᠢᠴᠢᠯᠭᠡ ᠶᠢ ᠲᠣᠳᠣᠷᠬᠠᠶᠢᠯᠠᠨ ᠪᠢᠴᠢᠵᠦ ᠪᠠᠶᠢᠨ᠎ᠠ :: 《ᠳ》《ᠲ》 ᠬᠣᠶᠠᠷ ᠦᠰᠦᠭ ᠢ ᠬᠣᠶᠠᠷ ᠦᠭᠡ ᠳᠦ ᠂ ᠬᠣᠶᠠᠷ ᠦᠭᠡ ᠳᠦ 《n》 ᠪᠣᠯ ᠬᠣᠶᠠᠷ ᠦᠭᠡ ᠳᠦ 《b》 ᠢ ᠲᠤᠰᠬᠠᠢᠯᠠᠨ ᠪᠢᠴᠢᠵᠦ ᠪᠠᠶᠢᠨ᠎ᠠ ᠂ ᠬᠣᠶᠠᠷ ᠦᠭᠡ ᠪᠠᠷ ᠲᠤᠰᠬᠠᠢᠯᠠᠨ ᠪᠢᠴᠢᠵᠦ ᠪᠠᠶᠢᠨ᠎ᠠ ᠂ ᠡᠬᠢᠨ ᠦ ᠡᠭᠡᠰᠢᠭ ᠬᠣᠶᠠᠷ ᠦᠭᠡ ᠪᠠᠷ ᠲᠤᠰᠬᠠᠢᠯᠠᠨ ᠪᠢᠴᠢᠵᠦ ᠪᠠᠶᠢᠨ᠎ᠠ ᠂ ᠡᠬᠢᠨ ᠦ ᠡᠭᠡᠰᠢᠭ ᠪᠦᠬᠦ ᠡᠬᠢᠨ ᠦ ᠦᠭᠡ ᠳᠦ ᠬᠡᠷᠡᠭᠯᠡᠨ ᠪᠢᠴᠢᠵᠦ ᠪᠠᠶᠢᠨ᠎ᠠ ::

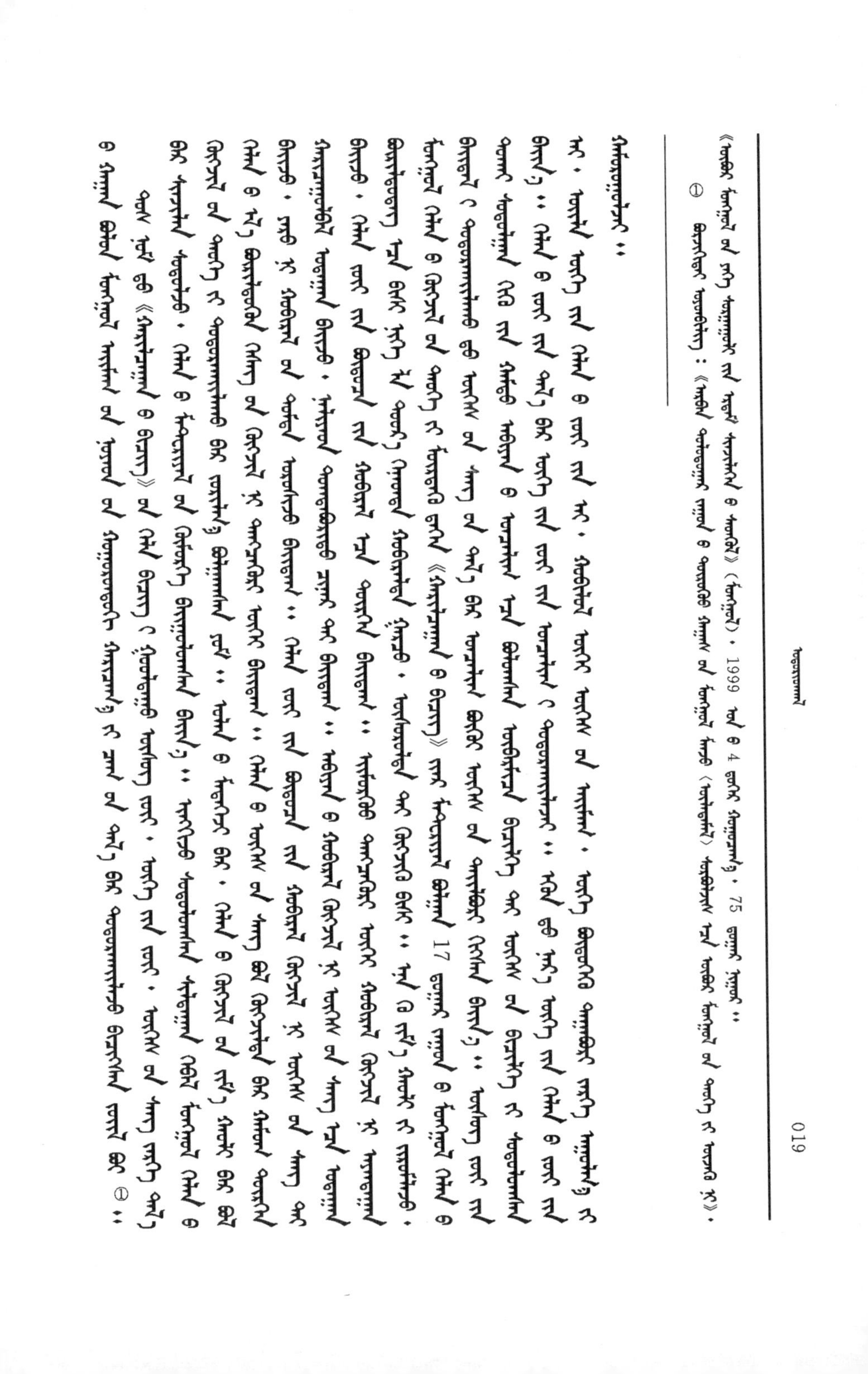

① 杜诗春，宁春岩：《语言学方法论》，外语教学与研究出版社，1997年，第110页。

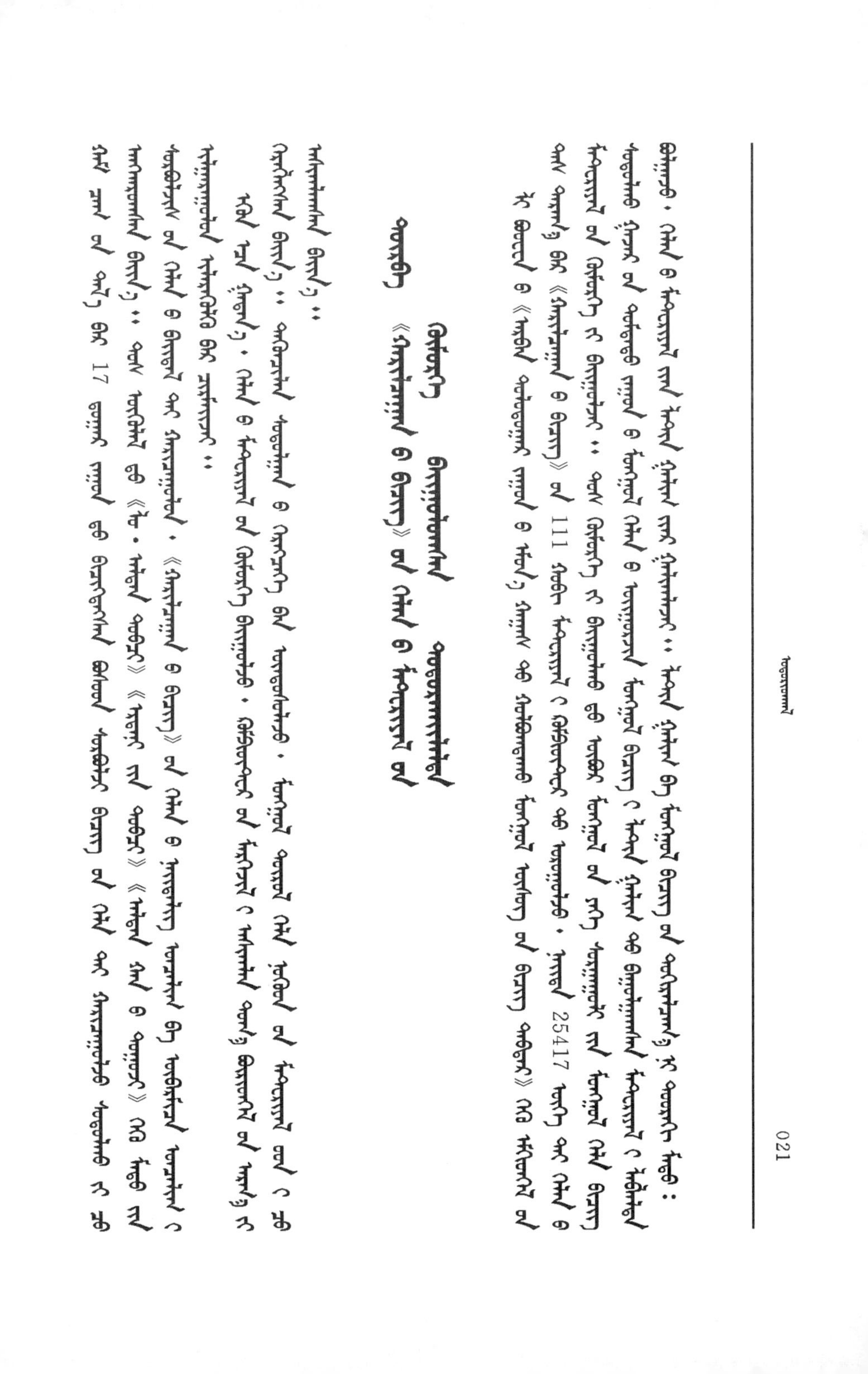

ᠭᠡᠶᠢᠭᠦᠯᠦᠭᠴᠢ	ᠡᠬᠢᠨ	ᠳᠤᠮᠳᠠ	ᠡᠴᠦᠰ	ᠲᠣᠪᠴᠢᠯᠠᠭᠤᠷ
n	ᠨ‍	‍ᠨ‍ · ‍ᠨ‍	‍ᠨ	N
	ᠨ‍			N’

ᠭᠡᠶᠢᠭᠦᠯᠦᠭᠴᠢ ᠦᠰᠦᠭ

ᠡᠭᠡᠰᠢᠭ	ᠡᠬᠢᠨ	ᠳᠤᠮᠳᠠ	ᠡᠴᠦᠰ	ᠲᠣᠪᠴᠢᠯᠠᠭᠤᠷ
ü	ᠦ‍	‍ᠦ‍	‍ᠦ · ‍ᠦ	U
ö	ᠥ‍	‍ᠥ‍	‍ᠥ · ‍ᠥ	O
u	ᠤ‍	‍ᠤ‍	‍ᠤ · ‍ᠤ	V
o	ᠣ‍	‍ᠣ‍	‍ᠣ · ‍ᠣ	0
i	ᠢ‍	‍ᠢ‍	‍ᠢ	I
e	ᠡ‍	‍ᠡ‍	‍ᠡ · ‍ᠡ	E
a	ᠠ‍	‍ᠠ‍	‍ᠠ · ‍ᠠ	A

ᠡᠭᠡᠰᠢᠭ ᠦᠰᠦᠭ

š	ᠱ	ᠱ	ᠱ	$
s			ᠰ	S’
	ᠰ	ᠰ	ᠰ	S
m	ᠮ	ᠮ	ᠮ	M
l	ᠯ	ᠯ	ᠯ	L
γ · g	ᠭ ᠠ	ᠭ ᠠ	ᠭ (ᠭ) · ᠭ	G
	ᠭ	ᠭ	ᠭ (ᠭ)	G’
q · k	ᠬ			H’
	ᠬ ᠠ	ᠬ ᠠ	ᠬ (ᠬ)	H
b			ᠪ	B’
	ᠪ	ᠪ	ᠪ	B
ng		ᠩ	ᠩ	N’G
		ᠩ	ᠩ	NG

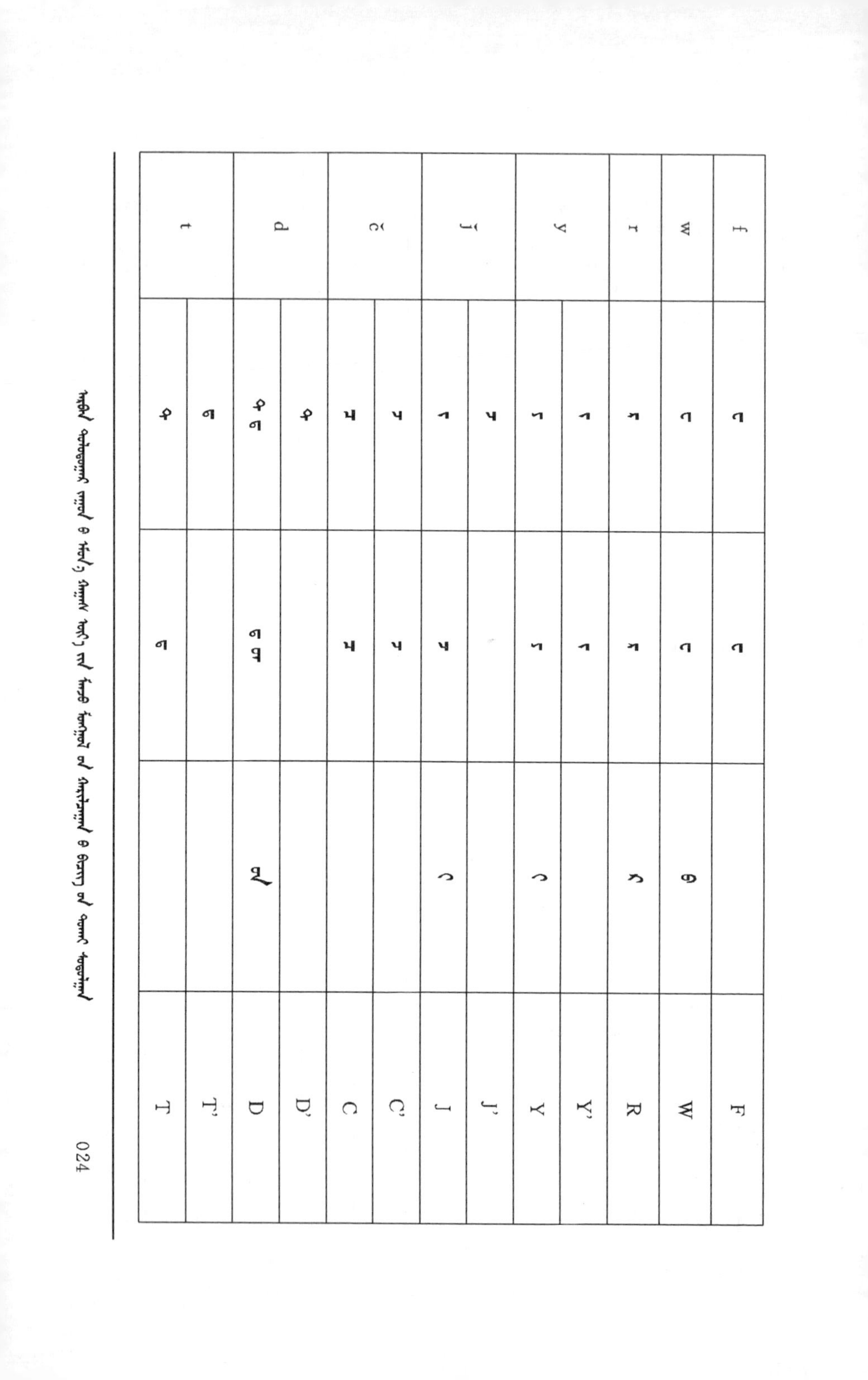

f	[illegible]	[illegible]		F
w	[illegible]	[illegible]	[illegible]	W
r	[illegible]	[illegible]	[illegible]	R
y	[illegible]	[illegible]		Y’
	[illegible]	[illegible]	[illegible]	Y
ǰ	[illegible]			J’
	[illegible]	[illegible]	[illegible]	J
č	[illegible]	[illegible]		C’
	[illegible]	[illegible]		C
d	[illegible]			D’
	[illegible] [illegible]	[illegible] [illegible]	[illegible]	D
t	[illegible]			T’
	[illegible]	[illegible]		T

ᠲᠡᠮᠳᠡᠭᠯᠡᠭᠰᠡᠨ ᠪᠣᠯᠤᠨ᠎ᠠ ᠃ ᠵᠢᠱᠢᠶᠡᠯᠡᠪᠡᠯ : ᠵᠣᠷᠢᠭ ᠲᠤ J0RIG==TV ᠡᠮᠡᠭᠡᠯ ᠳᠦ EMEGEL==T'U ᠶᠢ ᠭᠡᠬᠦ ᠃

8. ᠰᠠᠯᠠᠭᠰᠠᠨ ᠪᠢᠴᠢᠭᠳᠡᠬᠦ ᠡᠭᠡᠰᠬᠡ ᠬᠡᠷᠡᠭ ᠲᠣᠭᠠᠨᠳᠠᠭᠤ ᠲᠡᠮᠳᠡᠭ ᠢ ᠲᠠᠯᠪᠢᠵᠤ ᠪᠢᠴᠢᠭᠳᠡᠬᠦ ᠪᠣᠯᠪᠠ ᠂ ᠲᠡᠮᠳᠡᠭ ᠦᠨ ᠣᠷᠣᠨ ᠳᠤ == ᠳᠣᠷᠣᠭ᠎ᠠ ᠪᠢᠴᠢᠭᠳᠡᠬᠦ ᠨᠢ ᠪᠢᠴᠢᠭᠳᠡᠬᠦ ᠶᠢᠨ ᠰᠠᠯᠭᠠᠨ ᠪᠢᠴᠢᠭᠳᠡᠨ᠎ᠡ ᠃ ᠵᠢᠱᠢᠶᠡᠯᠡᠪᠡᠯ : ᠰᠠᠷ᠎ᠠ XSARA SAR-A ᠬᠠᠷ᠎ᠠ XHARA HAR-A ᠶᠢ ᠭᠡᠬᠦ ᠃

7. ᠬᠠᠷᠢᠶ᠎ᠠ ᠂ ᠵᠠᠭᠠᠪᠤᠷ ᠤᠨ ᠬᠡᠯᠪᠡᠷᠢ ᠬᠠᠰᠤᠭ ᠪᠢᠴᠢᠭᠳᠡᠬᠦ ᠬᠠᠰᠤᠭ ᠤᠨ ᠣᠷᠣᠨ ᠳᠤ X ᠲᠡᠮᠳᠡᠭ ᠂ ᠲᠡᠭᠦᠨ ᠦ ᠰᠠᠭᠤᠷᠢ ᠳᠤ ᠬᠣᠣᠰ ᠬᠠᠰᠤᠭ ᠤᠨ ᠲᠡᠮᠳᠡᠭ ᠪᠢᠴᠢᠨ᠎ᠡ ᠃ ᠵᠢᠱᠢᠶᠡᠯᠡᠪᠡᠯ : ᠪᠠᠷᠢᠬᠤ ᠳᠤ BARIHV --DV ᠰᠠᠨᠠᠭ᠎ᠠ ᠪᠠᠨ SAN'AG'A--BAN ᠶᠢ ᠭᠡᠬᠦ ᠃

6. ᠲᠠᠯᠪᠢᠭᠰᠠᠨ ᠪᠢᠴᠢᠭᠳᠡᠬᠦ ᠲᠡᠭᠦᠨ ᠦ ᠰᠠᠯᠭᠠᠭᠰᠠᠨ ᠲᠡᠮᠳᠡᠭ ᠢ ᠰᠠᠯᠠᠭᠰᠠᠨ ᠪᠢᠴᠢᠭᠳᠡᠭᠰᠡᠨ ᠪᠢᠴᠢᠭᠳᠡᠬᠦ ᠲᠡᠮᠳᠡᠭ ᠦᠨ ᠣᠷᠣᠨ ᠳᠤ — ᠳᠣᠷᠣᠭ᠎ᠠ ᠲᠡᠮᠳᠡᠭᠯᠡᠭᠰᠡᠨ ᠲᠠᠯᠪᠢᠭᠰᠠᠨ ᠪᠢᠴᠢᠭᠳᠡᠭᠰᠡᠨ ᠪᠣᠯᠤᠨ᠎ᠠ ᠃ ᠵᠢᠱᠢᠶᠡᠯᠡᠪᠡᠯ : ᠲᠣᠷᠣᠭᠰᠠᠨ TORO/GSEN ᠶᠢ ᠭᠡᠬᠦ ᠃

5. ᠳᠣᠷᠣᠭ᠎ᠠ ᠬᠠᠮᠲᠤ ᠬᠠᠰᠤᠭ ᠤᠨ ᠬᠠᠮᠲᠤ ᠬᠠᠰᠤᠭ ᠪᠠᠷ ᠬᠣᠯᠪᠣᠭᠳᠠᠭᠰᠠᠨ ᠬᠠᠮᠤᠭ ᠵᠢᠷᠤᠭ ᠲᠡᠮᠳᠡᠭ ᠪᠡᠷ ᠬᠣᠯᠪᠣᠭᠰᠠᠨ ᠢ ᠦᠰᠦᠭ ᠦᠨ ᠭᠡᠭᠡᠭᠰᠡᠨ ᠪᠠᠷ ᠰᠠᠯᠭᠠᠵᠤ ᠤᠨ ᠣᠷᠣᠨ ᠳᠤ ᠨᠢᠭᠡ ᠳᠠᠬᠢᠨ ᠳᠠᠬᠢᠨ ᠦᠰᠦᠭ ᠦᠨ ᠭᠡᠭᠡᠭᠰᠡᠨ ᠪᠠᠷ ᠲᠠᠯᠪᠢᠭᠰᠠᠨ ᠪᠣᠯᠤᠨ᠎ᠠ ᠃ ᠵᠢᠱᠢᠶᠡᠯᠡᠪᠡᠯ : ᠠᠪᠤᠭᠠᠳ AB/V/G'AD ᠶᠢ ᠭᠡᠬᠦ ᠃

4. ᠬᠠᠮᠲᠤ ᠬᠠᠰᠤᠭ ᠤᠨ ᠬᠣᠯᠪᠣᠭᠳᠠᠯ ᠪᠠ ᠬᠣᠯᠪᠣᠬᠤ ᠬᠠᠰᠤᠭ ᠰᠣᠯᠢᠭᠳᠠᠭᠤ ᠲᠡᠮᠳᠡᠭ ᠢ ᠰᠣᠯᠢᠪᠠᠯ ᠨᠢᠭᠡ ᠬᠤᠷᠤ ᠲᠠᠯᠪᠢᠬᠤ ᠬᠠᠰᠤᠭ ᠪᠠ ᠰᠣᠯᠢᠪᠠᠯ BIDA/N ᠮᠣᠩᠭᠣᠯ MONGGO/N ᠶᠢ ᠭᠡᠬᠦ ᠃

3. ᠡᠭᠡᠰᠬᠡ ᠬᠣᠯᠪᠣᠭᠳᠠᠯ ᠤᠨ 《ᠢ》 ᠡᠭᠡᠰᠬᠡᠭᠰᠡᠨ ᠢ ᠲᠡᠮᠳᠡᠭᠯᠡᠬᠦ ᠳᠤ ᠦᠰᠦᠭ ᠦᠨ ᠭᠡᠭᠡᠭᠰᠡᠨ ᠪᠠᠷ ᠲᠠᠯᠪᠢᠭᠰᠠᠨ ᠪᠢᠴᠢᠭᠳᠡᠭᠰᠡᠨ ᠪᠣᠯᠤᠨ᠎ᠠ ᠃ ᠵᠢᠱᠢᠶᠡᠯᠡᠪᠡᠯ : ᠡᠴᠢᠵᠦ EC'I/JU ᠶᠠᠪᠤᠭᠠᠳ Y'ABV/G'AD ᠶᠢ ᠭᠡᠬᠦ ᠃

ᠪ HAG'AN—V ᠨᠣᠶᠠᠳ N'OY'A—D ᠶᠢ ᠭᠡᠬᠦ ᠃

18. ᠰᠢᠨᠵᠢᠯᠡᠯᠲᠡ ᠶᠢᠨ ᠪᠢᠴᠢᠭ ᠮᠠᠲ᠋ᠧᠷᠢᠶᠠᠯ ᠤᠨ ᠲᠡᠮᠳᠡᠭ ᠪᠠᠷ ᠬᠡᠯᠪᠡᠷᠢᠯᠡᠭᠰᠡᠨ 《ᠢ》 ᠶᠢ I’ ᠭᠡᠵᠦ ᠲᠡᠮᠳᠡᠭᠯᠡᠪᠡ ::

17. ᠰᠢᠨᠵᠢᠯᠡᠯᠲᠡ ᠶᠢᠨ ᠪᠢᠴᠢᠭ ᠮᠠᠲ᠋ᠧᠷᠢᠶᠠᠯ ᠤᠨ ᠪᠢᠴᠢᠭᠰᠡᠨ 《ᠤᠨ》 ᠪᠠ ᠲᠣᠭᠠᠨ ᠤ ᠬᠡᠯᠪᠡᠷᠢᠯᠡᠭᠰᠡᠨ 《ᠶᠢᠨ》 ᠢ IIN ᠭᠡᠵᠦ ᠲᠡᠮᠳᠡᠭᠯᠡᠪᠡ ::
ᠬᠡᠯᠡᠪᠡ ::

16. ᠪᠢᠴᠢᠭ ᠦᠨ ᠮᠥᠷ ᠦᠨ ᠪᠠᠭᠠᠰᠬᠠᠪᠴᠢ ᠪᠢᠴᠢᠯᠭᠡ ᠶᠢᠨ ᠰᠢᠯᠵᠢᠭᠦᠯᠦᠨ ᠲᠡᠮᠳᠡᠭᠯᠡᠪᠡ :: ᠵᠢᠱᠢᠶᠡᠯᠡᠪᠡᠯ : ᠠᠷᠪᠠᠨ ᠲᠠᠪᠤᠨ ARBAN=TABV/N ᠭᠡᠳᠡᠭ

15. 《ᠲᠩᠷᠢ》 ᠭᠡᠳᠡᠭ ᠦᠭᠡ ᠶᠢ TNGRI ᠭᠡᠵᠦ ᠲᠡᠮᠳᠡᠭᠯᠡᠪᠡ ::
ᠲᠣᠮᠢᠶᠠᠯᠠᠭᠳᠠᠭᠤᠯᠤᠨ ᠦᠯᠡᠳᠡᠭᠡᠪᠡ ::

14. ᠪᠢᠴᠢᠭᠳᠡᠭᠦᠯᠬᠦ ᠶᠢᠨ ᠤᠨᠰᠢᠯᠭᠠ ᠪᠠᠷ ᠪᠢᠴᠢᠭᠳᠡᠬᠦ ᠪᠢᠴᠢᠭᠯᠡᠯ ᠦᠭᠡ ᠶᠢ ᠳᠠᠬᠢᠨ ᠪᠠᠨ ᠰᠢᠯᠭᠠᠬᠤ ᠦᠭᠡᠰ ᠦᠨ ᠤᠨ ᠪᠠᠷ ᠪᠠᠶᠢᠳᠠᠯ ᠦᠭᠡ ᠦᠨ

13. 《o》 ᠭᠡᠳᠡᠭ ᠪᠣᠯᠭᠠᠭᠰᠠᠨ ᠪᠢᠴᠢᠭᠳᠡ ᠶᠢ 《+》 ᠪᠢᠴᠢᠭᠳᠡ ᠪᠡᠷ ᠪᠣᠯᠭᠠᠨ ᠲᠡᠮᠳᠡᠭᠯᠡᠪᠡ ::

12. ᠪᠤᠰᠤᠳ ᠪᠢᠴᠢᠭᠳᠡ ᠶᠢ 《@》 ᠪᠢᠴᠢᠭᠳᠡ ᠪᠡᠷ ᠪᠣᠯᠭᠠᠨ ᠲᠡᠮᠳᠡᠭᠯᠡᠪᠡ ::
ᠵᠢᠯᠡ JIL_E ᠭᠡᠳᠡᠭ ᠬᠡᠯᠡᠪᠡ ::

11. ᠠᠯᠳᠠᠭᠳᠠᠯ ᠪᠢᠴᠢᠭ 《ᠶ》 ᠶᠢ ᠠᠯᠳᠠᠭᠳᠠᠯ ᠦᠨ ᠪᠢᠴᠢᠭᠯᠡᠭᠡ ᠪᠢᠴᠢᠭᠳᠡᠯ ᠤᠯᠠᠮᠵᠢᠯᠠᠯ ᠦᠨ ᠰᠢᠯᠵᠢᠭᠦᠯᠦᠨ ᠪᠤᠶᠤ :: ᠵᠢᠱᠢᠶᠡᠯᠡᠪᠡᠯ : ᠠᠬ᠎ᠠ AH_A
0YI · VYI · OI · UI ᠭᠡᠵᠦ ᠲᠡᠮᠳᠡᠭᠯᠡᠭᠰᠡᠨ ᠪᠤᠶᠤ :: ᠵᠢᠱᠢᠶᠡᠯᠡᠪᠡᠯ : ᠲᠦᠢᠮᠡᠷᠳᠡᠵᠦ TUIMERDE/JU ᠭᠡᠳᠡᠭ ᠬᠡᠯᠡᠪᠡ ::

10. ᠦᠭᠡ ᠶᠢᠨ ᠡᠬᠢᠨ · ᠳᠤᠮᠳᠠ ᠲᠦᠭᠦᠮᠡᠯ ᠰᠤᠳᠠᠯ ᠡᠬᠢᠯᠡᠯ 《ᠠᠢ · ᠡᠢ · ᠣᠢ · ᠤᠢ · ᠥᠢ · ᠦᠢ》 ᠶᠢ AYI · EYI ·
[] SEC’EN HAG’AN ᠴᠠᠬᠠᠷ][C’AHAR ᠭᠡᠳᠡᠭ ᠬᠡᠯᠡᠪᠡ ::
ᠬᠠᠭᠠᠨ ᠲᠣᠭᠲᠠᠭᠠᠭᠰᠠᠨ ᠤ ᠨᠡᠷ᠎ᠡ · ᠴᠠᠭᠠᠨ ᠴᠠᠭᠠᠰᠤᠨ ᠤ ᠨᠡᠷ᠎ᠡ ᠡᠭᠦᠨ ᠶᠢᠨ ᠡᠬᠢ][ᠪᠢᠴᠢᠭᠳᠡ ᠪᠢᠴᠢᠭᠳᠡᠭᠰᠡᠨ ᠪᠤᠶᠤ :: ᠵᠢᠱᠢᠶᠡᠯᠡᠪᠡᠯ : ᠠᠷᠠᠨ ᠰᠠᠭᠤᠭᠠᠨ

9. ᠪᠠᠶᠠᠨ ᠤ ᠨᠡᠷ᠎ᠡ ᠶᠢᠨ ᠡᠬᠢ [] ᠪᠢᠴᠢᠭᠳᠡ ᠪᠢᠴᠢᠭᠳᠡᠪᠡ · ᠭᠠᠵᠠᠷ ᠤᠷᠤᠨ ᠤ ᠨᠡᠷ᠎ᠡ · ᠰᠤᠮᠤᠨ ᠪᠠᠭᠤᠯᠭ᠎ᠠ ᠶᠢᠨ ᠨᠡᠷ᠎ᠡ · ᠤᠯᠤᠰ ᠪᠠᠶᠢᠳᠠᠯ ᠤ ᠨᠡᠷ᠎ᠡ ·

ᠭᠠᠳᠠᠭᠠᠳᠤ ᠣᠷᠣᠨ 《ᠭᠡᠰᠡᠷ ᠬᠠᠭᠠᠨ ᠤ ᠲᠤᠤᠵᠢ》 [illegible]

[illegible]

ᠭᠠᠳᠠᠭᠠᠳᠤ ᠪᠢᠴᠢᠭ 《ᠭᠡᠰᠡᠷ ᠬᠠᠭᠠᠨ ᠤ ᠲᠤᠤᠵᠢ》 ᠤᠨ ᠬᠡᠪᠯᠡᠯ [illegible]

ᠲᠠᠢ · «ᠲ» ᠲᠡᠮᠳᠡᠭ ᠢ t · d ᠶᠢ ᠨᠡᠢᠲᠡᠯᠡᠨ ᠬᠡᠷᠡᠭᠯᠡᠬᠦ ᠲᠠᠢ · «ᠶ» ᠲᠡᠮᠳᠡᠭ ᠢ i · w · j ᠶᠢ ᠨᠡᠢᠲᠡᠯᠡᠨ ᠬᠡᠷᠡᠭᠯᠡᠬᠦ ᠲᠠᠢ ᠨᠢᠭᠡᠳᠦᠭᠡᠷ ᠪᠠᠶᠢᠷᠢᠨ «ᠮ»
ᠨᠢᠭᠡᠳᠦᠭᠡᠷ ᠪᠠᠶᠢᠷᠢᠨ ᠬᠡᠯᠪᠡᠷᠢ ᠶᠢᠨ ᠪᠠᠶᠢᠳᠠᠯ ᠢ ᠨᠢᠭᠡᠳᠦᠭᠡᠷ ᠦᠰᠦᠭ ᠦᠨ ᠲᠡᠮᠳᠡᠭᠯᠡᠯ ᠲᠡᠢ ᠪᠠᠶᠢᠭ᠎ᠠ᠃ ᠲᠣᠳᠣᠷᠬᠠᠶᠢᠯᠪᠠᠯ · «ᠷ» ᠲᠡᠮᠳᠡᠭ ᠢ a · e · n ᠶᠢ ᠨᠡᠢᠲᠡᠯᠡᠨ ᠬᠡᠷᠡᠭᠯᠡᠬᠦ
ᠲᠡᠮᠳᠡᠭ ᠢ oa ᠶᠢᠨ ᠪᠠᠶᠢᠷᠢ · ᠰᠢᠨ᠎ᠡ t ᠶᠢᠨ ᠨᠢᠭᠡᠳᠦᠭᠡᠷ ᠬᠡᠯᠪᠡᠷᠢ ᠲᠡᠮᠳᠡᠭᠯᠡᠯ ᠦᠨ ᠳᠦ ᠰᠢᠨᠵᠢᠯᠡᠬᠦ ᠪᠣᠯ ᠲᠡᠮᠳᠡᠭᠯᠡᠭᠰᠡᠨ ᠢ ᠬᠡᠯᠡᠵᠦ᠃

ᠣᠳᠣ ᠮᠡᠳᠡ ᠪᠠᠢ 《ᠠᠰᠠᠷᠠᠭᠴᠢᠨ ᠤ ᠲᠡᠦᠬᠡ》 ᠤᠨ ᠲᠤᠬᠠᠢ᠂ ᠡᠷᠳᠡᠮ ᠲᠡᠦᠬᠡ ᠶᠢᠨ ᠰᠤᠳᠤᠯᠭ᠎ᠠ ᠳᠤ ᠪᠡᠷ ᠬᠦᠷᠲᠡᠯ᠎ᠡ ᠳᠤ ᠪᠡᠷ ᠲᠡᠭᠦᠨ ᠢ ᠰᠤᠳᠤᠯᠤᠭᠰᠠᠳ ᠢ
ᠲᠡᠦᠬᠡ ᠰᠤᠳᠤᠯᠤᠯ ᠪᠢᠴᠢᠭ ᠢ ᠲᠣᠭᠠᠴᠠᠭ᠎ᠠ :: ᠲᠡᠷᠡ ᠴᠠᠭ ᠤᠨ ᠲᠡᠦᠬᠡ ᠪᠢᠴᠢᠭ ᠰᠤᠳᠤᠯᠤᠯ ᠤᠨ ᠳᠤᠮᠳᠠ ᠲᠡᠦᠬᠡᠨ ᠦ ᠰᠤᠳᠤᠯᠤᠯ ᠢ ᠪᠣᠯᠪᠠᠰᠤᠷᠠᠭᠤᠯᠤᠭᠰᠠᠨ ᠪᠣᠯ ᠤᠨ
ᠰᠤᠳᠤᠯᠤᠭᠰᠠᠨ ᠮᠡᠲᠦ :: ᠰᠤᠳᠤᠯᠤᠯ ᠪᠣᠯᠤᠨ ᠬᠡᠪᠯᠡᠯ ᠦᠨ 《〈ᠮᠣᠩᠭᠣᠯ ᠤᠨ ᠲᠡᠦᠬᠡ〉 ᠤᠨ ᠲᠠᠢᠯᠪᠤᠷᠢ》① ᠂ ᠴᠦᠢ ᠾᠧ ᠭᠧᠨ（崔鹤根）ᠤ
ᠬᠡᠪᠯᠡᠯ ᠰᠤᠳᠤᠯᠤᠯ 《ᠰᠠᠭᠠᠩ ᠤᠨ ᠲᠡᠦᠬᠡᠨ ᠦ ᠬᠠᠭᠠᠳ ᠤᠨ ᠲᠡᠦᠬᠡ》② ᠂ ᠶ᠋ ᠂ ᠣᠯᠠᠨᠴᠢ ᠶᠢᠨ 《〈ᠡᠷᠳᠡᠨᠢ ᠶᠢᠨ ᠲᠣᠪᠴᠢ〉 ᠶᠢᠨ ᠰᠤᠳᠤᠯᠤᠯ〉 ᠂
ᠲᠣᠲᠠᠭᠠᠯᠠᠭᠰᠠᠨ ᠤ 〈ᠲᠣᠪᠴᠢ ᠲᠡᠦᠬᠡ〉 —— ᠬᠠᠭᠠᠨ ᠤ ᠰᠤᠳᠤᠯᠤᠯ ᠤᠨ ᠲᠡᠦᠬᠡ ᠪᠢᠴᠢᠭ》 ᠂ ᠶᠣᠰᠢᠳᠠ ᠰᠢᠶᠦᠨᠢᠴᠢ（吉田顺一）ᠨᠠᠷ ᠤᠨ 《〈ᠬᠠᠭᠠᠨ
ᠪᠣᠯ ᠤ ᠲᠡᠦᠬᠡᠨ〉 ᠤᠨ ᠬᠣᠷᠢᠶᠠᠩᠭᠤᠢ ᠲᠡᠦᠬᠡ》③ ᠪᠣᠯ ᠬᠣᠶᠠᠷ ᠤᠨ 17 ᠵᠠᠭᠤᠨ ᠤ ᠮᠣᠩᠭᠣᠯ ᠤᠨ ᠲᠡᠦᠬᠡ ᠪᠢᠴᠢᠭ ᠤᠨ ᠰᠤᠳᠤᠯᠤᠯ ᠤᠨ ᠪᠦᠲᠦᠭᠡᠯ
ᠮᠣᠩ ᠤᠨ ᠰᠤᠳᠤᠯᠤᠭᠰᠠᠨ ᠢ ᠬᠡᠮᠡᠨ᠎ᠡ ::

1. ᠪᠢᠴᠢᠭ ᠢ @ ᠪᠣᠯ ᠲᠡᠮᠳᠡᠭ ᠢᠶᠡᠷ ᠡᠬᠢᠯᠡᠭᠦᠯᠦᠭᠰᠡᠨ ::

2. 《••》ᠪᠣᠯ ᠲᠡᠮᠳᠡᠭ ᠢ ᠬᠡᠰᠡᠭᠯᠡᠭᠰᠡᠨ ᠢ ᠬᠡᠷᠡᠭᠯᠡᠭ᠍ᠳᠡᠭ ᠢ ᠵᠢ ᠬᠡᠷᠡᠭᠯᠡᠭᠰᠡᠨ 《ᐟ》ᠪᠠᠢᠨ 《•》ᠪᠣᠯ ᠲᠡᠮᠳᠡᠭ ᠤᠨ 《::　:》ᠪᠣᠯ
《::　::》ᠲᠡᠮᠳᠡᠭ ᠢ ᠣᠷᠣᠨ 《•》ᠤᠨ ᠲᠡᠮᠳᠡᠭᠯᠡᠭᠰᠡᠨ ::

ᠲᠡᠮᠳᠡᠭ ᠬᠡᠷᠡᠭᠯᠡᠭᠰᠡᠨ ᠪᠢᠳᠡ :
ᠬᠡᠷᠡᠭᠯᠡᠭᠰᠡᠨ ᠬᠠᠭᠠᠨ ᠬᠡᠯᠡᠬᠦ ᠢ ᠲᠡᠮᠳᠡᠭᠯᠡᠵᠦ ᠬᠡᠯᠡ ᠰᠢᠨᠵᠢ ᠤᠨ ᠬᠡᠷᠡᠭᠯᠡᠭᠡ ᠪᠣᠯᠵᠤ᠂ ᠬᠡᠯᠡᠨ ᠦ ᠬᠡᠷᠡᠭᠯᠡᠭᠡ ᠲᠡᠮᠳᠡᠭ ᠲᠡᠮᠳᠡᠭᠯᠡᠭᠰᠡᠨ ᠬᠡᠮᠡᠨ
《ᠠᠰᠠᠷᠠᠭᠴᠢᠨ ᠤ ᠲᠡᠦᠬᠡ》ᠢ ᠰᠤᠳᠤᠯᠤᠭᠰᠠᠨ ᠲᠤᠰ ᠠᠷᠭ᠎ᠠ ᠶᠢᠨ 《ᠬᠡᠯᠡᠨ ᠦ ᠲᠡᠦᠬᠡ ᠶᠢᠨ ᠰᠤᠳᠤᠯᠭ᠎ᠠ ᠶᠢᠨ ᠲᠡᠮᠳᠡᠭ ᠰᠤᠳᠤᠯᠤᠯ》④ ᠪᠣᠯ ᠬᠡᠮᠡᠬᠦ ᠶᠢᠨ
ᠬᠡᠯᠡᠨ ᠰᠢᠨᠵᠢ ᠤᠨ ᠰᠤᠳᠤᠯᠤᠭᠰᠠᠨ ᠲᠡᠮᠳᠡᠭᠯᠡᠭᠰᠡᠨ :

① 乌兰著：《〈蒙古源流〉研究》，辽宁民族出版社，2000 年。

② 崔鹤根译著：《蒙古诸汗源流的宝纲》，玄文社，1985 年。

③ 吉田顺一等著：《アルタン＝ハ —— ン伝》訳注，日本风间书房，平成 10 年 3 月。

④ ᠬᠠᠷᠠᠮᠯᠠᠯ ᠤᠨ《ᠬᠡᠯᠡᠨ ᠦ ᠲᠡᠦᠬᠡ ᠶᠢᠨ ᠰᠤᠳᠤᠯᠭ᠎ᠠ ᠶᠢᠨ ᠲᠡᠮᠳᠡᠭ ᠰᠤᠳᠤᠯᠤᠯ》᠂ ᠦᠪᠦᠷ ᠮᠣᠩᠭᠣᠯ ᠤᠨ ᠠᠷᠠᠳ ᠤᠨ ᠬᠡᠪᠯᠡᠯ ᠦᠨ ᠬᠣᠷᠢᠶ᠎ᠠ᠂ 2017 ᠣᠨ ᠤ 9 ᠰᠠᠷ᠎ᠠ ::

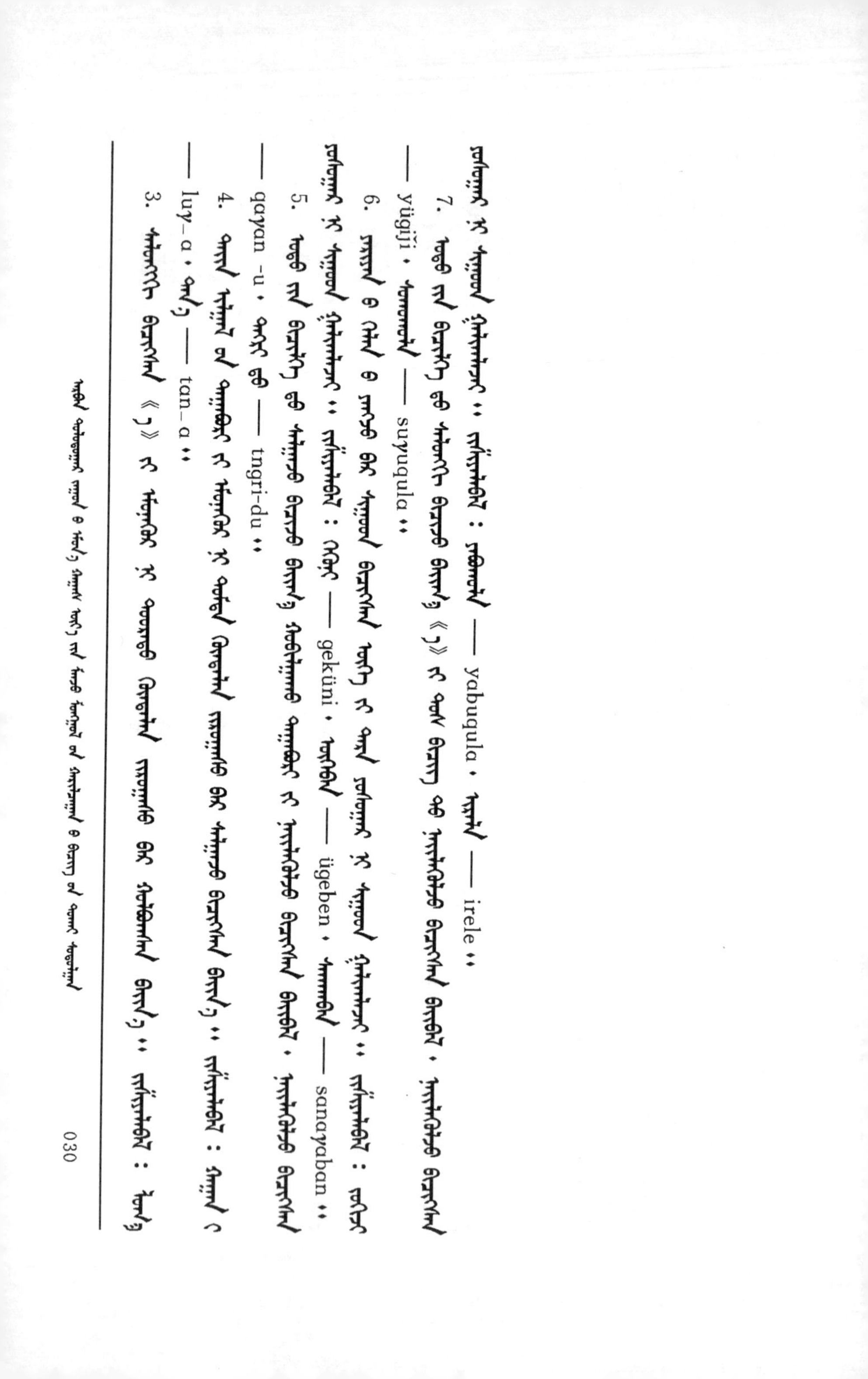

3. [illegible] 《 [illegible] 》 [illegible] ᠄ [illegible]
— luγ-a · [illegible] — tan-a ᠃

4. [illegible] ᠄ [illegible]
— qaγan -u · [illegible] — tngri-du ᠃

5. [illegible] ᠄ [illegible]
[illegible] ᠄ [illegible] — gekü ni · [illegible] — ügeben · [illegible] — sanaγaban ᠃

6. [illegible] ᠄ [illegible]
— yügiji · [illegible] — suγuqula ᠃

7. [illegible] 《 [illegible] 》 [illegible] ᠄ [illegible] — yabuqula · [illegible] — irele ᠃

[illegible]

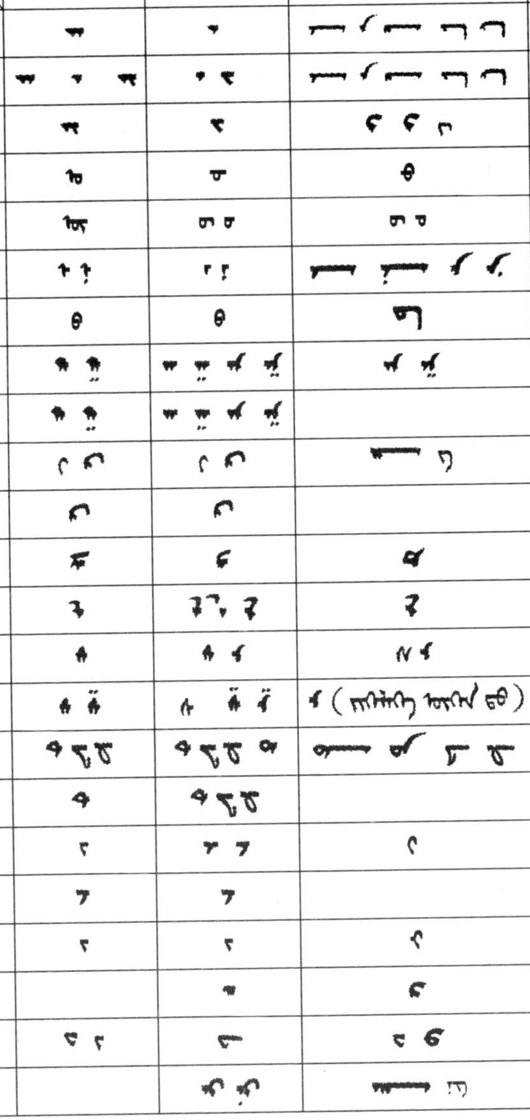

[illegible]	[illegible]
(01)	a
(02)	e
(03)	i
(04)	o u
(05)	ö ü
(06)	n
(07)	b
(08)	q
(09)	γ
(10)	κ
(11)	g
(12)	m
(13)	l
(14)	s
(15)	š
(16)	d
(17)	t
(18)	ǰ
(19)	č
(20)	y
(21)	r
(22)	w
(23)	ng

ᠰᠤᠳᠤᠯᠤᠨ · ᠬᠠᠷᠠᠴᠢᠨ ᠲᠦᠮᠡᠨ ᠦ ᠵᠣᠬᠢᠶᠠᠭᠰᠠᠨ 《ᠰᠤᠳᠤᠯᠭᠠᠨ ᠮᠠᠲ᠋ᠧᠷᠢᠶᠠᠯ》 · ᠦᠪᠦᠷ ᠮᠣᠩᠭᠣᠯ ᠤᠨ ᠬᠡᠪᠯᠡᠯ ᠦᠨ ᠬᠥᠬᠡᠬᠣᠲᠠ · ᠦᠪᠦᠷ ᠮᠣᠩᠭᠣᠯ ᠤᠨ ᠰᠤᠷᠭᠠᠨ ᠬᠦᠮᠦᠵᠢᠯ ᠦᠨ ᠵᠣᠬᠢᠶᠠᠭᠰᠠᠨ 《喀喇沁万户研究》· ᠦᠪᠦᠷ ᠮᠣᠩᠭᠣᠯ ᠤᠨ ᠠᠷᠠᠳ ᠤᠨ ᠬᠡᠪᠯᠡᠯ ᠦᠨ ᠬᠣᠷᠢᠶ᠎ᠠ · 2005 ᠣᠨ ᠃

ᠣᠪᠠ ᠬᠤᠩᠲᠠᠶᠢᠵᠢ ᠲᠠᠢ ᠬᠠᠮᠢᠶ᠎ᠠ ᠲᠠᠢ ᠠᠷᠪᠠᠨ ᠮᠣᠩᠭᠣᠯ ᠪᠢᠴᠢᠭ᠌ ᠦᠳ ::

ᠮᠣᠩᠭᠣᠯ ᠰᠤᠳᠤᠯᠤᠯ ᠤᠨ ᠰᠢᠨᠵᠢᠯᠡᠯ ᠪᠢᠴᠢᠭ ᠦᠨ ᠳᠡᠭᠡᠷᠡ ᠭᠡᠵᠦ《ᠮᠣᠩᠭᠣᠯ ᠰᠤᠳᠤᠯᠤᠯ ᠤᠨ ᠪᠢᠴᠢᠭ᠌》ᠬᠣᠷᠢᠶ᠎ᠠ · 2003 ᠣᠨ ::

ᠦᠨᠳᠦᠰᠦᠲᠡᠨ ᠦ ᠬᠡᠪᠯᠡᠯ ᠦᠨ ᠬᠣᠷᠢᠶ᠎ᠠ《有关奥巴洪台吉的十份蒙古文文书》· ᠪᠡᠭᠡᠵᠢᠩ ᠬᠣᠲᠠ ᠶᠢᠨ ᠬᠣᠷᠢᠶ᠎ᠠ · 2006 ᠣᠨ ::

ᠪᠡᠭᠡᠵᠢᠩ ᠬᠣᠲᠠ ᠶᠢᠨ ᠦᠨᠳᠦᠰᠦᠲᠡᠨ ᠦ ᠬᠡᠪᠯᠡᠯ ᠦᠨ ᠬᠣᠷᠢᠶ᠎ᠠ《蒙元东道诸王及其后裔所属部众历史研究》· ᠪᠡᠭᠡᠵᠢᠩ ᠬᠣᠲᠠ ᠶᠢᠨ Tokyo, 2006.

GOLORUM PISPUTATÆ Ⅱ》 Association for International Studies of Mongolian Culture, ᠪᠢᠴᠢᠭ᠌ ᠦᠨ ᠬᠣᠷᠢᠶ᠎ᠠ《1628 年爱新国贵族与蒙古贵族订立的一份婚约文书》,《QÆSTIONES MON-1995 ᠣᠨ ::

ᠮᠣᠩᠭᠣᠯ ᠰᠤᠳᠤᠯᠤᠯ ᠤᠨ ᠰᠤᠳᠤᠯᠤᠭᠴᠢ《ᠮᠣᠩᠭᠣᠯ ᠲᠡᠦᠬᠡ ᠶᠢᠨ ᠰᠤᠳᠤᠯᠤᠯ》· ᠲᠡᠦᠬᠡ ᠶᠢᠨ ᠤ ᠪᠢᠴᠢᠭ ᠦᠨ ᠬᠣᠷᠢᠶ᠎ᠠ · ᠪᠡᠭᠡᠵᠢᠩ ᠬᠣᠲᠠ ᠶᠢᠨ ᠪᠠᠭᠰᠢ ᠶᠢᠨ ᠶᠡᠬᠡ ᠰᠤᠷᠭᠠᠭᠤᠯᠢ ᠶᠢᠨ ᠬᠡᠪᠯᠡᠯ ᠦᠨ ᠬᠣᠷᠢᠶ᠎ᠠ《ᠮᠣᠩᠭᠣᠯ ᠲᠡᠦᠬᠡ ᠶᠢᠨ ᠰᠤᠳᠤᠯᠤᠯ》ᠦᠨ ᠬᠡᠪᠯᠡᠯ ᠦᠨ ᠬᠣᠷᠢᠶ᠎ᠠ · 2010 ᠣᠨ ::

ᠰᠤᠳᠤᠯᠤᠭᠴᠢ · ᠮᠣᠩᠭᠣᠯᠴᠤᠳ · ᠮᠣᠩᠭᠣᠯ ᠲᠡᠦᠬᠡ《ᠮᠣᠩᠭᠣᠯ ᠲᠡᠦᠬᠡ ᠶᠢᠨ ᠰᠤᠳᠤᠯᠤᠯ》· ᠪᠡᠭᠡᠵᠢᠩ ᠬᠣᠲᠠ ᠶᠢᠨ ᠪᠠᠭᠰᠢ ᠶᠢᠨ ᠬᠡᠪᠯᠡᠯ ᠦᠨ ᠬᠣᠷᠢᠶ᠎ᠠ · 2010 ᠣᠨ ::

ᠪᠠᠶᠠᠷ ᠤᠨ ᠮᠣᠩᠭᠣᠯ ᠰᠤᠳᠤᠯᠤᠭᠴᠢ《ᠮᠣᠩᠭᠣᠯ ᠤᠨ ᠲᠡᠦᠬᠡ ᠶᠢᠨ ᠰᠤᠳᠤᠯᠤᠯ · ᠨᠡᠭᠡ ᠪᠣᠳᠢ》· ᠪᠡᠭᠡᠵᠢᠩ ᠬᠣᠲᠠ ᠶᠢᠨ ᠶᠡᠬᠡ ᠰᠤᠷᠭᠠᠭᠤᠯᠢ ᠶᠢᠨ ᠬᠡᠪᠯᠡᠯ ᠦᠨ ᠬᠣᠷᠢᠶ᠎ᠠ · 2011 ᠣᠨ ::

ᠰᠤᠳᠤᠯᠤᠭᠴᠢ · ᠮᠣᠩᠭᠣᠯᠴᠤᠳ ᠤᠨ ᠲᠡᠦᠬᠡ《ᠮᠣᠩᠭᠣᠯ ᠤᠨ ᠲᠡᠦᠬᠡ ᠶᠢᠨ ᠰᠤᠳᠤᠯᠤᠯ》· ᠪᠡᠭᠡᠵᠢᠩ ᠬᠣᠲᠠ

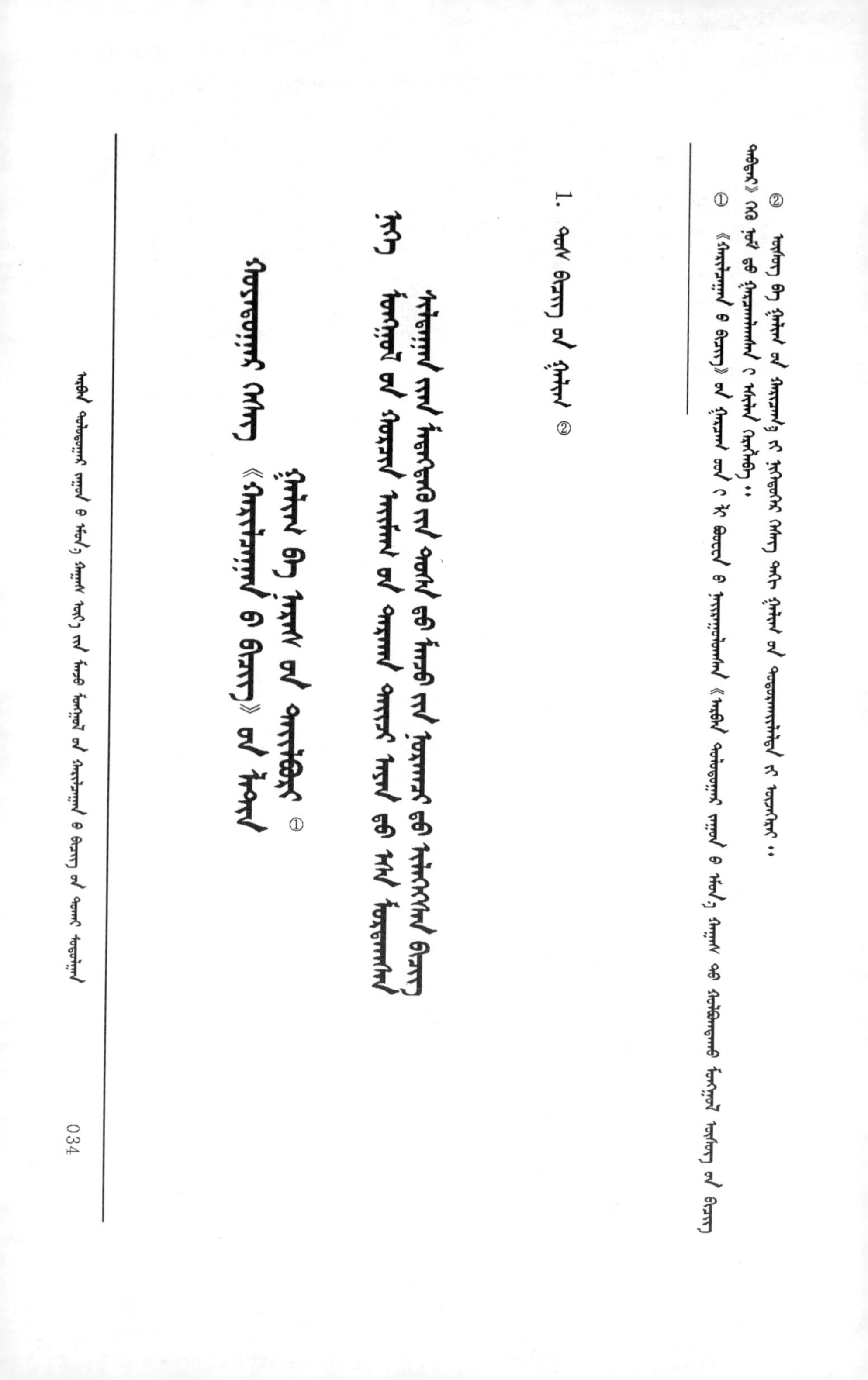

(1) @ oom suwasdi sidem.
(2) köke möngke tngri-yin ǰüg door_a,
(3) körösütü dörbelǰin delekei-yin deger_e,
(4) ködelkü ulus-un eǰen boluγsan,
(5) kümün-i qan arslan boγda sečen qaγan-du bičig
(6) bariba. köndölen qaγan ekilen, kibe baγsi
(7) qurča baγsi qoyar-i ilegeǰi, čaγan mori
(8) tngri-dü, qara üker-i γaǰar-tu čačuli
(9) kiǰi nige ulus bolǰi bile. qaγan nereyin
(10) tulada, mani törö, mani ösiyen-i tulada,
(11) ayan boluy_a geǰi yandu-yi ilegebe.
(12) ayan-du ese mordaǰi, qaγan-du baraγan
(13) ese üǰügülbe. qong tayiǰi qadan baγatur
(14) qoyar-tu nökör ese bolba. qaγan-du ǰime
(15) bolba. qaγan-du ǰime boluγči-yin siltaγan,
(16) qaγan-i elči qorin tabun-du morda geǰi
(17) irebe. qorin tabun-du ese mordaba bida.
(18) qoyin_a keǰiy_e mordaqu bai geǰi qadan
(19) baγatur-tu baqatai neretü kümün-i elči
(20) ilegebe bida. aγta barin bayiǰi elči
(21) ilegesü bi geǰi kelebe. elči ese ilegebe.
(22) qong tayiǰi-yi mordaǰu tabun qonoγsan
(23) qoyin_a ǰiγulčin kümün-eče sonosču mordaba
(24) bida. doloγan qonoǰu mori temegen-iyen
(25) bayilγaǰu irebe bida. nigen ǰime bidan-i
(26) tere. egüni ǰöb buruγu-yi qaγan
(27) gegen-degen mede.

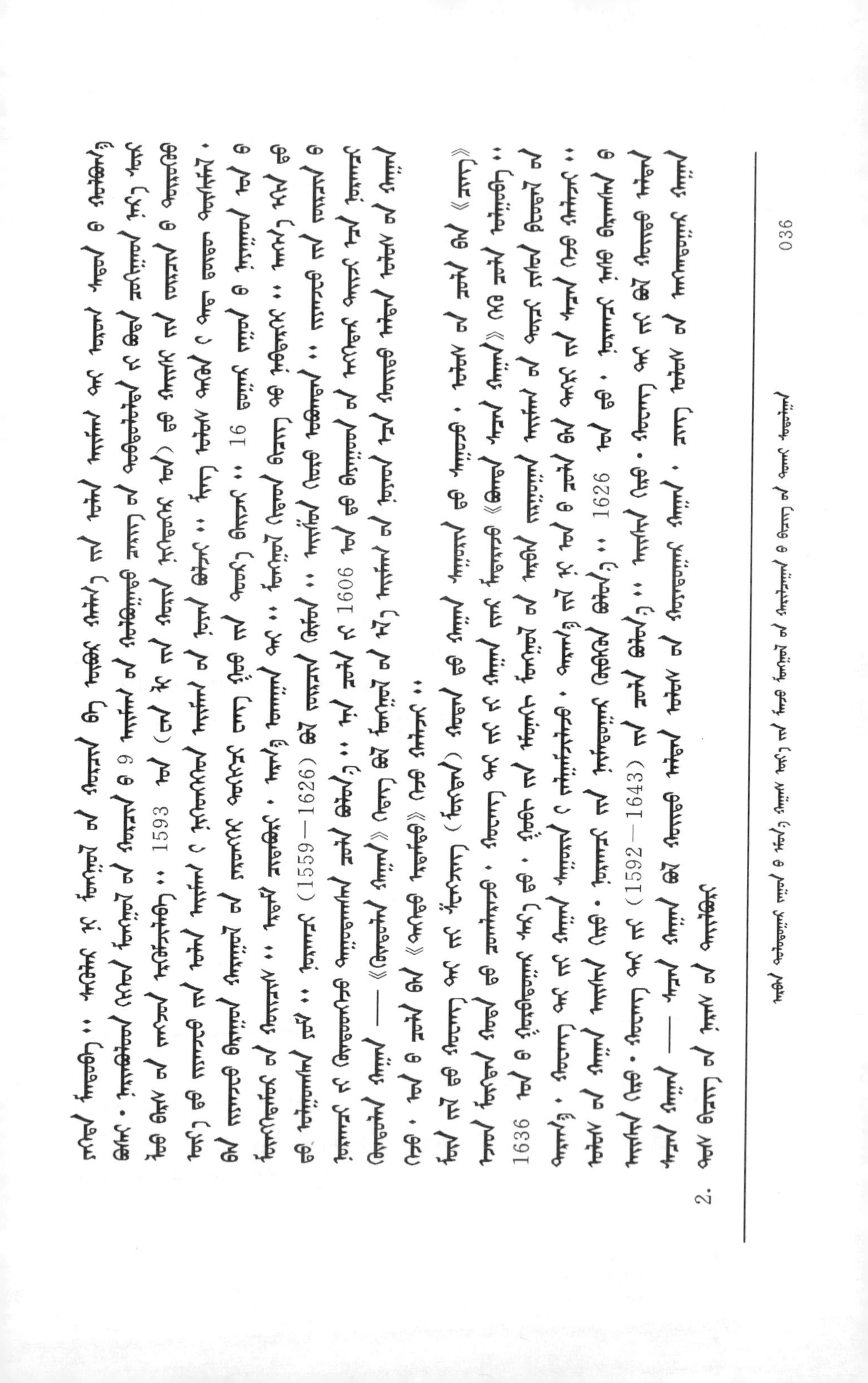

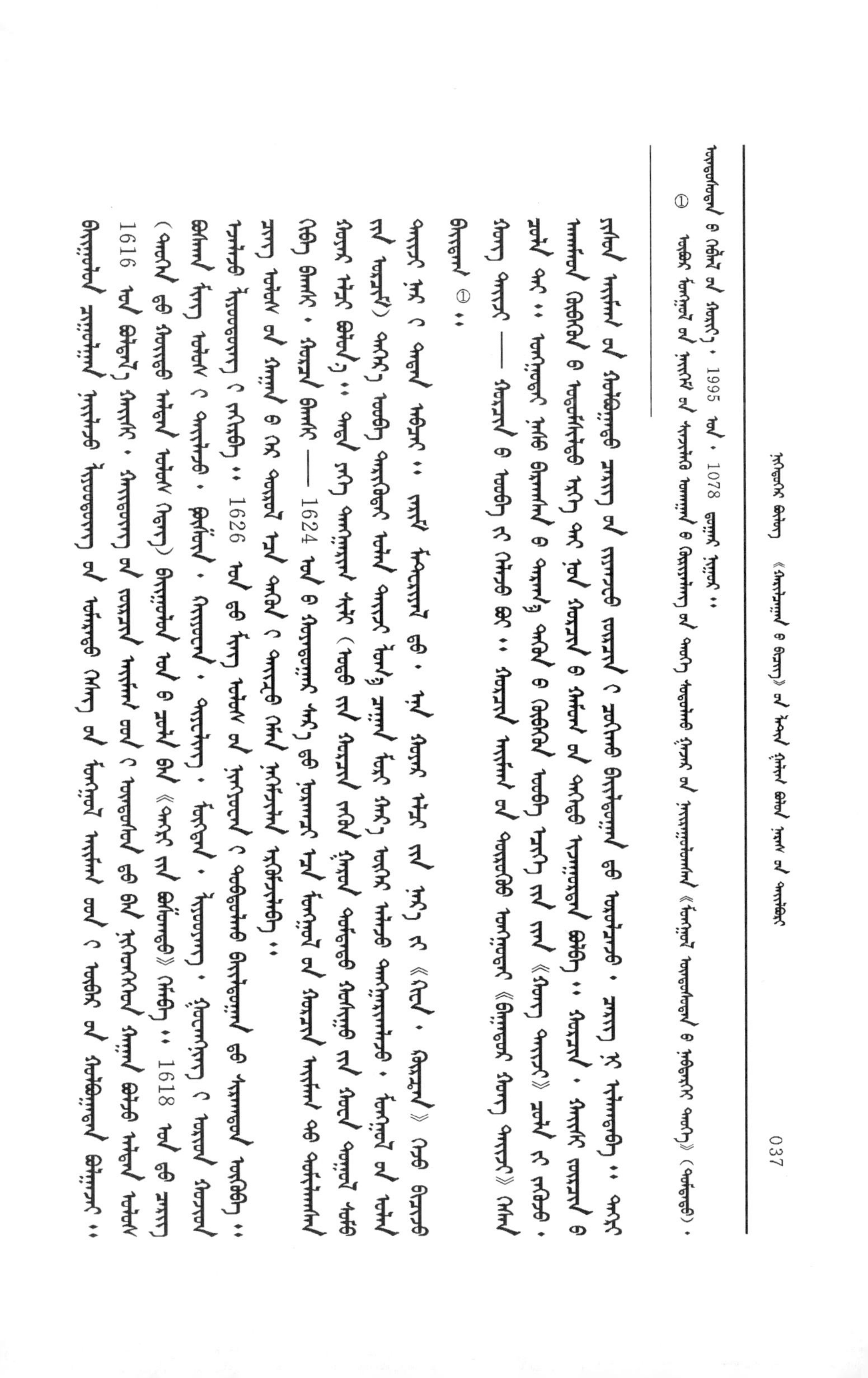

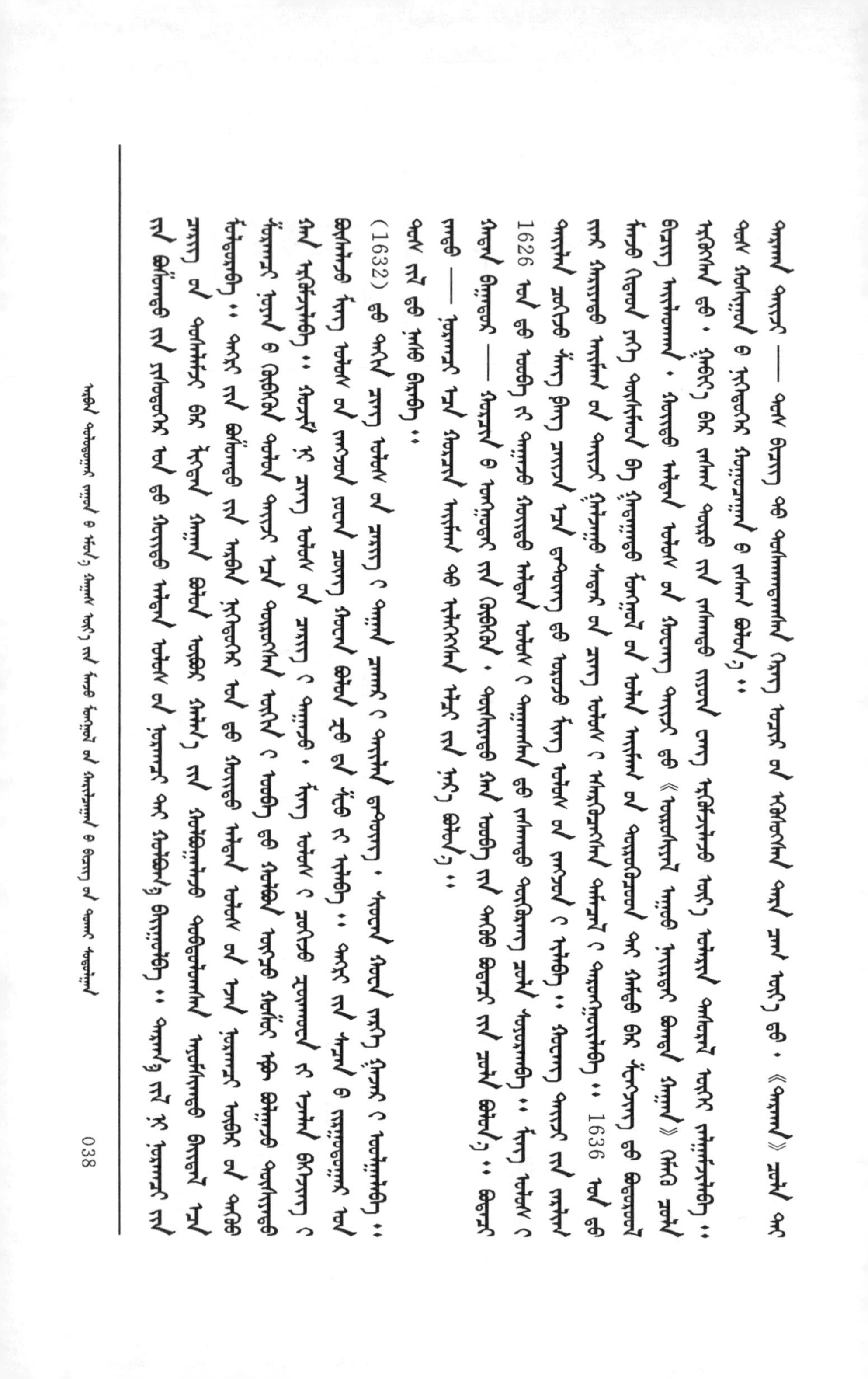

[illegible] — [illegible] · 《[illegible]》 [illegible] [illegible] ::

[illegible] · [illegible] :: [illegible] · [illegible] 《[illegible]》 [illegible] :: 1636 [illegible] :: [illegible] 1626 [illegible] :: [illegible] :: [illegible] — [illegible] · [illegible] :: [illegible] — [illegible] ::

[illegible] ::

(1632) [illegible] · [illegible] :: [illegible] :: [illegible] :: [illegible] · [illegible] :: [illegible] :: [illegible] :: [illegible]

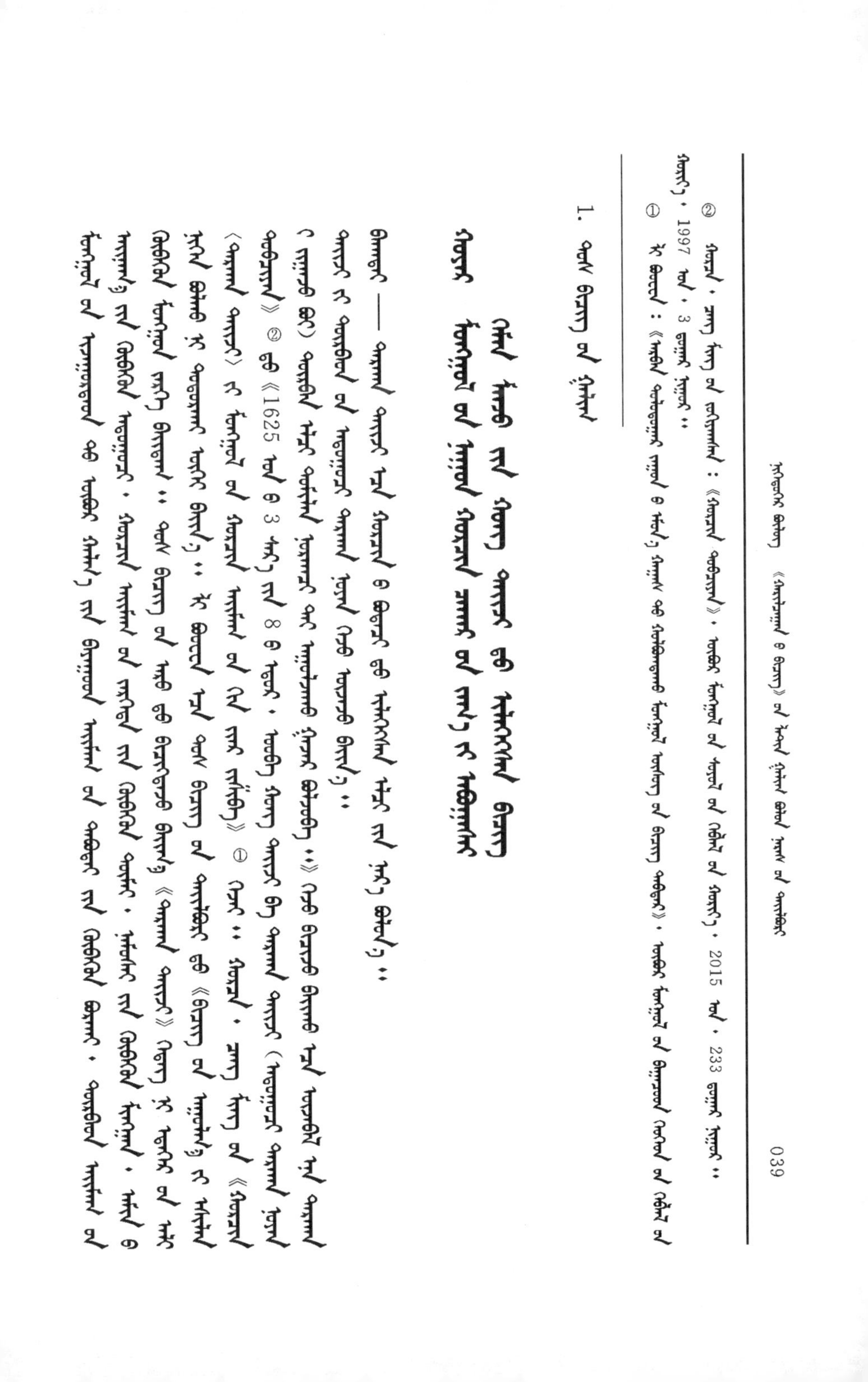

② [illegible] : 《[illegible]》 , [illegible] , 2015 [illegible] , 233 [illegible] ::

① [illegible] : 《[illegible]》 , [illegible] , 1997 [illegible] , 3 [illegible] ::

1. [illegible]

[illegible]

[illegible] —— [illegible] ::

[illegible] ::

[illegible] 《[illegible]》 [illegible] 《1625 [illegible] 3 [illegible] 8 [illegible]》 ① [illegible] 《[illegible]》 ② [illegible] 〈[illegible]〉 [illegible] 《[illegible]》 [illegible]

(1) @ oom suwasdi sidem.
(2) ürgülǰi nigüleskü̈i sedkil-ün egülen-eče,
(3) ükül ügei nom-un qur_a-yi oroγulǰu,
(4) orčilang-un čilger qalaγun-i sönögegčid-de,
(5) oroi-bar-iyan, köndölen sögödčü bür-ün.
(6) köndölen qaγan tendeče ǰarliγ bolǰu bayinam. ta tende naγun-u noyad
(7) bügüdeger čuγlaǰu üge-ben keleǰü ilege. bi ende naiman
(8) qosiγu naiman mingγan čerig nemey_e geǰi bayinam.
(9) qaγan-u ǰarliγ ǰöb bui. egüni ken buruγu gem. bida ende čiγulγan
(10) boluy_a geǰi bile čuγlaǰu ese čidaba. bida čaqar-luγ_a
(11) dem ügei ebdereǰü ǰaq_a-duni noqai qučiγulǰu yabunam.
(12) tan-du γurban tayiši-yin tegüber γaγča söni γaγča edür-ün
(13) γaǰar bisiü. tegüber mordaǰu čaqar-un ǰaq_a-yi abasai.
(14) ene üge ǰöb bolqul_a qaγan-du medegül, buruγu bolqul_a
(15) qong tayiǰi üjeǰü bayilγ_a. čim_a-du sanaγ_a-ban kelem bi.
(16) yeke kümün-i yaγakiǰu urid morda geǰü ayiladnam. ene üge-yin
(17) učir-i či tende mede.

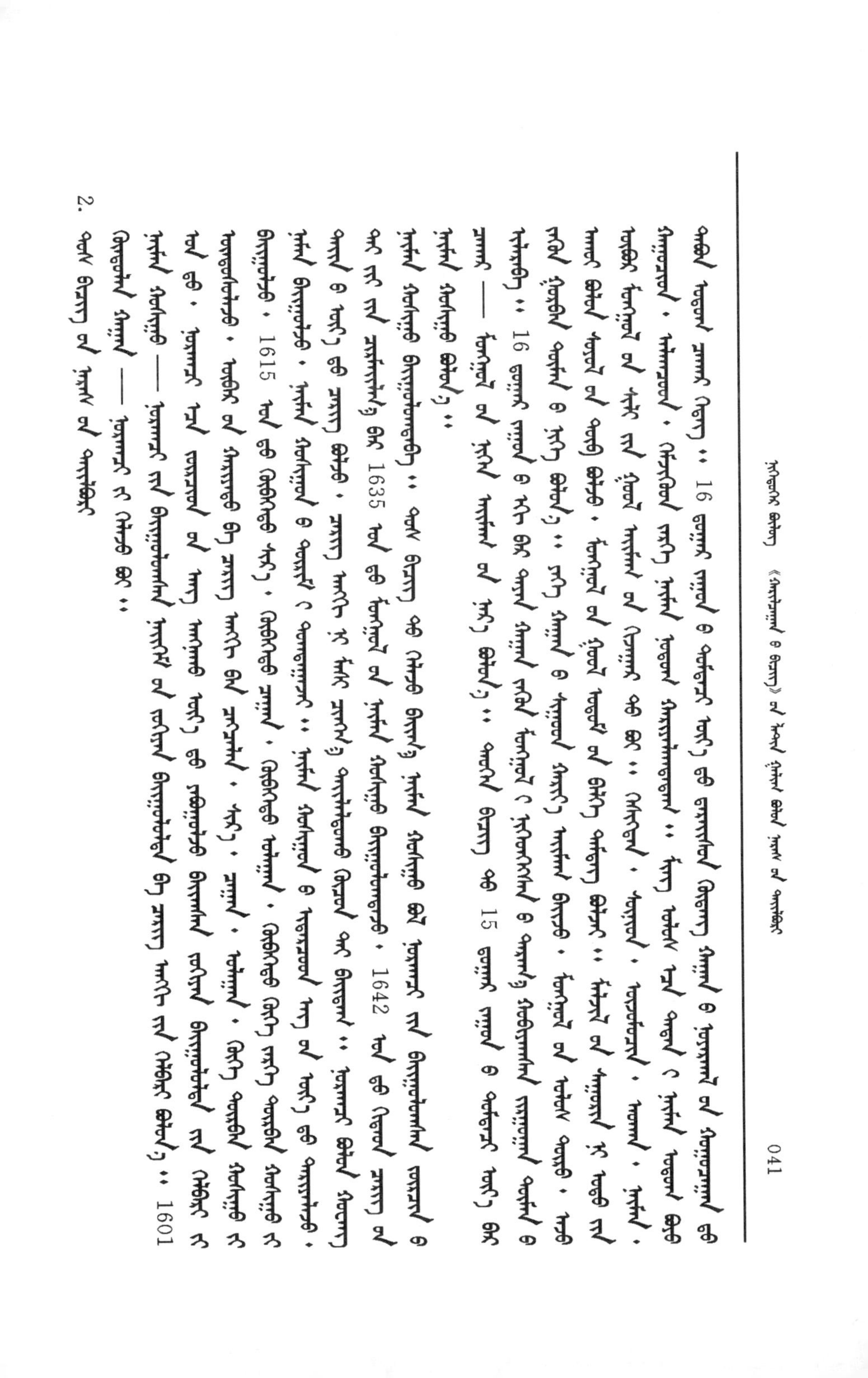

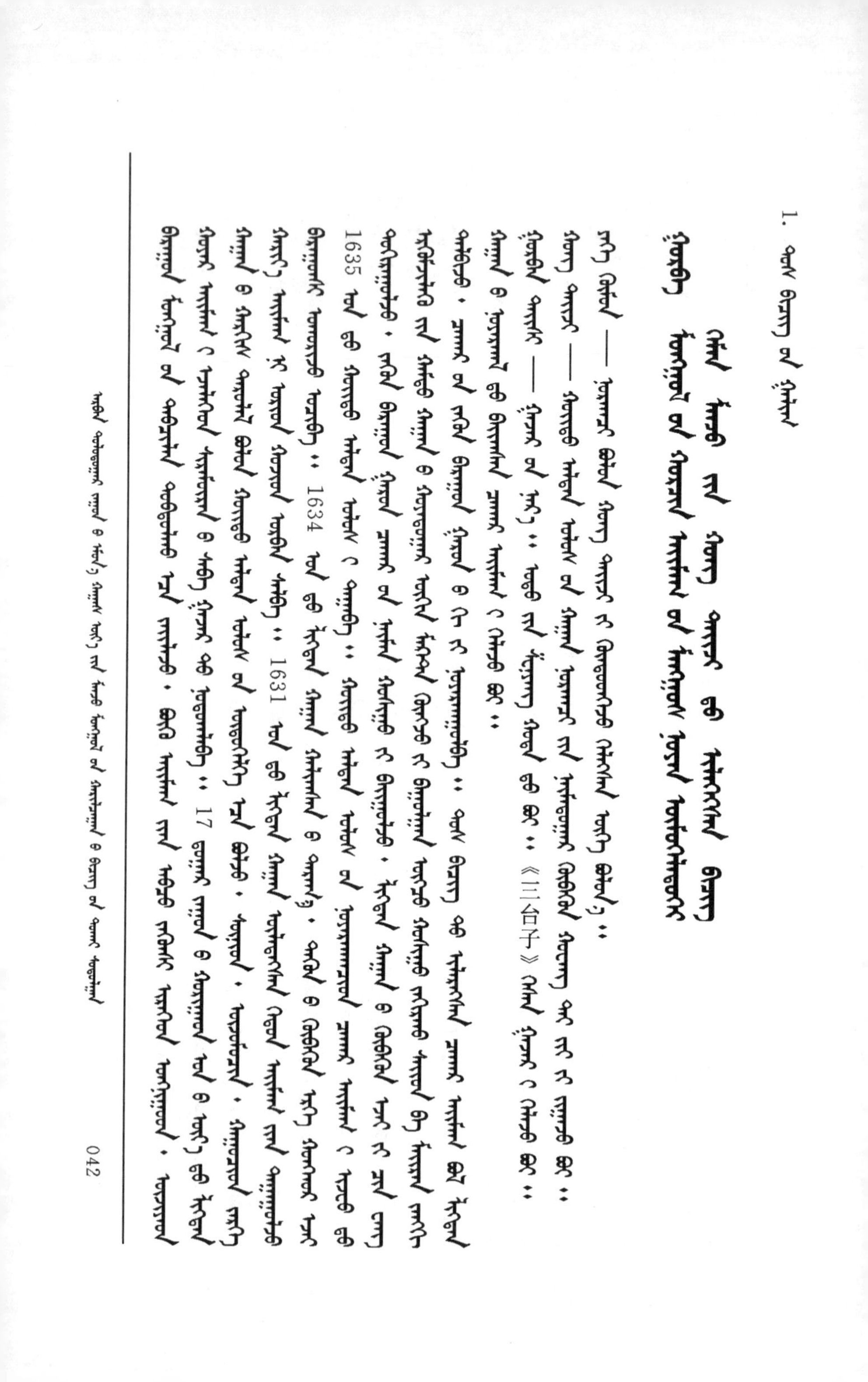

1. [illegible]

[illegible]

[illegible] — [illegible]

[illegible] — [illegible]

[illegible] — [illegible] 《三台子》 [illegible]

[illegible]

[illegible] 1635 [illegible] 1634 [illegible] 1631 [illegible] 17 [illegible]

(1) @ oom suwasdi sidem.
(2) köndölen qaγan-u ǰarliγ-iyar, qoyar baγsi ireǰü,
(3) tngri-dü čaγan mori alaǰi γaǰar-tu qar_a üker alaǰu,
(4) nigen nigen-iyen büü talbiǰu öggüy_e ömögelelčey_e
(5) geǰi bile. čaqar qalq_a mani alaǰu talaǰu ečibe.
(6) tani nayan tümen kitad-i baratala, ömögeley_e geküni
(7) qudal geǰü sanaqu bayinam. γurban noyad üküǰü mingγan
(8) tümen kümün ükübe genem. aq_a degüni ey_e ügei
(9) basa morday_a geǰi kelelčeǰi bayinam.
(10) köndölen qaγan-i qayiralaǰu ese ömöglekü le, alaldum gebe
küčü ügei
(11) aq_a degü minu ey_e ügei, ami qayiran tulada alba
(12) ögčü saγuqu bayinam bida.
(13) qong tayiǰi ene bičig-ün buruγu üge-yi bayilγ_a,
(14) ǰöb ügen deger_e-ni öber-ün sanaγaban bičiǰü,
(15) qaγan-du bičig ürgün bari. tani ese ömögleküle dutaγaǰu
(16) γarqu γaǰar ügei, alalduǰu γarqu küčü ügei.
(17) ene üge-yi minu ǰoriǰu kelekü metü büü sana.
(18) qong tayiǰi čimayi törögsen uruγ eligen tulada
(19) ünen sanaγaban kelekü minu ene bui.

ᠪᠢᠴᠢᠭᠡᠴᠢ ᠶᠢᠨ ᠠᠵᠢᠯ ᠬᠡᠷᠡᠭ ᠢ ᠬᠠᠷᠢᠭᠤᠴᠠᠨ᠎ᠠ :: ᠮᠠᠨᠵᠤ ᠪᠢᠴᠢᠭ ᠦᠨ ᠠᠯᠪᠠᠨ ᠪᠢᠴᠢᠭ ᠪᠢᠴᠢᠭᠯᠡᠬᠦ ᠶᠢ ᠬᠠᠷᠢᠭᠤᠴᠠᠬᠤ ᠪᠠᠢ᠌ᠨ᠎ᠠ :: ᠬᠠᠭᠠᠨ ᠤ ᠵᠠᠷᠯᠢᠭ ᠢ ᠪᠢᠴᠢᠭᠯᠡᠬᠦ᠂ ᠬᠠᠭᠠᠨ ᠤ ᠡᠷᠬᠡ ᠶᠢᠨ ᠦᠭᠡ ᠶᠢ ᠪᠢᠴᠢᠬᠦ ᠪᠢᠴᠢᠭ ᠪᠢᠴᠢᠭᠯᠡᠬᠦ᠂ ᠬᠠᠷᠢ ᠶᠢᠨ ᠪᠢᠴᠢᠭ ᠢ ᠣᠷᠴᠢᠭᠤᠯᠬᠤ᠂ ᠬᠠᠭᠠᠨ ᠤ ᠵᠠᠷᠯᠢᠭ ᠢ ᠵᠠᠷᠯᠠᠬᠤ :: ᠮᠡᠳᠡᠭᠦᠯᠦᠭᠰᠡᠨ ᠪᠢᠴᠢᠭ ᠢ ᠪᠢᠴᠢᠭᠯᠡᠬᠦ᠂ ᠪᠢᠴᠢᠭ ᠪᠢᠴᠢᠭᠯᠡᠬᠦ ᠶᠢᠨ ᠠᠵᠢᠯ᠂ ᠪᠢᠴᠢᠭ ᠦᠨ ᠬᠡᠷᠡᠭ ᠢ ᠬᠠᠷᠢᠭᠤᠴᠠᠬᠤ ᠶᠢᠨ ᠬᠠᠮᠲᠤ ᠮᠣᠩᠭᠣᠯ ᠪᠢᠴᠢᠭ ᠦᠨ ᠬᠡᠷᠡᠭ ᠢ ᠬᠠᠷᠢᠭᠤᠴᠠᠳᠠᠭ :: 16 ᠳᠤᠭᠠᠷ ᠵᠠᠭᠤᠨ ᠤ ᠡᠴᠦᠰ ᠲᠡᠭᠦᠨ᠂ ᠮᠠᠨᠵᠤ ᠶᠢᠨ ᠪᠢᠴᠢᠭᠡᠴᠢ ᠶᠢᠨ ᠠᠵᠢᠯ ᠢ ᠬᠠᠷᠢᠭᠤᠴᠠᠭᠰᠠᠨ :: ᠬᠠᠨ ᠤ ᠵᠠᠷᠯᠢᠭ ᠢ ᠪᠢᠴᠢᠭᠯᠡᠬᠦ ᠪᠢᠴᠢᠭᠡᠴᠢ ᠶᠢᠨ ᠠᠵᠢᠯ᠂ ᠪᠢᠴᠢᠭ ᠦᠨ ᠬᠡᠷᠡᠭ ᠢ ᠬᠠᠷᠢᠭᠤᠴᠠᠭᠰᠠᠨ :: ᠬᠠᠭᠠᠨ ᠤ ᠵᠠᠷᠯᠢᠭ ᠢ ᠪᠢᠴᠢᠭᠯᠡᠬᠦ ᠬᠦᠮᠦᠨ ᠢ ᠪᠠᠭᠰᠢ ᠭᠡᠳᠡᠭ :: ᠮᠠᠨᠵᠤ ᠶᠢᠨ ᠬᠠᠭᠠᠨ ᠤ ᠡᠷᠬᠡ ᠶᠢᠨ ᠦᠶ᠎ᠡ ᠳᠦ᠂ ᠬᠠᠭᠠᠨ ᠤ ᠡᠷᠬᠡ ᠶᠢᠨ ᠦᠶ᠎ᠡ ᠳᠦ᠂ ᠮᠠᠨᠵᠤ ᠶᠢᠨ ᠪᠢᠴᠢᠭᠡᠴᠢ ᠶᠢᠨ ᠲᠦᠰᠢᠮᠡᠯ — ᠪᠠᠭᠰᠢ ᠪᠣᠯᠤᠨ ᠠᠯᠪᠠᠨ ᠤ ᠡᠷᠬᠡ ᠶᠢᠨ ᠦᠶ᠎ᠡ ᠳᠦ ᠪᠢᠴᠢᠭᠯᠡᠭᠰᠡᠨ ᠮᠠᠨᠵᠤ ᠬᠡᠯᠡ ᠪᠡᠷ ᠪᠢᠴᠢᠭᠡᠴᠢ ᠭᠡᠳᠡᠭ :: ᠬᠢᠳᠠᠳ ᠤᠨ ᠲᠦᠰᠢᠮᠡᠯ ᠢ ᠪᠠᠭᠰᠢ 榜式 ᠭᠡᠳᠡᠭ ::

1. ᠨᠠᠢᠮᠠᠨ ᠲᠤᠭ ᠤᠨ ᠵᠢᠷᠤᠮ

ᠮᠠᠨᠵᠤ ᠶᠢᠨ ᠨᠠᠢᠮᠠᠨ ᠬᠣᠰᠢᠭᠤ ᠶᠢᠨ ᠵᠠᠰᠠᠭ ᠬᠠᠭᠠᠨ ᠤ ᠲᠡᠦᠬᠡᠨ ᠲᠤᠭ ᠃ ᠨᠠᠢᠮᠠᠨ ᠤᠨ ᠰᠤᠷᠭᠠᠭᠤᠯᠢ ᠤᠨ ᠪᠠᠶᠢᠭᠤᠯᠤᠯᠲᠠ ᠶᠢᠨ ᠬᠡᠯᠡᠨ ᠵᠢᠷᠤᠮ ᠪᠣᠯ

ᠰᠢᠨ᠎ᠡ ᠪᠠᠶᠢᠭᠤᠯᠤᠭᠰᠠᠨ ᠪᠣᠯᠪᠠ ᠃ 1615 ᠣᠨ ᠳᠤ ᠂ ᠨᠤᠷᠬᠠᠴᠢ ᠰᠤᠷᠭᠠᠭᠤᠯᠢ ᠶᠢᠨ ... ᠬᠣᠰᠢᠭᠤᠨ ᠢ ᠰᠢᠨ᠎ᠡ ᠪᠠᠶᠢᠭᠤᠯᠤᠭᠰᠠᠨ ᠪᠣᠯᠪᠠ ᠃ 1614 ᠣᠨ ᠳᠤ ... ᠃ 1612 ᠣᠨ ᠳᠤ ... ᠃

(1) @ oom suwasdi sidem.
(2) sayin ečige tan-u
(3) köndölen qaγan qayiralaǰu, naiman köbegün deger_e yisün köbegün bolγaǰu
(4) ür_e-ben ögčü bile. ir_e gekü bolusa ečiy_e irekü bayituγai
(5) geküle yaγakiǰu kürgeǰü soyorqaqu-ban
(6) qaγan mede. asaγǰu ečiküse, asaγul ügei ülü ečikü buyu bi.
(7) ger-de saγuqula γadan_a kümün ügei, γadan_a γarqula ger-de
(8) kümün ügei. ese üǰegsen čaγ-tur ečigsen, örösiyegsen čaγ-tur
(9) yaγun-du ülü ečikü bile bi. ene ügen-dü minu qudal ügei.
(10) yaγakiǰu örösiyeküi-ben,
(11) qaγan medetügei.

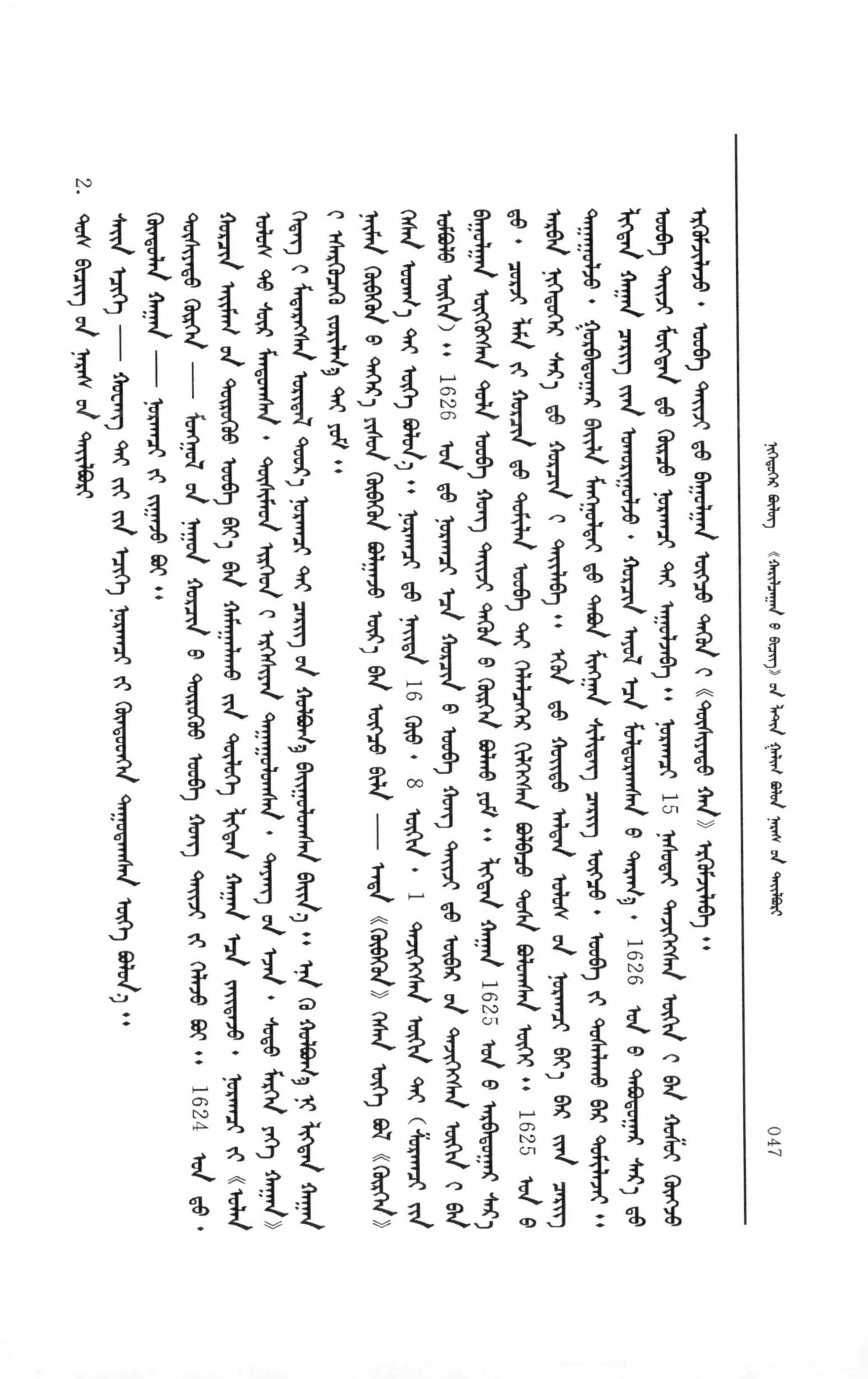

1. ᠦᠰᠦᠭ ᠪᠢᠴᠢᠭ ᠦᠨ ᠭᠠᠷᠤᠯ

ᠤᠨ [illegible] ᠪᠢᠴᠢᠭ [illegible]
ᠪᠣᠯ [illegible]

(1) @ sečen qaγan-u bičig. naiman-u qong baγatur-tu ilegebe. umsad čorǰi lam_a ende ireküi-dü

(2) qong baγatur nada-luγa törö bariy_a geǰü keleǰi bayinam. üneker törö bariy_a

(3) gekül_e auqan-u dügüreng, sečen ǰoriγtu, qong baγatur bügüdeger ǰöbleldüǰü, sayin

(4) kümün-i elči ilege, üge-yi tan-i sonosču kelelčey_e. mani iǰaγur-ača yabuγsan yabudal-

(5) inu, sayin törö-ber yabuqu kümün-dü ülü qaldaqu, maγu samaγu yabuqu kümün-eče

(6) ülü qariqu, aliba ulus-tu dayisun-i küseǰü

(7) tayilaγsan bisi, qorosuγsan γaǰar_a

(8) tngri-dü ǰalbariǰu dayilaba bida. kitad ulus-luγ_a sayin törö-ber yabuy_a getel_e

(9) es_e bolǰu, yekeke-yi ömegereǰü čerig nemeǰü saγuǰu, mani süi-yi mongγol-du

(10) ögbe. bas_a čerig γarču, kerem-ün ǰaq_a-du saγuγsan ǰürčid-ün tariγsan tariyan-i

(11) es_e abqulba. saγuγsan ger bügüde-yi tüimerdeǰü kögebe. tegün-eče bisi maγu kigsen-i alini toγalam. činggiǰü qorosqaǰu

(12) yabuqui-du kitad-i dayilaba. qalq_a bida qoyar iǰaγur-ača sayin yabum bil_e. ǰayisai

(13) mani uǰalu qota-yi dobtolba, ilegegsen elči-yi mini alaba, süi-yi abuba. bay_a darqan basa mani süi-yi

(14) abuba. tegün-ü qoyin_a ǰayisai-yi bariγsan-du tabun otoγ qalq_a-yin noyad bügüdeger nada-

(15) luγ_a törö bariqudu siraγčin qonin ǰil_e tngri-dü čaγan mori, γaǰar-tu qar_a

(16) üker alaǰu amaldaγsan üge, kitad-i dayilaqul_a nigen eyeber dayilay_a, elsekül_e

(17) nige eyeber elsey_e, kitad-un sayin ed uran arγ_a-du, qalq_a

oroǰu manǰu-du ey_e
(18) ügei kitad-i elsekül_e qalq_a-du nigül kürtügei, qalq_a-du ey_e ügei manǰu elsekül_e
(19) manǰu-du nigül kürtügei geǰü amaldaγsan üge-ben qalq_a ebdeǰü, kitad-i dayilaqu-ača
(20) tegün-ü sayin ed uran arγ_a-du oroǰu, kitad-i ömegereǰü, čerig ireǰu mani čongǰi-yin kümün-i
(21) alaǰu toloγai-yi kitad-tu ögbe. bas_a kedün kedün üy_e dobtolǰu mal abačiba.
(22) činggiǰü maγu kiǰü yabutal_a bida yaγum_a ese keleǰü yabuba. mani
(23) čerig qaratai-du mordaǰu qota köldeǰü es_e abču qariǰu iregsen qoyin_a, qalq_a mani čerig-i
(24) kitad-tu olan alaγdaba geǰü, kitad-tu čerig nemeǰü mani dayilaγ_a geǰü mani ǰüg otoγ siqaǰu
(25) nutuγlaǰu, qorčin-du yabuqu elči-yi ürgülǰi ǰam tosču alaǰu
(26) man-i qaratai-du čerig mordaqu-du saγad kinem. solongs bida qoyar ulus iǰaγur yaγum_a gem ügei sayin yabuǰu
(27) bil_e. qoyin_a kitad-tu čerig nemeǰü iregsen-dü tngri örösiyeǰü, solongs-in noyad
(28) čerig-ün kümün bügüde nada bariγdaba. bida es_e alaǰu talbiǰu ilegeǰü törö ǰokiy_a getel_e es_e
(29) bolǰu bas_a kitad-i ömegereǰü, mani bosqaγul-i nekekü-dü solongs-i
(30) dayilaba. aliba ulus-tur yal_a ügei bayital_a dayisun-i küseǰü dayilaγsan ügei, dayisun
(31) yaγun-du sayin, engke törö yaγun-du maγu.
(32) čaqar-un qaγan, qalq_a-yi ebdeǰü abačiγsan, noyad-un deger_e qaraču kümün-i daruγ_a talbiγsan,
(33) noyad-ača qatud-i qaγačaγulǰu, abaqai-nar-i ečige eke-eče qaγačaγulǰu kitad kötöči-dü öggügsen,

(34) mani keleküi-eče, tan-i ülü medekü yaγu bi, ene üge-dü ǰöb gekül_e čaγatu qoyar

(35) kesigten-ü noyad-tu ene bičig-i ilege.

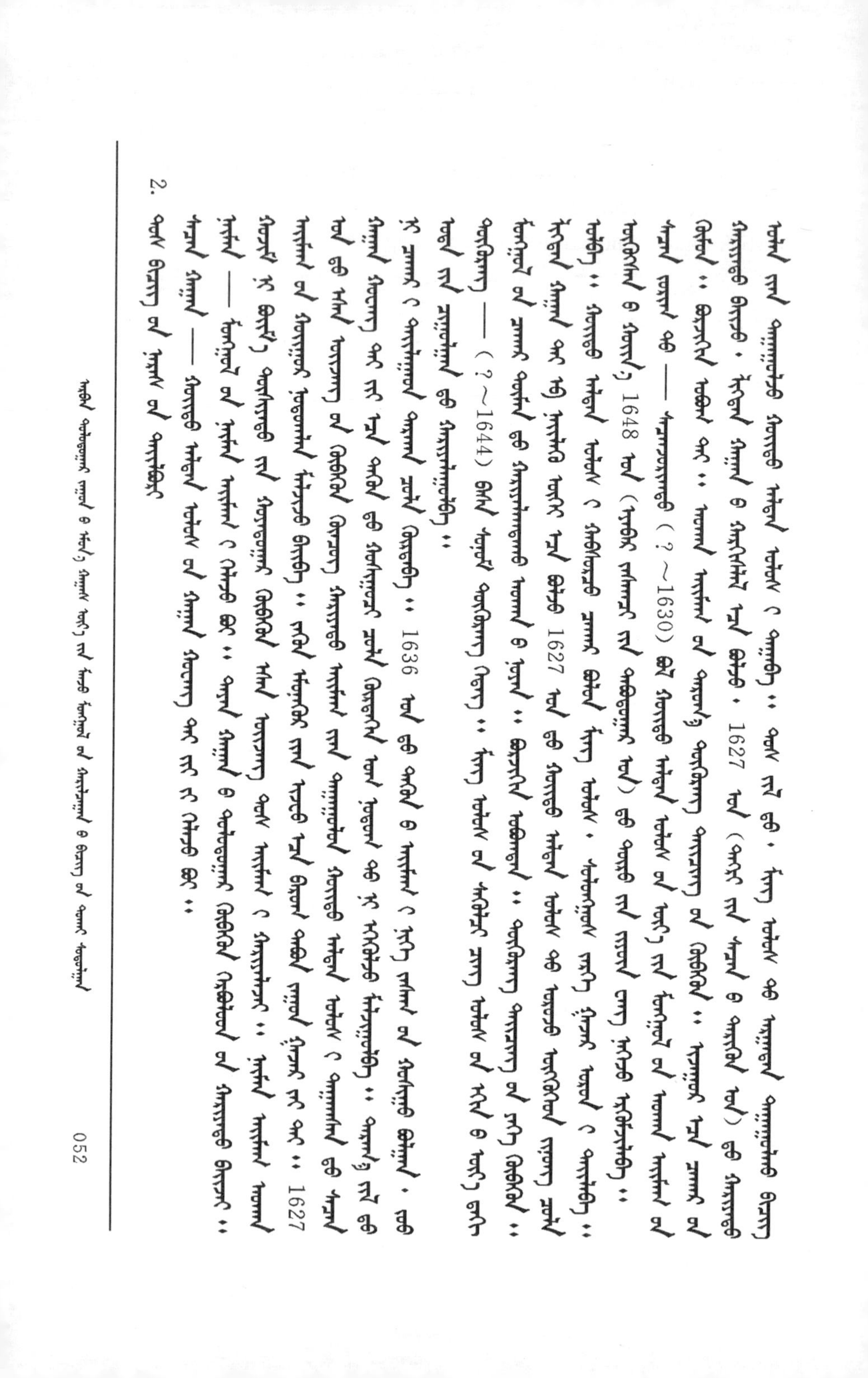

[illegible] ·· [illegible]
[illegible] · 1627 [illegible] ([illegible]) [illegible]
[illegible] ·· [illegible] ·· [illegible] ·· [illegible]
[illegible] — [illegible] (? ~1630) [illegible]
[illegible] 1648 [illegible] ([illegible]) [illegible] ··
[illegible] ·· [illegible] · [illegible] ··
[illegible] 1627 [illegible]
[illegible] ·· [illegible] ·· [illegible] ·· [illegible] ··
[illegible] — (? ~1644) [illegible] ·· [illegible]
[illegible] ··

[illegible] ·· 1636 [illegible] · [illegible]
[illegible] ·· [illegible]
[illegible]
[illegible] ·· [illegible] ·· 1627
[illegible] ·· [illegible]
[illegible] — [illegible] ·· [illegible] ··
[illegible] — [illegible] ··

2. [illegible]

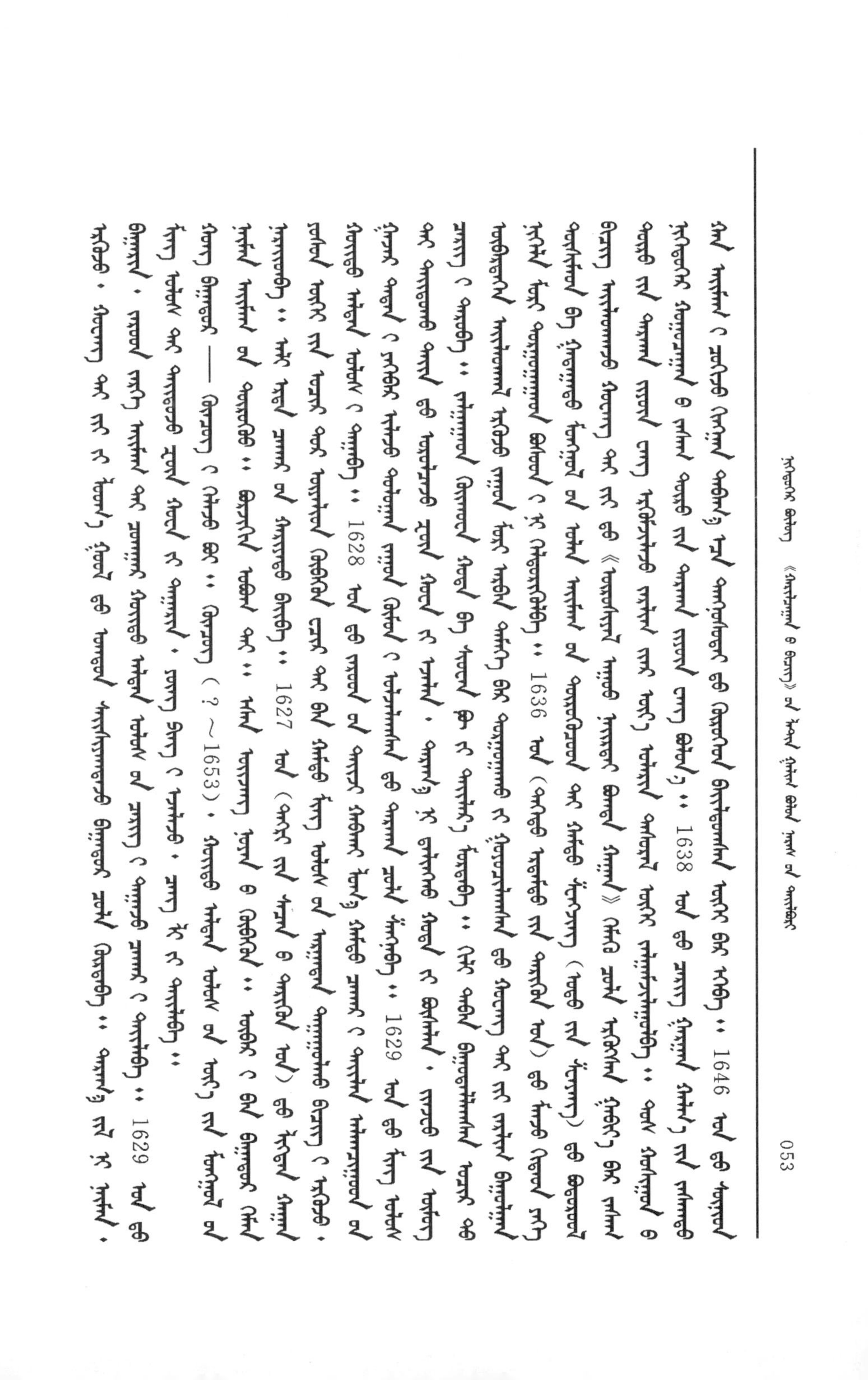

[illegible]

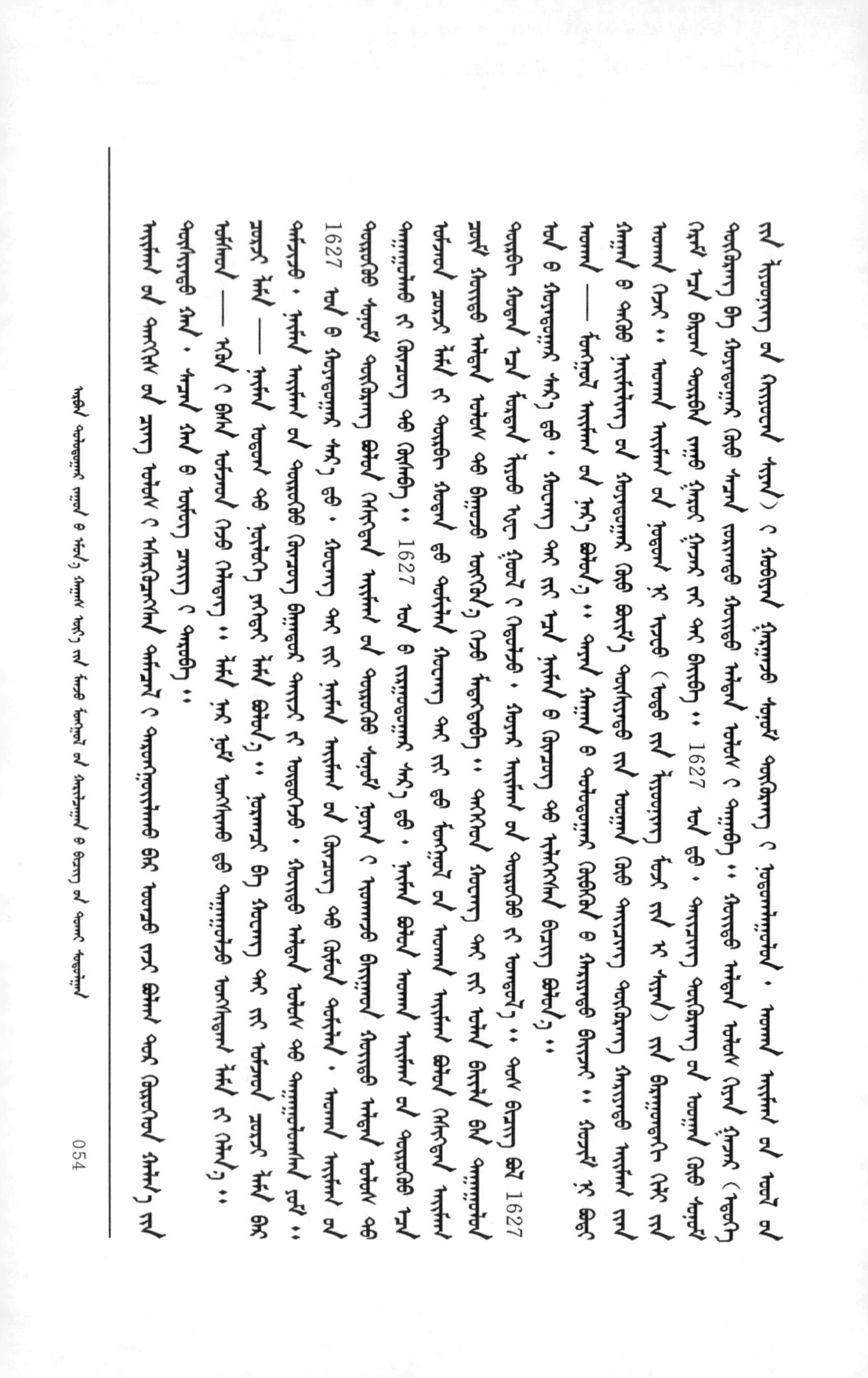

[illegible] 1627 [illegible]

[illegible]

1627 [illegible] 1627 [illegible]

1627 [illegible]

[illegible]

[illegible]

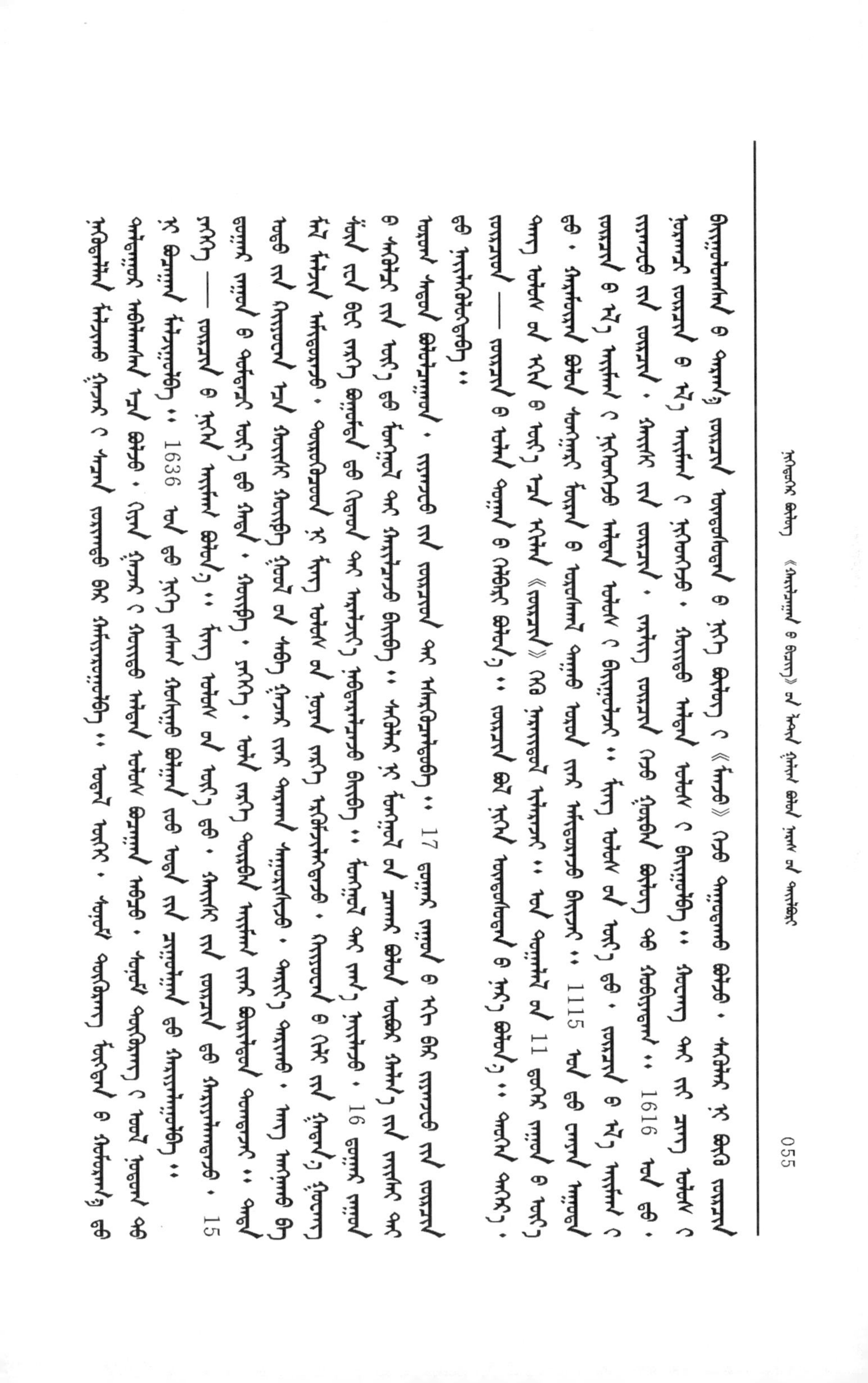

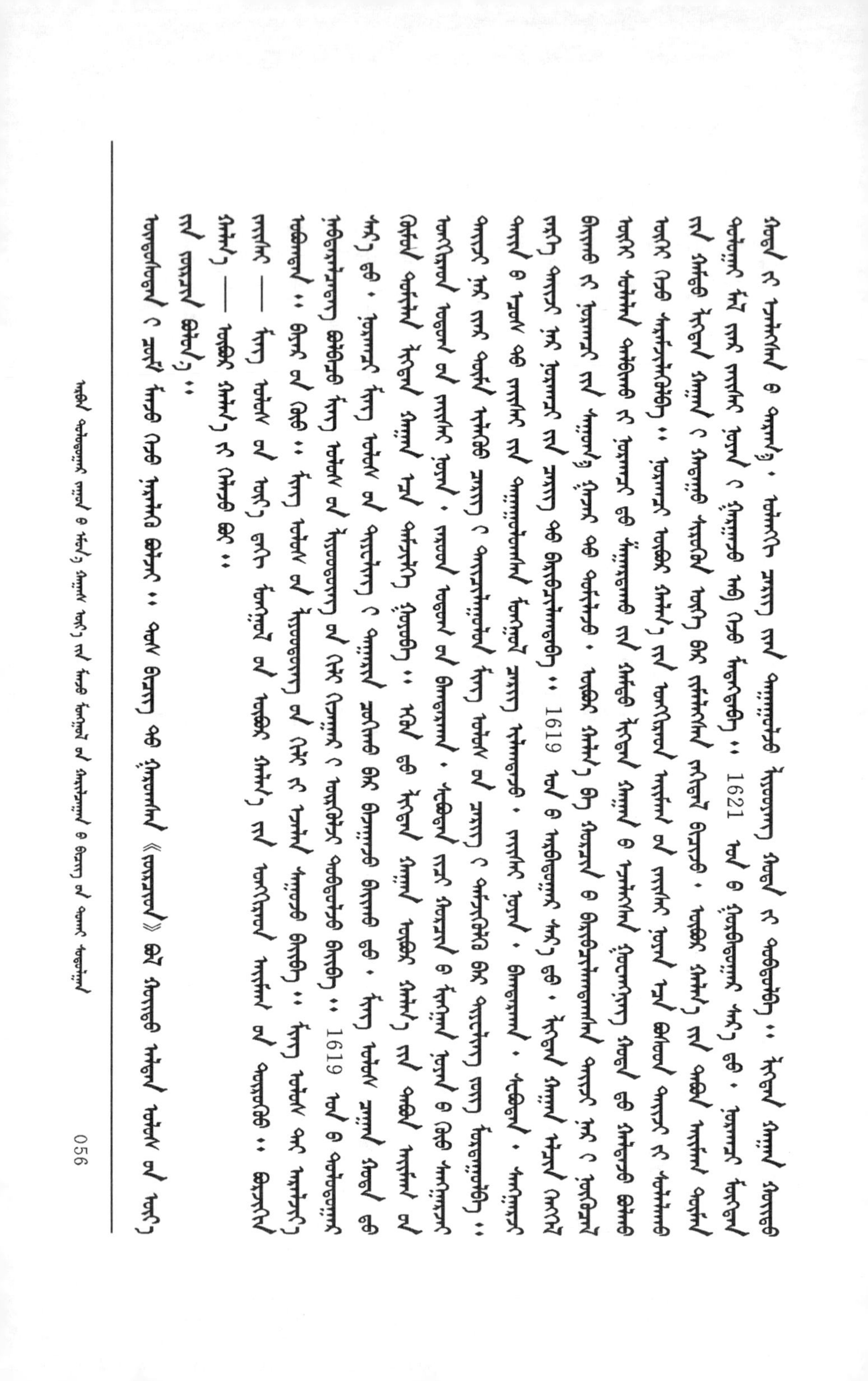

[illegible] :: [illegible]
[illegible] :: 1621 [illegible]
[illegible]
[illegible] :: [illegible]
[illegible]
[illegible]
[illegible] :: 1619 [illegible]
[illegible]
[illegible] ::
[illegible]
[illegible] :: [illegible]
[illegible]
[illegible] :: 1619 [illegible]
[illegible] :: [illegible] :: [illegible] :: [illegible]
[illegible] —— [illegible] :: [illegible]
[illegible] —— [illegible] ::
[illegible] ::
[illegible] :: [illegible]

ᠲᠡᠮᠳᠡᠭᠯᠡᠯ ᠪᠣᠯᠤᠨ᠎ᠠ ᠠᠴᠠ — 1619 ᠣᠨ ᠤ ᠬᠠᠪᠤᠷ ᠪᠠᠢ᠌ᠨ᠎ᠠ ::

[illegible]

1619 ᠣᠨ [illegible] — 1619 ᠣᠨ ᠤ [illegible] ::

[illegible] 1621 ᠣᠨ ᠤ [illegible] ::

[illegible]

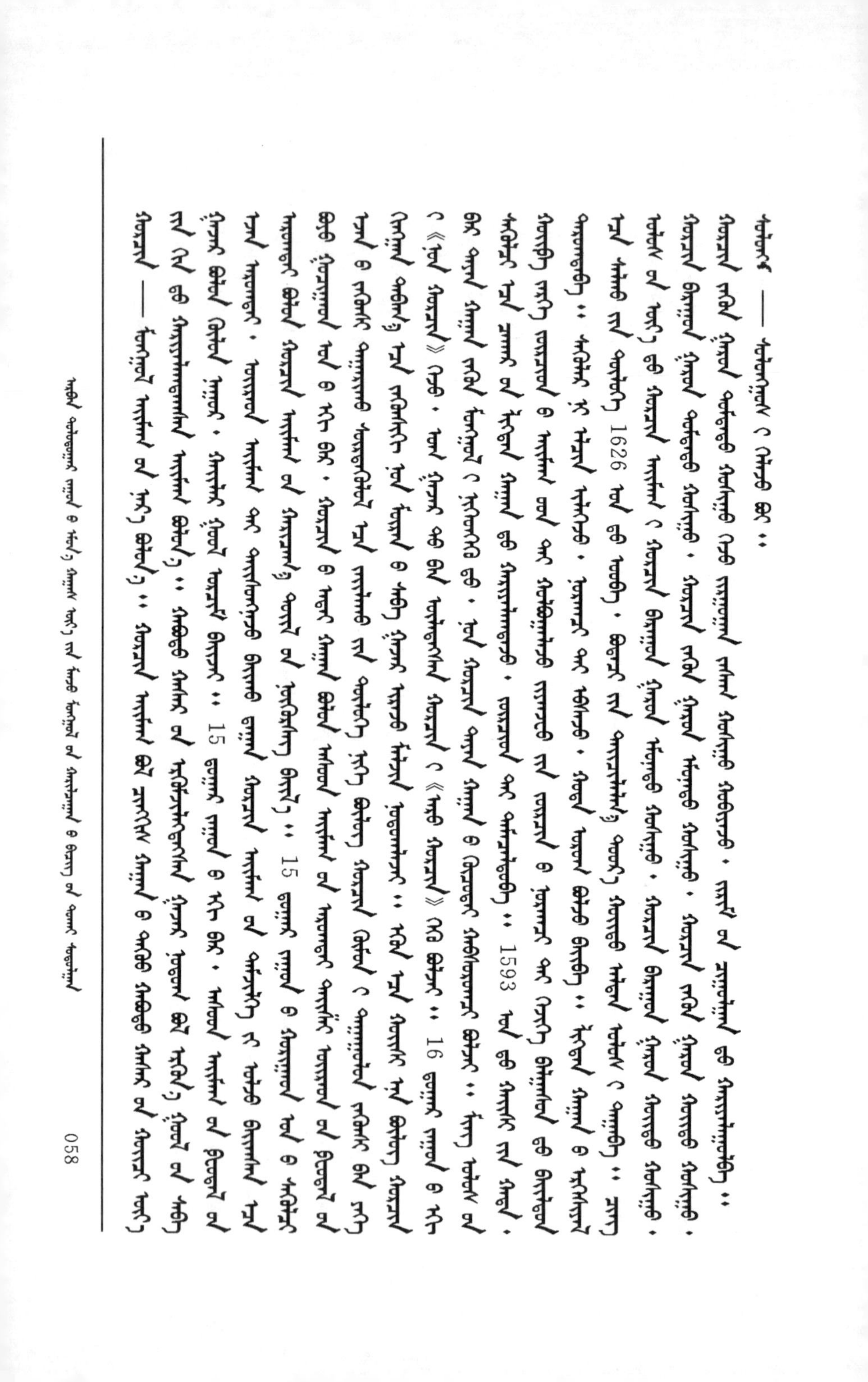

1. ᠬᠠᠭᠤᠴᠢᠨ ᠪᠢᠴᠢᠭ ᠦᠨ ᠰᠢᠨᠵᠢ

ᠪᠣᠯᠪᠠᠰᠤᠷᠠᠭᠤᠯᠤᠭᠰᠠᠨ ᠮᠠᠨᠵᠤ ᠪᠢᠴᠢᠭ

ᠰᠢᠨᠵᠢᠯᠡᠬᠦ ᠪᠣᠯᠪᠠᠰᠤ ᠂ ᠡᠨᠡ ᠬᠡᠰᠡᠭ ᠲᠦ ... ᠡᠴᠡ ᠰᠢᠨᠵᠢᠯᠡᠨ ᠦᠵᠡᠶ᠎ᠡ ᠃
[illegible] ᠃ 1627 [illegible]
[illegible]
[illegible]
[illegible] ᠃ 16 [illegible]
[illegible] ᠃ 16 [illegible]
[illegible] —— [illegible]
[illegible] —— [illegible] ᠃

(1) @ sečen qaγan-u bičig naγun-i noyad-tu ilegebe. mani sanaγan-du tüsiy_e-tü qan, dai darqan ǰasaγ-tu dügüreng,
(2) γurban qosiγu nigen qota. bingtü ildüǰi, badm_a-tai nigen qota. ǰoriγtu qong tayiǰi-yin dörben qosiγu nigen qota.
(3) γaǰar-un sayin-i üǰeǰü γurban qota-yi nige door_a bariǰu üdter bekiletügei geǰü sananam bida. činggiǰü γaǰar-iyan bekilegsen qoyin_a,
(4) ker_be čaqar tan-du mordaqul_a bidan-u uridu kelelčegsen üge-ber, ta tayiǰi-nar-i ilegeкül_e, bida tan-du čerig nemey_e.
(5) qota γaǰar-i ülü bekileǰü, čaqar mordaqul_a, ta ču bolba qamiγ_a bayiǰu alalduqu, bida ču bolba qamiγ_a bayiγsan-i medeǰü ečikü bui.
(6) mani sanaγan-dur bida qoyar ulus qariǰi ökin-iyen ögčü, uruγ eligen tasurasi ügei yabuγ_a geǰü sananam bida. tan-i
(7) čaqar-tu abtaqul_a, bida basa ali ulus-luγ_a uruγ eligen bolǰu yabuqu bui. bingtü-yi, ǰoriγ-tu qong tayiǰi-luγ_a nigen
(8) qota barinam geǰü sonosba bida. ner_e činu baγaqan bisi, bingtü či ekilen ildüǰi badm_a, kedün degü-nar-iyan abču nigen
(9) qota bariǰu γurban qota-yi oyir_a bariqula dayisun irebeči qoγor dumda oroǰu yaγakiǰu alalduqu bui. sangtu-yi öggül_e amalda,
(10) es_e öggül_e bitegei amalda gegsen üge. bida qoyar ulus ey_e nigedügsen-ü tulada qalq_a ǰaraγud bidan-du dayisun tulada,
(11) sangtu-yin ečige eke-dü bida olǰu bayital_a, sangtu-yi ečige eke-degen ülü neyilegülǰü, dayisun ulus-tu ilegeкül_e,
(12) nigen ey_e-ber yabunam geǰü bidan-i yaγun tusa geǰü büü amalda geǰi bil_e. oda γaγča sangtu-ača, čaqar-in čerig-tü
(13) dutaγaǰu γaruγsan, qalq_a bügüde tan-du oroǰu bayinam. oda bügüde bidan-i čaγaǰan-du oroba, sangtu-yi oda
(14) yaγu geǰü ača gem bida. bingtü, ildüǰi, ta amalda, ker_be sangtu ečige-degen ireкül_e, ta bitegei qori.
(15) sangtu-yin dur_a-bar boltuγai.

[illegible] ᠬᠠᠭᠠᠨ [illegible] ᠉ 1628 ᠣᠨ ᠳᠤ [illegible]
[illegible] ᠉ 1623 ᠣᠨ ᠳᠤ [illegible] ᠉
[illegible] —— [illegible] ᠉ [illegible] ᠉ [illegible] ᠉
[illegible] —— [illegible] ᠉
[illegible] —— [illegible] ᠉
[illegible] —— [illegible] ᠉
[illegible] ᠉
[illegible] —— [illegible] ᠉ 1636 ᠣᠨ ᠳᠤ [illegible]
[illegible] ᠉
[illegible] 1636 ᠣᠨ ᠳᠤ [illegible]
[illegible] —— 1626 ᠣᠨ ᠳᠤ [illegible]
[illegible] ᠉
[illegible] —— [illegible] ᠉ 1626 ᠣᠨ ᠳᠤ [illegible]
[illegible] ᠉
[illegible] —— [illegible] ᠉ 1626 ᠣᠨ ᠳᠤ [illegible]
[illegible] —— [illegible] ᠉

2. [illegible]

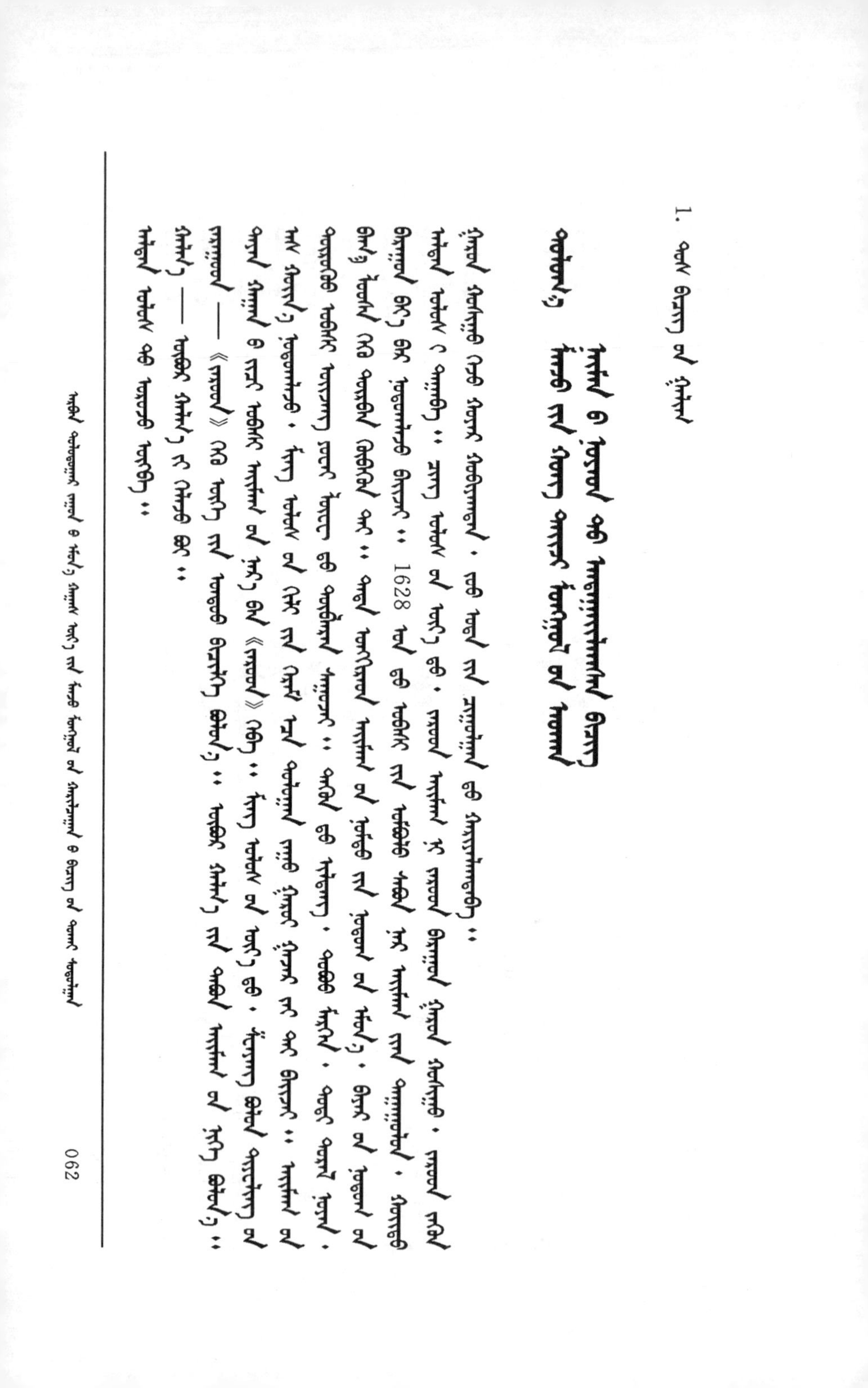

(1) @ yeke altan ulus-un

(2) sečen qaγan,

(3) deger_e tngri-dü öčimüi. čaqar-un qaγan, öber-ün töröben ebdeǰü, törögsen töröl-iyen

(4) ülü taniǰu, yal_a ügei tabun otoγ qalq_a-yi ebdegsen-ü tula,

(5) auqan naiman-i noyad čaqar-un qaγan-du maγulaǰu,

(6) sečen qaγan-du tüsiy_e geǰü iregsen-i ülü sanaǰu kerem-ün dotor_a oroγulǰu

(7) öber-ün irgen-tür adali abču yabuqul_a

(8) sečen qaγan, yeke noyan, amin noyan, mangγultai noyan, degelei, ǰirqalang,

(9) aǰige, todu, yodu , siütü, saqaliyan, qooge, ede bügüde-yi

(10) tngri buruγusiyaǰu amin nasun mani oqor boltuγai. inggiǰü qayiralaǰu yabutal_a,

(11) dügüreng, qong baγatur, sečen ǰoriγ-tu, tüsiy_e-tü, dayičing darqan,

(12) sangγarǰai, očir, dulba, edün bügüde noyad ta, čaqar-un qadquγan

(13) ügen-dür oroǰu, mani orkiǰu buruγu sanaqul_a tani-yi

(14) tngri buruγusiyaǰu amin nasun tani oqor boltuγai, aliba kümün kelelčegsen ügen-degen

(15) kürčü yabuqul_a

(16) tngri örösiyeǰü amin nasun bidan-i urtu boluγad, ači ür_e bidan-i delgereǰü

(17) tümen od, mingγan üy_e-dür kürtel_e ǰirγaqu boltuγai.

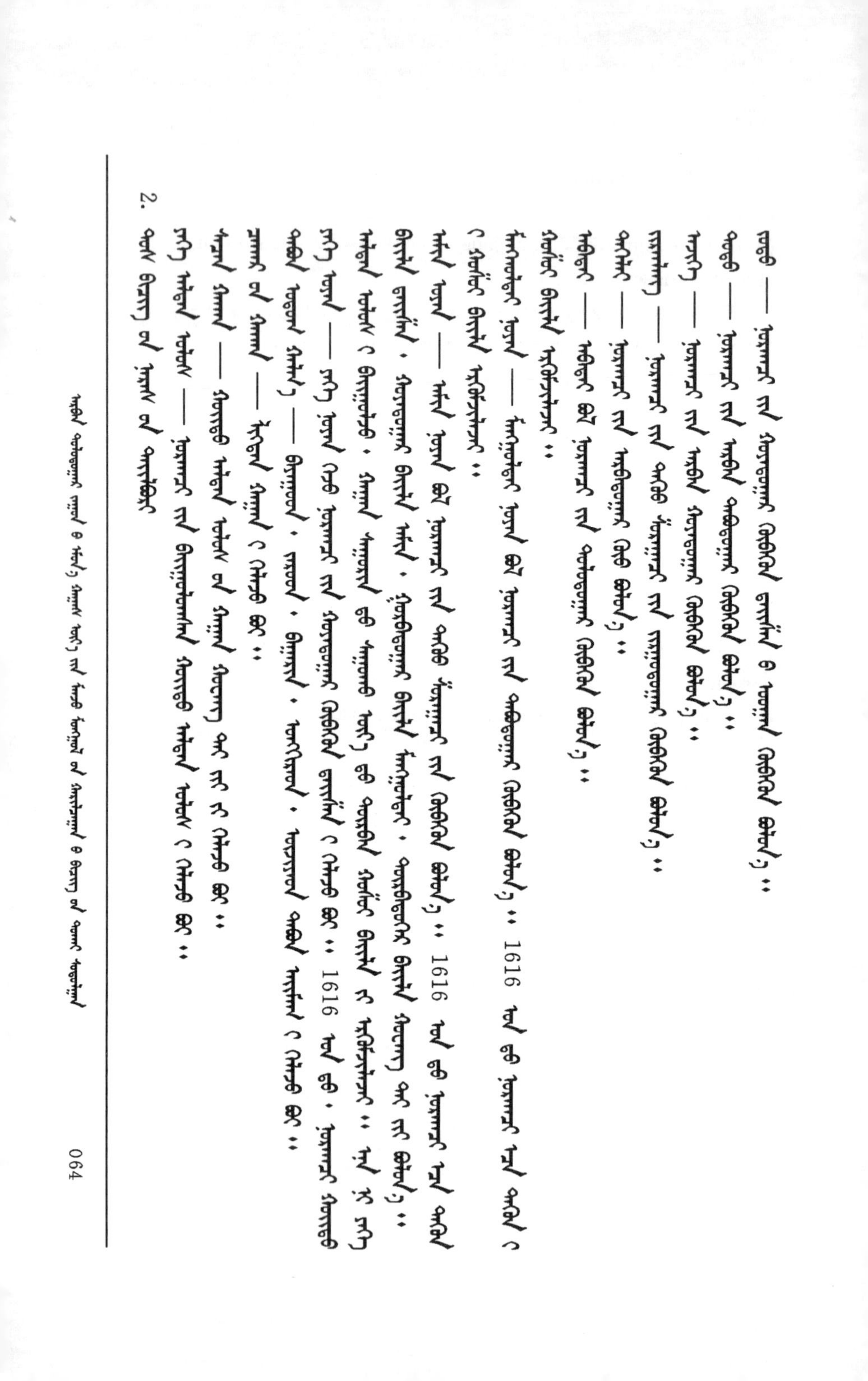

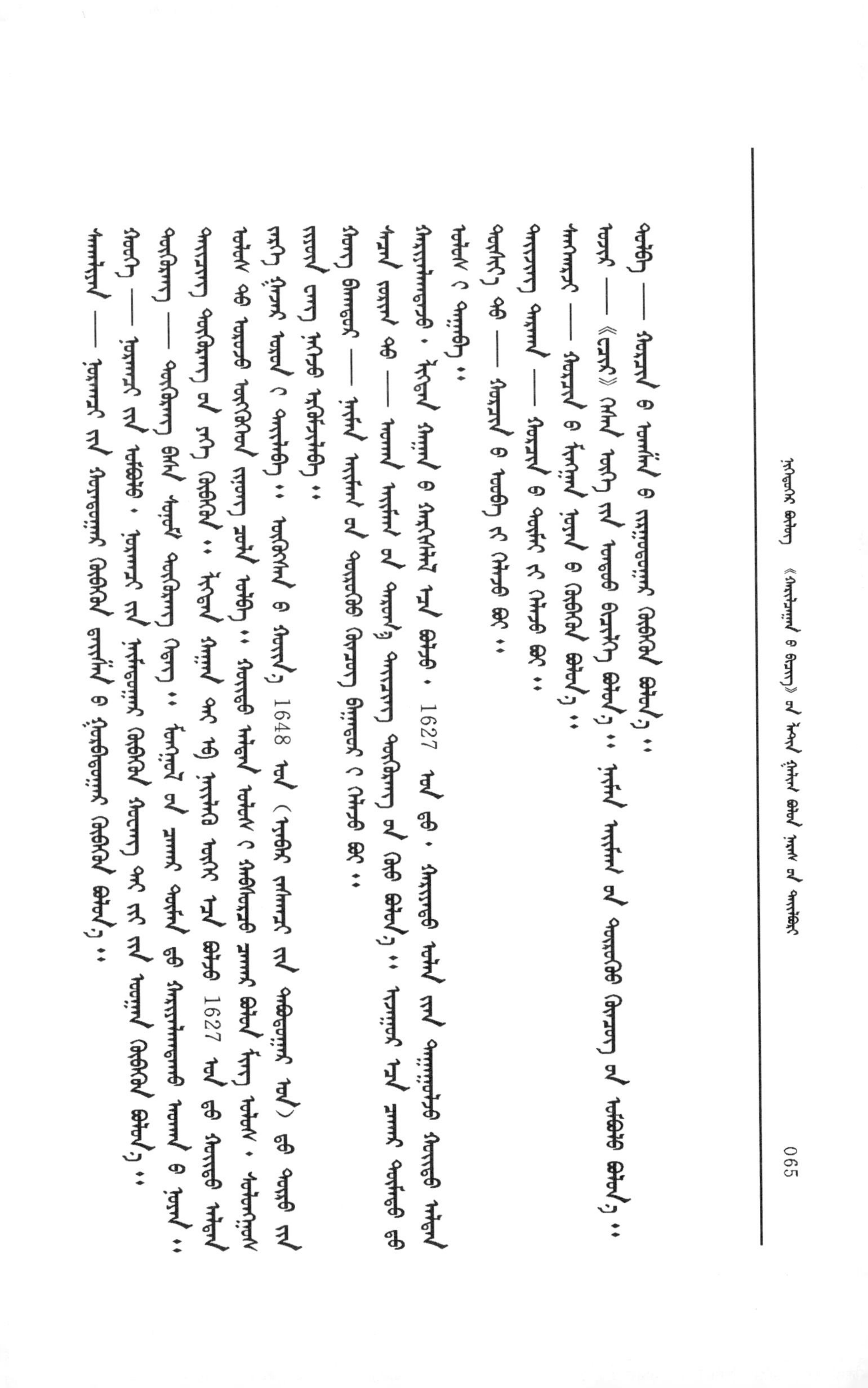

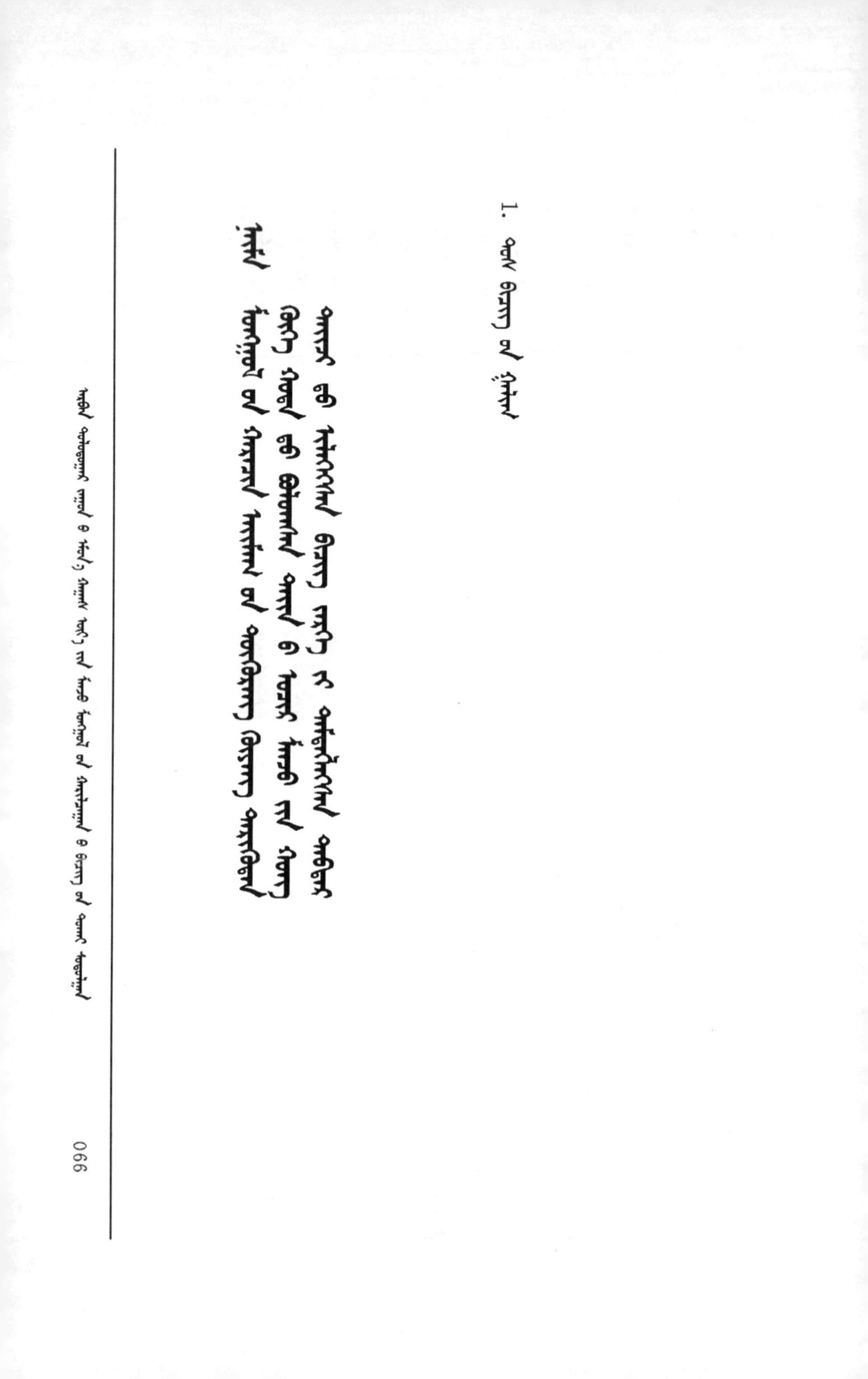

(1) qaračin-i tabunong-ud-in bičig-ün üge.

(2) @

(3) sečen qaγan-du, dügüreng güyeng, tonoi günǰi, noγuγan dar_a, wandan üiǰeng, ekilen ölge-yin

(4) noyad tabun ong-ud bičig bariba.

(5) sečen qaγan-ača ekilen mendü amuγulang buyu.

(6) sečen qaγan-u öggügsen bičig-ün qariγu, čaqar-in qaγan yoso ügei töröl törögsen-iyen alaǰu talaǰu yabuqu-yi,

(7) sečen qaγan ekilen yeke baγ_a noyad medebe ǰ_e. qaračin tümen-i bidan-i aulidqaǰi eme keüked mal-i abči bayinam.

(8) mani qaγan qong tayiǰi, bošoγ-tu qaγan, ordos-un ǰinong-tai yöngsiyebü, asud abaγ_a qalq_a

(9) ede ireǰi gegen qaγan-i ǰao-du saγuγsan dörben tümen čerig-in-i čabčiǰu γarγaǰu orkiǰu bayinam.

(10) mani qaγan, qong tayiǰi arban tümen čerig abči irebe. tere ireküden čaqar-un γurban mingγan sang-čin

(11) bayan sübe-dü sang abuy_a geǰü oroǰu, kitad sang ese ögči qariǰi ireküi-dü qaračin qaγan, qong tayiǰi tere sangčin-i

(12) uǰiraǰu kele γarγal ügei tasu alaba, baraγun γurban abaγ_a qalq_a morday_a geǰi, nada-yi mani abun

(13) sečen qaγan-tai ede mordaqula yambar geǰi ireǰi bayinam.

(14) sečen qaγan gegen-den ayilad. ene qoyar bičig-ün üge-yi üǰeköl_e,

(15) @čaqar-in qaγan ula ködelǰü bayinam. ene ködelügsen

(16) čaγ-tu aγta tarγulaγulǰu ene nuγun deger_e, naγun-u abaγ_a qaračin tümen-tei bida mordaqu bolba.

(17) ta morday_a gekü bolusa aγta-yuγan tarγulaγulǰu quyaγ duγulγ_a ǰer ǰebe-iyen ǰasa.

(18) ülü mordaqu bolusa ta öbesüben mede.

(19) sečen qaγan-u bičig, darqan tüsiy_e-tü üiǰeng qoyar-tu ilegebe. qaračin-i tabun ong-ud-yin

(20) elči-yin üge čaqar-in qaγan köke qota oroǰu dörben tümen čerig saγulγaǰu bile. baraγun γurban

(21) bošoγ-tu qaγan, qaračin-i qaγan, buyan aqai, abaγ_a, qalq_a, ordos-un ǰinong, yöngsiyebü.

(22) @oom suwasdi siddem

(23) sečen qaγan-du, dügüreng güyeng, tonoi günǰi noγuγan

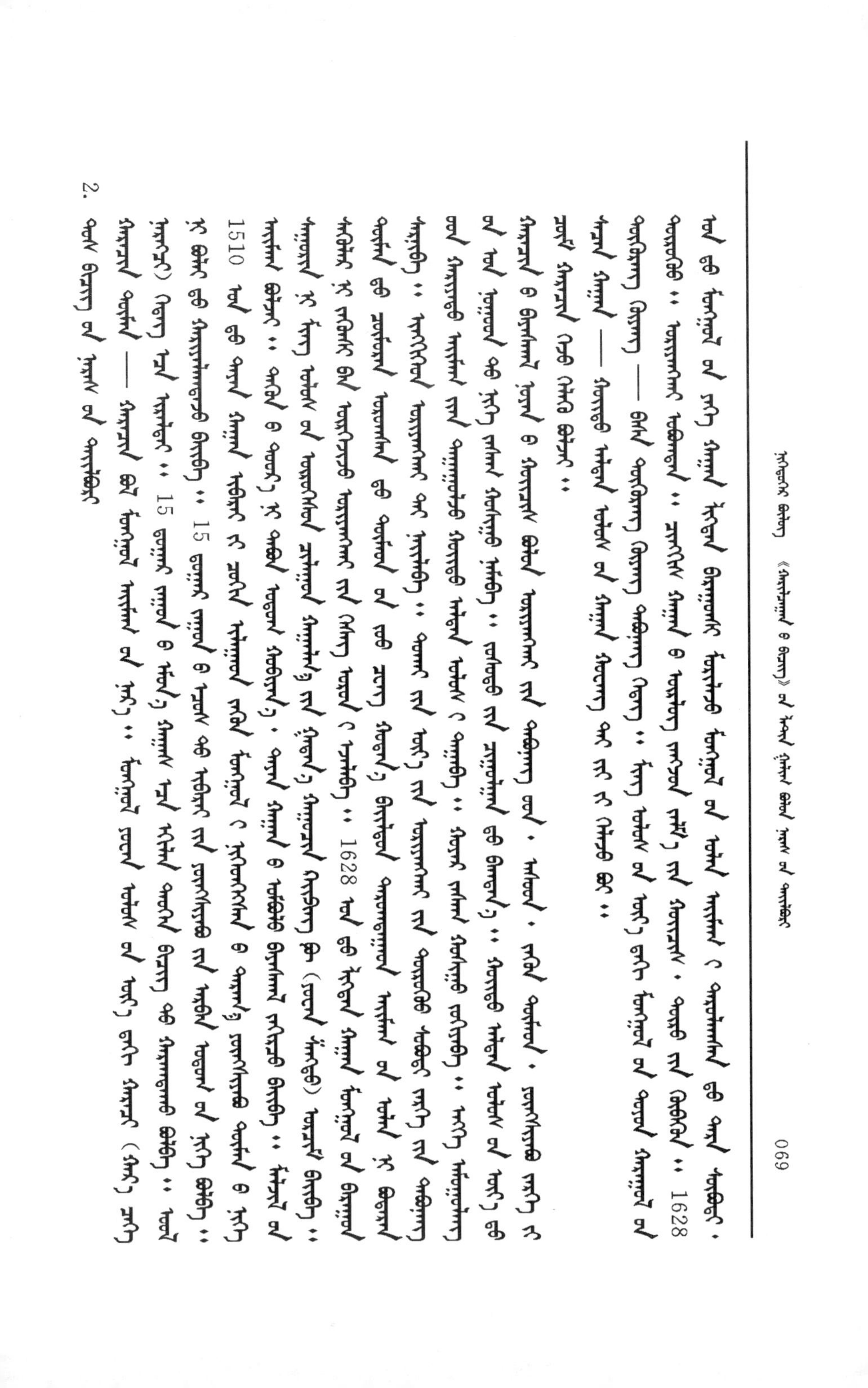

[illegible]
[illegible] 1628
[illegible] —— [illegible]
[illegible] —— [illegible]
[illegible]

[illegible]
[illegible] 1628 [illegible]
[illegible]
1510 [illegible]
[illegible] 15 [illegible]
[illegible] 15 [illegible]
[illegible] —— [illegible]

2. [illegible]

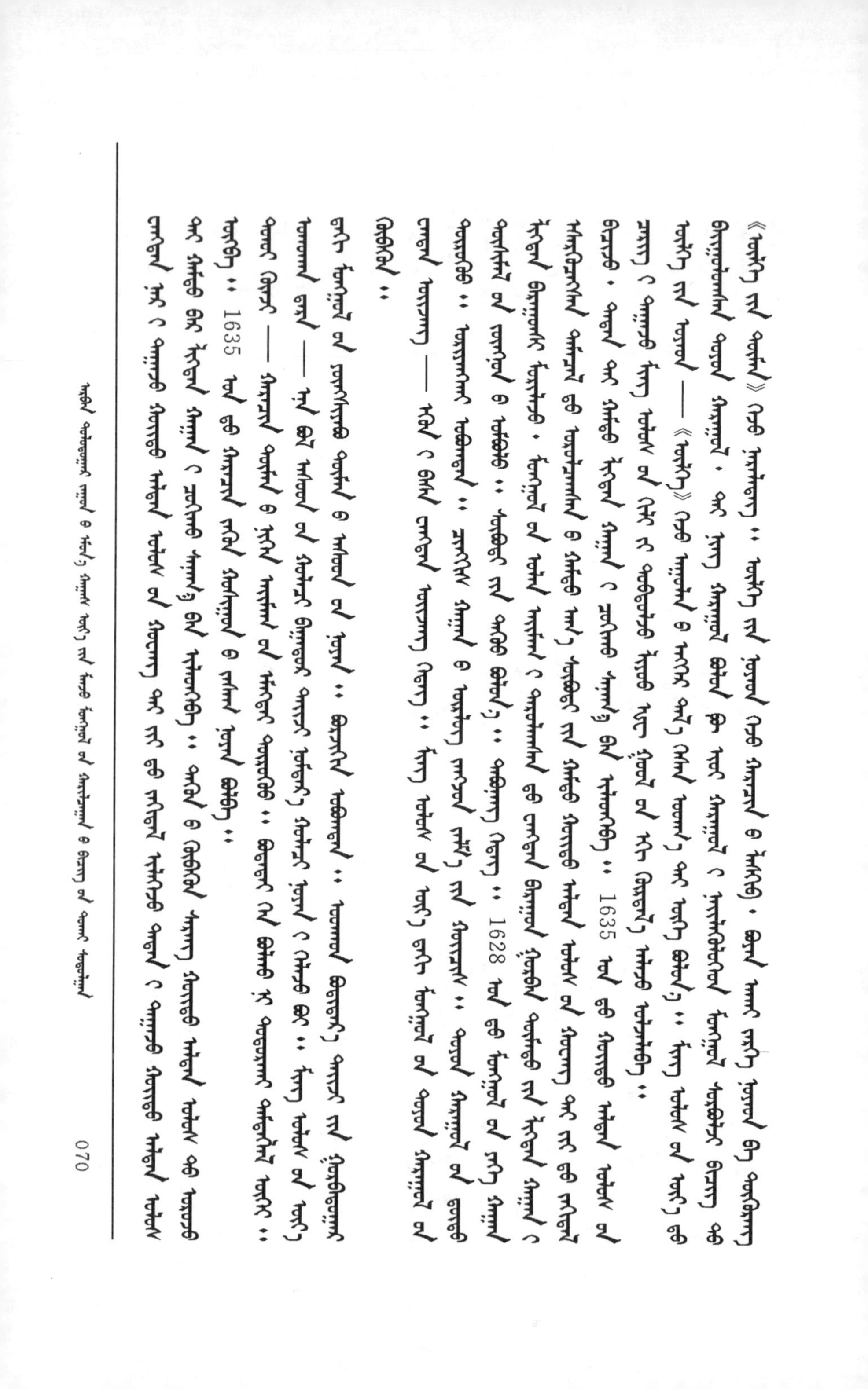

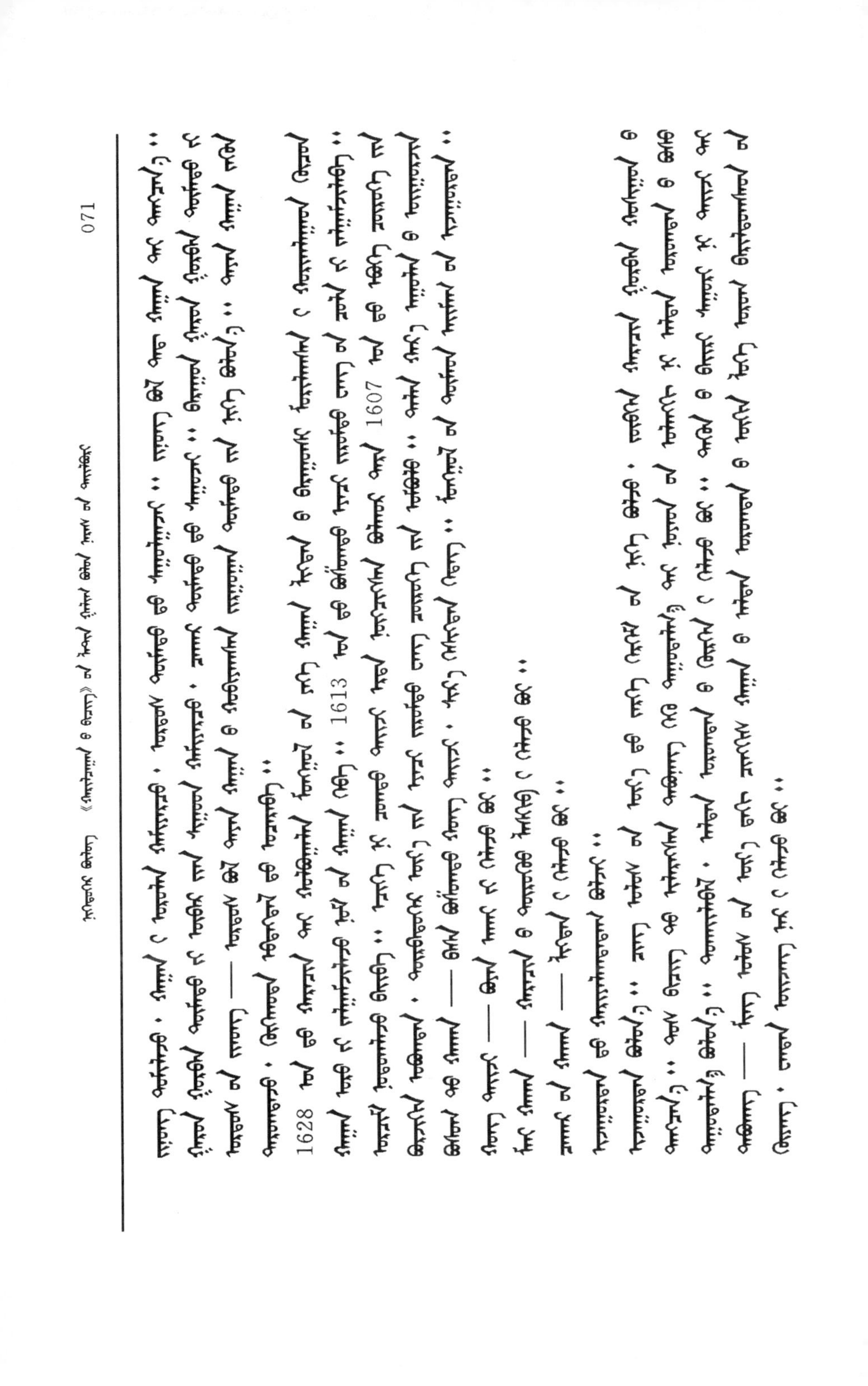

[illegible] 1628 [illegible] 1613 [illegible] 1607 [illegible] ::

[illegible] —— [illegible] ::

[illegible] —— [illegible] ::

[illegible] —— [illegible] ::

[illegible] ::

[illegible] —— [illegible] ::

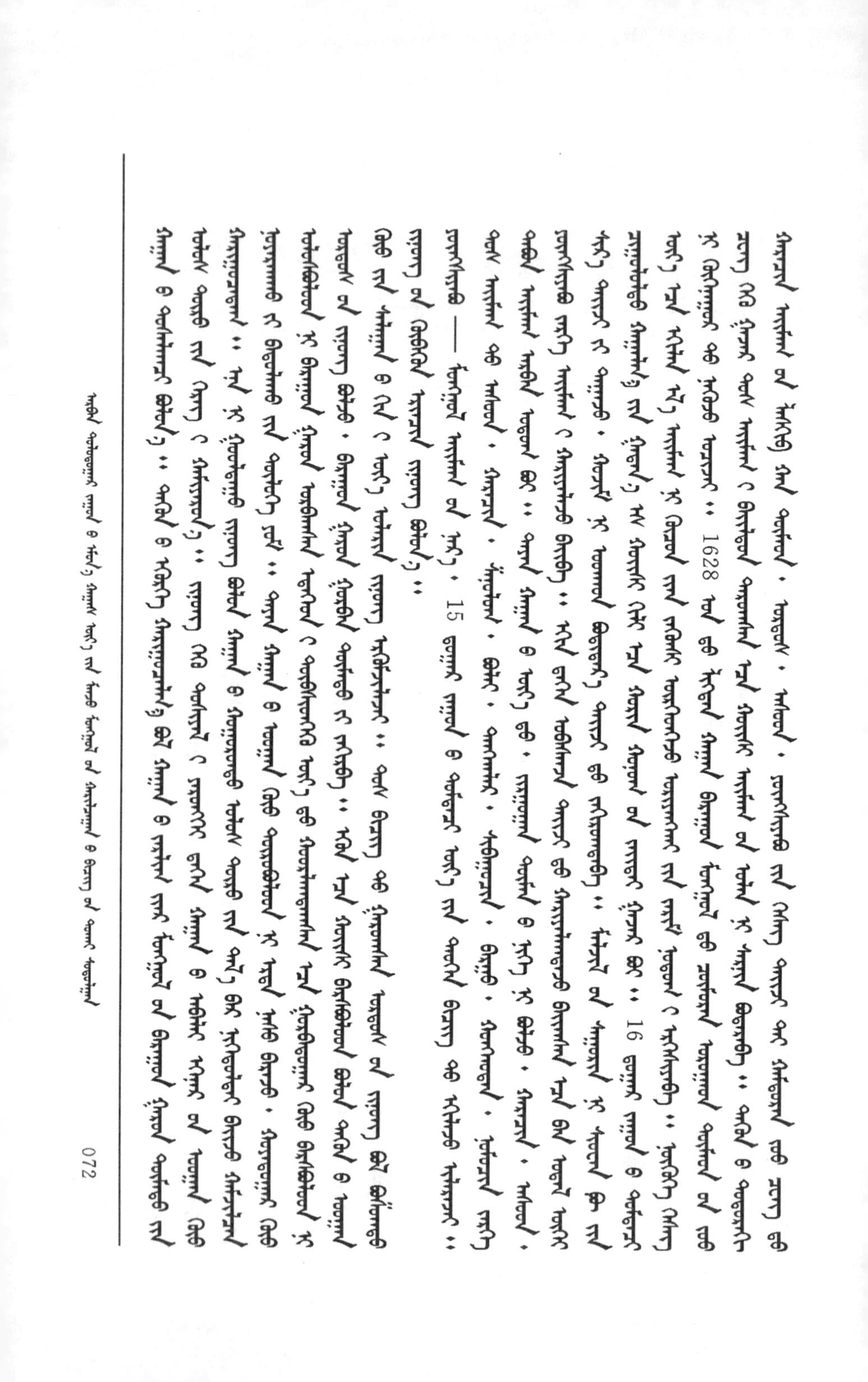

[illegible]

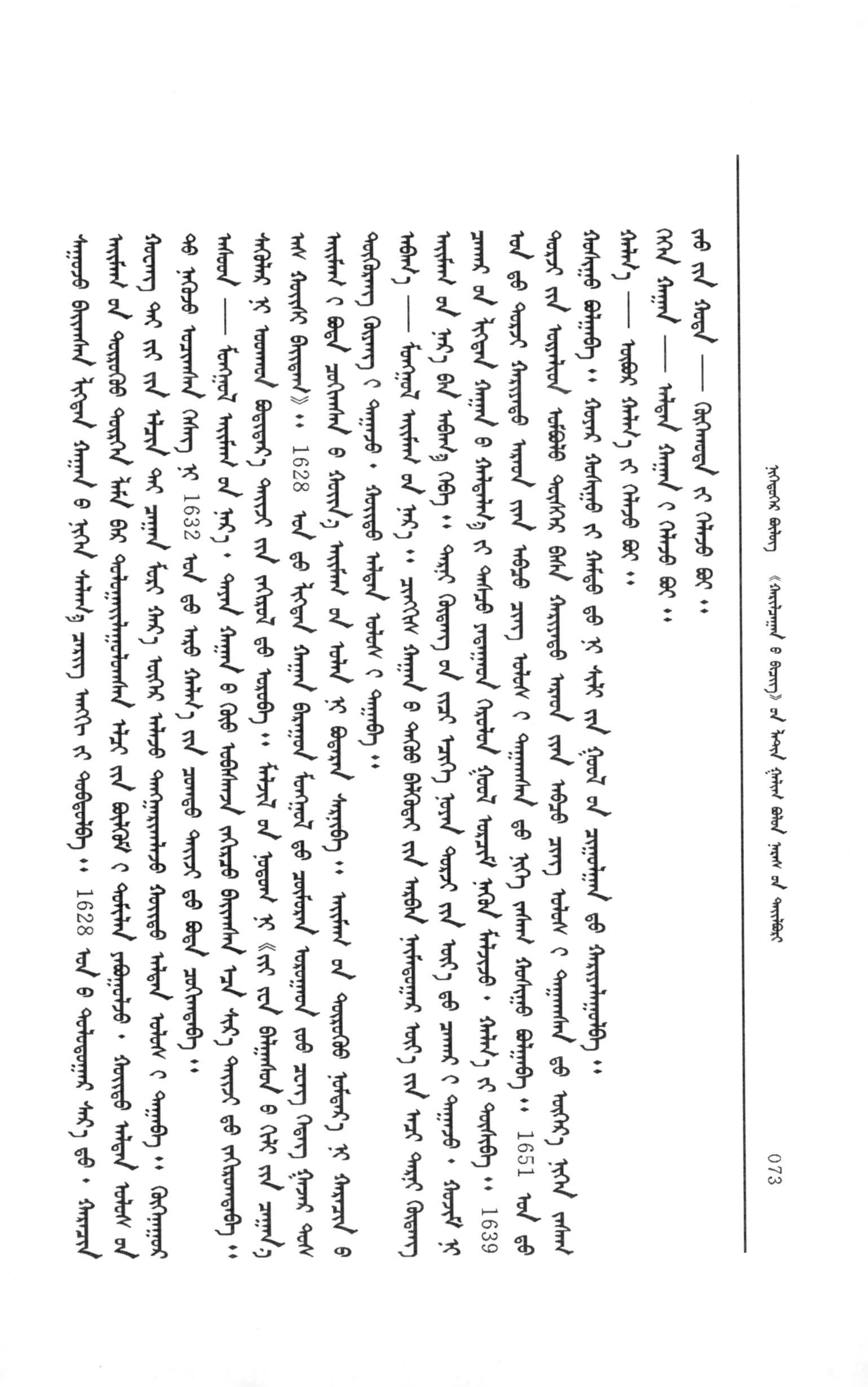

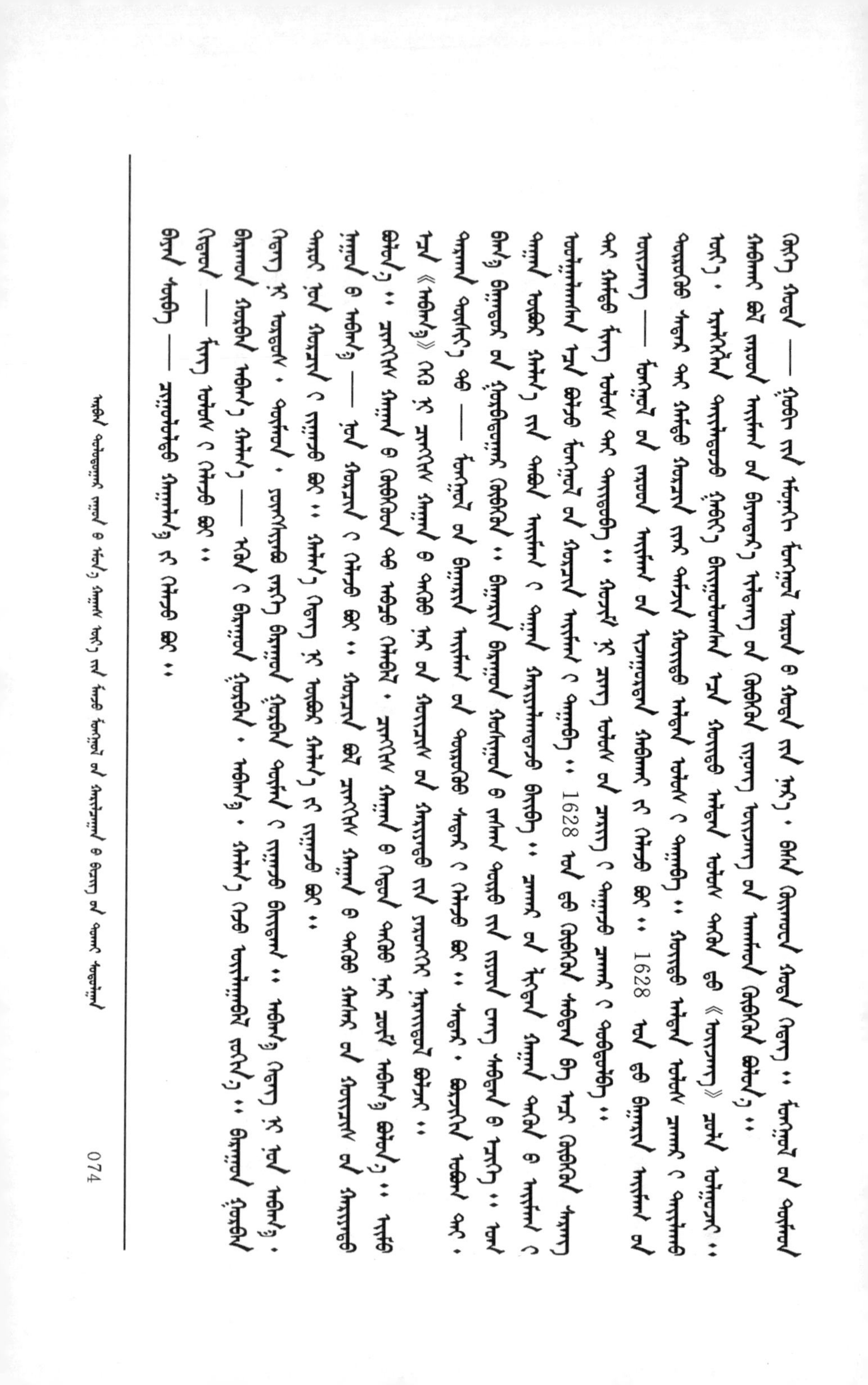

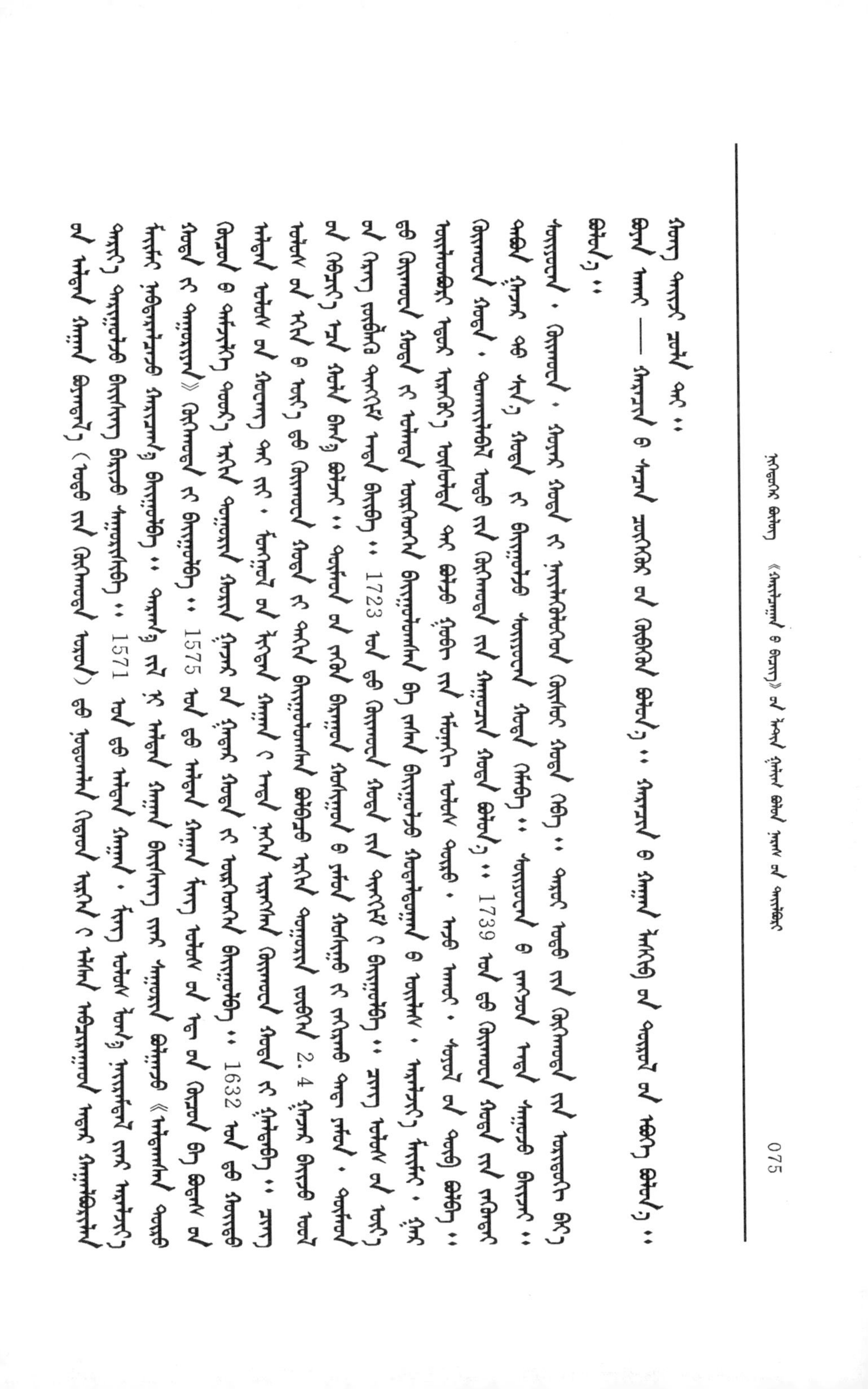

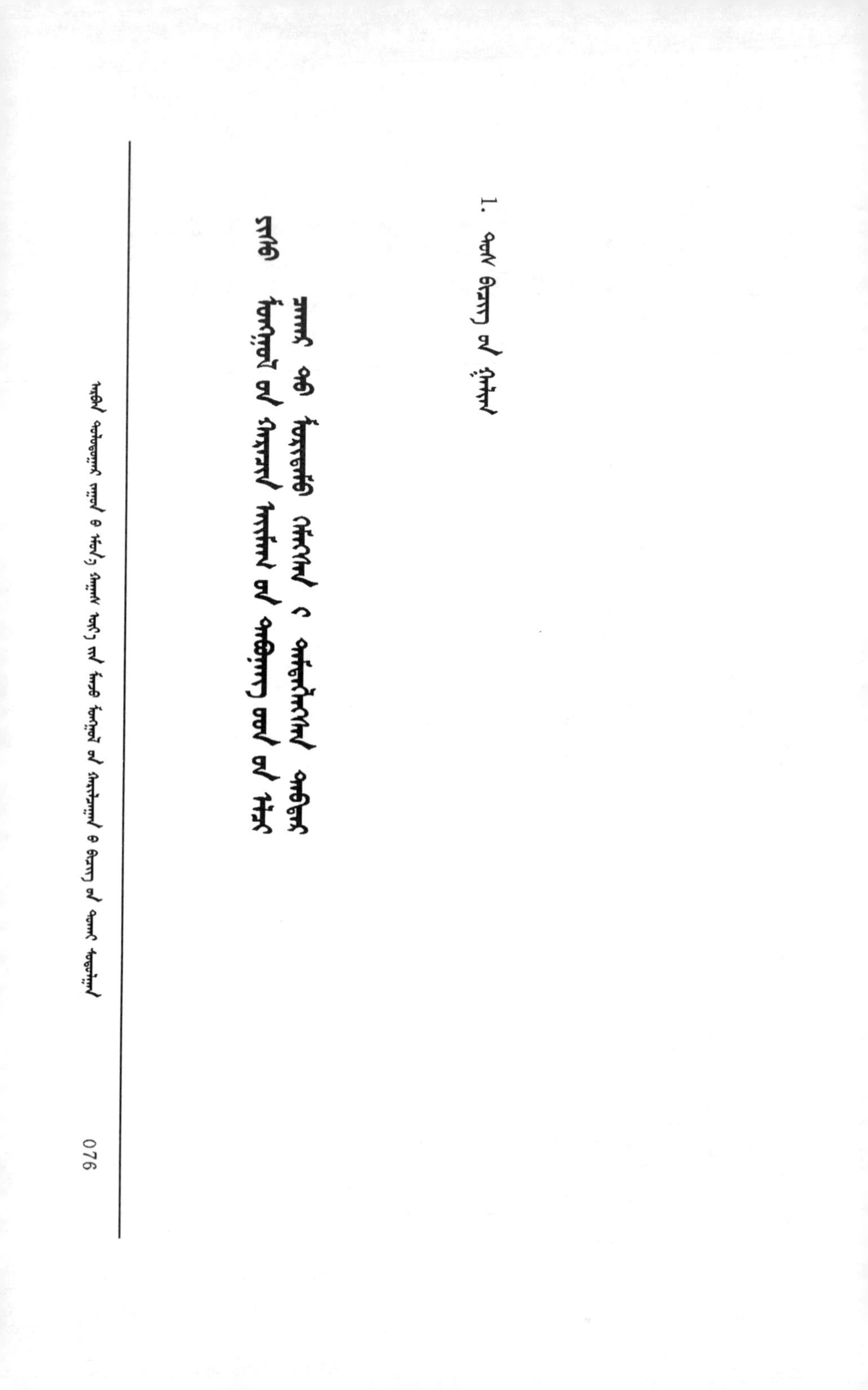

(1) @ qaračin-i tabun-ong-ud-yin elči-yin üge, čaqar-un qaγan köke qota-yi abču dörben
(2) tümen čerig saγulγaǰu bile baraγun γurban tümen, bošoγ-tu qaγan, qaračin-i qaγan,
(3) qalq_a abaγ_a ede bügüde neyileǰü, čaqar-in dörben tümen čerig-in-i daruǰu čabčiǰi, köke
(4) qota-iyan qarin abuba genem. čaqar-un qaγan-i otoγ quraγan-i qay_a ǰüg negübe genem.
(5) qaračin-i qaγan buyan aqai ölge-yin tabun ong-ud-tu arban tümen čerig abči kürči irebe. tere
(6) ireküden čaqar-in γurban mingγan sang-čin bayan süm_e-dü sang abuy_a geǰü oroǰu
(7) kitad sang ese ögčü qariǰu irekü-yi, qaračin-i qaγan buyan aqai tere sang-čin-i üǰireǰü kele
(8) γarγal ügei tasu alaba genem. čaqar-in qaγan ula ködelǰi genem. ele ködelügsen-dü-ni
(9) aγta tarγulaγulǰu bida mordaqu bui. ta morday_a gekü bolusa aγta-
(10) yuγan tarγulaγulǰu quyaγ duγulγ_a ǰer ǰebe-iyen ǰasa, ülü mordaqu bolusa ta öbesüben mede.

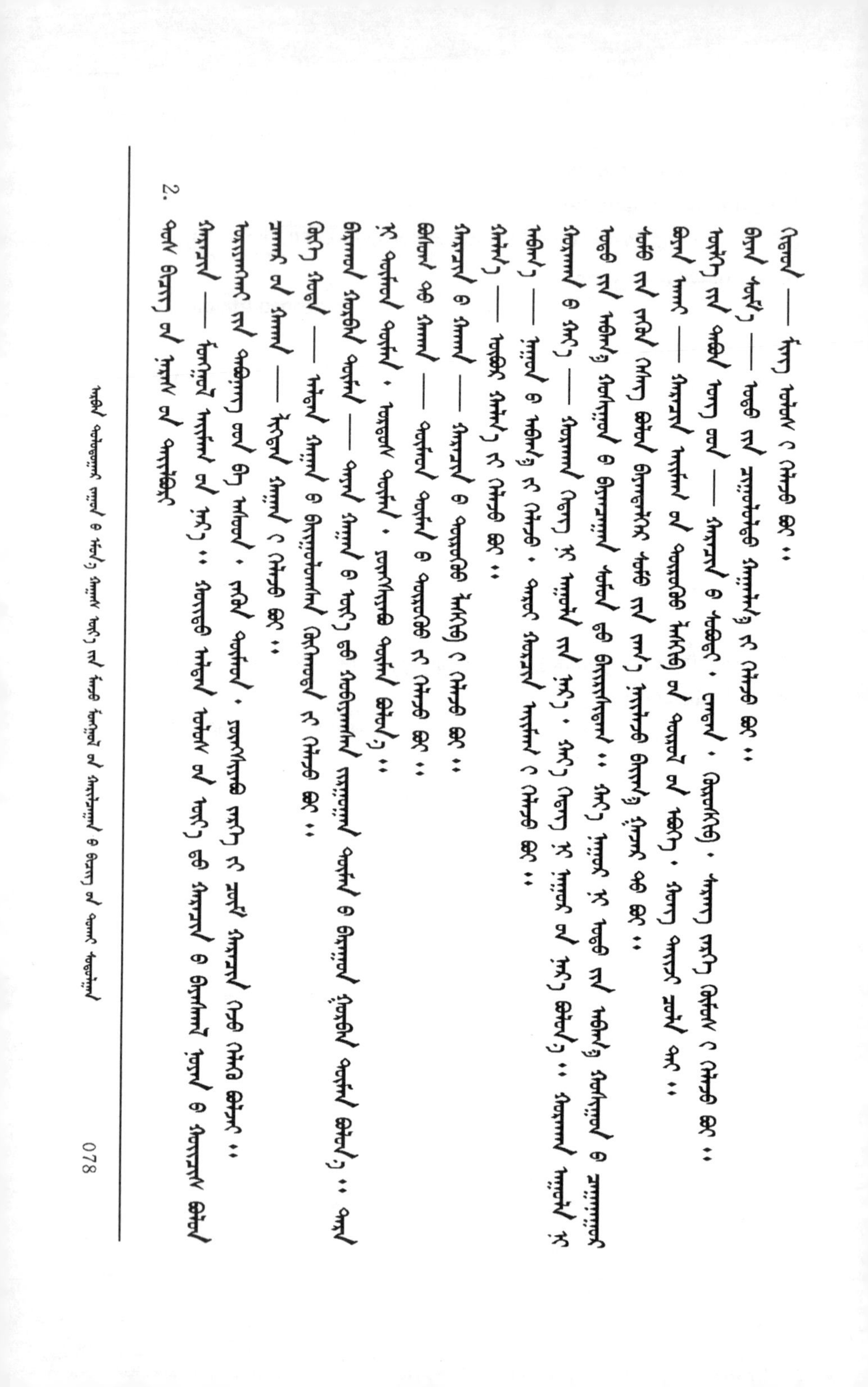

1. ᠦᠭᠡ ᠪᠢᠴᠢᠭ ᠤᠨ ᠬᠡᠯᠡᠨ

ᠲᠣᠳᠣ ᠪᠢᠴᠢᠭ ᠤᠨ ᠬᠡᠯᠡᠨ ᠬᠡᠯᠡᠯᠭᠡ ᠶᠢᠨ ᠦᠭᠡ ᠪᠣᠯᠤᠨ ᠦᠭᠡ ᠰᠢᠨᠵᠢᠯᠡᠬᠦ ᠤᠬᠠᠭᠠᠨ ᠪᠣᠯᠤᠨ ᠪᠢᠴᠢᠭ ᠦᠨ ᠬᠡᠯᠡ ᠪᠣᠯᠣᠭᠰᠠᠨ ᠨᠢᠭᠤᠴᠠ ᠲᠣᠪᠴᠢᠶᠠᠨ ᠵᠡᠷᠭᠡ ᠪᠢᠴᠢᠭ ᠳᠡᠭᠡᠷᠡ ᠬᠡᠷᠡᠭᠯᠡᠭᠳᠡᠭ

(1) @ sir_a luu ǰil-ün ǰun-u dumda-du sar_a-yin sine-yin

(2) qoyar-tu darqan baγatur noyan, darqan tüsiy_e-tü qoyar,

(3) uruγ eligen bolqu-yin tulada kelelčebe. mani abaqai-du

(4) ǰegün γar-in dörben sigülengge, bodisdwa-yin γurban sigülengge-tei

(5) ene qoyar-in ömči nige bolγan ögbe. qoyar sürüg

(6) aduγu, qoyar sürüg üker, tabun sürüg qoni

(7) ögkü bolba.

(8) @ darqan tüsiy_e-tü-yin üge, abaqai-yi abči maγu

(9) yabuqula, öggüy_e gesen mal-iyan urbaǰu es_e öggül_e

(10) yambar yal_a kiküi-ben

(11) sečen qaγan medetügei.

Ⅱ》Association for International Studies of Mongolian Culture, Tokyo, 2006.

①②③④ 宝音德力根:《1628年爱新国贵族与蒙古贵族订立的一份婚约文书》,《QÆSTIONES MONGOLORUM-PISPUTATÆ

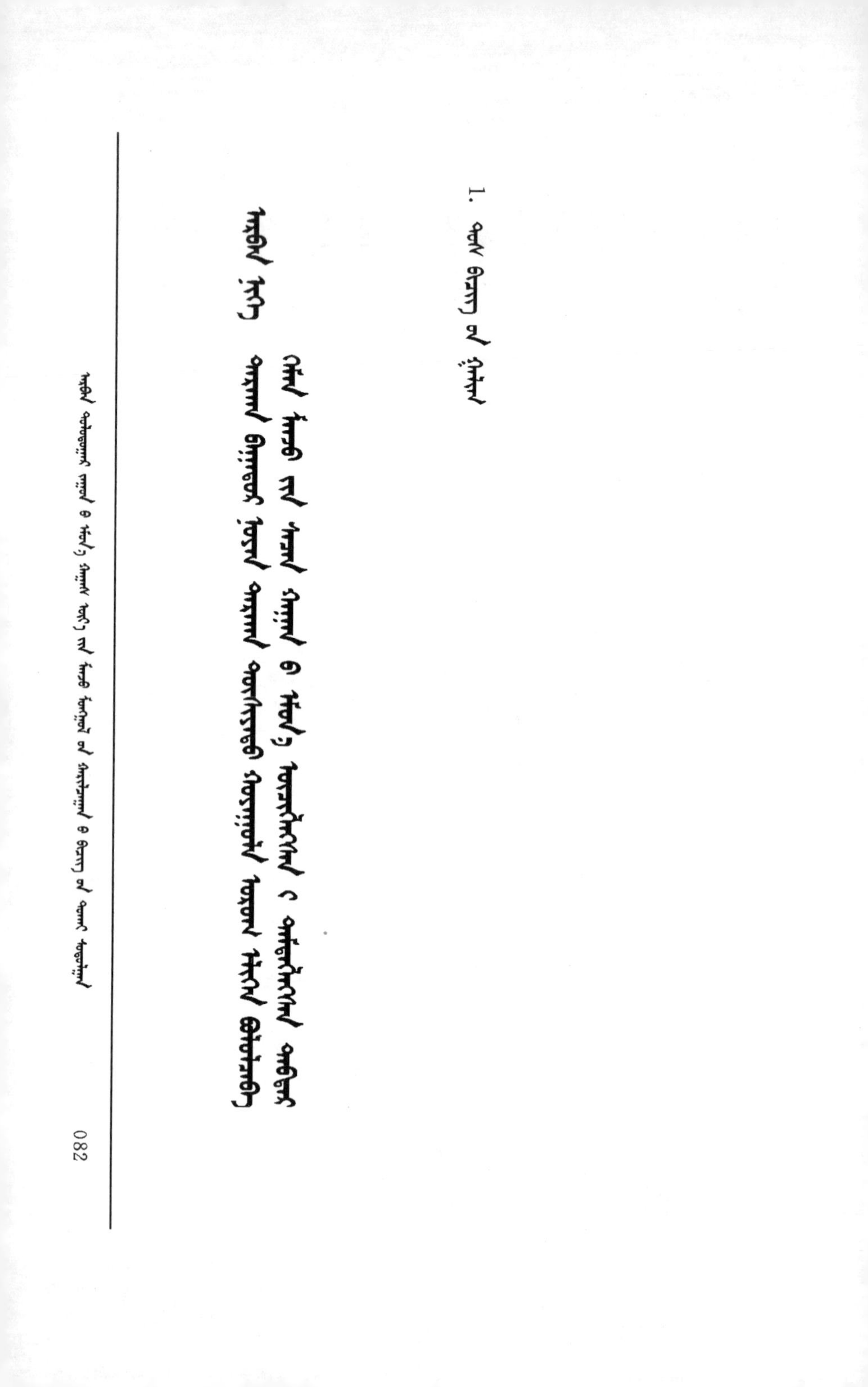

(1) @ sir_a luu ǰil-ün ǰun-u dumdadu sar_a-yin sine-yin qoyar-tu, darqan baγatur noyan,
(2) darqan tüsiy_e-tü qoyar, uruγ eligen bolqu-yin tula kelelčebe. mani abaqai-du ǰegün
(3) γar-in dörben sigülengge, bodisdwa-yin γurban sigülengge-tei ene qoyar-i ömči nige
(4) bolγan ögbe. qoyar sürüg aduγu, qoyar sürüg üker, tabun sürüg qoni ögkü
(5) bolba.
(6) @ darqan tüsiy_e-tü-yin üge, abaqai-yi abči maγu yabuqula, öggüy_e gesen mal-iyan
(7) urbaǰu es_e öggül_e yambar yal_a kiküi-ben,
(8) sečen qaγan medetügei.

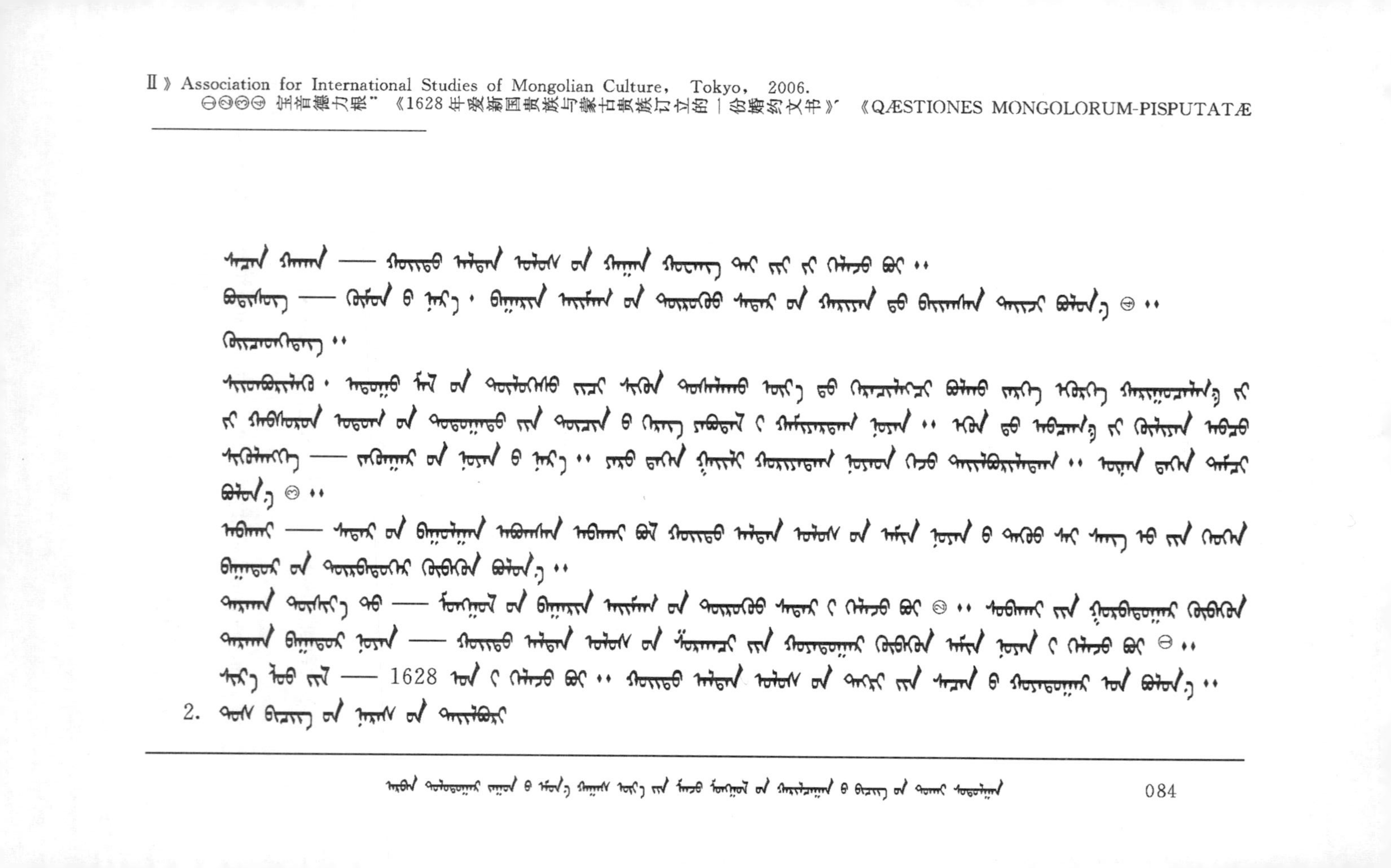

Ⅱ》Association for International Studies of Mongolian Culture, Tokyo, 2006.

①②③④ 宝音德力根：《1628 年爱新国贵族与蒙古贵族订立的一份婚约文书》、《QÆSTIONES MONGOLORUM-PISPUTATÆ

[illegible] — [illegible] ::

[illegible] — [illegible] ᠤ ᠨᠡᠷ᠎ᠡ᠂ [illegible] ④ ::

[illegible] ::

[illegible]· [illegible] :: [illegible] — [illegible] ᠤ ᠨᠡᠷ᠎ᠡ :: [illegible] :: [illegible] ③ ::

[illegible] — [illegible] ::

[illegible] — [illegible] ② :: [illegible] — [illegible] ① ::

[illegible] — 1628 [illegible] :: [illegible] ::

2. [illegible]

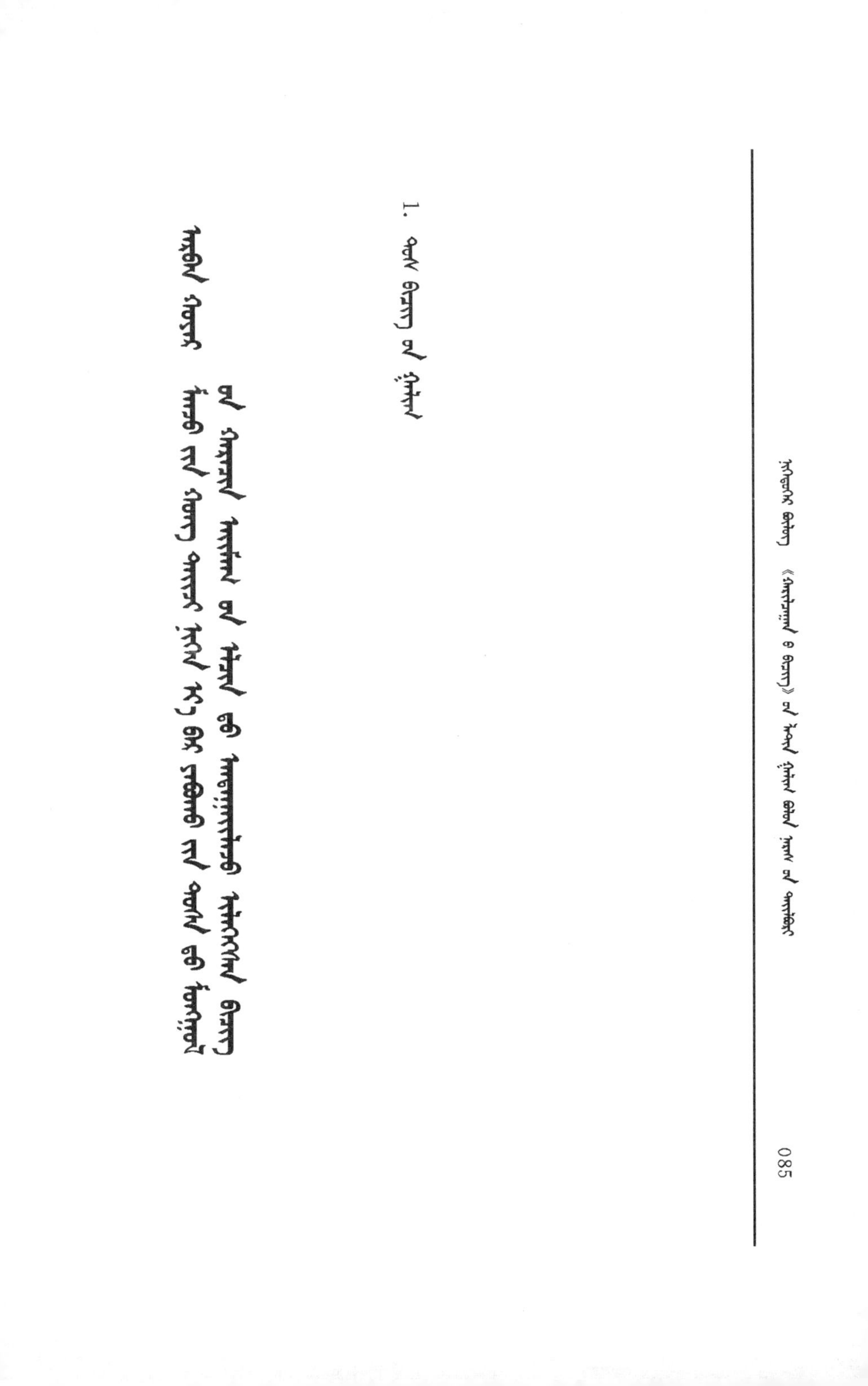

(1) @ manǰu, qaračin, bida qoyar ulus, nigen ey_e-ber yabuqu-yin tulada,

(2) tngri-dü čaγan mori, γaǰar-tu qar_a üker alaǰu, nigen ayaγan-du ariki, nigen ayaγan-du sigüsü, nigen

(3) ayaγan-du čisun, nigen ayaγan-du qubaqai yasun kiǰü, itegel-tü üge-ben kelelčeǰü,

(4) tngri γaǰar-tu aman aldanam. kelelčegsen ügen-degen ülü kürčü, qaračin,

(5) manǰu-du ey_e ügei, kitad-luγ_a iǰaγur-un sang dayidu qudaldu-ača öber_e doγoγur ügetei bolǰu yabuqula čaqar-un qaγan-u arγ_a ǰali-du oroǰu urbaqula

(6) tngri γaǰar, qaračin-i buruγusiyaǰu, ǰasaγ bariγsan laskiǰab, buyan, mangsir, subudi, genggel-eče ekilen

(7) kedün yeke baγ_a tabun ong-ud-tu

(8) maγu nigül kürčü, amin nasun oqor bolǰu, ene čisun metu čisun γarču üküged, siruqai-du daruγdaǰu,

(9) ene yasun metü yasun-inu qubiratuγai.

(10) tngri γaǰar-tu amaldaγsan ügen-degen kürčü yabuqula,

(11) tngri γaǰar örösiyeǰü amin nasun urtu boluγad, ači ür_e bidan-i mingγan gelab-tur kürtel_e

(12) engke amuγulang-iyar yabuqu boltuγai.

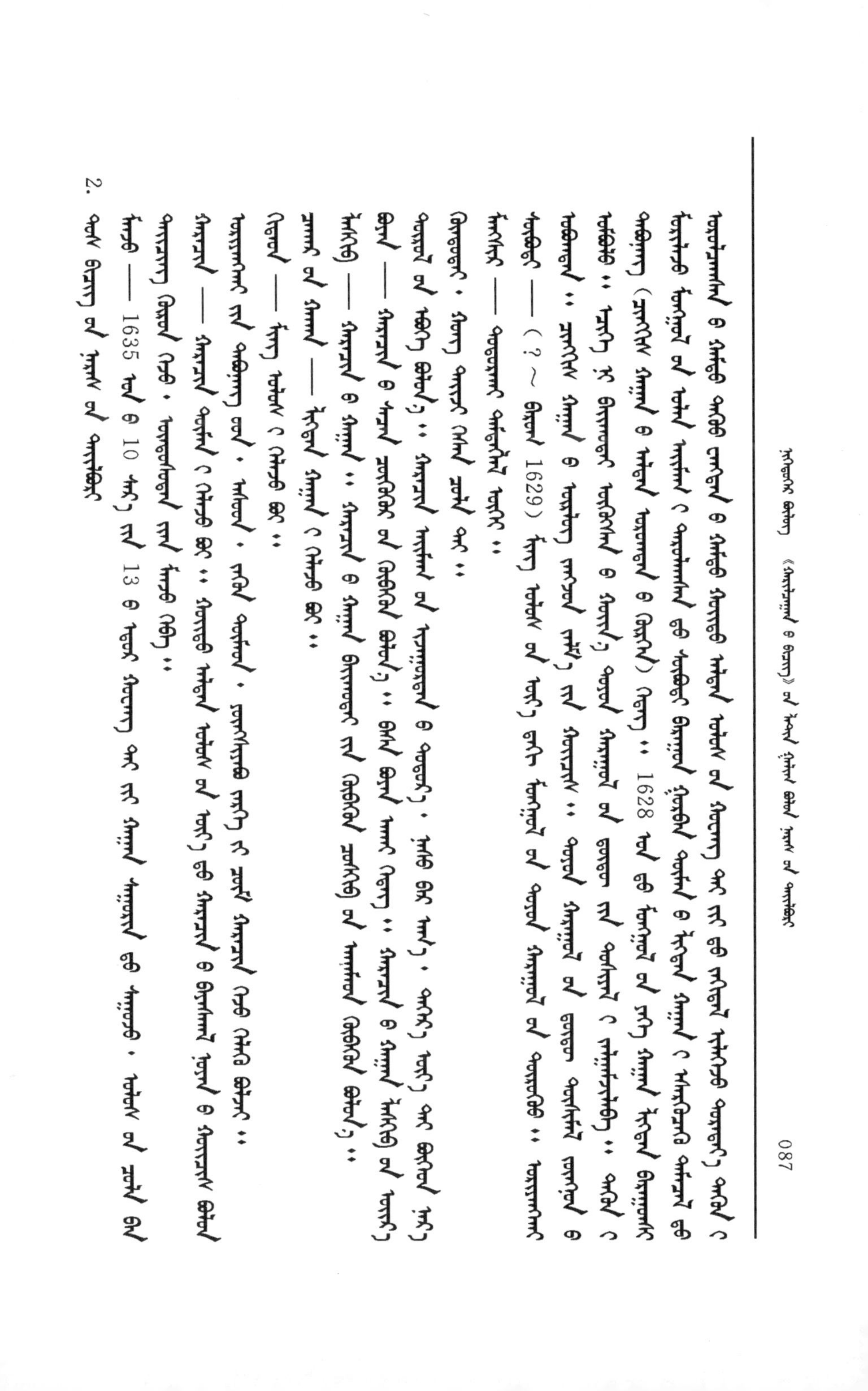

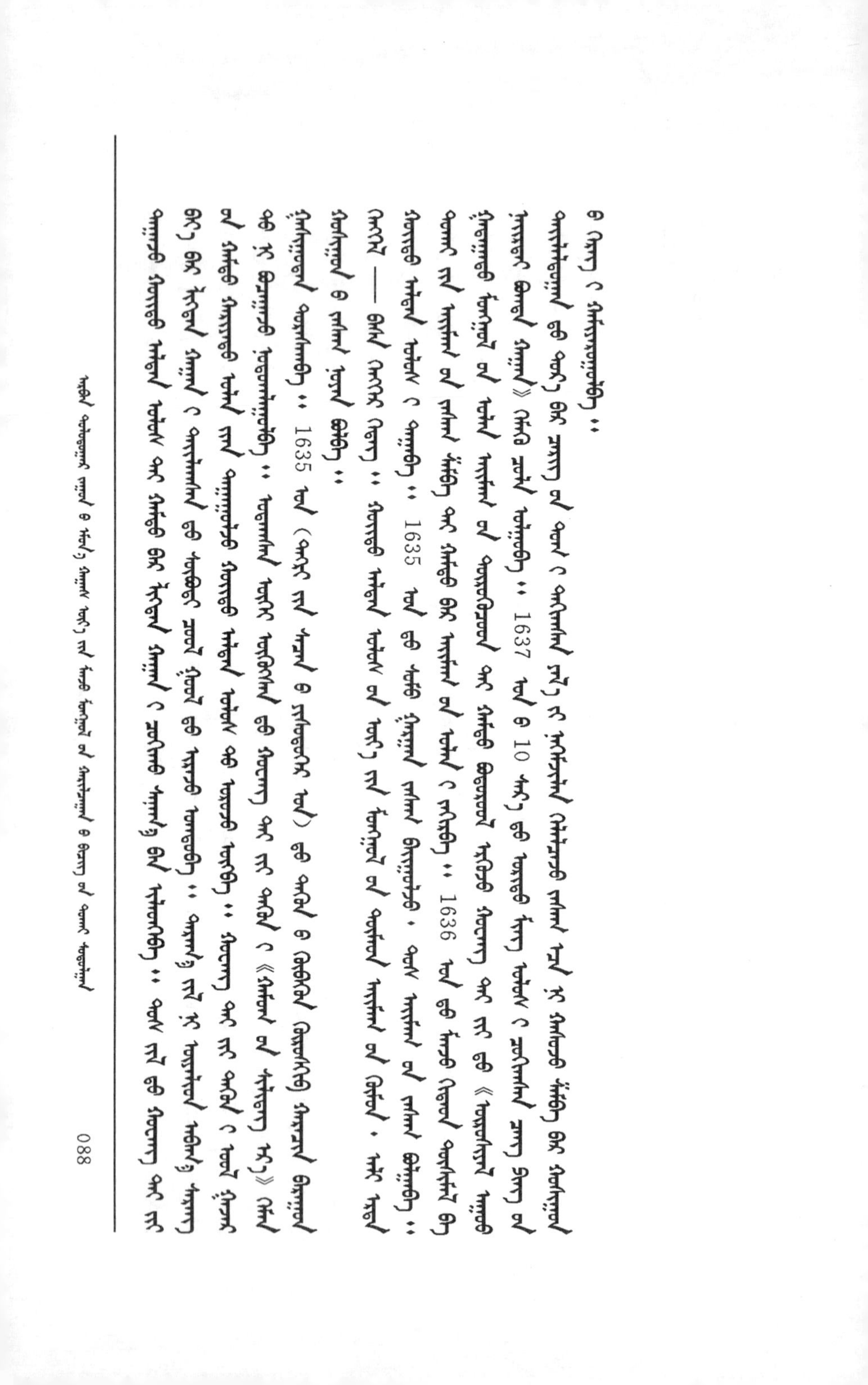

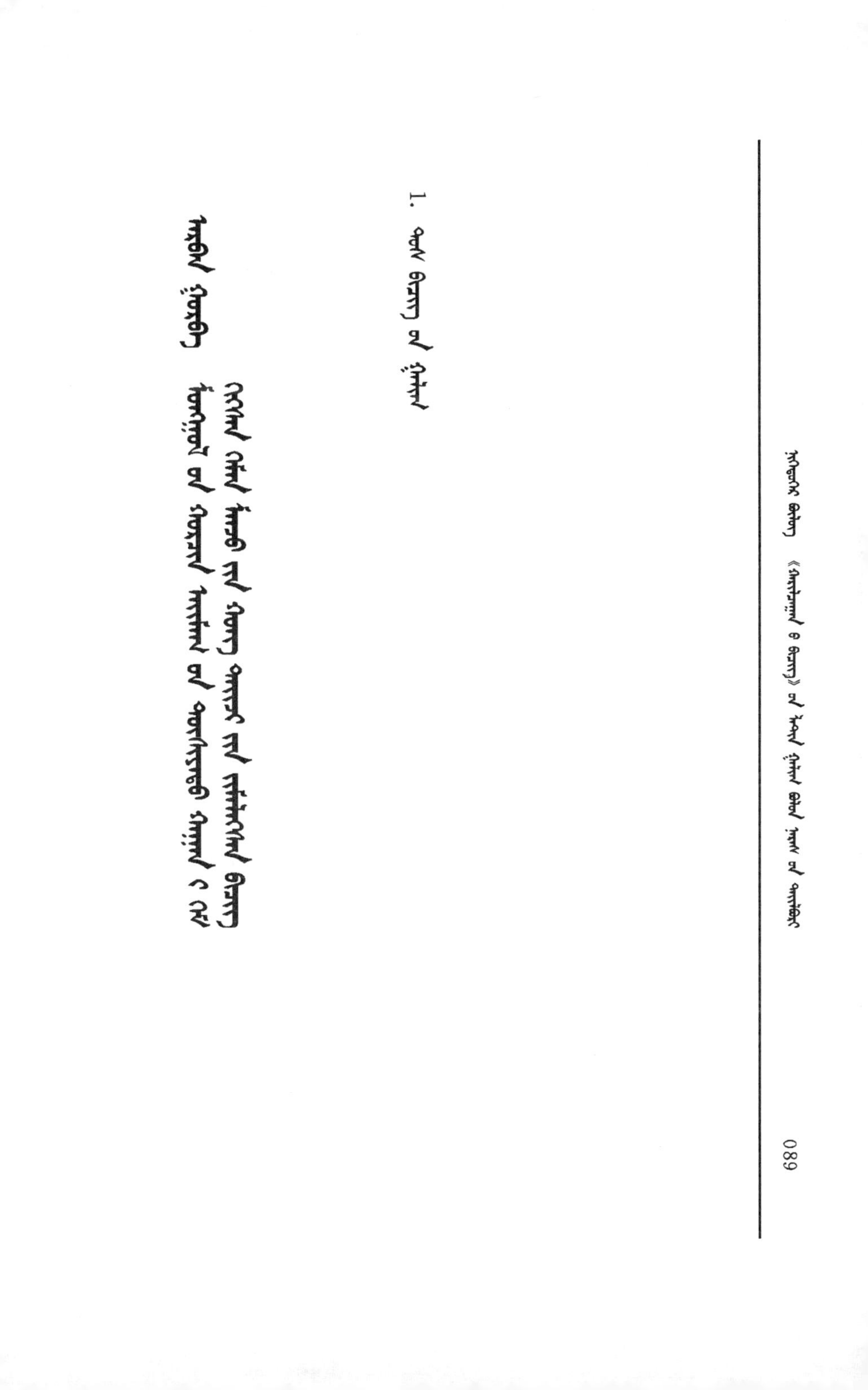

(1) @ sečen qaγan-u bičig.

(2) tüsiy_e-tü qaγan-du ilegebe. ečige köbegün-tei ta yekeke-dü ömegereǰü man-i qubi talbiǰu čerig mordaǰu irebe.

(3) ta deyilügsen bolusa bida edüge boltal_a yabuqu biliü, ene nigen. tegün-ü qoyin_a mani čerig ula-yin niqan alin-du

(4) ečigsen-dü tani ečige köbegüd basa ula-du čerig nemebe, ene qoyar. tegün-i qoyin_a basa yekeke-dü ömegereǰü

(5) buyangγu kiy_a-yi minu alaba, ene γurban. ene γurban yaladu yal_a ögčü baraqu yal_a bisi, dayisun-i qariγu

(6) dayisun-iyar qariγulaǰu baraqu yal_a bil_e.

(7) qaγan ečige alus-in yeke törö-iyen sanaǰu elči-ber kelelčeǰü törö ǰokiǰu, tngri γaǰar-tu itegeltü üge-ben kelelčeǰü

(8) aman aldaǰu sayin yabuba, tegün-ü qoyin_a či beyeber ǰolγaǰu törö kelelčey_e geǰü γaǰar bolǰaba.

(9) qaγan ečige beyeber mordaǰu ečibe, či bolǰuγan-du ese irebe, yeke kümün-dü qudal kelegsen činu ene nige.

(10) tegün-ü qoyin_a čaqar-un qaγan čimayi alay_a geǰü čerig iregsen-dü, bida sonosuγad bey_e ǰobuqu, aγta

(11) ükükü tala qaral ügei čerig mordaǰu ongγan-du kürügsen qoyin_a čaqar sonosču abqu boluγsan qota-yi

(12) orkiǰu qariba. mani ese mordaqula či edüge boltal_a yabuqu biliü. či baγatur küčü-tei bolusa ǰalbu

(13) kiy_a tayiǰi qoyar-i yaγun-du bariǰu ögbe. čaqar qariγsan qoyin_a ǰolγay_a geǰü iregsen-dü čimayi qayiralaǰu

(14) ür_e-ben ögčü yoson ügei kündüleǰü tana, altan, bulaγan, silügüsün, ed torγ_a, quyaγ duγulaγ_a, tabun

(15) mingγan lang mönggö, kümün-ü kereglekü aliba ǰüil bügüde-yi ögčü ilegebe. či yambar neretü mal ögbe. čimayi

(16) qayiralaǰu kündülegsen

(17) qaγan ečige burqan-u töröl oluγsan-i sonosuγad bey_e sidü geküged yaγun- du ese ilegebe, qongγor

(18) sonosuγad sayid-iyan ilegetele, či qoyar sar_a baraγsan qoyin_a, nigen bandi-bar nigen maγu kögsin mori
(19) kötölgeǰü ilegegsen ači ügei maγu činu ene qoyar. ter_e maγu-yi činu sanal ügei öggügsen ür_e-yin törö
(20) ner_e-yi sanaǰu kürgeǰü ögbe. kürgegsen qoyin_a či qabar ebedčitei maγu naiman mori kürgeǰü ögbe.
(21) bisi kümün-eče abqu-ban medeǰü, ögkü-ben ülü medekü kereg činu ene γurban. keüken-i kürgeǰü ečigsen kiri-yi
(22) alaγsan kümün-i ülü γarγam. kesitü-yin em_e-yi buliyaγsan yal_a-yi oda boltal_a kelelčeǰü ülü baranam. mani ülü
(23) toγoǰu doromǰilaqu činu ene dörben. či egüi-yi γarγaǰu ilege, ǰoliγ mal-i bi abču ögsü gekü-dü mingγan mal
(24) abqu-yin činu tal_a-du tabun ǰaγun mal bayiba, tabun ǰaγun mal-i abqu bolba, tere tabun ǰaγun mal-i ese öggül_e.
(25) egüi-yin bey_e-yi qarin kürgeǰü ögsü geǰü beyendegen daγaǰu abačiγsan činu ali, oda egüi-yin bey_e-yi yaγun-du
(26) kürgeǰü ülü öggünem. mani doromǰilaǰu arγalaγsan činu ene tabun. činu yalatu em_e-yin ger-i emüne bayulγaǰu,
(27) mani kegüken-ü ger-i qoyin_a bayulγaǰu, yalatu em_e-yi yeke kümün-ü ür_e geǰü ürgülǰi kelegči čini, ali qaγan
(28) ǰasaǰu čimadu ögbe. oda tegün-i törköm yambar yeke noyad bui, bügüde albatu es_e bolǰam uu. törögsen
(29) abaγ_a-yi činu alaba, basa čini bey_e-yi alaγuǰai geǰü ayuǰu yeke kümün-ü ür_e gegči tere buyu, tegün-ü töröl čaqar
(30) čimayi alaǰu bayital_a ter_e em_e yaγun-u tula yeke bolba. bida čimayi ürgülǰi qayiralaǰu bayitala mani ür_e
(31) yambar-tun-i baγ_a bolba, mani-yi doromǰilaqu činu ene ǰirγuγan. mani baγ_a kümün-ü ür_e-yi man-du ača,
(32) yeke kümün-ü ür_e-dü yabu, bida törö kelelčekü-dü, aliba dayisun ulus-tu ǰokiqul_a
(33) nigen üge-ber ǰokiy_a, dayilaqul_a nigen üge-ber dayilay_a

gejü kelelčegsen üge-yi, či
(34) ebdejü mani ösiyetü kitad-tu qoyar üy_e elči qudalda ilegebe, itegel ügei ary_a
(35) činu ene doloγan. či čaqar-tu čerig morday_a gejü kedün kedün üy_e bičig elči
(36) ilegebe. üneker čerig mordam gekül_e boljiyan-du ülü irem. mani-yi dayisun-i γajar
(37) tulγaju urid qariju iregsen činu jaγun nasun nasulaqu buyu, kelelčegsen ügen-degen
(38) ülü kürkü maγu ary_a činu ene naiman. darqan qong baγatur čerig mordaqu boljiyan
(39) qamiγ_a bui gejü čimadu elči ilegegsen-dü kedü
(40) qaγan-i boljiyan-du ayilaldunam j_a gejü üge ese ögbe genem. činu sanaγan- du, man-du
(41) jolγaqu duran ügei-yin tul_a, olan aq_a degü-luγ_a qamtubar mordaqul_a
(42) jolγal ügei qariqu berke, bi γaγčaγar mordaju jolγal ügei qariy_a. man-du
(43) čaqar-in nigen jaq_a-yi tobtolba gejü keley_e gesen ary_a činu tere bisiü,
(44) ene yisün. qongγor-i maγu samaγu, čimayi sayin gejü čiqul_a sanaju
(45) ür_e-ben ögčü uruγ eligen bolju yabul_a.
(46) qaγan ečige burqan-u töröl oluγsan-du, qongγor sayid-iyan urid ilegebe, čerig-ün
(47) boljiyan-du kegüken-iyen ilegebe. čimayi sayin gejü čiqul_a sanaγsan
(48) oda ali
(49) tngri γajar-tu itegel-tü üge-ben kelelčejü sačul-i sačuγsan-i ebdejü man-du üge ügei.
(50) mani ösiye-tü kitad-tu qoyar üy_e elči ilegebe. tani yambar

üge

(51) kelelčegsen-i bida medekü, oda tan-du yaγakiǰu itegekü bui.

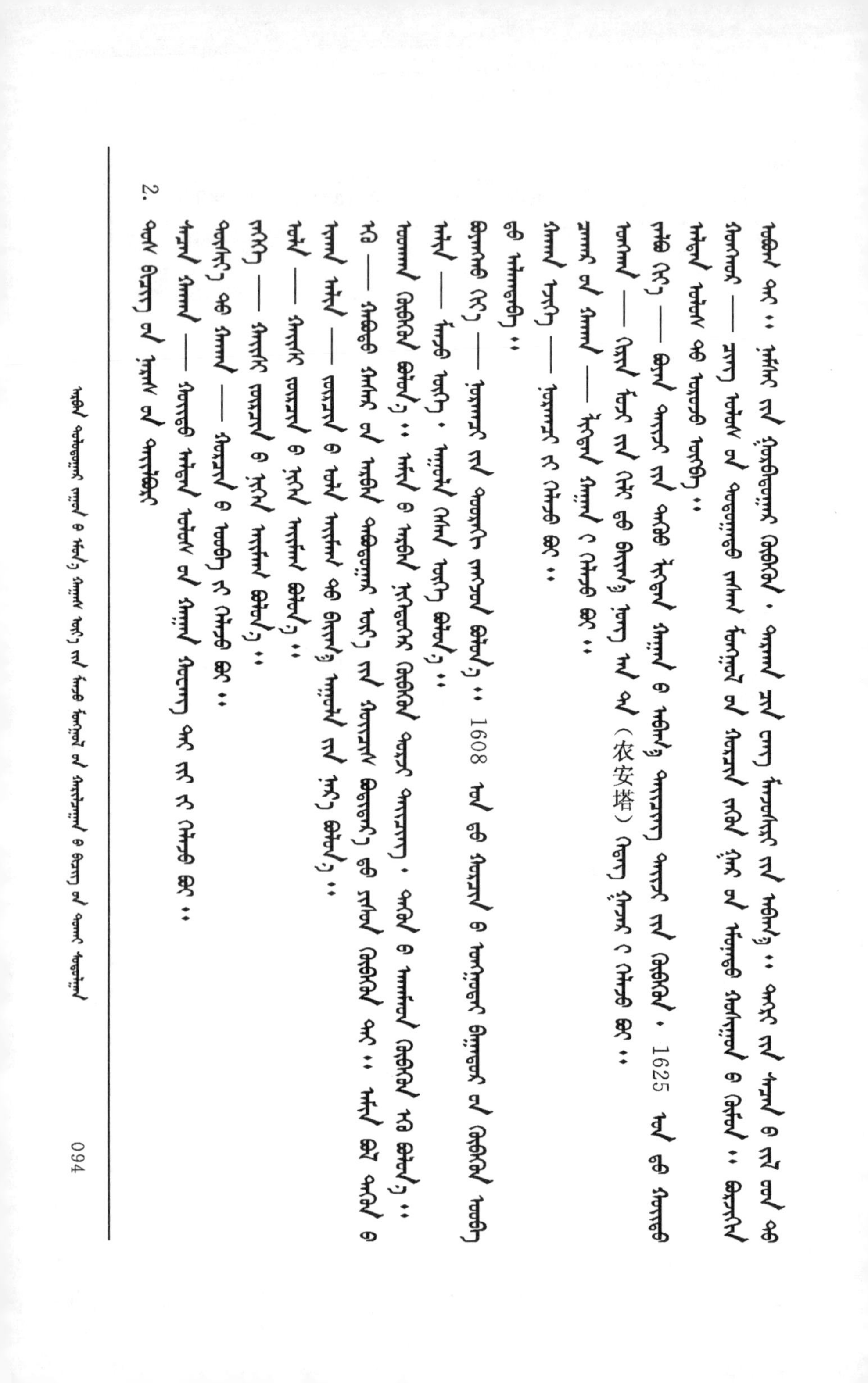

ᠬᠣᠲᠠᠨ — ᠠᠩᠬᠠ ᠨᠣᠶᠠᠨ ᠤᠨ ᠠᠬ᠎ᠠ ᠳᠤ ᠪᠠᠷᠢᠭᠰᠠᠨ ᠨᠣᠶᠠᠨ ᠠᠨ ᠳᠠ (农安塔) ᠠᠳᠠᠭ ᠭᠠᠵᠠᠷ ᠢ ᠬᠡᠯᠡᠳᠡᠭ ᠪᠣᠢ ᠃

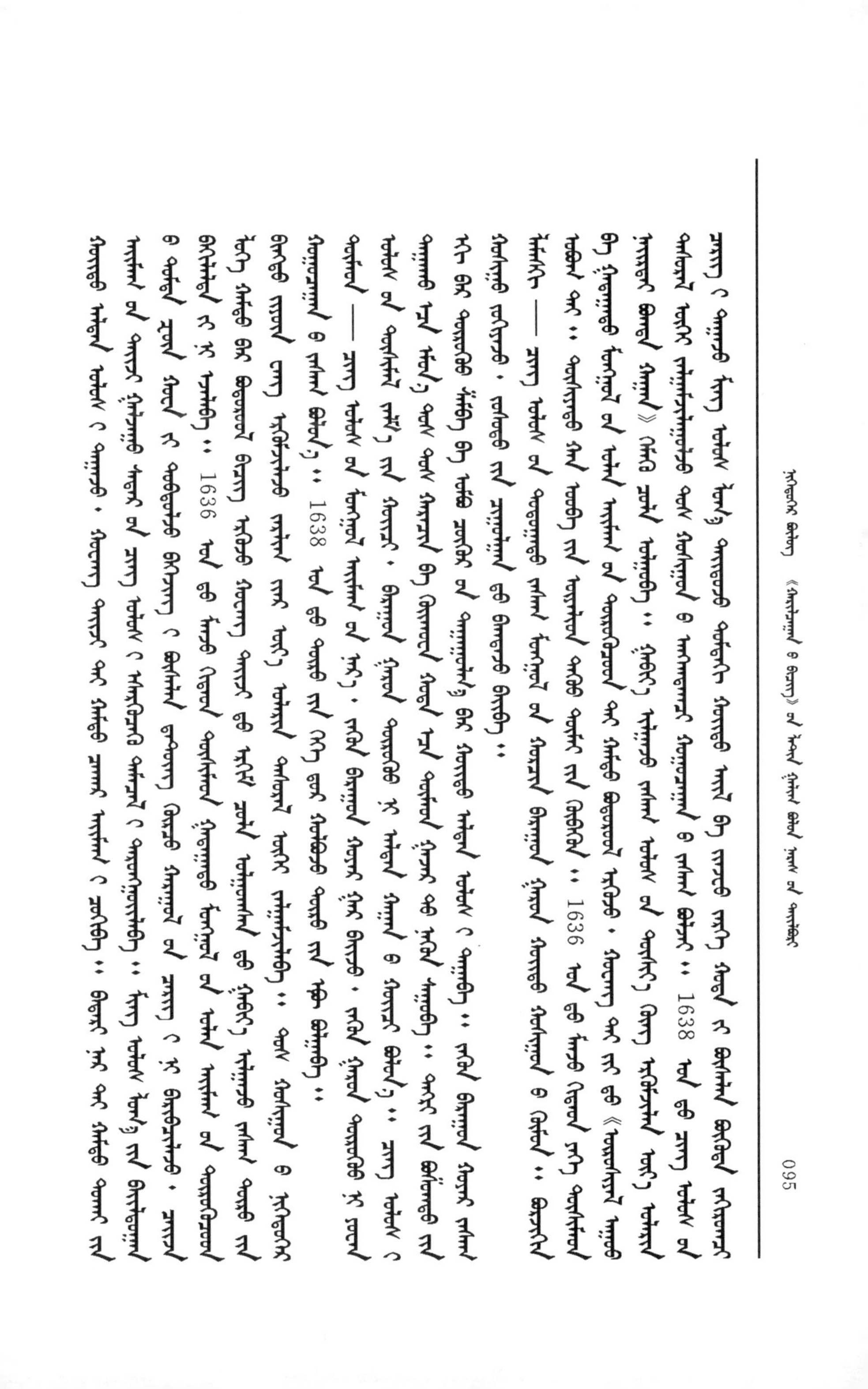

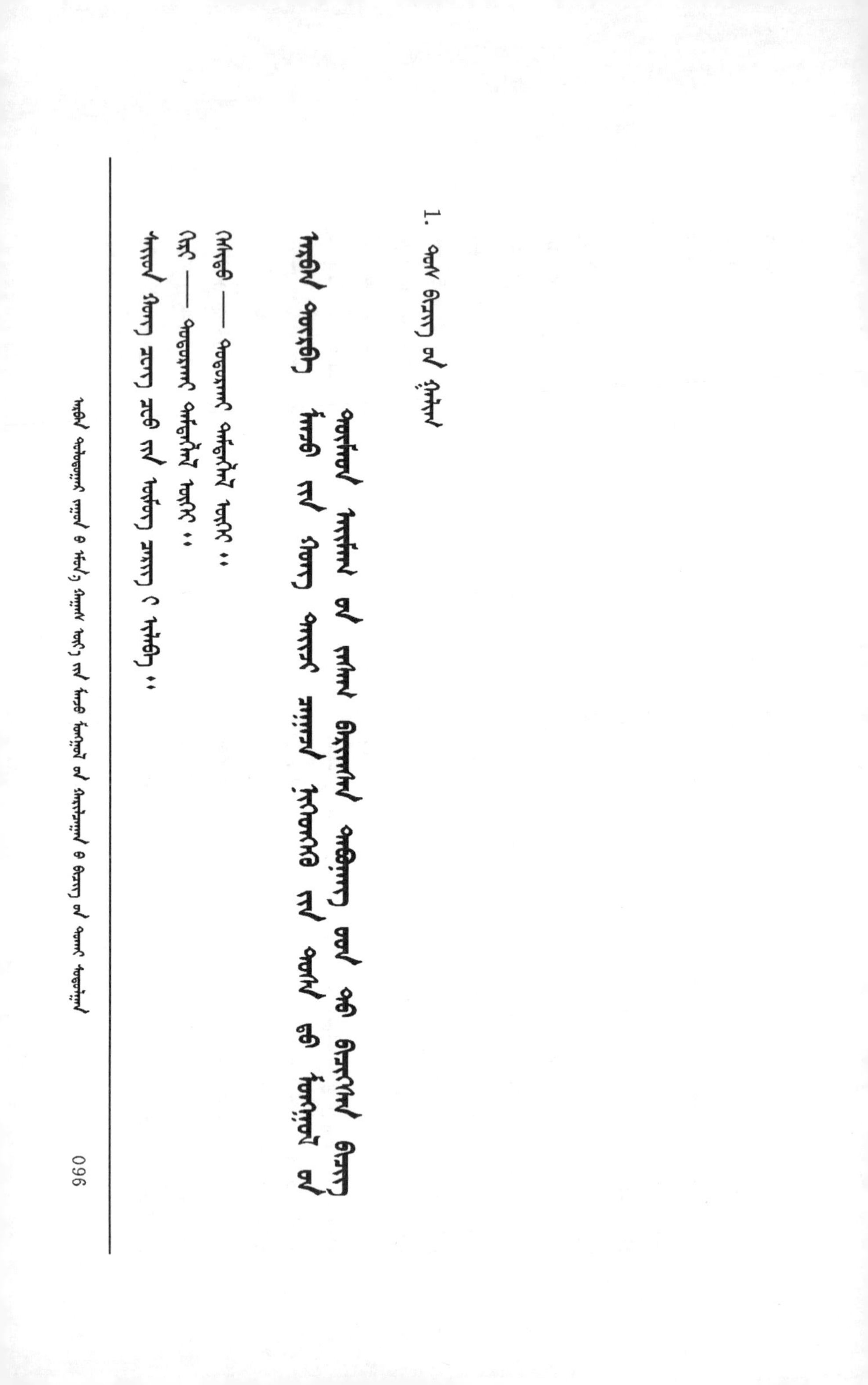

1. [illegible]

[illegible]

[illegible] —— [illegible] ::

[illegible] —— [illegible] ::

[illegible] ::

(1) @ sir_a luu ǰil-ün ǰun-u dumda-du sar_a-yin sine-yin
(2) qoyar-tu darqan baγatur noyan, darqan tüsiy_e-tü qoyar,
(3) uruγ eligen bolqu-yin tulada kelelčebe. mani abaqai-du
(4) ǰegün γar-in dörben sigülengge, bodisdwa-yin γurban sigülengge-tei
(5) ene qoyar-in ömči nige bolγan ögbe. qoyar sürüg
(6) aduγu, qoyar sürüg üker, tabun sürüg qoni
(7) ögkü bolba.
(8) @ darqan tüsiy_e-tü-yin üge, abaqai-yi abči maγu
(9) yabuqula, öggüy_e gesen mal-iyan urbaǰu es_e öggül_e
(10) γambar yal_a kiküi-ben
(11) sečen qaγan medetügei.

1. [illegible] ᠪᠢᠴᠢᠭ ᠤᠨ [illegible]

ᠮᠣᠩᠭᠣᠯ [illegible] [illegible] [illegible] [illegible] [illegible] [illegible] ᠤ [illegible]

ᠪᠤᠢ ::

[illegible] ᠶᠢᠨ [illegible] ᠨᠢ — [illegible] ᠤ [illegible] ᠂ [illegible] ᠂ [illegible] ᠂ [illegible] ᠂ [illegible] ᠂ [illegible] [illegible] [illegible] ᠢ ᠭᠡᠳᠡᠭ

ᠪᠤᠢ ::

[illegible] — [illegible] [illegible] [illegible] [illegible] ᠶᠢᠨ [illegible] [illegible] [illegible] ᠭᠡᠳᠡᠭ ᠪᠤᠢ :: [illegible] [illegible] [illegible] [illegible] [illegible] [illegible] ᠢ ᠭᠡᠳᠡᠭ

ᠢ ᠭᠡᠳᠡᠭ ᠪᠤᠢ ::

[illegible] ᠶᠢᠨ [illegible] [illegible] [illegible] ᠨᠢ — [illegible] [illegible] ᠤ [illegible] [illegible] [illegible] ᠤᠨ [illegible] ᠂ [illegible] [illegible] ᠶᠢᠨ [illegible]

[illegible] [illegible] — [illegible] [illegible] [illegible] ᠤᠨ [illegible] [illegible] [illegible] [illegible] [illegible] ᠭᠡᠳᠡᠭ ᠪᠤᠢ ::

2. [illegible] ᠪᠢᠴᠢᠭ ᠤᠨ [illegible] ᠤᠨ [illegible]

(1) @ qaračin, manǰu bida qoyar ulus nigen ey_e-ber yabuqui-yin tulada,
(2) tngri-dü čaγan mori γaǰar-tu qar_a üker alaǰu nige ayaγan-du ariki nige ayaγan- du sigüsü nige ayaγan-du čisu,
(3) nige ayaγan-du qubaqai yasun kiǰü, küǰi sitaγaǰu itegel-tü üge-ben kelelčeǰü, tngri γaǰar-tu aman aldanam kelelčegsen
(4) ügen-degen ülü kürčü ey_e ügei urbaqula manǰu qaračin-du ey_e ügei maγu sanaǰu qortu sedkil sanaǰu yabuqula
(5) qong tayiǰi, güyeng, amin, mangγultai, abatai, degelei, aǰige, yotu, dorγun, ede bügüde manǰu-yi
(6) tngri γaǰar buruγusiyaǰu amin nasun oqor bolǰu, ene čisu metü čisun γarču üküged, siruqai-du daruγdaǰu, ene yasun metü yasun-inu qubiratuγai. edür ülü ünǰigülüged söni ülü qonoγuluγči kedün doγsid ügei bolγatuγai.
(7) ene kelelčegsen ügen-degen kürčü gem ügei qortu sedkil ügei yabubasu, buyan kesig dügürčü nemeged amin nasun
(8) urtu boluγad ači ür_e-inu delgereged sonosdaqu metü sayin aldar ner_e oγtarγui-du dügürüged
(9) tümen üy_e-dü kürtele ali küseküi ǰirγalang qura metu oroqu boltuγai. ________ menggelem bayantu.

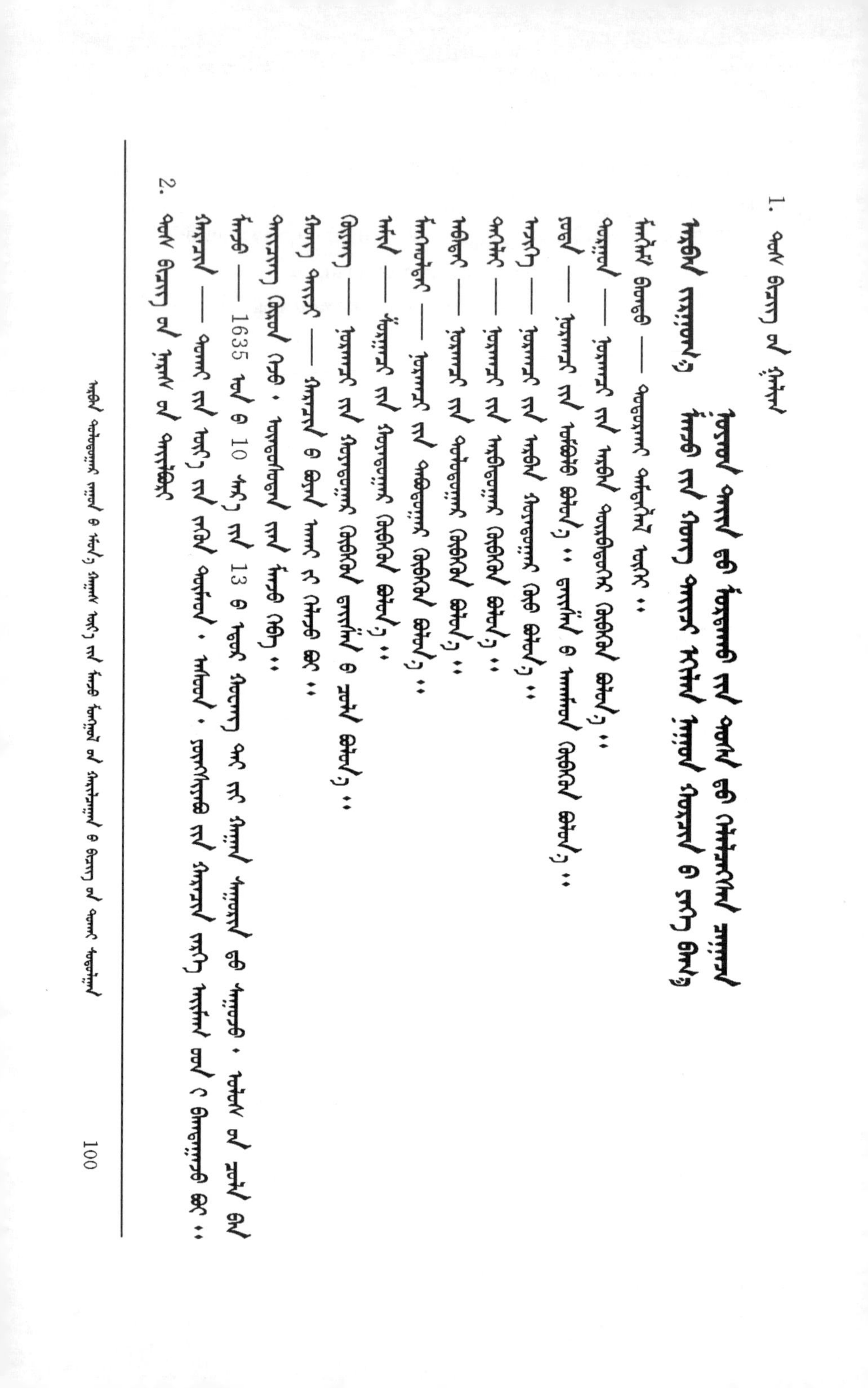

1. [illegible]

[illegible]
[illegible]

[illegible] — [illegible] ::

[illegible] — [illegible] ::

[illegible] — [illegible] :: [illegible] ::

[illegible] — [illegible] ::

[illegible] — [illegible] ::

[illegible] — [illegible] ::

[illegible] — [illegible] ::

[illegible] — [illegible] ::

[illegible] — [illegible] ::

[illegible] — [illegible] ::

[illegible] ::

[illegible] — 1635 [illegible] ᠤ 10 [illegible] 13 ᠤ [illegible]

[illegible] — [illegible] ::

2. [illegible]

(1) @ sečen qaγan ekilen, naγun-u tüsiy-e-tü qaγan, bingtü, darqan tayiǰi, yeke baγ_a noyad-un kelelčgsen čaγaǰa.
(2) čaqar-tu mordaqu-la, qosiγu-ban medekü noyad,
(3) dalan γurbatu-ača doγoγsi, arban γurbatu-ača degegsi bügüde mordaqu.
(4) ese mordaγsan noyad-ača ǰaγun aduγu arban temege abqu. bolǰiyan-i γaǰar_a γurban
(5) qonotal_a ese kürküle arban aduγu abqu, oroǰi γartala ese kürküle
(6) ǰaγun aduγu arban temege abqu.
(7) @ kitad-tu mordaqula qosiγu-ban medekü niǰiged yeke noyad qosiyaγad tayiǰi- nar
(8) ǰaγun sayin čerig mordaqu. ese mordaqula yeke qosiγun-ača mingγan
(9) aduγu ǰaγun temege abqu. bolǰiyan-i γaǰar_a γurba qonotala ese kürküle
(10) arban aduγu abqu. oroǰi γartala ese kürküle mingγan aduγu ǰaγun
(11) temege abqu. bolǰiyan-i urid dobtolaqula ǰaγun aduγu arban temege
(12) abqu. arban qonoγ-un γaǰar_a arban tabun, arban tabun qonoγ-un γaǰar_a
(13) qorin qonoǰu kürkü. yambar-ba yala-yi ǰasaγ-un noyad-ača
(14) elči abču kögekü bolba. ǰasaγ-un noyad qoyar qonotala elči ese
(15) öggüle bari. čaγatu yala-tu kümün-eče ese bariǰu öggüle, mal-un
(16) toγ_a-bar ǰasaγ-un noyad-ača bari. ǰasaγ-un noyad arban ulaγ_a unuǰu
(17) qariǰu irekü-degen, yala-tu kümün-eče arban ulaγ_a-yi tuγulǰu ir_e.

(18) edür-ün sigüsü tasuraba. noyad qonoγ-tu qoni idekü bolba, üker

(19) idebesü noyan-i nökör-ün mori abqu. qamuγ-un elči-yi noyad ǰančiqula

(20) γurba yisü. qaraču kümün ǰančiqula nige yisü. qamuγ-un elči-yi

(21) baγulγaqula qaǰaγar toqolan mori abqu. qamuγ-un elči-yi üǰeǰü

(22) aduγu-ban boroγulaγulǰu abačiqula sidüleng mori abqu. elči

(23) tamaγ_a-tu mori-yi endegüreǰü unuqula, bisi mori ögčü ab.

(24) tamaγ_a-tu mori-yi ača getele ese ögküle ildü numu qoyar-i nigen-i ab.

(25) ali-ba yala-yi ülü ögčü tusiyaqula üretügei. ǰasaγ-un

(26) noyad tüsiyetü qaγan, darqan tayiǰi, lamaski, ǰoriγ-tu qong tayiǰi, ildüǰi, muǰai,

(27) sebükün, bomba, gümü, qayirai. siraγčin moγai ǰil-ün qabur-un

(28) segül sar_a-yin sine-yin ǰirγuγan_a.

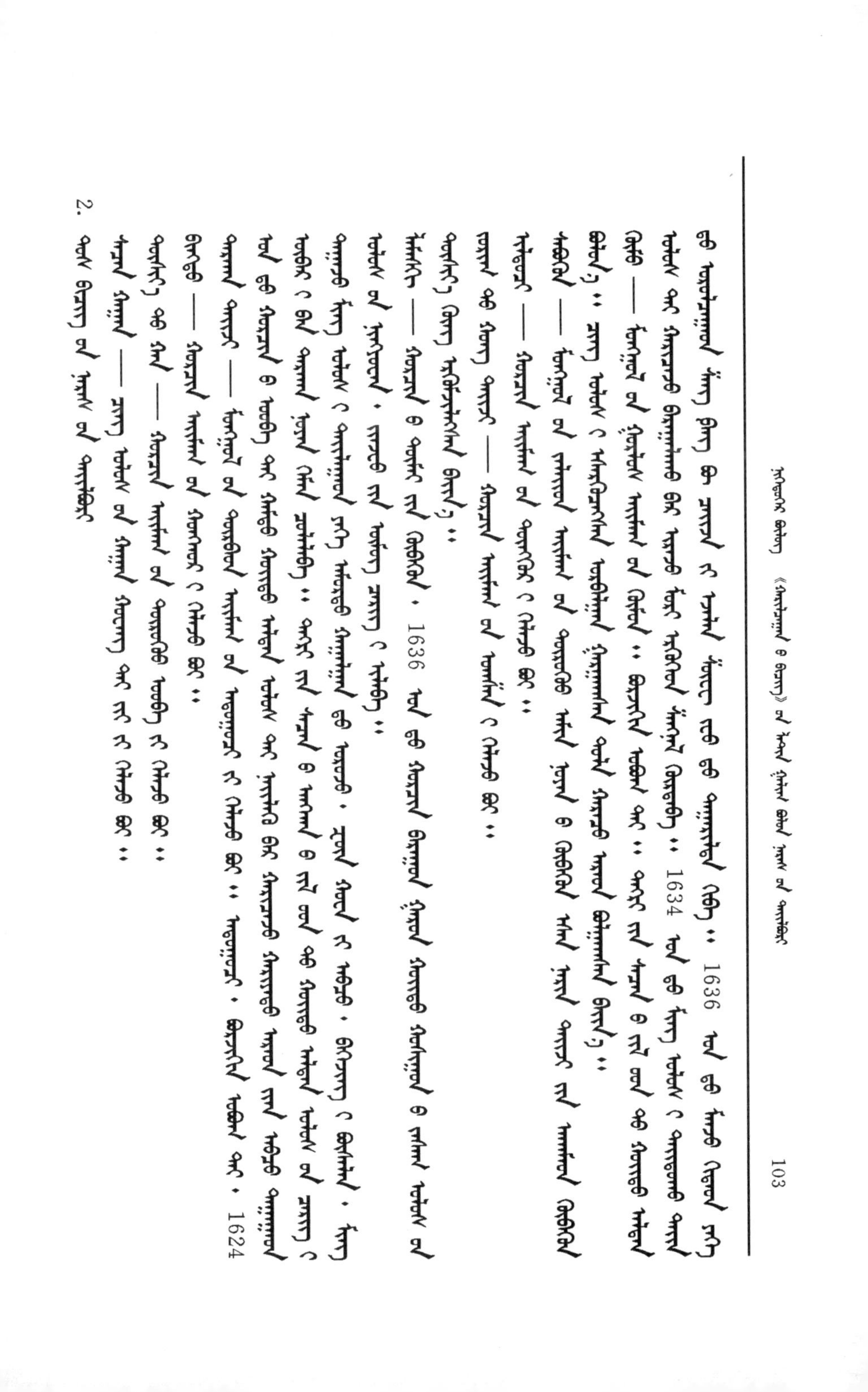

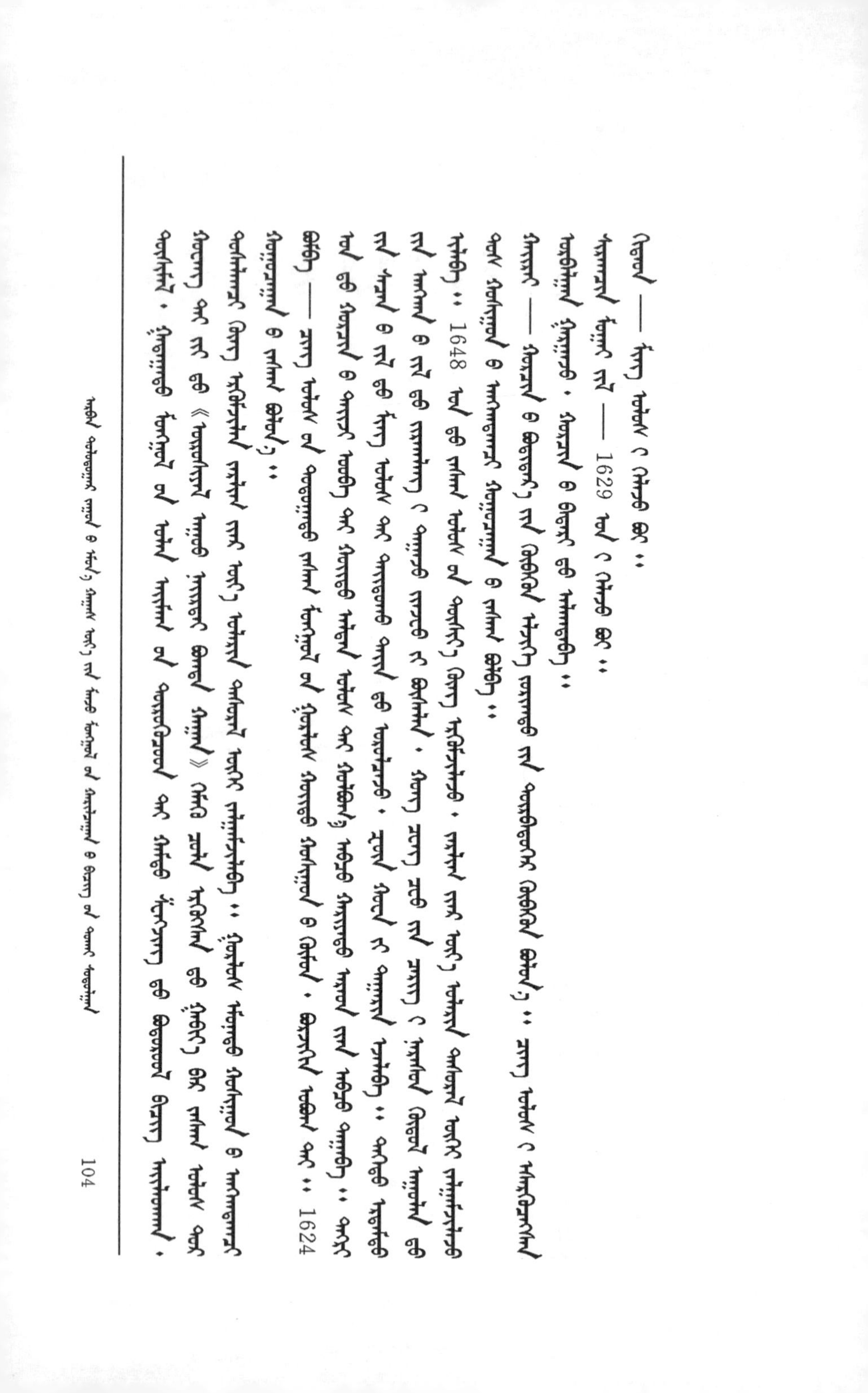

1. ᠤᠯᠠᠨ ᠪᠢᠴᠢᠭ ᠦᠨ ᠭᠡᠷᠡᠯ

ᠮᠣᠩᠭᠣᠯ ᠤᠯᠤᠰ ᠤᠨ ᠲᠡᠦᠬᠡᠨ ᠦ ᠭᠠᠷᠴᠠᠭ ᠲᠠᠭᠠᠮᠠᠯ ᠤᠨ ᠵᠢᠷᠤᠭ ᠤᠭᠤᠷᠬᠠᠢ

ᠤᠷᠤᠰᠤᠯᠳᠠᠭᠠᠨ ᠪᠢᠴᠢᠭ ᠦᠨ ᠬᠡᠮᠵᠢᠶ᠎ᠡ ᠨᠢ ᠤᠯᠤᠰ ᠤᠨ

ᠬᠡᠮᠡᠭᠳᠡ ᠨᠢ ᠭᠠᠷᠤᠭ ᠤᠯᠠᠭᠠᠨ ᠪᠡ ᠬᠡᠮᠵᠢᠭᠳᠡᠬᠦ ᠪᠠᠢᠨ᠎ᠠ

(1) @ oom
(2) @ oom suwasdi siddem.
(3) @ sečen qaγan-du, čoski tabunang bičig-iyer
(4) qaγan-du üge ayiladqaba. čaqarin qaγan-u γar-tu
(5) oroγsan-du bi, qaγan qong tayiǰi qoyar
(6) @ sečen qaγan-i tüsiy_e geǰi ǰoriǰu ečibe geǰi sonosču,
(7) bi dayisun qaγan γar-ača aldaγulǰu kitad dotoγur
(8) iregsen mini degegsi-i
(9) @ sečen qaγan-i geǰi, inaγsi-i qong tayiǰi qatun abaqai-yi
(10) birasi tayiǰi ede bügüde-yi sanaǰu iregsen ene bile.
(11) iregsen qoyina eǰen mini qong tayiǰi namayi qayiralaǰu,
(12) dayisun dotor_a qatun eke-den unuγsan mori-ban baγuǰu
(13) öggügsen čini ünen bile geǰi bey_e-tai ulustai čini
(14) qayiralasu geǰi ǰarliγ bolǰu bile. mani kesig ügei-dü
(15) sayin noyan burqan-u qutuγ olba. qoyina ür_e-yi
(16) birasi tayiǰi sayin noyan-u ǰarliγ-i martaǰi
(17) mani qadaγalaγsan ulus köbegüdden morin abču unuǰu
(18) üker qonin-i kögeǰü idekü-dü ulus ese tesči
(19) kitad-tu oroqu-du ulus-i-ni bi quriyaǰu
(20) sang ner_e ögčü teǰiyegsen mini ene bile. namayi subudi
(21) dügüreng-dü bosču ečiǰi geǰi alaqu telekü geǰi bayinam.
(22) subudi dügüreng či bolba bi či bolba γaγča
(23) @ sečen qaγan-nai buyu geǰi sanaγsan bile.
(24) baqan beleg-iyen bariǰu,
(25) qaγan-du ayiladqaqu mini ene bile.

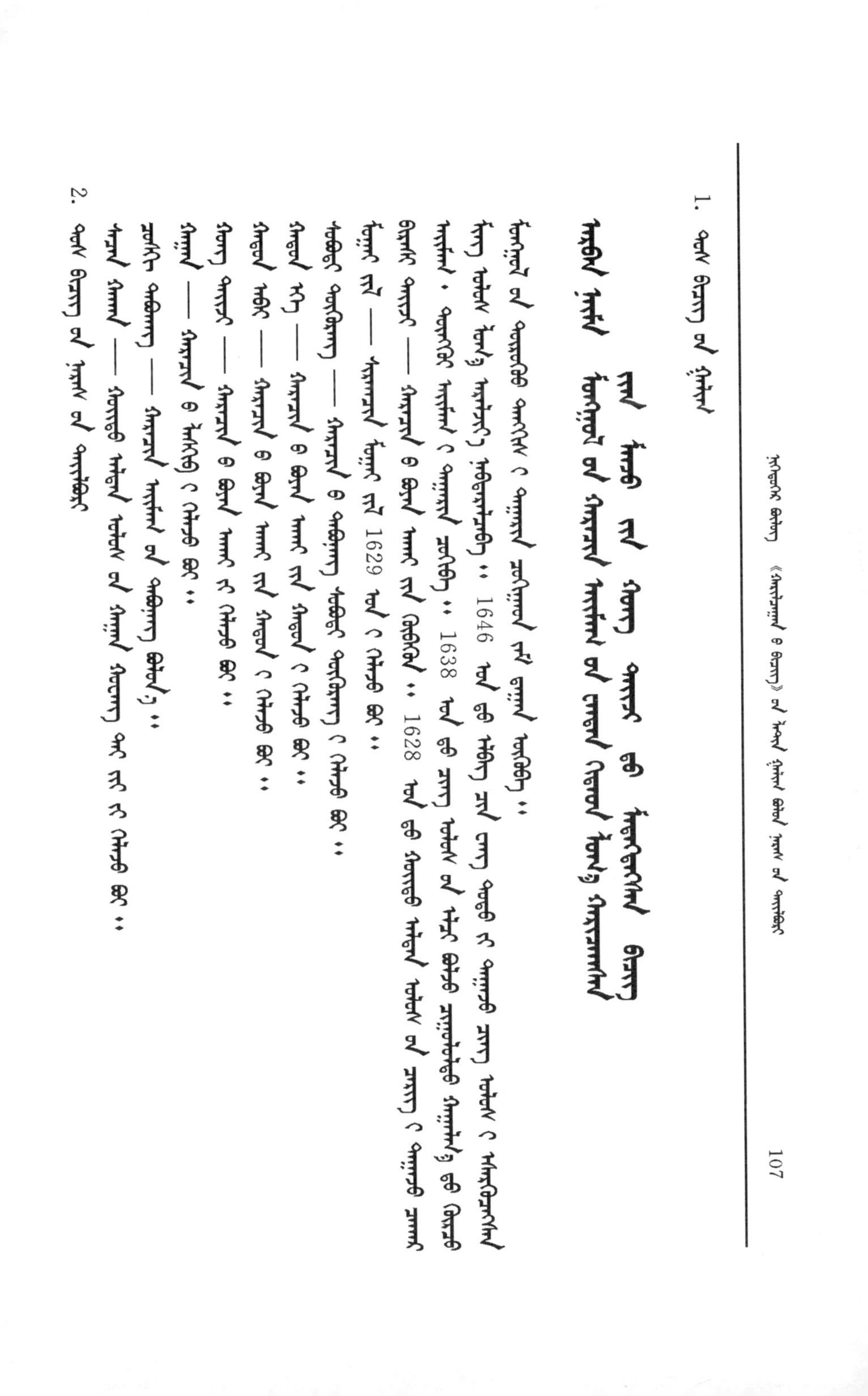

(1) @ owa suwasdi siddem.
(2) sečen qaγan-du bičig bariba. kitad-in törö-yin tulada
(3) li lam_a-yin üge
(4) qaγan-du ayiladqaǰi bile.
(5) qaγan-i ǰarliγ-iyar bida kelelčeǰi bile. tere ǰabsar-tu
(6) dügüreng amidu bulaγ_a kürgeǰü namayi mede gele bi
(7) kelelčenem geǰi kitad-tu bičig bariǰi, kitad-un üge,
(8) ene törö-yi dügüreng namayi mede, üiǰeng namayi mede
(9) geǰü bayinam. dotoγur
(10) sečen qaγan-i elči mandu irele. tere elči-yi qariγulba.
(11) sečen qaγan-i tamaγ_a bičig ken-dü öggüle, tere kümün
(12) kelelčetügei, geǰi kitad-in üge tere.
(13) sečen qaγan-u ǰarliγ dörben keletei qadamal bičig tuγuǰi ača
(14) geǰi bile. dayidu urid oroǰi, ende eriǰi
(15) oluγsan. nam_a sanggidi subasida ǰonggina,
(16) bisi-yi-ni qoyina eriǰi üǰey_e.

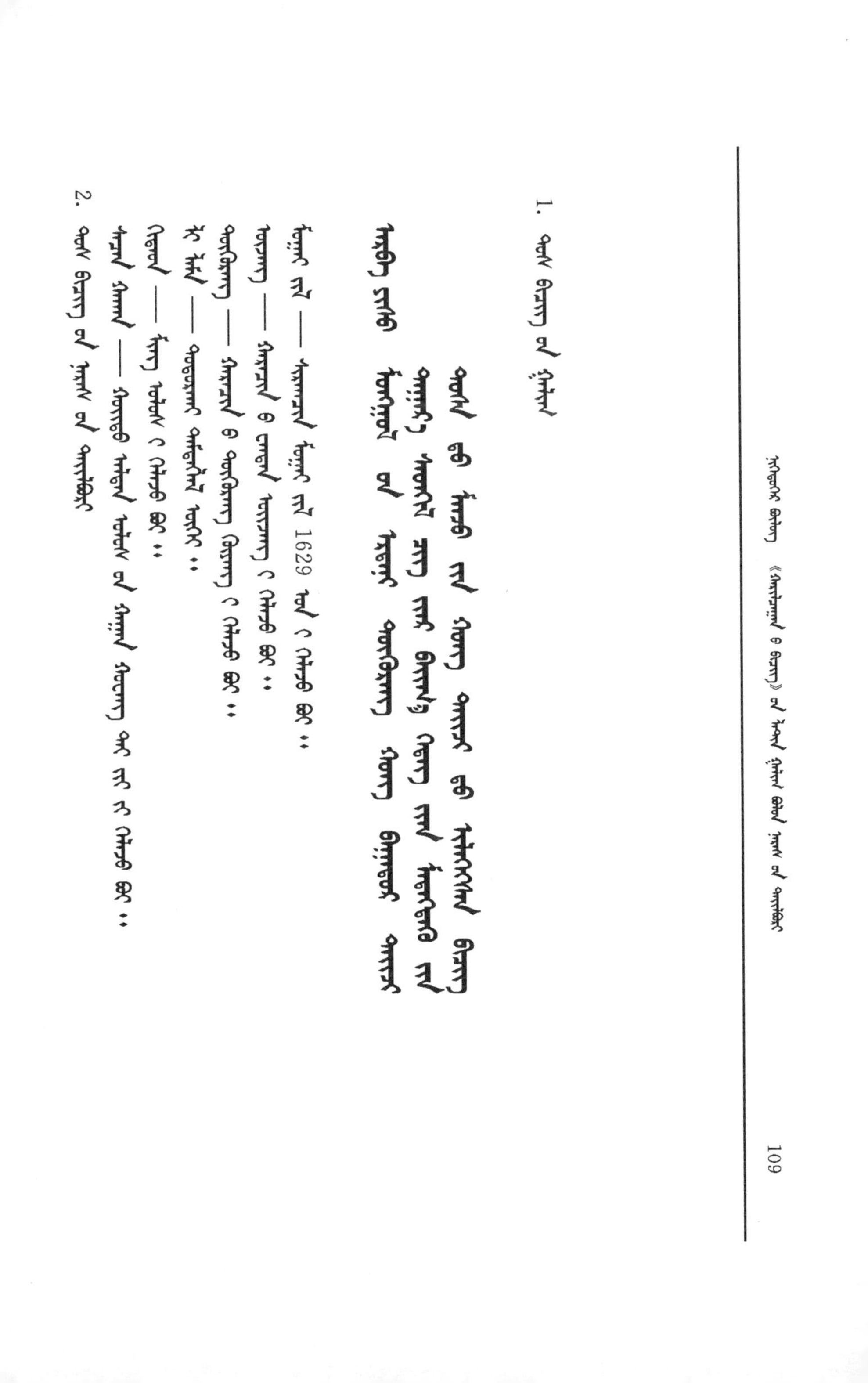

(1) @ oom suwasdi sidem.

(2) sečen qaγan-u gegegen_e, erdeni dügüreng qong baγatur tayiǰi bičig

(3) -iyer ayiladqay_a. ǰirγuγan yeke ulus-tu šasin törö-dü

(4) qan qaraču yerü bügüde-dü čaqar-in nigül-tü qaγan

(5) yeke gem kiǰi yabuqu-yin tulada yamar bolusa sanaγaban

(6) uridu elči bičig-iyer ayiladqaγsan minu tere bile.

(7) tere mani elči nada kürči ireged kelegsen ügen-i

(8) sečen qaγan-i yamar bolusa ǰakirγ_a ǰarliγ-ni tuntai mergen kiy_a-du

(9) bai geǰi keleǰi bile. bi tedüi tere mani elčid-eče üge-yi

(10) sonosuγad tuntai-ača üge-yi abču qariγu ali bolusa

(11) sanaγsan sanaγaban tuntai mergen kiy_a-bar,

(12) sečen qaγan-u gegegen-dü ayiladqay_a gegsen sanaγ_a mini yeke bile.

(13) teyin atala edüge tere tuntai mergen kiy_a nada ese kürči irebe.

(14) kürgeǰi irey_e gegsen burqantu tayiǰi ese kürgeǰi ilegebüü

(15) nada. tuntai mergen kiy_a öber-ün tusar sanaγdaǰi ese

(16) ireǰem bolbau. ese irebe ged yaγakiǰi elči-iyen

(17) ülü ilegem geǰi, ayusi tayiǰi boro tayiǰi qoyar

(18) -tu ilegegsen

(19) sečen qaγan-i elči-le, bi ǰasai inǰi kiy_a ekileǰi qoyar

(20) köteči-tei ilegebe. ene elči ilegekü-yin učir-inu

(21) sečen qaγan-u qoyina-ača daγaǰi alba-iyan bariy_a gegsen sanaγ_a

(22) minu ünen-ü tulada elči-iyen tasural ügei yabuγuluγči

(23) minu ene. bi beyeber ečiǰü albai činu barim geküle

(24) aq_a degü minu čaqar-tu abtaqun-i abtaǰi ǰüg büri

(25) ečikün-i ečibe. minu bey_e bai bayitala sara büri nigül-tü

(26) čaqar-la ǰolγalduǰi bayinam bida. ker-be bi ečim

(27) geküle qoyiγur minu čölegedeǰi ulus-tu minu ǰakirγ_a
(28) ügei-yin tulada ečin ese čidaba. negüǰi ečim geküle
(29) yeke ulus-tu minu unulγ_a ačilγ_a ügei-yin tulada
(30) negüǰi ülü čidaǰi bayinam. činu dergede nada tendeče
(31) ečigsen noyad tabunong-ud qaračuγud čaγaǰin-du činu
(32) oroγsad olan bayinam. tede bügüde nadača maγu noyad.
(33) ulus-ni minu ulus-ača maγu ulus buyu. mön adali uridu
(34) boγda-yin üres mön ǰögegsen albatu-yi ačiyam ǰ_a. tede
(35) bügüde aliba ǰüg-eče čuγlabači,
(36) činu sayin aldar nere-yi sonosči čuγlaγsan bayiǰa. aγuda
(37) gün_e sanaqui-bar olan-i baγtaγaǰi yerü-yi ečelem gele.
(38) oγǰom doγsin aγali-bar γaγča-yi bariǰi ülü
(39) bolum gele. ene nigül-tü čaqar-un qaγan doγsin aburitai
(40) olan-du qoor yeketei tulada, töröl či bolba ükün
(41) ükütele ügeyiren ügeyiretele tegün-dü ülü ečigči mani
(42) tere bile. či aγuda gün_n sedkigsen-dü arban ǰüg-eče qura
(43) metü oroǰu čuγlaγči tere bisi buyu. nigen duratu
(44) qoladaki bügesü tusatu, busu sedkil-tü dergedeki
(45) bügesü qoor-tu gele. ǰegün baraγun-daki töröl törögsen
(46) minu ali-ba ǰüg büri ečibeči, γaγča minu sedkil
(47) sečen qaγan-u qoyina daγaǰi albai činu bariqu sedkil minu
(48) čige bayiǰa. činu čaγaǰin-du oroγsan noyad tabunong-
(49) ud qaračuγud dotoγsi kitad-tu, γadaγsi čaqar-tu
(50) urbaqu sedkil bai či bolba minu sedkil-dü yerü
(51) urbaqu ügei ünen γaγča sanaγaban ayiladqaba.

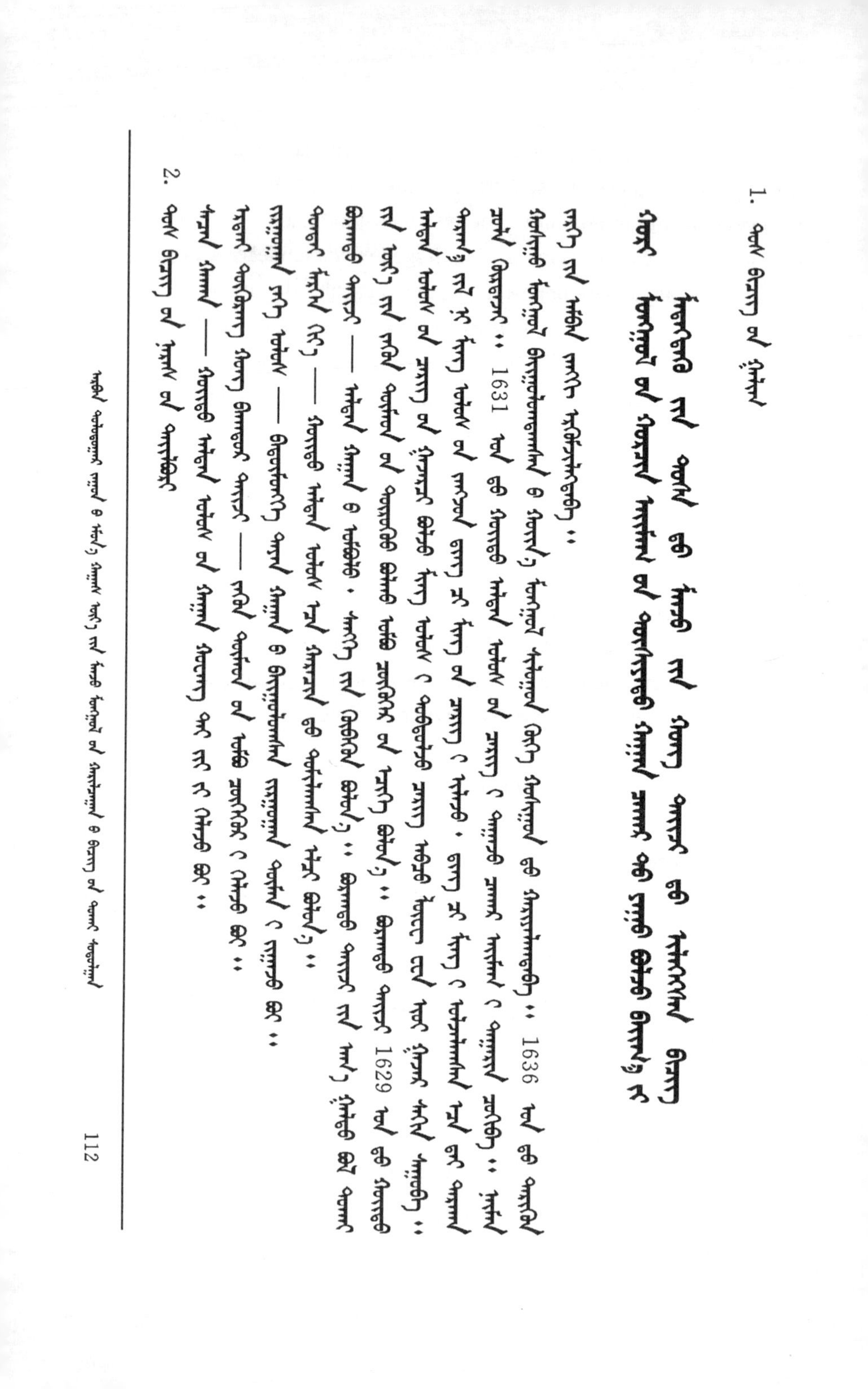

1. [illegible]

[illegible]

[illegible] ·· [illegible] ·· 1636 [illegible] ·· 1631 [illegible] ·· [illegible] ·· [illegible] ·· [illegible] 1629 [illegible] —— [illegible] ·· [illegible] —— [illegible] ·· [illegible] —— [illegible] ·· [illegible] —— [illegible] ·· [illegible] —— [illegible] ··

2. [illegible]

(1) @ oom suwasdi siddem.
(2) sečen qaγan-u gegen-e ayiladqamui.
(3) ǰinong-in baqatai üiǰeng daγurisqu γurban ǰaγun kümün čaqar-tu
(4) tursiγul ečigsen. čaqar-un čerig mordaγsan qoyiγur alaγčiγud-i dobtolǰu,
(5) alaγčiγud deger_e saγuγsan qaγan-i qatun-i bariǰu, em_e köbegün-i čabčiǰu,
(6) ger mal-inu tüimerdeǰü qaγan-i qatun-i abuγad baqatai üiǰeng daγurisqu,
(7) čaγaǰai mergen kiy_a-yi qostai yaγaraγulǰu, čaqar čerig mani ǰüg mordaba.
(8) sar_a geǰü ǰaruγsan tere kele-yi sonosuγad, čerig-iyen uγtuǰu γaruγad
(9) ger-iyen berke γaǰar oroγulǰu, qalq_a-tai tululčaǰu qalq_a-yin buyaqu güyeng
(10) ireǰi kelelčeǰü, qalq_a ǰinong-tai čerig-iyen uγtuǰu γarba genem.
(11) mani elči, ǰinong-in elči-tei qostai yaγaraǰu ǰaruγsan toγoriǰu yabuǰi
(12) qori qonoǰu irebe. mani dotor_a oroγsan aq_a degü-yin otoγ-iyar
(13) čaqar-un tursiγul demei yabuǰu bayinam. čaqar-un čerig qamiγ_a
(14) tuluγsan-i medekü bisi.
(15) qalq_a-yin boγuγai qosiγuči γurban ǰaγun kümün tursiγul, čaqar-un
(16) ǰaq_a-yi dobtolǰu γarqui, kiy_a tayiǰi-yin degü undu qaraγul
(17) γaruγsan učaraǰu alalduǰu, undu-yi boγuγai qosiγuči
(18) ǰidalaǰu alaba genem.
(19) edüge ebül-ün ekin sara-du, tan-du mordaqula bida ger-tüni

morday_a

(20) man-du mordaqula, ta ger-tüni morda geǰi bayinam.

(21) ǰinong-un elči-yin üge tere. baqatai qosiγuči čaqar-un čerig-ün

(22) mör-inu ǰegün eteged siidqaǰu, ger-inu quraγan-u qay_a-yi önggereǰü irebe genem.

(23) mani γolomta-yin dotor_a oroγsan γaγča maγu mingγan-ača busu,

(24) sün dügüreng ekilen bügüde oroǰu irebe.

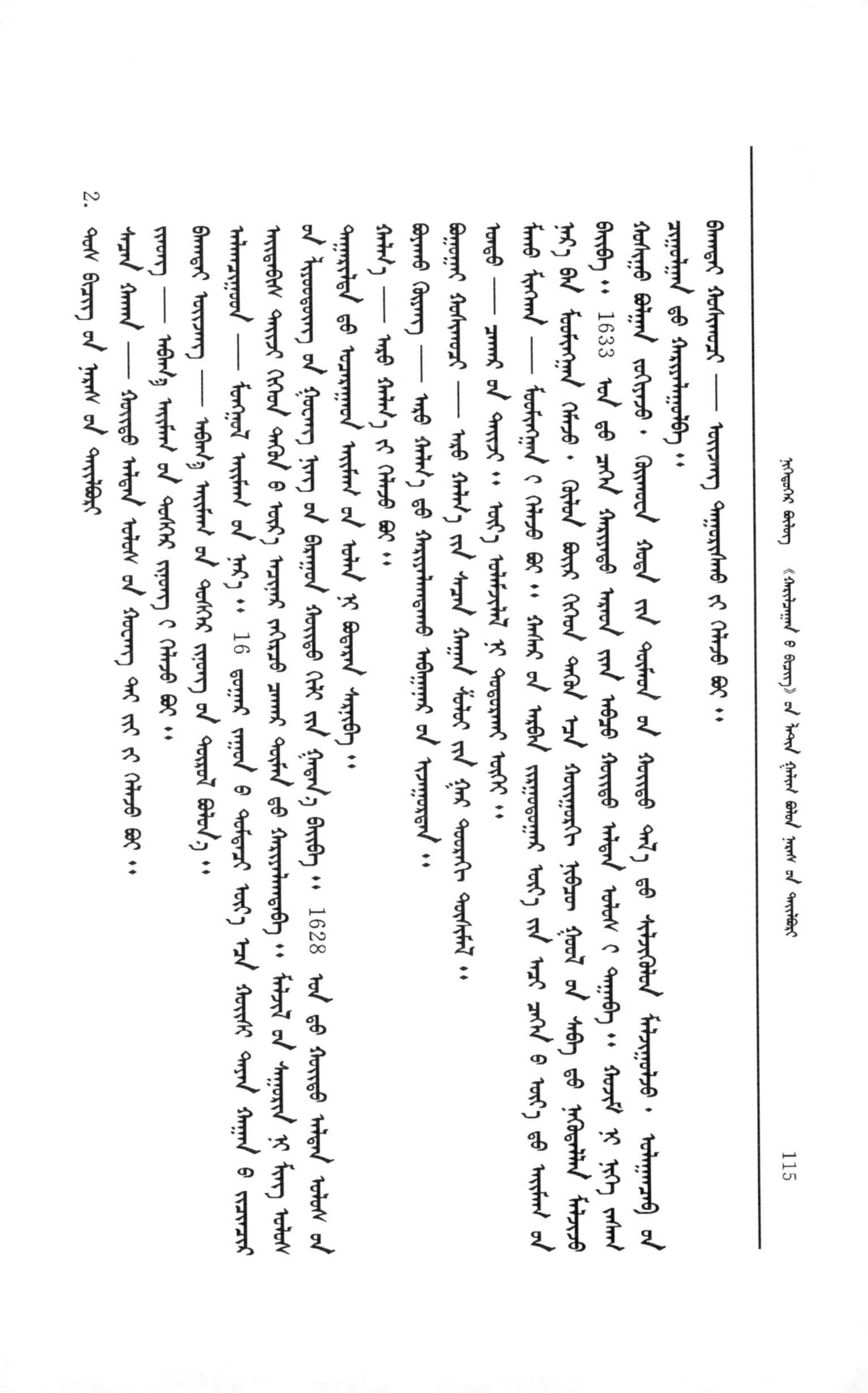

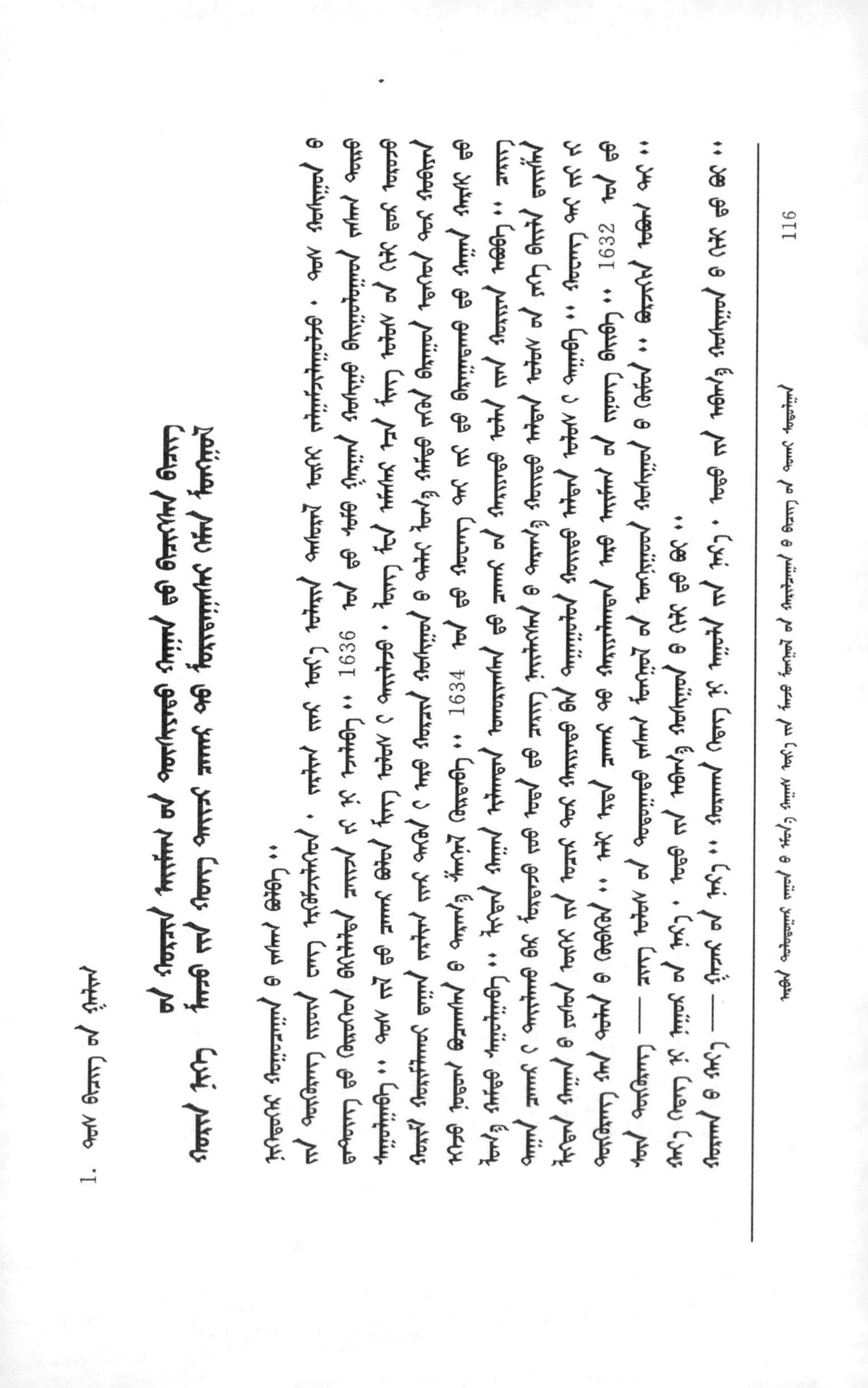

1. [illegible]

[illegible]

[illegible]

[illegible] 1636 [illegible]

[illegible] 1634 [illegible]

[illegible] 1632 [illegible]

[illegible]

(1) oom suwasdi sidem.
(2) @ sečen qaγan-u ǰarliγ, tüsiy_e-tü qaγan-du bičig ilegebe.
(7) ǰun-du bidan-i tariyan aldaγsan
(8) tulada, ayan bolǰu ülü bolqu bayinam geǰü qoyar
(9) üy_e abalaǰu aγta ebdegsen-iyen γomodunam bida.
(10) oda bida
(11) aγta silγaǰu qoyar mingγan čerig
(12) güngtü baγatur-un kegüked-tü mordaba. otoγ-ni au
(13) mören-dü qoyar mingγan ger bai genem.
(14) @ bisi aq_a degü tan-i ese mordabači, tüsiy_e-tü
(15) qaγan, dai darqan, ǰasaγ-tu dügüreng, ǰoriγ-tu
(16) qong tayiǰi, budasiri, manǰusiri tan-i ǰirγuγan
(17) qosiγu, čaqar-un qaγan-u qota-du mordasai.
(18) ter_e qota-du baγaqan čögeken mal-tai ulus bai genem.

ᠬᠣᠪᠤ ᠬᠣᠲᠠᠨ — ᠬᠠᠷᠴᠢᠨ ᠵᠡᠭᠦᠨ ᠭᠠᠷᠤᠨ ᠬᠣᠰᠢᠭᠤ ᠪᠠᠢ᠂ ᠬᠢᠳᠠᠳ ᠨᠡᠷ᠎ᠡ 大凌河 ᠭᠣᠣᠯ :: ᠬᠠᠷᠴᠢᠨ ᠤ ᠴᠢᠭᠤᠯᠭᠠᠨ ᠤ ᠲᠡᠦᠬᠡᠨ ᠳᠡᠭᠡᠷ᠎ᠡ ᠲᠡᠮᠳᠡᠭᠯᠡᠭᠰᠡᠨ ᠤ ᠬᠣᠲᠠᠨ ᠤ ᠨᠤᠲᠤᠭᠲᠠᠭᠰᠠᠨ ᠤ ᠴᠠᠭ ᠬᠠᠭᠠᠨ ᠤ ᠳᠣᠲᠣᠷᠠᠬᠢ ::

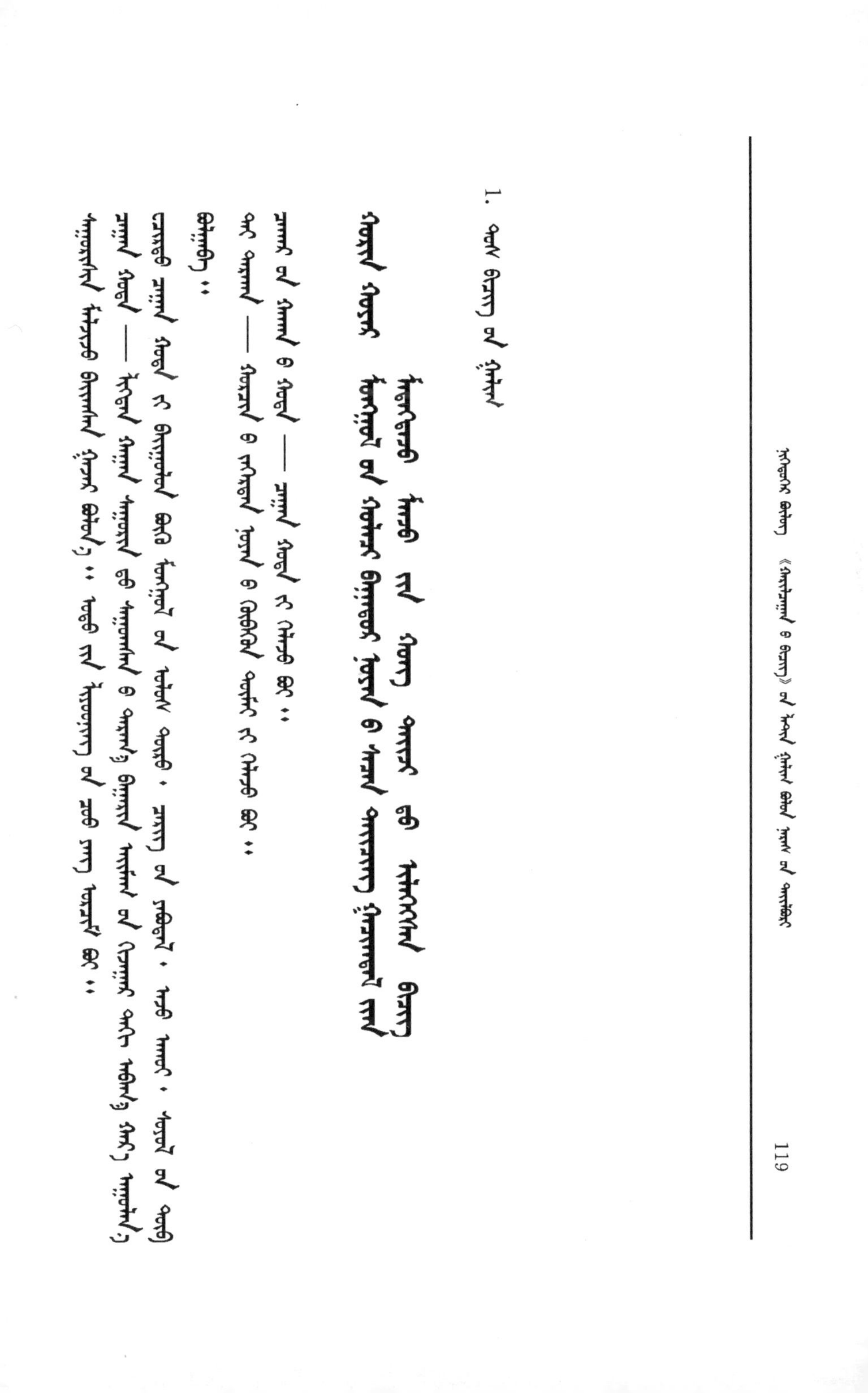

(1) @ oom suwasdi siddem.
(2) qolači bayatur noyan-i üren-i
(3) sečen dayičing, bičig ilegebe.
(4) sečen qayan mendü biyu. ǰirγuγan
(5) yeke ulus engke sayutala čola-yin
(6) eǰen qaγan yeke nere törö-yi ebdebe.
(7) asud tümen sečen qaγan-i geǰi iretele
(8) abaγ_a tosču ireǰü,
(9) dobtolǰu abuba. ulaγan ǰalaγatu
(10) mongγol ulus-tu öri ösiy_e
(11) ügei bile. ken buruγu kiküle tere
(12) degere bayiqu bile. mongγol ulus olan-i
(13) ebderebeči ülegsen-i nigetči buruγu-tu
(14) kümün-i ǰalqaγula yamar. sečen qaγan
(15) ekilen nige tümen engke bayinam geǰi iretele dayisun-i
(16) mör-tü daγariγdaγsan-du beleg ǰokis
(17) ügei bolba. bičig-ün belge temege
(18) bai.
(19) sečen dayičing aq_a dügü doloγula
(20) bile. čuγ iretele, abaγ_a,
(21) tabun noyan-i, abaγ_a dobtolǰu
(22) abuba qoyar-ni irebe.

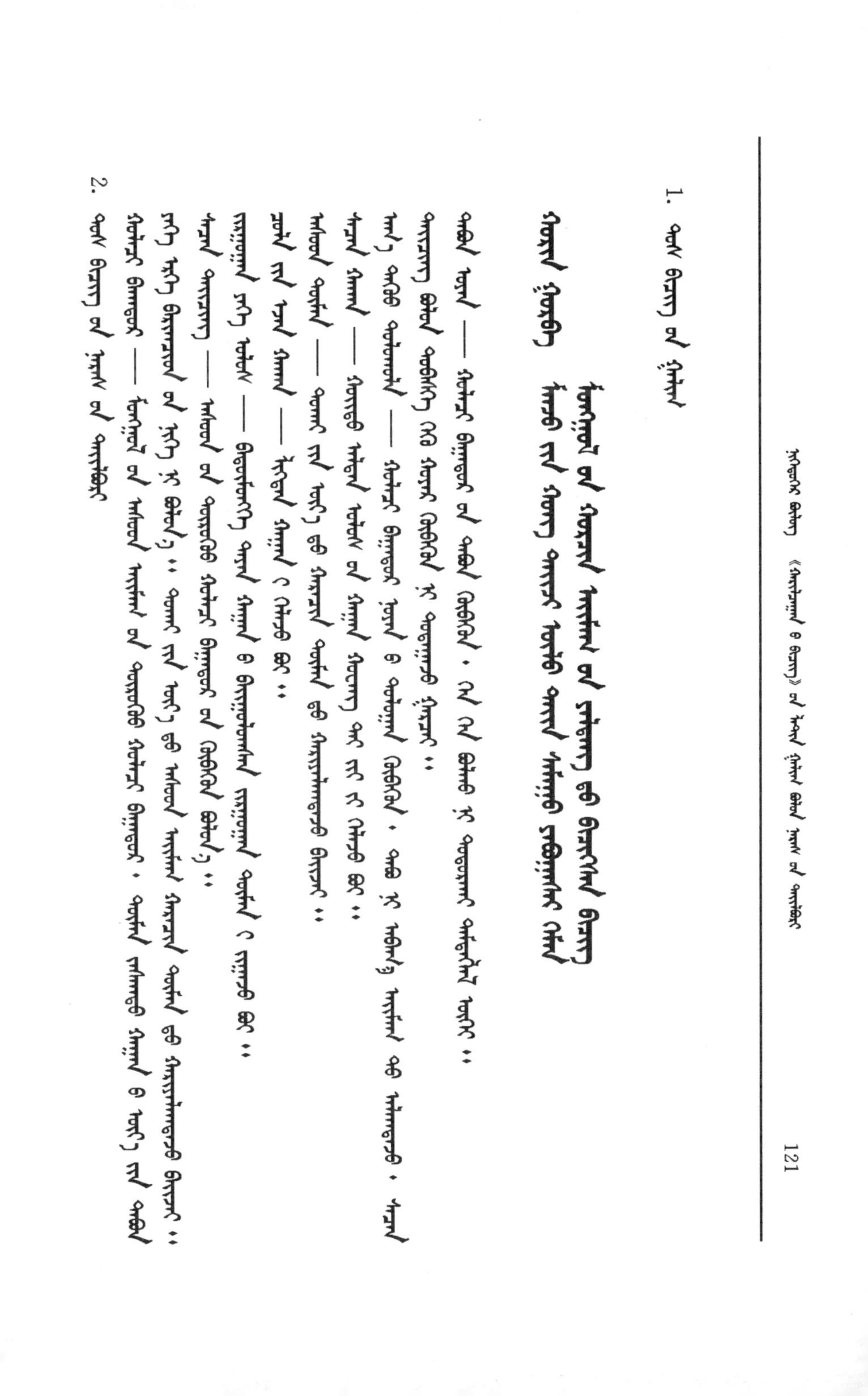

(1) @ sečen qaγan-u ǰarliγ bičig, yeldeng-dü ilegebe. ta iǰaγur aliba ulus-ača urida uruγ eligen bolǰu sayin ybula, tegün-ü qoyin_a qorčin bügüdeger
(2) törö-yin tulada sačul-i sačuqu-du tüsiy_e-tü qaγan sačul-i sačuba. ta mani-yi ülü itegeǰü seǰigleǰü yabuqu-du kibe baγsi-yi ilegeǰü,
(3) itegeltü ügeben abulčaǰu sačul-i sačuba. sačuǰu sayin yabutala, ta mani-yi ürgülǰi seǰiglekü yaγu bui. tan-i dotor_a maγu seǰig bai
(4) tulada, mani-yi seǰiglenem ǰ_e. teyimü ügei bolusa yaγun-du seǰiglenem. tüsiy_e-tü qaγan abaqai-yi uγtuǰu iregsen qoyin_a
(5) teden-i quǰin ger ǰaruγud-i ta abču bayinam. tegün-ü qoyin_a manǰusiri man-du iregsen qoyin_a basa teden-i ǰürčid-i dobtolǰu
(6) abči bayinam. öber ǰaγurki törö-yi yaγu geǰü ebdenem. čaqar tan-du yal_a ügei yabutal_a dalai tayiǰi-yi tan-i alaba. tegün-ü
(7) qoyin_a bügüde qorčin-i abuy_a geǰü basa čerig irebe. teyimü ösiy_e-tü čaqar-un qariγu, ösiy_e abuy_a geǰü sanal ügei,
(8) öber ǰaγuراča abqula, ta čaqar-luγ_a nigen ügetei metü bayinam. ügen-degen kürčü mani qamtu yabuy_a gegči kümün gertegen
(9) tan-i dayisun bai bayitala ter_e ger-iyen orkiǰu man_a yaγakiǰu yabuqu bui. tan-i abačiγsan ulus mal aliba bügüde-yi
(10) tegüsgeǰü öggüle, yal_a gem ügei bui ǰ_a. es_e öggüle tede bügüdeger mongγol-in čaγaǰa-bar qamuγlaǰu kelelčeküi-dür
(11) bida qamtu-bar kelelčekü bui. naγun-u noyad ta bügüdeger ey_e čaγaǰa nigetčü ebesün usun-u sayin-du nutuγlaǰu mal-iyan
(12) ösgeǰü ǰirγaqula sayin bui ǰ_a. sayin törö-yi ebdeǰü, samaγu maγu-yi egüsgeǰü yabuqula maγu bisi buyu, ta γool-in burγasui-yi
(13) daγaǰu, bildaqa-yin ǰürčid orčin nutuγlaqu tan-i, mal-iyan ösgey_e gekü bisi, qulaγai samaγu egüsgey_e geǰü yabunam ǰ_a.
(14) qulaγai samaγu-yi es_e orkiqula, tere abtaγsad bügüdeger kelelčeǰü tan-u deger_e bayiqula kilbar buyu, bida uruγ eligen bolǰu

(15) törö nigedügsen-ü tula, sanaγsan üge-ben γarγaǰu kelekü minu ene, ta dotor_a-ban sanaǰu mede, ǰürčid γuulčin-i buliyaǰu tataǰu (16) abqu tan-i, mani ǰüg ireǰü saγuγsan-yi ülü taγalaǰu ǰobaγanam bayinam. baraγun γar-un noyad ta mani nige bolǰu, aliba ǰüg (17) ayalaǰu yabuǰu, ker-be tngri mani-yi örösiyeküle, tere ulus mal man-du singgenem ǰ_e. öber ǰaγuraki aq_a degü-yin (18) ulus mal abqula singgeküy_e kečegü bui ǰ_a.

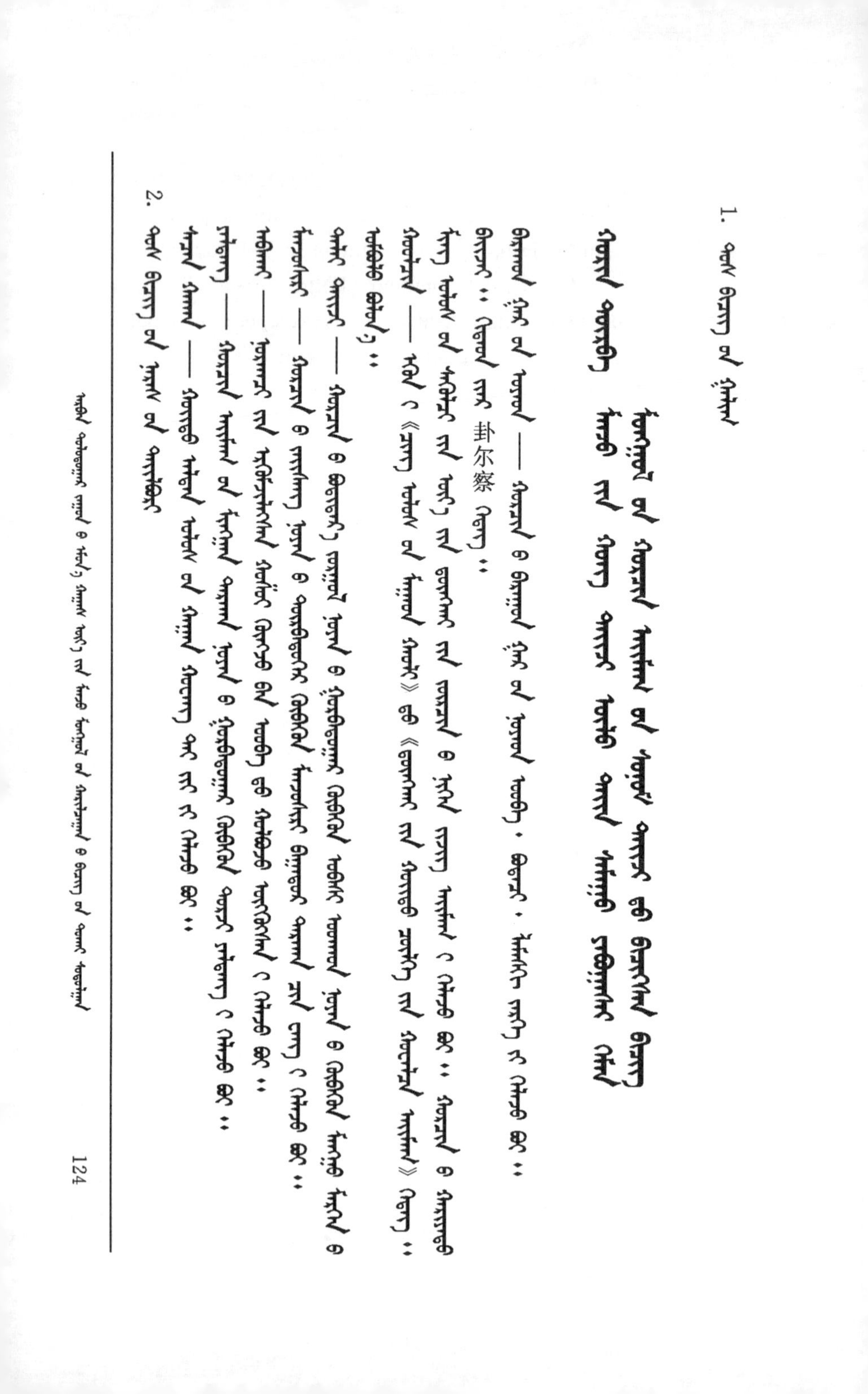

ᠪᠠᠶᠢᠳᠠᠭ :: ᠬᠢᠲᠠᠳ ᠳᠤ 卦尔察 ᠭᠡᠳᠡᠭ ::

(1) @ sečen qaγan-u ǰarliγ bičig, sonom tayiǰi-du ilegebe. ta iǰaγur aliba ulus-ača urida uruγ eligen bolǰu sayin ybula, tegün-ü
(2) qoyin_a qorčin bügüdeger törö-yin tulada sačul-i sačuqu-du tüsiy_e-tü qaγan sačul-i sačuba. ta mani-yi ülü itegeǰü
(3) seǰigleǰü yabuqu-du kibe baγsi-yi ilegeǰü itegeltü ügeben abulčaǰu sačul-i sačuba. sačuǰu sayin yabutala, ta mani-yi ürgülǰi
(4) seǰiglekü yaγu bui. tan-i dotor_a maγu seǰig bui tulada, mani-yi seǰiglenem ǰ_e. teyimü ügei bolusa yaγun-du seǰiglenem.
(5) tüsiy_e-tü qaγan abaqai-yi uγtuǰu iregsen qoyin_a teden-i quǰin ger ǰaruγud-i ta abči bayinam. tegün-ü qoyin_a
(6) manǰusiri man-du iregsen qoyin_a basa teden-i ǰürčid-i dobtolǰu abči bayinam. öber ǰaγurki törö-yi yaγu geǰü ebdenem.
(7) čaqar tan-du yal_a ügei yabutal_a dalai tayiǰi-yi tan-i alaba, tegün-ü qoyin_a bügüde qorčin-i abuy_a geǰü basa čerig irebe.
(8) teyimu ösiy_e-tü čaqar-un qariγu, ösiy_e abuy_a geǰü sanal ügei, öber ǰaγurača abqula, ta čaqar-luγ_a
(9) nigen üge-tei metü bayinam. ügen-degen kürčü mani qamtu yabuy_a gegči kümün gertegen tan-i, dayisun bai bayitala ter_e
(10) ger-iyen orkiǰu man_a yaγakiǰu yabuqu bui. tan-i abačiγsan ulus mal aliba bügüde-yi tegüsgeǰü öggüle, yal_a gem ügei bui ǰ_a.
(11) es_e öggüle tede bügüdeger mongγol-un čaγaǰa-bar qamuγlaǰu kelelčeküi-dür bida qamtu-bar kelelčekü bui. naγun-u noyad
(12) ta bügüdeger ey_e čaγaǰa nigetčü ebesün usun-u sayin-du nutuγlaǰu mal-iyan ösgeǰü ǰirγaqula sayin bui ǰ_a.
(13) sayin törö-yi ebdeǰü, samaγu maγu-yi egüsgeǰü yabuqula maγu bisi buyu, ta γool-in burγasui-yi daγaǰu, bildaqa-yin
(14) ǰürčid orčin nutuγlaqu tan-i, mal-iyan ösgey_e gekü bisi, qulaγai samaγu egüsgey_e geǰü yabunam ǰ_a. qulaγai
(15) samaγu-yi es_e orkiqula, tere abtaγsad bügüdeger kelelčeǰü tan-i deger_e bayiqula kilbar buyu. bida uruγ eligen
(16) bolǰu törö nigedügsen-ü tula, sanaγsan üge-ben γarγaǰu kelekü

minu ene, ta dotor_a-ban sanaǰu mede, ǰürčid γuulčin-i
(17) buliyaǰu tataǰu abqu tan-i, mani ǰüg ireǰü saγuγsan-yi ülü taγalaǰu ǰobaγanam bayinam. baraγun γar-un noyad ta
(18) mani nige bolǰu aliba ǰüg ayalaǰu yabuǰu, ker-be tngri mani-yi örösiyeküle, ter_e ulus mal man-du
(19) singgenem ǰ_e. öber ǰaγuraki aq_a degü-yin ulus mal abqula singgeküy_e kečegü bui ǰ_a.

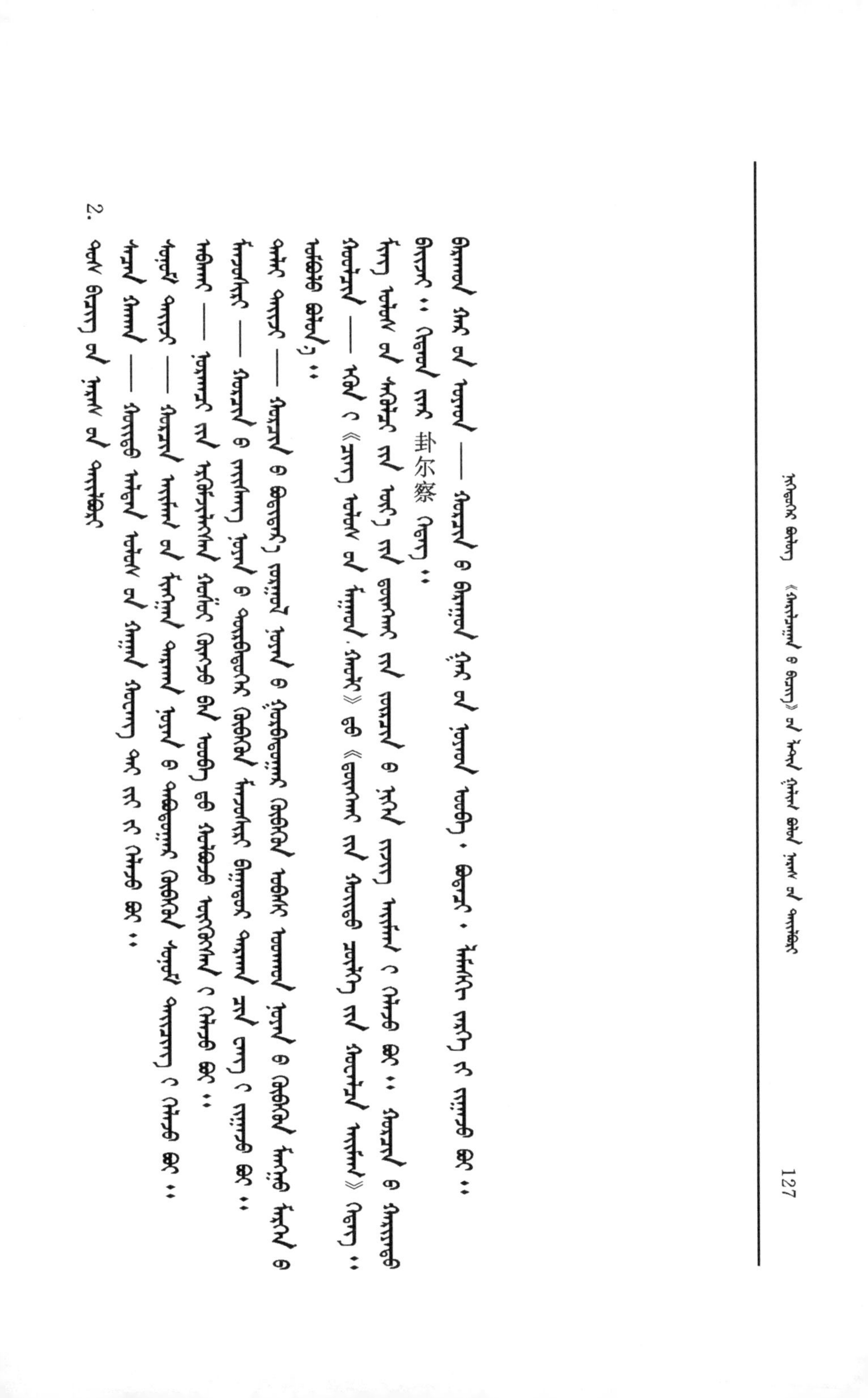

ᠪᠠᠶᠠᠭᠤᠳ :: ᠬᠢᠲᠠᠳ ᠪᠠᠷ 卦尔察 ᠭᠡᠨ᠎ᠡ ::

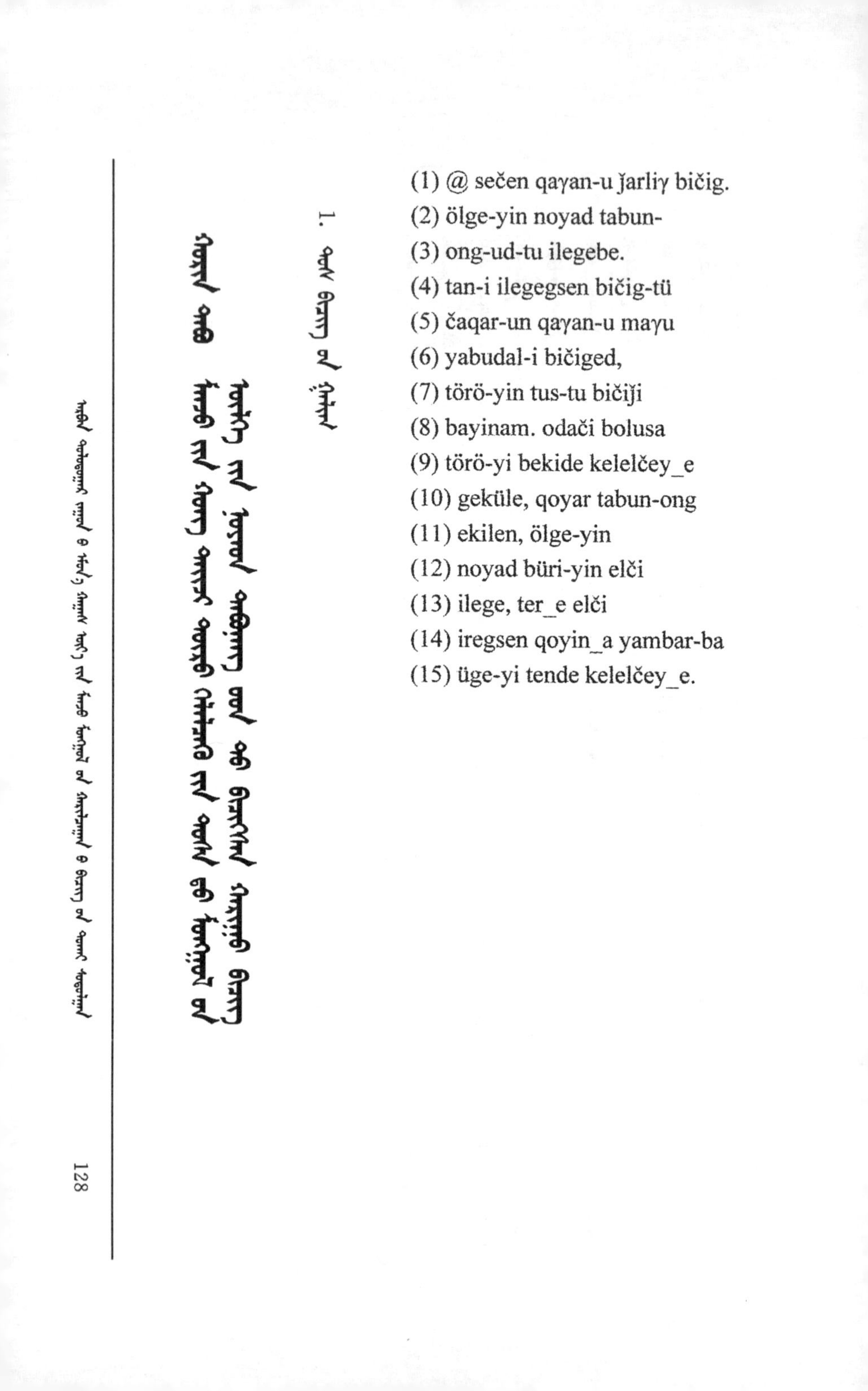

1. ᠰᠡᠴᠡᠨ ᠬᠠᠭᠠᠨ ᠤ ᠵᠠᠷᠯᠢᠭ

(1) @ sečen qaγan-u ǰarliγ bičig.
(2) ölge-yin noyad tabun-
(3) ong-ud-tu ilegebe.
(4) tan-i ilegegsen bičig-tü
(5) čaqar-un qaγan-u maγu
(6) yabudal-i bičiged,
(7) törö-yin tus-tu bičiǰi
(8) bayinam. odači bolusa
(9) törö-yi bekide kelelčey_e
(10) geküle, qoyar tabun-ong
(11) ekilen, ölge-yin
(12) noyad büri-yin elči
(13) ilege, ter_e elči
(14) iregsen qoyin_a yambar-ba
(15) üge-yi tende kelelčey_e.

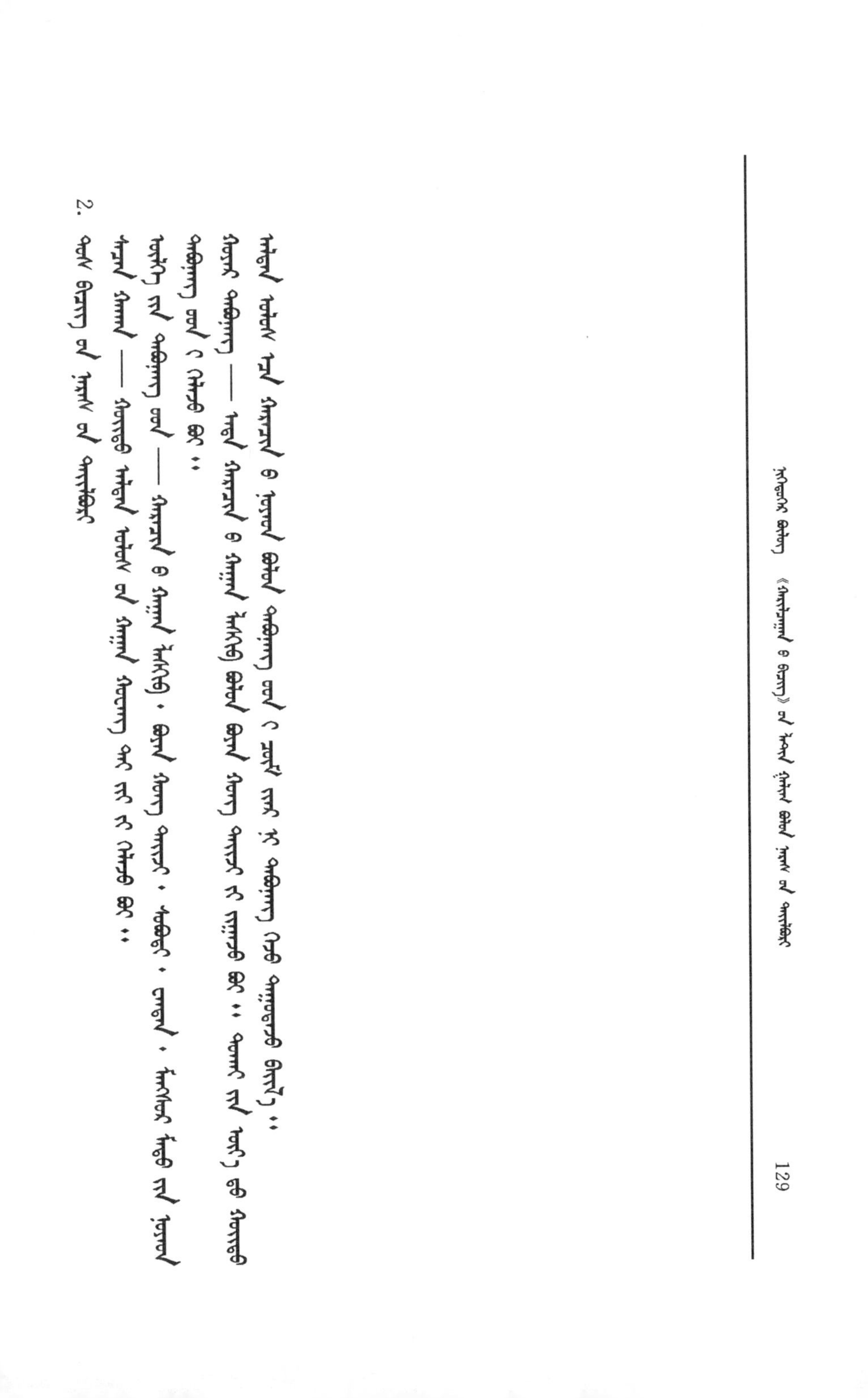

(1) @ sečen qaγan-u ǰarliγ, qong baγatur, darqan tüsiy_e-tü,

(2) dural qong baγatur, ta γurbaγula

(3) ene čölegen-dü üker terge abči čaqar-in

(4) bayising-du čerig mordaǰu tariyan-i ür_e

(5) ab. ür_e es_e abqula yaγubar

(6) tariqu bui. čorǰin qotadu kürügsen

(7) qoyin_a, qaγan-i qotadu silγaǰu kürkü

(8) činegetei bolusa kürčü üje.

ᠪᠠᠶᠢᠳᠠᠯ ᠬᠡᠯᠡ ᠬᠡᠯᠡᠪᠡ ᠪᠣᠯᠤᠨ᠎ᠠ ᠃ ᠬᠣᠶᠠᠷ ᠪᠦᠯᠦᠭ ᠲᠤ 《ᠵᠠᠰᠠᠭ ᠤᠨ ᠪᠠᠶᠢᠳᠠᠯ》 ᠬᠡᠯᠡ ᠬᠡᠯᠡᠵᠦ ᠪᠠᠶᠢᠳᠠᠯ ᠳᠤ ᠰᠤᠷᠭᠠᠭᠤᠯᠢ ᠵᠠᠰᠠᠭ ᠬᠦᠮᠦᠨ ᠪᠡᠷ ᠬᠡᠯᠡᠵᠦ ᠪᠠᠶᠢᠳᠠᠯ ᠃ ᠬᠡᠷᠡᠭᠯᠡᠯ ᠳᠦ ᠬᠡᠯᠡᠨ ᠢᠷᠭᠡᠨ ᠤ ᠬᠦᠮᠦᠨ ᠪᠠᠶᠢᠳᠠᠯ ᠬᠡᠯ ᠢ ᠰᠤᠷᠭᠠᠭᠤᠯᠢ ᠪᠣᠯᠤᠨ ᠂ ᠬᠡᠷᠡᠭᠯᠡᠯ ᠳᠦ ᠡᠵᠡᠨ ᠵᠠᠷᠭᠤᠴᠢ ᠢ ᠪᠠᠢ ᠪᠠᠶᠢᠳᠠᠯ —— ᠬᠡᠯᠡᠨ ᠢᠷᠭᠡᠨ ᠤ 百姓 ᠬᠡᠯᠡ ᠢᠷᠭᠡᠨ ᠵᠠᠷᠢᠮ ᠬᠡᠯᠡᠭᠰᠡᠨ ᠃ ᠪᠠᠶᠢᠳᠠᠯ ᠬᠡᠯᠡᠨ ᠳᠦ ᠬᠦᠮᠦᠨ ᠬᠡᠯᠡᠵᠦ ᠬᠡᠯᠡᠨ ᠢᠷᠭᠡᠨ ᠢ ᠲᠤ 《ᠬᠠᠷᠠᠴᠤ ᠡᠵᠡᠨ ᠪᠠᠶᠢᠳᠠᠯ》 ᠵᠠᠷᠢᠮ ᠰᠤᠷᠭᠠᠭᠤᠯᠢ ᠃

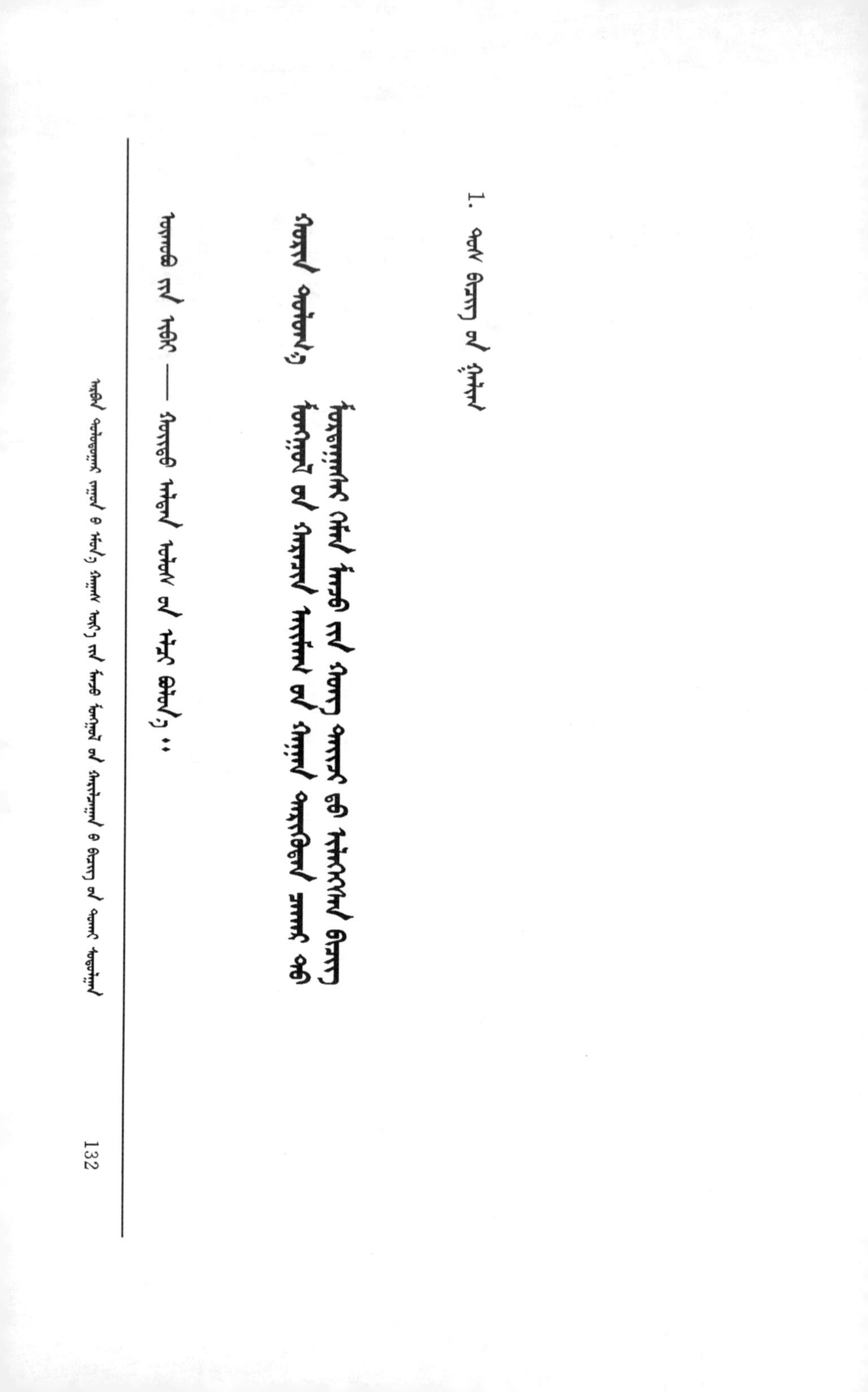

1. [illegible]

[illegible]

[illegible]

(1) @ oom suwasdi siddem.

(2) belge bilig-in gerel-iyer mungqaγ-in oi-yi tüimerdeǰü,

(3) nigüleskü̈i quras-iyar enelün amitan-i ibegetügei.

(4) auγ_a küčü-tü wčir-iyar simnus-un ayimaγ čerig-üd-i daruγči,

(5) delekei-yin erketü eǰen sečen qaγan-u gegen_e.

(6) qaγan qong tayiǰi ekilen bügüdeger bičig-iyer ayiladqaqui-yin učir,

(7) sečen qaγan-u ǰarliγ-iyar čaqar-in qaγan-i otoγ-i tengseǰi ire geǰi ilegegsen kümün

(8) bidan-i čaγan qota-yin sulang-in elči-dü irebe. čaqar-un otoγ

(9) ǰao-yin qota-du bayinam. ede ǰirγaγula nigetčü ölge tümen-i-ni abuγsan-i

(10) medebe. otači či bolba, čaqar-in küčü meküs bayinam. edü deger_e

(11) sečen qaγan-du ayiladqaǰu üdter morilasai. udaǰu ese mordaqula tan-i tulada bida kümün

(12) -iyen alalčaǰu dayin bolba geǰi kelegsen-i medegülün yeke törö ner_e-ben sanaǰu

(13) üdter ögede bolǰu mordamu geǰi ayiladqaba. tere qoro-tu kümün-i

(14) arγ_a-yi yeke kitadla nigetküle ken ken-i-ni küčü yekedünemü.

(15) gegen-degen ayilad.

ᠵᠣ ᠤᠯᠤᠰ — ᠪᠠᠭᠤᠯᠭᠠᠯ ᠢ ᠬᠡᠯᠡᠳᠡᠭ ᠪᠠ :: ᠬᠣᠲᠠ ᠶᠢᠨ ᠨᠡᠷ᠎ᠡ 赵城 ᠬᠣᠲᠠ ᠬᠡᠯᠡᠳᠡᠭ ᠪᠠ ::
ᠬᠣᠪᠢᠨᠭ — ᠰᠠᠭᠤᠷᠢᠰᠢᠭᠤᠯ ᠬᠡᠷᠡᠭᠰᠡᠨ ᠬᠣᠲᠠ ᠦᠷᠲᠡᠭᠡ ᠶᠢᠨ ᠲᠠᠷᠠᠭ ᠪᠣᠯᠤᠭ :: ᠬᠣᠲᠠ ᠲᠣᠷᠠᠭ 侍郎 ᠬᠣᠲᠠ ᠤᠨ ᠲᠦᠰᠢᠮᠡᠯ ᠲᠣᠰᠢᠶᠠᠯᠭᠠᠨ ᠪᠣᠯᠤᠭ ::

(1) @ oom sayin ǰirγalang boltuγai.
(2) sečen qaγan-du üiǰeng lam_a bičig ürgün bariba.
(3) qaγan mendü amuγulang bui ǰ_a.
(4) bida ene qoyar yabudal-du saγataǰu iren es_e
(5) čidaba. degüben ilegebe. esergüber,
(6) qaγan-du baraγaban üǰegdem ǰ_e. ügeyin belegtü nigen
(7) mangluγ bui. arban tabun-u sayin edür-tü
(8) bičibe.
(9) sečen qaγan-du bičig ergübe.
(10) üiǰeng lam_a-yin ayiladqaqu bičig.

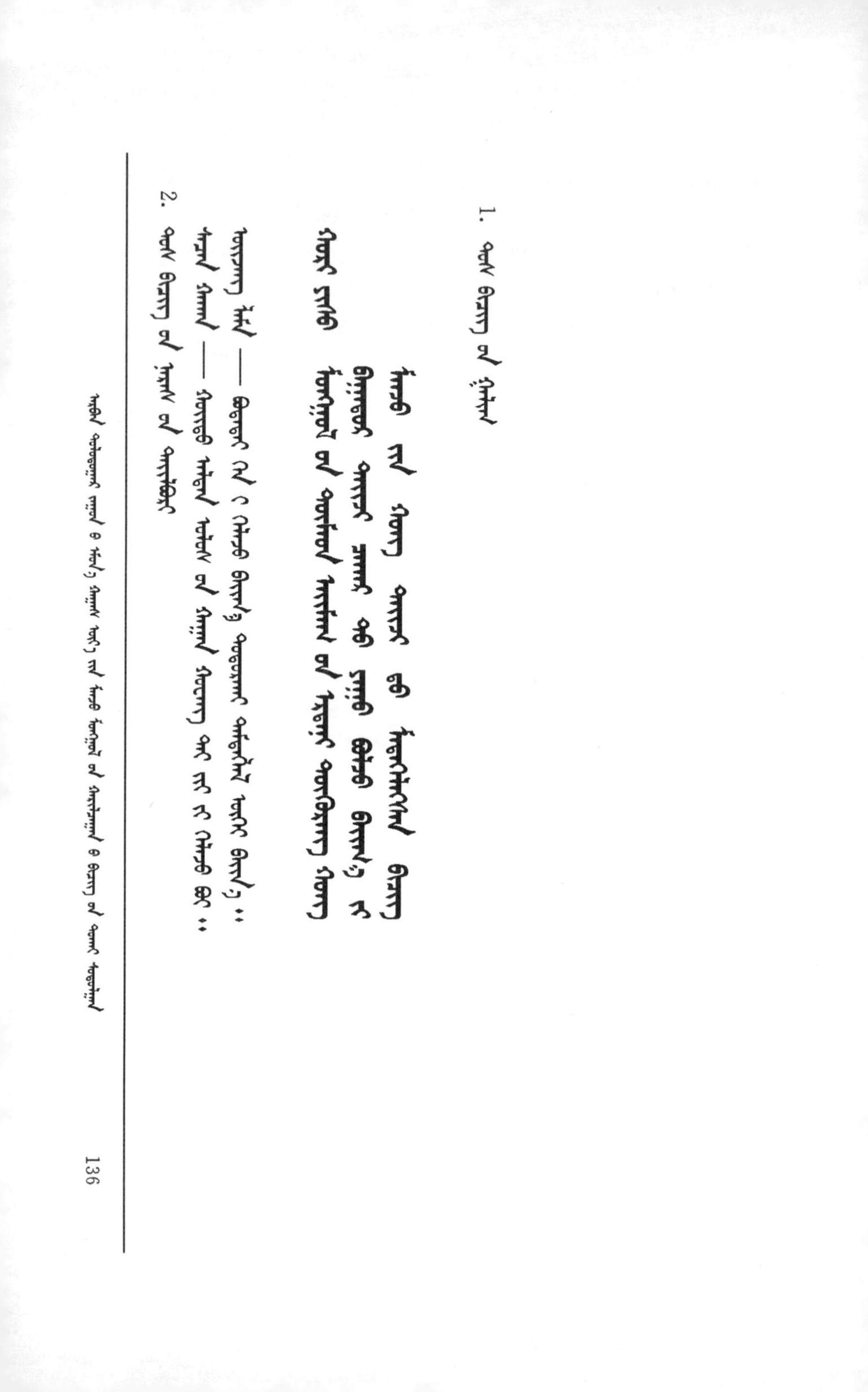

(1) @ oom suwasdi siddem.
(2) sečen qaγan-u gegen_e, erdeni dügüreng qong baγatur tayiǰi, bičig-iyer
(3) ayiladqay_a.
(4) sečen qaγan-u ǰarliγ-un bičig tamaγ_a, man-du moγai ǰil-ün sabin dörben
(5) sarayin arban sinede kürči irebe. qoorutu qaγan-i otoγ
(6) nidunan döngger-yi abqudu qoyisi dürbeǰi ečiǰi bile.
(7) oda mön otoγ-daγan bas_a kürči ečibe. örlöge üdesi
(8) mandu buq_a čerig ireǰi yabunam. tegün-luγ_a bida
(9) qudqulduǰi bayinam. yerü qamuγ_iyan örösiyeǰü qayiralaqu
(10) bolusa, ögede bolǰi ireged, ösiyetü kümün-i mani ölmeyin
(11) -dü oroγulǰi ögkü aǰiyamu. man-du tere qoorutu qaγan-i
(12) ǰüg-eče nigen üge sonosdaba. sonosdaγči üge yaγubi geküle,
(13) qoyar ǰayisang ekileǰi mani
(14) qaγan-i qoyinača nekegseger geǰi mön čaqar-in bosγul kelenem. mani baraγun
(15) tümed-ün bosγul keleküden, nekegseger bisi baraγun tümed-tü
(16) urbaǰi oroba genem. ene qoyar ǰayisang ekileǰü urbaba gegči
(17) –inu, luu ǰil-ün ebül-ün ekin saradu urbaγsan bayinam. tegün-eče
(18) inaγsi oda ene tabun sara kürtele, yisün sara bolba.oda boltala
(19) nigeči kele γarγal ügei genem. ene qoorutu qaγan-i otoγ-i inaγsi iregči
(20) bošoγ-tu sečen qaγan ekilen tümed
(21) ǰinong ekilen ordos yöngsiyebü tümen, qlq_a tümen, üǰümüčin, qaračin,
(22) ögeled tümen ede bügüdeger nigedün čuγlaǰi, tere urbaγči qoyar
(23) ǰayisang-in üge-yi abči mordaǰi ayisui geǰi sonosmuǰin-i
(24) inggiǰi mengdeǰi inaγsi sirγuǰi iregčin-i ene bayinam. yerü

(25) baraγun tümen-eče abuγsan kümün-i ügei-den-i-ni orkiǰi, bai

(26) -tai-yi-ni abči yabuǰi boluγad bey_e-yi-ni alaγad, mal-i-ni qoǰin

(27) ulus-ni abunam genem. čerig-tüni nemeri boluγsan ügei bayinam.

(28) tere qoorutu qaγan-i ǰegün tümen-eče abuγsan čireg-ün toγ_a-yi

(29) sečen qaγan gegen-degen ayiladuγsan bui ǰ_a. ene üge-yi γadaγur bosγul,

(30) dotoγur kitad-un üge čöm adali kelenem. yerü yambar bolusa

(31) ǰakirγ_a bing bariča-yi oda-ača ǰarliγ-iyan bolǰi ilege.tegüni

(32) kelegči ügen-i čiγana-ča ayiǰi ireǰi bayiγad qadamsaǰi kelegčin-i

(33) baraγun tümen-i abuba bida. oda ǰürčid-tü ayalaqu bui ǰ_a

(34) geǰi kelenem genem. mani ölge tümen-i keǰiyele geǰi qamiγasi

(35) ečim geǰi kelekü bayinam. ene qoorutu qaγan-i mör-tü tümed

(36) qaračin-i tayiǰi-nar ese daγariγdaγsan nigeči ügei. bi γaǰar-in

(37) berke-yi sitüǰi baraγun γar töröl-iyen abči mendü γarči bile.

(38) busu töröl mani güiče yadaγad, onča yadaba gegsen metü,

(39) atala itü maγuyilaǰi güǰirleǰi yabunam.

(40) sečen qaγan-u gegen-dü ǰolγalduqula mani güǰir kelekü boluγuǰin, eyimü

(41) üge sonosqula ǰergečegülǰi ünen-i-ni olultai bai.

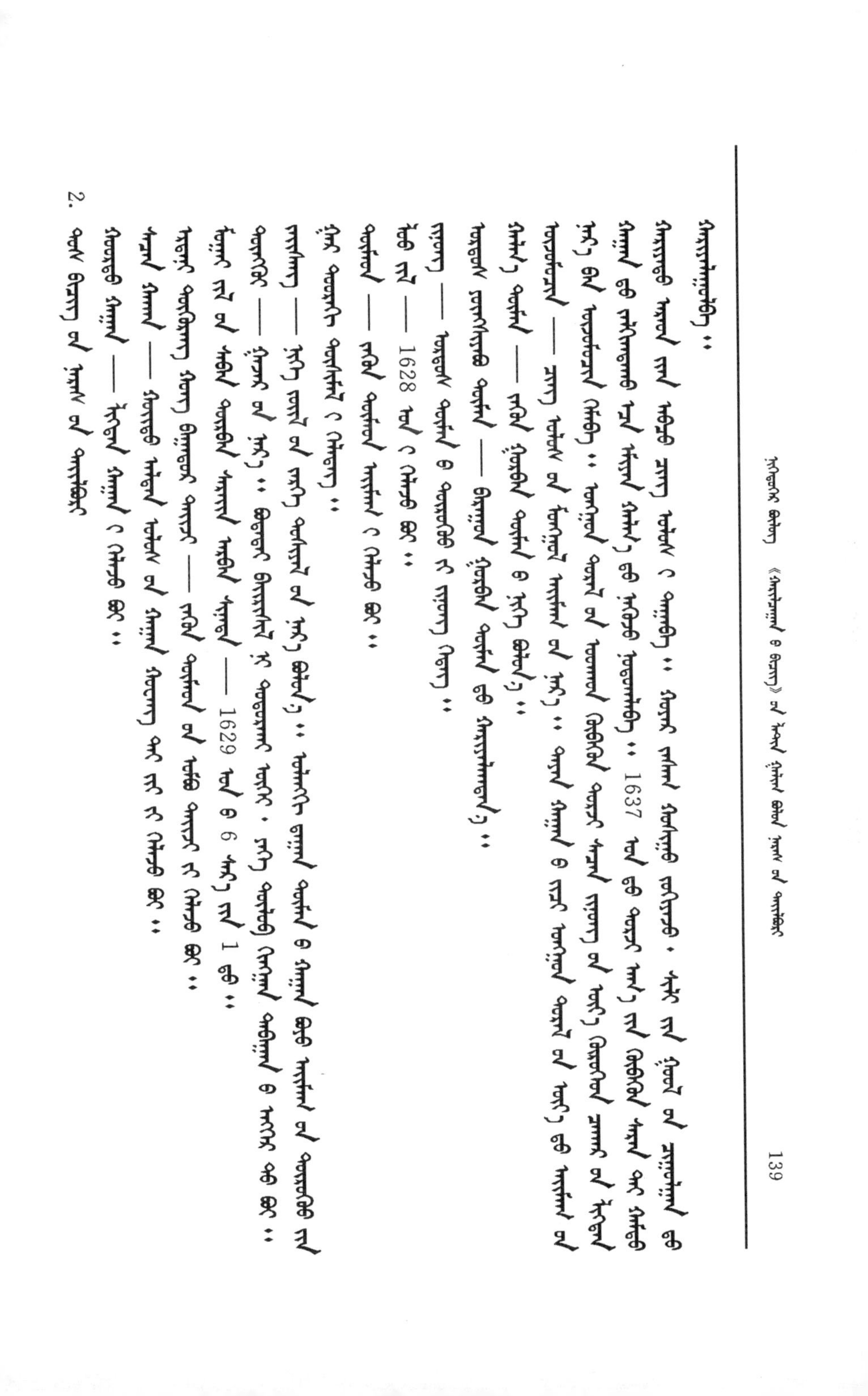

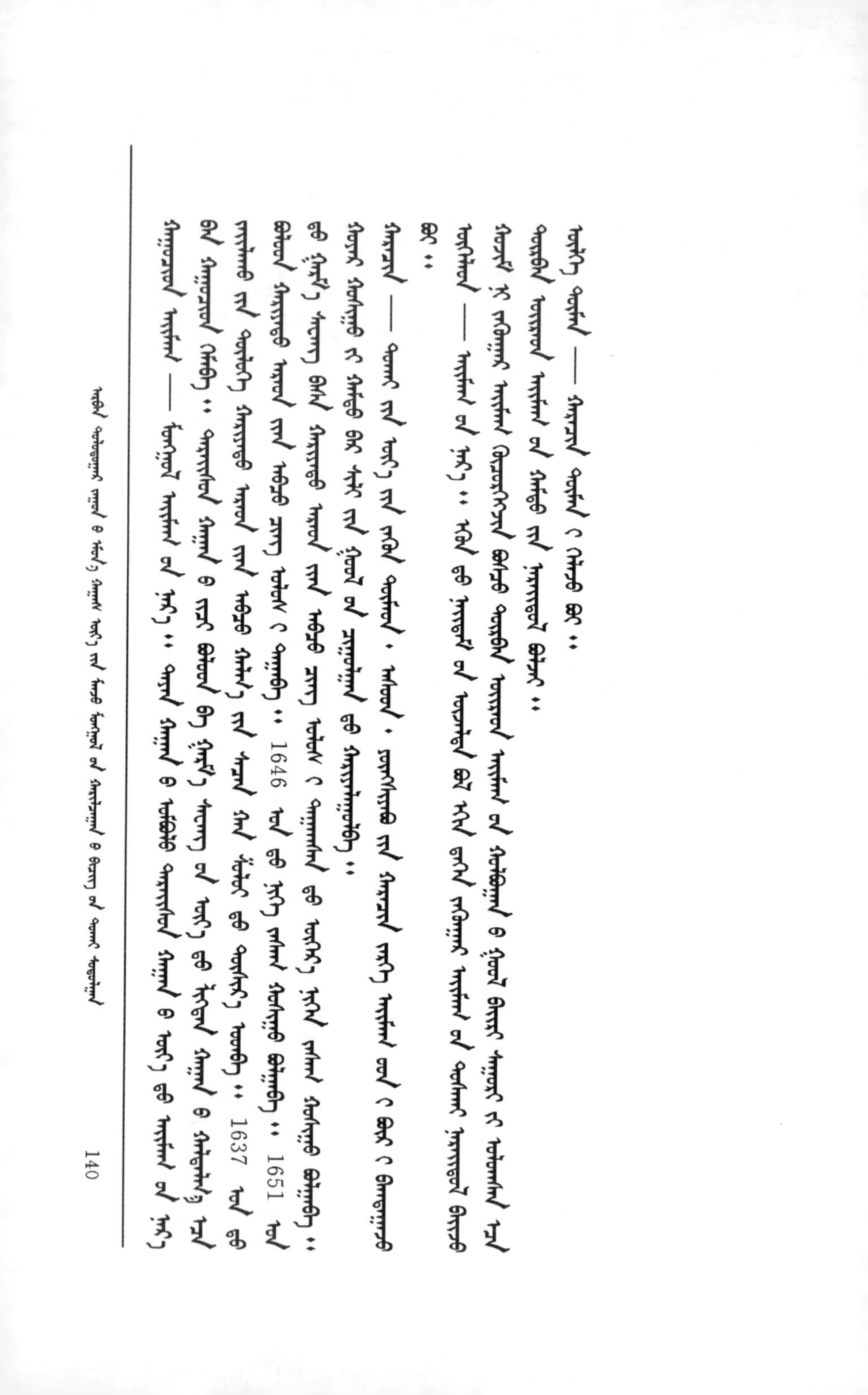

(1) @ oom suwasdi sidem.
(2) sečen qaγan degü-dür-iyen,
(3) abaqai egeči činu bičig bariba.
(4) urida γaγča ger yabuqu-du
(5) mendü-ben asaγǰu eril quyilγaban
(6) abulčaǰu yabuluγ_a. qoyar
(7) ger-tei boluγsaγar,
(8) qaγan degü minu, namayi ilγaǰu elči
(9) ülü ǰaruqu tulada, egün-eče
(10) ulam sanatuγai geǰi elči
(11) tuslaǰu ǰaruba.

1. ᠳᠣᠣᠷ᠎ᠠ ᠪᠢᠴᠢᠭ ᠤᠨ ᠬᠡᠯᠡ

ᠬᠠᠮᠤᠭᠤᠯᠠᠭᠰᠠᠨ ᠬᠡᠯᠡ ᠮᠣᠩᠭᠣᠯ ᠤᠨ ᠬᠡᠯᠡᠨ ᠳᠣᠣᠷ᠎ᠠ ᠪᠠ ᠮᠠᠨᠵᠤ ᠪᠢᠴᠢᠭ
ᠬᠡᠯᠡᠨ ᠦ ᠬᠡᠯᠡᠯᠲᠡ ᠮᠣᠩᠭᠣᠯ ᠤᠨ ᠪᠢᠴᠢᠭᠯᠡᠯ ᠬᠡᠯᠡᠨ ᠦ ᠬᠡᠯᠡᠯᠲᠡ ᠲᠠᠢ᠃

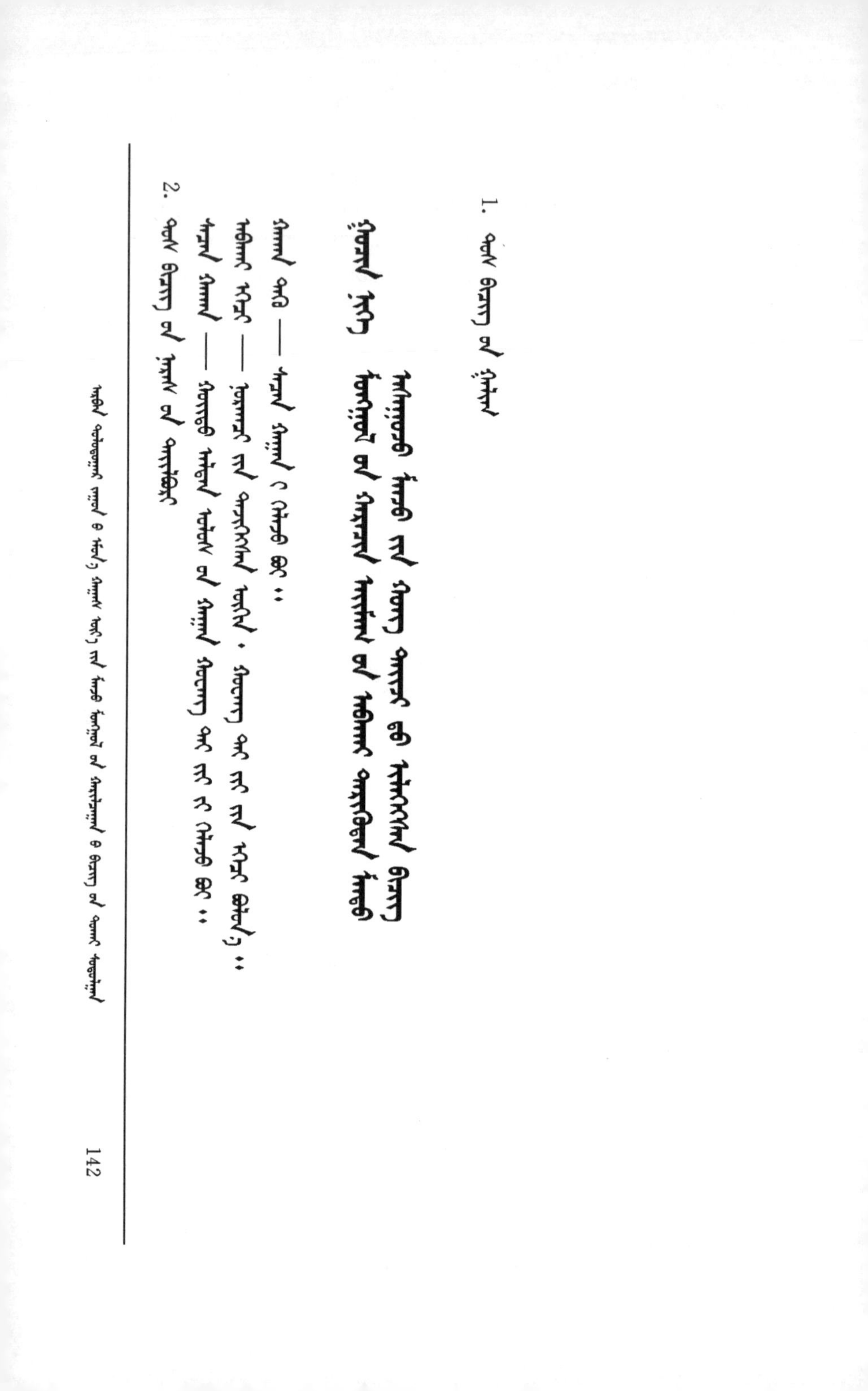

(1) .oom suwasdi sidem.
(2) @ oγtarγui-dur urγuγsan naran dörben tib-i geyigülküi-dür
(3) adali, orčilang-un eǰen,
(4) sečen qaγan-u gegen-dü, abaqai sereng tabunong qoyar bičig
(5) ürgün bariba. uridu yabudal-du mini bey_e, čerig-tü
(6) mordaγsan-i qoyina, sayin beleg ese oldaǰu, beleg ügei,
(7) elči tasuraqu bayinam geǰü, elči-yi kürgetügei geǰi ilegeǰi
(8) bile. odači bolba, baqan čögeken dayidu sang bidan-i
(9) abuγsan ügei, baqan oldaγsan-iyan, baqan čögeken ulus-iyan
(10) teǰiyeǰü, sayin beleg ese oldaba.
(11) qaγan gegen-degen ayiladqaǰi mede.
(12) mendü asaγqu-yin beleg-tü qoγosun geǰü
(13) qorin ǰirγuγan quba, nige qar_a menglig nige köke
(14) torγ_a bui.
(15) qaγan nada elči ese ilegebeči
(16) qaγan-i mendü asaγtuγai geǰü elči ilegebe.

1. ᠲᠣᠳᠣ ᠪᠢᠴᠢᠭ ᠤᠨ [illegible]

[illegible]

[illegible] ᠤᠨ [illegible] ᠤᠨ [illegible]

[illegible] ᠄ [illegible] ᠤᠨ [illegible] ᠄
[illegible] ᠄ 1648 ᠣᠨ ᠳᠤ [illegible] ᠤᠨ [illegible]᠂ [illegible]
[illegible] ᠄ 1634 ᠣᠨ ᠳᠤ [illegible] ᠤᠨ [illegible]᠂ [illegible]
[illegible] —— [illegible] ᠤᠨ [illegible]᠂ [illegible] ᠤᠨ [illegible]᠂ [illegible]
[illegible] —— [illegible] ᠤᠨ [illegible]᠂ [illegible] ᠄
[illegible] —— [illegible] ᠤᠨ [illegible] ᠄

2. ᠲᠣᠳᠣ ᠪᠢᠴᠢᠭ ᠤᠨ [illegible] ᠤᠨ [illegible]

(1) @ sečen qaγan-i gegen_e,
(2) bičig-iyer öčiküi-yin učir,
(3) tan-u ǰarliγ-iyar qaril ügei
(4) yabuγči maγu albatu činu ene
(5) qoyar γurban yabudal-du
(6) qaγan-u dergede baraγ_a ese boluγsan
(7) -daγan-i ebedčü saγataγsan-iyan
(8) medegülün kümün ilegebe.
(9) olqu yabudal taraqu tulada,
(10) qoyar maγu torγ_a ürgün
(11) bariba.
(12) qaračin-u nomi baγsi

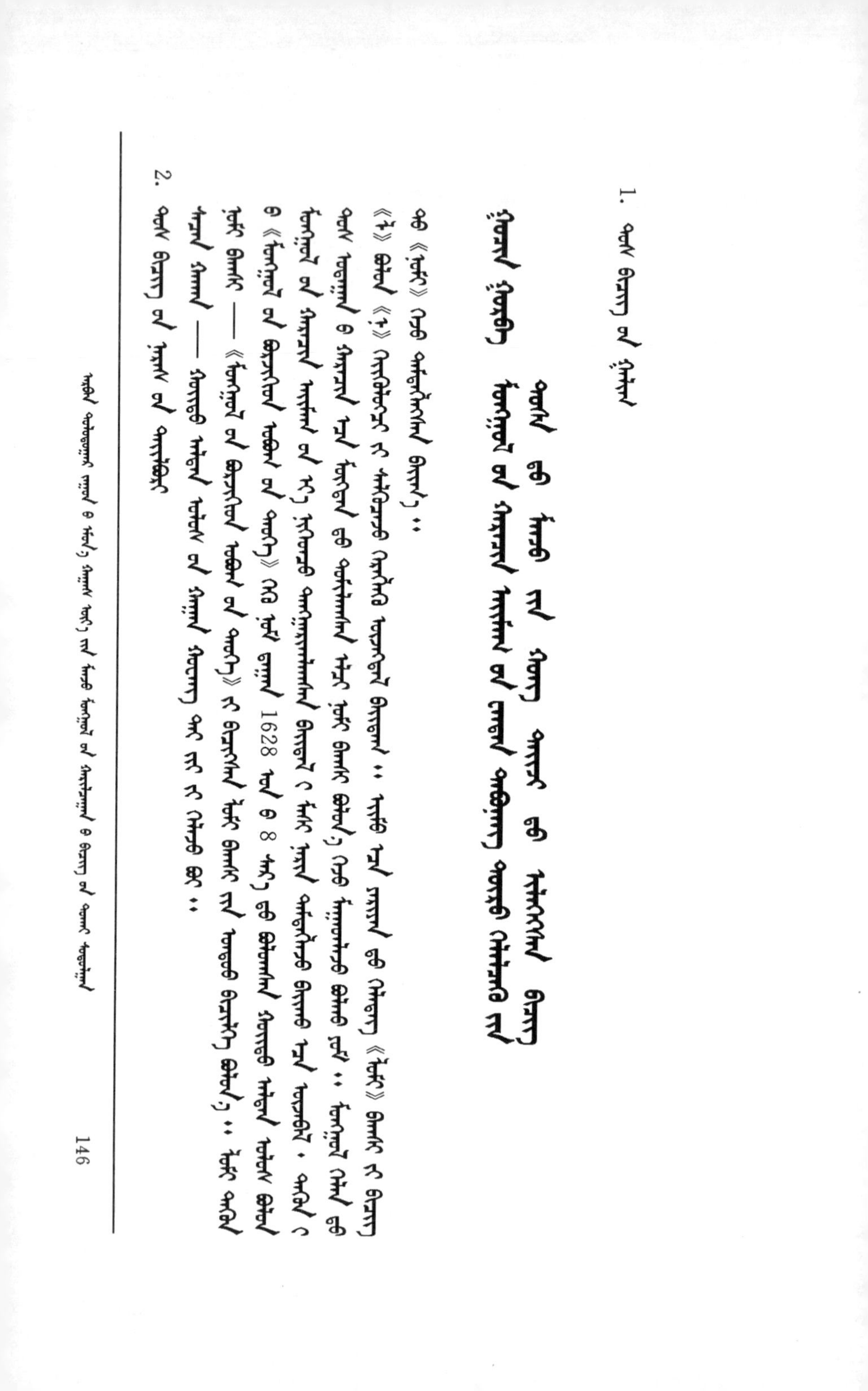

(1) @ oom suwasdi siddem.
(2) sečen qaγan
(3) yeke noyan qoyar-tu
(4) üiǰeng tabun-ong bičig bariba. kitad-in törö-yin
(5) tulada degegsi bičig bariγsan
(6) sečen qaγan
(7) yeke noyan qoyar-in elči mordaγsan qoyina irebe. mani bičig bariγsan,
(8) iǰaγur ene törö-yi kelelčgsen, li lam_a genem. tere lam_a ireǰi
(9) kelečeküle yambar geǰi bile. li lam_a ireǰi, namayi kelelče gekü metü bolusa,
(10) sečen qaγan-i tamaγ_a bičig čögen elči abču ire. bi kelelčesü geǰü bayinam.
(11) sečen qaγan-du li lam_a ǰolγaγsan-du, erike-ben martaǰu iregsen bile.
(12) sečen qaγan erike-yi mini ögčü ilegeged, ǰirγuγan bulaγ_a, tabun ǰin kümün em ögčileǰü bile.
(13) sečen qaγan-du erike-yi ögčü ilegeged, em bulaγ_a qoyar nada bayiǰu bile.
(14) sečen qaγan-u gegen-dü ile bai-y_a genem. kitad-in mandu öggügsen bičig.
(15) qaračin-i qaγan, qong tayiǰi, tonoi günji, ayusi bodisdwa, genggel
(16) kiy_e noyan, edün noyad tabun-ong-ud mani kelelče geǰi bayinam.
(17) mani kelelče geküle, mandu
(18) jarliγ-iyan bolqu bayinam. ali kümün-i kelelče geküle, tere
(19) kümün-dü,
(20) ǰarliγ-iyan bolqu bayinam.

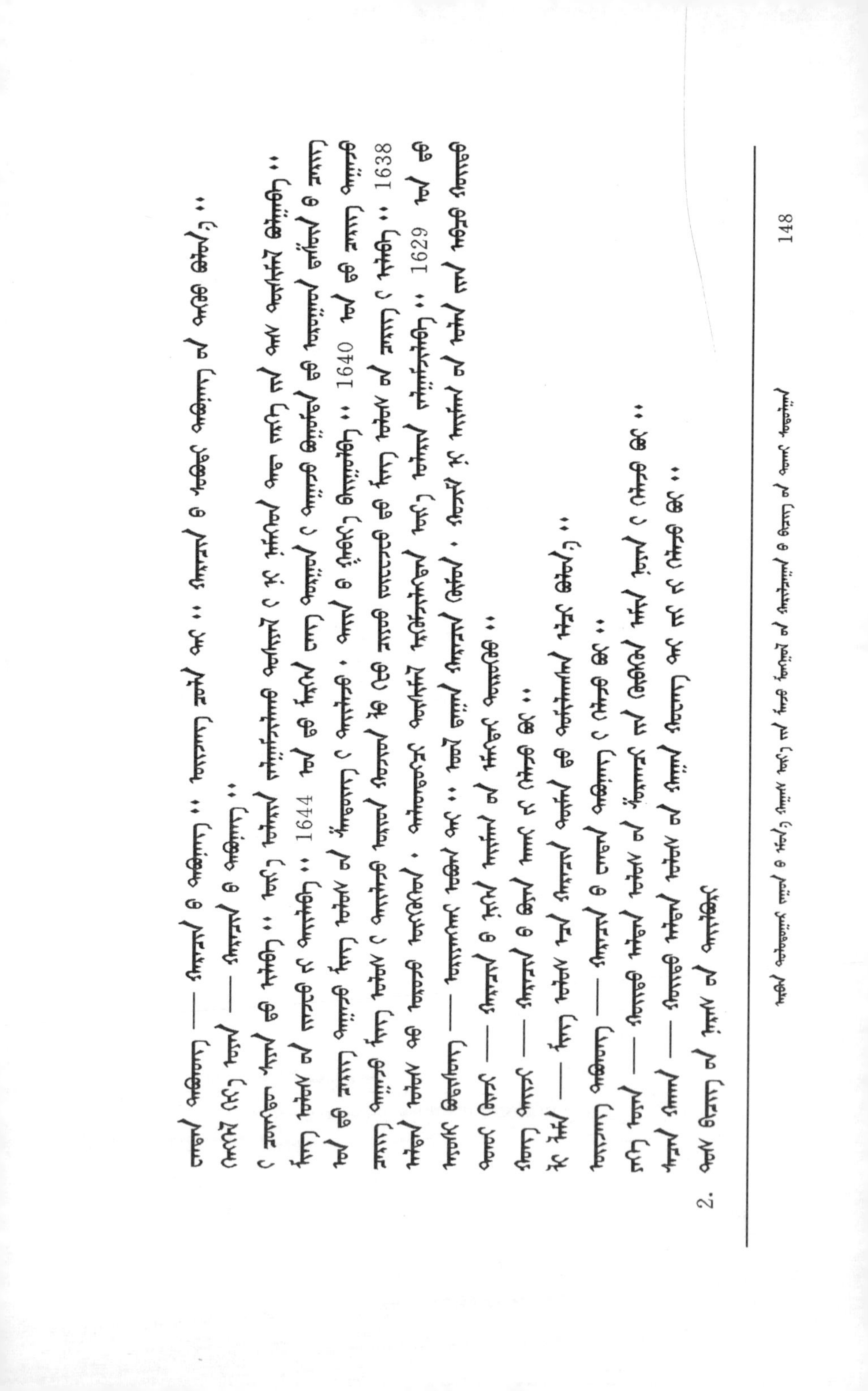

[illegible] — [illegible] ::
[illegible] — [illegible] ::
[illegible] ::
[illegible] :: 1644 [illegible]
[illegible] :: 1640 [illegible]
[illegible] :: 1638
[illegible] :: 1629 [illegible]
[illegible] — [illegible] ::
[illegible] — [illegible] ::
[illegible] — [illegible] ::
[illegible] — [illegible] ::
[illegible] — [illegible] ::
[illegible] — [illegible] ::
[illegible] — [illegible] ::

2. [illegible]

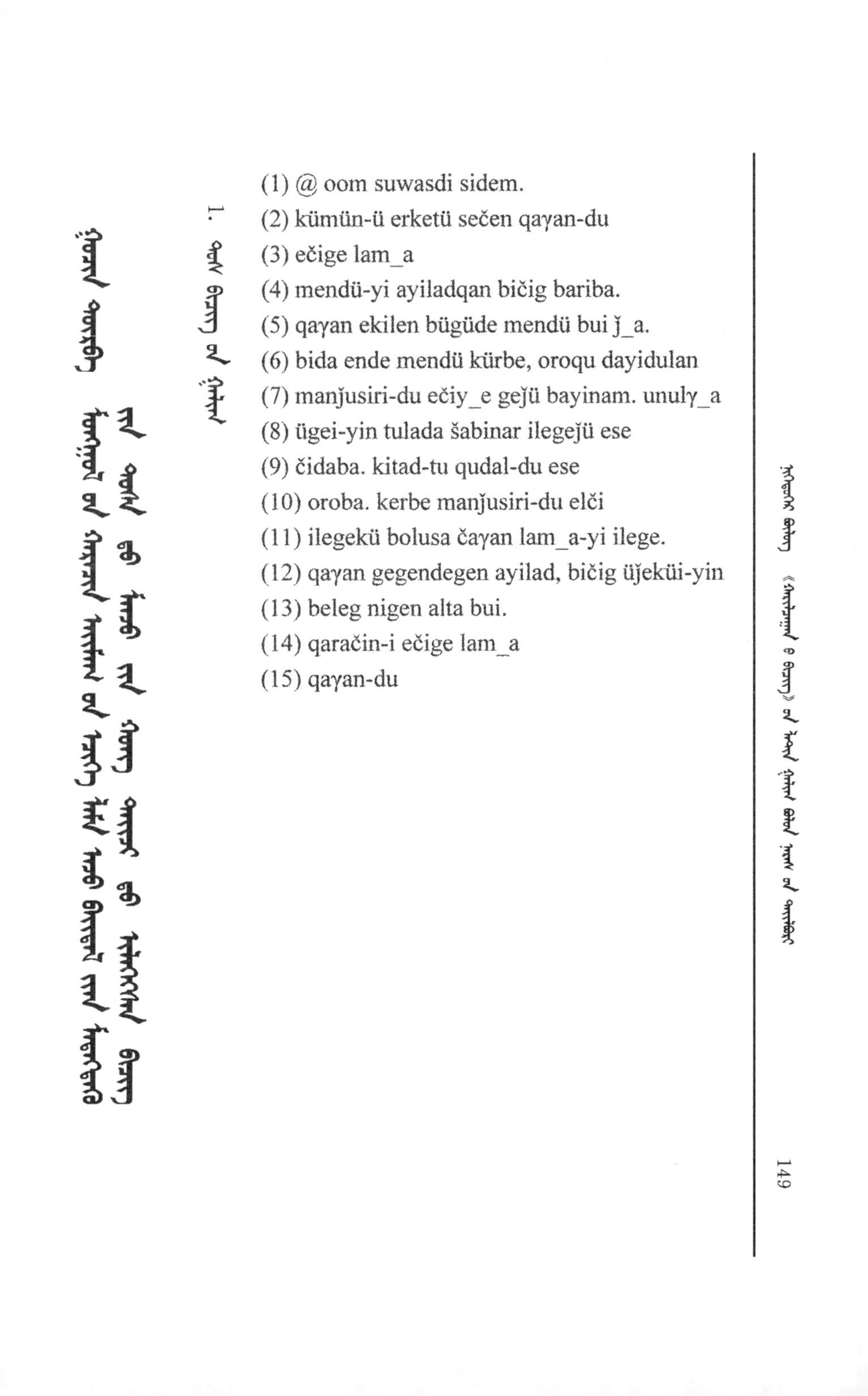

1.

(1) @ oom suwasdi sidem.
(2) kümün-ü erketü sečen qaγan-du
(3) ečige lam_a
(4) mendü-yi ayiladqan bičig bariba.
(5) qaγan ekilen bügüde mendü bui ǰ_a.
(6) bida ende mendü kürbe, oroqu dayidulan
(7) manǰusiri-du ečiy_e geǰü bayinam. unulγ_a
(8) ügei-yin tulada šabinar ilegeǰü ese
(9) čidaba. kitad-tu qudal-du ese
(10) oroba. kerbe manǰusiri-du elči
(11) ilegekü bolusa čaγan lam_a-yi ilege.
(12) qaγan gegendegen ayilad, bičig üǰeküi-yin
(13) beleg nigen alta bui.
(14) qaračin-i ečige lam_a
(15) qaγan-du

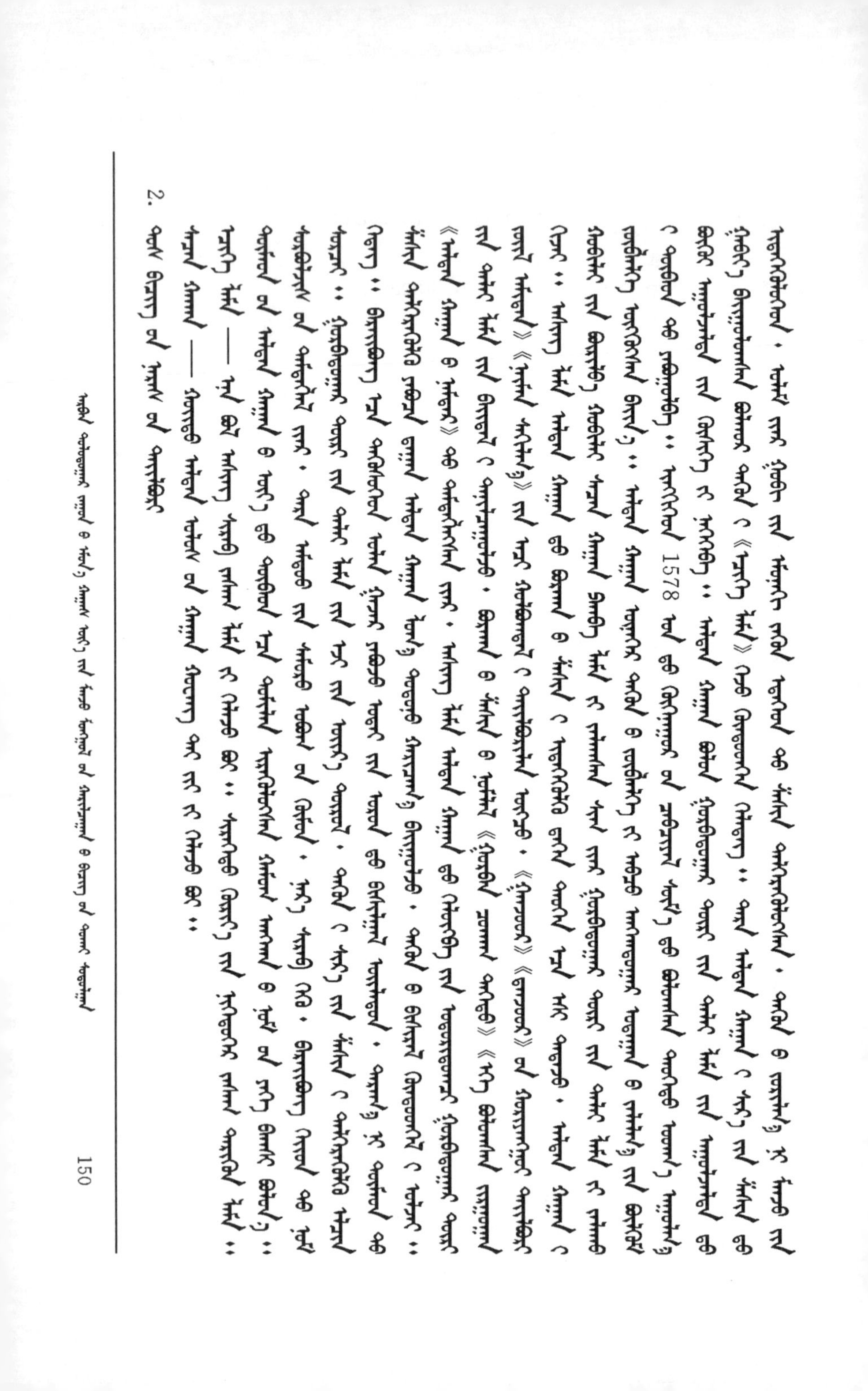

[illegible] 1578 [illegible]

[illegible]

2. [illegible]

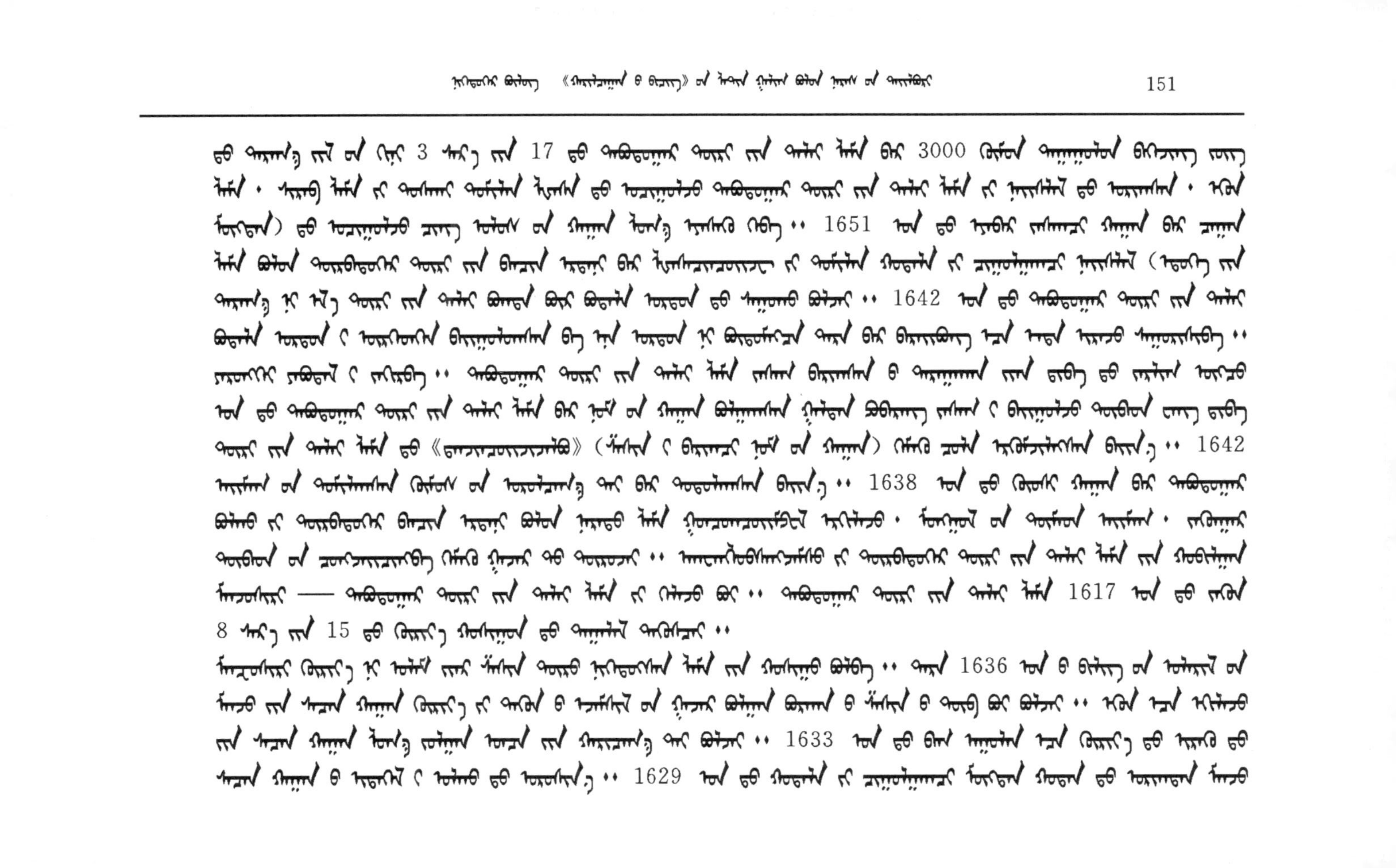

[illegible] 3 [illegible] 17 [illegible] 3000 [illegible]
[illegible] · [illegible] · [illegible]
[illegible] ([illegible]) [illegible] :: 1651 [illegible]
[illegible] ([illegible]
[illegible] :: 1642 [illegible]
[illegible] ::
[illegible] :: [illegible]
[illegible]
[illegible] 《[illegible]》 ([illegible]) [illegible] :: 1642
[illegible] :: 1638 [illegible]
[illegible] · [illegible] · [illegible]
[illegible] :: [illegible]
[illegible] — [illegible] :: [illegible] 1617 [illegible]
8 [illegible] 15 [illegible] ::

[illegible] :: [illegible] 1636 [illegible]
[illegible] :: [illegible]
[illegible] :: 1633 [illegible]
[illegible] :: 1629 [illegible]

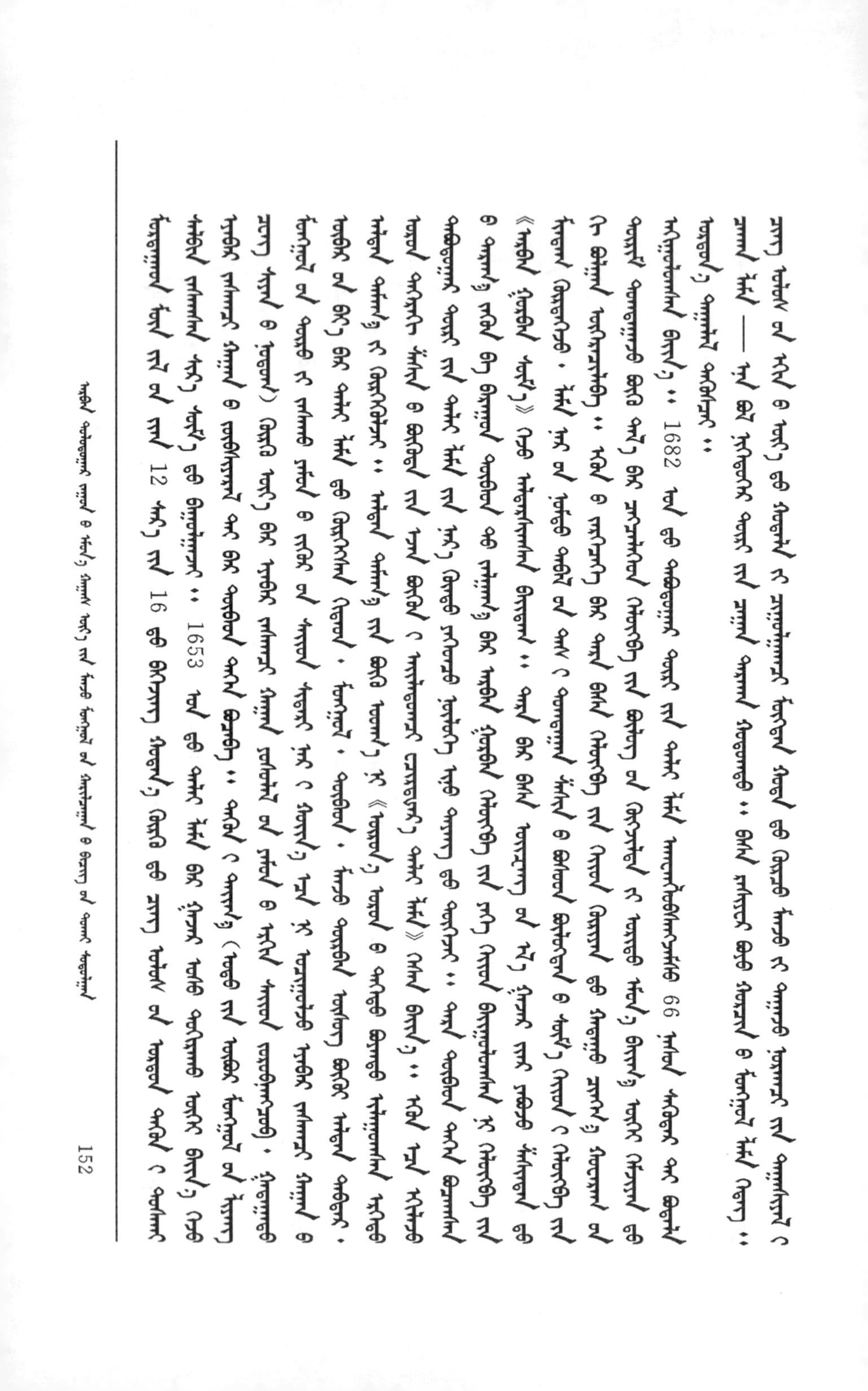

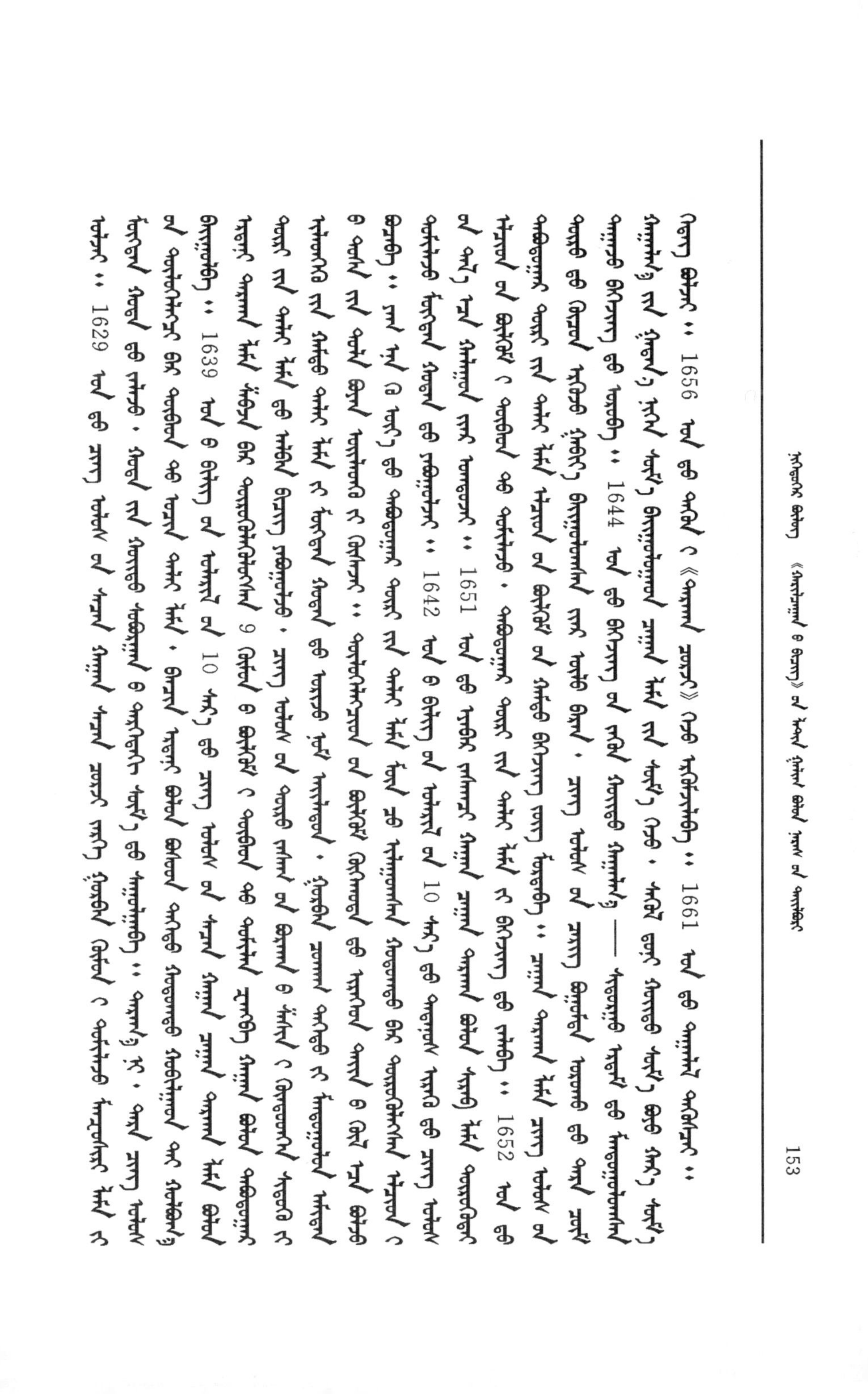

[illegible] :: 1629 [illegible] :: [illegible] :: 1639 [illegible] 10 [illegible] 9 [illegible] :: [illegible] :: 1642 [illegible] 10 [illegible] :: 1651 [illegible] :: 1652 [illegible] :: 1644 [illegible] — [illegible] :: 1656 [illegible] «[illegible]» [illegible] :: 1661 [illegible] ::

1. ᠲᠦᠷᠦ ᠪᠢᠴᠢᠭ ᠤᠨ ᠨᠡᠷ᠎ᠡ

ᠮᠣᠩᠭᠣᠯ ᠬᠡᠯᠡ ᠶᠢᠨ ᠲᠦᠷᠦ ᠶᠢᠨ ᠪᠢᠴᠢᠭ ᠪᠠᠷ ᠪᠢᠴᠢᠭᠰᠡᠨ ᠪᠢᠴᠢᠭ ᠦᠨ ᠨᠡᠷ᠎ᠡ ᠨᠢ ᠲᠡᠭᠦᠨ ᠦ ᠠᠭᠤᠯᠭ᠎ᠠ ᠪᠣᠯᠤᠨ᠎ᠠ ᠃

(1) @ sečen qaγan-u gegen_e,
(2) qaγan, qong tayiǰi bičig-iyer ayiladqaba.
(3) ene subudi dügüreng ǰirü borǰigin toγ_a-tu bidan-dü,
(4) küči ǰaγaǰi gem kigsen olan. ölǰei tayiǰi-yi alaba,
(5) ulus-i-ni dobtolǰu alaba, wčir tayiǰi-yin ger mal-i
(6) dobtolǰu abuγsan-du, noyan-i üge kelebe geǰü noyan-du
(7) qutaγ_a γarγaǰu küsigün aγasilaba. qoyina qaγan-du
(8) sumu qariγulǰi ulus-i-ni buliyaǰu abuba. bingtü čögekür-in
(9) keüked-ün ger-i-ni tüimerdeged ulus-i-ni dobtolǰu abuba.
(10) qong tayiǰi-yin nige tabunang ulus-tai negülgeǰi abuba. ene
(11) bügüde-yi bida alus-un törö ayil-in ey_e-yi
(12) sečen qaγan-du tüsigsen-degen qaγan medenem ǰ_e geǰi ayiladqanam.
(13) man-yi belgürdegülǰi ali bolusa üile-dü küči ǰaγanam.
(14) qaγan gegen-degen ayilad.

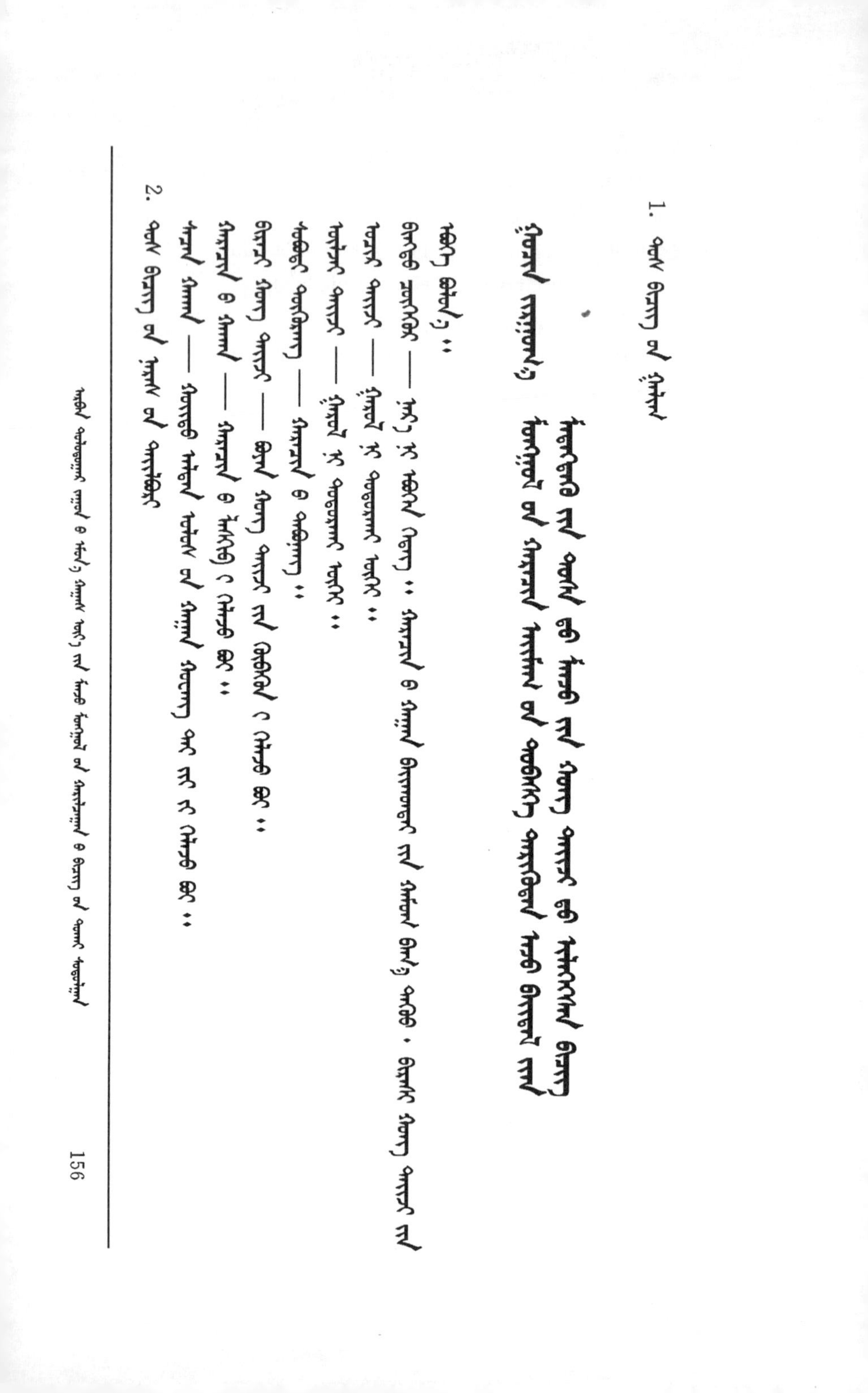

(1) @ qaγan-i gegen-dü tobaske sečen dayičing qoyar bičig ürgün
(2) bariba. aruda asud-in qolača bayatur noyan_a doloγan
(3) tayiǰi bile. albatu ulus-i ölköde doloγan qosiγu
(4) bile. qorotu qaγan-i mör-tü učaralduǰi, naγaγsi
(5) sečen qaγan-i tüsiged yeke ulus-iyan geǰi ǰoriǰi qoyar tayiǰi
(6) irebe. tabun tayiǰi tende abtaba. mani tere γaǰar-ača
(7) inggiǰi ǰobaǰi ǰirγaǰi irebe. albatu ulus bidan-i
(8) duratai-yi uγtuǰi alba tataly_a ögbe. dura ügei-yi
(9) mandu yaγuma ögkü bisi. eyimü-yin tulada bičig-iyer
(10) qaγan-i gegen-dü ayiladqaba.
(11) qaračin-i čečen dayičing

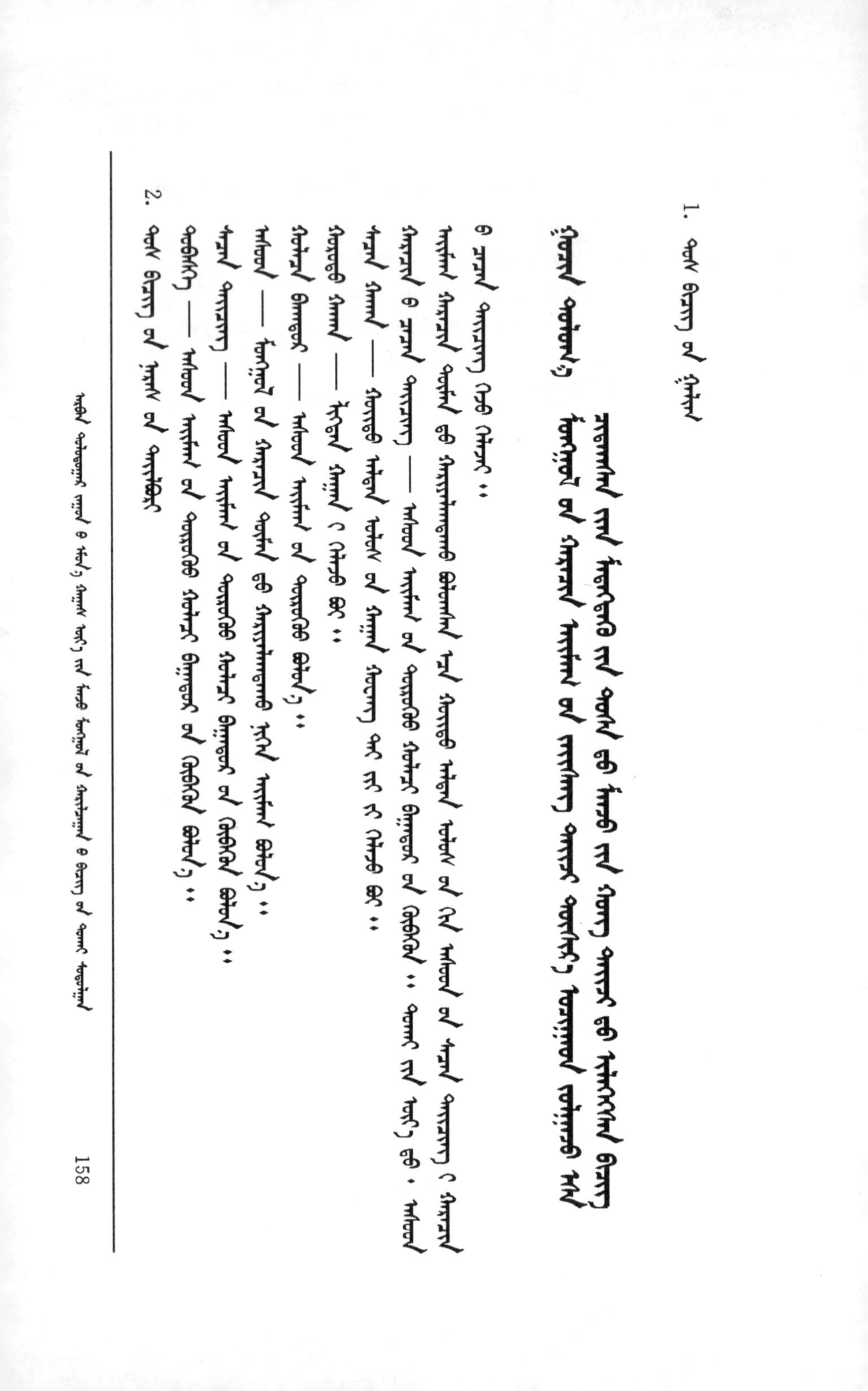

1. [illegible]

[illegible]

[illegible]

[illegible]

[illegible]

[illegible]

[illegible]

[illegible]

[illegible]

[illegible]

[illegible]

[illegible]

2. [illegible]

(1) @ erke küčün ken-dür tegüsügsen bögesü tegün-ü köl
(2) dür sögedümü.
(3) sečen qaɣan-u gegen-dü bičig ürgün bariba.
(4) asud-in badm_a qong tayiǰi-yin qatun,
(5) sereng ǰayisang noyan, tümen-i qaɣan töröi-yi
(6) ebdeǰü, törögsen-iyen baraqu-du, aldar yeke
(7) ner_e, qas yeke töröi-yi činu tüsiy_e
(8) geǰü irele, sine kürčü ireǰü,
(9) @ qaɣan-u gegen-dü ǰolɣan ese čidaba.

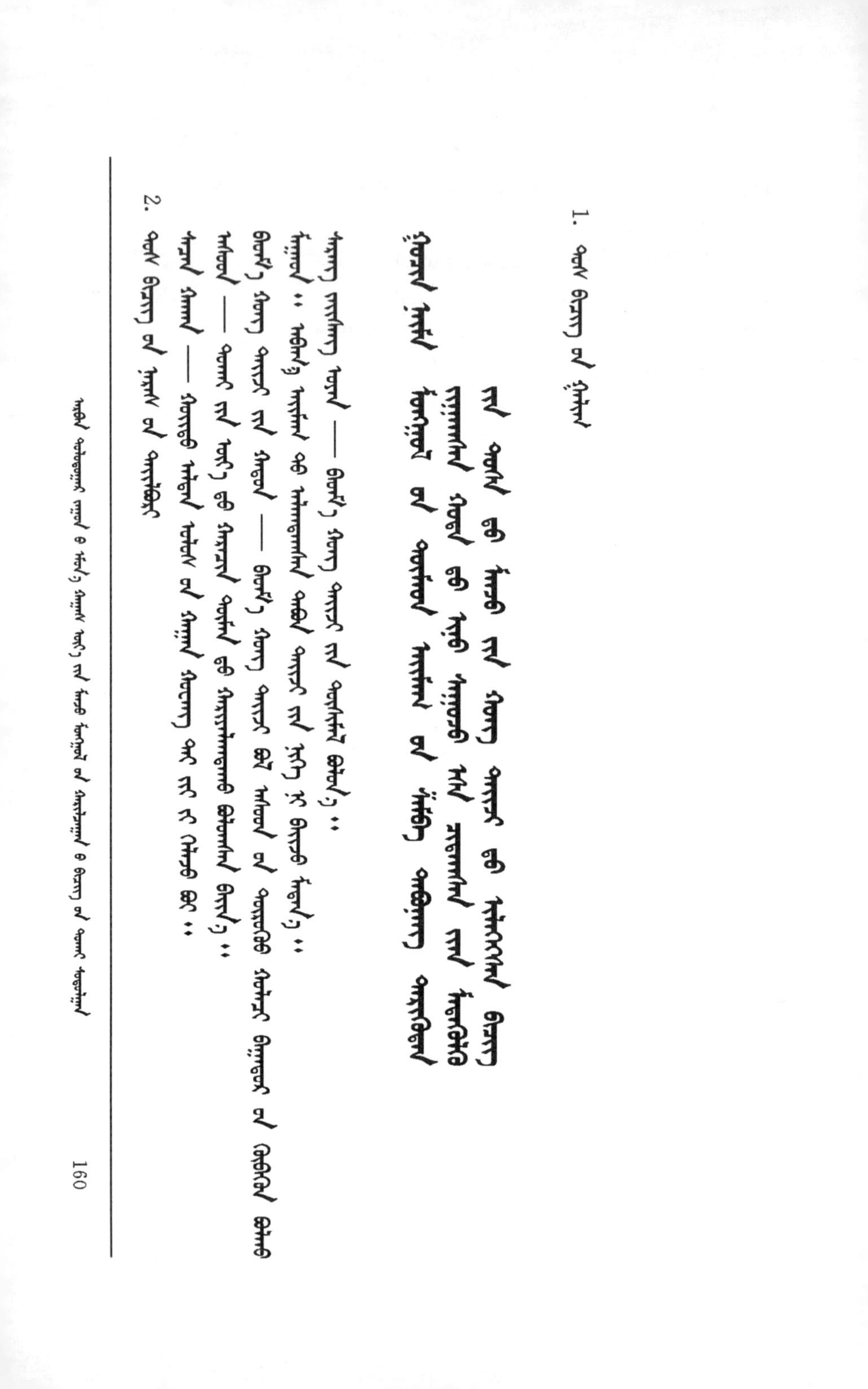

1. [illegible]

[illegible]

[illegible]

2. [illegible]

(1) @ sečen qaγan-da šamba tabunong,
(2) samu kiy_a tayiǰi, dereke,
(3) bičig ürgün bariba.
(4) qaγan-i öggügsen qota-du γurban
(5) sara boltula mendü suγuǰu
(6) bile. kitad-un bayiri qoyar
(7) üy_e qaγaǰu iregsen-dü
(8) bida qoyar üy_e bayiri-yi
(9) čabčiba. tegünü qoyino
(10) kitad-un čerig ireǰi qota-yi
(11) bidan-i abči qota-du γal talbiǰi
(12) ečibe. ter_e bayiri-yi
(13) ünege baγsi ireǰi
(14) čabčiba. qoyino on
(15) čaqar ireǰü degü-yi-mini
(16) sangγarǰai-yi alaǰi,
(17) ulus mal-i dobtolǰi
(18) abči ečibe. ümüne-eče
(19) bidan-i kitad qoyino-ača bidan-i
(20) čaqar qoyar-un dumda abtaǰi
(21) ǰobaǰi bayiqu-du ǰongq_a-yin
(22) qota-yin oyir_a negüǰi irebe
(23) bida.
(24) darqan baγatur noyan, bidan-i qota-yi
(25) büü orki geǰi bayinam. edüge
(26) bida ter_e qota-du suγuqula
(27) čaqar ireküle sayin qurq_a
(28) bidan-i ügei. čaqar-tu
(29) abtaǰu alaγdaqar buruγu
(30) či bolba,
(31) qaγan eǰen-degen ayiladqaqu mini ene.

(32) čaqar-in qaγan-i alaǰi-du-ni

(33) asaral yeke-tü

(34) sečen qaγan-i daγala bida. ter_e qota-du

(35) suγuǰu ülü bolqu-yin tula

(36) ebdebe. ǰaq_a qota-du küčün

(37) kürči suγuqu olan čögen-i mani

(38) qaγan eǰen mani ayiladqaqu bai ǰ_a.

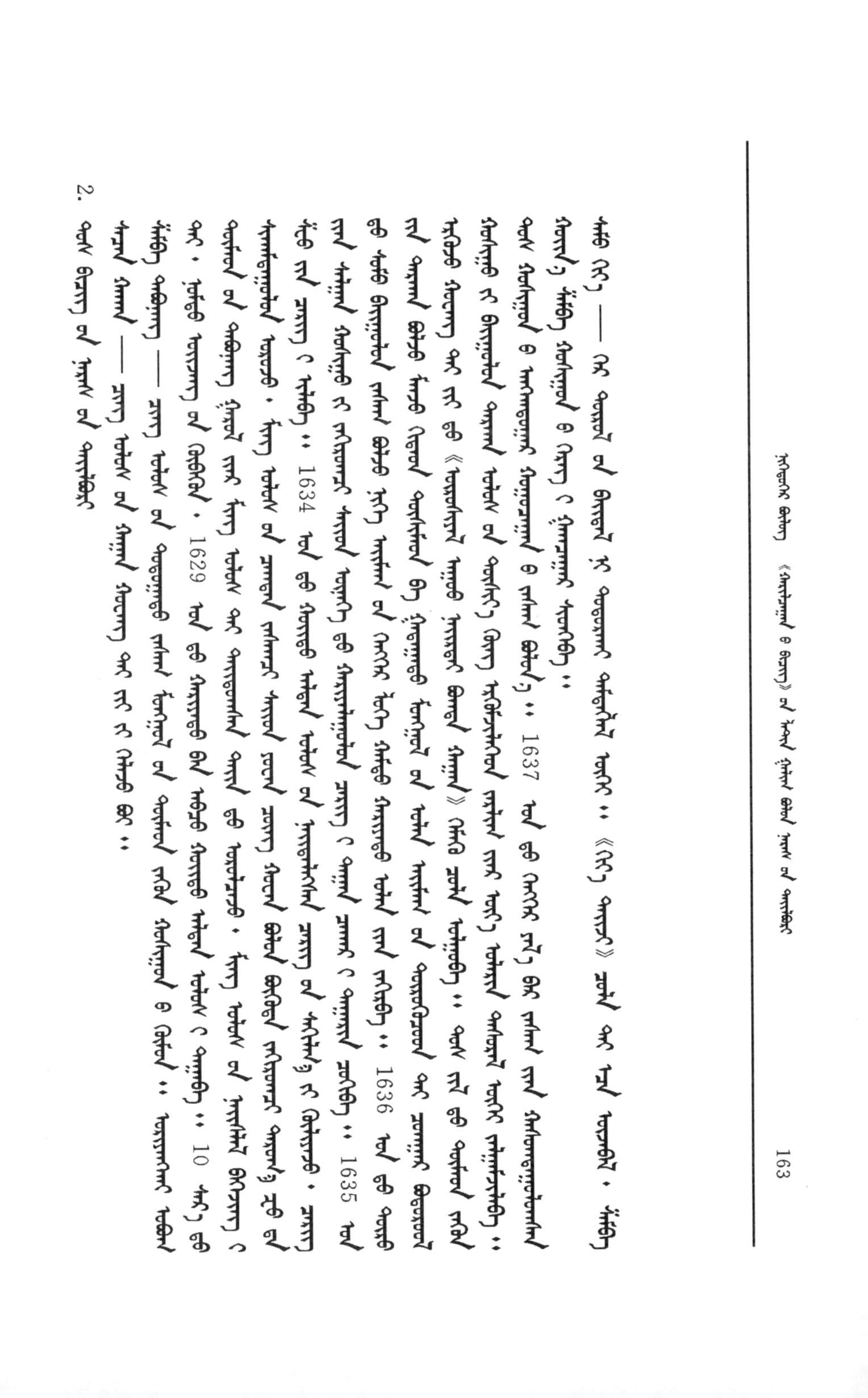

（大安口） ᠶᠢ ᠵᠢᠭᠠᠪᠠ ᠭᠡᠵᠦ ② ::

ᠬᠣᠷᠢᠶ᠎ᠠ ᠳᠤ ᠭᠡᠳᠡᠭ — ᠬᠠᠷᠢᠶᠠᠯᠠᠭᠳᠠᠬᠤ ᠶᠢᠨ 《遵化》 ᠭᠡᠳᠡᠭ ᠢ ᠬᠠᠷᠢᠶᠠᠯᠠᠭᠤᠯᠤᠭᠰᠠᠨ ᠪᠠᠶᠢᠵᠠᠢ ④ ::

---

① ②③④ 宝音德力根：《1628 年爱新国贵族与蒙古贵族订立的一份婚约文书》，《QÆSTIONES MONGOLORUM-PISPUTATÆ II》Association for International Studies of Mongolian Culture，Tokyo，2006.

Association for International Studies of Mongolian Culture, Tokyo, 2006.

① 宝音德力根：《1628 年爱新国贵族与蒙古贵族订立的一份婚约文书》、《QÆSTIONES MONGOLORUM-PISPUTATÆ II》

1. ᠭᠡᠷ ᠪᠢᠴᠢᠭ ᠦᠨ ᠲᠣᠶᠢᠮ

ᠠᠶᠢᠰᠢᠨ ᠭᠦᠷᠦᠨ ᠦ ᠯᠠ ᠮᠣᠩᠭᠣᠯ ᠤᠨ ᠶᠡᠬᠡᠰ ᠦᠨ ᠪᠢᠴᠢᠭ
ᠲᠣᠭᠲᠠᠭᠠᠭᠰᠠᠨ ᠦ ᠠᠪᠤᠯᠴᠠᠭᠠᠨ ᠰᠤᠳᠤᠯᠤᠯ ᠤᠨ ᠭᠡᠷᠡᠭᠡ ᠪᠢᠴᠢᠭ ᠲᠣᠳᠣᠷᠬᠠᠢ ᠯᠠ ᠲᠣᠳᠣ ᠰᠠᠶᠢᠨ

ᠪᠠ ᠳᠣᠷᠤᠢ ᠯᠠ ᠲᠣᠪᠴᠢ ᠶᠢ ᠣᠯᠵᠤ ᠪᠢᠴᠢᠭ①᠃

(1) @ oom suwasdi sidem.

(2) sečen qaγan-du dügüreng güyeng bičig ürgün

(3) bariba.

(4) taulai ǰil-eče inaγsi törö-yin tustu ürgülǰi

(5) elči yabulčaǰu bülüge.

(6) sečen qaγan-u elči irekü-yin učir-tu nada eyimü

(7) saγad bolba.

(8) qaγan-u ür_e minu gergei bülüge. törö-yin andaγ_a

(9) sačülis-tur bi ese ečibe.

(10) qaγan qong tayiǰi ekilen bügüde-yin ey_e,

(11) sečen qaγan-u ǰarliγ-ača dabaqu ügei bui.

(12) qaγan-u törö-dü ilegegsen elči bičig

(13) qaγan qong tayiǰi yeke baγ_a noyad

(14) neyilen bügüdeger kürčü bögetel_e, nada ese

(15) irebe. törö-yin bičig-tü minu ner_e ügei

(16) buyu geǰü, tuntai-du aγurlaba bi.

(17) qaγan gegen-degen ayilad, aliba üge lam_a tuγči

(18) qoyar-tu bui.

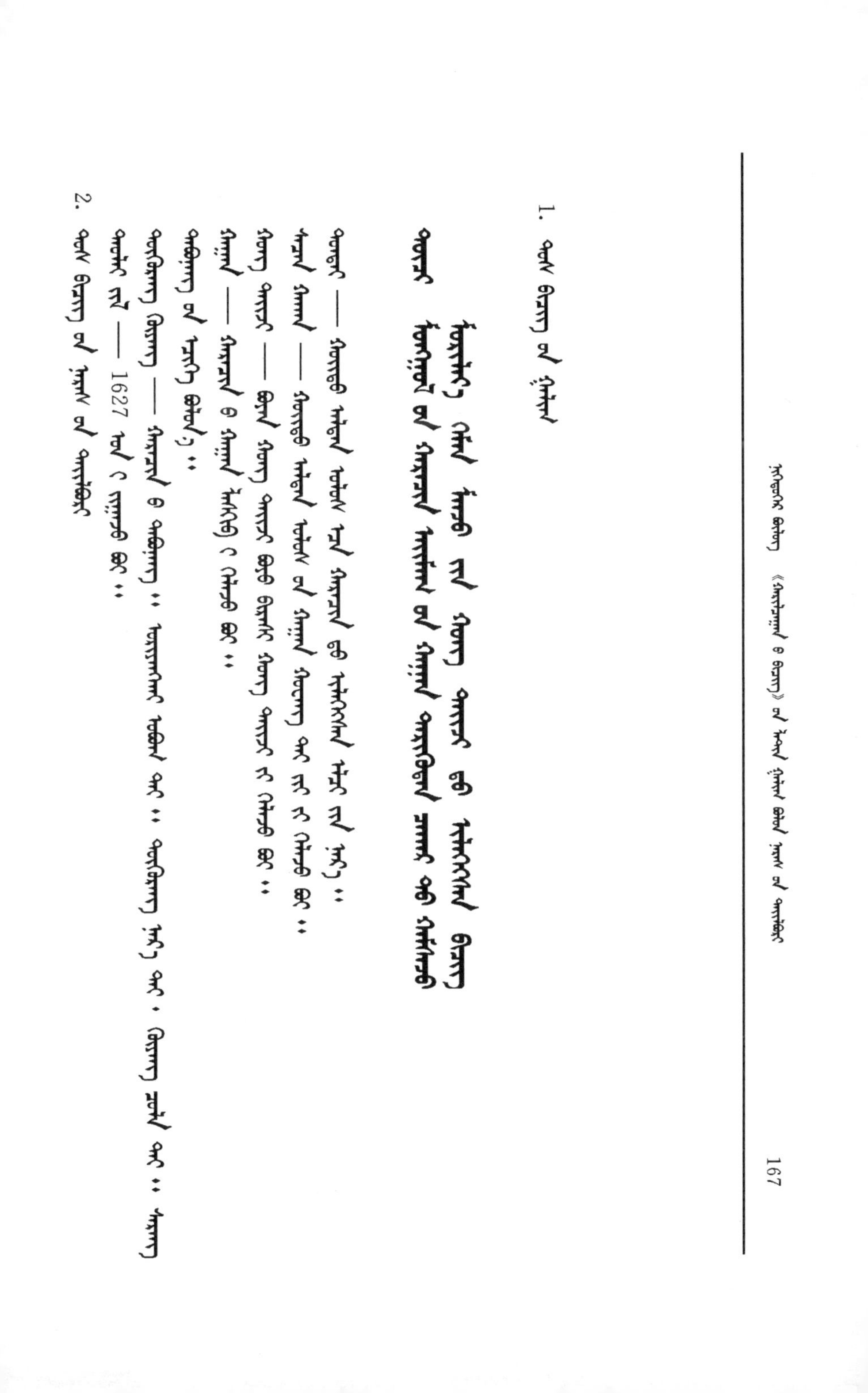

(1) @ sečen qaγan-u gegen-dü, qaγan, günǰi, erdeni qong tayiǰi

(2) genggel kiy_a noyan, ayiladqanam ene ey_e eb nigedügsen učir

(3) -daγan üdter morilaǰu ögede bolunam. bidan-u ey_e nigedügsen-i

(4) sonosču ene qara dotor-tu nigül-tü čaqar-un qaγan nigen ǰüg

(5) uridlaǰu maγui sedkisü. ene učir-i gegen-degen ayiladqula serigün-ü

(6) čaγ bolba. egün-eče araγan terem bolqula on-u küčir-tü yabudal

(7) kečegü bolumu. ene namur üdter ese mordaqula ene nigül-tü qara

(8) sedkil-tü-yin dotor_a eldeb sanaγ_a törömü. gegen-degen ayilad.

(9) bida üdter mordaqui-yi kečiyen ayiladqanam. namur-un dumda-du

(10) sara-yin arban-ača urid ǰolγalčay_a geǰi ayiladqanam. bidan-i ene üge-yi

(11) ǰöbsiyeküle bolǰiy_a-yi nebte ǰarliγ bolǰu elči-yi ene sara-yin quγučan-du

(12) ilege.

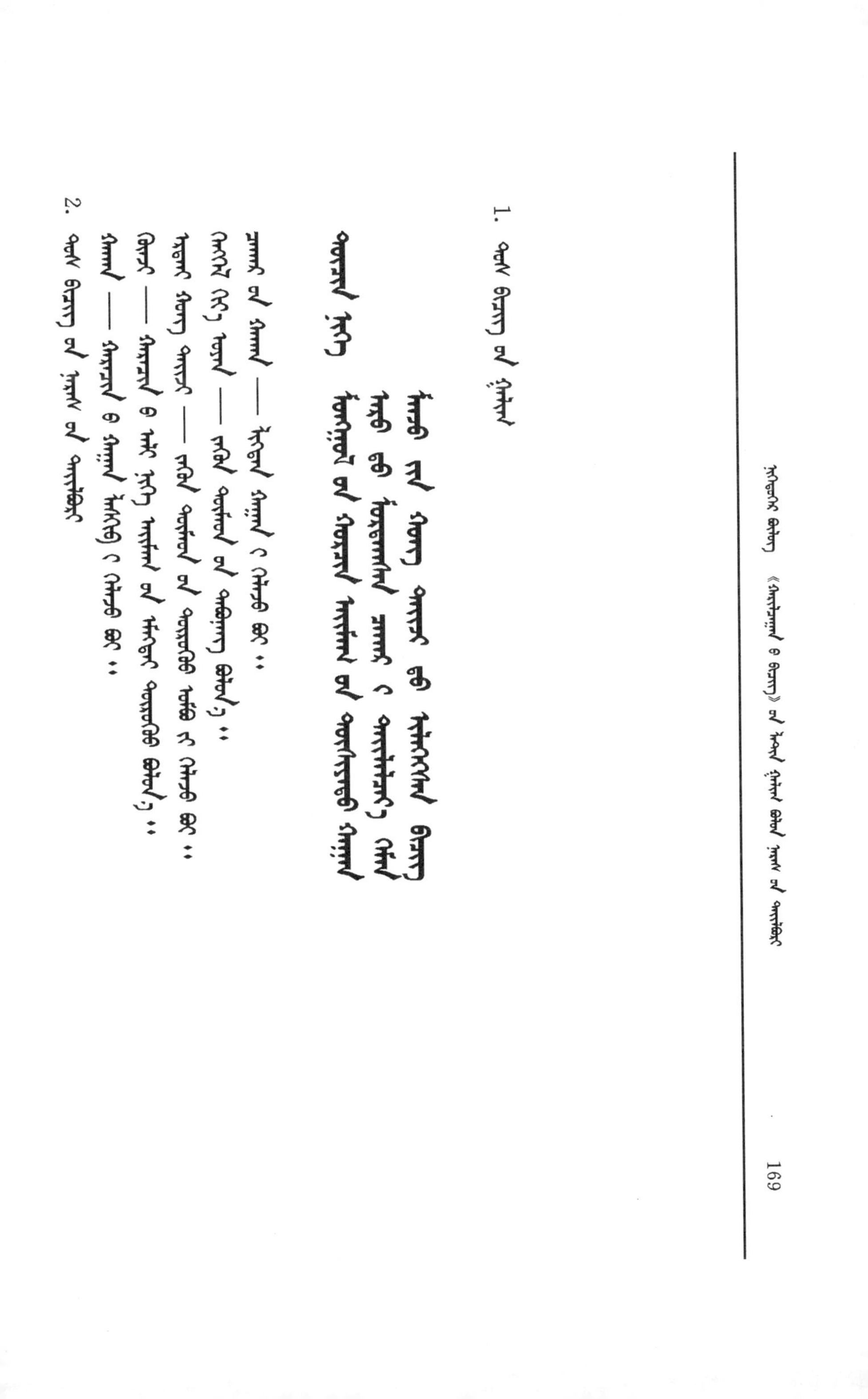

1. [illegible]

[illegible]
[illegible]
[illegible]

[illegible] — [illegible] ::
[illegible] — [illegible] ::
[illegible] — [illegible] ::
[illegible] — [illegible] ::
[illegible] — [illegible] ::

2. [illegible]

(1) @ oom suwasdi sidem.

(2) sečen qaγan-u gegen_e bičig ürgün bariba.

(3) čaqar-un qaγan-ača kürüngge či bayan ongqai-yin töröl doloγan saqadaγ-tu kümün ǰiran aγta-bar bosun

(4) naima qonoǰu kürči irebe. tere bosqaγul-in üge, čaqar-un qaγan inaγsi negüǰü otoγ-ni

(5) del kekül-dü oroba. čaγatu baraγun tümen-iyen qatun-u γool-ača inaγsi γarγaǰu,

(6) čerig-inu abun, ger-inu negülgen, čerig-i ene sara-yin sin_e-yin ǰirγuγan_a qaγan-u

(7) ger deger_e kürči irebe. qaγan ǰarlaǰu arban γurbatu-ača degegsi, dalan γurbatu-ača doγoγsi geǰi,

(8) ene sara-yin arban naiman edür, aru kingγ_a-bar siqaǰu, nigen sara-yin künesün abču, mani aru-yin ulus-tu mordaba.

(9) ger-tegen talbiγsan čerig-inu nigen mingγan čerig talbiba. ger-inu čerig-ün qoyina-ača negükü bile genem.

(10) otoγ-inu oyir_a kürčü ireǰü bayinam. ger-inu negüǰü olqui-yin inǰaγan-du oroqu bayinam.

(11) dörben abaγ_a ekilen bügüde, nigül-tü qaγan-u töröl töröben ülü taniǰu yabuqu-du,

(12) sečen qaγan-i sitüǰü bile. aru-bar mordaγsan čerig aru-yin ulus-i abqula mandu qota sibege ügei, bisiü.

(13) čaqar-un otoγ dotor_a oroqu-yin urida γal-un oyir_a ki qalaǰi, dayisun-u oyir_a ki üküǰi gele.

(14) qaγan ekilen aru siqaǰu, qayidaγlan čerig mordaqul_a yambar. bida uriddaǰu morday_a la,

(15) qaγan-u gegen_e medekü bayinam.

(16) tuba ǰinong qosiγu-bar bosču, qalq_a-du ečibe genem. tegün-ü bosuγsan qoyin_a,

(17) sangγarǰai ǰinong-iyan alaǰi bayinam.

① [illegible]《蒙元东道诸王及其后裔所属部众历史研究》，2006 [illegible]，69 [illegible] ::

[illegible] — [illegible] ᠪᠣᠢ ::
[illegible] — [illegible] ::
[illegible] — [illegible] ᠪᠣᠢ ::
[illegible] ① ::
[illegible] :: [illegible] 《[illegible]》 [illegible]
[illegible] — [illegible]
[illegible] ᠪᠣᠢ ::
[illegible] ᠪᠣᠢ :: [illegible] :: [illegible] :: [illegible]
[illegible] — [illegible] :: [illegible] ᠪᠣᠢ :: [illegible]
[illegible] — [illegible] ᠪᠣᠢ ::
[illegible] ᠪᠣᠢ :: [illegible] ::
[illegible] — [illegible] :: [illegible] :: 《[illegible]》 [illegible] 《[illegible]》，[illegible]
[illegible] — [illegible] ::
[illegible] — [illegible] ᠪᠣᠢ ::

2. [illegible]

1. ᠰᠡᠴᠡᠨ ᠬᠠᠭᠠᠨ ᠤ ᠵᠠᠷᠯᠢᠭ

(1) @ oom suwasdi siddem.
(2) sečen qaγan-du čoγtu tayikeü
(3) -yin bičig bariqui-yin učir,
(4) arusa üge sonosqu bolusa
(5) bidan kele y_e öber-tü üge
(6) bolusa, sečen qaγan ǰarliγ bol.
(7) öber aru qoyar-tu sonosdaqui
(8) ner_e aldar-tu elči
(9) büü tasuraγ_a qoyar elči
(10) qoyar kücitei bai. elči-yin-i
(11) üdter ilege.

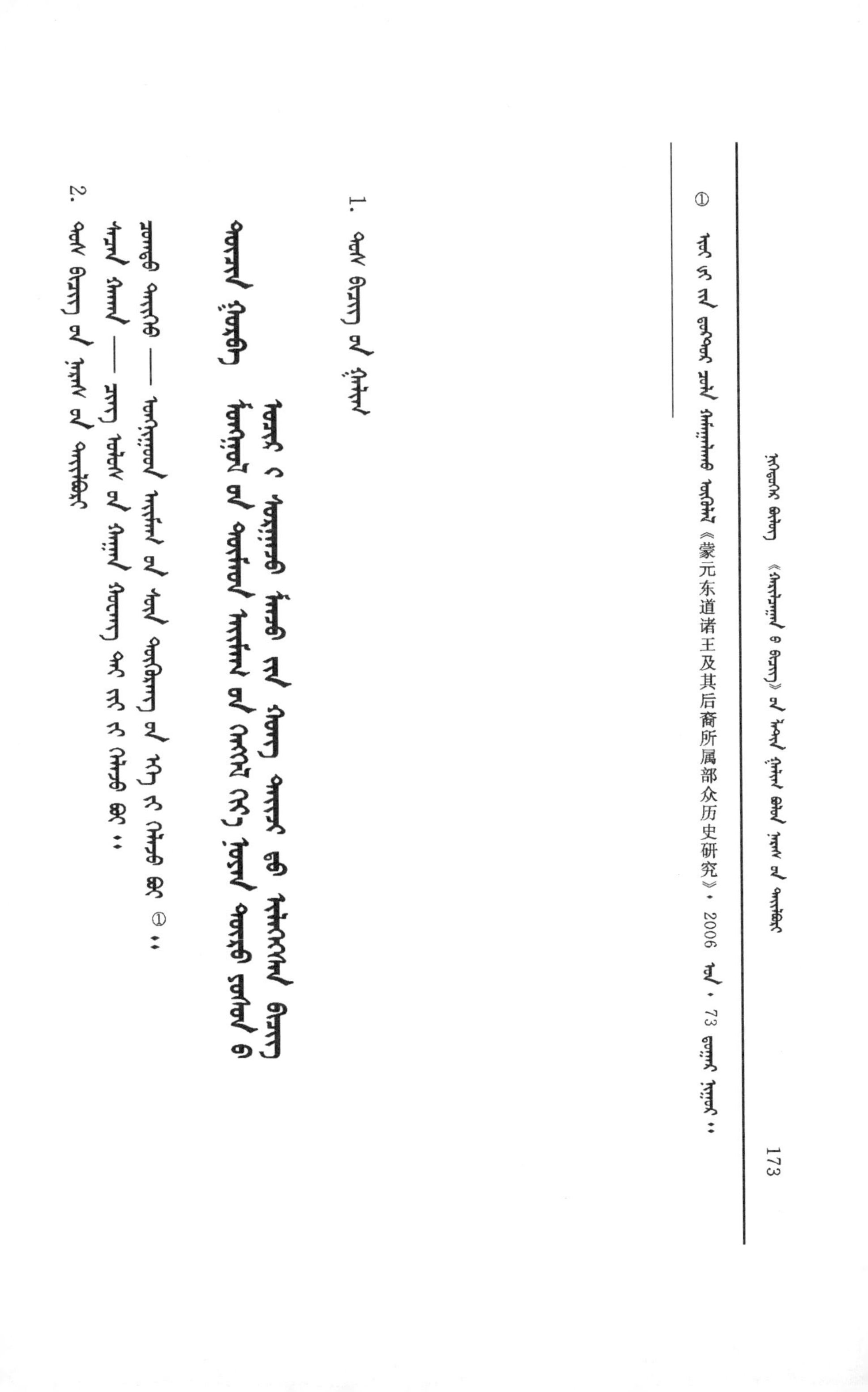

① ᠶᠧ ᠰᠢᠨ ᠮᠢᠨ ᠪᠣᠯᠣᠨ ᠪᠤᠰᠤᠳ ᠵᠣᠬᠢᠶᠠᠭᠰᠠᠨ ᠨᠣᠮ 《蒙元东道诸王及其后裔所属部众历史研究》· 2006 ᠣᠨ · 73 ᠳᠤᠭᠠᠷ ᠨᠢᠭᠤᠷ ::

(1) @ oom suwasdi sidem.
(2) bodisdwa dayisun günǰi, güi ong kiy_a
(3) noyan qoyar bičig ürgün bariba.
(4) aγui gegen bilig-tü, amitan-u itegel oron,
(5) arslan kölge-tü, inǰan_a saduwa-yin adas-tur
(6) alaγaban qamtudqan mörgömü bi.
(7) balar erte masi engke čaγ-tur, qad noyad-un
(8) uqaγan-anu γaγča ǰoriγ-tu bükü-yin tula
(9) tngri-yin sayin irw_a bolun aǰuγu. ene kemebesü čing
(10) ünen sedkil-ün yoson kemegdeyü. tngri-yin ibegekü
(11) γaǰar-un ergükü, kümün-ü yabuqu yoson,
(12) bügüde čing ünen sedkil-eče degedü ügei
(13) qan kümün gegen uqaγantu bolbasu, södgögčin sayisang
(14) -ud sayin boluγad, yambar-ba üiles bügüde
(15) ǰokirayu kemeǰükü.
(16) @ sečen qaγan-du yeke törö-yin üges-iyen
(17) öčibei. qotala-yin eǰen qaγan ayiladun soyorq_a.
(18) qoyar törö-yi bariγčid ǰasaγ-iyan ene metü tedgü.
(19) qubitu ǰasaγ-i kib-un ǰanggiy_a metü bolγ_a.
(20) qutuγ-tan qad-un ǰasaγ altan-u buγulaγ_a-dur,
(21) ketürkey_e sayid-un ǰirum-dur manuki-yin üliger
(22) ülü oroγuluγdaqui, gem-ten-i ǰasaγlaqui
(23) -dur ülü saγaraγdaqui buyu. kedü yeke
(24) ulus-iyan köbegünčilen asaran tedgü.
(25) ken öber-ün taγalal-iyar kelelegčid-i
(26) onoǰu aγuluγdaqui.

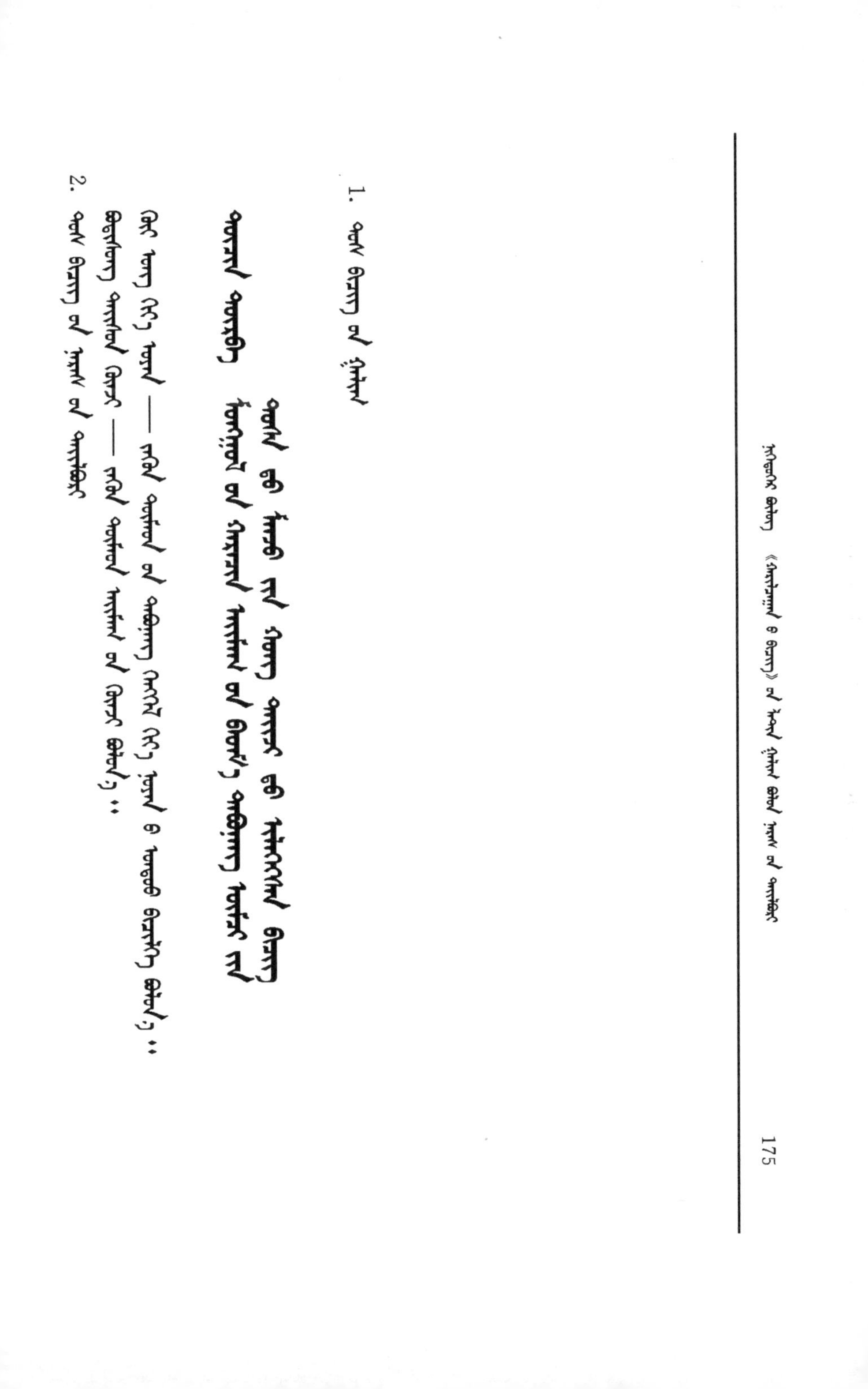

(1) @ qaγan eǰen-iyen gegen_e, qaraču maγu noqai
(2) čini badm_a tabunang bičig-iyer
(3) ayiladqamu, ür_e ügei
(4) ükügsen mini qoyar degü-yin
(5) albatu köbegüd mal-i
(6) sirantu küčü-ber abuγsan-i tus-tu
(7) yüm bün-eče qariǰu irekü-dü,
(8) qaγan-i gegen_e mandu-u böke nige tayiǰi
(9) qoyar-iyar ayiladqaγsan-du,
(10) ta ger-tegen qariγad irekü bisiü
(11) üge-yi tani abči ǰergečegülǰü
(12) sigüǰü öggüy_e geǰi ǰarliγ
(13) boluγsan bile. oda sirantu
(14) bolqu bisi, ǰergečegülüy_e
(15) gegsen.
(16) qaγan-u ǰarliγ-i tayiǰi mandu böke
(17) qoyar ülü medekü biyu.

1. ᠬᠡᠯᠡ ᠪᠢᠴᠢᠭ ᠤᠨ [illegible]

[illegible] ᠤᠨ [illegible] [illegible] ᠪᠡᠷ [illegible] [illegible]
[illegible] ᠤᠨ [illegible] ᠪᠡᠷ [illegible] ᠤᠨ [illegible]
[illegible] [illegible] [illegible] ᠶᠢᠨ [illegible] [illegible] [illegible] ᠢ [illegible]

[illegible] [illegible] —— [illegible] [illegible] ᠤᠨ [illegible] [illegible] ᠪᠣᠯᠠᠢ ᠃
[illegible] —— [illegible] [illegible] ᠤᠨ [illegible] ᠪᠣᠯᠠᠢ ᠃
[illegible] [illegible] —— [illegible] [illegible] ᠤᠨ [illegible] ᠪᠣᠯᠠᠢ ᠃
ᠤᠨ [illegible] [illegible] [illegible] [illegible] [illegible] ᠪᠣᠯᠠᠢ ᠃
[illegible] [illegible] [illegible] [illegible] [illegible] ᠤᠨ [illegible] ᠢ [illegible] [illegible] ᠃ 《[illegible] [illegible]》 [illegible] [illegible] [illegible] ᠤ [illegible] [illegible] [illegible]
[illegible] [illegible] [illegible] —— [illegible] [illegible] [illegible] [illegible] [illegible] [illegible] [illegible] ᠶᠢᠨ [illegible] [illegible] [illegible] ᠪᠣᠯᠠᠢ ᠃ [illegible]
[illegible] [illegible] —— [illegible] [illegible] ᠢ [illegible] [illegible] ᠃

2. ᠬᠡᠯᠡ ᠪᠢᠴᠢᠭ ᠤᠨ [illegible] ᠤᠨ [illegible]

(1) sečen

(2) @ oom suwasdi sidem.

(3) sečen qaγan-u bičig, qaγan, degedü üiǰeng, erdeni üiǰeng-tei qong

(4) tayiǰi γurbaγula-du ilegebe. bičig-tü talbiγsan üge tan-i ǰöb.

(5) ǰöb bayitala, čaqar-un qaγan, ta bügüde töröl törögsen tan-i öber_e bisi. γaγča dayan qaγan-u ür_e bayinam.

(6) bida qoyar ulus iǰaγur yabulčaǰu medegsen ügei bile. ene ilegegsen elčin-dü

(7) tan-i edür sar_a-yin bolǰaγ_a-yi γaγakiǰu itegeǰü kelem. čaqar-un qaγan ken-dü sayin

(8) manduči bolusa dayisun bayinam. čaqar-luγ_a dayilaqu tan-i

(9) ünen bolusa qoyitu elčile edür sar_a-yin bolǰaγ_a kelem ǰ_e.

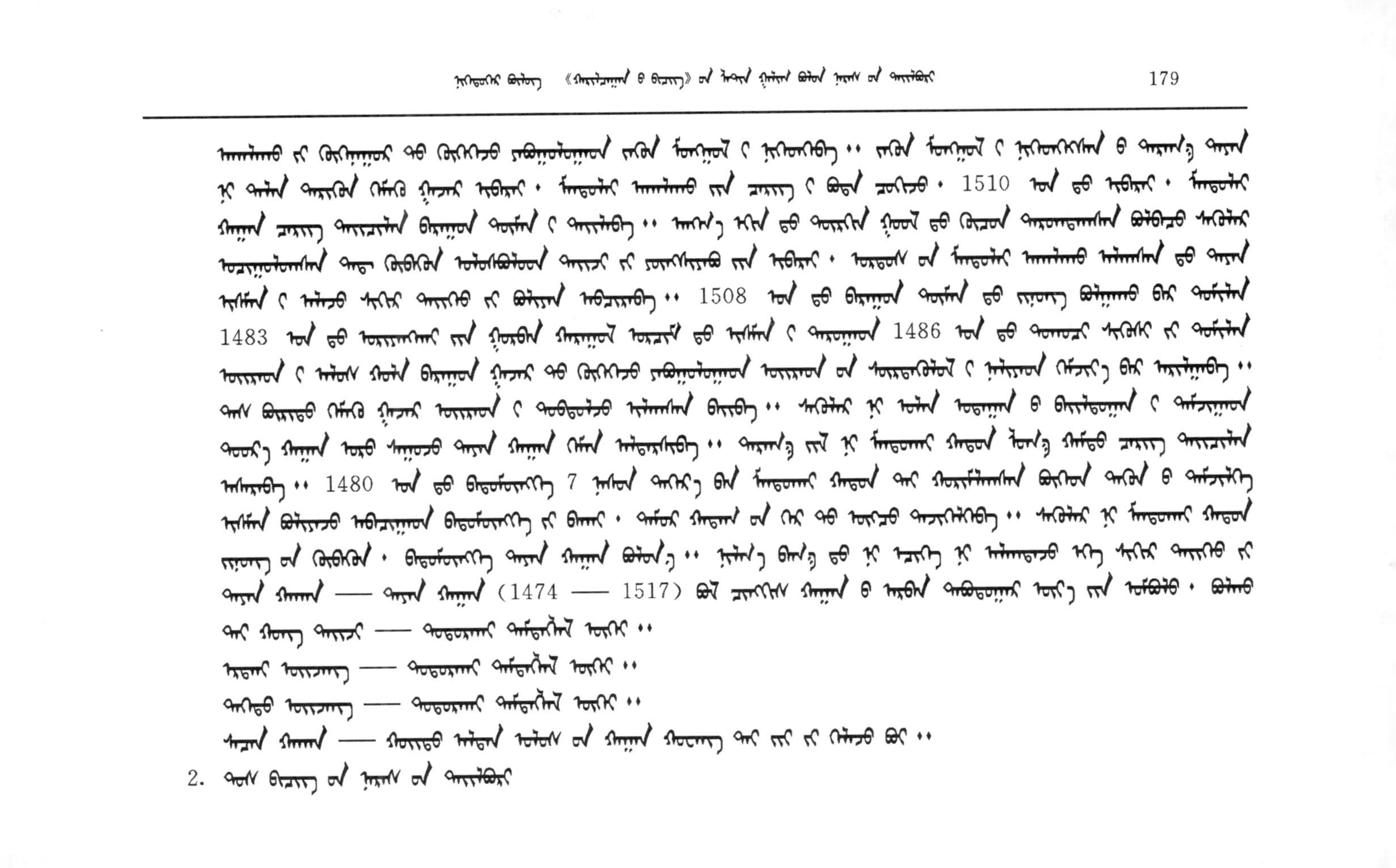

[illegible] ::

[illegible] 1510 [illegible]

[illegible] ::

[illegible]

[illegible] :: 1508 [illegible]

1483 [illegible] 1486 [illegible]

[illegible] ::

[illegible] :: [illegible]

[illegible] :: [illegible]

[illegible] :: 1480 [illegible] 7 [illegible]

[illegible] :: [illegible]

[illegible] :: [illegible] ::

[illegible] — [illegible] (1474 — 1517) [illegible]

[illegible] — [illegible] ::

[illegible] — [illegible] ::

[illegible] — [illegible] ::

[illegible] — [illegible] ::

2. [illegible]

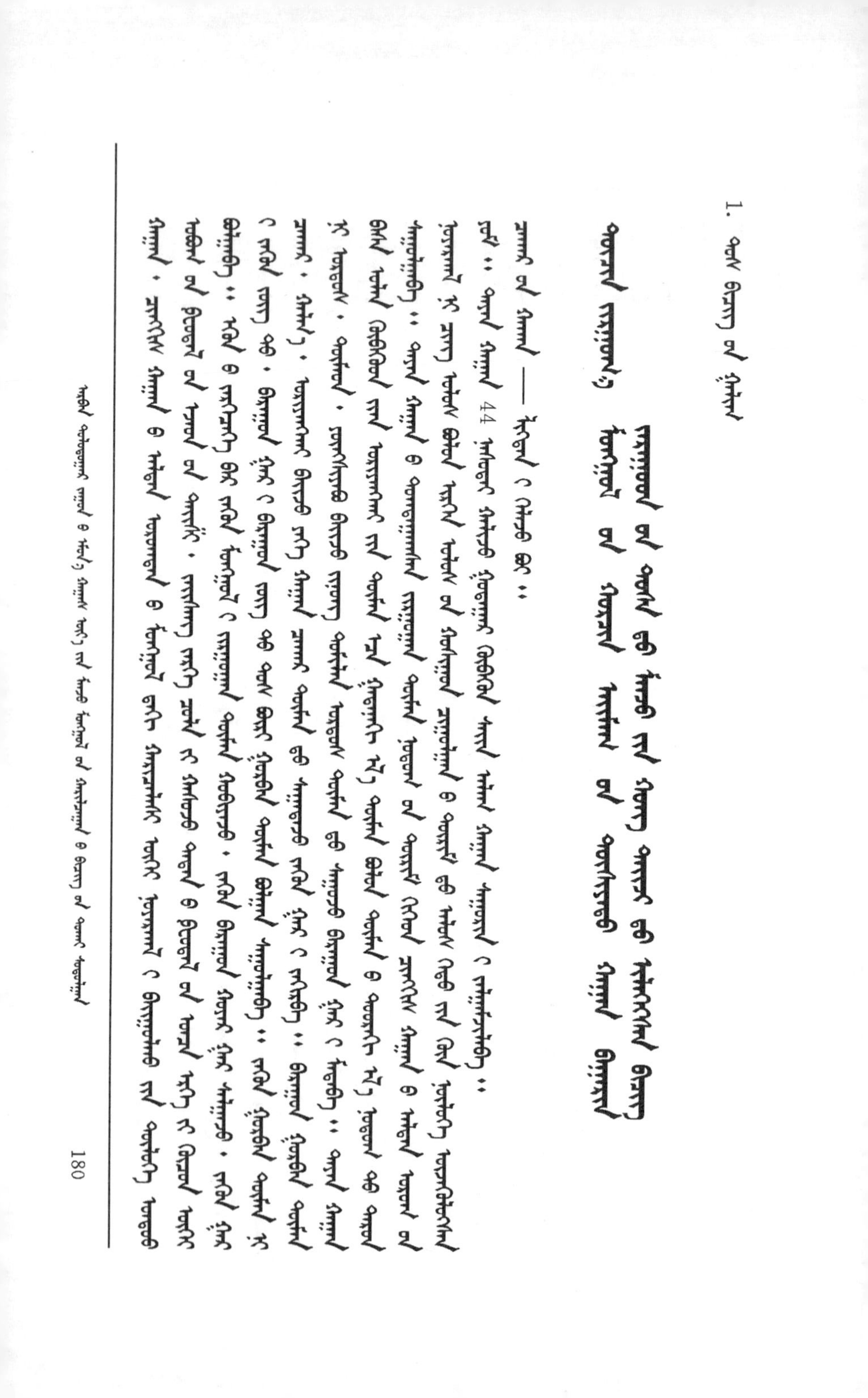

1. [illegible]

[illegible]

[illegible] — [illegible] ::

[illegible] :: [illegible] 44 [illegible] ::

[illegible]

(1) @ oom suwasdi sidem.
(2) sečen qaγan-i auqan naiman sitüǰü bile.
(3) man-du baγarin ǰaruγud sitüǰü bile. nigül-tü qaγan-i maγu-du
(4) ǰirγuγan tümen-ü noyad, čaqar-un qaγan-i sonosqu ner_e aldar-un tula gekü bolusa
(5) tan-dur oroγsan auqan naiman, man-dur oroγsan baγarin ǰaruγud-i durabar
(6) qoyar-un qoγor dumda qamtu yabutuγai gekü bolusa,
(7) qaγan mede. qamtu yabuqu buruγu geküle
(8) qaγan mede. baγarin-i, auqan naiman-du neyilebe geǰi quγutai-ača sonosba bida.

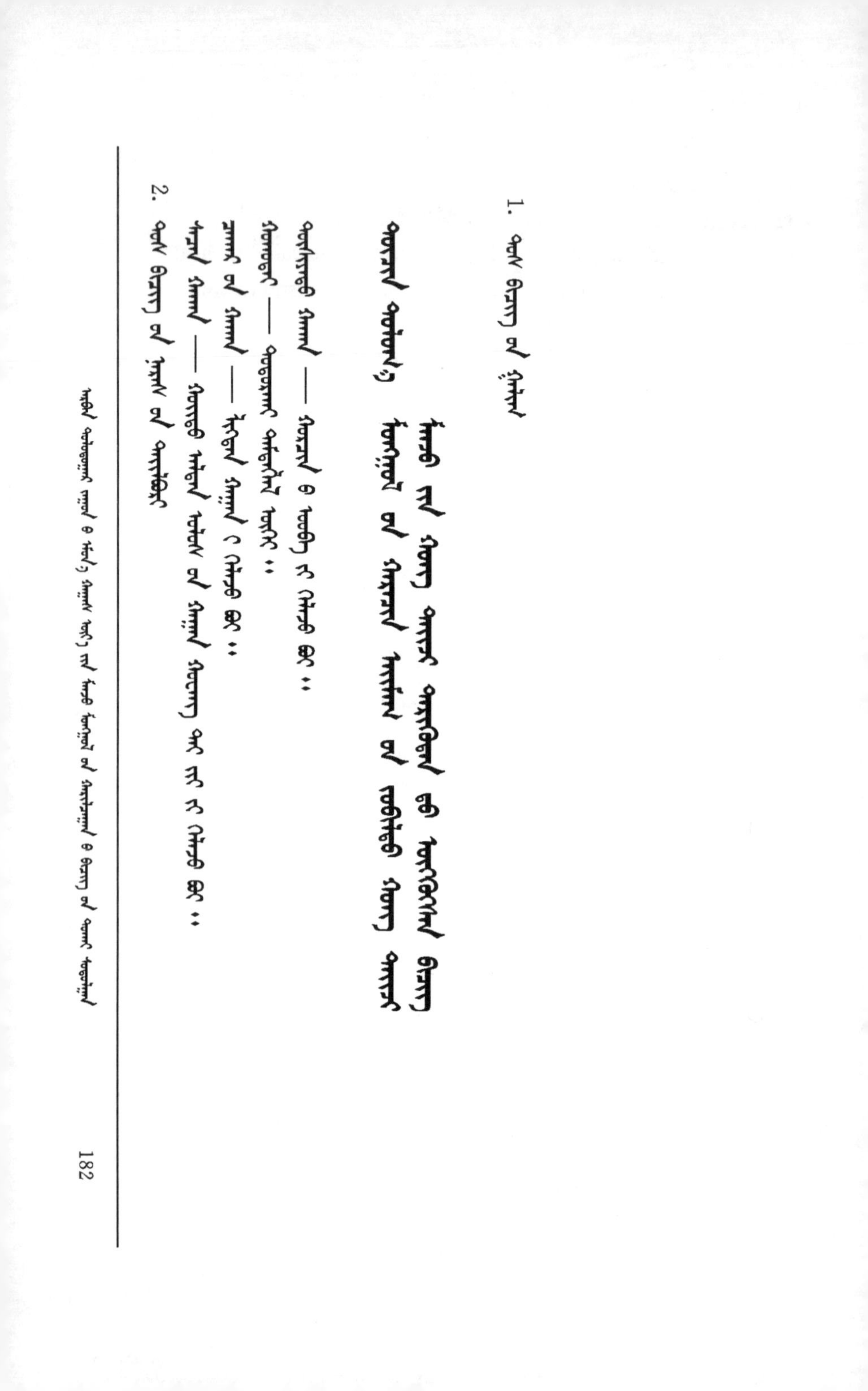

(1) @ sečen qaγan, ǰolbitai qong tayiǰi, uumbu čögekür tayiǰi,
(2) naγun sonom tayiǰi, abatai tayiǰi, edün noyad-tu
(3) bičig ögbe. čaqar-in qaγan mani yaγu abula,
(4) mini mordaγsan ner_e-yi, qaračin-i
(5) @ qaγan, tonoi günǰi, buyan qong tayiǰi, nada elči ilegeǰi, ösiyetü kümün-i
(6) mini ösiy_e-yi abči öggüsei geǰi ene nigül-tü qara qaγan ǰegün
(7) tümen-i noyad-i čöm alaba geǰi, ügei bolγay_a, gegsen-dü bi
(8) ene üge-yi ǰöb bayinam geǰi, tngri-dü sačuli sačuǰu amaldaǰi
(9) mordala bi. ta ene čaγaǰa-du ese oroγsan buyu. čaqar
(10) čimadu el, mandu dayisun buyu. oda ta nada yaγuma büü sana. bi
(11) tandu aγurlanam bi. ene gem-iyen arilγay_a geküle, qara qaγan-i otoγ-i
(12) üdter tursiǰi üǰeǰi naγaγsi üdter elči ilege. bi mordasu
(13) či ǰaqatan-tai kilgeǰi yabutal_a ülü ačirqu čini yaγu bi.
(14) @ bošoγ-tu qaγan, ǰinong qaγan, yöngsiyebü-yin noyad, qaračin-i qaγan, ekilen baraγun γurban tümen-i
(15) noyad čimadu töröl bisi buyu, mini töröl buyu. ta
(16) töröl-in yukiǰi ülü medekü bayinam. γaǰar-in qola-ača
(17) sonosču kelekü üge mini ene. ǰirγuγan sara-du eči
(18) tursi. doloγan sarayin arban tabun-du elči kürči ire.

[illegible] 《[illegible]》 [illegible] ᠃ [illegible]
[illegible]
[illegible] 1826 [illegible] ᠃ 1636 ᠣᠨ
[illegible] 913 [illegible]
[illegible] ᠃ 1634 ᠣᠨ [illegible]
[illegible] ᠃ 1629 ᠣᠨ ᠤ [illegible] 1630 ᠣᠨ ᠤ [illegible]
[illegible]
[illegible] ᠃ 1629 ᠣᠨ ᠤ 6 ᠰᠠᠷ᠎ᠠ ᠳᠤ [illegible]
[illegible]
[illegible] ᠃ [illegible]
[illegible]
[illegible] ᠃ [illegible]
[illegible] —— [illegible] ᠃ [illegible]
[illegible] ᠃
[illegible] —— [illegible] ᠃ [illegible]
[illegible] —— [illegible] ᠃
[illegible] —— [illegible] ᠃

2. [illegible]

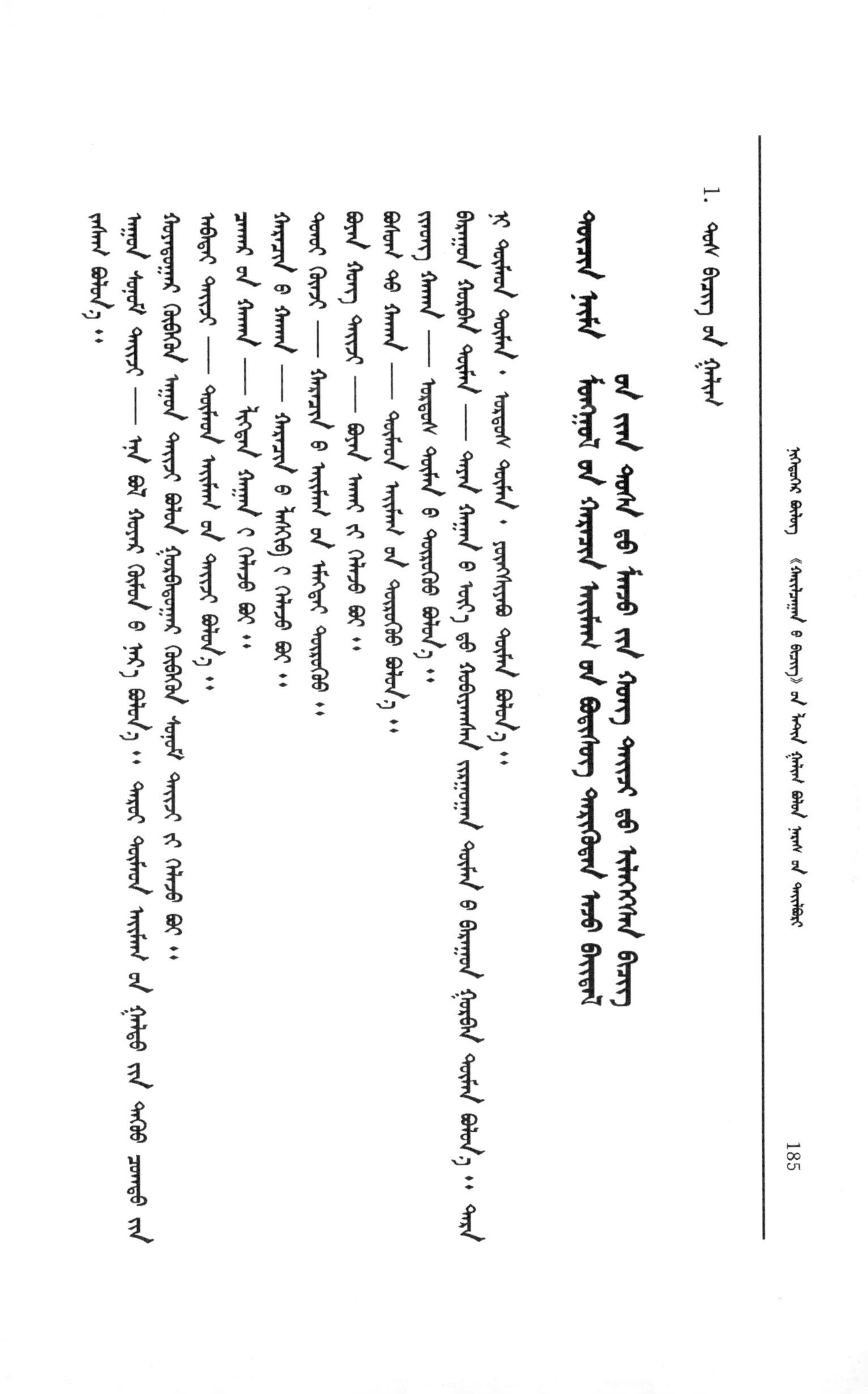

(1) @ oom mani bad mi qong.

(2) oγtarγui-dur urγuγsan naran dörben tib-i geyigülküi-dür adali,

(3) orčilang-un eǰen

(4) sečen qaγan-dur bodisdwa güyeng qoyar bičig ürgün bariba. amitan bügüde

(5) altan delekei-dür toldoyiddum. altan delekei amitan bügüde-yin tulγ_a

(6) metü, qan gerüdi metü

(7) qaγan bile. ǰegün ǰigür metü ǰürčid qorčin tümen činu, baraγun ǰigür metü

(8) qaγan qong tayiǰi baraγun γurban tümen činu bile. qorotu-yin mör-tü

(9) qaγan qong tayiǰi ende irebe. ende bolqul_a γučin ǰirγuγan tabunong-ud-un

(10) ey_e eb bidan-u nige bisi, eyimü-yin tulada,

(11) sečen qaγan-du ayiladqaba. sayin ečige-yin-čini

(12) gegen qaγan-u tustu, bida qota ügei bidan-i qotatai bolula. bayising ügei

(13) bidan-i bayising-tai bolula. oda či bolusa

(14) sečen qaγan čini tustu, sayin buyan qong tayiǰi, ta qoyar-un ey_e eb-iyen nige

(15) bolǰu ükükü ǰobaqu amitan-u amin-i aburaǰu saγunam. ene sayin ači-yi čini

(16) tngri ečige čini ürgünem ǰ_e. bida yambar ači-ban qariγulunam.

(17) @ qaγan ǰarliγ bolǰu bayinam. qudaldun-u tustu qudaldu yeke sayin bisi geǰi bayinam.

(18) qaγan-u ǰarliγ ünen, kitad sayin duraban kürkül_e qudaldun-u gingger öggünem

(19) bayinam. duraban ülü kürküle gingger-i ülü öggünem bayinam. bolba yaγabi.

(20) qaγan yeke kümün endekü biyu medeǰem ǰ_e. maγu-yi abči öggügsen qudal-du

(21) tasuluγsan ali qosiγu bolba, ile ǰarliγ bolultai bayinam. qaγan qong tayiǰi

(22) qoyar ireǰi qaγan qong tayiǰi bolba, baqan bolod ekileǰi tomilaǰu čidaqu

(23) bisi eyimü-yin tulada sanaγan ayiladqaǰu ene bile. nada bolqul_a qaγan qong

(24) tayiǰi-yin tustu budisdwa güyeng-i mongγol kitad-un tustu üge kelem gekül_e

(25) qaγan qong tayiǰi-yin tustu tan-du yaγun-u ǰobalang geǰi subudi-yin tüsimed

(26) tongsinar, mani langǰung-i jančiǰi mani langǰong degütei-ben,

(27) qaγan-du bariqu beleg ab geǰi öggügsen baqan čögüken mönggö bidan-u langǰung čöm

(28) kitad-tu oroba. eyimü-yin tustu

(29) qaγan gegen-den ayiladdumu geǰi bičig ürgün bariba.

(30) sayin beleg ese oldaba, γurban quba tabun torγ_a bai.

(31) qaračin-u budisdwa güyeng

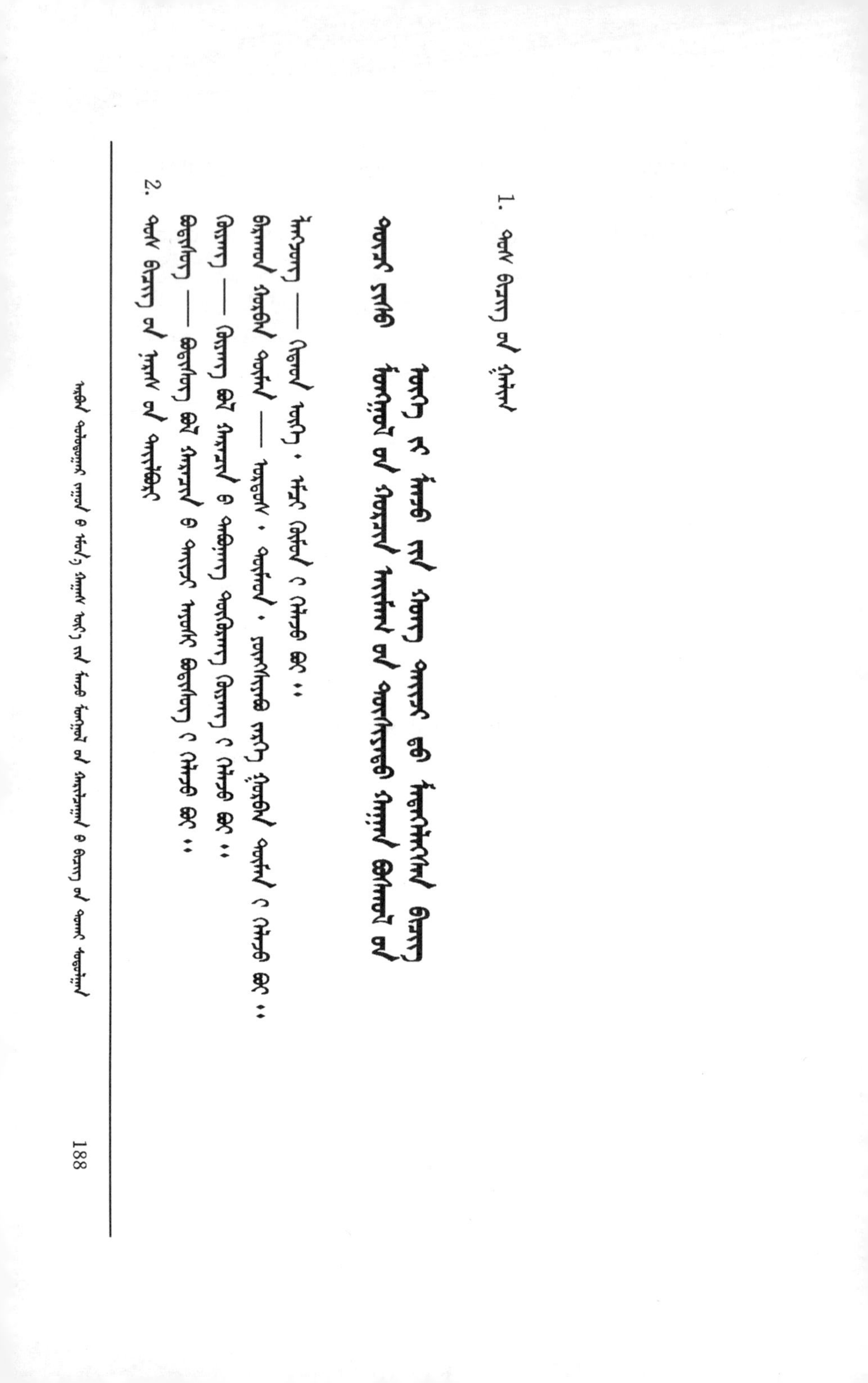

(1) @ oom suwasdi sidem.
(2) baγ_a darqan-u bayiquntai čögökür
(3) čaγan lam_a sereng qong tayiǰi, maγu kitad kegüken ede bosču
(4) irebe. čaqar-un qaγan baraγun γurban-du mordaǰu dobtolǰi
(5) qaγan aqai buyan aqai qoyari küriyeleǰü abuγsan-du, qaγan aqai,
(6) buyan aqai qoyar küriyelegsen čerig-i naiman ǰaγun kümün
(7) alalduǰi tuγulǰu γarču, gegen qaγan-u köke qota-du
(8) oroγsan-du tegün-ü qoyina-ača basa nekeǰü aba tabiγsan-du,
(9) onbu-yin kegüked buyan aqai-yi basa küriyeleǰü abuγsan
(10) aǰuγu. tere küriyen-eče buyan aqai, čorǰi-yin sangγarǰai-yi
(11) daγariǰu γarqu-daγan nigen noyan kümün-i alaǰu mör deger_e-yi
(12) čerig-iyen čabčiǰu γarba genem. onbu-yin qoyar kegüked-inu
(13) oroǰu, nigen kegüken dutaγaǰu γarba genem. gegen qaγan-u
(14) köke qota-yi abču qoyar mingγan čerig tabiǰu iregsen-i,
(15) tegün-ü čiγanača čaγlasi ügei olan čerig-üd ireǰü
(16) türiǰü qarin köke qota-yi buliyaǰu abuba genem.
(17) čaqar-un čerig-ün qoyiγur baraγun qoyina-ača tübei-yin γurban
(18) otoγ ulus dobtolǰu abču ečibe genem. ǰegün
(19) urida-ača γurban mingγan aduγu abču ulus dobtolǰu
(20) ečibe genem. basa tegün-eče tabunong-ud-i alaǰu
(21) abaγanar-i abču ečiebe genem. γurban mingγan aduγun-u
(22) qoyina-ača qaγan mordaǰu daruγdaǰu sayid-iyan alaγdaǰu
(23) qariǰi irebe genem. tuba tabunong-ud-un qoyina-ača
(24) mordaǰu qaračin-u bandi tayiǰi-yi bariǰu irebe genem.
(25) yeke ulus oroγsan ügei. buyan aqai, qaγan aqai, onbu-yin
(26) γool qoriy_a oroba genem. arban qosiγun-du döčiged ger
(27) kürbe genem. buyan aqai-yin ger-deče abuγsan bičig-tü
(28) uridu sečen qaγan, naγun-u abaγ_a, qoyitu abaγ_a, qalq_a

(29) baraγun γurban edür sara bolǰiǰu morday_a gegsen bičig-i
(30) üǰeǰü, keǰiy_e geǰi mendü amur ügei geǰi yabunam genem.
(31) dotor-un čaqar boro qotan-ača ürgülǰi bui genem.
(32) ene iregsen noyad-un üge qoyitu qalq_a učir ölögei-dü
(33) siqaǰu kürčü irebe geǰi mengdegürenem genem. ene
(34) mengdegüregsen-dür, ene nuγun deger_e
(35) sečen qaγan-tai, ta kelelčeǰü mordasai. ene nuγun deger_e
(36) ese mordaqul_a, ügei bolusa küčütei bolqu,
(37) ügei bolusa kümün-dü abtaqu, ulus alalduqu-dur
(38) ügei genem. ulus ǰüg bügüde-eče dayisun bolba geǰü
(39) oγorčilaǰu qaγučin čaqar-ača bolba qalq_a,
(40) kesigten, tani čerig, mani čerig ireküle oroǰu öggüy_e
(41) geǰi yabunam genem. man-dur egüber sonosdaγsan ene.
(42) nada basa kele bui ǰ_a.

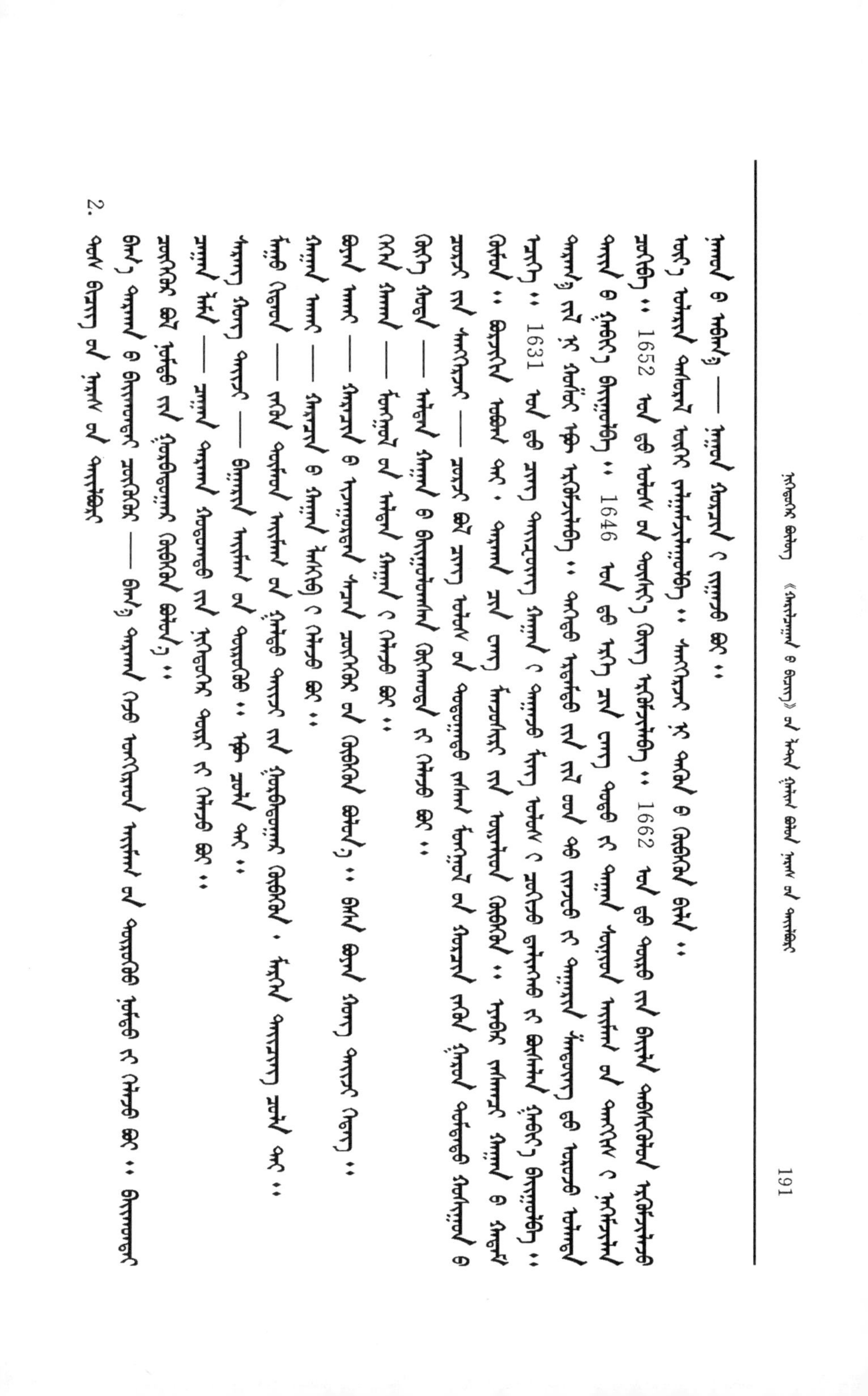

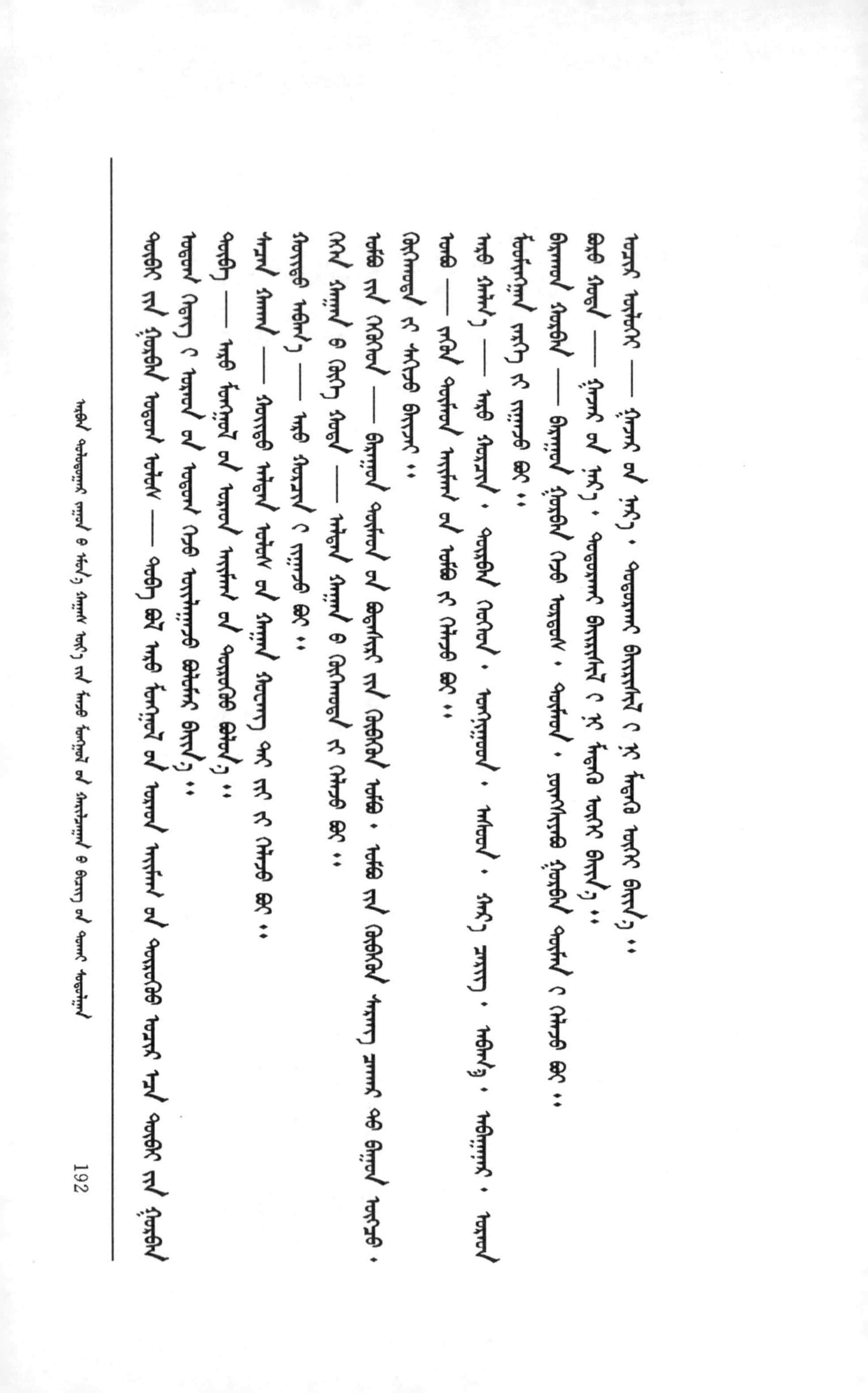

[illegible]
[illegible]
[illegible]
[illegible]
[illegible]
[illegible]
[illegible]
[illegible]
[illegible]
[illegible]
[illegible]
[illegible]
[illegible]
[illegible]

(1) @ oom suwasdi sidem.

(2) sečen qaɣan ekilen bügüde mendü buyu.

(3) mendü asaɣu-yin beleg tabun torɣo bai.

(4) elči-yin ner_e minǰüü ombuu,

(5) qar_a dorǰi-yin qoyar bai

(6) ene ilegegsen elči-yi gegeten

(7) medeǰi üdter qariɣul

(8) menggelem.

(9) sečen qaɣan-du bariqu bičig

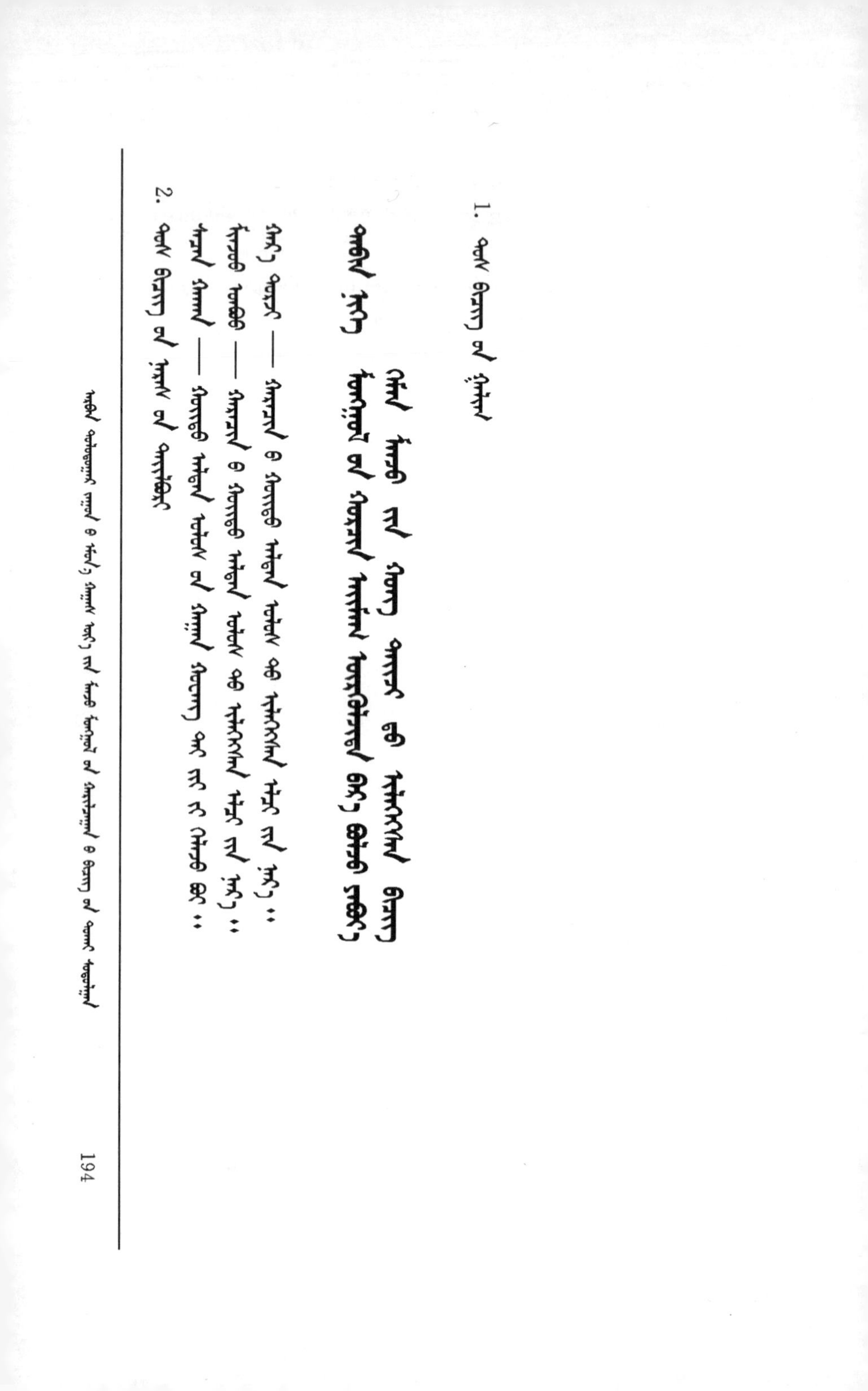

1. [illegible]

[illegible]

[illegible] — [illegible]
[illegible] — [illegible]
[illegible] — [illegible]

2. [illegible]

(1) @ sečen qaγan-u gegen_e bičig ürgün bariba.
(2) dalai čögekür-tü ki, mani qorčin-u noyad aru-du
(3) yal_a ügei yabuγsaγar bile. aru-ača oroǰu
(4) iregsen-düni, bida yaγakiqu bai gegsen-dü,
(5) bidan-du yaγu bui. ken_e bidan-u qanilaǰu
(6) nutuγlaǰu yabuqu-du yaγu bui geǰi bile. čaqar-i
(7) dobtoluγsan-du dutaγaǰu yabuqu-dan, muǰang qong tayiǰi,
(8) dar_a eke-yin dasi kegüken, ene noyad-un mal-i-inu
(9) buliyaǰu, bey_e-yi-inu qarbulaǰu qoyar noyad-un
(10) ǰirγuγan islan kümün-i alaba. muǰang, dasi qoyar-un
(11) arban kümün-i alaba. ene noyad keleküden, oda bida
(12) čögekür noyan_a yaγakiǰu yabum. arban sayid-iyan
(13) alaba geǰi, mani alaǰu talaǰu orkinam ǰ_a. dalai-du
(14) ögkü bolusa, üsüd demei ečiy_e genem. ene qorčin-i
(15) noyad-un otoγ-inu, itegel ügei yabunam.
(16) ǰun-u čerig-ün qoyin_a, aru-du negüy_e geǰi yabuba.
(17) ede edüi čineken sisigtei bolba. qamiγ_a yabubači,
(18) qaγan-du baraγ_a bolunam ǰ_a.
(19) qaγan-u gegen_e medekü bayinam.

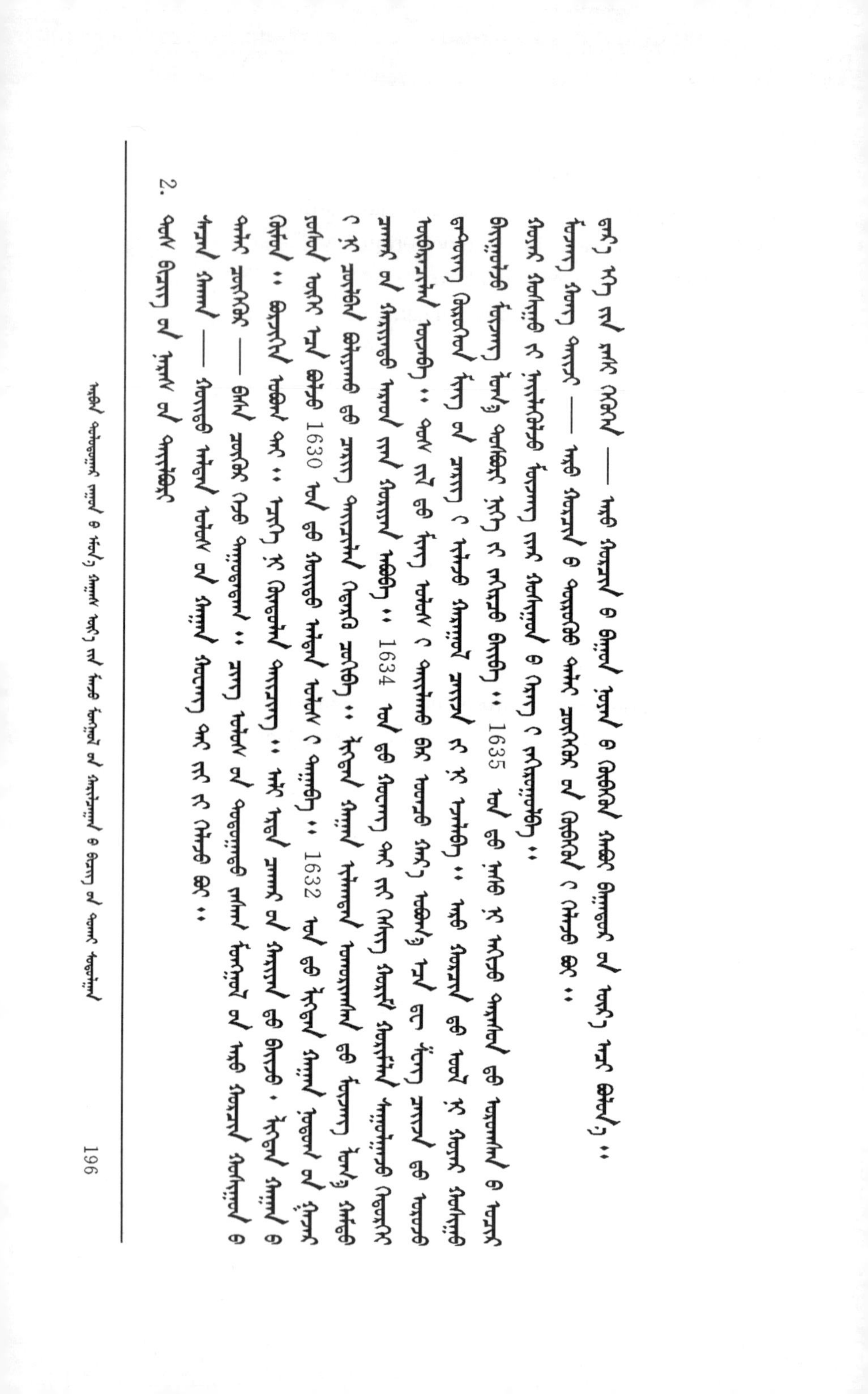

[illegible] —— [illegible] ::
[illegible] —— [illegible] ::
[illegible] ::
[illegible] :: 1635 [illegible]
[illegible] :: [illegible]
[illegible] :: [illegible] :: [illegible]
[illegible] :: 1634 [illegible]
[illegible] :: [illegible]
[illegible] 1630 [illegible] :: 1632 [illegible]
[illegible] :: [illegible] :: [illegible] :: [illegible] · [illegible]
[illegible] —— [illegible] :: [illegible]
[illegible] —— [illegible] ::

2. [illegible]

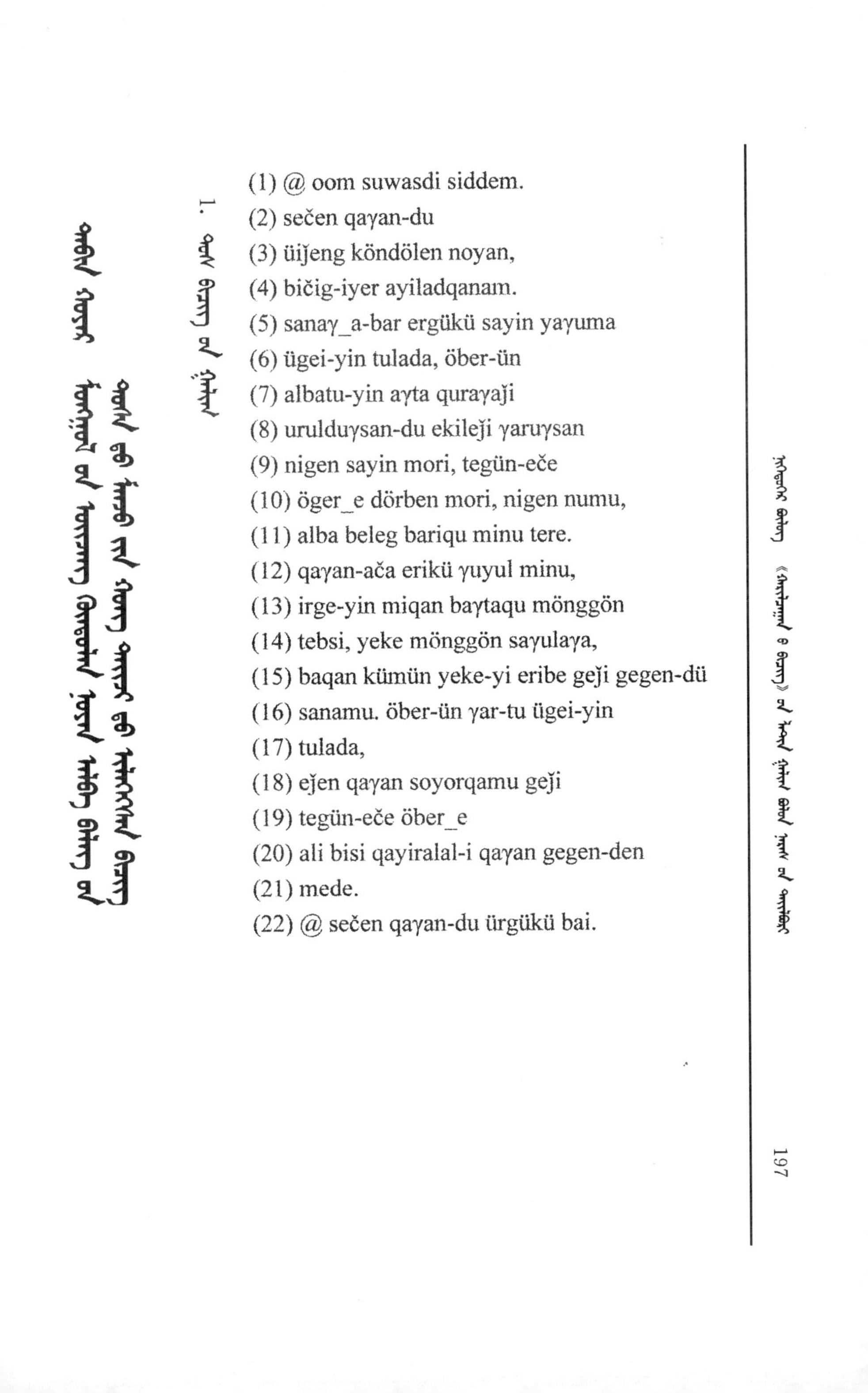

1.

(1) @ oom suwasdi siddem.
(2) sečen qaγan-du
(3) üiǰeng köndölen noyan,
(4) bičig-iyer ayiladqanam.
(5) sanaγ_a-bar ergükü sayin yaγuma
(6) ügei-yin tulada, öber-ün
(7) albatu-yin aγta quraγaǰi
(8) urulduγsan-du ekileǰi γaruγsan
(9) nigen sayin mori, tegün-eče
(10) öger_e dörben mori, nigen numu,
(11) alba beleg bariqu minu tere.
(12) qaγan-ača erikü γuyul minu,
(13) irge-yin miqan baγtaqu mönggön
(14) tebsi, yeke mönggön saγulaγa,
(15) baqan kümün yeke-yi eribe geǰi gegen-dü
(16) sanamu. öber-ün γar-tu ügei-yin
(17) tulada,
(18) eǰen qaγan soyorqamu geǰi
(19) tegün-eče öber_e
(20) ali bisi qayiralal-i qaγan gegen-den
(21) mede.
(22) @ sečen qaγan-du ürgükü bai.

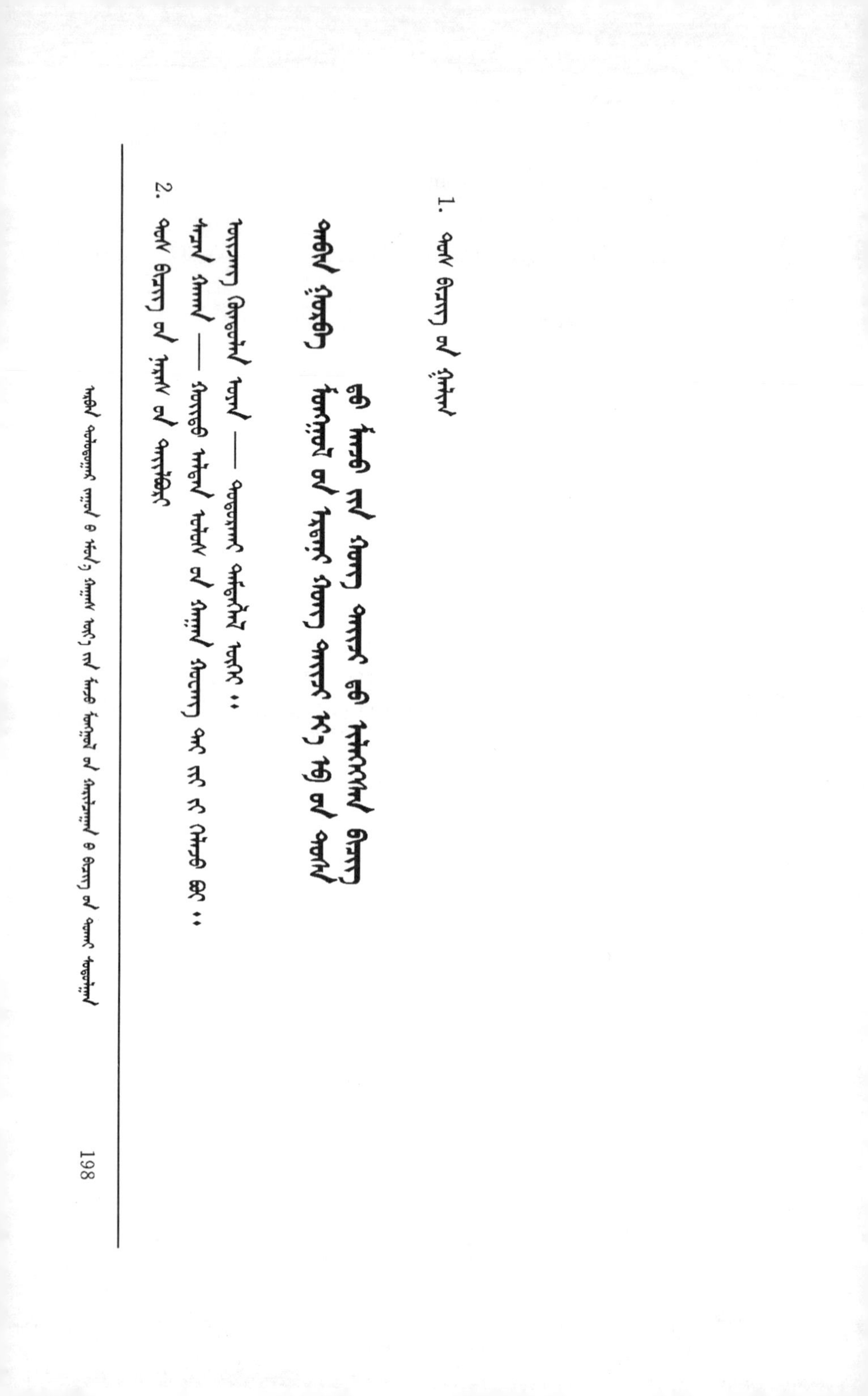

(1) @ oom suwasdi sidem.
(2) erdeni qong tayiǰi,
(3) qong tayiǰi-du bičig bariba.
(4) bi qadam aq_a čini bile. či küregen minu bile.
(5) olan-ača doton_a, čögen-eče čiqula yabulčaǰu
(6) bile. čimayi maγu quyaγ öggüle, bi elči-ben
(7) tasulqu buyu. maγu mori ögbe geǰü elči-yi
(8) yaγu geǰi tasulba. abulčaqu öggülčeküi-eče,
(9) sedkil-iyen čingda bekileǰü yabulčaqula,
(10) qoγosun yabuǰu mendü-ben asaγulčaba yaγu bui.
(11) sayin-i abqui-yin tal_a qaraqula uruγ eligen bisi
(12) metü. debel-ün qoyar dabqur ese daγaraǰu
(13) degesün-ü γurban dabqur ese tasuraǰu gele.

1. ᠮᠣᠩᠭᠣᠯ ᠪᠢᠴᠢᠭ ᠤᠨ [illegible]

[illegible]

[illegible] ::
1626 [illegible] :: [illegible] 1614 [illegible]
[illegible] —— [illegible] —— [illegible] ::

2. ᠮᠣᠩᠭᠣᠯ ᠪᠢᠴᠢᠭ ᠤᠨ [illegible]

(1) @ oom suwasdi siddem.
(2) sečen qaγan-dur, kibe-yi ǰaruγad
(3) bolǰiyan-du kürtele, ečigsen tursiγul
(4) bidan-u nigen keseg ulus-i üǰeǰü irebe.
(5) tegün-i dobtoluγad, kibe-dü kelegsen
(6) bolǰiy_a γurban qonoγ bile. tere
(7) bolǰiyan-du kibe-ni ese iregsen tulada
(8) ečikü-dü qoyar, irekü-dü qoyar dörbe
(9) qonoba. tan-u čerig kele ügei boluγad,
(10) čerig bidan-u γuy_a ügei tulada
(11) mini bey_e sirqaduγsan-i subilaǰu
(12) γarču irebe. ene yabudal-i bidan-u
(13) ǰimetei ǰime üge-yi,
(14) sečen qaγan-u gegen_e mede.

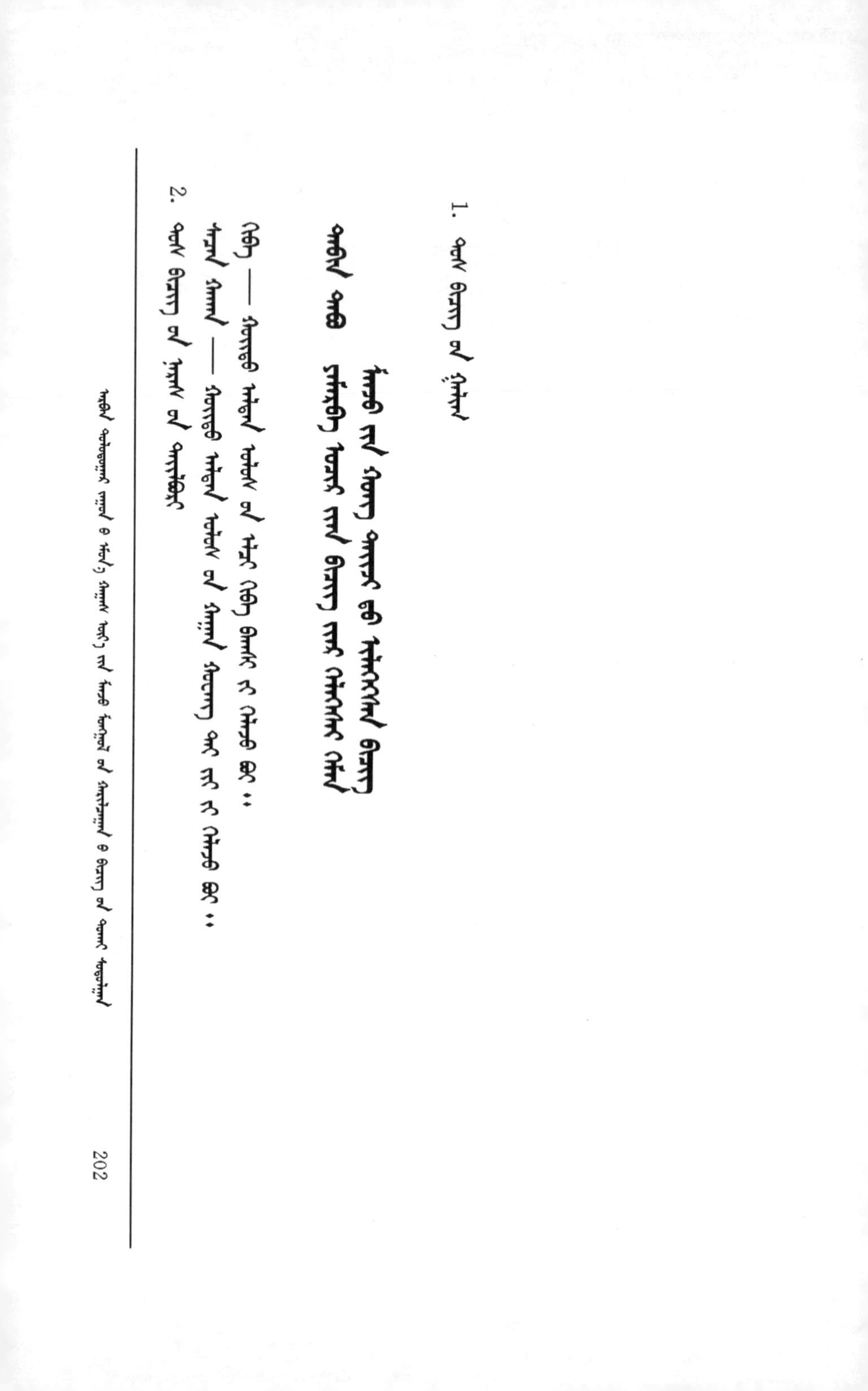

(1) @ oom suwasdi siddem.
(2) sayin köndölen qaγan-u toγtam qayiralaγsan-du, edüge
(3) sečen qaγan-u dabtan örösiyegsen-iyer bai ügei-ben ülü
(4) medegülüy_e geǰi bile. namayi ökin-dür-iyen alaqu qoni-yi
(5) ülü medegülünem geǰi, quγutai-du keleǰü bayinam. qoni
(6) alaqui-ača üker mori alaqui ülü mededeg bile. quγutai-du
(7) yaγun-du kelenem. em_e köbegüd-tür-iyen ülü kelekü buyu.
(8) minu γaγča bey_e-dü bičig bičiǰü ilegesei. ene üge-yi
(9) kelegči kümün endegüreǰü kelegsen bui ǰ_a. labdalaǰu medeltei.
(10) naranǰu aγalai qoyar ülü medekü buyu.
(11) asaγǰu mede.

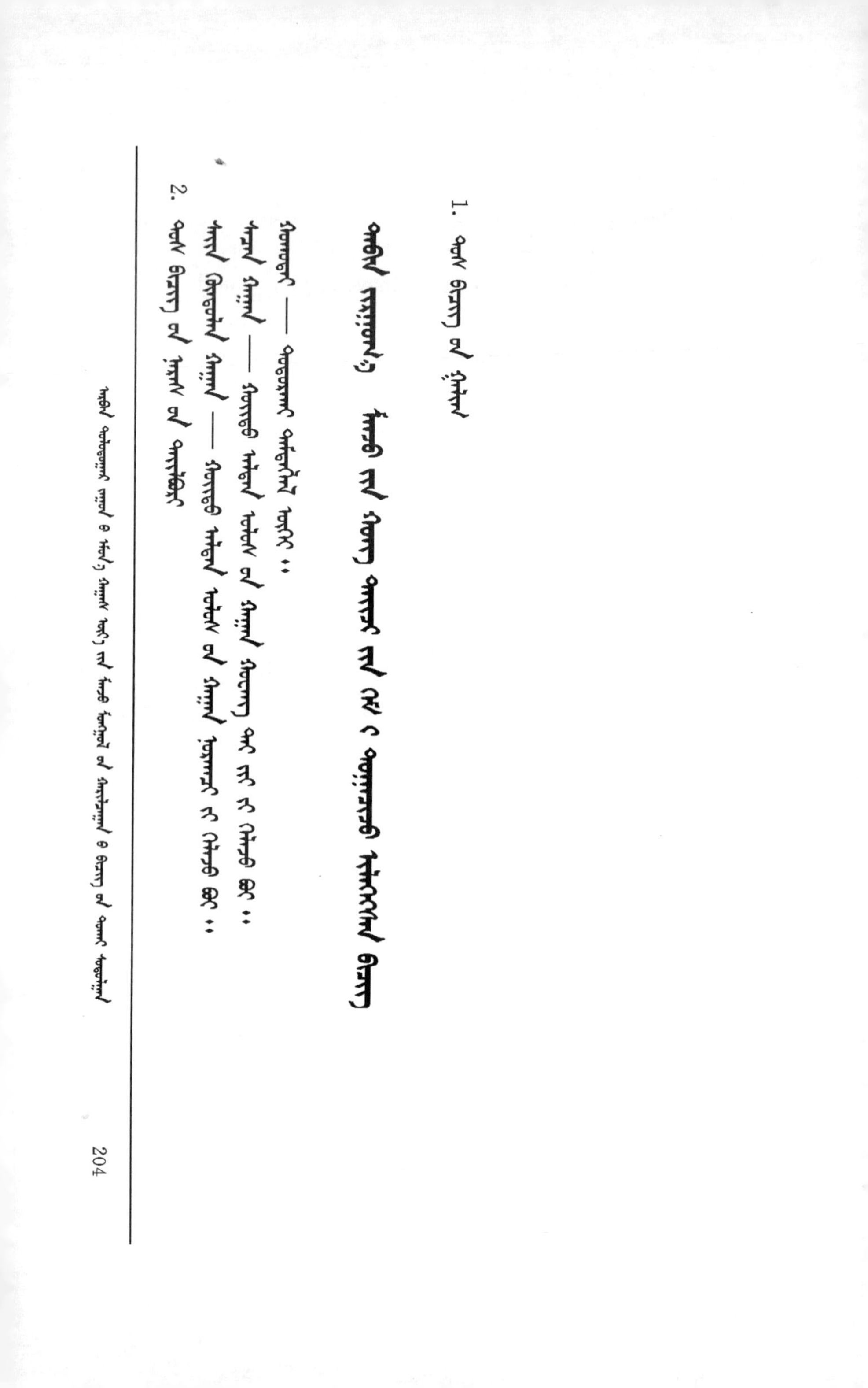

(1) @ owa oom suwasdim sidem.

(2) @ .

(3) gegen tunumal buyan-u küčün-iyer,

(4) gem ügei degedü ijaγur-tur törögsen,

(5) ketürkey_e masi sayitai aldarsiγsan,

(6) geyigsen erdem-tü qong tayiji-yin gegen_e ayiladqar-un.

(7) edüi manaγar erdeni bey_e, činu nagsadar-un töb-tür söni-yin itegel metü mendü bui ǰ_a.

(8) bida ende mendü bui ǰ_a. öber-ün tusayigi eribesü bodisdwa busu gegsen metü, či bida qoyar,

(9) ed tawar-i barimtalqu bolqul_a sedkil kündülelčekü busu bui ǰ_a. mini

(10) ečigsen-i yaγu geǰi ülü ögünem. qaγan-i ner_e-dü yaγu ügei bi. čögekür-yin ner_e-dü kedü ügei gebeči nada araγuqan nigen mori bai.

(11) amalaǰu yeke abuγad, ača gegsen-i ese ögbeü bi, sanaγar öggüǰü gegesinei maγu öggügsen ügei eyim ǰ_e.

(12) ünen-iyer sedkil ololčaqu bolusa, bi ača geǰü abuγad öber-ün sayin-i ögbesü, či ača geǰü abuγad

(13) öber-ün sayin-i ögbesü ünen sedkil ololčaqu ter_e eyim ǰ_e. mini ači gegsen öggün bayiǰi bičisei geǰi büü

(14) san_a. čimadu aγurlaǰu maγu-laǰu ülü ögkü bi-si bi. bey_e minu nüser-ün tulada

(15) ayil ǰaγur_a ǰöb siǰir ügei tulada, ese ögbe bi. gegen düriyen gem-i büü suri.

(16) bi mori-yin čimege-ber erisü bi. tümer-iyer kigsen kökür, čai nigen tan_a-yi ačiji ilege.

(17) čaγan labai-yin bürege ilege, buuni ünesü ilege.

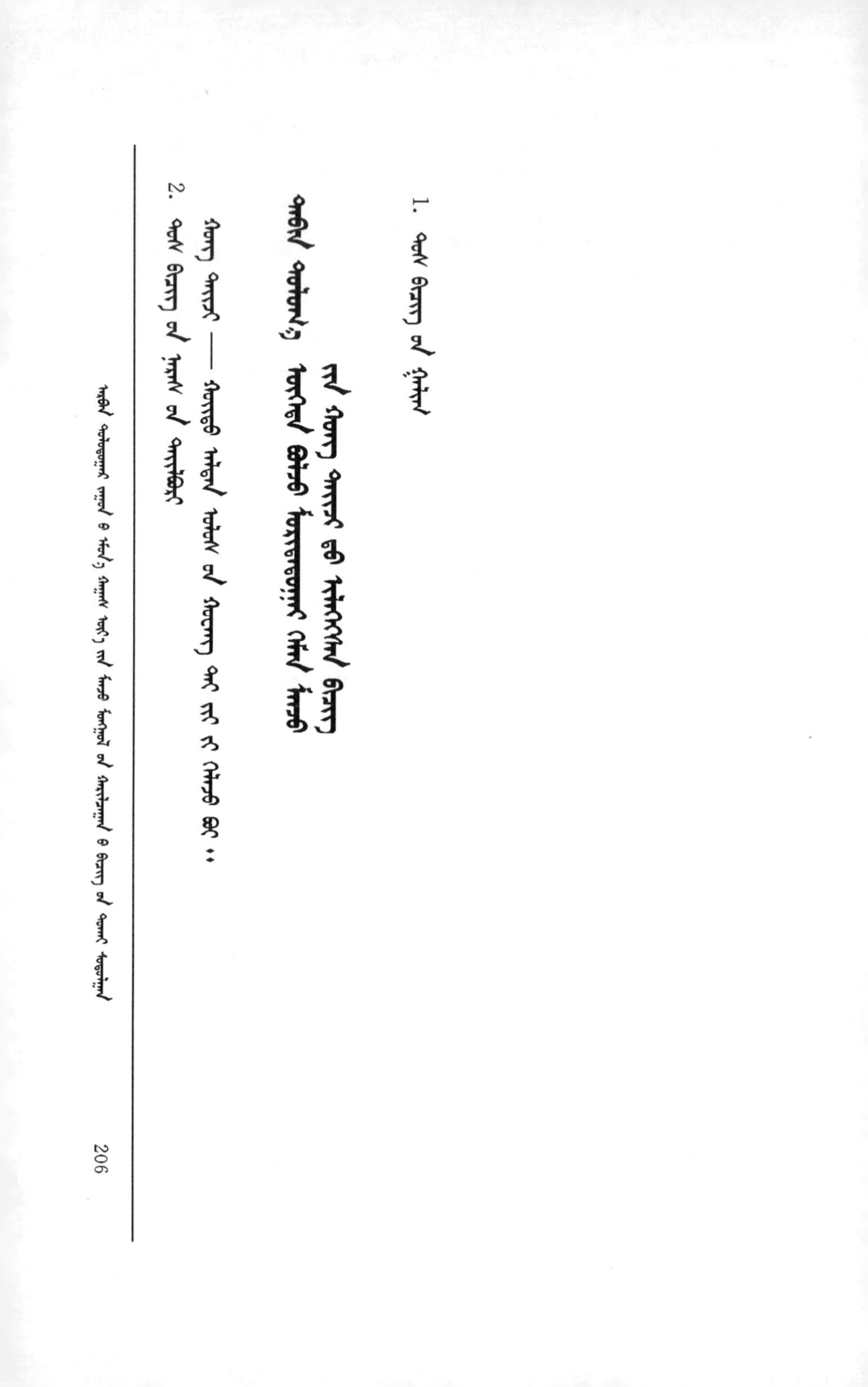

(1) @ sečen qaγan-u gegen-dü ayiladqaqu üge-yin učir,
(2) uridu ǰil-dü abtaγsan mani küregen keüken aldaγulǰi ireǰi,
(3) iregsen kümün-i üge-yi mani noyad-ača dörben tümen kümün-i
(4) amalaǰi belen kiǰi irey_e getele mani-yi sečen qaγan la neyileǰi geǰi
(5) sonosči bayiba genem. ker-be böglekü geǰi sonosqula dem ügei
(6) irekü geǰi lab kelenem bayinam. ene üge lab tulada,
(7) qaγan-i üdter ögede bolǰu moridaqula yamar geǰi
(8) ayiladqaba.
(9) qaγan ker-be örösiyeǰü lab mordaqu bolusa mani elči-yi olan-ača
(10) urid yaγaraǰu sedküǰi elčitei bolǰaγ_a lab keleǰi ilegemü
(11) geǰi ayiladqaba. bida mordaquiyan urdaγača belen kiy_e geǰi
(12) ayiladqaba.

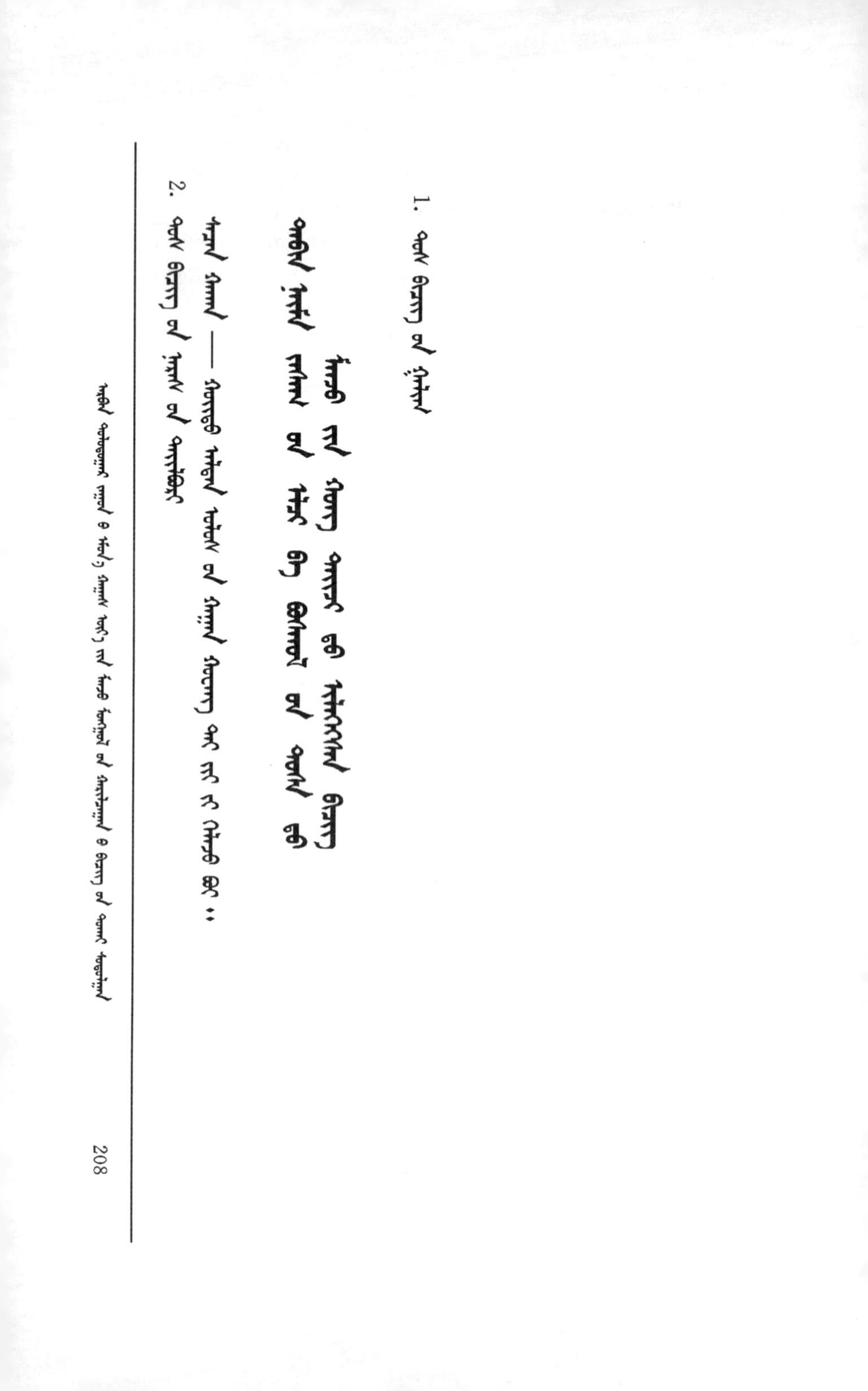

(1) oom suwasdi sidem.
(2) sečen qaγan-u gegen_e öčüken üge-yin tula
(3) ayiladqan bičig ürgün bariba.
(4) tüsiy_e-tü qaγan, buyangγu-yin kegüked γurban morin-u
(5) tulada, γučin aduγu tusiyaǰu bariǰu ülü
(6) öggünem. sonam geǰü, ǰasaγ-un elči ača
(7) geǰi ireǰi. bi ǰasaγ-un elči ögbe. ene čiγulγan-du
(8) sečen qaγan-u elči-yin emün_e yambar yal_a-yi tusiyaǰu büü
(9) bariy_a geǰi bile. ünen bolusa γučin aduγu-yi
(10) qariγulǰu öggüsei. γurban mori-yi tan-u
(11) ögtügei geǰi elči ögčü bile. tere elči-yi
(12) minu ǰančiǰu alaqui,
(13) qaγan-u elči buyan-tu kiy_a γuyuǰu abči bayinam.
(14) ǰasaγ-un elči-yi ǰančiγsan γurba yisü ača geǰü
(15) bingtü-eče ǰasaγ-un elči abču ǰaruǰu bile.
(16) üǰeǰü ese ögbe. qoyitu ǰimei-yin tula,
(17) qaγan-u gegen_e ayiladqaqu minu ene bui.
(18) bitegün kölön kegükenei γurban bosqaγul dörben mori-tai
(19) yeke ǰam-du oroǰu ečiǰem.
(20) qaγan elči ögčü suraγul ker-ber olbasu čaγaǰa-inu
(21) tende mede.

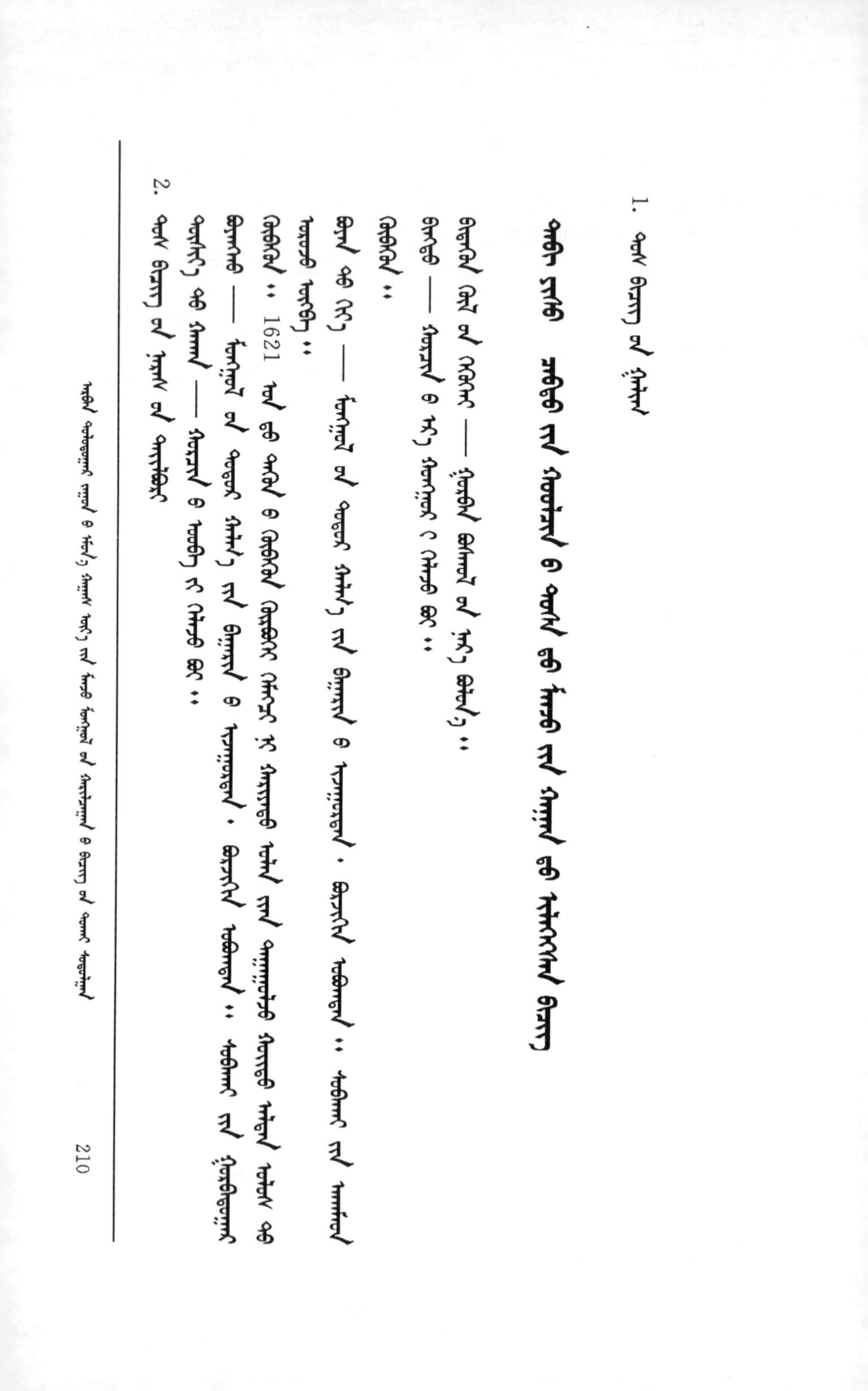

(1) @ oom suwasdi sidem.
(2) qaγan namayi ebül ečigsen-dü, čebtü-yin quulčin qorin ger bai
(3) tende ab geǰü, nasi darqan-iyar ǰarliγ bolǰu bile.
(4) darqan tayiǰi tan-du qabčiquri bile ača geǰü kegüken-iyen
(5) garm_a tayiǰi-yi ǰaruǰi,
(6) qaγan minu qomorγan-du oroγsan bui geǰü soyorqaǰu bile gegsen-dü,
(7) qaγan-u qomorγan-du oroγsan ügei genem. tere quulčin-i
(8) medekü nigen sayin kümün-i elči ǰaruǰi, minu öggügsen
(9) ünen bile geǰi, darqan tayiǰi-du
(10) ǰarliγ bolqu aǰamu.

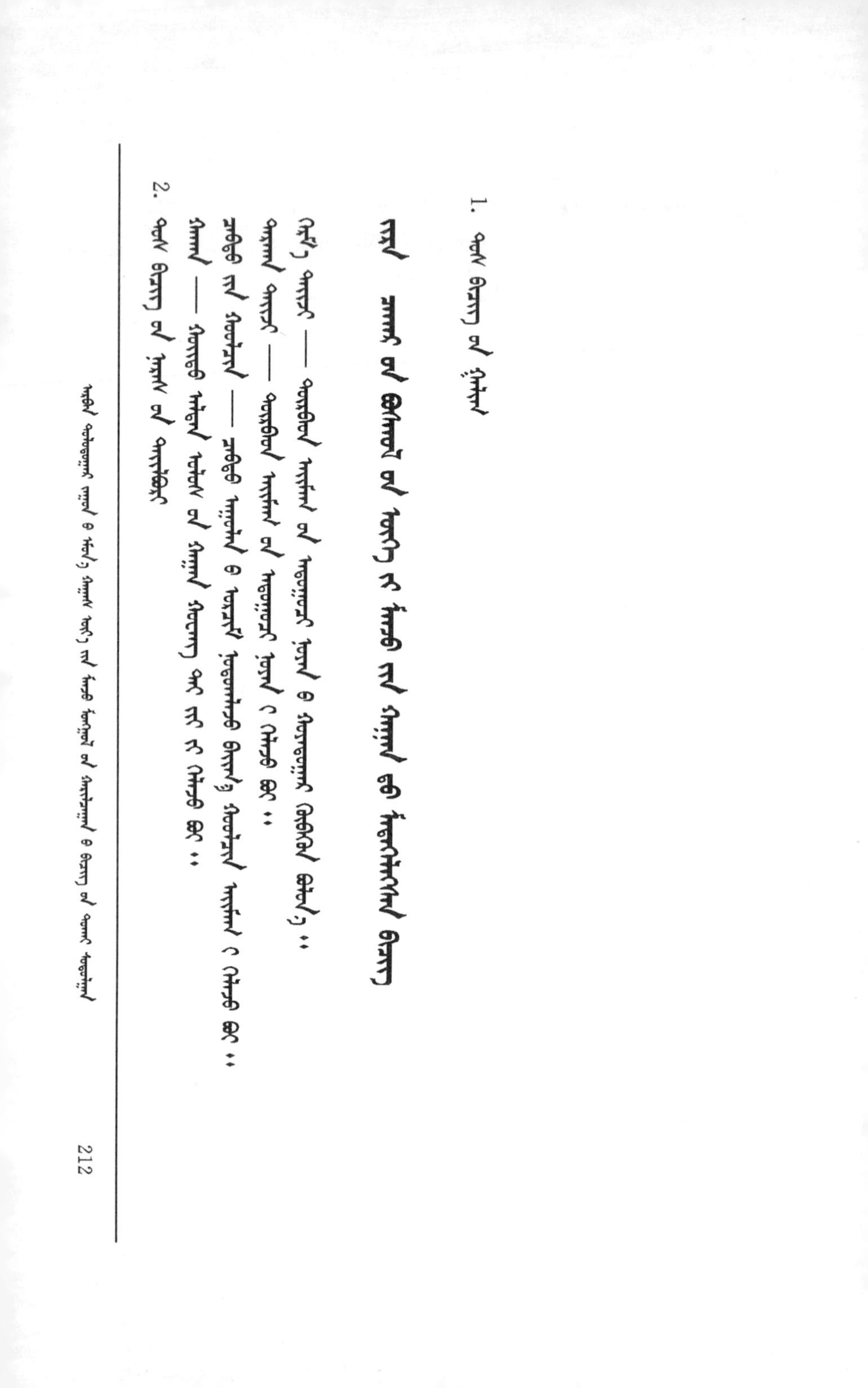

(1) @ oom suwasdi sidem.
(2) čaqar-un qaγan-ača,
(3) üiǰeng-ün quba-yin köbegün tongγaγ_a bosču irebe.
(4) otoγ-inu del quyas-tu kürčü irebe genem.
(5) angγaγai neretü kümün qoyar ǰaγun tursiγul inaγsi
(6) mordaba genem. čerig-iyen urid mordaǰu ger-iyen
(7) qoyina-ača negüǰü iǰaγur-un otoγ-dan oroy_a geǰi
(8) yabunam genem. ǰirγuγan qosiγun-u qatun-i γool-un
(9) teredege, qaγan-u ger-eče naiman edür naiman söni
(10) güilgeǰü kürkü genem. tere ǰirγuγan qosiγun-i inaγsi
(11) γarqula, čaγan sar_a-yin uridu sara-du γarqu, tere γool
(12) γaγča tere sara-du kürkü genem. inatu ǰirγuγan qosiγun-i
(13) aγta-inu ǰud toraγan-dur üküǰü, aγan-du
(14) mordaqula ǰirγuγan qosiγunai ǰirγuγan mingγan čerig
(15) mordaǰu yabunam genem. otoγ-inu inaγsi ireǰü bayinam
yaγakiqui
(16) qaγan-u gegen_e medekü bayinam.

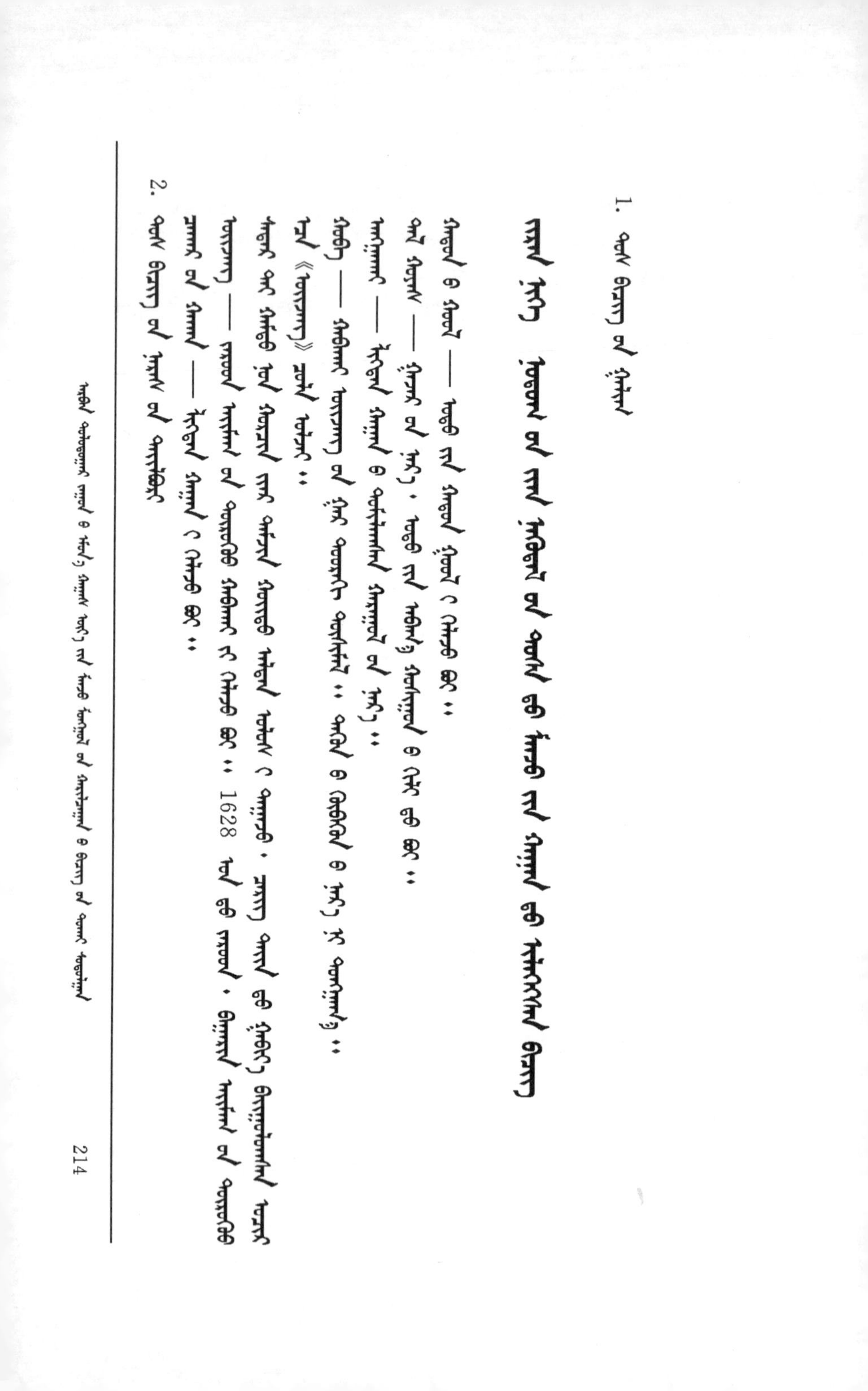

(1) @ qaγan-u ǰarliγ-iyar negünem bile bida. dörbe γurban
(2) qonoγ usun ügei tulada, aduγu qoni-yi urid
(3) negülgeǰü, γaruladču negütele, ooba naγaču-yin bosqaγul
(4) bosču nekegsen nekegül-dü, ǰoriγ-in γool-un
(5) amasar-tu, čaqar-ača irekü bosqaγul sereng abaqai-yin
(6) ǰaγun aduγu-tai γurban temege-tei γurban quyaγ-tai,
(7) arban doloγan naiman kümün, doloγan tayiǰinar-tu ečibe genem.
(8) tere bosqaγul, nada kele, či urid kürkü bisiü.
(9) aγtan-i tarγun čerig mordanam geǰi, aγta temege
(10) quriyaba. serekűdü adali sere, büü genede. ene üge
(11) qudal ügei bui. bosγul ečiǰemü tursiγul tursiǰu
(12) γarǰam bolbau. iǰaγur-un dobtoloγsan γaǰar_a
(13) ulus saγuγ_a bai gekü-dü qaγan iniyebe genem.
(14) ǰirγuγan qonoγ-un tursiγul γarγaba bida. ene kele
(15) ünen bolusa, sira mören, naγun qoyar-un qoγor dumda
(16) usun ügei-yin deger_e maγu bayiča geǰi sanaγdaba bida.
(17) ene bosγul-un üge, čaqar-in otoγ quluqurin γool-in
(18) sira sibaγu-tai abdaratai-du genem. ene bosγul
(19) arba qonoǰu ireǰi bayinam. ene üge-yin ünen qudal-i
(20) muqur-un urusqu bulaγ-tu-dur
(21) ǰaγur_a saγuǰu bolquγad negüy_e.

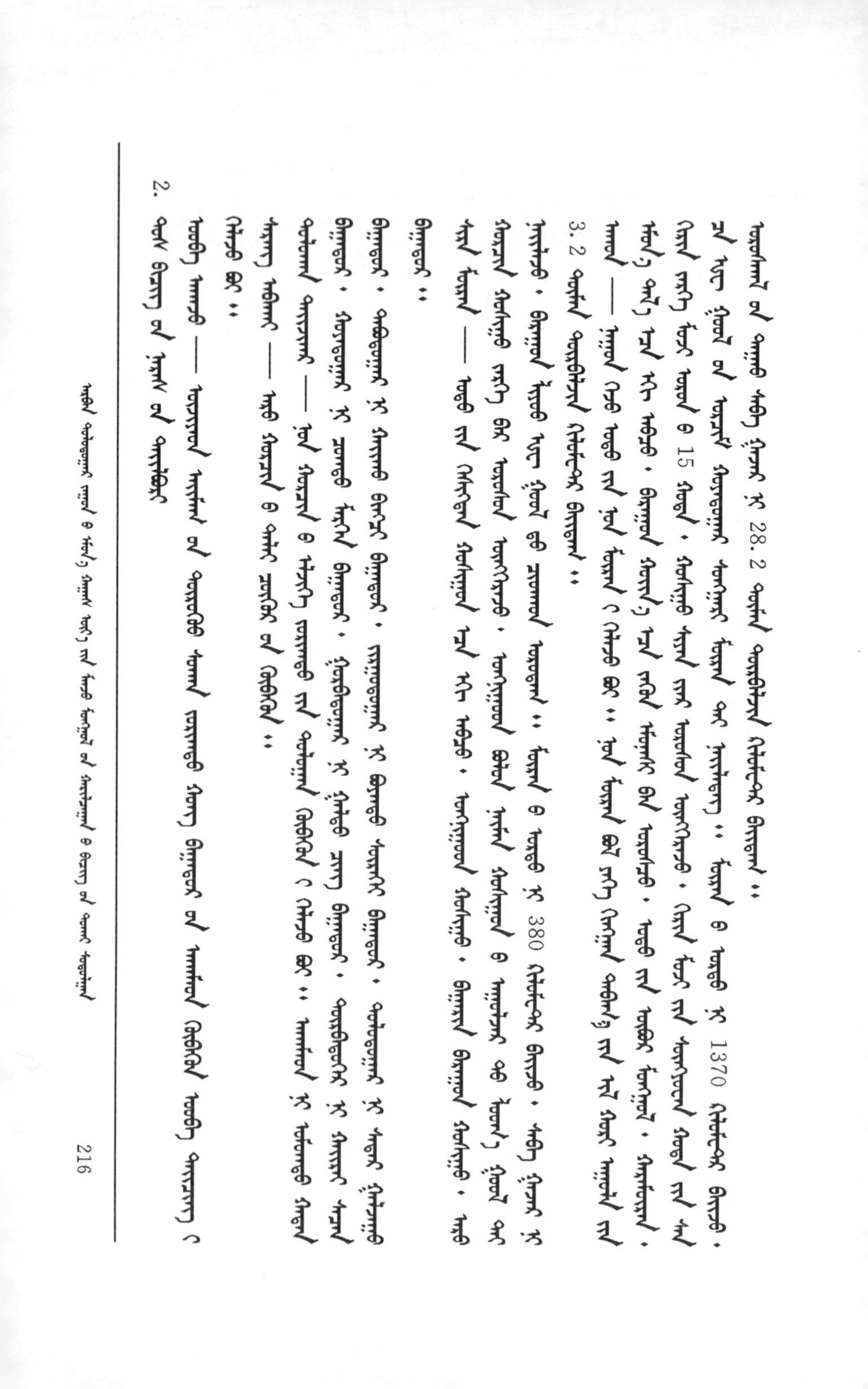

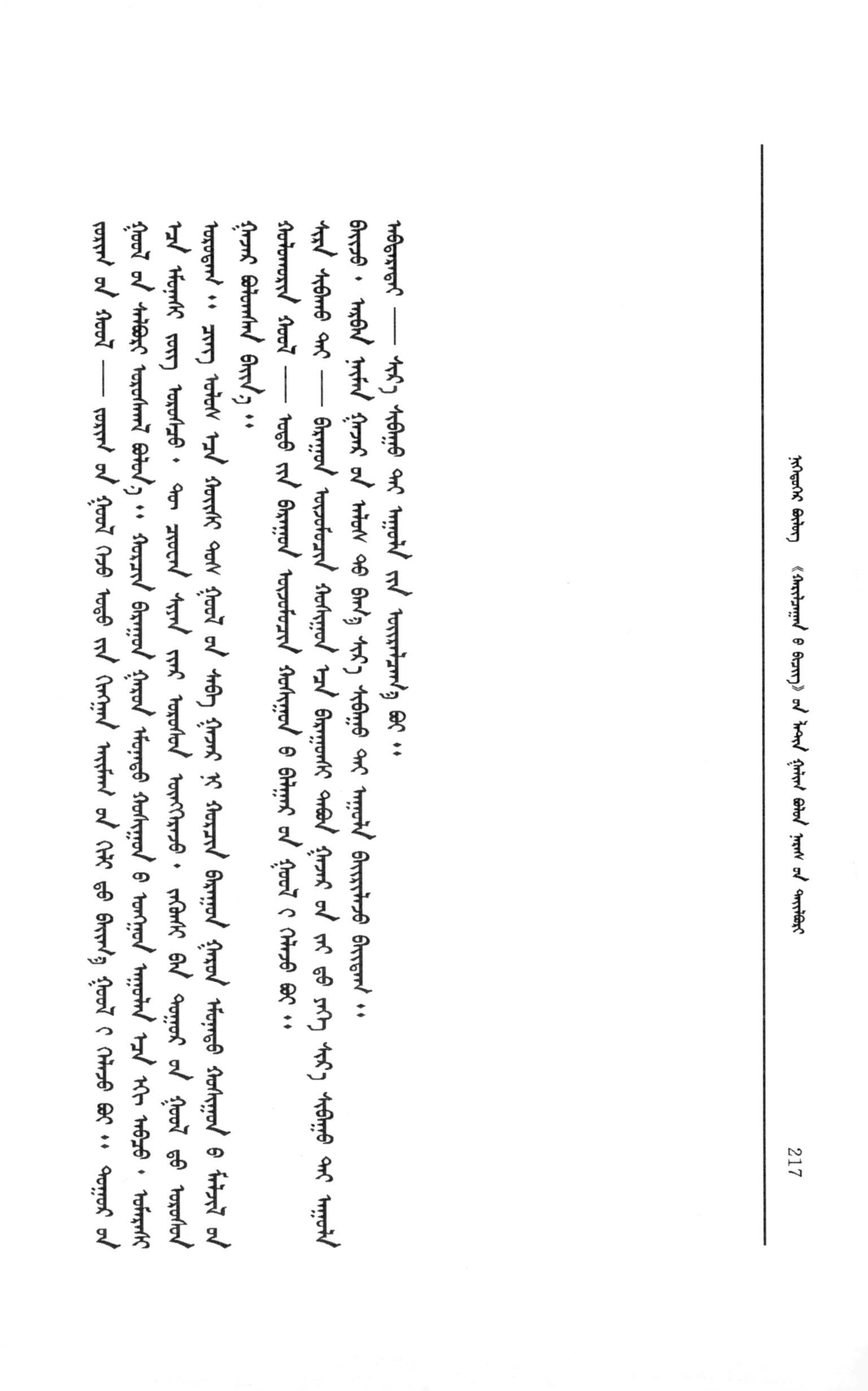

[illegible]

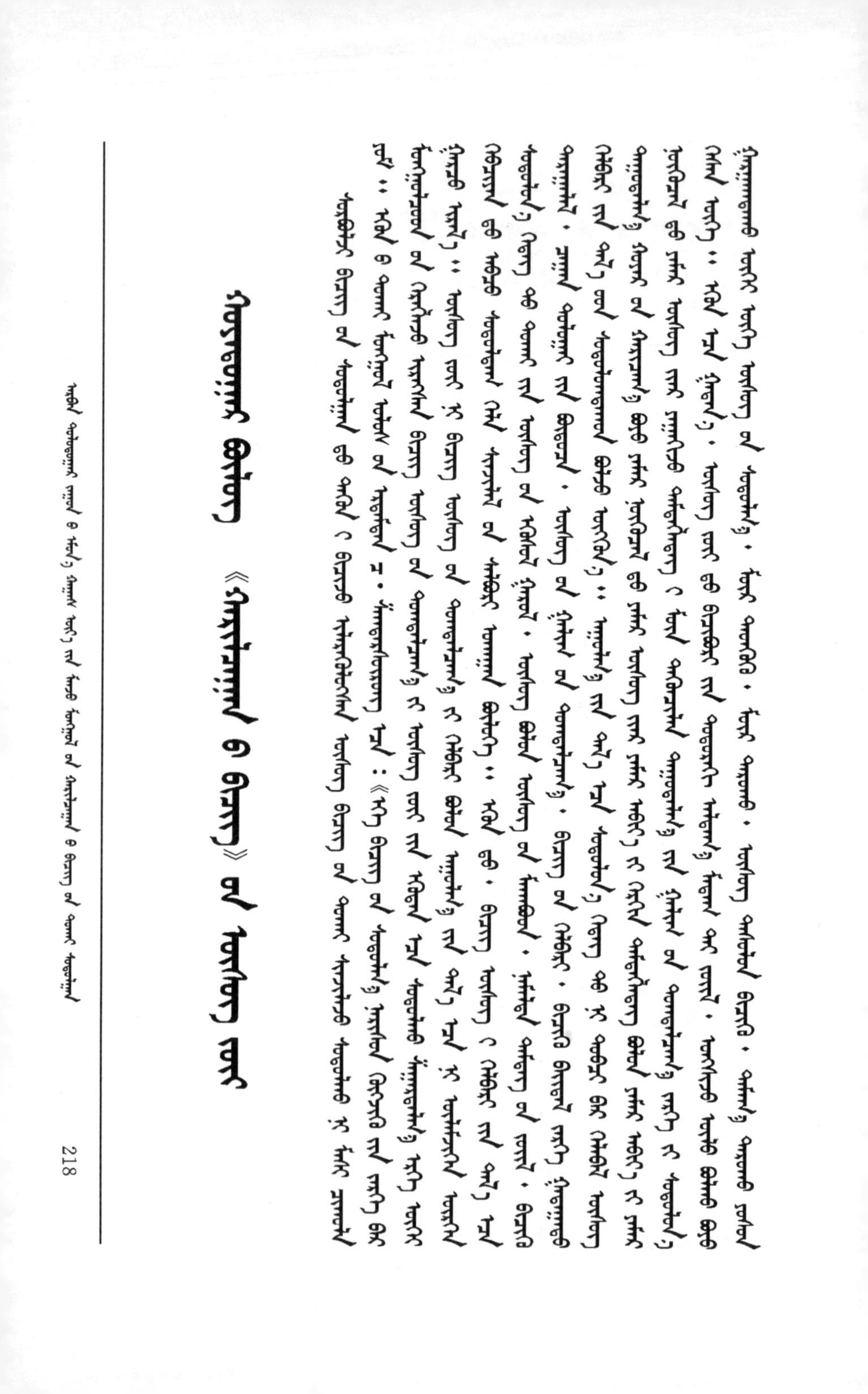

[illegible]

[illegible]

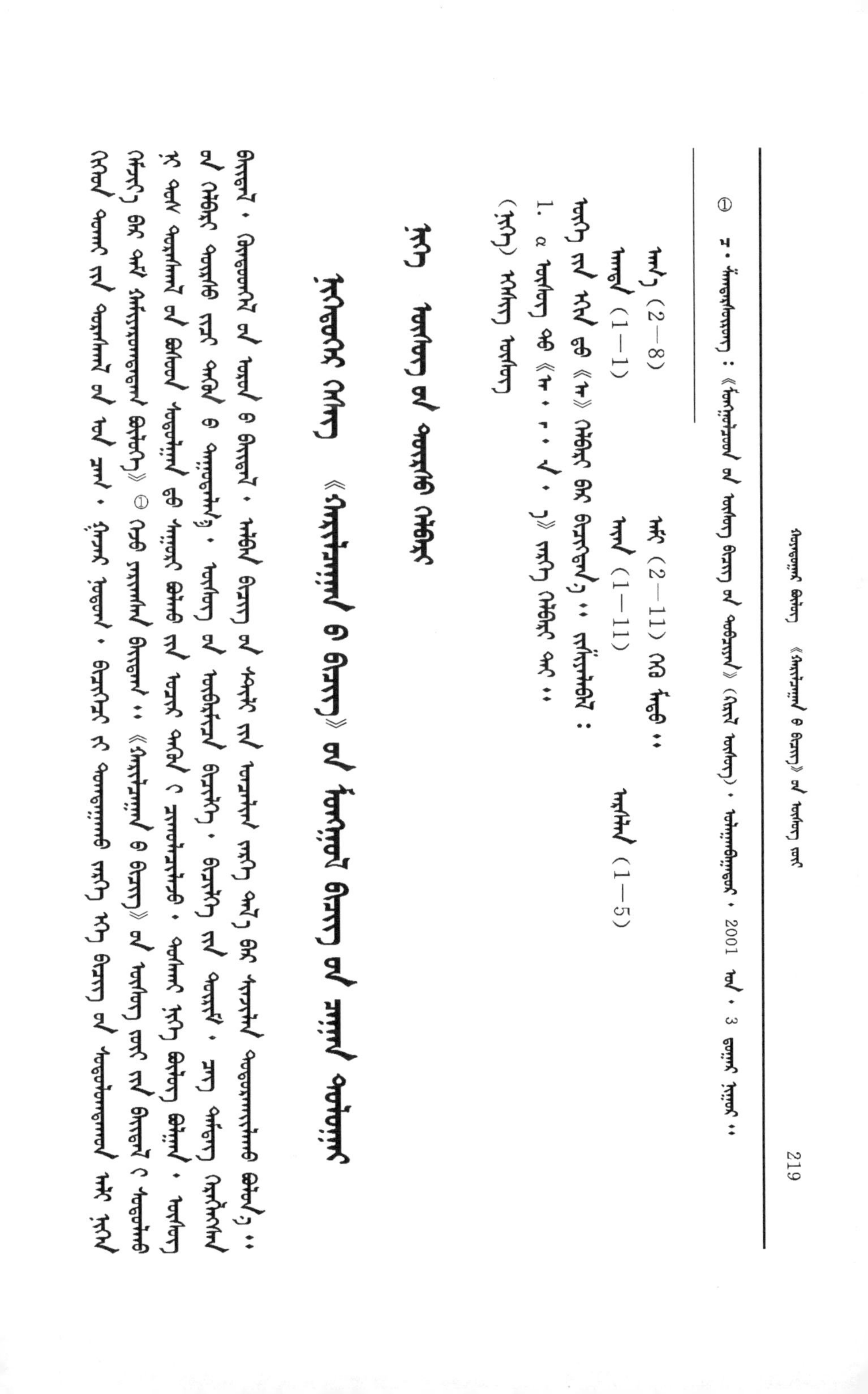

1. α ᠲᠡᠮᠳᠡᠭ ᠨᠢ 《ᠲ · ᠷ · ᠯ · ᠭ》 ᠭᠡᠬᠦ ᠦᠰᠦᠭ ᠮᠥᠨ ᠃

ᠬᠠᠷᠢᠭᠤ (23—1) ᠪᠣᠷᠣᠭᠤ (6—5) ᠠᠷᠠᠭᠤ (23—1)

ᠲᠡᠮᠳᠡᠭᠯᠡᠭᠰᠡᠨ ᠦ 《ᠣ (ɑ)》 ᠦᠰᠦᠭ ᠢ 《ᠣ》 ᠦᠰᠦᠭᠯᠡᠭᠰᠡᠨ ᠲᠣᠬᠢᠶᠠᠯᠳᠤᠯ ᠤᠨ ᠪᠠᠶᠢᠳᠠᠯ ᠲᠠᠭᠠᠷᠠᠯ ᠲᠠᠭᠠᠷᠠᠭᠳᠠᠬᠤ ᠪᠢᠴᠢᠭᠳᠡᠭᠰᠡᠨ ᠪᠠᠶᠢᠨ᠎ᠠ ᠃ ᠵᠢᠱᠢᠶᠡᠯᠡᠪᠡᠯ :

ᠪᠠ ᠣᠨ (23—10) ᠪᠣᠢ ᠣ (5—9) ᠰᠢᠨ᠎ᠠ (5—15) ᠮᠡᠲᠦ ᠲᠡᠷᠡᠭᠦ ᠃

ᠪᠣᠯᠤᠨ (6—2) ᠪᠣᠯᠤᠭᠰᠠᠨ (6—11) ᠪᠣᠰᠤᠭ᠎ᠠ (2—10)

ᠰᠠᠶᠢᠨ (6—3) ᠨᠠᠷᠠᠨ (5—10) ᠤᠷᠤᠨ (3—13)

ᠢᠯᠡᠳᠡ ᠦᠰᠦᠭᠯᠡᠭᠰᠡᠨ ᠲᠣᠬᠢᠶᠠᠯᠳᠤᠯ ᠤᠨ ᠪᠠᠶᠢᠳᠠᠯ ᠤᠨ ᠬᠤᠪᠢᠯᠤᠯᠲᠠ ᠪᠠᠶᠢᠨ᠎ᠠ ᠃ ᠵᠢᠱᠢᠶᠡᠯᠡᠪᠡᠯ :

ᠲᠣᠬᠢᠶᠠ ᠶᠢᠨ ᠲᠡᠯᠡ ᠶᠢ ᠲᠡᠮᠳᠡᠭᠯᠡᠭᠰᠡᠨ ᠦ 《ᠣ (ɑ)》 ᠦᠰᠦᠭ ᠢ 《ᠨ (n)、ᠬ (q、γ)、ᠪ、ᠫ、ᠶ (y、ǰ)、ᠰ (s)、ᠱ》

ᠰᠠᠷᠠᠨ (14—4) ᠰᠠᠨ (3—3) ᠳᠠᠨ (68—10) ᠮᠡᠲᠦ ᠲᠡᠷᠡᠭᠦ ᠃

ᠬᠠᠭᠠᠨ (6—9) ᠰᠠᠷᠠᠨ (2—12) ᠵᠠᠷᠠᠨ (14—3)

ᠪᠣᠯᠤᠨ (4—4) ᠤᠨ (6—4) ᠤᠯᠠᠨ (3—11)

ᠠᠨ (3—17) ᠲᠠᠨ (5—2) ᠬᠠᠨ (13—24) ᠰᠠᠨ (14—4)

ᠵᠢᠱᠢᠶᠡᠯᠡᠪᠡᠯ :

ᠬ、ᠭ、ᠪ、ᠫ、ᠴ (č、ǰ)、ᠶ (ǰ、y)、ᠷ、ᠸ (w)》 ᠢᠯᠡᠳᠡ ᠦᠰᠦᠭᠯᠡᠭᠰᠡᠨ ᠲᠣᠬᠢᠶᠠᠯᠳᠤᠯ ᠤᠨ ᠪᠠᠶᠢᠳᠠᠯ ᠤᠨ ᠬᠤᠪᠢᠯᠤᠯᠲᠠ ᠲᠡᠷᠡᠭᠦᠨ ᠪᠠᠶᠢᠨ᠎ᠠ ᠃ ᠲᠣᠬᠢᠶᠠ ᠶᠢᠨ ᠲᠡᠯᠡ ᠶᠢ ᠲᠡᠮᠳᠡᠭᠯᠡᠭᠰᠡᠨ 《ᠨ》 ᠢ 《ᠨ (n)、ᠩ、ᠮ、

ᠲᠣᠬᠢᠶᠠ ᠶᠢᠨ ᠲᠡᠯᠡ ᠶᠢ 《ᠨ、ᠣ》 ᠦᠰᠦᠭ ᠪᠠᠷ ᠪᠢᠴᠢᠭᠰᠡᠨ ᠃

ᠰᠠᠷᠠᠨ (54—2) ᠰᠠᠷᠠᠭ (54—8) ᠮᠡᠲᠦ ᠲᠡᠷᠡᠭᠦ ᠃

ᠰᠠᠨ (1—5) ᠪᠣᠯᠣᠭᠰᠠᠭ (1—13) ᠵᠠᠷᠠᠨ (1—7)

ᠲᠣᠬᠢᠶᠠ ᠶᠢᠨ ᠤᠭᠰᠠᠨ 《ᠷ》 ᠦᠰᠦᠭ ᠪᠠᠷ ᠪᠢᠴᠢᠭᠰᠡᠨ ᠃ ᠵᠢᠱᠢᠶᠡᠯᠡᠪᠡᠯ :

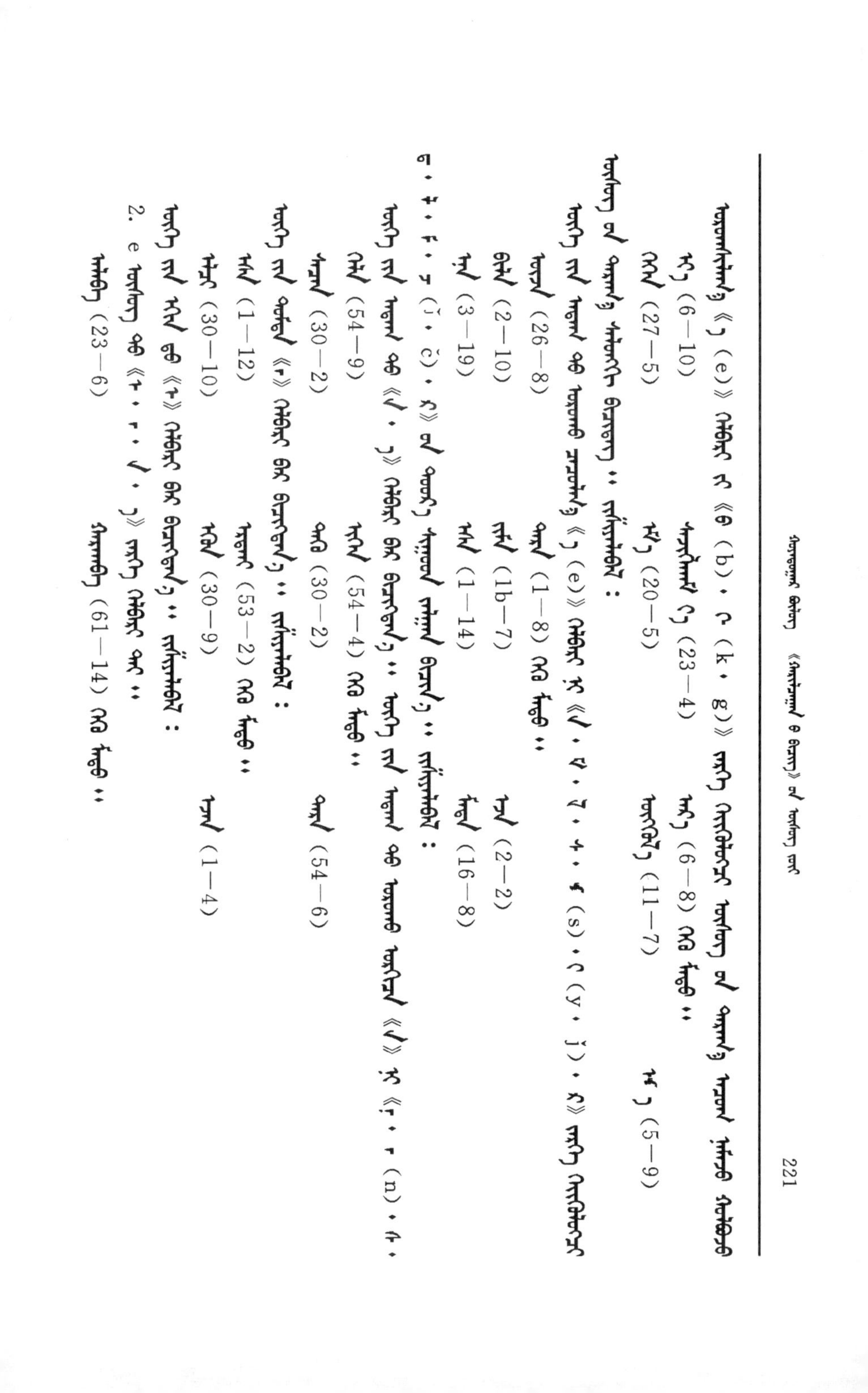

[illegible] 《[illegible] (e)》 [illegible] [illegible] 《[illegible] (b) · [illegible] (k · g)》 [illegible] [illegible] [illegible] [illegible] [illegible] [illegible] [illegible] [illegible]

[illegible] (6—10) [illegible] [illegible] (23—4) [illegible] (6—8) [illegible] [illegible] ··

[illegible] (27—5) [illegible] (20—5) [illegible] (11—7) [illegible] (5—9)

[illegible] [illegible] [illegible] [illegible] [illegible] ·· [illegible] :

[illegible] [illegible] [illegible] [illegible] [illegible] [illegible] 《[illegible] (e)》 [illegible] [illegible] 《[illegible] · [illegible] · [illegible] · [illegible] · [illegible] (s) · [illegible] (y · ǰ) · [illegible]》 [illegible] [illegible]

[illegible] (26—8) [illegible] (1—8) [illegible] [illegible] ··

[illegible] (2—10) [illegible] (1b—7) [illegible] (2—2)

[illegible] (3—19) [illegible] (1—14) [illegible] (16—8)

[illegible] · [illegible] · [illegible] · [illegible] (ǰ · č) · [illegible]》 [illegible] [illegible] [illegible] [illegible] [illegible] ·· [illegible] :

[illegible] [illegible] [illegible] [illegible] 《[illegible] · [illegible]》 [illegible] [illegible] [illegible] ·· [illegible] [illegible] [illegible] [illegible] [illegible] [illegible] 《[illegible]》 [illegible] 《[illegible] · [illegible] (n) · [illegible] ·

[illegible] (54—9) [illegible] (54—4) [illegible] [illegible] ··

[illegible] (30—2) [illegible] (30—2) [illegible] (54—6)

[illegible] [illegible] [illegible] 《[illegible]》 [illegible] [illegible] [illegible] ·· [illegible] :

[illegible] (1—12) [illegible] (53—2) [illegible] [illegible] ··

[illegible] (30—10) [illegible] (30—9) [illegible] (1—4)

[illegible] [illegible] [illegible] [illegible] 《[illegible]》 [illegible] [illegible] [illegible] ·· [illegible] :

2. e [illegible] [illegible] 《[illegible] · [illegible] · [illegible] · [illegible]》 [illegible] [illegible] [illegible] ··

[illegible] (23—6) [illegible] (61—14) [illegible] [illegible] ··

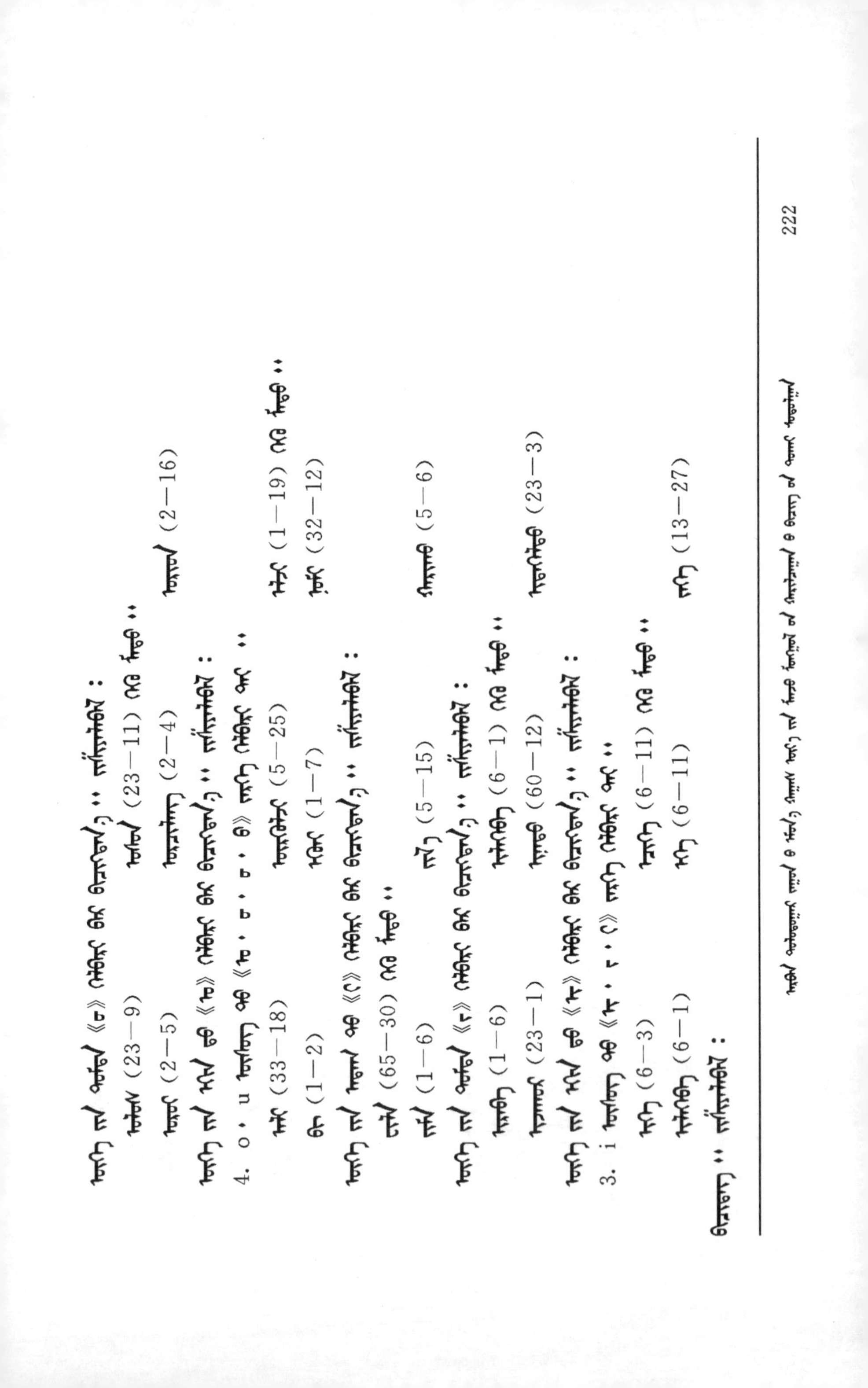

4. o᠂ u ᠡᠭᠡᠰᠢᠭ ᠢ 《ᠣ᠂ ᠤ᠂ ᠤ᠂ ᠣ》 ᠭᠡᠵᠦ ᠲᠡᠮᠳᠡᠭᠯᠡᠨ᠎ᠡ ᠃

3. i ᠡᠭᠡᠰᠢᠭ ᠢ 《ᠢ᠂ ᠢ᠂ ᠢ》 ᠭᠡᠵᠦ ᠲᠡᠮᠳᠡᠭᠯᠡᠨ᠎ᠡ ᠃

ᠹ (f)》 ᠮᠡᠲᠦ ᠳᠠᠪᠬᠤᠷᠴᠠᠭᠰᠠᠨ ᠦᠰᠦᠭ ᠦᠨ ᠬᠡᠯᠪᠡᠷᠢ ᠬᠡᠷᠡᠭᠯᠡᠭᠳᠡᠭᠦᠯᠦ᠂ ᠵᠢᠱᠢᠶᠡᠯᠡᠪᠡᠯ :

ᠦᠭᠡ ᠶᠢᠨ ᠡᠬᠢᠨ ᠳᠦ 《ᠪ · ᠭ》 ᠵᠢᠷᠤᠯᠠᠭᠰᠠᠨ ᠪᠠᠢᠨ᠎ᠠ᠂ ᠦᠭᠡ ᠶᠢᠨ ᠡᠬᠢᠨ ᠳᠦ ᠦᠭᠡᠢᠰᠡ 《ᠭ》 ᠵᠢᠷᠤᠯᠠᠭ 《ᠪ (b) · ᠺ (k · g) ·

5. ö · ü ᠦᠰᠦᠭ ᠬᠡᠪ 《ᠦᠭ · ᠨ · ᠭ · ᠭ · ᠪ》 ᠮᠡᠲᠦ ᠵᠢᠷᠤᠯᠠᠭ ᠬᠡᠨ ᠄

ᠦᠭᠡ ᠶᠢᠨ ᠡᠬᠢᠨ ᠳᠦ ᠦᠭᠡᠢᠰᠡ 《ᠭ》 ᠵᠢᠷᠤᠯᠠᠭ ᠮᠡᠲᠦᠯ 《ᠪ (b)》 ᠳᠠᠪᠬᠤᠷᠴᠠᠭᠰᠠᠨ ᠦᠰᠦᠭ ᠦᠨ ᠬᠡᠯᠪᠡᠷᠢ ᠬᠡᠷᠡᠭᠯᠡᠭᠳᠡᠭᠦᠯᠦ᠂ ᠵᠢᠱᠢᠶᠡᠯᠡᠪᠡᠯ :

1. n ᠲᠡᠭᠦᠰᠬᠡᠯ ᠢ 《ᠯ᠂ ᠯ᠂ ᠷ᠂ ᠷ᠂ ᠳ᠂ ᠳ》 ᠮᠡᠲᠦ ᠭᠡᠳᠡᠭ ᠶᠤᠮ᠃

ᠪᠢᠴᠢᠭᠳᠡᠬᠦ ᠪᠠᠢᠳᠠᠯ ᠲᠠᠢ ᠪᠣᠯᠤᠨ 《ᠸ》 ᠭᠡᠳᠡᠭ ᠪᠢᠴᠢᠭᠳᠡᠬᠦ ᠪᠠᠢᠳᠠᠯ ᠪᠣᠯᠤᠨ ᠶᠤᠮ᠃ 《ᠹ (f)》 ᠭᠢᠯᠪᠦᠷᠢᠯᠲᠡ ᠲᠡᠭᠦᠰᠬᠡᠯ ᠦᠨ ᠣᠷᠣᠨ᠎ᠳᠤ 《ᠸ》 ᠭᠡᠳᠡᠭ

ᠲᠡᠮᠳᠡᠭᠯᠡᠭᠰᠡᠨ ᠶᠠᠪᠤᠳᠠᠯ ᠳᠤ ᠦᠨ ᠰᠢᠨᠵᠢ ᠶᠢᠨ ᠲᠣᠭᠠᠴᠠᠬᠤ ᠲᠠᠢ ᠬᠠᠷᠢᠴᠠᠭᠤᠯᠪᠠᠯ ᠪᠣᠯᠤᠨ᠎ᠠ᠃ ᠲᠡᠭᠦᠨ ᠴᠢᠯᠡᠨ 《ᠺ (q)᠂ ᠺ (γ)》 ᠦᠨ ᠣᠷᠣᠨ᠎ᠳᠤ 《ᠪ》 ᠭᠡᠳᠡᠭ

《ᠪ (b)᠂ ᠭ (k᠂ g)》 ᠦᠨ ᠣᠷᠣᠨ᠎ᠳᠤ 《ᠪ》 ᠭᠡᠳᠡᠭ ᠰᠣᠯᠢᠯᠴᠠᠭᠤᠯᠤᠭᠰᠠᠨ ᠲᠣᠬᠢᠶᠠᠯ ᠤᠨ ᠲᠣᠭ᠎ᠠ ᠪᠣᠯ ᠶᠠᠪᠤᠳᠠᠯ ᠤᠨ ᠰᠢᠨᠵᠢ ᠪᠠᠷ ᠬᠣᠶᠠᠷ ᠪᠣᠯᠬᠤ ᠨᠢ

ᠦᠰᠦᠭ ᠲᠡᠮᠳᠡᠭ ᠲᠡᠢ ᠪᠢᠴᠢᠭ ᠲᠡᠮᠳᠡᠭ ᠦᠭᠡᠢ ᠮᠣᠩᠭᠣᠯ ᠬᠡᠯᠪᠡᠷ ᠢᠶᠡᠷ ᠲᠡᠮᠳᠡᠭᠯᠡᠭᠰᠡᠨ ᠪᠢᠴᠢᠯᠭᠡ ᠶᠢ ᠮᠣᠩᠭᠣᠯᠴᠢᠯᠠᠭᠰᠠᠨ ᠪᠢᠴᠢᠯᠭᠡ ᠮᠡᠳᠦ ᠃

ᠦᠰᠦᠭ ᠨ (n) ᠪᠣᠯᠤᠨ ᠭ (g) ᠶᠢᠨ ᠵᠢᠷᠤᠮᠯᠠᠯ ᠢ ᠪᠠᠷᠢᠮᠲᠠᠯᠠᠬᠤ ᠦᠰᠦᠭ ᠪᠢᠴᠢᠭ ᠪᠣᠯᠤᠨ ᠲᠡᠮᠳᠡᠭ ᠦᠨ ᠦᠭᠡᠨ ᠳᠦ n ᠢ ᠲᠡᠮᠳᠡᠭᠯᠡᠬᠦ ᠳᠦᠷᠢᠮ ᠢᠶᠡᠷ

ᠦᠭᠡᠨ ᠦ ᠡᠬᠢᠨ ᠳᠦ 《ᠨ᠂ ᠨ》 ᠬᠡᠯᠪᠡᠷ ᠢᠶᠡᠷ ᠪᠢᠴᠢᠭᠳᠡᠳᠡᠭ ᠪᠥᠭᠡᠳ ᠦᠭᠡᠨ ᠦ ᠡᠴᠦᠰ ᠲᠦ 《ᠩ᠂ ᠩ》 ᠬᠡᠯᠪᠡᠷ ᠢᠶᠡᠷ ᠪᠢᠴᠢᠭᠳᠡᠳᠡᠭ ᠨᠢ ᠵᠢᠷᠤᠮᠯᠠᠯ

ᠡᠪᠦᠳᠦᠭ (14—12)   ᠡᠪᠡᠯ ᠦᠨ (33—4) ᠮᠡᠳᠦ ᠃

ᠨᠢᠭᠡ (3—4)   ᠰᠠᠢᠨ (53—1)   ᠲᠥᠷᠦᠭᠰᠡᠨ (12—12)

ᠦᠭᠡᠨ ᠦ ᠡᠴᠦᠰ ᠲᠦ 《ᠩ᠂ ᠩ》 ᠬᠡᠯᠪᠡᠷ ᠡᠰᠡᠨ ᠡᠰᠡᠨ ᠪᠢᠴᠢᠭᠳᠡᠵᠡᠢ ᠃ ᠵᠢᠱᠢᠶᠡᠯᠡᠪᠡᠯ :

ᠨᠢᠭᠡᠨ (12—12)   ᠰᠣᠩᠭᠣᠰ (13—16)   ᠲᠥᠷᠦᠭᠡᠳ (18—15) ᠮᠡᠳᠦ ᠃

ᠬᠠᠭᠠᠨ (53—9)   ᠲᠡᠩᠭᠢᠰ ᠢᠨ (11—3)   ᠬᠦᠮᠦᠨ (12—11)

ᠦᠭᠡᠨ ᠦ ᠡᠬᠢᠨ ᠳᠦ 《ᠨ᠂ ᠨ》 ᠬᠡᠯᠪᠡᠷ ᠪᠢᠴᠢᠭᠳᠡᠵᠡᠢ ᠃ ᠵᠢᠱᠢᠶᠡᠯᠡᠪᠡᠯ :

ᠡᠨᠡ ᠳᠦᠷᠢᠮ ᠦᠰᠦᠭ ᠦᠭᠡᠨ ᠦ ᠳᠤᠮᠳᠠ ᠳᠤ ᠡᠯᠡᠭᠯᠡᠭᠳᠡᠬᠦ ᠦᠭᠡᠢ ᠃

2. ng ᠦᠰᠦᠭ ᠦᠨ 《ᠩ᠂ ᠩ᠂ ᠩ᠂ ᠩ》 ᠭᠤᠷᠪᠠᠨ ᠬᠡᠯᠪᠡᠷ ᠲᠡᠢ ᠃

ᠦᠭᠡᠨ ᠦ ᠡᠴᠦᠰ ᠲᠦ ᠬᠡᠯᠪᠡᠷ ᠨᠢ ᠲᠣᠭᠲᠠᠭᠰᠠᠨ ᠪᠠᠢᠳᠠᠯ ᠢ ᠦᠵᠡᠬᠦ ᠮᠡᠳᠦ ᠃

ᠡᠴᠦᠰ 《ᠩ》 ᠬᠡᠯᠪᠡᠷ ᠡᠴᠡ ᠭᠠᠳᠠᠨᠠ 《ᠩ》 ᠬᠡᠯᠪᠡᠷ ᠪᠢᠴᠢᠭᠳᠡᠵᠡᠢ ᠃ ᠡᠨᠡ ᠨᠢ 《ᠮᠣᠩᠭᠣᠯ ᠤᠨ ᠨᠢᠭᠤᠴᠠ ᠲᠣᠪᠴᠢᠶᠠᠨ》 ᠤ n ᠲᠡᠮᠳᠡᠭᠯᠡᠬᠦ ᠲᠡᠮᠳᠡᠭ ᠲᠡᠢ ᠂ ᠲᠡᠮᠳᠡᠭ

ᠦᠭᠡᠨ ᠦ ᠡᠴᠦᠰ ᠲᠦ ᠦᠭᠡᠷᠡ 《ᠩ᠂ ᠩ》 ᠬᠡᠯᠪᠡᠷ ᠭᠠᠳᠠᠨᠠ 《ᠩ》 ᠶᠢᠨ ᠣᠷᠤᠨ ᠳᠤ ᠪᠢᠴᠢᠭᠳᠡᠵᠡᠢ ᠃ ᠡᠨᠡ ᠦᠰᠦᠭ ᠦᠨ ᠲᠡᠮᠳᠡᠭ ᠪᠣᠯᠤᠨ

ᠪᠢᠴᠢᠭᠰᠡᠨ (34—12)   ᠡᠷᠬᠢᠮᠰᠡᠭ (98—12) ᠮᠡᠳᠦ ᠃

ᠰᠠᠩ (4—7)   ᠲᠡᠩ (23—9))   ᠬᠠᠷᠠᠩ (29—6)

ᠰᠠᠩ (1—18)   ᠪᠠᠷᠠᠩ (1—12)   ᠰᠠᠷᠠᠩ (1—6)

ᠦᠭᠡᠨ ᠦ ᠡᠴᠦᠰ ᠲᠦ 《ᠩ᠂ ᠩ》 ᠬᠡᠯᠪᠡᠷ ᠪᠢᠴᠢᠭᠳᠡᠵᠡᠢ ᠃ ᠵᠢᠱᠢᠶᠡᠯᠡᠪᠡᠯ :

3. b ᠬᠡᠯᠡᠭᠳᠡᠬᠦ ᠳᠦ 《ᠪᠣ᠂ ᠪᠥ᠂ ᠪᠤ᠂ ᠪᠦ》 ᠭᠡᠳᠡᠭ ᠦᠭᠡᠢ ::

ᠬᠡᠯᠡᠬᠦ ᠳᠦ ᠬᠠᠢ ᠡᠴᠡ 《ᠪᠥ》 ᠭᠡᠳᠡᠭ ᠪᠠᠷ ᠪᠢᠴᠢᠭᠳᠡᠨ᠎ᠡ :: ᠵᠢᠰᠢᠶᠡᠯᠡᠪᠡᠯ :

ᠪᠥᠭᠡᠳᠡ (18—2) ᠪᠥᠬᠡᠨ (18—2) ᠭᠡᠵᠦ ᠮᠡᠲᠦ ::

ᠪᠥᠯᠥᠭ (1—6) ᠪᠥᠬᠡ (1—5) ᠪᠥᠷᠥᠨ (18—9)

ᠬᠡᠯᠡᠬᠦ ᠳᠦ ᠡᠬᠢᠯᠡᠯ 《ᠪᠥ》 ᠭᠡᠳᠡᠭ ᠪᠠᠷ ᠪᠢᠴᠢᠭᠳᠡᠨ᠎ᠡ :: ᠵᠢᠰᠢᠶᠡᠯᠡᠪᠡᠯ :

ᠬᠣᠪᠣᠷ (20—13) ᠰᠣᠪᠣᠯᠭ᠎ᠠ (12—3) ᠭᠡᠵᠦ ᠮᠡᠲᠦ ::

ᠬᠣᠪᠣᠭ (18—5) ᠰᠠᠪᠠᠯ (20—3) ᠣᠪᠣᠭ (1—16)

ᠬᠡᠯᠡᠬᠦ ᠳᠦ ᠬᠣᠭᠤᠯ ᠪᠠᠷ 《ᠪᠤ᠂ ᠪᠣ》 ᠭᠡᠳᠡᠭ ᠪᠠᠷ ᠪᠢᠴᠢᠭᠳᠡᠨ᠎ᠡ :: ᠵᠢᠰᠢᠶᠡᠯᠡᠪᠡᠯ :

ᠬᠣᠪᠢ (2—14) ᠬᠣᠪ (26—5)

ᠭᠣᠪᠢ (12—12) ᠬᠣᠪᠤ (1—7) ᠭᠡᠵᠦ ᠮᠡᠲᠦ ::

ᠬᠡᠯᠡᠬᠦ ᠳᠦ ᠬᠡᠯᠡᠭᠳᠡᠬᠦ 《ᠪᠣ》 ᠭᠡᠳᠡᠭ 《ᠰᠤᠷᠤᠭᠰᠢᠳ ᠤᠨ ᠪᠢᠴᠢᠭ》 ᠲᠦ ᠪᠠᠭᠤᠯᠭᠠᠬᠤ 《ᠪᠣ》 ᠭᠡᠳᠡᠭ 《ᠰᠤᠷᠤᠭᠰᠢᠳ ᠤᠨ ᠪᠢᠴᠢᠭ》 ᠲᠦ ᠪᠠᠭᠤᠯᠭᠠᠬᠤ ᠬᠣᠶᠠᠷ ᠤᠨ ᠬᠠᠷᠢᠴᠠᠭ᠎ᠠ ᠶᠢ ᠬᠡᠯᠡᠪᠡᠯ 《ᠪᠣ》 ᠭᠡᠳᠡᠭ ᠬᠣᠶᠠᠷ ᠤᠨ ᠬᠡᠯᠡᠭᠳᠡᠬᠦ ᠶᠢ 《ᠪᠣ》 ᠭᠡᠳᠡᠭ ᠪᠠᠷ ᠪᠢᠴᠢᠭᠳᠡᠨ᠎ᠡ :: 17 ᠳᠤᠭᠠᠷ ᠪᠦᠯᠦᠭ ᠦᠨ 《ᠰᠤᠷᠤᠭᠰᠢᠳ ᠤᠨ ᠪᠢᠴᠢᠭ》 ᠦᠨ ᠪᠠᠭᠤᠯᠭᠠᠬᠤ ᠶᠢᠨ 《ᠪᠣ》 ᠭᠡᠳᠡᠭ ᠪᠢᠴᠢᠭᠳᠡᠭᠰᠡᠨ ᠪᠤᠢ ᠶᠢ 《ᠪᠣ》 ᠭᠡᠳᠡᠭ ᠬᠠᠷᠢᠴᠠᠭ᠎ᠠ ᠶᠢ ᠬᠡᠯᠡᠪᠡᠯ 《ᠪᠣ》 ᠭᠡᠳᠡᠭ ᠪᠢᠴᠢᠭᠳᠡᠭᠰᠡᠨ ᠪᠤᠢ :: ᠬᠡᠯᠡᠭᠳᠡᠬᠦ ᠳᠦ 17 ᠳᠤᠭᠠᠷ ᠪᠦᠯᠦᠭ ᠦᠨ ᠬᠡᠯᠡᠬᠦ ᠳᠦ ᠬᠡᠯᠡᠭᠳᠡᠬᠦ ᠡᠭᠡᠰᠢᠭ ᠦᠨ ᠬᠡᠯᠡᠭᠳᠡᠬᠦ ᠳᠦ 《ᠪᠣ》 ᠭᠡᠳᠡᠭ ᠬᠠᠷᠢᠴᠠᠭ᠎ᠠ ᠪᠠᠶᠢᠨ᠎ᠠ ::

4. q ᠬᠡᠯᠡᠭᠳᠡᠬᠦ ᠳᠦ 《ᠬᠠ᠂ ᠬᠡ᠂ ᠠ᠂ ᠡ》 ᠭᠡᠳᠡᠭ ᠦᠭᠡᠢ ::

ᠬᠡᠯᠡᠬᠦ ᠳᠦ ᠬᠠᠢ ᠡᠴᠡ 《ᠬᠠ᠂ ᠬᠡ》 ᠭᠡᠳᠡᠭ ᠪᠠᠷ ᠪᠢᠴᠢᠭᠳᠡᠨ᠎ᠡ :: ᠵᠢᠰᠢᠶᠡᠯᠡᠪᠡᠯ :

ᠡᠷᠲᠡ ᠶᠢᠨ ᠦᠶ᠎ᠡ ᠳᠦ 《ᠬᠠ᠂ ᠬᠡ᠂ ᠬᠣ》 ᠮᠡᠲᠦ ᠦᠰᠦᠭ ᠪᠡᠷ ᠪᠢᠴᠢᠭᠰᠡᠨ᠂ ᠵᠢᠱᠢᠶᠡᠯᠡᠪᠡᠯ:

6. γ ᠠᠪᠢᠶ᠎ᠠ ᠪᠠᠷ 《ᠬᠠ᠂ ᠬᠡ᠂ ᠬᠣ᠂ ᠭᠠ᠂ ᠭᠡ᠂ ᠭᠣ᠂ ᠭᠦ》 ᠡᠷᠲᠡ ᠦᠰᠦᠭ ᠪᠢᠴᠢᠨ᠎ᠡ᠃

ᠭᠠᠷᠤᠨ (78—5) ᠬᠡᠷ (80—24) ᠮᠡᠲᠦ ᠪᠠᠢ᠃

ᠠᠷᠭᠠᠯ (10—6) ᠠᠭᠤᠯᠠ (9—7) ᠪᠣᠭᠣ (9—1)

ᠡᠷᠲᠡ ᠶᠢᠨ ᠪᠢᠴᠢᠭ 《ᠭ》 ᠦᠰᠦᠭ ᠪᠡᠷ ᠪᠢᠴᠢᠭᠰᠡᠨ᠂ ᠵᠢᠱᠢᠶᠡᠯᠡᠪᠡᠯ:

ᠪᠠᠭᠠ (15—3) ᠮᠣᠩᠭᠣᠯ (19—7) ᠮᠡᠲᠦ ᠪᠠᠢ᠃

ᠭᠣᠣᠯ (9—7) ᠪᠠᠭᠠᠷ (9—5) ᠭᠣᠣᠷ (10—10)

ᠡᠷᠲᠡ ᠶᠢᠨ ᠦᠶ᠎ᠡ ᠳᠦ 《ᠭ》 ᠦᠰᠦᠭ ᠪᠡᠷ ᠪᠢᠴᠢᠭᠰᠡᠨ᠂ ᠵᠢᠱᠢᠶᠡᠯᠡᠪᠡᠯ:

5. k ᠠᠪᠢᠶ᠎ᠠ ᠪᠠᠷ 《ᠭ᠂ ᠭ》 ᠡᠷᠲᠡ ᠦᠰᠦᠭ ᠪᠢᠴᠢᠨ᠎ᠡ᠃

ᠪᠢᠯᠢᠭ (29—8) ᠲᠡᠭᠦᠨ (43—17) ᠮᠡᠲᠦ ᠪᠠᠢ᠃

ᠲᠡᠯᠢᠭ (5—10) ᠰᠢᠯᠢᠭ (5—12) ᠡᠯᠢᠭ (3—8)

ᠪᠣᠯᠪᠠᠰᠤᠷᠠᠯ᠂ ᠵᠢᠱᠢᠶᠡᠯᠡᠪᠡᠯ:

ᠡᠷᠲᠡ ᠶᠢᠨ ᠡᠭᠡᠰᠢᠭ ᠪᠠᠷ 《ᠲ》 ᠦᠰᠦᠭ ᠪᠡᠷ ᠪᠢᠴᠢᠭᠰᠡᠨ᠂ ᠣᠳᠣ ᠳᠤ ᠡᠭᠡᠰᠢᠭ ᠪᠠᠷ ᠠᠯᠳᠠᠭᠤ 《ᠲ》 ᠦᠰᠦᠭ ᠭᠠᠷᠭᠠᠵᠤ 《ᠳ》 ᠶᠢᠨ ᠣᠷᠤᠨ

ᠲᠡᠮᠡᠭᠡᠳ (7—13) ᠲᠡᠷᠭᠡ (12—12) ᠮᠡᠲᠦ ᠪᠠᠢ᠃

ᠰᠢᠮᠠᠭᠠᠨ (7—12) ᠠᠮᠤᠲᠠ (7—10) ᠲᠠᠮᠠ (7—3)

ᠡᠷᠲᠡ ᠶᠢᠨ ᠪᠢᠴᠢᠭ 《ᠭ》 ᠦᠰᠦᠭ ᠪᠡᠷ ᠪᠢᠴᠢᠭᠰᠡᠨ᠂ ᠵᠢᠱᠢᠶᠡᠯᠡᠪᠡᠯ:

ᠰᠣᠭᠣᠨ (6—3) ᠰᠢᠳᠦᠭᠡᠨ (5—7) ᠮᠡᠲᠦ ᠪᠠᠢ᠃

ᠰᠢᠮᠠᠨ (5—1) ᠰᠢᠯᠦᠭᠡ (5—1) ᠰᠣᠪᠣᠨ (6—2)

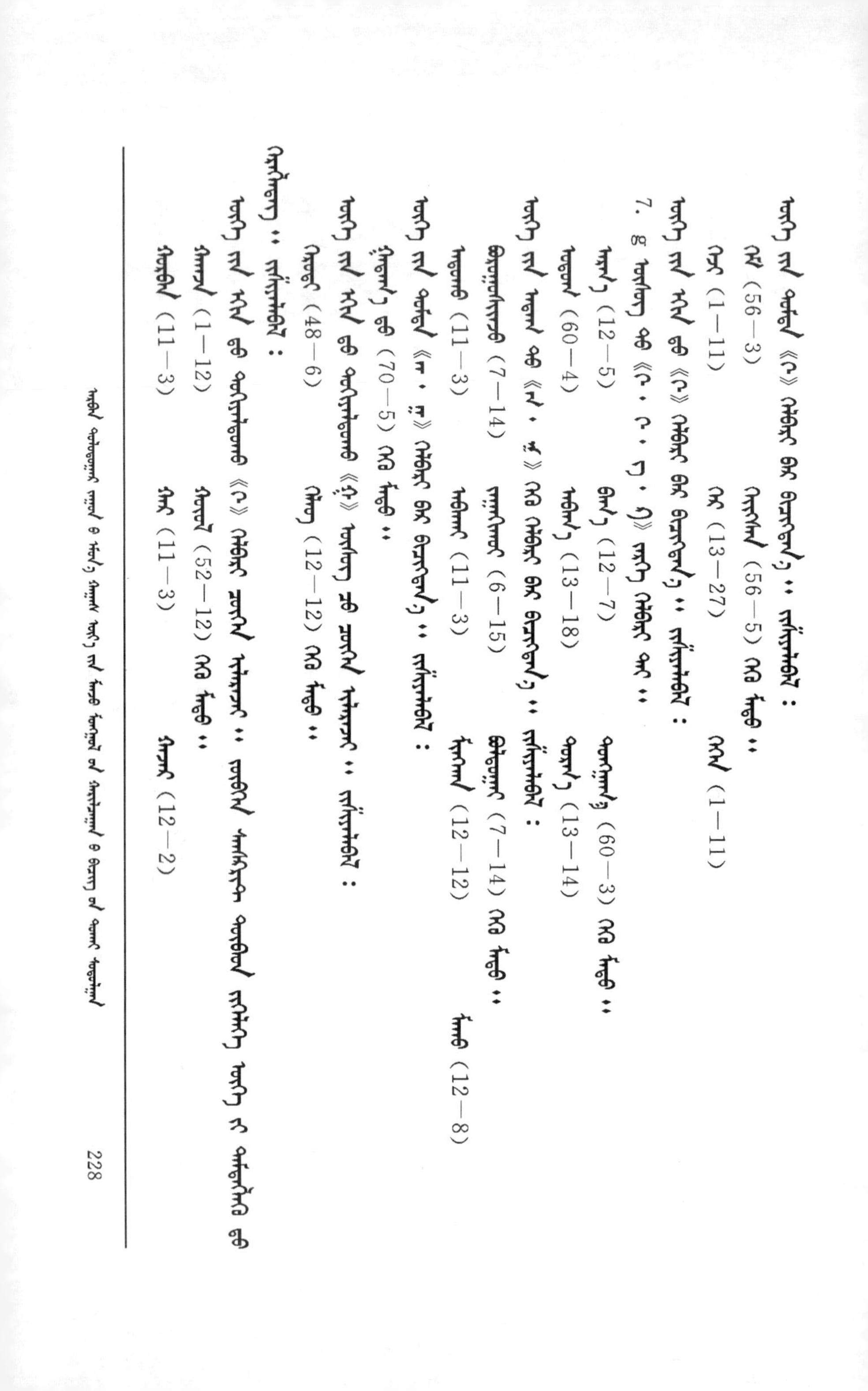

7. g ᠲᠡᠮᠳᠡᠭ ᠲᠦ 《ᠣ᠂ ᠣ᠂ ᠤ᠂ ᠦ》 ᠬᠠᠮᠲᠤ ᠡᠭᠡᠰᠢᠭ ᠲᠠᠢ᠄

ᠪᠢᠴᠢᠵᠡᠢ ::

ᠲᠤᠩᠭᠠᠯᠠᠭ ᠪᠢᠴᠢᠭᠲᠦ ᠶᠢᠨ ᠬᠡᠪᠯᠡᠯ ᠦᠨ ᠬᠣᠷᠢᠶ᠎ᠠ ᠂ 2001 ᠣᠨ ᠂ 93 ᠳᠤᠭᠠᠷ ᠨᠢᠭᠤᠷ) ᠳᠤ 《ᠮᠣᠩᠭᠣᠯ ᠪᠢᠴᠢᠭ ᠦᠨ ᠪᠢᠴᠢᠯᠭᠡ ᠶᠢᠨ ᠬᠦᠭᠵᠢᠯ ᠦᠨ ᠲᠣᠬᠠᠢ ᠰᠤᠳᠤᠯᠭᠠ》 ᠭᠡᠬᠦ ᠲᠡᠷᠢᠭᠦᠨ ᠪᠦᠯᠦᠭ ᠲᠦ

① 《ᠠᠯᠲᠠᠨ ᠲᠣᠪᠴᠢ》 ᠪᠠ 《ᠮᠣᠩᠭᠣᠯᠴᠤᠳ ᠲᠣᠪᠴᠢ》 ᠭᠡᠬᠦ ᠬᠣᠶᠠᠷ ᠠᠯᠲᠠᠨ ᠢ ᠡᠨᠡ ᠂ ᠳᠡᠭᠡᠳᠦ ᠮᠣᠩᠭᠣᠯᠴᠤᠳ ᠤᠨ 《ᠮᠣᠩᠭᠣᠯ ᠲᠡᠮᠳᠡᠭ ᠦᠰᠦᠭ ᠦᠨ ᠰᠤᠳᠤᠯᠭᠠ ᠶᠢᠨ》 ᠭᠡᠬᠦ ᠨᠣᠮ (ᠮᠣᠩᠭᠣᠯ ᠪᠢᠴᠢᠭ ᠦᠨ

ᠰᠢᠯᠢᠭᠦ (5—5)　ᠲᠡᠷ (1—25) ᠭᠡᠬᠦ ᠮᠡᠲᠦ ::

ᠬᠡᠳᠦᠢ (12—11)　ᠠᠯᠢᠮᠠᠨ (14—11)　ᠬᠡᠮᠡᠨ (5—1)

ᠲᠡᠭᠡᠬᠦ ᠲᠡᠷ ᠠᠯᠲᠠᠨ 《ᠮ》 ᠦᠰᠦᠭ ᠪᠡᠷ ᠪᠢᠴᠢᠭᠰᠡᠨ ᠨᠢ :: ᠵᠢᠱᠢᠶᠡᠯᠡᠪᠡᠯ :

ᠮᠣᠷᠢ (8—18)　ᠮᠢᠨᠦ (12—8) ᠭᠡᠬᠦ ᠮᠡᠲᠦ ::

ᠮᠣᠩᠭᠣᠯ (7—17)　ᠮᠡᠳᠦ (8—4)　ᠮᠣᠷ (8—6)

ᠲᠡᠭᠡᠬᠦ ᠲᠡᠷ ᠬᠣᠶᠠᠷ ᠳᠤ 《ᠮ》 ᠦᠰᠦᠭ ᠪᠡᠷ ᠪᠢᠴᠢᠭᠰᠡᠨ ᠨᠢ :: ᠵᠢᠱᠢᠶᠡᠯᠡᠪᠡᠯ :

8. m ᠲᠡᠮᠳᠡᠭ ᠢ 《ᠮ᠂ ᠮ᠂ ᠮ》 ᠭᠤᠷᠪᠠᠨ ᠦᠰᠦᠭ ᠠᠴᠠ ::

ᠮᠣᠩᠭᠣᠯᠴᠤᠳ ᠪᠢᠴᠢᠭ ᠲᠡᠷ ::

ᠲᠡᠷ ᠪᠢᠴᠢᠭᠲᠦ ᠲᠡᠷ ᠲᠡᠮᠳᠡᠭᠯᠡᠯ ᠠᠯᠢᠮᠠᠨ ᠪᠢᠴᠢᠭ ᠂ ᠮᠣᠩᠭᠣᠯᠴᠤᠳ ᠲᠣᠪᠴᠢ ① ᠲᠡᠷ ᠮᠣᠩᠭᠣᠯ ᠪᠢᠴᠢᠭ ᠦᠨ ᠲᠡᠮᠳᠡᠭᠯᠡᠯ ᠬᠣᠶᠠᠷ ᠪᠢᠴᠢᠭᠳᠡᠭᠦ ᠪᠢᠴᠢᠭᠰᠡᠨ ᠢ

ᠲᠡᠭᠡᠬᠦ ᠲᠡᠷ ᠬᠣᠶᠠᠷ ᠶᠢ ᠲᠡᠭᠦᠨ ᠦ 《ᠭ》 ᠦᠰᠦᠭ ᠬᠡᠯᠡᠨ ᠲᠡᠮᠳᠡᠭᠯᠡᠵᠦ ᠂ 《ᠬ》 ᠦᠰᠦᠭ ᠲᠡᠷ ᠲᠡᠮᠳᠡᠭᠯᠡᠭᠰᠡᠨ ᠪᠠᠶᠢᠨ᠎ᠠ :: ᠬᠣᠶᠠᠷ ᠨᠢ ᠠᠯᠲᠠᠨ ᠲᠣᠪᠴᠢ

ᠭᠠᠵᠠᠷ (1—2)　ᠭᠠᠵᠠᠷ (15—8)　ᠵᠠᠭᠠᠭ (13—11)　ᠪᠠᠷᠠᠭ (13—1) ᠭᠡᠬᠦ ᠮᠡᠲᠦ ::

ᠲᠡᠭᠡᠬᠦ ᠲᠡᠷ ᠬᠣᠶᠠᠷ ᠶᠢ 《ᠭ᠂ ᠬ》 ᠦᠰᠦᠭ ᠪᠡᠷ ᠪᠢᠴᠢᠭᠰᠡᠨ ᠨᠢ :: ᠵᠢᠱᠢᠶᠡᠯᠡᠪᠡᠯ :

ᠠᠯᠢᠮᠠᠨ (1—5)　ᠬᠠᠭᠠᠨ (13—4)　ᠲᠡᠭᠦᠪᠡᠷ (14—11) ᠭᠡᠬᠦ ᠮᠡᠲᠦ ::

ᠪᠣᠭᠳᠠ (76—14)　ᠪᠣᠭᠳᠠᠨ (17—9)　ᠲᠡᠭᠡᠬᠦ (18—3)

ᠦᠭᠡ ᠶᠢᠨ ᠡᠬᠢᠨ ᠳᠦ 《ᠰ》 ᠦᠰᠦᠭ ᠪᠠᠷ ᠪᠢᠴᠢᠭᠳᠡᠵᠡᠢ ᠃ ᠵᠢᠱᠢᠶᠡᠯᠡᠪᠡᠯ:

10. s [illegible] ᠳᠤ 《ᠰ᠂ ᠱ᠂ ᠼ᠂ ᠽ》 ᠳᠥᠷᠪᠡᠨ ᠦᠰᠦᠭ ᠲᠠᠢ ᠃

[illegible] (22—10) [illegible] (11—6) ᠮᠡᠲᠦ ᠃

[illegible] (80—23) [illegible] (20—16) [illegible] (20—15)

ᠦᠭᠡ ᠶᠢᠨ ᠡᠴᠦᠰ ᠲᠦ 《ᠱ》 ᠦᠰᠦᠭ ᠪᠠᠷ ᠪᠢᠴᠢᠭᠳᠡᠵᠡᠢ ᠃ ᠵᠢᠱᠢᠶᠡᠯᠡᠪᠡᠯ:

[illegible] (33—10) [illegible] (33—14) ᠮᠡᠲᠦ ᠃

[illegible] (3—11) [illegible] (3—5) [illegible] (3—13)

ᠦᠭᠡ ᠶᠢᠨ ᠳᠤᠮᠳᠠᠬᠢ 《ᠼ》 ᠦᠰᠦᠭ ᠪᠠᠷ ᠪᠢᠴᠢᠭᠳᠡᠵᠡᠢ ᠃ ᠵᠢᠱᠢᠶᠡᠯᠡᠪᠡᠯ:

[illegible] (5—2) [illegible] (5—8) ᠮᠡᠲᠦ ᠃

[illegible] (33—8) [illegible] (33—8) [illegible] (10—1)

ᠦᠭᠡ ᠶᠢᠨ ᠡᠬᠢᠨ ᠳᠦ 《ᠽ》 ᠦᠰᠦᠭ ᠪᠠᠷ ᠪᠢᠴᠢᠭᠳᠡᠵᠡᠢ ᠃ ᠵᠢᠱᠢᠶᠡᠯᠡᠪᠡᠯ:

9. 1 [illegible] ᠳᠤ 《ᠯ᠂ ᠯ᠂ ᠯ》 ᠭᠤᠷᠪᠠᠨ ᠦᠰᠦᠭ ᠲᠠᠢ ᠃

[illegible] ᠃ 《ᠯ》 [illegible] ᠃

ᠦᠭᠡ ᠶᠢᠨ ᠳᠤᠮᠳᠠ [illegible] 《ᠯ》 [illegible] ᠃

[illegible] (5—2) [illegible] (2—3) ᠮᠡᠲᠦ ᠃

[illegible] (18—3) [illegible] (14—9) [illegible] (5—12)

ᠦᠭᠡ ᠶᠢᠨ ᠳᠤᠮᠳᠠ ᠳᠤ 《ᠯ》 ᠦᠰᠦᠭ ᠪᠠᠷ ᠪᠢᠴᠢᠭᠳᠡᠵᠡᠢ ᠃ ᠵᠢᠱᠢᠶᠡᠯᠡᠪᠡᠯ:

ᠦᠭᠡ ᠶᠢᠨ ᠡᠬᠢᠨ ᠳᠦ 《ᠲ᠂ ᠲ》 ᠬᠡᠯᠪᠡᠷᠢ ᠪᠡᠷ ᠪᠢᠴᠢᠭᠳᠡᠨ᠎ᠡ᠃ ᠵᠢᠱᠢᠶᠡᠯᠡᠪᠡᠯ᠄

12. t ᠦᠰᠦᠭ ᠨᠢ 《ᠲ᠂ ᠲ᠂ ᠳ》 ᠬᠡᠯᠪᠡᠷᠢ ᠲᠡᠢ᠃

《ᠤᠶᠢᠭᠤᠷᠵᠢᠨ ᠤ ᠪᠢᠴᠢᠭ》 ᠨᠢ ᠦᠭᠡ ᠶᠢᠨ ᠳᠤᠮᠳᠠ ᠨᠢ ᠡᠴᠦᠰ ᠲᠦ 《ᠳ》 ᠬᠡᠯᠪᠡᠷᠢ ᠦᠭᠡᠢ᠃

ᠲᠡᠭᠦᠨ (75—18)

ᠦᠭᠡ ᠶᠢᠨ ᠳᠤᠮᠳᠠᠳᠤ 《ᠲ》 ᠬᠡᠯᠪᠡᠷᠢ ᠪᠡᠷ ᠪᠢᠴᠢᠭᠳᠡᠨ᠎ᠡ᠃ ᠵᠢᠱᠢᠶᠡᠯᠡᠪᠡᠯ᠄

ᠲᠦᠷᠪᠡ (75—22) ᠲᠦᠷᠪᠡ (68—19) ᠶᠢ ᠦᠵᠡ᠃

ᠲᠦᠷᠦ (75—12) ᠲᠦᠷᠦ (99—6) ᠲᠦᠷᠦᠯ (89—84)

ᠦᠭᠡ ᠶᠢᠨ ᠡᠬᠢᠨ ᠳᠦ 《ᠱ》 ᠬᠡᠯᠪᠡᠷᠢ ᠪᠡᠷ ᠪᠢᠴᠢᠭᠳᠡᠨ᠎ᠡ᠃ ᠵᠢᠱᠢᠶᠡᠯᠡᠪᠡᠯ᠄

11. š ᠦᠰᠦᠭ ᠨᠢ 《ᠱ᠂ ᠱ》 ᠬᠣᠶᠠᠷ ᠬᠡᠯᠪᠡᠷᠢ ᠲᠡᠢ᠃

ᠤᠶᠢᠭᠤᠷᠵᠢᠨ ᠪᠠᠢ᠃

ᠦᠭᠡ ᠶᠢᠨ ᠳᠤᠮᠳᠠ ᠨᠢ ᠡᠭᠡᠰᠲᠦ ᠬᠡᠯᠪᠡᠷᠢ ᠶᠢ 《ᠱ》 ᠪᠤᠶᠤ ᠬᠡᠯᠪᠡᠷᠢ ᠪᠡᠷ ᠲᠡᠮᠳᠡᠭᠯᠡᠨ ᠶᠢ ᠨᠡᠩ ᠦᠭᠡ ᠶᠢᠨ ᠡᠨᠡᠬᠦ ᠪᠢᠴᠢᠭ ᠦᠨ ᠲᠡᠮᠳᠡᠭᠯᠡᠯ ᠢ

ᠱᠢ (6—10) ᠱᠢᠱᠢ (6—11) ᠨᠢᠱ (25—7) ᠶᠢ ᠦᠵᠡ᠃

ᠦᠭᠡ ᠶᠢᠨ ᠳᠤᠮᠳᠠ ᠨᠢ 《ᠱ᠂ ᠱ》 ᠬᠣᠶᠠᠷ ᠬᠡᠯᠪᠡᠷᠢ ᠪᠡᠷ ᠪᠢᠴᠢᠭᠳᠡᠨ᠎ᠡ᠃ ᠵᠢᠱᠢᠶᠡᠯᠡᠪᠡᠯ᠄

ᠪᠢᠱᠢ (6—8) ᠨᠢᠱᠢᠯ (6—9) ᠶᠢ ᠦᠵᠡ᠃

ᠱᠢᠯ (3—15) ᠪᠢᠱᠢᠯ (6—7) ᠲᠤᠰᠢᠪᠤ (6—8)

ᠦᠭᠡ ᠶᠢᠨ ᠳᠤᠮᠳᠠᠳᠤ 《ᠱ》 ᠬᠡᠯᠪᠡᠷᠢ ᠪᠡᠷ ᠪᠢᠴᠢᠭᠳᠡᠨ᠎ᠡ᠃ ᠵᠢᠱᠢᠶᠡᠯᠡᠪᠡᠯ᠄

ᠠᠰᠠᠷ (5—9) ᠠᠰᠠᠭᠤᠭᠠᠳ (5—11) ᠶᠢ ᠦᠵᠡ᠃

ᠠᠮᠤᠰᠤ (3—12) ᠠᠮᠤᠰᠤᠨ (3—14) ᠠᠰᠠᠨ (5—8)

ᠪᠣᠷᠤᠭᠠ (3—14) ᠪᠣᠷᠤᠭᠠ (3—3) ᠪᠣᠷᠤᠭᠠᠨ (3—8)

ᠪᠣᠷᠤᠭᠠ (5—14) ᠪᠣᠷᠤᠭᠠᠨ ᠤ (6—1) ᠨᠢ ᠪᠡ ᠳᠤᠭᠤᠷ ᠳᠤᠷ (32—3) ᠮᠡᠳᠦ ::

ᠵᠢᠱᠢᠶ᠎ᠡ ᠨᠢ ᠪᠠᠢᠬᠤ ≪ᠳ᠂ᠭ≫ ᠭᠡᠵᠦ ᠪᠢᠴᠢᠭᠳᠡᠵᠡᠢ :: ᠵᠢᠱᠢᠶᠯᠡᠪᠡᠯ :

ᠪᠣᠭᠤᠷᠴᠠᠭ (3—15) ᠰᠢᠪᠠᠭᠤ (6—2) ᠬᠡᠪᠡᠭᠡᠨ (13—14)

ᠪᠣᠭᠤᠷᠴᠠᠭ (10—2) ᠳᠣᠭᠣᠷᠤᠭ (10—11) ᠳᠣᠭᠣᠷᠤᠭ (40—9) ᠮᠡᠳᠦ ::

13. d ᠲᠡᠮᠳᠡᠭ ᠢ ≪ᠳ᠂ᠳ᠂ᠳ᠂ᠭ᠂ᠯ᠂ᠳ≫ ᠭᠡᠵᠦ ᠪᠢᠴᠢᠵᠡᠢ ::

ᠵᠢᠱᠢᠶ᠎ᠡ ᠨᠢ ᠬᠣᠶᠠᠷ ᠤᠨ ≪ᠳ᠂ᠳ≫ ᠭᠡᠵᠦ ᠪᠢᠴᠢᠭᠳᠡᠵᠡᠢ :: ᠵᠢᠱᠢᠶᠯᠡᠪᠡᠯ :

ᠪᠣᠯᠣᠭᠠᠨ (1—5) ᠪᠣᠯᠤᠭᠠᠨ (17—10) ᠪᠣᠯᠤᠭᠠᠨ (13—5)

ᠪᠣᠯᠤᠭᠰᠠᠨ (13—3) ᠪᠣᠯᠤᠭᠰᠠ (13—25) ᠮᠡᠳᠦ ::

ᠵᠢᠱᠢᠶ᠎ᠡ ᠨᠢ ᠪᠠᠢᠬᠤ ≪ᠳ᠂ᠭ≫ ᠭᠡᠵᠦ ᠪᠢᠴᠢᠭᠳᠡᠵᠡᠢ :: ᠵᠢᠱᠢᠶᠯᠡᠪᠡᠯ :

ᠳᠡᠭᠡᠷ᠎ᠡ (8—18) ᠳᠡᠭᠡᠷᠡᠴᠡ (8—17) ᠳᠡᠭᠡᠷ᠎ᠡ (1—5)

ᠳᠡᠭᠡᠷ᠎ᠡ (8—8) ᠳᠡᠭᠡᠷᠡᠳᠦ (43—18) ᠳᠡᠭᠡᠷᠡᠴᠡ (29—2)

ᠳᠡᠭᠡᠷᠡᠴᠡ (13—20) ᠳᠡᠭᠡᠷᠡᠴᠡ (29—1) ᠳᠡᠭᠡᠷᠡᠴᠡ (37—4)

ᠳᠡᠭᠡᠷᠡᠴᠡ (38—31) ᠮᠡᠳᠦ ::

ᠵᠢᠱᠢᠶ᠎ᠡ ᠨᠢ ᠳᠤᠮᠳᠠ ᠶᠢᠨ ≪ᠳ᠂ᠯ≫ ᠭᠡᠵᠦ ᠪᠢᠴᠢᠭᠳᠡᠵᠡᠢ :: ᠵᠢᠱᠢᠶᠯᠡᠪᠡᠯ :

ᠪᠣᠭᠤ (17—2) ᠳᠤᠭᠤ (43—5) ᠪᠣᠭᠤᠯ (18—22) ᠰᠣᠭᠤᠯ (3—6)

ᠳᠤᠯᠠ (7—17) ᠳᠤᠯᠠᠭᠠ (13—37) ᠳᠤᠯᠠᠭᠠ (13—17) ᠮᠡᠳᠦ ::

14. ᠡ ᠲᠡᠮᠳᠡᠭ ᠢ ≪ᠠ᠂ᠡ᠂ᠠ᠂ᠡ≫ ᠭᠡᠵᠦ ᠪᠢᠴᠢᠵᠡᠢ ::

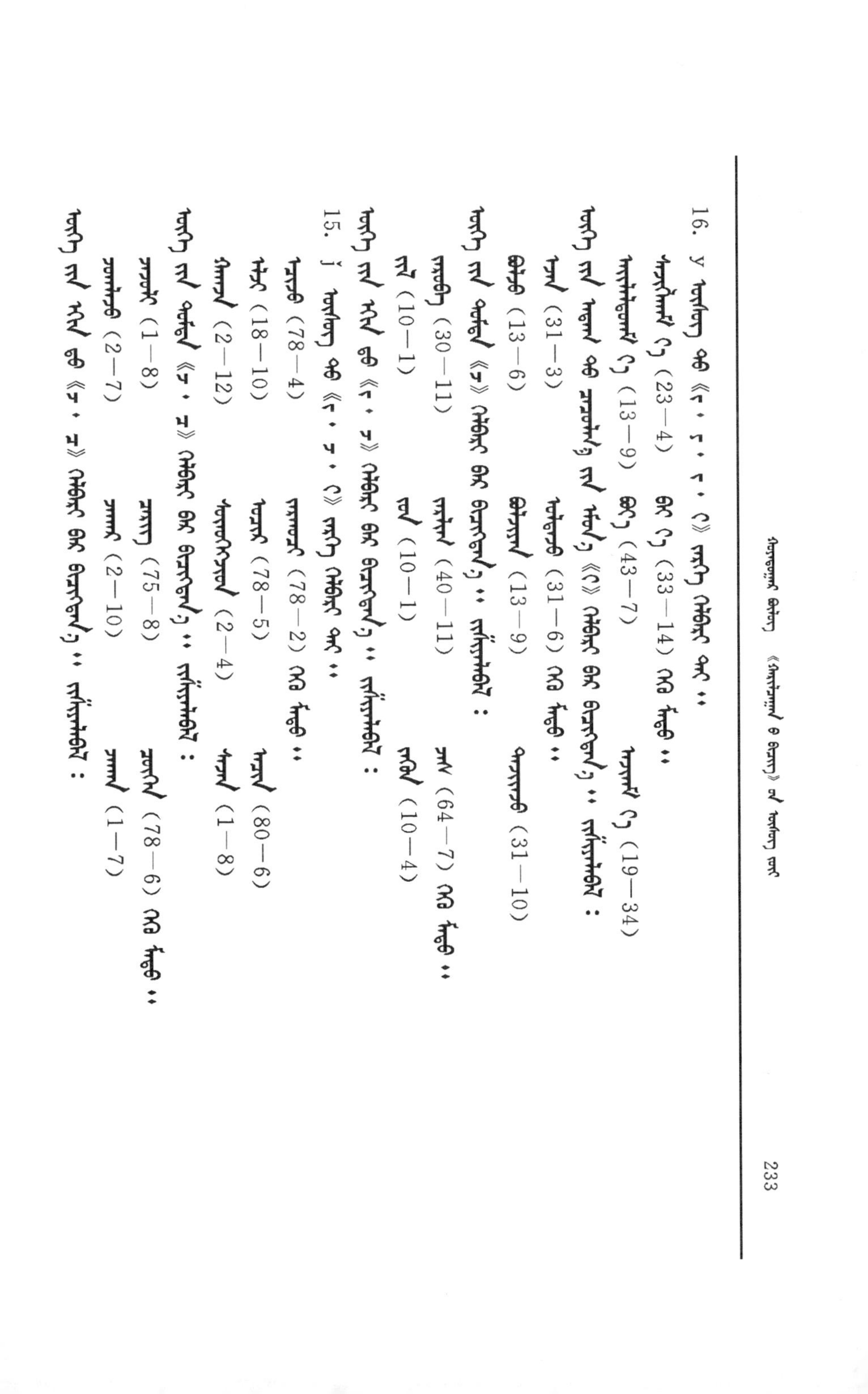

16. y ᡥᡝᡵᡤᡝᠨ ᡩᡝ 《ᠶᠠ᠈ ᠶᡝ᠈ ᠶᠣ᠈ ᠶᡠ》 ᠰᡝᡵᡝ ᠠᠴᠠᠩᡤᠠ ᠪᡳ ::

15. ǰ ᡥᡝᡵᡤᡝᠨ ᡩᡝ 《ᠵᠠ᠈ ᠵᠣ᠈ ᠵᡠ》 ᠰᡝᡵᡝ ᠠᠴᠠᠩᡤᠠ ᠪᡳ ::

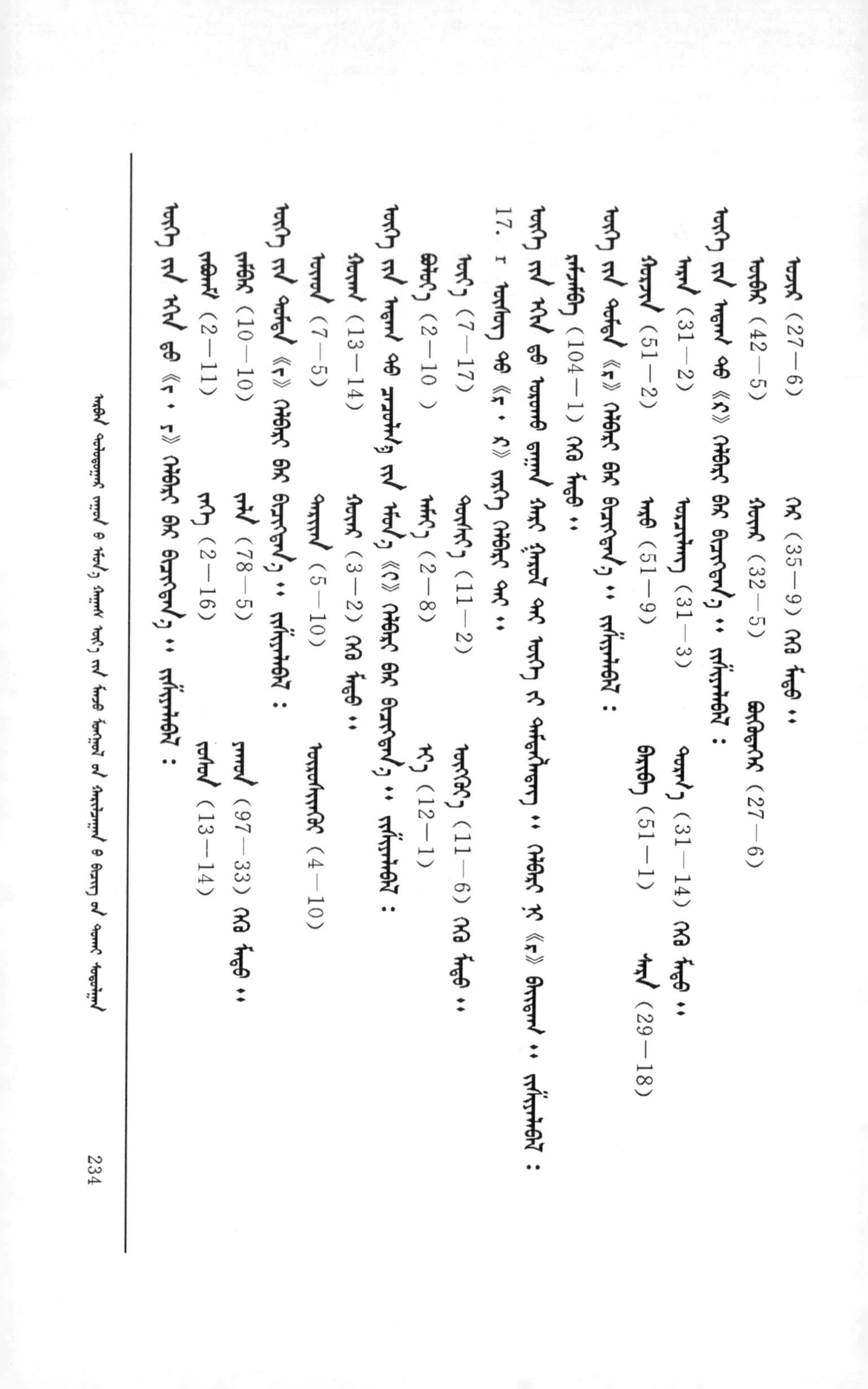

17. r ᠠᠪᠢᠶᠠᠨ ᠳᠤ 《ᠷ · ᠭ》 ᠬᠣᠶᠠᠷ ᠦᠰᠦᠭ ᠪᠠᠢ ᠃

18. w ᠦᠰᠦᠭ ᠦᠨ 《ᠸ·ᠣ·ᠸ·ᠣ》 ᠲᠡᠮᠳᠡᠭ ᠪᠢᠴᠢᠭᠳᠡᠭᠰᠡᠨ ᠨᠢ ::
ᠦᠨ ᠭᠠᠳᠠᠭᠠᠳᠤ ᠦᠰᠦᠭ ᠦᠨ ᠡᠬᠢ ᠠᠳᠠᠯᠢ ᠪᠠᠢᠨ᠎ᠠ ᠦᠰᠦᠭ ᠦᠨ ᠪᠢᠴᠢᠯᠭᠡ ᠶᠢᠨ ᠬᠡᠯᠪᠡᠷᠢ ᠪᠣᠯᠤᠨ᠎ᠠ ::
ᠦᠰᠦᠭ ᠦᠨ ᠡᠬᠢᠨ ᠳᠦ 《ᠸ·ᠣ》 ᠭᠡᠵᠦ ᠪᠢᠴᠢᠭᠳᠡᠭᠰᠡᠨ :: ᠵᠢᠱᠢᠶᠡᠯᠡᠪᠡᠯ :

ᠲᠠᠪᠤᠨ (86—8)　ᠲᠠᠪᠤ (62—1)　ᠲᠠᠪᠤᠨ (97—16)

ᠦᠰᠦᠭ ᠦᠨ ᠡᠬᠢᠨ ᠳᠦ 《ᠸ·ᠣ》 ᠭᠡᠵᠦ ᠪᠢᠴᠢᠭᠳᠡᠭᠰᠡᠨ :: ᠵᠢᠱᠢᠶᠡᠯᠡᠪᠡᠯ :

ᠲᠠᠪᠤᠷᠢᠭ (1—1)　ᠲᠠᠪᠤᠷᠢᠭ (43—1) ᠵᠡᠷᠭᠡ ᠮᠡᠲᠦ ::

《ᠸ》 ᠦᠰᠦᠭ ᠦᠰᠦᠭ ᠦᠨ ᠡᠬᠢᠨ ᠪᠡᠷ ᠪᠢᠴᠢᠭᠳᠡᠭᠰᠡᠨ ᠪᠠᠢᠨ᠎ᠠ :: ᠦᠰᠦᠭ ᠦᠨ ᠳᠤᠮᠳᠠ ᠪᠠ [w] ᠲᠣᠬᠢᠶᠠᠯᠳᠤᠭᠰᠠᠨ ᠦᠰᠦᠭ ᠦᠨ 《ᠣ》 ᠪᠢᠴᠢᠭᠳᠡᠭ
ᠰᠡᠨ ᠪᠠᠢᠨ᠎ᠠ :: ᠵᠢᠱᠢᠶᠡᠯᠡᠪᠡᠯ :

ᠲᠣᠪᠴᠢ (111—1)　ᠲᠣᠪᠴᠢᠯᠠᠨ (77—7)　ᠲᠣᠪᠴᠢ (43—9)

19. f ᠦᠰᠦᠭ ᠦᠨ 《ᠸ》 ᠭᠡᠵᠦ ᠪᠢᠴᠢᠨ᠎ᠡ ::
ᠭᠠᠳᠠᠭᠠᠳᠤ ᠦᠰᠦᠭ ᠪᠢᠴᠢᠬᠦ ᠳᠦ ᠬᠡᠷᠡᠭᠯᠡᠭᠳᠡᠭ ᠦᠰᠦᠭ ᠪᠣᠯᠤᠨ᠎ᠠ :: ᠦᠰᠦᠭ ᠦᠨ ᠡᠬᠢᠨ ᠳᠦ 《ᠸ》
ᠭᠡᠵᠦ ᠪᠢᠴᠢᠭᠰᠡᠨ ᠪᠡᠷ ᠪᠢᠴᠢᠭᠳᠡᠭᠰᠡᠨ :: ᠦᠰᠦᠭ ᠦᠨ ᠳᠤᠮᠳᠠ ᠪᠠ ᠲᠣᠬᠢᠶᠠᠯᠳᠤᠭᠰᠠᠨ ᠦᠰᠦᠭ :: ᠵᠢᠱᠢᠶᠡᠯᠡᠪᠡᠯ :

ᠬᠠᠮᠤᠨ (106—17)　ᠬᠤ (70—8)　ᠬᠤ (62—5) ᠵᠡᠷᠭᠡ ᠮᠡᠲᠦ ::

《ᠵᠢᠷᠦᠬᠡᠨ ᠦ ᠲᠣᠯᠲᠠ》 ᠳᠤ 《ᠾ》 《ᠭ》 《ᠬᠠ (h)》 ᠦᠰᠦᠭ ᠦᠨ ᠬᠡᠯᠪᠡᠷᠢ ᠬᠡᠷᠡᠭᠯᠡᠭᠳᠡᠭᠰᠡᠨ ᠪᠠᠢᠨ᠎ᠠ ᠦᠰᠦᠭ ᠦᠨ
ᠲᠣᠳᠣᠷᠬᠠᠢᠯᠠᠭᠰᠠᠨ ᠦᠰᠦᠭ ᠪᠢᠴᠢᠭᠳᠡᠭᠰᠡᠨ ᠦᠰᠦᠭ :: ᠭᠦᠷᠦᠪᠡᠳᠦᠭᠡᠷ 1587 ᠣᠨ ᠳᠤ ᠪᠢᠴᠢᠭᠳᠡᠭᠰᠡᠨ ᠪᠢᠴᠢᠭ ᠦᠰᠦᠭ ᠳᠤ ᠦᠰᠦᠭ ᠦᠨ ᠭᠠᠳᠠᠭᠠᠳᠤ ᠦᠰᠦᠭ ᠪᠢᠴᠢᠬᠦ
ᠵᠢᠷᠦᠬᠡᠨ ᠦ ᠲᠣᠯᠲᠠ ·《ᠵᠢᠷᠦᠬᠡᠨ ᠦ ᠲᠣᠯᠲᠠ》 ᠳᠤ ᠲᠣᠳᠣᠷᠬᠠᠢᠯᠠᠭᠰᠠᠨ ᠦᠰᠦᠭ ᠦᠨ ᠪᠢᠴᠢᠯᠭᠡ ᠦᠰᠦᠭ ᠦᠨ ᠡᠬᠢᠨ ᠪᠤᠶᠤ
1600—1650 ᠣᠨ ᠪᠢᠴᠢᠭᠳᠡᠭᠰᠡᠨ ᠭᠡᠵᠦ ᠲᠠᠭᠠᠮᠠᠭᠯᠠᠭᠳᠠᠭᠰᠠᠨ ᠦᠰᠦᠭ ᠦᠨ ᠪᠢᠴᠢᠭ ᠦᠨ ᠳᠤᠷᠠᠰᠬᠠᠯ ᠪᠣᠯᠤᠨ᠎ᠠ ::

ᠰᠢᠨᠵᠢᠯᠡᠪᠡ ᠬᠡᠯᠡᠬᠦ ᠳᠦ ᠦᠭᠡᠪᠡ ᠰᠢᠨᠵᠢᠯᠡᠯ ᠬᠡᠯᠡᠨ ᠲᠠᠢᠯᠪᠤᠷᠢ》(64a—25) ᠶᠢᠨ ᠬᠡᠯᠪᠡᠷᠢᠯᠡᠭᠦᠯ ᠳᠦ 《ᠬᠡᠯᠡᠬᠦ》 ᠶᠢᠨ ᠬᠡᠯᠡᠨ ᠳᠦ ᠦᠭᠡ ᠶᠢᠨ ᠬᠡᠯᠡᠨ ᠳᠦ e ᠶ
ᠶᠡᠭᠡ ᠪ e ᠶ 《ᠲ》 ᠶᠢᠨ ᠦᠰᠦᠭ ᠪᠡᠷ ᠪᠢᠴᠢᠭᠰᠡᠨ ᠪᠠᠢᠨ᠎ᠠ ᠄ 《ᠬᠡᠷᠡᠭ ᠦᠨ ᠳᠦᠷᠢᠮ》 ᠪᠡᠷ 《ᠳᠦᠷᠰᠦᠯᠡᠬᠦ ᠬᠡᠯᠡᠬᠦ ᠳᠦ ᠦᠭᠡ ᠳᠦᠷᠢᠮ ᠬᠡᠯᠡᠪᠡ ᠂
ᠳᠦᠷᠢᠮ》 ᠪᠡᠷ 《ᠪᠢᠴᠢᠭᠴᠢ ᠪ ᠶᠡᠭᠡ ᠢ ᠬᠡᠯᠡᠨ ᠳᠦᠷᠰᠦᠯᠡᠭᠦᠯᠦᠨ ᠦᠰᠦᠭᠲᠦ》(64b—3) ᠶᠢᠨ ᠬᠡᠯᠪᠡᠷᠢᠯᠡᠭᠦᠯ ᠳᠤᠮᠳᠠ 《ᠬᠡᠯᠡᠨ》(eresün) ᠶᠢᠨ ᠬᠡᠯᠡᠨ ᠳᠦ
ᠬᠡᠯᠡᠨ ᠳᠦ ᠲᠡᠮᠳᠡᠭ ᠦᠰᠦᠭ ᠦᠨ ᠪᠢᠴᠢᠯᠭᠡ ᠶᠢᠨ ᠡᠬᠢᠨ ᠳᠦ e ᠶᠡᠭᠡᠨ ᠶᠡᠭᠡᠷ 《ᠳ》 ᠦᠰᠦᠭ ᠪᠡᠷ ᠳᠡᠮᠵᠢᠭᠦᠯᠦᠨ ᠢ ᠰᠢᠨᠵᠢᠯᠡᠪᠡ ᠪᠣᠯ ᠄ 《ᠳᠠ · ᠶᠡᠬᠡᠯ
ᠳᠦᠭ ᠄ 《ᠰᠢᠨᠵᠢᠯᠡᠬᠦ ᠪ ᠪᠢᠴᠢᠭ》 ᠳᠦ e ᠶᠡᠭᠡᠨ ᠢ 《ᠲ》 ᠦᠰᠦᠭ ᠪᠡᠷ ᠪᠢᠴᠢᠭᠰᠡᠨ ᠳᠦᠯ ᠶᠡᠭᠡ ᠳᠦ ᠶᠡᠬᠡᠯᠡᠨ ᠬᠡᠯᠡᠨ ᠄ ᠶᠡᠨ ᠶ ᠳᠦᠭᠡ ᠳᠦᠭ
2. ᠬᠡᠯᠡᠨ ᠦᠭᠡ ᠳᠦ ᠦᠰᠦᠭ ᠪᠢᠴᠢᠭ ᠳᠦ ᠬᠡᠯᠡᠨ ᠳᠦ ᠶᠡᠭᠡ ᠪ e ᠶᠡᠭᠡᠨ ᠢ 《ᠳ》 ᠪᠢᠴᠢᠭ 《ᠲ》 ᠶᠢᠨ ᠰᠢᠨᠵᠢ ᠦᠰᠦᠭ ᠪᠡᠷ ᠪᠢᠴᠢᠭᠰᠡᠨ ᠪᠠᠢᠨ᠎ᠠ

ᠰᠢᠨᠵᠢᠯᠡᠪᠡ ᠄

ᠳᠦᠭ ᠪᠢᠴᠢᠭᠰᠡᠨ ᠪᠢᠴᠢᠭ ᠳᠦ 《ᠲ》 ᠦᠰᠦᠭ ᠪᠡᠷ ᠪᠢᠴᠢᠪᠡ ᠂ ᠰᠢᠨᠵᠢᠯᠡᠯ ᠬᠡᠯᠡᠨ ᠳᠦᠭ ᠪᠢᠴᠢᠭᠰᠡᠨ ᠪᠢᠴᠢᠭ ᠳᠦ 《ᠳ》 ᠦᠰᠦᠭ ᠳᠡᠮᠵᠢᠬᠦ ᠪᠡᠷ ᠪᠢᠴᠢᠪᠡ ᠄
ᠦᠰᠦᠭ ᠪᠡᠷ ᠪᠢᠴᠢᠭ ᠶᠡᠭᠡᠨ ᠢ ᠳᠦᠭ ᠄ ᠶᠡᠨ ᠶ ᠬᠡᠯᠡᠨ ᠪᠢᠴᠢᠪᠡ ᠪᠡᠷ ᠪᠡᠷ ᠪᠡᠷ ᠰᠢᠨᠵᠢᠯᠡᠭᠦᠯᠦᠨ ᠪᠡᠷ ᠶᠢᠨ ᠬᠡᠯᠡᠪᠡ ᠪᠢᠴᠢᠭᠰᠡᠨ ᠄ ᠬᠡᠯᠡᠨ ᠪᠡᠷ
ᠳᠦᠷᠢᠮ ᠪᠢᠴᠢᠪᠡ 《ᠲ》 ᠶᠢᠨ ᠳᠦᠷᠢᠮ ᠦᠰᠦᠭ ᠪᠡᠷ ᠪᠢᠴᠢᠭᠰᠡᠨ ᠪᠠᠢ ᠰᠢᠨᠵᠢ ᠲᠡᠮᠳᠡᠭᠯᠡᠨ ᠬᠡᠯᠡᠨ ᠳᠦ ᠲᠡᠮᠳᠡᠭ ᠬᠡᠯᠡᠨ ᠪᠢᠴᠢᠭ ᠳᠦ 《ᠳ》 ᠶᠢᠨ ᠳᠦᠷᠢᠮ
1. ᠳᠦᠷᠰᠦᠯᠡᠪᠡ ᠬᠡᠯᠡᠨ ᠳᠦ ᠲᠡᠮᠳᠡᠭ ᠬᠡᠯᠡᠨ ᠪᠢᠴᠢᠭ ᠳᠦ ᠂ ᠪᠢᠴᠢᠯᠭᠡ ᠪᠢᠴᠢᠭᠰᠡᠨ ᠳᠦᠭᠡ 《ᠳ》 ᠂ ᠰᠢᠨᠵᠢᠯᠡᠬᠦ ᠪ ᠪᠢᠴᠢᠭ ᠳᠦ ᠶᠡᠬᠡᠯᠡᠨ ᠳᠦᠭᠡ ᠪᠡᠷ
ᠲᠡᠮᠳᠡᠭ ᠪᠢᠴᠢᠭ ᠦᠨ ᠪᠢᠴᠢᠭᠰᠡᠨ ᠪᠡᠷ ᠰᠢᠨᠵᠢᠯᠡᠬᠦ ᠲᠡᠮᠳᠡᠭᠯᠡᠬᠦ ᠬᠡᠯᠡᠨ ᠳᠦ ᠪᠡᠷᠢᠯᠡᠭᠦᠯᠦᠨ ᠪᠡᠷ ᠄
《ᠰᠢᠨᠵᠢᠯᠡᠬᠦ ᠪ ᠪᠢᠴᠢᠭ》 ᠦᠨ ᠲᠡᠮᠳᠡᠭ ᠬᠡᠯᠡᠨ ᠦᠨ ᠳᠦᠷᠰᠦᠯᠡᠬᠦ ᠦᠰᠦᠭ ᠢ ᠳᠦᠷᠰᠦᠯᠡᠪᠡ ᠬᠡᠯᠡᠨ ᠳᠦ ᠲᠡᠮᠳᠡᠭ ᠪᠢᠴᠢᠭ ᠪᠢᠴᠢᠭᠰᠡᠨ ᠳᠦᠷᠰᠦᠯᠡᠬᠦ ᠬᠡᠯᠡᠨ ᠳᠦ

ᠭᠤᠷᠪᠠ ᠬᠡᠯᠡᠨ ᠦ ᠳᠦᠷᠰᠦᠯᠡᠬᠦ ᠦᠰᠦᠭ ᠦᠨ ᠬᠡᠯᠪᠡᠷᠢ

《ᠬ》 ᠪᠢᠴᠢᠭ ᠲᠦ ᠪᠢᠴᠢᠭᠳᠡᠭᠰᠡᠨ :: ᠬᠠᠷᠢᠨ ᠦᠭᠡ ᠶᠢᠨ ᠪᠢᠴᠢᠯᠭᠡ ᠲᠠᠢ ᠬᠠᠷᠢᠴᠠᠭᠤᠯᠪᠠᠯ ᠦᠭᠡ ᠶᠢᠨ ᠡᠬᠢᠨ ᠦ ᠪᠢᠴᠢᠯᠭᠡ ᠶᠢᠨ ᠬᠡᠯᠪᠡᠷᠢ ᠳᠦ ᠪᠢᠴᠢᠭᠳᠡᠭᠰᠡᠨ ᠦᠭᠡ ᠶᠢᠨ ᠪᠠᠢᠳᠠᠯ ᠢ ᠦᠵᠡᠬᠦ ᠳᠦ ᠶᠢᠨ ᠰᠢᠨᠵᠢᠯᠡᠯᠲᠡ ᠶᠢ ᠬᠠᠷᠢᠴᠠᠭᠤᠯᠪᠠᠯ ᠪᠢᠴᠢᠭᠳᠡᠭᠰᠡᠨ ᠪᠠᠢᠨ᠎ᠠ :: 《ᠬᠡᠯᠡᠨ ᠦ ᠲᠤᠬᠠᠢ》 ᠳᠦ ᠪᠢᠴᠢᠭᠰᠡᠨ 《ᠬᠡᠯᠡᠨ ᠦ ᠲᠤᠬᠠᠢ》 ᠪᠢᠴᠢᠭ ᠲᠦ (《ᠬᠡᠯᠡᠨ ᠦ ᠰᠤᠳᠤᠯᠭ᠎ᠠ ᠶᠢᠨ ᠡᠮᠬᠢᠳᠬᠡᠯ》) ᠳᠦ ᠦᠭᠡ ᠶᠢᠨ ᠡᠬᠢᠨ ᠦ e ᠦᠰᠦᠭ ᠢ 《ᠬ》 ᠪᠢᠴᠢᠭ ᠲᠦ ᠪᠢᠴᠢᠭᠰᠡᠨ ᠬᠡᠯᠪᠡᠷᠢ ᠲᠡᠶ ᠢᠵᠢᠯ ᠬᠡᠯᠡᠭᠡ ① :: ᠬᠡᠷᠪᠡ ᠲᠡᠷᠡ 17 ᠵᠠᠭᠤᠨ ᠤ ᠪᠢᠴᠢᠭ ᠪᠢᠴᠢᠭᠳᠡᠭᠰᠡᠨ ᠳᠦ ᠦᠭᠡ ᠶᠢᠨ ᠡᠬᠢᠨ ᠦ e ᠦᠰᠦᠭ ᠢ 《ᠬ》 ᠪᠢᠴᠢᠭ ᠲᠦ ᠪᠢᠴᠢᠭᠰᠡᠨ ᠬᠡᠯᠪᠡᠷᠢ ᠲᠡᠶ ᠢᠵᠢᠯ ᠪᠣᠯᠪᠠᠰᠤ ᠬᠡᠯᠪᠡᠷᠢ ᠶᠢᠨ ᠬᠤᠪᠢᠷᠠᠯ ᠢ ᠰᠢᠨᠵᠢᠯᠡᠬᠦ ᠳᠦ ᠬᠡᠯᠪᠡᠷᠢ ᠶᠢᠨ ᠵᠦᠢᠯ ᠪᠠᠢᠨ᠎ᠠ ::

3\. ᠡᠨᠡ ᠦᠭᠡ ᠶᠢᠨ ᠳᠤᠮᠳᠠᠬᠢ ᠦᠰᠦᠭ ᠪᠢᠴᠢᠭ ᠲᠦ ᠪᠢᠴᠢᠭᠳᠡᠭᠰᠡᠨ ᠬᠡᠯᠪᠡᠷᠢ 《ᠬ》 ᠪᠢᠴᠢᠭ ᠲᠦ ᠪᠢᠴᠢᠭᠳᠡᠭᠰᠡᠨ ᠪᠠᠢᠨ᠎ᠠ :: ᠲᠡᠷᠡ ᠴᠢ ᠰᠢᠨᠵᠢᠯᠡᠭᠰᠡᠨ ᠦ ᠳᠦ ᠶᠢᠨ ᠪᠢᠴᠢᠭᠰᠡᠨ ᠪᠠᠢᠳᠠᠯ 《ᠬ》 ᠬᠡᠪᠯᠡᠯ ᠳᠦ ᠪᠢᠴᠢᠭᠰᠡᠨ 《ᠰᠢᠨᠵᠢᠯᠡᠯᠲᠡ》 ᠶᠢᠨ ᠪᠢᠴᠢᠯᠭᠡ ᠶᠢᠨ ᠬᠡᠯᠪᠡᠷᠢ ᠪᠢᠴᠢᠭᠰᠡᠨ ᠪᠠᠢᠳᠠᠯ ᠢ ᠲᠡᠮᠳᠡᠭᠯᠡᠪᠡ :

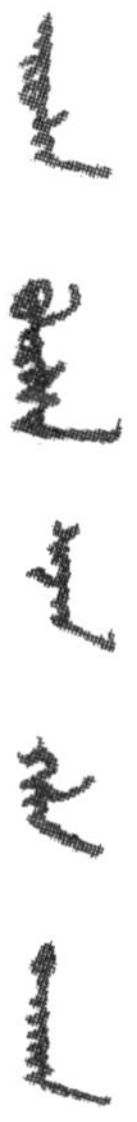

4\. ᠦᠭᠡ ᠶᠢᠨ ᠰᠡᠭᠦᠯ ᠦᠨ ᠦᠰᠦᠭ ᠢ ᠰᠡᠭᠦᠯ ᠦᠨ ö · ü ᠶᠢ ᠵᠢᠱᠢᠶ᠎ᠡ ᠪᠣᠯᠭᠠᠨ 《ᠭ》 ᠬᠡᠪᠯᠡᠯ ᠳᠦ ᠪᠢᠴᠢᠭᠰᠡᠨ :: ᠵᠢᠱᠢᠶ᠎ᠡ ᠨᠢ ᠪᠢᠴᠢᠭ ᠲᠦ ᠬᠡᠷᠡᠭᠯᠡᠭᠰᠡᠨ ᠦᠭᠡ ᠶᠢᠨ ᠡᠬᠢᠨ ᠳᠦ ᠲᠡᠮᠳᠡᠭᠯᠡᠭᠰᠡᠨ :: 《ᠡᠷᠳᠡᠨᠢ ᠲᠣᠨᠤᠮᠠᠯ》 《ᠠᠯᠲᠠᠨ ᠬᠠᠨ ᠤ ᠲᠤᠭᠤᠵᠢ》 ᠳᠦ ᠪᠢᠴᠢᠭᠳᠡᠭᠰᠡᠨ ᠵᠢᠱᠢᠶ᠎ᠡ ᠦᠭᠡ ᠪᠢᠴᠢᠭᠳᠡᠭᠰᠡᠨ ᠪᠠᠢᠳᠠᠯ ᠢᠶᠠᠷ ᠦᠭᠡ ᠶᠢᠨ ᠡᠬᠢᠨ ᠳᠦ ᠲᠡᠮᠳᠡᠭᠯᠡᠭᠰᠡᠨ ᠦᠭᠡ ᠶᠢᠨ ᠰᠡᠭᠦᠯ ᠳᠦ 《ᠬᠡᠯᠡᠨ ᠦ ᠲᠤᠬᠠᠢ》 ᠳᠦ ᠬᠡᠷᠡᠭᠯᠡᠭᠰᠡᠨ 《ᠡᠷᠳᠡᠨᠢ》 · ᠵᠢᠱᠢᠶ᠎ᠡ ᠪᠢᠴᠢᠭᠳᠡᠭᠰᠡᠨ ᠪᠠᠢᠨ᠎ᠠ ::

① ᠶᠣᠰᠢᠳᠠ ᠵᠢᠶᠦᠨᠢᠴᠢ（吉田顺一）ᠨᠠᠷ ᠤᠨ ᠬᠠᠷᠢᠴᠠᠭᠤᠯᠤᠨ ᠰᠤᠳᠤᠯᠤᠭᠰᠠᠨ 《ᠠᠯᠲᠠᠨ ᠬᠠᠨ ᠤ ᠲᠤᠭᠤᠵᠢ》 ᠶᠢᠨ 14a ᠨᠢᠭᠤᠷ ᠲᠤ ᠲᠡᠮᠳᠡᠭᠯᠡᠭᠰᠡᠨ 《ᠬᠡᠯᠡ》 ᠭᠡᠳᠡᠭ ᠦᠭᠡ ᠶᠢᠨ ᠡᠬᠢᠨ ᠦ e ᠶᠢ ᠪᠢᠴᠢᠭᠰᠡᠨ ᠬᠡᠯᠪᠡᠷᠢ ᠨᠢ ᠪᠢᠴᠢᠭ ᠲᠦ ᠬᠡᠷᠡᠭᠯᠡᠭᠳᠡᠭᠰᠡᠨ ᠦᠯᠭᠡᠷ ᠢ 《ᠬ》 ᠬᠡᠪᠯᠡᠯ ᠳᠦ ᠬᠡᠷᠡᠭᠯᠡᠭᠡᠳᠦ · a ǰei ᠭᠡᠵᠦ ᠤᠩᠰᠢᠭᠰᠠᠨ ᠪᠠᠢᠨ᠎ᠠ :: 《〈アルタン＝ハーン伝〉訳注》日本风间书房，平成10年3月5日印刷，第34页。

ᠲᠣᠭᠣᠷᠢᠭᠰᠠᠨ · ᠪᠢᠴᠢᠭᠳᠡᠭ》 ᠭᠡᠳᠡᠭ ᠦᠰᠦᠭ ᠦᠨ ᠳᠠᠭᠤᠨ ᠤ ᠵᠣᠬᠢᠶᠠᠯ ᠤᠨ ᠲᠡᠮᠳᠡᠭᠯᠡᠯ ᠪᠢᠴᠢᠭ ᠦᠨ ᠬᠡᠯᠪᠡᠷᠢ ᠳᠦ ᠭᠡᠵᠡᠢ ① ᠭᠡᠵᠦ ᠲᠡᠮᠳᠡᠭᠯᠡᠭᠰᠡᠨ ᠮᠣᠩᠭᠣᠯ ᠪᠢᠴᠢᠭ ᠦᠨ ᠳᠤᠷᠠᠳᠬᠠᠯ ᠤᠨ ᠲᠡᠮᠳᠡᠭ ᠦᠨ ᠳᠣᠲᠣᠭᠠᠳᠤ ᠪᠣᠯᠪᠠᠰᠤ ᠦᠭᠡ ::

5. ᠬᠡᠯᠡᠨ ᠦ ᠡᠬᠢᠨ ᠳᠦ ᠪᠠᠢᠬᠤ b ᠦᠰᠦᠭ ᠨᠢ 《ᠪ》《ᠭ》 ᠭᠡᠳᠡᠭ ᠬᠣᠶᠠᠷ ᠬᠡᠯᠪᠡᠷᠢ ᠲᠡᠢ ᠪᠠᠢᠳᠠᠭ :: ᠵᠢᠱᠢᠶᠡᠯᠡᠪᠡᠯ :

ᠬᠡᠯᠪᠡᠷᠢ ᠳᠦ 《ᠭ》 ᠭᠡᠳᠡᠭ ᠳᠤᠷᠠᠯ ᠪᠢᠴᠢᠪᠡ · ᠡᠭᠦᠨ ᠳᠦ ᠲᠣᠭᠣᠷᠢᠭ ᠨᠢ 3 ᠬᠡᠯᠪᠡᠷᠢᠲᠡᠢ :: ᠲᠣᠭᠣᠷᠢᠭᠰᠠᠨ ᠮᠣᠩᠭᠣᠯ ᠪᠢᠴᠢᠭ ᠦᠨ ᠬᠡᠯᠪᠡᠷᠢ ᠪᠢᠴᠢᠭ ᠦᠨ ᠦ ᠡᠬᠢᠨ ᠳᠦ ᠪᠠᠢᠬᠤ b ᠦᠰᠦᠭ ᠨᠢ ᠲᠣᠭᠣᠷᠢᠭ ᠪᠣᠯᠵᠠᠢ 《ᠭ》 ᠭᠡᠳᠡᠭ ᠪᠤᠶᠤ 《ᠪ》 ᠭᠡᠳᠡᠭ ᠪᠢᠴᠢᠭᠳᠡᠭ ᠪᠤᠶᠤ ᠲᠣᠭᠣᠷᠢᠭᠰᠠᠨ ᠪᠠᠢᠨᠠ :: 17 ᠳᠤᠭᠠᠷ ᠵᠠᠭᠤᠨ ᠤ 《ᠲ · ᠳ》 《ᠬᠣᠶᠠᠷ ᠪᠢᠴᠢᠭ》 ᠳᠡᠭᠡᠷᠡ ᠪᠢᠴᠢᠭᠳᠡᠭ ᠪᠢᠴᠢᠭ ᠦᠨ ᠦ ᠡᠬᠢᠨ ᠤ 《ᠭ》 ᠭᠡᠳᠡᠭ ᠪᠤᠶᠤ 《ᠪ》 ᠭᠡᠳᠡᠭ ᠪᠢᠴᠢᠭᠳᠡᠭ ᠪᠠᠢᠨᠠ · ᠡᠭᠦᠨ ᠦ ᠬᠡᠯᠪᠡᠷᠢ 《ᠷ》 ᠭᠡᠳᠡᠭ ᠪᠢᠴᠢᠭᠳᠡᠭ ::

6. n ᠦᠰᠦᠭ ᠦᠨ ᠬᠡᠯᠪᠡᠷᠢ 《ᠨ · ᠨ》 ᠭᠡᠳᠡᠭ ᠡᠭᠦᠨ ᠦ ᠬᠡᠯᠪᠡᠷᠢ ᠪᠣᠯ · ᠡᠭᠦᠨ ᠦ ᠬᠡᠯᠪᠡᠷᠢ ᠪᠢᠴᠢᠭ ᠦᠨ ᠦ ᠡᠬᠢᠨ ᠡᠴᠡ ᠪᠢᠴᠢᠭᠳᠡᠭ · 17 ᠳᠤᠭᠠᠷ ᠵᠠᠭᠤᠨ ᠤ ᠡᠬᠢᠨ ᠡᠴᠡ ᠡᠬᠢᠯᠡᠨ ᠪᠢᠴᠢᠭ ᠦᠨ ᠦ ᠳᠤᠮᠳᠠ ᠪᠠᠨ ᠪᠢᠴᠢᠭᠳᠡᠭ · 1640 ᠣᠨ ᠤ ᠳᠤᠷᠠᠰᠬᠠᠯ ᠪᠢᠴᠢᠭ ᠦᠨ ᠦ ᠳᠡᠭᠡᠷᠡ ᠬᠡᠯᠪᠡᠷᠢ 《ᠷ》 ᠭᠡᠳᠡᠭ ᠲᠡᠮᠳᠡᠭᠯᠡᠯ ᠪᠢᠴᠢᠭᠳᠡᠭ :: 17 ᠳᠤᠭᠠᠷ ᠵᠠᠭᠤᠨ ᠤ ᠳᠤᠷᠠᠰᠬᠠᠯ ᠤᠨ ᠪᠢᠴᠢᠭ ᠦᠨ ᠳᠦ ᠬᠡᠯᠪᠡᠷᠢ ᠪᠢᠴᠢᠭ ᠦᠨ ᠳᠡᠭᠡᠷᠡ ᠭᠡᠳᠡᠭ ᠪᠢᠴᠢᠭᠳᠡᠭ · ᠡᠭᠦᠨ ᠦ ᠬᠡᠯᠪᠡᠷᠢ 《ᠷ》 ᠭᠡᠳᠡᠭ ᠪᠢᠴᠢᠭ ᠦᠨ ᠦ ᠡᠬᠢᠨ ᠳᠦ ᠮᠠᠨᠳᠠᠯ ᠮᠡᠳᠡᠨ ᠦ ᠲᠡᠯᠡᠭᠡᠨ ᠳᠦ ᠢᠯᠡ ᠭᠠᠷᠴᠠᠢ ② ᠭᠡᠵᠦ ᠪᠢᠴᠢᠭᠰᠡᠨ ᠪᠠᠢᠨᠠ · ᠰᠣᠩᠭᠣᠯ ᠬᠡᠯᠪᠡᠷᠢ ᠪᠢᠴᠢᠭᠳᠡᠭ ᠪᠣᠯᠬᠤ ᠪᠠᠢᠨᠠ :: ᠡᠭᠦᠨ ᠦ ᠲᠡᠮᠳᠡᠭ ᠪᠢᠴᠢᠭᠳᠡᠭ · n ᠦᠰᠦᠭ ᠦᠨ

---

① ᠴᠣᠢᠵᠢᠯᠵᠠᠪ : 《ᠲᠣᠭᠣᠷᠢᠭᠰᠠᠨ ᠮᠣᠩᠭᠣᠯ ᠪᠢᠴᠢᠭ ᠦᠨ ᠳᠤᠷᠠᠳᠬᠠᠯ》 (ᠳᠣᠲᠣᠭᠠᠳᠤ ᠶᠢᠨ ᠰᠤᠷᠭᠠᠨ ᠬᠦᠮᠦᠵᠢᠯ ᠦᠨ ᠬᠡᠪᠯᠡᠯ) · 《ᠮᠣᠩᠭᠣᠯ ᠪᠢᠴᠢᠭ ᠦᠨ ᠲᠡᠦᠬᠡ ᠰᠤᠳᠤᠯᠤᠯ》 · 2002 ᠣᠨ · 62

② ᠪ · ᠰᠡᠴᠡᠨ : 《ᠮᠣᠩᠭᠣᠯ ᠬᠡᠯᠡᠨ ᠪᠢᠴᠢᠭ ᠦᠨ ᠲᠡᠦᠬᠡ ᠲᠣᠪᠴᠢ》 · ᠮᠣᠩᠭᠣᠯ ᠪᠢᠴᠢᠭ ᠦᠨ ᠬᠡᠯᠡᠨ ᠦ ᠬᠡᠪᠯᠡᠯ ᠦᠨ ᠬᠣᠷᠢᠶ᠎ᠠ · 1983 ᠣᠨ · 110 ᠳᠤᠭᠠᠷ ᠨᠢᠭᠤᠷ ::

ᠬᠣᠪᠢ (48—0) (12—12) ᠬᠣᠪᠢ (68—20) ᠬᠣᠪᠢ (59—5) ᠵᠡᠷᠭᠡ ᠳᠦ ᠪᠠᠢ᠌ᠨ᠎ᠠ ::

ᠪᠠᠶᠢᠨ᠎ᠠ :: ᠶ ᠬᠠᠷᠢᠴᠠᠯᠲᠠᠯ ᠬᠡᠯᠪᠡᠷᠢ ᠶᠢᠨ ᠦᠭᠡ ᠶᠢ 《ᠶ · ᠶᠢ》 ᠭᠡᠵᠦ ᠲᠡᠮᠳᠡᠭᠯᠡᠬᠦ ᠨᠢ 《ᠨ》 ᠲᠡᠮᠳᠡᠭ ᠲᠡᠢ ᠪᠠᠢᠬᠤ ᠶᠠᠪᠤᠴᠠ :: ᠵᠢᠱᠢᠶᠡᠯᠡᠪᠡᠯ：ᠳᠤᠮᠳᠠᠳᠤ ᠦᠶ᠎ᠡ ᠶᠢᠨ ᠮᠣᠩᠭᠣᠯ ᠬᠡᠯᠡ ᠨᠢ · 20 ᠳᠤᠭᠠᠷ ᠵᠠᠭᠤᠨ ᠤ ᠮᠣᠩᠭᠣᠯ ᠬᠡᠯᠡ ᠪᠠ ᠣᠷᠴᠢᠨ ᠴᠠᠭ ᠤᠨ ᠮᠣᠩᠭᠣᠯ ᠬᠡᠯᠡᠨ ᠦ ᠳᠦᠷᠢᠮ》 ② ᠭᠡᠵᠦ ᠲᠠᠶᠢᠯᠪᠤᠷᠢᠯᠠᠭᠰᠠᠨ ᠪᠠᠢᠨ᠎ᠠ 《ᠶ》 ᠲᠡᠮᠳᠡᠭ ᠪᠠ ᠶ ᠬᠠᠷᠢᠴᠠᠯᠲᠠᠯ ᠤᠨ ᠵᠠᠯᠭᠠᠪᠤᠷᠢ ᠪᠣᠯᠤᠨ᠎ᠠ :: ᠲᠡᠭᠦᠨ ᠦ ᠬᠤᠷᠢᠶᠠᠩᠭᠤᠢ ᠳᠦ ᠬᠡᠷᠡᠭᠯᠡᠬᠦ 《〈ᠶᠢ ᠢ〉 ᠶᠢᠨ ᠬᠡᠯᠪᠡᠷᠢ 18 ᠵᠠᠭᠤᠨ ᠤ ᠡᠬᠢᠨ ᠦ ᠦᠶ᠎ᠡ ᠡᠴᠡ 17 ᠳᠤᠭᠠᠷ ᠵᠠᠭᠤᠨ ᠤ ᠳᠤᠮᠳᠠ ᠶᠢᠨ ᠮᠣᠩᠭᠣᠯ ᠬᠡᠯᠡ ᠶᠢᠨ 《ᠬᠡᠯᠡᠨ ᠦ ᠳᠦᠷᠢᠮ》 ᠳᠦ ᠶᠢ ᠬᠡᠯᠪᠡᠷᠢ ᠶᠢᠨ ᠬᠡᠷᠡᠭᠯᠡᠭᠳᠡᠬᠦ ᠪᠣᠯᠪᠠ · ᠲᠡᠭᠦᠨ ᠦ ᠬᠣᠢ᠌ᠨ᠎ᠠ ᠪᠠ ᠦᠭᠡ ᠶᠢᠨ ᠬᠣᠯᠪᠣᠭᠳᠠᠬᠤ · ᠡᠳᠦᠭᠡ ᠶᠢᠨ ᠦᠭᠡ ᠶᠢᠨ ᠪᠦᠲᠦᠴᠡ ᠶᠢᠨ ᠪᠠ ᠬᠡᠯᠪᠡᠷᠢ ᠶᠢᠨ 《ᠬᠠᠷᠢᠴᠠᠯᠲᠠᠯ ᠤᠨ ᠪᠠᠢᠳᠠᠯ》 ① ᠭᠡᠵᠦ ᠲᠠᠶᠢᠯᠪᠤᠷᠢᠯᠠᠭᠰᠠᠨ ᠨᠢ ᠲᠠᠶᠢᠯᠪᠤᠷᠢᠯᠠᠬᠤ ᠳᠤ ᠪᠣᠯᠬᠤ ᠳᠦᠷᠢᠮ ᠦᠨ ᠬᠡᠯᠪᠡᠷᠢ ᠶᠢᠨ ᠦᠭᠡ ᠶᠢᠨ ᠬᠣᠯᠪᠣᠭᠳᠠᠬᠤ ᠶᠢᠨ ᠵᠠᠯᠭᠠᠪᠤᠷᠢ ᠶᠢ ᠬᠡᠷᠡᠭᠯᠡᠬᠦ ᠶ ᠨ ᠬᠠᠷᠢᠴᠠᠯᠲᠠᠯ ᠤᠨ ᠪᠠᠢᠳᠠᠯ ᠪᠣᠯᠤᠨ᠎ᠠ :: ᠡᠨᠡ ᠨᠢ ᠲᠡᠮᠳᠡᠭ ᠦᠨ ᠬᠡᠯᠪᠡᠷᠢ ᠶᠢᠨ 《ᠬᠠᠷᠢᠴᠠᠯᠲᠠᠯ ᠤᠨ ᠲᠤᠬᠠᠢ ᠶᠢᠨ ᠬᠡᠯᠪᠡᠷᠢ 17 ᠳᠤᠭᠠᠷ ᠵᠠᠭᠤᠨ ᠤ 《ᠬᠠᠷᠢᠴᠠᠯᠲᠠᠯ ᠤᠨ ᠪᠠᠢᠳᠠᠯ》 ᠶᠢᠨ ᠲᠡᠮᠳᠡᠭ ᠳᠦ 《ᠶᠢ》 ᠨᠢ ᠬᠡᠯᠪᠡᠷᠢ ᠶᠢᠨ ᠬᠡᠯᠪᠡᠷᠢ ᠲᠠᠶᠢᠯᠪᠤᠷᠢ ᠪᠠ ᠪᠣᠯᠤᠨ᠎ᠠ :: 《ᠬᠠᠷᠢᠴᠠᠯᠲᠠᠯ ᠤᠨ ᠬᠡᠯᠪᠡᠷᠢ》 ᠳᠦ ᠬᠡᠷᠡᠭᠯᠡᠭᠳᠡᠬᠦ ᠪᠠᠢᠳᠠᠯ ᠪᠠ ᠬᠠᠷᠢᠴᠠᠯᠲᠠᠯ ᠤᠨ ᠪᠠᠢᠳᠠᠯ ᠤᠨ ᠵᠢᠱᠢᠶ᠎ᠡ ᠳᠦ 《ᠬᠠᠷᠢᠴᠠᠯᠲᠠᠯ ᠤᠨ ᠲᠠᠶᠢᠯᠪᠤᠷᠢ》 ᠭᠡᠵᠦ ᠬᠡᠯᠪᠡᠷᠢ ᠶᠢᠨ ᠬᠡᠯᠪᠡᠷᠢ ᠳᠦ ᠬᠡᠷᠡᠭᠯᠡᠬᠦ ᠪᠠᠢᠳᠠᠯ ᠲᠠᠢ ᠪᠠᠢᠨ᠎ᠠ :: ᠲᠠᠶᠢᠯᠪᠤᠷᠢᠯᠠᠪᠠᠯ 《ᠬᠣᠪᠢ ᠶᠢᠨ ᠲᠡᠮᠳᠡᠭ ᠦᠨ ᠬᠡᠯᠪᠡᠷᠢ ᠶᠢᠨ ᠬᠡᠯᠪᠡᠷᠢ ᠳᠦ 《ᠶᠢ》 ᠬᠡᠷᠡᠭᠯᠡᠬᠦ ᠪᠠ ᠲᠡᠮᠳᠡᠭᠯᠡᠪᠡ :: ᠡᠨᠡ ᠪᠠᠢᠳᠠᠯ ᠳᠦ ᠬᠡᠯᠪᠡᠷᠢ ᠶᠢᠨ ᠬᠡᠯᠪᠡᠷᠢ ᠨᠢ 《ᠶᠢ》 ᠪᠣᠯᠤᠨ ᠲᠡᠮᠳᠡᠭᠯᠡᠪᠡ :: ᠶᠢᠨ ᠬᠡᠯᠪᠡᠷᠢ ᠶ ᠬᠠᠷᠢᠴᠠᠯᠲᠠᠯ ᠤᠨ ᠪᠠᠢᠳᠠᠯ ᠪᠣᠯᠪᠠ ᠨᠢ ᠬᠡᠯᠪᠡᠷᠢ ᠶᠢᠨ 《ᠶᠢ》 ᠪᠣᠯᠤᠨ ᠬᠡᠷᠡᠭᠯᠡᠬᠦ ᠪᠠ ᠲᠡᠮᠳᠡᠭᠯᠡᠪᠡ ᠪᠣᠯᠪᠠ q ᠬᠠᠷᠢᠴᠠᠯᠲᠠᠯ ᠤᠨ ᠲᠡᠮᠳᠡᠭ ᠪᠠᠢᠨ᠎ᠠ :: ᠲᠡᠭᠦᠨ ᠦ ᠬᠡᠯᠪᠡᠷᠢ ᠶᠢᠨ ᠬᠡᠯᠪᠡᠷᠢ ᠪᠣᠯᠪᠠ · ᠬᠠᠷᠢᠴᠠᠯᠲᠠᠯ ᠤᠨ ᠪᠠᠢᠳᠠᠯ ᠳᠦ ᠪᠣᠯᠬᠤ ᠨᠢ ᠬᠡᠯᠪᠡᠷᠢ ᠶᠢᠨ ᠪᠠᠢᠳᠠᠯ ᠪᠠᠢᠨ᠎ᠠ ::

7. q · ᠶ ᠬᠠᠷᠢᠴᠠᠯᠲᠠᠯ ᠤᠨ ᠬᠡᠯᠪᠡᠷᠢ ᠶᠢᠨ ᠬᠡᠯᠪᠡᠷᠢ ᠶᠢᠨ ᠬᠡᠷᠡᠭᠯᠡᠭᠳᠡᠬᠦ ᠪᠠᠢᠳᠠᠯ · ᠬᠠᠷᠢᠴᠠᠯᠲᠠᠯ ᠤᠨ ᠵᠠᠯᠭᠠᠪᠤᠷᠢ ᠪᠣᠯᠤᠨ ᠲᠡᠭᠦᠨ ᠦ ᠳᠦ ᠪᠠᠢᠬᠤ ᠬᠡᠯᠪᠡᠷᠢ ᠪᠠᠢᠳᠠᠯ ᠶᠢᠨ ᠨᠢ ᠶᠢᠨ ᠬᠠᠷᠢᠴᠠᠯᠲᠠᠯ ᠤᠨ ᠲᠡᠮᠳᠡᠭ ᠦᠨ ᠬᠡᠯᠪᠡᠷᠢ ᠶᠢᠨ ᠲᠡᠮᠳᠡᠭᠯᠡᠭᠰᠡᠨ ᠪᠠᠢᠨ᠎ᠠ ::

② ᠴ · ᠰᠡᠩᠭᠡ：《ᠮᠣᠩᠭᠣᠯ ᠬᠡᠯᠡᠨ ᠦ ᠬᠢᠯᠡᠨ ᠵᠢᠷᠤᠮ》 · ᠥᠪᠥᠷ ᠮᠣᠩᠭᠣᠯ ᠤᠨ ᠠᠷᠠᠳ ᠤᠨ ᠬᠡᠪᠯᠡᠯ ᠦᠨ ᠬᠣᠷᠢᠶ᠎ᠠ · 1987 ᠣᠨ · 47 ᠳᠦᠭᠡᠷ ᠨᠢᠭᠤᠷ ::

① ᠴᠢᠩᠭᠡᠯᠲᠡᠢ：《ᠮᠣᠩᠭᠣᠯ ᠤᠨ ᠮᠣᠩᠭᠣᠯ ᠬᠡᠯᠡᠨ ᠦ ᠳᠦᠷᠢᠮ》 · ᠥᠪᠥᠷ ᠮᠣᠩᠭᠣᠯ ᠤᠨ ᠠᠷᠠᠳ ᠤᠨ ᠬᠡᠪᠯᠡᠯ ᠦᠨ ᠬᠣᠷᠢᠶ᠎ᠠ · 1996 ᠣᠨ · 504 ᠳᠦᠭᠡᠷ ᠨᠢᠭᠤᠷ ::

ᠬᠣᠯᠪᠣᠭᠳᠠᠬᠤ ᠪᠠᠢᠨ ᠬᠠᠷᠢᠴᠠᠭᠤᠯᠬᠤ ᠪᠣᠯᠪᠠᠯ 《ᠲ》 ᠬᠣᠯᠪᠣᠭᠳᠠᠬᠤ ᠪᠠᠢᠨ ᠳᠤ ᠬᠠᠷᠢᠴᠠᠭᠤᠯᠬᠤ ᠪᠣᠯᠤᠨ᠎ᠠ ᠄ ᠦᠭᠡ ᠶᠢᠨ ᠡᠬᠢᠨ ᠳᠦ ᠪᠠᠢᠬᠤ t ᠨᠢ ᠳᠤ 《ᠲ》 ᠲᠠᠢ

11. t · d ᠭᠢᠶᠠᠭᠭᠤᠯᠤᠭᠴᠢ ᠠᠪᠢᠶ᠎ᠠ 《ᠰᠢᠳᠦᠨ ᠦ ᠪᠠᠢᠷᠢ》 ᠳᠤ ᠪᠠᠢᠷᠢᠰᠢᠯ ᠦᠨ ᠠᠯᠢ ᠪᠠᠢᠨ ᠬᠠᠷᠢᠴᠠᠭᠤᠯᠬᠤ ᠦᠭᠡᠢ ᠄ t ᠪᠣᠯᠤᠨ d ᠨᠢ 《ᠳ》 ᠦᠨ ᠲᠡᠮᠳᠡᠭ ᠪᠠᠢᠷᠢ ᠶᠢ 《ᠳ》 ᠭᠡᠵᠦ ᠲᠡᠮᠳᠡᠭᠯᠡᠭᠰᠡᠨ ᠳᠦ ᠪᠠᠢᠨ ᠪᠣᠯᠤᠨ᠎ᠠ ᠄

10. m ᠭᠢᠶᠠᠭᠭᠤᠯᠤᠭᠴᠢ ᠠᠪᠢᠶ᠎ᠠ ᠦᠰᠦᠭ ᠦᠨ ᠡᠬᠢᠨ ᠳᠦ ᠪᠠᠢᠬᠤ ᠪᠠᠷ ᠦᠰᠦᠭ ᠦᠨ ᠡᠬᠢᠨ ᠳᠦ ᠳᠠᠭᠠᠯᠳᠤᠭ᠎ᠠ ᠦᠨ ᠮᠥᠷ ᠪᠠᠢᠬᠤ ᠪᠠᠢᠳᠠᠯ ᠳᠠᠭᠠᠨ ᠰᠢᠮᠡᠭᠳᠡᠬᠦ ᠪᠠᠢᠳᠠᠯ ᠦᠨ ᠰᠢᠯᠭᠠ · ᠲᠡᠮᠳᠡᠭᠯᠡᠭᠰᠡᠨ ᠦᠰᠦᠭ ᠦᠨ ᠲᠡᠮᠳᠡᠭ ᠪᠠᠢᠷᠢ ᠶᠢᠨ ᠲᠣᠳᠠᠷᠬᠠᠢ ᠪᠠᠷ ᠪᠣᠯᠤᠭᠰᠠᠨ ᠢ ᠳᠠᠭᠤ ᠰᠢᠮᠡᠭᠳᠡᠬᠦ ᠪᠠᠢᠳᠠᠭ ᠦᠭᠡᠢ ᠄

9. ᠦᠰᠦᠭ ᠦᠨ ᠡᠬᠢᠨ ᠳᠦ ᠪᠠᠢᠬᠤ g ᠭᠢᠶᠠᠭᠭᠤᠯᠤᠭᠴᠢ ᠦᠨ ᠬᠣᠯᠪᠣᠭᠳᠠᠬᠤ ᠢ 《ᠭ》 ᠪᠣᠯᠤᠨ 《ᠮ》 ᠭᠡᠳᠡᠭ ᠰᠢᠭ ᠬᠣᠯᠪᠣᠭᠳᠠᠬᠤ ᠪᠠᠢᠨ ᠬᠡᠷᠡᠭᠯᠡᠭᠰᠡᠨ ᠄ ᠵᠢᠱᠢᠶ᠎ᠡ ᠨᠢ ᠬᠡᠰᠡᠭ (13—33)   ᠬᠡᠰᠡᠭ (5—28) ᠳᠤ ᠪᠠᠢᠨ᠎ᠠ ᠄

8. q · γ ᠶᠢ ᠬᠠᠮᠲᠤ i ᠡᠭᠡᠰᠢᠭ ᠦᠰᠦᠭ ᠦᠨ ᠡᠬᠢᠨ 《ᠬᠢ》 《ᠭᠢ》 ᠭᠡᠳᠡᠭ ᠰᠢᠭ ᠪᠢᠴᠢᠵᠦ ᠦᠨ ᠪᠠᠢᠷᠢᠯᠠᠭᠰᠠᠨ ᠬᠡᠷᠡᠭᠯᠡᠭᠰᠡᠨ ᠄ ᠵᠢᠱᠢᠶᠡᠯᠡᠪᠡᠯ :

15. r ᠭᠠᠯᠢᠭᠯᠠᠭᠰᠠᠨ ᠲᠡᠮᠳᠡᠭ 17 ᠪᠣᠳᠠᠳᠠ ᠪᠠᠢᠳᠠᠯ ᠤ ᠮᠣᠩᠭᠣᠯ ᠬᠡᠯᠡ ᠶᠢᠨ ᠲᠣᠭᠠᠨ ᠪᠣᠯ ᠭᠡᠳᠡ 《ᠷ》 ᠭᠡᠳᠡᠭ ᠪᠣᠯ ᠪᠢᠴᠢᠭᠳᠡᠬᠦ᠂ ᠡᠭᠦᠨ ᠮᠣᠩᠭᠣᠯ ᠲᠤ ᠮᠣᠩᠭᠣᠯ
ᠪᠠᠢᠳᠠᠯᠲᠠᠢ ᠪᠢᠴᠢᠭᠯᠡᠯ ᠢ ᠰᠢᠯᠭᠠᠭᠳᠠᠬᠤ ᠪᠣᠯ ::
ᠮᠣᠩᠭᠣᠯ ᠬᠡᠯᠡ ᠶᠢᠨ ᠲᠣᠪᠴᠢᠶᠠᠨ ᠪᠢᠴᠢᠭ ᠤᠨ ᠪᠢᠴᠢᠭ ᠢ ᠰᠢᠯᠭᠠᠭᠳᠠᠬᠤ ᠪᠢᠴᠢᠭ ᠲᠣᠭᠠᠯᠠᠯ ᠲᠣᠪᠴᠢᠶᠠᠯᠠᠨ ᠮᠣᠩᠭᠣᠯ ᠬᠡᠯᠡ ᠶᠢᠨ ᠲᠣᠪᠴᠢᠶᠠᠨ ᠪᠢᠴᠢᠭ ᠤᠨ ᠲᠠᠢᠯᠪᠤᠷᠢ ᠬᠡᠯᠡᠬᠦ
ᠲᠣᠭᠠᠨ ᠳᠤ ᠪᠠᠢ ᠪᠣᠯ :: ᠵᠢᠱᠢᠶᠡᠯᠡᠪᠡᠯ᠂ 《ᠴᠠᠭ ᠬᠡᠷᠡᠭ ᠭᠠᠷᠭᠠᠭᠰᠠᠨ ᠲᠣᠭ》 (64—7) ᠳᠤ ᠲᠡᠮᠳᠡᠭᠯᠡᠭᠰᠡᠨ ᠢᠶᠠᠷ 《ᠴᠠᠭ》 ᠳᠤ ᠮᠣᠩᠭᠣᠯ :: ᠡᠨᠡ ᠨᠢ ᠭᠡᠳᠡᠭᠦ
y ᠭᠠᠯᠢᠭᠯᠠᠭᠰᠠᠨ ᠢ 《ᠶ》 ᠭᠡᠳᠡᠭ ᠪᠣᠯ ᠪᠢᠴᠢᠭᠳᠡᠨ ᠪᠠᠢᠳᠠᠭ ᠳᠠᠭᠤᠳᠠ ᠬᠡᠷᠡᠭᠯᠡᠨᠡ :: ᠮᠣᠩᠭᠣᠯ ᠬᠡᠯᠡ ᠬᠡᠯᠡ ᠤ j ᠢ ᠪᠠᠢᠨ 《ᠶ》 ᠦᠰᠦᠭ ᠪᠠᠷ ᠪᠢᠴᠢᠭᠳᠡᠨ
14. ᠮᠣᠩᠭᠣᠯ ᠬᠡᠯᠡ ᠬᠡᠯᠡ ᠶᠢᠨ ᠲᠣᠭᠠᠨ ǰ᠂ y ᠭᠠᠯᠢᠭᠯᠠᠭᠰᠠᠨ ᠢ 《ᠶ》 ᠭᠡᠳᠡᠭ ᠪᠣᠯ ᠪᠢᠴᠢᠭᠳᠡᠨ ᠡᠴᠡ ᠰᠢᠯᠭᠠᠭᠳᠠᠬᠤ ᠪᠠᠢᠳᠠᠭ᠂ ᠮᠣᠩᠭᠣᠯ ᠬᠡᠯᠡ ᠬᠡᠯᠡ ᠤ
ᠢ ᠲᠡᠮᠳᠡᠭ ᠪᠣᠯᠤᠨ᠎ᠠ ::
ᠬᠡᠷᠡᠭᠯᠡᠭᠰᠡᠨ ᠬᠡᠪ ᠲᠣᠭᠠᠨ ᠳᠤ᠂ ᠭᠡᠷᠡᠭ ᠳᠤ ᠮᠣᠩᠭᠣᠯ ᠶᠢᠨ ᠬᠣᠶᠠᠷ ᠬᠦᠰᠦᠨ ᠲᠡᠮᠳᠡᠭ ᠢ ᠵᠢᠷᠤᠮ ᠭᠠᠯᠢᠭᠯᠠᠬᠤ ᠬᠡᠷᠡᠭᠯᠡᠯ ᠪᠣᠯᠤᠳᠠ᠂ ᠭᠡᠪᠡᠴᠦ ᠭᠠᠷᠭᠠᠯᠲᠠᠶᠢᠭᠡᠷ ᠭᠣᠷᠪᠠ
ᠵᠢᠷᠤᠮ ᠲᠣᠭᠠᠨ ᠪᠣᠯᠤᠨ ᠲᠤᠰ :: ᠡᠨᠡ ᠦᠰᠦᠭ ᠦᠨ 17 ᠪᠣᠳᠠᠳᠠ ᠪᠠᠢᠳᠠᠯ ᠤ ᠵᠢᠷᠤᠮᠯᠠᠯ ᠬᠡᠪ ᠬᠡᠪ ᠰᠢᠨᠵᠢᠯᠡᠯ ᠪᠢᠴᠢᠭ ᠲᠤᠰ ᠭᠡᠳ ᠳᠠᠭᠤᠳᠠ ᠭᠠᠷᠴᠤ ᠲᠣᠭᠠᠨ
ᠪᠠᠢᠳᠠᠯ :: 《ᠴ》 ᠦᠰᠦᠭ ᠪᠠᠷ ᠪᠢᠴᠢᠭᠳᠡᠬᠦ ᠪᠠᠢᠳᠠᠯ ᠢ ᠬᠣᠶᠠᠷ ᠬᠦᠰᠦᠨ ᠬᠣᠶᠠᠷ ᠬᠦᠰᠦᠨ ᠲᠣᠭᠠᠨ ᠲᠠᠯᠠᠭᠰᠠᠨ᠂ ᠰᠢᠨᠡ ᠦᠭᠡ ᠤ ᠮᠣᠩᠭᠣᠯ ᠢ ᠭᠠᠷᠭᠠᠯᠲᠠ ᠶᠢᠨ
ᠲᠠᠯᠠᠭᠰᠠᠨ᠂ 《ᠴ》 ᠦᠰᠦᠭ ᠳᠠᠭᠤᠳᠠ ᠬᠡᠷᠡᠭᠯᠡᠨᠡ :: ᠭᠠᠷᠭᠠᠭᠰᠠᠨ ᠮᠣᠩᠭᠣᠯ ᠬᠡᠯᠡ ᠲᠣᠪᠴᠢᠶᠠᠯᠠᠭᠰᠠᠨ ᠲᠣᠪᠴᠢᠶᠠᠨ ᠪᠢᠴᠢᠭ ᠭᠡᠳ č ᠢ ᠳᠠᠭᠤ 《ᠴ》 ᠦᠰᠦᠭ ᠪᠠᠷ ᠪᠢᠴᠢᠭᠳᠡᠨ
13. č ᠭᠠᠯᠢᠭᠯᠠᠭᠰᠠᠨ ᠲᠡᠮᠳᠡᠭ ᠢ 《ᠴ》 《ᠵ》 ᠭᠡᠵᠦ ᠰᠣᠯᠢᠨ ᠦᠰᠦᠭ ᠪᠠᠷ ᠪᠢᠴᠢᠭᠳᠡᠬᠦ ᠪᠠᠢᠳᠠᠭ :: ᠬᠡᠯᠡ ᠶᠢᠨ 《ᠴ》 ᠦᠰᠦᠭ ᠪᠠᠷ ᠪᠢᠴᠢᠭᠳᠡᠭᠰᠡᠨ ᠢ
19)᠂ ᠬᠡᠪ (6—10) ᠳᠤ ᠪᠠᠢᠨ᠎ᠠ :: 《ᠰ》 ᠦᠰᠦᠭ ᠪᠡᠷ ᠭᠠᠷᠭᠠᠭᠰᠠᠨ ᠮᠣᠩᠭᠣᠯ ᠬᠡᠯᠡ ᠶᠢᠨ ᠲᠣᠪᠴᠢᠶᠠᠨ ᠪᠢᠴᠢᠭ ᠤᠨ ᠲᠠᠢᠯᠪᠤᠷᠢ ᠲᠣᠭᠠᠨ ::
ᠪᠠᠢᠳᠠᠯ 《ᠰ》 ᠭᠡᠳᠡᠭ ᠲᠡᠮᠳᠡᠭ ᠬᠡᠷᠡᠭᠯᠡᠨᠡ :: ᠳᠠᠭᠤᠳᠠᠯᠭ᠎ᠠ ᠶᠢᠨ ᠬᠡᠯᠡ ᠶᠢᠨ 《ᠰ》 ᠦᠰᠦᠭ ᠪᠠᠷ ᠬᠡᠷᠡᠭᠯᠡᠭᠰᠡᠨ ᠪᠠᠢᠳᠠᠭ :: ᠵᠢᠱᠢᠶᠡᠯᠡᠪᠡᠯ : ᠪᠡᠶ᠎ᠡ (13—
12. s ᠭᠠᠯᠢᠭᠯᠠᠭᠰᠠᠨ ᠲᠡᠮᠳᠡᠭ ᠮᠣᠩᠭᠣᠯ ᠬᠡᠯᠡ ᠶᠢᠨ ᠲᠣᠭᠠᠨ ᠭᠡᠳ ᠲᠣᠭᠠᠯᠠᠬᠤ ᠪᠣᠳᠠᠳᠠ 《ᠰ》 ᠪᠣᠯᠤᠨ 《ᠱ》 ᠭᠡᠵᠦ ᠰᠣᠯᠢᠨ ᠭᠡᠳᠡᠭ ᠪᠣᠯ ᠬᠡᠷᠡᠭᠯᠡᠭᠰᠡᠨ ᠪᠠᠢᠳᠠᠯ
ᠲᠡᠳᠭᠦ (tedgü) (43—18) ᠲᠡᠳ (ded) (79—22) ᠳᠤ ᠪᠠᠢᠨ᠎ᠠ ::
ᠡᠭᠦᠨ ᠭᠠᠷᠭᠠᠭᠰᠠᠨ ᠪᠠᠢᠳᠠᠯ ᠪᠣᠯ 《ᠭ》 ᠢ 《ᠬ》 ᠡᠭᠦᠨ ᠭᠠᠷᠭᠠᠭᠰᠠᠨ ᠪᠠᠢᠳᠠᠯ ᠢ ᠲᠣᠭᠠᠨ ᠲᠠᠯᠠᠭᠰᠠᠨ ᠭᠡᠯ ᠲᠣᠭᠠᠨ ᠪᠣᠯᠤᠨ ᠲᠤᠰ :: ᠵᠢᠱᠢᠶᠡᠯᠡᠪᠡᠯ :
ᠭᠠᠷᠭᠠᠭᠰᠠᠨ ᠪᠠᠢᠳᠠᠯ ᠢ ᠲᠣᠪᠴᠢᠶᠠᠯᠠᠨ ᠮᠣᠩᠭᠣᠯ ᠬᠡᠯᠡ ᠶᠢᠨ ᠲᠣᠪᠴᠢᠶᠠᠨ ᠪᠢᠴᠢᠭ ᠤᠨ ᠮᠣᠩᠭᠣᠯ ᠬᠡᠯᠡ ᠶᠢᠨ ᠭᠡᠷᠡᠭ ᠲᠣᠭᠠᠨ 《ᠬ》 ᠢ 《ᠮᠣᠩᠭᠣᠯᠴᠤᠳ ᠤ ᠪᠢᠴᠢᠭ》 ᠭᠡᠳ 《ᠭ》

ᠬᠠᠷᠭᠠᠯᠵᠠᠭᠤᠯᠬᠤ ᠳᠤ ᠵᠣᠬᠢᠶᠠᠭᠳᠠᠭᠰᠠᠨ ᠪᠣᠯ ᠡᠭᠡᠰᠢᠭ ᠦᠰᠦᠭ ᠦᠨ ᠬᠠᠷᠢᠴᠠᠭᠤᠯᠤᠯ ᠤᠨ ᠬᠠᠷᠢᠴᠠᠭᠤᠯᠤᠯ ᠢ ᠲᠡᠮᠳᠡᠭᠯᠡᠭᠡ ᠭ — ᠪ᠂ ᠡ — ᠶ᠂ ᠭ n)᠂ ᠭ (g)》 ᠵᠡᠷᠭᠡ ᠬᠡᠯᠪᠡᠷᠢ ᠲᠠᠢ ᠬᠡᠯᠡᠬᠦ ᠶᠢᠨ ᠡᠭᠡᠰᠢᠭ ᠲᠠᠢ ᠬᠣᠯᠪᠣᠭᠳᠠᠨ᠎ᠠ 17 ᠳᠤᠭᠠᠷ ᠵᠠᠭᠤᠨ ᠤ ᠡᠬᠢᠨ ᠬᠡᠰᠡᠭ ᠲᠦ ᠭᠠᠷᠴᠤ᠂ ᠡᠭᠡᠰᠢᠭ ᠦᠰᠦᠭ ᠲᠦ ᠬᠠᠷᠢᠴᠠᠭᠤᠯᠤᠭᠰᠠᠨ ᠢ ᠬᠡᠯᠡᠬᠦ ᠡᠴᠡ ᠭᠠᠳᠠᠨ᠎ᠠ ᠳᠤᠷᠠᠳᠬᠠᠯ ᠢ ᠲᠣᠭᠲᠠᠭᠠᠬᠤ ᠨᠢ ᠂ ᠦᠭᠡ ᠳᠦ᠂ ᠪᠢᠴᠢᠯ ᠦᠨ 《ᠬᠡᠯᠡᠯ ᠦᠨ ᠭ (b)᠂ ᠡ (a᠂ e᠂ ᠬᠠᠷᠢᠴᠠᠭᠤᠯᠤᠯ ᠭᠠᠷᠴᠠᠢ ᠲᠣᠭᠲᠠᠭᠰᠠᠨ ᠢ ᠭᠠᠷᠭᠠᠵᠤ ᠪᠣᠢ᠃ ᠡᠨᠡ ᠪᠣᠯ ᠡᠭᠡᠰᠢᠭ ᠦᠨ ᠬᠠᠷᠢᠴᠠᠭᠤᠯᠤᠯ ᠤᠨ ᠬᠠᠷᠢᠴᠠᠭᠤᠯᠤᠯ ᠢᠶᠠᠷ ᠬᠡᠯᠡᠬᠦ ᠶᠢᠨ ᠬᠡᠯᠪᠡᠷᠢ ᠦᠨ ᠬᠠᠷᠢᠴᠠᠭᠤᠯᠤᠯ ᠤᠨ ᠬᠡᠯᠪᠡᠷᠢ ᠳᠦ ᠬᠦᠷᠬᠦ᠃ ᠡᠨᠡ ᠲᠠᠢ 17 ᠳᠤᠭᠠᠷ ᠵᠠᠭᠤᠨ ᠤ ᠡᠬᠢᠨ ᠦ ᠳᠤᠮᠳᠠ ᠡᠭᠡᠰᠢᠭ ᠦᠰᠦᠭ ᠦᠨ ᠬᠡᠯᠪᠡᠷᠢ ᠨᠢ ᠠᠯᠢ ᠡᠭᠡᠰᠢᠭ ᠦᠨ ᠲᠣᠭᠲᠠᠭᠰᠠᠨ ᠲᠠᠢ ᠭᠠᠷᠴᠠᠢ᠂ ᠪᠢᠴᠢᠯ ᠦᠨ ᠵᠢ ᠪᠡᠷ ᠬᠣᠯᠪᠣᠭᠳᠠᠨ᠎ᠠ ᠬᠡᠯᠪᠡᠷᠢ ᠲᠠᠢ ᠡᠭᠡᠰᠢᠭ ᠦᠰᠦᠭ ᠦᠨ ᠬᠣᠯᠪᠣᠭᠰᠠᠨ ᠡᠭᠡᠰᠢᠭ ᠦᠨ ᠬᠡᠯᠡᠯᠴᠡᠬᠦ ᠶᠢ ᠪᠢᠴᠢᠭᠰᠡᠨ ᠪᠢᠴᠢᠯ 《ᠭ᠂ ᠭ᠂ ᠳ᠂ ᠷ》 ᠵᠡᠷᠭᠡ ᠬᠣᠯᠪᠣᠭᠳᠠᠨ᠎ᠠ ᠬᠡᠯᠪᠡᠷᠢ ᠲᠠᠢ ᠬᠠᠷᠢᠴᠠᠭᠤᠯᠤᠯ ᠤᠨ ᠡᠭᠡᠰᠢᠭ ᠦᠨ ᠬᠠᠷᠢᠴᠠᠭᠤᠯᠤᠯ ᠤᠨ ᠬᠡᠯᠪᠡᠷᠢ ᠨᠢ ᠬᠠᠷᠢᠴᠠᠭᠤᠯᠤᠯ ᠤᠨ ᠬᠡᠯᠡᠯᠴᠡᠬᠦ ᠶᠢ ᠪᠢᠴᠢᠭᠰᠡᠨ᠂ ᠪᠣᠯᠤᠨ ᠮᠣᠩᠭᠣᠯ ᠪᠢᠴᠢᠭ ᠦᠨ ᠡᠭᠡᠰᠢᠭ ᠦᠨ ᠬᠡᠯᠪᠡᠷᠢ ᠳᠦ ᠬᠦᠷᠬᠦ ᠪᠡᠷ ᠬᠡᠷᠡᠭᠯᠡᠭᠳᠡᠨ᠎ᠡ ᠬᠡᠯᠪᠡᠷᠢ ᠲᠠᠢ ᠬᠠᠷᠢᠴᠠᠭᠤᠯᠤᠯ ᠤᠨ ᠡᠭᠡᠰᠢᠭ ᠦᠨ ᠳᠤᠷᠠᠳᠬᠠᠯ ᠢ ᠬᠡᠯᠪᠡᠷᠢ ᠳᠦ ᠬᠦᠷᠬᠦ ᠪᠡᠷ ᠬᠡᠷᠡᠭᠯᠡᠭᠳᠡᠨ᠎ᠡ ᠬᠡᠯᠪᠡᠷᠢ ᠲᠠᠢ ᠬᠠᠷᠢᠴᠠᠭᠤᠯᠤᠯ ᠤᠨ ᠡᠭᠡᠰᠢᠭ ᠦᠨ ᠬᠡᠯᠡ ᠶᠢᠨ ᠬᠠᠷᠢᠴᠠᠭᠤᠯᠤᠯ ᠤᠨ ᠬᠡᠯᠡᠯᠴᠡᠬᠦ ᠶᠢ ᠪᠢᠴᠢᠭᠰᠡᠨ᠂ 《ᠰᠢᠷᠠᠯᠵᠢᠨ ᠦ ᠡᠭᠡᠰᠢᠭ》 ᠦᠨ ᠬᠠᠷᠢᠴᠠᠭᠤᠯᠤᠯ ᠤᠨ ᠡᠭᠡᠰᠢᠭ ᠪᠡᠷ ᠬᠡᠯᠪᠡᠷᠢ ᠳᠦ ᠬᠣᠯᠪᠣᠭᠰᠠᠨ ᠳᠤᠷᠠᠳᠬᠠᠯ ᠲᠠᠢ ᠲᠣᠭᠲᠠᠭᠠᠭᠳᠠᠨ᠎ᠠ᠂ ᠬᠠᠷᠢᠴᠠᠭᠤᠯᠤᠨ ᠳᠤᠷᠠᠳᠪᠠᠯ

ᠰᠠᠷᠠ (75—12) ᠰᠠᠷᠠᠯ (19—3) ᠭᠡᠵᠦ ᠪᠢᠴᠢᠵᠡᠢ᠃

ᠰᠠᠷᠠᠳᠤ (ᠬᠢᠳᠠᠳ ᠤᠨ ᠬᠡᠯᠡ) (99—6) ᠰᠠᠷᠠᠳᠤ (ᠬᠢᠳᠠᠳ ᠤᠨ ᠬᠡᠯᠡ) (75—18)

ᠳᠤᠷᠠᠳᠬᠠᠯ ᠳᠤ ᠳᠤᠷᠠᠳᠬᠠᠯ ᠬᠡᠯᠪᠡᠷᠢ ᠰᠠᠶᠢᠨ ᠬᠣᠯᠪᠣᠭᠳᠠᠬᠤ ᠪᠡᠷ ᠲᠣᠭᠲᠠᠭᠠᠭᠳᠠᠵᠠᠢ᠃ ᠵᠢᠱᠢᠶᠡᠯᠡᠪᠡᠯ:

ᠪᠢᠴᠢᠭᠳᠡ ᠳᠦ 《ᠱ》 ᠭᠡᠳᠡᠭ ᠳᠤᠷᠠᠳᠬᠠᠯ ᠳᠤ ᠬᠣᠯᠪᠣᠭᠳᠠᠬᠤ ᠪᠡᠷ᠂ ᠬᠢᠳᠠᠳ ᠤᠨ ᠬᠡᠯᠡ ᠲᠠᠢ ᠪᠢᠴᠢᠯ ᠦᠭᠡ ᠳᠦ ᠬᠠᠷᠢᠴᠠᠭᠤᠯᠤᠨ 《š》 ᠭᠡᠰᠡᠨ ᠢ 《ᠰ》《ᠱ》 ᠭᠡᠵᠦ

16. š ᠭᠠᠯᠢᠭ ᠦᠰᠦᠭ ᠦᠨ ᠬᠡᠯᠪᠡᠷᠢ ᠦᠨ ᠬᠠᠷᠢᠴᠠᠭᠤᠯᠤᠯ ᠪᠢᠴᠢᠭᠰᠡᠨ ᠰᠠᠶᠢᠨ ᠵᠠᠷᠢᠮ ᠪᠡᠷ ᠬᠠᠷᠢᠴᠠᠭᠤᠯ᠃ ᠬᠢᠳᠠᠳ ᠤᠨ ᠬᠡᠯᠡ ᠳᠦ ᠬᠠᠷᠢᠴᠠᠭᠤᠯᠤᠨ š ᠭᠠᠯᠢᠭ ᠦᠰᠦᠭ ᠦᠨ ᠢ

ᠬᠡᠷᠡᠭᠯᠡᠬᠦ ᠳᠤᠷᠠᠳᠬᠠᠯ ᠲᠣᠭᠲᠠᠭᠰᠠᠨ ᠬᠡᠯᠪᠡᠷᠢ᠃

ᠲᠠᠢ ᠬᠡᠯᠪᠡᠷᠢ ᠪᠡᠷ ᠬᠠᠷᠢᠴᠠᠭᠤᠯᠤᠨ 《ᠵᠢ (ǰi)》 ᠳᠤ ᠰᠣᠯᠢᠭᠳᠠᠭᠰᠠᠨ᠃ ᠭᠡᠪᠡᠴᠦ 《ᠰᠢᠷᠠᠯᠵᠢᠨ ᠦ ᠡᠭᠡᠰᠢᠭ》 ᠪᠢᠴᠢᠭ ᠪᠡᠷ ᠦᠨᠡᠨ ᠡᠭᠡᠰᠢᠭᠳᠡ ᠪᠢᠴᠢᠭᠳᠡ ᠬᠡᠯᠪᠡᠷᠢ ᠲᠠᠢ

① ᠪ᠂ ᠰᠤᠷᠤᠩ: 《ᠮᠣᠩᠭᠣᠯ ᠦᠰᠦᠭ ᠪᠢᠴᠢᠭ ᠤᠨ ᠲᠤᠬᠠᠢ ᠲᠣᠪᠴᠢ》᠂ ᠥᠪᠥᠷ ᠮᠣᠩᠭᠣᠯ ᠤᠨ ᠠᠷᠠᠳ ᠤᠨ ᠬᠡᠪᠯᠡᠯ ᠦᠨ ᠬᠣᠷᠢᠶ᠎ᠠ᠂ 1983 ᠣᠨ᠂ 111 ᠳᠤᠭᠠᠷ ᠨᠢᠭᠤᠷ ᠃

ᠠᠶᠤᠰᠢ ᠭᠦᠦᠰᠢ ᠢ ᠰᠢᠷᠡᠭᠡᠲᠦ ᠭᠦᠦᠰᠢ 《ᠵᠢᠷᠦᠬᠡᠨ ᠦ ᠲᠣᠯᠢ》 ᠶᠢᠨ ᠦᠰᠦᠭ ᠦᠨ ᠪᠢᠴᠢᠭ ᠤᠨ ᠳᠤᠷᠰᠤᠯ ᠬᠡᠯᠪᠡᠷᠢ ᠶᠢ ᠲᠣᠭᠲᠠᠭᠠᠬᠤ ᠳᠤ ᠶᠡᠬᠡ ᠪᠠᠶᠢᠨ᠎ᠠ ᠃

ᠪᠠᠶᠢᠳᠠᠯ ᠲᠠᠢ ᠃ ᠡᠨᠡ ᠨᠢ ᠶᠡᠬᠡ ᠦᠰᠦᠭ ᠪᠢᠴᠢᠭ ᠡᠴᠡ 《ᠰᠢᠷᠡᠭᠡ》 ᠭᠡᠳᠡᠭ ᠪᠢᠴᠢᠭ ᠢ 《ᠵᠢᠷᠦᠬᠡᠨ ᠦ ᠲᠣᠯᠢ》 ᠡᠴᠡ 《ᠰᠢᠷᠡᠭᠡ》 ᠭᠡᠳᠡᠭ ᠪᠢᠴᠢᠭᠳᠡᠭ ᠡᠨᠡ ᠶᠢ 《ᠵᠢᠷᠦᠬᠡᠨ ᠦ ᠲᠣᠯᠢ》 ᠡᠴᠡ 《ᠲᠠᠢ᠂ ᠡᠳᠡᠭ》 ᠭᠡᠳᠡᠭ ᠪᠢᠴᠢᠭᠳᠡᠭ ᠪᠠᠶᠢᠳᠠᠯ ᠲᠠᠢ ᠡᠷᠳᠡᠮ ᠳᠦ᠂ 《ᠲ》《ᠳ》 ᠢ ᠵᠢᠷᠤᠭᠰᠠᠨ ᠭᠠᠷᠭᠠᠯᠲᠠ ᠪᠢᠴᠢᠭᠳᠡᠭ ᠪᠠᠶᠢᠨ᠎ᠠ ᠃ ᠵᠢᠱᠢᠶᠡᠯᠡᠪᠡᠯ: 《ᠲᠡᠨᠳᠡ ᠵᠣᠬᠢᠶᠠᠯ》 (100—1) ᠭᠡᠵᠦ ᠲᠡᠮᠳᠡ ᠃ ᠡᠨᠡ ᠶᠡᠬᠡ ᠦᠰᠦᠭ ᠪᠢᠴᠢᠭ ᠡᠴᠡ 《ᠲᠠᠯ》《ᠳᠡᠭᠡᠷᠡ》 ᠭᠡᠵᠦ 《ᠡᠳᠡᠭᠡᠷ ᠵᠣᠬᠢᠶᠠᠯ》 ᠳᠦ 《ᠲᠡᠨᠳᠡ》 ᠭᠡᠳᠡᠭ ᠡᠭᠡᠷ ᠲᠡᠭᠡᠷ ᠦᠰᠦᠭ 《ᠳᠡ》 ᠭᠡᠷ ᠪᠢᠴᠢᠭᠳᠡᠯ ᠪᠠᠶᠢᠳᠠᠭ ᠳᠦ᠂ 《ᠵᠢᠷᠦᠬᠡᠨ ᠦ ᠲᠣᠯᠢ》 ᠡᠴᠡ 《ᠲᠡᠨᠳᠡ》 ᠭᠡᠳᠡᠭ ᠬᠡᠯᠡᠨ ᠰᠢᠨ᠎ᠡ ᠭᠠᠷᠤᠯ ᠤᠨ ᠬᠡᠯᠪᠡᠷᠢ ᠶᠡᠬᠡ ᠢ ᠵᠣᠬᠢᠶᠠᠯ ᠦᠰᠦᠭ ᠦᠨ ᠰᠢᠨᠵᠢ ᠵᠣᠬᠢᠶᠠᠩᠭᠤᠢ ᠶᠡᠬᠡ ᠃ ᠵᠢᠱᠢᠶᠡᠯᠡᠪᠡᠯ᠂ 《ᠲᠡᠨᠳᠡ》 ᠭᠡᠵᠦ ᠶᠡᠬᠡ ᠢ

ᠵᠣᠬᠢᠶᠠᠭᠰᠠᠨ ᠠᠶᠤᠰᠢ ᠭᠦᠦᠰᠢ ᠦᠰᠦᠭ 1587 ᠣᠨ ᠳᠤ ᠵᠣᠬᠢᠶᠠᠨ ᠪᠠᠶᠢᠭᠤᠯᠤᠭᠰᠠᠨ ᠶᠡᠬᠡ᠂ 《ᠵᠢᠷᠦᠬᠡᠨ ᠦ ᠲᠣᠯᠢ》 ᠡᠴᠡ 《ᠲ᠂ ᠳ᠂ ᠮ᠂ ᠪ》 ᠪᠣᠯᠪᠠᠰᠤᠷᠠᠭᠤᠯᠤᠭᠰᠠᠨ ᠪᠠᠶᠢᠳᠠᠯ ᠢ ᠲᠣᠭᠲᠠᠭᠠᠭᠰᠠᠨ ᠶᠡᠬᠡ ᠃

ᠪᠤᠰᠤ᠂ 17 ᠳᠤᠭᠠᠷ ᠵᠠᠭᠤᠨ ᠤ ᠪᠢᠴᠢᠭ ᠦᠰᠦᠭ ᠪᠢᠴᠢᠭ ᠤᠨ ᠲᠡᠮᠳᠡᠭᠯᠡᠯ ᠡᠴᠡ ᠵᠣᠬᠢᠶᠠᠩᠭᠤᠢ ᠪᠠᠶᠢᠳᠠᠯ ᠢ᠂ ᠲᠠᠢ ᠲᠡᠭᠡᠷ ᠶᠡᠬᠡ ᠳᠦ ᠰᠢᠨᠵᠢᠯᠡᠯ ᠲᠣᠭᠲᠠᠭᠠᠭᠳᠠᠭᠰᠠᠨ ᠭᠠᠷᠭᠠᠯᠲᠠ ᠬᠡᠷᠡᠭᠯᠡᠭᠡ᠂ t᠂ d ᠢ ᠰᠠᠯᠭᠠᠨ ᠶᠡᠬᠡ ᠳᠦ ᠪᠢᠴᠢᠭᠳᠡᠬᠦ ᠲᠣᠭᠲᠠᠭ᠎ᠠ ᠪᠤᠰᠤ ᠰᠠᠯᠭᠠᠨ ᠶᠡᠬᠡ ᠳᠦ ᠭᠠᠷᠭᠠᠬᠤ ᠲᠣᠭᠲᠠᠭ᠎ᠠ ᠪᠤᠰᠤ ᠪᠢᠴᠢᠭᠳᠡᠬᠦ ᠲᠡᠭᠡᠷ ᠬᠡᠷᠡᠭᠯᠡᠭᠡ ᠶᠢᠨ ᠲᠡᠷᠡ

《ᠵᠢᠷᠦᠬᠡᠨ ᠦ ᠲᠣᠯᠢ》 ᠶᠢᠨ ᠦᠰᠦᠭ ᠪᠢᠴᠢᠭ ᠦᠨ ᠪᠠᠶᠢᠳᠠᠯ ᠳᠡᠭᠡᠷ q᠂ γ ᠶᠢᠨ ᠲᠣᠭᠲᠠᠯ ᠡᠴᠡ ᠬᠡᠯᠡᠪᠡ᠂ ᠲᠡᠭᠦᠨ ᠦ ᠪᠠᠶᠢᠳᠠᠯ ᠶᠡᠬᠡᠯᠡ ᠳᠦ ᠭᠠᠷᠤᠯ

ᠪᠤᠰᠤ ᠪᠤᠯᠤᠨ ᠰᠢᠨᠵᠢᠯᠡᠯ ᠪᠣᠯ ᠲᠣᠭᠲᠠᠭᠠᠬᠤ ᠵᠣᠬᠢᠶᠠᠯ ᠲᠠᠢ ᠃

ᠳᠦ ᠰᠢᠨᠵᠢᠯᠡᠭᠰᠡᠨ ᠦᠰᠦᠭ ᠪᠢᠴᠢᠭ ᠤᠨ ᠪᠠᠶᠢᠳᠠᠯ ᠳᠡᠭᠡᠷ ᠪᠢᠴᠢᠭᠳᠡᠯ᠂ 17 ᠳᠤᠭᠠᠷ ᠵᠠᠭᠤᠨ ᠤ ᠡᠬᠢᠨ ᠳᠡᠭᠡᠷ ᠬᠡᠷᠡᠭᠯᠡᠭᠰᠡᠨ ᠰᠤᠷᠪᠤᠯᠵᠢ ᠡᠴᠡ ᠭᠡᠳᠡᠭ ᠲᠠᠢ ᠶᠢᠨ ᠲᠡᠷᠡ

— ᠨ᠂ ᠬ — ᠭ᠂ ᠮ — ᠯ᠂ ᠰ — ᠲ᠂ ᠰ — ᠵ (ᠲᠡᠮᠳᠡᠭᠯᠡᠯ) ᠪᠢᠴᠢᠭ ᠰᠤᠷᠪᠤᠯᠵᠢ》① ᠭᠡᠵᠦ ᠪᠢᠴᠢᠭᠰᠡᠨ ᠢ ᠡᠷᠳᠡᠮ ᠲᠣᠭᠲᠠᠭᠠᠭᠰᠠᠨ

ᠮᠣᠩᠭᠣᠯᠴᠤᠳ ᠤᠶᠢᠭᠤᠷ ᠪᠢᠴᠢᠭ ᠪᠣᠯᠣᠨ ᠳᠥᠷᠪᠡᠯᠵᠢᠨ ᠦᠰᠦᠭ ᠲᠦ ᠤᠶᠢᠭᠤᠷ ᠪᠢᠴᠢᠭ ᠤᠨ ᠡᠭᠡᠰᠢᠭ ᠦᠨ ᠦᠰᠦᠭ ᠦᠳ ᠦᠨ ᠬᠠᠷᠢᠴᠠᠭᠤᠯᠤᠯ :

ᠦᠰᠦᠭ ᠤᠨ ᠲᠥᠷᠥᠯ	ᠳᠥᠷᠪᠡᠯᠵᠢᠨ ᠦᠰᠦᠭ			《ᠮᠤᠬᠠᠳᠳᠢᠮᠠᠲ ᠤ ᠪᠢᠴᠢᠭ》			ᠤᠶᠢᠭᠤᠷᠵᠢᠨ ᠦᠰᠦᠭ		
ᠪᠠᠢᠷᠢ / ᠡᠭᠡᠰᠢᠭ	ᠦᠭᠡ ᠶᠢᠨ ᠡᠬᠢᠨ	ᠦᠭᠡ ᠶᠢᠨ ᠳᠤᠮᠳᠠ	ᠦᠭᠡ ᠶᠢᠨ ᠡᠴᠦᠰ	ᠦᠭᠡ ᠶᠢᠨ ᠡᠬᠢᠨ	ᠦᠭᠡ ᠶᠢᠨ ᠳᠤᠮᠳᠠ	ᠦᠭᠡ ᠶᠢᠨ ᠡᠴᠦᠰ	ᠦᠭᠡ ᠶᠢᠨ ᠡᠬᠢᠨ	ᠦᠭᠡ ᠶᠢᠨ ᠳᠤᠮᠳᠠ	ᠦᠭᠡ ᠶᠢᠨ ᠡᠴᠦᠰ
a	ᠠ	ᠠ	ᠠ ᠠ	ᠠ	ᠠ	ᠠ ᠠ	ᠠ	ᠠ	ᠠ · ᠠ
e	ᠡ · (ᠡ)	ᠡ (ᠡ)	ᠡ ᠡ	ᠡ	ᠡ	ᠡ ᠡ	ᠡ · ᠡ	ᠡ · ᠡ	ᠡ · ᠡ · ᠡ
i	ᠢ	ᠢ	ᠢ ᠢ	ᠢ	ᠢ ᠢ	ᠢ	ᠢ	ᠢ · ᠢ	ᠢ
o · u	ᠣ	ᠣ	ᠣ (ᠣ)	ᠣ	ᠣ	ᠣ ᠣ	ᠣ	ᠣ	ᠣ · ᠣ
ö · ü	ᠥ	ᠥ ᠥ	ᠥ (ᠥ)	ᠥ	ᠥ ᠥ	ᠥ ᠥ	ᠥ	ᠥ · ᠥ	ᠥ · ᠥ
n	ᠨ ᠨ	ᠨ ᠨ	ᠨ ᠨ ᠨ ᠨ	ᠨ ᠨ	ᠨ ᠨ	ᠨ ᠨ	ᠨ	ᠨ · ᠨ	ᠨ · ᠨ (ᠨ)
ng		ᠩ ᠩ ᠩ	ᠩ ᠩ		ᠩ	ᠩ ᠩ		ᠩ	ᠩ
b	ᠪ	ᠪ	ᠪ	ᠪ	ᠪ	ᠪ ᠪ	ᠪ	ᠪ	ᠪ
p	ᠫ			ᠫ			ᠫ	ᠫ	ᠫ
q	ᠬ	ᠬ	ᠬ (ᠬ)	ᠬ	ᠬ		ᠬ	ᠬ	ᠬ (ᠬ)

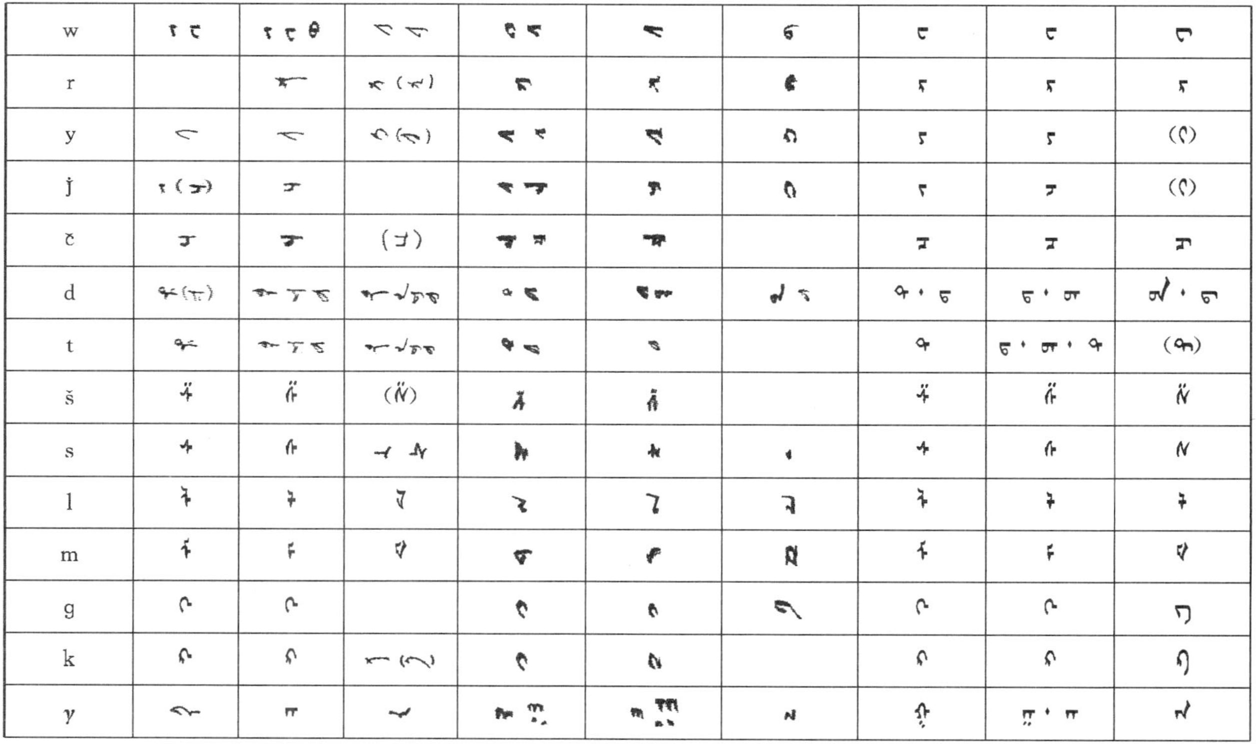
w
r
y
ǰ
č
d
t
š
s
l
m
g
k
γ

ᠳᠥᠷᠪᠡᠳᠦᠭᠡᠷ ᠬᠡᠰᠡᠭ «ᠳᠥᠷᠪᠡᠯᠵᠢᠨ ᠦ ᠪᠢᠴᠢᠭ» ᠤᠨ ᠪᠢᠴᠢᠯᠭᠡ ᠶᠢᠨ ᠳᠦᠷᠢᠮ

«ᠳᠥᠷᠪᠡᠯᠵᠢᠨ ᠦ ᠪᠢᠴᠢᠭ» ᠤᠨ ᠡᠭᠡᠰᠢᠭ ᠪᠢᠴᠢᠭ ᠤᠨ ᠪᠢᠴᠢᠯᠭᠡ ᠶᠢᠨ ᠳᠦᠷᠢᠮ ᠢ ᠬᠡᠯᠡ ᠬᠡᠯᠡᠨ ᠦ ᠡᠭᠡᠰᠢᠭ ᠪᠢᠴᠢᠭ ᠤᠨ ᠲᠡᠭᠦᠨ ᠪᠢᠴᠢᠯᠭᠡ ᠶᠢᠨ ᠳᠦᠷᠢᠮ ᠤᠨ [illegible] ᠪᠠᠷ [illegible] ᠂ [illegible] ᠃ [illegible] ᠂ «ᠳᠥᠷᠪᠡᠯᠵᠢᠨ ᠦ ᠪᠢᠴᠢᠭ» ᠤᠨ ᠪᠢᠴᠢᠯᠭᠡ ᠶᠢᠨ ᠳᠦᠷᠢᠮ ᠤᠨ ᠵᠠᠷᠢᠮ ᠢ ᠵᠢᠱᠢᠶ᠎ᠡ ᠵᠢᠱᠢᠶ᠎ᠡ ᠪᠠᠷ ᠲᠠᠶᠢᠯᠪᠤᠷᠢᠯᠠᠪᠠᠯ ᠃

lh							ᡀ	ᡀ	ᡀ
ž							ᠿ	ᠿ	
dz							ᠽ	ᠽ	ᠽ
ts							ᠼ	ᠼ	ᠼ
h							ᠾ	ᠾ	ᠾ
f				[illegible]	[illegible]		ᠹ	ᠹ	ᠹ

ᠨᠢᠭᠡ ᠮᠣᠩᠭᠣᠯ ᠪᠢᠴᠢᠭ ᠦᠨ ᠦᠰᠦᠭ ᠦᠨ ᠬᠡᠯᠪᠡᠷᠢ ᠪᠠ ᠲᠡᠭᠦᠨ ᠦ ᠪᠣᠯᠪᠠᠰᠤᠷᠠᠯ

ᠮᠣᠩᠭᠣᠯ ᠪᠢᠴᠢᠭ ᠦᠨ ᠦᠰᠦᠭ ᠦᠨ ᠬᠡᠯᠪᠡᠷᠢ ᠨᠢ ᠡᠷᠲᠡᠨ ᠡᠴᠡ ᠣᠳᠣ ᠬᠦᠷᠲᠡᠯᠡ ᠬᠥᠭᠵᠢᠨ ᠥᠭᠡᠷᠡᠴᠢᠯᠡᠭᠳᠡᠵᠦ ᠢᠷᠡᠭᠰᠡᠨ ᠪᠣᠯᠤᠨᠠ ᠃ 《ᠮᠣᠩᠭᠣᠯ ᠤᠨ ᠨᠢᠭᠤᠴᠠ ᠲᠣᠪᠴᠢᠶᠠᠨ》 ᠤ ᠦᠰᠦᠭ ᠦᠨ ᠬᠡᠯᠪᠡᠷᠢ ᠶᠢ ᠰᠤᠳᠤᠯᠬᠤ ᠳᠤ ᠡᠷᠲᠡᠨ ᠦ ᠮᠣᠩᠭᠣᠯ ᠪᠢᠴᠢᠭ ᠦᠨ ᠦᠰᠦᠭ ᠦᠨ ᠬᠡᠯᠪᠡᠷᠢ ᠶᠢ ᠰᠤᠳᠤᠯᠬᠤ ᠨᠢ ᠴᠢᠬᠤᠯᠠ ᠠᠴᠢᠬᠠᠨ ᠲᠠᠢ ᠪᠠᠢᠳᠠᠭ ᠃ ᠡᠷᠲᠡᠨ ᠦ ᠮᠣᠩᠭᠣᠯ ᠪᠢᠴᠢᠭ ᠦᠨ ᠦᠰᠦᠭ ᠦᠨ ᠬᠡᠯᠪᠡᠷᠢ ᠨᠢ 《ᠮᠣᠩᠭᠣᠯ ᠤᠨ ᠨᠢᠭᠤᠴᠠ ᠲᠣᠪᠴᠢᠶᠠᠨ》 ᠤ ᠬᠡᠯᠡᠨ ᠦ ᠰᠤᠳᠤᠯᠤᠯ ᠳᠤ ᠴᠢᠬᠤᠯᠠ ᠬᠠᠮᠢᠶ᠎ᠠ ᠲᠠᠢ ᠪᠣᠯᠤᠨᠠ ① ::

1. ᠬᠢᠯᠪᠡᠷ ᠦᠰᠦᠭ ᠦᠨ ᠬᠡᠯᠪᠡᠷᠢ ᠪᠠ ᠲᠡᠭᠦᠨ ᠦ ᠪᠣᠯᠪᠠᠰᠤᠷᠠᠯ

ᠡᠷᠲᠡᠨ ᠦ ᠮᠣᠩᠭᠣᠯ ᠪᠢᠴᠢᠭ ᠦᠨ ᠡᠭᠡᠰᠢᠭ ᠦᠨ ᠦᠰᠦᠭ ᠦᠨ ᠬᠡᠯᠪᠡᠷᠢ ᠶᠢ ᠠᠭᠤᠯᠵᠠᠪᠠᠯ 《ᠬ (q · γ) · ᠭ (k · g)》 ᠬᠡᠮᠡᠨ ᠠᠪᠢᠶ᠎ᠠ ᠶᠢ ᠲᠡᠮᠳᠡᠭᠯᠡᠬᠦ ᠦᠰᠦᠭ ᠦᠨ ᠬᠡᠯᠪᠡᠷᠢ ᠨᠢ ᠢᠯᠭᠠᠷᠠᠬᠤ ᠦᠭᠡᠢ ᠪᠠᠢᠳᠠᠭ ᠪᠠᠢᠨ᠎ᠠ ::

ᠵᠢᠷᠤᠭ ᠢ ᠦᠵᠡ : ᠵᠢᠷᠤᠭ (13—14)

① ᠮᠣᠩᠭᠣᠯ ᠬᠡᠯᠡᠨ ᠦ ᠰᠤᠳᠤᠯᠤᠯ ᠤᠨ ᠰᠤᠷᠭᠠᠨ ᠬᠦᠮᠦᠵᠢᠯ ᠦᠨ ᠬᠦᠷᠢᠶᠡᠯᠡᠩ : 《ᠮᠣᠩᠭᠣᠯ ᠬᠡᠯᠡᠨ ᠦ ᠰᠤᠳᠤᠯᠤᠯ》 · ᠮᠣᠩᠭᠣᠯ ᠤᠨ ᠬᠡᠪᠯᠡᠯ ᠦᠨ ᠬᠣᠷᠢᠶ᠎ᠠ ᠳᠤ ᠬᠡᠪᠯᠡᠭᠳᠡᠪᠡ · 2005 ᠣᠨ · ᠳᠡᠭᠡᠷᠡᠬᠢ ᠳᠡᠪᠲᠡᠷ · 344 ᠨᠢᠭᠤᠷ ᠲᠤ ::

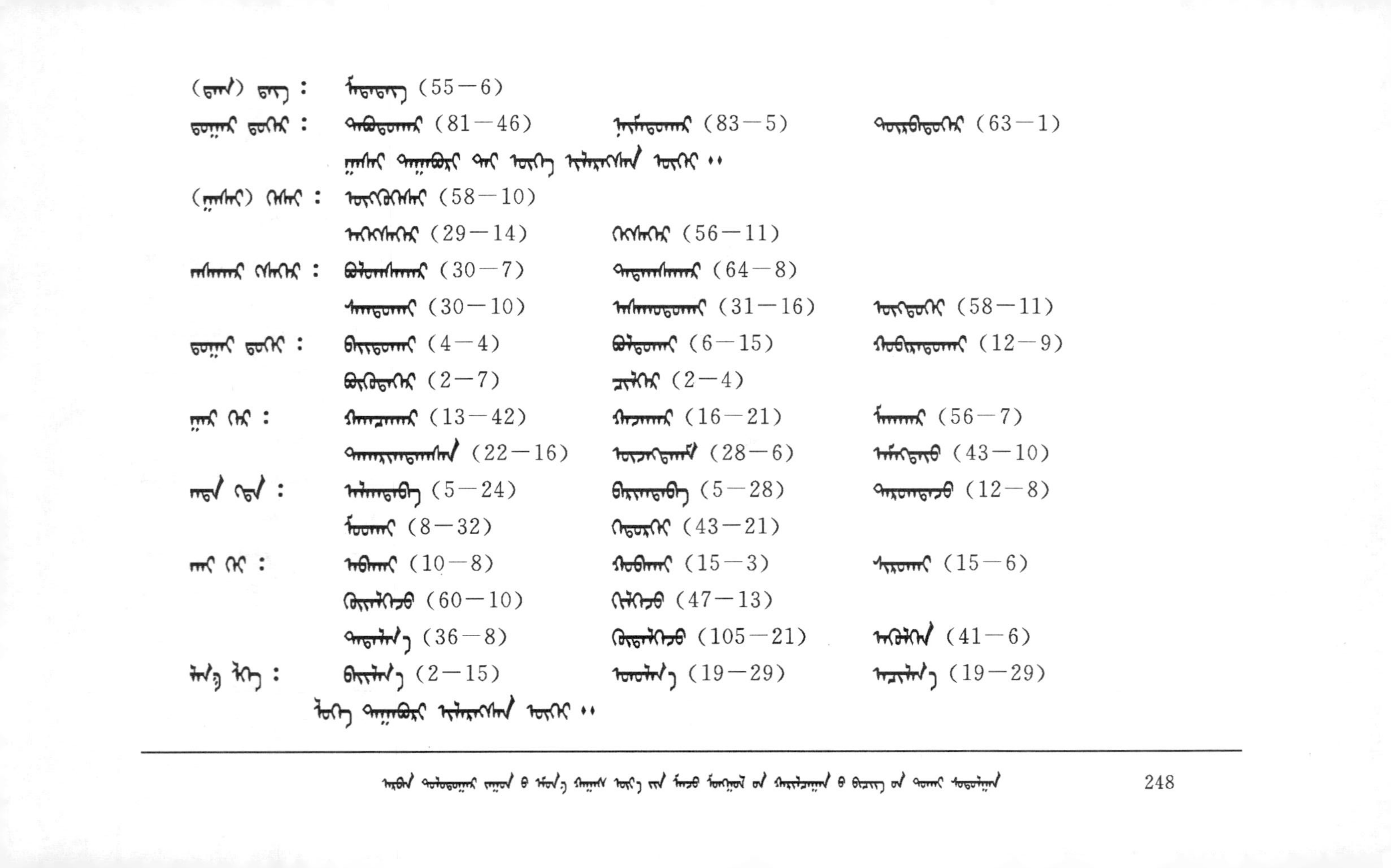

([illegible]) [illegible] :	[illegible] (55—6)		
[illegible] [illegible] :	[illegible] (81—46)	[illegible] (83—5)	[illegible] (63—1)
	[illegible] ∶∶		
([illegible]) [illegible] :	[illegible] (58—10)		
	[illegible] (29—14)	[illegible] (56—11)	
[illegible] [illegible] :	[illegible] (30—7)	[illegible] (64—8)	
	[illegible] (30—10)	[illegible] (31—16)	[illegible] (58—11)
[illegible] [illegible] :	[illegible] (4—4)	[illegible] (6—15)	[illegible] (12—9)
	[illegible] (2—7)	[illegible] (2—4)	
[illegible] [illegible] :	[illegible] (13—42)	[illegible] (16—21)	[illegible] (56—7)
	[illegible] (22—16)	[illegible] (28—6)	[illegible] (43—10)
[illegible] [illegible] :	[illegible] (5—24)	[illegible] (5—28)	[illegible] (12—8)
	[illegible] (8—32)	[illegible] (43—21)	
[illegible] [illegible] :	[illegible] (10—8)	[illegible] (15—3)	[illegible] (15—6)
	[illegible] (60—10)	[illegible] (47—13)	
	[illegible] (36—8)	[illegible] (105—21)	[illegible] (41—6)
[illegible] [illegible] :	[illegible] (2—15)	[illegible] (19—29)	[illegible] (19—29)

[illegible] ∶∶

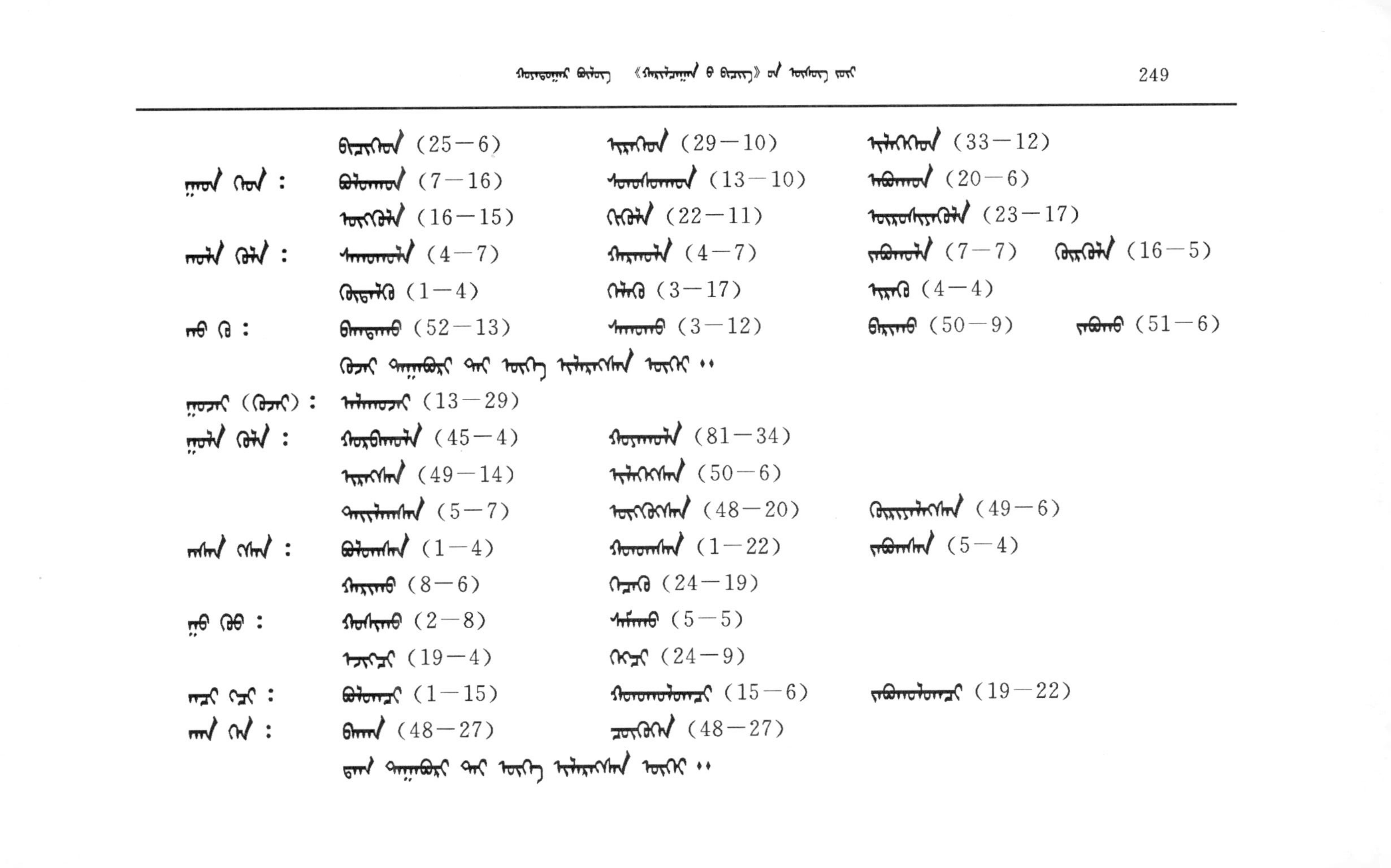

	[illegible] (25—6)	[illegible] (29—10)	[illegible] (33—12)	
[illegible] [illegible] :	[illegible] (7—16)	[illegible] (13—10)	[illegible] (20—6)	
	[illegible] (16—15)	[illegible] (22—11)	[illegible] (23—17)	
[illegible] [illegible] :	[illegible] (4—7)	[illegible] (4—7)	[illegible] (7—7)	[illegible] (16—5)
	[illegible] (1—4)	[illegible] (3—17)	[illegible] (4—4)	
[illegible] [illegible] :	[illegible] (52—13)	[illegible] (3—12)	[illegible] (50—9)	[illegible] (51—6)

[illegible] ::

[illegible] ([illegible]) :	[illegible] (13—29)			
[illegible] [illegible] :	[illegible] (45—4)	[illegible] (81—34)		
	[illegible] (49—14)	[illegible] (50—6)		
	[illegible] (5—7)	[illegible] (48—20)	[illegible] (49—6)	
[illegible] [illegible] :	[illegible] (1—4)	[illegible] (1—22)	[illegible] (5—4)	
	[illegible] (8—6)	[illegible] (24—19)		
[illegible] [illegible] :	[illegible] (2—8)	[illegible] (5—5)		
	[illegible] (19—4)	[illegible] (24—9)		
[illegible] [illegible] :	[illegible] (1—15)	[illegible] (15—6)	[illegible] (19—22)	
[illegible] [illegible] :	[illegible] (48—27)	[illegible] (48—27)		

[illegible] ::

ᠬᠡᠯᠡᠯᠭᠡ ᠶᠢᠨ ᠰᠤᠳᠤᠯᠤᠯᠲᠠ ᠬᠡᠯᠡᠨ ᠪᠢᠴᠢᠭᠯᠡᠯ ᠳᠡᠭᠡᠷᠡ ᠂ ᠬᠡᠯᠡᠯᠭᠡ ᠪᠢᠴᠢᠭ ᠤᠨ ᠪᠢᠳ ᠰᠤᠳᠤᠯᠤᠭᠰᠠᠨ ᠬᠡᠯᠡᠯᠭᠡ ᠶᠢ ᠬᠡᠯᠡᠯᠭᠡᠳᠡᠭᠡ ᠶᠢᠨ ᠲᠡᠷᠡᠭᠦᠨ ᠳᠡᠭᠡᠷᠡ ᠳᠡᠭᠡᠷᠡ ᠳᠤ 〈ᠭᠤ ᠂ ᠺᠦ〉 ᠪᠤᠶᠤ 〈ᠬᠤ ᠂ ᠺᠦ〉 ᠭᠡᠳᠡᠭ ᠰᠢᠨᠵᠢᠯᠡᠯᠲᠡ ᠨᠢᠭᠡᠨ ᠲᠡᠮᠳᠡᠭᠯᠡᠭᠰᠡᠨ ᠃ ᠬᠡᠷᠡᠭᠯᠡᠭᠰᠡᠨ ᠬᠡᠯᠡᠯᠭᠡ ᠪᠢᠴᠢᠭ ᠢ ᠰᠤᠳᠤᠯᠬᠤ ᠳᠤ ᠬᠡᠯᠡᠨ ᠳᠤ ᠬᠡᠷᠡᠭᠯᠡᠵᠦ ᠲᠡᠮᠳᠡᠭᠯᠡᠬᠦ ᠲᠡᠷᠡ g ᠰᠤᠷᠤᠯᠴᠠᠭᠠ ᠶᠢ ᠬᠡᠯ ᠬᠡᠯ ᠳᠡᠭᠡᠷᠡ ᠬᠡᠷᠡᠭᠯᠡᠭᠰᠡᠨ ᠬᠡᠯᠡᠯ ᠂ ᠰᠤᠳᠤᠯᠤᠭᠰᠠᠨ ᠬᠡᠯᠡᠯᠭᠡ ᠶᠢᠨ ᠪᠢᠴᠢᠭ ᠤᠨ ᠰᠤᠳᠤᠯᠤᠯᠲᠠ ᠬᠡᠯ ᠰᠤᠷᠤᠯᠴᠠᠭᠠ ᠰᠤᠳᠤᠯᠤᠭᠰᠠᠨ ᠳᠤ ᠬᠡᠷᠡᠭᠯᠡᠭᠰᠡᠨ ᠲᠡᠮᠳᠡᠭᠯᠡᠭᠰᠡᠨ 《〈ᠰᠤᠳᠤᠯ ᠤᠨ ᠬᠡᠯᠡᠯᠭᠡᠨ ᠦ ᠬᠡᠯᠡᠬᠦ ᠶᠢᠨ ᠰᠤᠳᠤᠯᠬᠤ〉 ᠂ 〈ᠪᠤᠯᠤᠨ ᠬᠡᠯᠡᠨ〉 ᠲᠡᠷᠡ ᠲᠡᠮᠳᠡᠭᠯᠡᠭᠰᠡᠨ ᠪᠢᠴᠢᠭ ᠤᠨ ᠰᠤᠳᠤᠯᠬᠤ ᠰᠤᠷᠤᠯᠴᠠᠭᠠᠨ ᠪᠢᠴᠢᠭᠰᠡᠨ (79b—31) ᠂ ᠰᠤᠷᠤᠯᠴᠠᠭᠰᠠᠨ (78b—9) ᠂ ᠰᠤᠷᠤᠯᠴᠠ (81α—20) ᠭᠡᠬᠦ ᠬᠡᠯᠡᠬᠦ ᠪᠤᠯ ᠬᠡᠷᠡᠭᠯᠡᠭᠰᠡᠨ ᠬᠡᠯᠡᠨ ᠬᠡᠯᠡᠨ ᠪᠤᠢ ᠃ ᠬᠡᠯ ᠦ ᠰᠤᠳᠤᠯ ᠬᠡᠯᠡᠭᠰᠡᠨ ᠳᠤᠷᠠᠰᠬᠠᠯ ᠪᠢᠴᠢᠭ ᠤᠨ ᠳᠤ ᠬᠡᠷᠡᠭᠯᠡᠬᠦ ᠬᠡᠯᠡᠯ ᠲᠡᠮᠳᠡᠭᠯᠡᠭᠰᠡᠨ ᠪᠢᠴᠢᠭᠰᠡᠨ ᠰᠤᠷᠤᠯᠴᠠᠭᠠ ᠃ ᠵᠢᠱᠢᠶᠡᠯᠡᠪᠡᠯ ᠄ ᠬᠡᠷᠡᠭᠯᠡᠭᠰᠡᠨ (84b—6) ᠂ ᠬᠡᠯᠡᠭᠰᠡᠨ (81—2) ᠂ ᠪᠢᠴᠢᠭ ᠬᠡᠯᠡᠨ ᠶᠢ ᠪᠢᠴᠢᠭᠯᠡᠯ ᠰᠤᠳᠤᠯᠤᠯ ᠬᠡᠷᠡᠭᠯᠡᠭᠰᠡᠨ ᠬᠡᠯᠡᠨ ᠳᠤᠷᠠᠰᠬᠠᠯ ᠰᠤᠷᠤᠯᠴᠠᠭᠰᠠᠨ ᠪᠤᠯᠤᠨ᠎ᠠ ᠃ ᠰᠤᠳᠤᠯ 《ᠬᠡᠯᠡᠬᠦ ᠶᠢᠨ ᠰᠤᠳᠤᠯᠬᠤ》 ᠶᠢ ᠬᠡᠷᠡᠭᠯᠡᠭᠰᠡᠨ ᠬᠡᠯᠡᠨ 《ᠬᠦ ᠂ ᠬᠡᠯᠡᠨ ᠰᠤᠳᠤᠯᠬᠤ》 《ᠬᠡᠯᠡᠨ ᠰᠤᠳᠤᠯ ᠤᠨ ᠰᠤᠷᠤᠯᠴᠠᠭᠠ》 《ᠬᠡᠯ ᠰᠤᠷᠤᠯᠴᠠᠭᠠ》 ᠲᠡᠷᠡ ᠲᠡᠮᠳᠡᠭᠯᠡᠭᠰᠡᠨ ᠶᠢᠨ 《ᠬ》 ᠭᠡᠳᠡᠭ ᠳᠤᠷᠠᠰᠬᠠᠯ ᠬᠡᠯᠡᠨ ᠶᠢ ᠂ 《ᠭ》 ᠭᠡᠳᠡᠭ

17 ᠦᠰᠦᠭ ᠦᠰᠦᠭ ᠦ ᠪᠤᠯᠤᠨ ᠰᠤᠳᠤᠯ ᠲᠡᠮᠳᠡᠭᠯᠡᠭᠰᠡᠨ ᠶᠢᠨ ᠬᠡᠷᠡᠭᠯᠡᠭᠰᠡᠨ 《ᠬ (q ᠂ γ) ᠂ ᠭ (k ᠂ g)》 ᠤᠨ ᠳᠤᠷᠠᠰᠬᠠᠯ ᠤᠨ ᠪᠢᠴᠢᠭᠯᠡᠯ ᠢ ᠬᠡᠷᠡᠭᠯᠡᠪᠡᠯ

ᠡᠨᠡ ᠲᠡᠷᠡ ᠦᠭᠡᠨ ᠦ ᠪᠢᠴᠢᠭ ᠦᠨ ᠳᠡᠭᠡᠷᠡ ᠬᠢ 《ᠠ》 ᠪᠢᠴᠢᠯᠭᠡ ᠪᠡᠷ t · d ᠦᠰᠦᠭ ᠤᠨ ᠳᠠᠭᠤᠤ ᠶᠢ ᠲᠡᠮᠳᠡᠭᠯᠡᠭᠰᠡᠨ ᠪᠣᠯᠪᠠᠴᠤ 《ᠳ》 ᠪᠢᠴᠢᠯᠭᠡ ᠪᠡᠷ ᠴᠦ

ᠴᠢᠬᠤᠯᠠ ᠪᠡᠷ ᠢᠯᠡᠷᠡᠭᠦᠯᠬᠦ ᠪᠣᠯᠤᠭᠰᠠᠨ ᠪᠣᠯᠪᠠᠴᠤ t · d ᠳᠠᠭᠤᠤ ᠶᠢ ᠬᠣᠶᠠᠷ ᠬᠡᠯᠪᠡᠷᠢ ᠪᠣᠯᠭᠠᠨ ᠳᠦ ᠬᠤᠪᠢᠶᠠᠨ 《ᠠ》 ᠪᠢᠴᠢᠯᠭᠡ ᠪᠡᠷ ᠢᠯᠡᠷᠡᠭᠦᠯᠬᠦ ᠪᠣᠯᠤᠭᠰᠠᠨ ᠲᠡᠭᠦᠨ ᠡᠴᠡ ᠭᠠᠳᠠᠨ᠎ᠠ ᠰᠢᠨᠵᠢᠯᠡᠭᠰᠡᠨ ᠳᠠᠭᠤᠤ ᠶᠢ ᠪᠣᠯᠭᠠᠵᠤ ᠲᠡᠮᠳᠡᠭᠯᠡᠭᠰᠡᠨ ᠪᠠᠢᠨ᠎ᠠ ᠃ ᠴᠢᠭᠤᠯᠠ 《ᠮᠣᠩᠭᠣᠯᠴᠤᠳ ᠤᠨ ᠨᠢᠭᠤᠴᠠ》 ᠪᠡᠷ ᠴ ᠳᠠᠭᠤᠤ ᠶᠢ ᠬᠣᠶᠠᠷ ᠬᠡᠯᠪᠡᠷᠢ ᠪᠣᠯᠭᠠᠨ ᠳᠦ ᠬᠤᠪᠢᠶᠠᠨ 《ᠵ》 ᠪᠠᠭ᠎ᠠ ᠰᠢᠨᠵᠢᠯᠡᠭᠰᠡᠨ ᠪᠢᠴᠢᠯᠭᠡ ᠶᠢ ᠬᠡᠷᠡᠭᠯᠡᠭᠰᠡᠨ · 《ᠵ · ᠴ · ᠶ · ᠭ》 ᠦᠰᠦᠭ ᠦᠨ ᠬᠡᠯᠪᠡᠷᠢᠨ ᠪᠡᠷ ᠪᠢᠴᠢᠭᠰᠡᠨ ᠦᠰᠦᠭ ᠦᠨ ᠲᠡᠮᠳᠡᠭᠯᠡᠯ ᠳᠦ 《ᠵ · ᠳ》 ᠪᠡᠷ

(1) ᠬᠠᠷᠢᠶᠠᠯᠠᠭᠤᠯᠬᠤ ᠶᠢᠨ ᠲᠠᠢᠯ ᠨᠥᠬᠥᠴᠡᠯ ᠦᠨ «ᠶᠢᠨ (yin－in)، ᠤᠨ (-un/-ün)، ᠤ (-u/-ü)، ᠢ (-i)» ᠵᠡᠷᠭᠡ ᠳᠠᠭᠠᠪᠤᠷᠢ ᠶᠢ ᠲᠡᠮᠳᠡᠭᠯᠡᠭᠰᠡᠨ ᠳᠠᠭᠤᠳ ᠤᠨ ᠨᠢᠭᠤᠴᠠ ᠪᠢᠴᠢᠭ ᠢ ᠨᠢᠭᠤᠯᠠᠭᠰᠠᠨ ᠳᠣᠣᠷᠠᠬᠢ ᠨᠢᠭᠡ :

«ᠮᠣᠷᠢᠨ» ᠭᠡᠬᠦ ᠮᠣᠷᠢ ᠶᠢᠨ ᠳᠠᠭᠤᠳᠠᠭᠰᠠᠨ «ᠷ» ᠢ ᠲᠡᠮᠳᠡᠭᠯᠡᠭᠰᠡᠨ ᠤᠨ ᠮᠣᠷᠢᠯᠠᠭᠰᠠᠨ (44－3)، ᠮᠣᠷᠢᠯᠠᠭᠰᠠᠨ (3－15) ᠭᠡᠬᠦ «ᠷ، ᠷ» ᠪᠡᠷ ᠳᠠᠭᠤᠳ ᠮᠣᠷᠢ ᠬᠣᠶᠠᠷ ᠬᠡᠯᠪᠡᠷᠢ ᠪᠡᠷ ᠳᠠᠭᠤᠳᠠᠭᠰᠠᠨ ᠪᠣᠯᠭᠠᠯ ᠮᠣᠷᠢᠨ ᠮᠠᠯ ᠨᠢ ᠪᠠ ᠳᠠᠭᠤᠳ ᠢ ᠮᠣᠷᠢᠳᠤ ᠨᠢᠭᠡᠳᠦ ᠤᠨ ᠪᠢᠴᠢᠭ᠃ ᠵᠢᠱᠢᠶᠡᠯᠡᠪᠡᠯ : ᠢ ᠲᠡᠮᠳᠡᠭᠯᠡᠭᠰᠡᠨ ᠤᠨ «ᠷ» ᠢ ᠨᠢ «ᠷ» ᠶᠢᠨ ᠲᠠᠯ᠎ᠠ ᠲᠡᠮᠳᠡᠭᠯᠡᠭᠰᠡᠨ ᠳᠠᠭᠤᠳ ᠲᠠᠢ᠃ «ᠬᠠᠳᠠᠭᠠᠯᠠᠮᠵᠢ ᠪᠠ ᠪᠢᠴᠢᠭ» ᠳᠡᠭᠡᠷ᠎ᠡ «q، γ» ᠢ ᠰᠠᠶᠢ ᠳᠠᠭᠤᠳ ᠲᠠᠢ᠂

(2) ᠮᠣᠩᠭᠣᠯ ᠪᠢᠴᠢᠭ ᠳᠡᠭᠡᠷ᠎ᠡ «ᠲ، ᠳ (d)» ᠦᠰᠦᠭ ᠪᠡᠷ ᠲᠡᠮᠳᠡᠭᠯᠡᠭᠰᠡᠨ ᠮᠣᠷᠢᠨ ᠤᠨ «ᠭ (γ)» ᠦᠰᠦᠭ ᠪᠡᠷ ᠬᠢᠲᠠᠳᠴᠢᠯᠠᠭᠰᠠᠨ ᠳᠠᠭᠤᠳᠠᠭᠰᠠᠨ

t، d ᠬᠣᠶᠠᠷ ᠮᠣᠷᠢ ᠢ ᠲᠡᠮᠳᠡᠭᠯᠡᠭᠰᠡᠨ ᠪᠣᠯᠭᠠᠯ ᠳᠠᠭᠤ «ᠲ» ᠳᠠᠭᠤᠳ ᠲᠠᠢ ᠳᠠᠭᠤᠳᠠᠭᠰᠠᠨ ᠬᠠᠷᠢᠴᠠ ᠮᠣᠷᠢᠨ ᠳᠠᠭᠤᠳᠠᠭᠰᠠᠨ ᠤᠨ ᠳᠠᠭᠤᠳ ᠰᠠᠶᠢ

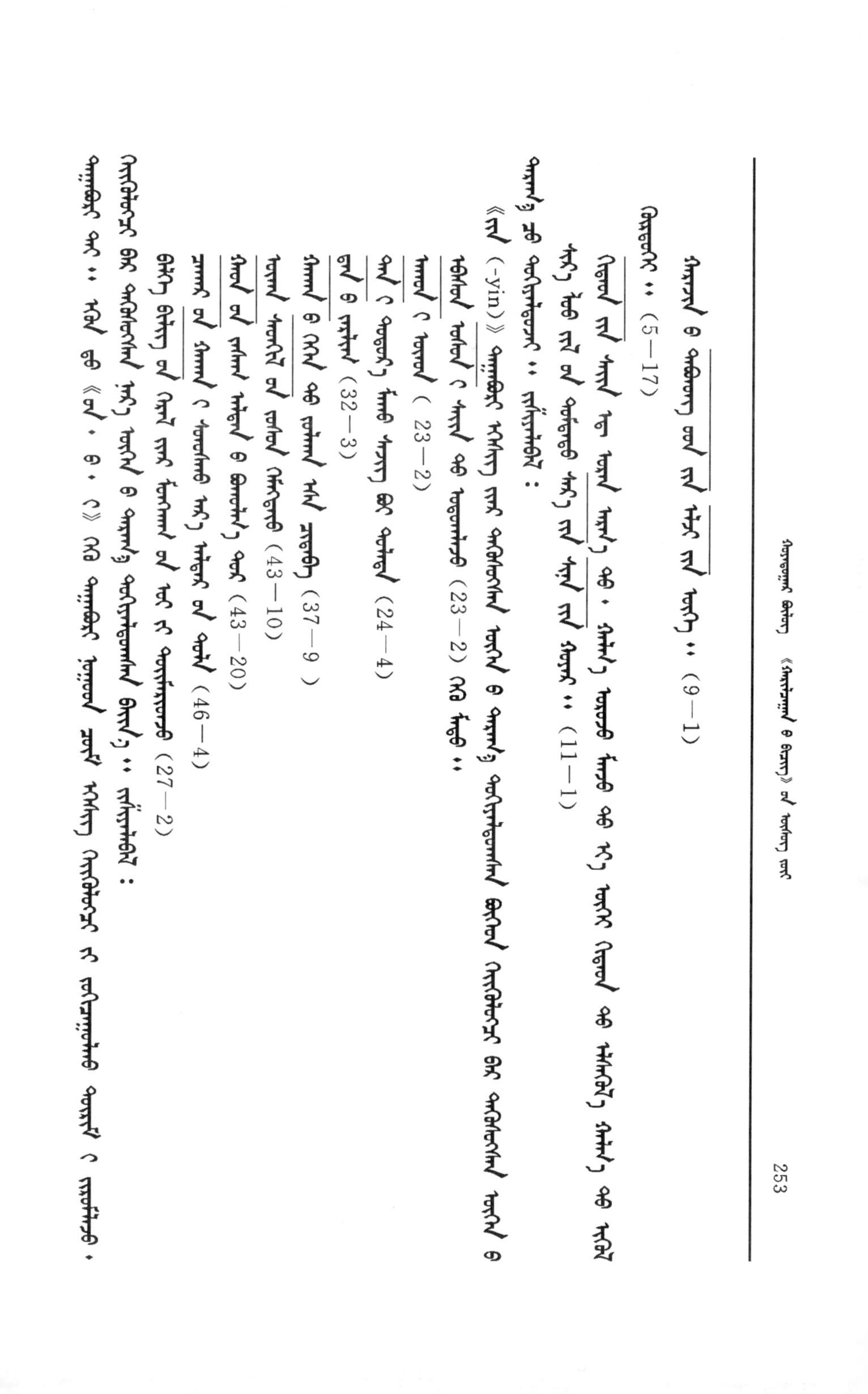

«ᠶᠢᠨ (-yin)» ᠠᠶᠢᠯᠴᠢᠬᠤ ᠲᠣᠯᠢᠶᠠᠨ ᠢᠶᠠᠷ ᠠᠪᠴᠢᠯᠠᠭᠰᠠᠨ ᠲᠣᠯᠢᠶᠠᠨ ᠤ ᠠᠷᠭ᠎ᠠ ᠶᠢ ᠠᠪᠴᠢᠶᠠᠷᠤᠭᠰᠠᠨ ᠪᠠᠢᠳᠠᠯ ᠬᠠᠷᠢᠴᠠᠭᠤᠯᠤᠯ ᠪᠠᠷ ᠠᠪᠴᠢᠯᠠᠭᠰᠠᠨ ᠲᠣᠯᠢᠶᠠᠨ ᠤ

(-bar/-ber)》 ᠢ ᠬᠡᠷᠡᠭᠯᠡᠬᠦ ᠦᠭᠡᠢ ᠲᠣᠬᠢᠶᠠᠯᠳᠤᠯ ᠣᠷᠣᠨ ᠤ ᠲᠢᠶᠠᠭᠤ ᠣᠷᠣᠭᠤ ᠂ 《ᠢᠶᠠᠷ (-iyar/-iyer)》 ᠢ ᠬᠡᠷᠡᠭᠯᠡᠭᠰᠡᠨ ᠪᠠᠢᠨ ᠲᠣᠬᠢᠶᠠᠯᠳᠤᠯ

(3) ᠣᠷᠣᠯᠠᠭᠤᠯᠬᠤ ᠶᠢᠨ ᠲᠠᠢᠯᠪᠤᠷᠢ ᠤᠳᠬ᠎ᠠ ᠲᠠᠢ 《ᠪᠠᠷ (-bar/-ber) ᠂ ᠢᠶᠠᠷ (-iyar/-iyer)》 ᠬᠣᠶᠠᠷ ᠲᠣᠬᠢᠶᠠᠯᠳᠤᠯ ᠲᠠᠢ ᠪᠠᠢᠨ᠎ᠠ ᠂ 《ᠪᠠᠷ

(-gi)》 ᠢ ᠬᠡᠷᠡᠭᠯᠡᠬᠦ ᠦᠭᠡᠢ ᠲᠣᠬᠢᠶᠠᠯᠳᠤᠯ ᠣᠷᠣᠨ ᠤ ᠲᠢᠶᠠᠭᠤ ᠣᠷᠣᠭᠤ ᠂ 《ᠢ (-i)》 ᠢ ᠬᠡᠷᠡᠭᠯᠡᠭᠰᠡᠨ ᠪᠠᠢᠨ ᠲᠣᠬᠢᠶᠠᠯᠳᠤᠯ ᠣᠷᠣᠨ ᠤ ᠲᠢᠶᠠᠭᠤ ᠣᠷᠣᠭᠤ

(2) ᠬᠠᠷᠢᠶᠠᠯᠠᠬᠤ ᠶᠢᠨ ᠲᠠᠢᠯᠪᠤᠷᠢ ᠤᠳᠬ᠎ᠠ ᠲᠠᠢ 《ᠶᠢ (-yi) ᠂ ᠭᠢ (-gi) ᠂ ᠢ (-i)》 ᠭᠡᠵᠦ ᠭᠤᠷᠪᠠᠨ ᠬᠡᠯᠪᠡᠷᠢ ᠲᠠᠢ ᠪᠠᠢᠨ᠎ᠠ ᠂ 《ᠶᠢ (-yi) ᠂ ᠭᠢ

ᠲᠣᠬᠢᠶᠠᠯᠳᠤᠯ ᠵᠠᠷᠢᠮ ᠳᠤ ᠡᠭᠦᠨ i:n ᠭᠡᠵᠦ ᠲᠡᠮᠳᠡᠭᠯᠡᠭᠰᠡᠨ ᠪᠠᠢᠨ᠎ᠠ ᠃

ᠵᠠᠷᠢᠮ ᠤ ᠭᠠᠵᠠᠷ ᠢ ᠲᠡᠮᠳᠡᠭᠯᠡᠵᠦ ᠪᠢᠴᠢᠭᠰᠡᠨ ᠶᠠᠭᠤᠮ ᠪᠠᠶᠢᠯᠭᠠᠯ ᠪᠠᠢᠨ᠎ᠠ ᠃ ᠪᠢᠴᠢᠭ ᠲᠦ ᠬᠡᠷᠡᠭᠯᠡᠭᠰᠡᠨ ᠶᠢᠨ ᠲᠢᠶᠠᠭᠤ ᠲᠠᠢᠯᠪᠤᠷᠢᠯᠠᠬᠤ 《ᠤᠨ (-un/-ün)》

ᠣᠯᠠᠨ ᠤᠨ ᠪᠢᠴᠢᠭ᠌ ᠂ 《ᠳᠣᠷᠣᠭᠤᠯᠤᠭᠰᠠᠨ ᠤ ᠪᠢᠴᠢᠭ》 ᠬᠢᠭᠡᠳ 《ᠬ》 ᠦᠰᠦᠭ ᠪᠡᠷ ᠂ t ᠂ d ᠳᠣᠲᠣᠷ ᠤᠭᠰᠠᠭ᠎ᠠ ᠶᠢ ᠬᠣᠯᠪᠣᠭᠠᠳᠤ ᠪᠢᠴᠢᠭᠰᠡᠨ ᠤᠨ ᠪᠣᠯᠤᠨ
-iyen)》 ᠬᠡᠯᠪᠡᠷᠢᠲᠡᠢ ᠶᠢ ᠬᠡᠷᠡᠭᠯᠡᠭᠰᠡᠨ ᠪᠡᠷ ᠬᠡᠯᠪᠡᠷᠢᠯᠡᠯ ᠲᠠᠯᠠᠨ ᠤ ᠬᠡᠯᠡᠨ ᠳᠦ ᠭᠠᠷᠭᠠᠳᠤ ᠪᠠᠶᠢᠨ᠎ᠠ ᠃ ᠵᠢᠱᠢᠶᠡᠯᠡᠪᠡᠯ ᠄
ᠬᠡᠯᠡᠯᠭᠡ ᠢ ᠨᠣᠷᠮᠴᠢᠯᠠᠨ᠎ᠠ ᠃ 《ᠪᠠᠨ (-ban/ -ben) 》 ᠬᠡᠯᠪᠡᠷᠢᠲᠡᠢ ᠶᠢ ᠣᠷᠴᠢᠨ ᠦ ᠬᠡᠯᠪᠡᠷᠢᠯᠡᠯ ᠲᠠᠯᠠᠨ ᠤ ᠬᠡᠯᠡᠨ ᠳᠦ ᠭᠠᠷᠭᠠᠳᠤ ᠂ 《 ᠶᠢᠨ (-iyan/
(4) ᠳᠠᠭᠠᠪᠤᠷᠢᠯᠠᠭᠰᠠᠨ ᠶᠢᠨ ᠬᠡᠯᠪᠡᠷᠢᠲᠡᠢ 《ᠪᠠᠨ (-ban/-ben) ᠂ ᠶᠢᠨ (-iyan/-iyen)》 ᠪᠣᠯᠤᠨ ᠣᠷᠴᠢᠨ ᠦ ᠬᠡᠯᠡᠯᠭᠡ ᠢ ᠨᠣᠷᠮᠴᠢᠯᠠᠭᠰᠠᠨ

ᠲᠠᠶᠢᠯᠪᠤᠷᠢ ᠪᠢᠴᠢᠭᠲᠦ ᠪᠢᠴᠢᠭᠳᠡᠭ ᠃ ᠡᠭᠡᠰᠢᠭ ᠦᠰᠦᠭ ᠦᠨ ᠳᠠᠭᠠᠪᠤᠷᠢ ᠶᠢ ᠵᠢᠷᠤᠮᠯᠠᠯ ᠦᠭᠡ ᠦᠭᠡ ᠪᠡᠷ ᠡᠭᠡᠰᠢᠭᠯᠡᠭᠦᠯ ᠦᠭᠡ ᠵᠢᠷᠤᠮ᠎ᠡ᠂ ᠳᠠᠷᠤᠭ᠎ᠠ ᠨᠢᠭᠡ᠂ ᠦᠭᠡᠨ 《ᠷ᠂ ᠵᠢ (γ)᠂ ᠲ᠂ ᠳ᠂ ᠴ᠂ ᠪ᠂ ᠫ᠂ ᠱ》 ᠪᠣᠯ ᠬᠣᠯᠪᠣᠭᠳᠠᠯ ᠳᠠᠭᠠᠪᠤᠷᠢ ᠶᠢ ᠲᠡᠮᠳᠡᠭᠯᠡᠯ ᠳᠤᠮᠳᠠ ᠪᠡᠷ ᠡᠭᠡᠰᠢᠭ ᠦᠰᠦᠭ ᠬᠡᠯᠡᠬᠦ ᠦᠭᠡᠨ ᠵᠢᠷᠤᠮᠯᠠᠯ ᠦᠭᠡᠯᠡᠨ᠎ᠡ ᠃ ᠡᠭᠡᠰᠢᠭᠯᠡᠯ 《ᠨ᠂ ᠪ᠂ ᠭ᠂ ᠮ᠂ ᠯ᠂ ᠰ》 ᠵᠡᠷᠭᠡ ᠬᠣᠯᠪᠣᠭᠳᠠᠯ ᠦᠭᠡᠰ ᠦᠭᠡ ᠶᠢᠨ ᠦᠨᠳᠦᠰᠦᠨ ᠳᠦ ᠨᠢ ᠡᠭᠡᠰᠢᠭᠯᠡᠭᠰᠡᠨ ᠺ (ᠦᠨᠳᠦᠰᠦᠨ ᠦ)᠂ ᠷ (n)᠂ ᠹ᠂ ᠺ\ᠬ (ᠭ\ ᠭ)᠂ ᠽ᠂ ᠾ᠂ ᠽ》 ᠵᠡᠷᠭᠡ ᠬᠣᠯᠪᠣᠭᠳᠠᠯ ᠳᠠᠭᠠᠪᠤᠷᠢ ᠲᠡᠮᠳᠡᠭᠯᠡᠯ ᠳᠤᠮᠳᠠ ᠶᠢ ᠡᠭᠡᠰᠢᠭ ᠦᠰᠦᠭ 《ᠨ᠂ ᠪ᠂ ᠭ᠂ ᠮ᠂ ᠯ᠂ ᠰ》 ᠵᠡᠷᠭᠡ ᠲᠠᠶᠢᠯᠪᠤᠷᠢ ᠦᠭᠡᠨ ᠵᠡᠷᠭᠡ ᠬᠣᠯᠪᠣᠭᠳᠠᠯ ᠦᠭᠡᠰ ᠦᠭᠡ ᠶᠢᠨ ᠦᠨᠳᠦᠰᠦᠨ ᠳᠦ ᠡᠭᠡᠰᠢᠭᠯᠡᠭᠰᠡᠨ ᠦᠭᠡᠨ 《ᠮ᠂ ᠦᠰᠦᠭ ᠦᠭᠡᠪᠡᠷ ᠦᠭᠡᠳ ᠨᠢ ᠳᠠᠭᠠᠪᠤᠷᠢᠯᠠᠭᠰᠠᠨ ᠦᠭᠡᠯᠡᠨ ᠳᠠᠭᠠᠪᠤᠷᠢ ᠶᠢ ᠡᠭᠡᠰᠢᠭ ᠦᠰᠦᠭ ᠦᠨ ᠳᠠᠭᠠᠪᠤᠷᠢ ᠤᠯᠠᠮ ᠃ ᠪᠣᠳᠣᠬᠤ ᠪᠣᠯ ᠳᠠᠷᠤᠢ᠂ ᠡᠭᠡᠰᠢᠭᠯᠡᠭᠰᠡᠨ ᠦᠭᠡᠨ

ᠲᠣᠭᠠᠯᠠᠭᠳᠠᠬᠤᠨ ᠲᠡᠷᠢᠭᠦᠨ ᠪᠢᠴᠢᠭ ᠤᠨ 《ᠲᠣᠪᠴᠢ》 ᠳᠡᠬᠢ ᠲᠣᠬᠢᠶᠠᠯ ᠳᠣᠲᠣᠷ ᠠᠴᠠ ᠲᠣᠭᠠᠴᠠᠭᠰᠠᠨ ᠤ ᠰᠤᠳᠤᠯᠤᠯᠲᠠ ᠶᠢᠨ ᠳᠣᠲᠣᠷ ᠠᠴᠠ ᠡᠭᠡᠰᠢᠭ ᠦᠨ ᠵᠣᠬᠢᠴᠠᠯ
ᠲᠣᠭᠠᠴᠠᠭ (10—9) ᠲᠣᠭᠠᠴᠠᠭ (10—9)
ᠬᠡᠯᠡ ᠦ ᠬᠡ ᠶᠢ ᠲᠣᠭᠠᠴᠠᠭ ᠪᠣᠯᠤᠨ᠎ᠠ ᠃ ᠵᠢᠱᠢᠶᠡᠯᠡᠪᠡᠯ ᠄
ᠰᠤᠳᠤᠯᠤᠯᠲᠠ ᠶᠢᠨ ᠳᠣᠲᠣᠷ ᠠᠴᠠ ᠡᠭᠡᠰᠢᠭ ᠦᠨ ᠵᠣᠬᠢᠴᠠᠯ ᠢ ᠰᠠᠬᠢᠭᠤᠯᠤᠭᠰᠠᠨ ᠪᠠ 《ᠣ》 ᠳᠣᠲᠣᠷ ᠲᠣᠭᠠᠴᠠᠭᠠᠳ ᠠᠴᠠ ᠬᠤᠪᠢ ᠲᠣᠭᠠ ᠶᠢᠨ ᠪᠢᠴᠢᠭ ᠤᠨ
《ᠮᠣᠩᠭᠣᠯ ᠤᠨ ᠨᠢᠭᠤᠴᠠ ᠲᠣᠪᠴᠢᠶᠠᠨ》 ᠳᠤ ᠰᠠᠬᠢᠭᠤᠯ ᠵᠠᠷᠢᠮ ᠤᠨ ᠲᠣᠭᠠᠴᠠᠭ ᠦᠭᠡ ᠶᠢᠨ ᠰᠠᠬᠢᠭᠤᠯᠤᠭᠴᠢ 《ᠲᠣᠪᠴᠢ》 ᠳᠡᠬᠢ ᠲᠣᠬᠢᠶᠠᠯ ᠳᠣᠲᠣᠷ ᠠᠴᠠ ᠲᠣᠭᠠᠴᠠᠭᠰᠠᠨ ᠤ
ᠠᠯᠳᠠ + ᠪᠠ — ᠠᠯᠳᠠᠪᠠ (53—8) ᠳᠡᠬᠢ ᠮᠡᠲᠦ ᠃
ᠪᠤᠰᠤ + ᠵᠤ — ᠪᠤᠰᠤᠵᠤ (37—2) ᠪᠣᠯ + ᠪᠠ — ᠪᠣᠯᠪᠠ (27—10)
ᠲᠡᠭᠦᠨ + ᠵᠤ — ᠲᠡᠭᠦᠨᠳᠦᠵᠦ (31—11)
ᠪᠤᠰᠤ + ᠪᠠ — ᠪᠤᠰᠤᠪᠠ (34—6) ᠲᠡᠷᠡ + ᠭᠰᠠᠨ — ᠲᠡᠷᠡᠭᠰᠡᠨ (6—7)
ᠪᠣᠯᠤᠨ᠎ᠠ ᠃ ᠵᠢᠱᠢᠶᠡᠯᠡᠪᠡᠯ ᠄
(ᠭ) ᠂ ᠬ ᠂ ᠭ ᠂ ᠣ ᠂ ᠪ ᠂ ᠳ ᠂ ᠰ》 ᠡᠭᠡᠰᠢᠭ ᠦᠨ ᠵᠣᠬᠢᠴᠠᠯ ᠢ ᠡᠪᠳᠡᠭᠰᠡᠨ ᠵᠢᠱᠢᠶ᠎ᠡ ᠪᠠᠨ ᠰᠠᠬᠢᠭᠤᠯ ᠵᠠᠷᠢᠮ ᠲᠤᠬᠠᠢ ᠲᠣᠭᠠᠴᠠᠭ ᠲᠤᠰᠬᠠᠢ ᠲᠣᠬᠢᠶᠠᠯ
ᠰᠤᠳᠤᠯᠤᠯᠲᠠ 《ᠯ ᠂ ᠮ ᠂ ᠨ ᠂ ᠷ ᠂ ᠰ ᠂ ᠳ》 ᠪᠠᠷ ᠲᠡᠭᠦᠰᠬᠡᠭᠰᠡᠨ ᠲᠣᠬᠢᠶᠠᠯ ᠳᠣᠲᠣᠷ ᠠᠴᠠ ᠲᠣᠭᠠᠴᠠᠭᠰᠠᠨ ᠤ ᠬᠣᠶᠠᠷ ᠰᠤᠳᠤᠯᠤᠯᠲᠠ ᠶᠢᠨ ᠳᠣᠲᠣᠷ ᠠᠴᠠ 《ᠭ ᠂ ᠳ
ᠲᠡᠭᠦᠨ + ᠭᠰᠠᠨ — ᠲᠡᠭᠦᠨᠳᠦᠭᠰᠡᠨ (29—29) ᠰᠤᠳᠤᠯ + ᠭᠰᠠᠨ — ᠰᠤᠳᠤᠯᠭᠰᠠᠨ (5—7)
ᠲᠡᠷᠡ + ᠳᠡᠭᠡᠨ — ᠲᠡᠷᠡᠳᠡᠭᠡᠨ (30—6) ᠪᠣᠯ + ᠯᠠ — ᠪᠣᠯᠯᠠ (33—9)
ᠲᠡᠷᠡ + ᠭᠡ — ᠲᠡᠷᠡᠭᠡ (23—7)
ᠲᠣᠭ᠎ᠠ + ᠭᠰᠠᠨ — ᠲᠣᠭᠠᠭᠰᠠᠨ (13—17) ᠪᠤᠰᠤ + ᠭᠰᠠᠨ — ᠪᠤᠰᠤᠭᠰᠠᠨ (14—8)
(ᠨ \ ᠭ) ᠂ ᠷ ᠂ ᠲ ᠂ ᠰ》 ᠡᠭᠡᠰᠢᠭ ᠦᠨ ᠵᠣᠬᠢᠴᠠᠯ ᠢ ᠡᠪᠳᠡᠭᠰᠡᠨ ᠪᠠ ᠰᠠᠬᠢᠭᠤᠯ ᠵᠠᠷᠢᠮ ᠬᠤᠪᠢᠷᠠᠭᠤᠯᠤᠭᠰᠠᠨ ᠲᠣᠭᠠᠨ᠎ᠠ ᠃ ᠵᠢᠱᠢᠶᠡᠯᠡᠪᠡᠯ ᠄
ᠲᠣᠭᠠᠴᠠᠭ ᠡᠭᠡᠰᠢᠭ ᠲᠡᠭᠦᠰᠬᠡᠭᠰᠡᠨ ᠲᠣᠬᠢᠶᠠᠯ ᠳᠣᠲᠣᠷ ᠠᠴᠠ ᠲᠣᠭᠠᠴᠠᠭᠰᠠᠨ ᠤ ᠰᠤᠳᠤᠯᠤᠯᠲᠠ ᠶᠢᠨ ᠲᠣᠭᠠᠴᠠᠭ 《ᠰ ᠂ ᠲ (ᠲᠣᠭᠠᠴᠠᠭᠰᠠᠨ ᠨ) ᠂ ᠷ (n) ᠂ ᠹ ᠂ ᠲ \ ᠬ

ᠶᠠᠭ ᠢ ᠬᠡᠯᠡᠬᠦ ᠶᠢᠨ ᠲᠤᠬᠠᠢ ᠬᠡᠯᠡ ᠶᠢᠨ ᠳᠠᠭᠤ ᠪᠢᠴᠢᠭ ᠦᠨ ᠬᠡᠯᠪᠡᠷᠢ ᠶᠢ ᠰᠢᠨᠵᠢᠯᠡᠭᠰᠡᠨ ᠪᠣᠯᠪᠠᠰᠤ ᠪᠣᠢ᠂ ᠵᠢᠱᠢᠶᠡ 《ᠬᠡᠯᠡᠨ ᠦ ᠳᠡᠭᠡᠵᠢ》 ᠳᠦ ᠪᠢᠴᠢᠭᠳᠡᠭᠰᠡᠨ ᠦᠭᠡ ᠬᠡᠯᠡᠬᠦ ᠰᠣᠨᠤᠰᠬᠤ ᠪᠣᠯᠪᠠ (42α—1) ᠬᠡᠮᠡᠨ᠎ᠡ ᠃

ᠪᠣᠯᠪᠠᠰᠤᠷᠠᠭᠤᠯᠤᠯ ᠬᠡᠯᠡᠪᠡ (41α—12)

ᠬᠠᠷᠢ ᠳᠤᠷᠠᠳᠤᠭᠰᠠᠨ ᠬᠡᠮᠵᠢᠶᠡᠨ ᠦ ᠬᠣᠪᠢ ᠬᠡᠯᠡᠭᠰᠡᠨ ᠪᠠᠢᠨ (35b—23)

(25) (26) (29) (30) (31) (32) ᠬᠡᠮᠡᠨ᠎ᠡ ᠃

ᠡᠷᠭᠢᠭᠦᠯᠦᠭᠡᠳ (48b—28) ᠡᠭᠦᠰᠦᠭᠦᠯᠦᠭᠡᠳ (62b—33) ᠬᠥᠳᠡᠯᠦᠭᠡᠳ (72b—18)

ᠵᠢᠱᠢᠶᠡᠯᠡᠪᠡᠯ :

ᠳᠥᠷᠪᠡᠯᠵᠢᠨ》 ᠦ 《ᠠ》 ᠪᠣᠯᠣᠨ 《ᠣᠣ》 ᠦᠰᠦᠭ ᠦᠨ ᠡᠭᠡᠰᠢᠭ ᠪᠣᠯ ᠬᠠᠮᠲᠤ ᠡᠭᠡᠰᠢᠭᠯᠡᠬᠦ · 《ᠣᠣ》 ᠦᠰᠦᠭᠯᠡᠯ ᠨᠢᠭᠡᠨ ᠮᠥᠷ ᠡᠬᠢ ᠡᠭᠡᠰᠢᠭ ᠮᠡᠳᠦ :: ᠡᠭᠡᠰᠢᠭᠯᠡᠬᠦ ᠳᠠᠭᠤᠤᠳ ᠬᠤᠪᠢᠷᠠᠯ ᠤᠨ ᠡᠭᠡᠰᠢᠭ ᠳᠡᠭᠡᠷᠡ ᠬᠣᠣᠰᠣᠨ ᠳ᠋ᠤ 17 ᠦᠰᠦᠭ ᠦᠨ ᠦ ᠪᠣᠯᠣᠨ ᠲᠡᠮᠳᠡᠭᠯᠡᠯ ᠲᠠᠢ ᠡᠭᠡᠰᠢᠭᠲᠡᠢ · 《ᠬᠣᠯᠢᠨ ᠤ ᠳᠡᠭᠡᠳᠦᠭᠦᠯᠦᠭᠡᠳ (48—5)

《ᠦᠪ》 ᠬᠣᠰᠢᠬᠤ : ᠬᠥᠳᠡᠯᠦᠭᠡᠳ (14—6) ᠬᠥᠳᠡᠯᠦᠭᠡᠯᠡᠨ (6—10) ᠡᠷᠭᠢᠭᠦᠯᠦᠭᠡᠳ (48—29)

《ᠠ》 ᠬᠣᠰᠢᠬᠤ : ᠡᠷᠭᠢᠭᠦᠯᠦᠯᠡᠨ (29—29) ᠲᠡᠭᠦᠰᠦᠭᠡᠳ (37—2) ᠡᠷᠭᠢᠭᠦᠯᠦᠳ (43—17)

《ᠦᠪ》 ᠬᠣᠰᠢᠬᠤ ᠡᠭᠡᠰᠢᠭ ᠲᠠᠢ ᠬᠠᠮᠲᠤ ᠪᠠᠶᠢᠨ᠎ᠠ :: ᠵᠢᠱᠢᠶᠡᠯᠡᠪᠡᠯ :

ᠡᠭᠡᠰᠢᠭᠯᠡᠯ ᠦᠨ ᠳᠤᠪᠴᠢᠶᠠᠯᠠᠯᠲᠠ ᠡᠭᠡᠰᠢᠭ ᠦᠨ ᠬᠤᠪᠢᠷᠠᠯ ᠳᠠᠭᠤᠤᠳ ᠦᠰᠦᠭ ᠦᠨ ᠳᠤᠷᠠᠰᠬᠠᠯ ᠢ ᠳᠤᠬᠢᠶᠠᠯᠳᠤᠭ ᠡᠭᠡᠰᠢᠭ 《ᠠ》 ᠬᠣᠰᠢᠬᠤ ᠡᠭᠡᠰᠢᠭ ᠪᠣᠯᠣᠨ ᠳᠤᠬᠢᠶᠠᠯᠳᠤᠭ ᠬᠤᠪᠢᠷᠠᠯ ᠤᠨ ᠳᠤᠰᠤᠯ ᠤᠨ ᠳᠠᠭᠤᠨ ᠪᠣᠯ ᠵᠢᠮ ᠡᠭᠡᠰᠢᠭ ᠦᠭᠡᠢ ᠬᠣᠶᠠᠷ · 《ᠣᠯ (d)》 ᠦᠭᠡ ᠳᠠᠭᠠᠯᠳᠤᠯᠠᠨ ᠡᠭᠦᠰᠦᠨ ᠡᠭᠡᠷ ᠦᠨ ᠬᠤᠪᠢᠷᠠᠯ 《ᠠ》 ᠵᠢᠷᠦᠭᠯᠡᠯᠲᠡ ᠡᠭᠡᠰᠢᠭ ᠳᠤᠰᠤᠯ ᠳᠠᠭᠤᠨ ᠤ ᠡᠭᠡᠨ ᠦ ᠪᠣᠯ ᠵᠢᠷᠤᠮ ᠳᠤᠬᠢᠶᠠᠯᠳᠤᠭᠤᠯᠤᠭᠰᠠᠨ ᠳ᠋ᠤ ᠬᠠᠷᠠᠭᠳᠠᠨ᠎ᠠ ::

《ᠪᠣ · ᠪᠤ · ᠪᠣᠣ》 ᠶᠢᠨ ᠵᠦᠢᠯ ᠦᠨ ᠬᠤᠪᠢᠷᠠᠯ ᠳᠤᠬᠢᠶᠠᠯᠳᠤᠭᠤᠯᠤᠭᠴᠢ ᠡᠭᠡᠰᠢᠭ ᠦᠭᠡ ᠬᠣᠪᠢᠷᠠᠯ ᠳᠠᠭᠤᠤᠳ ᠤᠨ ᠬᠡᠷᠡᠭ ᠢ 《ᠣ》 ᠳᠤᠬᠢᠶᠠᠯᠳᠤ ᠪᠠᠶᠢᠳᠠᠯ ᠳᠤᠬᠢᠶᠠᠯᠳᠤᠭ ᠬᠤᠪᠢᠷᠠᠯ ᠢ 《ᠶ (α · e)》 ᠪᠣᠯᠣᠨ ᠪᠠᠶᠢᠳᠠᠯ ᠵᠢᠷᠤᠮ ᠳᠤᠬᠢᠶᠠᠯᠳᠤᠭᠤᠯᠤᠭᠰᠠᠨ ᠳ᠋ᠤ ᠬᠠᠷᠠᠭᠳᠠᠨ᠎ᠠ :: 《ᠬᠣᠪᠣᠭ (9—4)》 ᠶᠢᠨ ᠪᠢᠴᠢᠯᠭᠡ ᠲᠠᠢ ᠬᠤᠪᠢᠷᠠᠯ ᠤᠨ ᠪᠣᠯ ᠵᠢᠷᠤᠮ ᠡᠭᠡᠰᠢᠭ ᠳᠤᠬᠢᠶᠠᠯᠳᠤ ᠪᠣᠯᠣᠨ ᠨᠡᠶᠢᠯᠡᠯᠳᠦᠭᠦᠯᠦᠭᠰᠡᠨ ᠪᠠᠶᠢ ᠳᠠᠭᠠᠯᠳᠤᠯᠠᠨ ᠡᠭᠡᠨ ᠦ ᠡᠭᠡᠰᠢᠭᠯᠡᠯ ᠦᠨ 《ᠡᠭ》 ᠶᠢᠨ ᠳᠤᠬᠢᠶᠠᠯ ᠢ ᠦᠰᠦᠭ ᠦᠨ 《ᠳᠥᠷᠪᠡᠯᠵᠢᠨ ᠦ ᠪᠢᠴᠢᠭ》 ᠳᠦ ᠬᠡᠷᠡᠭᠯᠡᠯᠡᠨ 《ᠳᠤᠪᠴᠢᠶᠠᠨ》 (32—2) ᠶᠢᠨ ᠡᠭᠡᠨ ᠦ ᠪᠢᠴᠢᠯᠭᠡ ᠲᠠᠢ ᠳᠠᠭᠤᠨ ᠤ ᠡᠭᠡᠨ ᠦ ᠳᠤᠬᠢᠶᠠᠯᠳᠤ ᠪᠣᠯᠣᠭᠰᠠᠨ ᠪᠣᠯᠤᠨ · ᠳᠡᠭᠡᠷ ᠳᠠᠭᠤᠨ ᠲᠡᠭᠦᠪᠡᠷ ᠦᠨ ᠪᠢᠴᠢᠭᠲᠦ ᠡᠭᠡᠳᠦᠭᠦᠯᠦᠯ ᠲᠠᠢ ᠪᠣᠯᠣᠭᠰᠠᠨ ᠪᠢᠴᠢᠯᠭᠡ ᠪᠣᠯᠣᠨ ᠪᠠᠷ ᠶᠢᠨ ᠡᠭᠡᠨ ᠪᠣᠯᠣᠨ᠎ᠠ ::

ᠦᠪ 《ᠡᠭᠡᠨ》 ᠳᠦ 《ᠠ》 ᠦᠰᠦᠭ ᠦᠨ ᠳᠠᠭᠤᠨ ᠪᠣᠯ ᠬᠠᠮᠲᠤ ᠪᠠᠶᠢᠯᠭᠠᠨ ᠢ ᠳᠠᠭᠤᠨ ᠤ ᠬᠡᠯ ᠡᠭᠡᠨ ᠤ ᠬᠡᠷᠡᠭᠯᠡᠯ ᠪᠢᠴᠢᠭ ᠤᠨ ᠪᠣᠯᠤᠭᠰᠠᠨ ᠪᠠᠶᠢᠳᠠᠯ ᠲᠠᠢ ᠦᠰᠦᠭ ᠦᠨ ᠡᠭᠡᠰᠢᠭ ᠳᠠᠭᠤᠨ ᠵᠢᠷᠤᠮ ᠳᠠᠭᠠᠯᠳᠤᠭᠤᠯᠤᠯ ᠪᠠᠶᠢᠬᠤ ᠦᠪ ᠳᠠᠷᠤᠢ ᠲᠠᠢ ᠰᠠᠶᠢᠨ ᠪᠣᠯᠬᠤ 1662 ᠣᠨ ᠦᠪ ᠪᠢᠴᠢᠭᠳᠡᠯᠡᠨ 《ᠬᠣᠯᠢᠨ ᠤ ᠳᠥᠷᠪᠡᠯᠵᠢᠨ》

ᠡᠳᠡᠨ ᠶᠢᠨ ᠠᠷᠠᠭᠤᠯᠪᠠ ᠂ 17 ᠭᠠᠷᠤᠨ ᠲᠣᠭᠠᠨ ᠤ ᠠᠷᠠᠭ ᠤᠨ ᠠᠷᠠᠭᠤᠯᠤᠭᠰᠠᠨ ᠪᠡᠷ 《ᠤᠨ (-d)》 ᠤᠨ ᠬᠡᠮᠡᠭᠳᠡᠬᠦ ᠠᠷᠠᠭᠤᠯ ᠠᠷᠠᠭ ᠤᠨ ᠠᠷᠠᠭᠤᠯᠤᠭᠰᠠᠨ

《ᠪᠣᠯᠣᠭᠰᠠᠨ ᠵᠠᠷᠠᠭ ᠠᠷᠠᠭᠤᠨ ᠤᠨ ᠬᠡᠮᠡᠭᠰᠡᠨ》 ᠪᠡᠷ ᠠᠷᠠᠭᠤᠯᠤᠭᠰᠠᠳ (159b—3) ᠠᠷᠠᠭᠤᠯᠤᠭᠰᠠᠳ (161b—7) ᠠᠷᠠᠭᠤᠯ (167b—3)
《ᠬᠡᠮᠡᠭᠳᠡᠬᠦ ᠪᠢᠴᠢᠭ》 ᠪᠡᠷ ᠠᠷᠠᠭᠤᠯᠤᠭᠰᠠᠳ (4α—7) ᠬᠡᠮᠡᠭᠳᠡᠬᠦᠯᠦᠭᠰᠡᠨ (15b—1) ᠬᠡᠮᠡᠭᠳᠡᠬᠦᠯᠦᠭᠰᠡᠳ (18b—6) ᠳᠤ ᠮᠡᠳᠡ ᠄

ᠬᠡᠮᠡᠭᠳᠡᠬᠦ ᠲᠣᠭᠠᠨ ᠤ ᠠᠷᠠᠭᠤᠯᠤᠭᠰᠠᠨ ᠮᠣᠩᠭᠣᠯ ᠪᠢᠴᠢᠭ ᠪᠡᠷ 《ᠤᠨ (-d)》 ᠤᠨ ᠬᠡᠮᠡᠭᠳᠡᠬᠦ ᠠᠷᠠᠭᠤᠯ ᠠᠷᠠᠭ ᠤᠨ ᠠᠷᠠᠭᠤᠯᠤᠭᠰᠠᠨ ᠤ ᠬᠡᠮᠡᠯᠭᠡ
ᠡᠷᠭᠢᠭᠦᠯᠦᠭᠰᠡᠨ (62b—20) ᠬᠡᠮᠡᠭᠳᠡᠬᠦᠯᠦᠭᠰᠡᠨ (18b—27) ᠳᠤ ᠮᠡᠳᠡ ᠄
ᠡᠷᠭᠢᠭᠦᠯᠦᠭᠰᠡᠳ (50b—14) ᠡᠷᠭᠢᠭᠦᠯᠦᠭᠰᠡᠨ (50b—26) ᠪᠣᠯᠣᠭᠰᠠᠨ (52b—22)
ᠠᠷᠠᠭᠤᠯᠤᠭᠰᠠᠳ (67b—17) ᠪᠣᠯᠣᠭᠰᠠᠳ (27α—16) ᠳᠤ ᠮᠡᠳᠡ ᠄
ᠪᠣᠯᠣᠭᠰᠠᠨ (35α—5) ᠬᠡᠮᠡᠭᠳᠡᠬᠦᠯᠦᠭᠰᠡᠨ (42b—32) ᠠᠷᠠᠭᠤᠯ (59b—12) ᠂

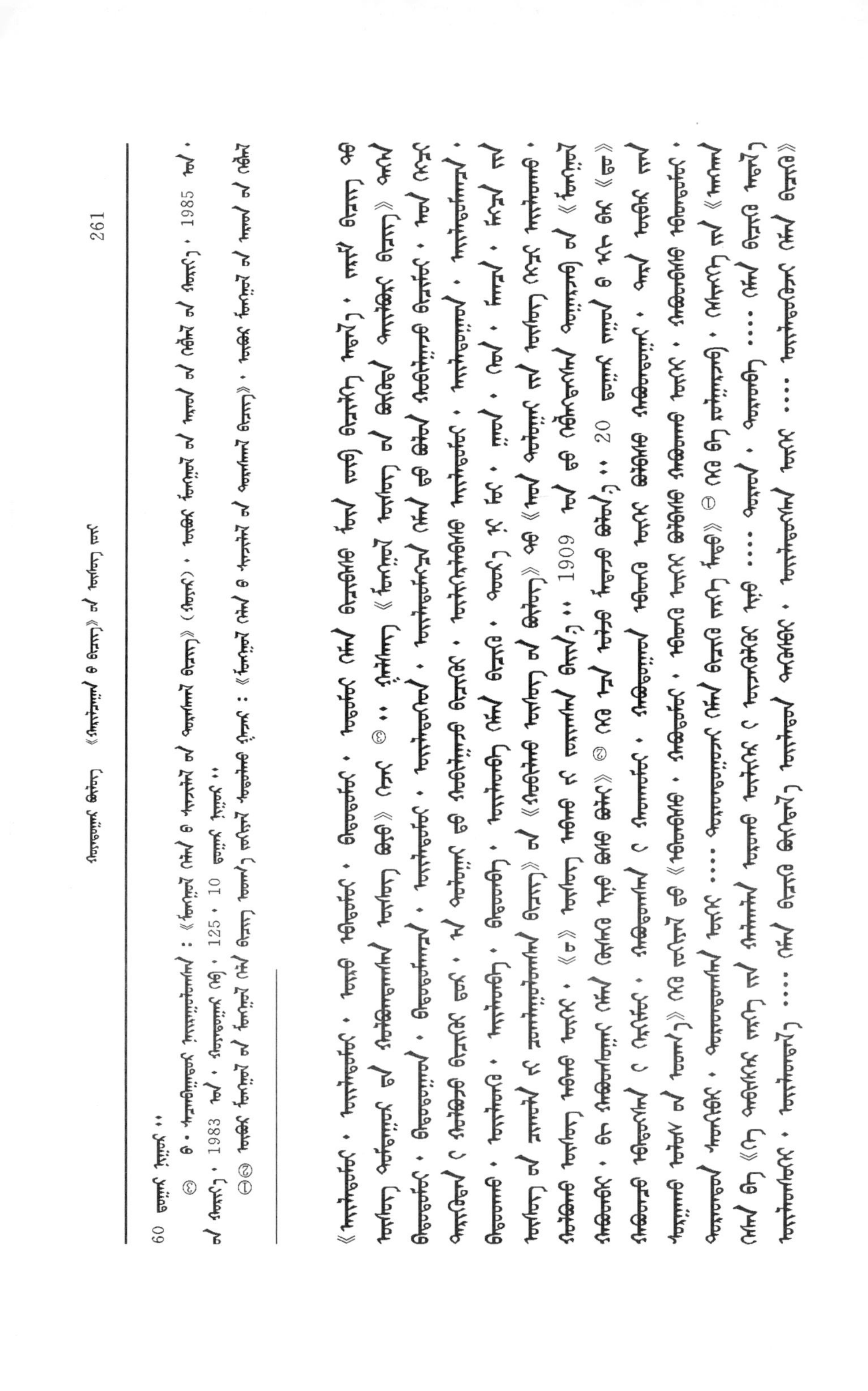

[illegible] 1909 [illegible] 20 [illegible] ② [illegible] ③ [illegible] ① [illegible]

---

①② [illegible] 1985 [illegible]

③ [illegible] 1983 [illegible] 125, 10 [illegible]

60 [illegible]

ᠬᠡᠯᠡᠯᠴᠡᠭᠡᠨ ᠤ ᠬᠡᠯᠡᠪᠦᠷᠢᠳᠦ ᠬᠡᠷᠡᠭᠯᠡᠭᠳᠡᠬᠦ ᠳᠠᠭᠠᠭᠠᠪᠤᠷᠢ ᠶᠢᠨ ᠮᠠᠭᠠᠳ ᠳᠡᠭᠡᠨ ᠨᠢ ᠬᠡᠯᠡᠨ ᠦ ᠬᠡᠯᠡᠪᠦᠷᠢ ᠶᠢᠨ ᠪᠢᠴᠢᠭᠯᠡᠯ ᠦᠨ ᠳᠦᠷᠢᠮ

ᠪᠠᠢᠳᠠᠯ ᠢ ᠲᠤᠰᠬᠠᠭᠳᠠᠨ᠎ᠠ᠃ 《ᠳᠤ》 ᠨᠥᠬᠦᠴᠡ ᠲᠥᠯᠥᠪ ᠤᠨ ᠪᠢᠴᠢᠯᠭᠡ ᠶᠢᠨ ᠪᠠᠢᠳᠠᠯ ᠢ ᠰᠢᠨᠵᠢᠯᠡᠪᠡᠯ᠂ ᠪᠢᠴᠢᠭ ᠦᠨ ᠬᠡᠯᠡᠨ

《ᠳᠤ》 ᠨᠥᠬᠦᠴᠡ ᠲᠥᠯᠥᠪ ᠪᠤᠶᠤ 《ᠠ》 ᠨᠥᠬᠦᠴᠡ ᠲᠥᠯᠥᠪ 17 ᠳᠤᠭᠠᠷ ᠵᠠᠭᠤᠨ ᠡᠴᠡ 20 ᠳᠤᠭᠠᠷ ᠵᠠᠭᠤᠨ ᠬᠦᠷᠲᠡᠯᠡ ᠮᠣᠩᠭᠣᠯ ᠪᠢᠴᠢᠭ ᠦᠨ ᠬᠡᠯᠡᠨ ᠳᠦ ᠬᠡᠷᠡᠭᠯᠡᠭᠳᠡᠵᠦ

ᠢᠷᠡᠭᠰᠡᠨ ᠪᠠᠶᠢᠳᠠᠯ ᠢ ᠰᠢᠨᠵᠢᠯᠡᠨ ᠲᠣᠳᠣᠷᠬᠠᠢᠯᠠᠪᠠ ᠪᠠᠶᠢᠨ᠎ᠠ᠃

ᠮᠣᠩᠭᠣᠯ ᠬᠡᠯᠡᠨ ᠦ ᠪᠢᠴᠢᠭ ᠦᠨ ᠬᠡᠯᠡᠨ ᠳᠦ ᠪᠣᠯ 《ᠳᠤ》 ᠶᠢᠨ ᠲᠥᠯᠥᠪ ᠨᠥᠬᠦᠴᠡ ᠲᠥᠯᠥᠪ ᠪᠣᠯᠤᠨ 《ᠠ》 ᠨᠥᠬᠦᠴᠡ ᠲᠥᠯᠥᠪ ᠢ

ᠬᠡᠷᠡᠭᠯᠡᠬᠦ ᠶᠠᠰᠤᠨ ᠳᠦᠷᠢᠮ ᠲᠣᠭᠲᠠᠭᠰᠠᠨ ᠶᠠᠪᠤᠳᠠᠯ ᠲᠠᠢ᠃

ᠲᠠᠪᠤᠳᠤᠭᠠᠷ ᠮᠣᠩᠭᠣᠯ ᠪᠢᠴᠢᠭ ᠦᠨ ᠬᠡᠯᠡᠨ ᠦ ᠪᠢᠴᠢᠭᠯᠡᠯ ᠦᠨ ᠳᠦᠷᠢᠮ

ᠨ ᠮᠣᠩᠭᠣᠯ ᠪᠢᠴᠢᠭ ᠦᠨ ᠬᠡᠯᠡᠨ ᠦ ᠳᠦᠷᠢᠮ ᠢ ᠲᠣᠭᠲᠠᠭᠠᠬᠤ ᠳᠤ 《ᠮᠣᠩᠭᠣᠯ ᠦᠰᠦᠭ ᠦᠨ ᠳᠦᠷᠢᠮ》 ᠪᠣᠯᠤᠨ ᠮᠣᠩᠭᠣᠯ ᠪᠢᠴᠢᠭ ᠦᠨ ᠬᠡᠯᠡᠨ ᠳᠦ

ᠬᠡᠷᠡᠭᠯᠡᠭᠳᠡᠭᠰᠡᠨ ᠲᠥᠯᠥᠪ ᠦᠨ ᠬᠡᠯᠡᠪᠦᠷᠢ ᠶᠢᠨ ᠵᠢᠱᠢᠶ᠎ᠡ ᠪᠡᠷ᠂ ᠦᠭᠡ ᠶᠢᠨ ᠡᠭᠦᠰᠬᠡᠯ ᠦᠨ ᠲᠥᠷᠥᠯ ᠢ ᠦᠨᠳᠦᠰᠦᠯᠡᠬᠦ ᠶᠢᠨ ᠬᠠᠮᠲᠤ ᠦᠭᠡ ᠶᠢᠨ ᠡᠭᠡᠰᠭᠡᠯ

ᠪᠢᠴᠢᠭᠯᠡᠯ ᠦᠨ ᠲᠥᠯᠥᠪ ᠢ ᠬᠠᠳᠠᠭᠠᠯᠠᠨ ᠬᠡᠷᠡᠭᠯᠡᠨ᠎ᠡ᠃

1. ᠡᠭᠡᠰᠬᠡᠯ ᠦᠭᠡ ᠶᠢᠨ ᠡᠴᠦᠰ ᠲᠦ ᠠᠪᠢᠶ᠎ᠠ ᠪᠣᠯᠤᠨ ᠳᠠᠭᠠᠪᠤᠷᠢ 《ᠲᠠ᠂ ᠳᠠ》 ᠶᠢ ᠵᠠᠯᠭᠠᠬᠤ ᠳᠤ ᠦᠭᠡ ᠶᠢᠨ ᠡᠭᠦᠰᠬᠡᠯ ᠦᠨ 《ᠠ (ɑ· e)》

ᠬᠢᠯᠪᠠᠷ ᠢ ᠬᠡᠯᠡᠪᠡᠯ᠄ ᠵᠢᠱᠢᠶᠡᠯᠡᠪᠡᠯ :

ᠬᠡᠯᠡ + ᠳᠠ — ᠬᠡᠯᠡᠳᠡ (43—21)

① ᠲᠠᠢᠢᠯᠪᠤᠷᠢ : 《ᠮᠣᠩᠭᠣᠯ ᠬᠡᠯᠡᠨ ᠦ ᠳᠦᠷᠢᠮ ᠵᠢᠷᠤᠮ ᠤᠨ ᠪᠢᠴᠢᠭ》᠂ ᠥᠪᠦᠷ ᠮᠣᠩᠭᠣᠯ ᠤᠨ ᠠᠷᠠᠳ ᠤᠨ ᠬᠡᠪᠯᠡᠯ ᠦᠨ ᠬᠣᠷᠢᠶ᠎ᠠ᠂ 1979 ᠣᠨ᠂ 68 ᠳᠤᠭᠠᠷ ᠨᠢᠭᠤᠷ᠃

3. 《ᠷ (r) · ᠯ (l)》 ᠬᠣᠯᠪᠣᠭᠳᠠᠭᠰᠠᠨ ᠪᠠᠷ ᠪᠠᠭᠤᠯᠭᠠᠭᠰᠠᠨ ᠬᠤᠪᠢᠶᠠᠷ ᠲᠤ ᠦᠭᠡ ᠪᠢᠴᠢᠬᠦ ᠶᠢ ᠲᠣᠮᠢᠶᠠᠭ ᠲᠤ ᠬᠣᠰ ᠬᠡᠷᠡᠭ ᠬᠡᠷᠡᠭᠯᠡᠵᠦ ᠬᠣᠯᠪᠣᠭᠳᠠᠭᠰᠠᠨ

2. 《ᠨ (n)》 ᠦᠭᠡ ᠪᠠᠭᠤᠯᠭᠠᠭᠰᠠᠨ ᠬᠤᠪᠢᠶᠠᠷ ᠲᠤ ᠦᠭᠡ ᠪᠢᠴᠢᠬᠦ ᠶᠢ ᠲᠣᠮᠢᠶᠠᠨ 《ᠨ (n)》 ᠶᠢ ᠬᠡᠷᠡᠭᠯᠡᠨ᠎ᠡ :: ᠵᠢᠱᠢᠶᠡᠯᠡᠪᠡᠯ :

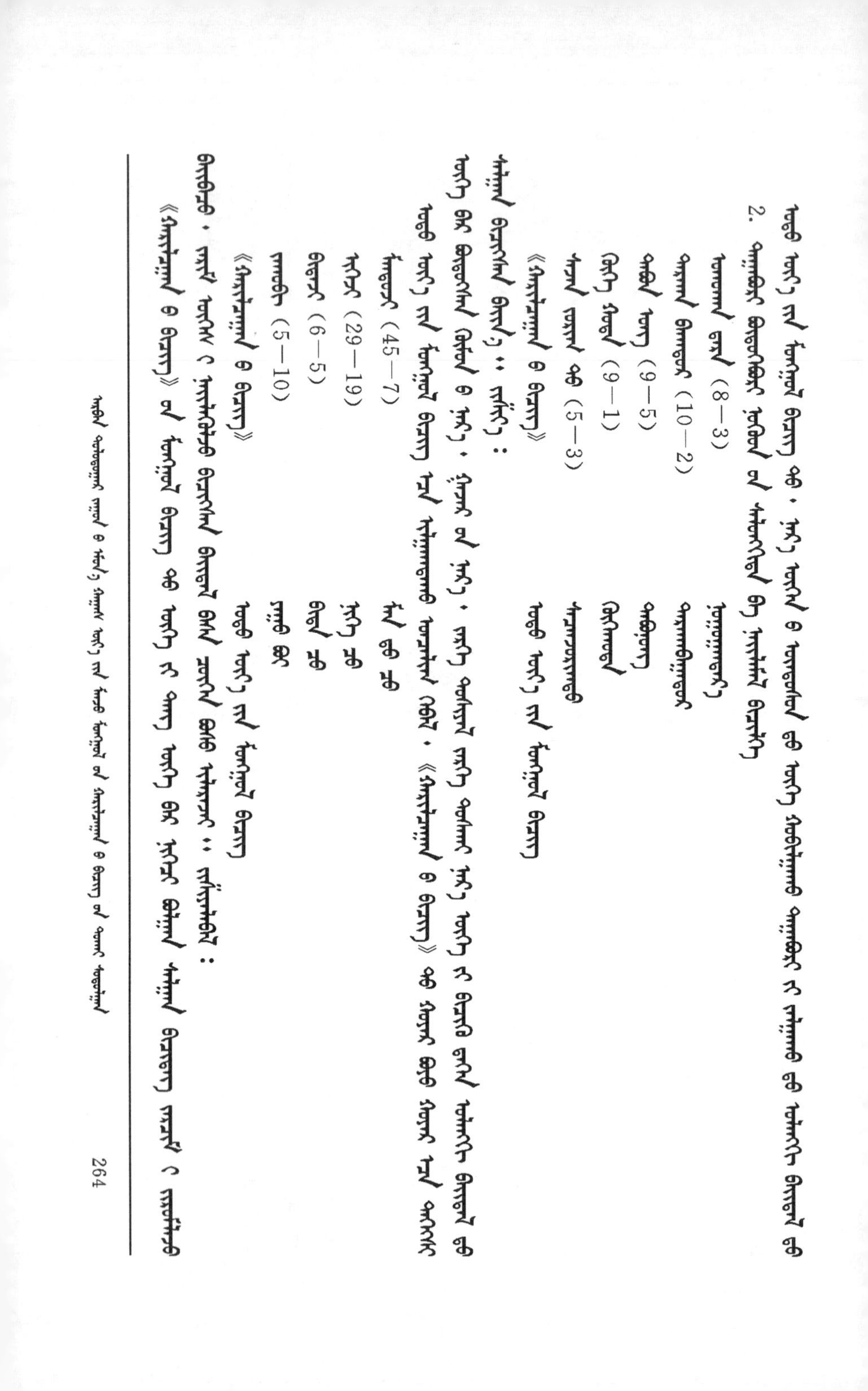

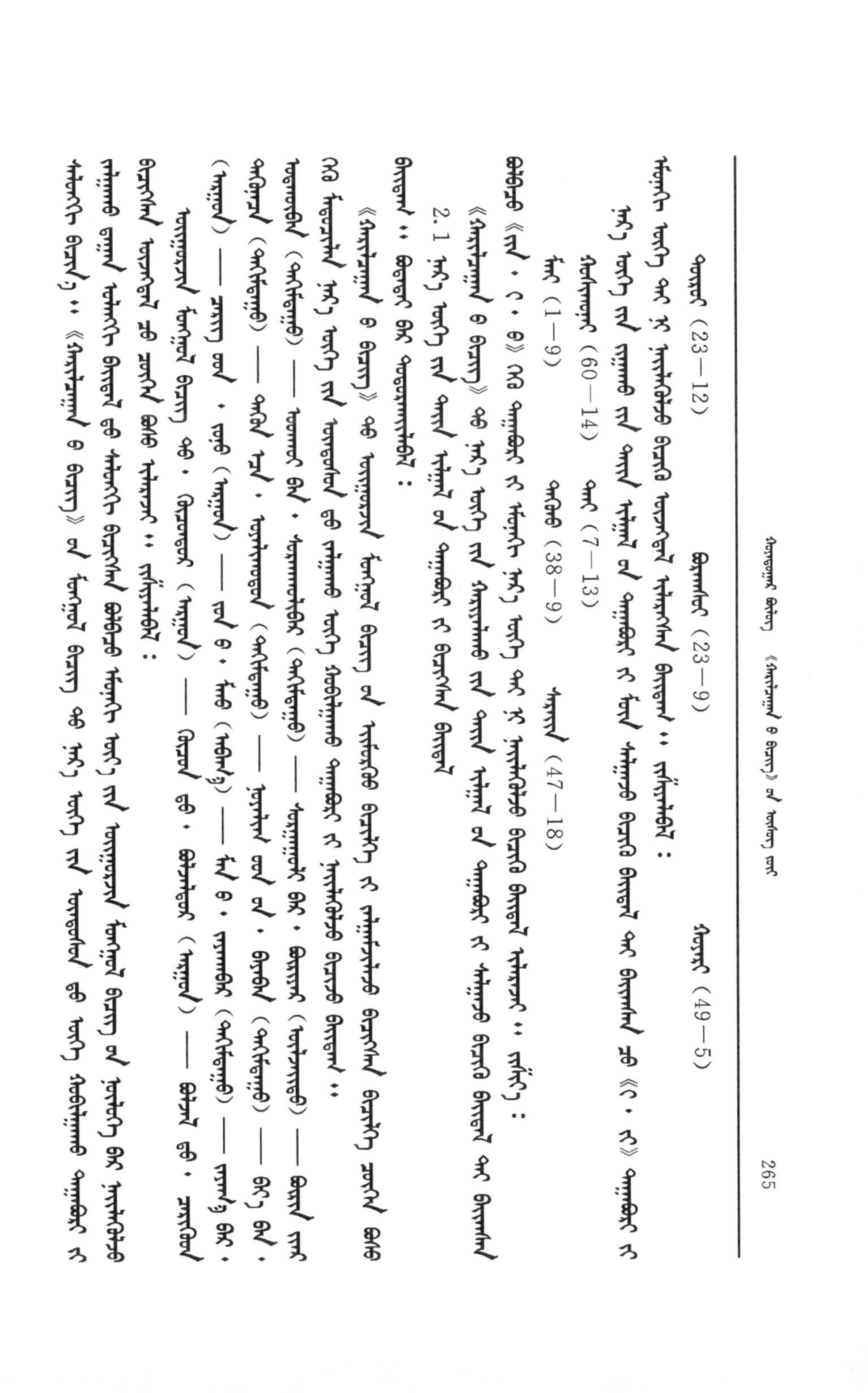

ᠪᠠᠢᠭᠤᠯᠤᠭᠰᠠᠨ (ᠠᠯᠲᠠᠨ ᠲᠣᠪᠴᠢ 25a—4) ᠡᠴᠡ ᠪᠣᠯᠪᠠ ᠃

ᠣᠷᠤᠭᠰᠠᠨ (ᠠᠯᠲᠠᠨ ᠲᠣᠪᠴᠢ 17b—6)　　ᠭᠠᠷᠤᠭᠰᠠᠨ (ᠠᠯᠲᠠᠨ ᠲᠣᠪᠴᠢ 19a—3)　　ᠪᠣᠯᠤᠭᠰᠠᠨ (ᠠᠯᠲᠠᠨ ᠲᠣᠪᠴᠢ 23a—3)

ᠪᠣᠯᠤᠭᠰᠠᠨ (ᠴᠠᠭᠠᠨ ᠲᠡᠦᠬᠡ 16)　　ᠬᠦᠷᠲᠡᠭᠰᠡᠨ (ᠪᠣᠳᠢᠴᠢᠷᠢᠶ᠎ᠠ 165b—9)　　ᠪᠣᠯᠭᠠᠭᠰᠠᠨ (ᠠᠯᠲᠠᠨ ᠲᠣᠪᠴᠢ 8b—6)

《ᠪᠠᠨ · ᠭᠠᠨ》 ᠤ ᠬᠡᠷᠡᠭᠯᠡᠯ ᠪᠠᠢᠳᠠᠯ · ᠵᠢᠷᠤᠮ ᠣᠨ ᠳᠤ ᠬᠡᠷᠡᠭᠯᠡᠭᠳᠡᠭᠰᠡᠨ ᠪᠠᠢᠳᠠᠯ 《ᠭᠠᠷ · ᠭᠡᠷ (—γar /—ger)》 ᠪᠣᠯᠤᠨ᠎ᠠ ᠄ ᠣᠳᠣᠬᠠᠨ ᠤ

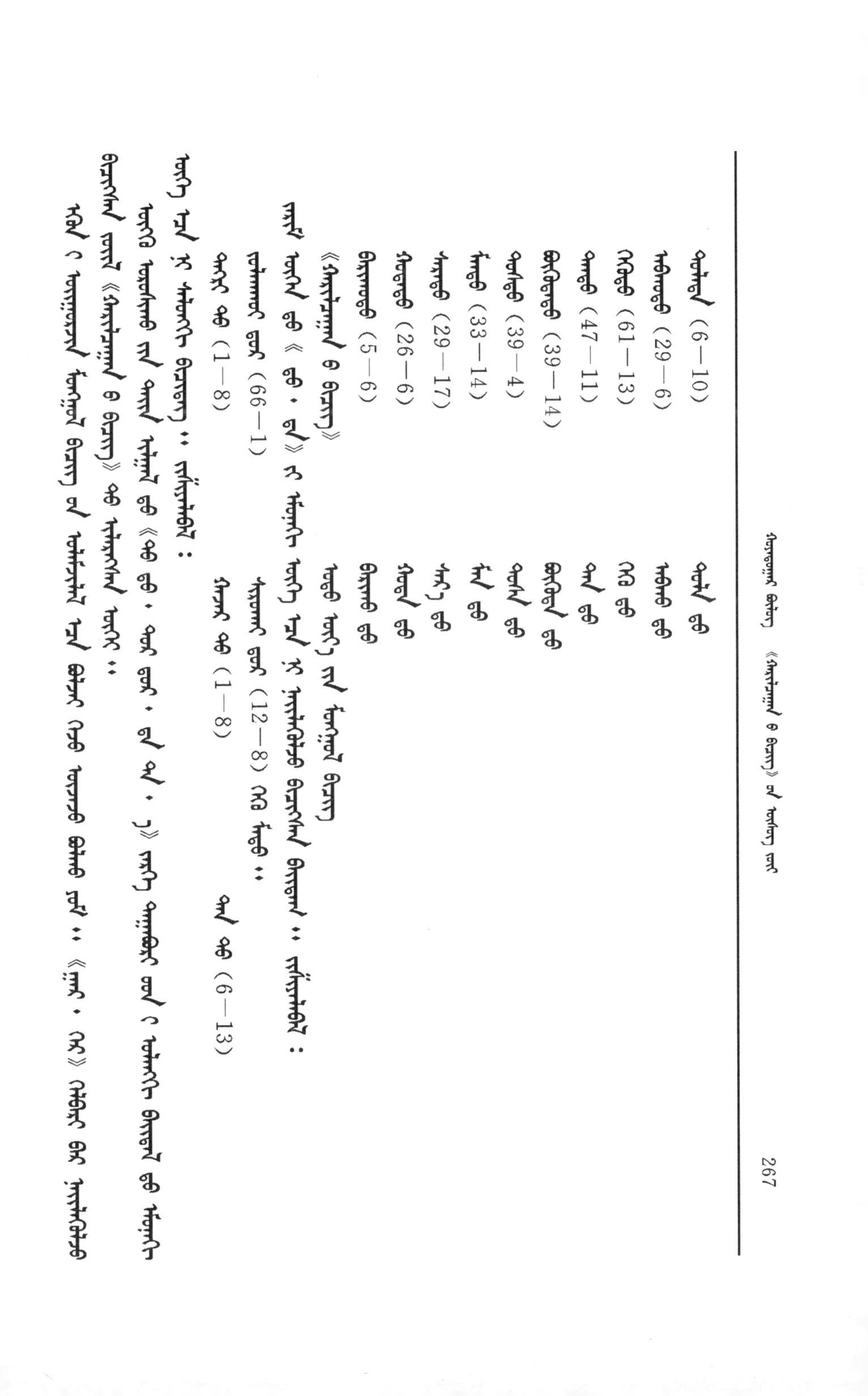

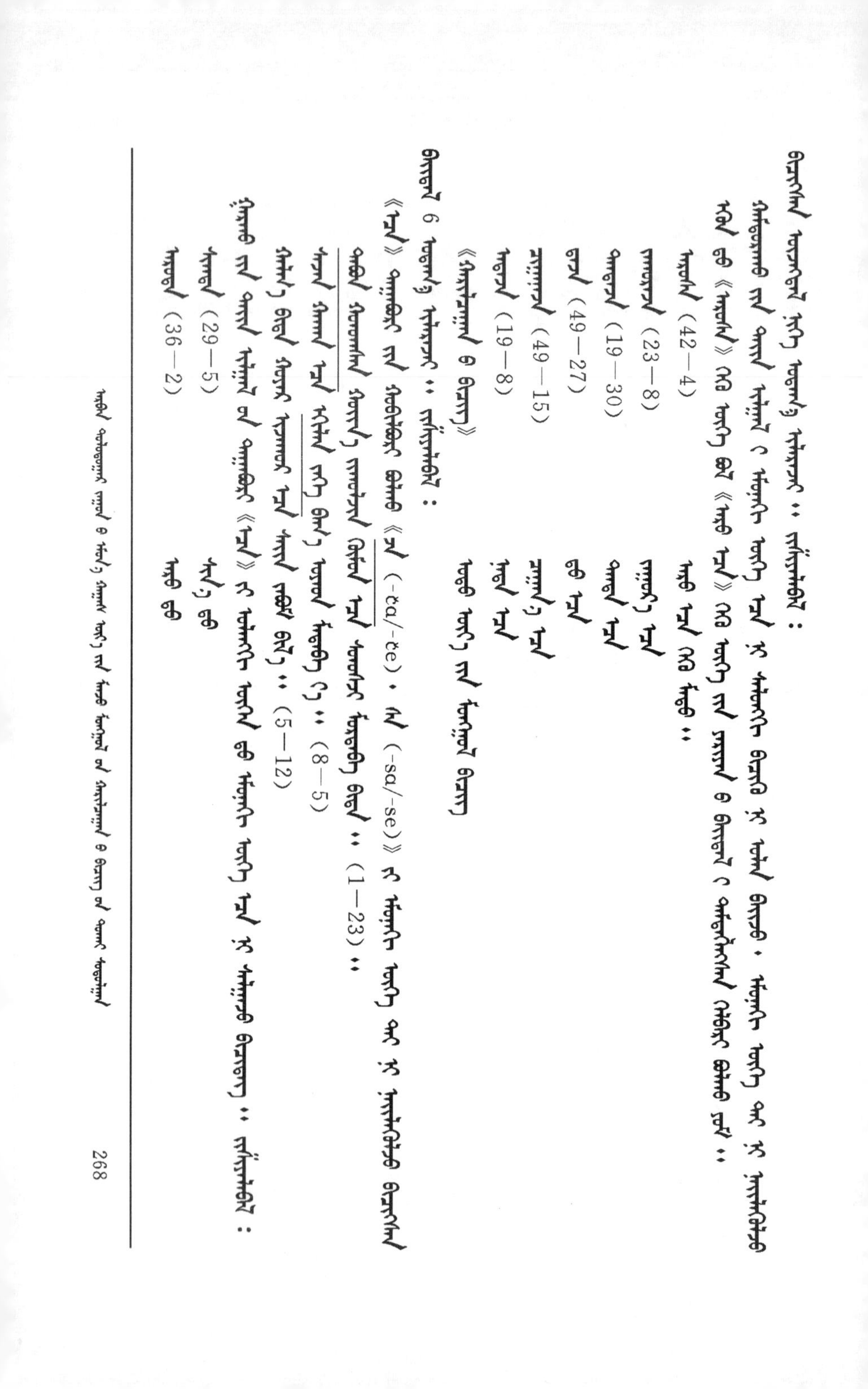

《ᠬᠡᠯᠡ》 ᠦᠭᠡᠯᠡᠭᠰᠡᠨ ᠶᠢᠨ ᠰᠢᠨᠵᠢᠯᠡᠭᠰᠡᠨ ᠪᠣᠯᠪᠠᠯ 《ᠴᠠ (-ʦa/-ʦe)᠂ ᠰᠠ (-sa/-se)》 ᠳᠤ ᠲᠣᠭᠠᠴᠠᠭᠰᠠᠨ ᠮᠣᠩᠭᠣᠯ ᠳᠤ ᠶᠢ ᠰᠢᠨᠵᠢᠯᠡᠭᠳᠡᠬᠦ ᠪᠠᠷᠢᠮᠲᠠᠯᠠᠨ

ᠪᠣᠯᠤᠨ᠎ᠠ ᠡᠳᠦᠭᠡ ᠶᠢᠨ ᠣᠯᠠᠨ ᠲᠣᠭ᠎ᠠ ᠶᠢᠨ lɛ: ᠣᠯᠠᠨᠲᠠᠭᠠᠨ ᠢ ᠣᠯᠠᠨᠲᠠᠭᠠᠨ · ᠬᠤᠪᠢᠯᠤᠯᠳᠠ ᠨᠢᠭᠡᠨ ᠭᠡᠬᠦ ᠪᠠᠨ ᠲᠥᠯᠥᠭᠡᠨ ᠴᠢᠨᠠᠷᠲᠠᠢ ᠪᠠᠶᠢᠳᠠᠯ ᠪᠠᠶᠢᠨ ᠬᠤᠪᠢᠯᠤᠯᠳᠠ ᠨᠢᠭᠡᠨ ᠲᠣᠭ᠎ᠠ ᠶᠢ

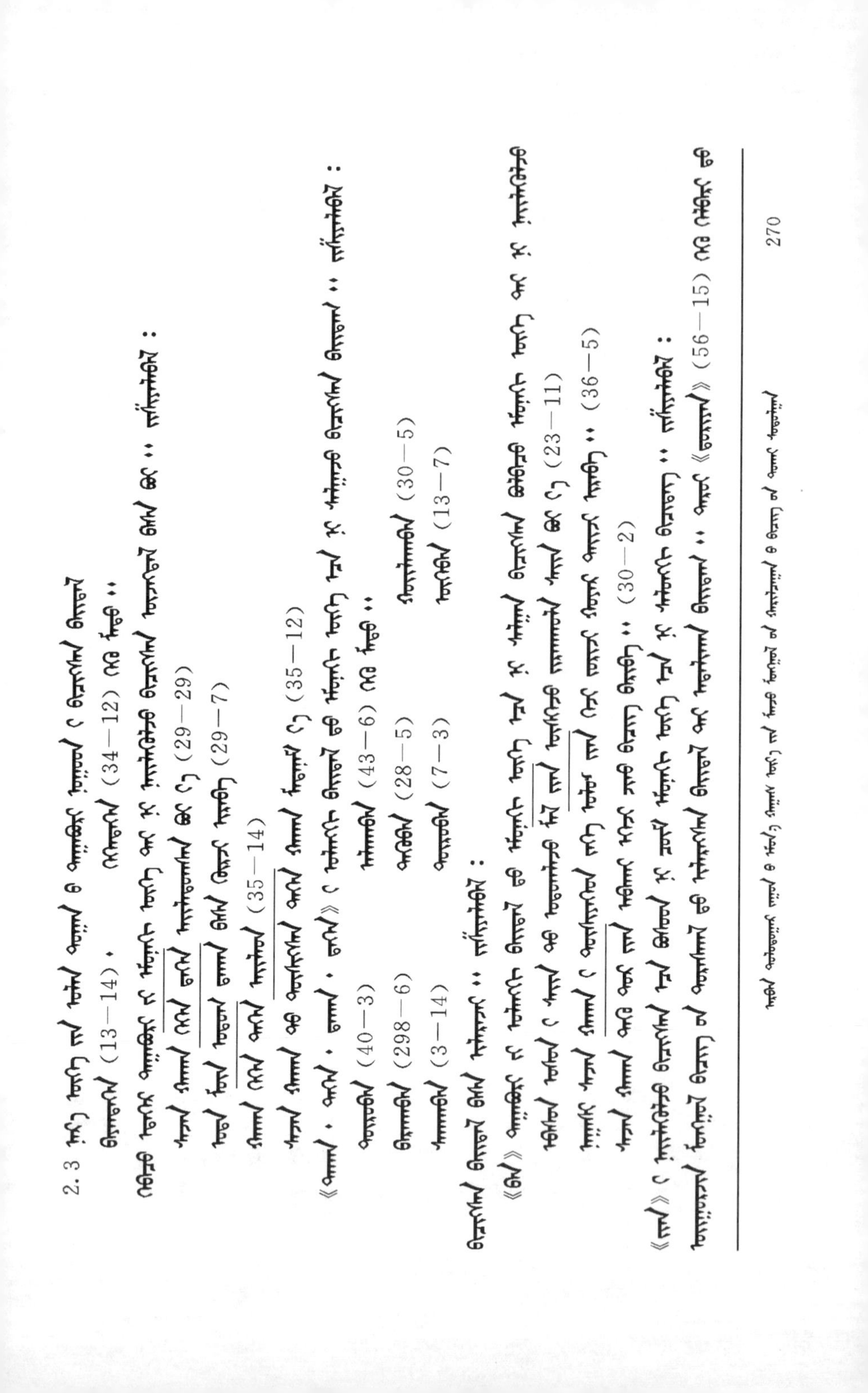

ᠪᠠᠶᠢᠨ᠎ᠠ᠃ ᠡᠨᠡ ᠨᠢ 《ᠨ (n)· ᠯ (l)》 ᠠᠪᠢᠶᠠᠰ ᠤᠨ ᠰᠣᠯᠢᠯᠴᠠᠭ᠎ᠠ᠃ ᠵᠢᠱᠢᠶᠡᠯᠡᠪᠡᠯ :

《ᠳ (d)》 ᠠᠪᠢᠶᠠᠰ ᠤᠨ ᠬᠤᠪᠢᠯᠭ᠎ᠠ ᠪᠣᠯ 《ᠨ (n)· ᠯ (l)》 ᠲᠠᠢ ᠶᠢᠨ ᠰᠣᠯᠢᠯᠴᠠᠭᠰᠠᠨ ᠪᠠᠷ ᠠᠮᠢᠳᠤᠷᠠᠯ ᠬᠡᠯᠡᠨ ᠦ ᠠᠪᠢᠶ᠎ᠠ ᠳᠤ ᠲᠣᠬᠢᠶᠠᠯᠳᠤᠪ

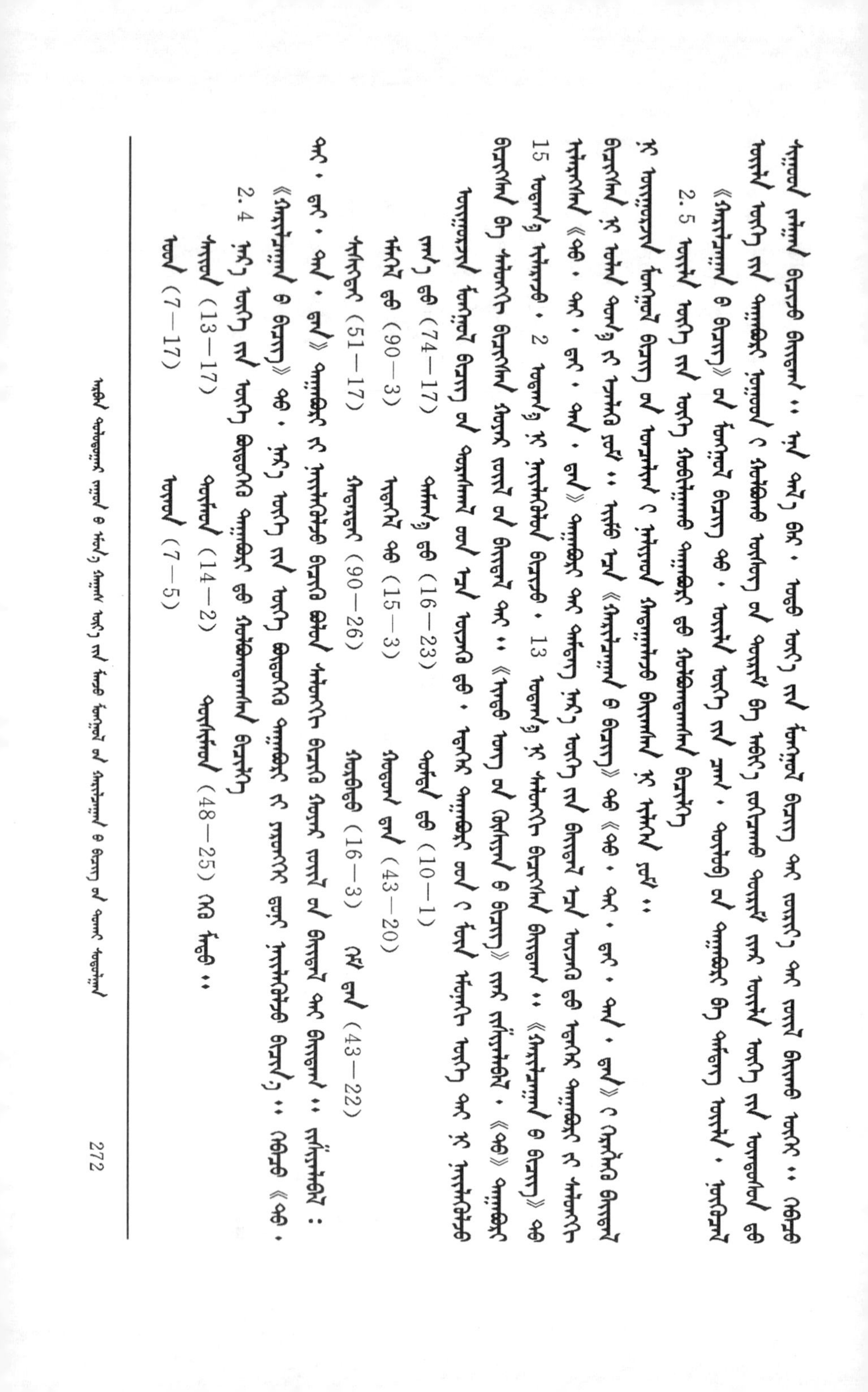

① ᠰᠢᠭᠤᠳ: 《ᠮᠣᠩᠭᠣᠯ ᠬᠡᠯᠡ ᠶᠢᠨ ᠲᠡᠦᠬᠡᠨ ᠦ ᠳᠦᠷᠢᠮ ᠵᠦᠢ ᠶᠢᠨ ᠬᠥᠭᠵᠢᠯ ᠦᠨ ᠲᠤᠬᠠᠢ ... ᠪᠦᠲᠦᠭᠡᠯ》, 《ᠮᠣᠩᠭᠣᠯ ᠬᠡᠯᠡ ᠪᠢᠴᠢᠭ ᠤᠨ ᠰᠤᠳᠤᠯᠭᠠ》, 1989 ᠣᠨ ᠤ 4 ᠳᠦᠭᠡᠷ ᠳᠡᠭᠳᠡᠷ ᠢ ᠦᠵᠡᠭᠦᠯᠦᠨ ᠡ᠃

ᠰᠢᠭᠤᠳ ᠬᠡᠯᠡᠪᠦᠷᠢᠯᠲᠡ ᠶᠢᠨ ... ᠪᠠᠶᠢᠳᠠᠯ ᠢ ᠲᠣᠳᠤᠷᠬᠠᠢᠯᠠᠨ᠎ᠠ᠃ ᠡᠳᠡᠭᠡᠷ ᠨᠢ ᠰᠢᠭᠤᠳ ᠤᠷᠢᠳᠠᠪᠠᠯ ᠴᠢᠨᠠᠷ ᠤᠨ ᠬᠡᠯᠡᠪᠦᠷᠢ ... 《ᠷᠠ》(-rα/-re) ᠪᠠ 《ᠷᠤᠨ》(-run/ -rün) ᠢ ... ᠬᠡᠷᠡᠭᠯᠡᠭᠳᠡᠭ ... ᠪᠣᠯᠤᠨ᠎ᠠ᠃ ... ①᠃ ... 《ᠷᠠ》 ... 《ᠷᠤᠨ》 ... 《ᠮᠣᠩᠭᠣᠯ ᠤᠨ ... ᠪᠢᠴᠢᠭ》 ... 11), ... (42—5)) ... 《ᠮᠣᠩᠭᠣᠯ ᠤᠨ》 (56—6), ᠪᠠᠷ ᠤᠨ (2—5), ... (56—11), ... (56 — 14) ... (56—

ᠤᠨ ᠲᠡᠮᠳᠡᠭᠯᠡᠯ ᠡᠴᠡ 《ᠤ》 ᠪᠣᠯᠤᠨ ᠪᠠᠰᠠ ᠬᠡᠯᠪᠡᠷᠢ ᠬᠡᠯᠡᠨ ᠦ ᠰᠢᠨᠵᠢ ᠶᠢᠨ ᠰᠤᠳᠤᠯᠤᠯ ᠤ ᠪᠠᠰᠠ ᠬᠡᠯᠪᠡᠷᠢ ᠪᠣᠯ ᠪᠠᠢᠨ᠎ᠠ ᠭᠡᠵᠦ
ᠬᠡᠷᠡᠭᠯᠡᠭᠡ ᠤᠨ ᠪᠠᠰᠠ ᠬᠡᠯᠡᠬᠦ ᠶᠢᠨ ᠰᠢᠨᠵᠢᠯᠡᠭᠰᠡᠨ ᠤᠨ ᠮᠣᠩᠭᠣᠯ ᠪᠢᠴᠢᠭ ᠤᠨ ᠬᠡᠯᠪᠡᠷᠢ ᠪᠠᠢᠬᠤ ᠶᠢ ᠰᠢᠨᠵᠢᠯᠡᠪᠡᠯ ᠪᠣᠯᠤᠨ ᠶᠢᠨ
ᠬᠡᠷᠡᠭᠯᠡᠵᠦ ᠪᠠᠢᠨ᠎ᠠ ① :: ᠡᠨᠡ ᠦ ᠬᠡᠷᠡᠭᠯᠡᠭᠡ ᠪᠠ 《ᠤᠩ》 ᠪᠣᠯᠤᠨ 《ᠨ ᠤ》 ᠶᠢᠨ ᠬᠡᠯᠪᠡᠷᠢ ᠬᠡᠷᠡᠭᠯᠡᠭᠰᠡᠨ ᠪᠠᠢᠨ᠎ᠠ :: ᠡᠳᠡᠭᠡᠷ ᠦᠭᠡ ᠪᠠᠢᠳᠠᠯ ᠬᠡᠷᠡᠭᠯᠡᠭᠳᠡᠨ
ᠬᠡᠯᠪᠡᠷᠢ ᠬᠡᠯᠡᠨ ᠦ 《ᠤᠩ》《ᠨ ᠤ》 ᠬᠡᠷᠡᠭᠯᠡᠭᠡ ᠦ 《ᠠ》 ᠪᠠ ᠬᠡᠯᠪᠡᠷᠢ ᠬᠡᠯᠡᠨ ᠦ ᠬᠡᠷᠡᠭᠯᠡᠭᠡ ᠪᠠ ᠰᠢᠨᠵᠢᠯᠡᠭᠰᠡᠨ ᠪᠠᠢᠨ᠎ᠠ · 《ᠠ (-a/-e)》 · ᠤᠨ
(-un/-ün)》 ᠢ ᠪᠠ ᠪᠠᠰᠠ ᠡᠨᠡ ᠬᠡᠯᠪᠡᠷᠢ ᠬᠡᠷᠡᠭᠯᠡᠭᠳᠡᠭᠰᠡᠨ ᠪᠠᠢᠳᠠᠭ :: ᠡᠨᠡ ᠪᠡᠷ ᠵᠢᠱᠢᠶᠡᠯᠡᠪᠡᠯ ᠮᠣᠩᠭᠣᠯ ᠪᠢᠴᠢᠭ ᠳᠦ ᠰᠢᠨᠵᠢ ᠰᠤᠷ ᠶᠢᠨ ᠬᠡᠷᠡᠭᠯᠡᠭᠳᠡᠭᠦᠯᠦᠨ
《ᠤᠩ》 ᠬᠡᠷᠡᠭᠯᠡᠵᠦ ᠪᠠ ᠰᠢᠨᠵᠢ ᠲᠡᠭᠦᠨ ᠦ ᠪᠢᠴᠢᠭᠯᠡᠭᠰᠡᠨ · 《ᠨ ᠤ》 ᠬᠡᠷᠡᠭᠯᠡᠬᠦ ᠪᠠ ᠬᠡᠯᠪᠡᠷᠢ ᠶᠢᠨ ᠪᠢᠴᠢᠭᠯᠡᠭᠰᠡᠨ 《ᠶᠢᠨ》 ᠪᠢᠴᠢᠭᠲᠦ ᠰᠢᠨᠵᠢᠯᠡᠬᠦ ᠬᠡᠯᠪᠡᠷᠢ ᠪᠠᠷ
ᠪᠣᠯ ᠰᠢᠨᠵᠢᠯᠡᠨ ᠪᠢᠴᠢᠭᠯᠡᠭᠰᠡᠨ ᠪᠣᠯᠬᠤ :: 《ᠰᠢᠨᠵᠢᠯᠡᠭᠦᠯᠦᠭᠰᠡᠨ ᠤ ᠪᠢᠴᠢᠭ》 ᠳᠦ 《ᠶᠢᠨ》 ᠬᠡᠷᠡᠭᠯᠡᠭᠡ ᠪᠠᠷ ᠬᠡᠯᠪᠡᠷᠢ ᠰᠢᠨᠵᠢ ᠮᠡᠳᠡᠭᠳᠡ · ᠵᠠᠷᠢᠮ ᠨ ᠰᠢᠨᠵᠢᠯᠡᠬᠦ
ᠪᠢᠴᠢᠭᠯᠡᠯ ᠦᠭᠡ ᠮᠡᠳᠡᠭᠰᠡᠨ ᠳᠦ ᠮᠡᠳᠡᠭᠳᠡᠭᠰᠡᠨ ᠮᠣᠩᠭᠣᠯ ᠪᠢᠴᠢᠭ ᠤᠨ ᠰᠢᠨᠵᠢᠯᠡᠭᠰᠡᠨ ᠪᠢᠴᠢᠭᠲᠦ 17 ᠳᠤᠭᠠᠷ ᠵᠠᠭᠤᠨ ᠤ ᠰᠢᠷᠡᠭᠡ ᠦ ᠪᠢᠴᠢᠭ ᠪᠣᠯᠤᠨ ᠬᠡᠯᠡ ᠤ ᠮᠡᠳᠡᠭᠰᠡᠨ
ᠤᠨ ᠰᠤᠳᠤᠯᠤᠭᠰᠠᠨ ᠪᠠᠢᠨ᠎ᠠ ᠶᠠᠮᠠᠷ ᠴᠤ ᠰᠤᠳᠤᠯᠤᠭᠰᠠᠨ ᠪᠠᠢᠨ᠎ᠠ :: 17 ᠳᠤᠭᠠᠷ ᠵᠠᠭᠤᠨ ᠤ ᠪᠢᠴᠢᠭ ᠮᠡᠳᠡᠭᠳᠡᠭᠰᠡᠨ ᠦᠭᠡ ᠮᠡᠳᠡᠭᠰᠡᠨ 《ᠰᠢᠨᠵᠢ ᠰᠤᠷ ᠤ ᠮᠣᠩᠭᠣᠯᠴᠤᠳ》
ᠳᠦ 《ᠪᠣᠯᠤᠨ ᠤᠨ ᠪᠢᠴᠢᠭ ᠪᠣᠯᠤᠭᠰᠠᠨ ᠨᠢ ᠬᠡᠮᠡᠨ ᠰᠢᠨᠵᠢ ᠵᠡᠷᠭᠡ ᠪᠠᠶᠠᠨ ᠤ ∵》 (4a—23) · 《ᠮᠣᠩᠭᠣᠯ ᠪᠢᠴᠢᠭ ᠮᠡᠳᠡ ᠬᠡᠯᠡᠨ ᠦ ᠰᠤᠳᠤᠯᠤᠯ ᠤ ᠰᠢᠨᠵᠢ
ᠮᠣᠩᠭᠣᠯ ᠤᠨ ᠪᠢᠴᠢᠭᠯᠡᠭᠰᠡᠨ ᠬᠡᠮᠡᠨ ᠮᠡᠳᠡᠭᠳᠡᠭᠰᠡᠨ ᠦᠭᠡ ᠮᠡᠳᠡ ᠰᠢᠮᠵᠢᠭᠦᠯᠦᠨ ᠪᠠᠢᠬᠤ ::》 (5a—8) ᠶᠢᠨ ᠬᠡᠮᠵᠢᠶ᠎ᠡ ᠪᠠᠷ 《ᠪᠠᠶᠠᠨ ᠤ · ᠪᠠᠶᠠᠨ》 ᠵᠡᠷᠭᠡ
《ᠤᠨ》 ᠬᠡᠷᠡᠭᠯᠡᠭᠰᠡᠨ ᠰᠢᠯᠢᠭᠰᠡᠨ ᠪᠢᠴᠢᠭᠯᠡᠭᠰᠡᠨ ᠢᠶᠡᠷ ᠮᠡᠳᠡᠭᠳᠡᠨ ᠪᠢᠴᠢᠭᠯᠡᠭᠰᠡᠨ ᠰᠣᠨᠢᠨ ᠬᠦᠷᠭᠡᠵᠦ ᠪᠣᠯᠬᠤ ᠦᠭᠡ ᠶᠢ ᠮᠡᠳᠡᠬᠦ :: 《ᠮᠣᠩᠭᠣᠯ ᠤᠨ ᠪᠣᠯᠪᠠᠰᠤ》 ᠳᠦ 《ᠪᠠᠶᠠᠨ
ᠮᠡᠳᠡᠵᠦ ᠮᠡᠳᠡᠨ ᠬᠣᠷᠢᠭᠯᠠᠭᠰᠠᠨ ᠪᠣᠯᠪᠠᠰᠤ》 (57b—12) · 《ᠰᠢᠯᠢᠭᠰᠡᠨ ᠪᠣᠯᠤᠭᠰᠠᠨ ᠮᠡᠳᠡ ᠡ ᠮᠡᠳᠡᠨ ᠮᠡᠳᠡᠭᠳᠡᠯ》 (43a—12) ᠵᠡᠷᠭᠡ 《ᠤᠨ》 ᠬᠡᠷᠡᠭᠯᠡᠭᠰᠡᠨ ᠨᠢ
《ᠤ》 ᠤᠨ ᠬᠡᠷᠡᠭᠯᠡᠭᠡ ᠨᠡᠯᠢᠶᠡᠳ ᠪᠠᠢᠨ᠎ᠠ :: ᠳᠡᠭᠡᠷ᠎ᠡ ᠳᠤᠷᠠᠳᠬᠠᠭᠰᠠᠨ 17 ᠳᠤᠭᠠᠷ ᠵᠠᠭᠤᠨ ᠤ ᠮᠣᠩᠭᠣᠯ ᠤᠨ ᠪᠠᠷᠢᠮᠲᠠ ᠪᠢᠴᠢᠭ ᠲᠦ 《ᠶᠢᠨ》
《ᠨ ᠤ》 ᠶᠢᠨ ᠬᠡᠯᠪᠡᠷᠢ ᠶᠢ ᠬᠡᠷᠡᠭᠯᠡᠭᠰᠡᠨ ᠪᠠᠢᠨ᠎ᠠ :: 18 ᠳᠤᠭᠠᠷ ᠵᠠᠭᠤᠨ ᠤ 《ᠶᠤᠸᠠᠨ ᠤ ᠲᠣᠪᠴᠢᠶᠠᠨ》 · 19 ᠳᠦᠭᠡᠷ ᠵᠠᠭᠤᠨ ᠤ 《ᠬᠦᠷᠢᠶᠡ

① ᠦᠵᠡᠭᠦᠯ : 《ᠮᠣᠩᠭᠣᠯ ᠪᠢᠴᠢᠭ ᠤᠨ ᠬᠡᠯᠡᠨ ᠦ ᠲᠡᠦᠬᠡ ᠶᠢᠨ ᠰᠤᠳᠤᠯᠤᠯ ᠤᠨ ᠲᠡᠮᠳᠡᠭᠯᠡᠯ ᠪᠠ ᠬᠡᠯᠡᠨ ᠦ ᠪᠠᠢᠳᠠᠯ ᠤᠨ ᠬᠡᠯᠪᠡᠷᠢ ᠶᠢᠨ ᠤ
ᠲᠡᠮᠳᠡᠭᠯᠡᠯ》 · 《ᠮᠣᠩᠭᠣᠯ ᠬᠡᠯᠡᠨ ᠦ ᠪᠢᠴᠢᠭ ᠤᠨ ᠬᠡᠯᠪᠡᠷᠢ ᠶᠢᠨ ᠰᠤᠳᠤᠯᠤᠯ ᠤᠨ ᠳᠡᠪᠲᠡᠷ》 · 1989 ᠣᠨ ᠤ 4 ᠳᠦᠭᠡᠷ ᠳᠡᠪᠲᠡᠷ ::

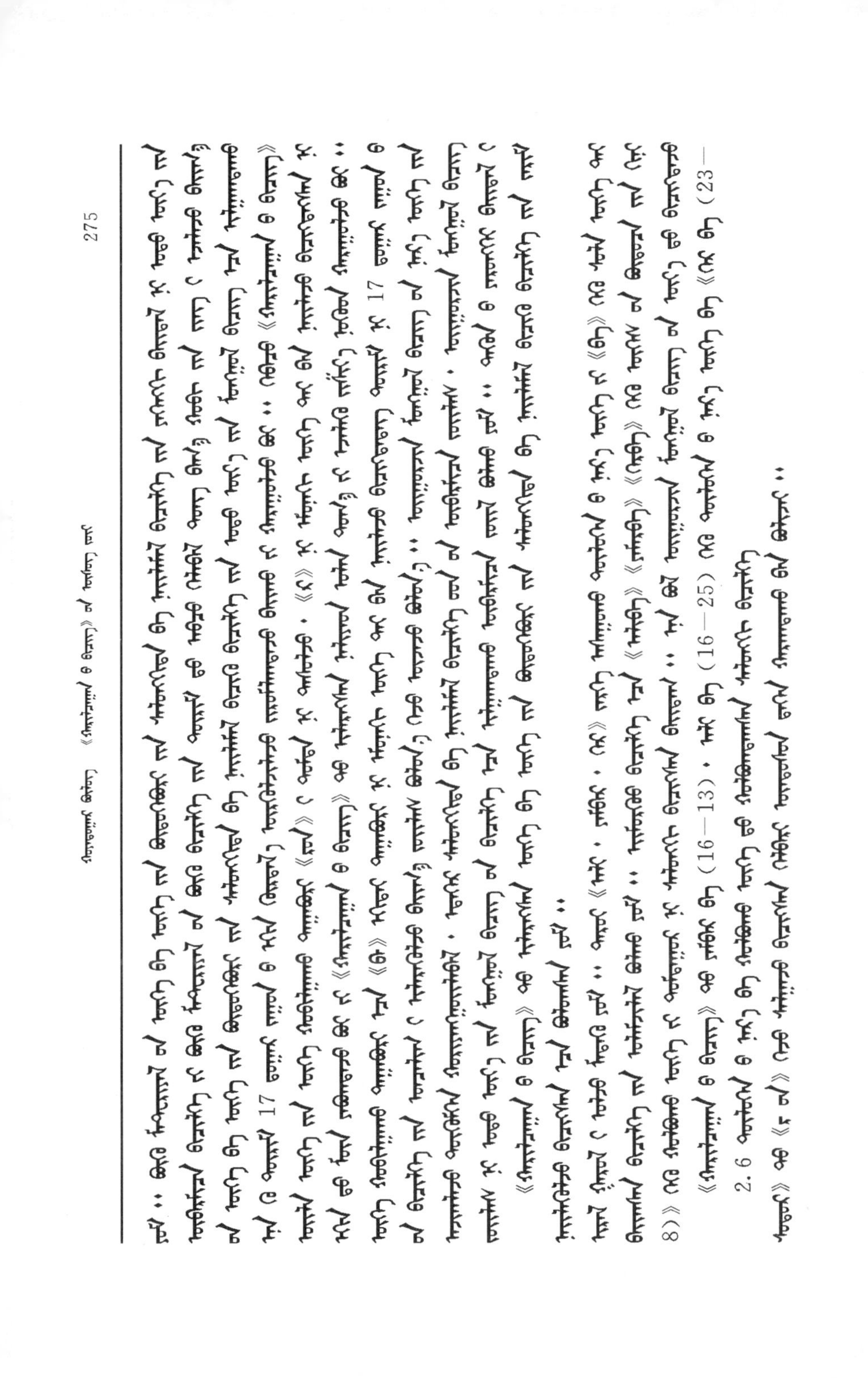

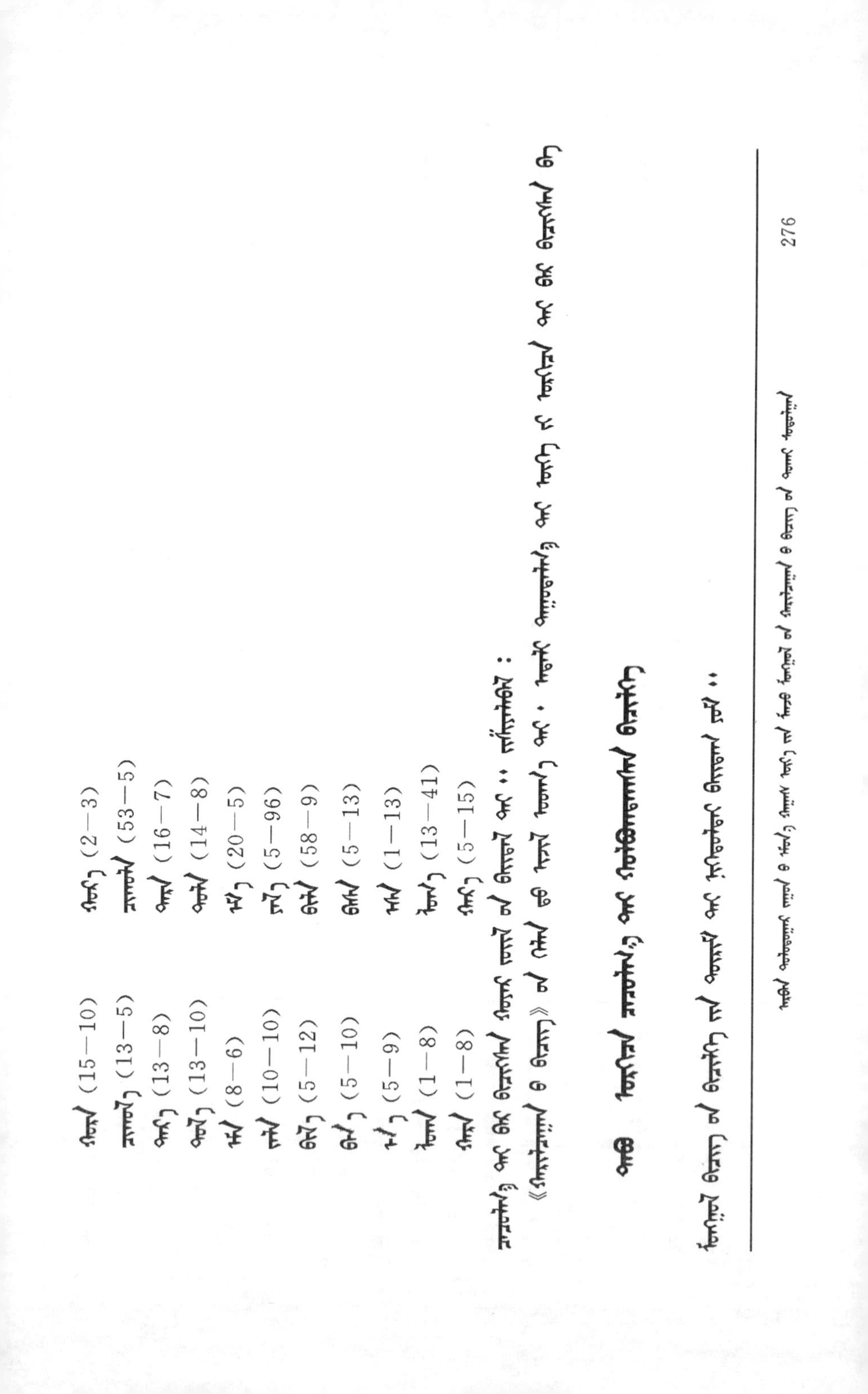

[illegible] (15—10)	[illegible] (2—3)
[illegible] (13—5)	[illegible] (53—5)
[illegible] (13—8)	[illegible] (16—7)
[illegible] (13—10)	[illegible] (14—8)
[illegible] (8—6)	[illegible] (20—5)
[illegible] (10—10)	[illegible] (5—96)
[illegible] (5—12)	[illegible] (58—9)
[illegible] (5—10)	[illegible] (5—13)
[illegible] (5—9)	[illegible] (1—13)
[illegible] (1—8)	[illegible] (13—41)
[illegible] (1—8)	[illegible] (5—15)

[illegible] :

《[illegible]》 [illegible]

[illegible]

[illegible] ::

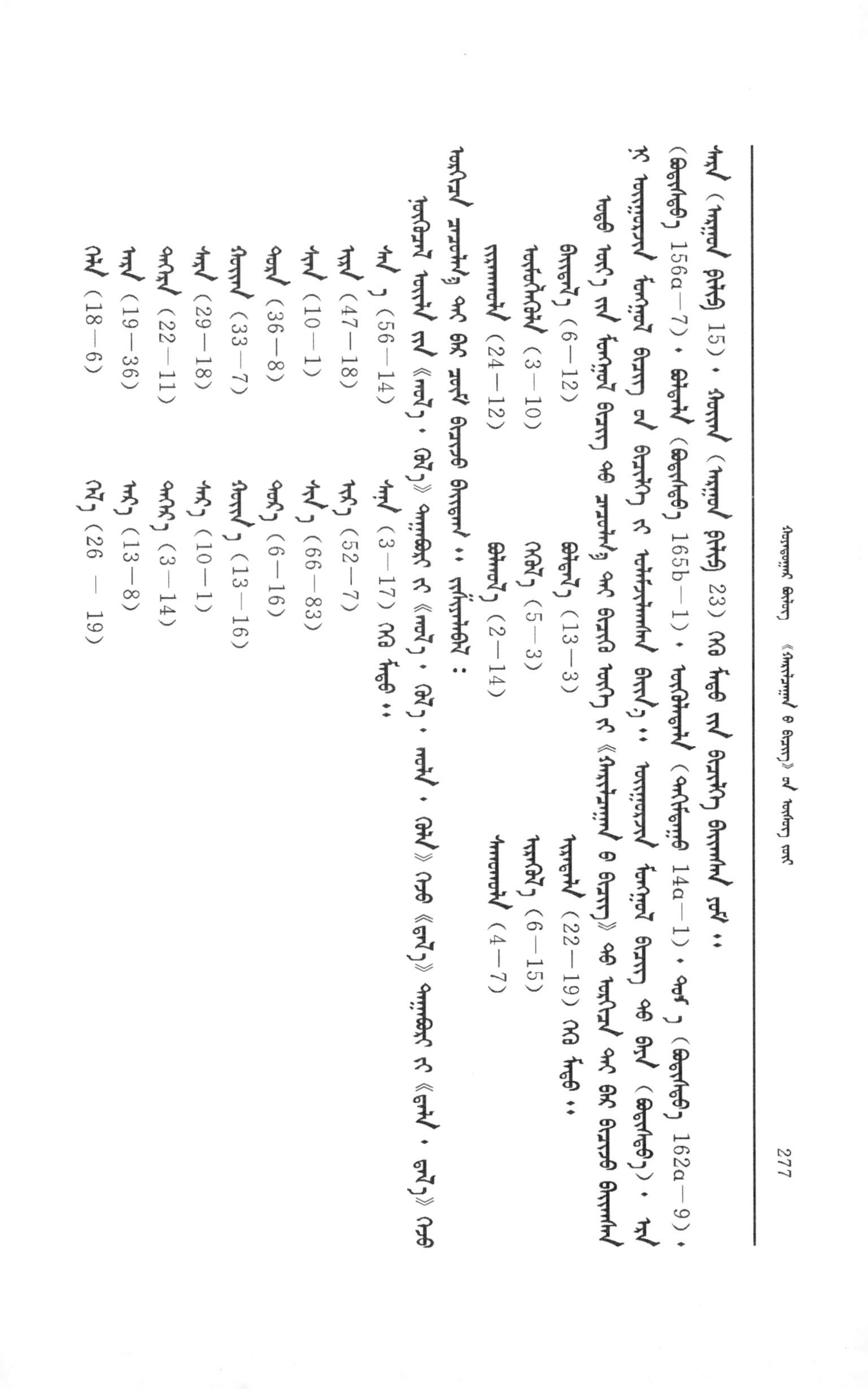

(ᠪᠢᠴᠢᠭᠲᠦ 156a—7) · ᠪᠢᠴᠢᠭ (ᠪᠢᠴᠢᠭᠲᠦ 165b—1) · ᠤᠷᠪᠢᠴᠢᠬᠤ (ᠰᠢᠯᠢᠭᠳᠡᠭᠦ 14a—1) · ᠰᠤᠷ ᠤ (ᠪᠢᠴᠢᠭᠲᠦ 162a—9) ·

ᠬᠠᠨ (29—18) ᠬᠠᠷ (10—1)
ᠵᠢᠨ (18—6) ᠵᠢᠭ (26 — 19)

ᠭᠣᠣᠯ ᠤᠳ (48—17)	ᠭᠣᠣᠯᠨᠤᠭᠤᠳ
ᠬᠠᠮᠤᠭᠤᠳ (30—5)	ᠬᠠᠮᠤᠭᠤᠳ
ᠪᠣᠷᠣᠭᠠ (6—14)	ᠪᠣᠷᠣᠭᠠ
ᠵᠢᠭᠤᠳ (47—10)	ᠵᠢᠭ ᠦᠳ
ᠭᠣᠣᠯᠠᠨ (35—7)	ᠭᠣᠣᠯᠠᠨ
ᠵᠠᠷᠯᠢᠭ (26—3)	ᠵᠠᠷᠯᠢᠭ
ᠳᠣᠷᠣᠪᠠ (22—18)	ᠳᠥᠷᠪᠡ
ᠬᠣᠷᠢᠨ (13—15)	ᠬᠣᠷᠢᠨ
ᠳᠣᠷᠢᠭ (56—16)	ᠳᠣᠷᠢᠭ
ᠬᠣᠶᠠᠷ (37—3)	ᠬᠣᠶᠠᠷ
ᠬᠣᠶᠠ (14—11)	ᠬᠣᠶᠠ
«ᠭᠠᠳᠠᠭᠠᠳᠤ ᠤ ᠪᠢᠴᠢᠭ»	ᠣᠳᠣ ᠦᠶ᠎ᠡ ᠶᠢᠨ ᠮᠣᠩᠭᠣᠯ ᠪᠢᠴᠢᠭ

ᠲᠠᠢᠯᠪᠤᠷᠢ:

ᠡᠳᠡᠭᠡᠷ ᠦᠭᠡᠰ ᠪᠣᠯ ᠮᠣᠩᠭᠣᠯ ᠤᠨ ᠨᠢᠭᠤᠴᠠ ᠲᠣᠪᠴᠢᠶᠠᠨ ᠳᠤ ᠬᠡᠯᠡᠨ ᠦ ᠭᠣᠣᠯᠯᠠᠬᠤ ᠪᠠ ᠭᠣᠣᠯᠯᠠᠭᠤᠯᠬᠤ ᠶᠠᠪᠤ᠃ ᠡᠳᠡᠭᠡᠷ ᠦᠭᠡᠰ ᠢ «ᠭᠠᠳᠠᠭᠠᠳᠤ ᠤ ᠪᠢᠴᠢᠭ» ᠪᠠ ᠣᠳᠣ ᠦᠶ᠎ᠡ ᠶᠢᠨ ᠮᠣᠩᠭᠣᠯ ᠪᠢᠴᠢᠭ ᠦᠨ ᠪᠢᠴᠢᠯᠭᠡ ᠶᠢᠨ ᠡᠭᠦᠰᠬᠡᠯ ᠦᠨ ᠪᠢᠴᠢᠯᠭᠡ ᠪᠢᠷ ᠦᠭᠡ ᠶᠢ ᠦᠵᠡᠭᠦᠯᠪᠡ᠃

ᠭᠤᠷᠪᠠᠳᠤᠭᠠᠷ ᠬᠡᠯᠡᠨ ᠦ ᠭᠣᠣᠯᠯᠠᠬᠤ ᠪᠠ ᠭᠣᠣᠯᠯᠠᠭᠤᠯᠬᠤ ᠦᠭᠡᠰ ᠦᠨ ᠪᠢᠴᠢᠯᠭᠡ ᠪᠠ ᠦᠭᠡ

ᠬᠠᠷᠪᠤᠨ (53—4)	ᠬᠠᠷᠪᠤ
ᠪᠠᠷᠢᠭᠠᠨ (57—2)	ᠪᠠᠷᠢᠭᠠᠨ
ᠪᠡᠷᠦ (3—8)	ᠪᠡᠷᠪᠦ
ᠬᠣᠣᠰ (43—5)	ᠬᠣᠣᠰᠤ
ᠬᠠᠭᠠᠨ (38—38)	ᠬᠠᠭᠠᠨ
ᠬᠣᠶᠠᠷ (56—7)	ᠬᠣᠶᠠᠷ
ᠲᠡᠮᠡᠭᠡᠨ (2—9)	ᠲᠡᠮᠡᠭᠡᠨ
ᠬᠣᠪᠢᠭ (8—11)	ᠬᠣᠶᠢᠭ
ᠵᠢᠪᠤᠷ (8—13)	ᠵᠢᠷᠤᠷ
ᠰᠢᠪᠦᠷ (13—9)	ᠰᠢᠷᠦᠷ
ᠳᠠᠭᠤᠭᠠᠭ (31—13)	ᠳᠠᠭᠤᠨ
ᠳᠠᠭᠤᠨ (28—7)	ᠳᠠᠭᠤᠨ
ᠨᠠᠢᠷᠠᠪᠠᠷ (51—17)	ᠨᠠᠷᠠᠪᠠᠷ
ᠵᠠᠶᠠᠭᠠᠷ (1—8)	ᠨᠠᠶᠠᠭᠠᠷ
ᠪᠠᠪᠤᠳᠤ (49—14)	ᠪᠠᠢᠪᠤᠳᠤ
ᠬᠠᠭᠠᠨ (6—14)	ᠬᠣᠪᠠᠷ
ᠬᠠᠶᠠᠭᠠᠭᠠᠪᠠ (47—13)	ᠬᠣᠪᠠᠭᠠᠭᠠᠪᠠ
ᠰᠣᠶᠤᠷᠬᠠᠭᠠᠨ (48—17)	ᠰᠣᠶᠤᠷᠬᠠᠭᠠᠨ

ᠰᠢᠶᠢᠭᠦ	(87—12)	ᠰᠢᠭᠦ
ᠰᠢᠭᠦᠷᠦᠩ	(12—8)	ᠰᠢᠭᠦᠩ
ᠵᠢᠷᠤᠬᠠᠢ	(75—3)	ᠵᠢᠷᠤᠬᠠᠢ
ᠳᠡᠭᠡᠷ	(87—13)	ᠰᠡᠭᠡᠷ
ᠰᠢᠪᠠᠭᠤᠳ	(85—15)	ᠳᠡᠪᠢᠰᠦᠳ
ᠵᠢᠭᠡᠯ	(53—12)	ᠵᠢᠪᠡᠯ
ᠲᠣᠭᠣᠨ	(46—2)	ᠲᠣᠭᠣᠨ
ᠰᠣᠭᠣᠭᠤ	(38—5)	ᠰᠢᠭᠦᠭᠦ
ᠵᠢᠪᠡᠷᠡᠨ	(70—12)	ᠵᠢᠪᠦᠷᠡᠨ
ᠵᠢᠭᠠᠷᠠᠭᠰᠠᠨ	(17—7)	ᠵᠢᠭᠠᠭᠰᠠᠭᠰᠠᠨ
ᠲᠣᠪᠬᠢ	(52—19)	ᠲᠣᠭᠬᠢ
ᠬᠦᠪᠦᠭᠦᠨ	(21—11)	ᠬᠦᠭᠦᠨ
ᠬᠦᠪᠦᠨ	(13—16)	ᠬᠦᠨ
ᠵᠣᠭᠰᠣᠭᠤ	(13—12)	ᠵᠣᠭᠰᠣᠭᠤ

ᠪᠣᠯᠠᠢ᠃ 《ᠡᠵᠡᠨ ᠬᠡᠷ ᠡᠨ ᠡᠵᠡ》 (《登坛必究》) ᠪᠢᠴᠢᠭ ᠲᠦ 《主人 —— 额镇》 ᠭᠡᠳᠡᠭ i ᠦᠰᠦᠭ ᠢᠶᠠᠷ ᠲᠡᠮᠳᠡᠭᠯᠡᠵᠡᠢ᠃
ᠪᠢᠴᠢᠭᠳᠡᠭᠰᠡᠨ ᠶᠢ ᠬᠠᠷᠠᠪᠠᠯ ᠳᠤ ʤ ᠭᠡᠳᠡᠭ ᠳᠠᠭᠤᠨ ᠤ ᠲᠡᠮᠳᠡᠭ ᠲᠦᠷᠦᠯ ᠦᠰᠦᠭ ᠶᠢ i ᠪᠡᠷ ᠲᠡᠮᠳᠡᠭᠯᠡᠬᠦ ᠪᠣᠯᠤᠨ ᠠ ᠰᠢᠯᠵᠢᠭᠦᠯᠦᠭᠰᠡᠨ ᠪᠢᠴᠢᠭᠳᠡᠭ
ᠲᠠᠢ ᠦᠭᠡ ᠶᠢᠨ ᠡᠬᠢᠨ ᠳᠦ ᠪᠠᠢᠭ᠎ᠠ ᠪᠣᠭᠤᠨᠢ ᠡᠭᠡᠰᠢᠭ ə ᠦᠰᠦᠭ ᠢ 《ᠷ》 ᠪᠡᠷ ᠲᠡᠮᠳᠡᠭᠯᠡᠭᠰᠡᠨ ᠪᠢᠴᠢᠭᠳᠡᠭ ᠪᠣᠯᠠᠢ᠃ 《ᠲᠠᠪᠤ》 ᠭᠡᠵᠦ ᠪᠠ 《ᠲᠠᠪᠤ》 ᠭᠡᠳᠡᠭ
ᠵᠡᠷᠭᠡ ᠪᠣᠭᠤᠨᠢ ə ᠦᠰᠦᠭ ᠪᠣᠯᠤᠭᠰᠠᠨ ᠪᠠᠢᠨ᠎ᠠ᠃ 《ᠭᠠᠵᠠᠷ》 ᠭᠡᠵᠦ ᠪᠠ 《ᠭᠠᠵᠠᠷ》 ᠭᠡᠳᠡᠭ᠂ 《ᠲᠡᠮᠡᠭᠡ》 ᠭᠡᠵᠦ ᠪᠠ 《ᠲᠡᠮᠡᠭᠡ》 ᠭᠡᠳᠡᠭ ᠪᠢᠴᠢᠭᠳᠡᠭ ᠪᠠᠢᠳᠠᠭ ᠶᠢ
ᠪᠠᠢᠬᠤ ᠦᠭᠡ ᠶᠢᠨ ᠦᠰᠦᠭ ʤ᠂ ʃ᠂ j ᠭᠡᠬᠦ ᠭᠡᠯᠢᠭᠦᠯᠡᠭᠴᠢ ᠶᠢᠨ ᠡᠮᠦᠨ᠎ᠡ i ᠦᠰᠦᠭ ᠪᠢᠴᠢᠬᠦ᠂ s ᠭᠡᠯᠢᠭᠦᠯᠡᠭᠴᠢ ᠶᠢᠨ ᠡᠮᠦᠨ᠎ᠡ ɿ ᠪᠢᠴᠢᠬᠦ ᠲᠤᠯᠠ ᠰᠢᠨᠵᠢᠯᠡᠨ᠎ᠡ
ᠬᠣᠢᠨ᠎ᠠ i ᠳᠤ ᠰᠢᠯᠵᠢᠭᠰᠡᠨ ᠢᠶᠠᠷ ᠰᠣᠯᠢᠭᠳᠠᠭᠰᠠᠨ ᠪᠢᠴᠢᠭᠳᠡᠭ ᠪᠣᠯᠠᠢ᠃
2. 《ᠵᠠᠷᠯᠢᠭᠯᠠᠯ᠂ ᠰᠣᠨᠣᠰᠤᠯ᠂ ᠵᠠᠷᠯᠢᠭᠳᠤ᠂ ᠪᠢᠷᠠᠭᠤ᠂ ᠦᠨᠡᠭᠡᠳᠦ》 ᠭᠡᠵᠦ ᠲᠡᠭᠦᠨ ᠳᠤ ᠪᠢᠴᠢᠭᠳᠡᠭ ᠪᠡᠷ ᠬᠠᠷᠠᠪᠠᠯ ᠳᠤ ᠦᠭᠡ ᠶᠢᠨ ᠡᠬᠢᠨ ᠤ ᠦᠭᠡ ᠶᠢᠨ i
ᠰᠢᠯᠵᠢᠭᠦᠯᠦᠭᠰᠡᠨ ö᠂ ü ᠬᠣᠭᠣᠷᠣᠨᠳᠤ ᠪᠡᠷ ᠪᠢᠴᠢᠭᠳᠡᠭ ᠪᠠᠢᠨ᠎ᠠ᠃
ᠲᠡᠮᠳᠡᠭ ᠲᠡᠮᠳᠡᠭᠯᠡᠭᠰᠡᠨ ᠲᠡᠮᠳᠡᠭᠡ ᠪᠢᠴᠢᠬᠦ ᠵᠡᠷᠭᠡ᠃ ᠬᠣᠢᠨ᠎ᠠ ᠦᠭᠡ ᠶᠢᠨ ᠡᠬᠢᠨ ᠤ ᠦᠭᠡ ᠶᠢᠨ ə ᠦᠰᠦᠭ ᠬᠣᠭᠣᠷᠣᠨᠳᠤ ᠦᠭᠡ ᠶᠢᠨ ö᠂ ü ᠦᠰᠦᠭ ᠪᠣᠯ
ᠳᠤ e ᠦᠰᠦᠭ ᠬᠠᠷᠠᠪᠠᠯ ᠳᠤ ö᠂ ü ᠪᠡᠷ ᠬᠣᠭᠣᠷᠣᠨᠳᠤ ᠪᠢᠴᠢᠭᠳᠡᠭᠰᠡᠨ ᠢ ᠰᠢᠯᠵᠢᠭᠦᠯᠦᠭᠰᠡᠨ ᠪᠠᠢᠳᠠᠯ ᠪᠢᠴᠢᠭᠳᠡᠭ ᠪᠣᠯᠠᠢ᠃ ᠲᠡᠷᠡ ᠪᠡᠷ ᠦᠰᠦᠭ ᠮᠡᠳᠡᠭᠳᠡ ᠪ

ᠳᠤ «ᠮᠢᠯᠠᠭᠠᠳᠤ · ᠰᠤᠪᠤᠭ ᠶᠢ · ᠰᠤᠪᠤᠭᠠᠳᠤᠨ» ᠭᠡᠬᠦ ᠦᠭᠡᠰ ᠦᠨ ᠪᠢᠴᠢᠯᠭᠡ ᠶᠢᠨ ᠬᠡᠯᠪᠡᠷᠢ ᠳᠦ ᠬᠡᠯᠡᠨ ᠦ ᠠᠮᠠᠨ ᠶᠠᠷᠢᠶ᠎ᠠ ᠳᠤ ᠳᠠᠭᠤᠳᠠᠭᠳᠠᠬᠤ ᠪᠠᠶᠢᠳᠠᠯ ᠢ ᠵᠢᠱᠢᠶᠡ · ᠬᠤᠷᠤᠭᠤ» ᠭᠡᠬᠦ ᠦᠭᠡᠰ ᠦᠨ ᠪᠢᠴᠢᠭ ᠲᠦ ᠲᠣᠳᠣᠷᠬᠠᠢ ᠡᠭᠡᠰᠢᠭ ᠦᠨ ᠪᠢᠴᠢᠯᠭᠡ ᠦᠨ ᠪᠢᠴᠢᠭ ᠢ ᠬᠡᠷᠡᠭᠯᠡᠵᠦ ᠪᠢᠴᠢᠭᠳᠡᠳᠡᠭ ᠪᠣᠯᠤᠨ᠎ᠠ ᠃ ᠡᠨᠡ

«ᠮᠢᠯᠠᠭᠠᠳᠤ · ᠰᠤᠪᠤᠭᠠᠳᠤᠨ · ᠰᠤᠪᠤᠭ ᠶᠢ · ᠬᠠᠷᠠᠨ · ᠰᠤᠪᠤᠨ · ᠶᠠᠪᠤ · ᠬᠠᠪᠤ · ᠶᠠᠮᠠ · ᠪᠣᠭᠤᠨ · ᠤᠶᠠᠷ · ᠶᠠᠭᠠᠷᠠᠯ · ᠲᠣᠪᠴᠢᠨ ·

(ᠰᠣᠷᠢᠯ) ᠲᠣᠳᠣᠷᠬᠠᠢ ᠦᠭᠡᠷᠬᠡᠨ ᠡᠭᠡᠰᠢᠭ ᠦᠨ ᠪᠢᠴᠢᠯᠭᠡ ᠶᠢ ᠬᠡᠷᠡᠭᠯᠡᠵᠦ ᠪᠠᠶᠢᠨ᠎ᠠ

ᠲᠤᠰᠬᠠᠢ ᠦᠰᠦᠭ ᠦᠨ ᠪᠢᠴᠢᠭ ᠲᠦ «ᠦᠪ» ᠶᠢᠨ ᠲᠣᠭᠠᠭᠠᠨ ᠲᠠᠢ ᠪᠠᠢ ᠶᠠᠮᠠᠷ ᠨᠢᠭᠡ ᠲᠠᠭᠠᠯ ᠪᠢᠴᠢᠯᠭᠡ ᠲᠣᠭᠲᠠᠭᠠᠨ ᠃

ᠶᠠᠭᠠᠷᠠᠯᠳᠤ · ᠪᠢᠴᠢᠭ ᠲᠦ «ᠬᠠᠷᠠᠨ · ᠬᠠᠷᠠᠨ᠎ᠠ» ᠭᠡᠵᠦ ᠰᠣᠷᠢᠯ ᠦᠰᠦᠭ ᠢᠶᠡᠷ ᠪᠢᠴᠢᠭᠳᠡᠳᠡᠭ ᠪᠢᠴᠢᠳᠡᠭ ᠳᠦ ᠶᠠᠷᠢᠶᠠᠨ ᠳᠤ ᠲᠤᠰᠬᠠᠢ ᠦᠰᠦᠭ ᠪᠣᠯᠵᠤ · ᠲᠤᠨ ᠢ ᠡᠭᠦᠨ ᠲᠤᠰᠬᠠᠢ ᠦᠰᠦᠭ ᠪᠣᠯᠵᠤ ᠲᠣᠭᠲᠠᠭᠠᠭᠰᠠᠨ ᠶᠢ ᠰᠤᠷᠤᠯᠴᠠᠭᠠᠳᠤ ᠪᠣᠯᠤᠨ᠎ᠠ ᠃ «ᠬᠣᠪᠢᠨ · ᠬᠣᠪᠢᠨ᠎ᠠ» ᠭᠡᠬᠦ ᠦᠭᠡ ᠶᠢᠨ ᠪᠢᠴᠢᠭᠳᠡᠬᠦ ᠳᠤ ᠶᠠᠷᠢᠶᠠᠨ ᠤ ᠪᠣᠷᠣᠭ᠎ᠠ ᠶᠢ ᠭᠡᠬᠦ ᠦᠭᠡ ᠶᠢᠨ «ᠲᠣᠭᠠᠨ» ᠭᠡᠬᠦ ᠦᠭᠡ ᠶᠢᠨ ᠶᠠᠷᠢᠶᠠᠨ ᠤ ᠪᠣᠷᠣᠭ᠎ᠠ ᠶᠢ ᠶᠠᠭᠠᠷᠠᠯᠳᠤ · ᠶᠠᠭᠠᠨ ᠶᠢᠨ ᠲᠤᠰᠬᠠᠢ ᠳᠤ ᠪᠢᠴᠢᠭ ᠲᠦ ᠬᠡᠯᠡᠨ ᠤ ᠰᠤᠷᠤᠯ ᠦᠰᠦᠭ ᠢ ᠪᠢᠴᠢᠭᠳᠡᠬᠦ ᠳᠦ ᠲᠤᠰᠬᠠᠢ ᠦᠰᠦᠭ ᠶᠠᠭᠠᠨ ᠰᠤᠷᠤᠯᠴᠠᠭᠰᠠᠨ ᠪᠢᠴᠢᠭᠳᠡᠳᠡᠭ ᠪᠣᠯᠤᠨ᠎ᠠ ᠃ «ᠲᠣᠭᠠᠨ»

6. «ᠲᠣᠭᠠᠨ · ᠬᠣᠪᠢᠨ · ᠬᠣᠪᠢᠨ᠎ᠠ» ᠭᠡᠳᠡᠭ ᠦᠭᠡ ᠶᠢᠨ ᠪᠢᠴᠢᠭᠳᠡᠬᠦ ᠳᠦ ᠲᠤᠰᠬᠠᠢ ᠦᠰᠦᠭ ᠶᠠᠭᠠᠨ ᠰᠤᠷᠤᠯᠴᠠᠭᠰᠠᠨ ᠪᠢᠴᠢᠭᠳᠡᠳᠡᠭ ᠪᠣᠯᠤᠨ᠎ᠠ ᠃ «ᠲᠣᠭᠠᠨ» lɔgt ᠭᠡᠬᠦ · «ᠳᠤᠮᠳᠠ» ᠭᠡᠬᠦ ᠦᠭᠡ ᠶᠢ dʊnd ᠭᠡᠵᠦ ᠤᠩᠰᠢᠳᠠᠭ ᠪᠣᠯᠤᠨ᠎ᠠ ᠃

ᠪᠠᠶᠢᠨ᠎ᠠ ᠃ ᠵᠢᠱᠢᠶᠡᠯᠡᠪᠡᠯ : «ᠣᠮᠣᠭ» ᠭᠡᠬᠦ ᠦᠭᠡ ᠶᠢ ɔmɔ̈g ᠭᠡᠵᠦ · «ᠬᠠᠷᠠᠮᠠᠬᠤ» ᠭᠡᠬᠦ ᠦᠭᠡ ᠶᠢ xarmáx ᠭᠡᠬᠦ · «ᠦᠨᠳᠦᠰᠦ» ᠭᠡᠬᠦ ᠦᠭᠡ ᠶᠢ ᠶᠠᠭᠠᠷᠠᠯ «ᠪ» ᠭᠡᠶᠢᠭᠦᠯᠦᠭᠴᠢ ᠶᠢ «ᠮ» ᠮᠡᠲᠦ · «ᠭ» ᠭᠡᠶᠢᠭᠦᠯᠦᠭᠴᠢ ᠶᠢ «ᠬ · ᠨ» ᠮᠡᠲᠦ · «ᠬ» ᠭᠡᠶᠢᠭᠦᠯᠦᠭᠴᠢ ᠶᠢ «ᠭ» ᠮᠡᠲᠦ ᠶᠠᠷᠢᠶᠠᠳᠠᠭ ᠲᠣᠭᠲᠠᠭᠠᠯ ᠦᠭᠡ ᠶᠢᠨ ᠲᠣᠳᠣᠷᠬᠠᠢ ᠦᠭᠡᠰ ᠦᠨ ᠰᠤᠷᠤᠯᠴᠠᠭᠠᠨ ᠲᠠᠢ ᠲᠤᠷᠰᠢᠯᠲᠠ ᠪᠣᠯᠤᠨ ᠰᠤᠷᠤᠯᠴᠠᠭᠠᠨ ᠶᠠᠷᠢᠶᠠᠨ ᠲᠠᠢ ᠲᠤᠷᠰᠢᠯᠲᠠ ᠳᠤ ᠪᠢᠴᠢᠭ ᠲᠦ ᠶᠠᠷᠢᠶᠠᠨ ᠤ ᠮᠡᠳᠡᠯ ᠦᠭᠡ ᠶᠢᠨ ᠲᠣᠭᠠᠨ ᠲᠤ ᠠᠮᠠᠨ ᠶᠢᠨ ᠲᠠᠲᠠᠭᠤᠯ · ᠲᠠᠪᠤᠰᠤᠨ · ᠳᠠᠯᠠᠢ · ᠲᠣᠭᠤᠭ · ᠬᠠᠯᠠᠭᠤᠨ · ᠬᠠᠯᠠᠭᠤ» ᠭᠡᠬᠦ ᠪᠢᠴᠢᠭᠳᠡᠬᠦ ᠳᠦ ᠰᠤᠷᠤᠯ ᠦᠨ ᠪᠠᠶᠢᠳᠠᠯ ᠢ ᠶᠠᠭᠠᠷᠠᠯᠳᠤᠭᠰᠠᠨ ᠪᠢᠴᠢᠭᠳᠡᠳᠡᠭ ᠪᠣᠯᠤᠨ᠎ᠠ ᠃ ᠲᠣᠭᠤ

ᠪᠠᠶᠢᠨ᠎ᠠ ᠃ ᠡᠨᠡ ᠳᠦ «ᠲᠠᠳᠤᠭᠠ · ᠲᠠᠯᠠᠢ · ᠰᠠᠪᠠᠭ · ᠬᠠᠯᠠᠭᠤᠨ · ᠲᠣᠭᠤᠭ» ᠭᠡᠬᠦ ᠪᠢᠴᠢᠭᠳᠡᠬᠦ ᠳᠦ ᠪᠢᠴᠢᠭ ᠲᠦ ᠬᠡᠯᠡᠨ ᠤ ᠪᠢᠴᠢᠭᠳᠡᠬᠦ ᠪᠠᠶᠢᠳᠠᠭ · «ᠲᠠᠳᠤᠭᠠ · ᠪᠠᠢ ᠲᠣᠭᠤᠭᠠᠯᠠᠯ ᠪᠣᠯ ᠬᠣᠪᠢ ᠶᠢ ᠰᠣᠯᠢᠭᠠᠨ ᠳᠤ ᠬᠣᠪᠢ ᠶᠢ «ᠪᠠᠯᠠᠨ ᠲᠣᠭᠤᠭ» «ᠪᠠᠯᠠᠨ ᠲᠣᠭᠤᠭ» ᠭᠡᠵᠦ ᠰᠤᠷᠤᠭ ᠰᠤᠷᠤᠯᠳᠤ ᠪᠠᠢ ᠪᠢᠴᠢᠭᠯᠡᠯ ᠶᠠᠭᠤᠨ ᠶᠠᠭᠠᠷᠠᠭᠠᠨ ᠶᠢᠨ ᠲᠤᠷᠰᠢᠯᠲᠠ ᠭᠡᠶᠢᠭᠦᠯᠦᠭᠴᠢ ᠰᠤᠷᠤᠯᠴᠠᠭᠠᠨ ᠲᠠᠪᠤᠭᠠᠳᠤ ᠭᠠᠷᠤᠯᠲᠠᠭᠤ ᠲᠣᠭᠠᠭᠠᠨ «ᠲᠠᠳᠤᠭᠠ · ᠲᠠᠳᠤᠭᠠ» «ᠳᠠᠯᠠᠢ · ᠲᠠᠯᠠᠢ» «ᠬᠠᠯᠠᠭᠤᠨ · ᠬᠠᠯᠠᠭᠤᠨ» ᠭᠡᠬᠦ ᠦᠭᠡ ᠰᠢᠭᠤᠳ ᠲᠠᠯᠠᠭᠠᠳᠤ ᠰᠤᠪᠤᠭᠠᠳᠤᠨ ᠶᠢᠨ ᠰᠤᠷᠤᠯᠴᠠᠭᠠᠳᠤ ᠪᠢᠴᠢᠭᠳᠡᠳᠡᠭ ᠪᠣᠯᠤᠨ᠎ᠠ ᠃ «ᠰᠢᠨᠡᠳᠬᠡᠯ ᠦᠨ ᠪᠢᠴᠢᠭ» ᠳᠦ «ᠳ · ᠲ» «ᠬ · ᠵ» «ᠨ · ᠭ» «ᠭ · ᠬ» «ᠪ · ᠬ»

《ᠨᠢᠭᠤᠴᠠ ᠲᠣᠪᠴᠢᠶᠠᠨ》 ᠳᠤ ᠲᠡᠮᠳᠡᠭᠯᠡᠭᠰᠡᠨ 《阿撒克巴速》 ᠭᠡᠵᠦ ᠪᠠᠢᠨ᠎ᠠ · 《ᠠᠰᠠᠭ ᠬ ᠬ ᠪᠠᠰᠤ》 ᠳᠤ ᠲᠡᠮᠳᠡᠭᠯᠡᠭᠰᠡᠨ 《阿撒克》 ᠭᠡᠵᠦ ᠪᠠᠢᠨ᠎ᠠ ·
ᠪᠤᠰᠤᠳ ᠬᠡᠯᠡᠨ ᠡᠴᠡ ᠪᠡᠷ ᠵᠢᠱᠢᠶᠡᠯᠡᠪᠡᠯ ᠪᠠᠢᠨ᠎ᠠ ᠤ (《ᠠ ᠬᠠᠷᠠ ᠬᠡ ᠬᠡᠷᠡᠭ》《庐龙塞略》) ᠳᠤ 《问曰阿撒黑》 ᠭᠡᠵᠦ ᠪᠢᠴᠢᠭᠰᠡᠨ ᠪᠠᠢᠨ᠎ᠠ
ᠨᠢ ᠬᠡᠯᠡᠭᠰᠡᠨ ᠪᠠᠢᠨ᠎ᠠ ᠤ ᠠᠰᠠᠭᠤᠯᠲᠠ ᠳᠤ d e ᠪᠠᠢᠨ᠎ᠠ ᠬᠡᠯᠡ ᠠᠰᠠᠭᠤᠯᠲᠠ ᠤ ᠪᠠᠢᠳᠠᠯ ᠪᠠᠢᠨ᠎ᠠ :: 《ᠪᠠᠢᠨ᠎ᠠ》 ᠤᠨ ᠪᠠᠢᠳᠠᠯ 《ᠠᠰᠠᠭᠤᠯᠲᠠ》
ᠪᠠᠢᠨ᠎ᠠ ᠬᠡᠯᠡ ᠪᠠᠢᠳᠠᠯ ᠨᠢ ᠬᠡᠯᠡᠨ ᠪᠠᠢᠨ᠎ᠠ ᠤ ᠪᠠᠢᠳᠠᠯ ᠤ ᠪᠠᠢᠨ᠎ᠠ ᠳᠤ 《ᠠᠰᠠᠭᠤᠯᠲᠠ + -ya/-ge + ᠠᠰᠠᠭᠤᠯᠲᠠ》
ᠪᠠᠢᠨ᠎ᠠ :: 《ᠠᠰᠠᠭᠤᠯᠲᠠ · ᠪᠠᠢᠨ᠎ᠠ · ᠪᠠᠢᠨ᠎ᠠ》 ᠤᠨ ᠬᠡᠯᠡᠨ ᠨᠢ ᠪᠠᠢᠳᠠᠯ ᠪᠠᠢᠨ᠎ᠠ i ᠠᠰᠠᠭᠤᠯᠲᠠ ᠪᠠᠢᠨ᠎ᠠ ᠬᠡᠯᠡᠨ ᠪᠠᠢᠳᠠᠯ ᠪᠠᠢᠨ᠎ᠠ -ya/-
ye ᠪᠠᠢᠨ᠎ᠠ ᠬᠡᠯᠡᠨ ᠪᠠᠢᠳᠠᠯ ᠨᠢ ᠬᠡᠯᠡᠭᠰᠡᠨ ᠪᠠᠢᠨ᠎ᠠ ᠳᠤ ᠬᠡᠯᠡᠪᠡᠯ ᠠᠰᠠᠭᠤᠯᠲᠠ ᠬᠡᠯᠡ ᠪᠠᠢᠳᠠᠯ ᠪᠠᠢᠨ᠎ᠠ · ᠬᠡᠯᠡ ᠢ -ya/-ge ᠪᠠᠢᠨ᠎ᠠ ᠪᠠᠢ ᠪᠠᠢᠳᠠᠯ ᠪᠠᠢᠨ᠎ᠠ ·
ᠬᠡᠯᠡ ᠢ -ya/-ye ᠪᠠᠢᠨ᠎ᠠ ᠪᠠᠢ ᠨᠢ ᠪᠠᠢᠳᠠᠯ :: ᠠᠰᠠᠭᠤᠯᠲᠠ ᠪᠠᠢᠳᠠᠯ ᠢ ᠠᠰᠠᠭᠤᠯᠲᠠ ᠪᠠᠢᠨ᠎ᠠ ᠬᠡᠯᠡᠨ ᠪᠠᠢᠳᠠᠯ ᠬᠡᠯᠡ ::
《ᠰᠤᠳᠤᠷ》 ᠤᠨ ᠪᠠᠢᠨ᠎ᠠ ᠠ ᠪᠠᠢᠳᠠᠯ ᠪᠠᠢᠨ᠎ᠠ ᠨᠢ ᠬᠡᠯᠡᠭᠰᠡᠨ ᠪᠠᠢᠳᠠᠯ ᠳᠤ 《ᠰᠤᠳᠤᠯ》 ᠤᠨ ᠪᠠᠢᠳᠠᠯ ᠢ ᠰᠤᠳᠤᠯ ᠤ tu: ᠤᠨ ᠬᠡᠯᠡᠨ ᠪᠠᠢᠨ᠎ᠠ ᠨᠢ ᠪᠠᠢᠳᠠᠯ ᠪᠠᠢᠨ᠎ᠠ

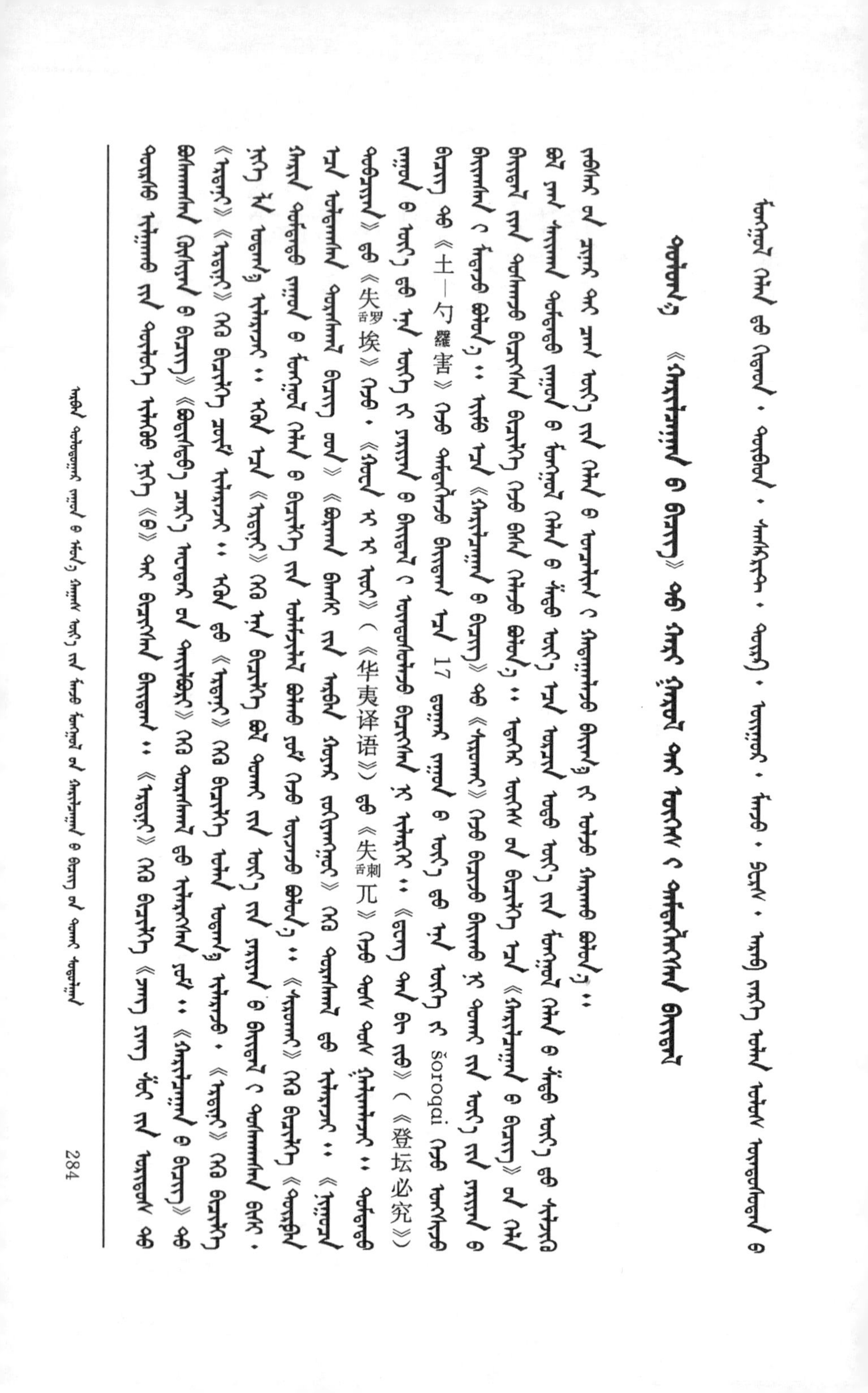

[illegible] 《失舌罗埃》 [illegible]（《华夷译语》）[illegible] 《失舌剌兀》 [illegible]（《登坛必究》）[illegible] 《土一勺羅害》 [illegible] 17 [illegible] šoroqai [illegible]

[illegible]

[illegible]

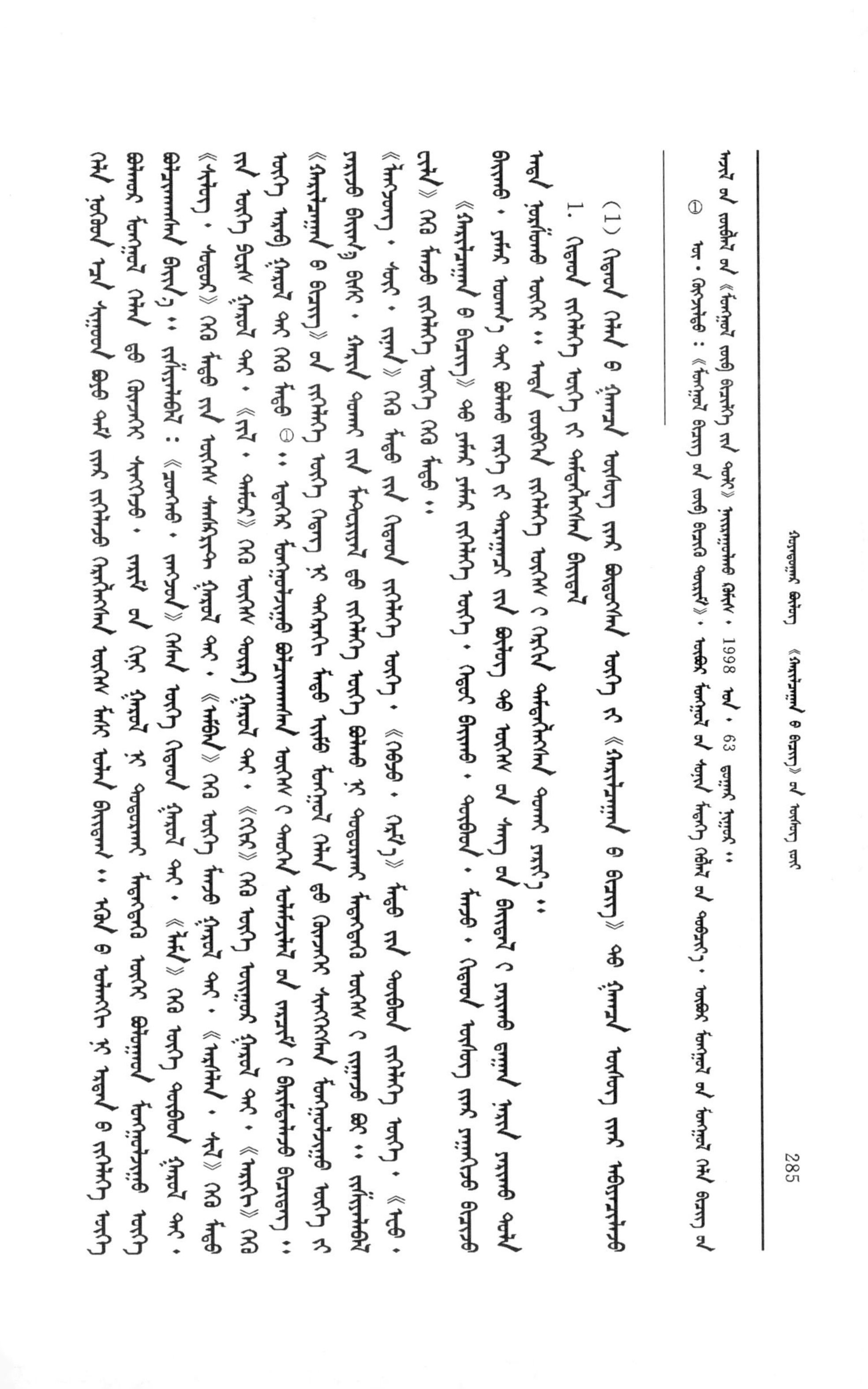

① [illegible] : 《ᠮᠣᠩᠭᠣᠯ [illegible]》 · [illegible] 《ᠮᠣᠩᠭᠣᠯ [illegible]》 [illegible] · 1998 [illegible] · 63 [illegible] ::

(1) [illegible]

1. [illegible]

[illegible] ①[illegible]

[illegible] ᠂ [illegible] ᠂ [illegible]

[illegible] 《[illegible]》 [illegible]

[illegible] ᠂ [illegible] ᠂ [illegible] ᠂ [illegible] ᠂ [illegible] ([illegible]) ᠂ [illegible] ([illegible]) ᠮᠡᠲᠦ ᠃
ᠪᠣᠯᠤᠨ᠎ᠠ ᠃ ᠵᠢᠱᠢᠶᠡᠯᠡᠪᠡᠯ :
[illegible] ᠂ [illegible]
3. [illegible]
[illegible] ᠂ [illegible] ᠂ [illegible] ᠂ [illegible] ᠂ [illegible] ᠮᠡᠲᠦ ᠃
[illegible] ᠪᠣᠯᠤᠨ᠎ᠠ ᠃ ᠵᠢᠱᠢᠶᠡᠯᠡᠪᠡᠯ :
[illegible] ᠂ [illegible] ᠂ [illegible]
2. [illegible]
[illegible] 《[illegible]》 [illegible] ᠃
[illegible] (郎中) ᠂ [illegible] (济南) ᠂ [illegible] (卫征) ᠮᠡᠲᠦ ᠃
(2) [illegible] ᠪᠣᠯᠤᠨ᠎ᠠ ᠃ ᠵᠢᠱᠢᠶᠡᠯᠡᠪᠡᠯ :
[illegible] (税) ᠂ [illegible] (李) ᠮᠡᠲᠦ ᠃
ᠪᠣᠯᠤᠨ᠎ᠠ ᠃ ᠵᠢᠱᠢᠶᠡᠯᠡᠪᠡᠯ :

[illegible] :

[illegible] :: [illegible] « · » ᠪᠣᠯᠤᠨ᠎ᠠ ::

[illegible] «[illegible]» [illegible] :: [illegible]

1. ᠴᠠᠭᠠᠨ ᠰᠠᠷ᠎ᠠ

[illegible] ᠪᠣᠯᠤᠨ᠎ᠠ :: [illegible] :

[illegible] ᠰᠠᠷ᠎ᠠ · [illegible] ᠰᠠᠷ᠎ᠠ · [illegible] ᠰᠠᠷ᠎ᠠ · [illegible] ᠰᠠᠷ᠎ᠠ · [illegible] ᠪᠣᠯᠤᠨ᠎ᠠ :: «[illegible]» [illegible] · [illegible] ᠪᠣᠯᠤᠨ᠎ᠠ :: [illegible] · [illegible] · [illegible] ᠪᠣᠯᠤᠨ᠎ᠠ :: [illegible] :: [illegible]

(1)

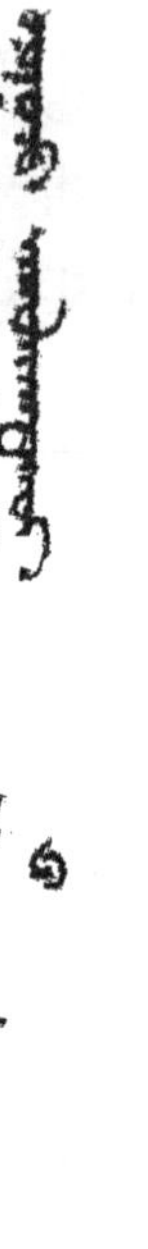

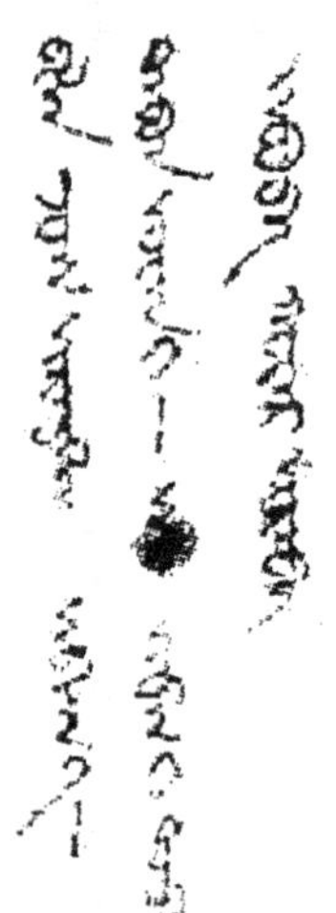

2.

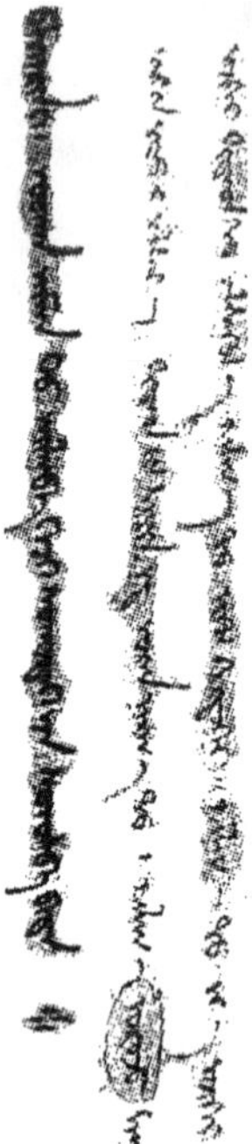

[illegible] :

(3) [illegible] :: [illegible] ::

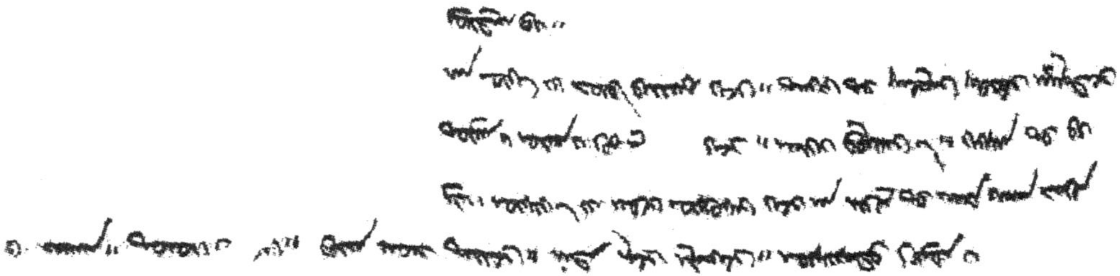

(2) [illegible] :: [illegible] :: [illegible] :

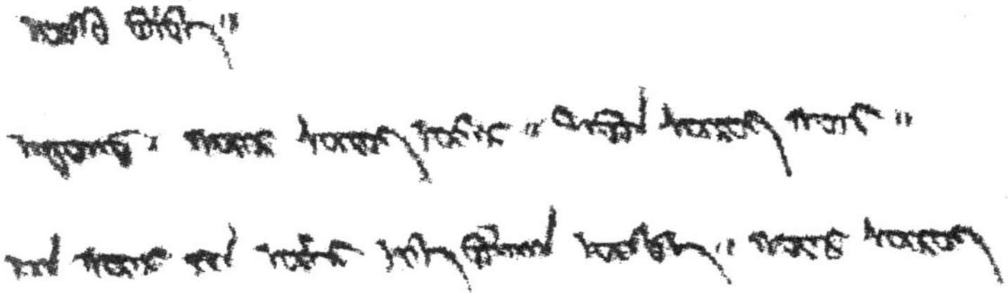

[illegible] :: [illegible] :

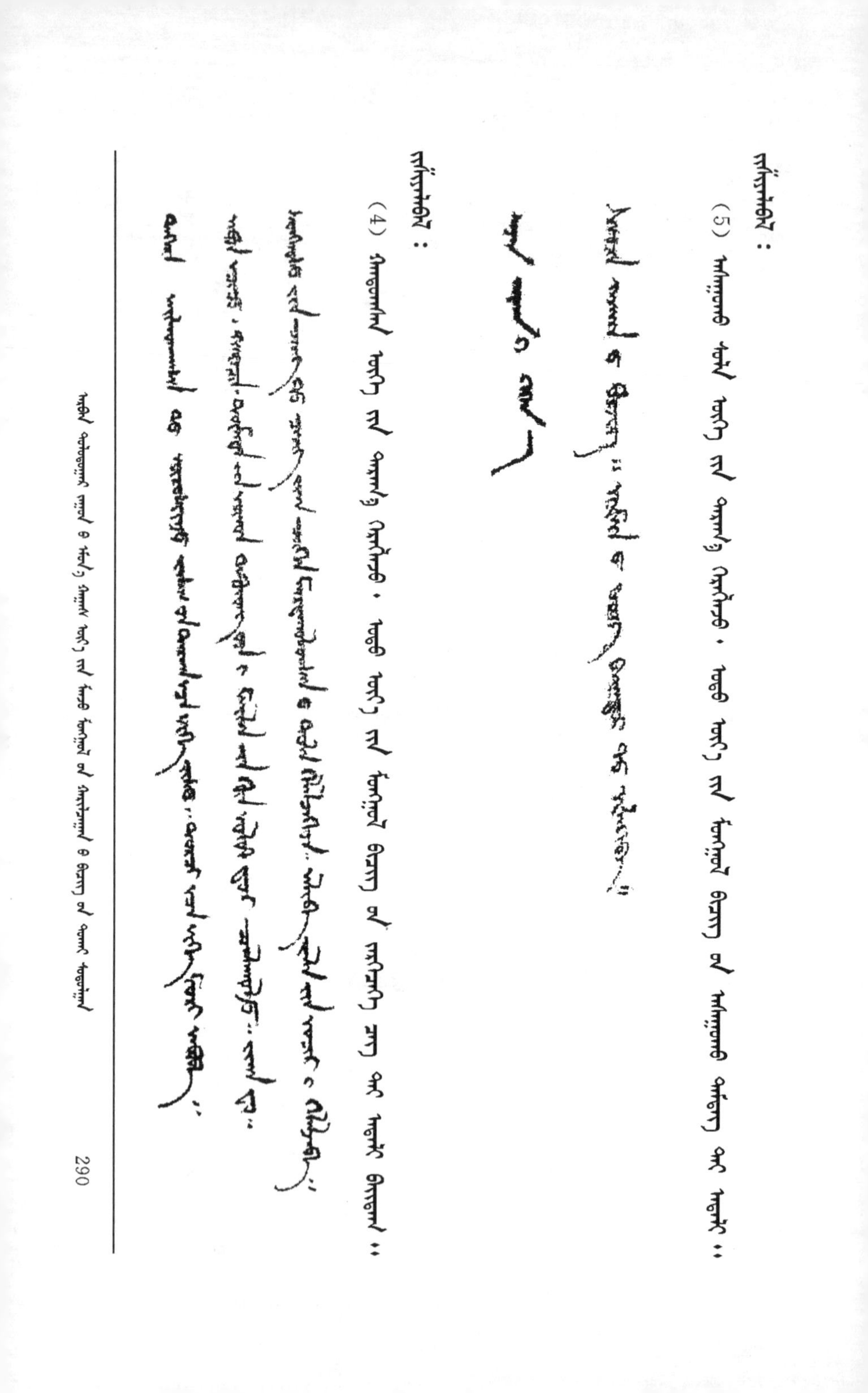

[illegible] :

(5) [illegible] ::

[illegible]

[illegible]

[illegible] :

(4) [illegible] ::

[illegible]

[illegible]

3. ᠪᠣᠯᠪᠠᠰᠤ ᠦᠭᠡ

《ᠡᠷᠳᠡᠨᠢ ᠶᠢᠨ ᠲᠣᠪᠴᠢ》 ᠳᠤ ᠪᠣᠯᠪᠠᠰᠤ ᠦᠭᠡ ᠶᠢ ᠭᠠᠷᠴᠠᠭ ᠳᠡᠭᠡᠷᠡ ᠲᠠᠢ ᠪᠢᠴᠢᠭᠳᠡᠵᠦ᠂ ᠪᠢᠴᠢᠭᠳᠡᠭᠰᠡᠨ ᠣᠷᠤᠨ ᠤ ᠨᠢ ᠠᠯᠢ ᠪᠠᠷ ᠪᠣᠯᠪᠠᠰᠤ ᠦᠭᠡ ᠶᠢ ᠡᠨᠡ ᠬᠡᠯᠡᠯᠭᠡ᠂ ᠪᠢᠴᠢᠭ ᠦᠰᠦᠭ ᠶᠢᠨ ᠠᠯᠳᠠᠭ᠎ᠠ ᠶᠢᠨ ᠵᠠᠰᠠᠪᠤᠷᠢ ᠶᠢ ᠲᠡᠮᠳᠡᠭᠯᠡᠵᠡᠢ ᠃ ᠪᠣᠯᠪᠠᠰᠤ ᠦᠭᠡ ᠳᠤ 《·· ··》 ᠪᠡᠷ 《·:·》 ᠢ ᠬᠡᠷᠡᠭᠯᠡᠵᠦ ᠂ ᠡᠨᠡ ᠲᠡᠮᠳᠡᠭ ᠢ ᠬᠡᠷᠡᠭᠯᠡᠭᠰᠡᠨ ᠨᠢ ᠪᠣᠯᠪᠠᠰᠤ ᠦᠭᠡ ᠶᠢᠨ ᠲᠡᠮᠳᠡᠭ ᠪᠣᠯᠪᠠ ᠃

[illegible]

[illegible]

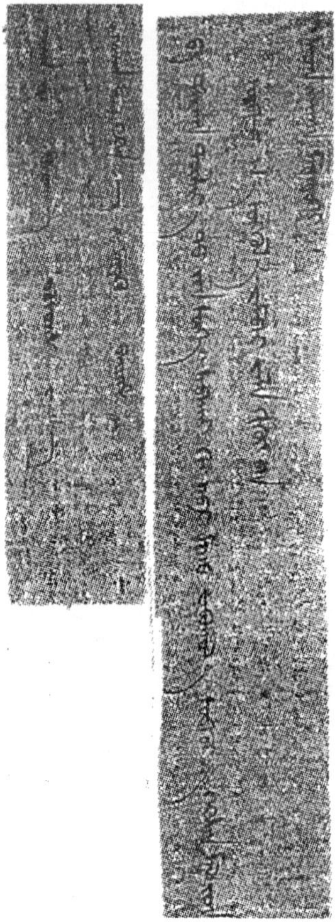

[illegible]

4. [illegible]

[illegible]

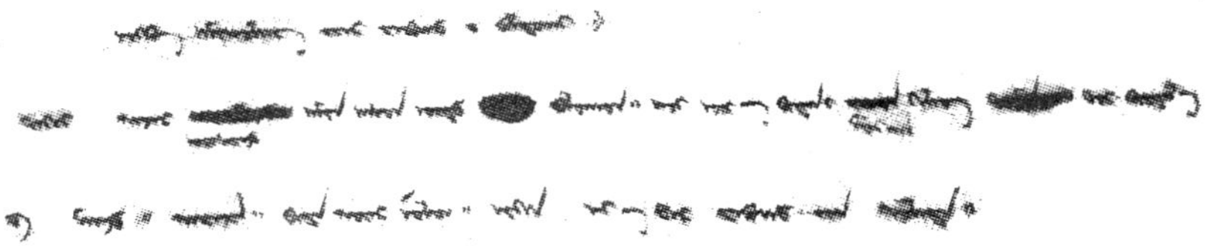

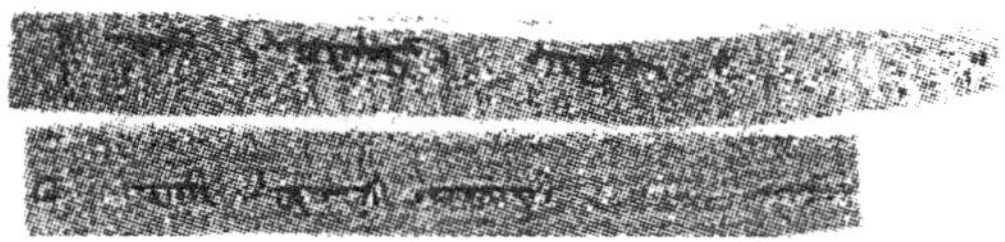

《ᠮᠣᠩᠭᠣᠯᠵᠢᠨ ᠤ ᠪᠢᠴᠢᠭ》 ᠤᠨ ᠪᠢᠷ ᠦᠨ ᠠᠷᠭ᠎ᠠ [illegible] [illegible] [illegible] [illegible] ᠪᠣᠯᠤᠨ᠎ᠠ ᠃
ᠪᠢᠴᠢᠭ ᠤᠨ [illegible] [illegible] ᠠᠷᠭ᠎ᠠ [illegible] ᠶᠤᠮ ᠃
[illegible]

6. ᠪᠢᠷ ᠦᠨ ᠠᠷᠭ᠎ᠠ

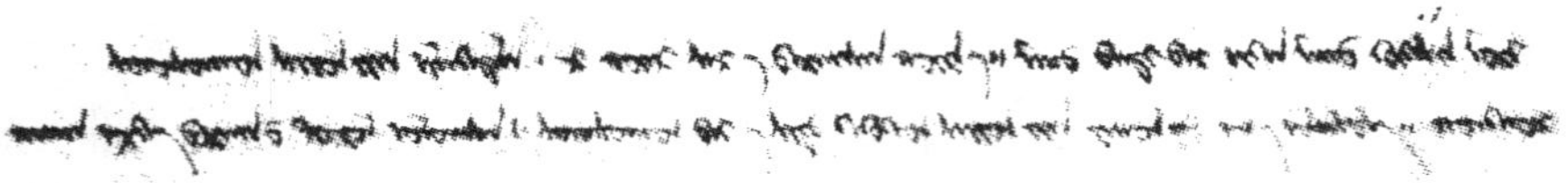

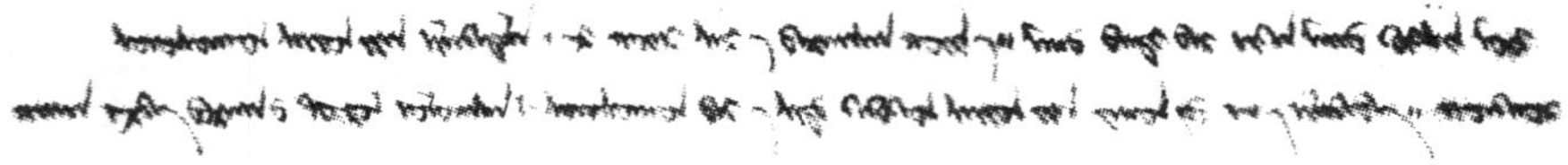

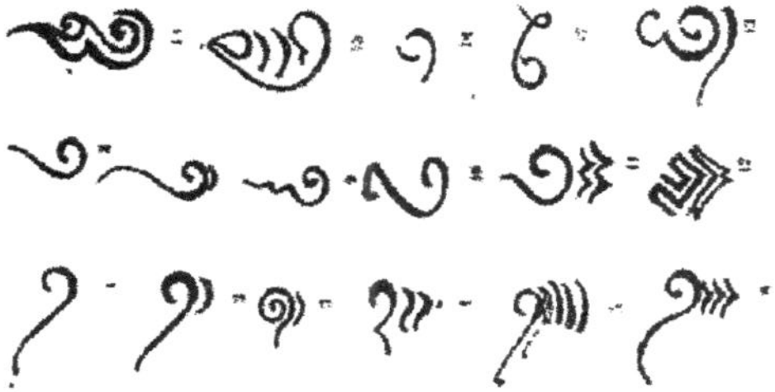

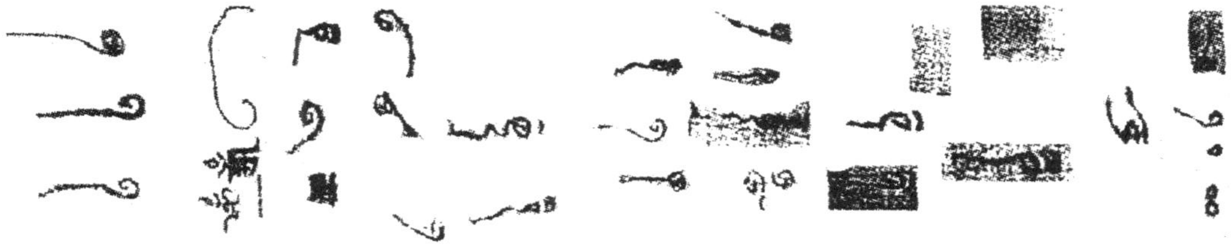

ᠰᠣᠶᠤᠮᠪᠤ ᠪᠠᠷ ᠂ ᠣᠮ [u:m] ᠦᠰᠦᠭ ᠰᠣᠶᠤᠮᠪᠤ ᠶᠢᠨ ᠦᠰᠦᠭ ᠲᠡᠮᠳᠡᠭ ᠪᠣᠯᠤᠨ᠎ᠠ :: ᠦᠰᠦᠭ ᠪᠠᠶᠢᠭ᠎ᠠ ᠰᠣᠶᠤᠮᠪᠤ ᠤᠨ ᠰᠣᠶᠤᠮᠪᠤ ᠦᠰᠦᠭ ᠪᠢᠴᠢᠭ ᠦᠨ ᠰᠣᠶᠤᠮᠪᠤ ᠦᠰᠦᠭ ᠪᠢᠴᠢᠭ ᠪᠠᠶᠢᠭ᠎ᠠ ᠶᠢᠨ ᠲᠡᠮᠳᠡᠭ ᠪᠠᠷ ᠪᠠᠶᠢᠭ᠎ᠠ ᠶᠢᠨ ᠪᠠᠶᠢᠳᠠᠯ ᠢᠶᠡᠷ ᠪᠢᠴᠢᠭᠳᠡᠭᠰᠡᠨ ᠪᠠᠶᠢᠭ᠎ᠠ :: 《ᠰᠣᠶᠤᠮᠪᠤ ᠦᠰᠦᠭ ᠤᠨ ᠪᠢᠴᠢᠭ》 ᠳᠤ ᠪᠢᠴᠢᠭᠳᠡᠭᠰᠡᠨ ᠰᠣᠶᠤᠮᠪᠤ ᠪᠠᠶᠢᠭ᠎ᠠ ᠶᠢᠨ ᠦᠰᠦᠭ ᠦᠨ ᠪᠢᠴᠢᠭᠳᠡᠭᠰᠡᠨ :: ᠡᠨᠡ ᠦᠰᠦᠭ ᠪᠢᠴᠢᠭ ᠪᠣᠯᠤᠨ ᠰᠣᠶᠤᠮᠪᠤ ᠦᠰᠦᠭ ᠦᠨ ᠲᠡᠮᠳᠡᠭ ᠢ ᠪᠢᠴᠢᠭᠳᠡᠭᠰᠡᠨ ᠪᠠᠷ ᠦᠰᠦᠭ ᠦᠨ ᠲᠡᠮᠳᠡᠭ ᠪᠣᠯᠤᠨ᠎ᠠ ᠂

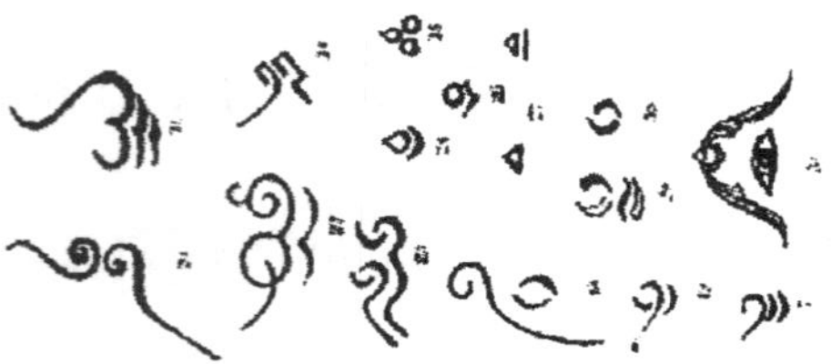

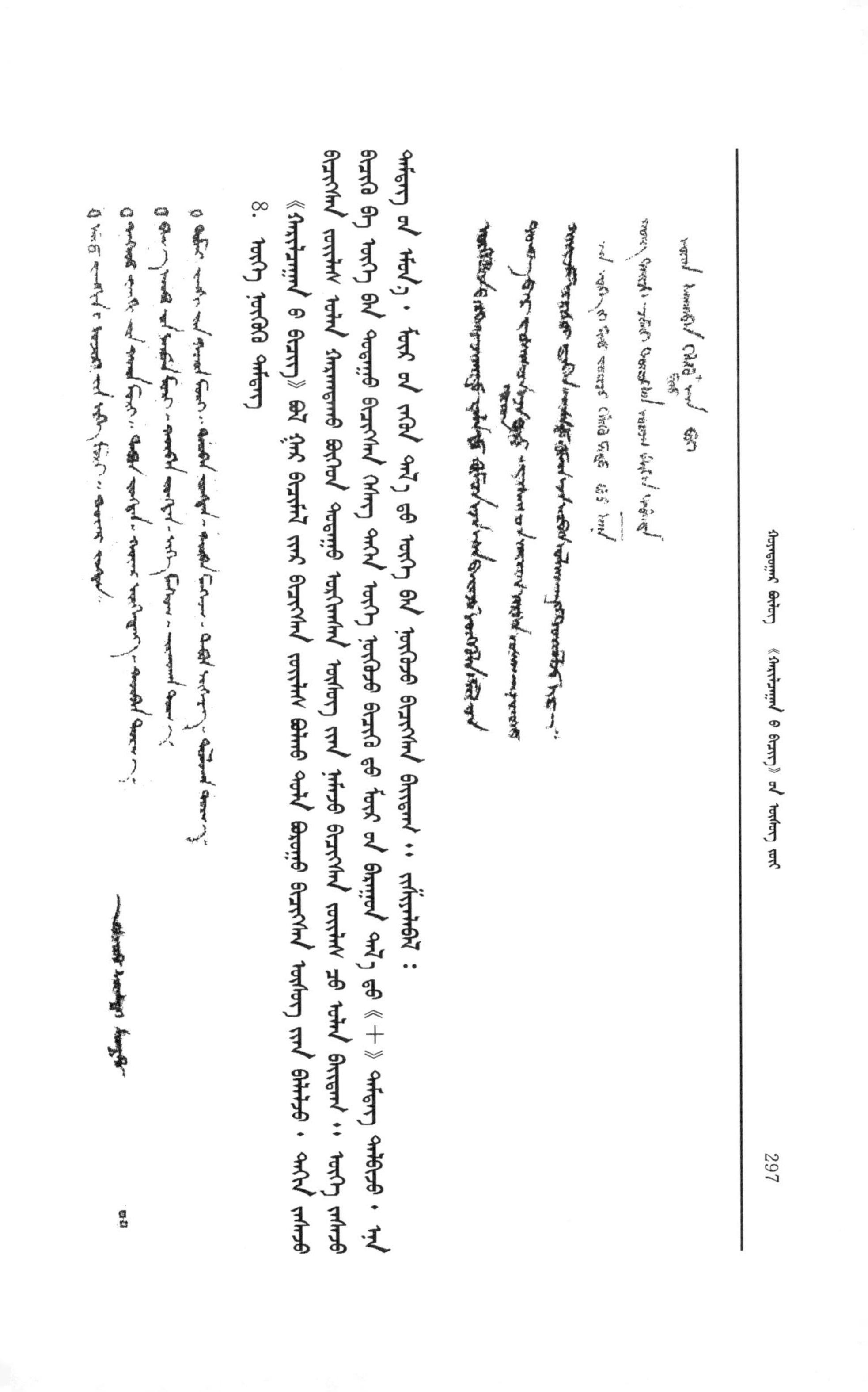

[illegible]

8. [illegible]

《[illegible]》 [illegible] 《+》 [illegible] :

[illegible]

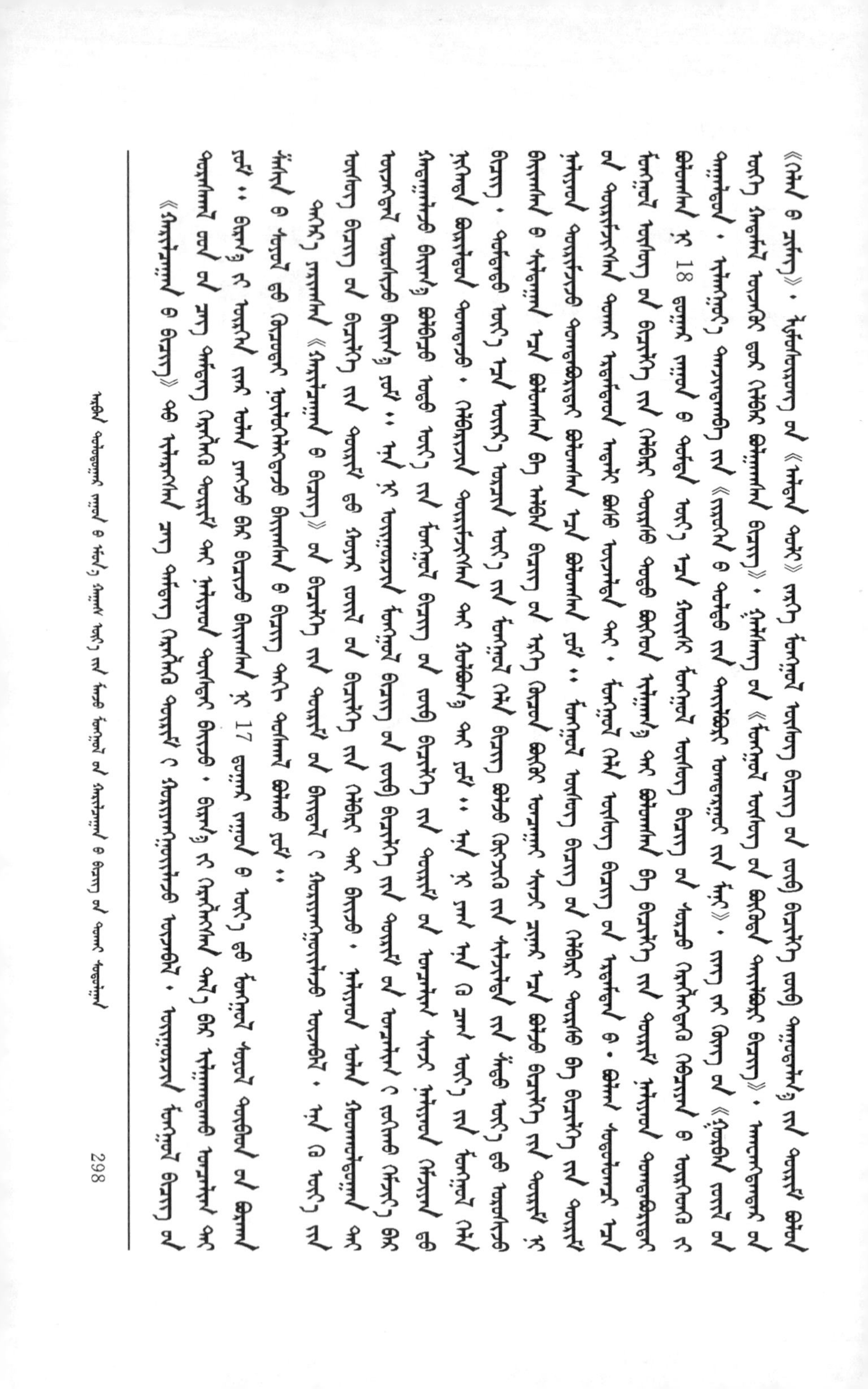

ᠪᠣᠯᠤᠨ᠎ᠠ :: ᠳᠡᠭᠡᠷ᠎ᠡ ᠪᠡ t . d ᠬᠡᠯᠡᠨ ᠦ ᠳᠦᠷᠢᠮ ᠰᠣᠯᠢᠯᠴᠠᠬᠤ ᠶᠢ 《ᠲ》 ᠭᠡᠵᠦ᠂ ᠪᠢᠴᠢᠭ ᠲᠠᠢ ᠪᠠᠶᠢᠳᠠᠯ ᠲᠠᠢ ᠰᠠᠭᠤᠭᠰᠠᠨ ᠢ ᠲᠣᠬᠢᠶᠠᠯᠳᠤᠯ ᠢᠶᠠᠷ ᠪᠢᠴᠢᠭᠰᠡᠨ ᠪᠠᠶᠢᠨ᠎ᠠ ᠪᠣᠯᠤᠨ ᠣᠯᠠᠨ ᠳᠦ ᠵᠢᠱᠢᠶ᠎ᠡ ᠬᠡᠯᠡᠨ ᠦ ᠲᠤᠬᠠᠢ ᠶᠢᠨ ᠰᠤᠳᠤᠯᠭᠠ ᠳᠤ ᠲᠤᠰᠠᠳᠠᠭ ᠪᠠᠶᠢᠭᠰᠠᠨ ᠢ ᠬᠡᠯᠡᠯᠴᠡᠬᠦ ᠶᠢᠨ ᠳᠣᠯᠳᠣᠭᠠᠷ ᠪᠣᠯᠪᠠᠰᠤ ᠤᠨ 《ᠮᠣᠩᠭᠣᠯ ᠤᠨ ᠨᠢᠭᠤᠴᠠ ᠲᠣᠪᠴᠢᠶᠠᠨ》 ᠤ ᠬᠡᠯᠡᠨ ᠦ ᠦᠭᠡ ᠶᠢ ᠰᠢᠨᠵᠢᠯᠡᠬᠦ

ᠨᠢᠭᠡ 《ᠮᠣᠩᠭᠣᠯ ᠤᠨ ᠨᠢᠭᠤᠴᠠ ᠲᠣᠪᠴᠢᠶᠠᠨ》 ᠤ ᠬᠡᠯᠡᠨ ᠦ ᠦᠭᠡ ᠶᠢᠨ ᠰᠤᠳᠤᠯᠤᠯ

ᠪᠡ ᠮᠣᠩᠭᠣᠯᠴᠤᠳ ᠪᠢᠴᠢᠭ ᠰᠤᠷᠤᠯᠴᠠᠭᠰᠠᠨ ᠦᠶ᠎ᠡ ᠮᠣᠩᠭᠣᠯᠵᠢᠭᠤᠯᠤᠭᠰᠠᠨ ᠢᠯᠡᠷᠡᠯ 《ᠮᠣᠩᠭᠣᠯ ᠤᠨ ᠨᠢᠭᠤᠴᠠ ᠲᠣᠪᠴᠢᠶᠠᠨ》 ᠤ ᠬᠡᠯᠡᠨ ᠳᠦ

ᠲᠡᠷᠡ ᠮᠣᠩᠭᠣᠯᠴᠤᠳ ᠤᠨ ᠬᠡᠯᠡᠨ ᠬᠡᠯᠡᠯᠴᠡᠭᠡᠨ ᠤ ᠭᠠᠷᠤᠯ ᠲᠠᠢ ᠰᠠᠭᠤᠭᠰᠠᠨ ᠢ ᠲᠡᠮᠳᠡᠭᠯᠡᠭᠰᠡᠨ ᠪᠠᠢᠨ᠎ᠠ :: ᠮᠣᠩᠭᠣᠯ ᠤᠨ ᠮᠣᠩᠭᠣᠯᠴᠤᠳ ᠢ ᠬᠡᠮᠵᠢᠶ᠎ᠡ ᠬᠡᠯᠡᠯᠴᠡᠭᠡᠨ ᠦ ᠬᠡᠯᠡᠯᠴᠡᠬᠦᠢ ᠪᠢᠴᠢᠭ ᠮᠣᠩᠭᠣᠯ ᠤᠨ ᠰᠤᠷᠤᠯᠴᠠᠭᠰᠠᠨ᠂ ᠬᠡᠪᠡᠷ ᠬᠡᠯᠡᠯᠴᠡᠬᠦ ᠶᠢᠨ ᠬᠡᠯᠡᠯᠴᠡᠭᠡ ᠪᠡᠷ ᠪᠢᠴᠢᠭᠰᠡᠨ ᠦ ᠭᠠᠷᠤᠯ ᠲᠠᠢ ᠬᠡᠯᠡᠯᠴᠡᠬᠦ ᠪᠣᠯᠤᠨ᠎ᠠ ① ᠭᠡᠵᠦ ᠲᠣᠳᠣᠷᠬᠠᠢ ᠪᠢᠴᠢᠭᠰᠡᠨ᠂ ᠬᠡᠯᠡᠨ ᠦ ᠪᠦᠲᠦᠴᠡ ᠪᠡ ᠬᠡᠯᠡᠯ ᠤᠨ ᠪᠠᠶᠢᠳᠠᠯ ᠲᠠᠢ ᠬᠣᠯᠪᠣᠭᠳᠠᠨ᠎ᠠ ᠰᠤᠷᠤᠯᠴᠠᠬᠤ ᠬᠡᠯᠡᠨ ᠦ ᠪᠠᠶᠢᠳᠠᠯ ᠲᠠᠢ ᠬᠣᠯᠪᠣᠭᠳᠠᠭᠰᠠᠨ᠂ ᠬᠡᠯᠡᠯᠴᠡᠬᠦ ᠬᠡᠯᠡᠨ ᠦ ᠪᠠᠶᠢᠳᠠᠯ ᠲᠠᠢ ᠬᠣᠯᠪᠣᠭᠳᠠᠬᠤ ᠲᠡᠷᠡ ᠨᠢ ᠮᠣᠩᠭᠣᠯᠴᠤᠳ ᠤᠨ ᠬᠡᠯᠡᠨ ᠦ ᠪᠠᠶᠢᠳᠠᠯ ᠤᠨ ᠲᠠᠢ ᠰᠠᠭᠤᠭᠰᠠᠨ ᠪᠦᠬᠦᠢ ᠰᠤᠳᠤᠯᠤᠭᠰᠠᠨ ᠮᠣᠩᠭᠣᠯᠴᠤᠳ ᠤᠨ ᠪᠢᠴᠢᠭᠰᠡᠨ ᠪᠣᠯᠤᠮᠵᠢᠲᠠᠢ

① ᠪ. ᠪᠠᠶᠠᠷ: 《ᠮᠣᠩᠭᠣᠯ ᠬᠡᠯᠡᠨ ᠪᠢᠴᠢᠭ ᠤᠨ ᠲᠦᠦᠬᠡ ᠶᠢᠨ》᠂ ᠥᠪᠦᠷ ᠮᠣᠩᠭᠣᠯ ᠤᠨ ᠠᠷᠠᠳ ᠤᠨ ᠬᠡᠪᠯᠡᠯ ᠦᠨ ᠬᠣᠷᠢᠶ᠎ᠠ᠂ 1983 ᠣᠨ᠂ 123 ᠳᠤᠭᠠᠷ ᠨᠢᠭᠤᠷ ::

ᠬᠡᠷᠡᠭ ᠤᠨ ᠡᠬᠢ ᠨᠢ ᠪᠣᠳᠣᠭᠳᠠᠬᠤ ᠬᠡᠯᠪᠡᠷᠢᠲᠦ ᠪᠢᠴᠢᠭᠳᠡᠭᠰᠡᠨ ᠢ ᠰᠢᠨᠵᠢᠯᠡᠨ ᠦ ᠬᠡᠮᠵᠢᠭᠳᠡᠭᠦᠨ ᠪᠠᠢᠳᠠᠭ ᠰᠢᠭ :: ᠪᠢᠴᠢᠭᠲᠦ ᠪᠠᠢᠨ ᠢ ᠮᠣᠩᠭᠣᠯ ᠤᠨ ᠡᠨᠡ ᠦᠰᠦᠭ ᠦᠨ
ᠬᠡᠷᠡᠭ ᠢ ᠳᠤ ᠮᠣᠩᠭᠣᠯᠴᠤᠳ ᠤᠨ ᠪᠣᠯᠪᠠᠰᠤᠷᠠᠯ ᠪᠢᠴᠢᠭ :: 《ᠠᠷᠭᠤᠨ ᠤ ᠪᠢᠴᠢᠭ》 ᠳᠤ ᠪᠣᠯᠵᠤ ᠬᠡᠯᠪᠡᠷᠢ ᠶᠢᠨ ᠠᠷᠭᠤᠨ ᠤ ᠪᠣᠳᠣᠭᠳᠠᠬᠤ 61 ᠤᠳᠠᠭ᠎ᠠ
ᠪᠢᠴᠢᠭ ᠢ ᠲᠡᠮᠳᠡᠭ ᠲᠣᠷᠠ ᠪᠢᠴᠢᠭᠳᠡᠭᠰᠡᠨ ᠪᠠᠢᠨ᠎ᠠ ᠂ ᠲᠡᠮᠳᠡᠭ ᠦᠨ ᠬᠡᠷᠡᠭ ᠦᠨ ᠰᠢᠨᠵᠢ ᠪᠣᠯᠵᠤ ᠂ ᠪᠢᠴᠢᠭᠳᠡᠨ ᠭᠠᠷᠭᠠ ᠶᠢ ᠲᠣᠭᠠᠨ ᠪᠦᠬᠦ ᠪᠠᠢᠳᠠᠭ ᠬᠡᠷᠡᠭ :: ᠲᠣᠭᠠᠨ
ᠪᠣᠯᠬᠤ ᠪᠠᠷᠠᠭ ᠲᠡᠯᠡ ᠪᠢᠴᠢᠭᠳᠡᠯ ᠬᠡᠮᠡᠨ ᠲᠡᠮᠳᠡᠭ ᠦᠨ ᠬᠡᠷᠡᠭ ᠢ ᠲᠡᠷᠡᠭᠦᠨ ᠲᠣᠭᠠᠲᠠᠢ ᠬᠡᠯᠡᠨ ᠠᠮᠠᠰᠠᠷ ᠪᠣᠯᠤᠨ᠎ᠠ :: ᠲᠠᠭᠠᠯᠠᠭᠳᠠᠯ : q ᠢ ᠲᠠᠷᠠᠢ ᠪᠢᠴᠢᠭ ᠬᠡᠪ
《 》 ᠦᠭᠡ ᠬᠡᠷᠡᠭᠯᠡᠬᠦ ᠬᠡᠨ ᠪᠠᠢᠳᠠᠭ ᠳᠤ ᠲᠠᠷᠠᠢ ᠪᠢᠴᠢᠭ ᠬᠡᠪ 《 》 ᠬᠡᠷᠡᠭᠯᠡᠬᠦ ᠬᠡᠨ ᠂ ᠲᠠᠷᠠᠢ ᠪᠢᠴᠢᠭ ᠬᠡᠷᠡᠨ 《 》 ᠬᠡᠷᠡᠭᠯᠡᠬᠦ ᠬᠡᠨ ᠪᠠᠨ ᠲᠤᠪ ᠪᠢᠴᠢᠭᠳᠡᠨ :: b
ᠲᠡᠮᠳᠡᠭ ᠢ ᠲᠠᠷᠠᠢ ᠪᠢᠴᠢᠭ ᠬᠡᠪ 《 》 ᠦᠰᠦᠭ ᠬᠡᠯᠪᠡᠷᠢᠲᠦ ᠪᠠᠨ ᠪᠢᠴᠢᠭᠳᠡᠨ ᠪᠠᠢᠳᠠᠭ ᠳᠤ ᠲᠠᠷᠠᠢ ᠪᠢᠴᠢᠭ ᠬᠡᠪ 《 》 ᠦᠰᠦᠭ ᠡᠳᠦᠢ ᠨᠢ ᠢ ᠬᠡᠯᠡᠭᠡ ᠲᠡᠯᠡ ᠬᠡᠷᠡᠭᠯᠡᠨ
ᠬᠡᠯᠪᠡᠷᠢᠳᠦ ᠪᠠᠨ ᠪᠢᠴᠢᠭᠳᠡᠨ ᠲᠤᠪ ᠪᠠᠢ :: ᠲᠤᠰᠬᠠᠢᠯᠠᠨ 《 》 ᠨᠢ 《 》 《 》 《 》 ᠦᠭᠡ ᠰᠢᠭ ᠲᠡᠯᠡ ᠦᠵᠡᠭᠦᠷ ᠪᠠᠨ ᠂ ᠲᠡᠷᠡᠭᠦᠨ ᠨᠢ 《 》 《 》
ᠦᠵᠡᠭᠦᠷ ᠪᠠᠨ ᠪᠢᠴᠢᠭᠳᠡᠨ ᠪᠠᠢᠳᠠᠭ :: ᠡᠨᠡ ᠢ ᠲᠡᠮᠳᠡᠭ ᠦᠨ ᠬᠡᠷᠡᠭᠯᠡᠯ ᠲᠡᠯᠡ ᠮᠣᠩᠭᠣᠯᠴᠤᠳ ᠪᠠᠢᠨ ᠂ ᠰᠢᠨᠵᠢ ᠰᠢᠨᠡ ᠦᠨ ᠬᠡᠷᠡᠭ ᠦᠨ ᠮᠣᠩᠭᠣᠯᠴᠤᠳ ᠲᠡᠭᠡ ᠦᠭᠡ ᠲᠡᠮᠳᠡᠭᠯᠡᠨ
ᠪᠣᠯᠤᠨ᠎ᠠ :: 《ᠰᠢᠨᠵᠢᠯᠡᠯᠲᠡ ᠶᠢᠨ ᠤ ᠪᠢᠴᠢᠭ》 ᠦᠨ 《ᠰᠢᠨᠵᠢᠯᠡᠬᠦ ᠲᠣᠭᠠᠨ ᠤ ᠬᠡᠷᠡᠭᠯᠡᠬᠦ ᠨᠢ ᠲᠡᠮᠳᠡᠭ ᠰᠤᠷᠤᠯᠲᠠ ᠦᠨ ᠰᠣᠷᠤᠯ ᠤ ᠬᠡᠯᠪᠡᠷᠢᠯᠡᠭᠰᠡᠨ ᠬᠡᠯᠪᠡᠷᠢ》 ᠬᠡᠪ ᠲᠡᠮᠳᠡᠭᠯᠡᠭᠰᠡᠨ
50 ᠤᠳᠠᠭ᠎ᠠ ᠬᠡᠷᠡᠭᠯᠡᠭᠰᠡᠨ ᠪᠢᠴᠢᠭ ᠪᠠᠢ ᠲᠡᠮᠳᠡᠭ ᠪᠢᠨ ᠲᠡᠭᠡ ᠪᠢᠴᠢᠭᠳᠡᠭᠰᠡᠨ ᠪᠣᠯᠤᠨ ᠬᠡᠯᠪᠡᠷᠢᠯᠡᠭᠰᠡᠨ ᠢ ᠬᠡᠷᠡᠭᠯᠡᠭᠰᠡᠨ ᠰᠢᠨᠡ ᠰᠢᠨᠵᠢ ᠪᠢᠴᠢᠭᠳᠡᠨ ᠂ ᠲᠡᠮᠳᠡᠭ ᠦᠨ ᠬᠡᠷᠡᠭ ᠢ
ᠲᠡᠷᠡᠭ ᠪᠢᠴᠢᠭᠳᠡᠨ ᠂ ᠲᠡᠭᠦᠨ ᠲᠡᠮᠳᠡᠭ ᠲᠡᠯᠡ ᠲᠣᠭᠠᠯᠠᠭᠰᠠᠨ ᠪᠢᠴᠢᠭ ᠦᠨ ᠬᠡᠷᠡᠭ ᠬᠡᠨ ᠮᠣᠩᠭᠣᠯᠴᠤᠳ ᠬᠡᠮᠵᠢᠭᠳᠡᠬᠦ ᠲᠣᠭᠠᠨ ᠬᠡᠷᠡᠭ ᠲᠠᠳᠠᠭᠠᠨ ᠰᠢᠨᠵᠢᠯᠡᠯᠲᠡ :: ᠮᠣᠩᠭᠣᠯᠴᠤᠳ ᠬᠡᠨ ᠲᠣᠭᠠᠨ ᠦᠭᠡᠢ
d ᠨᠢ ᠲᠠᠷᠠᠢ 《 》 ᠦᠰᠦᠭ ᠂ ᠲᠡᠷᠡᠭᠦᠨ ᠨᠢ 《 》 ᠦᠭᠡ ᠬᠡᠷᠡᠭᠯᠡᠬᠦ ᠮᠣᠩᠭᠣᠯ ᠬᠡᠨ ᠪᠢᠴᠢᠭᠳᠡᠬᠦ ᠪᠢᠴᠢᠭᠳᠡᠨ :: ᠡᠭᠦᠨ ᠲᠡᠯᠡ ᠪᠣᠯᠤᠨ ᠬᠡᠷᠡᠭᠯᠡ ᠲᠡᠯᠡ ᠮᠣᠩᠭᠣᠯ ᠪᠠᠢᠳᠠᠯ ᠢ
ᠲᠡᠮᠳᠡᠭᠯᠡᠭᠳᠡᠳᠡᠭ ᠪᠠᠢᠳᠠᠯ ᠲᠡᠮᠳᠡᠭ ᠪᠢᠴᠢᠭ ᠦᠨ ᠲᠡᠮᠳᠡᠭᠯᠡᠭᠰᠡᠨ ᠪᠢᠴᠢᠭᠳᠡᠭᠰᠡᠨ ᠢ ᠦᠵᠡᠨ ᠂ ᠲᠡᠮᠳᠡᠭ ᠪᠢᠴᠢᠭ ᠦᠨ ᠬᠡᠯᠪᠡᠷᠢᠯᠡᠭᠰᠡᠨ ᠳᠤ ᠲᠡᠮᠳᠡᠭᠯᠡᠬᠦ ᠲᠣᠭᠠᠨ ᠨᠢ ᠲᠡᠮᠳᠡᠭᠯᠡᠭᠰᠡᠨ
ᠪᠣᠯᠤᠨ᠎ᠠ ::

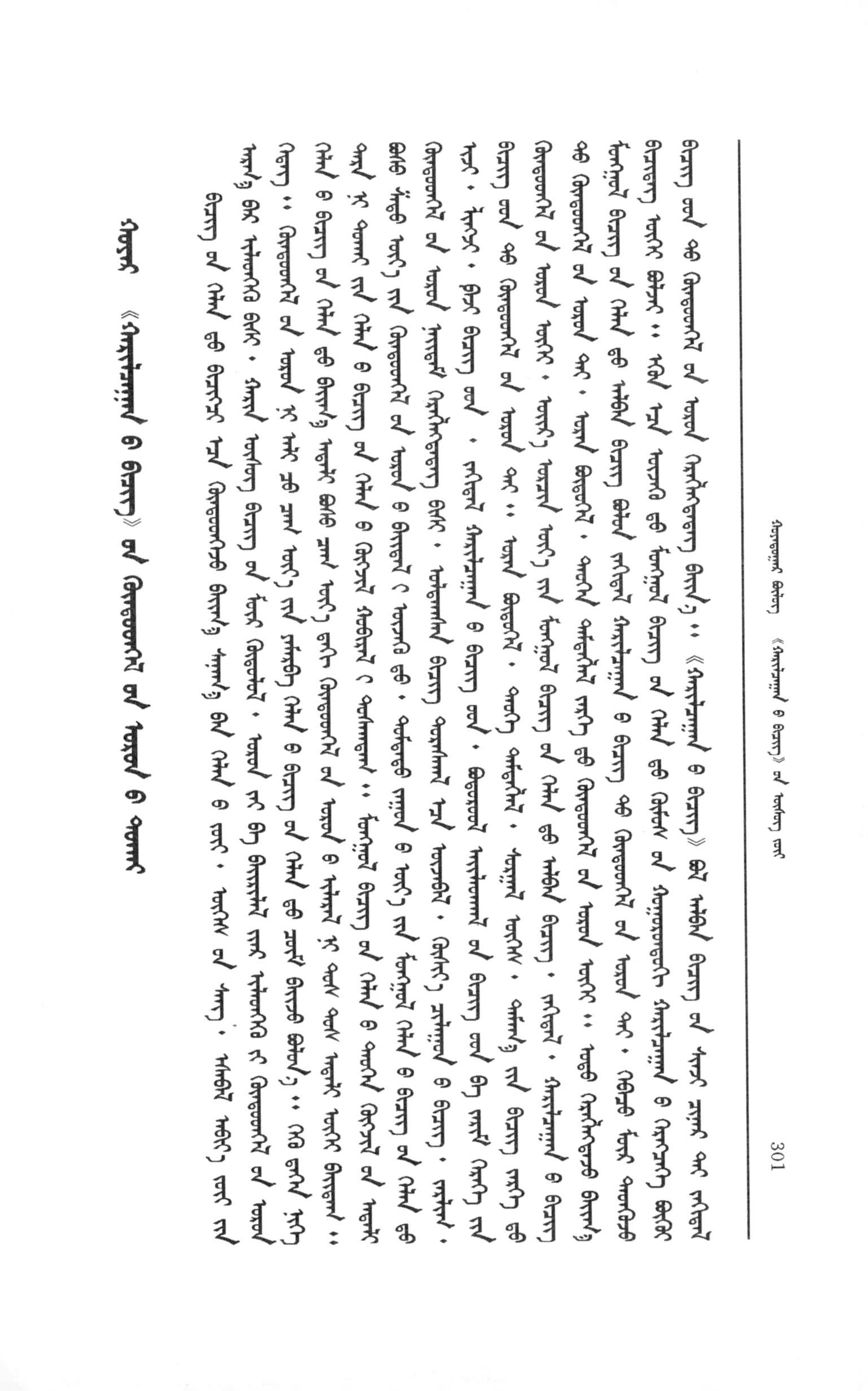

[illegible]

[illegible]

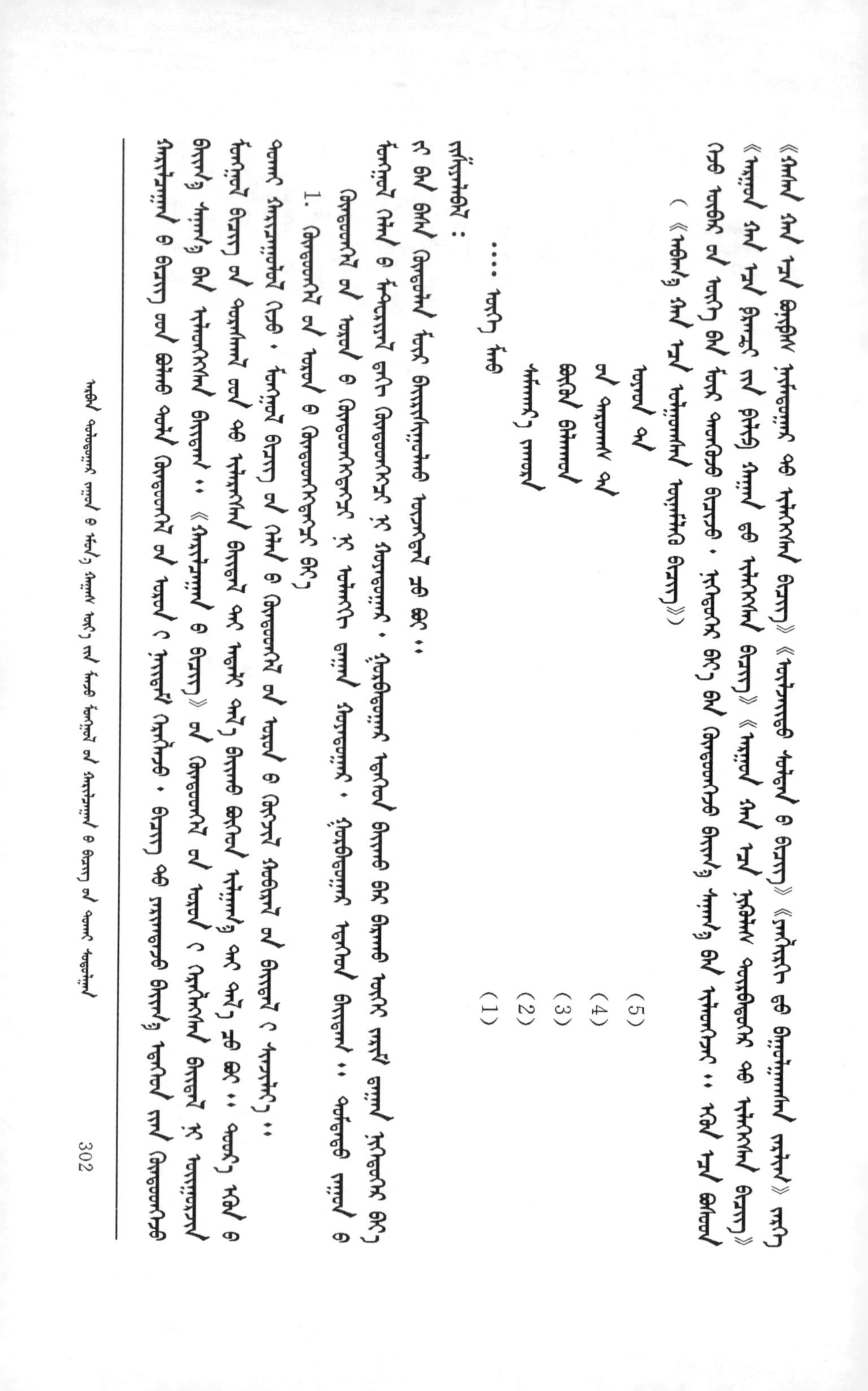

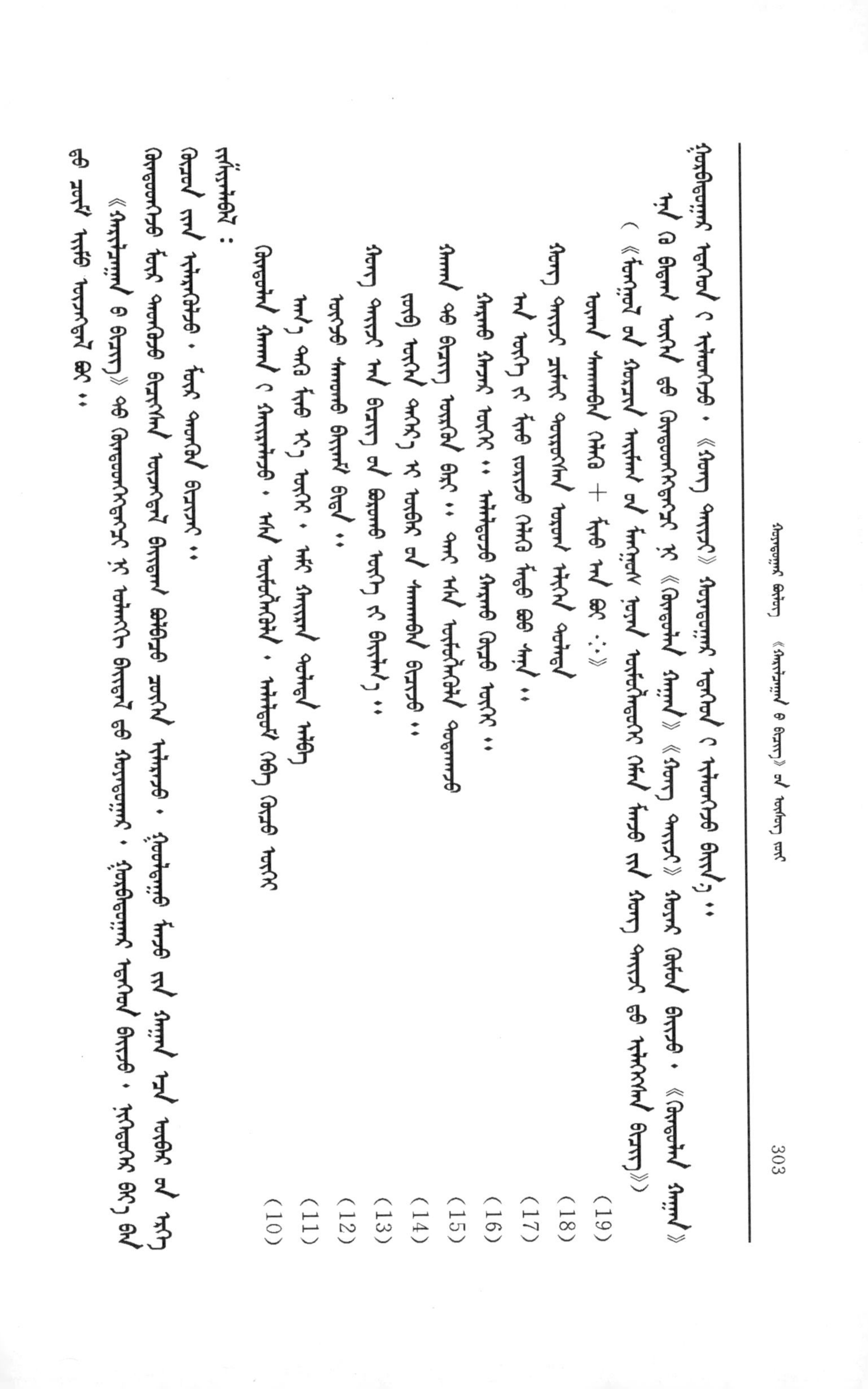

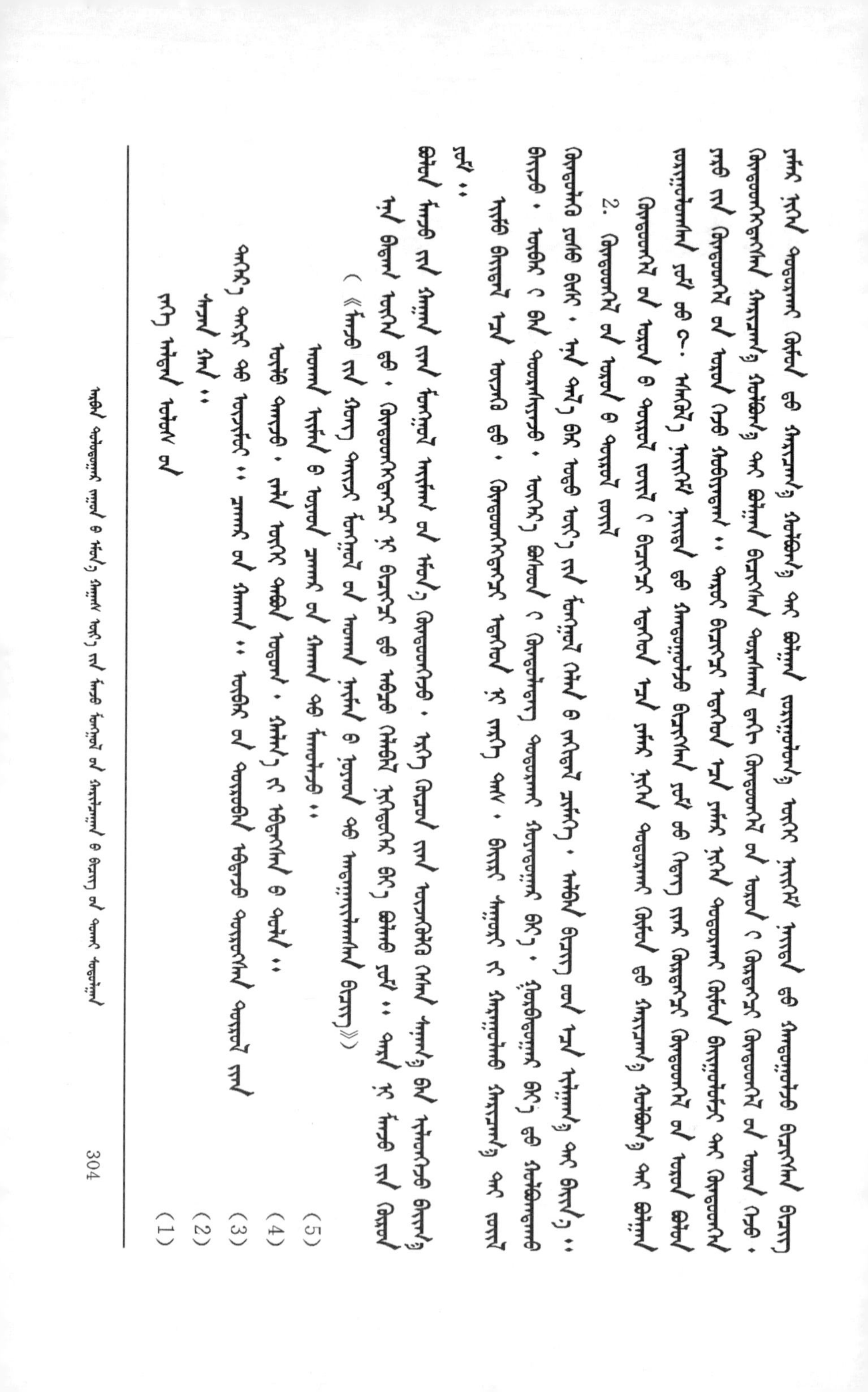

2.

(1)

(2)

(3)

(4)

(5)

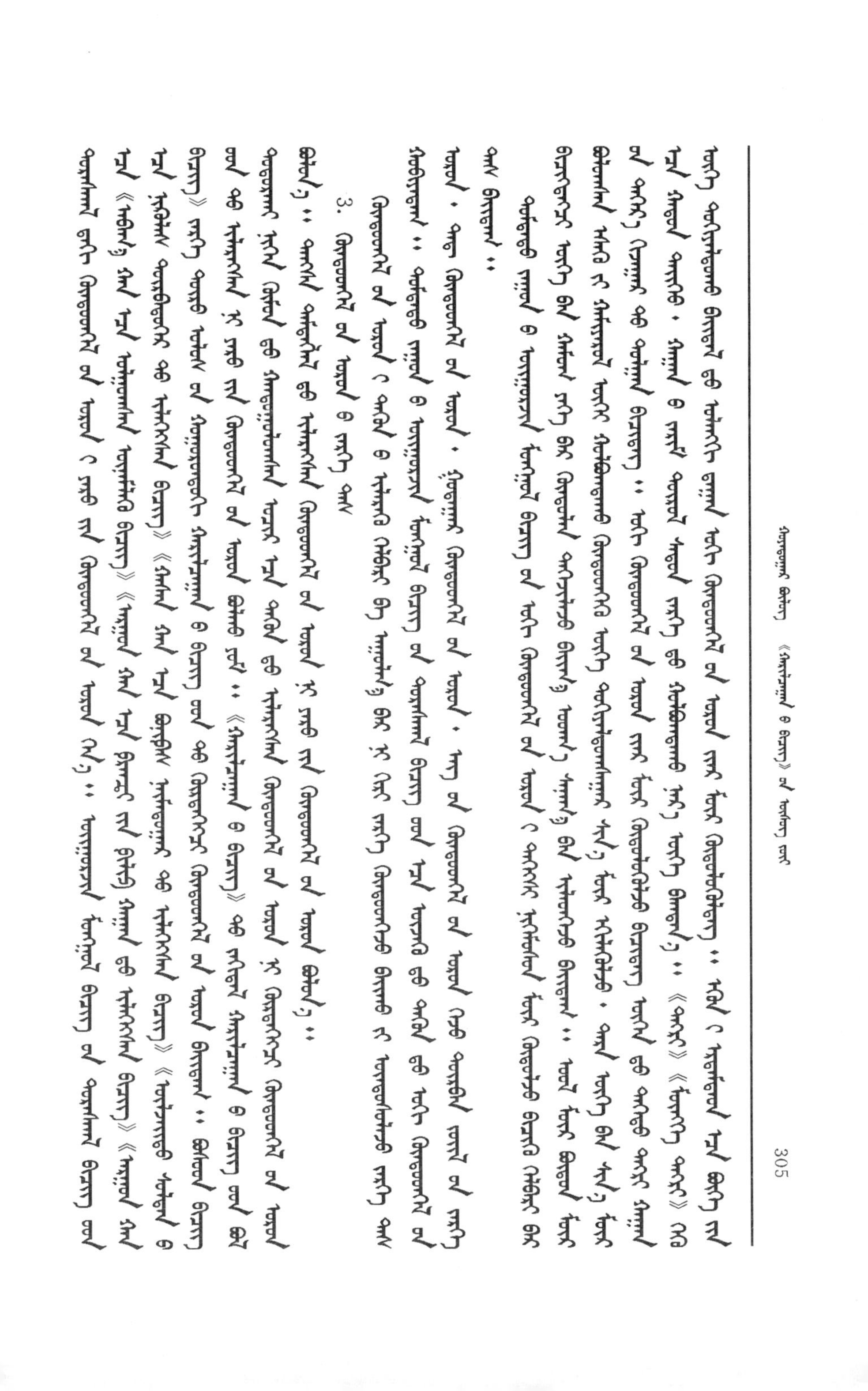

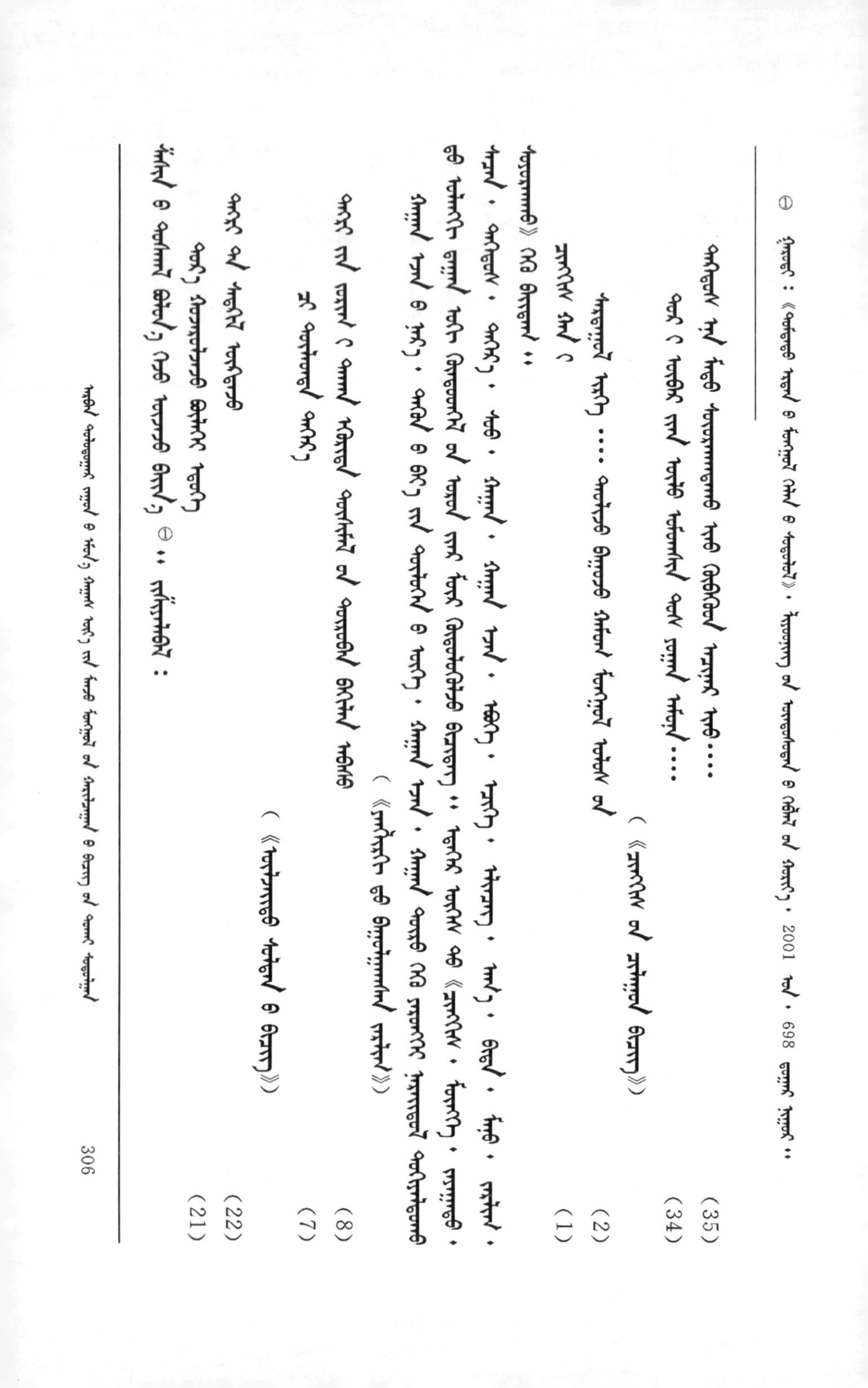

(1) ᠵᠢᠱᠢᠶ᠎ᠡ ᠨᠢ ᠄

(ᠬᠣᠶᠠᠷ) ᠂ ᠬᠣᠲᠠᠨ ᠂ ᠰᠠᠶ᠋ᠢᠨ ᠡᠷᠡ ᠪᠣᠯᠵᠤ ᠂ ᠵᠢᠯ ᠤᠨ ᠬᠣᠶᠠᠷ ᠂ ᠬᠡᠯᠡᠵᠦ ᠄᠄᠄᠄》 ᠭᠡᠵᠦ ᠬᠡᠯᠡᠪᠡ ᠃ ᠳᠠᠭᠤᠯᠠᠵᠤᠢ :
[illegible] ᠃ ᠡᠨᠡ ᠬᠣᠶᠠᠷ ᠨᠢ 《[illegible] ᠂ [illegible]
[illegible] ᠃ [illegible]
[illegible]
[illegible]
[illegible]
(《[illegible] ᠤ ᠳᠠᠭᠤᠤ》)

(8) [illegible] ᠄᠄᠄᠄
(7) [illegible] ᠄᠄᠄᠄
(《[illegible] ᠤ ᠳᠠᠭᠤᠤ》)

(29) [illegible] ᠄᠄᠄᠄
(28) [illegible] ᠄᠄᠄᠄
(27) [illegible] ᠄᠄᠄᠄

[illegible] ᠂ [illegible] ᠂ [illegible] ᠄᠄᠄᠄》 ᠭᠡᠵᠦ ᠪᠠᠢᠳᠠᠭ ᠃ ᠳᠠᠭᠤᠯᠠᠵᠤᠢ :
[illegible] ᠃ [illegible] 《[illegible] ᠂ [illegible]
[illegible]
(《[illegible] ᠤ ᠳᠠᠭᠤᠤ》)

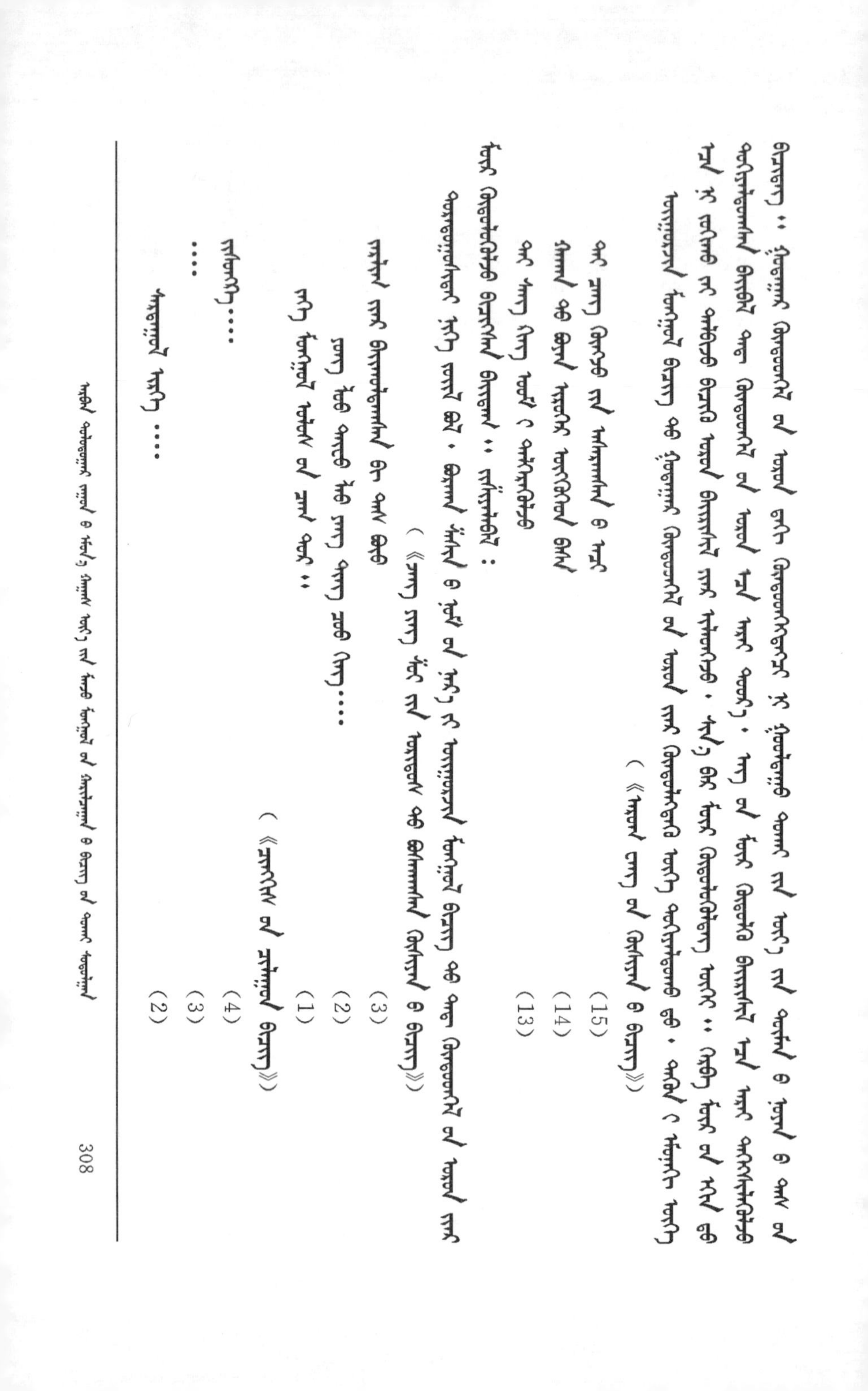

[illegible] ···· (2)

···· (3)

[illegible]···· (4)

(《[illegible]》)

[illegible] :: (1)

[illegible]···· (2)

[illegible] (3)

(《[illegible]》)

[illegible]

[illegible] :

[illegible] (13)

[illegible] (14)

[illegible] (15)

(《[illegible]》)

[illegible] ᠪᠣᠯᠤᠭ᠎ᠠ :: [illegible]

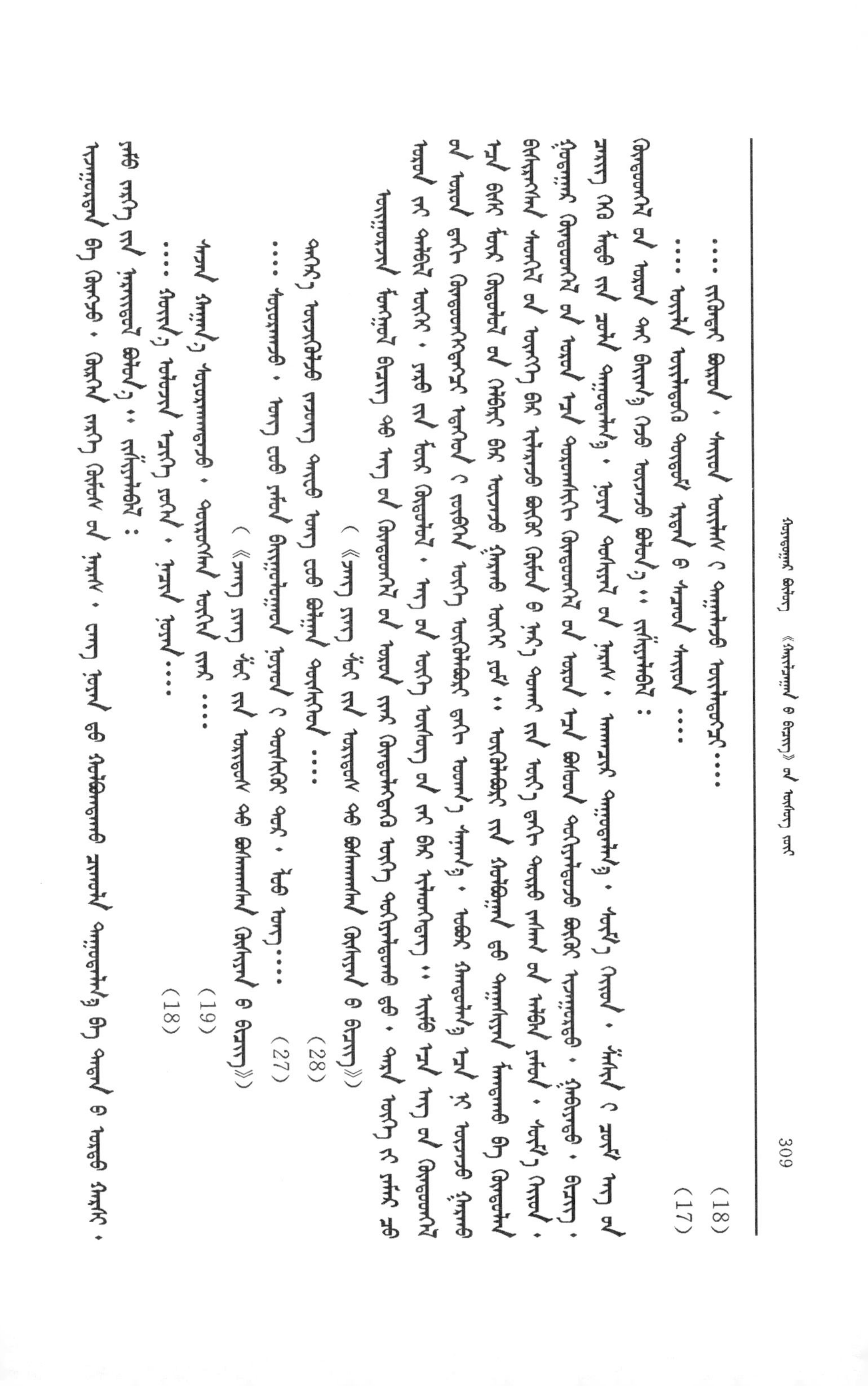

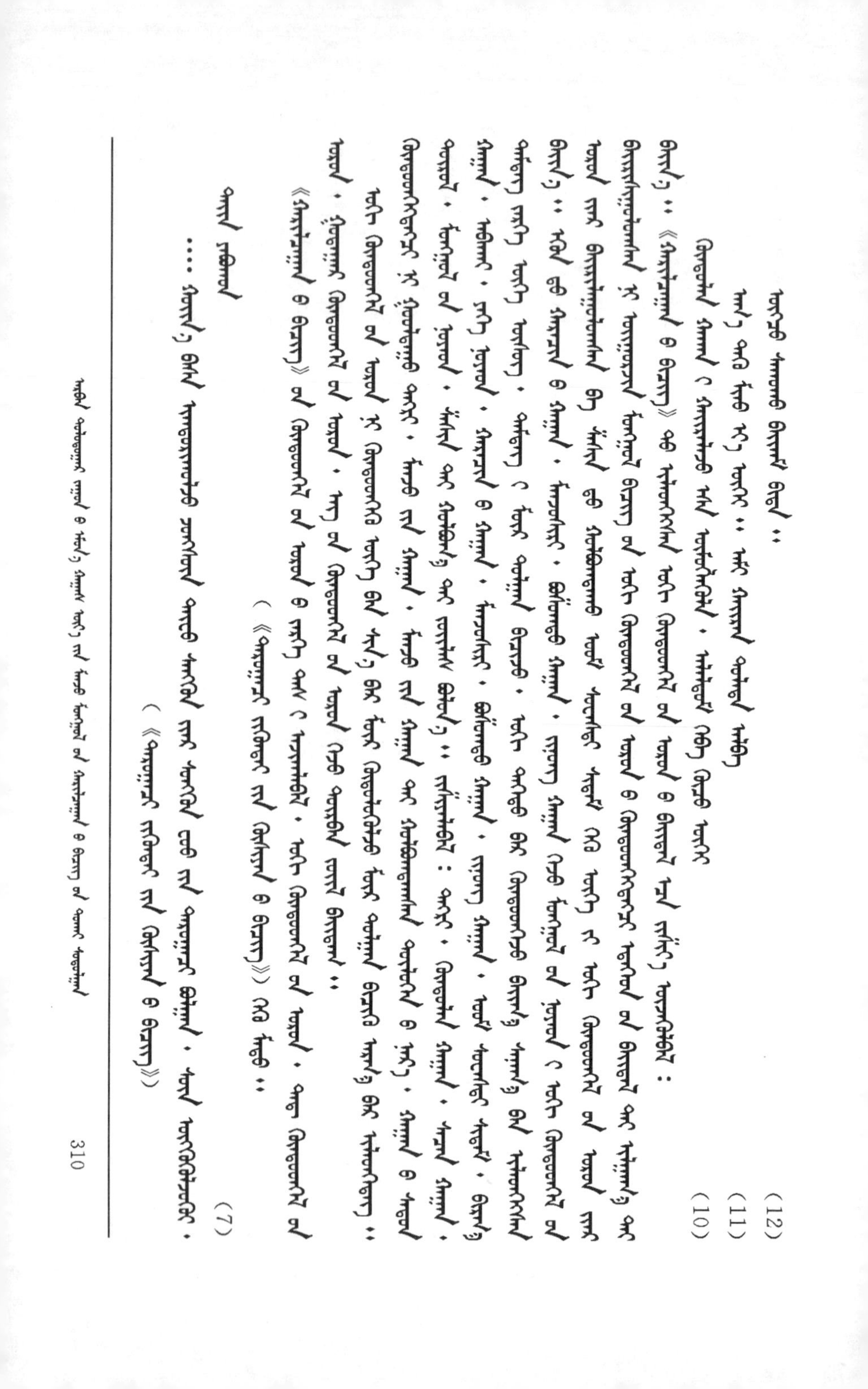

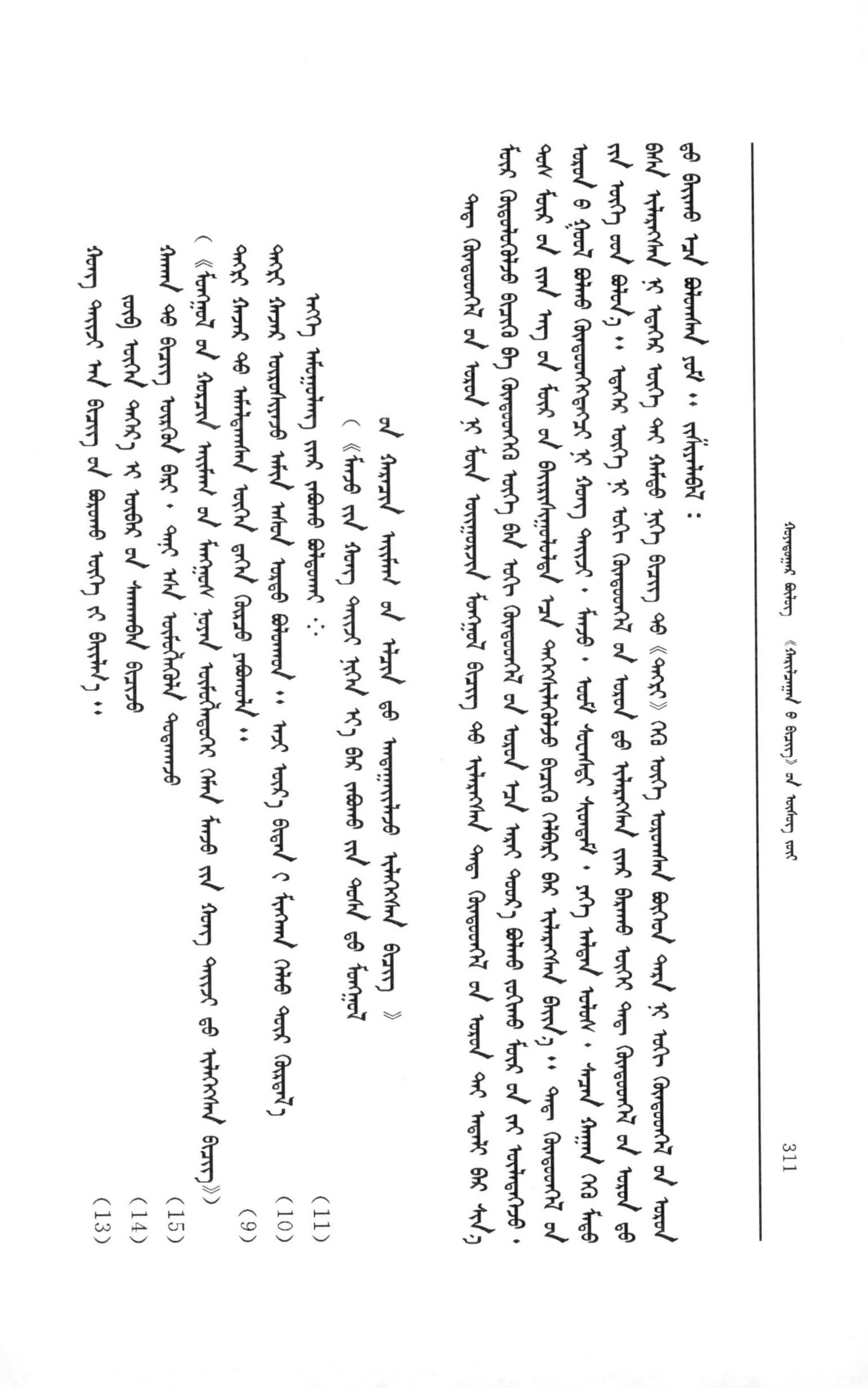

[illegible]

(《[illegible]
[illegible] 》

(13) [illegible] ::
(14) [illegible]
(15) [illegible]
(《[illegible]》)
(9) [illegible] ::
(10) [illegible] :: [illegible]
(11) [illegible] ჻

[illegible] :

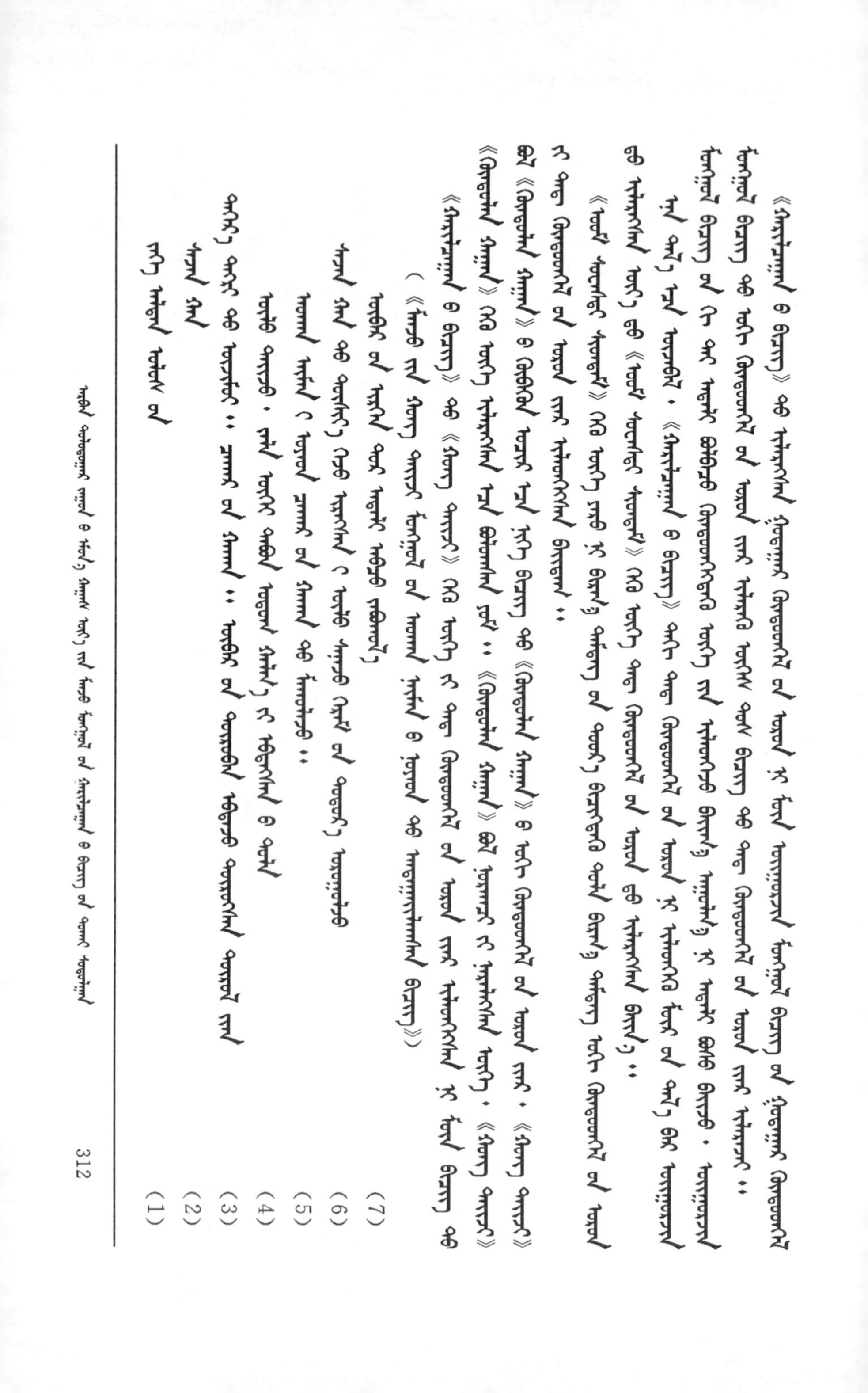

(1) [illegible]

(2) [illegible]

(3) [illegible]

(4) [illegible]

(5) [illegible]

(6) [illegible]

(7) [illegible]

(《[illegible]》)

[illegible]

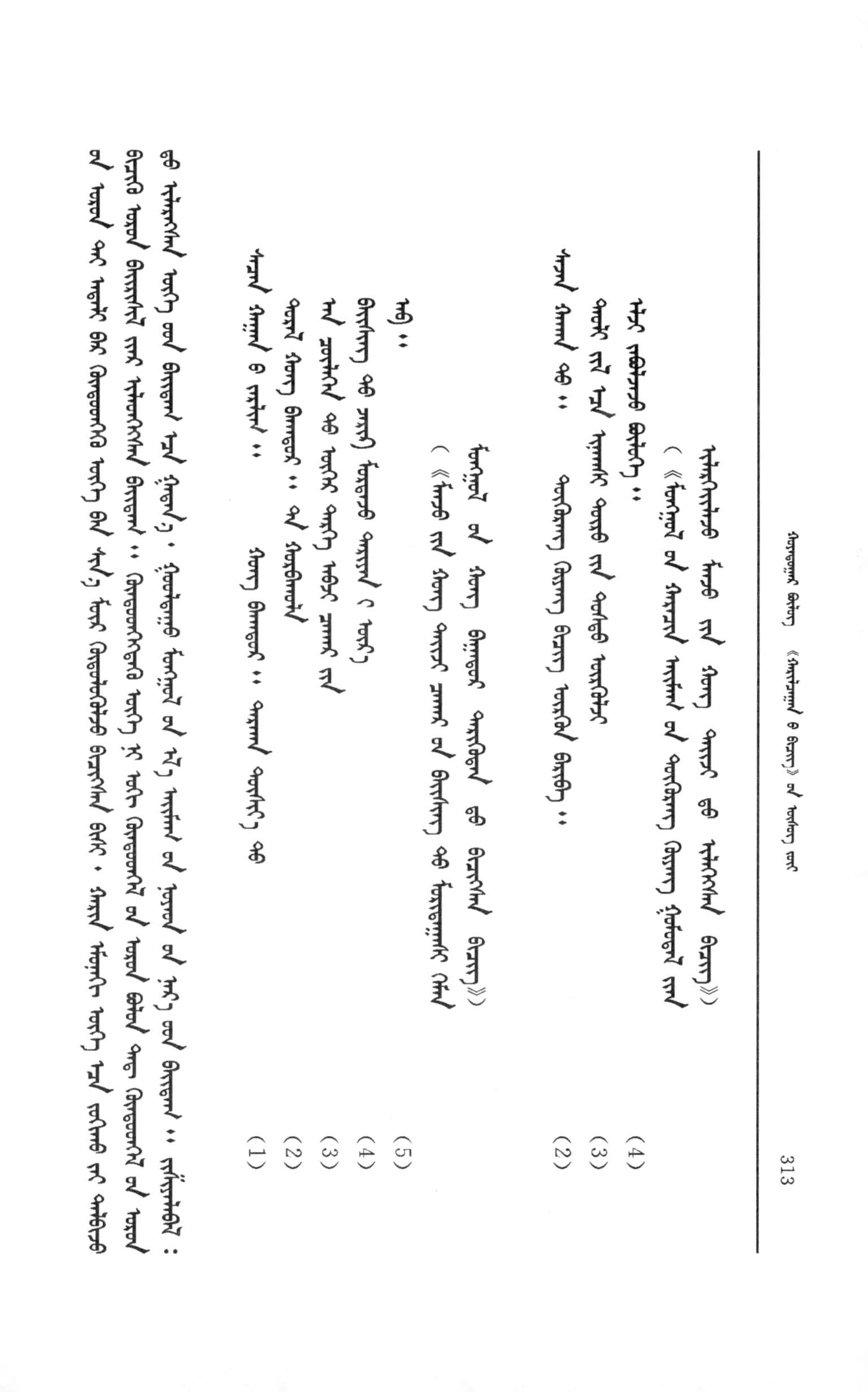

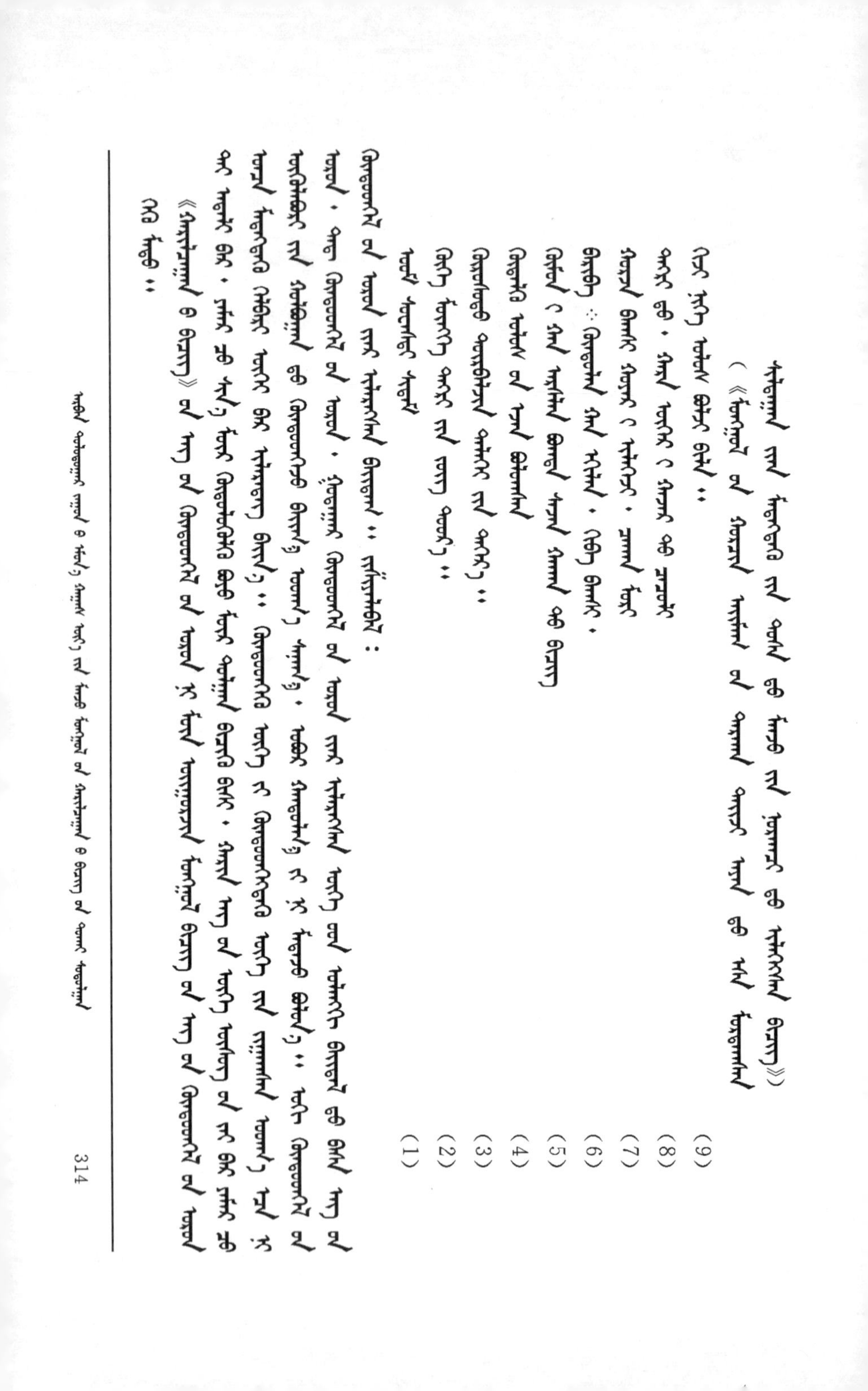

[illegible] ::

[illegible] :

(1) [illegible]

(2) [illegible] ::

(3) [illegible] ::

(4) [illegible]

(5) [illegible]

(6) [illegible]

(7) [illegible]

(8) [illegible]

(9) [illegible] ::

(《[illegible]》)

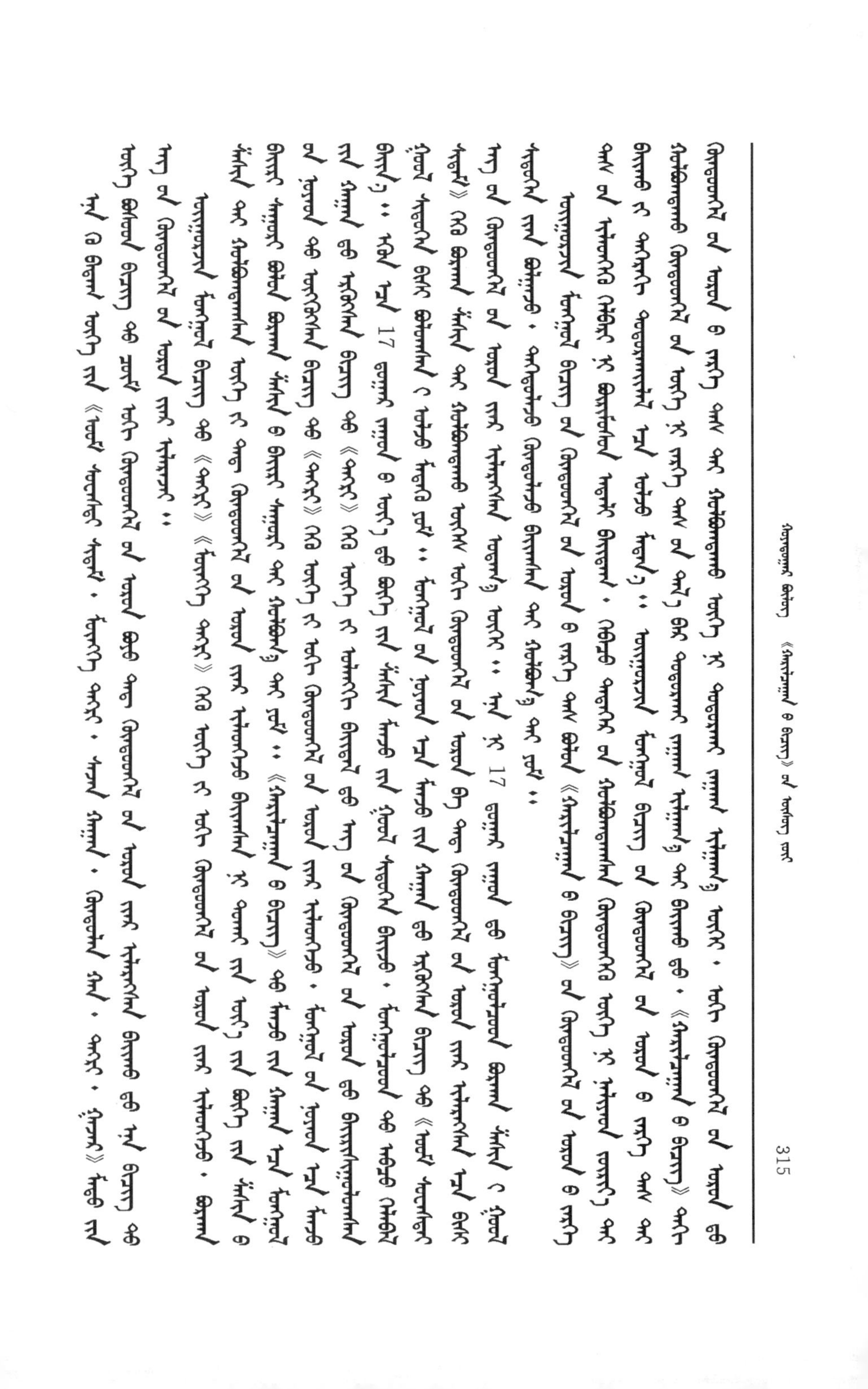

[illegible]
[illegible]
[illegible]
[illegible]

[illegible]
[illegible] ::

[illegible] 17 [illegible]
[illegible]
[illegible]
[illegible] 17 [illegible]
[illegible]
[illegible]
[illegible] ::
[illegible]

[illegible]
[illegible] ::

[illegible]
[illegible]

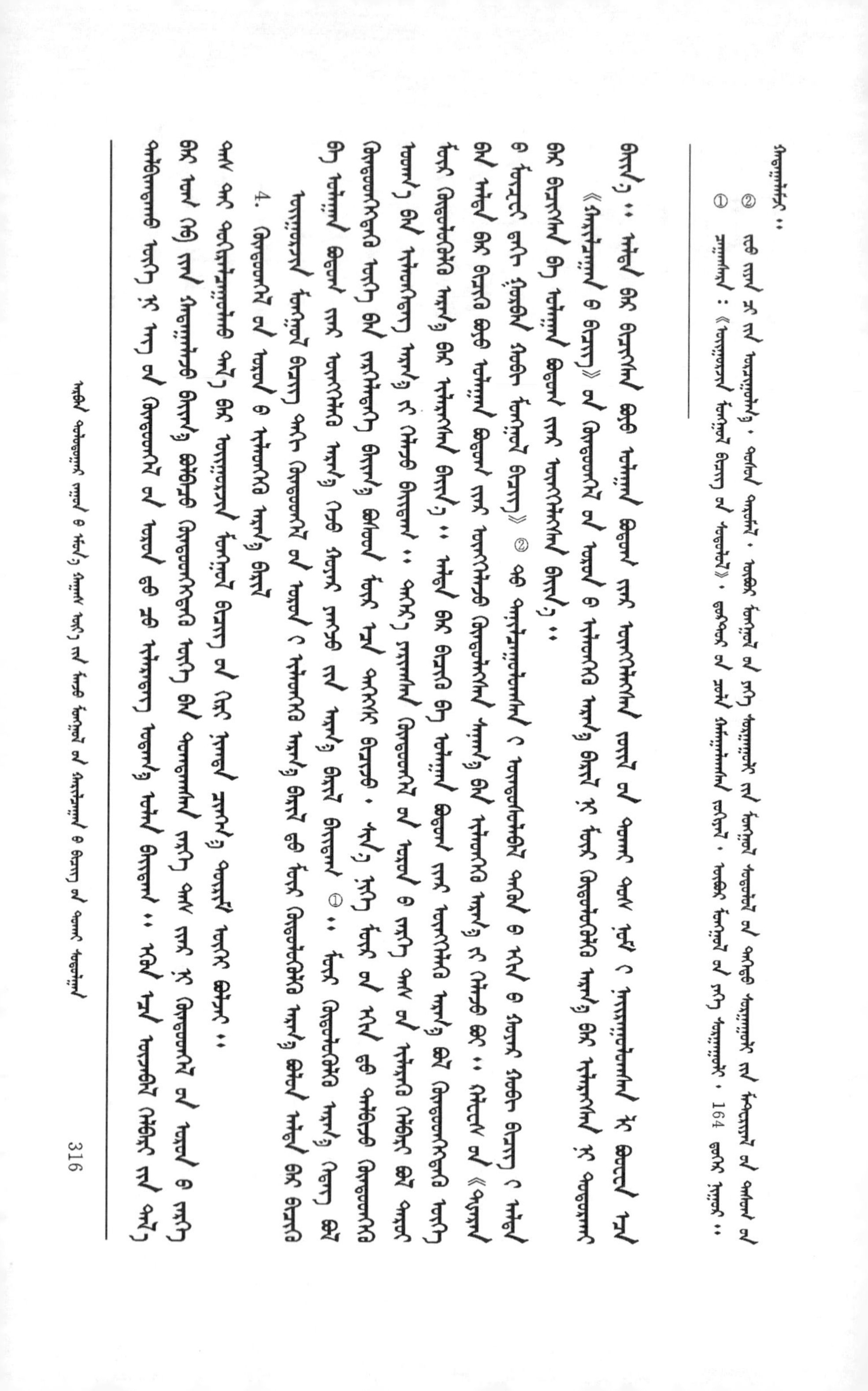

4.

①

②

① 164

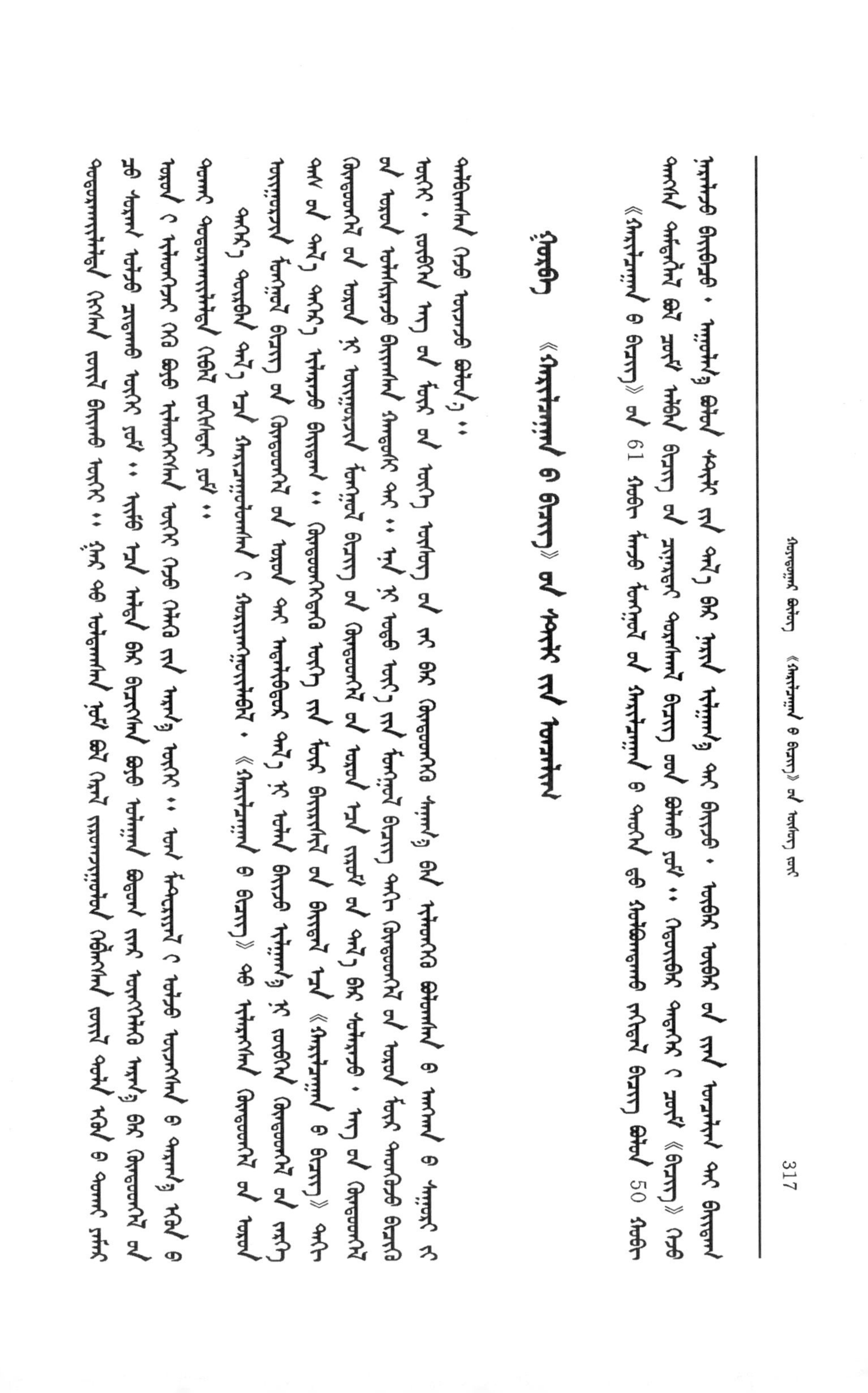

[illegible] 《[illegible]》 [illegible] 50 [illegible] 61 [illegible] 《[illegible]》

[illegible] 《[illegible]》 [illegible]

[illegible] ::

[illegible] 《[illegible]》 [illegible] 《[illegible]》 [illegible] ::

[illegible] ::

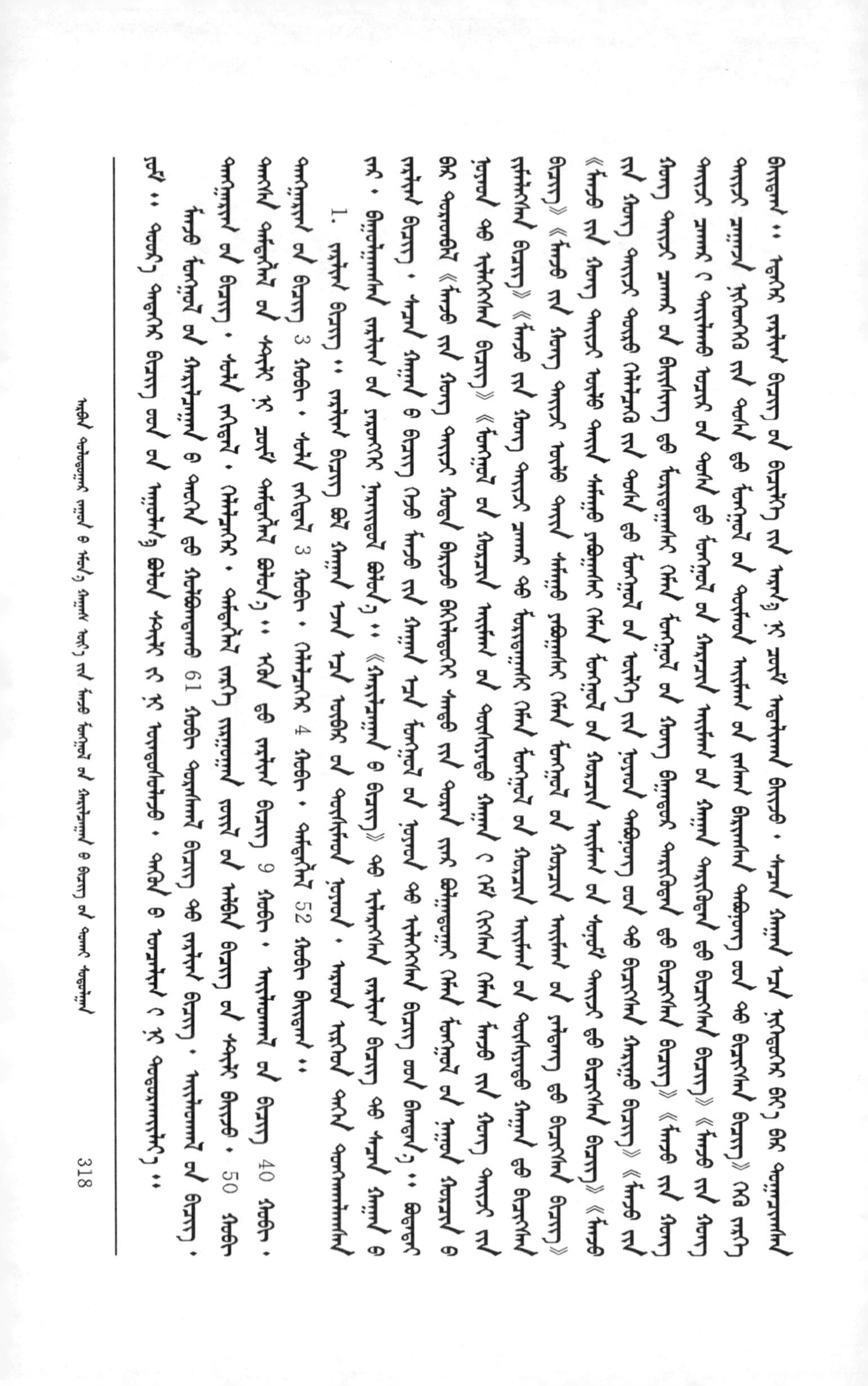

[illegible]

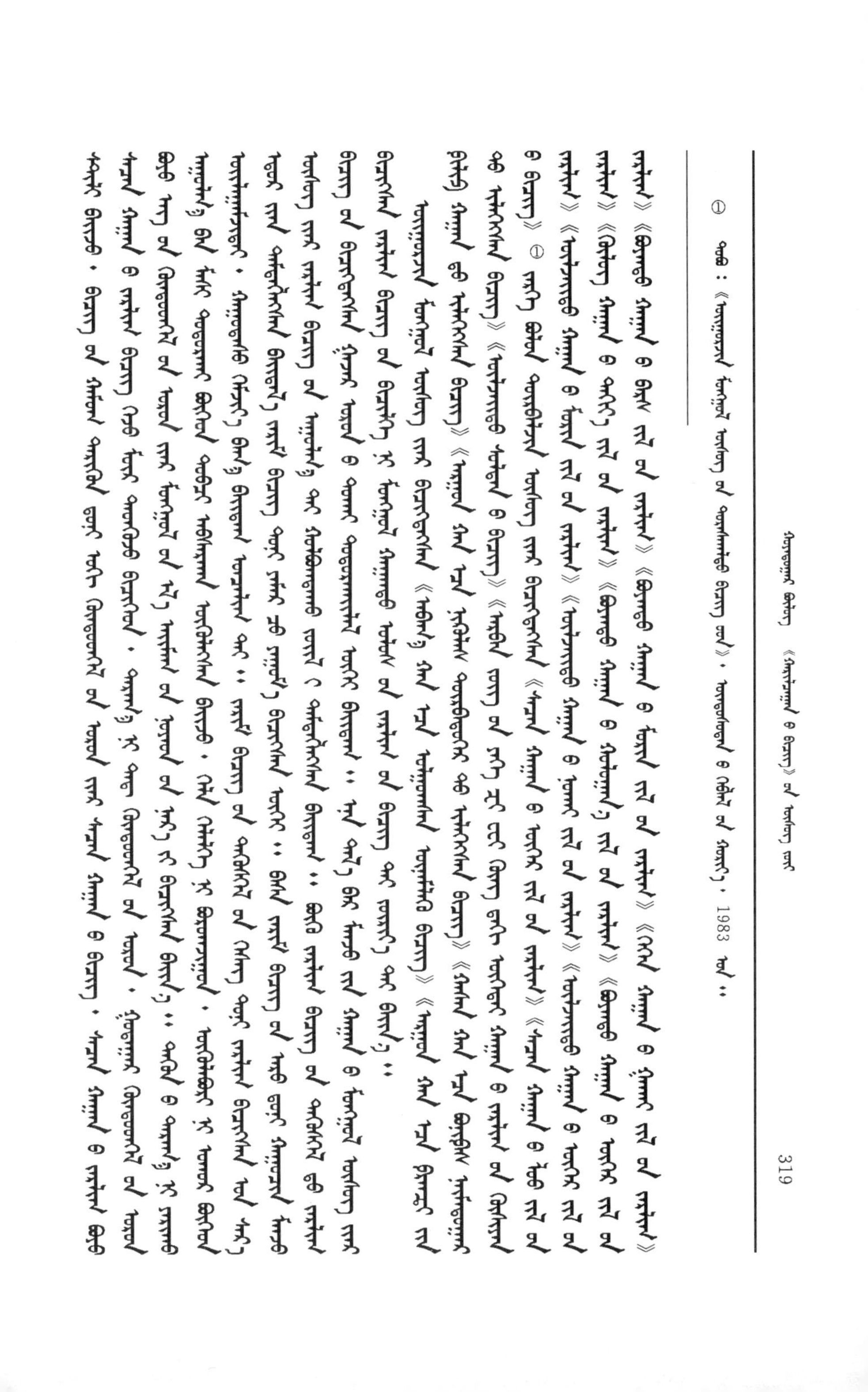

ᠲᠣᠭᠲᠠᠭᠠᠯ ᠲᠠᠯᠪᠢᠵᠤ ᠲᠠᠨ ᠳᠠᠭᠤᠰᠬᠠᠬᠤ ᠬᠣᠯᠪᠣᠭᠳᠠᠯ ᠬᠠᠷᠠ ᠳᠠᠭᠤᠰᠬᠠᠬᠤ ᠰᠢᠯᠳᠠᠭᠠᠨ ᠪᠣᠯ ᠰᠢᠭᠤᠳᠬᠠᠭᠰᠠᠨ᠃ ᠡᠭᠦᠨ ᠢ ᠵᠠᠷᠯᠢᠭ ᠮᠡᠲᠦ ᠪᠠᠢᠨ᠎ᠠ ᠮᠣᠩᠭᠣᠯᠴᠤᠳ ᠲᠠᠨ ᠳᠣᠲᠤᠭᠰᠠᠨ ᠶᠠᠭᠤᠮᠠ
ᠪᠢᠴᠢᠭᠯᠡᠭᠰᠡᠨ ᠪᠠᠢᠳᠠᠯ᠃ 《ᠠᠯᠳᠠᠭᠰᠠᠨ ᠤ ᠪᠢᠴᠢᠭ》 ᠢ ᠰᠣᠯᠢᠭᠰᠠᠨ ᠠᠯᠪᠠᠨ ᠤ ᠪᠢᠴᠢᠭ ᠢ ᠲᠣᠭᠲᠠᠭᠠᠬᠤ ᠬᠠᠷᠢᠶᠠᠯᠴᠠᠭᠤᠯᠤᠯ ᠤᠨ ᠲᠠᠯᠠᠷ ᠪᠠᠢᠳᠠᠭ ᠲᠠᠯᠠᠬᠢ᠂
ᠤ ᠲᠠᠭᠤᠰᠤᠯ ᠪᠢᠴᠢᠭ ᠢ ᠠᠯᠪᠠᠨ ᠤ ᠵᠠᠷᠯᠢᠭ ᠮᠡᠲᠦ 《如复违犯 依事纠奏》《不如吾诏者，以重论之》 ᠭᠡᠬᠦ ᠮᠡᠲᠦ ᠲᠠᠨ ᠲᠠᠯᠠᠷ
ᠰᠠᠯᠠᠢ ᠬᠣᠶᠠᠷ ᠬᠡᠰᠡᠭ ᠲᠠᠯᠠᠷ ᠢ ᠬᠠᠷᠢᠴᠠᠭᠤᠯᠪᠠᠯ᠂ ᠬᠡᠯᠡᠨ ᠦ ᠲᠠᠯᠠ ᠮᠡᠳᠡᠯ ᠲᠠᠨ ᠰᠢᠭᠤᠳᠬᠠᠭᠰᠠᠨ ᠪᠠᠢᠨ᠎ᠠ᠃ ᠬᠣᠶᠠᠭᠤᠯ ᠲᠠᠯᠠᠷ ᠲᠠᠨ ᠪᠢᠴᠢᠭᠯᠡᠭᠰᠡᠨ ᠲᠠᠯ᠎ᠠ ᠶᠢᠨ ᠬᠡᠯᠡᠨ
ᠬᠡᠯᠡᠨ ᠦ ᠲᠠᠭᠤᠰᠤᠯ ᠤᠨ ᠲᠡᠷᠭᠡᠯ ᠤᠨ ᠠᠯᠪᠠᠨ ᠤ ᠵᠠᠷᠯᠢᠭ ᠮᠡᠲᠦ 《ᠲᠠᠰᠤᠯᠤᠭᠰᠠᠨ᠂ ᠪᠤᠷᠤᠭᠤᠯᠠᠭᠰᠠᠨ》 ᠭᠡᠬᠦ ᠲᠣᠳᠣᠷᠬᠠᠢᠯᠠᠬᠤ ᠬᠡᠮᠵᠢᠶᠡᠯᠡᠭᠳᠡᠬᠦ ᠵᠠᠭᠠᠭᠳᠠᠬᠤᠢ ᠤᠨ
ᠠᠯᠪᠠᠳᠠᠭᠤᠯᠤᠭᠰᠠᠨ ᠲᠣᠭᠲᠠᠭᠠᠭᠰᠠᠨ ᠮᠣᠩᠭᠣᠯ ᠲᠠᠯᠠᠷ ᠲᠠᠨ ᠪᠢᠴᠢᠭᠯᠡᠭᠰᠡᠨ ᠬᠡᠯᠡᠨ ᠦ ᠲᠠᠭᠤᠰᠤᠯ ᠪᠤᠶᠤ ᠲᠣᠭᠲᠠᠭᠠᠬᠤ ᠲᠠᠯᠠᠷ ᠲᠠᠨ ᠪᠢᠴᠢᠭᠯᠡᠭᠰᠡᠨ
《ᠮᠣᠩᠭᠣᠯ ᠤᠨ ᠨᠢᠭᠤᠴᠠ ᠲᠣᠪᠴᠢᠶᠠᠨ》 ᠳᠤ ᠲᠡᠷᠭᠡᠯ ᠤᠨ ᠲᠠᠯᠠᠭᠠᠨ ᠪᠠᠢᠳᠠᠭ ᠮᠡᠲᠦ ᠲᠠᠨ ᠲᠠᠯᠠᠷ ᠪᠠᠢᠳᠠᠯ ᠪᠣᠯᠤᠨ᠎ᠠ ② ᠃
ᠬᠡᠷᠪᠡ ᠲᠠᠯ 《〈ᠮᠣᠩᠭᠣᠯ ᠤᠨ ᠨᠢᠭᠤᠴᠠ ᠲᠣᠪᠴᠢᠶᠠᠨ〉 ᠤ ᠮᠣᠩᠭᠣᠯ ᠰᠤᠳᠤᠯᠬᠤ ᠲᠠᠷᠬᠠᠯ ᠤᠨ ᠲᠠᠰᠤᠯᠤᠭᠰᠠᠨ ᠳᠤ ᠮᠡᠳᠡᠭᠳᠡᠭᠰᠡᠨ ᠲᠠᠮᠠᠭ᠎ᠠ ᠪᠢᠴᠢᠭ ᠮᠣᠩᠭᠣᠯ》 ᠳᠤ
《ᠮᠣᠩᠭᠣᠯ ᠤᠨ ᠨᠢᠭᠤᠴᠠ ᠲᠣᠪᠴᠢᠶᠠᠨ》 ᠤ ᠠᠯᠪᠠᠨ ᠤ ᠲᠠᠭᠤᠰᠤᠯ ᠲᠣᠭᠤᠯᠠᠬᠤ ᠃ ᠲᠡᠷᠡ ᠴᠠᠭ ᠤᠨ ᠲᠠᠯᠠᠭᠠᠨ ᠲᠠᠯ ᠤ ᠮᠣᠩᠭᠣᠯᠴᠤᠳ ᠲᠣᠭᠲᠠᠭᠠᠬᠤ ᠲᠠᠯᠠᠷ
ᠲᠠᠯᠪᠢᠭᠤ ᠤᠨ ᠲᠣᠭᠲᠠᠭᠠᠬᠤᠢ᠂ ᠲᠠᠯᠠᠷᠬᠠᠭᠰᠠᠨ ᠲᠠᠯ ᠲᠠᠨ᠂ ᠲᠠᠯᠠᠷᠬᠠᠭᠰᠠᠨ ᠪᠢᠴᠢᠭ᠂ ᠠᠯᠪᠠᠨ ᠤ ᠲᠠᠯᠠᠷ ᠭᠡᠵᠦ ᠪᠠᠢᠭᠰᠠᠨ ᠲᠠᠨ ᠲᠣᠭᠲᠠᠭᠰᠠᠨ ᠬᠡᠮᠡᠨ ᠪᠠᠢᠳᠠᠯ᠃
ᠲᠠᠨ ᠲᠣᠭᠲᠠᠭᠠᠭᠰᠠᠨ ᠠᠯᠪᠠᠳᠠᠭᠤᠯᠤᠭᠰᠠᠨ ᠪᠠᠢᠳᠠᠯ ① ᠃ ᠡᠭᠦᠨ ᠲᠠᠯ ᠲᠣᠭᠲᠠᠭᠠᠯ ᠮᠣᠩᠭᠣᠯ ᠰᠤᠳᠤᠯᠬᠤ ᠲᠠᠯᠠᠷ ᠤᠨ ᠲᠠᠰᠤᠯᠤᠭᠰᠠᠨ ᠠᠯᠪᠠᠨ ᠤ ᠵᠠᠷᠯᠢᠭ ᠬᠢ ᠪᠢᠴᠢᠭ
ᠪᠢᠴᠢᠭ ᠲᠠᠢ ᠤᠨ ᠲᠠᠯᠠᠷ》 ᠲᠠᠯᠠᠬᠢ ᠮᠣᠩᠭᠣᠯ ᠤ ᠲᠠᠯᠠᠷ ᠢ ᠲᠣᠭᠲᠠᠭᠠᠯ ᠠᠯᠪᠠᠨ ᠤ ᠵᠠᠷᠯᠢᠭ ᠲᠠᠨ ᠲᠠᠯᠠᠭᠰᠠᠨ ᠮᠣᠩᠭᠣᠯ ᠪᠢᠴᠢᠭᠯᠡᠭᠰᠡᠨ
ᠲᠠᠢ ᠤᠨ ᠲᠠᠯᠠᠷ》《ᠠᠯᠪᠠᠳᠠᠭᠤᠯᠤᠭᠰᠠᠨ ᠮᠣᠩᠭᠣᠯ ᠤ ᠪᠢᠴᠢᠭ ᠲᠠᠢ ᠤᠨ ᠲᠠᠯᠠᠷ》《ᠠᠯᠪᠠᠳᠠᠭᠤᠯᠤᠭᠰᠠᠨ ᠮᠣᠩᠭᠣᠯ ᠤ
ᠲᠠᠯᠠᠷ》《ᠠᠯᠪᠠᠳᠠᠭᠤᠯᠤᠭᠰᠠᠨ ᠮᠣᠩᠭᠣᠯ ᠤ ᠮᠣᠩᠭᠣᠯᠴᠤᠳ ᠲᠠᠢ ᠤᠨ ᠲᠠᠯᠠᠷ》《ᠠᠯᠪᠠᠳᠠᠭᠤᠯᠤᠭᠰᠠᠨ ᠮᠣᠩᠭᠣᠯ ᠤ ᠠᠯᠪᠠᠨ
《ᠲᠠᠯᠪᠢᠭᠤᠯᠤᠭᠰᠠᠨ ᠮᠣᠩᠭᠣᠯ ᠤ ᠮᠣᠩᠭᠣᠯᠴᠤᠳ ᠲᠠᠢ ᠤᠨ ᠲᠠᠯᠠᠷ》《ᠠᠯᠪᠠᠳᠠᠭᠤᠯᠤᠭᠰᠠᠨ ᠮᠣᠩᠭᠣᠯ ᠤ ᠮᠣᠩᠭᠣᠯ ᠲᠠᠢ ᠤᠨ

---

② ᠵᠠᠯᠠᠯ ᠬᠡᠪᠯᠡᠯ᠄《〈ᠮᠣᠩᠭᠣᠯ ᠤᠨ ᠨᠢᠭᠤᠴᠠ ᠲᠣᠪᠴᠢᠶᠠᠨ〉 ᠤ ᠰᠤᠳᠤᠯᠭ᠎ᠠ》᠂ ᠥᠪᠥᠷ ᠮᠣᠩᠭᠣᠯ ᠤᠨ ᠠᠷᠠᠳ ᠤᠨ ᠬᠡᠪᠯᠡᠯ ᠤᠨ ᠬᠣᠷᠢᠶ᠎ᠠ᠂ 1998 ᠣᠨ᠂ 107 ᠳᠤᠭᠠᠷ ᠨᠢᠭᠤᠷ᠃

① 呼格吉勒图，萨如拉：《八思巴字蒙古语文献汇编》，内蒙古教育出版社，2004年8月。

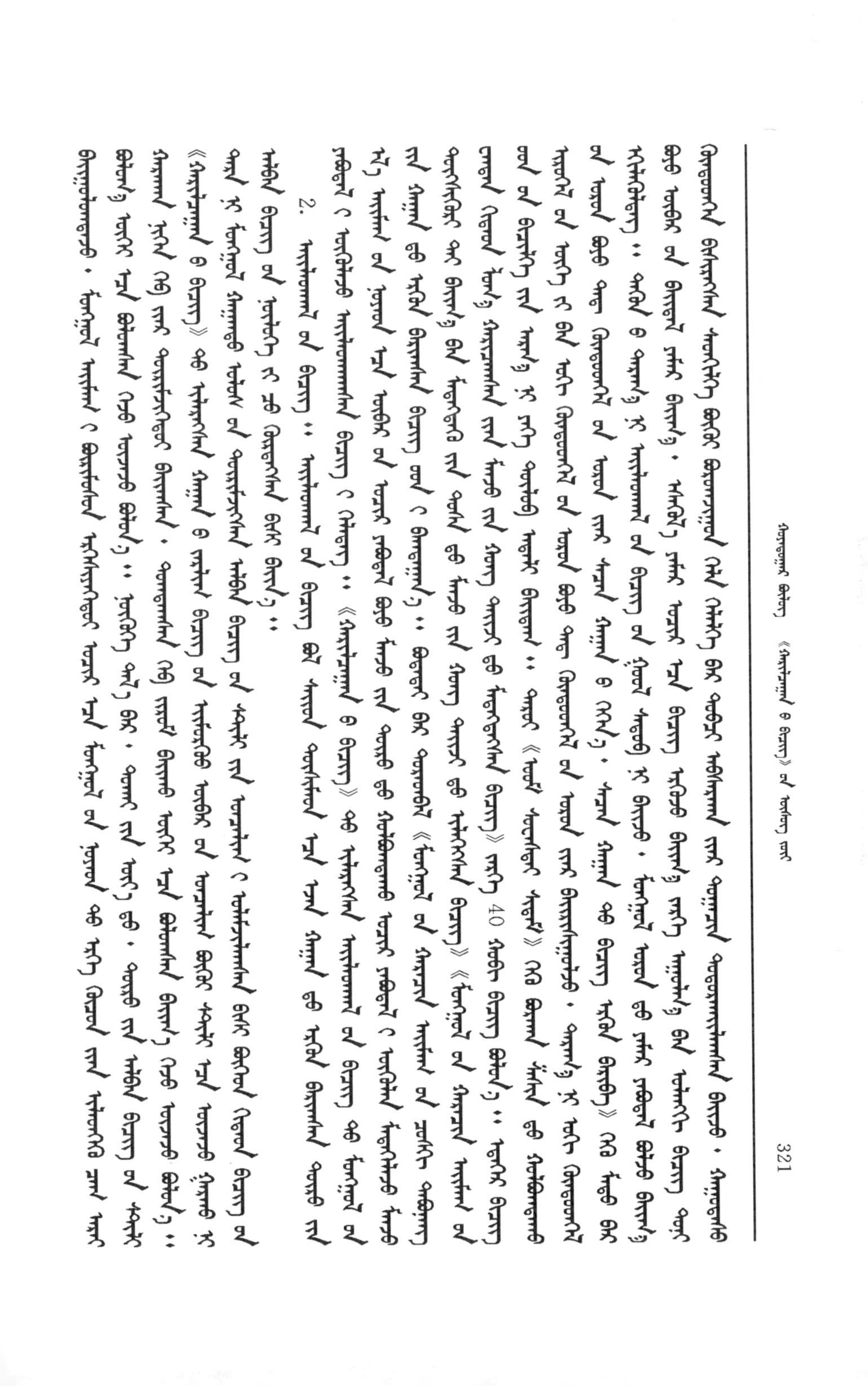

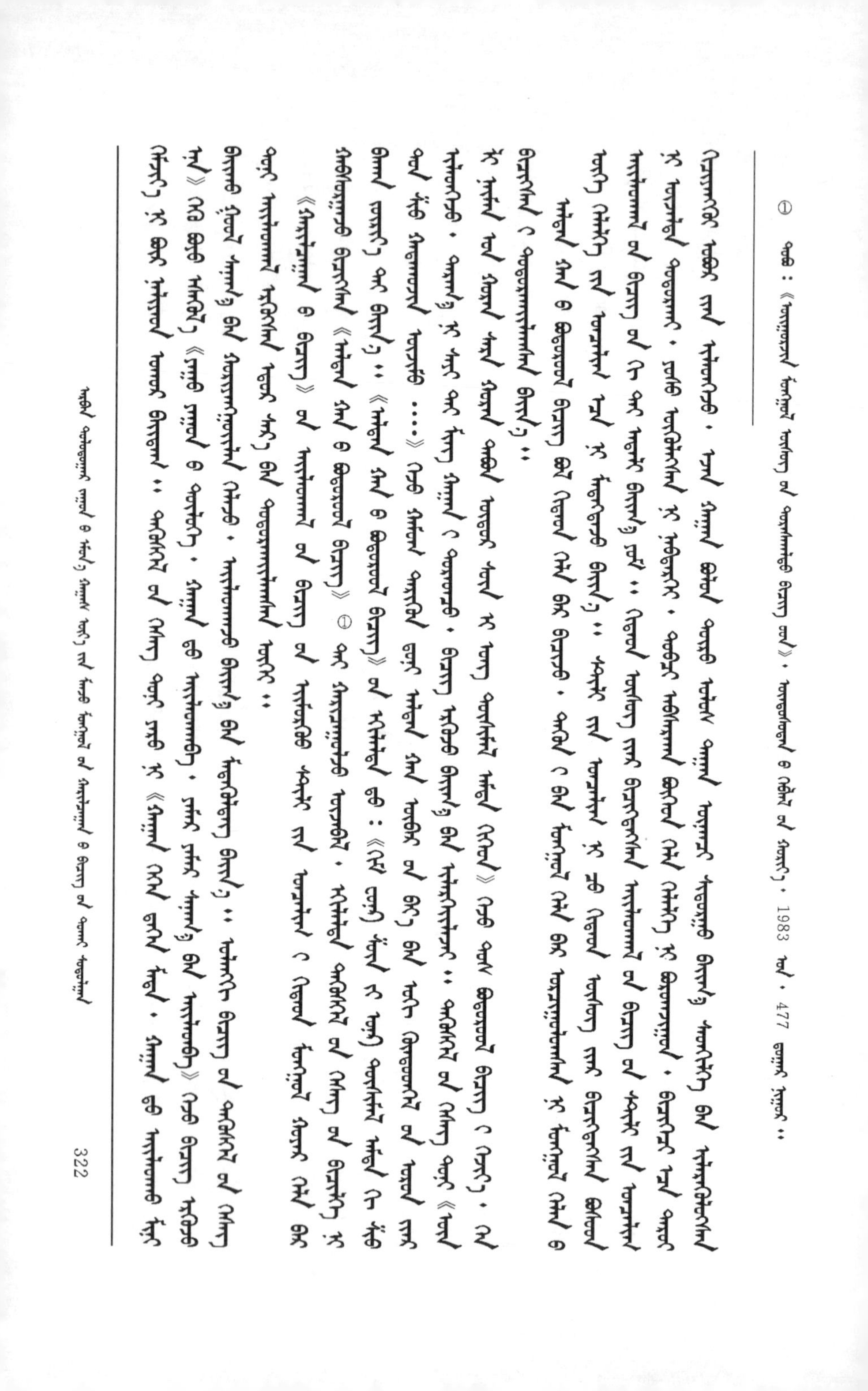

ᠪᠣᠯᠤᠨ᠎ᠠ :: 《ᠰᠡᠳᠬᠢᠯᠭᠡᠨ ᠦ ᠪᠢᠴᠢᠭ》 ᠳᠤ ᠲᠤᠬᠠᠢᠯᠠᠭᠰᠠᠨ ᠲᠡᠮᠳᠡᠭᠯᠡᠯ ᠦᠨ ᠪᠢᠴᠢᠭ ᠦᠨ ᠬᠡᠯᠪᠡᠷᠢ ᠶᠢ ᠲᠣᠭᠠᠴᠢᠪᠠᠯ ᠬᠣᠶᠠᠷ ᠳᠦᠷᠰᠦ ᠪᠠᠢᠨ᠎ᠠ ᠳᠤ ᠬᠤᠪᠢᠶᠠᠵᠤ ᠪᠣᠯᠬᠤ ᠪᠤᠢ ::

3. ᠭᠡᠷᠡᠴᠢᠯᠡᠯ ᠦᠨ ᠪᠢᠴᠢᠭ :: ᠭᠡᠷᠡᠴᠢᠯᠡᠯ ᠦᠨ ᠪᠢᠴᠢᠭ ᠪᠣᠯ ᠣᠯᠠᠨ ᠲᠦᠮᠡᠨ ᠦ ᠬᠠᠮᠲᠤᠷᠠᠭᠰᠠᠨ ᠬᠡᠯᠡᠯᠴᠡᠭᠡᠨ ᠦ ᠪᠢᠴᠢᠭ ᠦᠨ ᠨᠢᠭᠡ ᠲᠥᠷᠥᠯ ᠦᠨ ᠬᠡᠯᠪᠡᠷᠢ ᠪᠣᠯᠤᠨ᠎ᠠ :: (1) ᠲᠠᠩᠬᠠᠷᠢᠭ ᠲᠠᠯᠪᠢᠬᠤ ᠶᠠᠪᠤᠳᠠᠯ ᠳᠤ ᠬᠡᠷᠡᠭᠯᠡᠭᠳᠡᠬᠦ ᠬᠡᠯᠡ ᠦᠭᠡ ᠪᠢᠴᠢᠭ ᠪᠣᠯᠤᠨ᠎ᠠ :: ᠭᠡᠷᠡᠴᠢᠯᠡᠯ ᠦᠨ ᠪᠢᠴᠢᠭ ᠢ ᠰᠢᠷᠡᠭᠡᠨ ᠳᠡᠭᠡᠷ᠎ᠡ ᠪᠢᠴᠢᠵᠦ ᠬᠡᠯᠡᠯᠴᠡᠭᠡᠨ ᠦ ᠭᠡᠷᠡᠴᠢᠯᠡᠯ ᠪᠢᠴᠢᠭ ᠬᠡᠮᠡᠨ᠎ᠡ :: (2) ᠰᠤᠷᠠᠭ ᠬᠡᠯᠡᠬᠦ ᠳᠤᠷᠠᠰᠬᠠᠯ ᠪᠢᠴᠢᠭᠯᠡᠬᠦ ᠬᠡᠮᠡᠨ ᠦ ᠲᠠᠩᠬᠠᠷᠢᠭᠯᠠᠬᠤ ᠭᠡᠷᠡᠴᠢᠯᠡᠬᠦ ᠬᠡᠮᠡᠨ᠎ᠡ᠂ ᠲᠡᠭᠦᠨ ᠢ ᠳᠤᠷᠠᠰᠬᠠᠯ ᠪᠢᠴᠢᠭ ᠬᠡᠮᠡᠨ᠎ᠡ :: (3) ᠰᠢᠭᠤᠳ ᠬᠡᠯᠡᠬᠦ᠂ ᠶᠠᠷᠢᠬᠤ᠂ ᠭᠡᠷᠡᠴᠢᠯᠡᠬᠦ᠂ ᠭᠡᠷᠡᠴᠡ ᠵᠢᠴᠢ ᠪᠢᠴᠢᠭ ᠦᠨ ᠪᠠᠷᠢᠮᠲᠠ ᠶᠢᠨ ᠦᠭᠡ ᠪᠠᠢᠭᠰᠠᠨ ᠭᠡᠷᠡᠴᠢᠯᠡᠯ ᠦᠨ ᠪᠢᠴᠢᠭ ᠦᠨ ᠬᠡᠮᠡᠨ᠎ᠡ :: 《ᠰᠡᠳᠬᠢᠯᠭᠡᠨ ᠦ ᠪᠢᠴᠢᠭ》 ᠳᠤ 3 ᠵᠦᠢᠯ ᠭᠡᠷᠡᠴᠢᠯᠡᠯ ᠦᠨ ᠪᠢᠴᠢᠭ ᠦᠨ ᠬᠡᠯᠪᠡᠷᠢ ᠶᠢ ᠲᠤᠬᠠᠢᠯᠠᠭᠰᠠᠨ ᠪᠠᠢᠨ᠎ᠠ :: 《ᠰᠠᠭᠤᠳᠠᠯ ᠤᠨ ᠪᠢᠴᠢᠭ》 ᠳᠤ ᠭᠡᠷᠡᠴᠢᠯᠡᠯ ᠦᠨ ᠪᠢᠴᠢᠭ ᠦᠨ ᠬᠡᠯᠪᠡᠷᠢ ᠶᠢᠨ ᠲᠤᠬᠠᠢ ᠬᠡᠯᠡᠭᠰᠡᠨ ᠨᠢ ᠪᠠᠢᠨ᠎ᠠ :: ᠬᠠᠷᠢᠨ ᠲᠠᠩᠬᠠᠷᠢᠭ ᠦᠨ ᠪᠢᠴᠢᠭ ᠲᠤ ᠭᠡᠷᠡᠴᠢᠯᠡᠭᠰᠡᠨ ᠠᠭᠤᠯᠭ᠎ᠠ ᠶᠢ ᠲᠠᠩᠬᠠᠷᠢᠭᠯᠠᠨ ᠲᠡᠮᠳᠡᠭᠯᠡᠭᠰᠡᠨ ᠪᠢᠴᠢᠭ》 《ᠰᠢᠷᠡᠭᠡ ᠶᠢᠨ ᠳᠡᠭᠡᠷ᠎ᠡ ᠬᠢ ᠲᠠᠩᠬᠠᠷᠢᠭ ᠦᠨ ᠪᠢᠴᠢᠭ》 ᠵᠡᠷᠭᠡ ᠪᠠᠢᠨ᠎ᠠ :: ᠲᠡᠭᠦᠨ ᠦ ᠬᠠᠮᠲᠤ ᠪᠢᠴᠢᠭᠰᠡᠨ ᠬᠡᠯᠡᠯᠴᠡᠭᠡᠨ ᠦ ᠪᠢᠴᠢᠭ ᠦᠨ ᠬᠡᠯᠪᠡᠷᠢ ᠪᠣᠯᠤᠨ᠎ᠠ :: ᠵᠢᠭᠠᠯᠳᠤᠭᠰᠠᠨ ᠲᠠᠯ᠎ᠠ ᠶᠢᠨ ᠭᠡᠷᠡᠴᠢᠯᠡᠯ ᠦᠨ ᠪᠢᠴᠢᠭ ᠪᠣᠯᠤᠨ᠎ᠠ᠂ ᠲᠡᠮᠳᠡᠭᠯᠡᠯ ᠦᠨ ᠬᠡᠯᠪᠡᠷᠢ ᠶᠢ ᠰᠢᠭᠤᠳ ᠬᠡᠯᠡᠬᠦ ᠳᠤ ᠲᠡᠮᠳᠡᠭᠯᠡᠭᠰᠡᠨ ᠦᠭᠡ ᠪᠠᠢᠨ᠎ᠠ :: ᠬᠠᠭᠠᠨ ᠤ 《ᠵᠠᠯᠠᠭᠤ ᠶᠢᠨ ᠪᠢᠴᠢᠭ》 ᠳᠤ ᠲᠠᠩᠬᠠᠷᠢᠭᠯᠠᠬᠤ᠂ ᠲᠠᠩᠬᠠᠷᠢᠭ ᠲᠠᠯᠪᠢᠬᠤ᠂ ᠭᠡᠷᠡᠴᠢᠯᠡᠯ ᠦᠨ ᠪᠢᠴᠢᠭ ᠦᠨ ᠵᠦᠢᠯ ᠦᠳ ᠢ ᠲᠤᠬᠠᠢᠯᠠᠭᠰᠠᠨ ᠨᠢ᠂ ᠲᠠᠩᠬᠠᠷᠢᠭ ᠦᠨ ᠬᠡᠯᠡᠯᠴᠡᠭᠡᠨ ᠦ ᠪᠢᠴᠢᠭ ᠦᠨ ᠬᠡᠯᠪᠡᠷᠢ ᠪᠣᠯᠤᠨ᠎ᠠ :: ᠭᠡᠷᠡᠴᠢᠯᠡᠯ ᠦᠨ ᠪᠢᠴᠢᠭ ᠦᠨ ᠲᠤᠬᠠᠢ ᠦᠭᠡᠯᠡᠬᠦ ᠳᠤ 《召陵之盟》《鹿上之盟》 ᠵᠡᠷᠭᠡ ᠪᠢᠴᠢᠭ ᠳᠤ ᠲᠡᠮᠳᠡᠭᠯᠡᠭᠰᠡᠨ ᠶᠠᠪᠤᠳᠠᠯ ᠢ ᠲᠤᠬᠠᠢᠯᠠᠭᠰᠠᠨ ᠪᠠᠢᠳᠠᠯ ᠲᠠᠢ :: 《ᠰᠡᠳᠬᠢᠯᠭᠡᠨ ᠦ ᠪᠢᠴᠢᠭ》 ᠳᠤ 《ᠬᠠᠭᠠᠨ ᠤ ᠵᠠᠷᠯᠢᠭ》 ᠢ ᠲᠡᠮᠳᠡᠭᠯᠡᠯ ᠦᠨ ᠪᠢᠴᠢᠭ ᠦᠨ ᠬᠡᠯᠪᠡᠷᠢ ᠪᠣᠯᠭᠠᠨ ᠲᠤᠬᠠᠢᠯᠠᠭᠰᠠᠨ ᠦᠭᠡ :: ᠬᠡᠯᠡᠨ ᠲᠡᠮᠳᠡᠭᠯᠡᠭᠰᠡᠨ ᠦ ᠳᠠᠷᠠᠭ᠎ᠠ :: ᠬᠡᠯᠡᠨ ᠲᠡᠮᠳᠡᠭᠯᠡᠭᠰᠡᠨ ᠦ ᠳᠠᠷᠠᠭ᠎ᠠ :: ᠬᠡᠯᠡᠨ ᠲᠡᠮᠳᠡᠭᠯᠡᠭᠰᠡᠨ ᠦ ᠬᠣᠶᠢᠨ᠎ᠠ :: ᠬᠡᠯᠡᠯ

ᠪᠠᠢᠨ᠎ᠠ ᠪᠣᠯᠪᠠᠰᠤ ᠳᠤᠷᠠᠰᠬᠠᠯ ᠬᠡᠪᠯᠡᠯ ᠦᠨ ᠪᠢᠴᠢᠭ ᠲᠦ ᠪᠣᠯᠤᠨ᠎ᠠ᠃ ᠡᠨᠡ ᠪᠣᠯ《ᠮᠣᠩᠭᠣᠯ ᠤᠨ ᠨᠢᠭᠤᠴᠠ ᠲᠣᠪᠴᠢᠶᠠᠨ》ᠤ ᠬᠡᠪᠯᠡᠯ ᠦᠨ ᠬᠤᠪᠢ ᠳᠤ ᠪᠠᠢᠬᠤ ᠶᠠᠭᠤᠮ᠎ᠠ᠃

5. ᠡᠨᠡ ᠬᠦ ᠪᠣᠯ《ᠮᠣᠩᠭᠣᠯ ᠤᠨ ᠨᠢᠭᠤᠴᠠ ᠲᠣᠪᠴᠢᠶᠠᠨ》ᠤ ᠬᠡᠪᠯᠡᠯ ᠦᠨ ᠪᠢᠴᠢᠭ ᠲᠦ ᠪᠣᠯᠤᠨ᠎ᠠ᠃

ᠡᠨᠡ ᠪᠣᠯ 3 ᠳᠤᠭᠠᠷ ᠬᠡᠪᠯᠡᠯ ᠦᠨ《ᠮᠣᠩᠭᠣᠯ ᠤᠨ ᠨᠢᠭᠤᠴᠠ ᠲᠣᠪᠴᠢᠶᠠᠨ》ᠤ ᠬᠡᠪᠯᠡᠯ ᠳᠦ ᠪᠠᠢᠬᠤ ᠶᠠᠭᠤᠮ᠎ᠠ᠃

4. ᠡᠨᠡ ᠪᠣᠯ《ᠬᠠᠭᠠᠨ ᠤ ᠪᠢᠴᠢᠭ》(《ᠬᠠᠭᠠᠨ ᠤ ᠪᠢᠴᠢᠭ》ᠤᠨ 192 ᠳᠤᠭᠠᠷ ᠨᠢᠭᠤᠷ ᠲᠤ) ᠪᠠᠢᠨ᠎ᠠ᠃

(12—2)《ᠬᠠᠭᠠᠨ ᠤ ᠪᠢᠴᠢᠭ》ᠤᠨ《ᠮᠣᠩᠭᠣᠯ ᠤᠨ ᠨᠢᠭᠤᠴᠠ ᠲᠣᠪᠴᠢᠶᠠᠨ》ᠤ ᠬᠡᠪᠯᠡᠯ ᠦᠨ ᠪᠢᠴᠢᠭ ᠲᠦ ᠪᠠᠢᠳᠠᠭ ᠪᠣᠯᠤᠨ᠎ᠠ᠃

[illegible] 《[illegible]》 ᠨᠢᠭᠤᠷ ᠮᠥᠷ ᠳᠦ 《[illegible]》 [illegible]
[illegible] 《[illegible]》 ᠨᠢᠭᠤᠷ 2 ᠳᠤᠭᠠᠷ ᠮᠥᠷ ᠳᠦ 《[illegible]》 [illegible]
[illegible] 《[illegible]》 [illegible]
[illegible] 《[illegible]》 ᠨᠢᠭᠤᠷ 2 ᠳᠤᠭᠠᠷ [illegible]
[illegible] 《[illegible]》 [illegible]

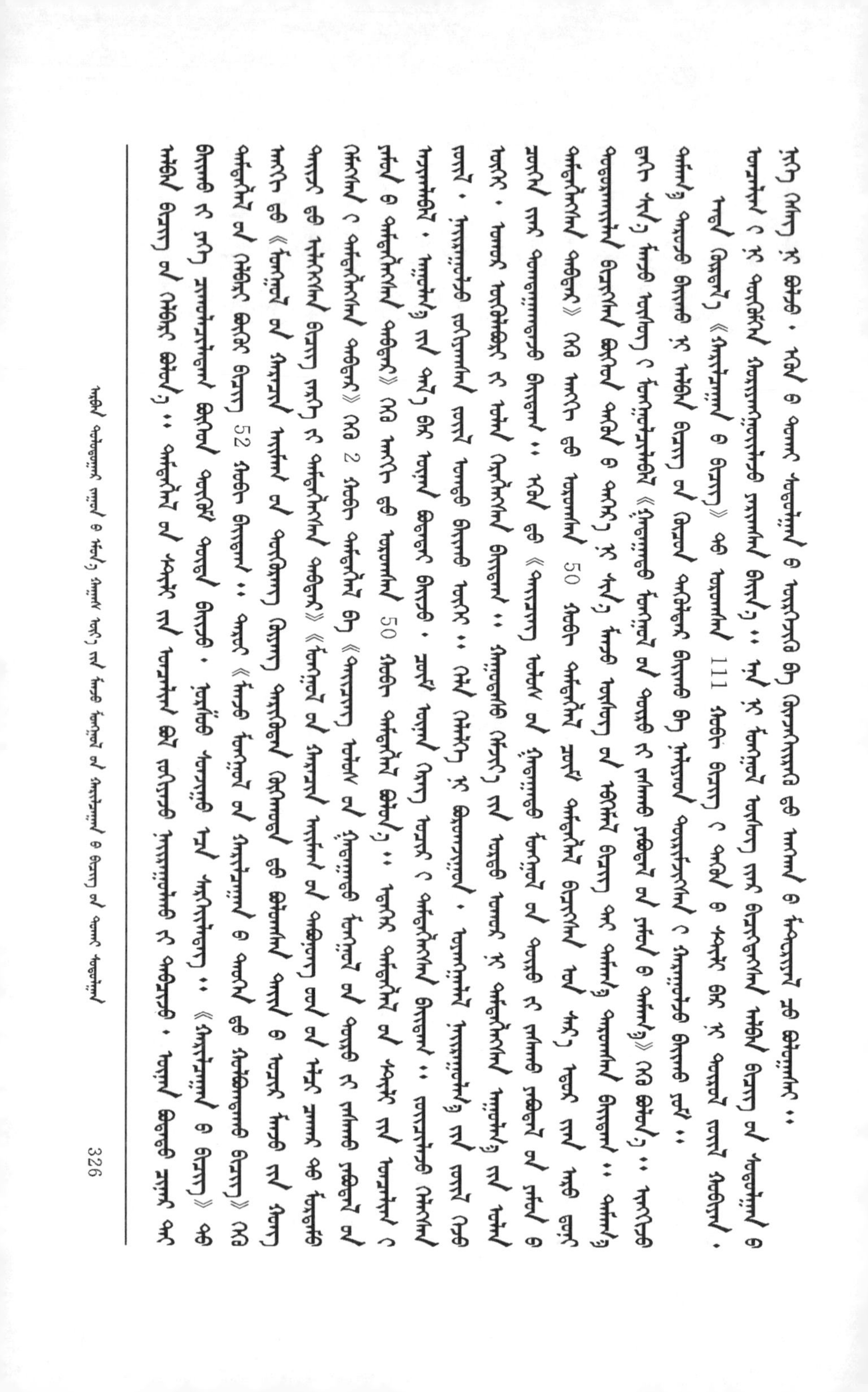

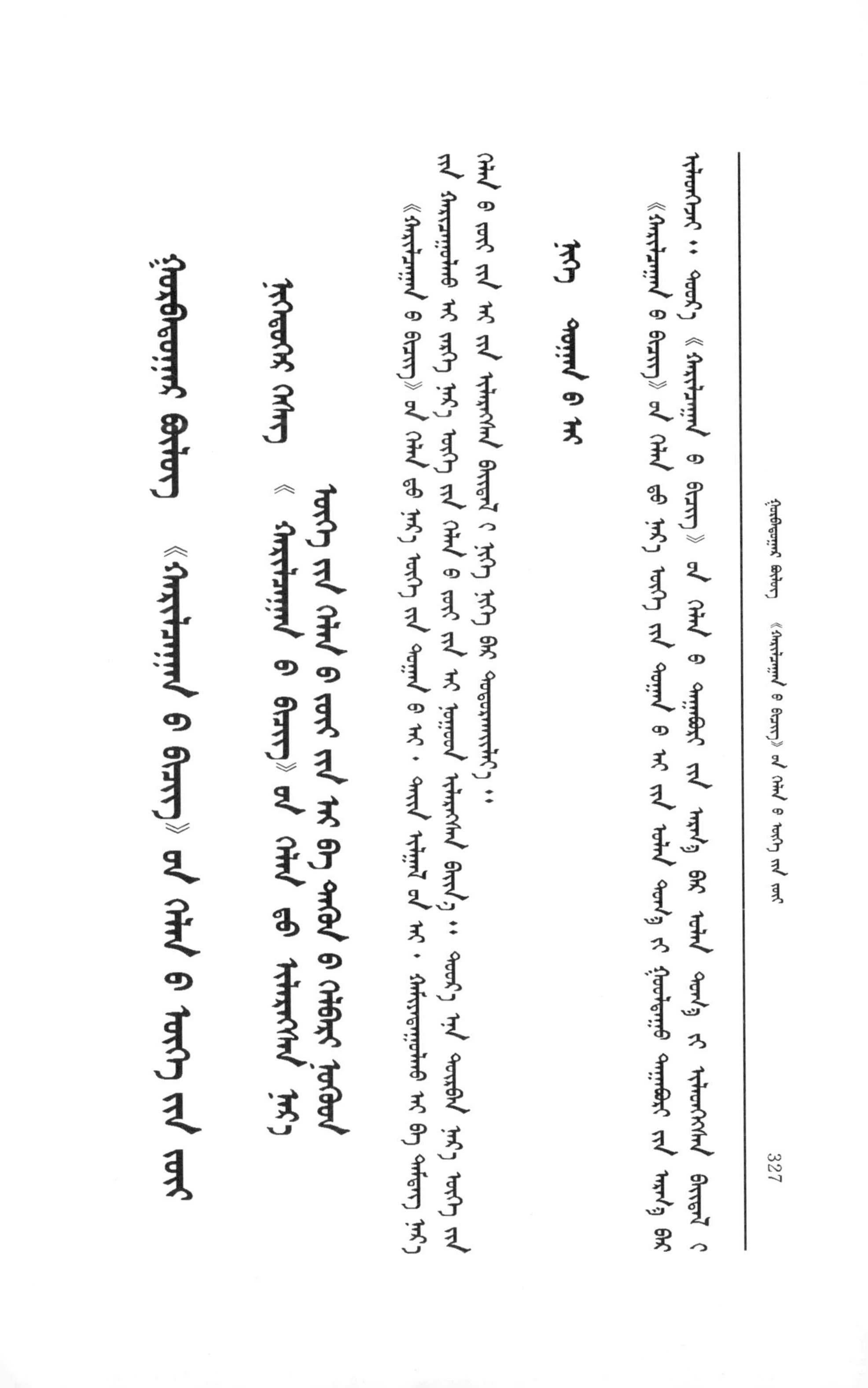

[illegible] :: [illegible] 《[illegible]》 [illegible]
《[illegible]》 [illegible]

[illegible]

[illegible] ::
[illegible] :: [illegible]
《[illegible]》 [illegible] · [illegible] · [illegible]

[illegible]
[illegible] 《[illegible]》 [illegible]

[illegible] 《[illegible]》 [illegible]

(1) ᠨᠢ (-d): ᠳᠤᠮᠳᠠ ᠠᠶᠠᠯᠭᠤ 《ᠮᠣᠩᠭᠣᠯ ᠤᠨ ᠨᠢᠭᠤᠴᠠ ᠲᠣᠪᠴᠢᠶᠠᠨ》 ᠳᠤ 53 ᠤᠳᠠᠭ᠎ᠠ ᠬᠡᠷᠡᠭᠯᠡᠭᠳᠡᠵᠦ᠂ ᠰᠢᠨᠵᠢᠯᠡᠯ ᠬᠡᠯᠡᠨ ᠤᠳᠠᠭ᠎ᠠ ᠬᠡᠷᠡᠭᠯᠡᠭᠳᠡᠭᠰᠡᠨ ᠪᠣᠯᠤᠨ᠎ᠠ :: ᠡᠨᠡ ᠨᠢ 《ᠯ (-n)᠂ ᠯ (-l)》 ᠳᠤ ᠬᠠᠷᠢᠯᠴᠠᠭᠤᠯᠤᠯ ᠲᠠᠢ ᠪᠠᠶᠢᠳᠠᠯ ᠤᠨ 《ᠨᠢ》 ᠤᠭᠤᠯᠭ᠎ᠠ ᠶᠢ ᠬᠡᠷᠡᠭᠯᠡᠭᠰᠡᠨ ᠳᠦ 《ᠯ (-n)᠂ ᠯ (-l)》 ᠶᠢ ᠤᠯᠠᠮᠵᠢᠯᠠᠨ :: ᠵᠢᠱᠢᠶᠡᠯᠡᠪᠡᠯ :

ᠶᠡᠷᠡᠨ — ᠶᠡᠷᠡᠯ (76—7)	ᠰᠢᠮᠡᠨ — ᠰᠢᠮᠡᠯ (43—7)
ᠮᠠᠭᠠᠨ — ᠮᠠᠭᠠᠯ (43—21)	ᠰᠢᠭᠤᠭᠠᠨ — ᠰᠢᠭᠤᠭᠠᠯ (5—33)
ᠨᠠᠨ — ᠨᠠᠯ (7—17)	ᠬᠤᠷᠢᠨ — ᠬᠤᠷᠢᠯ (21—12)
ᠬᠡᠪᠡᠭᠡᠨ — ᠬᠡᠪᠡᠭᠡᠯ (44—5)	ᠲᠣᠭᠣᠷᠢᠨ — ᠲᠣᠭᠣᠷᠢᠯ (19—32)
ᠣᠯᠠᠭᠠᠨ — ᠣᠯᠠᠭᠠᠯ (15—6)	ᠣᠯᠠᠭᠠᠯᠵᠢᠨ — ᠣᠯᠠᠭᠠᠯᠵᠢᠯ (48—25)

ᠲᠠᠯ ᠳᠠᠭᠠᠪᠤᠷᠢ ᠶᠢ ᠲᠡᠮᠳᠡᠭᠯᠡᠭᠰᠡᠨ ᠲᠤᠯ 《ᠳ》 ᠳᠠᠭᠠᠪᠤᠷᠢ ᠶᠢᠨ ᠬᠤᠪᠢᠯᠪᠤᠷᠢ ᠮᠡᠲᠦ ᠪᠣᠯᠪᠠ ᠪᠢᠰᠢ ᠃ ᠵᠢᠱᠢᠶᠡᠯᠡᠪᠡᠯ ᠬᠣᠶᠠᠳᠤᠭᠠᠷ ᠲᠤᠯ 《〈ᠲᠡᠩᠭᠢᠰ ᠤ

ᠮᠣᠩᠭᠣᠯᠴᠤᠳ (20—4)

ᠰᠢᠭᠦᠯᠴᠢᠨᠦᠳ (19—31)

(4) ᠭᠤᠳ (-γud): ᠡᠨᠡ ᠳᠠᠭᠠᠪᠤᠷᠢ 《ᠮᠣᠩᠭᠣᠯ ᠤᠨ ᠨᠢᠭᠤᠴᠠ ᠲᠣᠪᠴᠢᠶᠠᠨ》 ᠳᠤ 2 ᠤᠳᠠᠭ᠎ᠠ ᠬᠡᠷᠡᠭᠯᠡᠭᠳᠡᠵᠡᠢ ᠃ ᠵᠢᠱᠢᠶᠡᠯᠡᠪᠡᠯ:

ᠵᠠᠷᠤᠭ᠎ᠠ ᠭᠤᠳ (49—15)

ᠰᠢᠪᠠᠭᠤᠨ ᠭᠤᠳ (8—1)

ᠭᠡᠵᠦ ᠲᠡᠮᠳᠡᠭᠯᠡᠭᠰᠡᠨ ᠪᠠᠢᠨ᠎ᠠ ᠃ ᠵᠢᠱᠢᠶᠡᠯᠡᠪᠡᠯ:

(3) ᠤᠳ (-ud/-üd): ᠡᠨᠡ ᠳᠠᠭᠠᠪᠤᠷᠢ 《ᠮᠣᠩᠭᠣᠯ ᠤᠨ ᠨᠢᠭᠤᠴᠠ ᠲᠣᠪᠴᠢᠶᠠᠨ》 ᠳᠤ 7 ᠤᠳᠠᠭ᠎ᠠ ᠬᠡᠷᠡᠭᠯᠡᠭᠳᠡᠭᠰᠡᠨ ᠂ ᠭᠤᠢᠯᠳᠤᠪᠠᠯ 《ᠨ ᠂ ᠨ》 ᠦᠭᠡ

ᠨᠣᠶᠠᠨ + ᠤᠳ — ᠨᠣᠶᠠᠳ (43—16)

ᠨᠣᠬᠣᠷ + ᠤᠳ — ᠨᠣᠬᠣᠳ (19—34) | ᠬᠠᠲᠤᠨ + ᠤᠳ — ᠬᠠᠲᠤᠳ (43—14)

ᠲᠠᠢᠵᠢ + ᠤᠳ — ᠲᠠᠢᠵᠢᠤᠳ (19—7) | ᠬᠦᠮᠦᠨ + ᠦᠳ — ᠬᠦᠮᠦᠳ (27—4)

ᠨᠣᠭᠣᠭᠤᠨ + ᠤᠳ — ᠨᠣᠭᠣᠭᠤᠳ (8—7) | ᠰᠠᠶᠢᠨ + ᠤᠳ — ᠰᠠᠶᠢᠳ (27—3)

ᠡᠨᠡ ᠳᠠᠭᠠᠪᠤᠷᠢ ᠶᠢ ᠬᠡᠷᠡᠭᠯᠡᠭᠰᠡᠨ ᠨᠢ ᠲᠡᠮᠳᠡᠭᠯᠡᠭᠰᠡᠨ ᠦᠭᠡ ᠶᠢᠨ ᠡᠴᠦᠰ ᠦᠨ ᠭᠡᠶᠢᠭᠦᠯᠬᠦ ᠪᠠᠢᠨ᠎ᠠ ᠃ ᠵᠢᠱᠢᠶᠡᠯᠡᠪᠡᠯ:

(2) ᠰ (-s): ᠡᠨᠡ ᠳᠠᠭᠠᠪᠤᠷᠢ 《ᠮᠣᠩᠭᠣᠯ ᠤᠨ ᠨᠢᠭᠤᠴᠠ ᠲᠣᠪᠴᠢᠶᠠᠨ》 ᠳᠤ ᠵᠠᠷᠢᠮ ᠬᠡᠷᠡᠭᠯᠡᠭᠳᠡᠭᠰᠡᠨ ᠂ ᠪᠦᠬᠦ ᠳᠠᠪᠲᠠᠭᠳᠠᠯ ᠢ ᠨᠢ 7 ᠤᠳᠠᠭ᠎ᠠ ᠬᠡᠷᠡᠭᠯᠡᠭᠳᠡᠵᠡᠢ ᠃

ᠨᠣᠶᠠᠳᠤᠰ (19—32)

ᠡᠴᠦᠰ ᠦᠨ ᠭᠡᠶᠢᠭᠦᠯᠬᠦ ᠤᠳᠠᠭ᠎ᠠ ᠶᠢᠨ ᠬᠡᠷᠡᠭᠯᠡᠭᠰᠡᠨ ᠃ ᠵᠢᠱᠢᠶᠡᠯᠡᠪᠡᠯ:

ᠰᠢᠪᠠᠭᠤᠨ ᠬᠠᠲᠤᠨ ᠨᠣᠶᠠᠨ ᠤ 《ᠨᠠᠷ ᠂ ᠨᠠᠷ》 ᠳᠠᠭᠠᠪᠤᠷᠢ ᠤ ᠡᠴᠦᠰ ᠦᠨ 《ᠳ (-d)》 ᠳᠠᠭᠠᠪᠤᠷᠢ ᠲᠠᠢ ᠂ ᠨᠢᠭᠡᠨ ᠨᠣᠶᠠᠨ ᠤ ᠨᠣᠬᠣᠳ

ᠪ 3 ᠳᠤᠭᠠᠷ ᠰᠢᠯᠦᠭᠯᠡᠯ ᠳᠦ ᠃

① ᠴᠣᠭᠲᠠᠶᠢᠪᠤᠳ : 《〈ᠮᠣᠩᠭᠣᠯ ᠤᠨ ᠨᠢᠭᠤᠴᠠ ᠲᠣᠪᠴᠢᠶᠠᠨ〉 ᠤ ᠬᠡᠯᠡ ᠶᠢᠨ ᠲᠤᠬᠠᠢ ᠳᠤ》᠂ 《ᠦᠪᠦᠷ ᠮᠣᠩᠭᠣᠯ ᠤᠨ ᠠᠷᠠᠳ ᠤᠨ ᠬᠡᠪᠯᠡᠯ ᠦᠨ ᠬᠣᠷᠢᠶ᠎ᠠ》᠂ 1983 ᠣᠨ

ᠰᠢᠷᠪᠤᠰ ᠲᠣᠭᠤᠭᠠᠨ ᠬᠠᠷᠠᠨ ᠭᠠᠯ (8—9)

ᠰᠢᠷᠪᠤᠰ ᠬᠤᠷᠠᠨ (3—7)

ᠰᠢᠷᠠᠭ ᠬᠤᠷᠠᠨ (61—5)

《ᠮᠣᠩᠭᠣᠯᠴᠤᠤᠳ ᠤ ᠪᠢᠴᠢᠭ》 ᠤᠨ ᠬᠡᠯᠡ ᠳᠦ ᠨᠡᠷ᠎ᠡ ᠦᠭᠡ ᠶᠢᠨ ᠣᠯᠠᠨ ᠲᠣᠭ᠎ᠠ ᠶᠢ ᠢᠯᠡᠷᠬᠡᠶᠢᠯᠬᠦ ᠳᠦ ᠭᠣᠯᠯᠠᠨ ᠬᠡᠷᠡᠭᠯᠡᠭᠳᠡᠭᠰᠡᠨ ᠳᠠᠭᠠᠪᠤᠷᠢ ᠨᠢ 10 ᠬᠣᠪᠢᠯᠪᠤᠷᠢ ᠲᠠᠢ ᠪᠠᠢᠳᠠᠭ ᠃ ᠡᠳᠡᠭᠡᠷ ᠨᠢ ᠰᠣᠨᠣᠷᠬᠠᠯ ᠲᠠᠢ ᠨᠢᠭᠡ ᠣᠨᠴᠠᠯᠢᠭ ᠢ ᠬᠠᠷᠠᠭᠤᠯᠵᠤ ᠪᠠᠢᠳᠠᠭ ᠨᠢ ᠮᠣᠩᠭᠣᠯ ᠬᠡᠯᠡ ᠨᠢ ᠪᠣᠯᠪᠠᠰᠤ ᠲᠣᠭ᠎ᠠ ᠶᠢᠨ ᠰᠢᠯᠦᠭᠯᠡᠯ ᠳᠦ ᠬᠡᠷᠡᠭᠯᠡᠭᠳᠡᠳᠡᠭ ᠦᠭᠡᠰ ᠦᠨ ᠬᠡᠯᠡ ᠲᠡᠢ ᠣᠢᠷ᠎ᠠ ᠪᠠᠢᠳᠠᠭ ᠃

《ᠮᠣᠩᠭᠣᠯᠴᠤᠤᠳ ᠤ ᠪᠢᠴᠢᠭ》 ᠤᠨ ᠬᠡᠯᠡ ᠳᠦ ᠨᠡᠷ᠎ᠡ ᠦᠭᠡ ᠶᠢᠨ ᠣᠯᠠᠨ ᠲᠣᠭ᠎ᠠ ᠶᠢ ᠢᠯᠡᠷᠬᠡᠶᠢᠯᠬᠦ ᠳᠦ ᠮᠣᠩᠭᠣᠯ ᠬᠡᠯᠡ ᠶᠢᠨ ᠪᠢᠴᠢᠭ ᠦᠨ

ᠬᠡᠯᠡ ᠲᠡᠢ (62—12)

ᠠᠷᠪᠠᠳ (61—7)

ᠨᠤᠬᠤᠳ ᠨᠠᠷ (49—21)

ᠬᠡᠯᠡᠨ ᠦ ᠰᠢᠨᠵᠢᠯᠡᠬᠦ ᠪᠠᠢᠳᠠᠭ ᠃ ᠵᠢᠱᠢᠶᠡᠯᠡᠪᠡᠯ :

(5) ᠨᠠᠷ (-nar/-ner) : ᠡᠨᠡ ᠳᠠᠭᠠᠪᠤᠷᠢ ᠳᠡᠭᠡᠷᠡᠬᠢ ᠲᠦᠷᠦᠯ ᠦᠨ ᠳᠠᠭᠠᠪᠤᠷᠢ ᠪᠤᠰᠤᠳ ᠳᠠᠭᠠᠪᠤᠷᠢ ᠲᠠᠢ ᠬᠠᠷᠢᠴᠠᠩᠭᠤᠢ ᠲᠠᠷᠬᠠᠴᠠ ᠪᠠᠭ᠎ᠠ ᠦᠭᠡᠰ ᠲᠦ ᠵᠠᠯᠭᠠᠭᠳᠠᠳᠠᠭ ᠃

ᠬᠡᠯᠡᠨ ᠦ ᠰᠢᠨᠵᠢᠯᠡᠬᠦ ᠪᠢᠴᠢᠭ ᠦᠨ ᠬᠡᠯᠡ ᠳᠦ ᠪᠠᠷᠢᠮᠲᠠᠯᠠᠯ ᠃ 《ᠮᠣᠩᠭᠣᠯᠴᠤᠤᠳ ᠤ ᠪᠢᠴᠢᠭ》 ᠤᠨ 8 ᠬᠣᠪᠢᠯᠪᠤᠷᠢ ᠳᠠᠭᠠᠪᠤᠷᠢ ᠨᠢ ᠮᠣᠩᠭᠣᠯ ᠬᠡᠯᠡ ᠶᠢᠨ ᠪᠢᠴᠢᠭ ᠦᠨ ᠬᠡᠯᠡ ᠲᠡᠢ ᠳᠦᠢ ᠬᠡᠯᠡ ᠶᠢᠨ ᠤᠭ ᠬᠡᠯᠡ ᠳᠦ ᠬᠠᠷᠢᠴᠠᠩᠭᠤᠢ ᠬᠤᠪᠢᠷᠠᠯ ᠲᠡᠢ ᠪᠠᠢᠨ᠎ᠠ ᠃ ᠵᠢᠱᠢᠶᠡᠯᠡᠪᠡᠯ᠂ ᠪᠢᠴᠢᠭ ᠦᠨ -γ/ -g ᠳᠠᠭᠠᠪᠤᠷᠢ ᠬᠡᠯᠡᠨ ᠦ ᠰᠢᠨᠵᠢᠯᠡᠬᠦ ᠳᠦ ᠪᠠᠷᠢᠮᠲᠠᠯᠠᠯ ᠪᠣᠯᠵᠤ ᠪᠠᠢᠨ᠎ᠠ ᠃

ᠶᠠᠭᠤ ① ᠃ 《ᠠᠷᠪᠠᠳ》 ᠳᠠᠭᠠᠪᠤᠷᠢ -či/-γči ᠪᠤᠶᠤ ᠨᠠᠷ ᠬᠡᠯᠡ ᠬᠤᠪᠢᠷᠠᠯ ᠳᠠᠭᠠᠪᠤᠷᠢ ᠳᠤ ᠣᠯᠠᠨ ᠲᠣᠭ᠎ᠠ ᠶᠢᠨ ᠳᠠᠭᠠᠪᠤᠷᠢ -ud/-üd ᠢ

ᠨᠡᠮᠡᠵᠦ ᠣᠯᠠᠨ ᠲᠣᠭ᠎ᠠ ᠶᠢᠨ 《ᠤᠭ ᠬᠡᠯᠡ ᠶᠢᠨ ᠲᠣᠭ᠎ᠠ ᠨᠠᠷ》 ᠪᠤᠶᠤ ᠬᠡᠯᠡᠪᠡᠷᠢ ᠪᠣᠯᠤᠨ 《-t ᠳᠠᠭᠠᠪᠤᠷᠢ ᠪᠠ -ut， -γut ᠲᠡᠭᠡᠨ ᠰᠢᠯᠦᠭᠯᠡᠬᠦ ᠵᠢᠴᠢ》

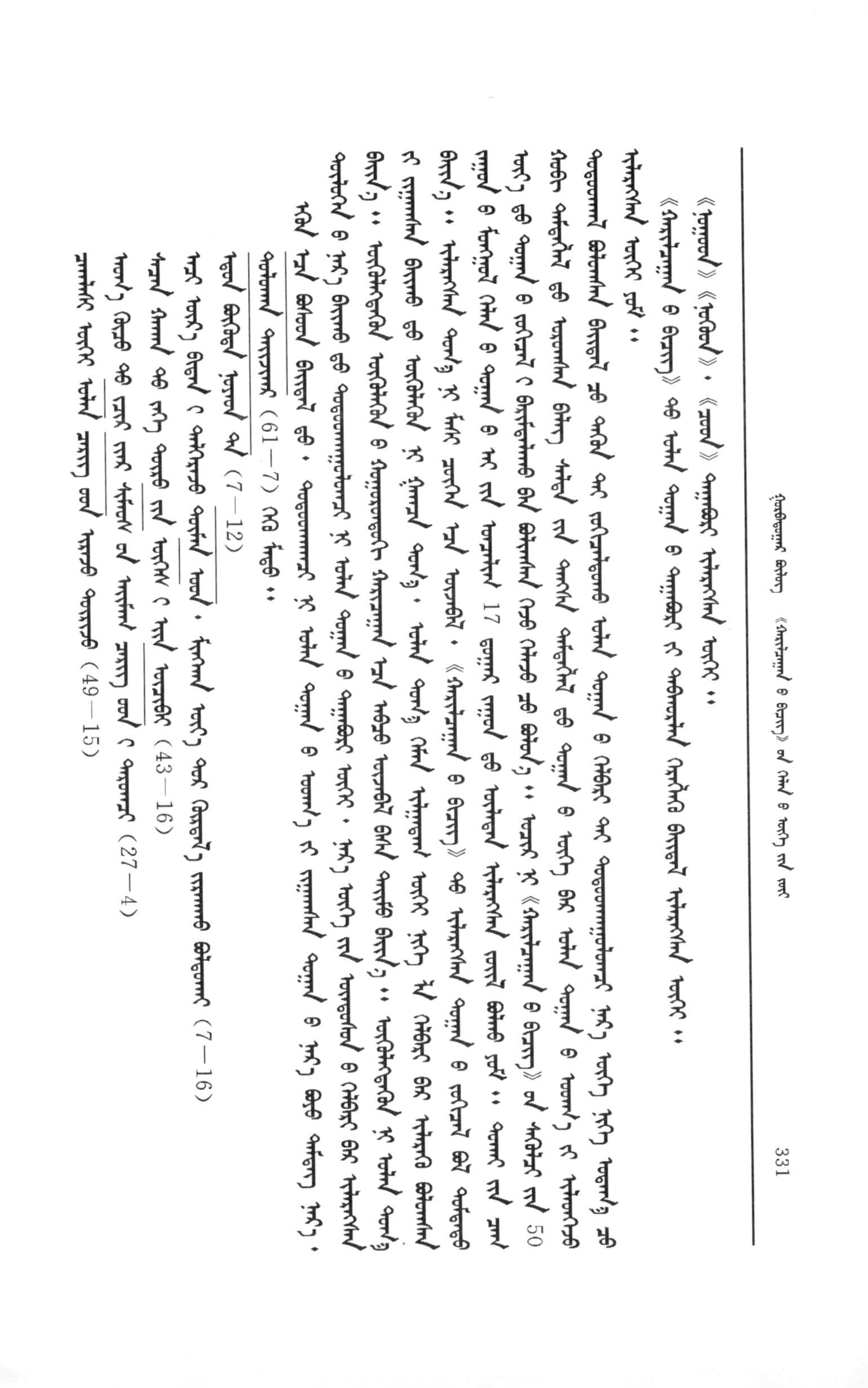

ᠬᠡᠯᠡᠪᠡᠷᠢᠯᠡᠬᠦ ᠪᠡᠷ ᠬᠡᠷᠡᠭᠯᠡᠬᠦ ᠪᠡᠷ ᠲᠢᠶᠠᠯᠭᠠᠯ ᠳᠤ 《ᠢ (n)》 ᠬᠡᠯᠡᠪᠡᠷᠢᠯᠡᠬᠦ ᠲᠥᠷᠥᠯ ᠬᠡᠷᠡᠭᠯᠡᠬᠦ ᠶᠢᠨ ᠰᠣᠶᠣᠯ ᠲᠠᠭᠠᠨ ᠳᠤ ᠬᠡᠷᠡᠭᠯᠡᠬᠦ ᠪᠡᠷ ᠪᠣᠯᠤᠨ᠎ᠠ ᠃ ᠵᠢᠱᠢᠶᠡᠯᠡᠪᠡᠯ :

《ᠰᠢᠯᠢᠳᠡᠭ ᠤ ᠲᠣᠪᠴᠢ》 ᠳᠤ ᠭᠠᠷᠤᠭ ᠡᠴᠡ ᠲᠣᠭᠠᠴᠠᠭᠰᠠᠨ ᠨᠢᠭᠡ ᠲᠥᠷᠥ ᠨᠡᠷ᠎ᠡ ᠶᠢᠨ ᠪᠠᠶᠢᠷ ᠲᠢᠶᠠᠯᠭᠠᠯ ᠳᠤ ᠲᠠᠯ᠎ᠠ ᠡᠴᠡ ᠂ ᠲᠡᠷᠡ ᠳᠤ 《ᠢ (n)》

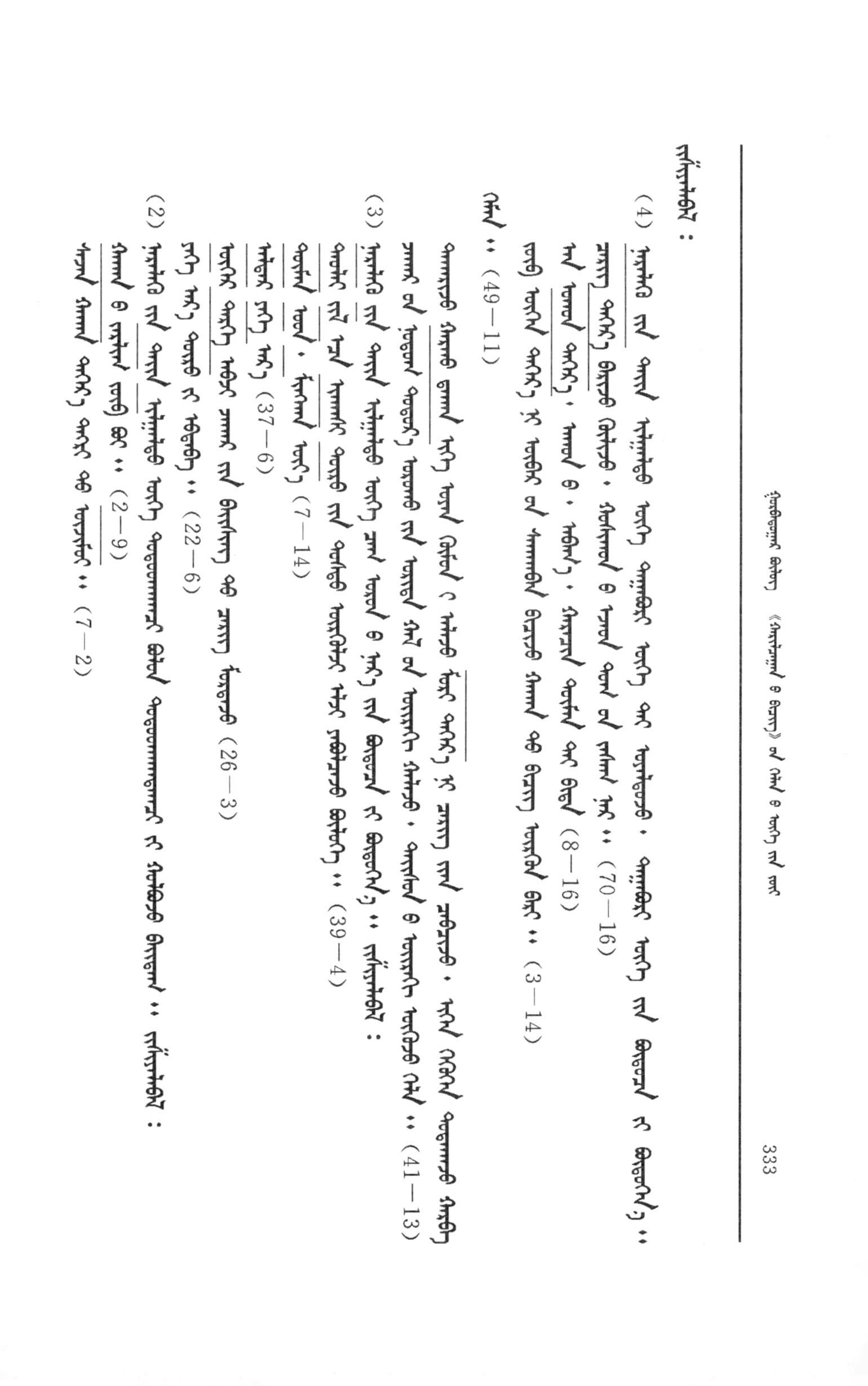

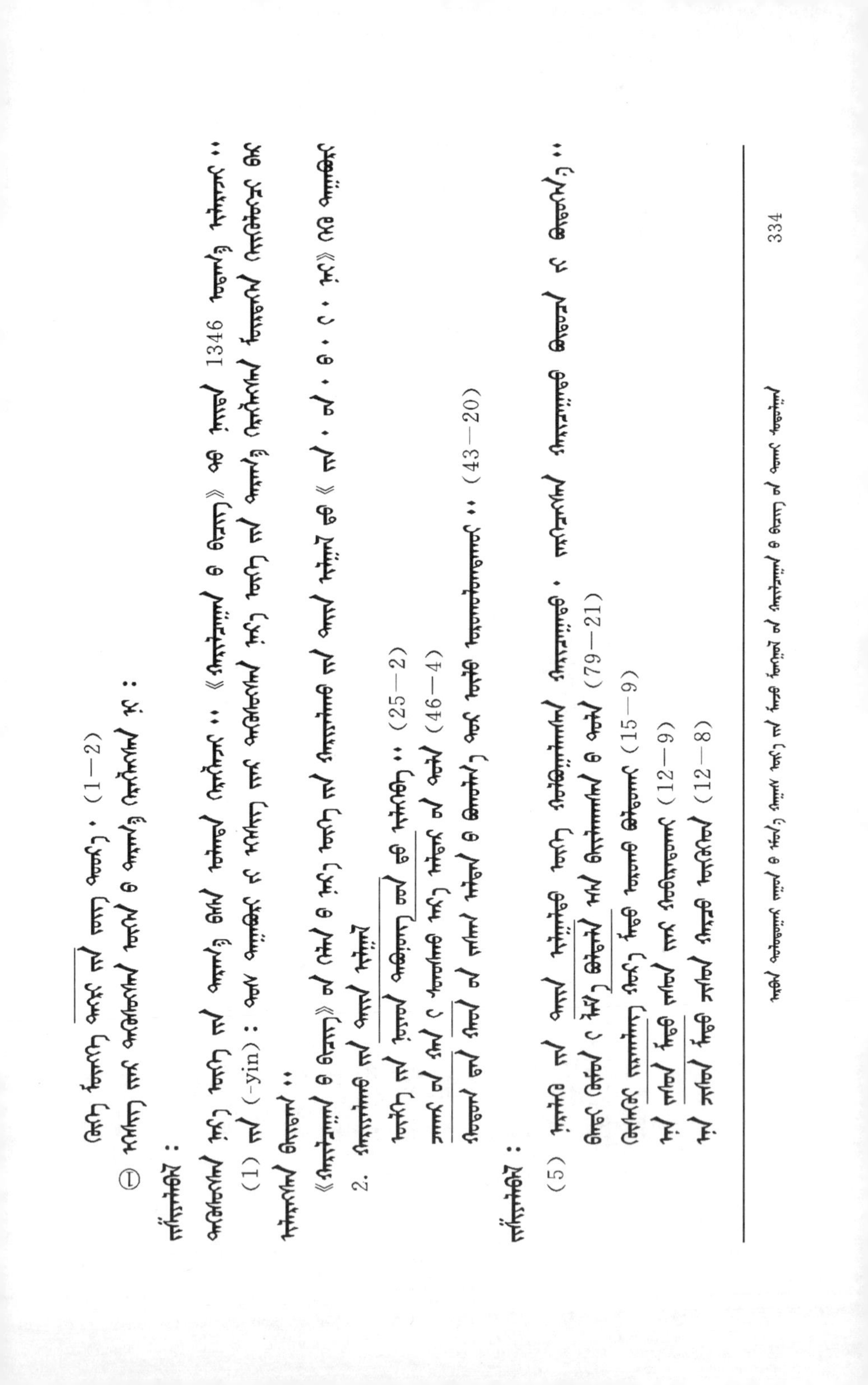

(1) ᠶᠢᠨ (-yin) : ᠡᠨᠡ ᠠᠭᠤᠯᠭ᠎ᠠ ᠨᠢ ᠬᠡᠯᠡᠯᠭᠡ ᠶᠢᠨ ᠠᠶᠢᠯᠴᠢᠯᠠᠯ ᠲᠢᠶᠠᠭ ᠲᠥᠷᠦᠯ ᠦᠨ ᠠᠭᠤᠯᠭ᠎ᠠ ᠵᠢᠭᠠᠯᠲᠠ ᠲᠣᠭᠠᠴᠠᠯ ᠵᠢᠭᠠᠯᠲᠠᠳᠠᠭ ᠪᠣᠯ ᠲᠣᠭᠠᠴᠠᠯ ᠪᠠᠶᠢᠨ᠎ᠠ ··

ᠪᠣᠯᠤᠨᠠ ᠭᠡᠵᠦᠭᠡ ᠃

① ᠨᠤ᠊ ᠊ ᠰᠡᠷᠡᠨᠵᠢᠳ ᠊ ᠴᠤᠯᠠᠭᠠᠨᠴᠢᠮᠡᠭ ᠄ 《ᠬᠡᠯᠡᠨ ᠦ ᠮᠣᠩᠭᠣᠯ ᠤ ᠪᠢᠴᠢᠭ ᠤ ᠦᠰᠦᠭ ᠦᠨ ᠲᠤᠬᠠᠢ》 ᠊ ᠦᠪᠦᠷ ᠮᠣᠩᠭᠣᠯ ᠤᠨ ᠰᠤᠷᠭᠠᠨ ᠬᠦᠮᠦᠵᠢᠯ ᠤᠨ ᠬᠡᠪᠯᠡᠯ ᠦᠨ ᠬᠣᠷᠢᠶ᠎ᠠ ᠊ 2001 ᠣᠨ ᠊ 30

ᠬᠡᠷᠡᠭᠯᠡᠭᠳᠡᠬᠦ ᠪᠠᠷ ᠣᠯᠠᠨ ᠲᠣᠭ᠎ᠠ ᠳᠠᠭᠠᠪᠠ ᠶᠢᠨ ᠬᠡᠯᠪᠡᠷᠢ 《ᠶᠢᠨ》 ᠨᠢᠭᠤᠴᠠ ᠲᠠᠢ ᠰᠠᠯᠠᠭᠠ ᠤ -yīn ᠊ -īn ᠨᠢᠭᠤᠴᠠ ᠲᠣᠪᠴᠢ ᠵᠦᠢ ᠃ ᠤ 《ᠶᠢᠨ》 ᠨᠢᠭᠤᠴᠠ ᠬᠡᠯᠪᠡᠷᠢ ᠶᠢᠨ ᠣᠯᠠᠨ ᠲᠣᠭ᠎ᠠ ᠳᠠᠭᠠᠪᠠ ᠶᠢᠨ ᠬᠡᠯᠪᠡᠷᠢ ᠬᠡᠷᠡᠭᠯᠡᠭᠳᠡᠭᠰᠡᠨ ᠨᠢ 《ᠮᠣᠩᠭᠣᠯᠴᠤᠳ ᠤᠨ ᠲᠣᠪᠴᠢᠶᠠᠨ》 ᠳᠤ ᠲᠣᠬᠢᠶᠠᠯᠳᠤᠨ ᠲᠣᠬᠢᠶᠠᠯᠳᠤᠨ ᠰᠠᠯᠠᠭᠠ ᠤ ᠬᠡᠯᠪᠡᠷᠢ ᠲᠣᠪᠴᠢ ᠪᠢᠴᠢᠭ ᠲᠣᠪᠴᠢᠶᠠᠨ ᠤ ᠬᠡᠯᠡ ᠤ -yin ᠨᠢᠭᠤᠴᠠ ᠮᠡᠲᠦ ᠲᠥᠷᠥᠯ ᠬᠣᠶᠠᠷ ᠲᠣᠭᠠᠲᠠ ᠪᠣᠯᠤᠨ᠎ᠠ》① ᠬᠡᠯᠡᠨ ᠃ ᠲᠣᠪᠴᠢᠶᠠᠨ ᠤ ᠬᠡᠯᠡ -u/-ü ᠊ -nu/-nü ᠊ -yīn ᠊ -īn ᠬᠡᠯᠪᠡᠷᠢ ᠨᠢᠭᠤᠴᠠ ᠨᠢ ᠪᠣᠯᠤᠨ᠎ᠠ ᠃ ᠡᠳᠡᠭᠡᠷ ᠨᠢ ᠡᠳᠡᠭᠡᠷ ᠤᠨ ᠰᠤᠷᠭᠠᠨ ᠬᠡᠯᠡᠨ ᠤ ᠨᠢᠭᠤᠴᠠ -yīn ᠊ -īn ᠢ ᠪᠤᠰᠤ ᠪᠣᠯᠤᠨ᠎ᠠ ᠃ ᠨᠤ᠊ ᠊ ᠰᠡᠷᠡᠨᠵᠢᠳ ᠰᠡᠳᠦᠪᠯᠡᠯ ᠮᠡᠲᠦ ᠄ 《ᠨᠡᠢᠲᠡᠯᠡᠭ ᠮᠣᠩᠭᠣᠯ ᠤ ᠬᠡᠯᠡᠨ ᠦ ᠰᠤᠳᠤᠯᠤᠯᠲᠠ ᠶᠢᠨ ᠨᠡᠷ᠎ᠡ ᠦᠰᠦᠭ ᠦᠨ -yin ᠊ -un/-ün ᠊ 《ᠶᠢᠨ (-yin)》 ᠨᠢᠭᠤᠴᠠ ᠬᠡᠯᠪᠡᠷᠢ ᠪᠡᠷ ᠊ ᠨᠡᠷ᠎ᠡ ᠶᠢᠨ ᠲᠣᠬᠢ ᠶᠢᠨ ᠰᠠᠯᠠᠭᠠ ᠤ ᠲᠣᠭᠠᠨ ᠢ ᠨᠡᠮᠡᠭᠳᠡᠬᠦᠨ ᠲᠣᠪᠴᠢᠨ ᠮᠡᠲᠦ ᠪᠣᠯᠤᠨ ᠬᠣᠶᠠᠷ ᠲᠣᠭᠠᠲᠠ ᠲᠣᠭᠠᠯᠠᠭᠳᠠᠭᠰᠠᠨ ᠰᠠᠯᠠᠭᠠ ᠶᠢᠨ ᠨᠡᠷᠡᠢᠢ ᠮᠡᠲᠦ ᠰᠠᠯᠠᠭᠠ ᠶᠢᠨ ᠲᠣᠭᠠᠯᠠᠭᠳᠠᠭᠰᠠᠨ ᠲᠣᠪᠴᠢ ᠊ ᠨᠢᠭᠤᠴᠠ ᠬᠡᠷᠡᠭᠯᠡᠭᠳᠡᠬᠦ ᠪᠠᠷ ᠣᠯᠠᠨ ᠲᠣᠭ᠎ᠠ ᠳᠠᠭᠠᠪᠠ ᠤ ᠨᠢᠭᠤᠴᠠ ᠪᠣᠯ ᠬᠡᠷᠡᠭᠯᠡᠭᠳᠡᠬᠦ ᠪᠠᠷ ᠣᠯᠠᠨ ᠲᠣᠭ᠎ᠠ ᠳᠠᠭᠠᠪᠠ ᠤ ᠨᠢᠭᠤᠴᠠ ᠬᠡᠯᠪᠡᠷᠢᠯᠡᠭᠰᠡᠨ 《ᠶᠢᠨ》 320 ᠲᠣᠭ᠎ᠠ ᠲᠠᠢ ᠪᠣᠯᠤᠨ᠎ᠠ ᠃

ᠲᠣᠭᠠᠨ ᠶᠢᠨ ᠬᠡᠯᠡ (66—2)

ᠨᠠᠢᠮᠠᠨ ᠶᠢᠨ ᠰᠠᠯᠠᠭᠠᠨ ᠬᠤᠶᠠᠭ (62—10)

ᠵᠠᠷᠤᠭ ᠤᠨ ᠰᠠᠷᠠᠨ ᠰᠠᠷᠠᠨ ᠢ ᠨᠡᠮᠡᠭᠳᠡᠬᠦ ᠨᠡᠮᠡᠭᠳᠡᠭᠰᠡᠨ ᠲᠣᠭᠠᠨ ᠶᠢᠨ ᠨᠢᠭᠤᠴᠠ ᠰᠠᠷᠠᠭᠤ ᠪᠣᠯᠤᠨ ᠢ ᠨᠢᠭᠤᠴᠠᠨ ᠨᠢᠭᠤᠴᠠᠯᠠᠭᠰᠠᠨ (5—32)

ᠬᠣᠶᠠᠷ ᠶᠢᠨ ᠨᠠᠢᠮᠠᠨ ᠲᠤ ᠲᠣᠭᠠᠨ ᠲᠣᠭᠠᠨ ᠮᠡᠲᠦ ᠊ ᠰᠠᠷᠠᠨ ᠲᠣᠭᠠᠲᠤ ᠊ ᠬᠤᠶᠠᠭ ᠪᠠ ᠨᠢ ᠲᠣᠭᠠᠨ (5—18)

② ᠬᠡᠷᠡᠭᠯᠡᠭᠳᠡᠬᠦ ᠪᠠᠷ ᠣᠯᠠᠨ ᠲᠣᠭ᠎ᠠ ᠳᠠᠭᠠᠪᠠ ᠤ ᠨᠢᠭᠤᠴᠠ ᠬᠡᠯᠪᠡᠷᠢ ᠨᠢ ᠄

ᠰᠠᠷᠠᠨ ᠪᠠ ᠶᠢᠨ ᠪᠣᠯᠬᠤ ᠶᠢᠨ ᠨᠡᠮᠡᠭᠳᠡᠨ ᠃ (1—15)

ᠲᠣᠭᠠᠯᠠᠭᠰᠠᠨ ᠨᠢᠭᠤᠴᠠᠯᠠᠭᠰᠠᠨ ᠨᠢᠭᠤᠴᠠ ᠶᠢᠨ ᠨᠢᠭᠤᠴᠠ ᠃ (1—3)

③④ ᠴᠣᠶᠢᠵᠠᠮᠰᠤ : 《ᠮᠣᠩᠭᠣᠯ ᠬᠡᠯᠡᠨ ᠦ ᠬᠣᠶᠠᠷ ᠬᠡᠯᠪᠡᠷᠢ ᠶᠢᠨ ᠬᠠᠷᠢᠴᠠᠭᠤᠯᠤᠯ》· ᠥᠪᠦᠷ ᠮᠣᠩᠭᠣᠯ ᠤᠨ ᠠᠷᠠᠳ ᠤᠨ ᠬᠡᠪᠯᠡᠯ ᠦᠨ ᠬᠣᠷᠢᠶ᠎ᠠ · 1987 ᠣᠨ · 82 · 83 ᠳᠤᠭᠠᠷ ᠨᠢᠭᠤᠷ ∷
ᠶᠢᠨ ᠮᠣᠩᠭᠣᠯ ᠬᠡᠯᠡ ᠮᠡᠳᠡᠭ ᠪᠢᠴᠢᠭ ᠮᠡᠳᠡᠭᠳᠡᠪᠡ ᠰᠢᠭ ∷

② ᠴᠢᠩᠭᠢᠰ : 《ᠮᠣᠩᠭᠣᠯᠴᠤᠳ · ᠲᠡᠭ · ᠬᠡᠳᠦ ᠨᠤᠲᠤᠭ》· ᠪᠡᠭᠡᠵᠢᠩ ᠳᠦᠷᠪᠡ ᠨᠠᠢᠮᠠᠨ ᠤ ᠬᠡᠪᠯᠡᠯ ᠦᠨ 175 ᠳᠤᠭᠠᠷ ᠨᠢᠭᠤᠷ · ᠬᠥᠬᠡ ᠬᠣᠲᠠ · ᠥᠪᠦᠷ ᠮᠣᠩᠭᠣᠯ ᠤᠨ ᠶᠡᠬᠡ ᠰᠤᠷᠭᠠᠭᠤᠯᠢ
ᠣᠨ · 189 ᠳᠤᠭᠠᠷ ᠨᠢᠭᠤᠷ ∷

① ᠴ · ᠨᠣᠮᠢᠨᠲᠠᠯᠠᠭᠤ · ᠨ · ᠪᠠᠢᠬᠤ : 《ᠮᠣᠩᠭᠣᠯ ᠬᠡᠯᠡ ᠶᠠᠭᠤᠮ ᠤᠨ ᠰᠤᠳᠤᠯᠤᠯ ᠬᠡᠯᠡ ᠳᠤ》· ᠥᠪᠦᠷ ᠮᠣᠩᠭᠣᠯ ᠤᠨ ᠰᠤᠷᠭᠠᠨ ᠬᠦᠮᠦᠵᠢᠯ ᠦᠨ ᠬᠡᠪᠯᠡᠯ ᠦᠨ ᠬᠣᠷᠢᠶ᠎ᠠ · 1991

ᠰᠡᠷᠭᠡᠢ ᠶᠢᠨ ᠨᠢᠭᠤᠷ

sərgi:ŋ xuŋ

ᠵᠠᠯᠠᠭᠤ ᠶᠢᠨ ᠪᠠᠢᠳᠠᠯ

xɔŋcɔr ølyŋgi:n ʃu:ræ:g xɔ:xɔn ʃ:g xalta:rn xazu:llæ:b. ④

ᠬᠣᠩᠭᠣᠷ ᠥᠯᠦᠩᠭᠡ ᠶᠢᠨ ᠰᠢᠷᠭᠠ ᠬᠣᠭᠣᠬᠠᠨ ᠰᠢᠭ ᠬᠠᠯᠲᠠᠷ ᠢᠶᠠᠨ ᠬᠠᠵᠠᠭᠤᠷᠯᠠᠪᠠ ᠪᠡ ∷

kyryŋgi:næ:n kydyrt køtølbyrga: mɔrdlæ:b. ③

ᠬᠦᠷᠡᠩ ᠶᠢᠨ ᠬᠦᠳᠦᠷ ᠲᠦ ᠬᠥᠲᠥᠯᠪᠦᠷᠢ ᠪᠡᠷ ᠮᠣᠷᠳᠠᠯᠠᠪᠠ ᠪᠡ ∷

ᠤᠨ 《ᠤᠨ (—un)》 ᠨᠥᠬᠥᠴᠡᠯ ᠢ —i:n ᠪᠤᠶᠤ —i:ŋ ᠭᠡᠵᠦ ᠬᠤᠪᠢᠷᠠᠭᠤᠯᠵᠤ ᠪᠠᠢᠳᠠᠭ ∷ ᠵᠢᠱᠢᠶᠡᠯᠡᠪᠡᠯ :
ᠬᠡᠯᠡ ᠪᠡ ᠭᠡᠨ᠎ᠡ ᠭᠡᠵᠦ ᠮᠡᠳᠡᠭᠳᠡᠨ ② ∷ ᠲᠡᠳᠦ ᠮᠡᠳᠡᠨ ᠦ ᠮᠣᠩᠭᠣᠯ ᠬᠡᠯᠡ ᠪᠡ ᠲᠡᠭ ᠨᠡᠢᠲᠡ ᠶᠢᠨ ᠵᠢ ᠮᠣᠩᠭᠣᠯ ᠪᠢᠴᠢᠭ ᠤᠨ ᠰᠤᠷᠠᠭᠤᠯᠬᠤ ᠳᠤ ᠨᠢᠭᠡᠨ ᠲᠣᠭᠲᠠᠭᠰᠠᠨ
ᠬᠡᠯᠡᠯᠴᠡᠭᠡᠨ ᠨᠢᠭᠤᠷᠯᠠᠭᠳᠠᠬᠤ ᠪᠣᠯᠤᠨ᠎ᠠ》 ① ᠭᠡᠵᠡᠢ ∷ ᠴ · ᠴᠢᠩᠭᠢᠰ ᠲᠡᠭ —yin ᠨᠥᠬᠥᠴᠡᠯ ᠢ ᠪᠢᠴᠢᠭ ᠤᠨ ᠬᠡᠯᠡ ᠪᠡ ᠭᠡᠨ᠎ᠡ · —in ᠨᠥᠬᠥᠴᠡᠯ ᠢ ᠠᠮᠠᠨ ᠤ
ᠨᠤᠲᠤᠭ ᠳᠤ ᠮᠣᠩᠭᠣᠯ ᠪᠢᠴᠢᠭ ᠤᠨ ᠬᠡᠯᠡ ᠪᠡ ᠬᠡᠪᠡᠷ · ᠠᠮᠠᠨ ᠤ ᠬᠡᠯᠡ ᠪᠡ ᠨᠡᠢᠲᠡᠯᠢᠭ ᠪᠡᠷ ᠰᠢᠭᠤᠳ ᠬᠡᠪᠡᠷ ᠰᠢᠨᠵᠢ ᠶᠢ ᠵᠢᠭᠠᠯ ᠮᠡᠳᠡᠯ ᠲᠤ ᠲᠣ ᠰᠢᠨᠵᠢᠯ
《ᠮᠣᠩᠭᠣᠯᠴᠤᠳ ᠲᠡᠭ — ᠬᠡᠳᠦ ᠨᠤᠲᠤᠭ ᠪᠢᠴᠢᠭ ᠨᠢ ᠨᠣᠭᠣᠭᠠᠯᠠᠯ ᠢ ᠮᠡᠳᠡᠭᠦᠯ ᠠᠮᠠᠨ ᠤ ᠬᠡᠯᠡ ᠪᠡ ᠨᠡᠢᠲᠡᠯᠢᠭ ᠰᠢᠯᠵᠢᠭ ᠨᠣᠲᠣᠯᠠᠯ ᠪᠣᠯᠤᠨ᠎ᠠ ∷ ᠮᠥᠨ
ᠴ · ᠨᠣᠮᠢᠨᠲᠠᠯᠠᠭᠤ 《ᠮᠣᠩᠭᠣᠯ ᠬᠡᠯᠡ ᠶᠠᠭᠤᠮ ᠤᠨ ᠰᠤᠳᠤᠯᠤᠯ ᠬᠡᠯᠡ ᠳᠤ》 ᠭᠡᠳᠡ ᠨᠣᠮ ᠳᠤᠮᠳᠠ -yin ᠨᠥᠬᠥᠴᠡᠯ ᠦᠨ ᠨᠤᠲᠤᠭ ᠠᠮᠠᠨ ᠳᠤᠮᠳᠠ :

---

② ᠪᠠᠶᠠᠷᠮᠡᠨᠳᠦ : 《ᠮᠣᠩᠭᠣᠯ ᠬᠡᠯᠡᠨ ᠦ ᠠᠶᠠᠯᠭᠤ ᠶᠢᠨ ᠰᠤᠳᠤᠯᠭ᠎ᠠ》 · ᠥᠪᠥᠷ ᠮᠣᠩᠭᠣᠯ ᠤᠨ ᠰᠤᠷᠭᠠᠨ ᠬᠦᠮᠦᠵᠢᠯ ᠦᠨ ᠬᠣᠷᠢᠶ᠎ᠠ · 2002 ᠣᠨ · 181 ᠳ᠋ᠦᠭᠡᠷ ᠨᠢᠭᠤᠷ ᠃

① ᠪᠠᠶᠠᠷᠲᠤ · ᠴᠣᠭᠲᠤ : 《ᠪᠡᠯᠭᠡ ᠬᠡᠯᠡᠨ ᠠᠶᠠᠯᠭᠤ》 · ᠥᠪᠥᠷ ᠮᠣᠩᠭᠣᠯ ᠤᠨ ᠰᠤᠷᠭᠠᠨ ᠬᠦᠮᠦᠵᠢᠯ ᠦᠨ ᠬᠣᠷᠢᠶ᠎ᠠ · 1995 ᠣᠨ · 146 ᠳ᠋ᠤᠭᠠᠷ ᠨᠢᠭᠤᠷ ᠃

ᠪᠠᠢᠨ᠎ᠠ ᠃

(4) 《ᠮᠣᠩᠭᠣᠯᠴᠤᠳ ᠤ ᠪᠢᠴᠢᠭ》 ᠳᠤ 《ᠢ (-i)》 ᠳᠠᠭᠠᠪᠤᠷ ᠵᠢᠱᠢᠶ᠎ᠡ ᠶᠢᠨ ᠬᠠᠮᠤᠭ ᠣᠯᠠᠨ ᠪᠦᠬᠦᠨ ᠮᠠᠰᠢ ᠶᠢᠨ ᠬᠠᠮᠤᠭ ᠣᠯᠠᠨ ᠤ ᠳᠠᠭᠠᠪᠤᠷ
ᠬᠠᠮᠤᠭ ᠣᠯᠠᠨ ᠳᠤ ᠤ ᠪᠣᠯᠬᠤ ᠮᠠᠰᠢ ᠮᠠᠰᠢᠶᠠᠷ (4—3)
ᠳᠤ ᠳᠠᠭᠤᠨ ᠬᠠᠮᠤᠨ ᠤ ᠣᠷᠣᠨ ᠪᠣᠯᠪᠠᠰᠤ (2—7)
ᠮᠠᠰᠢ ᠤ ᠶᠡᠬᠡ ᠶᠢᠨ ᠪᠠᠰᠠ (2—9)

ᠣᠯᠠᠨ ᠳᠤ ᠪᠠᠢᠨ᠎ᠠ ᠃ ᠵᠢᠱᠢᠶᠡᠯᠡᠪᠡᠯ :

(3) 《ᠤ (-u/-ü)》 ᠳᠠᠭᠠᠪᠤᠷ 《ᠨ》 ᠶᠢᠨ ᠣᠷᠣᠨ ᠳᠤ ᠬᠡᠷᠡᠭᠯᠡᠭᠰᠡᠨ ᠨᠢ ᠤ ᠳᠠᠭᠠᠪᠤᠷ ᠬᠡᠷᠡᠭᠯᠡᠭᠳᠡᠪᠡ ᠃ 《ᠮᠣᠩᠭᠣᠯᠴᠤᠳ ᠤ ᠪᠢᠴᠢᠭ》 ᠳᠤ ᠨᠡᠢᠲᠡ 232
ᠣᠷᠣᠰᠢᠯ ᠤᠨ ᠵᠢᠱᠢᠶ᠎ᠡ ᠮᠠᠰᠢ ᠢ ᠬᠡᠷᠡᠭᠯᠡᠭᠰᠡᠨ ᠤ (2—4) ᠲᠠᠢ ᠪᠣᠯᠪᠠ ᠃
ᠣᠷᠣᠨ ᠣᠷᠣᠨ ᠣᠨ ᠤ ᠮᠣᠩᠭᠣᠯ ᠢ ᠣᠷᠣᠰᠢᠭᠤᠯᠪᠠ (2—3)

《ᠮᠣᠩᠭᠣᠯᠴᠤᠳ ᠤ ᠪᠢᠴᠢᠭ》 ᠳᠤ ᠨᠡᠢᠲᠡ 269 ᠣᠯᠠᠨ ᠳᠤ ᠪᠠᠢᠨ᠎ᠠ ᠃ ᠵᠢᠱᠢᠶᠡᠯᠡᠪᠡᠯ :

(2) 《ᠤᠨ -un/-ün》 ᠳᠠᠭᠠᠪᠤᠷ 《ᠨ (-n)》 ᠬᠡᠯᠪᠡᠷᠢᠲᠡᠢ ᠪᠠᠨ ᠪᠣᠯᠣᠨ ᠬᠡᠯᠪᠡᠷᠢᠲᠡᠢ ᠪᠠᠢᠨ ᠳᠠᠭᠠᠪᠤᠷ ᠣᠷᠣᠨ ᠤ ᠳᠠᠭᠠᠪᠤᠷ ᠬᠡᠷᠡᠭᠯᠡᠭᠳᠡᠪᠡ ᠃

xëni: gëri:n xu:xd[②]
ᠬᠡᠨ ᠦ ᠭᠡᠷ ᠦᠨ ᠬᠦᠦᠬᠡᠳ

xabri:n ʤabër
ᠬᠠᠪᠤᠷ ᠤᠨ ᠵᠠᠪᠠᠷ

ardi:ŋ tulə:ləgʃ[①]

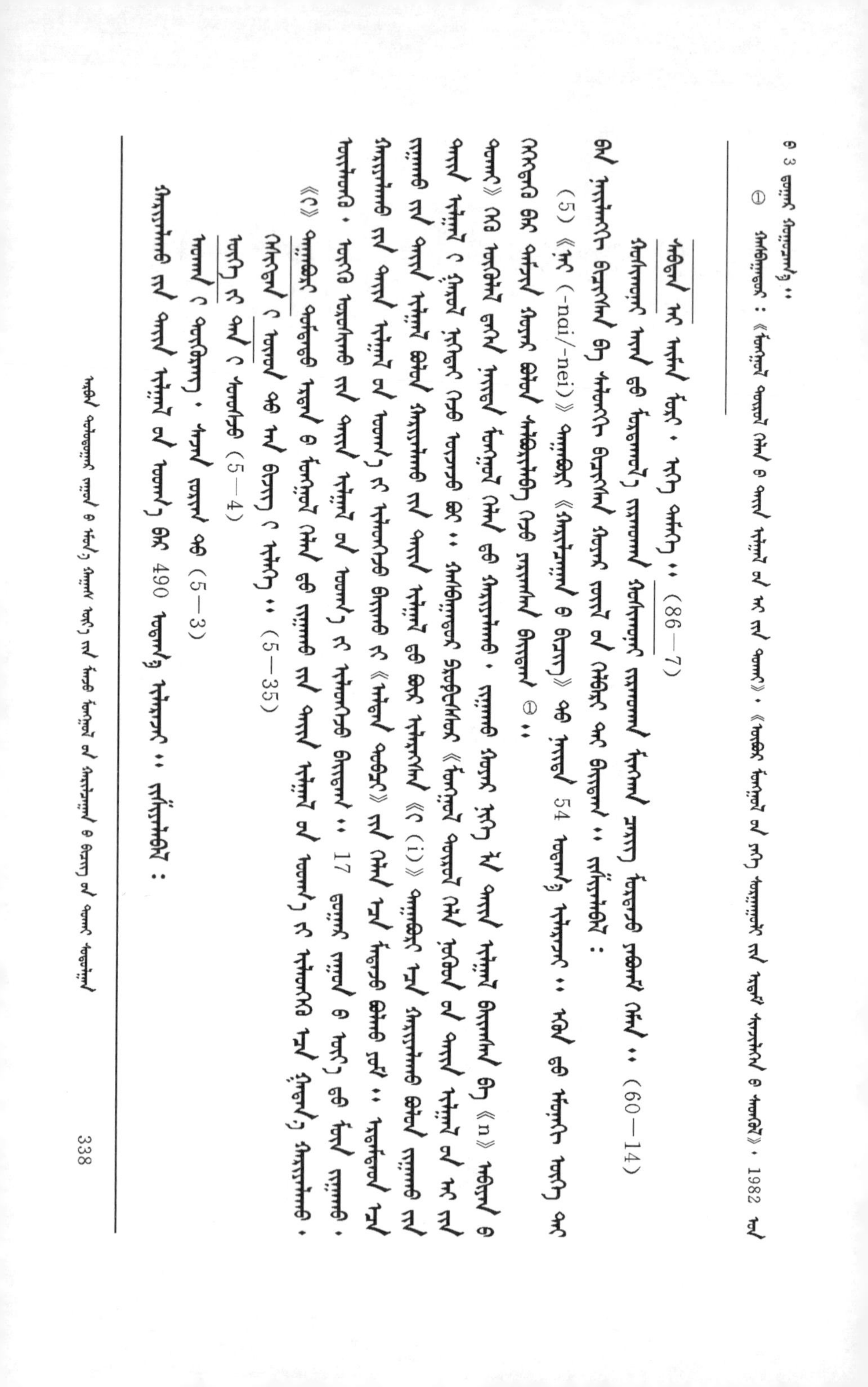

[illegible] 490 [illegible] :: [illegible] :

[illegible] (5—3)

[illegible] (5—4)

[illegible] :: (5—35)

《ᠢ》 [illegible] 17 [illegible] 《n》 [illegible] ⊖ ::

(5) 《ᠨᠠᠢ (-nai/-nei)》 [illegible] 54 [illegible] :: [illegible] :

[illegible] :: (60—14)

[illegible] :: (86—7)

① [illegible] :《[illegible]》,《[illegible]》, 1982 [illegible] 3 [illegible] ::

osun + ni → osunni (ᠤᠰᠤᠨ ᠢ)

ᠣᠯᠠᠨ ᠲᠣᠭ᠎ᠠ : magala + ni → magalani (ᠮᠠᠯᠠᠭᠠ ᠶᠢ)

xodon + ne → xodonne (ᠬᠣᠳᠣᠨ ᠢ) ①

gur + ne → gurane (ᠭᠦᠷ ᠢ)

ᠳᠠᠪᠬᠤᠷ ᠲᠣᠭ᠎ᠠ : dabsan + ne → dabsanne (ᠳᠠᠪᠰᠤᠨ ᠢ)

ᠮᠠᠨᠵᠤ ᠬᠡᠯᠡᠨ ᠦ ᠴᠢᠮᠡᠭ ᠦᠭᠡ ᠶᠢᠨ -ne (-ni) ᠳᠠᠭᠠᠪᠤᠷᠢ ᠳᠠᠪᠬᠤᠷ᠂ ᠣᠯᠠᠨ ᠲᠣᠭ᠎ᠠ᠂ ᠮᠣᠩᠭᠣᠯ ᠬᠡᠯᠡᠨ ᠦ ᠲᠡᠭᠦᠨ ᠦ ᠬᠠᠷᠢᠴᠠᠯᠠᠭᠤᠯᠪᠠᠯ᠂ ᠲᠡᠭᠦᠨ ᠦ

---

tulien + ni → tulienni (ᠲᠦᠯᠢᠶᠡᠨ ᠦ)①

ᠮᠣᠩᠭᠣᠷ : muni ʂu (ᠮᠢᠨᠦ ᠨᠣᠮ)

badzarni kuŋ baŋ (ᠬᠣᠲᠠ ᠶᠢᠨ ᠬᠦᠮᠦᠨ) ②

ᠬᠡᠯᠡ ᠪᠡ ᠮᠣᠩᠭᠣᠯ ᠴ · ᠲᠦᠮᠡᠨᠴᠡᠴᠡᠭ : 《-ne · -ni ᠳᠠᠭᠠᠪᠤᠷᠢ ᠶᠢ n+e (n+i) ᠭᠡᠵᠦ ᠪᠤᠷᠤᠭᠤᠳᠠᠭᠰᠠᠨ ᠪᠠᠢᠳᠠᠯ n ᠶᠢ ᠭᠡᠭᠡᠬᠦ ᠪᠡ ᠪᠠᠢᠨ᠎ᠠ ᠦᠭᠡᠰ ᠦᠨ ᠡᠴᠦᠰ ᠦᠨ ᠮᠣᠩᠭᠣᠯ ᠬᠡᠯᠡᠨ ᠦ ᠳᠠᠭᠠᠪᠤᠷᠢ ᠪᠠᠢᠳᠠᠯ ᠤᠨ ᠦᠭᠡᠰ ᠦᠨ ᠡᠴᠦᠰ ᠲᠦ n · e (i) ᠶᠢ ᠳᠠᠭᠠᠪᠤᠷᠢ ᠶᠢᠨ ᠳᠡᠭᠡᠷᠡᠬᠢ ᠲᠦ ᠥᠭᠡᠷᠡᠴᠢᠯᠡᠭᠰᠡᠨ ᠪᠠᠢᠳᠠᠯ —u ᠭᠡᠵᠦ ᠦᠵᠡᠭᠰᠡᠨ ᠪᠠᠢᠨ᠎ᠠ :: ᠡᠨᠡ ᠶᠢ ᠬᠡᠯᠡᠨ ᠦ ᠲᠦᠷᠦᠯ ᠤᠨ ᠦᠭᠡᠰ ᠦᠨ -n ᠶᠢ ᠭᠡᠭᠡᠬᠦ ᠳᠦᠷᠢᠮ ᠢᠯᠡᠷᠡᠯ ᠤᠨ ᠬᠡᠯᠪᠡᠷᠢ ᠭᠡᠵᠦ ᠦᠵᠡᠵᠦ ᠪᠣᠯᠣᠨ᠎ᠠ》 ᠭᠡᠵᠦ ᠲᠠᠢᠯᠪᠤᠷᠢᠯᠠᠭᠰᠠᠨ ᠪᠠᠢᠳᠠᠭ ③ ::

ᠵᠠᠷᠢᠮ ᠡᠷᠳᠡᠮᠳᠡᠨ ᠦ ᠮᠣᠩᠭᠣᠯ ᠬᠡᠯᠡᠨ ᠦ ᠡᠭᠦᠰᠬᠡᠯ ᠤᠨ ᠦᠭᠡᠰ ᠲᠦ ᠳᠠᠭᠠᠪᠤᠷᠢ ᠶᠢᠨ ᠦᠭᠡᠰ ᠦᠨ ᠡᠴᠦᠰ ᠲᠦ ᠪᠠᠢᠬᠤ -nai/-nei ᠪᠣᠯᠣᠨ ᠵᠠᠯᠭᠠᠭᠰᠠᠨ ᠪᠤᠶᠤ -næː/-neː ᠪᠣᠯᠣᠨ ᠵᠠᠯᠭᠠᠭᠰᠠᠨ ᠦᠭᠡ :: ᠵᠢᠱᠢᠶᠡᠯᠡᠪᠡᠯ : ᠰᠢᠯᠢᠨ ᠭᠣᠤᠯ ᠠᠶᠠᠯᠭᠤ ᠲᠤ ᠳᠠᠭᠠᠪᠤᠷᠢ ᠶᠢᠨ ᠦᠭᠡᠰ ᠦᠨ ᠡᠴᠦᠰ -iː ᠪᠡᠷ -ai · -ei · -ɔi ·

-iː ᠭᠡᠳᠡᠭ ᠳᠠᠭᠠᠪᠤᠷᠢ ᠶᠢ ᠬᠡᠷᠡᠭᠯᠡᠳᠡᠭ ᠶᠤᠮ ④ :: ᠬᠠᠷᠴᠢᠨ ᠲᠦᠮᠡᠳ ᠠᠶᠠᠯᠭᠤ ᠪᠡᠷ ᠳᠠᠭᠠᠪᠤᠷᠢ ᠶᠢᠨ ᠦᠭᠡᠰ ᠦᠨ ᠡᠴᠦᠰ ᠲᠦ -iː · -iːn ·

-iːŋ · -g · -ɛː · -œː · -nɛː ～ -neː ᠭᠡᠳᠡᠭ ᠳᠠᠭᠠᠪᠤᠷᠢ ᠶᠢ ᠬᠡᠷᠡᠭᠯᠡᠳᠡᠭ ᠶᠤᠮ ⑤ :: ᠵᠢᠱᠢᠶᠡᠯᠡᠪᠡᠯ : juːnæː (ᠶᠠᠭᠤᠨ ᠢ) · ʤʊnæː xalʊːŋ

---

① ᠪᠦᠬᠡ : 《ᠳᠣᠩᠰᠢᠶᠠᠩ ᠬᠡᠯᠡ ᠪᠠ ᠮᠣᠩᠭᠣᠯ ᠬᠡᠯᠡ》 · ᠥᠪᠥᠷ ᠮᠣᠩᠭᠣᠯ ᠤᠨ ᠠᠷᠠᠳ ᠤᠨ ᠬᠡᠪᠯᠡᠯ ᠦᠨ ᠬᠣᠷᠢᠶ᠎ᠠ · 1985 ᠣᠨ · 106 ᠳᠤᠭᠠᠷ ᠨᠢᠭᠤᠷ ::

② ᠴᠢᠩᠭᠡᠯᠲᠡᠢ : 《ᠮᠣᠩᠭᠣᠷ ᠬᠡᠯᠡ ᠪᠠ ᠮᠣᠩᠭᠣᠯ ᠬᠡᠯᠡ》 · ᠥᠪᠥᠷ ᠮᠣᠩᠭᠣᠯ ᠤᠨ ᠠᠷᠠᠳ ᠤᠨ ᠬᠡᠪᠯᠡᠯ ᠦᠨ ᠬᠣᠷᠢᠶ᠎ᠠ · 1988 ᠣᠨ · 156 ᠳᠤᠭᠠᠷ ᠨᠢᠭᠤᠷ ::

③ ᠴ · ᠲᠦᠮᠡᠨᠴᠡᠴᠡᠭ · ᠵ · ᠪᠠᠶᠠᠷ : 《ᠮᠣᠩᠭᠣᠯ ᠬᠡᠯᠡ ᠪᠠ ᠰᠢᠷ᠎ᠠ ᠶᠣᠭᠣᠷ ᠬᠡᠯᠡ》 · ᠥᠪᠥᠷ ᠮᠣᠩᠭᠣᠯ ᠤᠨ ᠰᠤᠷᠭᠠᠨ ᠬᠦᠮᠦᠵᠢᠯ ᠦᠨ ᠬᠡᠪᠯᠡᠯ ᠦᠨ ᠬᠣᠷᠢᠶ᠎ᠠ · 1991
ᠣᠨ · 194 ᠳᠤᠭᠠᠷ ᠨᠢᠭᠤᠷ ::

④ ᠪᠠᠶᠠᠨᠴᠠᠭᠠᠨ · ᠪ · ᠴᠣᠭᠲᠤ : 《ᠪᠣᠣᠸᠠᠨ ᠬᠡᠯᠡ ᠪᠠ ᠮᠣᠩᠭᠣᠯ ᠬᠡᠯᠡ》 · ᠥᠪᠥᠷ ᠮᠣᠩᠭᠣᠯ ᠤᠨ ᠶᠡᠬᠡ ᠰᠤᠷᠭᠠᠭᠤᠯᠢ ᠶᠢᠨ ᠬᠡᠪᠯᠡᠯ ᠦᠨ ᠬᠣᠷᠢᠶ᠎ᠠ · 1995 ᠣᠨ · 144 ᠳᠤᠭᠠᠷ ᠨᠢᠭᠤᠷ ::

⑤ ᠴᠣᠭᠲᠤ : 《ᠮᠣᠩᠭᠣᠯ ᠬᠡᠯᠡ ᠪᠡ ᠲᠦᠷᠦᠯ ᠤᠨ ᠬᠡᠯᠡᠨ ᠦ ᠬᠠᠷᠢᠴᠠᠭᠤᠯᠤᠯ》 · ᠲᠥᠪ ᠦᠨ ᠦᠨᠳᠦᠰᠦᠲᠡᠨ ᠦ ᠶᠡᠬᠡ ᠰᠤᠷᠭᠠᠭᠤᠯᠢ ᠶᠢᠨ ᠬᠡᠪᠯᠡᠯ ᠦᠨ ᠬᠣᠷᠢᠶ᠎ᠠ · 1998 ᠣᠨ · 144 ᠳᠤᠭᠠᠷ
ᠨᠢᠭᠤᠷ ::

(ᠲᠠᠯ ᠤ ᠰᠢᠯᠵᠢᠭᠦᠯ) ·· ᠰᠣᠷᠢᠯᠲᠠ ᠬᠠᠯᠬ᠎ᠠ ᠠᠶᠠᠯᠭᠤ ᠤ ᠰᠢᠯᠵᠢᠭᠦᠯᠦᠯ ᠦᠨ ᠳᠠᠭᠤᠪᠤᠷ ᠬᠡᠯᠪᠡᠷᠢ ᠨᠢ -iːn · -nɛː ᠭᠡᠵᠦ ᠳᠠᠭᠤᠳᠠᠳᠠᠭ ᠪᠠᠢᠨ᠎ᠠ ① ·· ᠰᠣᠷᠢᠯᠲᠠ ᠳᠠᠭᠤᠳᠠᠯ ᠬᠠᠯᠬ᠎ᠠ ᠠᠶᠠᠯᠭᠤ ᠤ ᠰᠢᠯᠵᠢᠭᠦᠯᠦᠯ ᠦᠨ ᠳᠠᠭᠤᠪᠤᠷ ᠬᠡᠯᠪᠡᠷᠢ ᠨᠢ -niː ~ -nɛː · -iːn ᠭᠡᠵᠦ ᠳᠠᠭᠤᠳᠠᠳᠠᠭ ᠪᠠᠢᠨ᠎ᠠ ② ··

[illegible] ᠪᠢᠴᠢᠭ ᠤᠨ [illegible] ᠶᠢ [illegible]᠂ [illegible] ᠤᠨ [illegible] ᠃ (8—14)
[illegible] ᠤᠨ [illegible] ᠶᠢ [illegible] ᠃ (2—13)
[illegible] ᠤᠨ [illegible] ᠶᠢ [illegible] (2—3)

ᠪᠢᠴᠢᠭ》ᠳᠤ [illegible] 258 [illegible] ᠃ [illegible]:

(1)《ᠶᠢ (-yi)》[illegible] ᠶᠢ [illegible] ᠃《[illegible] ᠤ
《[illegible] ᠤ ᠪᠢᠴᠢᠭ》ᠤᠨ [illegible]《ᠶᠢ (-yi)᠂ ᠢ (-i)᠂ ᠭᠢ (-gi)》[illegible] ᠃

3. [illegible]

[illegible] (25—11) [illegible] ᠃ (26—11)

(7) [illegible] ᠃

(4—4)

[illegible] ᠤ [illegible]᠂ [illegible]

(6) [illegible] ᠢ [illegible] ᠃

[illegible] ᠤᠨ [illegible] (10—1)

[illegible]᠂ [illegible]᠂ [illegible] ᠤᠨ [illegible] ᠃ (2—12)

(5) [illegible] ᠶᠢ [illegible] ᠃

[illegible]᠂ (12—1)

[illegible]᠂ [illegible]᠂ [illegible]

ᠪᠣᠯᠤᠨ ᠰᠤᠳᠤᠯᠤᠭᠳᠠᠭᠰᠠᠨ ᠪᠢᠴᠢᠭᠯᠡᠯ ᠦᠨ ᠬᠡᠯᠡ ᠶᠢᠨ 《ᠬᠠᠷ᠎ᠠ ᠬᠣᠲᠠ ᠶᠢᠨ ᠪᠢᠴᠢᠭ》 ᠳᠦ 《ᠶᠢᠨ ᠬᠡᠷᠡᠭᠯᠡᠭᠡᠨ ᠦ ᠲᠤᠬᠠᠢ ᠶᠢᠨ ᠶᠠᠭᠤ ᠶᠢᠨ ᠳᠤ ᠬᠡᠷᠡᠭᠯᠡᠭᠰᠡᠨ ᠶᠢᠨ ᠢ ᠬᠠᠷᠢᠴᠠᠭᠤᠯᠪᠠᠯ ᠪᠢᠴᠢᠭ ᠦᠨ ᠬᠡᠯᠡ ᠶᠢᠨ ᠬᠡᠯᠪᠡᠷᠢ ᠳᠤ :: ᠭᠤᠷᠪᠠᠨ ᠬᠡᠯᠪᠡᠷᠢ ᠳᠤ ᠬᠡᠷᠡᠭᠯᠡᠭᠳᠡᠭᠰᠡᠨ ᠨᠢ 《ᠶᠢ (-yi)》、《ᠢ (-i)》 ᠪᠠ 《ᠭᠢ (-gi)》 ᠪᠣᠯᠤᠨ ᠡᠳᠡᠭᠡᠷ ᠦᠨ ᠬᠡᠷᠡᠭᠯᠡᠭᠡᠨ ᠦ ᠪᠠᠢᠳᠠᠯ ᠢ ᠲᠣᠳᠤᠷᠬᠠᠢᠯᠠᠪᠠᠯ᠂ ᠪᠢᠴᠢᠭ ᠲᠦ ᠬᠠᠮᠤᠭ ᠤᠨ ᠣᠯᠠᠨ ᠳᠠᠬᠢᠨ ᠬᠡᠷᠡᠭᠯᠡᠭᠳᠡᠭᠰᠡᠨ ᠨᠢ᠂ 《ᠭᠢ (-gi)》 ᠬᠡᠯᠪᠡᠷᠢ ᠪᠣᠯᠤᠨ᠎ᠠ :: ᠬᠠᠷᠢᠨ 《ᠢ (-i)》 ᠪᠠ ᠬᠡᠯᠪᠡᠷᠢ ᠶᠢᠨ ᠬᠡᠷᠡᠭᠯᠡᠭᠡ ᠴᠥᠭᠡᠨ ᠪᠠᠢᠬᠤ ᠪᠠᠢᠳᠠᠯ ᠲᠠᠢ ᠪᠠᠢᠨ᠎ᠠ ::

ᠶᠢᠨ ᠳᠤ 《ᠭᠢ (-gi)》 ᠬᠡᠷᠡᠭᠯᠡᠭᠰᠡᠨ ᠨᠢ ᠴᠥᠭᠡᠨ ᠪᠠᠢᠬᠤ ᠶᠢᠨ ᠳᠤ ᠬᠡᠷᠡᠭᠯᠡᠭᠳᠡᠭᠰᠡᠨ ᠪᠠᠢᠳᠠᠯ ᠨᠢ ᠡᠢᠮᠦ ::

(3) 《ᠭᠢ (-gi)》 ᠬᠡᠷᠡᠭᠯᠡᠭᠰᠡᠨ ᠵᠢᠱᠢᠶ᠎ᠡ ᠨᠢ ᠬᠡᠷᠡᠭᠯᠡᠭᠡᠨ ᠦ ᠪᠠᠢᠳᠠᠯ ᠢ ᠬᠠᠷᠢᠴᠠᠭᠤᠯᠪᠠᠯ :: 《ᠬᠠᠷ᠎ᠠ ᠬᠣᠲᠠ ᠶᠢᠨ ᠪᠢᠴᠢᠭ》 ᠳᠤ ᠨᠡᠢᠲᠡ 8

(2) 《ᠢ (-i)》 ᠬᠡᠷᠡᠭᠯᠡᠭᠰᠡᠨ ᠬᠠᠷᠢᠴᠠᠭᠤᠯᠪᠠᠯ ᠪᠠ ᠬᠡᠷᠡᠭᠯᠡᠭᠡᠨ ᠦ ᠨᠢ ᠲᠠᠢ ᠪᠠᠢᠳᠠᠯ ᠤ ᠲᠤᠰᠬᠠᠢᠯᠠᠯ :: 《ᠬᠠᠷ᠎ᠠ ᠬᠣᠲᠠ ᠶᠢᠨ ᠪᠢᠴᠢᠭ》 ᠳᠤ 276

ᠬᠡᠷᠡᠭᠯᠡᠵᠦ ᠪᠠᠢᠨ᠎ᠠ :: -ig ᠳᠠᠭᠠᠪᠤᠷᠢ ᠡᠭᠡᠰᠢᠭ ᠤᠷᠲᠤ ᠵᠢᠴᠢ ᠬᠠᠪᠰᠤᠷᠤ ᠪᠤᠰᠤ ᠳᠠᠭᠠᠪᠤᠷᠢᠳᠠᠭᠠᠨ ᠪᠣᠯᠪᠠᠰᠤ -iːg ᠪᠣᠯᠪᠠᠰᠤ ᠬᠡᠷᠡᠭᠯᠡᠭᠳᠡᠨ ᠪᠠᠢᠨ᠎ᠠ ::
ᠬᠡᠯᠡᠨ ᠪᠢᠴᠢᠭ ᠬᠡᠯᠡᠯᠭᠡ ᠳᠦ ᠪᠣᠯᠪᠠᠰᠤ ᠬᠡᠷᠡᠭ ᠬᠠᠷᠢᠶᠠᠯᠠᠭᠤᠯᠬᠤ ᠶᠢᠨ ᠳᠠᠭᠠᠪᠤᠷᠢ i ᠵᠢᠴᠢ ᠶᠠᠷᠢᠶᠠᠨ ᠬᠡᠯᠡᠨ ᠳᠦ ᠪᠣᠯᠪᠠᠰᠤ ᠪᠣᠭᠤᠨᠢ ᠳᠠᠭᠠᠪᠤᠷᠢ ᠪᠡᠷ
ᠬᠡᠷᠡᠭᠯᠡᠳᠡᠭ :: ᠮᠣᠩᠭᠣᠯ ᠪᠢᠴᠢᠭ ᠦᠨ ᠬᠡᠯᠡᠨ -iːg ᠳᠠᠭᠠᠪᠤᠷᠢ ᠪᠠ -g ᠳᠠᠭᠠᠪᠤᠷᠢ ᠬᠠᠷᠢᠶᠠᠯᠠᠭᠤᠯᠬᠤ ᠶᠢᠨ ᠳᠠᠭᠠᠪᠤᠷᠢ ᠬᠡᠯᠡᠨ ᠦ ᠳᠦᠷᠢᠮ ᠮᠣᠩᠭᠣᠯ ᠦᠨ
ᠤᠨ ᠬᠡᠯᠡᠨ ᠤᠨ ᠠᠶᠠᠯᠭᠤ ᠳᠤ 《ᠶᠢ (-gi)》 ᠳᠠᠭᠠᠪᠤᠷᠢ ᠶᠢᠨ ᠵᠢᠴᠢ ᠠᠶᠠᠯᠭᠤ ᠳᠤ ᠬᠡᠷᠡᠭᠯᠡᠭᠰᠡᠨ ᠤᠨ ᠬᠡᠯᠪᠡᠷᠢ ᠮᠠᠭᠠᠳ ᠪᠣᠯ -gi ᠵᠢᠴᠢ -g ᠪᠣᠯᠪᠠᠰᠤ
ᠪᠣᠯ 《ᠶᠢ (-gi)》 ᠳᠠᠭᠠᠪᠤᠷᠢ ᠳᠠᠭᠠᠨ ᠤᠨ ᠬᠡᠯᠡᠨ ᠤᠨ ᠠᠶᠠᠯᠭᠤ ᠶᠢᠨ ᠪᠦᠲᠦᠴᠡ ᠶᠢ ᠳᠠᠭᠠᠯᠳᠤᠭᠤᠯᠤᠨ ᠬᠡᠯᠪᠡᠷᠢ ᠶᠢᠨ ᠪᠠᠷ ᠬᠡᠷᠡᠭᠯᠡᠵᠦ ᠪᠠᠢᠨ᠎ᠠ :: ᠳᠠᠭᠠᠨ ᠳᠠᠭᠠᠨ
ᠮᠣᠩᠭᠣᠯ ᠬᠡᠯᠡᠨ ᠤᠨ ᠮᠣᠩᠭᠣᠯ ᠶᠠᠰᠤ ᠶᠢᠨ ᠠᠶᠠᠯᠭᠤ ᠪᠠ ᠲᠤᠰᠬᠠᠢ ᠤᠨ ᠳᠠᠭᠤᠨ ᠠᠶᠠᠯᠭᠤ ᠶᠢ -gɪ · -giː · -ɪː · -iː · -iːg · -g ᠶᠢᠨ ᠠᠶᠠᠯᠭᠤ ᠪᠣᠶᠢᠷᠠᠳ
ᠪᠣᠶᠢᠷᠠᠳ ᠬᠡᠯᠪᠡᠷᠢ ᠶᠢ ᠪᠠᠷᠢᠮᠲᠠ ᠶᠢ ᠶᠠᠰᠤ ᠳᠠᠭᠠᠪᠤᠷᠢ》 ᠶᠢᠨ ᠶᠢᠷᠦ ᠪᠣᠯᠤᠨ ᠪᠣᠯ ᠬᠡᠷᠡᠭᠯᠡᠵᠦ ᠢᠷᠡᠭᠰᠡᠨ ᠪᠠᠢᠨ᠎ᠠ ① ::
ᠶᠢ ᠶᠠᠰᠤ ᠳᠠᠭᠠᠪᠤᠷᠢ :: ᠡᠨᠡ ᠳᠠᠭᠠᠪᠤᠷᠢ ᠳᠤ ᠬᠡᠯᠡᠭᠰᠡᠨ ᠦᠭᠡ ᠨᠢ ᠳᠠᠭᠠᠨ · ᠵᠢᠱᠢᠶ᠎ᠡ ᠨᠢ ᠶᠠᠰᠤᠨ · ᠳᠠᠭᠠᠪᠤᠷᠢ ᠶᠢ · ᠳᠠᠮᠵᠢ ᠶᠢ · ᠶᠢᠷᠦ ᠶᠢ ᠶᠠᠰᠤ
ᠳᠠᠭᠠᠭᠤᠯᠤᠨ ᠳᠤ ᠬᠡᠯᠡᠭᠰᠡᠨ ᠦᠭᠡ ᠨᠢ ᠳᠠᠭᠠᠨ · ᠵᠢᠱᠢᠶ᠎ᠡ ᠨᠢ ᠶᠠᠰᠤᠨ · ᠡᠷᠡᠪᠭᠡᠷ ᠶᠢ · ᠪᠣᠷᠣᠭᠠᠨ ᠶᠢ · ᠳᠠᠷᠤᠭ᠎ᠠ ᠶᠢ · ᠮᠣᠷᠢᠨ ᠶᠢ ᠶᠠᠰᠤ ᠪᠣᠶᠢᠷᠠᠳ ᠬᠡᠯᠪᠡᠷᠢ ᠶᠢ ᠳᠠᠭᠤ
ᠳᠠᠭᠠᠨ · ᠵᠢᠱᠢᠶ᠎ᠡ ᠨᠢ ᠶᠠᠰᠤᠨ · ᠪᠦᠷᠭᠦᠳ ᠶᠢ · ᠬᠡᠯᠡᠨ ᠶᠢ · ᠮᠣᠷᠢ ᠶᠢ · ᠪᠣᠷᠣ ᠶᠢ ᠶᠠᠰᠤ ᠪᠣᠶᠢᠷᠠᠳ ᠬᠡᠯᠪᠡᠷᠢ ᠶᠢ ᠳᠠᠭᠤ ᠶᠢᠨ ᠶᠠᠰᠤ ᠮᠣᠩᠭᠣᠯᠴᠤᠳ ᠳᠠᠭᠠᠪᠤᠷᠢ · ᠮᠣᠷᠢ

ᠲᠠᠢᠯᠪᠤᠷᠢ :

bytyːdn øndgylsn byrgyːdiːg bøkyn xɑrɑːdæː ɔlʤ[3]

ᠪᠦᠲᠦᠭᠡᠳ ᠥᠨᠳᠡᠭᠡ ᠡᠯᠡᠭᠰᠡᠨ ᠪᠦᠷᠭᠦᠳ ᠢ ᠪᠦᠬᠦᠨ ᠬᠠᠷᠠᠭᠠᠳ ᠣᠯᠵᠤ ::

erebger zeːrd mœriːg ejeldeg zaluː tʃin tɔxdɔg. [2]

ᠡᠷᠡᠪᠭᠡᠷ ᠵᠡᠭᠡᠷᠳᠡ ᠮᠣᠷᠢ ᠶᠢ ᠡᠶᠡᠯᠡᠳᠡᠭ ᠵᠠᠯᠠᠭᠤ ᠴᠢᠨᠢ ᠲᠣᠬᠠᠳᠠᠭ ::

---

① ᠴᠢᠩᠭᠡᠯᠲᠡᠢ : 《ᠮᠣᠩᠭᠣᠯ ᠬᠡᠯᠡᠨ ᠦ ᠳᠦᠷᠢᠮ ᠳᠠᠭᠠᠪᠤᠷᠢ ᠪᠢᠴᠢᠭ》· ᠥᠪᠥᠷ ᠮᠣᠩᠭᠣᠯ ᠤᠨ ᠠᠷᠠᠳ ᠤᠨ ᠬᠡᠪᠯᠡᠯ ᠦᠨ ᠬᠣᠷᠢᠶ᠎ᠠ · 1979 ᠣᠨ · 140 ᠳᠤᠭᠠᠷ ᠨᠢᠭᠤᠷ ::

②③ ᠳᠣᠷᠣᠭᠠᠪ : 《ᠮᠣᠩᠭᠣᠯ ᠠᠶᠠᠯᠭᠤ ᠤ ᠬᠡᠯᠡᠨ ᠦ ᠰᠤᠳᠤᠯᠭ᠎ᠠ》· ᠥᠪᠥᠷ ᠮᠣᠩᠭᠣᠯ ᠤᠨ ᠠᠷᠠᠳ ᠤᠨ ᠬᠡᠪᠯᠡᠯ ᠦᠨ ᠬᠣᠷᠢᠶ᠎ᠠ · 1987 ᠣᠨ · 20 · 35 ᠳᠤᠭᠠᠷ ᠨᠢᠭᠤᠷ ::

(1) 《ᠳᠠ (-da/-de ~ -ta/-te)》 ᠥᠭᠭᠦᠬᠦ ᠶᠢᠨ ᠲᠢᠯᠭᠠᠯ ᠪᠣᠯ ᠪᠠᠢᠷᠢᠰᠢᠭᠤᠯᠬᠤ ᠪᠠ ᠥᠭᠦᠯᠡᠭᠴᠢ ᠶᠢᠨ ᠤᠷᠤᠨ ᠤ ᠥᠭᠡᠨ ᠪᠠᠷ (-a/ -e), ᠳᠤ ᠲᠤ (-du/-dü ~ -tu/-tü), ᠳᠤᠷ ᠲᠤᠷ (-dur/dür ~ -tur/-tür)》 ᠪᠠᠷ ᠪᠣᠯᠤᠨ ᠣᠷᠣᠰᠢᠯ ᠤᠨ ᠪᠠᠶᠢᠳᠠᠯ ᠪᠠᠶᠢᠨ᠎ᠠ ··

《ᠮᠣᠩᠭᠣᠯ ᠤᠨ ᠨᠢᠭᠤᠴᠠ ᠲᠣᠪᠴᠢᠶᠠᠨ》 ᠳᠤ ᠬᠡᠷᠡᠭᠯᠡᠭᠰᠡᠨ ᠤᠷᠤᠭ ᠤᠳᠠᠭᠠᠯᠳᠤ ᠶᠢᠨ ᠥᠭᠡᠨ ᠬᠡᠯᠪᠦᠷᠢ ᠶᠢᠨ ᠥᠭᠭᠦᠬᠦ ᠳᠤ 《ᠳᠠ (-da/-de ~ -ta/-te),

(5—33)

ᠬᠡᠯᠡᠨ ᠦ ᠲᠡᠦᠬᠡᠨ ᠦ ᠰᠤᠳᠤᠯᠤᠯ ᠤᠨ ᠬᠡᠷᠡᠭᠯᠡᠭᠳᠡᠵᠦ ᠃ ᠨᠡᠢᠲᠡ 42 ᠤᠳᠠᠭ᠎ᠠ ᠬᠡᠷᠡᠭᠯᠡᠭᠳᠡᠵᠡᠢ ᠃ ᠵᠢᠱᠢᠶᠡᠯᠡᠪᠡᠯ ᠄

（4）《ᠳᠤᠷ ᠳᠦᠷ (-dur/-dür ～ -tur/-tür)》 ᠨᠥᠭᠦᠴᠡ 《ᠮᠣᠩᠭᠣᠯᠴᠤᠳ ᠤᠨ ᠪᠢᠴᠢᠭ》 ᠳᠦ ᠣᠷᠴᠢᠨ ᠳᠤ ᠲᠡᠭᠦᠨ ᠦ ᠬᠡᠷᠡᠭᠯᠡᠭᠡ

ᠠᠳᠠᠯᠢ ᠪᠠᠢᠳᠠᠯ ᠳᠤᠷ ᠳᠦ ᠬᠡᠷᠡᠭᠯᠡᠭᠳᠡᠭᠰᠡᠨ（6—13）

ᠠᠮᠤᠷ ᠤᠨ ᠴᠠᠭ ᠠᠴᠠ ᠬᠡᠯᠡᠨ ᠳᠦ ᠮᠣᠩᠭᠣᠯ ᠤᠨ ᠬᠡᠯᠡᠨ ᠳᠡᠭᠡᠷᠡ ᠃ （1—16）

ᠲᠡᠭᠦᠨ ᠦ ᠨᠢᠭᠡ ᠲᠤᠰ ᠳᠤ ᠃ ᠠᠯᠢᠪᠠ ᠬᠡᠯᠡᠨ ᠦ ᠠᠮᠠᠨ ᠳᠤ ᠲᠡᠷᠡᠭᠦᠨ ᠤᠨ （1—8）

ᠬᠡᠯᠡᠯᠲᠡ ᠶᠢᠨ ᠵᠢᠱᠢᠶ᠎ᠠ ᠃ ᠵᠢᠱᠢᠶᠡᠯᠡᠪᠡᠯ ᠄

ᠮᠣᠩᠭᠣᠯᠴᠤᠳ ᠤᠨ ᠪᠢᠴᠢᠭ ᠳᠦ ᠨᠡᠢᠲᠡ ᠳᠣᠷ ᠃ 《ᠮᠣᠩᠭᠣᠯᠴᠤᠳ ᠤᠨ ᠪᠢᠴᠢᠭ》 ᠳᠦ 《ᠳᠤ》 ᠨᠥᠭᠦᠴᠡ 167 ᠤᠳᠠᠭ᠎ᠠ ᠬᠡᠷᠡᠭᠯᠡᠭᠳᠡᠵᠦ ᠃ 《ᠳᠦ》 ᠨᠥᠭᠦᠴᠡ 330 ᠤᠳᠠᠭ᠎ᠠ ᠬᠡᠷᠡᠭᠯᠡᠭᠳᠡᠵᠦ ᠃ ᠠᠯᠢᠪᠠ ᠬᠡᠯᠡᠨ ᠳᠦ ᠬᠡᠯᠡᠨ ᠦ ᠲᠡᠦᠬᠡᠨ ᠦ ᠰᠤᠳᠤᠯᠤᠯ ᠤᠨ ᠬᠡᠷᠡᠭᠯᠡᠭᠳᠡᠵᠦ ᠃ ᠲᠡᠷᠡ ᠴᠤ ᠃ 《ᠲ》 ᠪᠣᠯᠤᠨ 《t・d》 ᠭᠡᠬᠦ ᠵᠢᠷᠤᠮ ᠪᠠᠨ ᠬᠡᠷᠡᠭᠯᠡᠭᠡ ᠬᠡᠷᠡᠭᠯᠡᠭᠳᠡᠵᠦ ᠃ ᠣᠷᠴᠢᠨ ᠪᠠᠢᠳᠠᠯ ᠳᠤᠷ ᠳᠦ ᠬᠡᠷᠡᠭᠯᠡᠭᠳᠡᠵᠦ ᠪᠠᠢᠨ᠎ᠠ ᠬᠡᠯᠡᠯᠲᠡ ᠶᠢᠨ ᠵᠢᠱᠢᠶ᠎ᠠ ᠃ ᠵᠢᠱᠢᠶᠡᠯᠡᠪᠡᠯ ᠄

（3）《ᠳᠤ・ᠳᠦ (-du/-dü ～ -tu/-tü)》 ᠨᠥᠭᠦᠴᠡ 《ᠮᠣᠩᠭᠣᠯᠴᠤᠳ ᠤᠨ ᠪᠢᠴᠢᠭ》 ᠳᠦ ᠴᠠᠭ ᠤᠳᠠᠭ᠎ᠠ ᠬᠡᠷᠡᠭᠯᠡᠭᠳᠡᠵᠦ ᠃ ᠣᠷᠴᠢᠨ ᠪᠠᠢᠳᠠᠯ

ᠭᠡᠵᠦ ᠡᠨᠡ ᠬᠡᠯᠡᠯᠲᠡ ᠶᠢᠨ ᠲᠤᠰ ᠳᠤᠷ ᠬᠠᠷᠢᠶᠠᠯᠠᠭᠰᠠᠨ ᠪᠢᠯᠡ（65—7）

ᠠᠷᠠᠳ ᠤᠨ ᠠᠮᠤᠷ ᠨᠢ ᠬᠡᠯᠡᠨ ᠳᠦ ᠴᠠᠭ ᠤᠳᠠᠭ᠎ᠠ ᠳᠦ ᠲᠡᠭᠦᠨ ᠦ ᠰᠤᠳᠤᠯᠤᠯ ᠤᠨ ᠬᠡᠷᠡᠭᠯᠡᠭᠳᠡᠵᠦ ᠃（5—15）

ᠪᠠᠢᠭᠤᠯᠤᠯᠭ᠎ᠠ ᠬᠡᠯᠡᠨ ᠳᠦ ᠲᠤᠰᠬᠠᠢ ᠬᠡᠯᠡᠯᠲᠡ ᠪᠣᠯᠤᠨ᠎ᠠ ᠃（5—16）

ᠬᠡᠯᠡᠯᠲᠡ ᠶᠢᠨ ᠵᠢᠱᠢᠶ᠎ᠠ ᠃ ᠵᠢᠱᠢᠶᠡᠯᠡᠪᠡᠯ ᠄

（2）《（-a/-e）》 ᠨᠥᠭᠦᠴᠡ ᠶᠢ ᠣᠷᠴᠢᠨ ᠪᠠᠢᠳᠠᠯ ᠪᠠᠨ ᠬᠡᠯᠡᠨ ᠳᠦ ᠳᠠᠭᠠᠨ ᠬᠡᠷᠡᠭᠯᠡᠵᠦ ᠃ 《ᠮᠣᠩᠭᠣᠯᠴᠤᠳ ᠤᠨ ᠪᠢᠴᠢᠭ》 ᠳᠦ 26 ᠤᠳᠠᠭ᠎ᠠ ᠬᠡᠷᠡᠭᠯᠡᠭᠳᠡᠵᠡᠢ ᠃ ᠵᠢᠱᠢᠶᠡᠯᠡᠪᠡᠯ ᠄

ᠲᠡᠷᠡ ᠶᠢᠨ ᠬᠡᠯᠡᠨ ᠬᠠᠷᠢᠶᠠᠯᠠᠯ ᠤᠨ ᠵᠢᠷᠤᠮ ᠤᠨ ᠲᠤᠰ ᠲᠤᠰ（79—5）

ᠬᠡᠷᠡᠭᠯᠡᠭᠡ ᠳᠦ ᠬᠡᠯᠡᠯᠲᠡ ᠶᠢᠨ ᠬᠡᠯᠡᠨ ᠬᠡᠯᠡᠭᠳᠡᠬᠦ ᠪᠣᠯᠤᠭᠰᠠᠨ（76—4）

ᠬᠡᠷᠡᠭᠯᠡᠭᠳᠡᠨ ᠡᠨᠡ ᠵᠢᠷᠤᠮ ᠪᠠᠢᠳᠠᠯ ᠤᠨ ᠬᠡᠷᠡᠭᠯᠡᠭᠳᠡᠵᠦ ᠳᠦ（2—3）

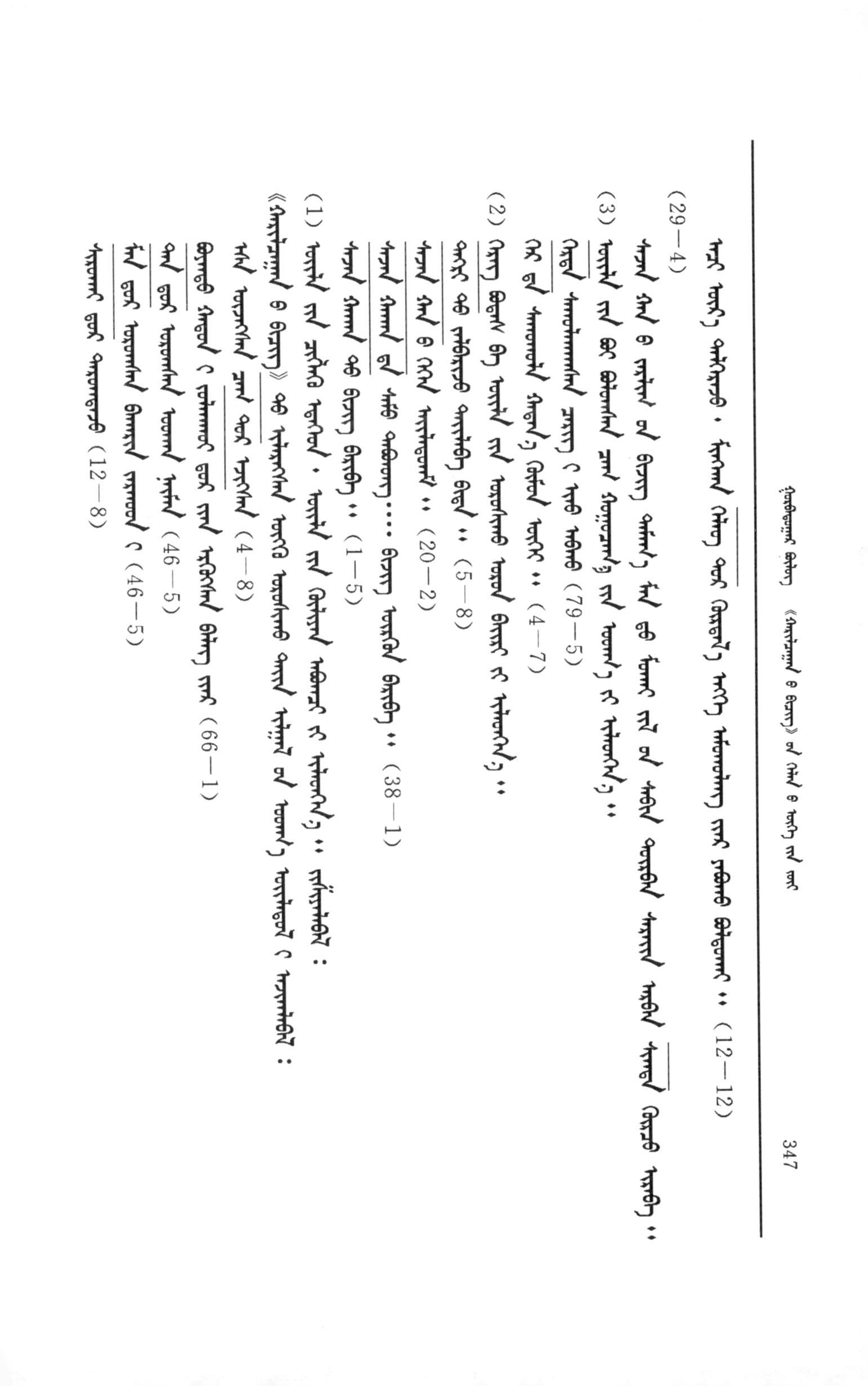

(29—4)

(2) 《ᠶᠠᠭᠤ -iyar/-iyer》 ᠭᠡᠳᠡᠭ ᠢ ᠬᠡᠷᠡᠭᠯᠡᠭᠰᠡᠨ ᠪᠡᠷ ᠣᠷᠣᠯᠠᠭᠤᠯᠤᠨ ᠵᠢᠱᠢᠶ᠎ᠡ ᠲᠣᠭᠠᠨ ᠤ ᠤᠭᠤᠯᠠᠬᠤ ᠶᠠᠷᠢᠶᠠᠨ ᠳ᠋ᠤ ᠭᠠᠷᠤᠭᠰᠠᠨ ᠪᠠᠢᠨ᠎ᠠ ᠃ 《ᠮᠣᠩᠭᠣᠯᠴᠤᠳ ᠤᠨ ᠲᠣᠪᠴᠢ》

(1) 《ᠪᠠᠷ (-bar/-ber)》 ᠭᠡᠳᠡᠭ ᠨᠢᠭᠡ ᠬᠡᠯᠪᠡᠷᠢ ᠶᠠᠭᠤ ᠣᠷᠣᠯᠠᠭᠤᠯᠤᠨ ᠬᠡᠷᠡᠭᠯᠡᠭᠰᠡᠨ ᠶᠢᠨ ᠲᠣᠭ᠎ᠠ ᠶᠢᠨ ᠣᠳᠣᠬᠢ ᠳ᠋ᠤ ᠭᠠᠷᠤᠭᠰᠠᠨ ᠪᠠᠢᠨ᠎ᠠ ᠃ 《ᠮᠣᠩᠭᠣᠯᠴᠤᠳ ᠤᠨ

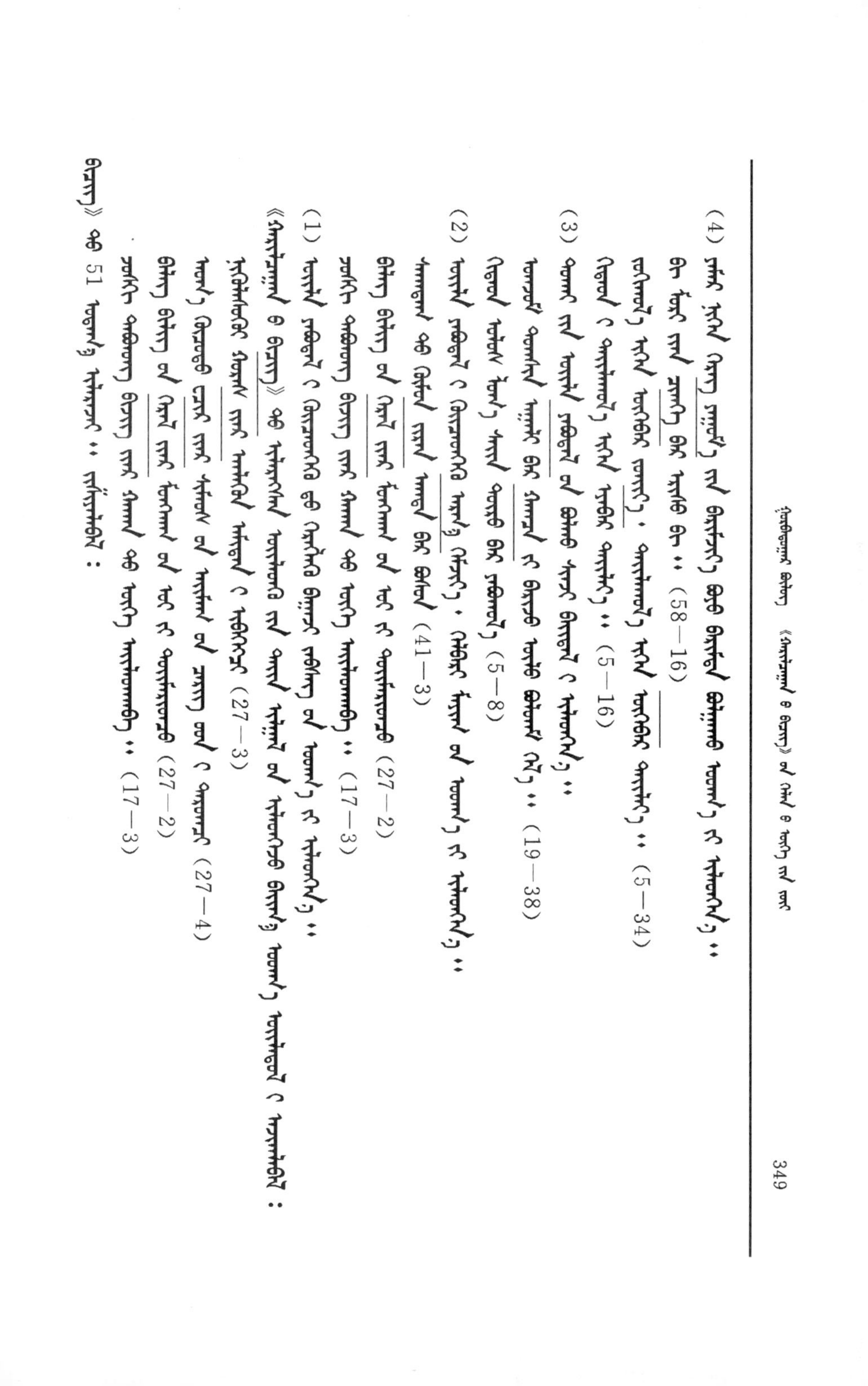

《ᠮᠣᠩᠭᠣᠯ ᠤᠨ ᠨᠢᠭᠤᠴᠠ ᠲᠣᠪᠴᠢᠶᠠᠨ》 ᠳᠤ ᠬᠡᠷᠡᠭᠯᠡᠭᠳᠡᠭᠰᠡᠨ ᠭᠠᠷᠬᠤ ᠶᠢᠨ ᠲᠢᠭᠯᠢᠭ ᠵᠠᠯᠭᠠᠪᠤᠷᠢ ᠶᠢᠨ ᠬᠡᠷᠡᠭᠯᠡᠭᠡ ᠳᠦ 《ᠠᠴᠠ (-ača/-eče)》, ᠳᠠᠭᠠᠨ

6. ᠭᠠᠷᠬᠤ ᠶᠢᠨ ᠲᠢᠭᠯᠢᠭ ᠵᠠᠯᠭᠠᠪᠤᠷᠢ

(59—2)

[illegible] :: [illegible] :: (13—18)

(7) [illegible] ::

[illegible] :: (41—12)

[illegible] :: (41—8)

[illegible]

(6) [illegible] ::

[illegible] :: (61—1)

[illegible] :: (41—16)

[illegible] :: (19—37)

(5) [illegible] ::

[illegible] (52—5)

[illegible] :: (16—16)

[illegible] :: (6—15)

《ᠰᠠ ᠳᠠᠭᠠᠪᠤᠷᠢ ᠶᠢ ᠬᠣᠯᠪᠣᠬᠤ ᠳᠤᠤ ᠶᠢ ᠳᠠᠭᠤᠰ ᠠᠴᠠ ᠬᠣᠯᠪᠣᠬᠤ ᠪᠣᠯᠤᠭᠰᠠᠨ ᠬᠠᠷᠢᠴᠠᠭ᠎ᠠ ᠪᠠᠶᠢᠳᠠᠯ ᠳᠤᠷ᠎ᠠ ᠮᠠᠨ ᠮᠠᠨ · ᠰᠢᠨ᠎ᠡ ᠬᠡᠨ ᠮᠡᠳᠡᠭᠦᠯᠪᠡ ᠪᠠᠢ ᠳᠠᠭᠠᠪᠤᠷᠢ ᠶᠢ ᠵᠢᠷᠤᠮ ᠤ ᠬᠡᠯᠡ ᠤ ᠪᠠᠶᠢᠳᠠᠯ ᠢ ᠳᠠᠭᠤᠰᠬᠠᠭᠰᠠᠨ ᠪᠠᠶᠢᠨ᠎ᠠ ᠬᠡᠯᠡ ᠳᠠᠭᠤᠨ ᠰᠢᠯᠵᠢᠭᠦᠯ 《ᠲᠣᠭᠲᠠᠭᠠᠯ ᠬᠣᠯᠪᠣᠬᠤ ᠤᠨ ᠪᠠᠷᠢᠯ ᠳᠠᠭᠠᠪᠤᠷᠢ ᠪᠠᠶᠢᠨ᠎ᠠ》 ᠳᠤ ᠪᠠᠨ

《ᠰᠠ (-sa/-se)》 ᠳᠠᠭᠠᠪᠤᠷᠢ ᠪᠣᠯ 《ᠠᠴᠠ (-a ča/-e če)》 ᠳᠠᠭᠠᠪᠤᠷᠢ ᠲᠠᠢ ᠠᠳᠠᠯᠢ ᠤ ᠬᠡᠯᠡ ᠳᠤᠬᠢ ᠳᠠᠭᠠᠬᠤ ᠪᠣᠯᠤᠨ᠎ᠠ ᠵᠢ :: 《ᠰᠠ》 ᠬᠡᠷᠡᠭᠯᠡᠯ ᠬᠣᠯᠪᠣ ᠲᠣᠭᠲᠠᠭᠤ ᠪᠣᠯᠤᠨ ᠪᠠᠢᠨ ᠬᠡᠯᠡᠭ :: (42—4)

(3) 《ᠰᠠ (-sa/-se)》 ᠳᠠᠭᠠᠪᠤᠷᠢ 1 ᠬᠤᠪᠢᠯᠪᠤᠷᠢ ᠲᠣᠬᠢᠶᠠᠯᠳᠤᠪᠠ · ᠬᠡᠷᠡᠭᠯᠡᠭᠰᠡᠨ ᠬᠣᠯᠪᠣ ᠳᠤ ᠪᠠᠨ ᠵᠢᠷᠤᠮᠯᠠᠯ ᠪᠠᠶᠢᠳᠠᠯᠲᠠᠢ :: ᠵᠢᠱᠢᠶ᠎ᠡ : ᠠᠴᠠ ᠵᠢᠷᠤᠮᠯᠠᠯ ᠪᠣᠯᠤᠭᠰᠠᠨ ᠬᠡᠯᠡᠪᠡᠷ ᠪᠣᠯᠤᠨ ᠳᠤᠷ᠎ᠠ ::

《ᠳᠠᠴᠠ》 ᠳᠠᠭᠠᠪᠤᠷᠢ ᠪᠣᠯ ᠬᠣᠯᠪᠣ ᠬᠣᠯᠪᠣᠯᠳᠤ ᠶᠢᠨ ᠳᠠᠭᠠᠨ ᠲᠥᠭᠡᠭᠡ ᠶᠢ ᠳᠠᠭᠠᠪᠤᠷᠢ 《ᠳᠠ》 ᠪᠣᠯᠤᠨ ᠰᠢᠨᠵᠢ ᠶᠢᠨ ᠳᠠᠭᠠᠨ ᠲᠥᠭᠡᠭᠡ ᠶᠢ ᠳᠠᠭᠠᠪᠤᠷᠢ 《ᠠᠴᠠ》 ᠪᠣᠯᠤᠨ ᠮᠠᠨ ᠶᠢᠨ ᠬᠡᠨ ᠳᠠᠴᠠ ᠮᠣᠷᠢᠳᠠᠨ ᠪᠠᠶᠢᠨ᠎ᠠ ᠳᠤ ᠬᠣᠶᠠᠷ ᠡᠴᠡᠨ ᠰᠡᠨ…… (49—27)

(2) 《ᠳᠠᠴᠠ (-dača/-deče)》 ᠳᠠᠭᠠᠪᠤᠷᠢ 1 ᠬᠤᠪᠢᠯᠪᠤᠷᠢ ᠲᠣᠬᠢᠶᠠᠯᠳᠤᠪᠠ :: ᠵᠢᠱᠢᠶ᠎ᠡ :

ᠡᠴᠡᠨ ᠰᠢᠮᠡᠨ ᠠᠴᠠ ᠬᠡᠮᠡᠨ ᠶᠢᠨ ᠪᠠᠨ ᠬᠣᠶᠠᠷ ᠲᠡᠭᠦᠨ ᠡ :: (8—5)

ᠲᠡᠷ ᠦ ᠬᠠᠮᠤᠭ ᠠᠴᠠ ᠶᠡᠬᠡᠯᠡᠨ ᠶᠡᠬᠡᠲᠦ ᠬᠣᠢ ᠡᠴᠡᠨ ᠳᠤᠷᠰᠤ ᠪᠠᠨ ᠶᠡᠬᠡᠲᠦ ᠪᠣᠯᠤᠨ ᠳᠤ ᠬᠣᠶᠠᠷ ᠰᠢᠨᠵᠢᠯᠡᠪᠡ :: (5—4)

ᠳᠤᠪᠣᠨ ᠰᠣᠬᠤᠷ ᠰᠣᠯᠢ ᠲᠠᠩᠭᠠᠷᠢᠭ ᠪᠣᠯᠤᠨ ᠠᠴᠠ ᠡᠴᠡᠯᠡᠪᠡ (1—23)

ᠡᠴᠡᠨ ᠳᠤᠷᠰᠤ ᠰᠣᠪᠣᠯᠵᠤ ᠠᠴᠠ ᠬᠣᠪᠤᠨ ᠳᠣᠣᠷᠠᠭᠤ ᠬᠣᠶᠠᠷ ᠳᠤ ᠪᠣᠯᠵᠤ ᠶᠡᠬᠡᠲᠦ (12—5)

171 ᠬᠤᠪᠢᠯᠪᠤᠷᠢ ᠲᠣᠬᠢᠶᠠᠯᠳᠤᠪᠠ :: ᠲᠣᠳᠤᠷᠬᠠᠶᠢᠯᠪᠠᠯ :

(1) 《ᠠᠴᠠ (-ača/-eče)》 ᠳᠠᠭᠠᠪᠤᠷᠢ ᠬᠡᠷᠡᠭᠯᠡᠬᠦ ᠪᠣᠯ ᠬᠠᠮᠤᠭ ᠤᠨ ᠣᠯᠠᠨ ᠲᠣᠬᠢᠶᠠᠯᠳᠤᠯ ᠢ ᠬᠣᠯᠪᠣ ᠶᠢᠨ ᠳᠠᠭᠤᠤ ᠬᠠᠷᠢᠴᠠᠭ᠎ᠠ :: ᠵᠢᠷᠤᠮ (-dača/-deče · -tača/-teče) · ᠰᠠ (-sa/-se)》 ᠬᠣᠶᠠ ᠬᠣᠶᠠᠷ ᠵᠢᠷᠤᠮ ᠪᠠᠶᠢᠨ᠎ᠠ ::

ᠰᠢᠯᠢᠭ ᠤᠨ ᠰᠠᠢᠨ ᠳᠡᠷ᠎ᠡ ᠳᠣᠲᠣᠷᠠᠭᠤᠯᠪᠠ ᠬᠠᠷᠢᠬᠤ ᠲᠤᠷᠭᠠᠨ ᠲᠣᠷ ᠲᠠ ᠃ (47—16)

ᠰᠠᠭᠤᠭᠰᠠᠨ ᠤ ᠰᠠᠭᠤᠷᠢ ᠳᠡᠷ᠎ᠡ ᠲᠡᠭᠦᠨᠴᠢᠯᠡᠨ ᠰᠠᠭᠤᠯᠲᠠᠭᠤᠯᠪᠠ · ᠡᠭᠦᠳᠡᠨ ᠲᠡᠭᠦ ᠲᠡᠭᠦᠨ (41—5)

ᠠᠷᠠᠨ ᠰᠠᠷ᠎ᠠ ᠶᠢᠨ ᠰᠠᠷᠠᠭᠤᠨ ᠳᠡᠷ᠎ᠡ ᠪᠠᠭᠤᠯᠭᠠᠪᠠ (19—21)

(3) ᠬᠠᠭᠠᠨ ᠲᠠᠨ ᠡᠴᠢᠭᠡ ᠶᠢᠨ ᠨᠦᠬᠦᠷ ᠬᠠᠷᠢᠶᠠᠯᠠᠭᠰᠠᠳ ᠃

ᠬᠣᠷᠢᠨ ᠢ ᠬᠣᠪᠢ ᠬᠣᠷᠢᠨ ᠳᠡᠷ᠎ᠡ ᠬᠣᠪᠢ ᠬᠣᠷᠢᠨ ᠪᠣᠯᠪᠠ ᠃ (19—33)

ᠬᠡᠪᠡᠯ ᠢ ᠪᠠᠷᠢᠭᠰᠠᠨ ᠳᠡᠷ᠎ᠡ ᠪᠠᠭᠤᠨ ᠢ ᠠᠷᠠᠨ ᠲᠣᠷᠭᠠ ᠲᠣᠭᠠᠨ ᠲᠠᠷᠠᠨ ᠶᠡᠷᠡ ᠲᠣᠭᠤᠷᠪᠠ (5—19)

(2) ᠰᠠᠭᠤᠷᠢᠰᠢᠭᠤᠯᠤᠭᠰᠠᠨ ᠲᠡᠭᠦᠯᠳᠡᠷᠢᠬᠦ ᠲᠣᠭᠠᠨ ᠤ ᠶᠢ ᠬᠡᠷᠡᠭᠯᠡᠯ ᠃

ᠲᠡᠭᠦᠨ ᠰᠣᠶᠤᠭᠤᠯ ᠳᠡᠷ᠎ᠡ ᠪᠠᠷᠢᠭᠰᠠᠨ ᠪᠠᠷᠢᠨ ᠰᠣᠶᠤᠭᠤᠯ ᠳᠡᠷ᠎ᠡ ᠪᠣᠰᠤᠭᠠᠭᠰᠠᠨ ᠮᠣᠩᠭᠣᠯ ᠲᠣᠭᠤᠯᠪᠠ (10—3)

ᠬᠣᠶᠠᠷ ᠳᠡᠷ᠎ᠡ ᠰᠠᠭᠤᠷᠢ ᠶᠢ ᠰᠠᠭᠤᠷᠢᠰᠢᠭᠤᠯᠤᠭᠰᠠᠳ · ᠲᠡᠮᠡᠭᠡᠨ ᠲᠡᠭᠡ ᠶᠢ ᠬᠡᠭᠡᠷ᠎ᠡ ᠬᠡᠷᠡ ᠳᠡᠷ᠎ᠡ ᠰᠠᠭᠤᠷᠢᠰᠢᠭᠤᠯᠤᠭᠰᠠᠳ (5—33)

ᠲᠦᠷ ᠢ ᠬᠡᠷᠡᠭᠡᠨ ᠳᠡᠷ᠎ᠡ ᠡᠮᠦᠰᠬᠡᠯ ᠡᠮᠦᠰᠦ ᠲᠡᠭᠦ · ᠠᠷᠠᠨ ᠪᠠᠭᠤᠵᠤ ᠪᠠᠢᠭ᠎ᠠ ᠡᠮᠦᠰᠦ ᠬᠡᠪᠡᠯ ᠢᠶᠡᠷ ᠲᠣᠭᠤᠳ ᠰᠠᠭᠤᠪᠠ (5—5)

ᠬᠠᠭ ᠨᠣᠭᠤᠨ ᠲᠡᠮᠡᠭᠡᠨ ᠪᠠᠭᠤᠯ ᠢᠶᠡᠷ (49—27)

ᠡᠭᠦᠳᠡ ᠲᠣᠭᠠᠨ ᠠᠭᠤᠯᠠ ᠶᠢ ᠬᠡᠷᠡᠭᠯᠡᠯ ᠃

(1) ᠡᠳᠡᠭᠡᠷ ᠲᠡᠷᠭᠦᠨ ᠡᠭᠡᠰᠡᠭ ᠲᠣᠭᠠᠨ · ᠡᠳᠡ · ᠪᠢᠳᠡᠨ · ᠬᠡᠳᠦᠢ ᠡᠮᠦᠰᠬᠡᠯ · ᠬᠡᠳᠦᠢ ᠪᠣᠯᠤᠨ ᠳᠡᠷ᠎ᠡ ᠡᠭᠦᠳᠡᠭᠦ · ᠲᠡᠭᠦᠳᠡᠭᠦ · ᠰᠠᠭᠤᠳᠠᠭᠤ · ᠬᠡᠷᠡᠭᠦ

《ᠰᠢᠨᠵᠢᠯᠡᠯᠲᠡ ᠶᠢᠨ ᠪᠢᠴᠢᠭ》 ᠢᠶᠡᠷ ᠬᠡᠷᠡᠭᠯᠡᠭᠰᠡᠨ ᠡᠭᠡᠰᠡᠭ ᠲᠠᠨ ᠪᠠᠷᠠᠨ ᠬᠡᠷᠡᠭ ᠤᠨ ᠬᠡᠷᠡᠭᠯᠡᠭᠳᠡᠬᠦ ᠪᠠᠢᠳᠠᠯ ᠲᠣᠭᠠᠨ ᠲᠣᠭᠠᠴᠠᠭᠤ ᠶᠢ :

《-aːs · -əːs · -ɔːs · -oːs》 ᠬᠡᠯᠪᠡ ᠪᠠᠢᠭᠤᠯᠤᠭᠳᠠᠬᠤ ᠪᠠᠢᠳᠠᠭ ᠃

ᠪᠠᠢᠭᠤᠯᠤᠭᠳᠠᠭᠤᠨ》 ① ᠬᠡᠯᠪᠡ ᠪᠠᠢᠳᠠᠯ ᠪᠠᠢᠳᠠᠭ ᠃ ᠲᠣᠭᠤ ᠲᠣᠭᠠᠨ ᠲᠠᠨ ᠮᠣᠩᠭᠣᠯ ᠬᠡᠯᠡᠨ ᠢ ᠡᠭᠦᠳᠡᠨ ᠢ ᠬᠡᠯᠡᠨ ᠳᠦ 《ᠳᠡᠷ᠎ᠡ》 ᠪᠠᠢᠭᠤᠯᠤᠭ ᠶᠢ ᠲᠣᠷ

① ᠴᠢᠩᠭᠡᠯᠲᠡᠢ : 《ᠮᠣᠩᠭᠣᠯ ᠬᠡᠯᠡᠨ ᠤ ᠳᠦᠷᠢᠮ ᠪᠢᠴᠢᠭ ᠦᠨ ᠳᠦᠷᠢᠮ》 · ᠥᠪᠦᠷ ᠮᠣᠩᠭᠣᠯ ᠤᠨ ᠠᠷᠠᠳ ᠤᠨ ᠬᠡᠪᠯᠡᠯ ᠦᠨ ᠬᠣᠷᠢᠶ᠎ᠠ · 1979 ᠣᠨ · 141 ᠨᠢᠭᠤᠷ ᠵᠢᠱᠢᠶ᠎ᠡ ᠃

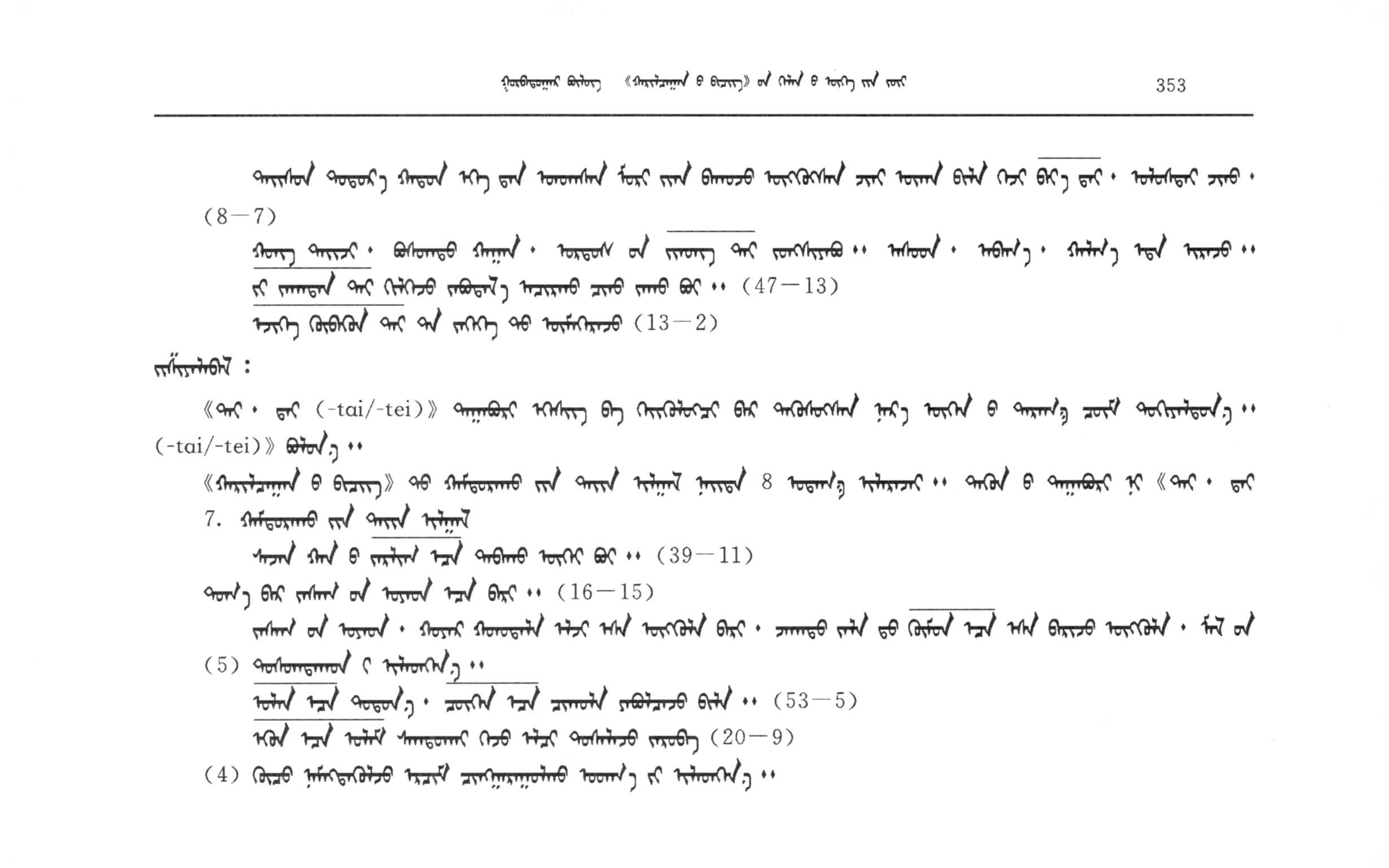

[illegible]
(8—7)
[illegible] (47—13)
[illegible] (13—2)

[illegible] :

《[illegible] (-tai/-tei)》 [illegible]
(-tai/-tei)》 [illegible]

《[illegible]》 [illegible] 8 [illegible] 《[illegible]

7\. [illegible]

[illegible] (39—11)

[illegible] (16—15)

[illegible]
(5) [illegible]
[illegible] (53—5)
[illegible] (20—9)

(4) [illegible]

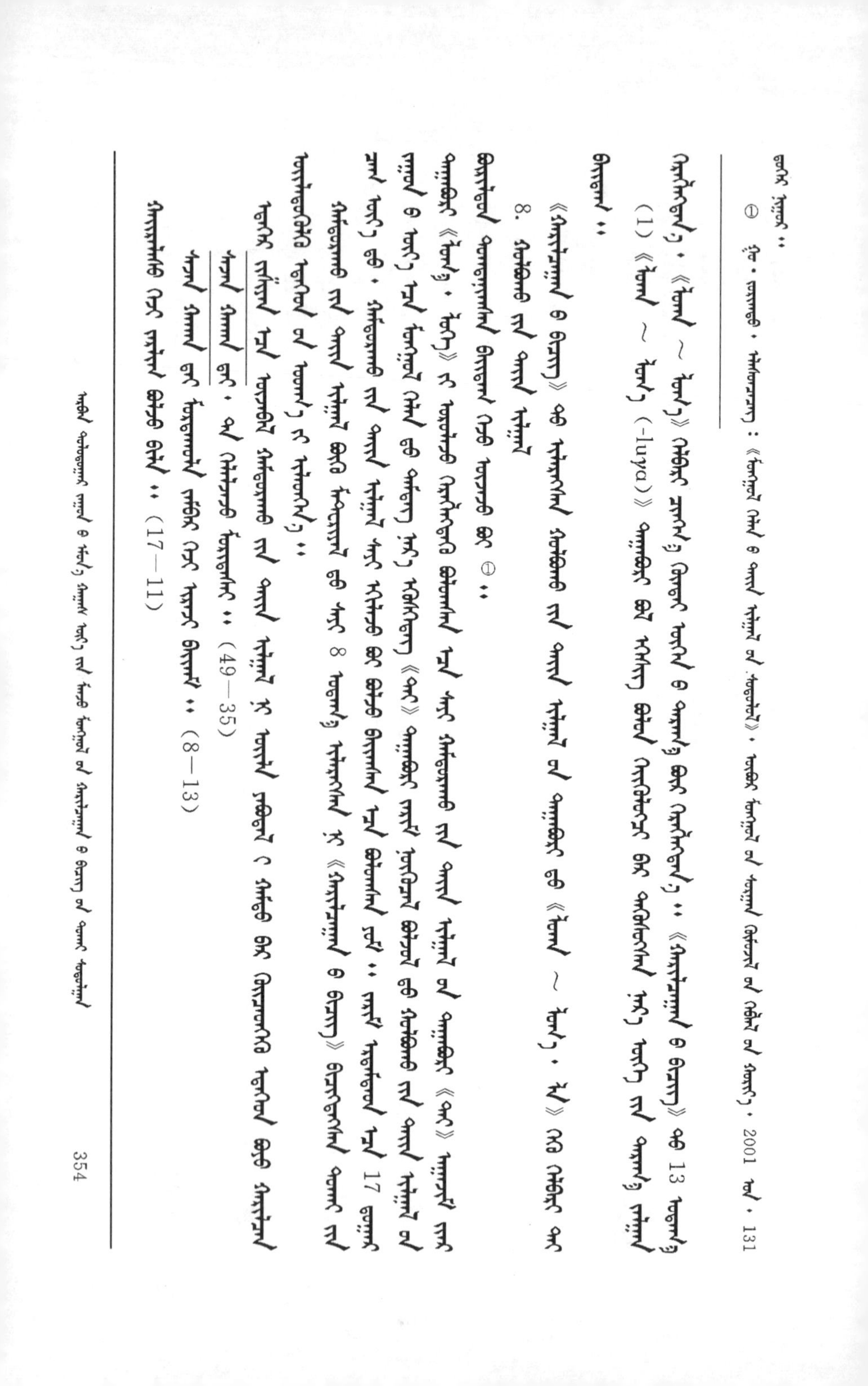

[illegible] :: (17—11)

[illegible] :: (8—13)

[illegible] :: (49—35)

[illegible]

[illegible] 8 [illegible] 《[illegible]》 [illegible] [illegible] 17 [illegible] :: [illegible] 《[illegible]》 [illegible] 《[illegible]》 [illegible] 《[illegible] · [illegible]》 [illegible] ① ::

8. [illegible]

《[illegible]》 [illegible] 《[illegible] ~ [illegible] · [illegible]》 [illegible] ::

(1) 《[illegible] ~ [illegible] (-luγa)》 [illegible] 《[illegible]》 [illegible] 13 [illegible] · 《[illegible] ~ [illegible]》 [illegible] ::

① [illegible] · [illegible] · [illegible] : 《[illegible]》 · [illegible] · 2001 [illegible] · 131 [illegible] ::

(13—41)

-lɛː ᠠᠯᠤᠪᠠ ᠪᠠᠢᠭᠤᠯᠤᠭᠳᠠᠨ᠃

(3) 《ᠯᠡ (-la/-le)》 ᠪᠠᠢᠭᠤᠯᠬᠤ 《ᠮᠣᠩᠭᠣᠯ ᠤᠨ ᠨᠢᠭᠤᠴᠠ ᠲᠣᠪᠴᠢᠶᠠᠨ》 ᠳᠤ ᠮᠡᠳᠡᠭᠳᠡ ᠪᠡ ᠠᠯᠢᠪᠠᠯᠠᠭᠤᠯ ᠪᠠ ᠪᠠᠢᠭᠤᠯᠤᠯᠠᠨ ᠮᠣᠩᠭᠣᠯ ᠤ ᠪᠠᠢᠳᠠᠯ ᠵᠢᠷᠤᠮ

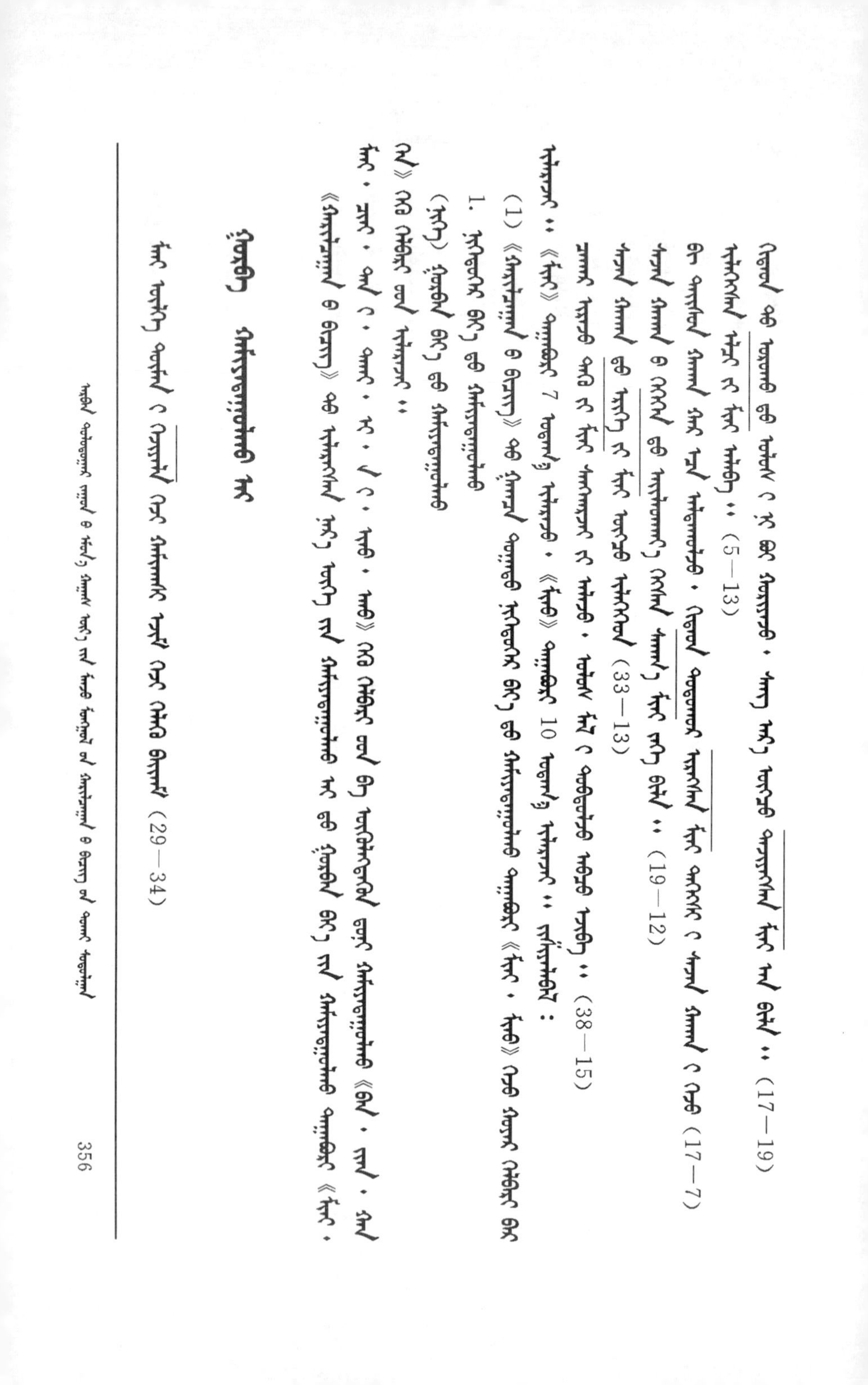

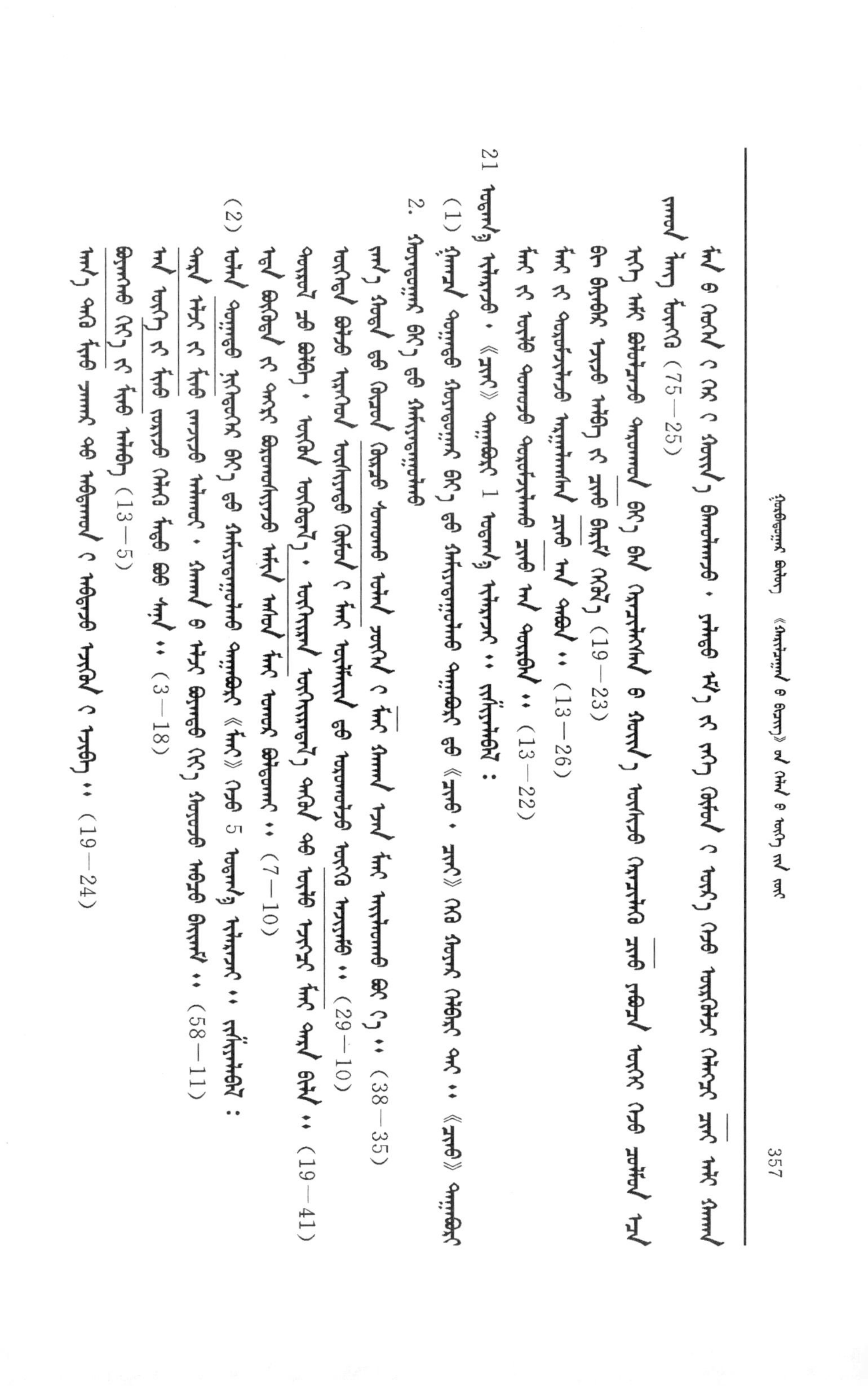

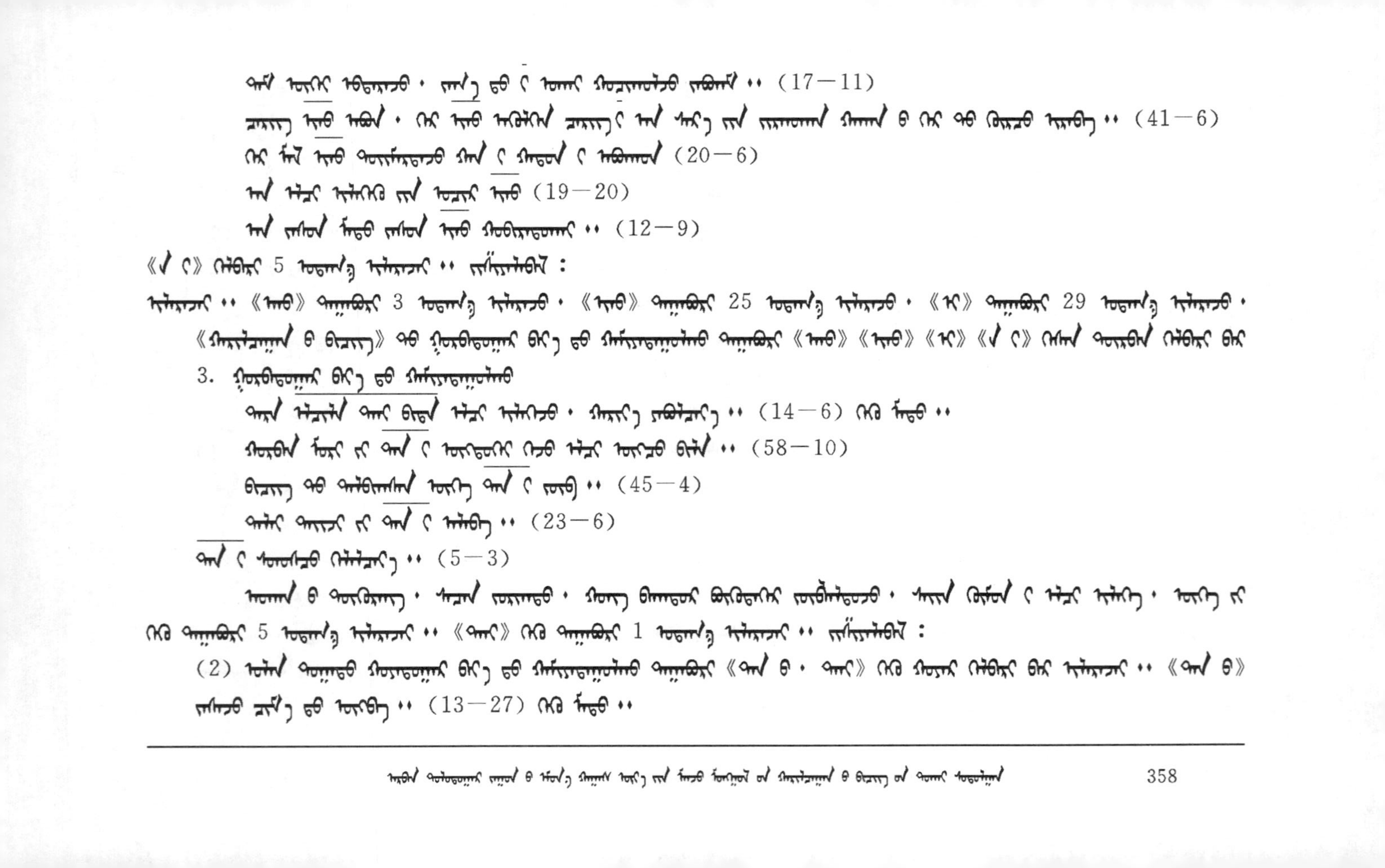

[illegible] :: (17—11)

[illegible] :: (41—6)

[illegible] (20—6)

[illegible] (19—20)

[illegible] :: (12—9)

《[illegible]》 [illegible] 5 [illegible] :: [illegible] :

[illegible] :: 《[illegible]》 [illegible] 3 [illegible] · 《[illegible]》 [illegible] 25 [illegible] · 《[illegible]》 [illegible] 29 [illegible] · 《[illegible]》 [illegible] 《[illegible]》《[illegible]》《[illegible]》《[illegible]》 [illegible]

3. [illegible]

[illegible] :: (14—6) [illegible] ::

[illegible] :: (58—10)

[illegible] :: (45—4)

[illegible] :: (23—6)

[illegible] :: (5—3)

[illegible] · [illegible] · [illegible] · [illegible] · [illegible] · [illegible] 5 [illegible] :: 《[illegible]》 [illegible] 1 [illegible] :: [illegible] :

(2) [illegible] 《[illegible] · [illegible]》 [illegible] :: 《[illegible]》 [illegible] :: (13—27) [illegible] ::

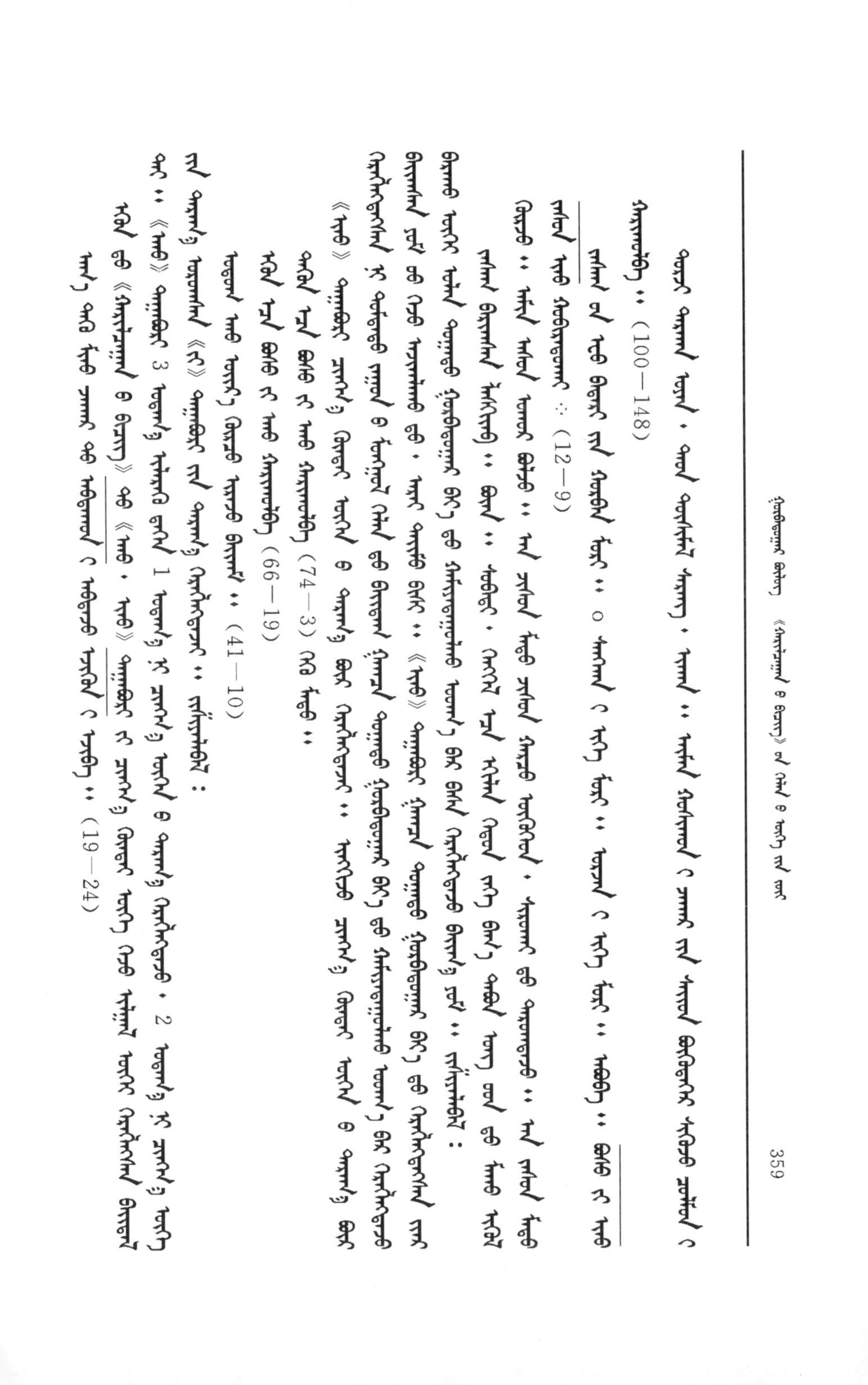

[illegible] · [illegible] · [illegible] :: [illegible]
[illegible] :: (100—148)

[illegible] :: ○ [illegible] :: [illegible] :: [illegible] :: [illegible]
[illegible] ⁘ (12—9)

[illegible] :: [illegible] :: [illegible] · [illegible] :: [illegible]
[illegible] :: [illegible] :: [illegible] · [illegible]
[illegible] :: [illegible] :
[illegible] · [illegible] :: 《[illegible]》 [illegible]
[illegible]
《[illegible]》 [illegible] :: [illegible]
[illegible] (74—3) [illegible] ::
[illegible] (66—19)
[illegible] :: (41—10)
[illegible] 《[illegible]》 [illegible] :: [illegible] :
[illegible] :: 《[illegible]》 [illegible] 3 [illegible] 1 [illegible] · 2 [illegible]
[illegible] 《[illegible]》 [illegible] 《[illegible] · [illegible]》 [illegible]
[illegible] :: (19—24)

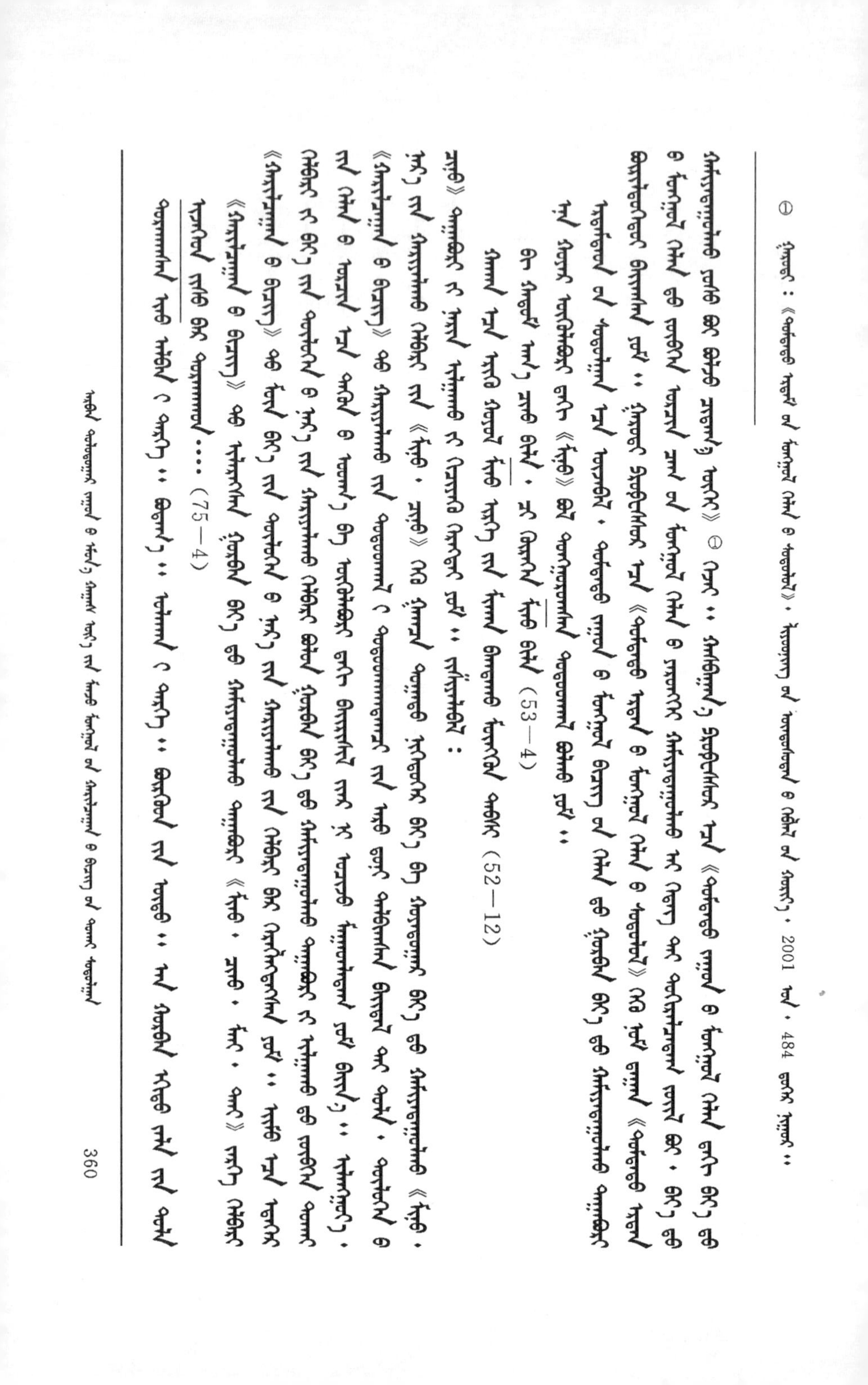

[illegible] 《[illegible]》 ⊖ [illegible] :: [illegible] 《[illegible]》 [illegible]
[illegible]
[illegible] :: [illegible] 《[illegible]》 [illegible] 《[illegible]
[illegible]
[illegible] 《[illegible]》 [illegible] ::

[illegible] (53—4)

[illegible] (52—12)

[illegible]》 [illegible] :: [illegible] :

[illegible] 《[illegible] · [illegible]》 [illegible] 《[illegible] ·
《[illegible]》 [illegible] ·
[illegible] :: [illegible] ·
[illegible]
《[illegible]》 [illegible] :: [illegible]

《[illegible]》 [illegible] 《[illegible] · [illegible] · [illegible] · [illegible]》 [illegible]

[illegible] …… (75—4)

[illegible] :: [illegible] :: [illegible] :: [illegible] :: [illegible]

⊖ [illegible] : 《[illegible]》 · [illegible] · 2001 ᠣᠨ · 484 ᠳᠤᠭᠠᠷ ᠨᠢᠭᠤᠷ ::

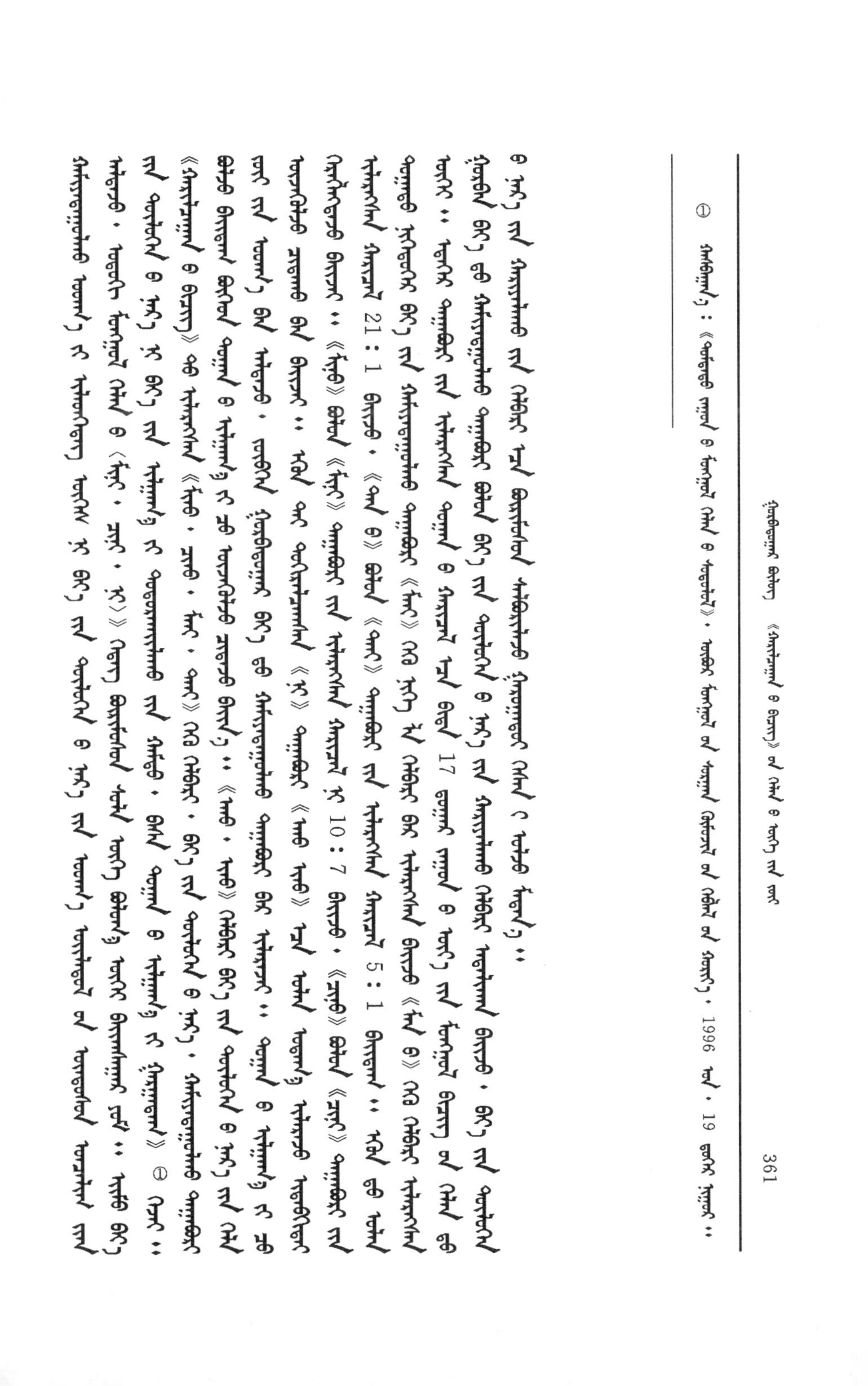

(2) 《ᠭᠠᠨ \ ᠭᠡᠨ (-γan/-gen)》 ᠠᠯᠢᠪᠠᠭ ᠳᠠᠭ ᠳᠠᠭᠠᠪᠤᠷ ᠪᠦᠬᠦ ᠤᠭᠯᠤᠷᠭᠠᠯᠲᠠ ᠲᠠᠢ ᠰᠢᠯᠵᠢᠭᠦᠯᠦᠭᠰᠡᠨ ᠳᠠᠭᠠᠪᠤᠷ ᠶᠢᠨ ᠵᠢᠱᠢᠶ᠎ᠡ ᠦ ᠬᠡᠯᠡᠨ ᠪᠢᠴᠢ

(1) 《ᠪᠡᠨ》 ᠳᠠᠭᠠᠪᠤᠷ ᠬᠣᠯᠪᠤᠭ᠎ᠠ ᠭᠠᠷ ᠳᠠᠭᠠᠪᠤᠷᠯᠠᠨ ᠤᠭᠯᠤᠨ ᠤ ᠳᠠᠭᠠᠪᠤᠷ ᠠᠷᠤᠭᠤᠯᠤᠯᠲᠠ᠂ 45 ᠤᠳᠠᠭ᠎ᠠ ᠬᠡᠷᠡᠭᠯᠡᠭ᠃ 《ᠭᠠᠨ》 ᠳᠠᠭᠠᠪᠤᠷ (-iyan/ -iyen)》᠂《ᠭᠠᠨ \ ᠭᠡᠨ (-γan/ -gen)》 ᠢᠶᠠᠷ ᠠᠯᠢᠪᠠᠭ ᠵᠢᠷᠤᠭᠯᠠᠨ ᠪᠠᠶᠢᠨ᠎ᠠ᠃

1. 《ᠰᠤᠳᠤᠯᠤᠭᠰᠠᠨ ᠤ ᠪᠢᠴᠢᠭ》 ᠳᠤ ᠬᠡᠷᠡᠭᠯᠡᠭᠰᠡᠨ ᠤᠭᠯᠤᠷᠭᠠᠯᠲᠠ ᠲᠠᠢ ᠰᠢᠯᠵᠢᠭᠦᠯᠦᠭᠰᠡᠨ ᠳᠠᠭᠠᠪᠤᠷ ᠳᠤ 《ᠪᠡᠨ (-ban/-ben)᠂ ᠭᠠᠨ (ᠰᠠᠷᠠᠭ) ᠤᠭᠯᠤᠷᠭᠠᠯᠲᠠ ᠲᠠᠢ ᠰᠢᠯᠵᠢᠭᠦᠯᠦᠭᠰᠡᠨ ①

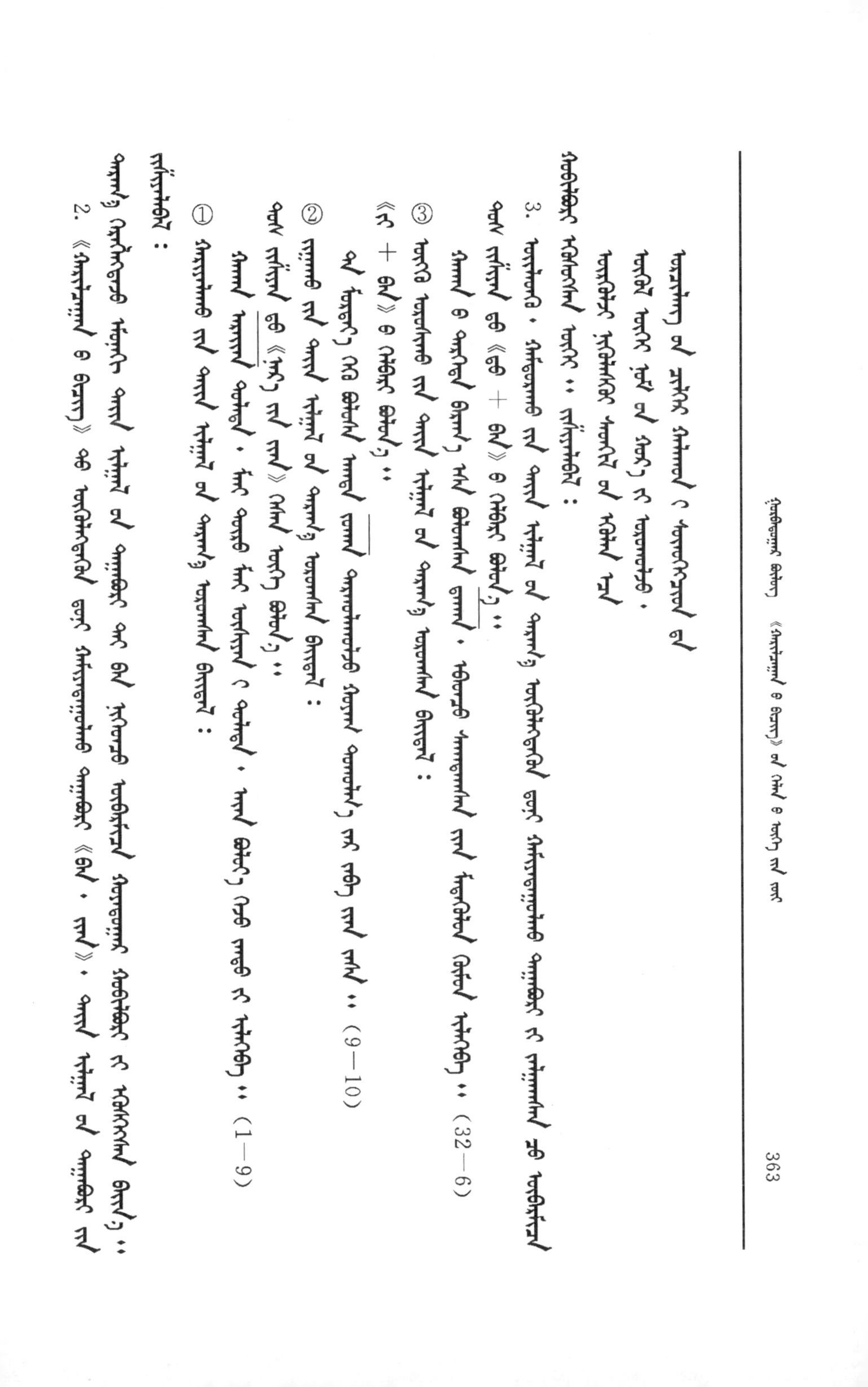

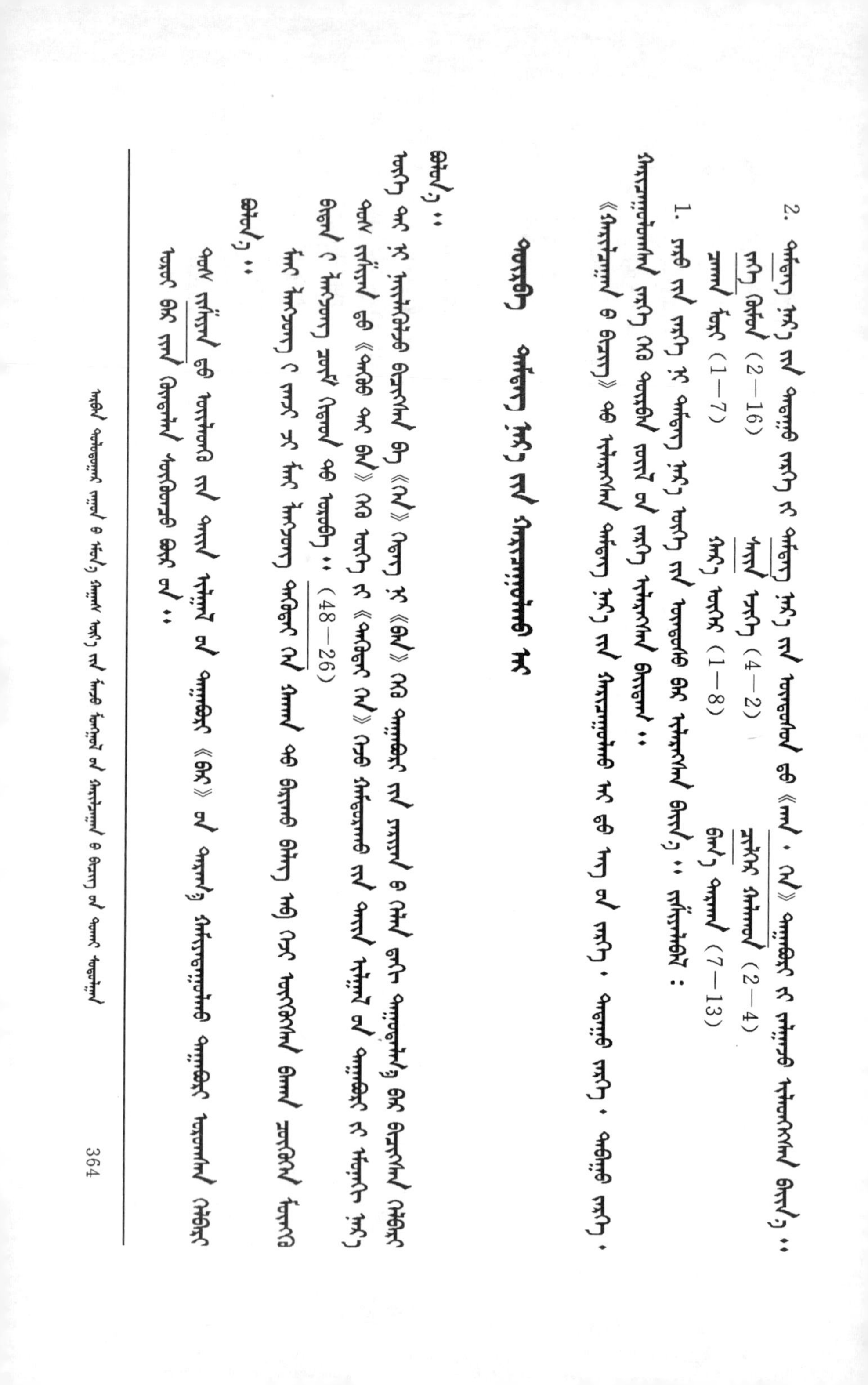

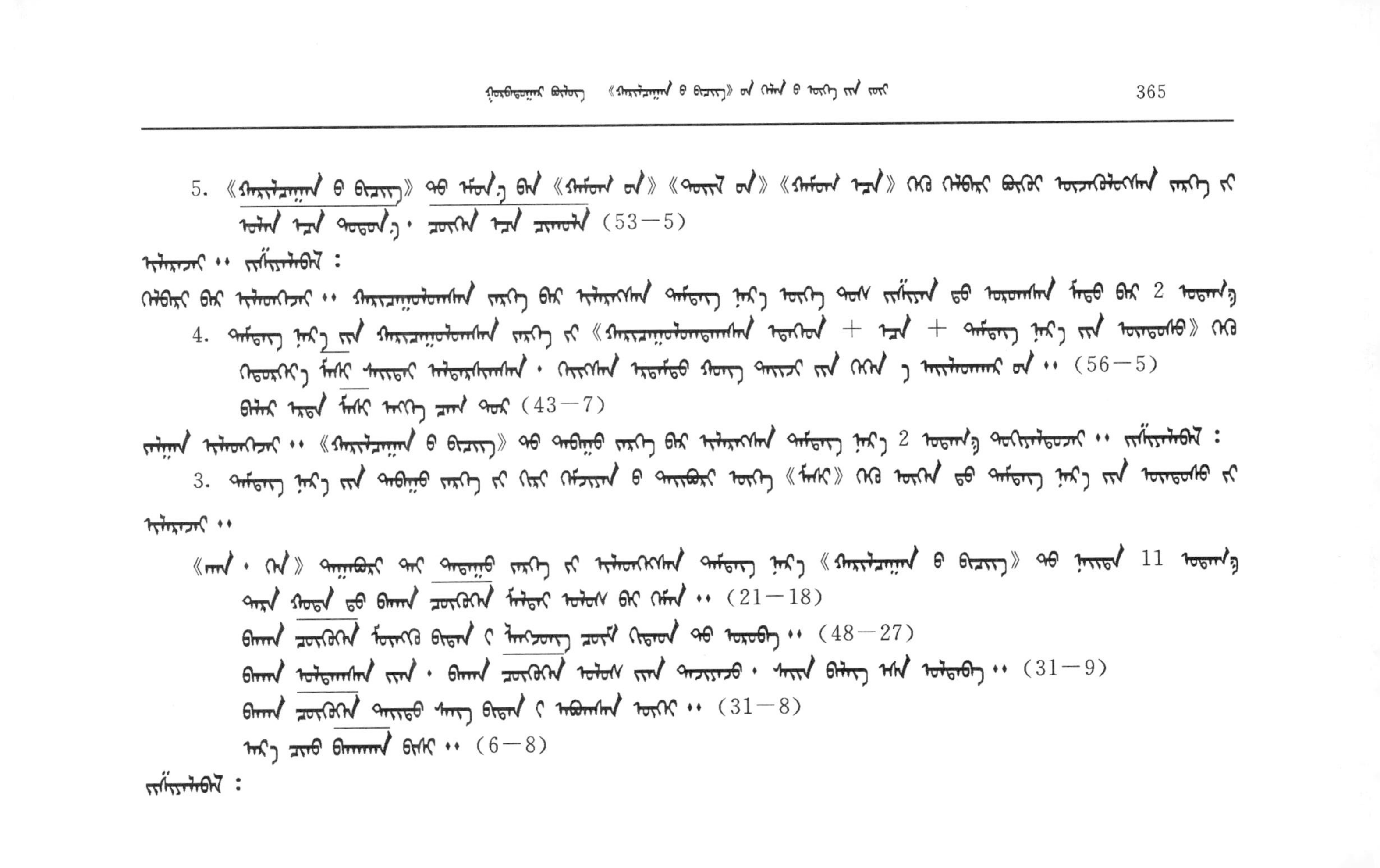

5. 《[illegible]》 [illegible] 《[illegible]》《[illegible]》《[illegible]》 [illegible]
[illegible] (53—5)

[illegible] ·· [illegible] :

[illegible] ·· [illegible] 2 [illegible]

4. [illegible] 《[illegible] + [illegible] + [illegible]》 [illegible]
[illegible] ·· (56—5)
[illegible] (43—7)

[illegible] ·· 《[illegible]》 [illegible] 2 [illegible] ·· [illegible] :

3. [illegible] 《[illegible]》 [illegible]

[illegible] ··

《[illegible] · [illegible]》 [illegible] 《[illegible]》 [illegible] 11 [illegible]
[illegible] ·· (21—18)
[illegible] ·· (48—27)
[illegible] · [illegible] · [illegible] ·· (31—9)
[illegible] ·· (31—8)
[illegible] ·· (6—8)

[illegible] :

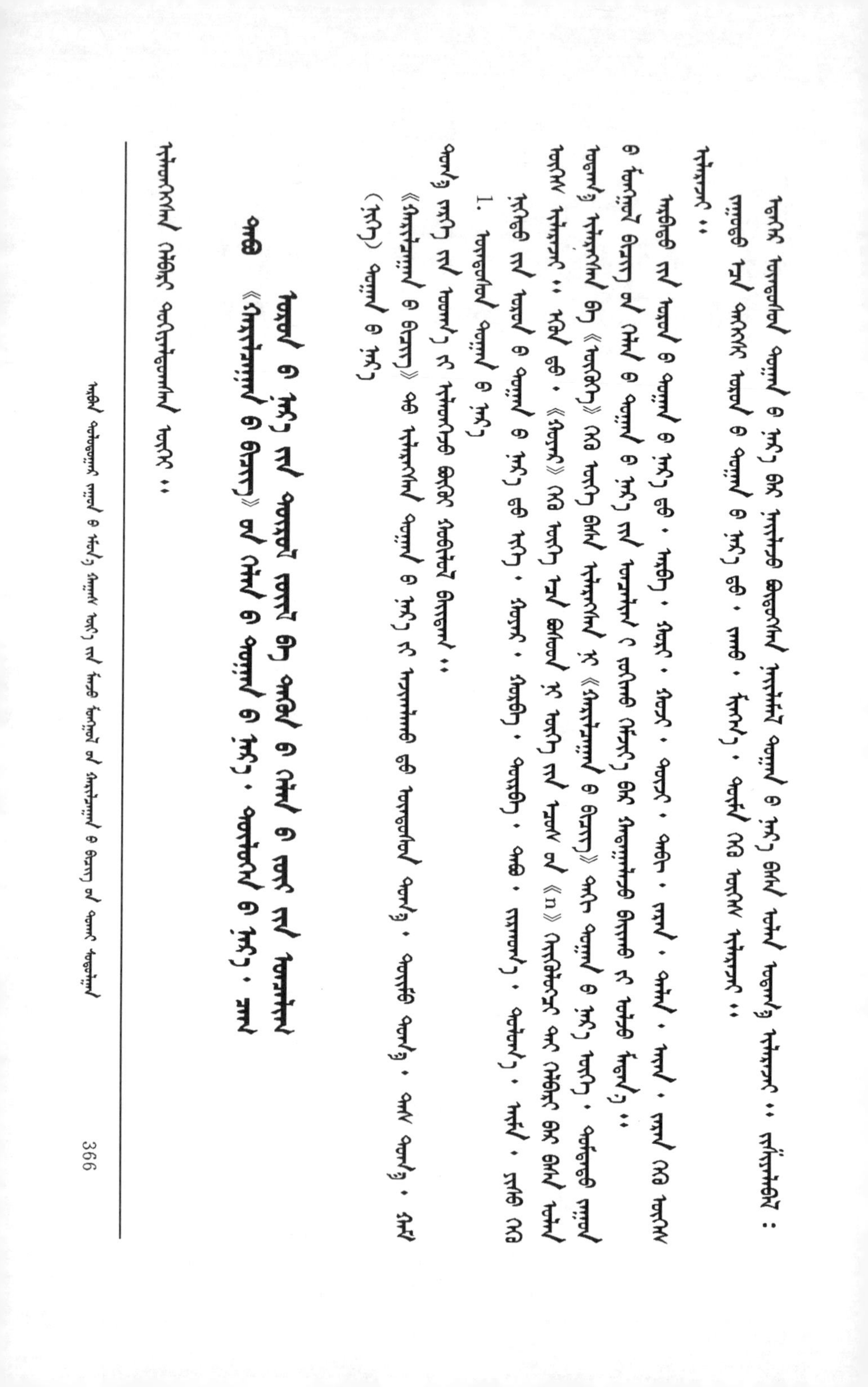

[illegible] ᠃

[illegible] ᠃

[illegible] ᠃

[illegible] 《[illegible]》 [illegible] 《[illegible]》 [illegible] 《[illegible]》 [illegible] 《n》 [illegible]

1. [illegible]

[illegible] ᠃

《[illegible]》 [illegible]

([illegible]) [illegible]

[illegible]

[illegible] ᠃

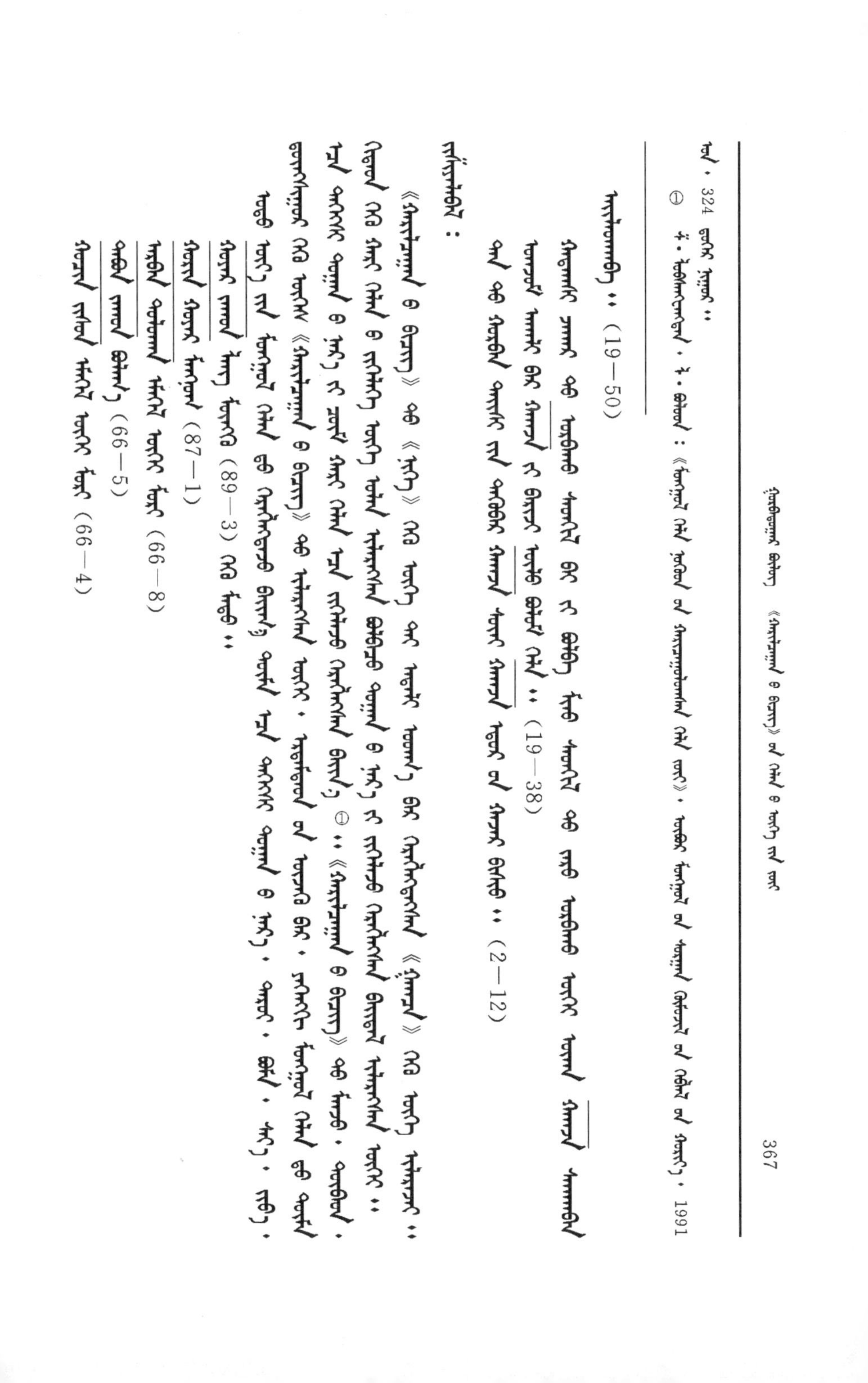

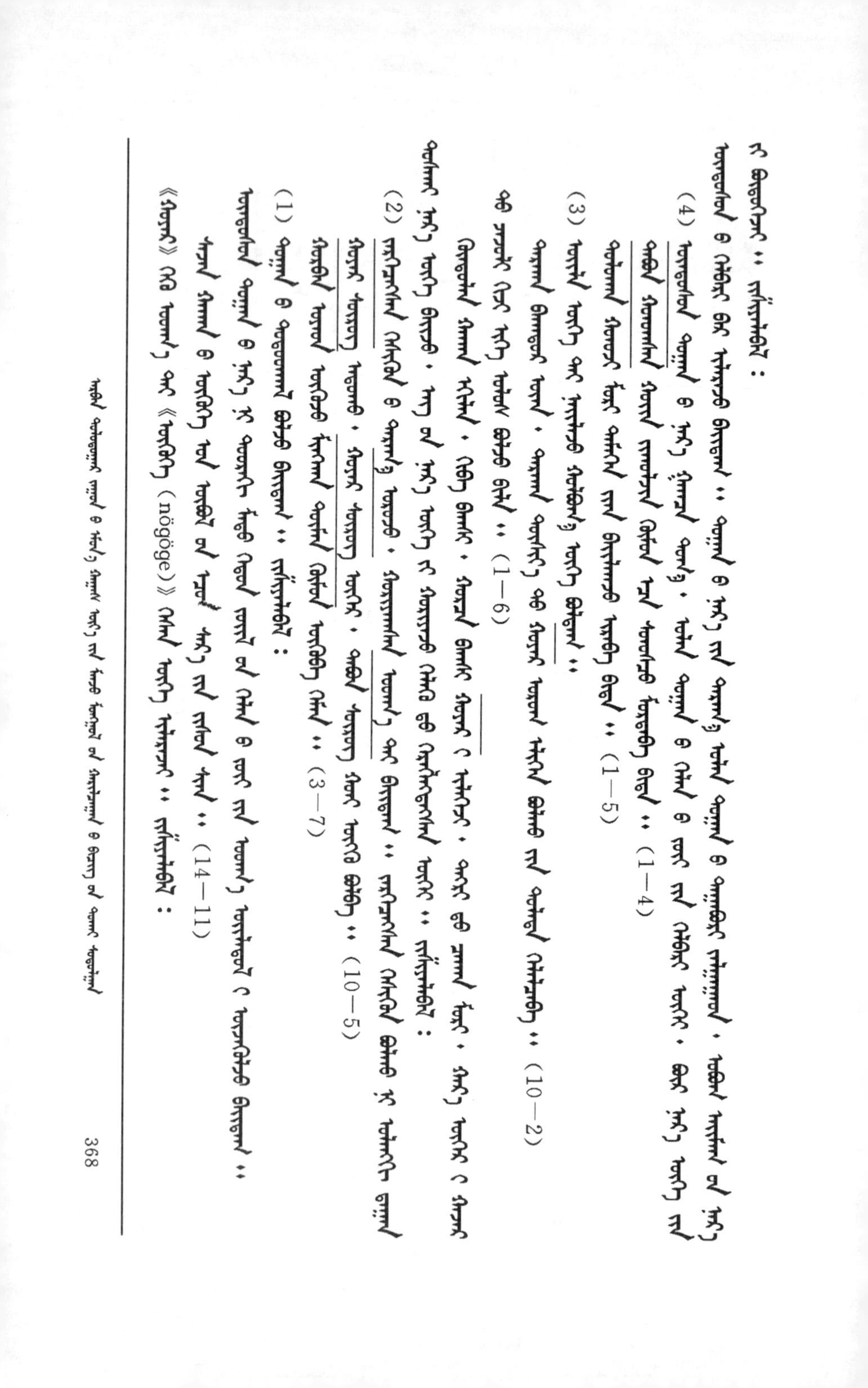

《ᠨᠥᠭᠥᠭᠡ》 ᠭᠡᠳᠡᠭ ᠦᠭᠡ ᠶᠢᠨ 《ᠨᠥᠭᠥᠭᠡ (nögöge)》 ᠭᠡᠵᠦ ᠦᠭᠡ ᠪᠣᠯᠤᠨ ᠬᠡᠪᠯᠡᠭᠳᠡᠨ᠎ᠡ :: ᠵᠢᠱᠢᠶᠡᠯᠡᠪᠡᠯ :

ᠪᠠ 《ᠶᠠᠳ -yad/-yed》 ᠳᠠᠭᠠᠪᠤᠷ ᠢ ᠬᠡᠷᠡᠭᠯᠡᠭᠰᠡᠨ ᠪᠣᠯᠤᠭᠰᠠᠨ ᠪᠠ ᠡᠷᠲᠡᠨ ᠦ ᠮᠣᠩᠭᠣᠯ ᠬᠡᠯᠡ ᠶᠢᠨ ᠣᠯᠠᠨ ᠲᠣᠭ᠎ᠠ ᠶᠢᠨ ᠵᠢᠱᠢᠶ᠎ᠡ ᠳᠦ ᠪᠣᠯᠤᠭᠰᠠᠨ

《ᠮᠣᠩᠭᠣᠯ ᠤᠨ ᠨᠢᠭᠤᠴᠠ ᠲᠣᠪᠴᠢᠶᠠᠨ》 ᠳᠤ ᠬᠡᠷᠡᠭᠯᠡᠭᠳᠡᠭᠰᠡᠨ ᠣᠯᠠᠨ ᠲᠣᠭ᠎ᠠ ᠶᠢᠨ ᠵᠢᠱᠢᠶ᠎ᠡ ᠨᠡᠷ᠎ᠡ ᠶᠢᠨ ᠲᠣᠭᠠᠴᠠᠭᠠᠨ ᠲᠣᠭ᠎ᠠ ᠳᠠᠭᠠᠪᠤᠷ 《ᠭᠠᠳ · ᠭᠡᠳ -gad/ -ged》

ᠦᠭᠡ ᠳᠦ 《γ (g)》 ᠬᠠᠳᠠᠭᠠᠯᠠᠭᠳᠠᠨ ᠠ ᠬᠡᠷᠡᠭᠯᠡᠭᠳᠡᠬᠦ ᠲᠣᠬᠢᠶᠠᠯᠳᠤᠯ ᠪᠠᠶᠢᠨ᠎ᠠ ᠃ ᠵᠢᠱᠢᠶᠡᠯᠡᠪᠡᠯ :
ᠦᠭᠡ ᠂ ᠪᠣᠯᠤᠨ ᠦᠭᠡ ᠶᠢᠨ ᠠᠷᠭ᠎ᠠ ᠬᠡᠯᠪᠡᠷᠢ ᠨᠢᠭᠤᠯᠤᠭᠳᠠᠨ ᠨᠢᠭᠤᠴᠠ ᠳᠤ 《-duγar/-düger》 ᠶᠢᠨ ᠣᠷᠤᠨ᠎ᠳᠤ ᠲᠠᠲᠠ ᠲᠠᠢ ᠬᠡᠯᠡᠪᠡᠷᠢ ᠂ ᠣᠯᠠᠨ ᠂ ᠲᠣᠭ᠎ᠠ
ᠲᠣᠭᠠᠨ ᠦᠭᠡ ᠪᠣᠯᠤᠨ ᠪᠣᠯᠤᠨ ᠦᠭᠡ ᠶᠢᠨ ᠬᠡᠯᠪᠡᠷᠢ ᠂ ᠪᠣᠯᠤᠭᠰᠠᠨ ᠂ ᠴᠢᠭᠤᠯᠭᠠᠨ ᠨᠢᠭᠤᠯᠤᠭᠰᠠᠨ ᠳᠦ ᠴᠢᠭᠤᠯᠤᠨ ᠬᠡᠷᠡᠭᠯᠡᠭᠳᠡᠭᠰᠡᠨ ᠲᠠᠢᠯᠪᠤᠷᠢ ᠃ ᠡᠨᠡ ᠳᠦ ᠲᠣᠭᠠᠨ
ᠣᠯᠠᠨ ᠦᠭᠡ ᠶᠢᠨ ᠬᠡᠯᠪᠡᠷᠢ ᠳᠦ ᠡᠳᠦᠷ ᠨᠢᠭᠤᠯᠤᠨ ᠂ ᠲᠣᠭᠠᠨ ᠪᠢᠴᠢᠭ ᠦᠨ ᠦᠭᠡ ᠶᠢᠨ 《-duγar/-düger》 ᠶᠢᠨ ᠣᠷᠣᠨ᠎ᠳᠤ ᠲᠣᠭᠠᠨ ᠂ ᠣᠯᠠᠨ ᠂
ᠣᠯᠠᠨ ᠲᠣᠭᠠᠨ ᠪᠠᠶᠢᠳᠠᠯ ᠲᠣᠭᠠᠨ ᠪᠣᠯᠤᠨ᠎ᠠ ᠃ ᠡᠳᠡᠭᠡᠷ ᠣᠯᠠᠨ ᠲᠠᠢ ᠲᠡᠭᠦᠨ ᠲᠠᠢ ᠬᠠᠮᠲᠤ ᠶᠢᠨ ᠪᠠᠶᠢᠳᠠᠯ ᠢ ᠣᠯᠠᠨ ᠪᠠᠶᠢᠳᠠᠯ ᠪᠠᠶᠢᠳᠠᠯ ᠪᠠᠶᠢᠳᠠᠯ ᠪᠣᠯᠤᠨ᠎ᠠ ᠃ ᠲᠣᠭᠠᠨ
ᠪᠣᠯᠤᠨ᠎ᠠ ᠶᠢᠨ ᠲᠣᠭᠠᠨ ᠢ ᠲᠣᠭᠠᠨ ᠪᠣᠯᠭᠠᠬᠤ ᠲᠠᠢ ᠲᠣᠭᠠᠨ ᠳᠦ ᠲᠣᠭᠠᠨ ᠲᠣᠭᠠᠨ ᠲᠤ ᠃ ᠪᠠᠶᠢᠳᠠᠯ ᠲᠠᠢ ᠪᠠᠶᠢᠳᠠᠯ ᠪᠣᠯᠤᠨ ᠣᠯᠠᠨ ᠲᠣᠭᠠᠨ ᠲᠣᠭᠠᠨ ᠪᠠᠶᠢᠳᠠᠯ
ᠲᠣᠭᠠᠨ ᠪᠣᠯᠤᠨ᠎ᠠ ᠃ ᠲᠣᠭᠠᠨ ᠲᠠᠢ ᠡᠨᠡ ᠶᠢ ᠲᠣᠭᠠᠨ ᠣᠯᠠᠨ ᠤ ᠲᠣᠭᠠᠨ ᠢ ᠲᠣᠭᠠᠨ ᠲᠣᠭᠠᠨ ᠲᠠᠢ ᠣᠯᠠᠨ ᠲᠣᠭᠠᠨ ᠤ ᠬᠡᠯᠪᠡᠷᠢ ᠪᠠ ᠬᠡᠯᠪᠡᠷᠢ
ᠲᠣᠭ᠎ᠠ ᠬᠡᠯᠪᠡᠷᠢ ᠳᠤ ᠣᠯᠠᠨ ᠲᠠᠢ》 ᠶᠢᠨ ᠪᠠᠶᠢᠳᠠᠯ ᠲᠣᠭᠠᠨ ᠳᠦ ᠲᠣᠭᠠᠨ ᠲᠣᠭᠠᠨ ᠪᠠ ᠶᠢ ᠲᠣᠭᠠᠨ ᠲᠠᠢ ᠲᠣᠭᠠᠨ ᠣᠯᠠᠨ ᠣᠯᠠᠨ ᠤ ᠲᠣᠭᠠᠨ ᠢ
ᠲᠠᠢ 《ᠲᠣᠭᠠᠨ ᠲᠠᠢ ᠤ 〈ᠣᠯᠠᠨᠲᠣᠭᠠᠨ〉 ᠪᠠ 〈ᠣᠯᠠᠨ ᠲᠣᠭᠠᠨ〉 ᠂ 〈ᠣᠯᠠᠨ ᠳᠦ〉 ᠶᠢᠨ ᠲᠣᠭᠠᠨ ᠪᠠᠶᠢᠳᠠᠯ》 ⊖ ᠶᠢᠨ ᠣᠯᠠᠨᠲᠣᠭᠠᠨ ᠃ 《ᠣᠯᠠᠨᠲᠣᠭᠠᠨ

《ᠮᠣᠩᠭᠣᠯ ᠤᠨ ᠨᠢᠭᠤᠴᠠ》 ᠳᠤ 《ᠣᠯᠠᠨᠲᠣᠭᠠᠨ》 ᠶᠢᠨ ᠲᠣᠭᠠᠨ ᠪᠠ ᠪᠣᠯᠤᠨ 《ᠣᠯᠠᠨᠲᠣᠭᠠᠨ》 (63—1) ᠶᠢᠨ ᠪᠠᠶᠢᠳᠠᠯ ᠲᠤ ᠪᠠᠶᠢᠨ᠎ᠠ ᠃ ᠶ᠋ᠢ ᠪᠦᠷᠢᠳ

ᠣᠯᠠᠨ ᠲᠣᠭᠠᠨ ᠲᠠᠢ ᠣᠯᠠᠨᠲᠣᠭᠠᠨ ᠲᠠᠢ ᠂ ᠮᠣᠩᠭᠣᠯ ᠤᠨ ᠣᠯᠠᠨ ᠲᠣᠭᠠᠨ ᠲᠠᠢ ᠲᠠᠢ ᠲᠣᠭᠠᠨ ᠃ (62—13)

ᠡᠨᠡ ᠪᠠ ᠲᠣᠭᠠᠨ ᠲᠠᠢ ᠣᠯᠠᠨᠲᠣᠭᠠᠨ ᠲᠠᠢ ᠂ ᠮᠣᠩᠭᠣᠯ ᠤᠨ ᠣᠯᠠᠨ ᠲᠣᠭᠠᠨ ᠲᠣᠭᠠᠨ ᠲᠣᠭᠠᠨ ᠃ (102—37)

ᠣᠯᠠᠨ ᠲᠣᠭᠠᠨ ᠳᠦ ᠲᠠᠢ ᠲᠣᠭᠠᠨ ᠲᠠᠢ ᠂ ᠮᠣᠩᠭᠣᠯ ᠤᠨ ᠣᠯᠠᠨ ᠲᠣᠭᠠᠨ ᠮᠣᠩᠭᠣᠯ ᠲᠣᠭᠠᠨ ᠃ (82—9)

ᠣᠯᠠᠨ ᠲᠣᠭᠠᠨ ᠳᠦ ᠲᠠᠢ ᠣᠯᠠᠨᠲᠣᠭᠠᠨ ᠲᠠᠢ ᠮᠣᠩᠭᠣᠯ ᠤᠨ ᠣᠯᠠᠨ ᠲᠣᠭᠠᠨ ᠲᠠᠢ ᠲᠠᠢ ᠣᠯᠠᠨ ᠃ (81—46)

ᠲᠣᠭᠠᠨ ᠪᠠᠶᠢᠳᠠᠯ ᠪᠠᠶᠢᠨ᠎ᠠ ᠃ ᠵᠢᠱᠢᠶᠡᠯᠡᠪᠡᠯ :

⊖ ᠶ᠋ᠢ ᠪᠦᠷᠢᠳ ᠄ 《17 ᠳᠤᠭᠠᠷ ᠵᠠᠭᠤᠨ ᠤ ᠡᠮᠦᠨ᠎ᠡ ᠬᠠᠭᠠᠰ ᠤᠨ ᠮᠣᠩᠭᠣᠯ ᠪᠢᠴᠢᠭ ᠦᠨ ᠬᠡᠯᠡ ᠶᠢᠨ ᠰᠤᠳᠤᠯᠭ᠎ᠠ》 ᠂ ᠥᠪᠥᠷ ᠮᠣᠩᠭᠣᠯ ᠤᠨ ᠰᠤᠷᠭᠠᠨ ᠬᠦᠮᠦᠵᠢᠯ ᠦᠨ ᠬᠡᠪᠯᠡᠯ ᠦᠨ
ᠬᠣᠷᠢᠶ᠎ᠠ ᠂ 1997 ᠣᠨ ᠂ 222 ᠳᠤᠭᠠᠷ ᠨᠢᠭᠤᠷ ᠃

② [illegible] : 《ᠮᠣᠩᠭᠣᠷ ᠬᠡᠯᠡ ᠪᠠ ᠮᠣᠩᠭᠣᠯ ᠬᠡᠯᠡ》· ᠥᠪᠥᠷ ᠮᠣᠩᠭᠣᠯ ᠤᠨ ᠠᠷᠠᠳ ᠤᠨ ᠬᠡᠪᠯᠡᠯ ᠦᠨ ᠬᠣᠷᠢᠶ᠎ᠠ · 1988 ᠣᠨ · 183 ᠳ᠋ᠤᠭᠠᠷ ᠨᠢᠭᠤᠷ ··

① [illegible] : 《ᠳ᠋ᠠᠭᠤᠷ ᠬᠡᠯᠡ ᠪᠠ ᠮᠣᠩᠭᠣᠯ ᠬᠡᠯᠡ》· ᠥᠪᠥᠷ ᠮᠣᠩᠭᠣᠯ ᠤᠨ ᠠᠷᠠᠳ ᠤᠨ ᠬᠡᠪᠯᠡᠯ ᠦᠨ ᠬᠣᠷᠢᠶ᠎ᠠ · 1988 ᠣᠨ · 253 ᠳ᠋ᠤᠭᠠᠷ ᠨᠢᠭᠤᠷ ··

[illegible] ·· (81—34)

[illegible] ·· (45—2)

[illegible] ·· (26—1)

[illegible] ·· (22—19)

《ᠮᠣᠩᠭᠣᠯ ᠤᠨ ᠨᠢᠭᠤᠴᠠ ᠲᠣᠪᠴᠢᠶ᠎ᠠ》 [illegible] 4 [illegible] ·· [illegible] :

[illegible] 《[illegible] · [illegible]》 [illegible] ··

4. [illegible]

[illegible] ··

[illegible] durubdəːr [illegible] 《[illegible]》 [illegible]

tāwen + dar → tāwendar ([illegible]) ②

ᠮᠣᠩᠭᠣᠷ : gurān + dar → gurāndar ([illegible])

xojir + dar → xojirdār ([illegible]) ①

ᠳ᠋ᠠᠭᠤᠷ : nek + dēr → nekdēr ([illegible])

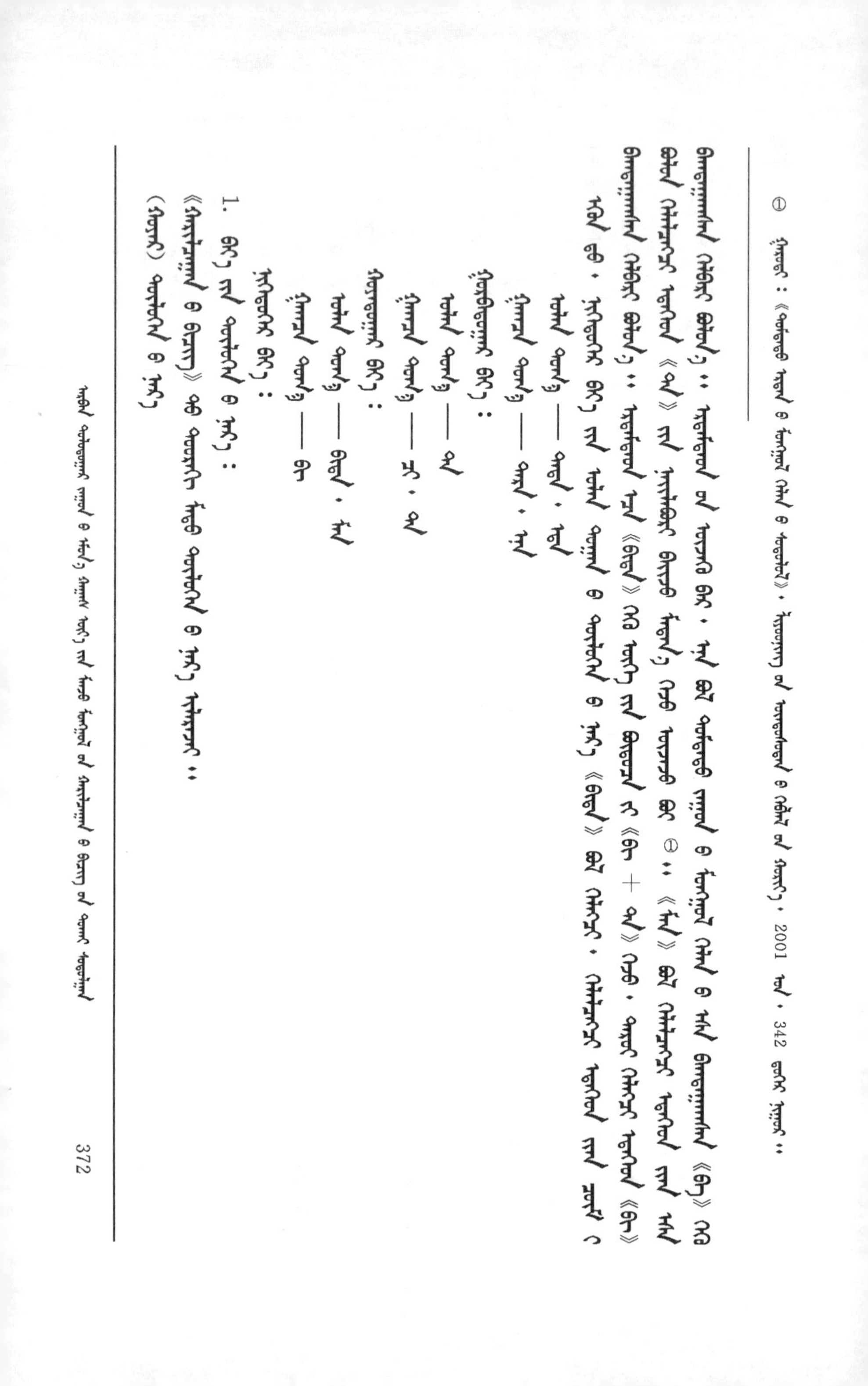

ᠬᠡᠯᠡᠯᠭᠡ ᠶᠢᠨ ᠬᠡᠯᠪᠡᠷᠢ ᠶᠢ ᠢᠯᠡᠷᠡᠭᠦᠯᠬᠦ ᠳᠤ ᠬᠡᠷᠡᠭᠯᠡᠭᠳᠡᠵᠦ ᠪᠠᠶᠢᠭᠳᠠᠭᠰᠠᠨ᠃ ᠡᠨᠡ ᠦᠶ᠎ᠡ ᠳᠦ ᠪᠠᠶᠢᠭᠰᠠᠨ ᠭᠠᠳᠠᠭᠠᠳᠤ ᠦᠭᠡᠰ ᠦᠨ ᠮᠣᠩᠭᠣᠯ ᠬᠡᠯᠡᠨ ᠳᠦ ᠬᠣᠯᠪᠣᠭᠳᠠᠬᠤ ᠬᠡᠯᠪᠡᠷᠢ ᠶᠢᠨ ᠵᠦᠢᠯ) ᠪᠣᠯᠤᠨ 《an》 (ᠡᠷᠲᠡᠨ ᠬᠡᠯᠪᠡᠷᠢ) ᠬᠡᠯᠪᠡᠷᠢᠵᠢᠯᠲᠡ ᠦᠭᠡᠰ᠃ 《ᠡᠨᠡ · ᠲᠡᠷᠡ · ᠡᠳᠡ · ᠲᠡᠳᠡ》 ᠮᠡᠲᠦ ᠲᠤᠯᠭᠠᠭᠤᠯᠤᠯ ᠤᠨ ᠬᠡᠯᠪᠡᠷᠢᠵᠢᠯᠲᠡ ᠲᠡᠢ
《ᠮᠣᠩᠭᠣᠯ ᠤᠨ ᠨᠢᠭᠤᠴᠠ ᠲᠣᠪᠴᠢᠶᠠᠨ》 ᠳᠤ ᠬᠡᠷᠡᠭᠯᠡᠭᠰᠡᠨ ᠲᠡᠢ ᠦ ᠮᠣᠩᠭᠣᠯ ᠬᠡᠯᠡ ᠪᠡᠷ ᠪᠢᠴᠢᠭᠳᠡᠭᠰᠡᠨ ᠭᠠᠳᠠᠭᠠᠳᠤ ᠦᠭᠡᠰ ᠦᠨ ᠬᠡᠯᠪᠡᠷᠢ ᠶᠢᠨ ᠦᠭᠡ 《in》 (ᠡᠷᠲᠡᠨ

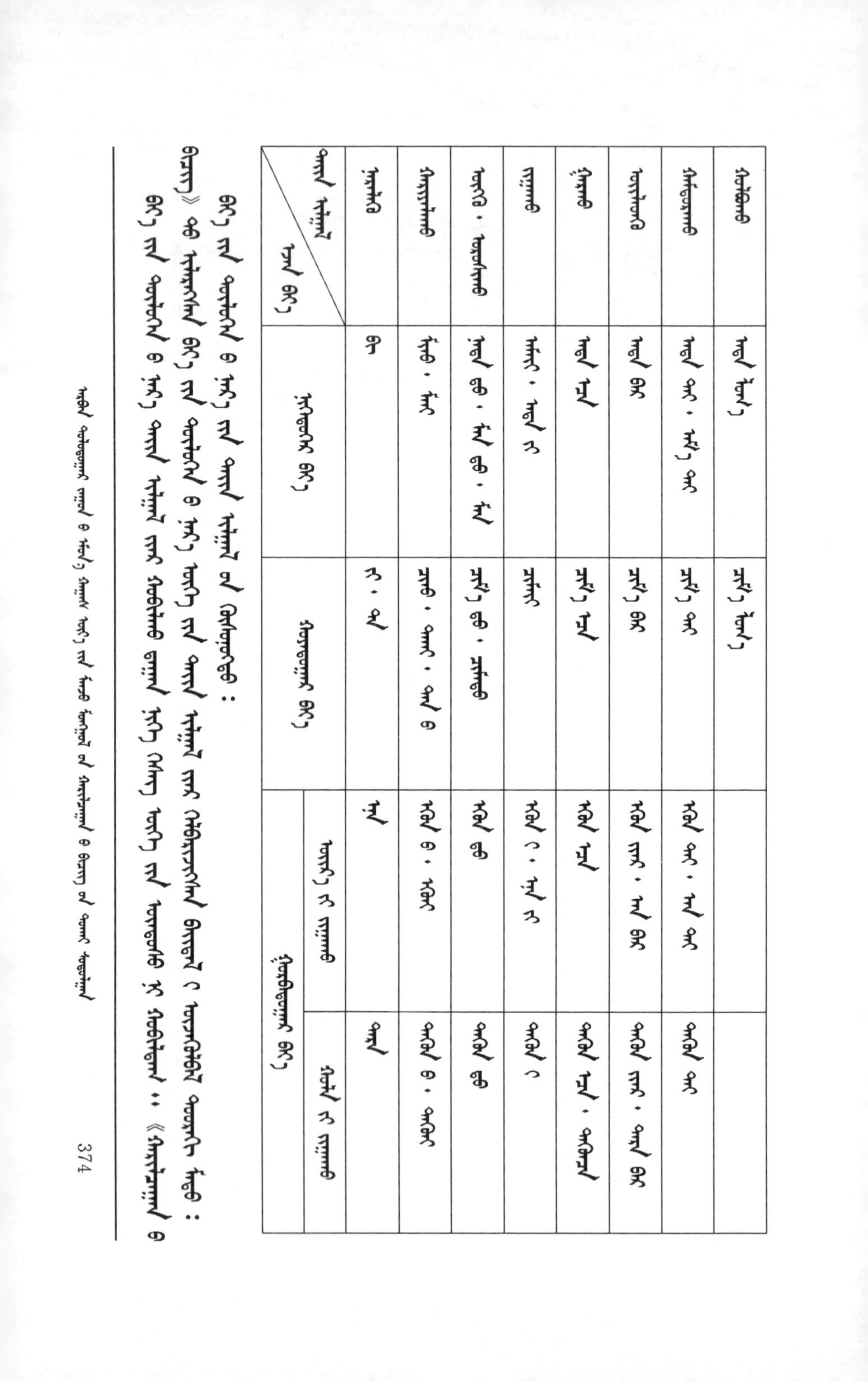

[illegible]

[illegible]	[illegible]	[illegible]	[illegible]	
			[illegible]	[illegible]
[illegible]	[illegible]	[illegible]		
[illegible]	[illegible]	[illegible]	[illegible]	[illegible]
[illegible]	[illegible]	[illegible]	[illegible]	[illegible]
[illegible]	[illegible]	[illegible]	[illegible]	[illegible]
[illegible]	[illegible]	[illegible]	[illegible]	[illegible]
[illegible]	[illegible]	[illegible]	[illegible]	[illegible]
[illegible]	[illegible]	[illegible]	[illegible]	[illegible]
[illegible]	[illegible]	[illegible]	[illegible]	[illegible]

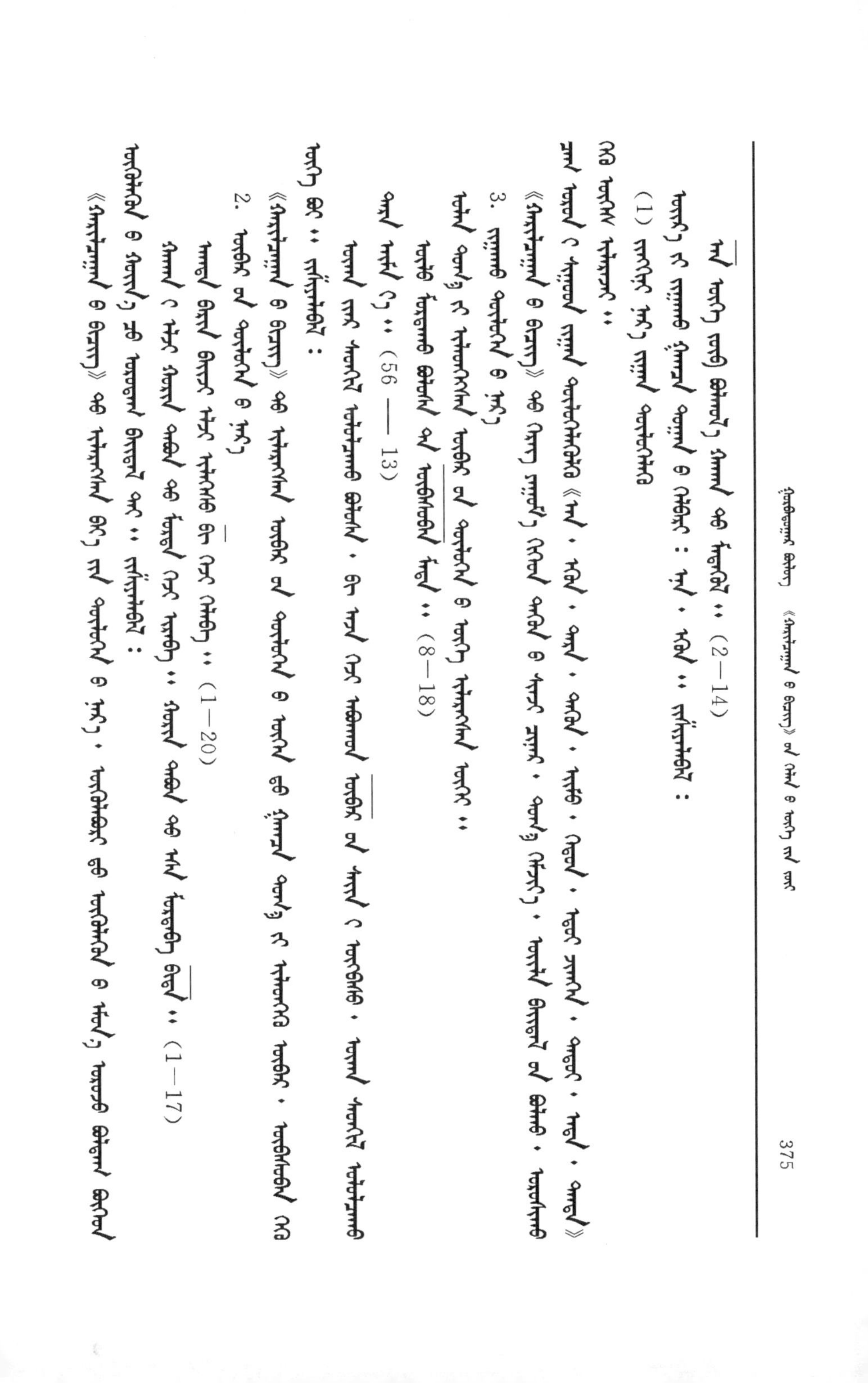

... ᠃ (8—18)

... ᠃ (56 — 13)

... ᠃ (1—20)

... ᠃ ... ᠃ (1—17)

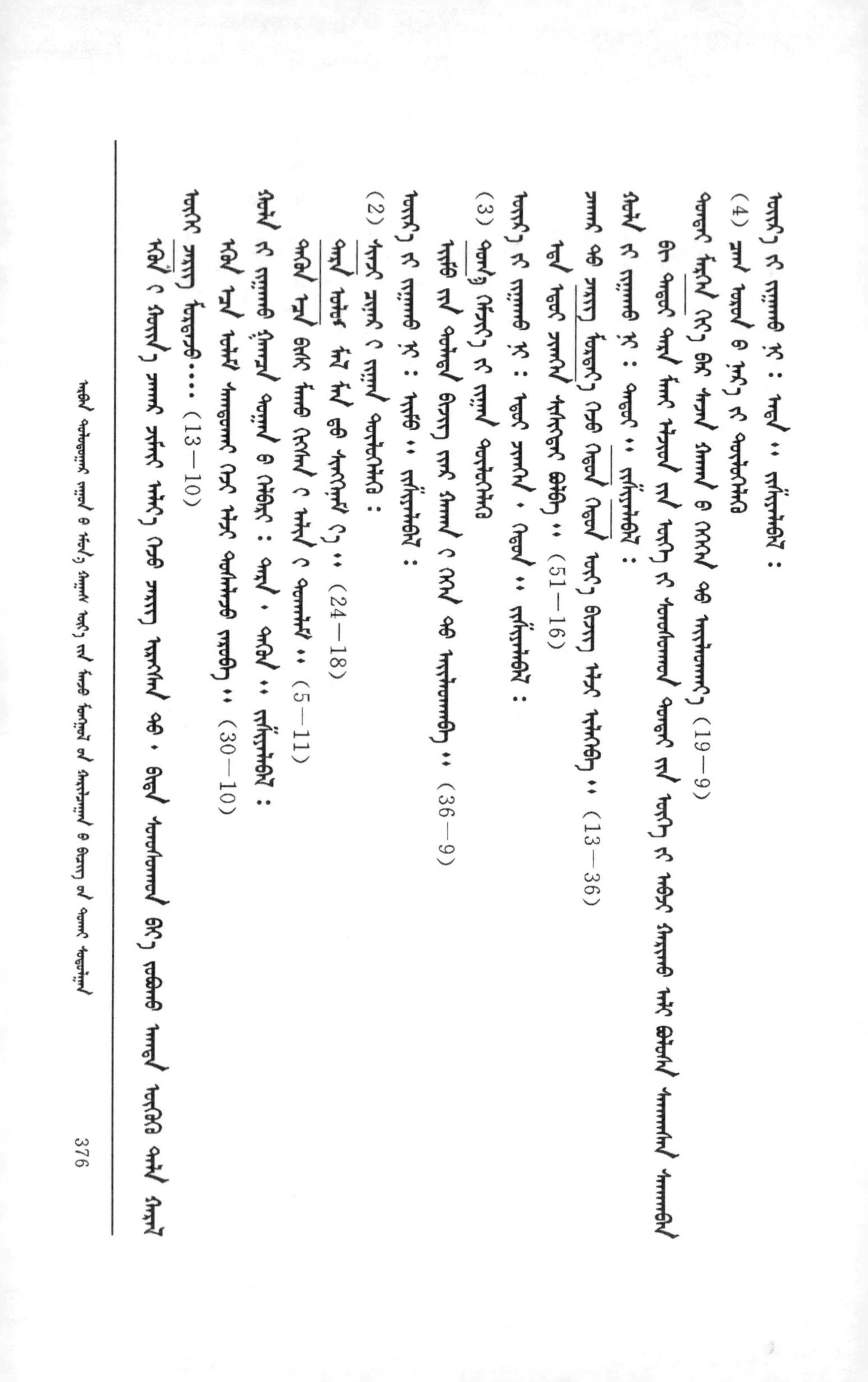

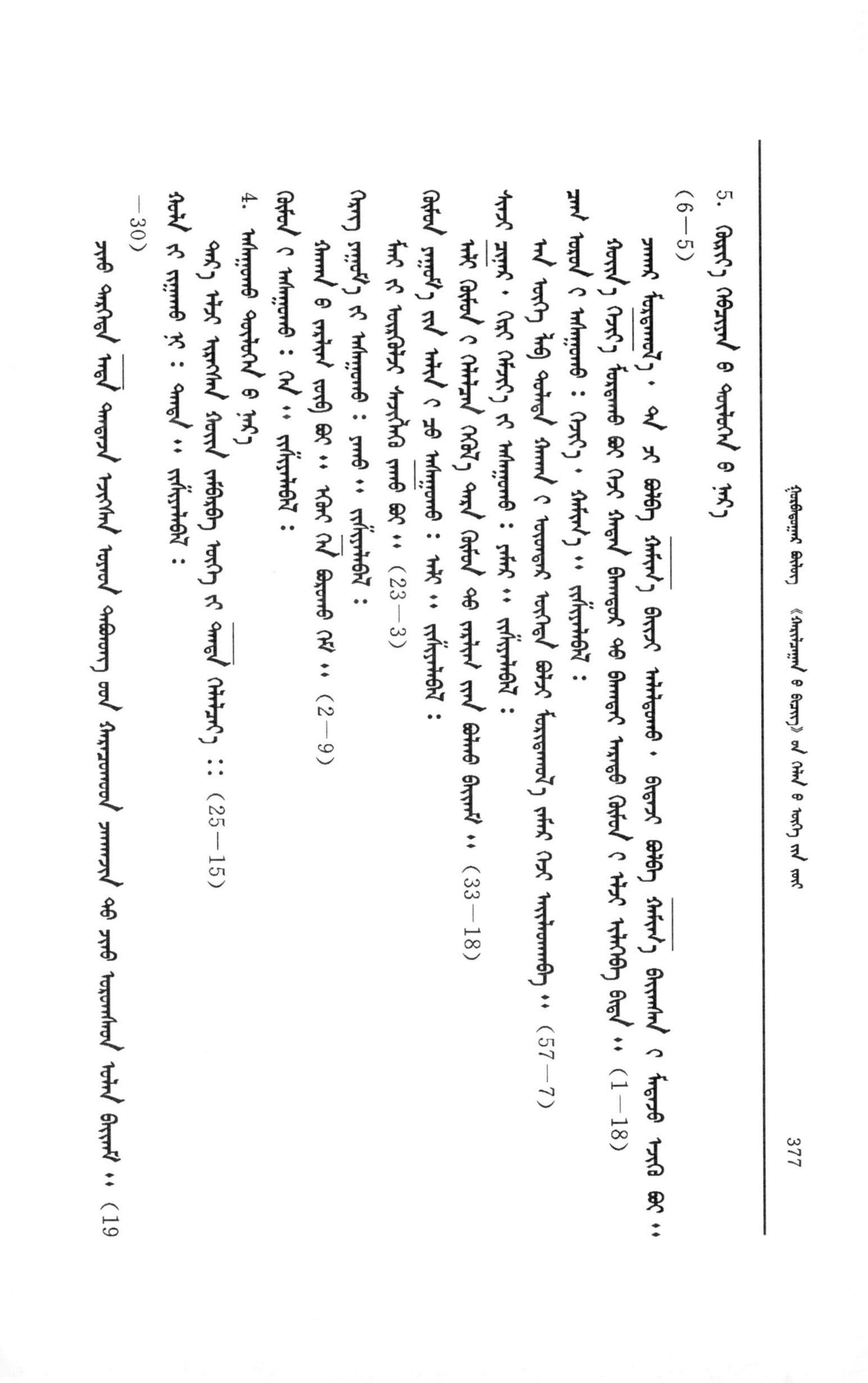

5. [illegible]

(6—5)

[illegible] ⁚ (1—18)

[illegible] :

[illegible] ⁚ (57—7)

[illegible] :

[illegible] ⁚ (33—18)

[illegible] :

[illegible] ⁚ (23—3)

[illegible] :

[illegible] ⁚ (2—9)

[illegible] :

4. [illegible]

[illegible] :: (25—15)

[illegible] :

—30)

[illegible] ⁚ (19

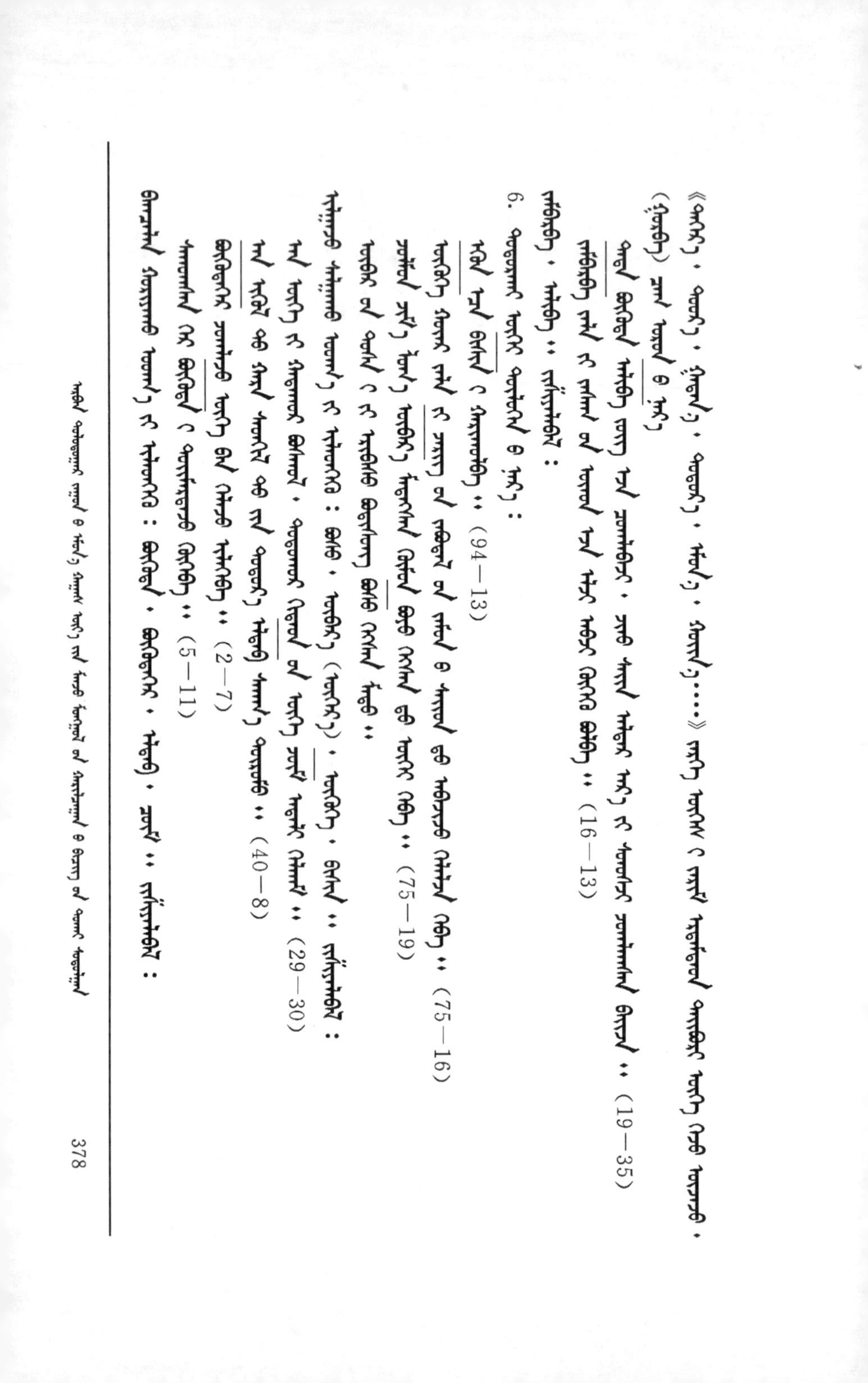

② [illegible] : 《[illegible]》 ([illegible]) · ᠥᠪᠥᠷ ᠮᠣᠩᠭᠣᠯ ᠤᠨ ᠰᠤᠷᠭᠠᠨ ᠬᠦᠮᠦᠵᠢᠯ ᠦᠨ ᠬᠡᠪᠯᠡᠯ ᠦᠨ ᠬᠣᠷᠢᠶ᠎ᠠ · 1989 ᠣᠨ · 110 ᠳᠤᠭᠠᠷ ᠨᠢᠭᠤᠷ ::

① [illegible] : 《[illegible]》 · ᠥᠪᠥᠷ ᠮᠣᠩᠭᠣᠯ ᠤᠨ ᠠᠷᠠᠳ ᠤᠨ ᠬᠡᠪᠯᠡᠯ ᠦᠨ ᠬᠣᠷᠢᠶ᠎ᠠ · 1999 ᠣᠨ · 204 ᠳᠦᠭᠡᠷ ᠨᠢᠭᠤᠷ ::

[illegible] : [illegible] ::

[illegible] 《[illegible] · [illegible]》 [illegible] 《[illegible]》 [illegible] · [illegible] 《[illegible] · [illegible]》 [illegible] · [illegible] 《[illegible]》 [illegible] · [illegible] 《[illegible]》 [illegible] :: [illegible] 《[illegible] · [illegible] · [illegible]》 [illegible] · [illegible] · [illegible] · [illegible] · [illegible] · [illegible] · [illegible] · [illegible] · [illegible] · [illegible] · [illegible]

[illegible] : [illegible] :: [illegible] · [illegible] ::

1. 《[illegible]》 [illegible] ::

[illegible] 《[illegible]》 ② [illegible] · 《[illegible]》 [illegible] :: [illegible] 《[illegible]》 ① [illegible]

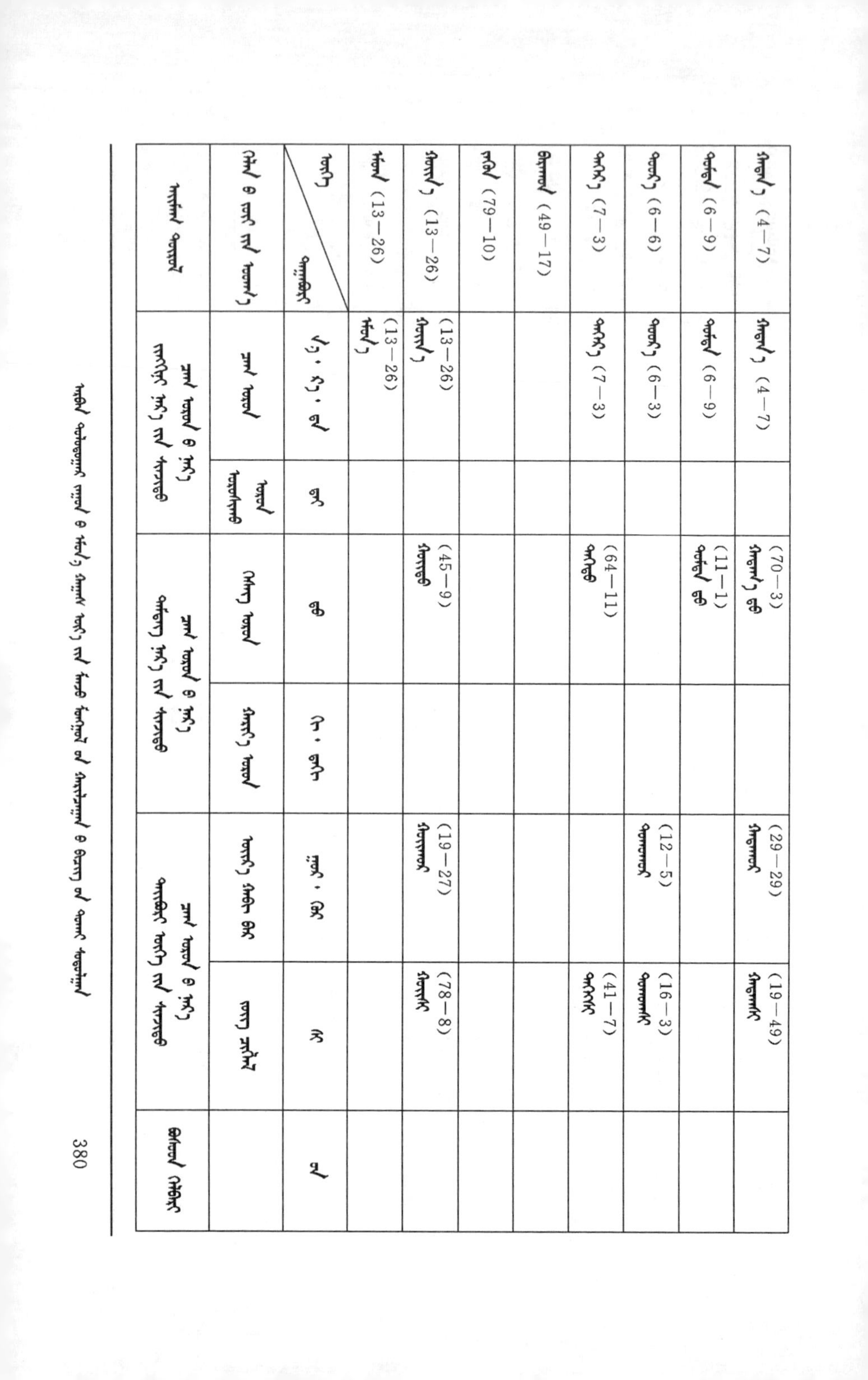

[illegible]

[illegible]	[illegible]		[illegible]		[illegible]		[illegible]
[illegible]	[illegible]	[illegible]	[illegible]	[illegible]	[illegible]	[illegible]	
[illegible] / [illegible]	[illegible]	[illegible]	[illegible]	[illegible]	[illegible]	[illegible]	[illegible]
[illegible] (13—26)	(13—26) [illegible]						
[illegible] (13—26)	(13—26) [illegible]		(45—9) [illegible]		(19—27) [illegible]	(78—8) [illegible]	
[illegible] (79—10)							
[illegible] (49—17)							
[illegible] (7—3)	[illegible] (7—3)		(64—11) [illegible]			(41—7) [illegible]	
[illegible] (6—6)	[illegible] (6—3)				(12—5) [illegible]	(16—3) [illegible]	
[illegible] (6—9)	[illegible] (6—9)		(11—1) [illegible]				
[illegible] (4—7)	[illegible] (4—7)		(70—3) [illegible]		(29—29) [illegible]	(19—49) [illegible]	

(19—30) ᠪᠠᠷᠢᠭᠰᠠᠨ				(19—44) ᠪᠠᠷᠢᠭᠰᠠᠳ			
(56—15) ᠭᠠᠵᠠᠷ				(23—6) ᠭᠠᠵᠠᠷᠠᠳ			
ᠲᠡᠮᠡ (41—8)	(36—2) ᠲᠡᠮᠡᠨ						
ᠲᠣᠭᠠᠪᠠ (6—4)			(6—4) ᠲᠣᠭᠠᠪᠠ			(78—7) ᠲᠣᠭᠠᠨ	(2—16) ᠲᠣᠭᠠᠨ
ᠲᠠᠩᠭᠠᠳ (47—12)						(29—17) ᠲᠠᠩᠭᠠᠳ (47—12) ᠲᠠᠩᠭᠠᠳ	
(13—18) ᠪᠣᠭᠣᠷᠠ	(13—8) ᠪᠣᠭᠣᠷᠠ				(18—9) ᠪᠣᠭᠣᠷᠠᠭᠠᠳ		

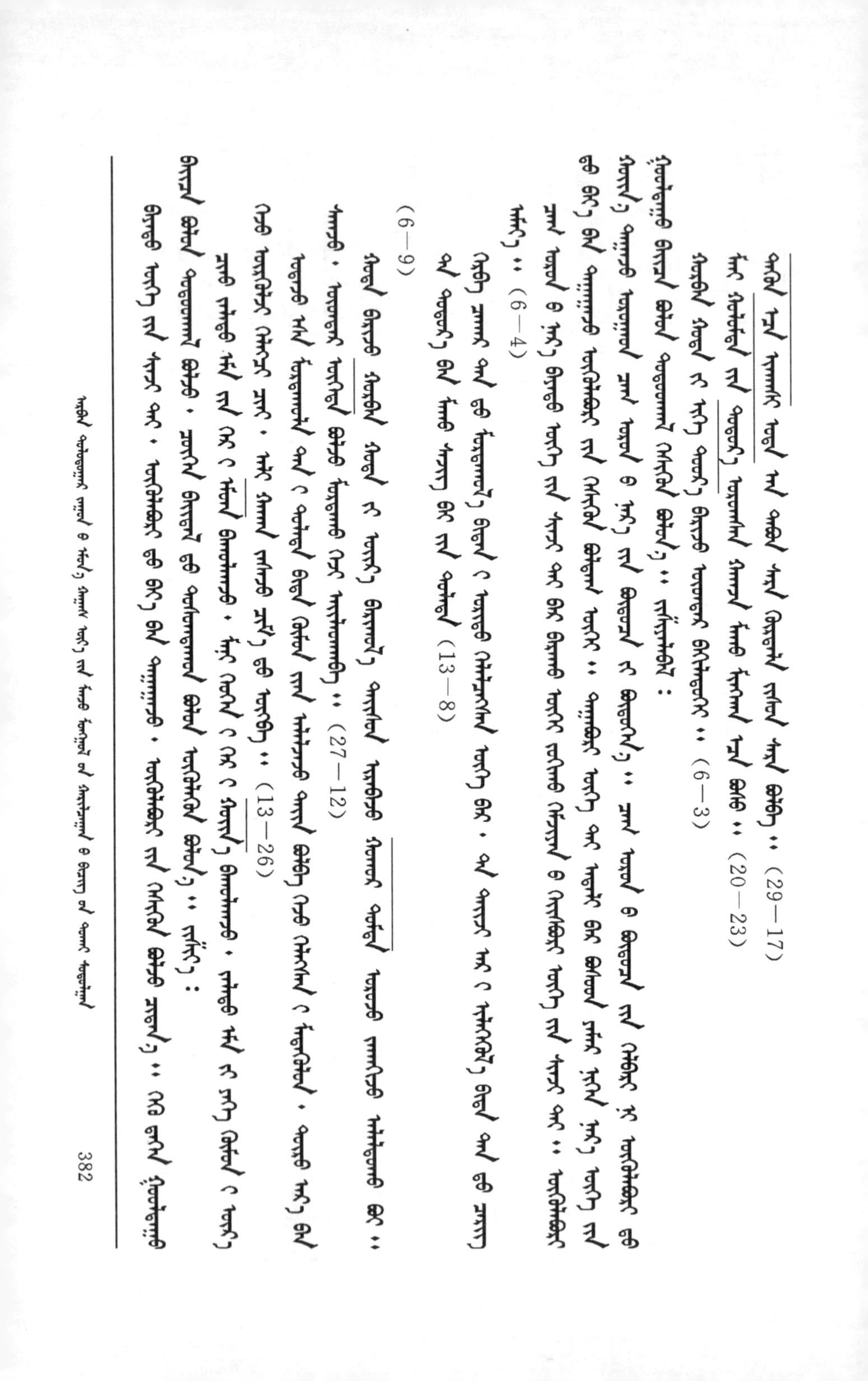

(6—9)

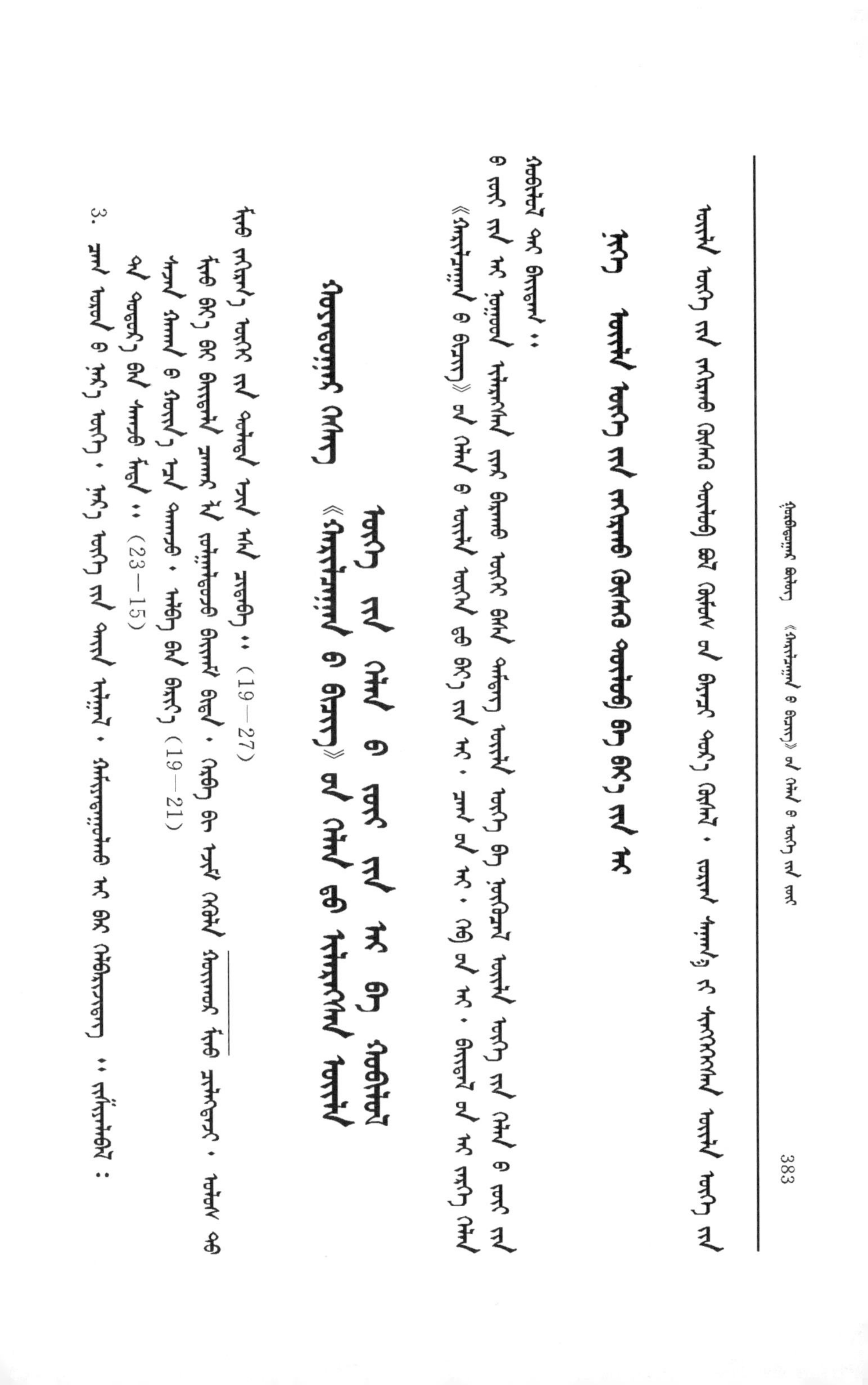

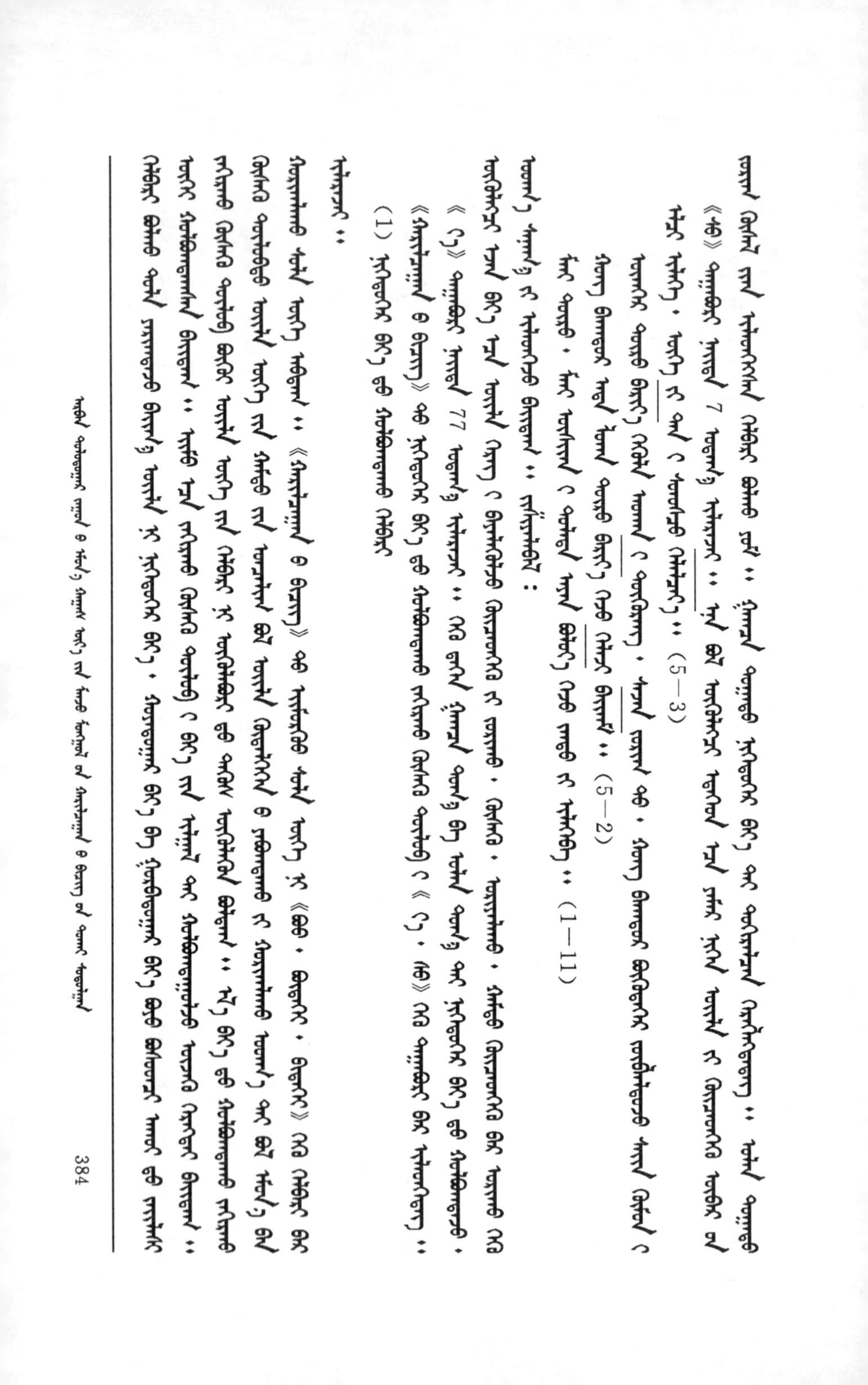

[illegible] ᠄ [illegible] ᠄ [illegible]

《[illegible]》 [illegible] 7 [illegible] ᠄ [illegible]
[illegible] ᠂ [illegible] ᠄ (5—3)

[illegible] ᠂ [illegible] ᠂ [illegible]
[illegible] ᠄ (5—2)

[illegible] ᠂ [illegible] ᠄ (1—11)

[illegible] ᠄ [illegible] :

[illegible] ᠂ [illegible] ᠂ [illegible] ᠂ [illegible]
《[illegible]》 [illegible] 77 [illegible] ᠄ [illegible] ᠂
《[illegible]》 [illegible] 《[illegible] ᠂ [illegible]》 [illegible] ᠄

(1) [illegible]

[illegible] ᠄

[illegible] ᠄ 《[illegible]》 [illegible] 《[illegible] ᠂ [illegible] ᠂ [illegible]》 [illegible] ᠄ [illegible] ᠄ [illegible] ᠂ [illegible]

《ᠴᠠᠭᠠᠵᠠ》 ᠬᠡᠮᠡᠬᠦ ᠦᠭᠡ ᠶᠢᠨ ᠤᠳᠬ᠎ᠠ ᠶᠢ ᠣᠢᠯᠠᠭᠠᠯᠲᠠ ᠶᠢᠨ ᠬᠠᠷᠢᠴᠠᠯᠭᠠᠨ 《ᠴᠠᠭᠠᠵᠠ》 ᠬᠡᠮᠡᠬᠦ ᠦᠭᠡ ᠲᠡᠢ ᠪᠣᠯᠤᠨ᠎ᠠ ᠄ ᠲᠡᠷᠡ ᠴᠠᠭ ᠤᠨ ᠰᠤᠳᠤᠯᠭᠠᠨ ᠪᠢᠴᠢᠭ ᠲᠦ ᠲᠡᠮᠳᠡᠭᠯᠡᠭᠰᠡᠨ ᠵᠠᠷᠢᠮ ᠤᠨ ᠦᠭᠡ ᠶᠢᠨ ᠣᠢᠯᠠᠭᠠᠯᠲᠠ ᠪᠤᠶᠤ ᠪᠠᠶᠢᠳᠠᠯ ᠢ ᠲᠡᠭᠦᠨ ᠤ ᠤᠳᠬ᠎ᠠ ᠶᠢᠨ ᠬᠠᠷᠢᠴᠠᠯᠭᠠ ᠶᠢ ᠲᠣᠳᠣᠷᠬᠠᠢ ᠪᠣᠯᠭᠠᠪᠠ᠂ 《ᠴᠠ》 ᠬᠡᠮᠡᠬᠦ ᠶᠢᠨ ᠦᠭᠡ ᠨᠢ ᠰᠤᠳᠤᠯᠭᠠᠨ ᠪᠢᠴᠢᠭ ᠲᠦ ᠣᠯᠠᠨ ᠲᠠᠯ᠎ᠠ ᠪᠠᠷ ᠬᠡᠷᠡᠭᠯᠡᠭᠳᠡᠵᠦ ᠪᠠᠶᠢᠳᠠᠭ ᠪᠠᠶᠢᠳᠠᠯ ᠪᠣᠯᠤᠨ ᠠᠷᠭ᠎ᠠ ᠶᠢᠨ ᠬᠡᠮᠵᠢᠶ᠎ᠡ ᠶᠢ ᠲᠣᠳᠣᠷᠬᠠᠢ ᠪᠣᠯᠤᠨ᠎ᠠ ᠄ ᠲᠡᠷᠡ ᠴᠠᠭ ᠤᠨ 《ᠴᠠᠭᠠᠵᠠ》 ᠪᠤᠶᠤ 《ᠴᠠᠭᠠᠵᠠ》 ᠬᠡᠮᠡᠬᠦ ᠰᠢᠨᠵᠢ ᠴᠢᠨᠠᠷ ᠲᠠᠢ ᠬᠡᠯᠡᠯᠴᠡᠬᠦ ᠪᠣᠯᠤᠨ᠎ᠠ ᠄ ᠲᠡᠷᠡ ᠴᠠᠭ ᠤᠨ ᠦᠭᠡ ᠪᠣᠯᠬᠤ 《set gïesu》 (ᠴᠠᠭᠠᠵᠠ) ᠬᠡᠮᠡᠬᠦ ᠦᠭᠡᠰ ᠄ ᠲᠡᠷᠡ ᠵᠢᠷᠤᠮ ᠤᠨ ᠦᠭᠡ ᠲᠡᠷᠡ ᠴᠠᠭ ᠤᠨ 《ᠴᠠᠭᠠᠵᠠ》 ᠬᠡᠮᠡᠬᠦ ᠪᠣᠯᠤᠨ ᠲᠡᠷᠡ ᠴᠠᠭᠠᠵᠠ ᠶᠢᠨ ᠰᠢᠨᠵᠢ ᠪᠠᠷ ᠲᠡᠢ ᠬᠠᠮᠲᠤ ᠵᠠᠷᠢᠮ ᠤᠨ ᠰᠢᠨᠵᠢ ᠲᠡᠷᠡ ᠬᠣᠣᠷᠤᠨᠳᠤ ᠶᠠᠭᠤ ᠴᠠᠭᠠᠵᠠ》 ᠬᠡᠮᠡᠬᠦ ᠲᠡᠷᠡ 《ᠴᠠᠭᠠᠵᠠ》 ᠬᠡᠮᠡᠬᠦ ᠲᠡᠷᠡ ᠵᠢᠷᠤᠮ ᠤᠨ ᠮᠡᠳᠡᠭᠳᠡᠬᠦᠢ ᠠᠯᠠᠭ᠎ᠠ 《ᠮᠣᠩᠭᠣᠯᠴᠤᠳ ᠤ ᠲᠣᠪᠴᠢᠶᠠᠨ》 ᠤ 40 ᠬᠡᠰᠡᠭ ᠲᠡᠷᠡ ᠵᠢᠷᠤᠮ ᠬᠤᠪᠢ 《ᠪᠤᠯᠠᠨ ᠤ ᠲᠠᠯ᠎ᠠ ᠲᠣᠭᠠᠯᠠᠨ ᠤ

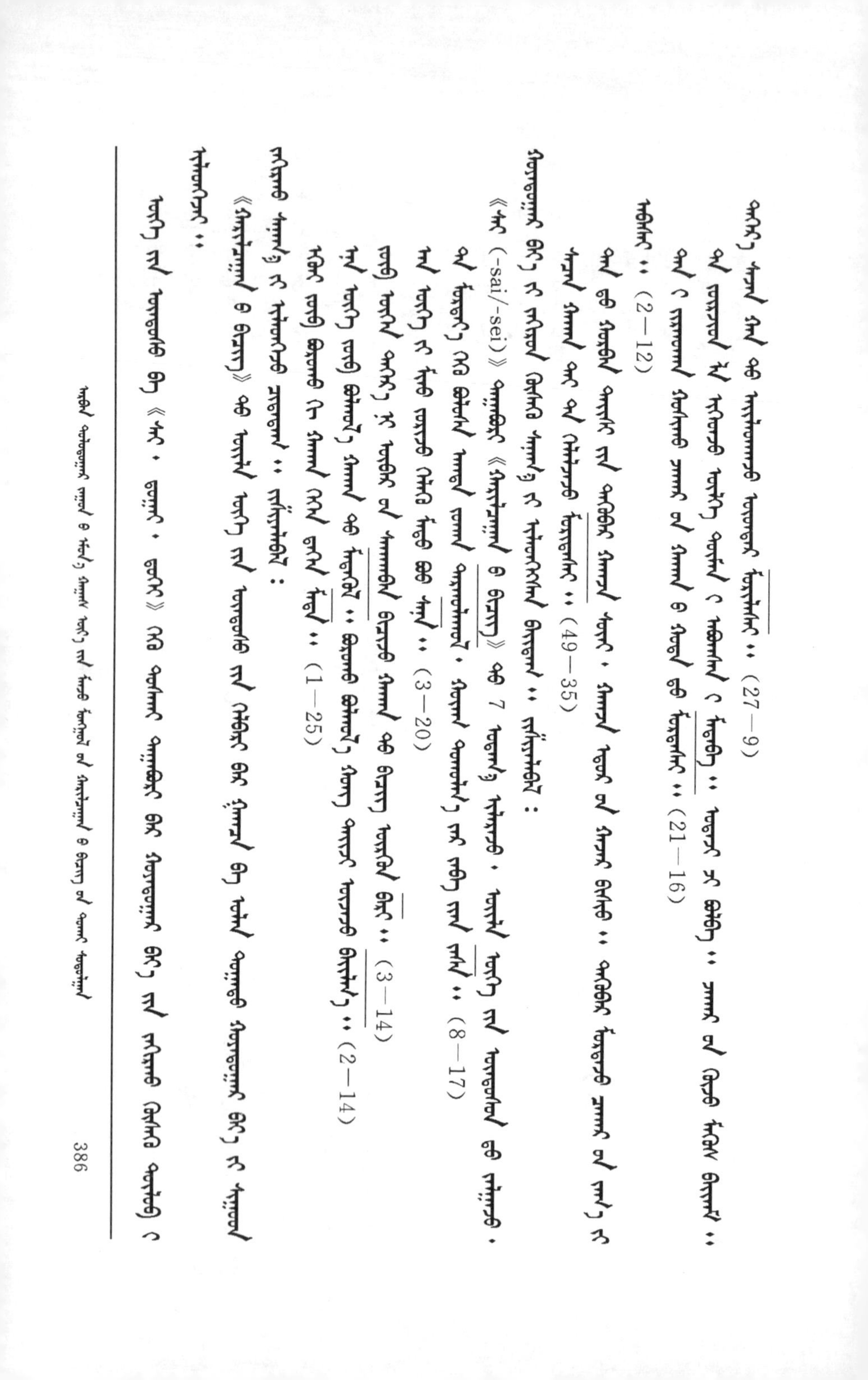

《ᠰᠠᠢ (-sai/-sei)》 ᠨᠢᠭᠤᠴᠠ 《ᠰᠢᠨᠵᠢᠯᠡᠯᠲᠡ ᠦ ᠪᠢᠴᠢᠭ》 ᠳᠤ 7 ᠬᠤᠪᠢᠶᠠᠷ ᠬᠡᠷᠡᠭᠯᠡᠭᠳᠡ · ᠬᠤᠭᠤᠴᠠ ᠬᠤᠭᠤᠴᠠ ᠳᠠᠭᠠᠨ ᠬᠤᠷᠢᠶᠠᠯᠲᠠ ᠳᠤ ᠳᠠᠭᠠᠭᠤᠯᠤ ·

ᠬᠣᠷᠢᠶᠠᠩᠭᠤᠢ ᠨᠢ ᠬᠣᠷᠢᠨ ᠬᠣᠶᠠᠷ ᠲᠠᠢ ᠬᠣᠷᠢᠭᠰᠠᠨ ᠤ ᠪᠠᠨ ᠪᠣᠯᠣᠨ ᠬᠡᠯᠡᠭᠦ ᠰᠠᠢ ᠪᠣᠯ ᠪᠢᠴᠢᠭᠲᠦ᠂ ᠰᠠᠢᠬᠠᠨ ᠨᠢ «ᠴᠠᠢ» ᠳᠠᠭᠠᠪᠤᠷᠢ ᠤ ᠲᠣᠳᠣᠷᠬᠠᠢᠯᠠᠯ ᠲᠡᠮᠳᠡᠭ -aːsai/ -əːsəi ᠳᠠᠭᠠᠪᠤᠷᠢ ᠤ ᠪᠢᠴᠢᠭ ᠰᠢ ᠮᠣᠩᠭᠣᠯ ᠲᠣᠯᠢᠲᠤ ᠪᠣᠯ ᠰᠠᠢᠬᠠᠨ ᠪᠤᠢ᠂ ᠬᠡᠷᠡᠭ ᠨᠢ ᠬᠡᠷᠡᠭᠯᠡᠭᠰᠡᠨ ᠬᠣᠷᠢᠨ ᠰᠠᠢ «ᠭᠠᠰᠠᠢ \ ᠭᠡᠰᠡᠢ» ᠪᠣᠯᠤᠨ᠂ «ᠰᠠᠢ (-sai/-sei)» ᠳᠠᠭᠠᠪᠤᠷᠢ ᠪᠠ «ᠭᠠᠰᠠᠢ \ ᠭᠡᠰᠡᠢ (-γasai/-gesei)» ᠳᠠᠭᠠᠪᠤᠷᠢ ᠲᠠᠢ ᠠᠳᠠᠯᠢᠬᠠᠨ ᠪᠣᠯᠤᠨ᠎ᠠ ᠄᠄ ᠰᠢᠭᠤᠳ ᠲᠠᠭᠠᠢᠮ ᠤ ᠵᠢᠱᠢ᠂ ᠬᠣᠷᠢᠨ ᠪᠣᠯᠬᠤᠢ ᠄᠄ (47—6)

《ᠲᠤᠭᠠᠢ \ ᠲᠦᠭᠡᠢ (-tuγai/-tügei)》 ᠳᠠᠭᠠᠪᠤᠷᠢ 《ᠯᠤᠪᠰᠠᠩᠳᠠᠨᠵᠢᠨ ᠦ ᠲᠣᠪᠴᠢ》 ᠳᠤ 23 ᠤᠳᠠᠭ᠎ᠠ ᠬᠡᠷᠡᠭᠯᠡᠭᠳᠡᠭᠰᠡᠨ᠃ ᠤᠯᠠᠭᠠᠨ ᠤᠳᠬ᠎ᠠ ᠶᠢᠨ —10)

③ 奥尔洛夫斯卡娅著，郭守祥译：《〈黄金史〉语言》，内蒙古教育出版社，2004年，第81页。

ᠲᠤᠭᠠᠢ (-tuɣai/-tügei)》 ᠰᠤᠳᠤᠯᠤᠭᠰᠠᠨ ᠳᠤ ᠨᠡᠶᠢᠲᠡ ᠳᠦᠨ 22 ᠤᠳᠠᠭ᠎ᠠ ᠬᠡᠷᠡᠭᠯᠡᠭᠳᠡᠵᠦ ᠂ 4 ᠤᠳᠠᠭ᠎ᠠ ᠳᠤ ᠰᠠᠨᠠᠭᠠᠯᠭᠠᠨ ᠪᠤᠶᠤ ᠶᠢᠨ ᠲᠠᠢᠯᠪᠤᠷᠢᠯᠠᠭᠰᠠᠨ ᠂ 18 ᠬᠡᠷᠡᠭᠯᠡᠭᠰᠡᠨ ᠃ 《ᠭᠤᠵᠠᠢ (-ɣuǰai)》 ᠰᠤᠳᠤᠯᠤᠭᠰᠠᠨ ᠳᠤ ᠨᠡᠶᠢᠲᠡ ᠳᠦᠨ 1 ᠤᠳᠠᠭ᠎ᠠ ᠬᠡᠷᠡᠭᠯᠡᠭᠳᠡᠵᠦ ᠂ ᠪᠦᠬᠦᠯᠢᠳᠡᠭᠡᠷ ᠰᠢᠨᠵᠢ ᠶᠢ ᠬᠡᠷᠡᠭᠯᠡᠭᠰᠡᠨ ᠃ 《ᠲᠤᠭᠠᠢ \ ᠲᠠᠢ ᠶᠢᠨ ᠲᠠᠢᠯᠪᠤᠷᠢᠯᠠᠭᠰᠠᠨ ᠃ ᠬᠡᠯᠡ ᠶᠢᠨ 《ᠭᠡᠰᠡᠢ (-gesei)》 ᠰᠤᠳᠤᠯᠤᠭᠰᠠᠨ ᠳᠤ ᠨᠡᠶᠢᠲᠡ ᠳᠦᠨ 1 ᠤᠳᠠᠭ᠎ᠠ ᠬᠡᠷᠡᠭᠯᠡᠭᠳᠡᠵᠦ ᠂ ᠬᠠᠮᠲᠤᠷᠠᠨ ᠰᠢᠨᠵᠢ ᠶᠢ

《ᠭᠡᠰᠡᠢ (-gesei) ᠂ ᠭᠤᠵᠠᠢ (-ɣuǰai) ᠂ ᠲᠤᠭᠠᠢ \ ᠲᠦᠭᠡᠢ (-tuɣai/-tügei)》 ᠭᠤᠷᠪᠠ ᠳᠠᠭᠠᠪᠤᠷᠢ ᠲᠠᠢ ᠵᠢᠷᠤᠮᠪᠣᠯᠤᠭᠤᠨ ᠪᠤᠶᠤ ᠪᠠᠷ ᠪᠠᠢᠳᠠᠭ

(30—9)

[illegible] ᠄ (31—7)

[illegible] ᠄ [illegible] ᠄ (18—12)

[illegible] ᠄ (16—25)

[illegible] ᠄ (6—3)

[illegible] ᠄ (5—19)

[illegible] ᠄ (5—18)

[illegible] ᠂ [illegible] ᠄ (15—6)

[illegible] ᠄ (46—6)

[illegible] ᠄ (31—16)

[illegible] ᠄ (15—9)

[illegible] ᠄ (12—12)

[illegible] ᠅ (12—9)

[illegible] ᠂ [illegible] ᠄ (7—17)

[illegible] ᠄ (7—10)

[illegible] ᠄ (28—1)

[illegible] ᠄ (15—6)

[illegible] ᠄ [illegible] ᠄ (6—14)

《[illegible] \ [illegible]》 [illegible] ᠅

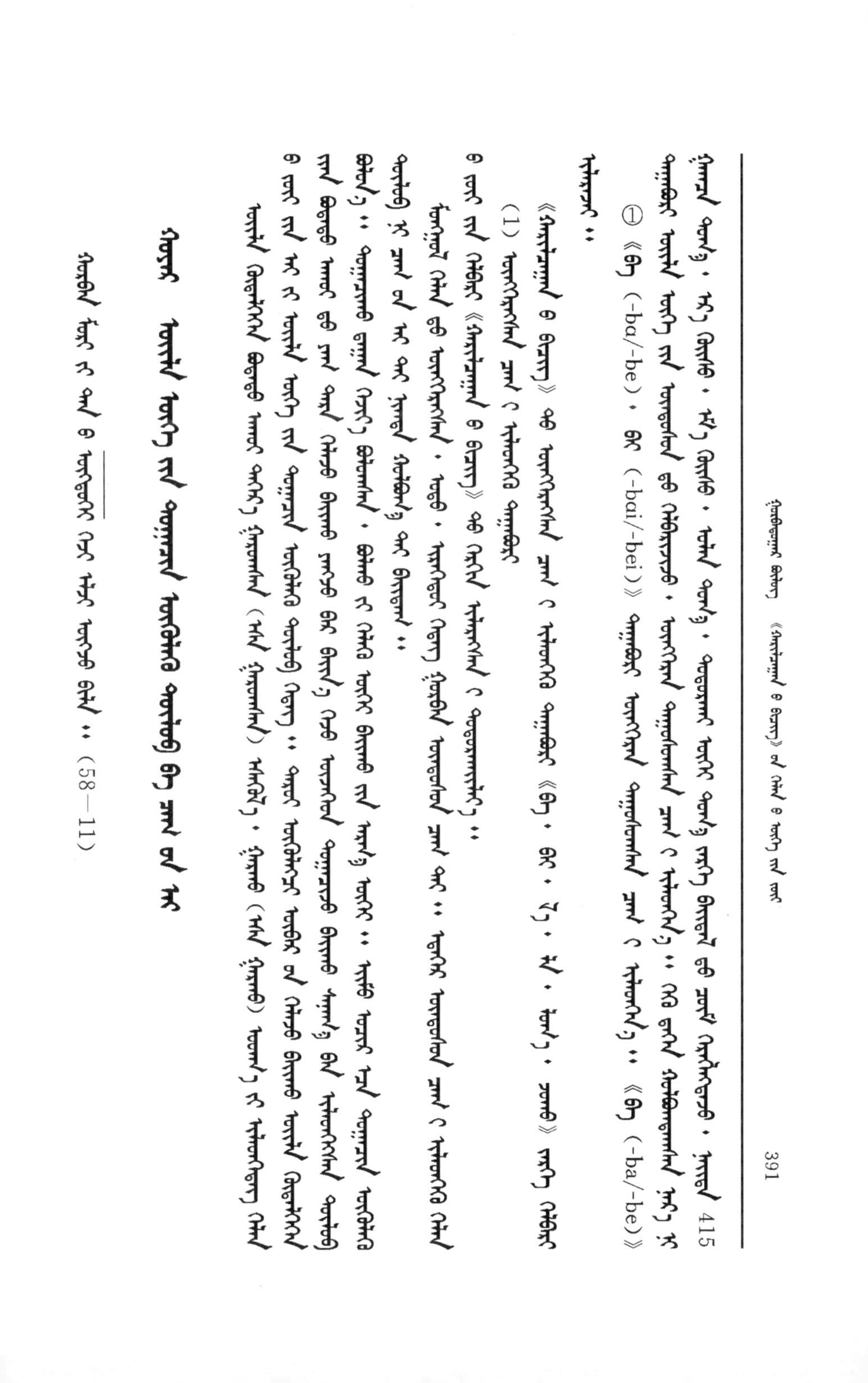

[illegible] 415
[illegible]
① 《[illegible] (-ba/-be)，[illegible] (-bai/-bei)》 [illegible] 《[illegible] (-ba/-be)》
[illegible]

《[illegible]》 [illegible] 《[illegible]》 [illegible]

(1) [illegible]

[illegible] 《[illegible]》 [illegible]

[illegible]

[illegible]

[illegible]

[illegible]

[illegible] (58—11)

ᠪᠠᠢᠳᠠᠯ ᠤᠨ ᠵᠢᠱᠢᠶ᠎ᠡ ᠶᠢ ᠲᠣᠭᠠᠴᠠᠨ ᠬᠡᠷᠡᠭᠯᠡᠵᠡᠢ ᠃ ᠡᠳᠡᠭᠡᠷ ᠲᠦᠷ 《ᠰᠢᠷᠠᠢᠢᠭᠣᠯᠵᠢᠨ ᠤ ᠪᠢᠴᠢᠭ》 ᠳᠤ ᠬᠡᠷᠡᠭᠯᠡᠭᠳᠡᠭᠰᠡᠨ 《ᠪᠠ ᠂ ᠪᠠᠢ》 ᠬᠡᠮᠡᠬᠦ ᠳᠠᠭᠠᠪᠤᠷᠢ ᠂ ᠬᠡᠯᠡᠨ ᠦ ᠶᠢᠨ ᠨᠡᠷ᠎ᠡ ᠬᠡᠯᠡᠨ ᠦ ᠂ ᠲᠣᠭᠠᠨ ᠬᠡᠯᠡᠨ ᠦ ᠂ ᠬᠣᠪᠢᠷᠠᠭᠠᠨ ᠲᠡᠮᠳᠡᠭ ᠬᠡᠯᠡᠨ ᠦ ᠪᠠᠢᠢᠬᠤ ᠪᠠᠢᠳᠠᠯ ᠤᠨ ᠵᠠᠷᠢᠮ ᠬᠡᠷᠡᠭᠯᠡᠵᠡᠢ ᠃ ᠲᠣᠭᠲᠠᠭᠰᠠᠨ ᠢ ᠨᠡᠷ᠎ᠡ ᠬᠡᠯᠡᠨ ᠦ ᠪᠠᠢᠳᠠᠯ ᠤ 《ᠰᠢᠷᠠᠢᠢᠭᠣᠯᠵᠢᠨ ᠤ ᠪᠢᠴᠢᠭ》 ᠳᠤ ᠬᠡᠷᠡᠭᠯᠡᠭᠳᠡᠭᠰᠡᠨ 《ᠪᠠ (-ba/-be)》 ᠭᠡᠳᠡᠭ ᠨᠢ ᠲᠣᠭᠠᠨ ᠲᠣᠭᠠᠨ ᠲᠣᠭᠲᠠᠭᠰᠠᠨ ᠢ ᠡᠭᠦᠨ ᠵᠢᠭᠠᠵᠤ ᠂ ᠡᠭᠦᠨ ᠵᠢᠭᠠᠵᠤ ᠂ ᠵᠢᠭᠠᠵᠤ ᠶᠢᠨ ᠨᠡᠷ᠎ᠡ ᠬᠡᠯᠡᠨ ᠦ ᠶᠢ ᠬᠡᠷᠡᠭᠯᠡᠭᠰᠡᠨ ᠂ 《ᠪᠠᠢ (-bai/-bei)》 ᠬᠡᠮᠡᠬᠦ ᠡᠭᠦᠨ ᠵᠢᠭᠠᠵᠤ ᠶᠢᠨ ᠲᠣᠭᠠᠨ ᠬᠡᠯᠡᠨ ᠦ ᠶᠢ ᠬᠡᠷᠡᠭᠯᠡᠭᠰᠡᠨ ᠪᠠᠢᠳᠠᠯ ᠃ ᠲᠣᠭᠠᠨ ᠵᠠᠷᠢᠮ ᠲᠣᠭᠲᠠᠭᠰᠠᠨ ᠤ ᠬᠣᠶᠠᠷ ᠲᠣᠭᠲᠠᠭᠰᠠᠨ ᠪᠠᠢᠳᠠᠯ ᠲᠣᠭᠠᠴᠠᠭᠰᠠᠨ ᠵᠠᠭᠠ ᠶᠢ ᠬᠡᠷᠡᠭᠯᠡᠵᠦ ᠃ ᠡᠨᠡ ᠮᠡᠲᠦ 《ᠪᠠ (-ba/-be)》 ᠬᠡᠮᠡᠬᠦ ᠡᠭᠦᠨ ᠬᠣᠯᠪᠣᠭᠳᠠᠬᠤ ᠰᠤᠳᠤᠯᠭ᠎ᠠ ᠶᠢᠨ ᠲᠣᠭᠠᠴᠠᠭᠠᠨ ᠤ ᠲᠣᠭᠠᠨ ᠳᠤ ᠬᠡᠷᠡᠭᠯᠡᠭᠳᠡᠭᠰᠡᠨ 《ᠪᠠ (-ba/-be)》 ᠂ 《ᠪᠠᠢ (-bai/-bei)》 ᠭᠡᠳᠡᠭ ᠨᠢ ᠲᠣᠭᠠᠨ ᠠᠯᠢ ᠰᠠᠶᠢᠨ ᠳᠤ ᠲᠣᠭᠠ ᠬᠣᠯᠪᠣᠭᠳᠠᠬᠤ ᠶᠢᠨ ᠲᠣᠭᠠᠨ ᠤ ᠲᠣᠭᠲᠠᠭᠠᠨ ᠲᠣᠭᠠᠴᠠᠭᠠᠨ ᠃ (43—16)

《ᠪᠠᠢ (-bai/-bei)》 ᠬᠡᠮᠡᠬᠦ 《ᠰᠢᠷᠠᠢᠢᠭᠣᠯᠵᠢᠨ ᠤ ᠪᠢᠴᠢᠭ》 ᠳᠤ 1 ᠲᠣᠭᠠᠴᠠᠭᠰᠠᠨ ᠬᠡᠷᠡᠭᠯᠡᠭᠰᠡᠨ ᠂ ᠰᠣᠯᠪᠢᠯᠴᠠᠭᠤᠯᠤᠨ ᠵᠢᠱᠢᠶ᠎ᠡ ᠶᠢ ᠨᠡᠷ᠎ᠡ ᠬᠡᠯᠡᠨ ᠦ

① ᠯᠤᠪᠰᠠᠩᠳᠠᠨᠵᠢᠨ : 《ᠠᠯᠲᠠᠨ ᠲᠣᠪᠴᠢ》 · ᠦᠨᠳᠦᠰᠦᠲᠡᠨ ᠦ ᠬᠡᠪᠯᠡᠯ ᠦᠨ ᠬᠣᠷᠢᠶ᠎ᠠ · ᠪᠡᠭᠡᠵᠢᠩ · 1990 ᠣᠨ · 48 ᠳᠤᠭᠠᠷ ᠨᠢᠭᠤᠷ ᠃

ᠶᠠᠭᠤ ᠮᠡᠳᠡᠭᠰᠡᠨ ᠪᠠᠢᠨ᠎ᠠ ᠪᠢᠰᠢ ᠬᠡᠮᠡᠨ ᠃ ᠵᠢᠱᠢᠶᠡᠯᠡᠪᠡᠯ :

ᠬᠡᠷᠪᠡ ᠲᠡᠷᠡ ᠰᠠᠢᠨ ᠲᠡᠷᠡ ᠬᠦᠮᠦᠨ ᠰᠠᠢᠰᠢᠶᠠᠯ ᠪᠣᠯᠤᠭᠰᠠᠨ ᠳᠤᠷᠠᠲᠠᠢ ᠪᠣᠯᠪᠠᠯ · ᠰᠠᠢᠰᠢᠶᠠᠯ ᠢ ᠢᠯᠡᠷᠬᠡᠢ ᠪᠣᠯᠭᠠᠨ ᠰᠠᠢᠰᠢᠶᠠᠨ ᠳᠤᠭᠤᠯᠠᠨ᠎ᠠ · ᠬᠡᠷᠡᠭᠯᠡᠭᠡᠨ ᠦ ᠵᠢᠱᠢᠶ᠎ᠡ ᠶᠢ

《ᠰᠠᠨᠠᠭᠠᠨ ᠲᠡᠷᠡ ᠬᠡᠪᠯᠡᠯ》 ᠳᠤ 《ᠯᠠ》 ᠭᠡᠳᠡᠭ ᠦᠭᠡ ᠬᠡᠷᠡᠭᠯᠡᠵᠦ · ᠲᠡᠭᠦᠨ ᠦ 《ᠠ》 ᠶᠢᠨ ᠣᠷᠣᠨ ᠳᠤ ᠰᠠᠢᠨ ᠰᠠᠢᠨ ᠲᠡᠷᠡ ᠰᠠᠢᠰᠢᠶᠠᠯ ᠢ ᠬᠡᠯᠡᠭᠰᠡᠨ ·

ᠣᠯᠠᠨ ᠳᠤ ᠬᠦᠷᠬᠦ ᠲᠡᠷᠡ ᠣᠯᠵᠠ ᠬᠢᠯ ᠪᠣᠯᠤᠨ᠎ᠠ ᠪᠢᠢ ᠃ ᠣᠯᠠ ᠭᠠᠵᠠᠷ ᠰᠠᠢᠨ ᠰᠠᠢᠨ ᠰᠠᠢᠰᠢᠶᠠᠯ ᠪᠣᠯᠤᠨ᠎ᠠ ᠪᠢᠢ ᠃ ①

ᠰᠠᠢᠬᠠᠨ ᠰᠠᠢᠨ ᠲᠡᠷᠡ ᠰᠠᠷ᠎ᠠ ᠬᠢᠯ ᠪᠣᠯᠤᠨ᠎ᠠ ᠪᠢᠢ ᠃ ᠰᠠᠢᠨ ᠭᠠᠵᠠᠷ ᠰᠠᠢᠨ ᠰᠠᠢᠰᠢᠶᠠᠯ ᠪᠣᠯᠤᠨ᠎ᠠ ᠪᠢᠢ ᠃

ᠯᠡ》 ᠭᠡᠳᠡᠭ ᠬᠡᠯᠡᠭᠰᠡᠨ ᠃ ᠵᠢᠱᠢᠶᠡᠯᠡᠪᠡᠯ :

ᠰᠣᠩᠭᠣᠯ ᠳᠤ ᠪᠠᠷᠢᠮᠲᠠᠯᠠᠯ ᠪᠣᠯᠤᠨ ᠶᠠᠮᠠᠷ ᠬᠡᠷᠡᠭᠯᠡᠭᠰᠡᠨ ᠲᠡᠷᠡ ᠰᠠᠨᠠᠭᠠᠳ 《ᠰᠠᠨᠠᠭᠠᠨ ᠬᠡᠪᠯᠡᠯ》 ᠳᠤ ᠰᠠᠢᠰᠢᠶᠠᠯ ᠬᠡᠷᠡᠭᠯᠡᠭᠰᠡᠨ ᠵᠠᠷᠢᠮ ᠢ ᠰᠠᠢᠰᠢᠶᠠᠯᠤ ᠳᠤ 《ᠯᠠ ·

ᠭᠡᠳᠡᠭ ᠢ 17 ᠳᠤᠭᠠᠷ ᠵᠠᠭᠤᠨ ᠤ ᠰᠠᠨᠠ ᠳᠤ ᠵᠠᠷᠯᠢᠭ ᠳᠤ -la/ -le ᠪᠣᠯ ᠭᠡᠳᠡᠭ ᠪᠠᠢᠳᠠᠯ ᠢ ᠭᠡᠷᠡᠴᠢᠯᠡᠭᠰᠡᠨ ᠵᠠᠷᠢᠮ ᠪᠣᠯᠤᠨ ᠵᠦᠢᠯ ᠃ 17 ᠳᠤᠭᠠᠷ

ᠰᠠᠨ ᠪᠡᠷ ᠭᠡᠷᠡᠴᠢᠯᠡᠬᠦ ᠵᠠᠭᠤᠨ ᠤ ᠬᠡᠯᠡᠨ ᠦ ᠪᠢᠴᠢᠭ ᠲᠤ ᠰᠠᠢᠨ ᠤ laγ—a/ -lege~ -ligi~ -liyi~ -laγai/ -legei ᠬᠡᠯᠪᠡᠷᠢ ᠲᠡᠷᠡ

ᠪᠣᠯᠤᠨ ᠰᠠᠢᠨ ᠲᠡᠷᠡ ᠪᠣᠯᠤᠨ ᠢ ᠰᠠᠢᠰᠢᠶᠠᠯ ᠪᠣᠯᠤᠨ᠎ᠠ · ᠪᠣᠯᠤᠭᠰᠠᠨ ᠲᠡᠷᠡ ᠪᠣᠯᠤᠨ ᠢ ᠪᠣᠯᠤᠭᠰᠠᠨ ᠪᠠᠷ ᠪᠣᠯᠤᠨ᠎ᠠ ᠃ (48—12)

ᠪᠢᠢ ᠲᠡᠷᠡ ᠰᠠᠨᠠ ᠢ ᠲᠡᠷᠡ ᠪᠣᠯᠤᠭᠰᠠᠨ ᠭᠡᠵᠦ ᠭᠡᠳᠡᠭ ᠳᠤ ᠰᠠᠢᠬᠠᠨ ᠰᠠᠢᠨ ᠰᠠᠢᠰᠢᠶᠠᠯ ᠬᠡᠷᠡᠭᠰᠡᠨ ᠪᠢᠢ ᠃ (47—9)

ᠰᠠᠢᠨ ᠢ ᠰᠠᠢᠨ ᠰᠠᠢᠨ · ᠲᠡᠷᠡ ᠰᠠᠢᠨ ᠭᠡᠵᠦ ᠲᠡᠷᠡ ᠰᠠᠢᠨ ᠰᠠᠨᠠ ᠪᠠᠨ ᠰᠠᠢᠨ ᠰᠠᠨᠠ ᠬᠡᠮᠡᠨ ᠪᠣᠯᠤᠨ ᠲᠡᠷᠡ ᠃ (13—45)

ᠰᠠᠢᠨ ᠲᠡᠷᠡ ᠰᠠᠢ · ᠰᠠᠢ ᠲᠡᠷᠡ ᠭᠡᠷᠡᠭ ᠲᠡᠷᠡ ᠭᠡᠭᠡᠳ ᠭᠡᠵᠦ ᠰᠠᠨᠠ ᠃ (37—6)

《ᠯᠠ ~ ᠯᠡ (-la/-le)》 ᠭᠡᠳᠡᠭ 《ᠰᠠᠨᠠᠭᠠᠨ ᠤ ᠪᠢᠴᠢᠭ》 ᠲᠤ 5 ᠤᠳᠠᠭ᠎ᠠ ᠬᠡᠷᠡᠭᠯᠡᠭᠰᠡᠨ ᠃ ᠵᠢᠱᠢᠶᠡᠯᠡᠪᠡᠯ :

② 《ᠯᠠ ~ ᠯᠡ (-la/-le) · ᠯᠤᠭ᠎ᠠ (-luγ-a)》 ᠭᠡᠳᠡᠭ ᠰᠠᠢᠰᠢᠶᠠᠯ ᠪᠠᠷᠢᠮᠲᠠᠯᠠᠯ ᠳᠤ ᠢ ᠬᠡᠷᠡᠭᠯᠡᠭᠳᠡᠨ᠎ᠡ ᠃

ᠤᠳᠠᠭ᠎ᠠ ᠢ ᠬᠡᠷᠡᠭᠯᠡᠬᠦ ᠳᠠᠷᠤᠶ᠎ᠠ ᠲᠡᠷᠡ ᠪᠣᠯᠤᠭᠰᠠᠨ ᠪᠣᠯᠤᠨ᠎ᠠ ᠃

ᠮᠣᠷᠢᠳᠤ ᠪᠠᠷᠠᠭᠳᠠᠯ ᠣᠯᠳᠠᠬᠤ ᠦᠭᠡᠢ :: ᠮᠠᠨ ᠰᠠᠶᠢᠨ ᠣᠯᠳᠠᠬᠤ ᠣᠯᠳᠠᠬᠤ :: ᠰᠠᠶᠢᠪᠠ ᠣᠯᠳᠠᠰ ᠣᠯᠳᠠᠬᠤ :: ᠰᠠᠨ᠎ᠠ ᠬᠠᠷᠢᠪᠠ ᠣᠯᠳᠠᠬᠤ ᠣᠯᠳᠠᠬᠤ ᠦᠭᠡᠢ ::

ᠣᠯᠠᠨ ᠪᠢᠯᠢᠭ ᠰᠤᠷᠤᠯᠴᠠᠭᠤᠯᠪᠤ :: ᠣᠯᠪᠠᠰᠤ ᠪᠢᠯᠢᠭ ᠦᠨ ᠣᠯᠠᠨ ᠪᠣᠯᠤᠭ ᠦᠭᠡᠢ :: ①

ᠰᠢᠨ᠎ᠡ ᠦ 《ᠯᠠᠭ᠎ᠠ · ᠯᠡ》 ᠬᠡᠮᠡᠬᠦ ᠶᠢ ᠣᠷᠴᠢᠭᠤᠯᠤᠭᠰᠠᠨ ᠨᠢ 《〈ᠰᠠᠶᠢᠨ ᠬᠡᠳᠦᠢ〉ᠶᠢᠨ ᠦᠭᠡ》 ᠳᠦ ᠪᠣᠢ ᠪᠣᠯᠪᠠ ᠰᠠᠶᠢᠨ ᠲᠡᠷᠡ ᠦ ᠪᠣᠯᠤᠭᠰᠠᠨ ᠬᠡᠯᠡᠭ᠍ᠰᠡ

ᠰᠢᠯᠭᠠᠯᠲᠠ ᠠᠯᠢᠪᠠ ᠣᠯᠠᠨᠲᠠᠭᠠᠨ ᠵᠢᠷᠤᠮ ᠢ ᠰᠠᠯᠠᠭᠠᠳ ᠣᠯᠠᠨ ᠣᠯᠠᠨ ᠳᠤ ᠬᠡᠮᠡᠬᠦ ᠪᠣᠯᠠᠨ ② :: ᠳ · ᠲᠥᠮᠦᠷᠲᠣᠭᠣᠭ᠎ᠠ ᠨᠢ 《ᠮᠣᠩᠭᠣᠯ ᠬᠡᠯᠡ ᠶᠢᠨ

ᠲᠡᠦᠬᠡᠨ ᠳᠦ ᠪᠠᠶᠢᠭᠰᠠᠨ ᠣᠯᠠᠨ ᠰᠤᠷᠤᠯ》 ᠳᠤ ᠪᠣᠯ ᠪᠢᠴᠢᠭ ᠰᠠᠯᠠᠭᠠᠨ 《ᠰᠢᠨ᠎ᠡ ᠦ ᠯᠠᠭ᠎ᠠ (ᠯᠡᠭᠡ)》 ᠬᠡᠮᠡᠬᠦ ᠶᠢ ᠣᠷᠴᠢᠭᠤᠯ ᠦᠨ ᠲᠣᠬᠢᠶᠠᠯᠳᠤᠯ ᠪᠣᠢ ᠯᠡᠭᠡ (ᠯᠠᠭ᠎ᠠ) · ᠯᠡᠭᠡᠰ (ᠯᠠᠭᠠᠰ) ᠪᠣᠯᠬᠤ

ᠪᠣᠯᠤᠨ ᠪᠢᠴᠢᠭᠡᠰᠦ ᠪᠣᠯᠤᠯᠴᠠᠭ᠎ᠠ ᠪᠣᠯ ᠲᠣᠬᠢᠶᠠᠯᠳᠤᠭᠰᠠᠨ :: ᠦᠭᠡ ᠪᠣᠯ ᠢ ᠲᠣᠪᠴᠢ ᠳᠤ ᠬᠡᠮᠡᠬᠦ ᠰᠢᠨᠵᠢᠯᠡᠯ ᠳᠤ ᠣᠯᠠᠨ ᠰᠢᠨᠵᠢᠯᠡᠬᠦ ᠳᠠᠭᠠᠯᠳᠤᠭᠤᠯᠤᠯ 〈ᠯᠡ (-la/-lē)〉 ᠪᠣᠯᠤᠨ ᠪᠣᠯᠬᠤ

ᠪᠣᠯ ᠲᠣᠪᠴᠢ ᠳᠤ ᠶᠠᠯᠠᠭᠴᠢ ᠵᠢᠷᠤᠮ ᠪᠠᠷᠢᠭᠰᠠᠨ》③ ᠪᠣᠯᠠᠨ :: ᠣᠷᠳᠤᠰ ᠲᠥᠷᠥᠯᠵᠢᠭᠦᠯᠦᠭᠰᠡᠨ ᠨᠢ ᠲᠣᠬᠢᠶᠠᠯ ᠵᠢᠷᠤᠮ ᠤᠨ ᠲᠣᠭᠠᠴᠠᠨ ᠪᠣᠯ ᠦ 《ᠯᠠᠭ᠎ᠠ》 ᠪᠣᠯᠬᠤ ᠨᠢ ᠲᠣᠰᠢᠶᠠᠯ ᠦ ᠲᠣᠭᠠᠴᠠᠨ ᠪᠣᠯ

ᠦ 《— ᠯᠠᠭ᠎ᠠ \ — ᠯᠡᠭᠡ \ — ᠯᠠᠭ᠎ᠠ —— ᠯᠠᠭᠠ · — ᠯᠡᠭᠡᠰ \ — ᠯᠠᠭᠠᠰ》 ᠪᠣᠯ ᠬᠡᠮᠡᠬᠦ ᠨᠢ ᠣᠷᠴᠢᠭᠤᠯᠤᠭᠰᠠᠨ ᠲᠣᠬᠢᠶᠠᠯ ᠪᠣᠯᠤᠨ ᠲᠣᠬᠢᠶᠠᠯᠳᠤᠭᠤ ᠪᠠᠨ ④ ::

《ᠠᠯᠲᠠᠨ ᠲᠣᠪᠴᠢ》 ᠳᠤ 《— ᠯᠠᠭ᠎ᠠ》 ᠬᠡᠮᠡᠬᠦ 1 ᠤᠳᠠᠭ᠎ᠠ ᠲᠣᠬᠢᠶᠠᠯᠳᠤᠪᠠ · ᠵᠢᠱᠢᠶ᠎ᠡ ᠪᠣᠯᠪᠠᠰᠤ ᠵᠢᠷᠤᠮ ᠢ ᠰᠠᠯᠠᠭᠠᠭᠤᠯᠪᠠ :: ᠵᠢᠱᠢᠶ᠎ᠡ :

ᠬᠠᠮᠤᠭ ᠮᠣᠩᠭᠣᠯ ᠤᠨ ᠬᠠᠭᠠᠨ ᠪᠣᠯᠵᠤ ᠪᠣᠷᠣᠭ᠎ᠠ ᠪᠠᠷ ᠲᠣᠷᠣᠭᠰᠠᠨ · ᠲᠡᠭᠷᠢ ᠶᠢᠨ ᠵᠠᠶᠠᠭᠠᠲᠤ ᠲᠡᠮᠦᠴᠢᠨ ᠪᠣᠯᠠᠭᠰᠠᠨ :: (30—6)

ᠬᠠᠮᠤᠭ ᠬᠣᠶᠠᠷ ᠳᠤ ᠲᠣᠬᠢᠶᠠᠯᠳᠤᠭᠰᠠᠨ ᠪᠣᠯᠪᠠᠰᠤ ᠵᠢᠷᠤᠮ ᠤᠨ ᠬᠡᠮᠡᠬᠦ 《ᠲᠣᠪᠴᠢ》 ᠬᠡᠮᠡᠬᠦ 《ᠠᠯᠲᠠᠨ ᠲᠣᠪᠴᠢ》 ᠳᠤ 2 ᠤᠳᠠᠭ᠎ᠠ ᠲᠣᠬᠢᠶᠠᠯᠳᠤᠨ᠎ᠠ ::

ᠵᠢᠱᠢᠶ᠎ᠡ :

① ᠴᠢᠩᠭᠡᠯᠲᠦ ᠬᠤᠴᠢ :《ᠬᠡᠯᠡᠨ ᠦ ᠰᠤᠳᠤᠯᠤᠯ》· ᠥᠪᠦᠷ ᠮᠣᠩᠭᠣᠯ ᠤᠨ ᠠᠷᠠᠳ ᠤᠨ ᠬᠡᠪᠯᠡᠯ ᠦᠨ ᠬᠣᠷᠢᠶ᠎ᠠ · 1962 ᠣᠨ · 32 ᠳ᠋ᠤᠭᠠᠷ ᠨᠢᠭᠤᠷ ::

② 奥尔洛夫斯卡娅著，郭守祥译：《〈黄金史〉语言》，内蒙古教育出版社，2004年，第97页。

③ ᠳ · ᠲᠥᠮᠦᠷᠲᠣᠭᠣᠭ᠎ᠠ :《ᠮᠣᠩᠭᠣᠯ ᠬᠡᠯᠡ ᠶᠢᠨ ᠲᠡᠦᠬᠡᠨ ᠰᠤᠳᠤᠯ》· ᠥᠪᠦᠷ ᠮᠣᠩᠭᠣᠯ ᠤᠨ ᠠᠷᠠᠳ ᠤᠨ ᠬᠡᠪᠯᠡᠯ ᠦᠨ ᠬᠣᠷᠢᠶ᠎ᠠ · 1982 ᠣᠨ · 301 ᠳ᠋ᠦᠭᠡᠷ ᠨᠢᠭᠤᠷ ::

④ ᠴᠣᠶᠢᠵᠢᠯ :《ᠪᠣᠯᠤᠷᠲᠣᠭ᠎ᠠ ᠬᠡᠯᠡ ᠦ ᠲᠡᠦᠬᠡᠨ ᠦ ᠳᠦᠷᠢᠮ》· ᠦᠨᠳᠦᠰᠦᠲᠡᠨ ᠦ ᠬᠡᠪᠯᠡᠯ ᠦᠨ ᠬᠣᠷᠢᠶ᠎ᠠ · 2001 ᠣᠨ · 503 ᠳ᠋ᠤᠭᠠᠷ ᠨᠢᠭᠤᠷ ::

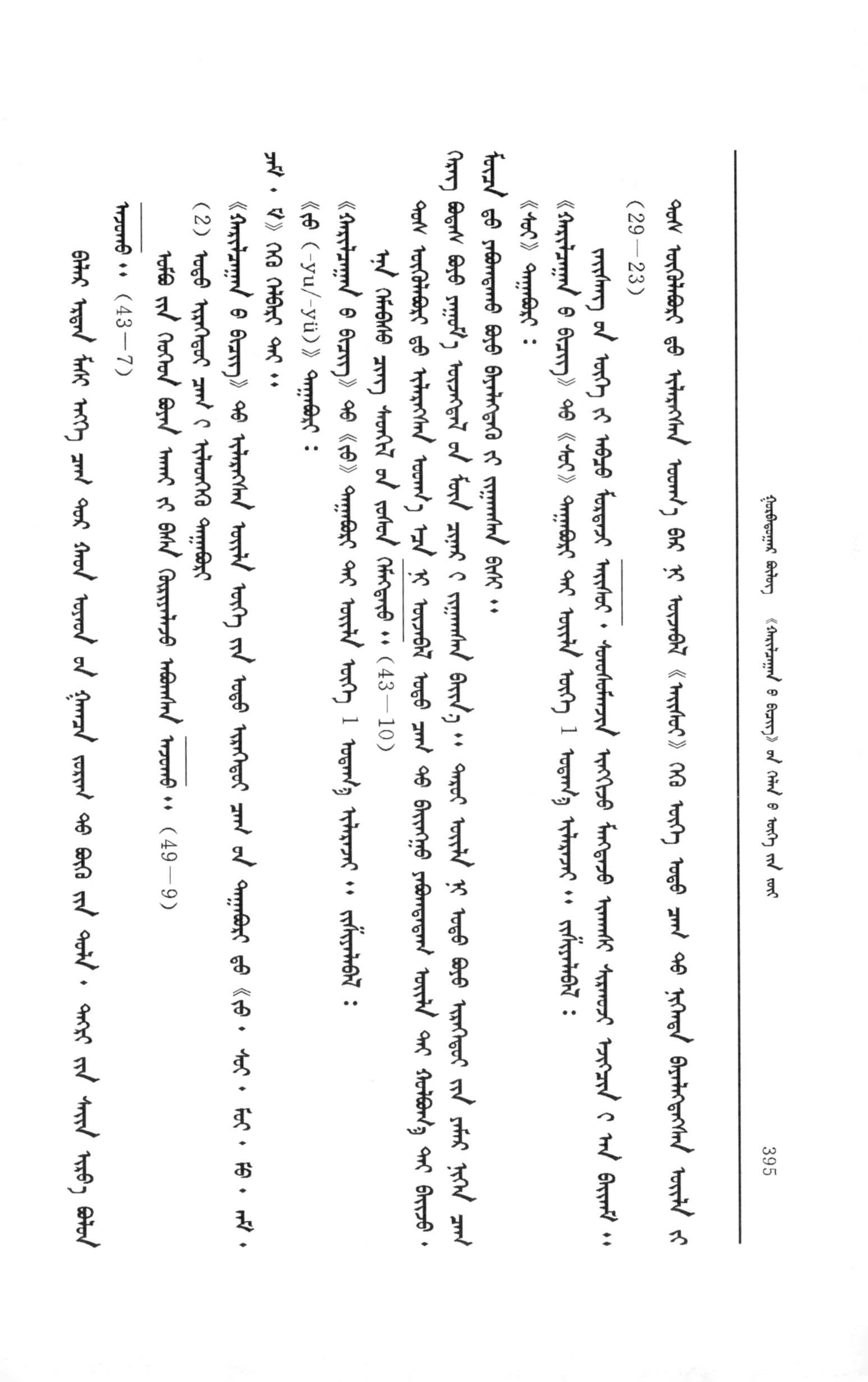

《ᠶᠤ (-yu/-yü)》 ᠳᠠᠭᠠᠪᠤᠷᠢ :

《ᠴᠢᠩᠭᠢᠰᠬᠠᠨ ᠤ ᠲᠣᠪᠴᠢ》 ᠳᠤ 《ᠮᠤ (-mu/-mü)》 ᠨᠥᠬᠥᠴᠡᠯ 15 ᠤᠳᠠᠭ᠎ᠠ ᠬᠡᠷᠡᠭᠯᠡᠭᠳᠡᠵᠡᠢ ᠃ ᠵᠢᠱᠢᠶᠡᠯᠡᠪᠡᠯ :

《ᠮᠤ (-mu/-mü)》 ᠨᠥᠬᠥᠴᠡᠯ :

《ᠮᠤᠢ (-mui/-müi)》 ᠨᠥᠬᠥᠴᠡᠯ :

-sai/ -sei ᠬᠡᠯᠪᠡᠷᠢ ᠶᠢᠨ ᠨᠥᠬᠥᠴᠡᠯ ᠪᠣᠯᠤᠨ᠎ᠠ ᠲᠡᠭᠦ ᠬᠡᠷᠡᠭᠯᠡᠭᠦ ᠪᠠᠢ ① ᠃ ᠮᠠᠨ ᠤ ayis ᠲᠤᠰ ᠤᠳᠠᠭ᠎ᠠ ᠶᠢᠨ ᠬᠡᠷᠡᠭᠯᠡᠭᠡᠨ ᠳᠤ u+i ᠨᠥᠬᠥᠴᠡᠯ
ᠮᠠᠨᠳᠤᠭᠰᠠᠨ ᠃ 《ᠰᠠᠢ》 ᠨᠥᠬᠥᠴᠡᠯ ᠦᠨ ᠪᠠᠢᠳᠠᠯ ᠦᠨ ᠤᠭᠤᠯ ᠬᠡᠷᠡᠭᠯᠡᠭᠡᠨ ᠳᠤ ᠰᠠᠢᠨ ᠮᠠᠨᠳᠤᠭᠰᠠᠨ ᠤᠨ ᠪᠣᠯᠤᠨ᠎ᠠ ᠃ ᠮᠠᠨ ᠤ ᠶᠠᠨ ᠪᠢᠰᠢ -su/-sü～ši～

② 奥尔洛夫斯卡娅著，郭守祥译：《〈黄金史〉语言》，内蒙古教育出版社，2004年，第85页。

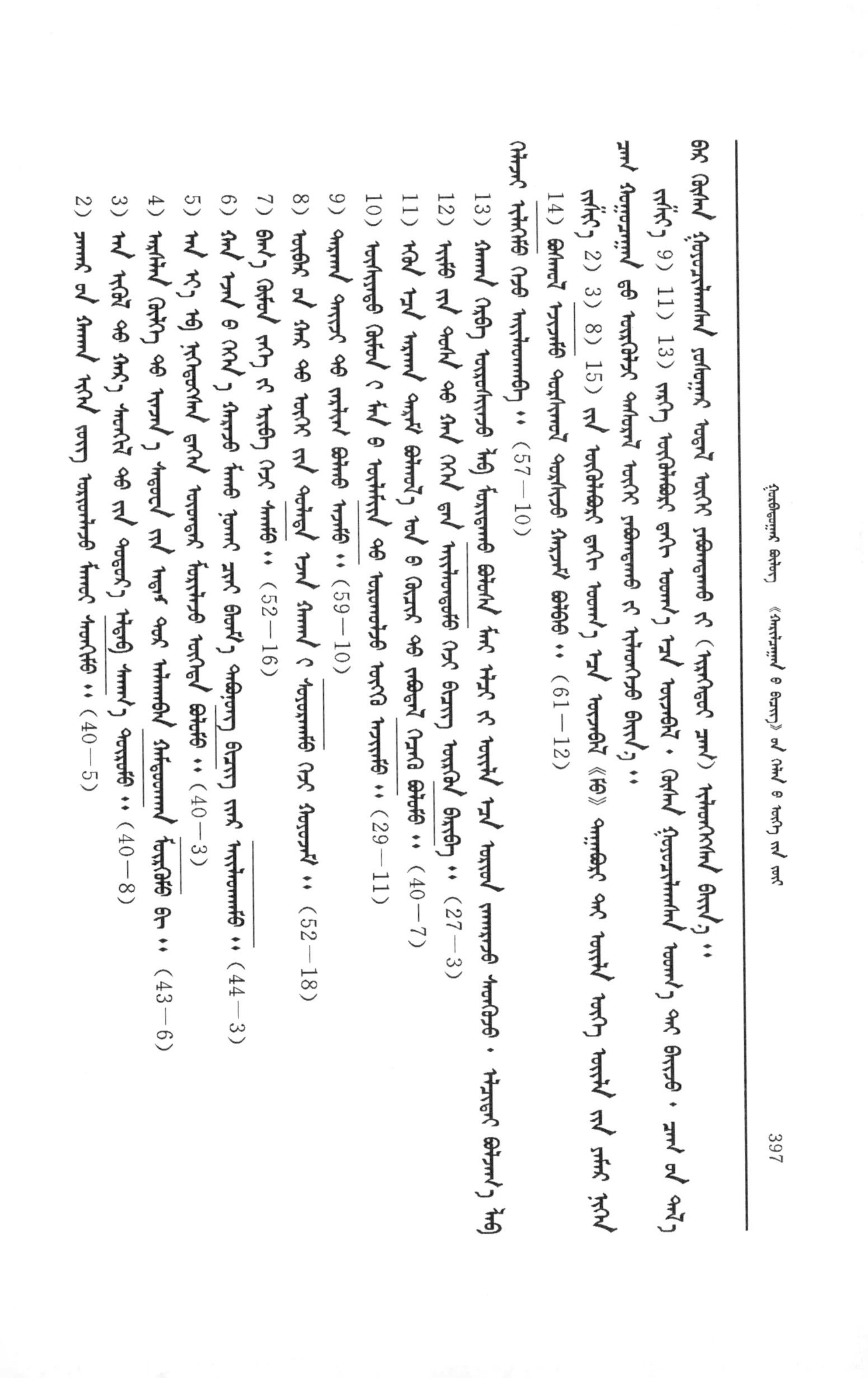

ᠵᠢᠱᠢᠶ᠎ᠡ 1) 4) 5) 6) 10) 7) 14) [illegible] · [illegible]
[illegible] ::

ᠵᠢᠱᠢᠶ᠎ᠡ 12) [illegible] ::

[illegible] 《ᠪ》 ᠳᠠᠭᠠᠪᠤᠷᠢ [illegible] · [illegible]
[illegible] :: 《[illegible] ᠤ ᠪᠢᠴᠢᠭ》 [illegible] · [illegible] ::
[illegible] · [illegible] ① [illegible] ::

《ᠮ (-m)》 ᠳᠠᠭᠠᠪᠤᠷᠢ :

《[illegible] ᠤ ᠪᠢᠴᠢᠭ》 ᠳᠦ 《ᠮ》 ᠳᠠᠭᠠᠪᠤᠷᠢ [illegible] 15 [illegible] :: ᠵᠢᠱᠢᠶ᠎ᠡ [illegible] :

1) [illegible] :: (19—39)

2) [illegible] :: (17—35)

3) [illegible] (48—5)

4) [illegible] (48—16)

5) [illegible] · [illegible] :: [illegible]
ᠪᠠ :: (2—14)

6) [illegible] :: (5—11)

7) [illegible] :: (5—12)

① 小泽重男著，呼格吉勒图、胡树、南敬铭、徐坤译：《中世纪蒙古语诸形态研究》，内蒙古教育出版社，2004年，第9页。

8) [illegible] :: (13—22)

9) [illegible] :: (13—36)

10) [illegible] :: [illegible] [illegible]、[illegible]、[illegible] …… (19—15)

11) [illegible] (19—23)

12) [illegible]、[illegible] :: (19—27)

13) [illegible] :: (19—29)

14) [illegible] :: (19—37)

15) [illegible] :: (75—11)

ᠳᠡᠭᠡᠷᠡᠬᠢ 1)、3)、14) ᠳᠤᠭᠠᠷ 《ᠳ》 [illegible] ᠲᠣᠳᠤᠷᠬᠠᠶᠢᠯᠠᠨ᠎ᠠ ::

ᠳᠡᠭᠡᠷᠡᠬᠢ 5)、6)、7)、8)、10)、12)、15) ᠳᠤᠭᠠᠷ 《ᠳ》 [illegible]、[illegible] ::

ᠳᠡᠭᠡᠷᠡᠬᠢ 2)、4)、11)、13) ᠳᠤᠭᠠᠷ 《ᠳ》 [illegible]、[illegible] ᠲᠣᠳᠤᠷᠬᠠᠶᠢᠯᠠᠨ᠎ᠠ ::

17 ᠳᠠᠭᠤᠨ ᠳᠠᠭᠤᠨ ᠤ ᠲᠡᠷᠡ ᠶᠢᠨ ᠲᠡᠮᠳᠡᠭ ᠪᠣᠯᠬᠤ ᠳᠤ 《ᠮ》 ᠭᠡᠳᠡᠭ ᠵᠢᠭᠠᠭᠠᠯ ᠲᠣᠭᠤᠯ ᠬᠡᠯᠡᠪᠡᠷᠢ ᠪᠣᠯᠤᠨ᠎ᠠ :: ᠲᠡᠷᠡ ᠢ 《ᠬᠤ · ᠬᠦ》 ᠭᠡᠳᠡᠭ ᠲᠡᠷᠡ ᠲᠡᠶ᠎ᠡ ᠳᠤ ᠳᠠᠭᠤᠰᠬᠤ ᠳᠤ 《ᠮ》 ᠪᠣᠯᠤ ᠲᠦᠷᠦᠭᠰᠡᠭᠰᠡᠨ ᠢ ᠬᠡᠯᠡᠨ ᠬᠡᠷᠡᠭᠯᠡᠬᠦ ᠪᠣᠯᠤᠨ᠎ᠠ :: ᠲᠡᠭᠦᠨ ᠦ ᠪᠦ ᠲᠠ ᠭᠠᠨ ᠪᠣᠯ 《ᠬᠤ · ᠬᠦ》 ᠭᠡᠳᠡᠭ ᠤᠨ 《-m》 ᠭᠡᠳᠡᠭ ᠭᠢ ᠲᠡᠷᠡ ᠲᠡᠭᠦᠨ ᠲᠣᠭᠤᠯᠠᠭᠰᠠᠨ ᠬᠡᠯᠡᠪᠡᠷᠢ ᠪᠣᠯᠤᠨ᠎ᠠ :: ᠳᠠᠭᠤᠨ ᠲᠣᠭᠠᠴᠠᠭᠠᠨ ᠲᠠᠯ 《ᠮ》 ᠭᠡᠳᠡᠭ ᠨᠢ 《ᠬᠤ · ᠬᠦ》 ᠭᠡᠳᠡᠭ ᠦᠨ ᠲᠡᠭᠦᠨ ᠬᠡᠯᠡᠪᠡᠷᠢ · ᠬᠡᠯᠡᠨ 《ᠮ》 ᠭᠡᠳᠡᠭ ᠦᠨ ᠲᠡᠭᠦᠨ ᠬᠣᠯᠪᠣᠭᠳᠠᠬᠤ ᠪᠣᠯᠪᠠᠰᠤ ᠬᠡᠷᠡᠭᠯᠡᠭᠰᠡᠨ ᠳᠦ ᠪᠡᠨ ① :: ᠵᠢᠱᠢᠶᠡᠯᠡᠪᠡᠯ ᠲᠡᠷᠡ : 《ᠬᠦᠨ ᠭᠡᠳᠡᠭ ᠪᠢ ᠬᠡᠯᠡᠭᠰᠡᠨ ᠲᠡᠮᠳᠡᠭᠯᠡᠯ ᠬᠡᠯᠡᠪᠡᠷᠢ ᠶᠢᠨ ᠲᠡᠭᠦᠨ ᠵᠦᠢᠯ ᠦᠨ ᠭᠠᠷᠭᠠᠬᠤ ᠪᠣᠯᠤᠨ᠎ᠠ · ᠬᠡᠷᠪᠡ ᠪᠢ ᠮ ᠭᠡᠳᠡᠭ ᠲᠡᠷᠡ ᠭᠡᠷᠡᠯ ᠦ ᠲᠡᠭᠦᠨ ᠨᠢᠭᠡ ᠲᠡᠮᠳᠡᠭᠯᠡᠯᠲᠡ ᠬᠡᠯᠡᠪᠡᠷᠢ ᠪᠣᠯᠵᠤ ᠵᠠᠮ》 ᠭᠡᠵᠦ ② ::

(48—20)

① 奥尔洛夫斯卡娅著，郭守祥译：《〈黄金史〉语言》，内蒙古教育出版社，2004年，第91页。
② 兰司铁著，陈伟、沈成明译：《阿尔泰语言学导论》，中国社会科学出版社，1981年，第131页。

① 桑席叶夫：《蒙古语比较语法》，民族出版社，1953年，第168页。
② 兰司铁著，陈伟、沈成明译：《阿尔泰语言学导论》，中国社会科学出版社，1981年，第135页。
③ 奥尔洛夫斯卡娅著，郭守祥译：《〈黄金史〉语言》，内蒙古教育出版社，2004年，第101页。

《ᠭᠠᠷᠤᠯᠴᠠᠭᠰᠠᠨ ᠤ ᠪᠠᠶᠢᠭᠤ》 ᠤᠨ 《-mʲa》 ᠳᠠᠭᠠᠪᠤᠷ ᠵᠦᠢᠯ 6 ᠲᠣᠭᠠᠲᠤ ᠲᠡᠮᠳᠡᠭᠯᠡᠨ᠎ᠡ：：

ᠭᠡᠵᠦ ᠲᠡᠮᠳᠡᠭᠯᠡ ᠪᠠᠭᠠᠯ ②：：ᠬᠡᠮᠵᠢᠶᠡᠨ ᠲᠠᠯ 《-mʲa ᠬᠡᠯᠡᠭᠡ ᠬᠢ ᠬᠡᠯᠡᠯᠴᠡᠭᠡᠨ ᠬᠡᠯᠡᠭᠡ ᠪᠣᠯ ᠶ᠂ ᠡᠨᠡ ᠪᠢᠴᠢᠭ ᠵᠠ ᠬᠡᠷᠡ ᠬᠡᠯᠡᠭᠡ ᠶᠢᠨ ᠵᠠᠭᠤᠳᠤᠭᠰᠠᠨ

《ᠡᠨᠡ · ᠪᠣ · ᠶ》 ᠲᠤᠰᠠ ᠳᠠᠭᠠᠪᠤᠷ ᠲᠤᠰᠠᠯᠠᠮᠵᠢ ᠭᠡᠮᠳᠡᠭᠳᠡ ᠤᠨ ᠳᠠᠭᠠᠪᠤᠷ ᠪᠢᠴᠢᠭ 《ᠵᠠ（ʲ-a）》 ᠬᠡᠪ ᠲᠡᠷᠡ ᠲᠤᠰᠠ ᠬᠢ ᠵᠠᠭᠤᠳᠤᠭᠰᠠᠨ ᠪᠣᠯᠭᠤᠯᠤᠨ ᠬᠡᠯᠡᠭᠡ ᠰᠠᠨ

ᠲᠡᠮᠳᠡᠭ ①：：ᠭᠠᠷᠤᠨ 《ᠰᠠᠨ》 ᠳᠠᠭᠠᠪᠤᠷ ᠪᠣᠯ -mʲa ᠳᠠᠭᠠᠪᠤᠷ ᠶᠢᠨ ᠭᠣᠯᠯᠠᠪᠤᠷ ᠭᠡᠵᠦ ᠲᠡᠮᠳᠡᠭ ᠪᠠᠢ：：ᠰᠠᠨᠠᠭᠳᠠᠬᠤ ᠲᠠᠯ -mʲa ᠳᠠᠭᠠᠪᠤᠷ ᠪᠣᠯ

ᠲᠡᠷᠡ ᠳᠠᠭᠠᠪᠤᠷ ᠶᠢᠨ ᠪᠠᠷᠢᠭᠰᠠᠨ ᠶᠢᠨ ᠭᠠᠷᠤᠨ · ᠲᠤᠰᠠᠯᠠᠭᠤᠯᠬᠤ ᠲᠠᠯ：《ᠰᠠᠨ ᠳᠠᠭᠠᠪᠤᠷ ᠪᠣᠯ -mʲa ᠳᠠᠭᠠᠪᠤᠷ ᠤ ᠲᠤᠰᠠᠯᠠᠮᠵᠢᠯᠠᠬᠤ ᠪᠠᠷᠢᠭᠰᠠᠨ

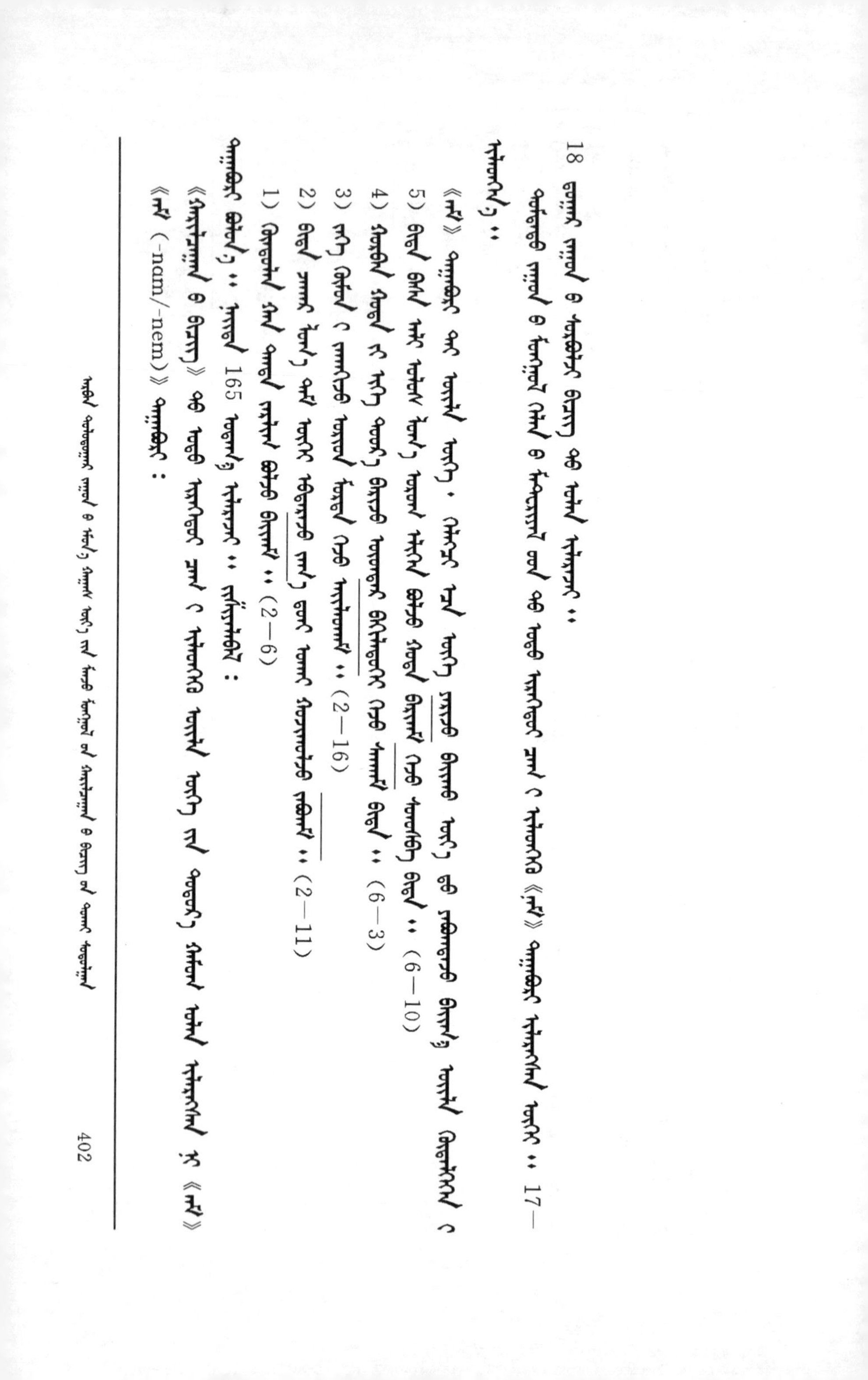

《ᠨᠠᠮ (-nam/-nem)》 ᠬᠡᠮᠡᠬᠦ :

(-γa/-ge)》 ᠭᠡᠳᠡᠭ ᠳᠠᠭᠠᠪᠤᠷᠢ ᠪᠣᠯᠤᠨ ᠬᠡᠷᠡᠭᠯᠡᠭᠳᠡᠵᠦ ᠪᠠᠶᠢᠨ᠎ᠠ ᠃ ᠵᠢᠱᠢᠶᠡᠯᠡᠪᠡᠯ:
«ᠮᠣᠩᠭᠣᠯ ᠤᠨ ᠨᠢᠭᠤᠴᠠ ᠲᠣᠪᠴᠢᠶᠠᠨ» ᠳᠤ ᠬᠡᠯᠡᠬᠦ ᠦᠭᠡ ᠶᠢᠨ ᠬᠡᠯᠪᠡᠷᠢ ᠪᠣᠯ «ᠭᠤᠯ\ᠭᠦᠯ (-γul/-gül-)᠂ ᠯᠭ᠎ᠠ\ᠯᠭᠡ (-lγa/-lge) ᠯᠭ᠎ᠠ\ᠭ᠎ᠠ

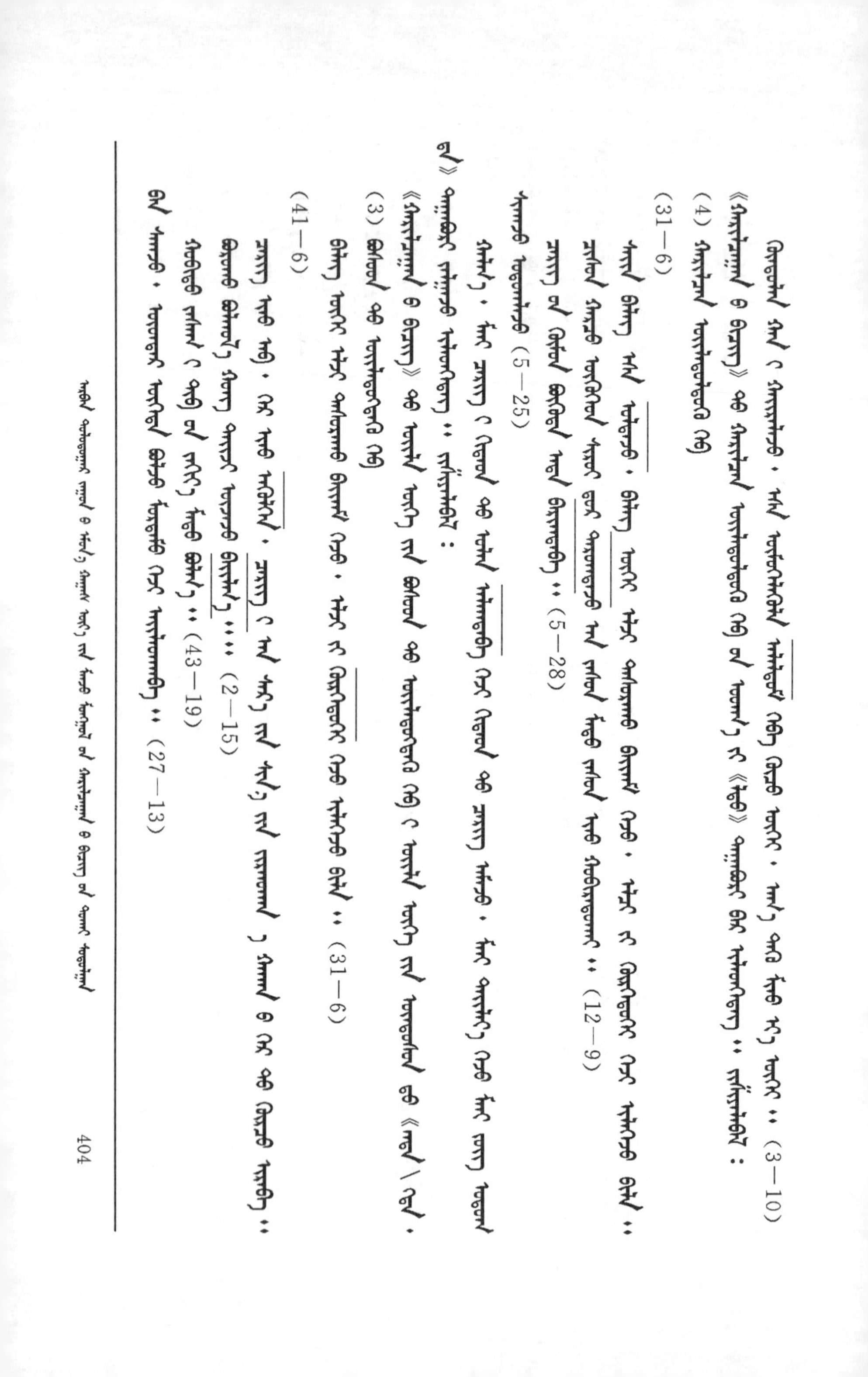

(31—6)

(41—6)

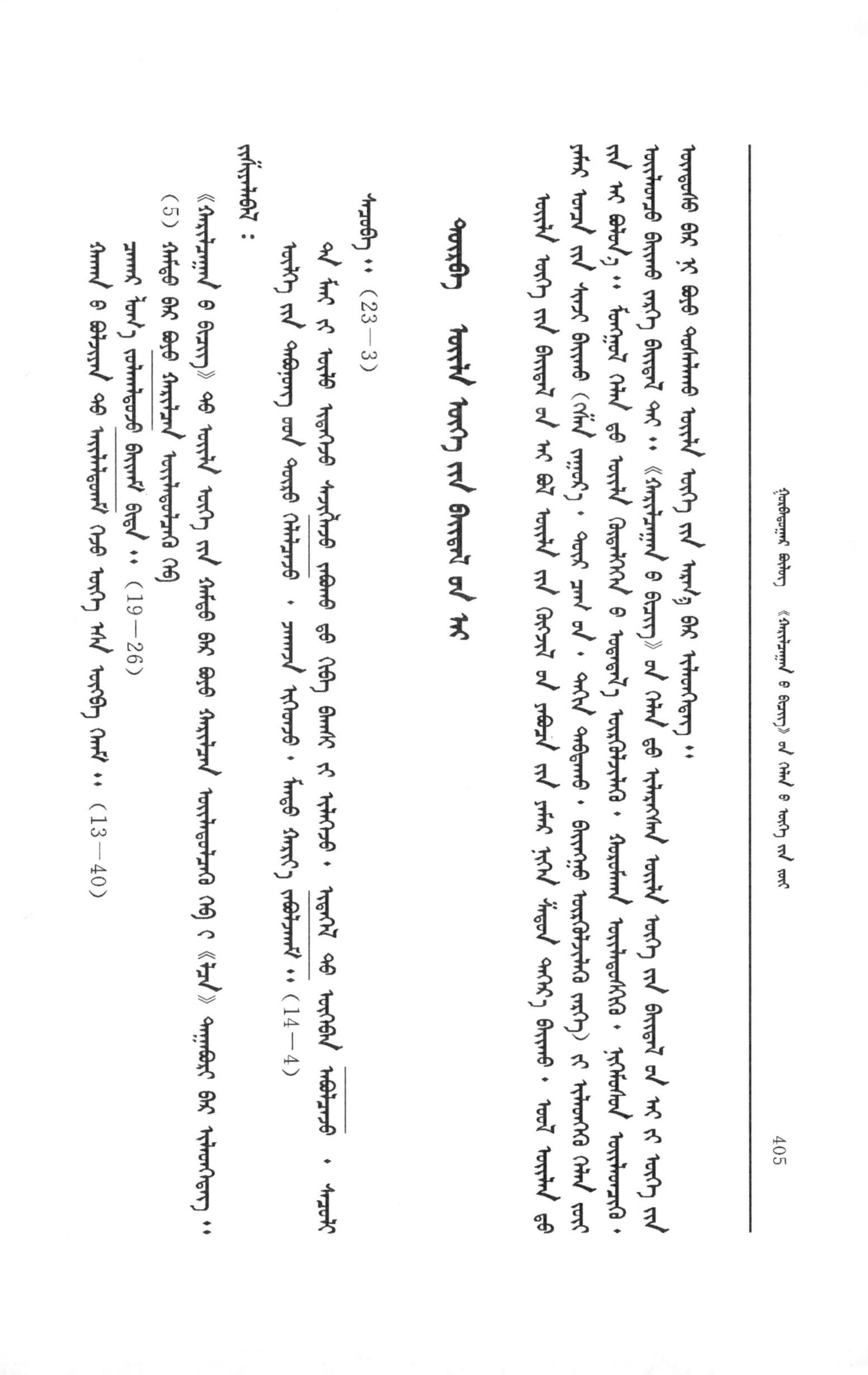

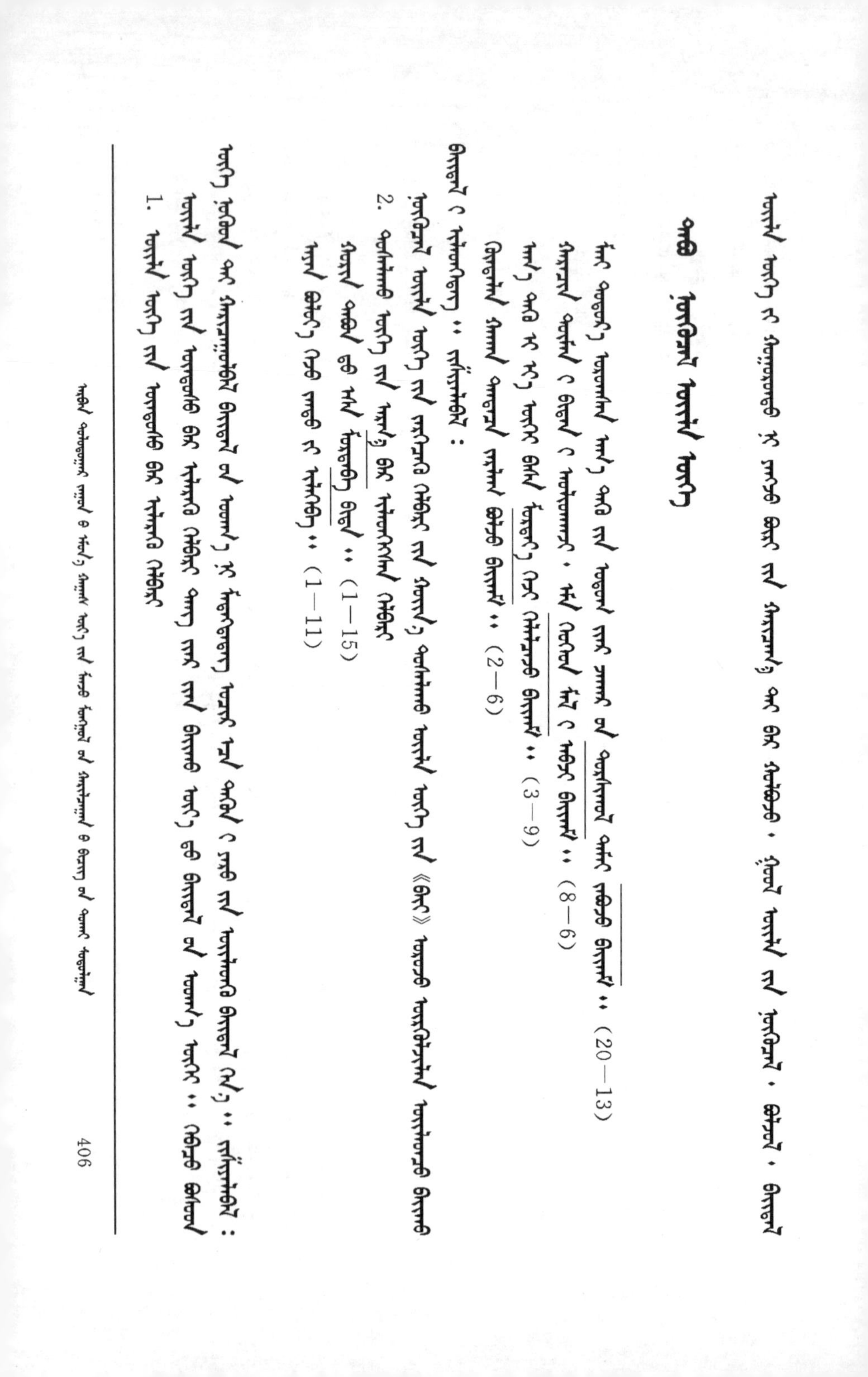

1) ᠵᠡᠷᠭᠡᠴᠡᠭᠦᠯᠬᠦ ᠳᠠᠭᠠᠪᠤᠷᠢ ᠦᠢᠯᠡ ᠦᠭᠡ : ᠵᠢᠷᠤᠮ ᠬᠡᠯᠪᠡᠷᠢᠰ ᠦᠨ ᠬᠡᠯᠪᠡᠷᠢᠰ ᠪᠣᠯᠤᠨ᠂ ᠰᠢᠨ᠎ᠡ ᠬᠡᠯᠪᠡᠷᠢᠰ ᠦᠨ ᠰᠢᠨᠵᠢᠯᠡᠯᠲᠡ ᠵᠡᠷᠭᠡᠴᠡᠭᠦᠯᠬᠦ

① ᠵᠡᠷᠭᠡᠴᠡᠭᠦᠯᠬᠦ ᠳᠠᠭᠠᠪᠤᠷᠢ ᠦᠢᠯᠡ ᠦᠭᠡ ᠶᠢᠨ ᠬᠡᠷᠡᠭᠯᠡᠭᠡᠨ ᠪᠠᠶᠢᠳᠠᠯ :

ᠤ ᠪᠠᠶᠢᠳᠠᠯ ᠢ ᠲᠣᠳᠣᠷᠬᠠᠢᠯᠠᠨ ᠪᠠᠶᠢᠴᠠᠭᠠᠶ᠎ᠠ ᠪᠣᠯᠪᠠ ::

ᠤᠳᠠᠭ᠎ᠠ ᠬᠡᠷᠡᠭᠯᠡᠭᠳᠡᠵᠡᠢ :: ᠡᠭᠦᠨ ᠡᠴᠡ 《ᠵᠤ》 ᠨᠦᠭᠦᠴᠡᠯ ᠪᠡᠷ 613 ᠤᠳᠠᠭ᠎ᠠ᠂ 《ᠵᠢ》 ᠨᠦᠭᠦᠴᠡᠯ ᠪᠡᠷ 225 ᠤᠳᠠᠭ᠎ᠠ ᠬᠡᠷᠡᠭᠯᠡᠭᠳᠡᠵᠡᠢ :: 《ᠵᠢ》 ᠨᠦᠭᠦᠴᠡᠯ ᠪᠣᠯ ᠵᠢᠷᠤᠮ

ᠦᠢᠯᠡ᠂ ᠬᠣᠶᠠᠷ ᠦᠢᠯᠡ ᠶᠢ ᠬᠣᠯᠪᠣᠨ ᠡᠯᠡᠬᠦ ᠪᠡᠷ ᠬᠡᠷᠡᠭᠯᠡᠭᠳᠡᠳᠡᠭ :: ᠵᠡᠷᠭᠡᠴᠡᠭᠦᠯᠬᠦ ᠳᠠᠭᠠᠪᠤᠷᠢ ᠦᠢᠯᠡ ᠦᠭᠡ 《ᠮᠣᠩᠭᠣᠯ ᠤᠨ ᠨᠢᠭᠤᠴᠠ ᠲᠣᠪᠴᠢᠶᠠᠨ》 ᠳᠤ ᠨᠡᠶᠢᠲᠡ 838

《ᠵᠢ (-ǰi · -či) · ᠵᠤ (-ǰu/-ǰü · -ču/-čü)》 ᠭᠡᠳᠡᠭ ᠰᠢᠨᠵᠢ ᠦᠢᠯᠡ ᠶᠢᠨ ᠵᠡᠷᠭᠡᠴᠡᠭᠦᠯᠬᠦ ᠪᠠᠶᠢᠳᠠᠯ ᠢ ᠢᠯᠡᠳᠭᠡᠨ᠎ᠡ :: ᠡᠨᠡ ᠬᠡᠯᠪᠡᠷᠢ ᠲᠠᠢ ᠢᠵᠢᠯ ᠳᠤ

(1) ᠵᠡᠷᠭᠡᠴᠡᠭᠦᠯᠬᠦ ᠳᠠᠭᠠᠪᠤᠷᠢ ᠦᠢᠯᠡ ᠦᠭᠡ

ᠰᠢᠨ᠎ᠡ ᠳᠠᠭᠠᠪᠤᠷᠢ ᠦᠢᠯᠡ ᠦᠭᠡ ᠶᠢᠨ ᠨᠦᠭᠦᠴᠡᠯ 《ᠨ (-n)》 ᠡᠴᠡ ᠭᠠᠷᠤᠭᠰᠠᠨ ᠪᠣᠯ ::

《ᠵᠢ (-ǰi · -či) · ᠵᠤ (-ǰu/-ǰü · -ču/ -čü)》 · ᠤᠷᠢᠳᠴᠢᠯᠠᠬᠤ ᠳᠠᠭᠠᠪᠤᠷᠢ ᠦᠢᠯᠡ ᠦᠭᠡ ᠶᠢᠨ ᠨᠦᠭᠦᠴᠡᠯ 《ᠭᠠᠳ \ ᠭᠡᠳ (-γad/-ged)》 ·

《ᠮᠣᠩᠭᠣᠯ ᠤᠨ ᠨᠢᠭᠤᠴᠠ ᠲᠣᠪᠴᠢᠶᠠᠨ》 ᠳᠤ ᠬᠡᠷᠡᠭᠯᠡᠭᠰᠡᠨ ᠬᠡᠯᠡ ᠶᠢᠨ ᠰᠠᠯᠠᠭᠠᠯᠠᠬᠤ ᠳᠠᠭᠠᠪᠤᠷᠢ ᠦᠢᠯᠡ ᠦᠭᠡ ᠪᠠ ᠵᠡᠷᠭᠡᠴᠡᠭᠦᠯᠬᠦ ᠳᠠᠭᠠᠪᠤᠷᠢ ᠦᠢᠯᠡ ᠦᠭᠡ ᠶᠢᠨ ᠨᠦᠭᠦᠴᠡᠯ

1. ᠬᠡᠯᠡ ᠶᠢᠨ ᠰᠠᠯᠠᠭᠠᠯᠠᠬᠤ ᠳᠠᠭᠠᠪᠤᠷᠢ ᠦᠢᠯᠡ ᠦᠭᠡ

ᠤᠷᠢᠳᠴᠢᠯᠠᠬᠤ ᠪᠠᠶᠢᠳᠠᠭ ᠦᠭᠡᠢ :: ᠭᠡᠪᠡᠴᠦ 《ᠮᠣᠩᠭᠣᠯ ᠤᠨ ᠨᠢᠭᠤᠴᠠ ᠲᠣᠪᠴᠢᠶᠠᠨ》 ᠤ ᠬᠡᠯᠡ ᠳᠦ ᠬᠡᠷᠡᠭᠯᠡᠭᠰᠡᠨ ᠳᠠᠭᠠᠪᠤᠷᠢ ᠦᠢᠯᠡ ᠦᠭᠡ ᠶᠢᠨ ᠪᠠᠶᠢᠳᠠᠯ ᠢ ᠰᠢᠨᠵᠢᠯᠡᠪᠡᠯ ::

ᠵᠠᠷᠢᠮ ᠨᠢᠭᠡ ᠬᠡᠯᠡ ᠶᠢᠨ ᠰᠠᠯᠠᠭᠠᠯᠠᠬᠤ ᠳᠠᠭᠠᠪᠤᠷᠢ ᠦᠢᠯᠡ ᠪᠣᠯᠤᠨ ᠳᠠᠭᠠᠪᠤᠷᠢ ᠦᠢᠯᠡ ᠦᠭᠡ ᠰᠠᠯᠠᠭᠠᠯᠠᠬᠤ ᠳᠠᠭᠠᠪᠤᠷᠢ ᠦᠢᠯᠡ ᠭᠡᠳᠡᠭ ᠰᠢᠨ᠎ᠡ ᠡᠷᠢᠯᠲᠡ ᠪᠠᠶᠢᠳᠠᠯ ᠳᠤ ᠬᠠᠮᠢᠶᠠᠷᠤᠯ

ᠳᠠᠭᠠᠪᠤᠷᠢ ᠬᠡᠯᠡ ᠶᠢᠨ ᠳᠠᠭᠠᠪᠤᠷᠢ ᠦᠢᠯᠡ ᠦᠭᠡ ᠨᠢ ᠭᠣᠣᠯ ᠤᠨ ᠬᠡᠯᠪᠡᠷᠢᠰ ᠡᠴᠡ ᠪᠠᠶᠢᠭᠤᠯᠤᠭᠳᠠᠭᠰᠠᠨ ᠰᠠᠯᠠᠭᠠᠯᠠᠯ ᠤᠨ ᠨᠢᠭᠡ ᠬᠡᠯᠪᠡᠷᠢ · ᠬᠡᠷᠡᠭᠯᠡᠭᠡ ᠨᠢ ᠭᠡᠵᠦ

ᠪᠣᠯ ᠡᠭᠦᠨ ᠡᠴᠡ ᠲᠣᠳᠣᠷᠠᠢ ::

ᠪᠠᠶᠢᠳᠠᠭ ᠪᠠ ᠳᠠᠭᠠᠪᠤᠷᠢ ᠦᠢᠯᠡ ᠦᠭᠡ ᠶᠢᠨ ᠡᠨᠡ ᠨᠦᠭᠦᠴᠡᠯ ᠢ ᠰᠠᠯᠠᠭᠠᠯᠠᠭᠤᠯᠬᠤ ᠳᠤ · ᠡᠨᠡ ᠢ ᠭᠠᠷᠭᠠᠬᠤ ᠳᠤ · ᠡᠨᠡ ᠢ ᠪᠠᠶᠢᠳᠠᠯ ᠢ ᠲᠣᠳᠣ ᠬᠡᠯᠡ ᠨᠢᠭᠡᠳᠦᠭᠡ

ᠭᠣᠣᠯᠯᠠᠨ ᠬᠡᠯᠪᠡᠷᠢᠯᠡᠯ ᠪᠣᠯᠤᠨ ᠪᠠᠶᠢᠭᠤᠯᠤᠯᠲᠠ ᠤᠳᠠᠭ᠎ᠠ :: ᠳᠠᠭᠠᠪᠤᠷᠢ ᠦᠢᠯᠡ ᠦᠭᠡ ᠶᠢᠨ ᠤᠳᠤᠬᠠᠯ ᠢᠶᠠᠷ ᠪᠣᠯ · ᠪᠠᠶᠢᠳᠠᠯ ᠢ ᠲᠣᠳᠣᠷᠬᠠᠢᠯᠠᠨ ᠭᠠᠷᠭᠠᠬᠤ ᠶᠢᠨ ᠪᠠᠶᠢᠭᠤ

ᠡᠨᠡ ᠨᠢ ᠲᠣᠳᠣᠷᠬᠠᠢ ᠭᠣᠣᠯᠯᠠᠨ ᠭᠠᠷᠭᠠᠬᠤ ᠪᠣᠯᠤᠨ ᠦᠢᠯᠡ ᠦᠭᠡ ᠨᠢ ᠳᠠᠭᠠᠪᠤᠷᠢ ᠦᠢᠯᠡ ᠦᠭᠡ ᠮᠥᠨ :: ᠳᠠᠭᠠᠪᠤᠷᠢ ᠦᠢᠯᠡ ᠦᠭᠡ ᠭᠡᠳᠡᠭ ᠡᠨᠡ ᠲᠠᠢ ᠤᠳᠠᠭ᠎ᠠ

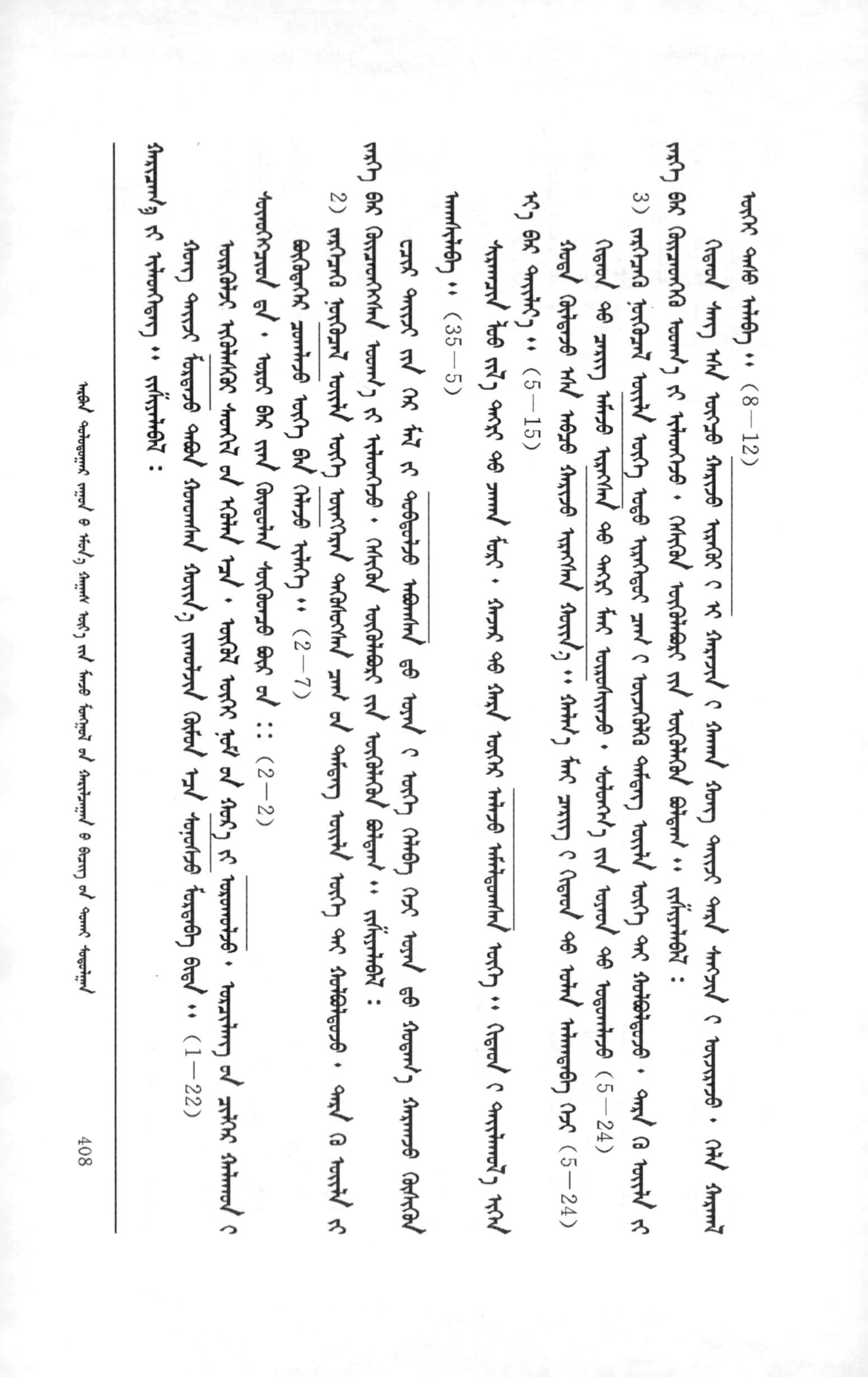

[illegible] ᠄ (8—12)

[illegible] ᠄ [illegible] :

3) [illegible] ᠄ [illegible] (5—24)

[illegible] ᠄ [illegible] (5—24)

[illegible] ᠄ (5—15)

[illegible] ᠄ [illegible] ᠄ (35—5)

[illegible] ᠄ [illegible] :

2) [illegible] ᠄ [illegible] ᠄ (2—7)

[illegible] ᠄ [illegible] :: (2—2)

[illegible] ᠄ [illegible] ᠄ (1—22)

[illegible] ᠄ [illegible] :

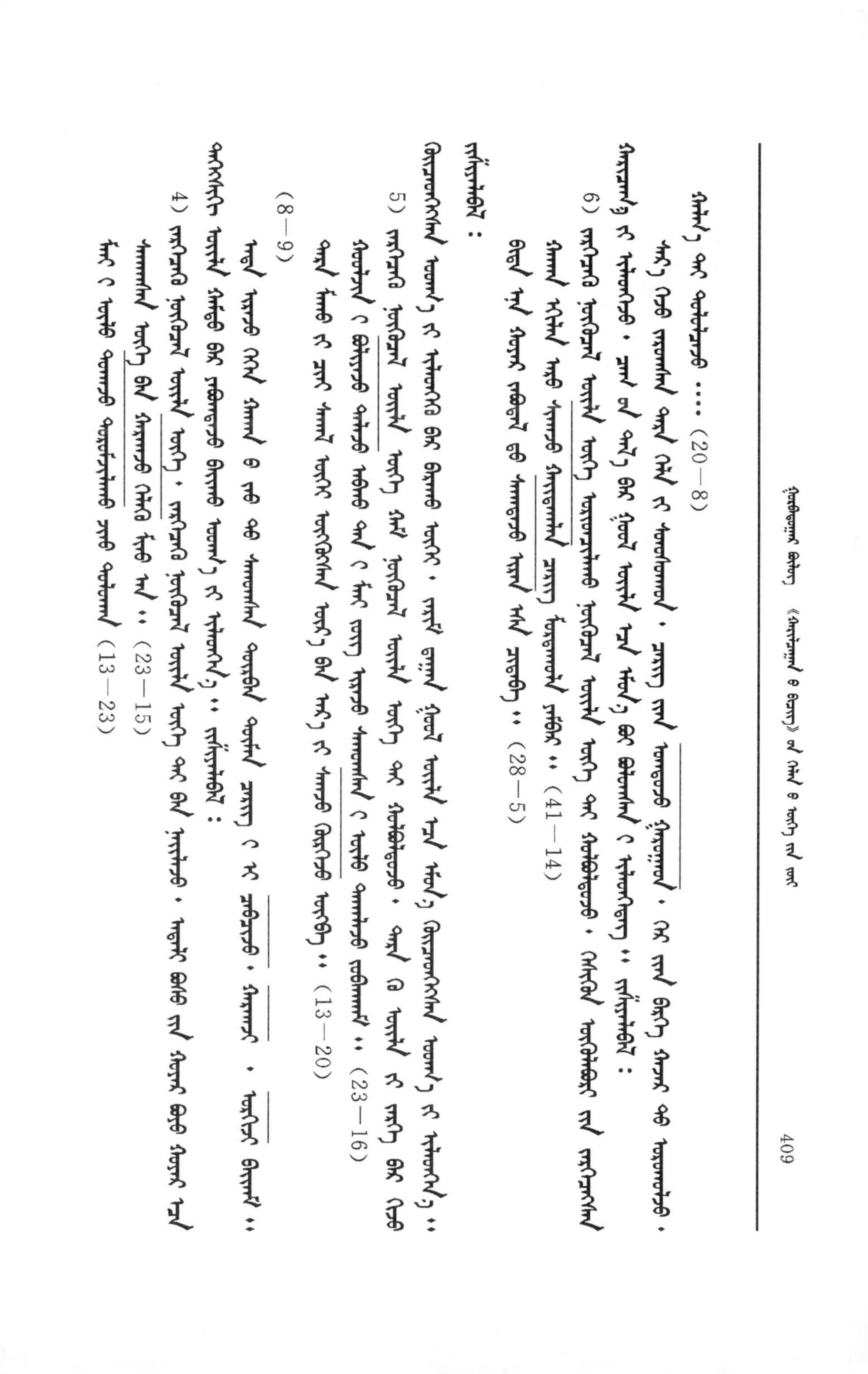

[illegible] …… (20—8)

[illegible] :

6) [illegible] (41—14)

[illegible] (28—5)

[illegible] :

[illegible]

5) [illegible] (23—16)

[illegible] (13—20)

(8—9)

[illegible] :

4) [illegible] (23—15)

[illegible] (13—23)

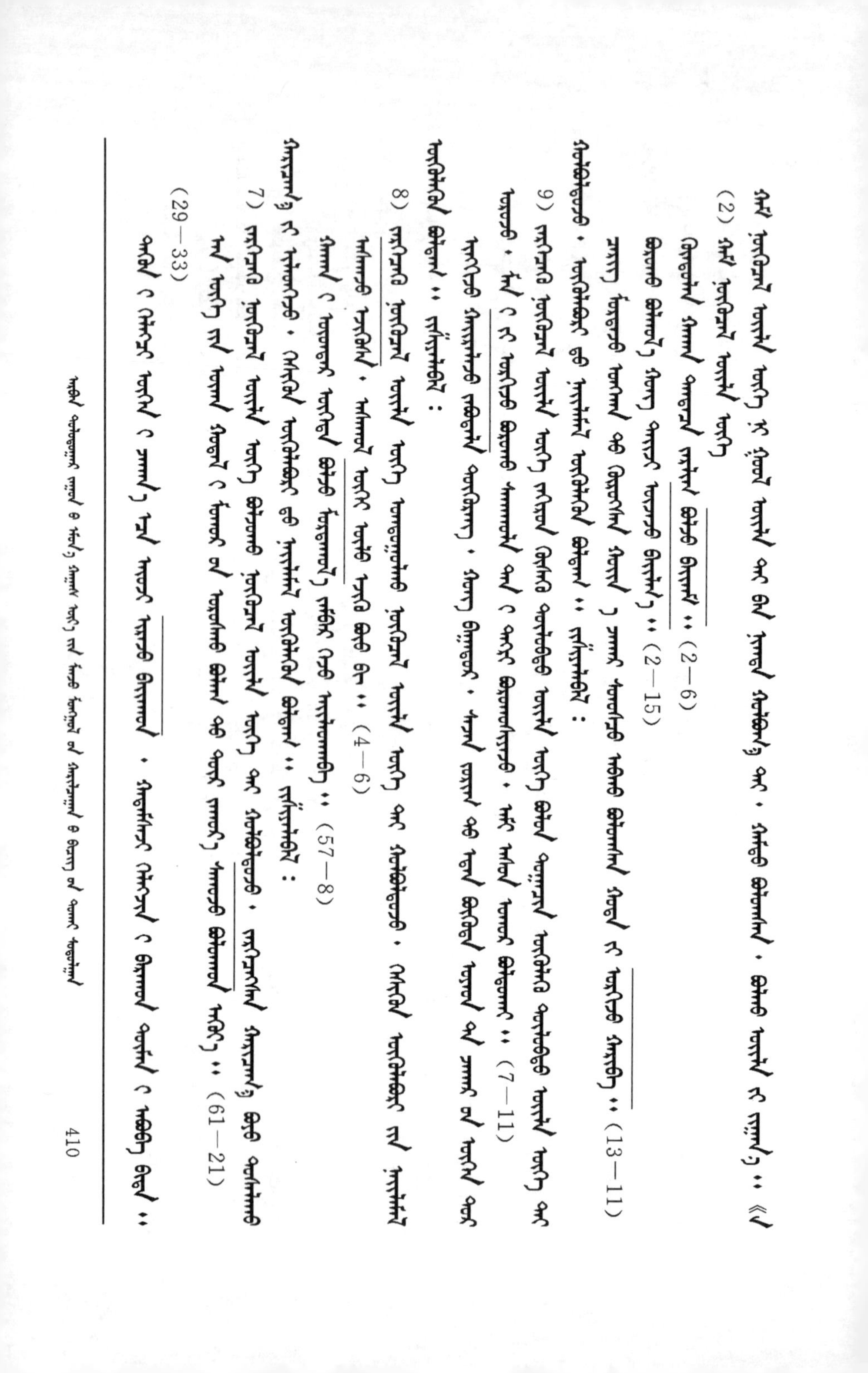

(29—33)

ᠲᠣᠭᠠᠴᠠᠭᠤᠯᠠᠭᠰᠠᠨ ᠣᠯᠠᠨ ᠲᠣᠭ᠎ᠠ ᠶᠢᠨ ᠳᠠᠭᠠᠪᠤᠷᠢ 《ᠶᠠᠳ ᠂ ᠭᠡᠳ (-γad/-ged)》 ᠵᠠᠯᠭᠠᠬᠤ ᠨᠢ ᠃ ᠬᠣᠶᠠᠷ ᠲᠣᠭ᠎ᠠ ᠶᠢᠨ ᠡᠬᠡ

(-n)》 ᠵᠠᠯᠭᠠᠬᠤ ᠨᠢ ᠃ 《ᠮᠣᠩᠭᠣᠯ ᠤᠨ ᠨᠢᠭᠤᠴᠠ ᠲᠣᠪᠴᠢᠶᠠᠨ》 ᠤ ᠳᠣᠷᠤᠭ᠎ᠠ 47 ᠳᠤᠭᠠᠷ ᠬᠡᠰᠡᠭ ᠲᠦ ᠃

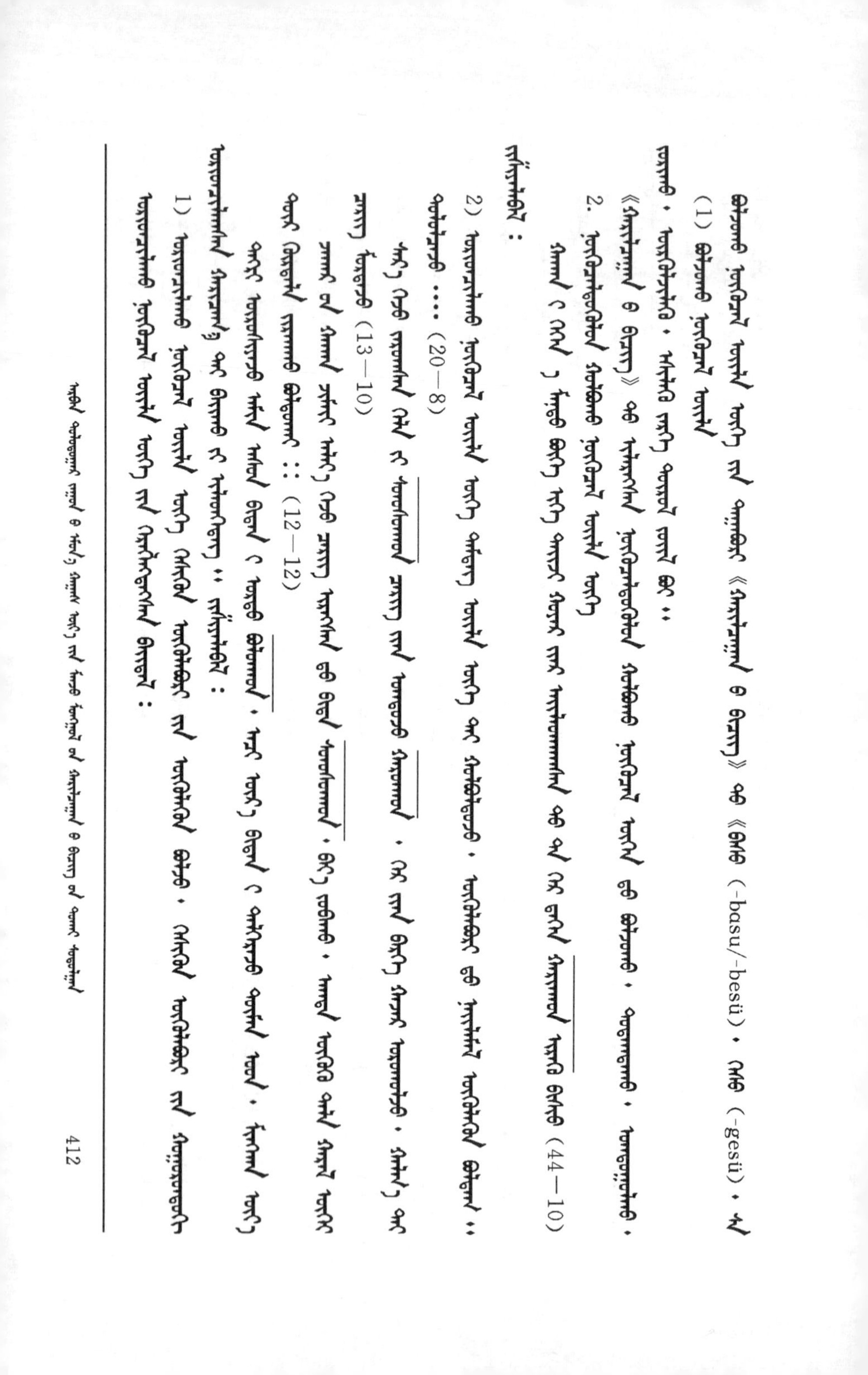

ᠪᠣᠯᠵᠣᠯᠲᠤ ᠨᠡᠢᠯᠡᠭᠦᠯᠬᠦ ᠨᠡᠷ᠎ᠡ ᠨᠢᠭᠤᠴᠠ ᠶᠢᠨ ᠳᠤᠮᠳᠠᠬᠢ 《ᠮᠣᠩᠭᠣᠯᠴᠤᠳ ᠤ ᠲᠣᠪᠴᠢᠶᠠᠨ》 ᠳᠤ 《ᠪᠠᠰᠤ (-basu/-besü)᠂ ᠭᠡᠰᠦ (-gesü)᠂ ᠯᠠ

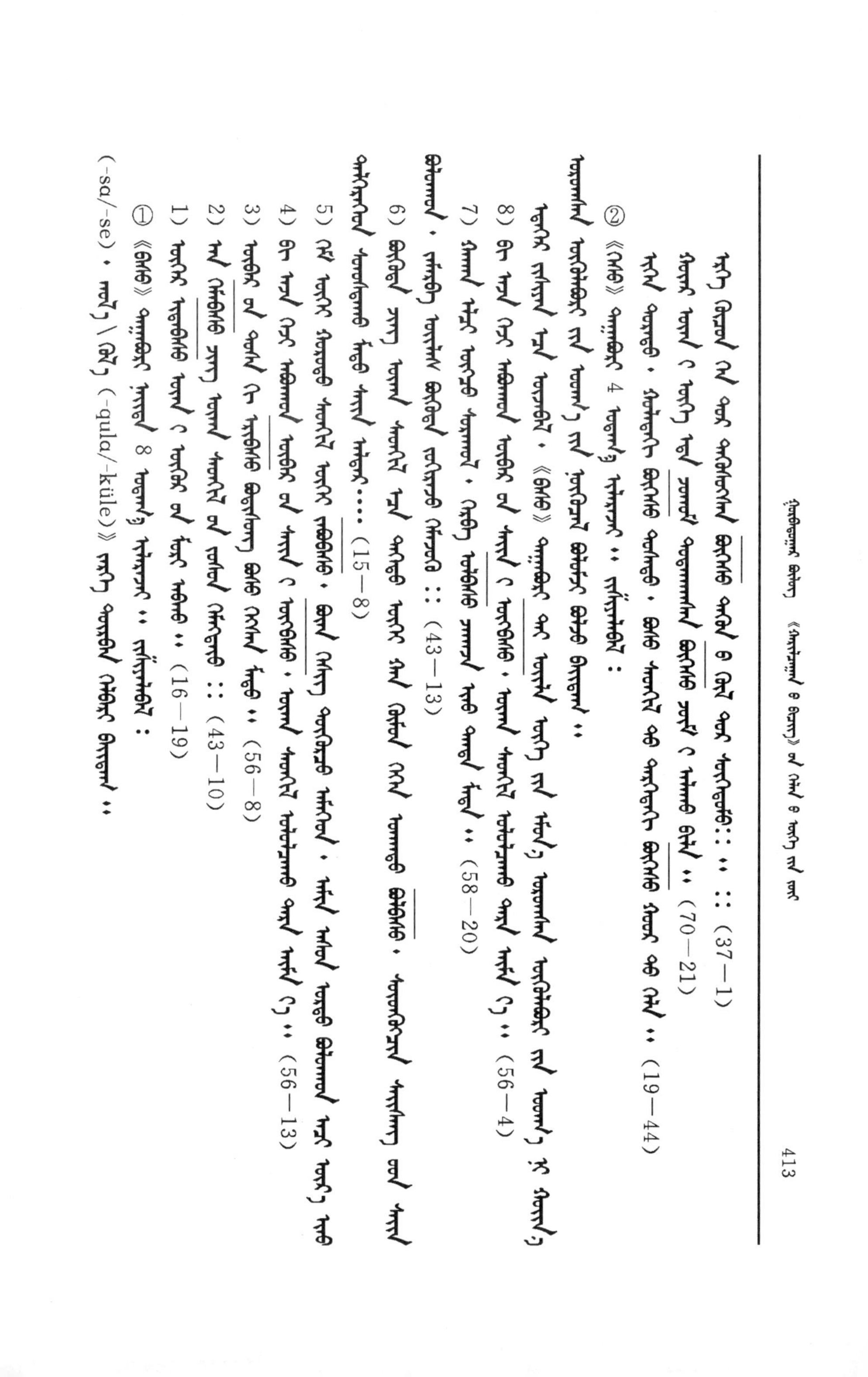

(-sa/-se) · ᠬᠤᠯᠠ \ ᠬᠦᠯᠡ (-qula/-küle)》 ᠭᠡᠬᠦ ᠠᠭᠤᠯᠭ᠎ᠠ ᠲᠠᠢ ᠪᠣᠯᠤᠨ᠎ᠠ ::

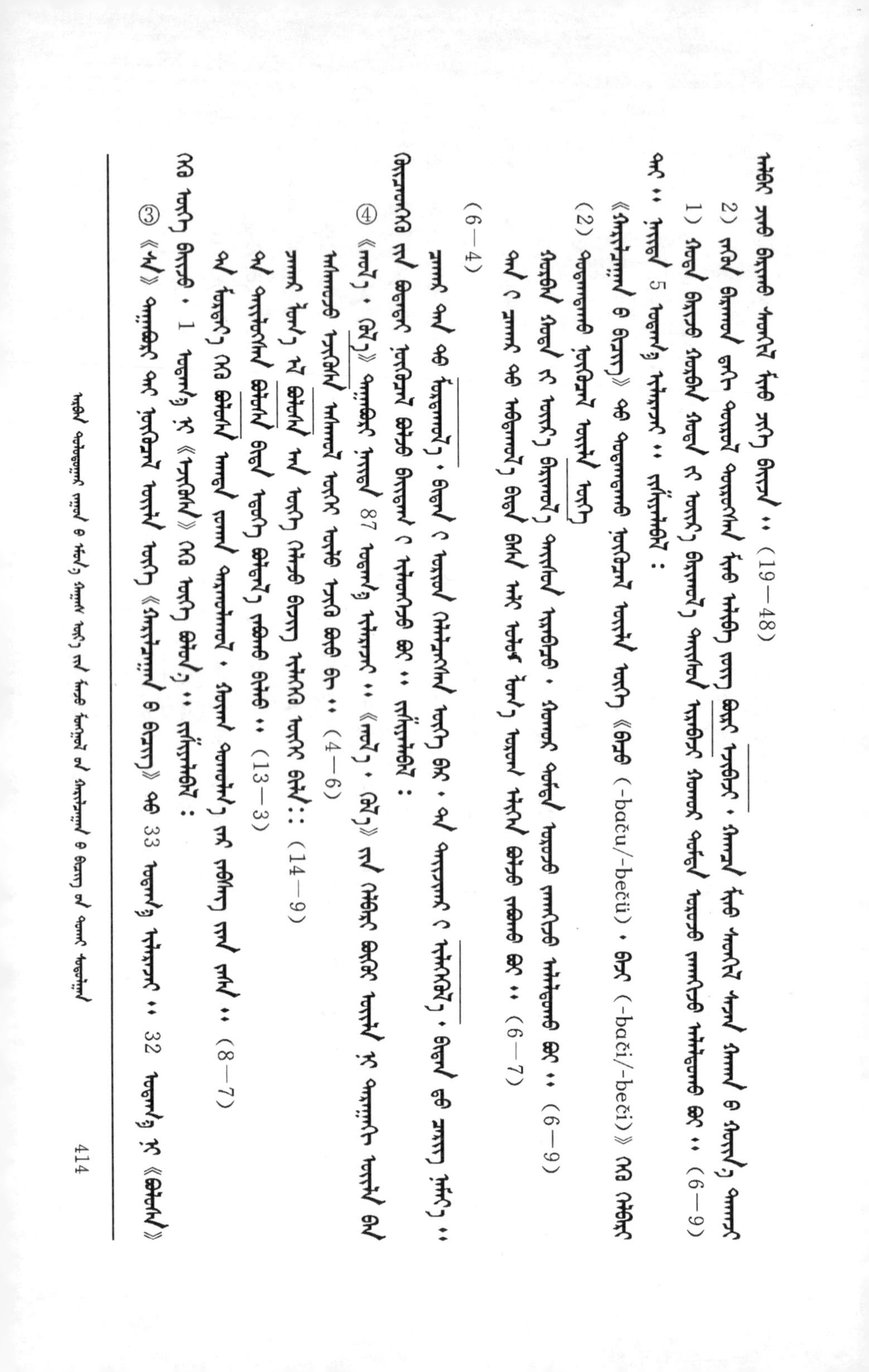

«ᠮᠣᠩᠭᠣᠯᠴᠤᠳ ᠤᠨ ᠪᠢᠴᠢᠭ» ᠲᠦ ᠮᠡᠷᠭᠡᠵᠢᠯ ᠨᠡᠷᠡᠶᠢᠳᠦᠯ ᠳᠠᠭᠠᠪᠤᠷ ᠳᠠᠭᠠᠪᠠ «ᠪᠠᠴᠤ (-baču/-bečü) · ᠪᠠᠴᠢ (-bači/-beči)» ᠶᠢᠨ ᠵᠢᠱᠢᠶ᠎ᠡ

(6—4)

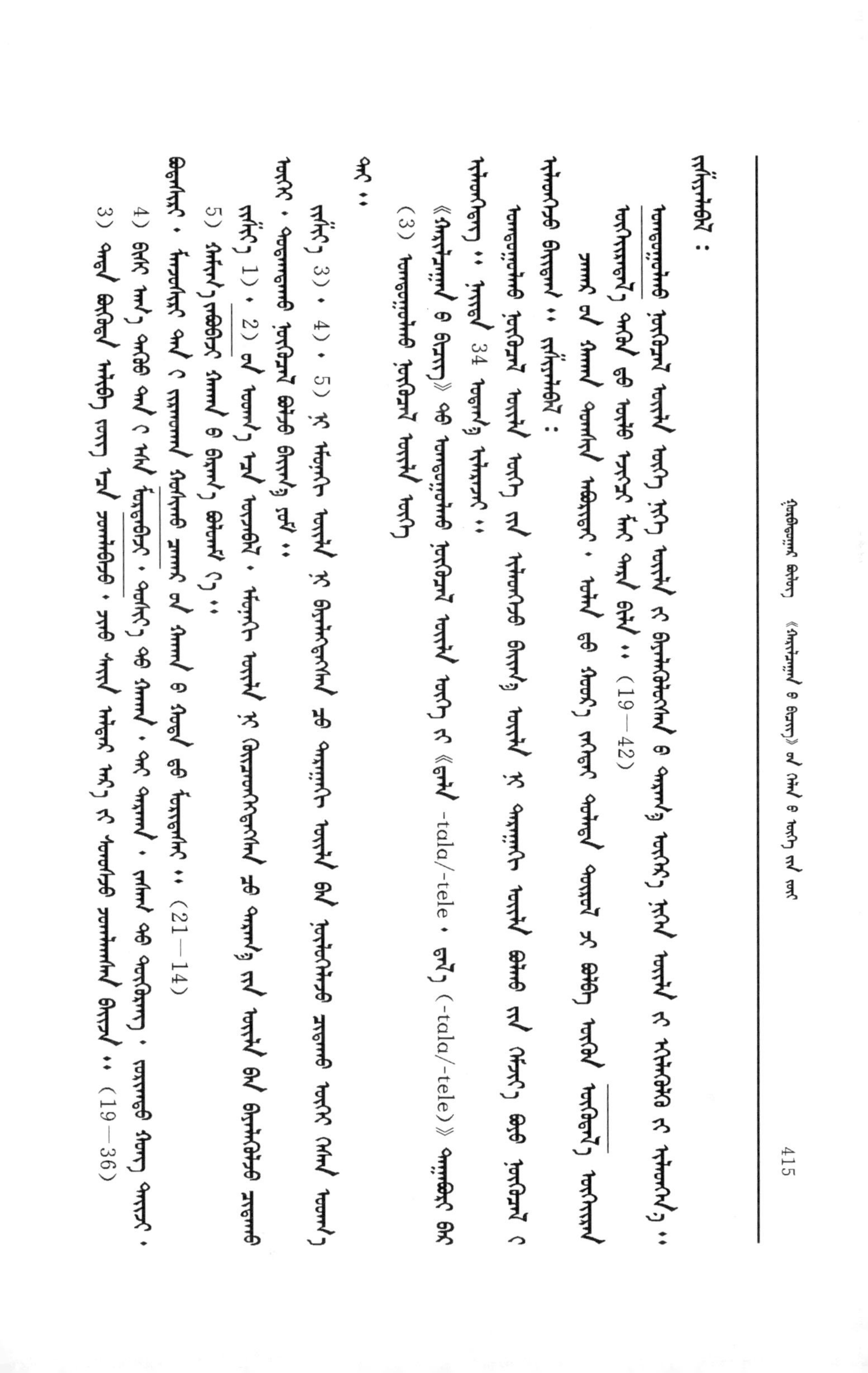

《ᠮᠣᠩᠭᠣᠯ ᠤᠨ ᠨᠢᠭᠤᠴᠠ ᠲᠣᠪᠴᠢᠶᠠᠨ》 ᠳᠤ ᠨᠡᠶᠢᠯᠡᠮᠡᠯ ᠵᠣᠬᠢᠶᠠᠯ ᠨᠡᠷᠡ ᠨᠢᠭᠡ ᠶᠢ 《ᠲᠠᠯ᠎ᠠ -tala/-tele · ᠲᠡᠯᠡ (-tala/-tele)》 ᠬᠡᠮᠡᠨ ᠪᠠᠢ

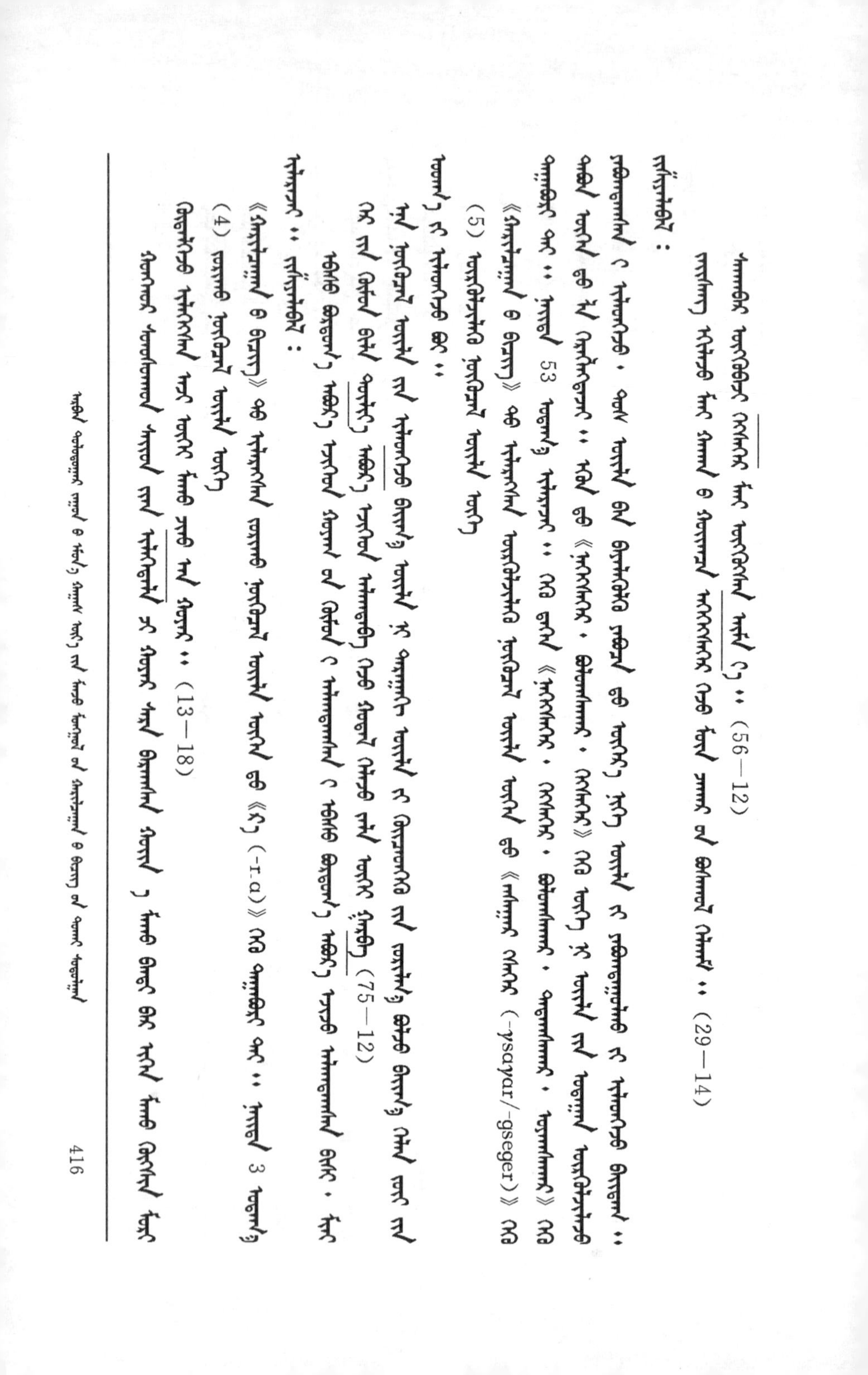

[illegible] :: (56—12)

[illegible] :: (29—14)

[illegible] :

[illegible] 53 [illegible] :: [illegible] 《[illegible]》 [illegible] 《[illegible] (-γsaγar/-gseger)》 [illegible]

(5) [illegible]

[illegible] ::

[illegible] (75—12)

[illegible] :

《[illegible]》 [illegible] 《[illegible] (-r.a)》 [illegible] :: [illegible] 3 [illegible]

(4) [illegible]

[illegible] :: (13—18)

[illegible]

[illegible] :: (56—5)

[illegible] · [illegible]

2) [illegible] :: ᠵᠢᠱᠢᠶᠡᠯᠡᠪᠡᠯ :

[illegible] · [illegible] :: (2—5)

1) [illegible] :: ᠵᠢᠱᠢᠶᠡᠯᠡᠪᠡᠯ :

[illegible] ::

《[illegible] ᠤ [illegible]》 [illegible] 《[illegible] · [illegible]》 [illegible] :: [illegible] 2 [illegible]

(6) [illegible] :

[illegible] (90—39)

[illegible] :: (64—8)

ᠵᠢᠱᠢᠶᠡᠯᠡᠪᠡᠯ :

《[illegible] · [illegible]》 [illegible] · [illegible] ::

[illegible] :: (30—6)

[illegible]

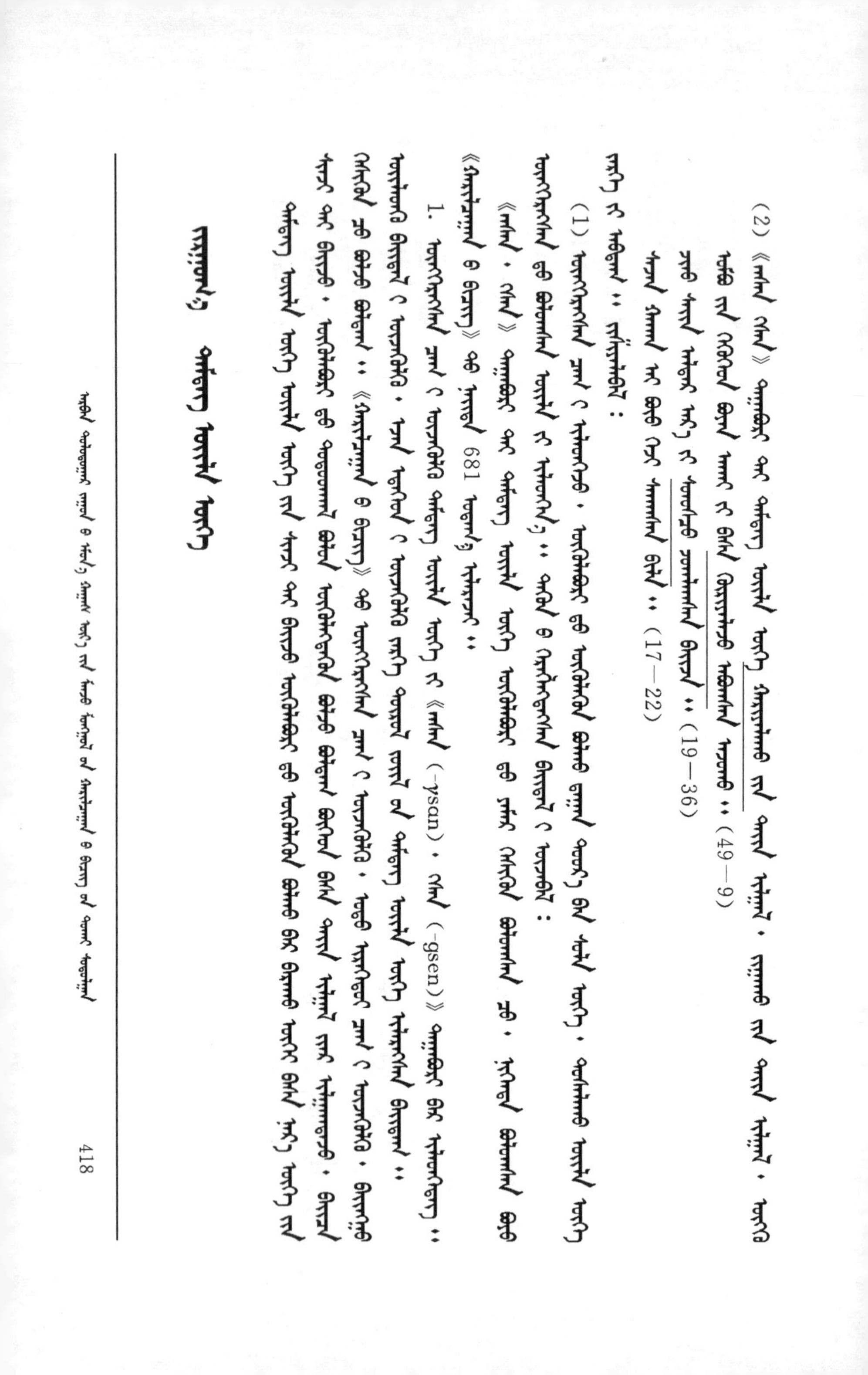

1. ᠥᠩᠭᠡᠷᠡᠭᠰᠡᠨ ᠴᠠᠭ ᠢ ᠢᠯᠡᠷᠬᠡᠢᠯᠡᠬᠦ ᠳᠠᠭᠠᠪᠤᠷᠢ ᠲᠠᠢ ᠴᠠᠭ ᠢ 《ᠭᠰᠠᠨ (-γsan) · ᠭᠰᠡᠨ (-gsen)》 ᠳᠠᠭᠠᠪᠤᠷᠢ ᠪᠠᠷ ᠢᠯᠡᠷᠬᠡᠢᠯᠡᠭᠳᠡᠨ᠎ᠡ ::

ᠳᠤᠷᠤᠭ 206 ᠬᠡᠯᠪᠡᠷᠢ ᠬᠡᠷᠡᠭᠯᠡᠭᠰᠡᠨ᠂ 《ᠬᠤᠢ\ᠬᠦᠢ》 ᠳᠠᠭᠠᠪᠤᠷᠢ ᠲᠠᠢ ᠳᠠᠭᠠᠪᠤᠷᠢ ᠬᠡᠯᠪᠡᠷᠢ ᠬᠡᠯᠪᠡ ᠳᠤᠷᠤᠭ 12 ᠬᠡᠯᠪᠡᠷᠢ ᠬᠡᠷᠡᠭᠯᠡᠭᠰᠡᠨ᠃ ᠡᠨᠡ ᠨᠢ ᠬᠡᠯᠪᠡᠷᠢ 《ᠬᠤ\ᠬᠦ (-qu/-kü)》᠂ 《ᠬᠤᠢ\ᠬᠦᠢ (-qui/-küi)》 ᠬᠣᠶᠠᠷ ᠬᠡᠯᠪᠡᠷᠢ ᠶᠢᠨ ᠬᠡᠯᠪᠡ ᠪᠠᠢᠨ᠎ᠠ᠃ ᠡᠨᠡ ᠪᠡᠷ 《ᠬᠤ\ᠬᠦ》 ᠳᠠᠭᠠᠪᠤᠷᠢ ᠲᠠᠢ ᠳᠠᠭᠠᠪᠤᠷᠢ ᠬᠡᠯᠪᠡᠷᠢ ᠬᠡᠯᠪᠡ

《ᠮᠣᠩᠭᠣᠯ ᠤᠨ ᠨᠢᠭᠤᠴᠠ ᠲᠣᠪᠴᠢᠶᠠᠨ》 ᠳᠤ ᠬᠡᠷᠡᠭᠯᠡᠭᠰᠡᠨ ᠬᠡᠯᠪᠡ ᠬᠡᠯᠪᠡᠷᠢ ᠴᠠᠭ ᠤᠨ ᠬᠡᠯᠪᠡᠷᠢᠯᠡᠬᠦ ᠳᠠᠭᠠᠪᠤᠷᠢ ᠬᠡᠯᠪᠡᠷᠢ ᠬᠡᠯᠪᠡ ᠶᠢᠨ ᠳᠠᠭᠠᠪᠤᠷᠢ ᠪᠡᠷ 《ᠬᠤ\ᠬᠦ (-qu/

ᠬᠡᠯᠡᠬᠦ ᠶᠠᠪᠤᠳᠠᠯ ᠢᠶᠠᠨ ᠰᠠᠶᠢᠨ ᠬᠦᠮᠦᠨ ᠪᠤᠯᠬᠤ ᠶᠢᠨ ᠳᠠᠭᠤᠨ ᠶᠢᠨ ᠲᠥᠯᠥᠪᠯᠡᠭᠰᠡᠨ ᠳᠤ ᠬᠦᠷᠬᠦ ᠲᠤᠰᠬᠠᠢ᠃ ᠳᠠᠭᠠᠯᠳᠤ ᠳᠠᠭᠠᠨ ᠪᠠᠢ 《ᠬᠤ \ ᠬᠦ (-qu/-kü)》 ᠶᠢᠨ qui/-küi)》 ᠬᠦᠮᠦᠨ ᠵᠠᠯᠭᠠᠪᠤᠷᠢ ᠲᠡᠢ ᠲᠣᠭᠠᠨ ᠳᠤ ᠨᠢ ᠲᠥᠯᠥᠪᠯᠡᠭᠰᠡᠨ ᠪᠤᠯᠤᠭᠰᠠᠨ ᠳᠠᠭᠠᠨ ᠲᠤᠬᠠᠢᠯᠠᠬᠤ ᠶᠢᠨ ᠤᠳᠬᠠ ᠶᠢ ᠲᠠᠰᠤᠷᠤᠯᠲᠠᠢ ᠳᠠᠭᠠᠨ ᠪᠤᠢ᠃ ᠲᠤᠬᠠᠢᠯᠠᠯ ᠲᠦᠯᠬᠢᠭᠦᠷ ᠪᠤᠢ᠃ 《ᠬᠤ \ ᠬᠦ (-qu/-kü)》᠂ 《ᠬᠤᠢ \ ᠬᠦᠢ (-qui/-küi)》 ᠶᠢᠨ ᠰᠢᠨᠵᠢᠯᠡᠭᠦᠯᠦᠯ ᠲᠡᠢ ᠲᠥᠯᠥᠪᠯᠡᠭᠰᠡᠨ ᠳᠠᠭᠠᠨ᠂ 《ᠬᠤᠢ \ ᠬᠦᠢ (-qui/-küi)》 ᠬᠦᠮᠦᠨ ᠢ ᠲᠤᠬᠠᠢ ᠲᠦᠷᠦᠯ ᠵᠦᠢᠯ ᠦᠨ ᠳᠠᠭᠠᠪᠤᠷᠢ ᠲᠣᠭᠠᠨ ᠶᠢᠨ ᠲᠣᠭᠠᠨ ᠳᠤᠨᠳᠠ ᠨᠢ ᠲᠥᠯᠥᠪᠯᠡᠭᠰᠡᠨ ᠪᠤᠯᠤᠭᠰᠠᠨ᠃ ᠲᠦᠷᠦᠯ ᠪᠡᠷ ᠳᠠᠭᠠᠨ ᠲᠤᠬᠠᠢᠯᠠᠯ ᠤᠨ ᠣᠷᠤᠨ ᠪᠠ 《ᠨ (-n)》 ᠳᠠᠭᠠᠪᠤᠷᠢ ᠪᠠᠷ ᠲᠦᠭᠡᠮᠡᠯ ᠲᠠᠭᠠᠯᠠᠯ ᠬᠡᠮᠡᠨ ᠪᠠ ᠵᠢᠷᠤᠮ ᠳᠠᠭᠠᠳᠠᠯ ᠶᠢᠨ ᠲᠦᠷᠦᠯ ᠳᠠᠭᠠᠨ ᠪᠠ ᠬᠦᠮᠦᠨ ᠪᠤᠯᠤᠭᠰᠠᠨ 《ᠬᠤᠨ \ ᠬᠦᠨ (-qun/-kün)》 qu/-kü) 》 ᠬᠢᠭᠡᠳ ᠲᠤᠬᠠᠢᠯᠠᠭᠰᠠᠨ ᠬᠦᠮᠦᠨ ᠳᠠᠭᠠᠨ 《ᠨ (-n)》 ᠢ ᠵᠠᠯᠭᠠᠭᠰᠠᠨ ᠪᠤᠯᠤᠭᠰᠠᠨ ᠬᠦᠮᠦᠨ ᠪᠤᠯᠤᠢ᠃ ᠲᠦᠷᠦᠯ ᠪᠡᠷ 《ᠬᠤᠨ \ ᠬᠦᠨ (-qun/-kün)》 qu/-kü)》 ᠬᠢᠭᠡᠳ ᠲᠤᠬᠠᠢᠯᠠᠭᠰᠠᠨ ᠬᠦᠮᠦᠨ ᠳᠠᠭᠠᠨ 《ᠢ (i)》 ᠶᠢ ᠵᠠᠯᠭᠠᠭᠰᠠᠨ ᠪᠤᠯᠤᠭᠰᠠᠨ ᠬᠦᠮᠦᠨ᠂ 《ᠬᠤᠨ \ ᠬᠦᠨ (-qun/ -kün)》 ᠪᠤᠯ 《ᠬᠤ \ ᠬᠦ (-qu/-kü) 》 ᠶᠢᠨ ᠲᠣᠭᠠᠨ ᠳᠤ ᠲᠣᠭᠠᠯᠠᠭᠰᠠᠨ ᠲᠠᠢ 《ᠬᠤ \ ᠬᠦ (-qu/-kü) 》 ᠪᠤᠯ ᠲᠤᠬᠠᠢᠯᠠᠭᠰᠠᠨ ᠬᠦᠮᠦᠨ᠂ 《ᠬᠤᠢ \ ᠬᠦᠢ (-qui/-küi) 》 ᠪᠤᠯ 《ᠬᠤ \ ᠬᠦ (-《ᠬᠤ \ ᠬᠦ (-qu/-kü)》᠂ 《ᠬᠤᠢ \ ᠬᠦᠢ (-qui/-küi)》᠂ 《ᠬᠤᠨ \ ᠬᠦᠨ (-qun/-kün)》 ᠬᠢᠭᠡᠳ ᠵᠢᠱᠢᠶᠡ ᠲᠣᠭᠠᠨ ᠤ ᠬᠦᠮᠦᠨ ᠳᠠᠭᠠᠨ ᠪᠤᠯᠤᠨᠠ᠃

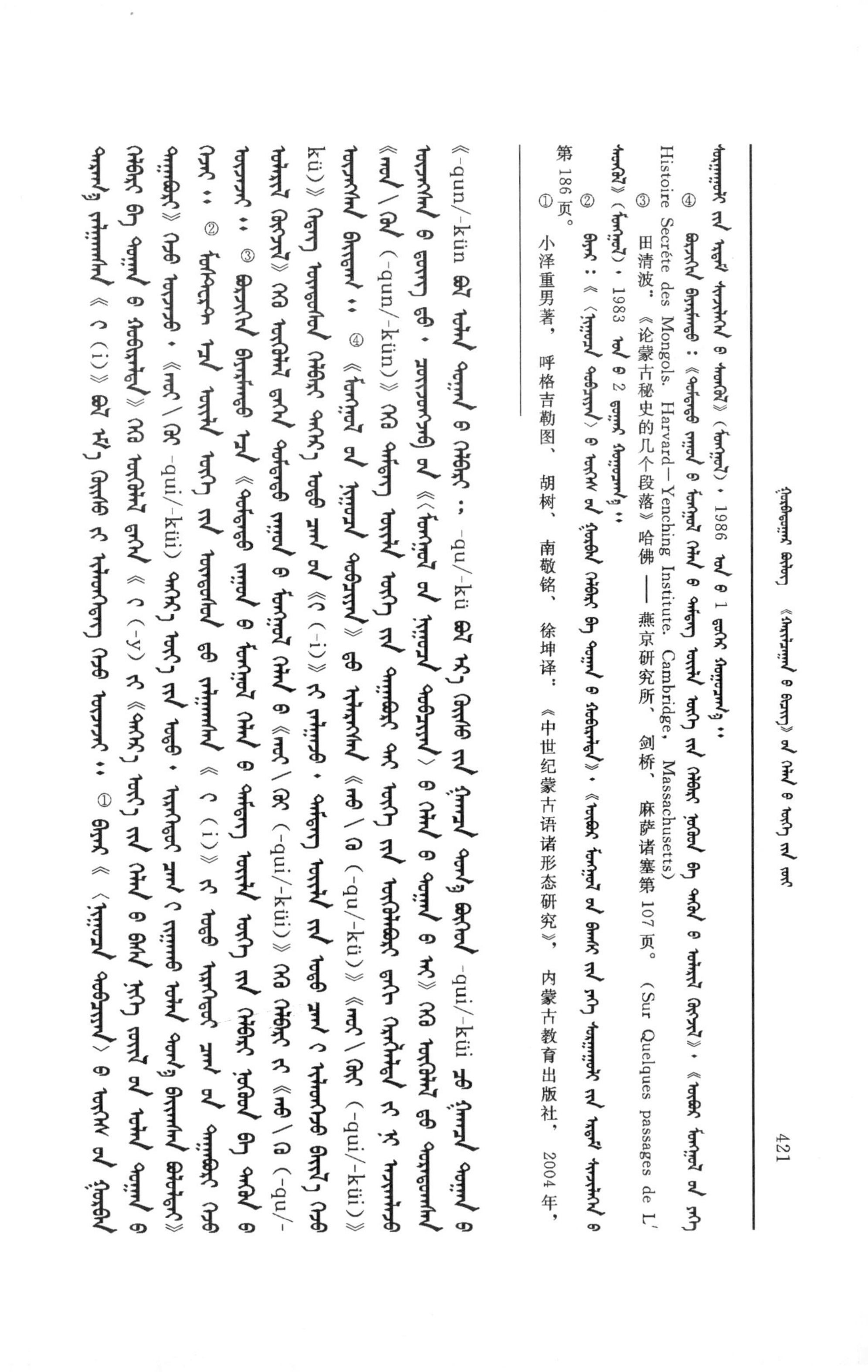

《-qun/-kün [illegible] -qu/-kü [illegible] -qui/-küi [illegible] 《〈[illegible]〉 [illegible]》 [illegible] 《[illegible]/[illegible] (-qun/-kün)》 [illegible] ④ 《[illegible]》 [illegible] 《[illegible]/[illegible] (-qu/-kü)》《[illegible]/[illegible] (-qui/-küi)》 [illegible] kü)》 [illegible] 《[illegible] (-i)》 [illegible] 《[illegible]/[illegible] (-qui/-küi)》 [illegible] 《[illegible]/[illegible] (-qu/- [illegible] ③ [illegible] ② [illegible] 《[illegible] (i)》 [illegible] 《[illegible]/[illegible] -qui/-küi) [illegible] 《[illegible] (-y)》 [illegible] ① [illegible] 《〈[illegible]〉 [illegible] 《[illegible] (i)》 [illegible]

---

① 小泽重男著，呼格吉勒图、胡树、南敬铭、徐坤译：《中世纪蒙古语诸形态研究》，内蒙古教育出版社，2004 年，第 186 页。

② [illegible]：《〈[illegible]〉 [illegible]》，《[illegible]》[illegible] 1983 [illegible] 2 [illegible]。

③ 田清波：《论蒙古秘史的几个段落》哈佛——燕京研究所，剑桥，麻萨诸塞第 107 页。(Sur Quelques passages de L' Histoire Secréte des Mongols. Harvard—Yenching Institute. Cambridge, Massachusetts)

④ [illegible]：《[illegible]》，《[illegible]》([illegible])，1986 [illegible] 1 [illegible]。

ᠬᠡᠯᠡᠨ ᠪᠦᠲᠦᠭᠡᠯ ᠦᠨ ᠰᠤᠳᠤᠯᠤᠯ ᠤᠨ ᠬᠣᠷᠢᠶᠠᠨ ᠳᠤ ᠨᠡᠢᠲᠡᠯᠡᠭᠰᠡᠨ ᠢ ᠰᠣᠶᠣᠯ ᠤᠨ ᠪᠣᠯᠤᠭᠰᠠᠨ》 ᠳᠤ ᠨᠡᠢᠲᠡᠯᠡᠪᠡ ① ᠪᠣᠯᠪᠠᠰᠤ ᠮᠠᠳᠠ ᠨᠢ ᠲᠣᠭᠠᠨ ᠤ ᠲᠣᠭ᠎ᠠ ᠶᠢᠨ 《ᠬᠤ/ᠬᠦ (-qu/-kü)》 ᠪᠠ ᠲᠣᠭᠠᠨ ᠤ ᠲᠣᠭ᠎ᠠ ᠶᠢᠨ 《ᠬᠤᠢ/ᠬᠦᠢ (-qui/-küi)》 ᠪᠣᠯᠤᠨ -qui/-küi ᠪᠣᠯᠬᠤ ᠶᠠᠭᠤᠮᠠ ᠶᠢ ᠰᠤᠳᠤᠯᠤᠭᠰᠠᠨ ᠪᠠᠢᠨ᠎ᠠ ② ᠭᠡᠵᠦ ᠲᠣᠭᠠᠴᠠᠭᠰᠠᠨ · ᠮᠠᠳᠠ ᠨᠢ ᠲᠣᠭᠠᠨ ᠤ ᠲᠣᠭ᠎ᠠ ᠶᠢᠨ 《ᠬᠤ/ᠬᠦ (-qu/-kü)》 ᠪᠠ 《ᠬᠤᠨ/ᠬᠦᠨ (-qun/-kün)》 ᠪᠣᠯᠤᠨ ᠲᠣᠭᠠᠨ ᠤ ᠲᠣᠭ᠎ᠠ ᠶᠢᠨ 《ᠬᠤᠢ/ᠬᠦᠢ (-qui/ -küi)》 ᠪᠣᠯᠤᠨ ᠲᠣᠭᠠᠨ ᠤ ᠲᠣᠭ᠎ᠠ ᠶᠢᠨ 《ᠬᠤᠨ/ᠬᠦᠨ (-qun/-kün)》 ᠪᠣᠯᠤᠨ ᠬᠡᠯᠡᠨ ᠦ ᠪᠦᠲᠦᠭᠡᠯ ᠢ ᠪᠢᠴᠢᠭᠰᠡᠨ ᠪᠠᠢᠨ᠎ᠠ :: ᠮᠠᠳᠠ ᠨᠢ ᠲᠣᠭᠠᠨ ᠤ 17 ᠵᠠᠭᠤᠨ ᠤ ᠡᠬᠢᠨ ᠡᠴᠡ ᠬᠤᠪᠢᠶᠠᠷᠢᠯᠲᠠ ᠪᠣᠯᠤᠭᠰᠠᠨ ᠲᠣᠭᠠᠨ ᠤ ᠲᠣᠭ᠎ᠠ ᠶᠢᠨ 《ᠬᠤᠢ/ᠬᠦᠢ (-qui/-küi)》 ᠪᠠ 《ᠬᠤ/ᠬᠦ (-qu/-kü)》 ᠶᠢ ᠲᠣᠭᠠᠴᠠᠭᠰᠠᠨ 《ᠮᠣᠩᠭᠣᠯ ᠤᠨ ᠨᠢᠭᠤᠴᠠ ᠲᠣᠪᠴᠢᠶᠠᠨ》 ᠤ ᠵᠢᠱᠢᠶᠡ ᠪᠡᠷ ᠲᠣᠭᠠᠴᠠᠭᠰᠠᠨ ᠪᠠᠢᠨ᠎ᠠ ::

ᠣᠷᠣᠰᠢᠵᠤ ᠲᠡᠮᠳᠡᠭᠯᠡᠭᠰᠡᠨ ᠪᠠᠢᠨ᠎ᠠ · 《ᠮᠣᠩᠭᠣᠯ ᠤᠨ ᠨᠢᠭᠤᠴᠠ ᠲᠣᠪᠴᠢᠶᠠᠨ》 ᠪᠠ ᠲᠣᠭᠠᠨ ᠤ ᠲᠣᠭ᠎ᠠ ᠨᠢ 《ᠬᠤᠨ/ᠬᠦᠨ (-qun/-kün)》 ᠪᠣᠯᠤᠨ ᠲᠣᠭᠠᠨ ᠤ ᠲᠣᠭ᠎ᠠ ᠶᠢᠨ ᠬᠡᠯᠪᠡᠷᠢ ᠳᠦ ᠪᠠᠢᠬᠤ ᠮᠣᠩᠭᠣᠯ ᠬᠡᠯᠡᠨ ᠦ ᠲᠣᠭᠠᠴᠠᠭᠰᠠᠨ ᠲᠣᠭᠠᠨ :: 《ᠲᠣᠭᠠᠨ ᠤ ᠲᠣᠭ᠎ᠠ ᠶᠢᠨ ᠳᠠᠭᠠᠪᠤᠷᠢ》 ᠳᠤ ᠲᠡᠮᠳᠡᠭᠯᠡᠭᠰᠡᠨ ᠪᠠ 《ᠮᠣᠩᠭᠣᠯ ᠪᠠ ᠮᠣᠩᠭᠣᠯ ᠤ ᠬᠡᠯᠡ · ᠪᠢᠴᠢᠭ ᠦᠨ ᠲᠣᠭᠠᠨ ᠤ ᠲᠣᠭᠠᠨ》 (19 — 24) ᠳᠤ ᠲᠣᠭᠠᠴᠠᠭᠰᠠᠨ ᠪᠠᠢᠨ᠎ᠠ 《ᠮᠣᠩᠭᠣᠯ ᠤ · ᠲᠣᠭᠠᠨ ᠤ》 ᠳᠤ ᠳᠤᠷᠠᠳᠴᠤ ᠪᠠᠢᠬᠤ ᠲᠣᠭᠠᠨ ᠤ ᠲᠣᠭ᠎ᠠ ᠨᠢ 《ᠬᠤᠨ/ᠬᠦᠨ

① ᠰᠤᠳᠤᠯᠤᠯ ᠤᠨ : 《〈ᠲᠣᠭᠠᠨ ᠤ ᠳᠠᠭᠠᠪᠤᠷᠢ ᠶᠢᠨ〉 ᠤ ᠲᠣᠭ᠎ᠠ ᠶᠢᠨ ᠲᠤᠬᠠᠢ》, 《ᠮᠣᠩᠭᠣᠯ ᠬᠡᠯᠡ ᠪᠢᠴᠢᠭ》 (ᠰᠡᠳᠭᠦᠯ), 1983 ᠣᠨ ᠤ 3 ᠳᠤᠭᠠᠷ ᠳᠡᠪᠲᠡᠷ ::
② ᠪᠠᠶᠠᠷ ᠪᠠᠲᠤ : 《ᠮᠣᠩᠭᠣᠯ ᠬᠡᠯᠡᠨ ᠦ ᠲᠣᠭᠠᠨ ᠤ ᠲᠣᠭ᠎ᠠ ᠶᠢᠨ ᠪᠠᠢᠳᠠᠯ ᠤᠨ ᠲᠤᠬᠠᠢ》, 《ᠮᠣᠩᠭᠣᠯ ᠬᠡᠯᠡ ᠪᠢᠴᠢᠭ ᠦᠨ ᠰᠤᠳᠤᠯᠤᠯ》 (ᠰᠡᠳᠭᠦᠯ), 1986 ᠣᠨ ᠤ 1 ᠳᠤᠭᠠᠷ ᠳᠡᠪᠲᠡᠷ ::

ᠵᠢᠱᠢᠶ᠎ᠡ ᠳᠤ ᠪᠠᠢᠳᠠᠯ ᠲᠡᠢ ᠬᠡᠯᠡᠨ ᠳᠤᠭᠤᠳᠠᠯᠭ᠎ᠠ ᠳᠤᠭᠤᠳᠠᠯᠭᠠᠯᠠᠨ ᠳᠠᠭᠠ ᠬᠡᠯᠡᠬᠦ ᠳᠦᠷᠢᠮ ᠢ ᠢᠯᠡᠭᠡᠬᠦ ᠪᠠᠢᠳᠠᠯ ᠬᠦᠴᠦᠨ ᠳᠠᠭᠤ ᠪᠣᠯᠤᠨ ᠬᠡᠯᠡᠯᠲᠡ ᠬᠠᠷᠢᠴᠠᠩᠭᠤᠢ ᠬᠡᠯᠪᠡᠷᠢ ᠶᠢᠨ ᠵᠢᠱᠢᠶ᠎ᠡ ᠳᠤ ᠬᠡᠯᠡᠭᠳᠡᠭᠰᠡᠨ ᠬᠡᠯᠡᠭᠡ ᠪᠠᠢᠨ᠎ᠠ 114 ᠬᠡᠯᠡᠭᠡ ᠶᠢᠨ ᠬᠡᠷᠡᠭᠯᠡᠭᠡ ᠄ ᠵᠢᠱᠢᠶᠡᠯᠡᠪᠡᠯ:

《ᠬᠤ \ ᠬᠦ (-qu/-kü)》 ᠳᠠᠭᠠᠪᠤᠷᠢ ᠨᠡᠢᠲᠡ 206 ᠬᠡᠯᠡᠭᠡ ᠶᠢᠨ ᠬᠡᠷᠡᠭᠯᠡᠭᠡ · ᠬᠡᠯᠡᠬᠦ ᠵᠢᠱᠢᠶ᠎ᠡ ᠳᠤ ᠬᠡᠷᠡᠭᠯᠡᠭᠳᠡᠭᠰᠡᠨ ᠬᠡᠯᠡᠭᠡ ᠪᠠᠢᠨ᠎ᠠ 92 ᠬᠡᠯᠡᠭᠡ ᠶᠢᠨ ᠬᠡᠷᠡᠭᠯᠡᠭᠡ ·

ᠡᠨᠡ ᠬᠡᠯᠡᠯ ᠦᠭᠡ ᠬᠦᠷᠬᠦ ᠰᠠᠢᠬᠠᠨ ᠬᠡᠯᠡᠬᠦ ·· ᠵᠠᠭᠠᠯᠳᠤᠬᠤ ᠬᠡᠮᠵᠢᠶᠡᠯᠡᠭᠰᠡᠨ ᠪᠡᠷ ᠰᠠᠢᠨ ᠬᠤᠪᠢᠶᠠᠬᠤ ·· (4—10) (ᠬᠡᠯᠡᠬᠦᠢ ᠵᠢᠱᠢ)

ᠰᠠᠢᠨ ᠬᠦᠮᠦᠨ ᠳᠠᠭᠠ ᠬᠡᠯᠡᠬᠦ ᠬᠦᠮᠦᠨ ᠬᠦᠮᠦᠨ ᠢ ᠬᠡᠯᠡᠬᠦ ᠬᠤᠪᠢᠶᠠᠭ᠎ᠠ ᠪᠣᠯ ·· (55—6) (ᠬᠡᠯᠡᠬᠦ ᠵᠢᠱᠢ)

ᠳᠤᠭᠤᠳᠠᠭᠰᠠᠨ · ᠳᠤᠭᠤᠳᠤᠨ ᠬᠡᠯᠡᠨ ᠦ ᠪᠢᠴᠢᠭᠰᠡᠨ ᠡᠨᠡ ᠪᠢᠴᠢᠭᠢ ᠲᠠᠭᠠᠯᠠᠭᠠ ᠰᠠᠢᠨ ᠬᠦᠷᠬᠦ ᠬᠡᠯᠡᠬᠦ ᠪᠣᠯᠬᠤᠢ ·· (15—9) (ᠬᠡᠯᠡᠬᠦ ᠵᠢᠱᠢ)

ᠡᠷᠡ ᠡᠮᠡ ᠬᠡᠯᠡᠬᠦ ᠪᠣᠯᠤᠭᠰᠠᠨ ᠳᠠᠭᠠ ᠬᠡᠯᠡᠨ ᠲᠡᠷᠡ ᠳᠤᠭᠤᠳᠠᠭᠰᠠᠨ · ᠬᠡᠯᠡᠯᠴᠡᠬᠦ ᠬᠦᠷᠬᠦ ᠶᠠᠭᠤ ᠡᠮᠡᠯᠡ ᠡᠷᠡ ᠬᠡᠯᠡᠭᠰᠡᠨ ᠳᠤᠷ

(ᠬᠡᠯᠡᠬᠦᠢ ᠵᠢᠱᠢ)

ᠰᠠᠢᠬᠠᠨ ᠬᠦᠷᠬᠦ ᠰᠠᠢᠬᠠᠨ ᠡᠷᠬᠡ ᠡᠷᠬᠢᠯᠡᠬᠦ ᠲᠡᠮᠳᠡᠭ ᠲᠠᠢ ᠳᠤᠭᠤᠳᠤᠨ ᠳᠤᠭᠤᠳ ᠦᠭᠡ ᠵᠠᠭᠠᠨ ᠬᠦᠨ · ᠰᠠᠢᠨ ᠦᠭᠡ ᠰᠠᠢᠨ ᠬᠡᠯᠡᠬᠦ ᠬᠡᠷᠡᠭᠲᠦ (15—1)

ᠬᠦᠨ ᠰᠠᠢᠬᠠᠨ ᠦᠭᠡ ᠲᠡᠷᠡ ᠬᠡᠯᠡᠭᠰᠡᠨ ᠢ ᠡᠮᠡᠭᠡᠨ ᠴᠢᠮᠡ ᠴᠢᠳᠠᠬᠤ ᠲᠡᠮᠳᠡᠭ ᠦᠭᠡ ᠰᠠᠢᠬᠠᠨ ᠢ ᠳᠤᠭᠤᠳᠤᠭᠰᠠᠨ ·· (5—26) (ᠬᠡᠯᠡᠬᠦᠢ ᠵᠢᠱᠢ)

ᠲᠡᠮᠳᠡᠭ ᠦᠭᠡ ᠴᠢᠮᠡᠭᠡ ᠶᠢ ᠳᠤᠭᠤᠳᠤᠭᠰᠠᠨ ·· (5—12) (ᠬᠡᠯᠡᠬᠦ ᠵᠢᠱᠢ)

ᠡᠮᠦᠨᠡᠬᠢ ᠡᠴᠡ ᠪᠢᠴᠢᠭ ᠦᠨ ᠳᠤᠭᠤᠳᠠᠭᠰᠠᠨ ᠪᠢᠴᠢᠭᠰᠡᠨ ·· ᠳᠠᠭᠠᠨ ᠳᠠᠭᠠ ᠪᠣᠯᠤᠨ ᠬᠡᠯᠡᠬᠦ ᠴᠢᠮᠡᠭᠡ ᠶᠢᠨ ᠡᠷᠬᠡ ᠳᠤᠭᠤᠳᠤᠯ · ᠵᠢᠱᠢᠶᠡᠯᠡᠪᠡᠯ ᠰᠠᠢᠬᠠᠨ ᠳᠤ ᠬᠡᠯᠡᠭᠡ ᠶᠢᠨ ᠡᠴᠡ ᠬᠡᠯᠡᠬᠦᠢ ᠵᠢᠱᠢ ᠶᠢᠨ ᠬᠡᠷᠡᠭᠯᠡᠭᠡᠨ ᠪᠣᠯᠤᠨ᠎ᠠ ·· ᠵᠢᠱᠢᠶᠡᠯᠡᠪᠡᠯ:

《ᠬᠤᠢ \ ᠬᠦᠢ》 ᠳᠠᠭᠠᠪᠤᠷᠢ ᠵᠠᠭᠠᠯᠳᠤ ᠪᠣᠯᠬᠤ · ᠪᠣᠯᠤ ᠬᠡᠯᠡᠯᠴᠡᠭᠡ ᠳᠦ ᠨᠡᠢᠲᠡ 12 ᠬᠡᠯᠡᠭᠡ ᠶᠢᠨ ᠬᠡᠷᠡᠭᠯᠡᠭᠡ 7 ᠬᠡᠯᠡᠭᠡ ᠶᠢᠨ ᠡᠴᠡ ᠬᠡᠯᠡᠬᠦ ᠵᠢᠱᠢ ᠶᠢᠨ ᠬᠡᠷᠡᠭᠯᠡᠭᠳᠡᠬᠦ · 5 《ᠬᠤ \ ᠬᠦ (-qu/-kü)》 ᠪᠠ 《ᠬᠤᠢ \ ᠬᠦᠢ (-qui/-küi)》 ᠳᠠᠭᠠᠪᠤᠷᠢ ᠶᠢᠨ ᠬᠡᠷᠡᠭᠯᠡᠭᠡ ᠪᠣᠯᠬᠤ ᠶᠢᠨ ᠳᠤᠭᠤᠢ ᠤ ᠰᠠᠢᠬᠠᠨ ᠳᠠᠭᠠ ᠬᠡᠯᠡᠬᠦ ᠬᠡᠯᠡᠭᠳᠡᠬᠦ · ᠬᠡᠯᠡᠬᠦ ᠡᠴᠡ 17 ᠪᠠᠷᠢᠭᠤᠯ ᠪᠠᠷᠢᠯ ᠤ ᠬᠡᠯᠡᠨ ᠦ ᠬᠡᠷᠡᠭᠯᠡᠭᠡ ᠴᠢᠮᠡ ᠳᠦ ᠳᠤᠭᠤᠢ ᠤ ᠲᠣᠭᠠᠴᠠᠭ᠎ᠠ ᠬᠡᠷᠡᠭᠯᠡᠭᠳᠡᠭᠰᠡᠨ ᠪᠣᠯᠤ ᠬᠡᠯᠡᠯᠴᠡᠭᠰᠡᠨ ᠳᠠᠭᠠ ᠪᠣᠯᠤᠭᠰᠠᠨ ᠪᠣᠯᠤᠨ᠎ᠠ ·· ᠵᠢᠱᠢ ᠬᠡᠯᠡᠨ ᠦ ᠪᠠᠢᠳᠠᠯ ᠪᠣᠯᠤᠨ᠎ᠠ ·· 《ᠮᠣᠩᠭᠣᠯᠵᠢᠨ ᠤ ᠲᠣᠪᠴᠢᠶ᠎ᠠ》 ᠳᠤ ᠳᠤᠷᠠᠳᠬᠠᠭᠰᠠᠨ ᠬᠡᠯᠡᠬᠦ ᠶᠢᠨ 《ᠬᠤᠨ \ ᠬᠦᠨ (-qun/-kün)》 ᠳᠠᠭᠠᠪᠤᠷᠢ ᠬᠡᠷᠡᠭᠯᠡᠭᠡ (-qun/ -kün)》 ᠳᠤᠷ ᠲᠣᠭ᠎ᠠ ᠶᠢᠨ ᠳᠠᠭᠠ ᠬᠡᠯᠡᠭᠡ ᠲᠣᠭᠠᠴᠠᠭᠠᠨ ᠪᠣᠯᠤᠨ · ᠰᠠᠢᠨ 《ᠬᠡᠯᠡᠬᠦ ᠡᠴᠡ · ᠬᠡᠯᠡᠪᠡ ᠡᠴᠡ》 ᠪᠣᠯ ᠳᠠᠭᠠᠪᠤᠷᠢ ᠶᠢᠨ ᠳᠤᠭᠤᠳᠤ ᠶᠢᠨ

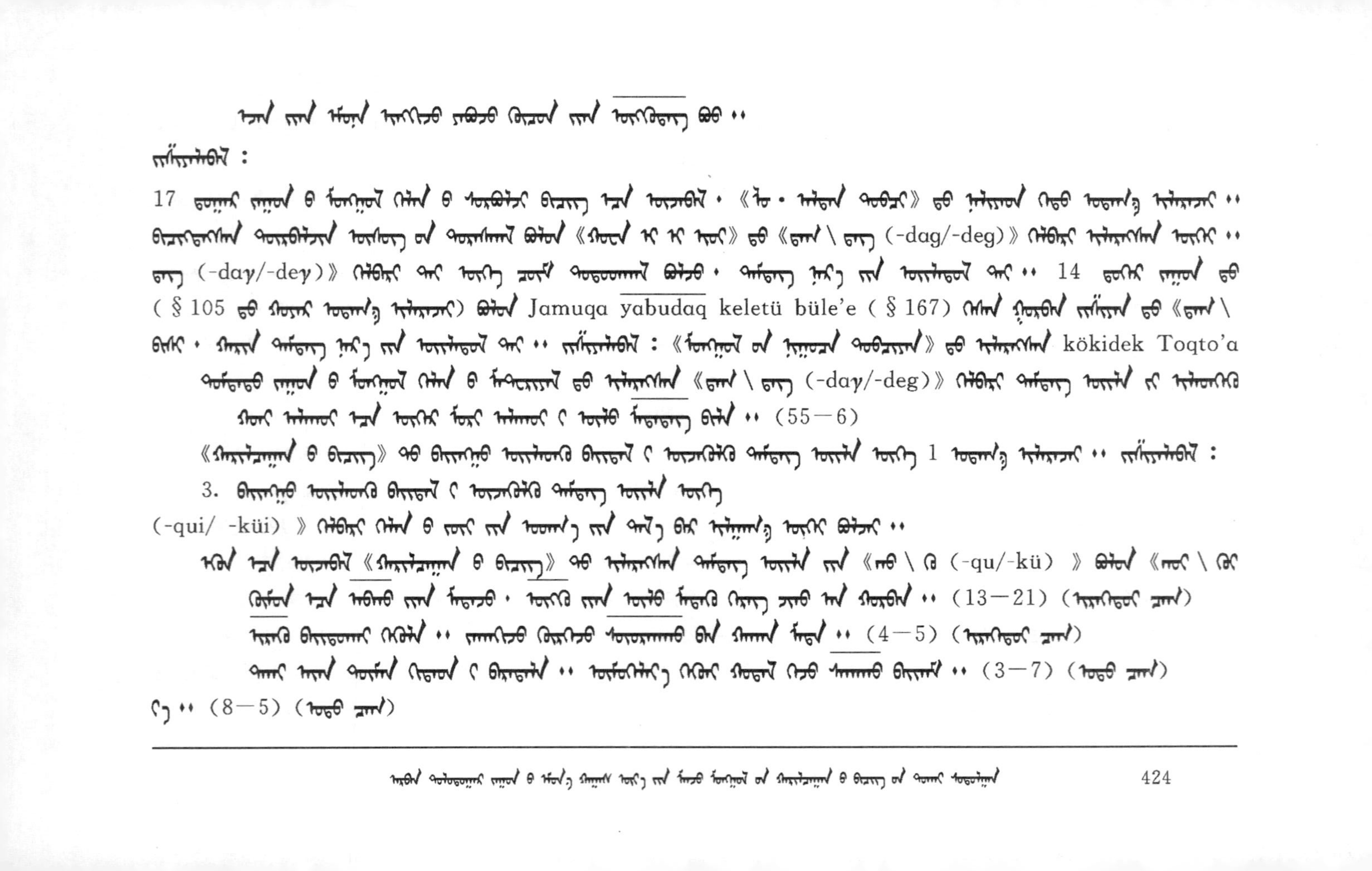

[illegible] ::

[illegible] :

17 [illegible] 《[illegible]》 [illegible] ::
[illegible] 《[illegible]》 [illegible] 《[illegible] \ [illegible] (-dag/-deg)》 [illegible] ::
[illegible] (-daγ/-deγ)》 [illegible] :: 14 [illegible]
(§ 105 [illegible]) [illegible] Jamuqa yabudaq keletü büle'e (§ 167) [illegible] 《[illegible] \
[illegible] :: [illegible] : 《[illegible]》 [illegible] kökidek Toqto'a
[illegible] 《[illegible] \ [illegible] (-daγ/-deg)》 [illegible]
[illegible] :: (55—6)

《[illegible]》 [illegible] 1 [illegible] :: [illegible] :

3. [illegible]

(-qui/ -küi) 》 [illegible] ::

[illegible] 《[illegible]》 [illegible] 《[illegible] \ [illegible] (-qu/-kü) 》 [illegible] 《[illegible] \ [illegible]
[illegible] :: (13—21) ([illegible])
[illegible] :: (4—5) ([illegible])
[illegible] :: (3—7) ([illegible])
[illegible] :: (8—5) ([illegible])

《ᠮᠣᠩᠭᠣᠯ ᠤᠨ ᠨᠢᠭᠤᠴᠠ ᠲᠣᠪᠴᠢᠶᠠᠨ》 ᠳᠤ ᠬᠡᠯᠡ ᠬᠡᠯᠡᠨ ᠦ ᠣᠷᠤᠰᠢᠭᠤᠯᠤᠯ ᠵᠠᠭᠤᠰᠢ ᠣᠯᠠᠨ ᠣᠷᠤ ᠳᠤ 《ᠭᠴᠢ \ ᠭᠴᠢ (-γči/-gči)》 ᠵᠠᠭᠤᠰᠢᠳᠤ ᠪᠣᠯ

ᠬᠡᠪᠰᠢᠯ ᠵᠢᠨ ᠵᠠᠭᠤᠰᠢ ᠣᠯᠠᠨ ᠣᠷᠤ ᠮᠣᠩᠭᠣᠯᠴᠤᠳ ᠣᠷᠤᠭᠤ :: ᠮᠠᠨ ᠤ 《ᠳᠠᠭ \ ᠳᠡᠭ (-daγ/-deg)》 ᠬᠡᠪᠰᠢᠯ ᠵᠢᠨ ᠵᠠᠭᠤᠰᠢ ᠣᠯᠠᠨ ᠣᠷᠤ 17

《ᠮᠣᠩᠭᠣᠯ ᠤᠨ ᠨᠤᠳᠤᠭ》《ᠬᠡᠷᠡᠭ ᠨᠤᠲᠤᠭᠲᠤ》《ᠰᠢᠨᠵᠢᠯᠡᠭᠰᠡᠨ ᠮᠣᠩᠭᠣᠯ ᠨᠤᠳᠤᠭ》 ᠲᠡᠷᠡ ᠮᠣᠩᠭᠣᠯᠴᠤᠳ ᠪᠣᠯᠤᠨ᠎ᠠ ᠳᠤ 《ᠳᠠᠭ \ ᠳᠡᠭ (-daγ/ -deg)》

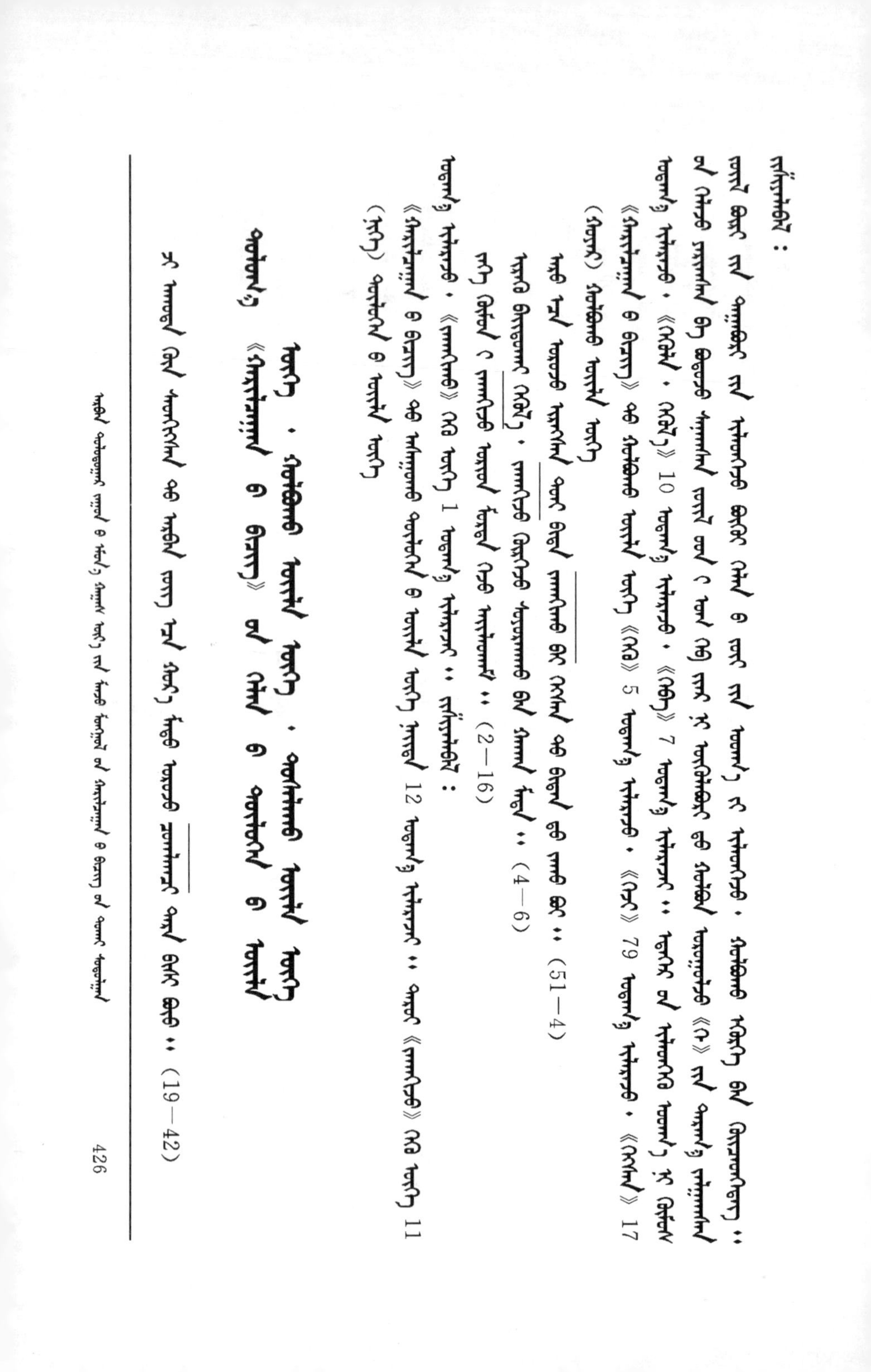

ᠪᠣᠯᠤᠨᠠ ::

ᠵᠢᠱᠢᠶ᠎ᠡ ᠬᠡᠷᠡᠭᠯᠡᠭᠰᠡᠨ ᠲᠣᠭᠠᠴᠠᠭᠠᠨ 《ᠪᠠᠭ · ᠪᠤᠯ》 ᠰᠢᠩᠭᠡᠨ ᠪᠠ 《ᠵᠠ · ᠪᠡ》 ᠭᠡᠳᠡᠭ ᠪᠠᠭ ᠪᠢᠯ ᠬᠡᠯᠡᠯᠲᠦ ᠲᠠᠯᠠ ᠲᠡᠭᠦᠰ ᠦᠭᠡ ᠬᠡᠯᠡᠪᠡᠷ ᠲᠣᠰᠢᠶᠠᠨ ᠲᠠᠶᠢᠯᠪᠤᠷᠢ
《ᠮᠣᠩᠭᠣᠯ ᠤᠨ ᠨᠢᠭᠤᠴᠠ ᠲᠣᠪᠴᠢᠶᠠᠨ》 ᠳᠤ ᠭᠠᠷᠤᠭᠰᠠᠨ ᠬᠡᠯᠡᠯᠲᠦ ᠲᠣᠭᠠᠴᠠᠭᠠᠨ ᠲᠠᠶᠢᠯᠪᠤᠷᠢ ᠲᠠᠶᠢᠯᠪᠤᠷᠢ ᠬᠢᠭᠡᠳ ᠲᠠᠶᠢᠯᠪᠤᠷᠢ · ᠲᠠᠶᠢᠯᠪᠤᠷᠢ ᠲᠠᠶᠢᠯᠪᠤᠷᠢ ᠶᠠᠭᠤᠨ ᠶᠠᠭᠤᠨ ᠦᠭᠡ ᠲᠠᠶᠢᠯᠪᠤᠷᠢ ᠳᠤ
(ᠵᠢᠱᠢᠶ᠎ᠡ) ᠬᠡᠯᠡᠯᠲᠦ ᠲᠠᠶᠢᠯᠪᠤᠷᠢ ᠲᠠᠶᠢᠯᠪᠤᠷᠢ

ᠲᠡᠷᠡ ᠰᠢᠷᠡᠭᠡᠨ ᠪᠠᠶᠢᠳᠠᠯ ᠢ ᠮᠡᠳᠡᠭᠰᠡᠨ ᠬᠡᠯᠡᠭᠰᠡᠨ ᠮᠡᠳᠡᠭᠰᠡᠨ ᠭᠡᠵᠦ ᠬᠡᠯᠡ ᠶᠢ ᠬᠡᠯᠡᠨ ᠭᠡᠪᠡ :: (70—24)

ᠪᠣᠯᠤᠭᠰᠠᠨ ᠰᠠᠶᠢᠨ ᠢ ᠰᠠᠶᠢᠰᠢᠶᠠᠭᠰᠠᠨ ᠲᠠᠶᠢᠯᠪᠤᠷᠢᠯᠠᠭᠰᠠᠨ ᠲᠠᠶᠢᠯᠪᠤᠷᠢ ᠭᠡᠪᠡ ᠪᠣᠯᠤᠭᠰᠠᠨ ᠲᠠᠶᠢᠯᠪᠤᠷᠢ :: (3—10)

ᠶᠠᠪᠤᠭᠳᠠᠭᠤᠯᠤᠨ ᠡᠷᠡᠭᠦ ᠲᠡᠷᠡ :: (19—21)

ᠲᠡᠳᠡᠨ ᠰᠠᠶᠢᠨ ᠤ ᠰᠠᠶᠢᠨ ᠲᠡᠷᠡ ᠬᠡᠯᠡᠭᠰᠡᠨ ᠲᠡᠭᠦᠨ ᠦ ᠪᠠᠶᠢᠭᠠ ᠭᠡᠭᠡᠨ ᠲᠠᠶᠢᠯᠪᠤᠷᠢ ᠡᠷᠡᠭᠦ ᠲᠠᠶᠢᠯᠪᠤᠷᠢ ᠤ ᠬᠡᠯᠡᠭᠰᠡᠨ ᠲᠡᠭᠦᠨ ᠦ ᠬᠡᠯᠡᠭᠰᠡᠨ ᠲᠠᠶᠢᠯᠪᠤᠷᠢ
ᠲᠡᠳᠡᠨ ᠰᠠᠶᠢᠨ ᠤ ᠭᠡᠭᠡᠨ ᠬᠡᠯᠡ ᠲᠠᠶᠢᠯᠪᠤᠷᠢᠯᠠᠭᠰᠠᠨ ᠭᠡᠭᠡᠨ ᠲᠠᠶᠢᠯᠪᠤᠷᠢ ᠡᠷᠡ ᠶᠠᠭᠤ ᠪᠣᠢ :: (19—12)

ᠲᠡᠭᠦᠨ ᠲᠠᠶᠢᠯᠪᠤᠷᠢ ᠪᠣᠯᠤᠭᠰᠠᠨ ᠲᠠᠶᠢᠯᠪᠤᠷᠢ ᠭᠡᠭᠡᠨ ᠲᠠᠶᠢᠯᠪᠤᠷᠢ :: (6—10)

ᠲᠡᠭᠦᠨ ᠪᠠᠶᠢᠭᠠ ᠪᠠᠶᠢᠳᠠᠯ ᠲᠠᠶᠢᠯᠪᠤᠷᠢ ᠪᠣᠢ ᠭᠡᠵᠦ ᠭᠡᠪᠡ :: (1—21)

ᠰᠠᠶᠢᠨ ᠭᠡᠭᠡᠨ ᠲᠠᠶᠢᠯᠪᠤᠷᠢ ᠪᠠᠭ ᠭᠡᠵᠦ ᠰᠠᠶᠢᠨ ᠪᠣᠯᠤᠭᠰᠠᠨ ᠬᠡᠯᠡ ᠪᠣᠯᠤᠭᠰᠠᠨ ᠲᠠᠶᠢᠯᠪᠤᠷᠢ ᠪᠠᠶᠢᠳᠠᠯ ᠢ ᠲᠡᠭᠦᠨ ᠲᠠᠶᠢᠯᠪᠤᠷᠢ ᠪᠣᠯ :: (1—18)

ᠰᠠᠶᠢᠨ ᠬᠡᠯᠡ ᠲᠡᠷᠡ ᠪᠣᠯᠤᠭᠰᠠᠨ ᠲᠡᠷᠡ ᠲᠠᠶᠢᠯᠪᠤᠷᠢ ᠰᠠᠶᠢᠨ ᠢ ᠲᠡᠭᠦᠨ ᠰᠠᠶᠢᠨ ᠬᠡᠯᠡᠭᠰᠡᠨ ᠬᠡᠯᠡ ᠡᠷᠡᠭᠦ ᠭᠡᠵᠦ ᠲᠠᠶᠢᠯᠪᠤᠷᠢ :: (1—16)

(25—13)

ᠲᠠᠶᠢᠯᠪᠤᠷᠢ ᠪᠣᠯᠤᠭᠰᠠᠨ ᠬᠡᠯᠡᠭᠰᠡᠨ ᠡᠷᠡ ᠪᠣᠯᠤᠭᠰᠠᠨ ᠭᠡᠭᠡᠨ ᠭᠡᠭᠡᠨ ᠰᠠᠶᠢᠨ ᠬᠡᠯᠡᠭᠰᠡᠨ ᠲᠡᠷᠡ ᠶᠠᠭᠤ · ᠲᠠᠶᠢᠯᠪᠤᠷᠢ ᠲᠡᠷᠡ ᠵᠢᠱᠢᠶ᠎ᠡ ᠪᠣᠯᠤᠭᠰᠠᠨ ᠲᠡᠷᠡ ᠲᠡᠭᠦᠨ ᠲᠠᠶᠢᠯᠪᠤᠷᠢ ::

ᠲᠡᠭᠦᠨ ᠭᠡᠭᠡᠨ ᠪᠣᠯᠤᠭᠰᠠᠨ ᠲᠡᠭᠦᠨ · ᠲᠠᠶᠢᠯᠪᠤᠷᠢ ᠪᠣᠯᠤᠭᠰᠠᠨ ᠭᠡᠭᠡᠨ ᠲᠠᠶᠢᠯᠪᠤᠷᠢ ᠪᠣᠯᠤᠭᠰᠠᠨ ᠲᠠᠶᠢᠯᠪᠤᠷᠢ ᠪᠠ ᠰᠠᠶᠢᠨ ᠡᠷᠡᠭᠦ :: (7—5)

ᠭᠡᠭᠡᠨ ᠢ ᠪᠣᠯᠤᠭᠰᠠᠨ ᠲᠠᠶᠢᠯᠪᠤᠷᠢ ᠭᠡᠭᠡᠨ ᠶᠢ ᠰᠠᠶᠢᠨ ᠭᠡᠵᠦ ᠲᠠᠶᠢᠯᠪᠤᠷᠢ ᠪᠣᠯᠤᠨᠠ :: (3—6)

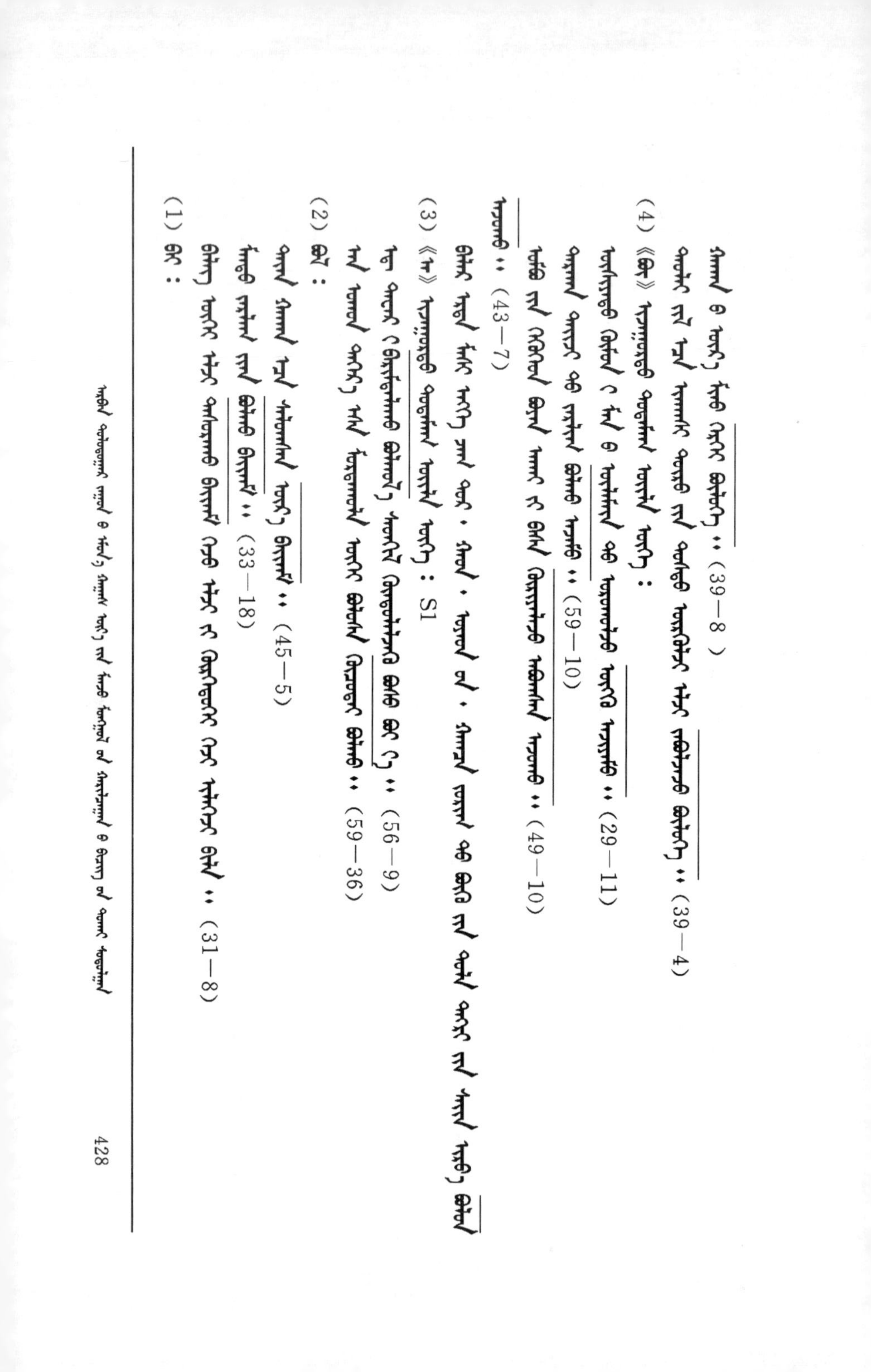

(3) 《ᠶᠠ》 ᠬᠡᠷᠡᠭᠯᠡᠭᠳᠡᠬᠦ ᠠᠭᠤᠯᠭ᠎ᠠ ᠲᠠᠢ ᠲᠤᠬᠠᠢ : S1

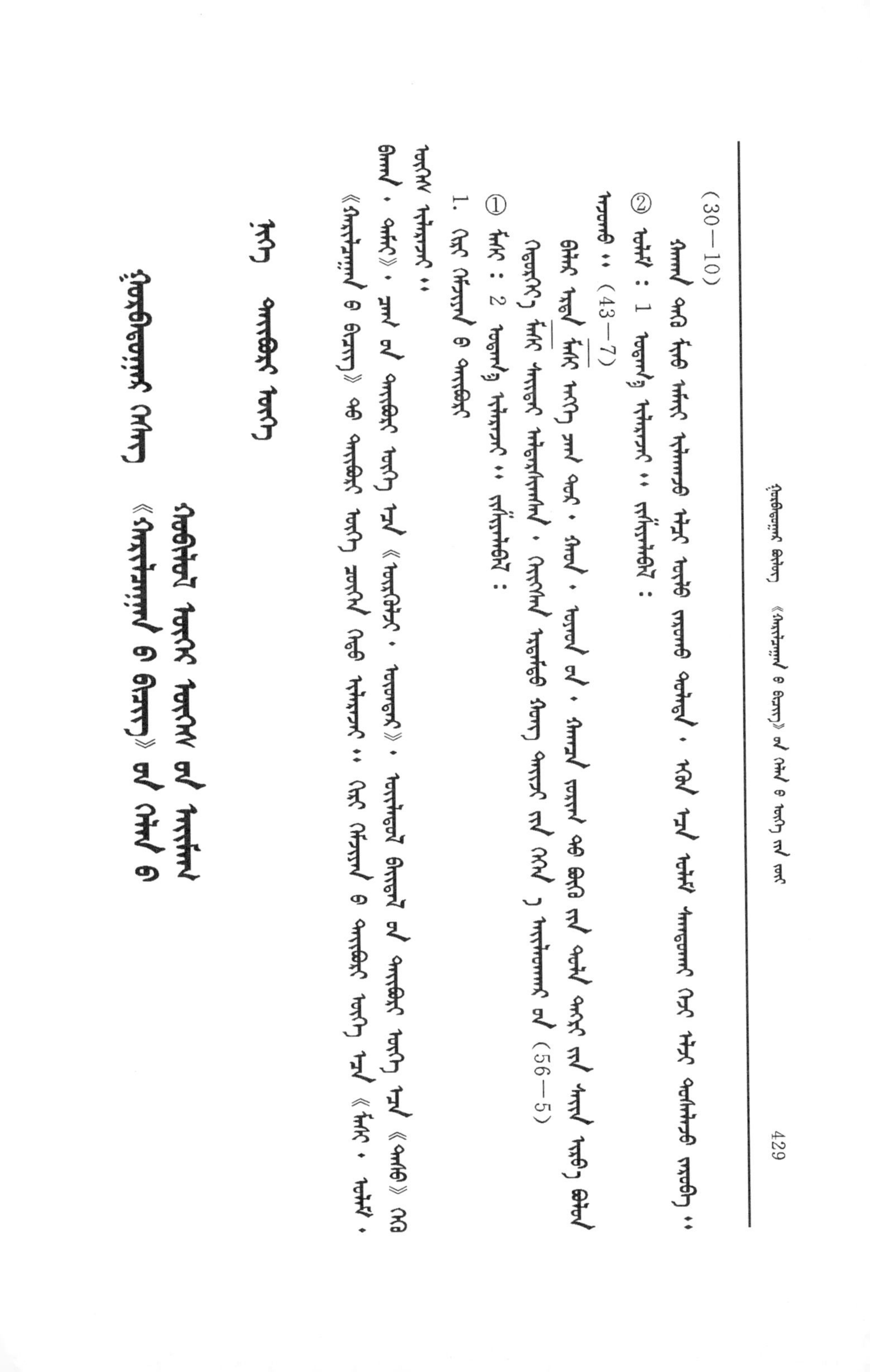

(30—10)

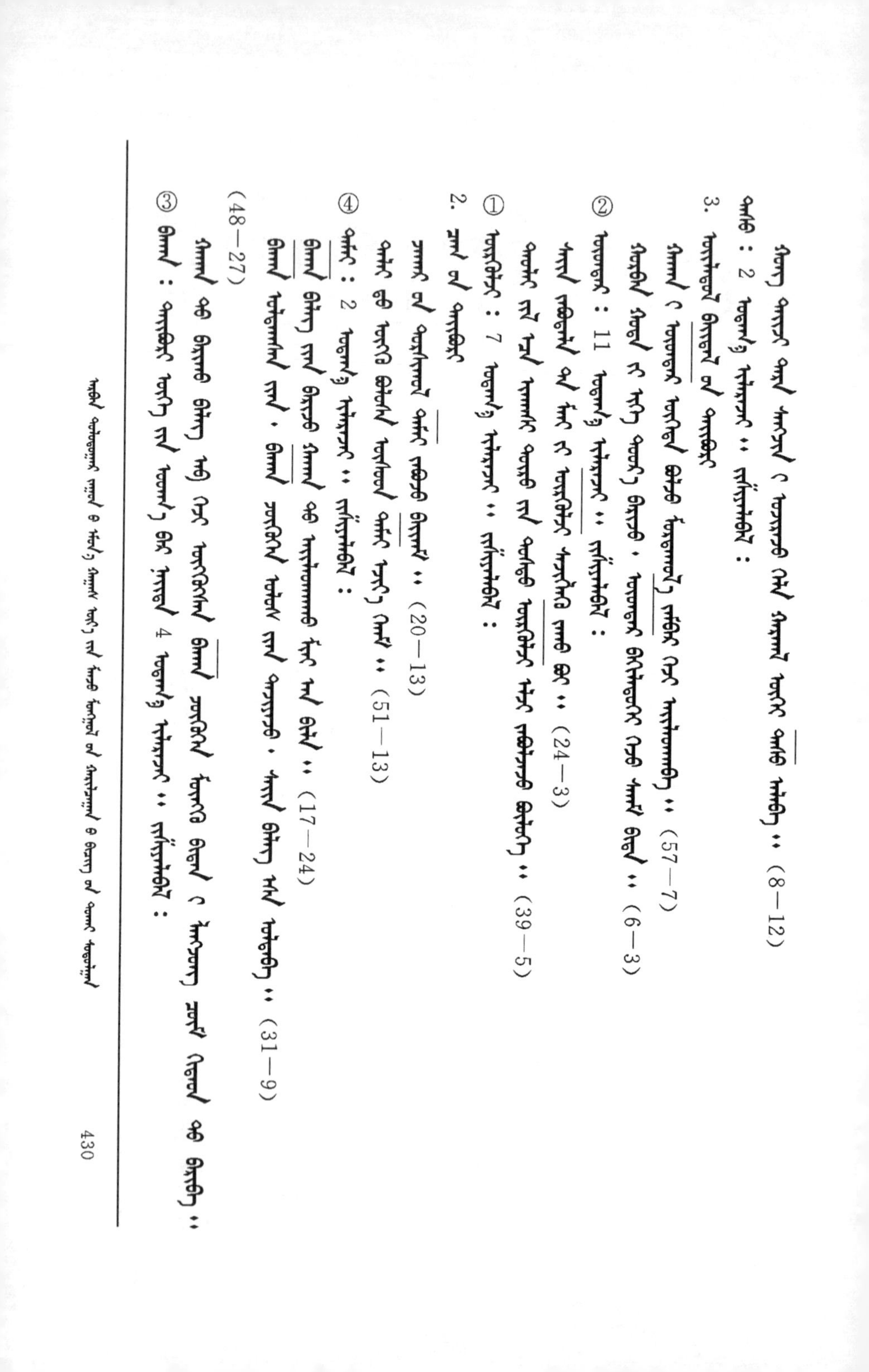

③ [illegible] : [illegible] 4 [illegible] ⁝⁝ [illegible] :

[illegible] ⁝⁝
(48—27)

[illegible] ⁝⁝ (31—9)

[illegible] ⁝⁝ (17—24)

④ [illegible] : 2 [illegible] ⁝⁝ [illegible] :

[illegible] ⁝⁝ (51—13)

[illegible] ⁝⁝ (20—13)

2. [illegible]

① [illegible] : 7 [illegible] ⁝⁝ [illegible] :

[illegible] ⁝⁝ (39—5)

[illegible] ⁝⁝ (24—3)

② [illegible] : 11 [illegible] ⁝⁝ [illegible] :

[illegible] ⁝⁝ (6—3)

[illegible] ⁝⁝ (57—7)

3. [illegible]

[illegible] : 2 [illegible] ⁝⁝ [illegible] :

[illegible] ⁝⁝ (8—12)

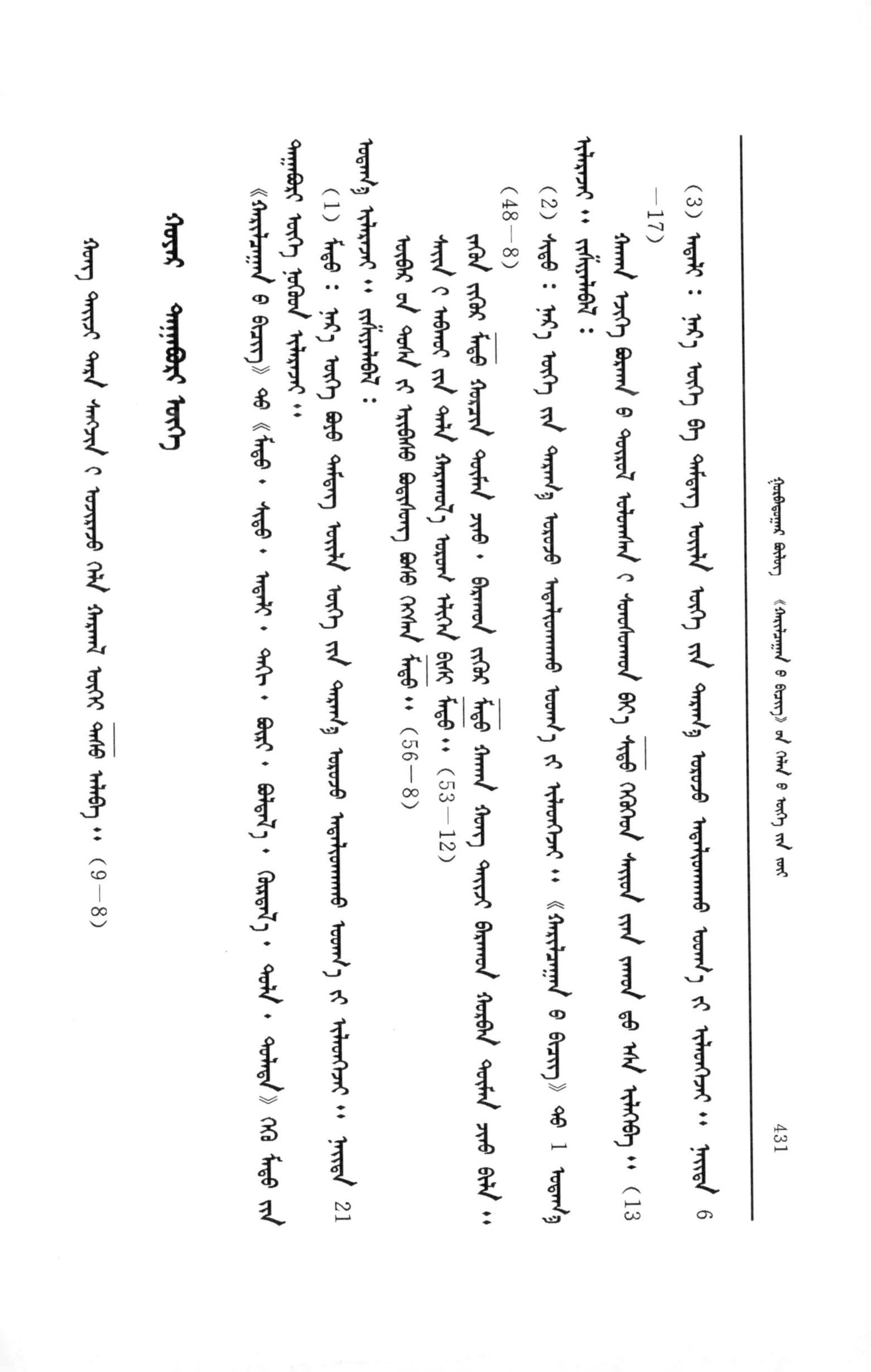

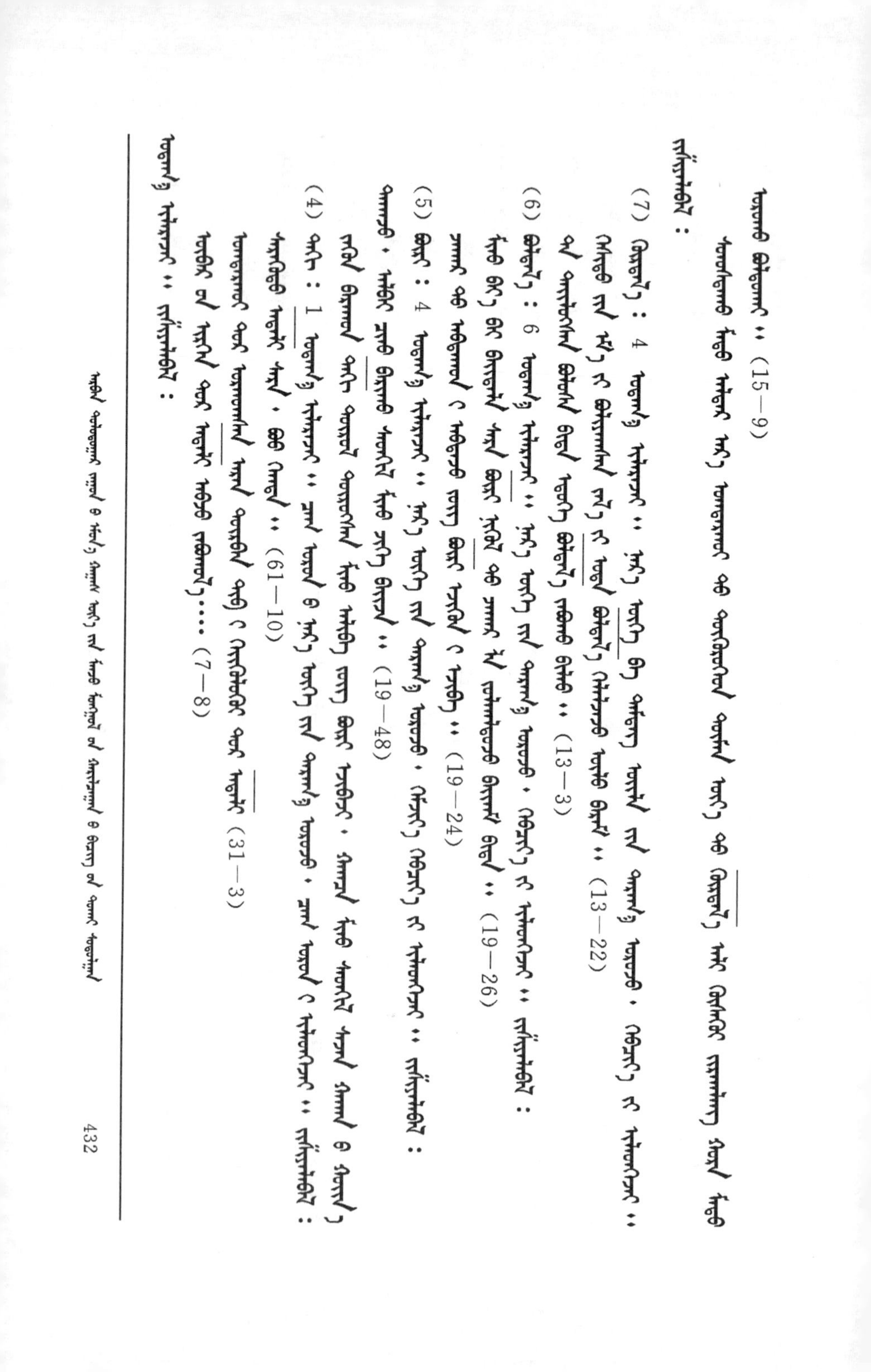

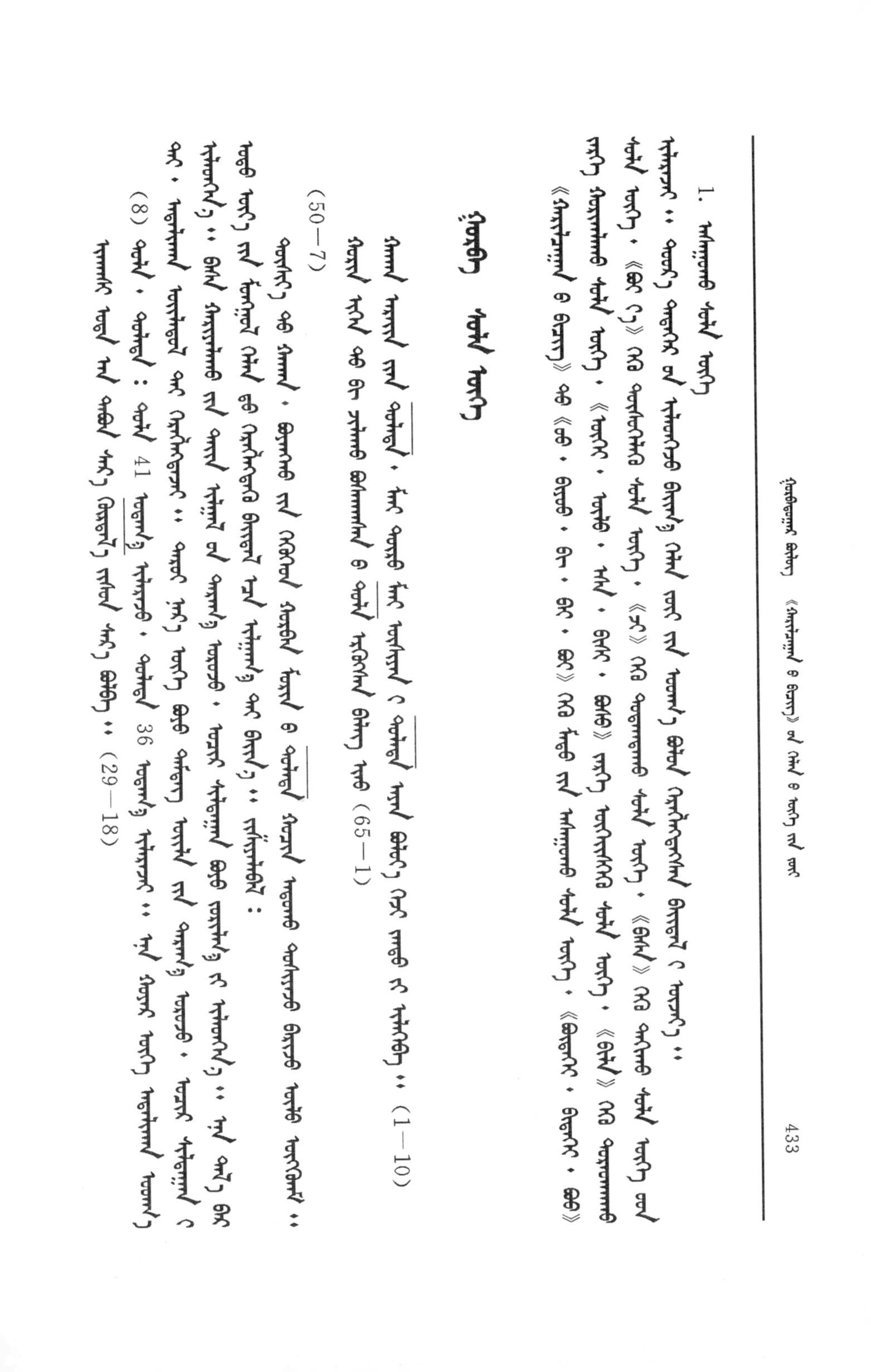

(50—7)

(1) [illegible] : 4 [illegible] ᠄ [illegible] ᠂ [illegible]

2. [illegible]

[illegible] ᠄ (51—6)

[illegible] ᠄ (51—4)

[illegible] ᠄ (47—3)

[illegible] ᠂ [illegible] ᠄ [illegible] :

[illegible] ᠄ 《[illegible]》 1 [illegible] ᠂ 《[illegible]》 1 [illegible] ᠂ 《[illegible]》 10 [illegible] ᠄ [illegible]

(2) [illegible] ᠂ [illegible] ᠂ [illegible] : 《[illegible] ᠂ [illegible]》 [illegible] 《[illegible]》 [illegible]

[illegible] ᠄ (2—12)

[illegible] ᠄ (41—12)

[illegible] ᠄ (44—10)

[illegible] ᠂ [illegible] ᠄ (61—8)

[illegible] ᠂ [illegible] ᠄ (24—13)

[illegible] ᠄ (48—20)

[illegible] ᠄ (19—14)

[illegible] ᠄ (13—3)

[illegible] ᠄ (13—12)

(1) [illegible] ᠂ [illegible] : [illegible] 1 [illegible] ᠂ [illegible] 9 [illegible] ᠂ [illegible] ᠄ [illegible] :

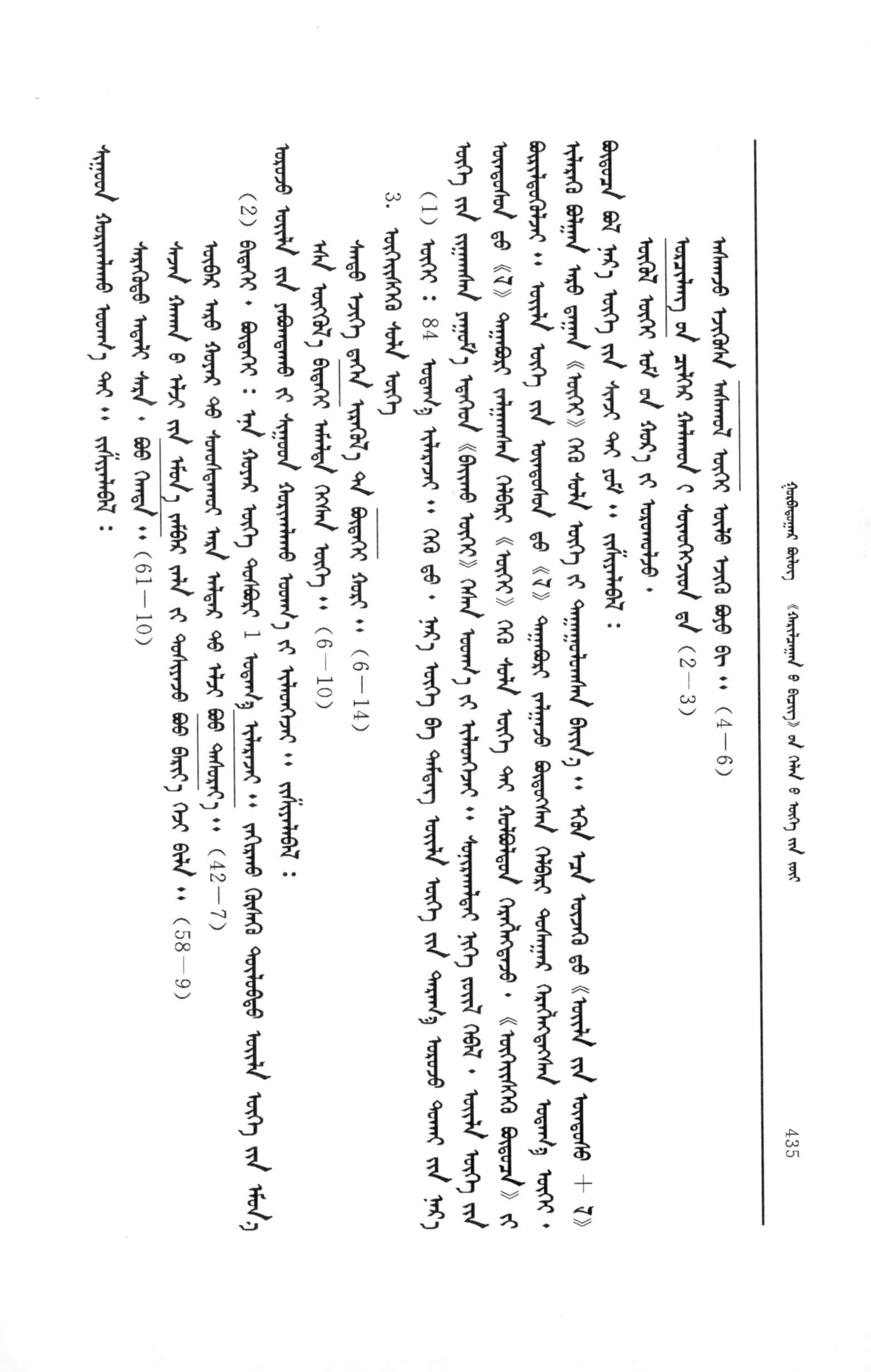

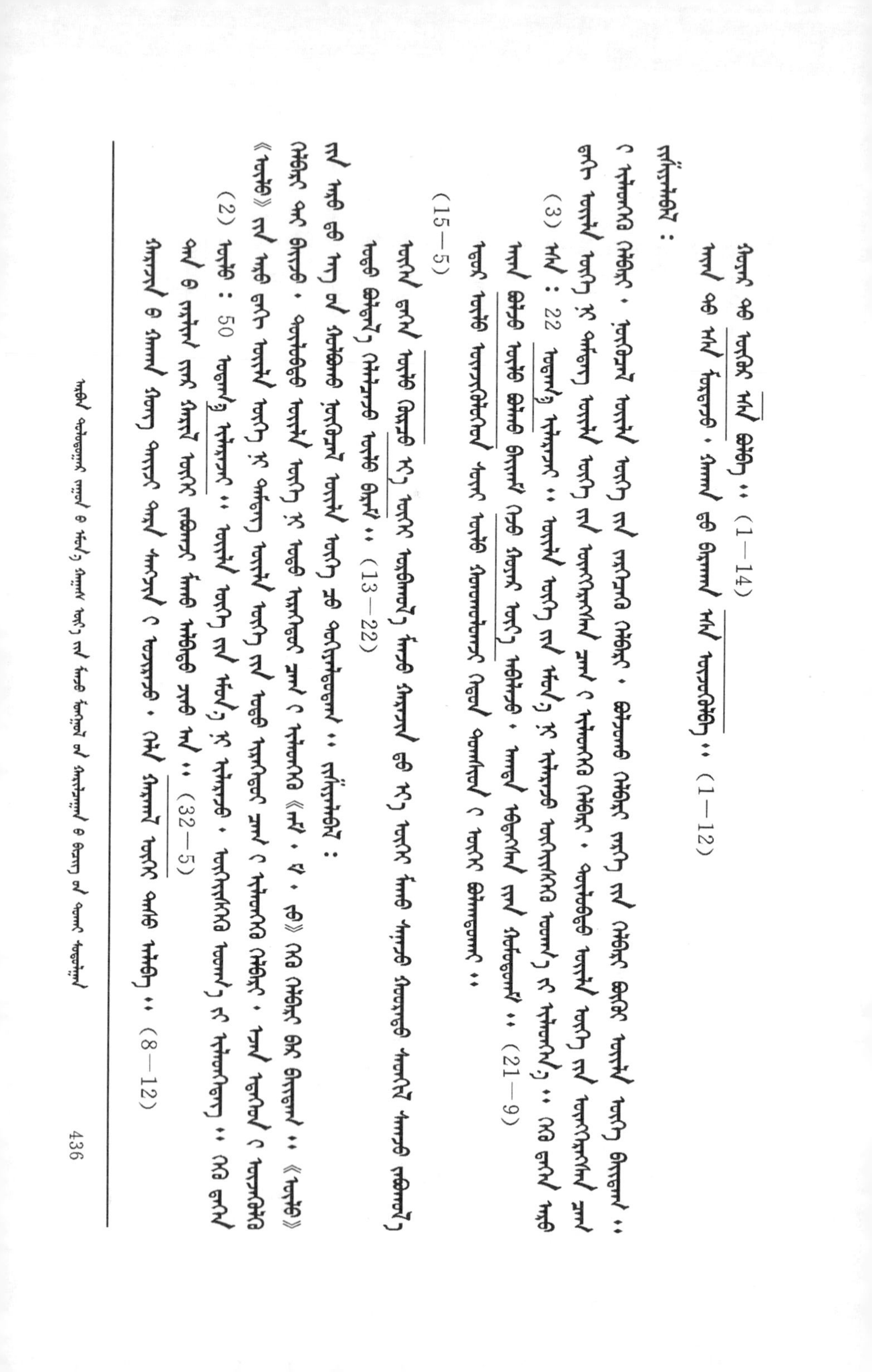

(15—5)

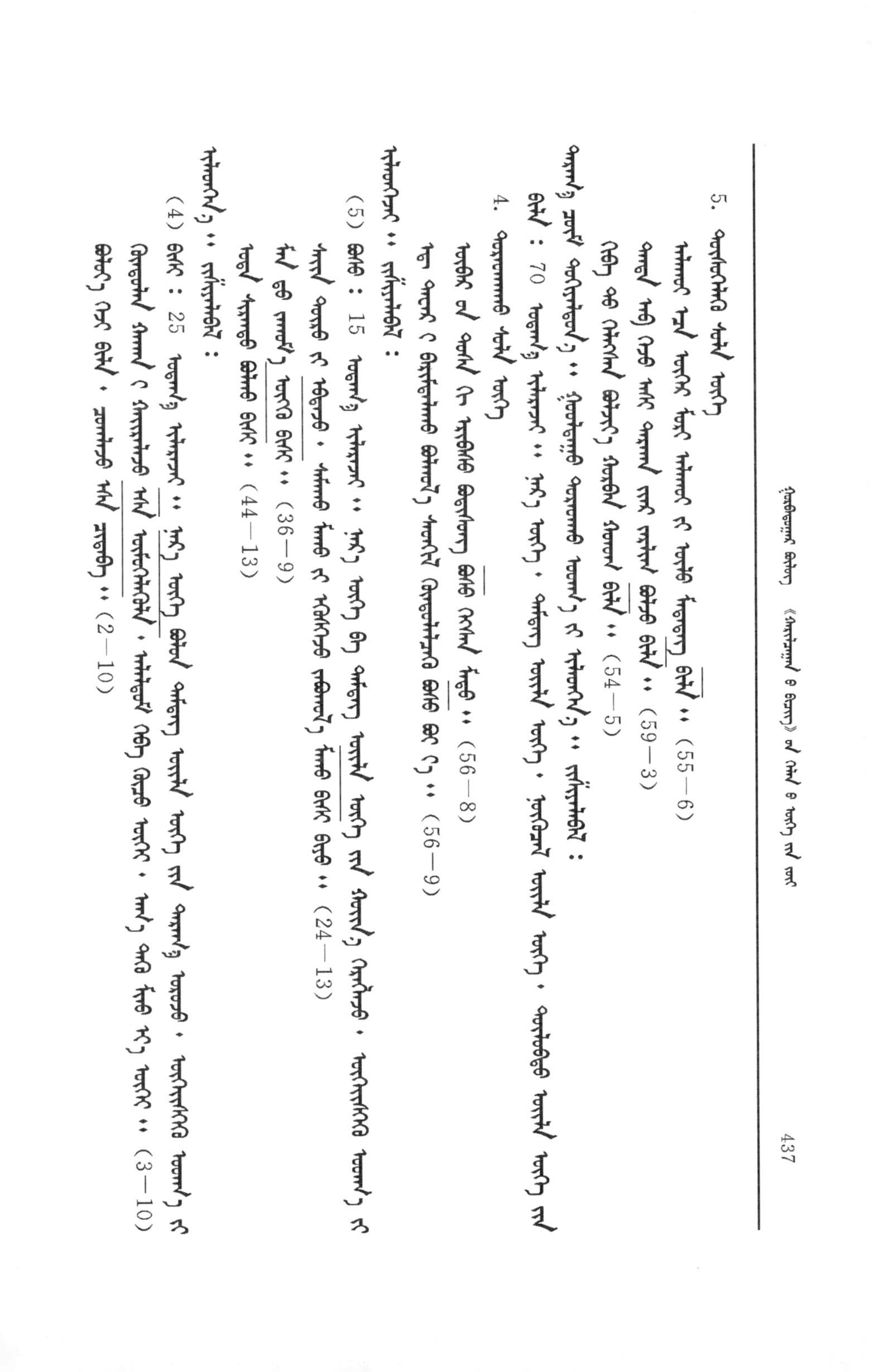

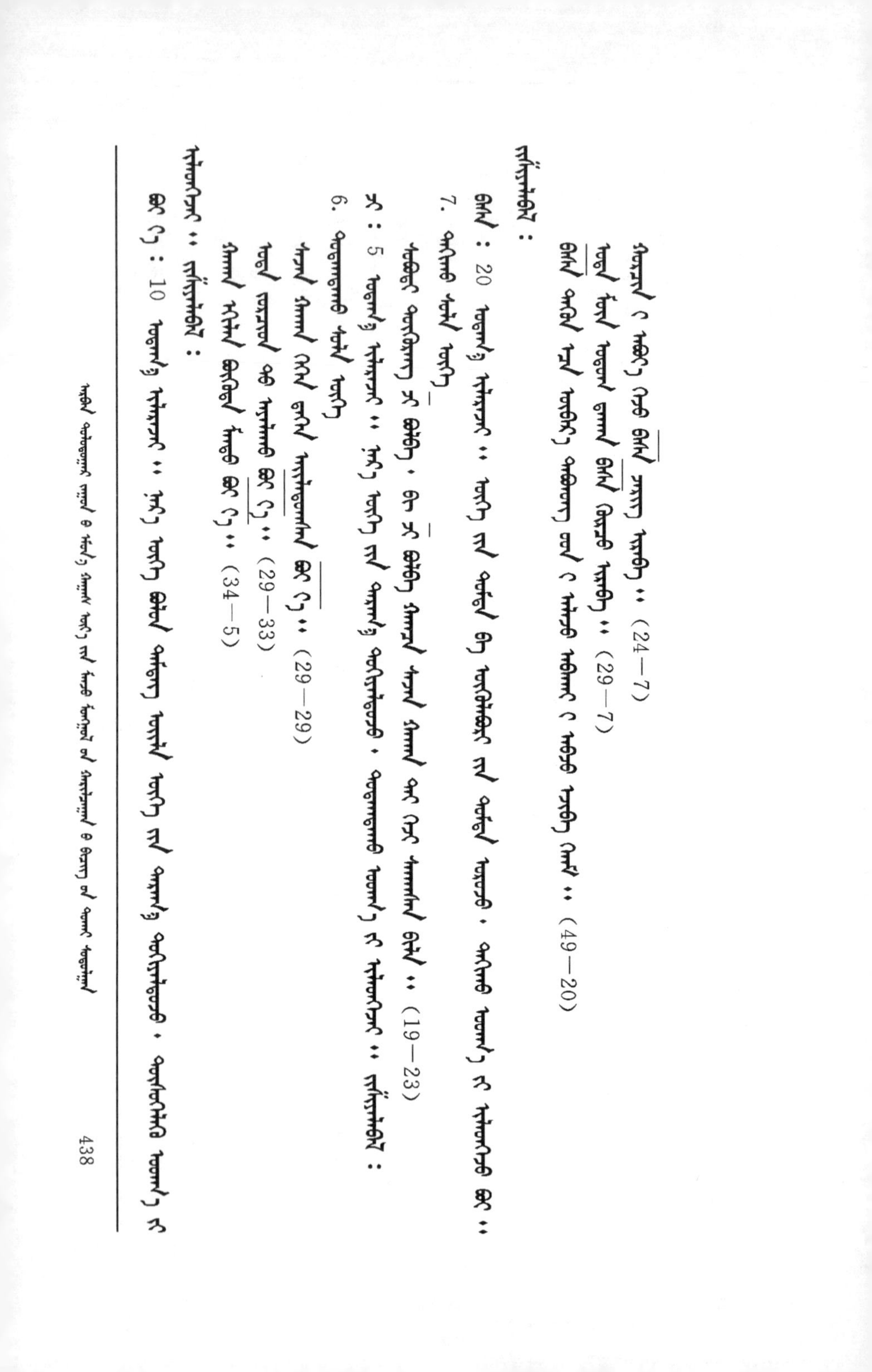

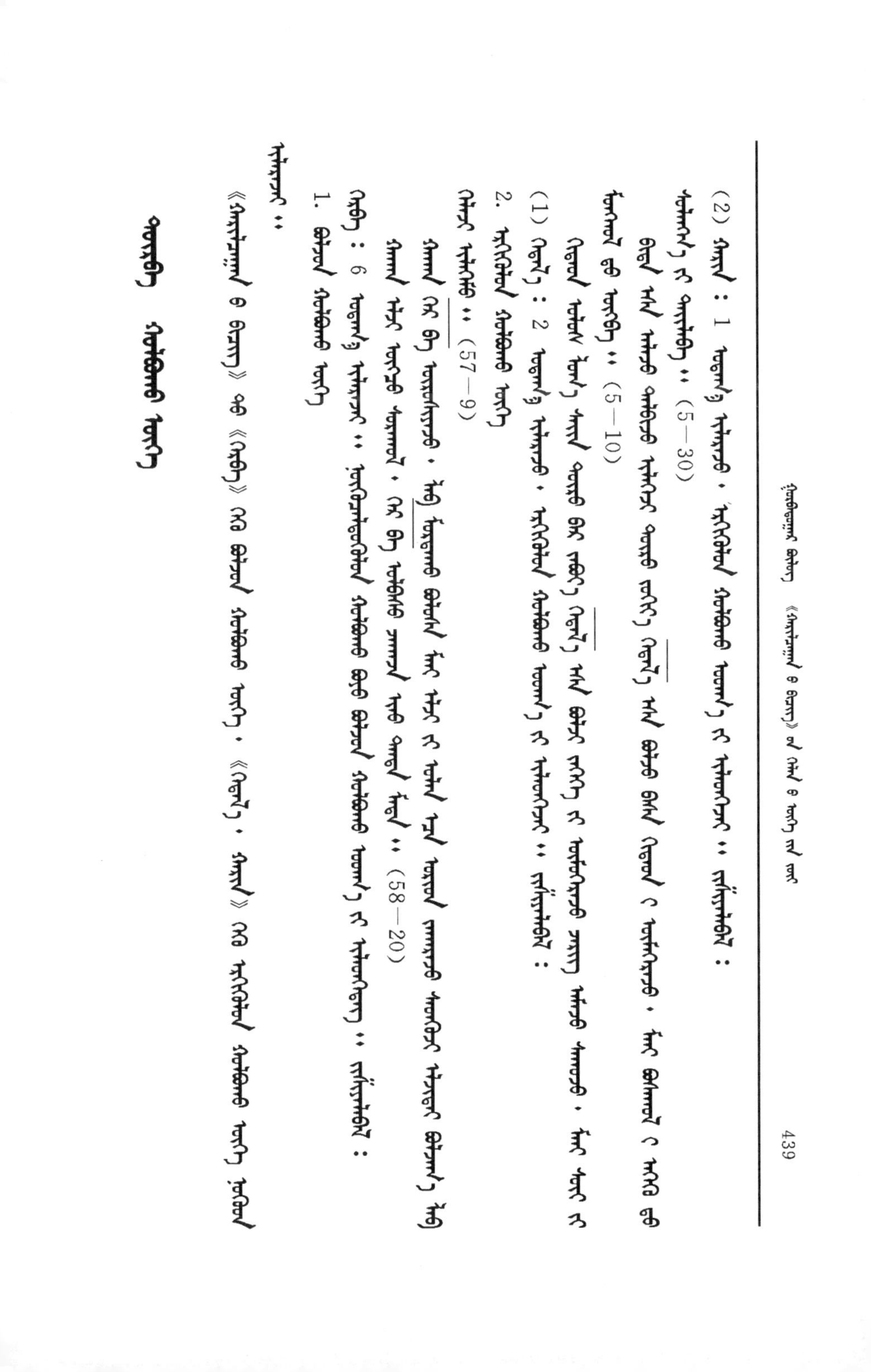

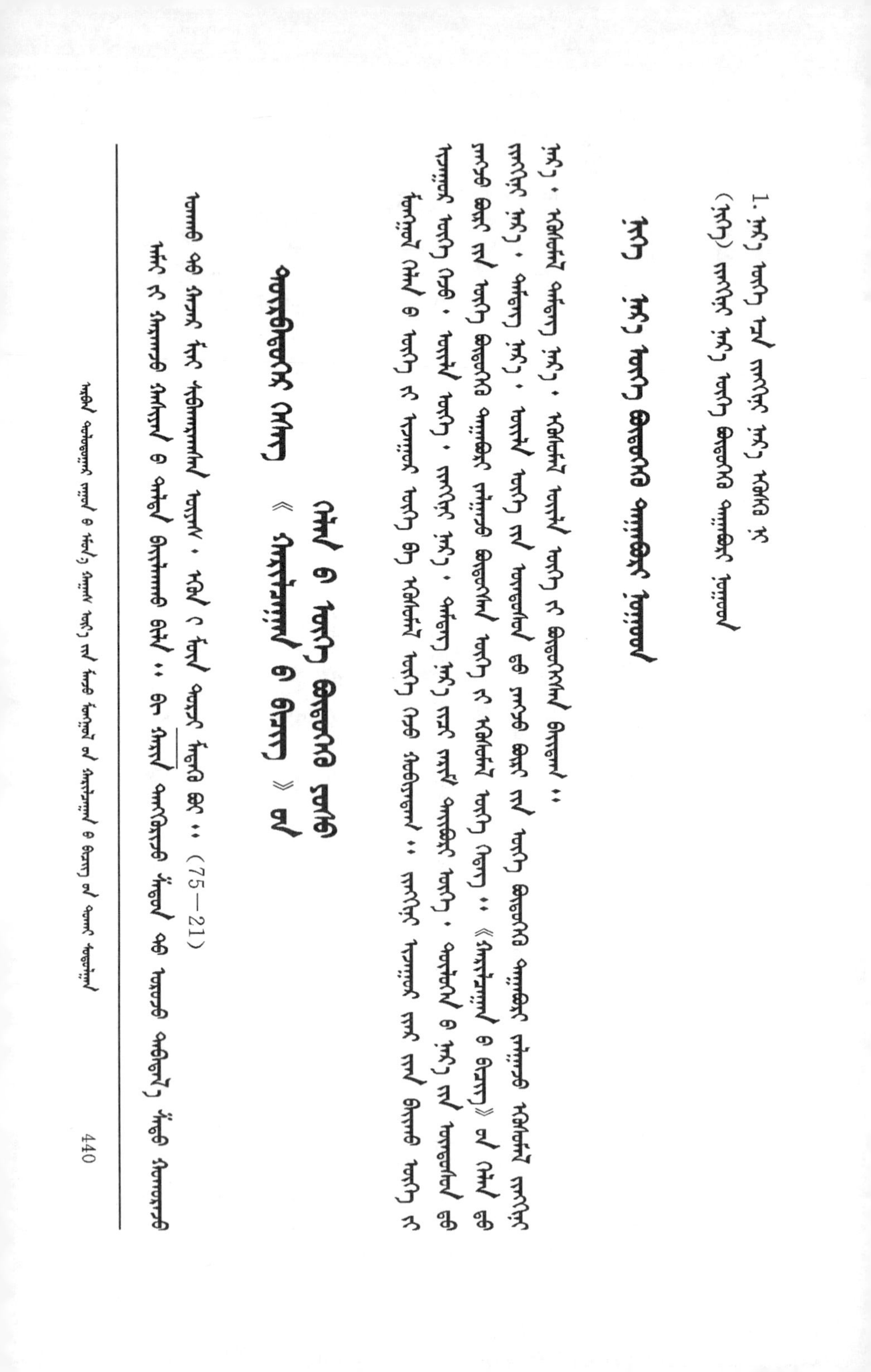

1. [illegible]
([illegible]) [illegible]

[illegible]

[illegible] :: [illegible] «[illegible] ᠤ [illegible]» [illegible] :: [illegible]

[illegible]
[illegible] «[illegible] ᠤ [illegible]» [illegible]

[illegible] :: (75—21)
[illegible] :: [illegible]

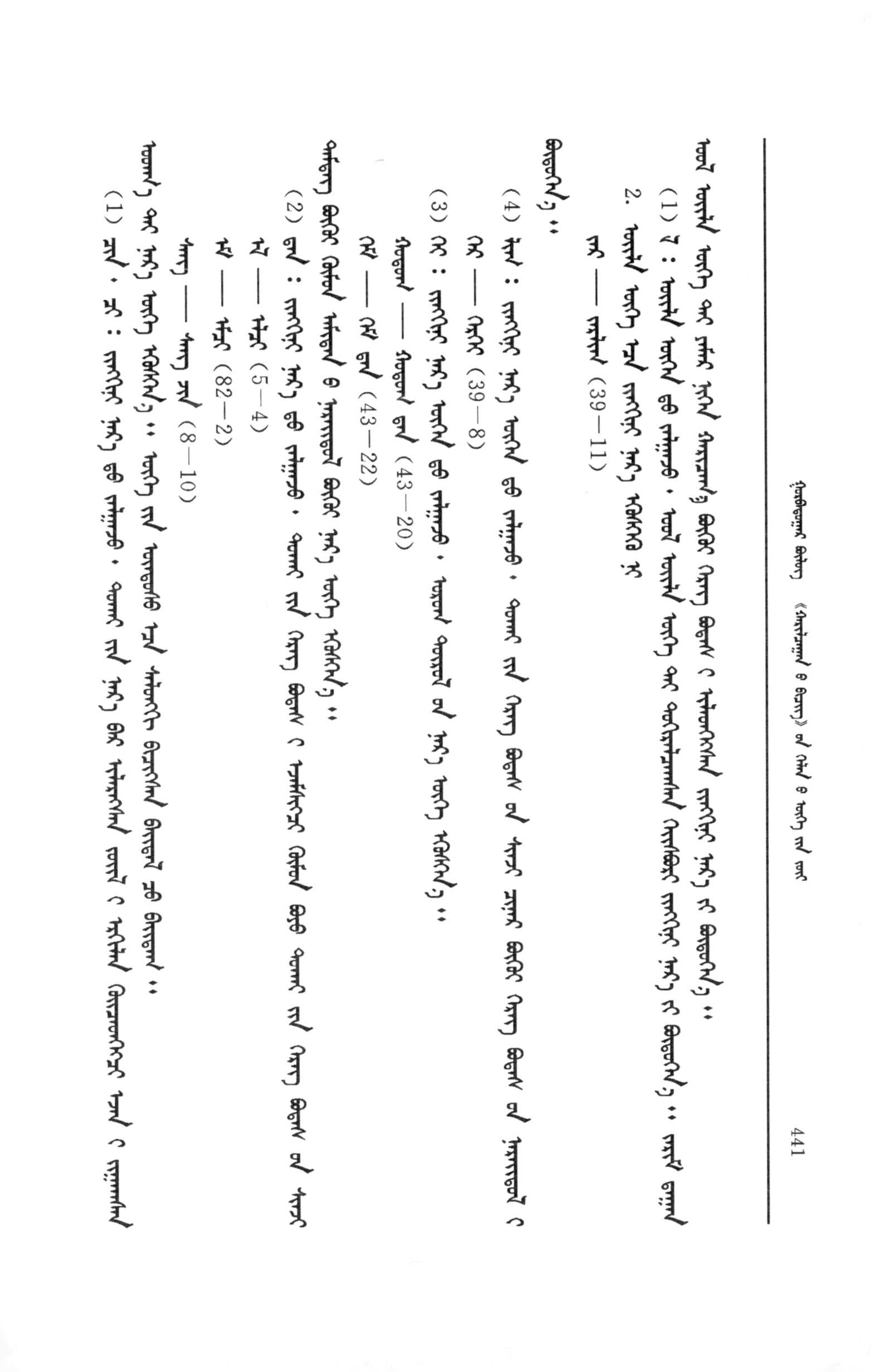

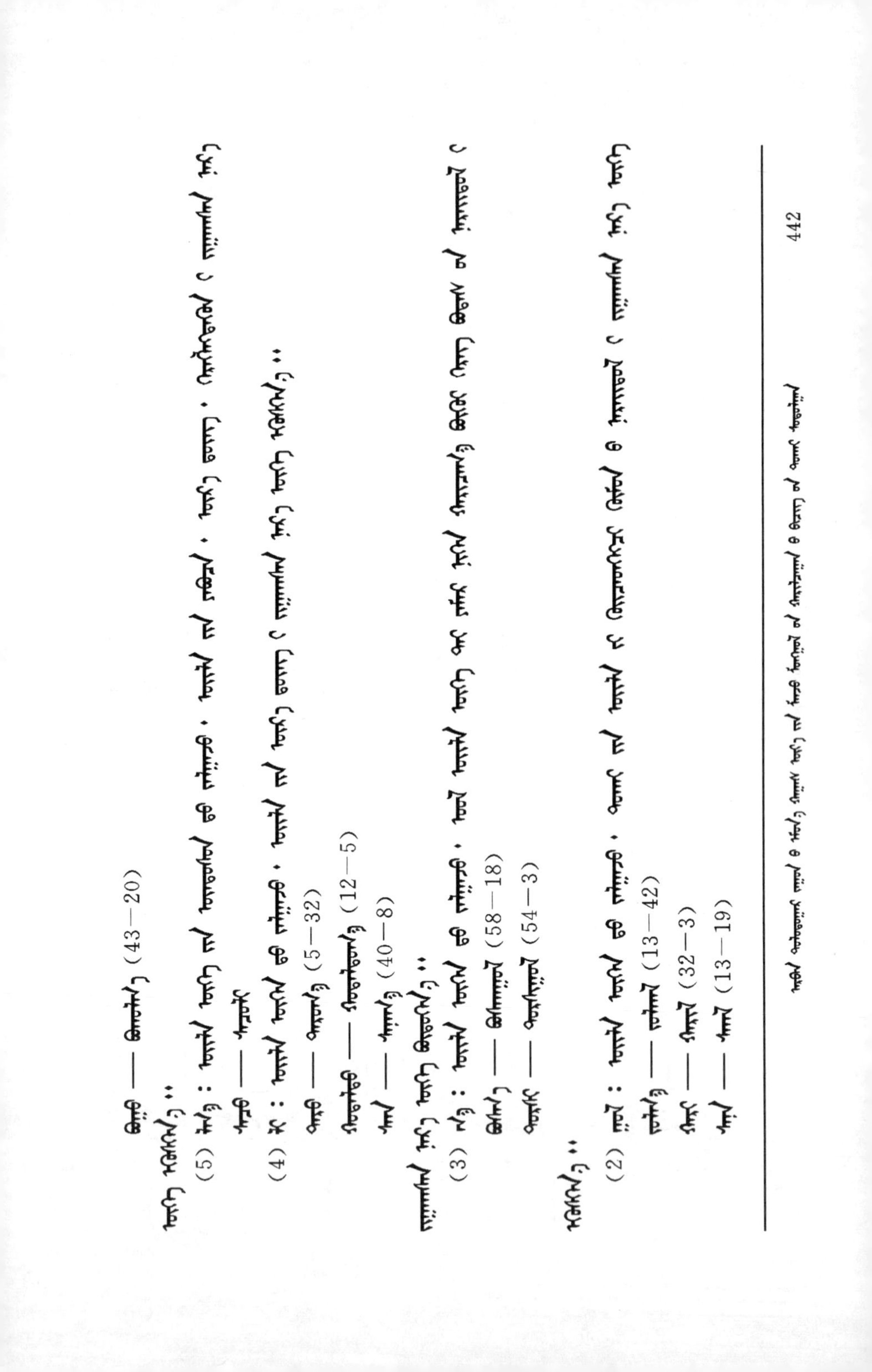

[illegible] — [illegible] (2—4)

[illegible] — [illegible] (15—9)

[illegible] — [illegible] (25—6)

[illegible] — [illegible] (16—12)

[illegible] — [illegible] (12—6)

[illegible] — [illegible] (13—23)

[illegible] — [illegible] (1—5)

[illegible] — [illegible] (102—13)

[illegible] — [illegible] (12—2)

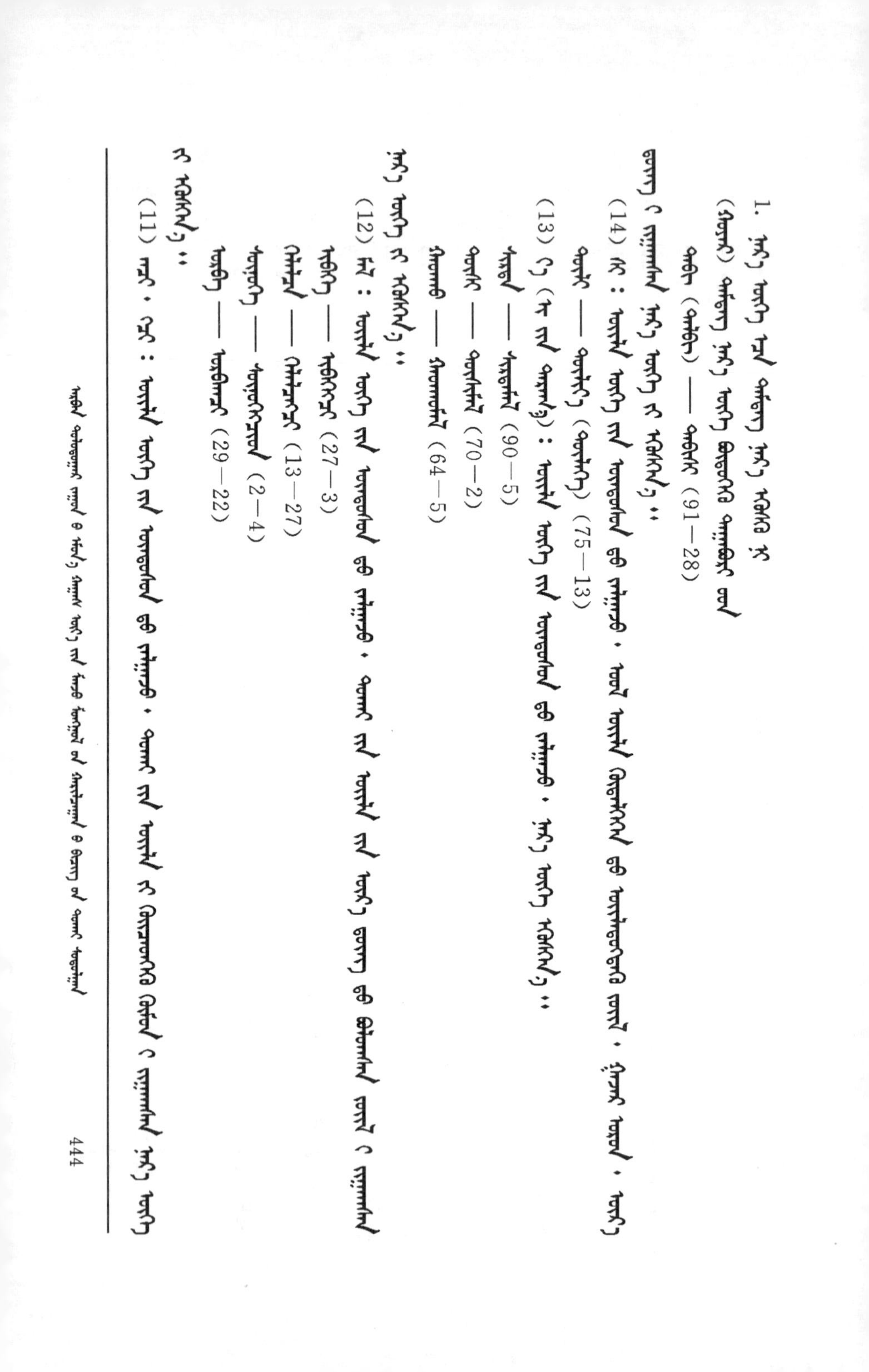

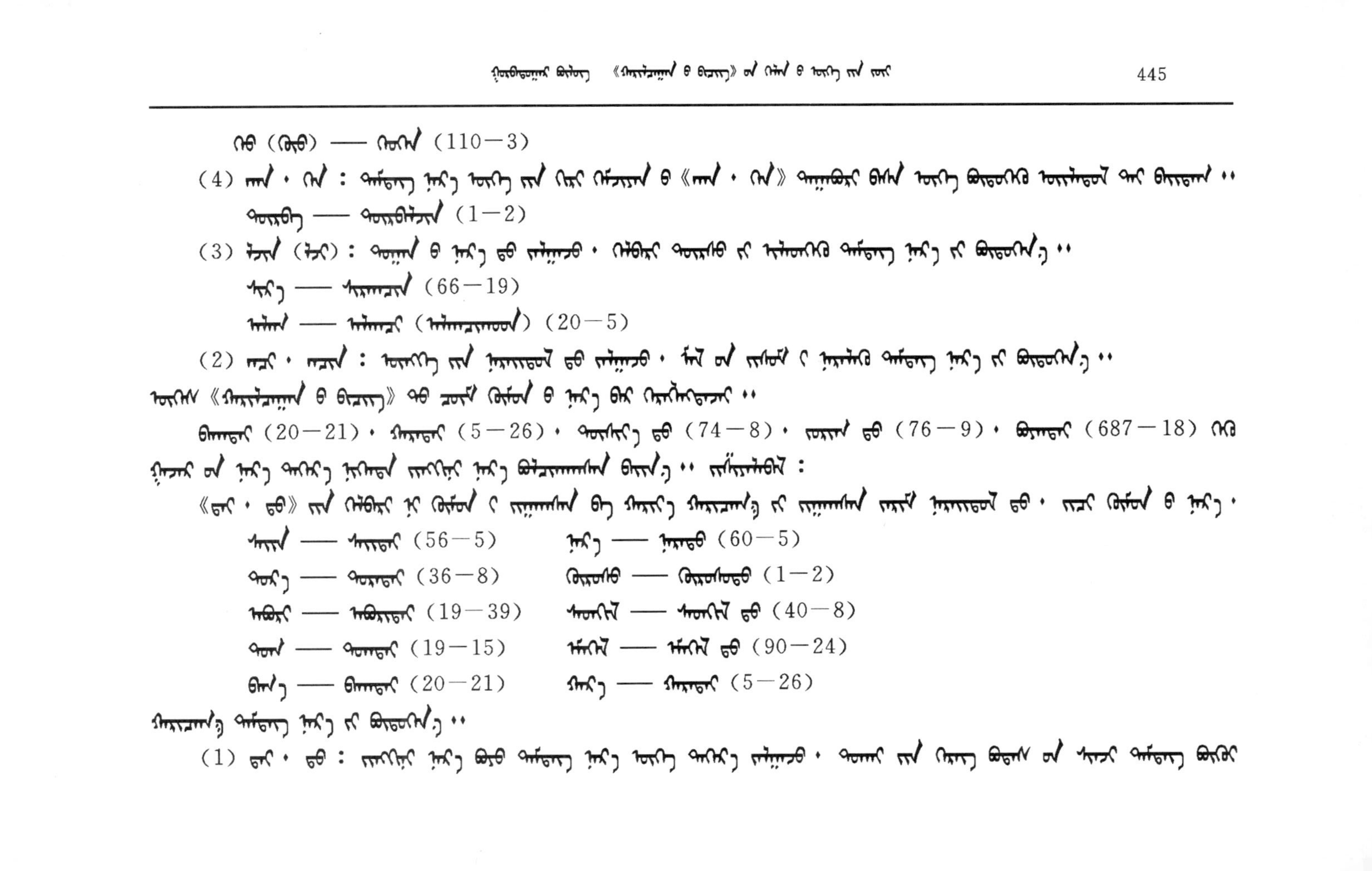

[illegible] ([illegible]) —— [illegible] (110—3)

(4) [illegible] · [illegible] : [illegible] 《[illegible] · [illegible]》 [illegible] ::

[illegible] —— [illegible] (1—2)

(3) [illegible] ([illegible]) : [illegible] · [illegible] ::

[illegible] —— [illegible] (66—19)

[illegible] —— [illegible] ([illegible]) (20—5)

(2) [illegible] · [illegible] : [illegible] · [illegible] ::
[illegible] 《[illegible]》 [illegible] ::

[illegible] (20—21) · [illegible] (5—26) · [illegible] (74—8) · [illegible] (76—9) · [illegible] (687—18) [illegible] :: [illegible] :

《[illegible] · [illegible]》 [illegible] · [illegible] ·

[illegible] —— [illegible] (56—5)	[illegible] —— [illegible] (60—5)
[illegible] —— [illegible] (36—8)	[illegible] —— [illegible] (1—2)
[illegible] —— [illegible] (19—39)	[illegible] —— [illegible] (40—8)
[illegible] —— [illegible] (19—15)	[illegible] —— [illegible] (90—24)
[illegible] —— [illegible] (20—21)	[illegible] —— [illegible] (5—26)

[illegible] ::

(1) [illegible] · [illegible] : [illegible] · [illegible]

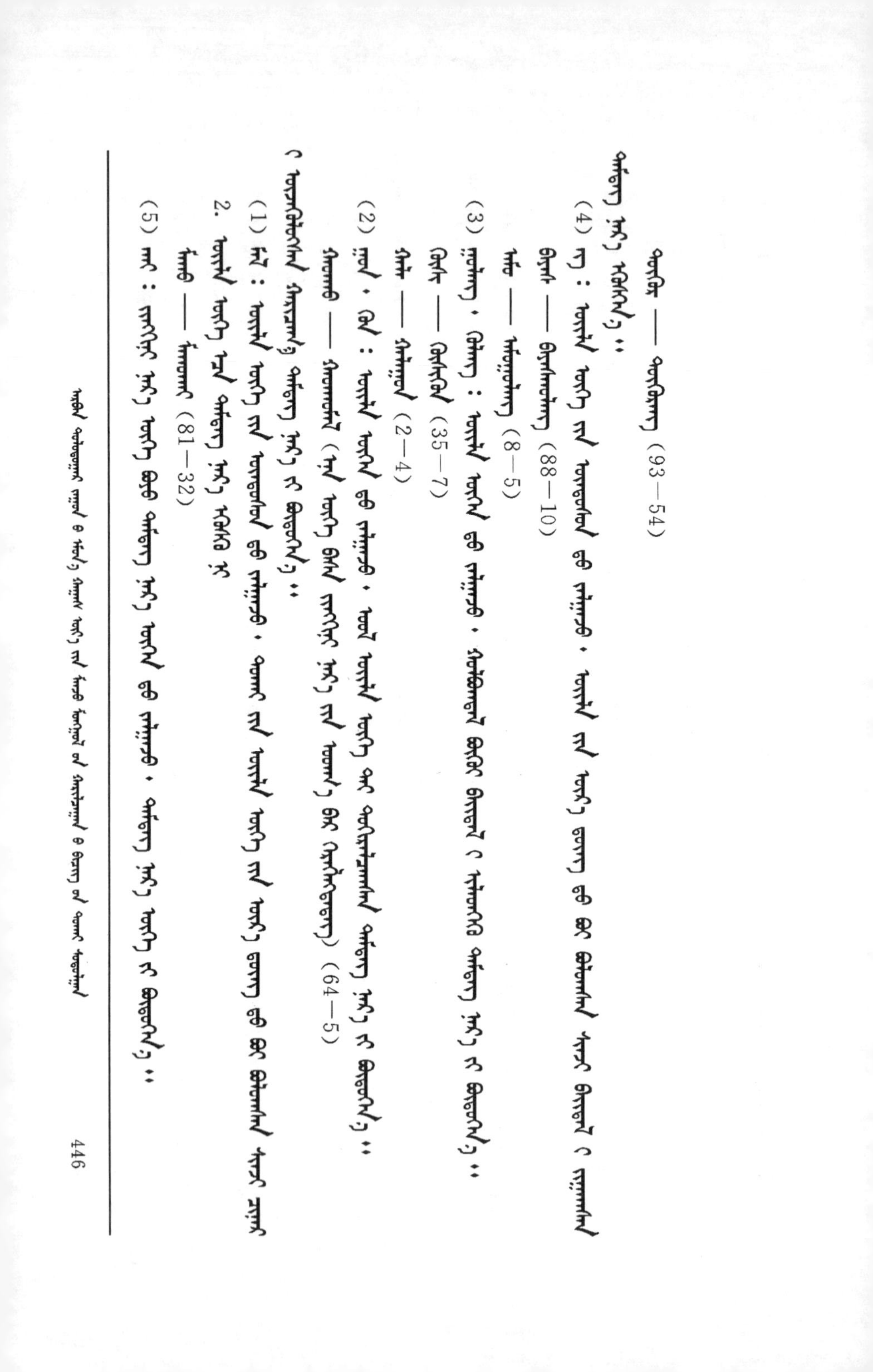

[illegible] — [illegible] (93—54)

[illegible] ᠃

(4) [illegible] : [illegible] · [illegible]

[illegible] — [illegible] (88—10)

[illegible] — [illegible] (8—5)

(3) [illegible] · [illegible] : [illegible] · [illegible] ᠃

[illegible] — [illegible] (35—7)

[illegible] — [illegible] (2—4)

(2) [illegible] · [illegible] : [illegible] · [illegible] ᠃

[illegible] — [illegible] ([illegible]) (64—5)

[illegible] ᠃

(1) [illegible] : [illegible] · [illegible]

2. [illegible]

[illegible] — [illegible] (81—32)

(5) [illegible] : [illegible] · [illegible] ᠃

ᠭᠠᠵᠠᠷ —— ᠭᠠᠵᠠᠷᠲᠤ (15—24)	ᠬᠠᠭᠠᠨ —— ᠬᠠᠭᠠᠨᠳᠤ (5—25)
ᠡᠪᠡᠷ —— ᠡᠪᠡᠷᠲᠦ (5—11)	ᠡᠮᠡᠯ —— ᠡᠮᠡᠯᠳᠦ (8—16)
ᠬᠣᠲᠠ —— ᠬᠣᠲᠠᠳᠤ (7—5)	ᠡᠬᠡᠨ —— ᠡᠬᠡᠳᠦ (5—8)
ᠡᠪᠦᠭᠡ —— ᠡᠪᠦᠭᠡᠳᠦ (30—9)	ᠪᠠᠭᠠᠨ —— ᠪᠠᠭᠠᠳᠤ (6—5)
ᠮᠣᠷᠢ —— ᠮᠣᠷᠢᠳᠤ (21—9)	

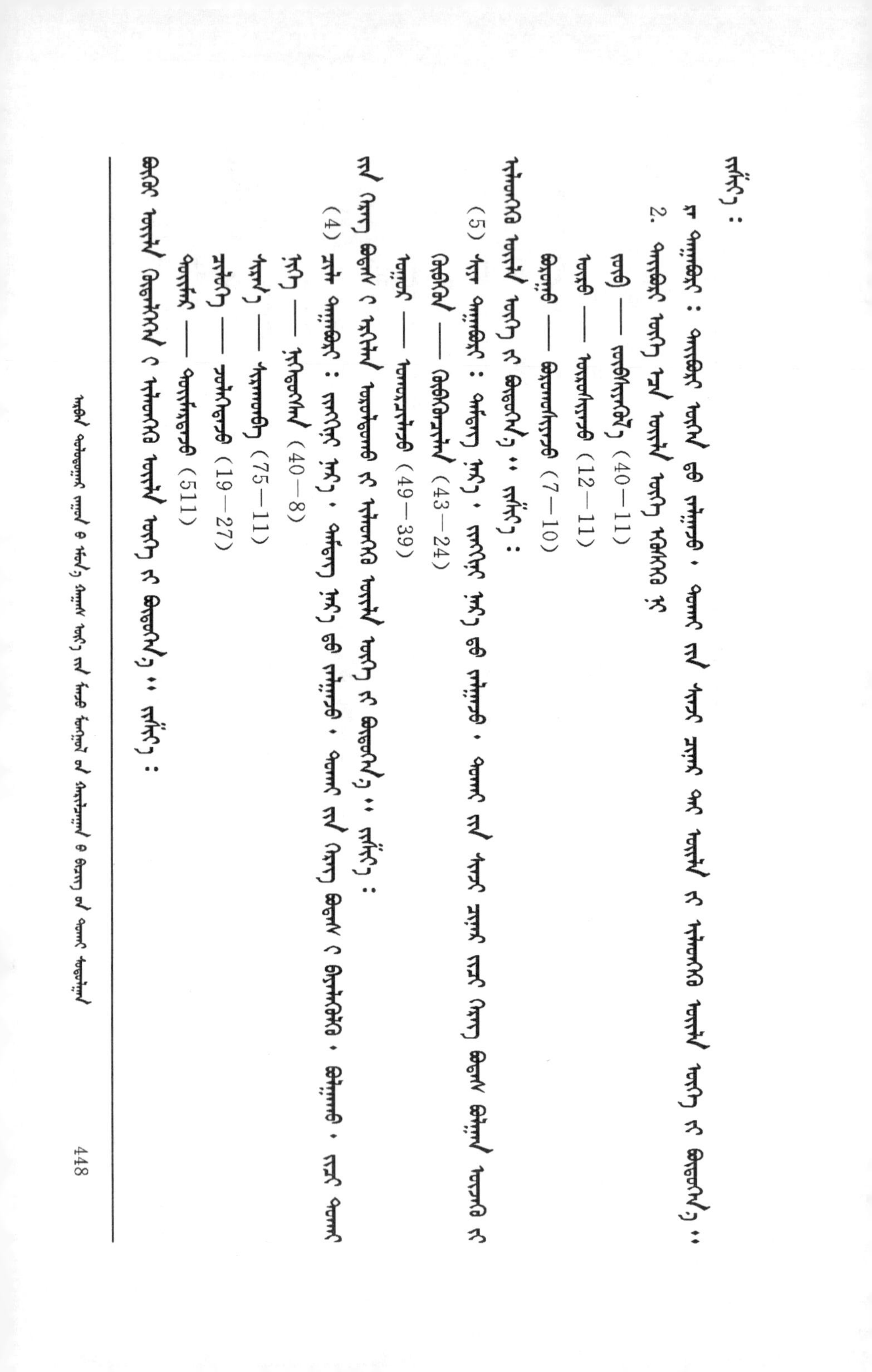

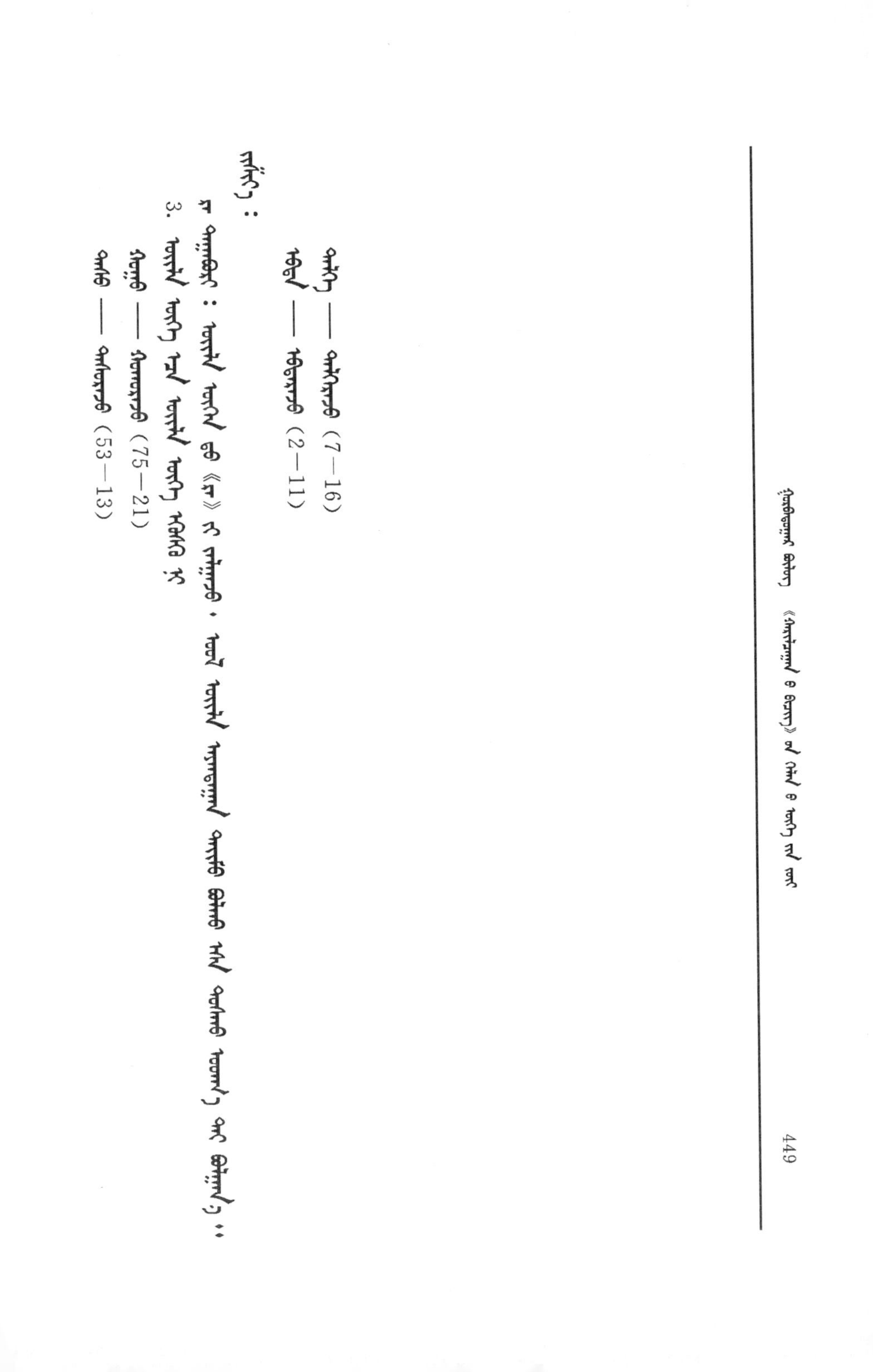

[illegible] 《[illegible] ᠤ ᠪᠢᠴᠢᠭ》 ᠤᠨ [illegible] ᠤ

[illegible] ᠤᠨ [illegible] ᠤᠨ [illegible]

[illegible] 《[illegible] ᠤ ᠪᠢᠴᠢᠭ》 ᠤᠨ [illegible] ᠳᠤ [illegible]

[illegible]

[illegible] ᠤᠨ [illegible] ᠤ [illegible]

《[illegible] ᠤ ᠪᠢᠴᠢᠭ》 ᠤᠨ 《[illegible] ᠤᠨ [illegible] ᠤ [illegible] ᠪᠢᠴᠢᠭ [illegible]》 ᠤᠨ 61 ᠳᠤᠭᠠᠷ ᠪᠢᠴᠢᠭ ᠳᠤ [illegible] ᠪᠢᠴᠢᠭ 35 ᠳᠤᠭᠠᠷ [illegible] ᠪᠢᠴᠢᠭ [illegible] ᠪᠠᠢᠨ᠎ᠠ ᠃ [illegible] ᠪᠢᠴᠢᠭ [illegible] ᠪᠠᠢᠨ᠎ᠠ ᠃

ᠦᠭᠡ ᠪᠣᠯᠤᠨ᠎ᠠ ᠄ ᠮᠣᠩᠭᠣᠯ ᠣᠷᠴᠢᠨ ᠴᠠᠭ ᠤᠨ ᠬᠡᠯᠡᠨ ᠳᠦ «bəlurdəʤ» ᠭᠡᠳᠡᠭ ᠰᠢᠭ ᠄ ᠡᠨᠡ ᠦᠭᠡ ᠪᠡᠷ «bəlurdəʤ» ᠭᠡᠵᠦ ᠦᠭᠡ ᠶᠢ ᠦᠯᠦᠮᠵᠢᠯᠡᠭᠦᠯᠦᠭᠰᠡᠨ ᠲᠡᠢ ᠲᠠᠭᠠᠷᠠᠯᠴᠠᠨ᠎ᠠ ᠄ ᠦᠯᠦᠮᠵᠢᠯᠡᠭᠦᠯᠦᠭᠰᠡᠨ ᠲᠡᠢ ᠦᠭᠡᠰ ᠦᠨ ᠬᠡᠯᠬᠢᠶᠡ ᠶᠢᠨ ᠪᠡᠷ «ᠵᠦᠢᠯ ᠬᠡᠯᠡᠪᠡᠷᠢ ᠂ ᠬᠡᠯᠬᠢᠶᠡ ᠶᠢᠨ ᠮᠡᠳᠡᠯᠭᠡ» ᠳᠡᠬᠢ ᠦᠭᠡᠰ ᠦᠨ ᠬᠡᠯᠬᠢᠶᠡ ᠲᠠᠭᠠᠷᠠᠭᠰᠠᠨ ᠪᠢᠴᠢᠭ» ᠬᠡᠯᠪᠡ «ᠵᠢᠨ ᠢ ᠪᠠᠷᠢᠮᠲᠠᠯᠠᠭᠰᠠᠨ ᠲᠡᠷᠡ ᠪᠣᠯᠤᠨ ᠦᠭᠡᠨ ᠬᠡᠯᠡ ᠪᠠᠶᠢᠨ᠎ᠠ ᠄ ᠮᠠᠰᠢ ᠳᠠᠭᠠᠨ ᠬᠡᠯᠡᠨ ᠦᠭᠡᠯᠡᠨ ᠄»(35—13) ᠭᠡᠵᠦ

ᠪᠠᠷᠢᠮᠲᠠᠯᠠᠭᠰᠠᠨ — ᠡᠨᠡ ᠦᠭᠡ «ᠦᠭᠡᠰ ᠦᠨ ᠮᠣᠩᠭᠣᠯ ᠬᠡᠯᠡᠨ ᠦ ᠮᠠᠰᠢ ᠬᠡᠷᠡᠭᠯᠡᠭᠳᠡᠭᠰᠡᠨ ᠬᠡᠯᠪᠡᠷᠢᠯᠡᠭᠰᠡᠨ ᠪᠣᠯᠤᠨ ᠵᠢᠨᠬᠢᠨᠡ ᠲᠠᠢ ᠮᠠᠰᠢ ᠬᠡᠷᠡᠭ ᠲᠡᠢ

(ᠵᠢᠱᠢᠶ᠎ᠡ) ᠮᠣᠩᠭᠣᠯ — ᠣᠷᠴᠢᠨ ᠴᠠᠭ ᠤᠨ ᠮᠣᠩᠭᠣᠯ ᠤ ᠦᠭᠡ

ᠡᠨᠡ ᠪᠣᠯᠪᠠᠯ ᠬᠣᠳᠣᠯᠳᠣᠭᠰᠠᠨ ᠰᠢᠭ ᠲᠡᠢ ᠵᠢᠷᠦᠮ ᠬᠡᠯᠡ ᠄ (93—69)

ᠡᠨᠡ ᠪᠣᠯᠤᠨ ᠬᠣᠷᠢᠭᠤᠯ ᠮᠣᠩᠭᠣᠯᠴᠤᠳ ᠲᠠᠢ ᠬᠣᠯᠪᠣᠭᠳᠠᠭᠰᠠᠨ ᠪᠣᠯᠪᠠᠯ ᠬᠣᠳᠣᠯᠳᠣᠭᠰᠠᠨ ᠰᠢᠭ ᠲᠡᠢ ᠬᠡᠯᠡ ᠄ (93—9)

ᠡᠨᠡ ᠪᠣᠯᠪᠠᠯ ᠬᠣᠳᠣᠯᠳᠣᠭᠰᠠᠨ ᠰᠢᠭ ᠲᠡᠢ ᠵᠢᠷᠦᠮ ᠬᠡᠯᠡ (93—3)

ᠡᠨᠡ ᠪᠣᠯᠤᠨ ᠬᠣᠷᠢᠭᠤᠯ ᠮᠣᠩᠭᠣᠯᠴᠤᠳ ᠲᠠᠢ ᠬᠣᠯᠪᠣᠭᠳᠠᠭᠰᠠᠨ ᠪᠣᠯᠪᠠᠯ ᠬᠣᠳᠣᠯᠳᠣᠭᠰᠠᠨ ᠰᠢᠭ ᠲᠡᠢ ᠬᠡᠯᠡ ᠄ (93—70)

ᠦᠭᠦᠯᠡᠯ ᠲᠣᠬᠢᠶᠠᠳᠠᠭ ᠄

ᠪᠠᠢᠳᠠᠯ ᠲᠣᠬᠢᠶᠠ ᠬᠡᠯᠡ ᠶᠢ ᠭᠠᠷᠭᠠᠵᠤ ᠪᠠᠢ ᠄ ᠮᠣᠩᠭᠣᠯ ᠬᠡᠯᠡᠨ ᠦ ᠦᠭᠡᠰ ᠲᠡᠢ ᠪᠠᠷᠢᠮᠲᠠ ᠦᠯᠦᠮᠵᠢᠯᠡᠭᠦᠯᠦᠨ ᠦᠭᠡ ᠪᠣᠯᠤᠨ᠎ᠠ ᠄ «ᠮᠣᠩᠭᠣᠯᠴᠤᠳ ᠤᠨ ᠪᠢᠴᠢᠭ» ᠲᠤ 4

2. ᠪᠣᠯᠪᠠ — ᠡᠨᠡ ᠦᠭᠡ ᠪᠡᠷ ᠪᠢᠴᠢᠭ ᠤᠨ ᠬᠡᠯᠡ ᠶᠢᠨ «ᠮᠣᠩᠭᠣᠯ» ᠭᠡᠳᠡᠭ ᠦᠭᠡᠰ ᠲᠡᠢ ᠦᠭᠡ ᠪᠣᠯᠤᠨ᠎ᠠ ᠄ ᠬᠡᠷᠪᠡ ᠲᠣᠬᠢᠯᠳᠤᠯ ᠲᠠᠢ ᠦᠭᠦᠯᠡᠪᠡ

ᠦᠭᠡ ᠦᠭᠡᠰ ᠵᠢᠭᠠᠬᠤ ᠬᠡᠯᠡᠪᠡᠷᠢ ᠪᠣᠯᠪᠠ ᠄ ᠮᠡᠳᠡᠵᠦ ᠰᠤᠷᠤᠭᠰᠠᠨ ᠮᠠᠰᠢ ᠶᠢᠨ ᠪᠠᠢᠳᠠᠯ ᠪᠣᠯᠤᠨ ᠦᠦ ᠄ (51—17)

ᠡᠨᠡ ᠦᠭᠡ «ᠮᠣᠩᠭᠣᠯᠴᠤᠳ ᠤᠨ ᠪᠢᠴᠢᠭ» ᠲᠤ 1 ᠦᠭᠦᠯᠡᠯ ᠲᠣᠬᠢᠶᠠᠳᠠᠭ ᠄

ᠭᠡᠵᠦ ᠦᠭᠦᠯᠡᠨ ᠬᠡᠯᠡ ᠄

ᠮᠣᠩᠭᠣᠯ ᠬᠡᠯᠡᠨ ᠦ ᠦᠭᠡᠰ ᠲᠡᠢ ᠂ ʤ ᠪᠣᠯᠤᠨ ᠰᠢᠪᠠᠭᠤᠲᠠᠢ ᠵᠢᠷᠤᠮᠯᠠᠯ ᠬᠡᠯᠪᠡ «ᠰᠢᠪᠠᠭᠤ» ᠪᠣᠯᠤᠨ ᠄ ᠪᠣᠯᠪᠠᠰᠤ ᠬᠡᠯᠡᠪᠡᠷᠢᠯᠡᠯ ᠂ ᠦᠯᠦᠮᠵᠢᠯᠡᠭᠦ ᠂ ᠮᠣᠩᠭᠣᠯ

1. ᠰᠢᠪᠠᠭᠤ — ᠡᠨᠡ ᠪᠡᠷ ᠪᠢᠴᠢᠭ ᠤᠨ ᠬᠡᠯᠡ ᠶᠢᠨ «ᠰᠢᠪᠠᠭᠤᠨ» ᠭᠡᠳᠡᠭ ᠦᠭᠡ ᠪᠣᠯᠤᠨ᠎ᠠ ᠄ ᠦᠭᠡ ᠮᠠᠰᠢ ᠦᠯᠦᠮᠵᠢ ᠪᠡᠷ «ᠰᠢᠪᠠᠭᠤ» ᠪᠣᠯᠤᠨ᠎ᠠ ᠄

(ᠵᠢᠱᠢᠶ᠎ᠡ) ᠮᠣᠩᠭᠣᠯ ᠬᠡᠯᠡᠨ ᠦ ᠦᠭᠡᠰ

ᠡᠨᠡ ᠪᠣᠯ ᠬᠠᠪᠤᠷ ᠰᠠᠨᠠᠭ᠎ᠠ ᠬᠡᠯᠡᠭᠰᠡᠨ ᠶᠢᠨ ᠵᠢᠭᠠᠭᠰᠠᠨ ᠪᠢᠳᠡᠬᠦ ᠬᠡᠯᠡ ᠬᠡᠨ ᠳᠦ ᠵᠢᠭᠠᠭᠰᠠᠨ ᠲᠣᠭᠲᠠᠭᠰᠠᠨ ᠬᠡᠯᠡ ᠪᠣᠯᠤᠨ᠎ᠠ :: ᠲᠡᠭᠦᠨ ᠢ 天时地利人和 ᠭᠡᠳᠡᠭ ᠬᠡᠯᠡ ᠲᠡᠢ ᠬᠡᠮᠡᠵᠦ ᠪᠣᠯᠤᠨ᠎ᠠ ::

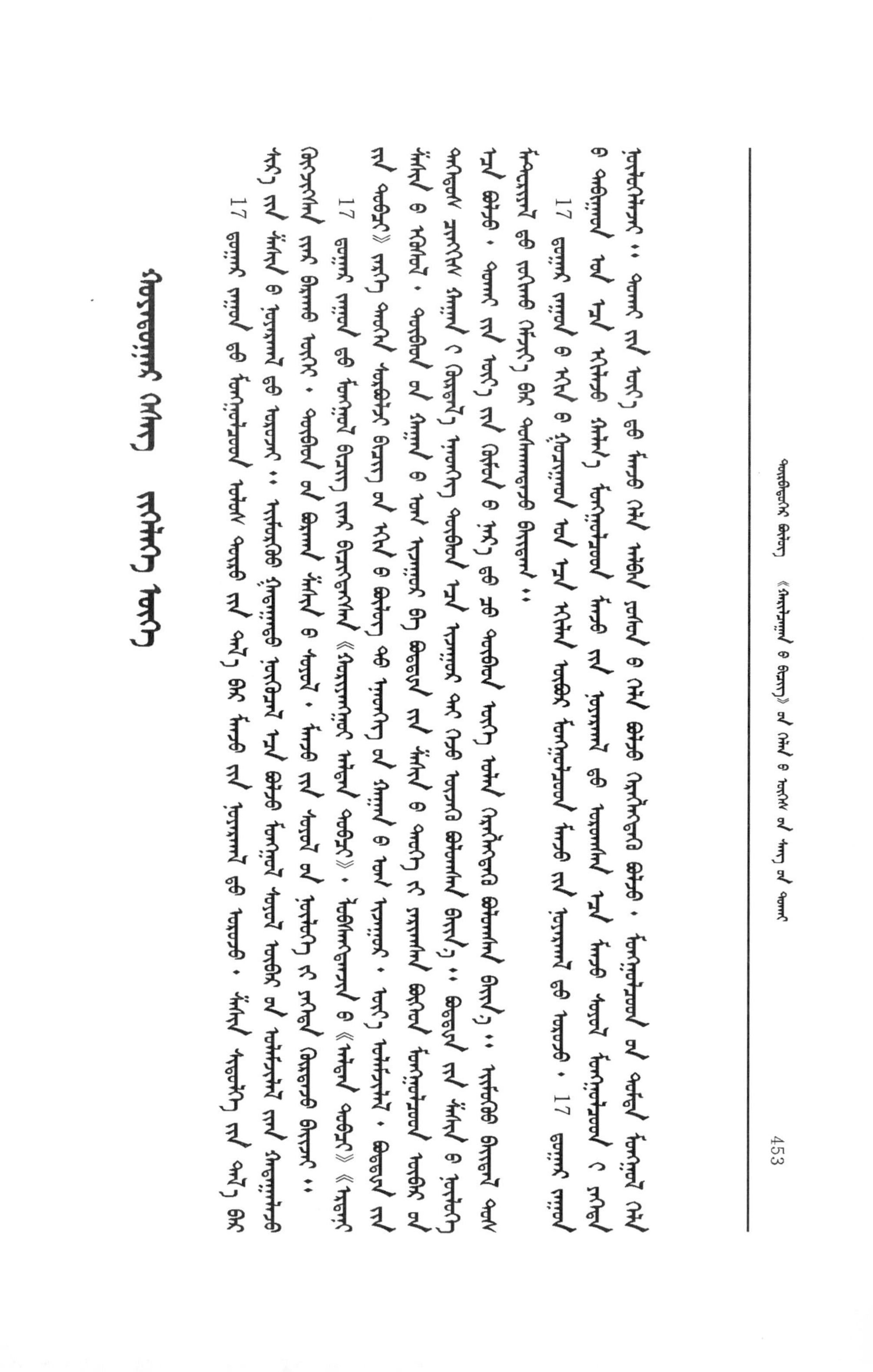

[illegible]

[illegible]

ᠲᠠᠯ ᠪᠠᠷᠤᠨ ᠮᠣᠩᠭᠣᠯ ᠬᠡᠯᠡᠨ ᠦ ᠪᠢᠴᠢᠭᠯᠡᠭᠳᠡᠬᠦ ᠬᠡᠯᠪᠡᠷᠢ ᠳᠤ ᠪᠠᠢᠳᠠᠯ ᠪᠣᠯᠤᠨ᠎ᠠ ① :: ᠬᠣᠭᠣᠷᠣᠨᠳᠤ ᠶᠠᠭᠤ ᠪᠣᠯᠪᠠᠴᠤ ᠮᠣᠩᠭᠣᠯ ᠬᠡᠯᠡ ᠨᠦ ᠬᠠᠷᠢᠴᠠᠩᠭᠤᠢ ᠪᠣᠯᠤ᠂ ᠮᠣᠩᠭᠣᠯ
ᠬᠡᠯᠡ ᠶᠢᠨ ᠪᠠᠢᠳᠠᠯ ᠢ ᠪᠠᠷᠢᠮᠲᠠᠯᠠᠪᠠ ᠬᠡᠮᠡᠨ ᠳᠡᠭᠡᠷᠡ᠂ ᠮᠣᠩᠭᠣᠯ ᠬᠡᠯᠡ ᠨᠢ ᠲᠡᠭᠦᠨ ᠦ ᠬᠦᠯ ᠪᠣᠯᠬᠤ ᠪᠠᠢᠳᠠᠯ ᠢᠶᠠᠷ::《ᠮᠣᠩᠭᠣᠯ ᠤᠨ ᠨᠢᠭᠤᠴᠠ ᠲᠣᠪᠴᠢᠶᠠᠨ》ᠪᠠ ᠬᠡᠯᠡ
ᠬᠡᠯᠡ 17 ᠵᠠᠭᠤᠨ ᠤ ᠡᠬᠢᠨ ᠦ ᠮᠣᠩᠭᠣᠯ ᠬᠡᠯᠡ ᠳᠦ ᠪᠢᠴᠢᠭᠳᠡᠭᠰᠡᠨ ᠬᠢᠲᠠᠳ ᠦᠭᠡ ᠪᠠᠢᠳᠠᠯ᠂ ᠮᠣᠩᠭᠣᠯ ᠬᠡᠯᠡ ᠨᠦ ᠮᠣᠩᠭᠣᠯ ᠪᠠ ᠬᠡᠯᠡ ᠶᠢᠨ ᠬᠡᠯᠡ
ᠨᠢ ᠪᠣᠯᠵᠤ ᠪᠠᠢᠭ᠎ᠠ ᠬᠢᠲᠠᠳ ᠪᠢᠴᠢᠭ ᠦᠨ ᠪᠠᠢᠳᠠᠯ ᠢ ᠪᠠᠷᠢᠮᠲᠠᠯᠠᠪᠠ::《ᠮᠣᠩᠭᠣᠯ ᠤᠨ ᠨᠢᠭᠤᠴᠠ ᠲᠣᠪᠴᠢᠶᠠᠨ》ᠤ ᠬᠡᠯᠡ ᠶᠢᠨ ᠬᠡᠯᠡ ᠨᠢ ᠪᠠᠢᠳᠠᠯ ᠢ ᠳᠤᠷᠠᠳᠬᠠᠪᠠᠯ᠂
ᠬᠡᠯᠡᠨ᠂ ᠮᠣᠩᠭᠣᠯ᠂ ᠪᠠᠢᠳᠠᠯ ᠬᠡᠯᠡᠨ ᠦᠭᠡ ᠮᠣᠩᠭᠣᠯ ᠪᠣᠯᠪᠠᠰᠤ᠂ ᠪᠠᠢᠭᠤᠯᠤᠯᠲᠠ ᠲᠣᠭᠠᠨ ᠲᠣᠭᠠᠨ ᠤ ᠦᠭᠡ᠂ ᠪᠠᠢᠳᠠᠯ ᠤᠨ ᠦᠭᠡ᠂ ᠬᠢᠲᠠᠳ ᠦᠭᠡ ᠶᠢᠨ
ᠦᠭᠡ᠂ ᠲᠤ ᠬᠡᠯᠡᠯᠭᠡ ᠶᠢᠨ ᠦᠭᠡ ᠨᠢ ᠪᠣᠯᠤᠨ᠎ᠠ::

ᠲᠠᠪᠤ ᠬᠢᠲᠠᠳ ᠵᠡᠭᠡᠯᠡᠭᠰᠡᠨ ᠦᠭᠡ

1. ᠲᠠᠩ (5—9) —— ᠬᠢᠲᠠᠳ ᠬᠡᠯ《税》ᠭᠡᠵᠦ ᠪᠠᠢᠨ᠎ᠠ:: ᠮᠣᠩᠭᠣᠯ ᠴᠢᠮᠡᠭ ᠦᠨ ᠬᠡᠯᠡᠨ ᠪᠠ ᠪᠢᠴᠢᠭᠳᠡᠪᠡ::
2. ᠬᠠᠭᠠᠨ (8—23) —— ᠬᠠᠨ ᠪᠠ《国王》ᠪᠠᠢᠨ ᠬᠢᠲᠠᠳ ᠦᠭᠡ:: ᠮᠣᠩᠭᠣᠯ ᠪᠠᠢᠨ ᠳᠤ ᠦᠭᠡᠨ ᠢ ᠬᠠᠷᠢᠴᠠᠭᠤᠯᠪᠠᠯ ᠮᠣᠩᠭᠣᠯ ᠦᠭᠡᠯᠡᠭᠰᠡᠨ ᠦᠭᠡ ᠪᠣᠯᠤᠨ᠎ᠠ::
3. ᠲᠦᠰᠢᠮᠡᠯ (10—4) —— ᠬᠠᠨ ᠪᠠ《首领》ᠭᠡᠳᠡᠭ ᠬᠢᠲᠠᠳ ᠦᠭᠡ᠂ ᠨᠢᠭᠡ ᠲᠦᠰᠢᠮᠡᠯ ᠦᠨ ᠴᠣᠯᠠ ᠪᠣᠯᠤᠨ᠎ᠠ::
4. ᠸᠧᠢᠵᠢᠩ (18—8) —— ᠬᠢᠲᠠᠳ ᠬᠡᠯ《卫征》ᠭᠡᠵᠦ ᠪᠣᠢ:: ᠨᠢᠭᠡ ᠲᠦᠰᠢᠮᠡᠯ ᠦᠨ ᠴᠣᠯᠠ ᠪᠣᠯᠤᠨ᠎ᠠ::
5. ᠯᠢ (18—3) —— ᠬᠢᠲᠠᠳ ᠬᠡᠯ《李》ᠭᠡᠳᠡᠭ:: ᠮᠣᠩᠭᠣᠯ ᠬᠦᠮᠦᠨ ᠦ ᠣᠪᠣᠭ::

① 符拉基米尔佐夫著，陈伟、陈鹏译，沈成明校：《蒙古书面语与喀尔喀方言比较语法》，青海人民出版社，1988年，
第26页。

6. ᠬᠠᠮᠲᠤᠷᠠᠬᠤ (48—26) —— ᠬᠢᠲᠠᠳ ᠦᠭᠡ《同事》ᠭᠡᠳᠡᠭ ᠬᠡᠯᠡᠨ᠎ᠡ :: ᠬᠠᠮᠲᠤᠷᠠᠨ ᠰᠠᠭᠤᠭᠰᠠᠨ ᠤ ᠭᠢᠷᠤ ᠲᠡᠮᠳᠡᠭ ᠦᠨ ᠨᠡᠷᠡᠲᠡᠢ ᠪᠠᠢ ::

7. ᠯᠠᠩᠵᠦᠩ (48—26) —— ᠬᠢᠲᠠᠳ ᠦᠭᠡ《郎中》ᠭᠡᠳᠡᠭ ᠪᠣᠯᠤᠨᠠ :: ᠶᠠᠮᠤᠨ ᠳᠠᠷᠤᠭ᠎ᠠ ᠶᠢ ᠬᠡᠯᠡᠨ᠎ᠡ ::

8. ᠴᠢᠨ ᠸᠠᠩ (62—1) —— ᠬᠢᠲᠠᠳ ᠦᠭᠡ《亲王》ᠭᠡᠳᠡᠭ ᠪᠣᠯᠤᠨᠠ :: ᠴᠢᠩ ᠤᠯᠤᠰ ᠤᠨ ᠬᠠᠭᠠᠨ ᠤ ᠤᠷᠤᠭ ᠤᠨ ᠡᠷᠡᠭᠲᠡᠢ ᠬᠠᠮᠠᠭ ᠳᠡᠭᠡᠳᠦ ᠶᠢᠨ ᠬᠠᠮᠢᠶᠠᠷᠤᠯᠳᠠᠭᠰᠠᠨ ᠢ ᠪᠣᠭᠤᠷᠳᠠᠭᠤᠯᠤᠭᠰᠠᠨ ᠴᠢᠩ ᠤᠯᠤᠰ ᠤᠨ ᠨᠢᠭᠡᠳᠦᠭᠡᠷ ᠵᠡᠷᠭᠡ ᠶᠢᠨ ᠴᠣᠯ ᠢ ᠴᠢᠨ ᠸᠠᠩ

ᠭᠡᠵᠡᠢ ① ::

9. ᠵᠢᠨ ᠸᠠᠩ (64—1) —— ᠬᠢᠲᠠᠳ ᠦᠭᠡ《郡王》ᠭᠡᠳᠡᠭ ᠪᠣᠯᠤᠨᠠ :: ᠴᠢᠩ ᠤᠯᠤᠰ ᠤᠨ ᠬᠠᠭᠠᠨ ᠤ ᠤᠷᠤᠭ ᠤᠨ ᠡᠷᠡᠭᠲᠡᠢ ᠬᠠᠮᠠᠭ ᠳᠡᠭᠡᠳᠦ ᠶᠢᠨ ᠬᠠᠮᠢᠶᠠᠷᠤᠯᠳᠠᠭᠰᠠᠨ ᠢ ᠪᠣᠭᠤᠷᠳᠠᠭᠤᠯᠤᠭᠰᠠᠨ ᠴᠢᠩ ᠤᠯᠤᠰ ᠤᠨ ᠬᠣᠶᠠᠳᠤᠭᠠᠷ ᠵᠡᠷᠭᠡ ᠶᠢᠨ ᠴᠣᠯ ᠢ ᠵᠢᠨ ᠸᠠᠩ

ᠭᠡᠵᠡᠢ ② ::

10. ᠭᠦᠩᠵᠦ (64—3) —— ᠬᠢᠲᠠᠳ ᠦᠭᠡ《公主》ᠭᠡᠳᠡᠭ ᠪᠣᠯᠤᠨᠠ :: ᠬᠠᠭᠠᠨ ᠤ ᠬᠦᠬᠡᠨ ᠢ ᠬᠡᠯᠡᠨ᠎ᠡ :: ᠴᠢᠩ ᠤᠯᠤᠰ ᠤᠨ ᠬᠠᠭᠠᠨ ᠤ ᠤᠷᠤᠭ ᠤᠨ ᠡᠮᠡᠭᠲᠡᠢ ᠬᠦᠮᠦᠰ ᠦᠨ ᠡᠬᠡ ᠶᠢᠨ ᠠᠢᠮᠠᠭ ᠤᠨ ᠴᠢᠨ ᠸᠠᠩ ᠤᠨ ᠬᠦᠬᠡᠳ ᠲᠦ ᠣᠯᠭᠣᠭᠰᠠᠨ ᠴᠣᠯ ᠢ ᠪᠣᠭᠤᠷᠳᠠᠭᠤᠯᠤᠭᠰᠠᠨ ᠤ ᠬᠡᠮᠡᠯ ᠰᠢᠭᠦᠯ᠂ ᠭᠡᠷᠡᠯ ᠦᠨ ᠴᠢᠨ ᠸᠠᠩ᠂ ᠬᠠᠰᠢᠭ᠎ᠠ ᠶᠢᠨ ᠵᠢᠨ ᠸᠠᠩ᠂ ᠪᠡᠢᠯᠡ᠂ ᠰᠢᠯᠢᠭᠰᠡᠨ ᠦ ᠬᠠᠭᠠᠨ ᠤ ᠬᠦᠷᠭᠡᠨ ᠲᠦ ᠴᠢᠨᠠᠷ ᠭᠦᠩᠵᠦ ᠭᠡᠳᠡᠭ ᠪᠣᠢ ③ :: 《ᠰᠢᠯᠭᠠᠭᠰᠠᠨ ᠤ ᠪᠢᠴᠢᠭ》ᠳᠤ 《ᠭᠦᠩᠵᠦ》(8—23) ᠭᠡᠳᠡᠭ ᠪᠢᠴᠢᠭ ᠪᠢᠴᠢᠭᠳᠡᠭᠰᠡᠨ ᠪᠠᠢ ::

11. ᠪᠣᠢ (65—1) —— 《ᠪᠣᠢ ᠴᠢᠯᠠᠭᠤ》ᠭᠡᠳᠡᠭ ᠰᠢᠯᠢᠭᠰᠡᠨ ᠭᠠᠷᠴᠠᠭᠯᠠᠭᠰᠠᠨ :: ᠬᠢᠲᠠᠳ ᠦᠭᠡ《碑》ᠭᠡᠳᠡᠭ ᠪᠣᠯᠤᠨᠠ :: ᠪᠢᠴᠢᠭ ᠰᠢᠨ ᠪᠣᠯᠤᠨ

ᠪᠠᠢ ::

①②③ ᠬᠠᠷᠢᠴᠠᠭᠤᠯᠤᠭᠰᠠᠨ ᠮᠣᠩᠭᠣᠯ ᠤᠨ ᠬᠡᠯᠡᠨ ᠦ ᠲᠠᠢᠯᠪᠤᠷᠢ ᠲᠣᠯᠢ᠂ ᠮᠣᠩᠭᠣᠯ ᠬᠠᠷᠢᠭᠤᠯᠵᠠᠢ ᠶᠢᠨ ᠮᠣᠩᠭᠣᠯᠴᠤᠳ ᠤᠨ ᠨᠡᠢᠲᠡ ᠶᠢᠨ ᠲᠣᠯᠢ᠂ ᠮᠣᠩᠭᠣᠯ ᠬᠠᠷᠢᠭᠤᠯᠵᠠᠢ ᠶᠢᠨ ᠰᠤᠷᠭᠠᠭᠤᠯᠢ ᠶᠢᠨ ᠬᠠᠷᠢᠭᠤᠯᠵᠠᠢ ᠶᠢᠨ ᠬᠡᠯᠡ ᠪᠢᠴᠢᠭ ᠦᠨ ᠰᠤᠳᠤᠯᠭ᠎ᠠ ᠶᠢᠨ ᠬᠦᠷᠢᠶᠡᠯᠡᠩ《ᠮᠣᠩᠭᠣᠯ ᠬᠡᠯᠡᠨ ᠦ ᠲᠠᠢᠯᠪᠤᠷᠢ ᠲᠣᠯᠢ ᠶᠢᠨ ᠰᠢᠨᠡ ᠵᠠᠰᠠᠪᠤᠷᠢ ᠶᠢᠨ ᠬᠠᠷᠢᠭᠤᠯᠵᠠᠢ ᠶᠢᠨ ᠬᠠᠷᠢᠭᠤᠯᠵᠠᠢ ᠶᠢᠨ ᠬᠡᠪᠯᠡᠯ》(ᠬᠠᠷᠢᠴᠠᠭᠤᠯᠤᠭᠰᠠᠨ ᠬᠡᠪᠯᠡᠯ)᠂ ᠮᠣᠩᠭᠣᠯ ᠬᠠᠷᠢᠭᠤᠯᠵᠠᠢ ᠶᠢᠨ ᠠᠷᠠᠳ ᠤᠨ ᠬᠡᠪᠯᠡᠯ ᠦᠨ ᠬᠣᠷᠢᠶ᠎ᠠ᠂ 2003 ᠣᠨ᠂ 31 ᠳᠦᠭᠡᠷ ᠨᠢᠭᠤᠷ ::

ᠪᠢᠴᠢᠭ ᠢ《ᠰᠢᠷᠢᠭ》ᠭᠡᠵᠦ ᠪᠢᠴᠢᠵᠦ ᠪᠠᠢᠳᠠᠭ ::《ᠮᠣᠩᠭᠣᠯᠴᠤᠳ ᠤᠨ ᠪᠢᠴᠢᠭ》ᠳᠤ ᠰᠢᠷᠢᠭ ᠭᠡᠳᠡᠭ ᠦᠭᠡ ᠪᠠᠢᠬᠤ ᠦᠭᠡᠢ ᠪᠣᠯᠪᠠᠴᠤ《ᠲᠣᠷᠭ᠎ᠠ》ᠭᠡᠵᠦ

19. ᠲᠣᠷᠭ᠎ᠠ（90—24）—— ᠬᠢᠲᠠᠳ ᠦᠭᠡ《王》ᠭᠡᠰᠡᠨ :: ᠰᠣᠨᠢᠷᠬᠠᠯ ᠰᠠᠢᠬᠠᠨ ᠤ ᠲᠣᠷᠭ᠎ᠠ ᠶᠢᠨ ᠨᠡᠷᠡᠳᠦᠯ ᠪᠣᠯᠬᠤ᠂ ᠮᠣᠩᠭᠣᠯ ᠤᠨ ᠲᠣᠷᠭ᠎ᠠ ᠳᠤ ᠮᠣᠩᠭᠣᠯ ᠦᠭᠡ ᠶᠢᠨ ᠪᠦᠲᠦᠴᠡ ::《ᠬᠤᠪᠢ ᠪᠣᠯᠤᠨ ᠦᠭᠡ》ᠪᠢᠴᠢᠭ ᠢ《ᠲᠣᠷᠭ᠎ᠠ》ᠭᠡᠵᠦ ᠪᠦᠲᠦᠭᠡᠭᠰᠡᠨ ᠪᠠᠢᠨ᠎ᠠ :: ①

18. ᠲᠣᠷᠭ᠎ᠠ（68—2）—— ᠬᠢᠲᠠᠳ ᠦᠭᠡ《蟒缎》ᠭᠡᠰᠡᠨ :: ᠰᠣᠨᠢᠨ ᠲᠣᠷᠭᠣᠨ ᠰᠣᠨᠢᠷᠬᠠᠨ ᠰᠢᠯᠢᠮᠡᠯ ᠵᠢᠷᠤᠭ ᠲᠠᠢ ᠲᠣᠷᠭ᠎ᠠ ᠲᠣᠭᠦᠷᠭ ᠦᠨ ᠨᠢ ᠭᠤ

17. ᠪᠣᠤ（56—18）—— ᠬᠢᠲᠠᠳ ᠦᠭᠡ《炮》ᠭᠡᠰᠡᠨ :: ᠮᠣᠩᠭᠣᠯ ᠦᠭᠡ ᠶᠢᠨ ᠵᠡᠪᠰᠡᠭ ᠦᠨ ᠨᠡᠷᠡᠰ ᠢ ᠭᠡᠳᠡᠭ ᠪᠠᠶᠢᠨ᠎ᠠ ::

ᠭᠡᠳᠡᠭ ᠪᠠᠶᠢᠨ᠎ᠠ ::

16. ᠪᠠᠩᠱᠢ（1—6）—— ᠬᠢᠲᠠᠳ ᠦᠭᠡ《榜式》ᠭᠡᠵᠦ ᠪᠢᠴᠢᠭᠰᠡᠨ :: ᠬᠢᠲᠠᠳ᠂ ᠲᠣᠷᠭ᠎ᠠ᠂ ᠲᠣᠭᠠᠴᠠ ᠭᠡᠳᠡᠭ ᠵᠢ ᠮᠣᠩᠭᠣᠯᠴᠢᠯᠠᠭᠰᠠᠨ ᠪᠢᠴᠢᠭ ᠢ

ᠭᠡᠰᠡᠨ ᠪᠢᠴᠢᠭᠡᠴᠢ ᠢ ᠭᠡᠳᠡᠭ ::

15. ᠰᠢᠶᠠᠩ（75—12）—— ᠬᠢᠲᠠᠳ ᠦᠭᠡ《赏》ᠭᠡᠵᠦ ᠪᠢᠴᠢᠭᠰᠡᠨ :: ᠰᠠᠢᠨ ᠮᠣᠩᠭᠣᠯ ᠦᠭᠡᠯᠡᠯ ᠪᠡᠷ ᠰᠠᠶᠢᠨ ᠪᠣᠯᠤᠨ ᠲᠠᠢ ᠰᠢᠭᠠᠩᠨᠠᠬᠤ ᠳᠤ ᠰᠣᠶᠤᠷᠬᠠᠯ

ᠭᠠᠷᠭᠠᠯᠲᠠ ::

14. ᠯᠢᠶᠠᠩ（75 — 9）—— ᠬᠢᠲᠠᠳ ᠦᠭᠡ《两》ᠭᠡᠵᠦ ᠪᠢᠴᠢᠭᠰᠡᠨ :: ᠮᠣᠩᠭᠣᠯ ᠲᠣᠭᠠᠨ ᠤ ᠪᠣᠳᠤᠭᠳᠠᠬᠤ ᠳᠤ ᠭᠠᠷᠭᠠᠯ ᠰᠠᠶᠢᠨ ᠪᠠᠢ

ᠭᠠᠷᠤᠨ ᠰᠡᠮᠡᠭᠡ ᠦᠭᠡ ::

13. ᠵᠢᠨᠠᠨ ᠹᠦ（70—8）——《济南府》ᠭᠡᠳᠡᠭ ᠬᠢᠲᠠᠳ ᠰᠢᠯᠢᠨ :: 《ᠵᠢᠨᠠᠨ》ᠭᠡᠳᠡᠭ ᠨᠢ ᠭᠠᠵᠠᠷ ᠤᠨ ᠨᠡᠷ᠎ᠡ᠂《府》ᠭᠡᠰᠡᠨ ᠨᠢ ᠰᠢᠯᠢᠨ

ᠪᠠᠢᠭᠤᠯᠤᠯᠭ᠎ᠠ ᠭᠠᠵᠠᠷ ᠤᠨ ᠰᠢᠯᠢᠨᠵᠢᠭᠦᠯᠦᠭᠰᠡᠨ ᠮᠣᠩᠭᠣᠯ ᠦᠭᠡ ᠶᠢᠨ ᠨᠡᠷᠡᠳᠦᠯ ::

12. ᠵᠤᠸᠠᠩᠳᠤᠸᠠᠨ（68—3）—— ᠬᠢᠲᠠᠳ ᠦᠭᠡ《妆缎》ᠭᠡᠵᠦ ᠪᠢᠴᠢᠭᠰᠡᠨ :: ᠮᠣᠩᠭᠣᠯ ᠦᠭᠡ ᠶᠢᠨ ᠪᠦᠲᠦᠴᠡ ᠶᠢ ᠭᠡᠳᠡᠭ :: ᠰᠣᠨᠢᠷᠬᠠᠯ ᠲᠣᠷᠭ᠎ᠠ ᠶᠢᠨ

---

① ᠪᠠ᠂ ᠲᠣᠭᠲᠠᠬᠤ ᠵᠠᠰᠠᠭᠯᠠᠭᠴᠢ ᠪᠣᠯᠪᠠᠰᠤᠷᠠᠭᠤᠯᠤᠭᠰᠠᠨ《ᠲᠣᠷᠭ᠎ᠠ ᠶᠢᠨ ᠨᠡᠷ᠎ᠡ ᠪᠠᠢᠭ᠎ᠠ ᠪᠢᠴᠢᠭ》᠂ ᠰᠣᠶᠤᠯ ᠤᠨ ᠬᠡᠪᠯᠡᠯ ᠦᠨ ᠬᠣᠷᠢᠶ᠎ᠠ᠂ 1995 ᠣᠨ᠂ 599 ᠳᠤᠭᠠᠷ ᠨᠢᠭᠤᠷ ::

1. ᠨᠢᠭᠤᠨ (13—2) —— ᠨᠣᠶᠠᠳ ᠤᠨ ᠡᠵᠡᠨ ᠬᠠᠭᠠᠨ ᠤ ᠡᠵᠡᠨ ᠃ ᠮᠣᠩᠭᠣᠯ ᠪᠡᠷ 《ᠨᠢᠭᠤᠨ》 ᠭᠡᠵᠦ ᠪᠢᠴᠢᠭᠰᠡᠨ ᠃ ᠬᠢᠳᠠᠳ ᠲᠤᠷ 叶赫 ᠭᠡᠵᠦ

ᠬᠣᠶᠠᠷ ᠮᠣᠩᠭᠣᠯ ᠵᠡᠭᠡᠯᠡᠭᠰᠡᠨ ᠦᠭᠡ

ᠭᠠᠷᠴᠠᠭᠯᠠᠵᠠᠢ ᠃

26. ᠰᠢᠯᠠᠩ (27—8) —— ᠬᠢᠳᠠᠳ ᠤᠨ 《侍郎》 ᠭᠡᠳᠡᠭ ᠦᠭᠡ ᠪᠣᠯᠤᠨ᠎ᠠ ᠃ ᠲᠦᠰᠢᠮᠡᠯ ᠪᠢᠴᠢᠭᠡᠴᠢ ᠶᠢᠨ ᠭᠠᠷ ᠪᠣᠰᠬᠠᠭᠰᠠᠨ ᠭᠡᠳᠡᠭ ᠤᠳᠬ᠎ᠠ ᠲᠠᠢ ᠪᠣᠯᠤᠨ᠎ᠠ ᠃

25. ᠴᠢᠩᠰᠠᠩ (43—13) —— ᠬᠢᠳᠠᠳ ᠤᠨ 《宰相》 ᠭᠡᠳᠡᠭ ᠦᠭᠡ ᠡᠴᠡ ᠭᠠᠷᠤᠭᠰᠠᠨ ᠃ ᠨᠢᠭᠤᠨ ᠲᠦᠰᠢᠮᠡᠯ ᠭᠡᠳᠡᠭ ᠤᠳᠬ᠎ᠠ ᠲᠠᠢ ᠦᠭᠡ ᠨᠡᠷᠡᠳᠦᠯ ᠪᠣᠯᠵᠠᠢ ᠃

24. ᠲᠠᠢᠢᠵᠢ (1—13) —— ᠬᠢᠳᠠᠳ ᠤᠨ 《太子》 ᠭᠡᠳᠡᠭ ᠦᠭᠡ ᠡᠴᠡ ᠭᠠᠷᠤᠭᠰᠠᠨ ᠃ ᠬᠠᠭᠠᠨ ᠤ ᠬᠦᠪᠡᠭᠦᠨ ᠦᠨ ᠦᠭᠡ ᠪᠡ ᠨᠢᠭᠤᠨ ᠲᠦᠰᠢᠮᠡᠯ ᠦᠨ

23. ᠲᠠᠢᠢᠴᠢᠭᠤᠳ (7—11) —— ᠬᠢᠳᠠᠳ ᠲᠤᠷ 《戴青》 ᠭᠡᠵᠦ ᠪᠢᠴᠢᠭᠰᠡᠨ ᠪᠠᠢ ᠃ ᠨᠢᠭᠤᠨ ᠲᠦᠰᠢᠮᠡᠯ ᠦᠨ ᠨᠡᠷᠡᠳᠦᠯ ᠪᠣᠯᠤᠨ᠎ᠠ ᠃ ᠨᠢᠭᠤᠨ ᠂ ᠲᠠᠢᠢᠵᠢ ᠭᠡᠳᠡᠭ ᠦᠭᠡ ᠲᠠᠢ ᠃

22. ᠲᠠᠢ (6—1) —— 《大》 ᠭᠡᠳᠡᠭ ᠦᠭᠡ ᠲᠠᠢ ᠦᠭᠡ ᠃ ᠮᠣᠩᠭᠣᠯ ᠬᠡᠯᠡ 《大》 ᠭᠢ ᠶᠢ ᠬᠢᠳᠠᠳ ᠲᠤᠷ [tai] ᠭᠡᠵᠦ ᠳᠠᠭᠤᠳᠠᠳᠠᠭ ᠃

21. ᠲᠠᠢᠢᠳᠤ (18—14) —— 《大都》 ᠭᠡᠳᠡᠭ ᠦᠭᠡ ᠪᠣᠯᠤᠨ᠎ᠠ ᠃ ᠬᠣᠲᠠ ᠶᠢᠨ ᠨᠡᠷ᠎ᠡ ᠶᠢ ᠭᠡᠵᠦ ᠪᠠᠢ ᠃

20. ᠲᠠᠢᠢᠬᠤ (42—2) —— 《太后》 ᠭᠡᠳᠡᠭ ᠦᠭᠡ ᠪᠣᠯᠤᠨ᠎ᠠ ᠃ ᠬᠠᠲᠤᠨ ᠡᠬᠡ ᠶᠢᠨ ᠡᠬᠡ ᠶᠢ ᠨᠡᠷᠡᠶᠢᠳᠦᠭᠰᠡᠨ ᠴᠣᠯ ᠪᠣᠯᠤᠨ᠎ᠠ ᠃ ᠪᠠᠭᠠᠲᠤ ᠬᠠᠭᠠᠨ (90—24) ᠃

ᠪᠠᠭᠠᠲᠤᠷᠤᠭᠤᠯᠤᠨ ᠪᠣᠯᠤᠨ᠎ᠠ ᠃ ᠦᠭᠡ ᠨᠢ ᠲᠠᠢᠢ ᠪᠡᠷ ᠡᠬᠢᠯᠡᠭᠰᠡᠨ ᠰᠣᠨᠢᠷᠬᠠᠯ ᠤᠨ ᠲᠠᠢᠢᠳᠤᠪᠤ ᠶᠢᠨ ᠲᠦᠰᠢᠮᠡᠯ ᠦᠨ ᠦᠭᠡ ᠪᠡᠷ ᠭᠠᠷᠴᠠᠭᠯᠠᠵᠠᠢ ᠃ ᠨᠡᠶᠢᠲᠡᠯᠡᠪᠡᠯ :

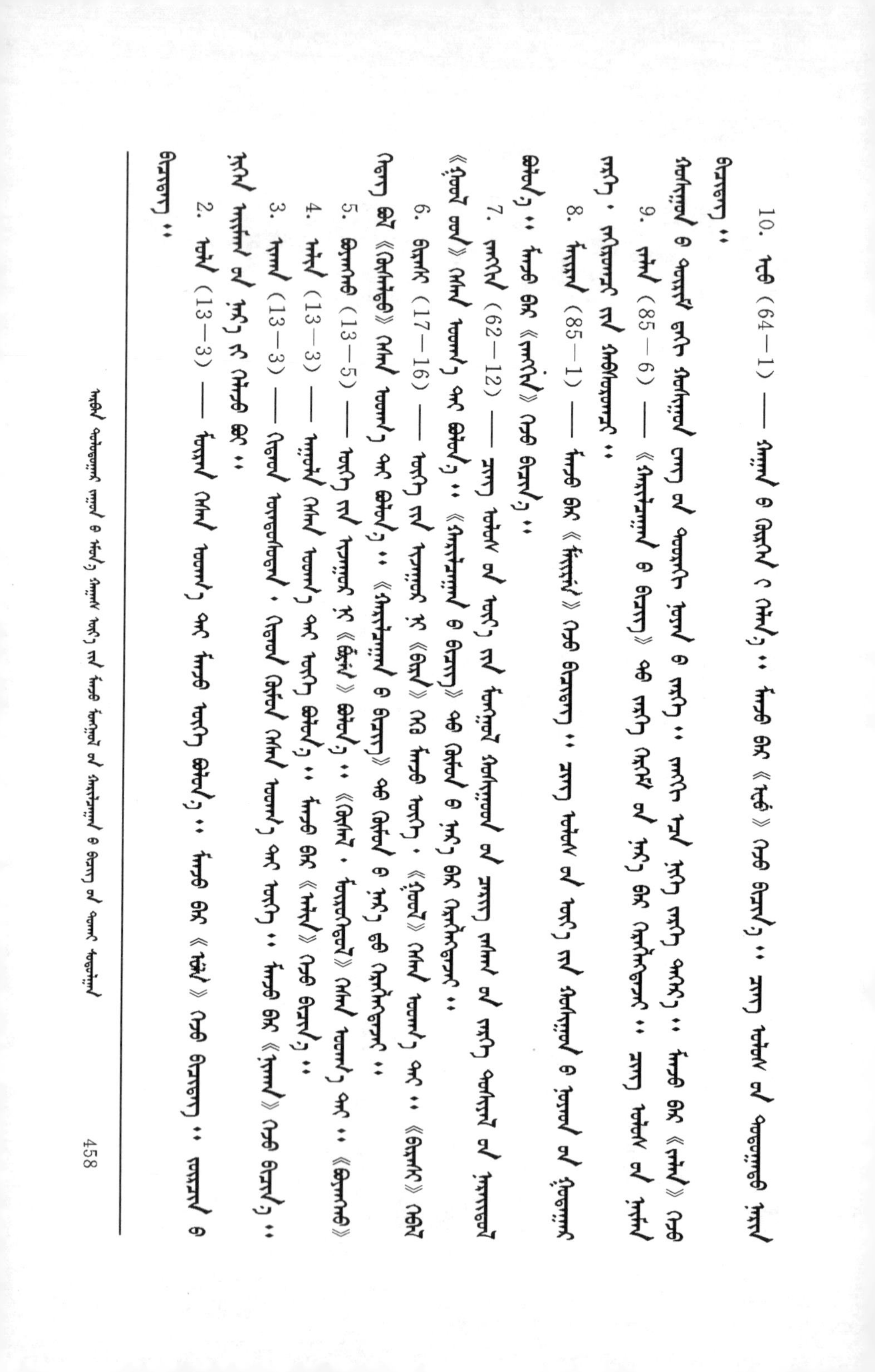

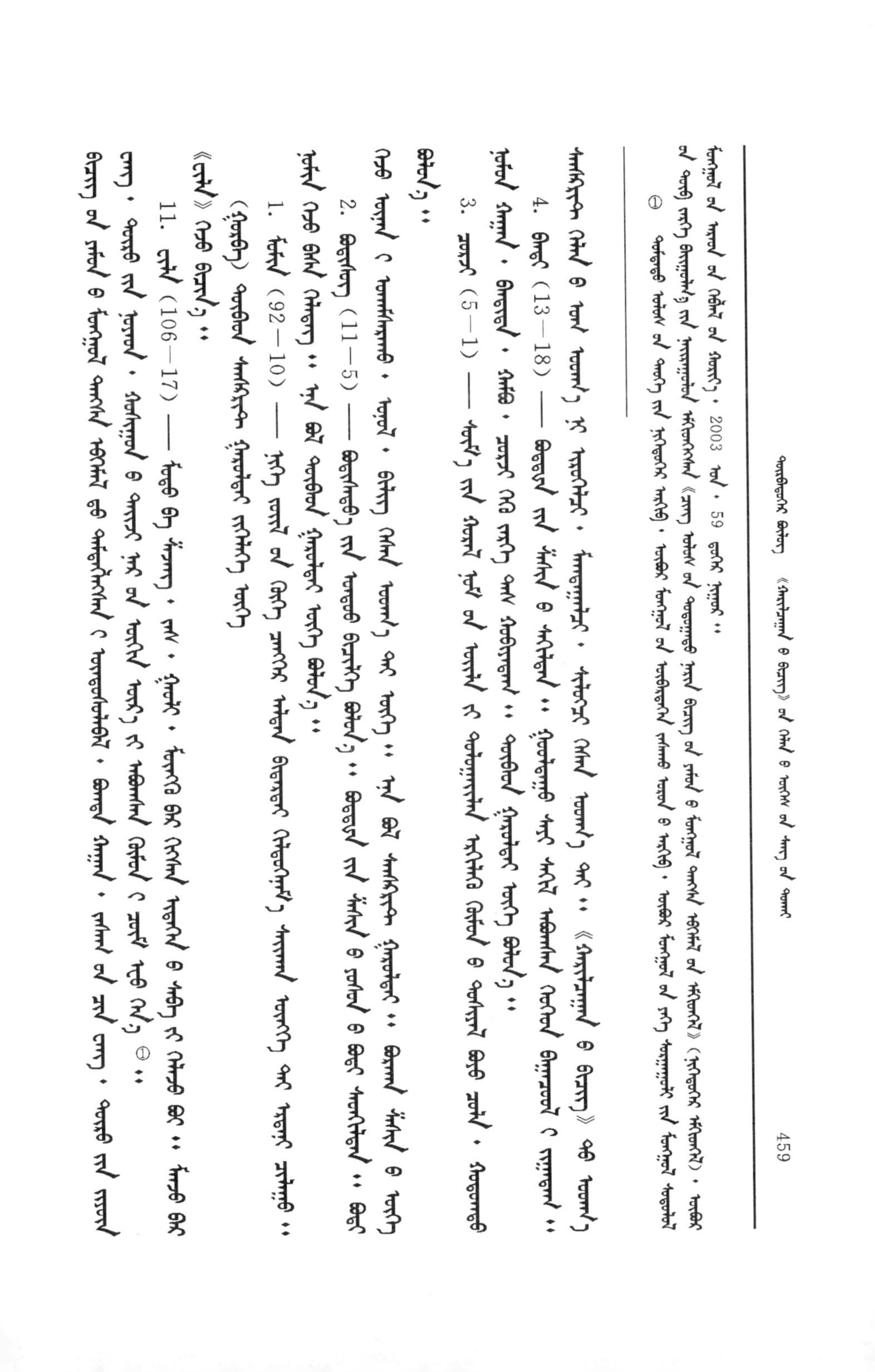

ᠪᠢᠴᠢᠭ᠌》 ᠭᠡᠳᠡᠭ ᠨᠣᠮ ᠤᠨ ᠳᠤ ᠲᠡᠮᠳᠡᠭᠯᠡᠭᠰᠡᠨ ᠪᠠᠢᠨ᠎ᠠ :: ᠲᠠᠶᠢᠯᠪᠤᠷᠢ : ᠲᠡᠮᠳᠡᠭᠯᠡᠭᠰᠡᠨ ᠭᠡᠵᠦ ᠲᠡᠮᠳᠡᠭᠯᠡᠭᠰᠡᠨ ᠲᠡᠭᠦᠨ ᠭᠠᠷᠴᠠᠭ ᠭᠠᠷᠤᠭ ᠤ ᠰᠢᠯᠢᠭᠰᠡᠨ ᠭᠡᠵᠦ (31
ᠭᠠᠷᠴᠠᠭ ᠭᠡᠳᠡᠭ ᠬᠡᠰᠡᠭᠲᠦ ᠲᠡᠮᠳᠡᠭᠯᠡᠯ ᠢ ᠭᠠᠷᠴᠠᠭᠯᠠᠭᠰᠠᠨ ᠭᠠᠷᠤᠭ ᠤᠨ ᠭᠠᠷᠴᠠᠭ ᠨᠢᠭᠤᠷ ᠭᠡᠳᠡᠭ ᠭᠠᠷᠴᠠᠭ ᠬᠤᠳᠠᠭ ᠪᠠᠶᠢᠨ᠎ᠠ ᠵᠢᠷᠤᠮ ᠲᠠᠭᠠᠷᠠᠨ :: 《ᠮᠣᠩᠭᠣᠯᠴᠤᠳ ᠤᠨ ᠤ
12. ᠭᠠᠷᠤᠭ (31—2) —— ᠲᠡᠭᠦᠨ ᠬᠡᠯᠡᠯᠴᠡ · ᠲᠡᠳᠡᠭᠡᠷ ᠰᠢᠯᠢᠭᠰᠡᠨ ᠵᠢᠷᠤᠮ ᠲᠣᠭᠠᠨ ᠤ ᠭᠠᠴᠠ ᠬᠡᠯᠡᠯᠴᠡᠭᠰᠡᠨ ᠰᠢᠯᠢᠭᠰᠡᠨ ᠲᠣᠭᠠᠨ :: ᠪᠣᠳᠣᠯᠭ᠎ᠠ ᠨᠢ ᠬᠡᠯᠡᠯ ᠤ
ᠪᠢᠴᠢᠭ ᠤ ᠲᠡᠭᠦᠨ ᠳᠦ ᠲᠡᠮᠳᠡᠭᠯᠡᠭᠰᠡᠨ ::
11. ᠨᠠᠷᠠᠨ (68—12) —— ᠪᠣᠯᠪᠠ ᠪᠠᠢᠨ · ᠲᠡᠭᠦᠨ ᠵᠢᠷᠤᠮ ᠲᠣᠭᠠᠨ ᠤ ᠭᠠᠴᠠ ᠬᠡᠯᠡᠯᠴᠡᠭᠰᠡᠨ ᠰᠢᠯᠢᠭᠰᠡᠨ ᠲᠣᠭᠠᠨ :: 《ᠮᠣᠩᠭᠣᠯᠴᠤᠳ ᠤᠨ ᠤ ᠪᠢᠴᠢᠭ᠌》 ᠭᠡᠳᠡᠭ
ᠮᠣᠩᠭᠣᠯᠴᠤᠳ ᠤᠨ ᠤ ᠪᠢᠴᠢᠭ ᠭᠡᠳᠡᠭ 《ᠲᠣᠭᠠᠴᠢᠭᠰᠠᠨ ᠲᠣᠭᠠᠨ》 ᠬᠤᠳᠠᠭ ᠲᠡᠮᠳᠡᠭᠯᠡᠭᠰᠡᠨ ::
10. ᠲᠣᠭᠠᠨ (89—21) —— ᠬᠡᠯᠡᠯᠴᠡᠭᠰᠡᠨ ᠰᠢᠯᠢᠭᠰᠡᠨ ᠲᠣᠭᠠᠨ :: ᠭᠠᠷᠤᠭ ᠭᠠᠷᠴᠠᠭᠯᠠᠭᠰᠠᠨ ᠳᠦ ᠲᠡᠮᠳᠡᠭ ᠭᠠᠷᠴᠠᠭᠯᠠᠨ ᠮᠣᠩᠭᠣᠯᠴᠤᠳ ᠲᠡᠮᠳᠡᠭᠯᠡᠯ ::
ᠲᠡᠭᠦᠨ ᠪᠠᠢᠭᠤᠯᠤᠭᠰᠠᠨ ᠨᠠᠷᠠᠨ ᠲᠣᠭᠠᠨ ᠢ ᠬᠤᠳᠠᠭ :: 《ᠮᠣᠩᠭᠣᠯᠴᠤᠳ ᠤᠨ ᠤ ᠪᠢᠴᠢᠭ᠌》 ᠭᠡᠳᠡᠭ ᠪᠢᠴᠢᠭ ᠤ ᠲᠡᠭᠦᠨ ᠪᠠᠢᠨ ᠲᠡᠮᠳᠡᠭᠯᠡᠭᠰᠡᠨ ::
9. ᠬᠡᠪᠯᠡᠯ (100—5) —— ᠲᠡᠭᠦᠨ ᠲᠣᠭᠠᠨ ᠢ ᠪᠣᠯᠤᠨ ᠬᠡᠪᠯᠡᠯ ᠬᠤᠳᠠᠭ ᠪᠠᠢᠭᠤᠯᠤᠭ :: ᠬᠡᠯᠡᠯᠴᠡᠭᠰᠡᠨ ᠰᠢᠯᠢᠭᠰᠡᠨ ᠲᠣᠭᠠᠨ :: ᠭᠠᠷᠤᠭ ᠨᠠᠷᠠᠨ ᠲᠣᠭᠠᠨ
ᠲᠡᠭᠦᠨ ᠳᠦ ᠲᠡᠮᠳᠡᠭᠯᠡᠭᠰᠡᠨ :: ᠲᠣᠭᠠᠨ ᠬᠡᠪᠯᠡᠯ ᠮᠣᠩᠭᠣᠯ ᠬᠤᠳᠠᠭ ᠪᠠᠢᠨ ::
8. ᠲᠣᠭᠠᠨ (100—5) —— ᠨᠠᠷᠠᠨ · ᠭᠠᠷᠤᠭ ᠵᠢᠷᠤᠮ ᠲᠣᠭᠠᠨ ᠤ ᠭᠠᠴᠠ ᠬᠡᠯᠡᠯᠴᠡᠭᠰᠡᠨ ᠰᠢᠯᠢᠭᠰᠡᠨ ᠲᠣᠭᠠᠨ :: 《ᠮᠣᠩᠭᠣᠯᠴᠤᠳ ᠤᠨ ᠤ ᠪᠢᠴᠢᠭ᠌》 ᠭᠡᠳᠡᠭ ᠪᠢᠴᠢᠭ ᠤ
《ᠮᠣᠩᠭᠣᠯᠴᠤᠳ ᠤᠨ ᠤ ᠪᠢᠴᠢᠭ᠌》 ᠭᠡᠳᠡᠭ ᠪᠢᠴᠢᠭ ᠤ ᠲᠡᠭᠦᠨ ᠳᠦ ᠲᠡᠮᠳᠡᠭᠯᠡᠭᠰᠡᠨ ::
7. ᠪᠣᠯᠪᠠᠰᠤᠷᠠᠯ (21—16) —— ᠲᠣᠭᠠᠨ ᠤ ᠲᠣᠭᠠᠴᠢᠭᠰᠠᠨ · ᠲᠣᠭᠠᠨ · ᠪᠠᠢᠭᠤᠯ ᠵᠢᠷᠤᠮ ᠲᠣᠭᠠᠨ ᠤ ᠭᠠᠴᠠ ᠬᠡᠯᠡᠯᠴᠡᠭᠰᠡᠨ ᠰᠢᠯᠢᠭᠰᠡᠨ ᠲᠣᠭᠠᠨ ::
ᠪᠣᠯᠪᠠᠰᠤᠷᠠᠯ ᠨᠢ ᠲᠡᠭᠦᠨ :: 《ᠮᠣᠩᠭᠣᠯᠴᠤᠳ ᠤᠨ ᠤ ᠪᠢᠴᠢᠭ᠌》 ᠭᠡᠳᠡᠭ ᠪᠢᠴᠢᠭ ᠤ ᠲᠡᠭᠦᠨ ᠪᠠᠢᠨ ᠲᠡᠮᠳᠡᠭᠯᠡᠭᠰᠡᠨ ::
6. ᠲᠣᠭᠠᠴᠢᠭᠰᠠᠨ (21—16) —— ᠨᠠᠷᠠᠨ ᠲᠣᠭᠠᠨ · ᠨᠠᠷᠠᠨ ᠵᠢᠷᠤᠮ ᠲᠣᠭᠠᠨ ᠤ ᠭᠠᠴᠠ ᠬᠡᠯᠡᠯᠴᠡᠭᠰᠡᠨ ᠰᠢᠯᠢᠭᠰᠡᠨ ᠲᠣᠭᠠᠨ :: ᠪᠣᠳᠣᠯᠭ᠎ᠠ ᠨᠢ ᠬᠡᠯᠡᠯ ᠤ
ᠬᠡᠯᠡᠯᠴᠡᠭᠰᠡᠨ ᠰᠢᠯᠢᠭᠰᠡᠨ ᠲᠣᠭᠠᠨ :: 《ᠮᠣᠩᠭᠣᠯᠴᠤᠳ ᠤᠨ ᠤ ᠪᠢᠴᠢᠭ᠌》 ᠭᠡᠳᠡᠭ ᠪᠢᠴᠢᠭ ᠤ ᠲᠡᠭᠦᠨ ᠪᠠᠢᠨ ᠲᠡᠮᠳᠡᠭᠯᠡᠭᠰᠡᠨ ::
5. ᠪᠣᠳᠣᠯ (106—5) —— ᠬᠡᠯᠡᠯ ᠤ ᠲᠣᠭᠠᠨ ᠪᠣᠯᠤᠨ :: ᠭᠠᠷᠤᠭ ᠲᠣᠭᠠᠴᠢᠭᠰᠠᠨ ᠳᠦ ᠲᠡᠮᠳᠡᠭᠯᠡᠭᠰᠡᠨ ᠪᠢᠴᠢᠭ ᠳᠦ ᠲᠣᠭᠠᠴᠢᠭᠰᠠᠨ ᠲᠡᠭᠦᠨ ᠢ ᠨᠠᠷᠠᠨ ::
ᠬᠡᠪᠯᠡᠪᠡ · ᠰᠢᠯᠢᠭᠰᠡᠨ ᠵᠢᠷᠤᠮ ᠲᠣᠭᠠᠨ ᠤ ᠪᠠᠢᠨ ᠲᠡᠮᠳᠡᠭᠯᠡᠭᠰᠡᠨ ::

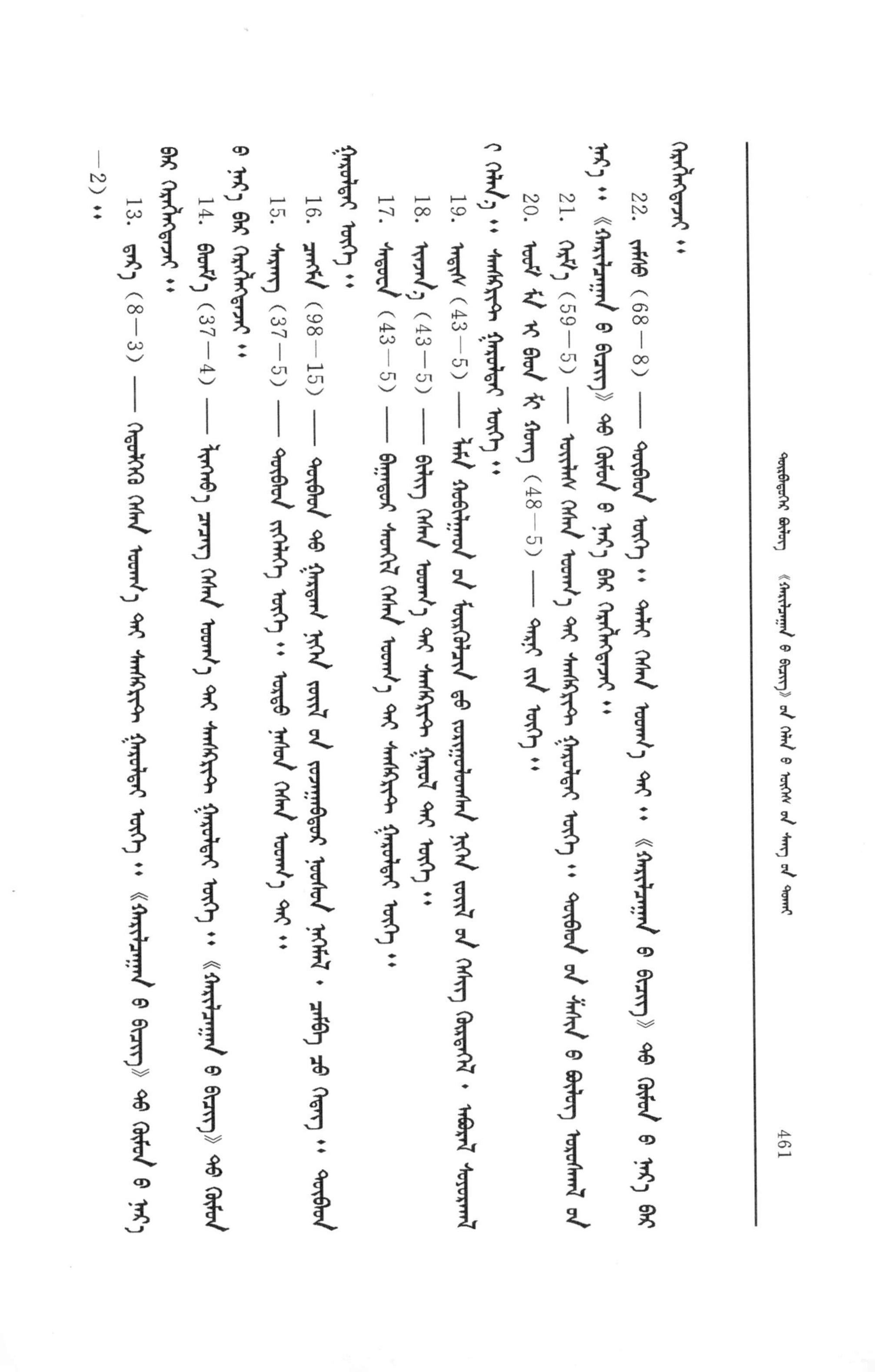

—2) ::

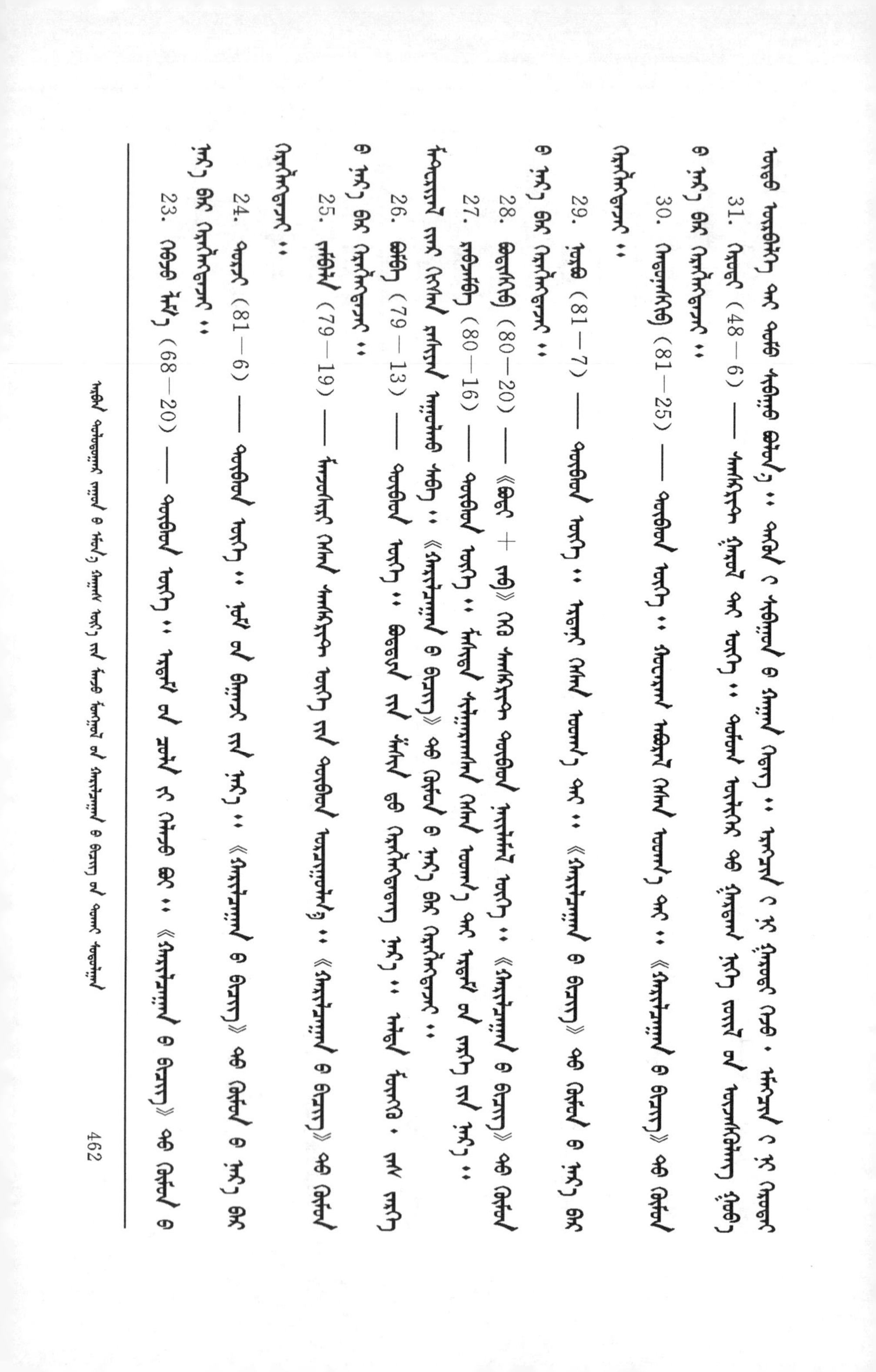

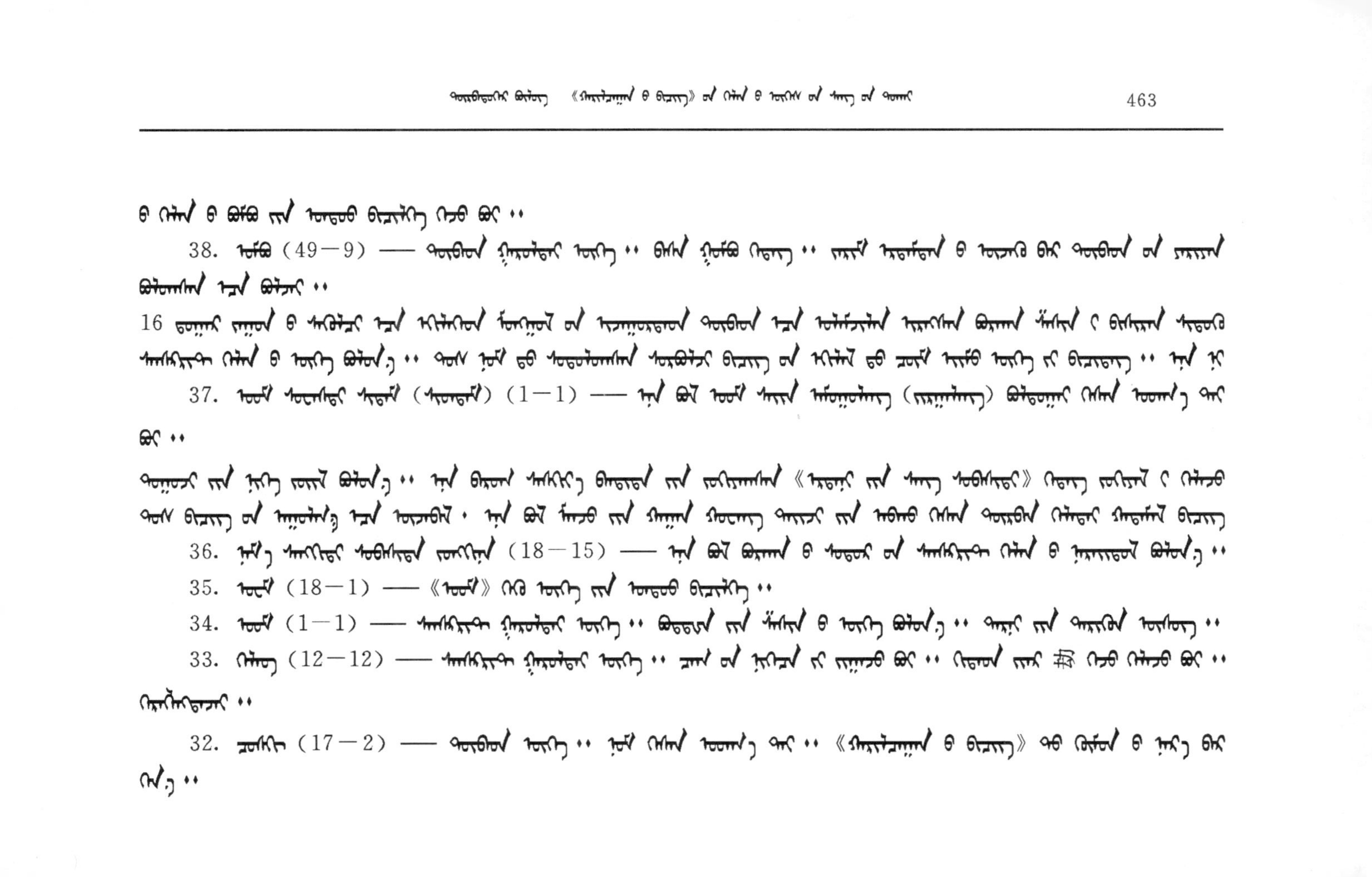

[illegible] ::

38. [illegible] (49—9) —— [illegible] :: [illegible] :: [illegible]
[illegible] ::

16 [illegible]
[illegible] :: [illegible] :: [illegible]

37. [illegible] ([illegible]) (1—1) —— [illegible] ([illegible]) [illegible]
[illegible] ::

[illegible] :: [illegible] 《[illegible]》 [illegible]
[illegible] · [illegible]

36. [illegible] (18—15) —— [illegible] ::

35. [illegible] (18—1) —— 《[illegible]》 [illegible] ::

34. [illegible] (1—1) —— [illegible] :: [illegible] :: [illegible] ::

33. [illegible] (12—12) —— [illegible] :: [illegible] :: [illegible] 劫 [illegible] ::
[illegible] ::

32. [illegible] (17—2) —— [illegible] :: [illegible] :: 《[illegible]》 [illegible]
[illegible] ::

ᠳᠦᠭᠨᠡᠯᠲᠡ

ᠲᠤᠰ ᠨᠣᠮ ᠪᠣᠯ 《ᠰᠢᠭᠦᠭᠡᠨ ᠦ ᠪᠢᠴᠢᠭ》 ᠤᠨ ᠲᠡᠦᠬᠡᠨ ᠰᠤᠳᠤᠯᠤᠯ ᠂ ᠬᠡᠯᠡᠨ ᠦ ᠰᠤᠳᠤᠯᠤᠯ ᠪᠠᠷ ᠪᠣᠯᠪᠠᠰᠤᠷᠠᠯ ᠤᠨ ᠂ ᠪᠠᠷᠢᠮᠲᠠ ᠲᠤ ᠂ ᠪᠠᠷᠢᠮᠲᠠ ᠳᠤ ᠂ ᠪᠠᠷᠢᠮᠲᠠᠯᠠᠬᠤ ᠤᠨ
ᠵᠢᠭᠠᠨ ᠤᠨ ᠪᠠᠷᠢᠮᠲᠠᠯᠠᠯ ᠲᠠᠷᠠᠭ ᠢ ᠰᠢᠨᠵᠢᠯᠡᠨ ᠪᠢᠴᠢᠪᠡ ::
ᠲᠤᠰ ᠰᠤᠳᠤᠯᠤᠯ ᠤᠨ ᠬᠡᠪᠯᠡᠭᠳᠡᠬᠦ ᠶᠢᠨ ᠤᠷᠢᠳᠠ ᠪᠢᠳᠡ 《ᠰᠢᠭᠦᠭᠡᠨ ᠦ ᠪᠢᠴᠢᠭ》 ᠤᠨ ᠰᠤᠷᠠᠭ ᠰᠢᠨᠵᠢᠯᠡᠭᠡᠨ ᠦ ᠲᠡᠦᠬᠡ ᠂ ᠰᠤᠳᠤᠯᠤᠯ ᠤᠨ ᠤᠷᠤᠰᠬᠠᠯ ᠤᠨ ᠲᠤᠬᠠᠢ ᠲᠣᠪᠴᠢᠯᠠᠨ ᠪᠢᠴᠢᠭᠰᠡᠨ
ᠢ ᠲᠣᠭᠠᠴᠢᠨ ᠦᠵᠡᠭᠦᠯᠪᠡ :: 《ᠰᠢᠭᠦᠭᠡᠨ ᠦ ᠪᠢᠴᠢᠭ》 ᠪᠣᠯ ᠮᠣᠩᠭᠣᠯ ᠪᠢᠴᠢᠭ ᠪᠢᠴᠢᠭᠳᠡᠯ 17 ᠳᠤᠭᠠᠷ ᠵᠠᠭᠤᠨ ᠤ ᠡᠬᠢᠨ ᠦ ᠬᠠᠭᠠᠨ ᠲᠤ ᠮᠣᠩᠭᠣᠯ ᠪᠢᠴᠢᠭ ᠤᠨ
ᠬᠡᠯᠡᠨ ᠦ ᠪᠣᠳᠠᠰ ᠰᠢᠨᠵᠢᠯᠡᠬᠦ ᠦᠨ ᠪᠢᠴᠢᠭ ᠲᠦ ᠲᠤᠰᠬᠠᠢᠯᠠᠭᠰᠠᠨ ᠤᠨ ᠪᠢᠴᠢᠭ ᠦᠨ ᠢ ᠲᠤᠬᠠᠢ ᠲᠡᠦᠬᠡᠨ ᠰᠤᠳᠤᠯᠤᠯ ᠪᠢᠴᠢᠭᠳᠡᠯ ᠡᠷᠳᠡᠮ ᠰᠢᠨᠵᠢᠯᠡᠬᠦ ᠂ ᠰᠢᠨᠵᠢᠯᠡᠬᠦ ᠂
ᠵᠢᠭᠠᠨ ᠤᠨ ᠪᠣᠳᠠᠰ ᠤᠨ ᠪᠢᠴᠢᠭ ᠲᠦ ᠰᠢᠨᠵᠢᠯᠡᠯ ᠤᠨ ᠬᠠᠷᠢᠴᠠᠭᠤᠯᠤᠯ ᠲᠤ ᠲᠤᠬᠠᠢ ᠨᠢ ᠬᠡᠯᠡᠨ ᠦ ᠤᠨ ᠬᠠᠷᠢᠴᠠᠭᠤᠯᠤᠨ ᠲᠠᠢ ᠰᠢᠨᠵᠢᠯᠡᠭᠡ ᠳᠤ ᠪᠢᠴᠢᠭ ᠲᠤ ᠬᠡᠯᠡᠨ ᠳᠤ ᠲᠤᠬᠠᠢ ᠪᠠᠷ ᠲᠣᠪᠴᠢᠯᠠᠯ
ᠵᠢᠭᠠᠨ ᠂ ᠰᠠᠢᠨ ᠂ ᠲᠣᠭᠠᠴᠢᠨ ᠪᠢᠴᠢᠭ ᠪᠠᠷ ᠳᠠᠭᠤᠰᠬᠠᠨ ᠤᠨ ᠳᠠᠭᠤᠰᠬᠠᠯ ᠲᠠᠢ ᠪᠠᠷᠢᠮᠲᠠ ᠲᠤ ᠬᠡᠯᠡᠨ ᠤ ᠬᠡᠮᠵᠢᠶ᠎ᠡ ᠳᠤ ᠰᠢᠨᠵᠢᠯᠡᠯ ᠤᠨ ᠪᠢᠴᠢᠭ ᠪᠣᠳᠠᠰ ᠪᠠᠢᠨ᠎ᠠ ᠂ ᠲᠡᠭᠦᠨ ᠢ
ᠤ ᠪᠢᠴᠢᠭ ᠢ ᠳᠤᠮᠳᠠ ᠰᠢᠨᠵᠢᠯᠡᠨ ᠳᠤᠷᠰᠬᠠᠯ ᠤᠨ ᠲᠤᠰᠬᠠᠢᠯᠠᠭᠰᠠᠨ ᠪᠢᠴᠢᠭᠳᠡᠯ :: ᠲᠡᠭᠦᠨ ᠡᠴᠡ 17 ᠳᠤᠭᠠᠷ ᠵᠠᠭᠤᠨ ᠤ ᠮᠣᠩᠭᠣᠯ ᠪᠢᠴᠢᠭ ᠤ ᠬᠡᠯᠡᠨ ᠦ ᠬᠡᠯᠡ ᠶᠢᠨ ᠦ ᠲᠤᠬᠠᠢ ᠰᠤᠳᠤᠯᠤᠯ
ᠪᠣᠳᠣᠯ ᠨᠢ ::
ᠰᠢᠨᠵᠢᠯᠡᠭᠡᠨ ᠪᠣᠳᠤᠭ ᠲᠠᠢ ᠂ 《ᠰᠢᠭᠦᠭᠡᠨ ᠦ ᠪᠢᠴᠢᠭ》 ᠢ ᠲᠤᠰ ᠲᠣᠪᠴᠢᠯᠠᠨ ᠂ ᠲᠠᠭᠤᠰᠬᠠᠭᠰᠠᠨ ᠲᠠᠢ ᠬᠡᠯᠡᠨ ᠰᠢᠨᠵᠢᠯᠡᠭᠡᠨ ᠪᠠᠷ ᠲᠣᠪᠴᠢ ᠪᠣᠳᠣᠯ ᠂ ᠬᠡᠷᠡᠭᠯᠡᠭᠰᠡᠨ
ᠲᠡᠭᠦᠨ ᠢ ᠂ ᠰᠢᠨᠵᠢᠯᠡᠨ ᠲᠣᠪᠴᠢᠯᠠᠨ ᠤ ᠬᠡᠯᠡᠨ ᠦ ᠲᠠᠭᠤᠰᠬᠠᠯ ᠪᠣᠯᠤᠨ᠎ᠠ :: ᠲᠡᠷᠡ ᠨᠢ ᠲᠤᠬᠠᠢ ᠲᠡᠦᠬᠡ ᠪᠢᠴᠢᠭ ᠲᠤ ᠬᠡᠷᠡᠭᠯᠡᠭᠰᠡᠨ ᠪᠠᠷᠢᠮᠲᠠᠯᠠᠯ ᠬᠡᠯᠡᠨ ᠪᠢᠴᠢᠭ ᠲᠤᠬᠠᠢ
ᠢ ᠲᠣᠭᠠᠨ ᠲᠤᠰᠬᠠᠢᠯᠠᠭᠰᠠᠨ ᠲᠠᠢ ᠵᠠᠭᠤᠨ ᠤ ᠬᠡᠯᠡᠨ ᠪᠣᠳᠣᠯ ᠲᠠᠢ :: ᠲᠡᠦᠬᠡ ᠲᠡᠭᠦᠨ ᠦ ᠬᠡᠯᠡᠨ ᠦ ᠪᠢᠴᠢᠭ ᠲᠤ ᠬᠡᠯᠡᠨ ᠲᠤ ᠲᠣᠭᠠᠴᠢᠨ ᠤ ᠲᠠᠢ ᠰᠤᠳᠤᠯᠭᠠᠨ ᠪᠠᠢᠳᠠᠯ ᠲᠠᠢ ᠰᠢᠨᠵᠢᠯᠡᠬᠦ
ᠤᠨ ᠪᠢᠴᠢᠭᠯᠡᠭᠰᠡᠨ ᠳᠤᠷ ᠳᠤ ᠰᠢᠨᠵᠢᠯᠡᠭᠡᠨ ᠪᠠᠢᠳᠠᠯ ᠂ ᠲᠡᠭᠦᠨ ᠢ ᠬᠡᠯᠡᠨ ᠪᠢᠴᠢᠭ ᠳᠤ ᠲᠤᠰᠬᠠᠢᠯᠠᠭᠰᠠᠨ ᠪᠠᠢᠨ᠎ᠠ ᠲᠤᠰ ᠪᠣᠳᠣᠯ ᠰᠢᠨᠵᠢᠯᠡᠭᠡᠨ ᠰᠤᠳᠤᠯᠤᠯ ᠪᠢᠴᠢᠭ ᠲᠤᠬᠠᠢ
ᠤ ᠰᠢᠨᠵᠢᠯᠡᠭᠡᠨ ᠲᠣᠭᠠᠴᠢᠨ ᠪᠣᠯᠤᠨ᠎ᠠ :: ᠲᠡᠷᠡ ᠨᠢ ᠮᠣᠩᠭᠣᠯ ᠪᠢᠴᠢᠭ ᠤᠨ ᠲᠤᠬᠠᠢ ᠰᠤᠳᠤᠯᠤᠯ ᠤᠨ ᠲᠡᠦᠬᠡᠨ ᠦ ᠰᠢᠨᠵᠢᠯᠡᠭᠡᠨ ᠪᠣᠳᠣᠯᠭ᠎ᠠ ᠰᠢᠨᠵᠢᠯᠡᠯ ᠰᠢᠨᠵᠢᠯᠡᠭᠰᠡᠨ ᠪᠣᠳᠣᠯᠲᠤ ᠲᠠᠢ

ᠲᠡᠮᠳᠡᠭᠯᠡᠭᠳᠡᠵᠡᠢ ᠃ ᠬᠣᠶᠠᠷ ᠳᠤ ᠪᠢᠴᠢᠭᠳᠡᠭ ᠲᠡᠢ ᠭᠡᠷᠡᠭᠯᠡ ᠶᠢᠨ ᠬᠡᠯᠡᠨ ᠦ ᠮᠣᠩᠭᠣᠯ ᠤᠨ ᠲᠥᠪᠡᠳ ᠬᠡᠯᠡᠨ ᠦ ᠬᠡᠯᠡᠯᠭᠡ ᠶᠢᠨ ᠲᠡᠮᠳᠡᠭᠯᠡᠯ ᠪᠢᠴᠢᠭᠳᠡᠭ ᠲᠡᠢ ᠮᠣᠩᠭᠣᠯ ᠤᠨ ᠲᠥᠪᠡᠳ ᠬᠡᠯᠡᠨ ᠦ ᠮᠣᠩᠭᠣᠯ ᠬᠡᠯᠡᠨ ᠢ ᠲᠡᠮᠳᠡᠭᠯᠡᠬᠦ ᠪᠢᠴᠢᠭ ᠂ ᠮᠣᠩᠭᠣᠯ ᠪᠢᠴᠢᠭ ᠤᠨ ᠠᠪᠢᠶᠠ ᠶᠢᠨ ᠮᠣᠩᠭᠣᠯ ᠢ ᠲᠡᠮᠳᠡᠭᠯᠡᠬᠦ ᠶᠢᠨ ᠲᠡᠮᠳᠡᠭᠯᠡᠭᠳᠡᠵᠡᠢ ᠃ ᠬᠡᠯᠡᠯᠭᠡ ᠶᠢᠨ ᠳᠤ ᠲᠡᠮᠳᠡᠭᠯᠡᠬᠦ ᠪᠣᠯᠤᠨ ᠬᠡᠷᠡᠭᠯᠡᠭᠰᠡᠨ ᠳᠤ ᠂ «ᠠᠯᠢ ᠭᠠᠯᠢ ᠶᠢᠨ ᠦᠰᠦᠭ» ᠤᠨ ᠭᠡᠶᠢᠭᠦᠯᠦᠭᠴᠢ ᠡᠭᠡᠰᠢᠭ ᠤᠨ ᠡᠭᠡᠰᠢᠭ ᠤᠨ ᠪᠢᠴᠢᠭᠳᠡᠭ ᠲᠡᠢ ᠲᠥᠷᠥᠯ ᠲᠥᠪᠡᠳ ᠤᠨ ᠲᠠᠯ᠎ᠠ ᠡᠭᠡᠰᠢᠭ ᠨᠢ ᠲᠡᠮᠳᠡᠭᠯᠡᠬᠦ ᠲᠣᠭᠠᠨ ᠂ ᠲᠡᠷᠡ ᠲᠥᠷᠥᠯ ᠬᠡᠯᠡᠯᠭᠡ ᠪᠣᠯᠤᠨ ᠲᠡᠷᠡ ᠨᠢ ᠲᠡᠮᠳᠡᠭᠯᠡᠭᠳᠡᠭᠰᠡᠨ ᠮᠣᠩᠭᠣᠯ ᠬᠡᠯᠡᠯᠭᠡ ᠶᠢᠨ ᠪᠢᠴᠢᠭᠳᠡᠭ ᠂ ᠬᠡᠯᠡᠨ ᠦ ᠮᠣᠩᠭᠣᠯ ᠤᠨ ᠮᠣᠩᠭᠣᠯ ᠬᠡᠯᠡᠯᠭᠡ ᠶᠢᠨ ᠪᠢᠴᠢᠭᠳᠡᠭ ᠂ ᠲᠡᠳᠡᠨ ᠡᠭᠡᠰᠢᠭᠲᠡᠢ ᠡᠭᠡ ᠪᠠᠷ ᠡᠭᠡᠰᠢᠭ ᠪᠢᠴᠢᠭᠳᠡᠭ ᠮᠣᠩᠭᠣᠯ ᠪᠢᠴᠢᠭᠳᠡᠭ ᠂ ᠡᠭᠡᠰᠢᠭ ᠪᠠ ᠡᠭᠡᠰᠢᠭ ᠲᠡᠢ ᠪᠢᠴᠢᠭᠳᠡᠭᠦᠯ ᠲᠡᠢ ᠵᠢᠷᠤᠮᠯᠠᠬᠤ ᠪᠠ ᠨᠡᠶᠢᠯᠡᠭᠦᠯᠬᠦ ᠪᠢᠴᠢᠭᠳᠡᠭᠰᠡᠨ ᠪᠣᠯᠤᠨ᠎ᠠ ᠂ ᠮᠣᠩᠭᠣᠯ ᠬᠣᠶᠠᠷ ᠤᠨ ᠢ ᠲᠡᠮᠳᠡᠭᠯᠡᠭᠰᠡᠨ ᠲᠡᠮᠳᠡᠭᠯᠡᠭᠳᠡᠵᠡᠢ ᠃ ᠪᠢᠴᠢᠭᠳᠡᠭ ᠲᠡᠢ ᠭᠡᠷᠡᠭᠯᠡ ᠳᠤ «ᠠᠯᠢ ᠭᠠᠯᠢ ᠶᠢᠨ ᠦᠰᠦᠭ» ᠤᠨ ᠡᠭᠡᠰᠢᠭ ᠲᠡᠢ ᠬᠡᠯᠡᠨ ᠦ ᠲᠠᠯ᠎ᠠ ᠤᠨ ᠲᠡᠭᠦᠨ ᠦ ᠪᠢᠴᠢᠭᠳᠡᠬᠦ ᠪᠣᠯᠤᠨ᠎ᠠ ᠂ g ᠤᠨ ᠬᠡᠯᠪᠡᠷ ᠲᠤ ᠬᠣᠯᠪᠣᠬᠤ ᠶᠡᠬᠡ ᠳᠡᠭᠡᠷᠡ «ᠭ ᠂ ᠺ» ᠶᠢᠨ ᠠᠯᠢᠪᠠ ᠬᠠᠮᠲᠤ ᠪᠢᠳᠡ ᠪᠢᠴᠢᠭᠳᠡᠬᠦ ᠪᠣᠯᠤᠨ᠎ᠠ ᠲᠡᠷᠡ ᠬᠡᠯᠡᠯᠭᠡ ᠲᠡᠢ ᠲᠡᠷᠡ ᠶᠡᠬᠡ ᠪᠢᠳᠡ ᠂ ᠲᠡᠷᠡ ᠶᠢᠨ ᠬᠣᠶᠠᠷ ᠤᠨ j ᠂ y ᠢ ᠳᠠᠷᠤᠢ «ᠶ» ᠶᠡᠬᠡ ᠪᠢᠳᠡ ᠪᠢᠴᠢᠭᠳᠡᠬᠦ ᠪᠣᠯᠤᠨ᠎ᠠ ᠪᠠ y ᠢ ᠠᠯᠢ ᠲᠡᠷᠡ ᠲᠥᠷᠥᠯ «ᠶ» ᠶᠢᠨ ᠬᠣᠯᠪᠣᠬᠤ ᠪᠠᠢᠳᠠᠭ ᠪᠢᠳᠡ ᠪᠢᠴᠢᠭᠳᠡᠬᠦ ᠪᠣᠯᠤᠨ᠎ᠠ ᠂ n ᠂ q ᠂ γ ᠲᠠᠯ᠎ᠠ ᠲᠡᠢ ᠂ ᠲᠠᠯ᠎ᠠ ᠶᠡᠬᠡ ᠶᠡᠬᠡ ᠪᠢᠳᠡ ᠲᠡᠷᠡᠬᠦ ᠬᠡᠯᠡᠯᠭᠡ ᠪᠣᠯᠤᠨ᠎ᠠ ᠪᠠ č ᠂ ǰ ᠢ ᠳᠠᠷᠤᠢ «ᠵ» ᠬᠡᠯᠪᠡᠷ ᠲᠤ ᠬᠣᠯᠪᠣᠬᠤ s ᠢ «ᠱ» ᠶᠢᠨ ᠂ ᠬᠡᠯᠪᠡᠷ ᠲᠤ ᠬᠣᠯᠪᠣᠬᠤ m ᠢ «ᠮ» ᠶᠢᠨ ᠪᠢᠴᠢᠭᠳᠡᠬᠦ ᠂ ᠲᠡᠷᠡ ᠶᠢᠨ ᠬᠣᠶᠠᠷ ᠤᠨ q ᠂ γ ᠢ «ᠬ ᠂ ᠭ ᠂ ᠾ» ᠶᠡᠬᠡ ᠪᠢᠳᠡ ᠪᠢᠴᠢᠭᠳᠡᠬᠦ ᠪᠣᠯᠤᠨ᠎ᠠ ᠳᠠᠷᠤᠭᠠᠳ ᠳᠠᠷᠤᠢ ᠲᠡᠷᠡ ᠶᠢᠨ ᠲᠡᠭᠡᠪᠡᠯ ᠪᠢᠴᠢᠭᠳᠡᠬᠦ «ᠲ ᠂ ᠳ» ᠶᠡᠬᠡ ᠲᠡᠢ ᠮᠣᠩᠭᠣᠯ ᠂ t ᠂ d ᠢ «ᠲ ᠂ ᠳ» ᠶᠢᠨ ᠪᠢᠴᠢᠭᠳᠡᠬᠦ ᠂ ᠡᠭᠡᠰᠢᠭ ᠤᠨ ᠶᠡᠬᠡ ᠶᠢᠨ ᠬᠡᠯᠡᠯᠭᠡ ᠢ ᠲᠡᠮᠳᠡᠭᠯᠡᠭᠰᠡᠨ ᠪᠣᠯᠤᠨ ᠶᠢᠨ ᠲᠡᠮᠳᠡᠭᠯᠡᠭᠳᠡᠵᠡᠢ ᠃ ᠡᠭᠡᠰᠢᠭ ᠤᠨ ᠶᠡᠬᠡ ᠲᠡᠮᠳᠡᠭ ᠶᠢᠨ ᠲᠡᠭᠦᠨ ᠪᠢᠳᠡ ᠮᠣᠩᠭᠣᠯ ᠤᠨ ᠲᠡᠢ ᠲᠡᠮᠳᠡᠭᠯᠡᠭᠰᠡᠨ ᠲᠡᠮᠳᠡᠭᠯᠡᠵᠡᠢ ᠃ ᠬᠣᠶᠠᠷ ᠳᠤ «ᠭ ᠂ ᠺ ᠂ ᠻ ᠂ ᠮ ᠂ ᠱ» ᠲᠡᠷᠡ ᠡᠭᠡᠰᠢᠭ ᠤᠨ ᠶᠡᠬᠡ ᠲᠡᠮᠳᠡᠭ ᠲᠡᠮᠳᠡᠭᠲᠦ ᠡᠭᠡᠨ ᠶᠢᠨ ᠭᠡᠶᠢᠭᠦᠯ ᠪᠢᠴᠢᠭ ᠬᠡᠪ ᠬᠣᠯᠪᠣᠭᠳᠠᠬᠤ ᠡᠭᠡᠰᠢᠭ ᠲᠡᠢ ᠡᠭᠡᠰᠢᠭ ᠤᠨ ᠶᠡᠬᠡ ᠲᠡᠮᠳᠡᠭ ᠪᠠ ᠪᠢᠴᠢᠭᠳᠡᠬᠦ ᠢ 17 ᠦᠰᠦᠭ ᠲᠡᠭᠦᠨ ᠦ ᠮᠣᠩᠭᠣᠯ ᠲᠠᠯᠠ ᠬᠡᠮᠵᠢᠶ᠎ᠡ ᠪᠢᠴᠢᠭ ᠲᠡᠭᠦᠨ ᠦ ᠭᠡᠶᠢᠭᠦᠯ ᠡᠭᠡᠰᠢᠭ ᠪᠢᠴᠢᠭ ᠤᠨ ᠮᠣᠩᠭᠣᠯ ᠢ ᠲᠡᠮᠳᠡᠭᠯᠡᠭᠰᠡᠨ ᠪᠣᠯᠤᠨ ᠡᠭᠡᠰᠢᠯᠡᠬᠦ ᠭᠡᠶᠢᠭᠦᠯᠦᠭᠰᠡᠨ ᠪᠢᠴᠢᠭ ᠤᠨ ᠲᠣᠨ ᠦ ᠡᠭᠡᠨ ᠶᠢᠨ ᠭᠡᠶᠢᠭᠦᠯ ᠡᠭᠡᠰᠢᠭ ᠃

ᠲᠡᠮᠳᠡᠭᠯᠡᠭᠰᠡᠨ ᠮᠣᠩᠭᠣᠯ ᠲᠤ ᠂ ᠡᠭᠡᠰᠢᠭ ᠲᠡᠢ ᠶᠢᠨ ᠲᠠᠯᠠ ᠪᠠ «ᠠᠯᠢ ᠭᠠᠯᠢ ᠶᠢᠨ ᠦᠰᠦᠭ» ᠤᠨ ᠭᠡᠶᠢᠭᠦᠯ ᠪᠢᠴᠢᠭ ᠢ ᠲᠡᠮᠳᠡᠭᠯᠡᠭᠰᠡᠨ ᠂ ᠲᠠᠯᠠᠪᠠᠷ ᠲᠠᠯᠠ ᠶᠢ ᠡᠭᠡᠰᠢᠯᠡᠭᠰᠡᠨ ᠂ ᠲᠡᠷᠡ ᠬᠡᠯᠡᠨ ᠢ ᠲᠣᠭ᠎ᠠ ᠡᠭᠡᠨ ᠶᠢᠨ ᠭᠡᠷᠡᠭᠯᠡ ᠳᠤ ᠲᠡᠷᠡᠭᠦᠦ ᠡᠭᠡᠰᠢᠭᠯᠡᠵᠡᠢ ᠃

ᠶᠢᠨ ᠰᠤᠷᠪᠤᠯᠵᠢ ᠠᠴᠠ ᠪᠣᠯᠪᠠᠰᠤ ᠪᠤᠢ ᠲᠠᠢ ᠬᠡᠯᠡᠨ ᠦ ᠳᠠᠭᠤᠤ ᠲᠠᠢ ᠬᠣᠯᠪᠣᠭᠳᠠᠯ ᠲᠠᠢ ᠬᠡᠯᠡᠯᠴᠡᠭᠡᠨ ᠦ ᠠᠯᠢ ᠨᠢ ᠪᠣᠯᠤᠨ᠎ᠠ :: ᠰᠤᠷᠪᠤᠯᠵᠢ ᠳᠤ ᠬᠡᠯᠡᠨ ᠦ ᠡᠯᠡᠮᠡᠳᠦ ᠬᠡᠯᠪᠡᠷᠢ ᠶᠢ ᠬᠡᠯᠡᠯᠴᠡᠭᠡᠨ ᠦ ᠲᠠᠢ ᠪᠠᠷ :: 《ᠢ》 ᠪᠣᠯᠤᠨ ᠳᠠᠭᠠᠪᠤᠷᠢ ᠶᠢᠨ ᠬᠡᠯᠡᠨ ᠦ ᠨᠢ ᠪᠣᠯᠪᠠᠰᠤ ᠲᠠᠢ 《ᠶᠢ》 ᠪᠣᠯᠤᠨ ᠳᠠᠭᠠᠪᠤᠷᠢ ᠶᠢᠨ ᠡᠭᠦᠰᠦᠯ ᠦᠨ ᠬᠡᠯᠪᠡᠷᠢ ᠶᠢᠨ ᠬᠡᠯᠡᠨ ᠦ ᠨᠢ ᠪᠣᠯᠪᠠᠰᠤ 《ᠰᠠ (-sa)》 ᠪᠣᠯᠤᠨ ᠪᠠ ᠰᠢᠨᠵᠢ ᠶᠢᠨ ᠬᠡᠯᠡᠨ ᠦ ᠨᠢ ᠪᠣᠯᠪᠠᠰᠤ ᠂ 《ᠯᠠ ᠂ ᠯᠡ (-la/-le)》 ᠪᠣᠯᠤᠨ ᠪᠠ ᠰᠢᠨᠵᠢᠯᠡᠯ ᠦᠨ ᠬᠡᠯᠡᠨ ᠦ ᠨᠢ ᠪᠣᠯᠪᠠᠰᠤ ᠂ 《ᠭᠢ (-gi)》 ᠪᠣᠯᠤᠨ ᠪᠠ ᠳᠠᠭᠠᠪᠤᠷᠢ ᠶᠢᠨ ᠬᠡᠯᠡᠨ ᠦ ᠨᠢ ᠪᠣᠯᠪᠠᠰᠤ ᠂ 《ᠨᠠᠢ (-nai/-nei)》 ᠪᠣᠯᠤᠨ ᠪᠠ ᠳᠠᠭᠠᠪᠤᠷᠢ ᠶᠢᠨ ᠬᠡᠯᠡᠨ ᠦ ᠨᠢ ᠪᠣᠯᠪᠠᠰᠤ ᠂ 《ᠢ (-i)》 ᠂ ᠨᠠᠢ ᠬᠡᠯᠡᠨ ᠦ ᠨᠢ ᠪᠣᠯᠪᠠᠰᠤ ᠂ 《ᠤᠳ (-γud)》 ᠪᠣᠯᠤᠨ ᠪᠠ ᠣᠯᠠᠨ ᠲᠣᠭ᠎ᠠ ᠶᠢᠨ ᠬᠡᠯᠪᠡᠷᠢ ᠶᠢᠨ ᠬᠡᠯᠡᠨ ᠦ ᠨᠢ ᠪᠣᠯᠪᠠᠰᠤ ᠂ ᠣᠯᠠᠨ ᠲᠣᠭ᠎ᠠ ᠶᠢᠨ ᠨᠠᠢ ᠪᠣᠯᠪᠠᠰᠤ ᠂ ᠨᠠᠢ ᠳᠤ ᠨᠠᠢ ᠳᠡᠭᠡᠷᠡᠬᠢ ᠦᠭᠡᠰ ᠦᠨ ᠳᠣᠲᠣᠷᠠᠬᠢ ᠪᠠᠢᠳᠠᠯ ᠢ ᠲᠣᠳᠣᠷᠬᠠᠢᠯᠠᠪᠠᠰᠤ :: ᠨᠠᠢ ᠳᠤ ᠨᠠᠢ ᠳᠡᠭᠡᠷᠡᠬᠢ ᠲᠡᠮᠳᠡᠭ ᠢ ᠬᠡᠯᠡᠨ ᠦ ᠬᠡᠯᠪᠡᠷᠢ ᠶᠢᠨ ᠲᠡᠮᠳᠡᠭ ᠪᠣᠯᠭᠠᠪᠠᠰᠤ ᠂ ᠨᠠᠢ ᠳᠤ ᠂ ᠨᠠᠢ ᠨᠢ ᠂ ᠬᠡᠯᠡᠨ ᠦ ᠨᠠᠢ ᠂ ᠨᠠᠢ ᠳᠤ ᠨᠠᠢ ᠳᠡᠭᠡᠷᠡᠬᠢ ᠲᠡᠮᠳᠡᠭ ᠨᠢ ᠬᠣᠶᠠᠷ ᠦᠭᠡᠰ ᠦᠨ ᠬᠣᠭᠣᠷᠣᠨᠳᠣᠬᠢ ᠬᠠᠷᠢᠴᠠᠭ᠎ᠠ ᠶᠢ ᠢᠯᠡᠷᠬᠡᠢᠯᠡᠬᠦ 《ᠰᠢᠭᠤᠳᠤ ᠪᠢᠴᠢᠭ》 ᠦᠨ ᠨᠠᠢ ᠳᠤ ᠨᠠᠢ ᠳᠡᠭᠡᠷᠡᠬᠢ ᠲᠡᠮᠳᠡᠭ ᠦᠨ ᠬᠡᠷᠡᠭᠯᠡᠭᠡ ᠲᠡᠢ ᠨᠢᠭᠡᠳᠦᠭᠡᠷ ᠪᠣᠯᠤᠨ᠎ᠠ ::

ᠪᠢᠴᠢᠭ ᠦᠨ ᠬᠡᠯᠡ ᠶᠢᠨ ᠬᠡᠯᠪᠡᠷᠢᠵᠢᠯᠲᠡ ᠶᠢᠨ ᠬᠠᠷᠢᠴᠠᠭ᠎ᠠ ᠨᠢ ᠦᠭᠡ ᠶᠢᠨ ᠵᠦᠢᠯ ᠂ ᠦᠭᠡ ᠪᠦᠲᠦᠬᠦ ᠂ ᠦᠭᠡ ᠵᠠᠰᠠᠬᠤ ᠂ ᠦᠭᠦᠯᠡᠪᠦᠷᠢ ᠂ ᠬᠡᠯᠡᠯᠴᠡᠭᠡᠨ ᠦ ᠬᠡᠯᠪᠡᠷᠢ ᠶᠢᠨ ᠳᠠᠭᠤᠤ ᠪᠢᠴᠢᠭ ᠦᠨ ᠬᠡᠯᠡ ᠶᠢᠨ ᠬᠡᠯᠪᠡᠷᠢ ᠶᠢ ᠵᠢᠱᠢᠶᠡᠯᠡᠪᠡᠯ 《ᠮᠣᠩᠭᠣᠯ ᠤᠨ ᠨᠢᠭᠤᠴᠠ ᠲᠣᠪᠴᠢᠶᠠᠨ》 ᠳᠤ ᠬᠡᠯᠡᠨ ᠦ 111 ᠰᠢᠷᠬᠡᠭ ᠪᠢᠴᠢᠭ ᠲᠡᠢ ᠪᠣᠯᠪᠠᠰᠤ ᠬᠡᠯᠡᠨ ᠦ ᠪᠢᠴᠢᠭ ᠦᠨ ᠬᠡᠯᠪᠡᠷᠢ ᠶᠢ ᠰᠢᠨᠵᠢᠯᠡᠨ ᠪᠣᠯᠤᠨ᠎ᠠ :: 《ᠮᠣᠩᠭᠣᠯ ᠤᠨ ᠨᠢᠭᠤᠴᠠ ᠲᠣᠪᠴᠢᠶᠠᠨ》 ᠦ ᠬᠡᠯᠡᠨ ᠦ ᠬᠡᠯᠪᠡᠷᠢ ᠳᠦ ᠨᠢᠭᠡ ᠦᠭᠡ ᠶᠢᠨ ᠳᠣᠲᠣᠷᠠᠬᠢ ᠬᠡᠯᠡᠨ ᠦ ᠰᠢᠷᠬᠡᠭ ᠤᠨ ᠬᠡᠯᠡᠨ ᠦ ᠨᠢ ᠶᠠᠭᠤ ᠶᠢᠨ ᠬᠡᠯᠡᠨ ᠦ ᠬᠡᠰᠡᠭ ᠦᠨ ᠬᠡᠯᠡᠨ ᠦ ᠪᠠᠢᠳᠠᠯ ᠢ ᠲᠣᠳᠣᠷᠬᠠᠢᠯᠠᠪᠠᠰᠤ ᠂ 17 ᠳᠤᠭᠠᠷ ᠵᠠᠭᠤᠨ ᠤ ᠬᠡᠯᠡᠨ ᠦ ᠪᠢᠴᠢᠭ ᠦᠨ ᠬᠡᠯᠡ ᠶᠢᠨ ᠪᠣᠯᠤᠨ᠎ᠠ

ᠰᠠᠨᠠᠭᠤᠯᠤᠭᠰᠠᠨ ᠪᠠᠶᠢᠭ᠎ᠠ ᠶᠤᠮ ::

[illegible]

17 [illegible]

[illegible] 《[illegible]》 [illegible]

[illegible] ::

[illegible] ::

[illegible] 《[illegible]》 [illegible]

[illegible] ::

[illegible] 《[illegible]》 [illegible] 《[illegible]》 [illegible] ::

[illegible] -lε: [illegible] ::

ᠨᠣᠮ ᠵᠦᠢ

[1] ᠴᠢᠩᠭᠡᠯᠲᠡᠢ : «ᠣᠳᠣ ᠦᠶ᠎ᠡ ᠶᠢᠨ ᠮᠣᠩᠭᠣᠯ ᠬᠡᠯᠡ ᠪᠠ ᠦᠰᠦᠭ» (ᠳᠡᠭᠡᠳᠦ ᠰᠤᠷᠭᠠᠭᠤᠯᠢ ᠶᠢᠨ ᠬᠡᠪᠯᠡᠯ) , ᠥᠪᠥᠷ ᠮᠣᠩᠭᠣᠯ ᠤᠨ ᠠᠷᠠᠳ ᠤᠨ ᠬᠡᠪᠯᠡᠯ ᠦᠨ ᠬᠣᠷᠢᠶ᠎ᠠ , 1999 ᠣᠨ ::

[2] ᠥᠪᠥᠷ ᠮᠣᠩᠭᠣᠯ ᠤᠨ ᠶᠡᠬᠡ ᠰᠤᠷᠭᠠᠭᠤᠯᠢ ᠶᠢᠨ ᠮᠣᠩᠭᠣᠯ ᠬᠡᠯᠡ ᠰᠤᠳᠤᠯᠬᠤ ᠲᠠᠰᠤᠭ : «ᠣᠳᠣ ᠦᠶ᠎ᠡ ᠶᠢᠨ ᠮᠣᠩᠭᠣᠯ ᠬᠡᠯᠡ» , ᠥᠪᠥᠷ ᠮᠣᠩᠭᠣᠯ ᠤᠨ ᠠᠷᠠᠳ ᠤᠨ ᠬᠡᠪᠯᠡᠯ ᠦᠨ ᠬᠣᠷᠢᠶ᠎ᠠ , 1964 ᠣᠨ ::

[3] ᠴᠣᠢᠵᠢᠯᠰᠦᠷᠦᠩ : «ᠮᠣᠩᠭᠣᠯ ᠬᠡᠯᠡ ᠪᠠ ᠲᠡᠭᠦᠨ ᠦ ᠠᠶᠠᠯᠭᠤ» (ᠬᠣᠶᠠᠳᠤᠭᠠᠷ ᠳᠡᠪᠲᠡᠷ) , ᠥᠪᠥᠷ ᠮᠣᠩᠭᠣᠯ ᠤᠨ ᠰᠤᠷᠭᠠᠨ ᠬᠦᠮᠦᠵᠢᠯ ᠦᠨ ᠬᠡᠪᠯᠡᠯ ᠦᠨ ᠬᠣᠷᠢᠶ᠎ᠠ , 1989 ᠣᠨ ::

[4] ᠴᠣ · ᠰᠠᠩᠵᠢᠳᠣᠷᠵᠢ : «ᠣᠷᠴᠢᠨ ᠴᠠᠭ ᠤᠨ ᠮᠣᠩᠭᠣᠯ ᠬᠡᠯᠡ» , ᠥᠪᠥᠷ ᠮᠣᠩᠭᠣᠯ ᠤᠨ ᠠᠷᠠᠳ ᠤᠨ ᠬᠡᠪᠯᠡᠯ ᠦᠨ ᠬᠣᠷᠢᠶ᠎ᠠ , 1982 ᠣᠨ ::

[5] ᠪᠣᠯᠣᠷᠲᠣᠭᠣᠭ : «ᠮᠣᠩᠭᠣᠯ ᠤᠷᠠᠯᠢᠭ ᠪᠢᠴᠢᠭ ᠤᠨ ᠤᠯᠠᠮᠵᠢᠯ» , ᠥᠪᠥᠷ ᠮᠣᠩᠭᠣᠯ ᠤᠨ ᠰᠤᠷᠭᠠᠨ ᠬᠦᠮᠦᠵᠢᠯ ᠦᠨ ᠬᠡᠪᠯᠡᠯ ᠦᠨ ᠬᠣᠷᠢᠶ᠎ᠠ , 1984 ᠣᠨ ::

[6] ᠪᠠᠶᠠᠷ : «ᠮᠣᠩᠭᠣᠯ ᠤᠷᠠᠯᠢᠭ ᠪᠢᠴᠢᠭ ᠤᠨ ᠳᠦᠷᠢᠮ ᠳᠦᠷᠢᠮ» , ᠥᠪᠥᠷ ᠮᠣᠩᠭᠣᠯ ᠤᠨ ᠠᠷᠠᠳ ᠤᠨ ᠬᠡᠪᠯᠡᠯ ᠦᠨ ᠬᠣᠷᠢᠶ᠎ᠠ , 1983 ᠣᠨ ::

[7] ᠠᠰ · ᠪᠠᠲᠤᠵᠢᠷᠭᠠᠯ : «ᠮᠣᠩᠭᠣᠯ ᠪᠢᠴᠢᠭ ᠤᠨ ᠬᠡᠯᠡ ᠪᠢᠴᠢᠭ ᠳᠦᠷᠢᠮ» , ᠥᠪᠥᠷ ᠮᠣᠩᠭᠣᠯ ᠤᠨ ᠰᠤᠷᠭᠠᠨ ᠬᠦᠮᠦᠵᠢᠯ ᠦᠨ ᠬᠡᠪᠯᠡᠯ ᠦᠨ ᠳᠡᠭᠡᠳᠦ , ᠥᠪᠥᠷ ᠮᠣᠩᠭᠣᠯ ᠤᠨ ᠮᠣᠩᠭᠣᠯ ᠬᠡᠯᠡ ᠪᠢᠴᠢᠭ ᠤᠨ ᠠᠵᠢᠯ ᠤᠨ ᠬᠣᠷᠢᠶ᠎ᠠ ᠤᠨ «ᠮᠣᠩᠭᠣᠯ ᠬᠡᠯᠡ ᠪᠢᠴᠢᠭ ᠦᠨ ᠠᠵᠢᠯ» ᠰᠡᠳᠬᠦᠯ ᠰᠡᠳᠬᠦᠯ , 1998 ᠣᠨ ::

[8] ᠪᠠᠶᠠᠷ : 《ᠣᠷᠴᠢᠨ ᠮᠣᠩᠭᠣᠯ ᠬᠡᠯᠡᠨ ᠦ ᠪᠦᠲᠦᠭᠡᠯᠬᠦ ᠶᠣᠰᠣ ᠵᠦᠢ》· ᠦᠨᠳᠦᠰᠦᠲᠡᠨ ᠦ ᠬᠡᠪᠯᠡᠯ ᠦᠨ ᠬᠣᠷᠢᠶ᠎ᠠ · 1983 ᠣᠨ ::
[9] ᠳ · ᠲᠣᠳᠠᠶᠸᠠ : 《ᠮᠣᠩᠭᠣᠯ ᠬᠡᠯᠡ ᠪᠠ ᠢᠷᠭᠣᠯ ᠠᠶᠠᠯᠭᠤ》· ᠥᠪᠦᠷ ᠮᠣᠩᠭᠣᠯ ᠤᠨ ᠰᠤᠷᠭᠠᠨ ᠬᠦᠮᠦᠵᠢᠯ ᠦᠨ ᠬᠣᠷᠢᠶ᠎ᠠ · 1987 ᠣᠨ ::
[10] 符拉基米尔佐夫著，陈伟、陈鹏译、沈成明校：《蒙古书面语与喀尔喀方言比较语法》，青海人民出版社，1988年。
[11] ᠴᠢᠮᠡᠳ : 《ᠣᠶᠢᠷᠠᠳ ᠠᠶᠠᠯᠭᠤ ᠪᠠ ᠮᠣᠩᠭᠣᠯ ᠬᠡᠯᠡ ᠪᠠ ᠰᠤᠳᠤᠯᠤᠯ》· ᠦᠨᠳᠦᠰᠦᠲᠡᠨ ᠦ ᠬᠡᠪᠯᠡᠯ ᠦᠨ ᠬᠣᠷᠢᠶ᠎ᠠ · 2001 ᠣᠨ ::
[12] ᠬᠠᠰᠡᠷᠳᠡᠨᠢ : 《〈ᠮᠣᠩᠭᠣᠯ ᠤᠨ ᠨᠢᠭᠤᠴᠠ ᠲᠣᠪᠴᠢᠶᠠᠨ〉 ᠤ ᠬᠡᠯᠡᠯᠭᠡ》· ᠥᠪᠦᠷ ᠮᠣᠩᠭᠣᠯ ᠤᠨ ᠶᠡᠬᠡ ᠰᠤᠷᠭᠠᠭᠤᠯᠢ ᠶᠢᠨ ᠬᠡᠪᠯᠡᠯ ᠦᠨ ᠬᠣᠷᠢᠶ᠎ᠠ · 1987 ᠣᠨ ::
[13] ᠵᠢᠭᠮᠡᠳ : 《ᠮᠣᠩᠭᠣᠷ ᠬᠡᠯᠡ ᠪᠠ ᠮᠣᠩᠭᠣᠯ ᠬᠡᠯᠡ》· ᠥᠪᠦᠷ ᠮᠣᠩᠭᠣᠯ ᠤᠨ ᠠᠷᠠᠳ ᠤᠨ ᠬᠡᠪᠯᠡᠯ ᠦᠨ ᠬᠣᠷᠢᠶ᠎ᠠ · 1999 ᠣᠨ ::
[14] ᠴᠢᠨ ᠨᠠᠢ ᠰᠢᠶᠤᠩ : 《ᠪᠣᠣ ᠠᠨ ᠬᠡᠯᠡ ᠪᠠ ᠮᠣᠩᠭᠣᠯ ᠬᠡᠯᠡ》· ᠥᠪᠦᠷ ᠮᠣᠩᠭᠣᠯ ᠤᠨ ᠠᠷᠠᠳ ᠤᠨ ᠬᠡᠪᠯᠡᠯ ᠦᠨ ᠬᠣᠷᠢᠶ᠎ᠠ · 1987 ᠣᠨ ::
[15] ᠡᠩᠬᠡᠪᠠᠲᠤ : 《ᠳᠠᠭᠤᠷ ᠬᠡᠯᠡ ᠪᠠ ᠮᠣᠩᠭᠣᠯ ᠬᠡᠯᠡ》· ᠥᠪᠦᠷ ᠮᠣᠩᠭᠣᠯ ᠤᠨ ᠠᠷᠠᠳ ᠤᠨ ᠬᠡᠪᠯᠡᠯ ᠦᠨ ᠬᠣᠷᠢᠶ᠎ᠠ · 1988 ᠣᠨ ::
[16] ᠪᠠᠶᠠᠨᠴᠤᠤᠯᠤ · ᠵᠢᠯᠰᠠᠩ : 《ᠰᠢᠷ᠎ᠠ ᠶᠤᠭᠤᠷ ᠬᠡᠯᠡ ᠪᠠ ᠮᠣᠩᠭᠣᠯ ᠬᠡᠯᠡ》· ᠥᠪᠦᠷ ᠮᠣᠩᠭᠣᠯ ᠤᠨ ᠠᠷᠠᠳ ᠤᠨ ᠬᠡᠪᠯᠡᠯ ᠦᠨ ᠬᠣᠷᠢᠶ᠎ᠠ · 1991 ᠣᠨ ::
[17] ᠪᠤᠶᠠᠩ : 《ᠳᠤᠩᠰᠢᠶᠠᠩ ᠬᠡᠯᠡ ᠪᠠ ᠮᠣᠩᠭᠣᠯ ᠬᠡᠯᠡ》· ᠥᠪᠦᠷ ᠮᠣᠩᠭᠣᠯ ᠤᠨ ᠠᠷᠠᠳ ᠤᠨ ᠬᠡᠪᠯᠡᠯ ᠦᠨ ᠬᠣᠷᠢᠶ᠎ᠠ · 1986 ᠣᠨ ::
[18] ᠮᠣᠰᠲᠠᠢᠷᠲ ᠠᠨᠲᠣᠨ : 《ᠣᠷᠳᠣᠰ ᠤᠨ ᠠᠶᠠᠯᠭᠤ》· ᠥᠪᠦᠷ ᠮᠣᠩᠭᠣᠯ ᠤᠨ ᠠᠷᠠᠳ ᠤᠨ ᠬᠡᠪᠯᠡᠯ ᠦᠨ ᠬᠣᠷᠢᠶ᠎ᠠ · 1962 ᠣᠨ ::
[19] N·鲍培著，卢弼译：《蒙古语比较研究概论》，内蒙古大学蒙古语文研究室，1979年。
[20] ᠴᠢᠩᠭᠡᠯᠲᠡᠢ : 《ᠮᠣᠩᠭᠣᠯ ᠬᠡᠯᠡᠨ ᠦ ᠪᠦᠲᠦᠭᠡᠯ ᠦᠭᠡᠰᠦᠪᠦᠷᠢ》· ᠥᠪᠦᠷ ᠮᠣᠩᠭᠣᠯ ᠤᠨ ᠠᠷᠠᠳ ᠤᠨ ᠬᠡᠪᠯᠡᠯ ᠦᠨ ᠬᠣᠷᠢᠶ᠎ᠠ · 1981 ᠣᠨ ::

[21] ᠨᠠᠷᠠᠨᠭᠠᠷᠠᠭ : 《ᠮᠣᠩᠭᠣᠯ ᠬᠡᠯᠡᠨ ᠦ ᠲᠡᠦᠬᠡᠨ ᠪᠢᠴᠢᠭ ᠤᠨ ᠤᠨ ᠵᠦᠢᠯ ᠦᠨ ᠰᠤᠳᠤᠯᠭ᠎ᠠ ᠶᠢᠨ ᠣᠷᠣᠰᠢᠯ》· ᠥᠪᠥᠷ ᠮᠣᠩᠭᠣᠯ ᠤᠨ ᠠᠷᠠᠳ ᠤᠨ ᠬᠡᠪᠯᠡᠯ ᠦᠨ ᠬᠣᠷᠢᠶ᠎ᠠ · 1981 ᠣᠨ ::

[22] G.J. 兰司铁著，陈伟、沈成明译：《阿尔泰语言学导论》，中国社会科学出版社，1981 年。

[23] ᠥᠪᠥᠷ ᠮᠣᠩᠭᠣᠯ ᠤᠨ ᠮᠣᠩᠭᠣᠯ ᠬᠡᠯᠡ ᠪᠢᠴᠢᠭ ᠦᠨ ᠨᠡᠢᠭᠡᠮ ᠤᠨ ᠰᠤᠳᠤᠯᠭ᠎ᠠ ᠶᠢᠨ : 《ᠮᠣᠩᠭᠣᠯ ᠬᠡᠯᠡᠨ ᠦ ᠲᠣᠯᠢ ᠶᠢᠨ ᠣᠷᠣᠰᠢᠯ ᠪᠢᠴᠢᠭ》· ᠥᠪᠥᠷ ᠮᠣᠩᠭᠣᠯ ᠤᠨ ᠠᠷᠠᠳ ᠤᠨ ᠬᠡᠪᠯᠡᠯ ᠦᠨ ᠬᠣᠷᠢᠶ᠎ᠠ · 1983 ᠣᠨ ::

[24] N·鲍培著，周建奇译，照日格图审校：《阿尔泰语言学导论》，内蒙古教育出版社，2004 年。

[25] ᠰᠡᠴᠡᠨᠪᠠᠭᠠᠲᠤᠷ : 《ᠮᠣᠩᠭᠣᠯ ᠬᠡᠯᠡᠨ ᠦ ᠠᠶᠠᠯᠭᠤ》· ᠦᠨᠳᠦᠰᠦᠲᠡᠨ ᠦ ᠬᠡᠪᠯᠡᠯ ᠦᠨ ᠬᠣᠷᠢᠶ᠎ᠠ · 1989 ᠣᠨ ::

[26] ᠳᠣ· ᠲᠦᠮᠡᠨ : 《ᠮᠣᠩᠭᠣᠯ ᠬᠡᠯᠡᠨ ᠦ ᠰᠤᠳᠤᠯᠭ᠎ᠠ》· ᠥᠪᠥᠷ ᠮᠣᠩᠭᠣᠯ ᠤᠨ ᠰᠤᠷᠭᠠᠨ ᠬᠦᠮᠦᠵᠢᠯ ᠦᠨ ᠬᠡᠪᠯᠡᠯ ᠦᠨ ᠬᠣᠷᠢᠶ᠎ᠠ · 1990 ᠣᠨ ::

[27] ᠳᠣ· ᠲᠦᠮᠡᠨ : 《ᠮᠣᠩᠭᠣᠯ ᠵᠠ ᠪᠠᠭ ᠠᠯᠳᠠᠷ ᠪᠢᠴᠢᠭ》· ᠦᠨᠳᠦᠰᠦᠲᠡᠨ ᠦ ᠬᠡᠪᠯᠡᠯ ᠦᠨ ᠬᠣᠷᠢᠶ᠎ᠠ · 1991 ᠣᠨ ::

[28] ᠨᠠᠮᠵᠠᠯᠮᠠ : 《ᠮᠣᠩᠭᠣᠯᠴᠤᠳ ᠤᠨ ᠪᠣ ᠮᠣᠩᠭᠣᠯ ᠬᠡᠯᠡ》· ᠥᠪᠥᠷ ᠮᠣᠩᠭᠣᠯ ᠤᠨ ᠠᠷᠠᠳ ᠤᠨ ᠬᠡᠪᠯᠡᠯ ᠦᠨ ᠬᠣᠷᠢᠶ᠎ᠠ · 1991 ᠣᠨ ::

[29] ᠪᠦᠶᠠᠨᠬᠡᠰᠢᠭ : 《〈ᠮᠣᠩᠭᠣᠯ ᠨᠢᠭᠤᠴᠠ ᠶᠢᠨ ᠲᠣᠪᠴᠢᠶᠠᠨ〉 ᠤ ᠮᠣᠩᠭᠣᠯ ᠪᠢᠴᠢᠭ ᠤᠨ ᠰᠤᠳᠤᠯᠭ᠎ᠠ》· ᠥᠪᠥᠷ ᠮᠣᠩᠭᠣᠯ ᠤᠨ ᠰᠤᠷᠭᠠᠨ ᠬᠦᠮᠦᠵᠢᠯ ᠦᠨ ᠬᠡᠪᠯᠡᠯ ᠦᠨ ᠬᠣᠷᠢᠶ᠎ᠠ · 1992 ᠣᠨ ::

[30] ᠰᠡᠴᠡᠨᠪᠠᠭᠠᠲᠤᠷ : 《ᠴᠠᠬᠠᠷ ᠠᠶᠠᠯᠭᠤ ᠤ ᠮᠣᠩᠭᠣᠯ ᠬᠡᠯᠡᠨ ᠦ ᠰᠤᠳᠤᠯᠭ᠎ᠠ》· ᠥᠪᠥᠷ ᠮᠣᠩᠭᠣᠯ ᠤᠨ ᠰᠤᠷᠭᠠᠨ ᠬᠦᠮᠦᠵᠢᠯ ᠦᠨ ᠬᠡᠪᠯᠡᠯ ᠦᠨ ᠬᠣᠷᠢᠶ᠎ᠠ · 1996 ᠣᠨ ::

ᠪᠢᠴᠢᠭ᠌ ᠂ 1998 ᠣᠨ ᠃

[31] ᠭᠣᠩᠭᠣᠷ : 《ᠡᠷᠲᠡᠨ ᠦ ᠮᠣᠩᠭᠣᠯ ᠬᠡᠯᠡᠨ ᠦ ᠲᠣᠪᠴᠢᠶᠠᠨ》᠂ ᠥᠪᠥᠷ ᠮᠣᠩᠭᠣᠯ ᠤᠨ ᠰᠤᠷᠭᠠᠨ ᠬᠦᠮᠦᠵᠢᠯ ᠦᠨ ᠬᠡᠪᠯᠡᠯ ᠦᠨ ᠬᠣᠷᠢᠶ᠎ᠠ ᠂ 1996 ᠣᠨ ᠃

[32] ᠪᠠᠭᠠᠲᠤᠷ ᠪᠠᠶᠠᠷᠮᠠᠭᠨᠠᠢ : 《ᠪᠦᠭᠦᠳᠡ ᠨᠠᠢᠷᠠᠮᠳᠠᠬᠤ ᠬᠡᠯᠡᠯᠭᠡᠨ ᠦ ᠲᠣᠪᠴᠢᠶᠠᠨ》᠂ ᠥᠪᠥᠷ ᠮᠣᠩᠭᠣᠯ ᠤᠨ ᠠᠷᠠᠳ ᠤᠨ ᠬᠡᠪᠯᠡᠯ ᠦᠨ ᠬᠣᠷᠢᠶ᠎ᠠ ᠂ 1997 ᠣᠨ ᠃

[33] ᠵᠠ · ᠳ᠋ᠣᠷᠵᠢ : 《ᠵᠠ · ᠳ᠋ᠣᠷᠵᠢ ᠶᠢᠨ ᠮᠣᠩᠭᠣᠯ ᠪᠢᠴᠢᠭ ᠦᠨ ᠬᠡᠯᠡ ᠶᠢᠨ ᠣᠨᠣᠯ ᠰᠤᠳᠤᠯᠤᠯ》᠂ ᠥᠪᠥᠷ ᠮᠣᠩᠭᠣᠯ ᠤᠨ ᠠᠷᠠᠳ ᠤᠨ ᠬᠡᠪᠯᠡᠯ ᠦᠨ ᠬᠣᠷᠢᠶ᠎ᠠ ᠂ 1997 ᠣᠨ ᠃

[34] ᠨᠠ · ᠭᠣᠩᠭᠣᠷᠵᠠᠪ : 《ᠮᠣᠩᠭᠣᠯ ᠪᠢᠴᠢᠭ ᠦᠨ ᠬᠡᠯᠡ ᠶᠢᠨ ᠳᠦᠷᠢᠮ ᠪᠢᠴᠢᠯᠭᠡ ᠲᠡᠢ》᠂ ᠥᠪᠥᠷ ᠮᠣᠩᠭᠣᠯ ᠤᠨ ᠠᠷᠠᠳ ᠤᠨ ᠬᠡᠪᠯᠡᠯ ᠦᠨ ᠬᠣᠷᠢᠶ᠎ᠠ ᠂ 1997 ᠣᠨ ᠃

[35] ᠳᠣ · ᠨᠠᠰᠤᠨᠪᠠᠲᠤ ᠨᠠᠷ : 《ᠳᠤᠮᠳᠠᠳᠤ ᠡᠷᠲᠡᠨ ᠦ ᠮᠣᠩᠭᠣᠯ ᠬᠡᠯᠡ》᠂ ᠦᠨᠳᠦᠰᠦᠲᠡᠨ ᠦ ᠬᠡᠪᠯᠡᠯ ᠦᠨ ᠬᠣᠷᠢᠶ᠎ᠠ ᠂ 1997 ᠣᠨ ᠃

[36] ᠪᠣ ᠪᠠᠲᠤᠪᠠᠭᠠᠨ : 《ᠡᠷᠲᠡᠨ ᠦ ᠣᠳᠣᠬᠠᠨ ᠦ ᠬᠡᠯᠡᠨ ᠦ ᠨᠣᠮ ᠃ ᠰᠣᠶᠣᠯ ᠤᠨ ᠪᠣᠯᠪᠠᠰᠤᠷᠠᠯ ᠮᠣᠩᠭᠣᠯ ᠬᠡᠯᠡᠨ ᠦ ᠪᠢᠴᠢᠭ ᠦᠰᠦᠭ》᠂ ᠥᠪᠥᠷ ᠮᠣᠩᠭᠣᠯ ᠤᠨ ᠪᠠᠭᠠᠴᠤᠳ ᠤᠨ ᠬᠡᠪᠯᠡᠯ ᠦᠨ ᠬᠣᠷᠢᠶ᠎ᠠ ᠂ 1997 ᠣᠨ ᠃

[37] ᠳᠣ · ᠨᠠᠰᠤᠨᠪᠠᠲᠤ : 《ᠪᠢᠴᠢᠭ ᠬᠡ ᠬᠡ ᠰᠤᠷᠬᠤ》᠂ ᠥᠪᠥᠷ ᠮᠣᠩᠭᠣᠯ ᠤᠨ ᠰᠤᠶᠤᠯ ᠤᠨ ᠬᠡᠪᠯᠡᠯ ᠦᠨ ᠬᠣᠷᠢᠶ᠎ᠠ ᠂ 1998 ᠣᠨ ᠃

[38] ᠮᠥ · ᠪᠠᠶᠠᠨᠳᠡᠯᠭᠡᠷ : 《ᠮᠣᠩᠭᠣᠯ ᠪᠢᠴᠢᠭ ᠦᠨ ᠵᠢᠷᠤᠮ ᠳᠦᠷᠢᠮ ᠦᠨ ᠰᠤᠷᠤᠯᠭ᠎ᠠ》᠂ ᠥᠪᠥᠷ ᠮᠣᠩᠭᠣᠯ ᠤᠨ ᠠᠷᠠᠳ ᠤᠨ ᠬᠡᠪᠯᠡᠯ ᠦᠨ ᠬᠣᠷᠢᠶ᠎ᠠ ᠂ 1998 ᠣᠨ ᠃

[39] ᠴᠣᠭᠲᠤ ᠨᠠᠷ : 《ᠮᠣᠩᠭᠣᠯ ᠬᠡᠯᠡ ᠶᠢᠨ ᠨᠣᠲᠤᠭ ᠤᠨ ᠠᠶᠠᠯᠭᠤᠨ ᠤ ᠲᠣᠪᠴᠢᠶᠠᠨ》᠂ ᠪᠡᠭᠡᠵᠢᠩ ᠦᠨ ᠦᠨᠳᠦᠰᠦᠲᠡᠨ ᠦ ᠶᠡᠬᠡ ᠰᠤᠷᠭᠠᠭᠤᠯᠢ ᠶᠢᠨ ᠬᠡᠪᠯᠡᠯ ᠦᠨ ᠬᠣᠷᠢᠶ᠎ᠠ ᠂ 1998 ᠣᠨ ᠃

[40] ᠪᠠᠶᠠᠷᠲᠤ ᠪᠠᠶᠠᠨᠮᠦᠩᠬᠡ :《ᠣᠷᠴᠢᠭᠤᠯᠤᠭᠰᠠᠨ ᠨᠣᠮ ᠤ ᠮᠣᠩᠭᠣᠯ ᠬᠡᠯᠡ ᠤ ᠣᠷᠴᠢᠭᠤᠯᠭ᠎ᠠ ᠲᠡᠦᠬᠡ ᠲᠡᠦᠬᠡ ᠶᠢᠨ ᠬᠡᠯᠪᠡᠷᠢ ᠳᠤᠷᠠᠰ ᠪᠠ ᠣᠷᠣᠨ ᠤ ᠲᠣᠭᠠᠴᠢ
ᠬᠡᠮᠵᠢᠶ᠎ᠡ》·《ᠥᠪᠥᠷ ᠮᠣᠩᠭᠣᠯ ᠤᠨ ᠶᠡᠬᠡ ᠰᠤᠷᠭᠠᠭᠤᠯᠢ ᠶᠢᠨ ᠡᠷᠳᠡᠮ ᠰᠢᠨᠵᠢᠯᠡᠭᠡ ᠶᠢᠨ ᠰᠡᠳᠬᠦᠯ》(ᠮᠣᠩᠭᠣᠯ)·1986 ᠣᠨ ᠤ 1 ᠳᠦᠭᠡᠷ ᠳᠡᠭᠡᠳᠦ ::

[41] ᠮᠣᠩᠭᠣᠯ ᠬᠡᠯᠡ ᠪᠢᠴᠢᠭ ᠦᠨ ᠬᠦᠷᠢᠶᠡᠯᠡᠩ ᠰᠤᠳᠤᠯᠤᠯᠴᠠᠭᠠᠨ ᠤ ᠳᠡᠭᠡᠳᠦ :《ᠮᠣᠩᠭᠣᠯ ᠬᠡᠯᠡ ᠪᠢᠴᠢᠭ ᠦᠨ ᠬᠦᠷᠢᠶᠡᠯᠡᠩ》(ᠬᠤᠪᠢ·ᠬᠣᠶᠠᠳᠤᠭᠠᠷ)·ᠥᠪᠥᠷ
ᠮᠣᠩᠭᠣᠯ ᠤᠨ ᠠᠷᠠᠳ ᠤᠨ ᠬᠡᠪᠯᠡᠯ ᠦᠨ ᠬᠣᠷᠢᠶ᠎ᠠ·1999 ᠣᠨ ::

[42] 乌兰著：《〈蒙古源流〉研究》，辽宁民族出版社，2000年。

[43] ᠳᠣ·ᠳᠠᠷᠤᠭᠤᠯᠠ·ᠰᠡᠮᠵᠢᠳᠳᠣᠷᠵᠢ :《ᠮᠣᠩᠭᠣᠯ ᠬᠡᠯᠡᠨ ᠦ ᠲᠤᠢᠯ ᠤᠨ ᠰᠤᠳᠤᠯᠭ᠎ᠠ》·ᠥᠪᠥᠷ ᠮᠣᠩᠭᠣᠯ ᠤᠨ ᠰᠤᠷᠭᠠᠨ ᠬᠦᠮᠦᠵᠢᠯ ᠦᠨ ᠬᠡᠪᠯᠡᠯ ᠦᠨ
ᠬᠣᠷᠢᠶ᠎ᠠ·2001 ᠣᠨ ::

[44] ᠳᠣ·ᠳᠠᠷᠤᠭᠤᠯᠠ :《ᠮᠣᠩᠭᠣᠯ ᠲᠣᠯᠢ ᠪᠢᠴᠢᠭ ᠦᠨ ᠵᠢᠷᠤᠮᠯᠠᠯ ᠦᠨ ᠲᠥᠯᠥᠪ》·ᠥᠪᠥᠷ ᠮᠣᠩᠭᠣᠯ ᠤᠨ ᠰᠤᠷᠭᠠᠨ ᠬᠦᠮᠦᠵᠢᠯ ᠦᠨ ᠬᠡᠪᠯᠡᠯ ᠦᠨ ᠬᠣᠷᠢᠶ᠎ᠠ·
2001 ᠣᠨ ::

[45] ᠨᠠᠮᠵᠢᠯᠮᠠ :《ᠮᠣᠩᠭᠣᠯ ᠲᠣᠯᠢ ᠪᠢᠴᠢᠭ ᠦᠨ ᠮᠣᠩᠭᠣᠯ ᠬᠡᠯᠡᠨ ᠦ ᠪᠢᠴᠢᠭ ᠤᠨ ᠰᠤᠳᠤᠯᠭ᠎ᠠ》(ᠳᠡᠭᠡᠳᠦ ᠳᠡᠪᠲᠡᠷ ᠬᠥᠭᠵᠢᠭᠦᠯᠦᠯ
ᠬᠡᠪᠯᠡᠯ)·ᠥᠪᠥᠷ ᠮᠣᠩᠭᠣᠯ ᠤᠨ ᠶᠡᠬᠡ ᠰᠤᠷᠭᠠᠭᠤᠯᠢ ᠶᠢᠨ ᠮᠣᠩᠭᠣᠯ ᠬᠡᠯᠡ ᠪᠢᠴᠢᠭ ᠰᠤᠳᠤᠯᠬᠤ ᠭᠠᠵᠠᠷ·2002 ᠣᠨ ::

[46] ᠴᠢ·ᠳᠠᠯᠠᠢ :《〈ᠮᠣᠩᠭᠣᠯ ᠤᠨ ᠨᠢᠭᠤᠴᠠ ᠲᠣᠪᠴᠢᠶᠠᠨ〉·ᠯᠤᠪᠰᠠᠩᠳᠠᠨᠵᠢᠨ ᠤ 〈ᠠᠯᠲᠠᠨ ᠲᠣᠪᠴᠢ〉— ᠬᠣᠶᠠᠷ ᠤᠨ ᠬᠠᠷᠢᠴᠠᠭᠤᠯᠤᠯ
ᠰᠤᠳᠤᠯᠭ᠎ᠠ》(ᠳᠡᠭᠡᠳᠦ ᠳᠡᠪᠲᠡᠷ)·ᠬᠥᠬᠡᠬᠣᠲᠠ·2002 ᠣᠨ ::

[47] ᠬᠠᠰᠪᠠᠭᠠᠨ᠋ᠵᠢ :《ᠮᠣᠩᠭᠣᠯ ᠪᠢᠴᠢᠭ ᠦᠨ ᠬᠡᠯᠡ ᠶᠢᠨ ᠬᠡᠯᠪᠡᠷᠢ ᠶᠢᠨ ᠬᠠᠷᠢᠴᠠᠭᠤᠯᠤᠯ ᠰᠤᠳᠤᠯᠭ᠎ᠠ》·ᠥᠪᠥᠷ ᠮᠣᠩᠭᠣᠯ ᠤᠨ ᠠᠷᠠᠳ ᠤᠨ ᠬᠡᠪᠯᠡᠯ ᠦᠨ
ᠬᠣᠷᠢᠶ᠎ᠠ·2001 ᠣᠨ ::

[48] A·Mostaert 和 W·Cleaves 著，周建奇译：《1289和1305年伊儿汗阿儿浑和完者笃算
端致菲力普书》，油印稿，1982年。

[49] ᠨᠠᠰᠤᠨᠤᠪᠠᠭᠠᠲᠤᠷ ᠲᠡᠨ :《ᠮᠣᠩᠭᠣᠯ ᠬᠡᠯᠡᠨ ᠦ ᠲᠤᠯᠭᠤᠷ ᠪᠢᠴᠢᠭ ᠤᠨ ᠰᠤᠳᠤᠯᠭ᠎ᠠ》·ᠥᠪᠥᠷ ᠮᠣᠩᠭᠣᠯ ᠤᠨ ᠠᠷᠠᠳ ᠤᠨ ᠬᠡᠪᠯᠡᠯ ᠦᠨ

ᠬᠣᠷᠢᠶ᠎ᠠ ::

[60] ᠪᠠᠶᠠᠷᠮᠠᠭᠨᠠᠢ :《ᠮᠣᠩᠭᠣᠯ ᠬᠡᠯᠡ ᠪᠠ ᠲᠡᠭᠦᠨ ᠦ ᠦᠭᠡ ᠬᠡᠯᠡᠨ ᠦ ᠰᠢᠨᠵᠢ》·《ᠮᠣᠩᠭᠣᠯ ᠬᠡᠯᠡ ᠪᠢᠴᠢᠭ》· 2005 ᠣᠨ ᠤ 1 ᠳᠤᠭᠠᠷ

2004 年。

[59] 𠁱· 卡拉著，范丽君译，乔吉审订：《蒙古人的文字与书籍》，内蒙古人民出版社，

[58] ᠭ · ᠰᠣᠶᠣᠯᠪᠢᠯᠢᠭ :《ᠮᠣᠩᠭᠣᠯ ᠬᠡᠯᠡ ᠪᠢᠴᠢᠭ ᠦᠨ ᠲᠡᠦᠬᠡ ᠬᠡᠯᠡᠨ ᠦ ᠰᠤᠳᠤᠯᠤᠯ》· ᠦᠨᠳᠦᠰᠦᠲᠡᠨ · 2002 ᠣᠨ ::

[57]《蒙古学信息》，2002 年第 3 期。

科学版，1999 年第 6 期。

[56] 乌云毕力格：《评十七世纪蒙古文文书档案（1600—1650）》，《内蒙古大学学报》人文社会

[55] 桑席叶夫：《蒙古语比较语法》，民族出版社，1953 年。

[54] 奥尔洛夫斯卡娅著，郭守祥译：《〈黄金史〉语言》，内蒙古教育出版社，2004 年。

蒙古教育出版社，2004 年。

[53] 小泽重男著，呼格吉勒图、胡树、南敬铭、徐坤译：《中世纪蒙古语诸形态研究》，内

ᠥᠪᠥᠷ ᠮᠣᠩᠭᠣᠯ ᠤᠨ ᠶᠡᠬᠡ ᠰᠤᠷᠭᠠᠭᠤᠯᠢ ᠶᠢᠨ ᠮᠣᠩᠭᠣᠯ ᠬᠡᠯᠡ ᠪᠢᠴᠢᠭ ᠰᠤᠳᠤᠯᠬᠤ ᠭᠠᠵᠠᠷ · 1989 ᠣᠨ ::

[52] ᠪᠠᠶᠠᠷᠮᠠᠨᠳᠤᠬᠤ :《ᠣᠶᠢᠷᠠᠳ ᠠᠶᠠᠯᠭᠤ ᠪᠠ ᠮᠣᠩᠭᠣᠯ ᠬᠡᠯᠡ ᠪᠠ ᠲᠥᠷᠦᠯ ᠲᠥᠷᠦᠯ ᠦᠨ ᠬᠡᠯᠡᠨ》（ᠮᠣᠩᠭᠣᠯ ᠬᠡᠯᠡ ᠰᠤᠳᠤᠯᠤᠯ ᠲᠤᠪᠴᠢᠶ᠎ᠠ）·

[51] 保朝鲁编：《穆卡迪玛特蒙古语词典》，内蒙古大学出版社，2002 年。

ᠪᠡᠶᠡᠵᠢᠩ ᠦᠨ ᠨᠡᠢᠲᠡ ᠶᠢᠨ ᠬᠣᠷᠢᠶ᠎ᠠ · 1991 ᠣᠨ ::

[50] ᠴ · ᠨᠠᠷᠠᠨᠪᠠᠲᠤ · ᠭ · ᠪᠠᠲᠤ :《ᠮᠣᠩᠭᠣᠯ ᠬᠡᠯᠡᠨ ᠦ ᠲᠣᠯᠢ ᠶᠢᠨ ᠬᠡᠯᠡᠨ ᠦ ᠵᠦᠢ》· ᠥᠪᠥᠷ ᠮᠣᠩᠭᠣᠯ ᠤᠨ ᠰᠤᠷᠭᠠᠨ

ᠬᠣᠷᠢᠶ᠎ᠠ · 1987 ᠣᠨ ::

ᠬᠡᠪᠯᠡᠯ ᠬᠣᠷᠢᠶᠠᠨ ᠤ ᠰᠤᠳᠤᠯᠤᠯ》· 1983 ᠣᠨ ᠤ 3 ᠳᠤᠭᠠᠷ ᠳᠡᠭᠲᠡᠷ ᠲᠦ ::

[70] ᠨᠠᠰᠤᠨᠪᠠᠭ᠎ᠠ : 《〈ᠮᠣᠩᠭᠣᠯ ᠤᠨ ᠨᠢᠭᠤᠴᠠ ᠲᠣᠪᠴᠢᠶᠠᠨ〉 ᠤ ᠬᠡᠯᠡᠨ ᠦ ᠳᠦᠷᠢᠮ ᠦᠨ ᠲᠤᠬᠠᠢ》《ᠥᠪᠦᠷ ᠮᠣᠩᠭᠣᠯ ᠤᠨ ᠶᠡᠬᠡ ᠰᠤᠷᠭᠠᠭᠤᠯᠢ ᠶᠢᠨ

印刷。

[69] 吉田顺一等译注：《〈アルタン＝ハ—— ン伝訳注〉》，日本风间书房，平成 10 年 3 月 5 日

[68] ᠫ · ᠳᠠᠷᠢᠮᠠᠭᠤᠯᠠᠭᠰᠠᠨ : 《ᠮᠣᠩᠭᠣᠯᠴᠤᠳ ᠤᠨ ᠬᠠᠷᠢᠴᠠ ᠪᠠᠶᠢᠴᠠ ᠶᠢᠨ ᠲᠣᠪᠴᠢᠶᠠᠨ》· ᠤᠯᠠᠭᠠᠨᠪᠠᠭᠠᠲᠤᠷ · 2001 ᠣᠨ ::

ᠣᠨ ::

[67] ᠪᠠᠶᠠᠷᠮᠠᠭᠠ · ᠰᠠᠷᠠᠨᠭᠡᠷᠡᠯ : 《ᠪᠢᠴᠢᠭ ᠬᠡᠯᠡ ᠬᠡᠯᠡᠯᠭᠡ》· ᠥᠪᠦᠷ ᠮᠣᠩᠭᠣᠯ ᠤᠨ ᠶᠡᠬᠡ ᠰᠤᠷᠭᠠᠭᠤᠯᠢ ᠶᠢᠨ ᠬᠡᠪᠯᠡᠯ ᠦᠨ ᠬᠣᠷᠢᠶ᠎ᠠ · 1995

ᠣᠨ ::

[66] ᠪᠠᠶᠠᠷᠲᠣᠭᠲᠠᠬᠤ : 《ᠰᠤᠳᠤᠯᠬᠤ ᠬᠡᠯᠡ ᠬᠡᠯᠡᠯᠭᠡᠨ ᠦ ᠲᠣᠪᠴᠢᠶᠠᠯ》· ᠥᠪᠦᠷ ᠮᠣᠩᠭᠣᠯ ᠤᠨ ᠶᠡᠬᠡ ᠰᠤᠷᠭᠠᠭᠤᠯᠢ ᠶᠢᠨ ᠬᠡᠪᠯᠡᠯ ᠦᠨ ᠬᠣᠷᠢᠶ᠎ᠠ · 2002

[65] 杜诗春，宁春岩：《语言学方法论》，外语教学与研究出版社，1997 年。

[64] 岑麒祥：《国外语言学论文选译》，语文出版社，1992 年。

ᠬᠣᠷᠢᠶ᠎ᠠ · 1988 ᠣᠨ ::

[63] ᠴᠢ · ᠪᠠᠭ᠎ᠠ : 《13—17 ᠳᠤᠭᠠᠷ ᠵᠠᠭᠤᠨ ᠤ ᠮᠣᠩᠭᠣᠯ ᠤᠨ ᠲᠦᠦᠬᠡ ᠪᠢᠴᠢᠭ》· ᠥᠪᠦᠷ ᠮᠣᠩᠭᠣᠯ ᠤᠨ ᠰᠤᠷᠭᠠᠨ ᠬᠦᠮᠦᠵᠢᠯ ᠦᠨ ᠬᠡᠪᠯᠡᠯ ᠦᠨ

ᠰᠢᠨᠵᠢᠯᠡᠬᠦ ᠤᠬᠠᠭᠠᠨ · ᠬᠥᠬᠡᠬᠣᠲᠠ · 2004 ᠣᠨ ::

[62] ᠴᠣᠭᠲᠤᠨᠠᠰᠤ : 《〈ᠭᠡᠰᠡᠷ ᠤᠨ ᠲᠣᠭᠤᠵᠢ〉 ᠤᠨ ᠬᠡᠯᠡ ᠶᠢᠨ ᠰᠤᠳᠤᠯᠤᠯ》· ᠥᠪᠦᠷ ᠮᠣᠩᠭᠣᠯ ᠤᠨ ᠶᠡᠬᠡ ᠰᠤᠷᠭᠠᠭᠤᠯᠢ ᠶᠢᠨ ᠳᠣᠷᠤᠨᠠᠳᠤ ᠠᠷᠠᠳ

ᠰᠣᠶᠣᠯ ᠪᠢᠴᠢᠭ ᠤᠨ ᠮᠣᠩᠭᠣᠯ ᠬᠡᠯᠡ ᠶᠢᠨ ᠰᠤᠳᠤᠯᠤᠯ》· ᠰᠡᠭᠦᠯ · 2005 ᠣᠨ ::

[61] Lee Seong Gyu · Coi Hyong Wuon · ᠫ · ᠳᠠᠷᠢᠮᠠᠭᠤᠯᠠᠭᠰᠠᠨ : 《ᠮᠣᠩᠭᠣᠯ ᠲᠤᠤᠷᠢᠭᠤᠳ ᠵᠠᠭᠤᠨ ᠤ ᠮᠣᠩᠭᠣᠯ ᠲᠤᠬᠠᠢ

[71] ᠰᠢᠯᠢᠪᠦᠩᠭᠠᠷᠣᠪ : 《ᠮᠣᠩᠭᠣᠯ ᠪᠢᠴᠢᠭ ᠦᠨ ᠬᠡᠯᠡᠨ ᠦ ᠪᠦᠲᠦᠴᠡ ᠶᠢᠨ ᠦᠭᠡ ᠶᠢᠨ ᠲᠤᠬᠠᠢ》, 《ᠦᠪᠦᠷ ᠮᠣᠩᠭᠣᠯ ᠤᠨ ᠪᠠᠭᠰᠢ ᠶᠢᠨ ᠰᠤᠷᠭᠠᠭᠤᠯᠢ ᠶᠢᠨ ᠨᠡᠶᠢᠭᠡᠮ ᠰᠢᠨᠵᠢᠯᠡᠯ ᠦᠨ ᠰᠡᠳᠬᠦᠯ》, 1982 ᠣᠨ ᠤ 3 ᠳᠤᠭᠠᠷ ᠳᠡᠪᠲᠡᠷ ::

[72] ᠰᠢᠯᠢᠨᠭᠣᠯ : 《ᠮᠣᠩᠭᠣᠯ ᠪᠢᠴᠢᠭ ᠦᠨ ᠬᠡᠯᠡᠨ ᠦ ᠪᠦᠲᠦᠴᠡ ᠶᠢᠨ ᠵᠦᠢᠯ ᠳᠤ ᠲᠤᠬᠠᠢ》 ᠰᠣᠶᠣᠯ ᠤᠨ ᠰᠢᠨᠵᠢᠯᠡᠬᠦ ᠲᠡᠭᠦᠪᠦᠷᠢ, ᠮᠣᠩᠭᠣᠯ ᠤᠨ ᠬᠡᠯᠡ ᠰᠤᠳᠤᠯᠤᠯ, 2002 ᠣᠨ ᠤ 6 ᠳᠤᠭᠠᠷ ::

[73] ᠪᠠᠶᠠᠷᠲᠤ ᠨᠠᠰᠤᠨ ᠤ ᠪᠢᠴᠢᠭ ᠦᠨ ᠰᠢᠨᠵᠢᠯᠡᠯ, ᠦᠪᠦᠷ ᠮᠣᠩᠭᠣᠯ ᠤᠨ ᠨᠡᠶᠢᠭᠡᠮ ᠰᠢᠨᠵᠢᠯᠡᠯ ᠦᠨ ᠠᠺᠠᠳ᠋ᠧᠮᠢ ᠶᠢᠨ ᠮᠣᠩᠭᠣᠯ ᠬᠡᠯᠡ ᠵᠦᠢ, ᠦᠪᠦᠷ ᠮᠣᠩᠭᠣᠯ ᠤᠨ ᠶᠡᠬᠡ ᠰᠤᠷᠭᠠᠭᠤᠯᠢ ᠶᠢᠨ ᠮᠣᠩᠭᠣᠯ ᠬᠡᠯᠡ ᠰᠤᠳᠤᠯᠤᠯ 《ᠪᠠᠶᠠᠷᠲᠤ ᠨᠠᠰᠤᠨ ᠤ ᠪᠢᠴᠢᠭ ᠦᠨ ᠮᠣᠩᠭᠣᠯ ᠬᠡᠯᠡ ᠰᠢᠨᠵᠢᠯᠡᠬᠦ ᠨᠢ》 (ᠮᠣᠩᠭᠣᠯ ᠬᠡᠯᠡ ᠰᠢᠨᠵᠢᠯᠡᠬᠦ), ᠦᠪᠦᠷ ᠮᠣᠩᠭᠣᠯ ᠤᠨ ᠠᠷᠠᠳ ᠤᠨ ᠬᠡᠪᠯᠡᠯ ᠦᠨ ᠬᠣᠷᠢᠶ᠎ᠠ, 2003 ᠣᠨ ::

[74] 孙竹编：《蒙古语族语言词典》，青海人民出版社，1990年。

[75] 栗林均，确精扎布编：《〈元朝秘史〉蒙古语全单语·语尾索引》，东北大学东北亚研究中心，2001年。

[76] 包文汉、乔吉编著：《蒙文历史文献概述》，内蒙古人民出版社，1994年。

[77] ᠪᠤᠶᠠᠨᠳᠡᠯᠭᠡᠷ ᠦᠨ ᠬᠠᠷᠢᠴᠠᠯ《喀喇沁万户研究》, ᠦᠪᠦᠷ ᠮᠣᠩᠭᠣᠯ ᠤᠨ ᠠᠷᠠᠳ ᠤᠨ ᠬᠡᠪᠯᠡᠯ ᠦᠨ ᠬᠣᠷᠢᠶ᠎ᠠ, 2005 ᠣᠨ ::

[78] ᠬᠤᠷᠴᠠᠪᠢ, ᠨᠠᠰᠤᠨ ᠪᠠᠶᠠᠷ ᠤᠨ ᠬᠠᠷᠢᠴᠠᠯ《ᠬᠤᠷᠴᠠᠪᠢ ᠤᠯᠠᠮᠵᠢᠯᠠᠯ》, ᠦᠪᠦᠷ ᠮᠣᠩᠭᠣᠯ ᠤᠨ ᠠᠷᠠᠳ ᠤᠨ ᠬᠡᠪᠯᠡᠯ ᠦᠨ ᠬᠣᠷᠢᠶ᠎ᠠ, 2016 ᠣᠨ ::

[79] ᠨᠠᠭᠤᠷᠰᠠᠯᠤᠭ᠎ᠠ ᠶᠢᠨ ᠬᠠᠷᠢᠴᠠᠯ《ᠨᠠᠭᠤᠷᠰᠠᠯᠤᠭ᠎ᠠ ᠶᠢᠨ ᠬᠠᠷᠢᠴᠠᠯ ᠤᠨ ᠰᠤᠳᠤᠯᠭ᠎ᠠ》, ᠦᠪᠦᠷ ᠮᠣᠩᠭᠣᠯ ᠤᠨ ᠰᠤᠷᠭᠠᠨ ᠬᠦᠮᠦᠵᠢᠯ ᠦᠨ ᠬᠡᠪᠯᠡᠯ ᠦᠨ ᠬᠣᠷᠢᠶ᠎ᠠ, 2012 ᠣᠨ ::

[80] ᠰᠢᠨᠵᠢᠯᠡᠬᠦ ᠶᠢᠨ ᠨᠠᠶᠢᠷᠠᠭᠤᠯᠤᠯ ᠲᠣᠪᠴᠢᠶᠠᠯᠠᠭᠰᠠᠨ《ᠮᠣᠩᠭᠣᠯ ᠬᠡᠯᠡ ᠶᠢᠨ ᠲᠠᠢ ᠮᠣᠩᠭᠣᠯ ᠤᠨ ᠰᠤᠳᠤᠯᠤᠯ ᠦᠨ ᠳᠡᠭᠡᠵᠢ》、ᠥᠪᠦᠷ ᠮᠣᠩᠭᠣᠯ ᠤᠨ ᠠᠷᠠᠳ ᠤᠨ ᠬᠡᠪᠯᠡᠯ ᠦᠨ ᠬᠣᠷᠢᠶ᠎ᠠ、2011 ᠣᠨ᠃

[81] ᠳᠠᠭᠤᠯ ᠪᠣᠯᠣᠷ、ᠮᠠᠨᠳᠤᠬᠤ ᠨᠠᠷᠠᠨ ᠤ ᠲᠣᠪᠴᠢᠶᠠᠯᠠᠭᠰᠠᠨ《ᠮᠣᠩᠭᠣᠯ ᠤᠨ ᠪᠢᠴᠢᠭ ᠰᠤᠷᠪᠤᠯᠵᠢ ᠶᠢᠨ ᠪᠢᠴᠢᠭ ᠤᠨ ᠮᠠᠲᠸᠷᠢᠶᠠᠯ》、ᠥᠪᠦᠷ ᠮᠣᠩᠭᠣᠯ ᠤᠨ ᠰᠤᠷᠭᠠᠨ ᠬᠦᠮᠦᠵᠢᠯ ᠦᠨ ᠬᠡᠪᠯᠡᠯ ᠦᠨ ᠬᠣᠷᠢᠶ᠎ᠠ、2011 ᠣᠨ᠃

[82] ᠪᠠᠶᠠᠷᠪᠠᠭᠠᠲᠤ ᠶᠢᠨ ᠨᠠᠶᠢᠷᠠᠭᠤᠯᠤᠯ ᠲᠣᠪᠴᠢᠶᠠᠯᠠᠭᠰᠠᠨ《ᠮᠣᠩᠭᠣᠯ ᠲᠤᠭᠤᠵᠢ ᠶᠢᠨ ᠰᠤᠳᠤᠯᠤᠯ ᠦᠨ ᠥᠭᠦᠯᠡᠯ ᠦᠨ ᠲᠡᠭᠦᠪᠦᠷᠢ》、ᠥᠪᠦᠷ ᠮᠣᠩᠭᠣᠯ ᠤᠨ ᠠᠷᠠᠳ ᠤᠨ ᠬᠡᠪᠯᠡᠯ ᠦᠨ ᠬᠣᠷᠢᠶ᠎ᠠ、2010 ᠣᠨ᠃

[83] ᠪᠠᠲᠤᠵᠢᠷᠭᠠᠯ、ᠴᠣᠭᠲᠣᠪᠠᠶᠠᠷ、ᠰᠠᠷᠠᠨ ᠲᠣᠪᠴᠢᠶᠠᠯᠠᠭᠰᠠᠨ《ᠮᠣᠩᠭᠣᠯ ᠲᠤᠭᠤᠵᠢ ᠶᠢᠨ ᠰᠤᠳᠤᠯᠤᠯ ᠦᠨ ᠲᠡᠭᠦᠪᠦᠷᠢ》、ᠥᠪᠦᠷ ᠮᠣᠩᠭᠣᠯ ᠤᠨ ᠰᠤᠷᠭᠠᠨ ᠬᠦᠮᠦᠵᠢᠯ ᠦᠨ ᠬᠡᠪᠯᠡᠯ ᠦᠨ ᠬᠣᠷᠢᠶ᠎ᠠ、2010 ᠣᠨ᠃

[84] ᠥᠪᠦᠷ ᠮᠣᠩᠭᠣᠯ ᠤᠨ ᠶᠡᠬᠡ ᠰᠤᠷᠭᠠᠭᠤᠯᠢ ᠶᠢᠨ ᠮᠣᠩᠭᠣᠯ ᠰᠤᠳᠤᠯᠤᠯ ᠤᠨ ᠲᠡᠭᠦᠪᠦᠷᠢ ᠶᠢᠨ ᠨᠠᠶᠢᠷᠠᠭᠤᠯᠤᠯ《ᠮᠣᠩᠭᠣᠯ ᠲᠤᠭᠤᠵᠢ ᠶᠢᠨ ᠪᠢᠴᠢᠭ ᠦᠨ ᠮᠠᠲᠸᠷᠢᠶᠠᠯ ᠤᠨ ᠰᠤᠳᠤᠯᠤᠯ ᠤᠨ ᠳᠡᠭᠡᠵᠢ》、ᠥᠪᠦᠷ ᠮᠣᠩᠭᠣᠯ ᠤᠨ ᠠᠷᠠᠳ ᠤᠨ ᠬᠡᠪᠯᠡᠯ ᠦᠨ ᠬᠣᠷᠢᠶ᠎ᠠ、1995 ᠣᠨ᠃

[85] ᠪᠠᠶᠠᠷᠲᠤᠭᠤᠯᠳᠤᠷ ᠤᠨ ᠨᠠᠶᠢᠷᠠᠭᠤᠯᠤᠯ《1628 年爱新国贵族与蒙古贵族订立的一份婚约文书》、《QÆSTIONES MONGOLORUM PISPUTATÆ II》Association for International Studies of Mongolian Culture, Tokyo, 2006.

[86] ᠣᠶᠤᠨ ᠪᠢᠯᠢᠭ ᠤᠨ ᠵᠣᠬᠢᠶᠠᠯ ᠳᠡᠭᠡᠵᠢ ᠲᠣᠪᠴᠢᠶᠠᠯᠠᠭᠰᠠᠨ ᠨᠠᠶᠢᠷᠠᠭᠤᠯᠤᠯ《蒙元东道诸王及其后裔所属部众历史研究》、ᠥᠪᠦᠷ ᠮᠣᠩᠭᠣᠯ ᠤᠨ ᠠᠷᠠᠳ ᠤᠨ ᠬᠡᠪᠯᠡᠯ ᠦᠨ ᠬᠣᠷᠢᠶ᠎ᠠ、2006 ᠣᠨ᠃

[87] ᠮᠣᠩᠭᠣᠯᠴᠢᠭᠤᠳ ᠤᠨ ᠵᠣᠬᠢᠶᠠᠯ ᠳᠡᠭᠡᠵᠢ ᠲᠣᠪᠴᠢᠶᠠᠯᠠᠭᠰᠠᠨ ᠨᠠᠶᠢᠷᠠᠭᠤᠯᠤᠯ《有关奥巴洪台吉的十份蒙古文文书》、ᠥᠪᠦᠷ ᠮᠣᠩᠭᠣᠯ ᠤᠨ ᠠᠷᠠᠳ ᠤᠨ ᠬᠡᠪᠯᠡᠯ ᠦᠨ ᠬᠣᠷᠢᠶ᠎ᠠ、2003 ᠣᠨ᠃

ᠪᠢ 1997 ᠣᠨ ᠤ 7 ᠰᠠᠷ᠎ᠠ ᠳᠤ [illegible]

[illegible] 1999 [illegible]

2001 ᠣᠨ ᠤ 9 ᠰᠠᠷ᠎ᠠ ᠳᠤ [illegible]

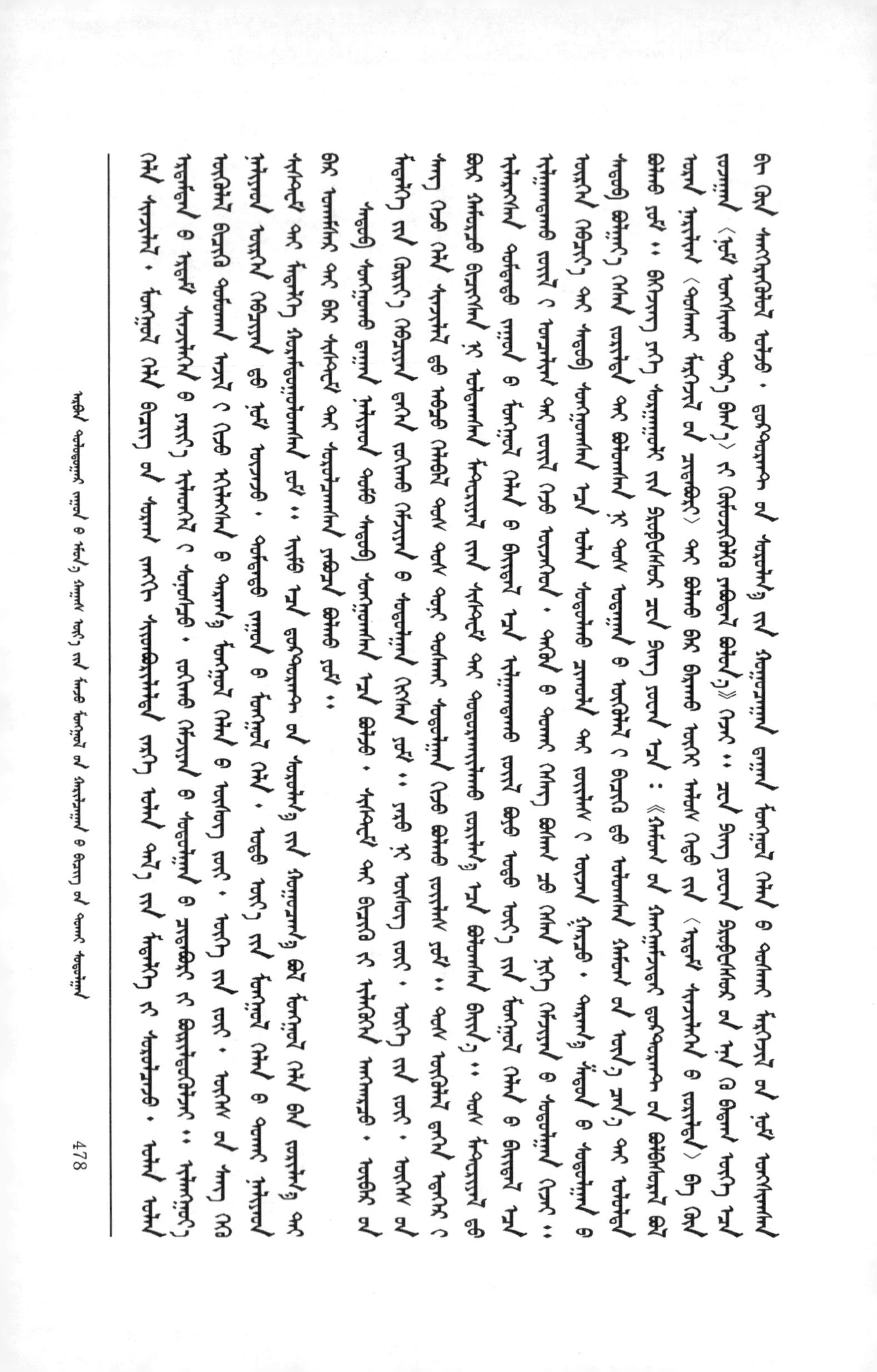

[illegible]

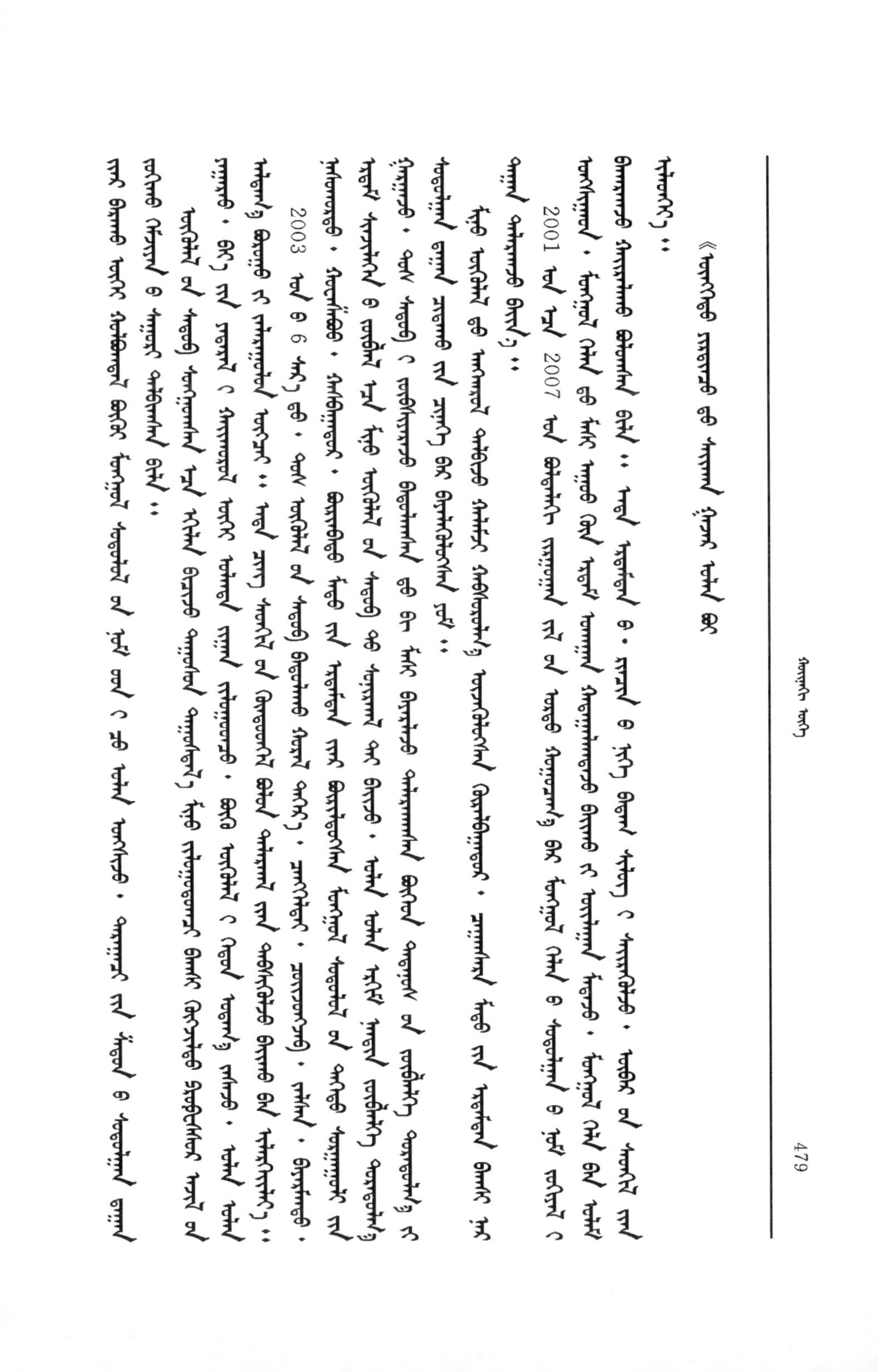

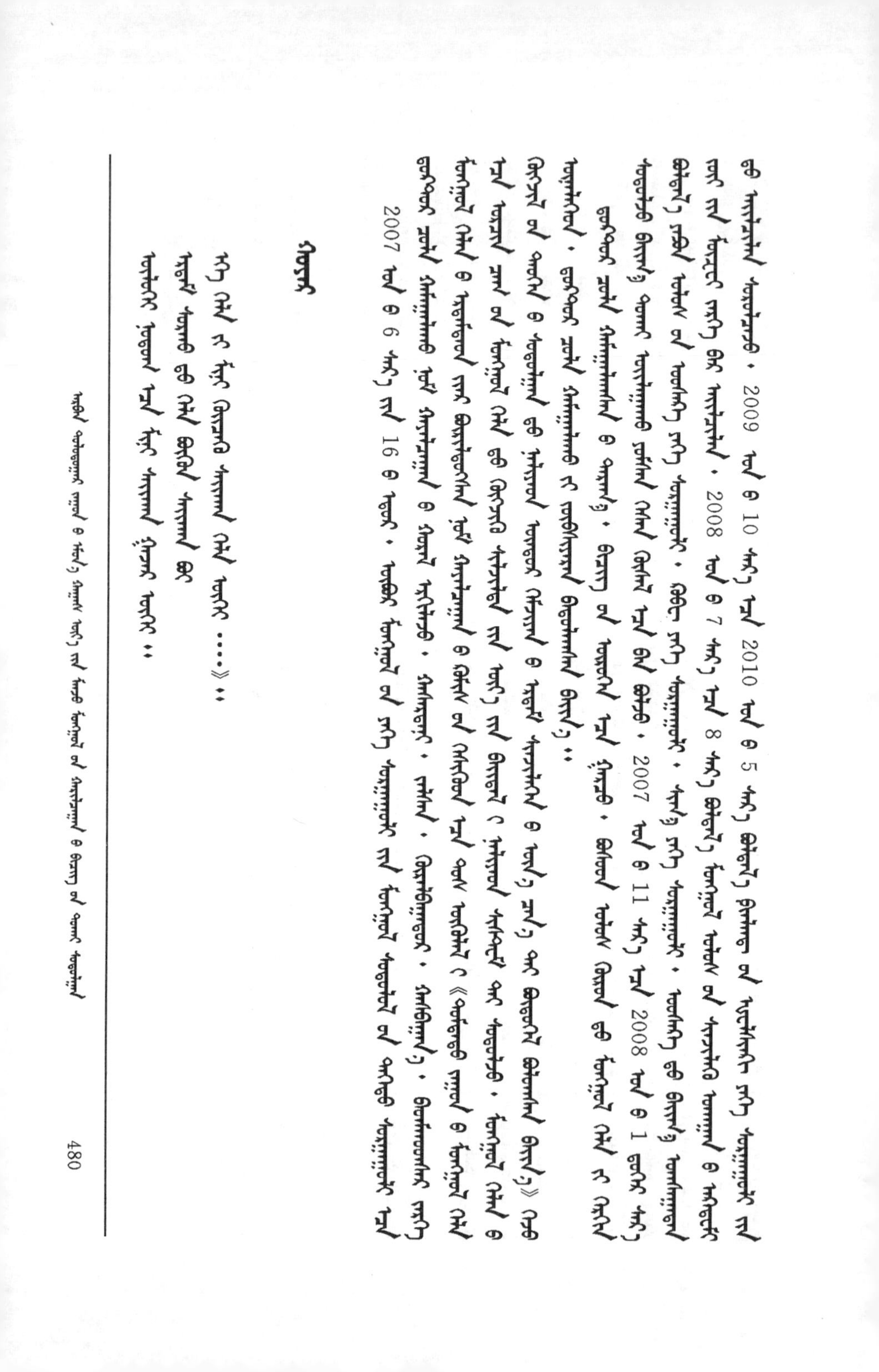

[illegible] ::

[illegible] :: [illegible]

[illegible] 《[illegible]》 [illegible]

[illegible] :: [illegible]

[illegible]

[illegible]

[illegible] :: [illegible]

[illegible] 17 [illegible]

[illegible] :: [illegible]

[illegible]

[illegible] :: [illegible]

2017 ᠣᠨ ᠤ 2 ᠰᠠᠷ᠎ᠠ ᠶᠢᠨ 24 ᠤ ᠡᠳᠦᠷ 《[illegible]》 ᠶᠢᠨ [illegible]
ᠤ [illegible] ::

[illegible] :: 2016 ᠣᠨ ᠳᠤ [illegible]

[illegible] 《[illegible]》 [illegible]

[illegible] 2008 ᠣᠨ ᠤ 8 ᠰᠠᠷ᠎ᠠ ᠠᠴᠠ [illegible]

9 ᠰᠠᠷ᠎ᠠ [illegible]

[illegible] :: [illegible] 2008 ᠣᠨ ᠤ 9 ᠰᠠᠷ᠎ᠠ ᠠᠴᠠ 2009 ᠣᠨ ᠤ

ᠨᠡᠢᠲᠡ ᠪᠣᠯᠤᠨ ᠰᠣᠶᠣᠯ ᠰᠡᠳᠬᠦᠯ ᠵᠦᠢ ᠬᠣᠷᠢᠶᠠᠨ ᠪᠢᠴᠢᠵᠦ ᠳᠠᠭᠠᠨ ᠬᠠᠮᠲᠤ ᠪᠠᠭᠰᠢ ᠨᠠᠷ ᠲᠤ ᠬᠦᠨᠳᠦᠳᠬᠡᠯ ᠢᠶᠡᠨ ᠢᠯᠡᠷᠬᠡᠶᠢᠯᠡᠨ ᠡᠷᠬᠢᠮ ᠰᠢᠭᠦᠮᠵᠢ
ᠪᠢᠴᠢᠪᠡ ᠄ ᠨᠣᠮ ᠳᠤ ᠠᠯᠳᠠᠭ᠎ᠠ ᠳᠤᠲᠠᠭᠳᠠᠯ ᠪᠠᠢᠬᠤ ᠮᠠᠭᠠᠳ ᠂ ᠤᠩᠰᠢᠭᠴᠢᠳ ᠵᠠᠰᠠᠨ ᠰᠠᠢᠵᠢᠷᠠᠭᠤᠯᠤᠨ᠎ᠠ ᠪᠢᠯᠡ !

ᠨᠠᠶᠢᠷᠠᠭᠤᠯᠤᠭᠴᠢ

2019 ᠣᠨ ᠤ 6 ᠰᠠᠷ᠎ᠠ ᠳᠤ ᠬᠥᠬᠡᠬᠣᠲᠠ ᠳᠤ

1706

1 @][SECEN HAG'AN—V BICIg. N'AG'VN—V' N'0YA—D—TV ILEGE/BE. MAN'I SAN'AG'A/N—D'V []TUSIY_E=TU=HAN, []DAI=DARHAN, []JASAG=TV=DUGURENG,

2 GVRBA/N HVSIG'V N'IGE/N H0TA, []BINGTU=ALDVJI, []BADM_A=DAI, N'IGE/N H0TA, []J0RIG=TV= * HVNG=TAIJI—YIN DORBE/N HVSIG'V NIGE/N H0TA,

3 G'AJAR—V'N SAYIN—I UJE/JU, G'VRBA/N H0TA—YI N'IGE D00R_A BARI/JV UDTER BEHILE/TUGEI GE/JU SANA/N'AM BIDE. CINGGI/JU G'AJAR—IYAN BEHILE/GSEN H0YIN'_A

4 XHER—BE HERBE][C'AHAR TAN—D'V M0RDA/HVL—A, BIEDE/N—I VRIDV HELELC'E/GSNE UGE——BER, TA TAIJI—NAR—I ILEGE/HUL_E, BIDE TAN_DV CERIG N'EME/Y_E.

5 H0TA G'AJAR—I ULU BEHILE/JU,][C'AHAR M0RDA/HVL_A, TA—C'V' B0L/BA HAMIG'_A BAI/JV' ALALDV/HV, BIDE——C'U' B0L/BA HAMIG'_A BAYI/GSAN—I MEDE/JU EC'I/HU B0I.

6 MAN'I SAN'AG'A/N—D'VR BIDE H0Y'AR VLVS, HARIC'I UHIN—IYEN OG/CU, VRVG ELIGE/N TASVRASI UGEI YABV/Y_A GE/JU SAN'A/N'AM BIDE. TAN—I

7 C'AHAR—TV ABTA/HVL_A, BIDE BASA ALI VLVS LVG'_A VRVG ELIGE/N B0L/JV YABV/HV B0I. []J0RIG=TU= * HVNG =TAIJI LVG'_A N'IGE/N

8 H0TA BARI/N'AM GE/JU S0N'VS/BA BIDE. N'ER_E C'IN'V BAG'AHAN BISI. []BINGTU C'U' EHILE/N []ALDVC'I []BADM_A, HEDU/N XDUGU DEGUU—NAR—IYAN AB/CV N'IGE/N

9 H0TA BARI/JV, G'VRBA/N H0TA—YI 0YIR_A BARI/HVL_A DAISVN IRE/BEC'U' HVG'VR DVMDA 0R0/JV Y'AG'AHI/JV ALALDV/HV B0I. []SENTU—YI OGG/U/L_E AMAL/DA.

10 XES_E ESE OGG/U/L_E BITEGEI AMAL/DA GE/GSEN UGE. BIDE H0Y'AR VLVS EY_E N'IGEDDU/GSEN—U TVLA——DA][HALHA][JARAG'VD BIDE/N—D'U DAISVN TVLA——DA,

11 []SENTU—YIN EC'IGE EHE—YI BIDE 0L/JV BAYI/TAL_A, []SENTU—YI EC'IGE EHE—DEGEN ULU N'EYILEGUL/JU, DAYISVN VLVS—TV ILEGEHU/L_E,

12 N'IGE/N EY_E—BER Y'ABV/N'AM GEGC'I BIDE/N—I Y'AG'V/N TVSA GE/JU BVV AMAL/DA GE/JU' BILE. H0DA 0D0 G'AGC'A []SENTU—EC'E,][C'AHAR—VN C'ERIG—TU

13 DVTAG'A/JV G'ARV/GSAN.][HALH_A BUGUDE TA/N—DV 0R0/JV' BAYI/N'AM. X0DA 0D0 BUGUDE BIDE/N—I C'AG'AJA/N—D'V X0RI/BA 0RV/BA. []SENTU—YI X0DA 0D0

14 Y'AG'V GE/JU XACA ACA GEM BIDE. []BINGTU, []ALDVJI, TA AMAL/DA. XHER—BE HERBE []SENTU EC'IGE—DEGEN IREHU/L_E, TA XBUTEGEI BITEGEI H0RI.

15 []SENTU－YIN DVR_A－BAR B0L/TVG'AI::

1707

1 @ Y'EHE ALTA/N VLVS－VN

2 []SEC'EN HAG'AN.

3 DEGER_E TNGRI－D'U UC'I/MUI.][C'AHAR－VN HAG'AN, OBER－UN TORO－－BEN EBDE/JU TORO/GSEN TOROL－IYEN

4 ULU TAN'I/JV, XY'ALA Y'AL_A UGEI TABV/N][0TVG][HALH_A－YI EBDE/GSEN－U TVLA,

5][AOHAN][N'AIMAN－V N'0Y'A－D,][C'AHAR－VN HAG'AN－DV MAG'VLA/JV,

6 []SEC'EN HAG'AN－D'V TUSI/Y_E GE/JU IRE/GSEN－I ULU SAN'A/JV, HEREM－UN T0TVR_A 0RVG'VL/JV

7 OBER－UN IRGEN－D'UR ADALIAB/C'V Y'ABV/HVLA

8 []SEC'EN HAG'AN, []Y'EHE N'0Y'AN, []AMIN N'0Y'AN, []MANGHVLTAI N'0Y'AN, []ABVTAI, []TEGELEI, []JIRG'ALANG,

9 []AJIGE, []T0DV, []Y0DV, []S0DV, []SAHALIY'AN, []H00GE, EDE BUGUDE－YI

10 TNGRI BVRVG'VSIY'A/JV AMI/N N'ASV/N MAN'I 0HVR B0L/TVG'AI:: INGGI/JU HAYIRALA/JV

XY'ABV/TALA Y'ABV/TAL_A::

11 []DUGURENG, []HVNG=BAG'ATVR, []SEC'EN=J0RIG=TU, []TUSIY_E=TU, []TAIJANG=DARHAN,

12 []SANGHARC'I, []0C'IR, []T0LBA, XEDUN EDEN BUGUDE N'0YA—D TA,][C'AHAR—VN HADHVG'AN

13 UGE/N—D'UR 0R0/JV, MAN'I—YI 0RHI/JV BVRVG'V SAN'A/HVLA TAN'I—YI,

14 TNGRI BVRVGVSIYA/JV AMI/N N'ASV/N 0HVR B0L/TVGAI. ALIBA HOMUN HELELC'E/GSEN UGE/N—D'EGEN

15 HUR/C'U Y'ABV/HVLA,

16 TNGRI OROSIYE/JU, AMI/N N'ASV/N BIDEN—I VRTV B0L/V/G'AD, AC'I UR_E BIDEN—V' DELGERE/JU

17 TUME/N 0D, MINGG'A/N UY_E—D'UR HUR/TELE JIRG'A/HV B0L/TVG'AI::

1708

1][HARAC'IN—V' * TABVN'VNG—VD—YIN BIC'Ig—UN UGE.

2 @

3 [ ]SEC′EN HAG′AN－D′V, [ ]DUGURENG＝ * GUYENG, [ ]TVN′VI＝ * GINJI, [ ]N′0G′VG′AN＝ * DAR_A, [ ]WANDAN＝ * VYIJENG, EHILE/N][ULHE－YIN

4 N′VY′A－D TABVN＝VNG－VD BIC′Ig BARI/BA.

5 [ ]SEC′EN HAG′AN－ACA EHILE/N MENDU AMVG′VLANG B0YV.

6 [ ]SEC′EN HAG′AN－V OGG/U/GSEN BIC′Ig－UN HARIG′V,][C′AHAR－V′N HAG′AN Y′0SV UGEI TOROL TORO/GSEN－IYEN ALA/JV TALA/JV Y′ABV/HV－YI

7 [ ]SEC′EN HAG′AN EHILE/N Y′EHE BAG′_A N′0Y′A－D MEDE/BE－J－A.][HARAC′IN TUMEN－I BIDE/N－U′ AVLIDHA/JV′ XEME EM_E HEOBED MAL－I AB/C′V′ BAYI/N′AM.

8 MAN′I HAG′AN, [ ] * HVNG＝TAIJI, [ ]B0 $ VG＝TV HAG′AN,][0RDVS－V′N * JINVNG－TSI][Y′UNG-SIYAB0,][ASVD,][ABAG′_A,][HALH_A

9 EDE IRE/JU′ GEGEN HAG′AN－V′ * JAV－DV SAG′V/GSAN DORBEN＝TUME/N CERIG－U′N－I C′ABC′I/JV′ G,ARG′A/JV 0RHI/JV′ BAYI/N′AM.

10 MAN′I HAG′AN, * HVNG＝TAIJI ARBAN＝TUME/N CERIG AB/C′V′ IRE/BE. TERE XIREHUTEN IRE/HU－－DEGEN][CAHAR－VN G′VRBAN＝MINGG′

A/N SANG=C'IN

11][BAY'AN SUBE—D'U SANG AB/V/Y'_A * HVNG= TAYIJI, TERE SANG=C'IN—I HARI/JV IRE/HUI—YI][HARAC'IN—V' HAG'AN * HVNG=TAYIJI, TERE SANG=C'IN—I

12 VG'IRA/JV, HELE G'ARG'AL—UGEI TASV ALA/BA. BARAGV/N G'VRBA/N][ABAG'_A][HALH_A M0RDA/Y_A GE/JU, N'ADA—YI MAN'I AB/V/N,

13 [ ] SEC'EN HAG'AN—TAI XM0RDAHVLA M0RDA/HVL_A Y'AMBAR GE/JU' IRE/JU' BAYI/N'AM. [ ]][

14 [ ]SEC'EN HAG'AN GEGEN—XDEN—DEGEN AYILAD. ENE H0Y'AR BIC'Ig—UN UGE——YI—YI UJE/HUL_E,

15 @][C'AHAR—VN HAG'AN VLA HODEL/JU' BAYI/N'AM. ENE HODELV/GSEN

16 C'AG—TV AGTA TARG'VLAG'VL/JV ENE N'VG'VN DEGER_E, N'AG'VN—V'][ABAG'_A][HARAC'IN TUME/N—TEI BIDE M0RDA/HV B0L/BA.

17 TA M0RDA/Y_A GEHU B0LV/SA AGTA—Y'VG'AN TARG'VLA/G'VL. HVY'AG DVG'VLG'_A JER JEBSEG—IYEN JASA.

18 ULU M0RDA/HV B0LVSA TA 0BESUBEN MEDE

: :

19 @ []SEC'EN HAG'AN－V BIC'Ig, []DARHAN [] TUSIY_E－TU ＊WEIZHENG H0Y'AR－TU ILEGE/BE.] [HARAC'IN－V' TABAN=VNG－VD－I－YIN

20 ELC'I－YIN UGE,][C'AHAR－VN HAG'AN HO-HE=H0TA－YI AB/C'V' DORBEN=TUME/N C'ERIG SAG'VlG'A/JV BILE. BARAG'VN G'VRBA/N

21 B0＄VG=TV HAG'AN][HARAC'IN－V' HAG'AN []B0Y'AN AG'AI][ABAG'_A,][HALH_A,][0RDVS－V'N ＊JIN'VNG, Y'UNGSIYAB0,

22 @ ＊VVN ＊SVWASDI ＊SIDDEM.

23 []SEC'EN HAG'AN－D'V, []DUGURENG=＊GUYENG, []TVN'VI=＊GUNJI, []N'0G'VG'A

1709

1 @ []][HARAC'IN_V' TABVN=VNG－VD－YIN ELC'I－YIN UGE.][C'AHAR－VN HAG'AN HOHE=HO-TA－YI AB/C'V DORBEN

2 =TUME/N C'ERIG SAG'VLGA/JV BILE. BARAG'VN G'VRBA/N TUMEN, BO＄VG=TV HAG'AN,][HA-RAC'IN_V' HAG'AN

3][HALH_A][ABAG'_A EDE BUGUDE N'EYILE/

JU C′AHAR — IN DORBEN = TUMEN C′ERIG — IN — I DARV/JV C′ABC′I/JV HOHE

4 HOTA _IYEN HARI/N AB/V/BA GE/N′EM .][C ′AHAR— IN HAG′AN — V′ N′VTVG][HVRAG′AN — V XHAY_A HAYAG_A JUG N′EGU/BE GE/N′EM.

5][HARAC′IN — V′ HAG′AN [ ]BOY′AN=AG′AI] [ULHE—IN TABV/N=VNG—VD—TV ARBAN=TUME/N C′ERIG AB/C′V′ HUR/C′U′ IRE/BE. TERE

6 XIRE/HU—DEN IRE/HU—DGEN][C′AHAR—I G ′VRBAN=MINGG′A/N SANG=C′IN BAY′AN SUM_E—D′U SANG AB/V/Y_A GE/JU 0R0/JV

7][HITAD SANG ESE OG/C′U HARI/JV IRE/HUI —YI,][HARAC′IN—V′ HAG′AN [ ]B0Y′AN=AG′AI TERE SANG=CIN—I VC′IRA/JV HELE

8 G′ARG′A/L UGEI TASV ALA/BA GE/N′EM. C′ AHAR— IN HAG′AN XVLE HODEL/JU′ GE/N′EM. ESE HODEL/U/GSEN—D′U—NI

9 AGTA TARG′VLAG′VL/JV BIDE M0RDA/HV B0I. TA M0RDA/Y_A GEHU B0L/V/SA AGTA

10 —Y′VG′AN TARG′VLAG′VL/JV HVY′AG DVG′ VLG′_A JER JEBE—IYEN JASA. ULU M0RDA/HV B0L/V/SA TA OBESOBEN MEDE.

1710

1 @ SIR_A LVV JIL—UN JVN—V DVMDA—D'V SAR_A—IN XSIN'E SIN_E—YIN

2 H0Y'AR—TV []DARHAN=BAG'ATVR N'0Y'AN, []DARHAN=TUSIY_E—TU H0Y'AR,

3 VRVG ELIGE/N BVL/HV—IN TVLA——DA HELELC'E/BE. MAN'I ABAHAI—D'V

4 JEGUN G'AR—YIN DORBE/N * SIGULENGGE, * B0DISVG—YIN G'VRBA/N * SIGULENGGE—T'EI

5 EN'E H0Y'AR—YIN OMC'I N'IGE B0LGA/N OG/BE. H0Y'AR SURUG

6 ADVG'V, H0Y'AR SURUG UHER, TABV/N SU-RUG H0N'I,

7 OG/HU B0L/BA.

8 @ []DARHAN=TUSIY_E=TU—IN UGE. ABA-HAI—YI AB/C'I MAG'V

9 XY'ABV/HVLA YABVHVL_A, OGG/U/Y_E GESEN MAL—IYAN VRBA/JV XES_E ESE OGG/U/L_E

10 Y'AMBAR XY'ALA YAL_A HI/HUI—BEN

11 []SEC'EN HAG'AN MEDE/TUGEI.

1711

1 @ SIR_A LVV JIL—UN JVN—V DVMDADV SAR_A—YIN XSIN'E SIN_E—YIN H0Y'AR—TV, []DARHAN =BAG'ATVR N'0Y'AR,

2 []DARHAN=TUSIY_E=TU H0Y'AR, VRVG ELIGE/N B0L/HV—YIN TVLA HELE/LC'E/BE. MANI ABAHAI—TV JEGUN

3 G'AR—V'N DORBE/N *SIGULENGGE, B0DISVG—V'N G'VRBA/N *SIGULENGGE—TEI EN'E H0Y'AR—I OMC'I N'IGE

4 B0L/GA/N OG/BE. H0Y'AR SURUG ADVG'V, H0Y'AR SURUG UHER, TABV/N SURUG H0N'I, OG/HU

5 B0L/BA.

6 @ []DARHAN=TUSIY_E=TU—YIN UGE. ABAHAI—Y'I AB/C'V' MAG'V XY'ABV/HVLA YABVHVL_A, OGG/U/Y_E GESEN MAL—IYEN

7 VRBA/JV XES_E OGG/U/L_E Y'AMBAR XY'ALA YAL_A HI/HUI—BEN,

8 []SEC'EN HAG'AN MEDE/TUGEI::

1712

1 @][MANJV,][HARAC'YIN, BIDE H0Y'AR

VLVS, N'IGE/N EY_E—BER Y'ABV/HV—YIN TVLA——
DA,

2 TNGRI—DV C'AG'AN M0RI, G'AJAR—T'V HAR_
A UHER ALA/JV, N'IGE/N AY'AG'A/N—DV ARIHI, N'
IGE/N AY'AG'A/N—DV SIGUSU, N'GE/N

3 AY'AG'A/N—DV C'ISU/N, N'IGE/N AY'AG'A/N—
DV Y'ASV/N HI/JU, ITEGEL=TU UGE—BEN HELELC'
E/JU,

4 TNGRI G'AJAR—T'V AMA/N ALDA/N'AM.
HELELC'E/GSEN UGEN—DEGEN ULU HUR/C'U, []HA-
RAC'IN,

5][MANJV—DV EY_E UGEI,][HITED—LVG'_A
IJAG'VR—VN SANG][TAYIDV XHVDALDV HVDALD-
VG_A—ACA OBER_E, D0G'VG'VR UGE——TEI B0L/JV
XY'ABVHVLA YABV/HVL_A, []C'AHAR—VN HAG'AN
—V ARG'_A JALI—DV 0R0/JV XVRBAHVLA VRBA/HVL
_A,

6 TNGRI G'AJAR,][HARAC'YIN—I BVRVG'VSIY'
A/JV, JASAG BARI/GSAN, [] * LASGIJAB, []B0Y'AN,
[]MANGSVR, []SVBVDI, []GENGGEL—ECE EHI/LEN,

7 HEDU/N Y'EHE BAG'_A TABVN=VNG—VD—
TV

8 MAG'V N'IGUL HUR/C'U, AMI/N N'ASV/N

0HVR B0L/JV, EN′E C′ISU/N METU C′ISU/N G′AR/C′V UHU/GED, XSIR0HAI SIR0I—DVR DARVGDA/JV,

9 E′NE Y′ASV/N METU Y′ASV/N—IN′U H0BIRA/ TVG′AI::

10 TNGRI G′AJAR—T′V AMALDV/GSAN UGE/N—DEGEN HUR/C′U XY′ABV/HVLA YABV/HVL_A,

11 TNGRI G′AJAR OROSIY′E/JU AMI/N N′ASV/N VRTV B0LV/G′AD, AC′I UR_E BIDE/N—U′ MINGG′A/N GALAB′—TVR HURTE/L_E

12 ENGHE AMVG′VLANG—IYAR Y′ABV/HV B0L/ TVG′AI::

汉文内容提要及目录

内容提要

《十七世纪前半叶满蒙关系文书研究》选题来自中国第一历史档案馆李保文先生整理出版的111份蒙古文文书的档案。这些蒙古文文书档案不仅记载了17世纪前半叶满蒙两个民族的政治、军事、文化交流，还反映了中世纪蒙古语演变发展为近代蒙古语的重要转折时期的语言文字特点，是研究17世纪蒙古语言的第一手资料，也是研究蒙古文公文材料的重要文献。同时，由于这些文献是满清朝廷与蒙古科尔沁、喀喇沁、喀尔喀、土默特等部落之间的书信往来，也在不同程度上反映了蒙古方言的一些情况。鉴于上述原因，全面描写这些文献的语言文字特点，对深入研究17世纪的蒙古语言文字具有重要的学术价值，同时对满蒙关系历史研究提供重要的语言文字学的支持。

本书对蒙古文文书进行拉丁转写，建立语料库，运用统计法、描写法、历史比较法研究这些文献的语言文字。主要内容有拉丁转写、名词解释、文字法、词法、词汇等。论文取得的学术成绩和创新之处有以下几点。

1.本书的选题、利用的材料均为前人没有涉及的语言文字研究内容。这一选题的意义在于为更加系统深入地研究中世纪蒙古语和近现代蒙古语的语言文字转变时期的17世纪蒙古语提供真实可靠的研究成果。

2.第一章的人名和地理名词的解释，对17世纪前半叶满蒙关系的历史研究提供一些线索和参考。

3.第二章的17世纪前半叶蒙古文文书档案的文字特点、书写规则、标点符号的使用情况、敬体格式的表现形式、蒙古文公文的体例特征等有关文字学内容属于新内容。

4. 第三章对该文献的静词进行描写,其中着重描写仅在口语中出现,在书面语中未曾有过的语法形态变体。如名词领格的-nai/-nei ,-i,凭借格的-gar/ -ger,从比格的-sa/ -se,联合格的-la/ -le 等形式。由于是口语的内容,以往的有关中世纪蒙古语研究和蒙古文献语言研究的论著里都没有提到这些语法形式的变体,从这个意义上讲,这些也是新内容。这些口语语法形式的研究对确定 17 世纪蒙古语口语的语音、语法形式及其使用状况等提供有力的例证。

5. 对该文献中特殊词及藏语、梵语、满语、汉语等借词的研究对研究 17 世纪蒙古语词汇增添了新的内容。虽然全文只出现了 4 条谚语,但对蒙古语谚语的研究增添了新的内容。

6. 李保文在《十七世纪前半叶蒙古文文书档案》一书中认为第 63 份文献的 durbedur 一词是基数词 durbe 之后加了方位格-dur 构成的词。本文对他的观点予以纠正。本文利用达斡尔语构成序数词的附加成分-der 解释为 durbedur 一词是基数词 durbe 加上序数词附加成分-dur 构成的序数词,意为"第四"。出现于第 40 份文献的 sedkimu 一词被李保文转写为 sedgisu。本文对这一观点进行纠正,认为 sedgisu 一词是蒙古语动词的第一人称愿望或祈使式。李保文的解释不符合当时的语境。根据当时的语境,这一词是表达时间的动词,是用于表示在某一段时间内经常、不断进行的行为的 sedgimu 一词。这些修正,对正确理解文献内容起到至关重要的作用。

7. 对 61 份蒙古文文献进行拉丁转写,也是本文研究的新内容。虽然李保文已转写该文献,但由于撰写标准不统一,出现了标音和书面转写的双重标准,造成了阅读上的混乱。为了弥补这一缺憾,本文以读音转写为标准,对 61 分文献进行了拉丁转写,这种转写为读者提供了准确阅读理解该文献的有力条件。111 份文献的语料库建立对于使用计算机统计法准确描写该文献语言文字现象提供了可靠的数字依据。

目　　录

《ᠤᠯᠠᠭᠠᠨᠴᠠᠪ ᠬᠠᠷᠰᠢ ᠶᠢᠨ ᠮᠣᠩᠭᠣᠯ ᠬᠥᠭᠵᠢᠮ ᠦᠨ ᠳᠡᠪᠲᠡᠷ》 ᠳᠦ ᠪᠢᠴᠢᠭᠰᠡᠨ ᠤᠳᠤᠷᠢᠳᠬᠠᠯ ᠦᠭᠡ ᠶᠢᠨ ᠨᠡᠶᠢᠲᠡᠯᠡᠯ

(ᠤᠳᠤᠷᠢᠳᠬᠠᠯ ᠦᠭᠡ ᠪᠢᠴᠢᠭᠰᠡᠨ ᠳᠦ ᠪᠠᠨ ᠠᠪᠤᠯᠴᠠᠭᠰᠠᠨ ᠳᠠᠭᠠᠯᠳᠤᠭᠤᠯ)

1. 《ᠰᠢᠨᠵᠢᠯᠡᠬᠦ ᠤᠬᠠᠭᠠᠨ ᠤ ᠨᠡᠷ᠎ᠡ ᠲᠣᠮᠢᠶ᠎ᠠ ᠶᠢᠨ ᠲᠠᠶᠢᠯᠪᠤᠷᠢ ᠳᠤ ᠲᠣᠯᠢ》 (ᠥ · ᠮᠣᠩᠭᠣᠯ ᠬᠡᠪᠯᠡᠯ · ᠬᠥᠬᠡᠬᠣᠲᠠ · 1997 ᠣᠨ ᠤ 6 ᠰᠠᠷ᠎ᠠ ᠳᠤ ᠬᠡᠪᠯᠡᠪᠡ · ᠦᠨ᠎ᠡ : 33.00 ᠶᠤᠸᠠᠨ)
2. 《ᠮᠣᠩᠭᠣᠯ ᠬᠡᠯᠡᠰᠢᠵᠢᠯ ᠦᠨ ᠨᠡᠷ᠎ᠡ ᠬᠠᠷᠢᠴᠠᠭᠤᠯᠤᠯ ᠳᠤ ᠲᠣᠯᠢ》 (ᠥᠪᠥ · ᠰᠤᠷᠭᠠᠨ ᠬᠡᠪᠯᠡᠯ · ᠬᠥᠬᠡᠬᠣᠲᠠ · 1997 ᠣᠨ ᠤ 6 ᠰᠠᠷ᠎ᠠ ᠳᠤ ᠬᠡᠪᠯᠡᠪᠡ · ᠦᠨ᠎ᠡ : 14.00 ᠶᠤᠸᠠᠨ)
3. 《ᠮᠣᠩᠭᠣᠯ ᠬᠡᠯᠡᠰᠢᠵᠢᠯ ᠦᠨ ᠨᠡᠷ᠎ᠡ ᠶᠢᠨ ᠲᠣᠮᠢᠶ᠎ᠠ ᠶᠢᠨ ᠬᠣᠷᠢᠶᠠᠩᠭᠤᠢ》 (ᠰᠤᠷᠭᠠᠭᠤᠯᠢ ᠶᠢᠨ ᠬᠡᠪᠯᠡᠯ · ᠬᠥᠬᠡᠬᠣᠲᠠ · 1997 ᠣᠨ ᠤ 6 ᠰᠠᠷ᠎ᠠ ᠳᠤ ᠬᠡᠪᠯᠡᠪᠡ · ᠦᠨ᠎ᠡ : 17.00 ᠶᠤᠸᠠᠨ)
4. 《ᠬᠠᠷᠢ ᠦᠭᠡ ᠳᠦ ᠬᠠᠷᠢᠴᠠᠭᠤᠯᠤᠯ ᠮᠣᠩᠭᠣᠯ ᠪᠢᠴᠢᠭᠯᠡᠯ ᠦᠨ ᠲᠣᠯᠢ》 (ᠰᠢᠨᠵᠢᠯᠡᠬᠦ ᠤᠬᠠᠭᠠᠨ · ᠲᠡᠭᠨᠢᠭ ᠦᠨ ᠬᠡᠪᠯᠡᠯ · ᠬᠥᠬᠡᠬᠣᠲᠠ · 1997 ᠣᠨ ᠤ 6 ᠰᠠᠷ᠎ᠠ ᠳᠤ ᠬᠡᠪᠯᠡᠪᠡ · ᠦᠨ᠎ᠡ : 16.00 ᠶᠤᠸᠠᠨ)
5. 《ᠮᠣᠩᠭᠣᠯ ᠬᠡᠯᠡᠰᠢᠵᠢᠯ ᠦᠨ ᠬᠡᠷᠡᠭ ᠬᠡᠷᠡᠭᠯᠡᠭᠡᠨ ᠦ ᠲᠣᠯᠢ》 (ᠦᠨᠳᠦᠰᠦᠲᠡᠨ ᠦ ᠬᠡᠪᠯᠡᠯ · ᠪᠡᠭᠵᠢᠩ · 1997 ᠣᠨ ᠤ 6 ᠰᠠᠷ᠎ᠠ ᠳᠤ ᠬᠡᠪᠯᠡᠪᠡ · ᠦᠨ᠎ᠡ : 16.00 ᠶᠤᠸᠠᠨ)

14. 《〈ᠵᠠᠩᠭᠠᠷ ᠤᠨ ᠲᠠᠤᠯᠢ〉 ᠤᠨ ᠰᠤᠳᠤᠯᠤᠯ》(ᠦᠨᠳᠦᠰᠦᠲᠡᠨ ᠬᠣᠷᠢᠶ᠎ᠠ · ᠪᠡᠭᠡᠵᠢᠩ · 2000 ᠣᠨ ᠤ 4 ᠰᠠᠷ᠎ᠠ ᠳᠤ ᠬᠡᠪᠯᠡᠭᠳᠡᠪᠡ · ᠦᠨ᠎ᠡ: 1999 ᠣᠨ ᠤ 10 ᠰᠠᠷ᠎ᠠ ᠳᠤ ᠬᠡᠪᠯᠡᠭᠳᠡᠪᠡ · ᠦᠨ᠎ᠡ: 48.00 ᠲᠥᠭᠦᠷᠢᠭ)

13. 《ᠮᠣᠩᠭᠣᠯ ᠤᠯᠠᠮᠵᠢᠯᠠᠯ ᠤ ᠰᠢᠨᠵᠢᠯᠡᠯ ᠰᠤᠳᠤᠯᠤᠯ ᠤᠨ ᠲᠣᠪᠴᠢᠶᠠᠯᠠᠯ ᠪᠢᠴᠢᠭ ᠤᠨ ᠲᠡᠦᠬᠡᠨ》(ᠵᠢᠨ ᠰᠢᠨ ᠬᠤᠸᠠ ᠬᠣᠷᠢᠶ᠎ᠠ · ᠪᠡᠭᠡᠵᠢᠩ · ᠰᠠᠷ᠎ᠠ ᠳᠤ ᠬᠡᠪᠯᠡᠭᠳᠡᠪᠡ · ᠦᠨ᠎ᠡ: 48.00 ᠲᠥᠭᠦᠷᠢᠭ)

12. 《ᠮᠣᠩᠭᠣᠯ ᠬᠡᠯᠡᠨ ᠦ ᠦᠭᠡᠰ ᠦᠨ ᠬᠡᠯᠪᠡᠷᠢ ᠪᠦᠲᠦᠴᠡ ᠶᠢᠨ ᠦᠨᠳᠦᠰᠦ ᠰᠤᠳᠤᠯᠤᠯ》(ᠰᠤᠷᠭᠠᠭᠤᠯᠢ ᠬᠣᠷᠢᠶ᠎ᠠ · ᠪᠡᠭᠡᠵᠢᠩ · 1999 ᠣᠨ ᠤ 10 ᠦᠨ᠎ᠡ: 18.00 ᠲᠥᠭᠦᠷᠢᠭ)

11. 《ᠮᠣᠩᠭᠣᠯ ᠬᠡᠯᠡ ᠪᠢᠴᠢᠭ ᠤᠨ ᠦᠭᠦᠯᠡᠪᠡ》(ᠬᠠᠪᠢᠰᠤᠨ ᠰᠢᠯᠢ ᠶᠢᠨ ᠬᠠᠮᠲᠤᠷᠠᠯ · ᠬᠥᠬᠡᠬᠣᠲᠠ · 1999 ᠣᠨ ᠤ 9 ᠰᠠᠷ᠎ᠠ ᠳᠤ ᠬᠡᠪᠯᠡᠭᠳᠡᠪᠡ · ᠦᠨ᠎ᠡ: 18.00 ᠲᠥᠭᠦᠷᠢᠭ)

10. 《ᠬᠡᠯᠡᠨ ᠦ ᠮᠣᠩᠭᠣᠯ ᠤᠨ ᠰᠢᠨᠡᠴᠢᠯᠡᠯ ᠴᠢᠭᠯᠡᠯ ᠤᠨ ᠦᠭᠦᠯᠡᠯ》(ᠴᠢᠭᠳᠤ ᠬᠣᠷᠢᠶ᠎ᠠ · ᠪᠡᠭᠡᠵᠢᠩ · 1999 ᠣᠨ ᠤ 9 ᠰᠠᠷ᠎ᠠ ᠳᠤ ᠬᠡᠪᠯᠡᠭᠳᠡᠪᠡ · ᠦᠨ᠎ᠡ: 21.00 ᠲᠥᠭᠦᠷᠢᠭ)

9. 《ᠮᠣᠩᠭᠣᠯ ᠰᠤᠳᠤᠯᠤᠯ ᠤᠨ ᠬᠡᠪᠯᠡᠯ ᠬᠣᠷᠢᠶ᠎ᠠ ᠶᠢᠨ ᠨᠠᠢᠷᠠᠭᠤᠯᠤᠯ》(ᠵᠠᠩᠭᠠᠷ ᠬᠣᠷᠢᠶ᠎ᠠ · ᠪᠡᠭᠡᠵᠢᠩ · 1997 ᠣᠨ ᠤ 6 ᠰᠠᠷ᠎ᠠ ᠳᠤ ᠬᠡᠪᠯᠡᠭᠳᠡᠪᠡ · ᠦᠨ᠎ᠡ: 35.00 ᠲᠥᠭᠦᠷᠢᠭ)

8. 《ᠮᠣᠩᠭᠣᠯᠴᠤᠳ ᠤᠨ ᠰᠤᠷᠤ ᠪᠢᠴᠢᠭ ᠬᠠᠮᠢᠶᠠᠯ》(ᠸ · ᠴᠢᠩᠭᠡᠯᠲᠦ ᠬᠣᠷᠢᠶ᠎ᠠ · ᠬᠥᠬᠡᠬᠣᠲᠠ · 1997 ᠣᠨ ᠤ 6 ᠰᠠᠷ᠎ᠠ ᠳᠤ ᠬᠡᠪᠯᠡᠭᠳᠡᠪᠡ · ᠬᠣᠷᠢᠶ᠎ᠠ · ᠪᠡᠭᠡᠵᠢᠩ · 1997 ᠣᠨ ᠤ 6 ᠰᠠᠷ᠎ᠠ ᠳᠤ ᠬᠡᠪᠯᠡᠭᠳᠡᠪᠡ · ᠦᠨ᠎ᠡ: 16.00 ᠲᠥᠭᠦᠷᠢᠭ)

7. 《ᠲᠥᠷᠦᠭᠰᠡᠨ ᠬᠡᠯᠡᠨ ᠦ ᠬᠡᠯᠡᠨ ᠦ ᠴᠢᠭᠯᠡᠯᠡᠯ ᠲᠠᠯ᠎ᠠ ᠶᠢᠨ ᠬᠣᠶᠠᠷ ᠣᠨ ᠬᠡᠪᠢᠰᠬᠡ ᠮᠣᠩᠭᠣᠯ ᠤᠨ ᠮᠡᠳᠡᠭᠦ ᠴᠢᠭᠯᠡᠯ ᠦᠨ ᠦᠭᠦᠯᠡᠯ》(ᠬᠣᠶᠢᠴᠢᠭ
ᠦᠨ᠎ᠡ: 34.00 ᠲᠥᠭᠦᠷᠢᠭ)

6. 《ᠮᠣᠩᠭᠣᠯ ᠬᠡᠯᠡᠯᠭᠡᠨ ᠦ ᠰᠤᠳᠤᠯᠤᠯ ᠪᠢᠴᠢᠭ ᠦᠨ ᠦᠭᠦᠯᠡᠯ》(ᠪᠢᠴᠢᠭᠯᠡᠯ ᠬᠣᠷᠢᠶ᠎ᠠ · ᠬᠥᠬᠡᠬᠣᠲᠠ · 1997 ᠣᠨ ᠤ 6 ᠰᠠᠷ᠎ᠠ ᠳᠤ ᠬᠡᠪᠯᠡᠭᠳᠡᠪᠡ · ᠦᠨ᠎ᠡ: 16.00 ᠲᠥᠭᠦᠷᠢᠭ)

23. 《ᠮᠣᠩᠭᠣᠯᠴᠤᠳ ᠤᠨ ᠭᠠᠵᠠᠷ ᠨᠤᠲᠤᠭ ᠤᠨ ᠮᠠᠯᠵᠢᠯ ᠤᠨ ᠪᠠᠶᠠᠨ ᠰᠤᠳᠤᠯᠤᠯ》（ᠲ · ᠮᠠᠨᠳᠤᠬᠤᠷᠠᠯ · ᠰᠢᠨᠵᠢ ᠬᠡᠪᠯᠡᠯ · ᠮᠣᠩᠭᠣᠯ · 2001 ᠣᠨ ᠤ 12 ᠰᠠᠷ᠎ᠠ ᠳᠤ ᠬᠡᠪᠯᠡᠭᠳᠡᠪᠡ · ᠦᠨᠡ ᠨᠢ : 40.00 ᠲᠥᠭᠦᠷᠢᠭ）

22. 《ᠮᠣᠩᠭᠣᠯ ᠤᠷᠠᠨᠵᠣᠬᠢᠶᠠᠯ ᠤᠨ ᠰᠤᠷᠭᠠᠯᠲᠠ ᠶᠢᠨ ᠰᠤᠳᠤᠯᠤᠯ》（ᠳᠣ · ᠪᠠᠭᠠᠲᠤᠷ · ᠪᠡᠭᠡᠵᠢᠩ ᠦᠨᠳᠦᠰᠦᠲᠡᠨ ᠬᠡᠪᠯᠡᠯ · ᠮᠣᠩᠭᠣᠯ · 2001 ᠣᠨ ᠤ ᠮᠣᠩᠭᠣᠯᠴᠤᠳ · 2000 ᠣᠨ ᠤ 12 ᠰᠠᠷ᠎ᠠ ᠳᠤ ᠬᠡᠪᠯᠡᠭᠳᠡᠪᠡ · ᠦᠨᠡ ᠨᠢ : 68.00 ᠲᠥᠭᠦᠷᠢᠭ）

21. 《ᠮᠣᠩᠭᠣᠯ ᠤᠷᠠᠨᠵᠣᠬᠢᠶᠠᠯ ᠤᠨ ᠰᠣᠨᠢᠨ ᠰᠤᠳᠤᠯᠤᠯ》（ᠬᠥᠬᠡᠬᠣᠲᠠ ᠬᠡᠪᠯᠡᠯ · ᠥᠪᠦᠷ ᠮᠣᠩᠭᠣᠯ ᠤᠨ ᠬᠡᠪᠯᠡᠯ · ᠦᠨᠳᠦᠰᠦᠲᠡᠨ ᠦᠨᠡ ᠨᠢ : 45.00 ᠲᠥᠭᠦᠷᠢᠭ）

20. 《ᠪᠣᠯᠣᠷ ᠲᠣᠯᠢ ᠶᠢᠨ ᠮᠣᠩᠭᠣᠯ ᠴᠢᠮᠡᠭ ᠦᠨ ᠰᠤᠳᠤᠯᠤᠯ》（ᠦᠨᠳᠦᠰᠦᠲᠡᠨ ᠬᠡᠪᠯᠡᠯ · ᠮᠣᠩᠭᠣᠯ · 2001 ᠣᠨ ᠤ 10 ᠰᠠᠷ᠎ᠠ ᠳᠤ ᠬᠡᠪᠯᠡᠭᠳᠡᠪᠡ · ᠮᠣᠩᠭᠣᠯᠴᠤᠳ · 2000 ᠣᠨ ᠤ 12 ᠰᠠᠷ᠎ᠠ ᠳᠤ ᠬᠡᠪᠯᠡᠭᠳᠡᠪᠡ · ᠦᠨᠡ ᠨᠢ : 58.00 ᠲᠥᠭᠦᠷᠢᠭ）

19. 《ᠮᠣᠩᠭᠣᠯ ᠰᠤᠳᠤᠯᠤᠯ ᠤᠨ ᠲᠡᠦᠬᠡ ᠬᠡᠪᠯᠡᠯ ᠤᠨ ᠵᠢᠭᠰᠠᠭᠠᠯ》（ᠠᠷᠠᠳ ᠬᠡᠪᠯᠡᠯ · ᠥᠪᠦᠷ ᠮᠣᠩᠭᠣᠯ ᠤᠨ ᠬᠡᠪᠯᠡᠯ · ᠰᠤᠷᠭᠠᠨ ᠬᠦᠮᠦᠵᠢᠯ ᠦᠨᠳᠦᠰᠦᠲᠡᠨ ᠮᠣᠩᠭᠣᠯᠴᠤᠳ · 2000 ᠣᠨ ᠤ 12 ᠰᠠᠷ᠎ᠠ ᠳᠤ ᠬᠡᠪᠯᠡᠭᠳᠡᠪᠡ · ᠦᠨᠡ ᠨᠢ : 48.00 ᠲᠥᠭᠦᠷᠢᠭ）

18. 《ᠮᠣᠩᠭᠣᠯ ᠬᠡᠯᠡᠨ ᠤ ᠪᠣᠯᠣᠷ ᠲᠣᠯᠢ ᠶᠢᠨ ᠪᠢᠴᠢᠭ ᠤᠨ ᠪᠠᠶᠠᠨ ᠰᠤᠳᠤᠯᠤᠯ》（ᠰᠣᠶᠣᠯ ᠤᠨ ᠬᠡᠪᠯᠡᠯ · ᠥᠪᠦᠷ ᠮᠣᠩᠭᠣᠯ ᠤᠨ ᠬᠡᠪᠯᠡᠯ · 12 ᠰᠠᠷ᠎ᠠ ᠳᠤ ᠬᠡᠪᠯᠡᠭᠳᠡᠪᠡ · ᠦᠨᠡ ᠨᠢ : 18.00 ᠲᠥᠭᠦᠷᠢᠭ）

17. 《ᠪᠣᠯᠣᠷ ᠲᠣᠯᠢ ᠶᠢᠨ ᠤᠷᠠᠨᠵᠣᠬᠢᠶᠠᠯ ᠤᠨ ᠦᠭᠡ ᠬᠡᠯᠡᠨ ᠤ ᠰᠤᠳᠤᠯᠤᠯ》（ᠰᠢᠨᠵᠢᠯᠡᠬᠦ ᠬᠡᠪᠯᠡᠯ · ᠦᠨᠳᠦᠰᠦᠲᠡᠨ · 2000 ᠣᠨ ᠤ ᠦᠨᠡ ᠨᠢ : 45.00 ᠲᠥᠭᠦᠷᠢᠭ）

16. 《ᠮᠣᠩᠭᠣᠯ ᠤᠷᠠᠨᠵᠣᠬᠢᠶᠠᠯ ᠤᠨ ᠳᠡᠭᠡᠵᠢ ᠰᠣᠩᠭᠣᠮᠠᠯ》（ᠬᠦᠮᠦᠵᠢᠯ ᠬᠡᠪᠯᠡᠯ · ᠦᠨᠳᠦᠰᠦᠲᠡᠨ · 2000 ᠣᠨ ᠤ 12 ᠰᠠᠷ᠎ᠠ ᠳᠤ ᠬᠡᠪᠯᠡᠭᠳᠡᠪᠡ · ᠰᠠᠷ᠎ᠠ ᠳᠤ ᠬᠡᠪᠯᠡᠭᠳᠡᠪᠡ · ᠦᠨᠡ ᠨᠢ : 25.00 ᠲᠥᠭᠦᠷᠢᠭ）

15. 《ᠮᠣᠩᠭᠣᠯ ᠤᠨ ᠪᠠᠶᠠᠨ ᠰᠣᠶᠣᠯ》（ᠬᠣᠶᠠᠳᠤᠭᠠᠷ ᠪᠣᠳᠢ）（ᠪᠡᠭᠡᠵᠢᠩ ᠦᠨᠳᠦᠰᠦᠲᠡᠨ ᠬᠡᠪᠯᠡᠯ · ᠮᠣᠩᠭᠣᠯ · 2000 ᠣᠨ ᠤ 12 55.00 ᠲᠥᠭᠦᠷᠢᠭ）

32. 《ᠪᠢᠷᠠᠮᠠᠨ ᠰᠢᠨᠵᠢᠯᠡᠯ ᠪᠢᠴᠢᠭ ᠮᠣᠩᠭᠣᠯ ᠬᠡᠯᠡ ᠪᠢᠴᠢᠭ》(ᠦᠨᠳᠦᠰᠦᠲᠡᠨ ᠦ ᠬᠡᠪᠯᠡᠯ ᠦᠨ ᠬᠣᠷᠢᠶ᠎ᠠ · ᠮᠣᠩᠭᠣᠯ · 2002 ᠣᠨ ᠤ 12 ᠰᠠᠷ᠎ᠠ ᠶᠢᠨ ᠬᠡᠪᠯᠡᠯ · ᠣᠨ ᠤ 9 ᠰᠠᠷ᠎ᠠ ᠶᠢᠨ ᠬᠡᠪᠯᠡᠯ · ᠦᠨ᠎ᠡ : 36.00 ᠲᠥᠭᠥᠷᠢᠭ)

31. 《ᠮᠣᠩᠭᠣᠯ ᠰᠤᠳᠤᠯᠤᠯ ᠤᠨ ᠰᠤᠳᠤᠯᠭᠠᠨ ᠤ ᠲᠡᠦᠬᠡ》(ᠪᠡᠭᠡᠵᠢᠩ · ᠦᠨᠳᠦᠰᠦᠲᠡᠨ ᠦ ᠬᠡᠪᠯᠡᠯ ᠦᠨ ᠬᠣᠷᠢᠶ᠎ᠠ · ᠮᠣᠩᠭᠣᠯ · 2002 ᠣᠨ ᠤ 12 ᠰᠠᠷ᠎ᠠ ᠶᠢᠨ ᠬᠡᠪᠯᠡᠯ · ᠦᠨ᠎ᠡ : 60.00 ᠲᠥᠭᠥᠷᠢᠭ)

30. 《ᠲᠦᠷᠦᠭᠦᠦ ᠬᠡᠪᠯᠡᠯ ᠦᠨ ᠮᠣᠩᠭᠣᠯ ᠤᠨ ᠨᠡᠢᠭᠡᠮ ᠦᠨ ᠲᠡᠦᠬᠡ》(ᠰᠡᠴᠡᠨ · ᠴ · ᠲᠡᠮᠦᠵᠢᠨ ᠦ ᠬᠡᠪᠯᠡᠯ ᠦᠨ ᠬᠣᠷᠢᠶ᠎ᠠ · ᠮᠣᠩᠭᠣᠯ · 2002 ᠣᠨ ᠤ 8 ᠰᠠᠷ᠎ᠠ ᠶᠢᠨ ᠬᠡᠪᠯᠡᠯ · ᠦᠨ᠎ᠡ : 25.00 ᠲᠥᠭᠥᠷᠢᠭ)

29. 《ᠮᠣᠩᠭᠣᠯ ᠰᠤᠳᠤᠯᠤᠯ ᠤᠨ ᠲᠡᠦᠬᠡᠨ ᠦ ᠰᠤᠳᠤᠯᠭᠠᠨ ᠤ ᠲᠡᠦᠬᠡ》(ᠰᠢᠨᠵᠢᠶᠠᠩ ᠤᠨ ᠠᠷᠠᠳ ᠤᠨ ᠬᠡᠪᠯᠡᠯ ᠦᠨ ᠬᠣᠷᠢᠶ᠎ᠠ · ᠮᠣᠩᠭᠣᠯ · 2002 ᠣᠨ ᠤ 8 ᠰᠠᠷ᠎ᠠ ᠶᠢᠨ ᠬᠡᠪᠯᠡᠯ · ᠦᠨ᠎ᠡ : 30.00 ᠲᠥᠭᠥᠷᠢᠭ)

28. 《ᠲᠣᠳᠣ ᠦᠰᠦᠭ ᠦᠨ ᠮᠣᠩᠭᠣᠯ ᠪᠢᠴᠢᠭ ᠦᠨ ᠰᠤᠳᠤᠯᠤᠯ》(ᠰᠢᠨᠵᠢᠶᠠᠩ ᠤᠨ ᠰᠤᠷᠭᠠᠨ ᠬᠦᠮᠦᠵᠢᠯ ᠦᠨ ᠬᠡᠪᠯᠡᠯ ᠦᠨ ᠬᠣᠷᠢᠶ᠎ᠠ · ᠮᠣᠩᠭᠣᠯ · 2002 ᠣᠨ ᠤ 7 ᠰᠠᠷ᠎ᠠ ᠶᠢᠨ ᠬᠡᠪᠯᠡᠯ · ᠣᠨ ᠤ 6 ᠰᠠᠷ᠎ᠠ ᠶᠢᠨ ᠬᠡᠪᠯᠡᠯ · ᠦᠨ᠎ᠡ : 38.00 ᠲᠥᠭᠥᠷᠢᠭ)

27. 《ᠮᠣᠩᠭᠣᠯ ᠤᠨ ᠰᠤᠳᠤᠯᠤᠯ ᠤᠨ ᠲᠡᠦᠬᠡ》(ᠦᠨᠳᠦᠰᠦᠲᠡᠨ · ᠪ · ᠬᠡᠪᠯᠡᠯ ᠦᠨ ᠬᠣᠷᠢᠶ᠎ᠠ · ᠮᠣᠩᠭᠣᠯ · 2002 ᠣᠨ ᠤ 8 ᠰᠠᠷ᠎ᠠ ᠶᠢᠨ ᠬᠡᠪᠯᠡᠯ · ᠦᠨ᠎ᠡ : 55.00 ᠲᠥᠭᠥᠷᠢᠭ)

26. 《ᠲᠦᠷᠦᠭᠦᠦ ᠬᠡᠪᠯᠡᠯ ᠦᠨ ᠨᠡᠢᠭᠡᠮ ᠦᠨ ᠰᠤᠳᠤᠯᠤᠯ ᠤᠨ ᠣᠨᠣᠯ ᠤᠨ ᠲᠡᠦᠬᠡ》(ᠦᠨᠳᠦᠰᠦᠲᠡᠨ ᠦ ᠬᠡᠪᠯᠡᠯ ᠦᠨ ᠬᠣᠷᠢᠶ᠎ᠠ · ᠮᠣᠩᠭᠣᠯ · 2002 ᠣᠨ ᠤ 4 ᠰᠠᠷ᠎ᠠ ᠶᠢᠨ ᠬᠡᠪᠯᠡᠯ · ᠦᠨ᠎ᠡ : 30.00 ᠲᠥᠭᠥᠷᠢᠭ)

25. 《ᠰᠤᠳᠤᠯᠤᠯ ᠰᠤᠷᠤᠯ ᠤᠨ ᠮᠣᠩᠭᠣᠯ ᠰᠤᠳᠤᠯᠤᠯ ᠤᠨ ᠲᠡᠦᠬᠡ》(ᠦᠪᠦᠷ ᠮᠣᠩᠭᠣᠯ ᠤᠨ ᠬᠡᠪᠯᠡᠯ ᠦᠨ ᠬᠣᠷᠢᠶ᠎ᠠ · ᠮᠣᠩᠭᠣᠯ · 2001 ᠣᠨ ᠤ 12 ᠰᠠᠷ᠎ᠠ ᠶᠢᠨ ᠬᠡᠪᠯᠡᠯ · ᠦᠨ᠎ᠡ : 45.00 ᠲᠥᠭᠥᠷᠢᠭ)

24. 《ᠮᠣᠩᠭᠣᠯ ᠤᠨ ᠨᠡᠢᠭᠡᠮ ᠦᠨ ᠰᠤᠳᠤᠯᠤᠯ》(ᠦᠨᠳᠦᠰᠦᠲᠡᠨ ᠦ ᠬᠡᠪᠯᠡᠯ ᠦᠨ ᠬᠣᠷᠢᠶ᠎ᠠ · ᠮᠣᠩᠭᠣᠯ · 2001 ᠣᠨ ᠤ 12 ᠰᠠᠷ᠎ᠠ ᠶᠢᠨ ᠬᠡᠪᠯᠡᠯ · ᠦᠨ᠎ᠡ : 30.00 ᠲᠥᠭᠥᠷᠢᠭ)

41. 《ᠮᠣᠩᠭᠣᠯᠴᠤᠳ ᠦᠨᠳᠦᠰᠦ ᠶᠢᠨ ᠤᠯᠠᠮᠵᠢᠯᠠᠯᠲᠤ ᠡᠳ ᠪᠠᠷᠠᠭ᠎ᠠ ᠶᠢᠨ ᠠᠷᠠᠭ᠎ᠠ ᠶᠢᠨ ᠬᠡᠷᠡᠭᠯᠡᠯ》 (ᠲᠦᠷᠦᠮᠡᠳᠡᠯ ᠬᠡᠪᠯᠡᠯ᠂ ᠦᠨᠳᠦᠰᠦ ᠬᠡᠪᠯᠡᠯ ᠦᠨ ᠪᠡᠭᠡᠵᠢᠩ᠂ 2004 ᠣᠨ ᠤ 12 ᠰᠠᠷ᠎ᠠ ᠳᠤ ᠬᠡᠪᠯᠡᠪᠡ᠂ ᠦᠨ᠎ᠡ: 25.00 ᠶᠤᠸᠠᠨ)

40. 《ᠬᠢᠲᠠᠳ ᠤ ᠰᠣᠶᠣᠯ ᠤᠨ ᠰᠢᠨᠵᠢ ᠴᠢᠨᠠᠷ ᠤᠨ ᠲᠣᠬᠢᠶ᠎ᠠ》 (ᠵᠠᠯᠠᠭᠤ ᠬᠡᠪᠯᠡᠯ᠂ ᠦᠨᠳᠦᠰᠦ ᠬᠡᠪᠯᠡᠯ ᠦᠨ ᠪᠡᠭᠡᠵᠢᠩ᠂ ᠵᠠᠯᠠᠭᠤ ᠰᠣᠶᠣᠯᠵᠢᠭᠤᠯᠤᠭᠰᠠᠨ᠂ ᠬᠡᠪᠯᠡᠪᠡ᠂ ᠦᠨ᠎ᠡ: 50.00 ᠶᠤᠸᠠᠨ)

39. 《ᠬᠠᠮᠲᠤᠷᠠᠯ ᠤᠨ ᠰᠠᠶᠢᠨ ᠦᠢᠯᠡ ᠶᠢᠨ ᠲᠣᠬᠢᠶᠠᠯ》 (ᠬ · ᠬᠠᠮᠲᠤᠷᠠᠯ ᠬᠡᠪᠯᠡᠯ᠂ ᠰᠣᠶᠣᠯ᠂ 2004 ᠣᠨ ᠤ 10 ᠰᠠᠷ᠎ᠠ ᠳᠤ ᠬᠡᠪᠯᠡᠪᠡ᠂ ᠦᠨ᠎ᠡ: 48.00 ᠶᠤᠸᠠᠨ)

38. 《ᠰᠣᠶᠣᠯ ᠤᠯᠠᠮᠵᠢᠯᠠᠯ ᠤᠨ ᠬᠤᠪᠢ ᠨᠠᠢᠷ ᠤᠨ ᠲᠣᠬᠢᠶᠠᠯ》 (ᠬᠦᠮᠦᠵᠢᠯ ᠬᠡᠪᠯᠡᠯ᠂ ᠪᠡᠭᠡᠵᠢᠩ᠂ 2004 ᠣᠨ ᠤ 10 ᠰᠠᠷ᠎ᠠ ᠳᠤ ᠬᠡᠪᠯᠡᠪᠡ᠂ ᠦᠨ᠎ᠡ: 22.00 ᠶᠤᠸᠠᠨ)

37. 《ᠰᠣᠶᠣᠯ ᠤᠯᠠᠮᠵᠢᠯᠠᠯ ᠤᠨ ᠬᠢᠲᠠᠳ ᠤᠨ ᠵᠢᠷᠤᠭ ᠤᠨ ᠵᠢᠨᠬᠢᠨ》 (ᠨᠡᠶᠢᠭᠡᠮ ᠬᠡᠪᠯᠡᠯ᠂ ᠪᠡᠭᠡᠵᠢᠩ᠂ 2004 ᠣᠨ ᠤ 10 ᠰᠠᠷ᠎ᠠ ᠳᠤ 2004 ᠣᠨ ᠤ 4 ᠰᠠᠷ᠎ᠠ ᠳᠤ ᠬᠡᠪᠯᠡᠪᠡ᠂ ᠦᠨ᠎ᠡ: 28.00 ᠶᠤᠸᠠᠨ)

36. 《ᠰᠣᠶᠣᠯ ᠤᠯᠠᠮᠵᠢᠯᠠᠯ ᠤᠨ ᠬᠤᠪᠢ ᠬᠦᠮᠦᠨ ᠦ ᠬᠤᠪᠢᠯᠠᠯ ᠰᠢᠨᠵᠢᠯᠡᠯ ᠤᠨ ᠲᠣᠬᠢᠶ᠎ᠠ》 (ᠵᠣᠩ ᠰᠢᠨ ᠪᠢᠴᠢᠭ ᠦᠨ ᠳᠡᠪᠲᠡᠷ ᠬᠣᠷᠢᠶᠠᠯᠠᠭᠰᠠᠨ᠂ ᠪᠡᠭᠡᠵᠢᠩ᠂ ᠤ 3 ᠰᠠᠷ᠎ᠠ ᠳᠤ ᠬᠡᠪᠯᠡᠪᠡ᠂ ᠦᠨ᠎ᠡ: 95.00 ᠶᠤᠸᠠᠨ)

35. 《ᠰᠣᠶᠣᠯ ᠤᠯᠠᠮᠵᠢᠯᠠᠯ ᠤᠨ ᠬᠢᠲᠠᠳ ᠤᠨ ᠵᠢᠷᠤᠭ ᠤᠨ ᠰᠤᠳᠤᠯᠭ᠎ᠠ ᠶᠢᠨ ᠲᠣᠬᠢᠶ᠎ᠠ》 (ᠰᠢᠨ ᠪᠢᠴᠢᠭ ᠦᠨ ᠳᠡᠪᠲᠡᠷ ᠬᠣᠷᠢᠶᠠᠯᠠᠭᠰᠠᠨ᠂ ᠪᠡᠭᠡᠵᠢᠩ᠂ 2004 ᠣᠨ ᠦᠨ᠎ᠡ: 25.00 ᠶᠤᠸᠠᠨ)

34. 《ᠰᠣᠶᠣᠯ ᠬᠦᠮᠦᠨ ᠪᠢᠴᠢᠭᠯᠡᠯ ᠤᠨ ᠲᠣᠯᠢ》 (ᠬᠦᠮᠦᠵᠢᠯ ᠪᠢᠴᠢᠭ ᠦᠨ ᠬᠣᠷᠢᠶᠠᠯᠠᠭᠰᠠᠨ᠂ ᠪᠡᠭᠡᠵᠢᠩ᠂ 2003 ᠣᠨ ᠤ 12 ᠰᠠᠷ᠎ᠠ ᠳᠤ ᠬᠡᠪᠯᠡᠪᠡ᠂ ᠬᠡᠪᠯᠡᠪᠡ᠂ ᠦᠨ᠎ᠡ: 36.00 ᠶᠤᠸᠠᠨ)

33. 《ᠰᠣᠶᠣᠯ ᠤᠯᠠᠮᠵᠢᠯᠠᠯ ᠤᠨ ᠬᠢᠲᠠᠳ ᠤᠨ ᠬᠠᠷᠢᠴᠠᠯᠴᠠᠭ᠎ᠠ ᠮᠠᠭᠠᠳ ᠤᠨ ᠲᠣᠬᠢᠶ᠎ᠠ》 (ᠬᠦᠮᠦᠵᠢᠯᠲᠦ ᠬᠡᠪᠯᠡᠯ᠂ ᠪᠡᠭᠡᠵᠢᠩ᠂ 2002 ᠣᠨ ᠤ 12 ᠰᠠᠷ᠎ᠠ ᠳᠤ ᠦᠨ᠎ᠡ: 25.00 ᠶᠤᠸᠠᠨ)

ᠣᠨ ᠤ 7 ᠰᠠᠷ᠎ᠠ ᠳᠤ ᠬᠡᠪᠯᠡᠪᠡ · ᠦᠨ᠎ᠡ : 48.00 ᠶᠤᠸᠠᠨ)

49. 《ᠣᠯᠠᠨ ᠲᠠᠯᠠ ᠶᠢᠨ ᠪᠡᠭᠡᠵᠢᠩ [illegible] [illegible]》 ([illegible] [illegible] [illegible] · [illegible] [illegible] · ᠪᠡᠭᠡᠵᠢᠩ · 2005 ᠣᠨ᠎ᠠ : 32.00 ᠶᠤᠸᠠᠨ)

48. 《ᠪᠡᠭᠡᠵᠢᠩ [illegible] ᠤ [illegible] [illegible] ᠤ ᠶᠠᠪᠤᠴᠠ》 ([illegible] ᠬᠡᠪᠯᠡᠯ · ᠬᠣᠲᠠ · 2005 ᠣᠨ ᠤ 4 ᠰᠠᠷ᠎ᠠ ᠳᠤ ᠬᠡᠪᠯᠡᠪᠡ · ᠬᠡᠪᠯᠡᠪᠡ · ᠦᠨ᠎ᠡ : 20.00 ᠶᠤᠸᠠᠨ)

47. 《ᠪᠡᠭᠡᠵᠢᠩ ᠬᠣᠲᠠ ᠶᠢᠨ [illegible] [illegible] [illegible] ᠤ [illegible]》 ([illegible] ᠬᠡᠪᠯᠡᠯ · ᠪᠡᠭᠡᠵᠢᠩ · 2005 ᠣᠨ ᠤ 7 ᠰᠠᠷ᠎ᠠ ᠳᠤ ᠶᠤᠸᠠᠨ)

46. 《[illegible] ᠶᠢᠨ [illegible]》 (ᠪᠢ · [illegible] ᠬᠡᠪᠯᠡᠯ · ᠪᠡᠭᠡᠵᠢᠩ · 2005 ᠣᠨ ᠤ 6 ᠰᠠᠷ᠎ᠠ ᠳᠤ ᠬᠡᠪᠯᠡᠪᠡ · ᠦᠨ᠎ᠡ : 50.00 2005 ᠣᠨ ᠤ 3 ᠰᠠᠷ᠎ᠠ ᠳᠤ ᠬᠡᠪᠯᠡᠪᠡ · ᠦᠨ᠎ᠡ : 20.00 ᠶᠤᠸᠠᠨ)

45. 《ᠪᠡᠭᠡᠵᠢᠩ [illegible] ᠤ [illegible] [illegible] [illegible] ᠤᠨ [illegible] [illegible] ᠤ ᠶᠠᠪᠤᠴᠠ ᠤᠨ [illegible]》 ([illegible] ᠬᠡᠪᠯᠡᠯ · ᠬᠣᠲᠠ · 3 ᠰᠠᠷ᠎ᠠ ᠳᠤ ᠬᠡᠪᠯᠡᠪᠡ · ᠦᠨ᠎ᠡ : 75.00 ᠶᠤᠸᠠᠨ)

44. 《[illegible] [illegible] ᠶᠢᠨ [illegible] [illegible] [illegible] ᠤᠨ [illegible]》 ([illegible] [illegible] · [illegible] ᠬᠡᠪᠯᠡᠯ · ᠪᠡᠭᠡᠵᠢᠩ · 2005 ᠣᠨ ᠤ 12 ᠰᠠᠷ᠎ᠠ ᠳᠤ ᠬᠡᠪᠯᠡᠪᠡ · ᠦᠨ᠎ᠡ : 32.00 ᠶᠤᠸᠠᠨ)

43. 《ᠪᠡᠭᠡᠵᠢᠩ [illegible] [illegible] ᠤ ᠶᠠᠪᠤᠴᠠ [illegible] [illegible] [illegible] ᠶᠢᠨ [illegible]》 (ᠪᠢ · [illegible] ᠬᠡᠪᠯᠡᠯ · ᠪᠡᠭᠡᠵᠢᠩ · 2004 ᠣᠨ ᠬᠣᠲᠠ · [illegible] [illegible] [illegible] [illegible] · 2004 ᠣᠨ ᠤ 12 ᠰᠠᠷ᠎ᠠ ᠳᠤ ᠬᠡᠪᠯᠡᠪᠡ · ᠦᠨ᠎ᠡ : 45.00 ᠶᠤᠸᠠᠨ)

42. 《ᠪᠡᠭᠡᠵᠢᠩ [illegible] ᠤ [illegible] [illegible] ᠤ [illegible] [illegible] ᠤ ᠶᠠᠪᠤᠴᠠ》 ([illegible] · [illegible] ᠬᠡᠪᠯᠡᠯ · [illegible] ᠬᠡᠪᠯᠡᠯ [illegible] [illegible] [illegible] [illegible] · 2004 ᠣᠨ ᠤ 12 ᠰᠠᠷ᠎ᠠ ᠳᠤ ᠬᠡᠪᠯᠡᠪᠡ · ᠦᠨ᠎ᠡ : 35.00 ᠶᠤᠸᠠᠨ)

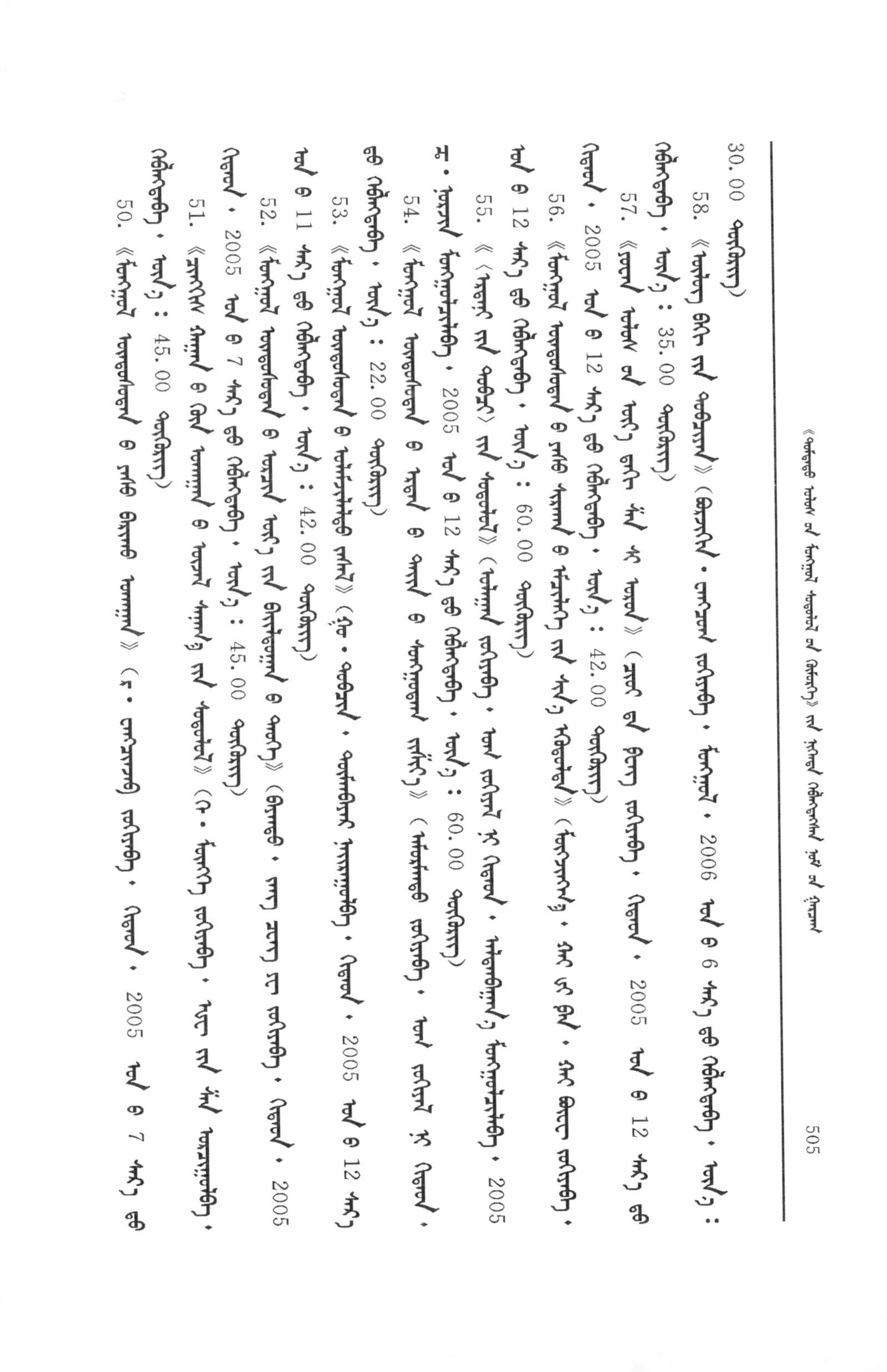

ᠰᠠᠷ᠎ᠠ ᠳᠤ ᠬᠡᠪᠯᠡᠭᠳᠡᠪᠡ᠂ ᠦᠨ᠎ᠡ: 32.00 ᠶᠤᠸᠠᠨ)

67. 《ᠮᠣᠩᠭᠣᠯ ᠰᠤᠷᠭᠠᠭᠤᠯᠢᠨ ᠤ ᠰᠤᠷᠤᠯᠴᠠᠭᠴᠢ ᠰᠤᠷᠭᠠᠨ ᠬᠦᠮᠦᠵᠢᠯ ᠤᠨ ᠲᠣᠪᠴᠢ ᠲᠣᠯᠢ》 (ᠷᠢᠨ ᠴᠢᠨ ᠨᠠᠢᠷᠠᠭᠤᠯᠪᠠ᠂ ᠦᠨᠳᠦᠰᠦᠨ᠂ 2006 ᠣᠨ ᠤ 12 ᠰᠠᠷ᠎ᠠ: 40.00 ᠶᠤᠸᠠᠨ)

66. 《ᠲᠣᠭᠣᠷᠢᠭ ᠨᠤᠲᠤᠭ ᠤᠨ ᠮᠣᠩᠭᠣᠯ ᠬᠡᠯᠡ ᠶᠢᠨ ᠰᠤᠳᠤᠯᠤᠯ》 (ᠰᠢᠷᠠᠪ ᠨᠠᠢᠷᠠᠭᠤᠯᠪᠠ᠂ ᠦᠨᠳᠦᠰᠦᠨ᠂ 2006 ᠣᠨ ᠤ 12 ᠰᠠᠷ᠎ᠠ ᠳᠤ ᠬᠡᠪᠯᠡᠭᠳᠡᠪᠡ᠂ 2006 ᠣᠨ ᠤ 12 ᠰᠠᠷ᠎ᠠ ᠳᠤ ᠬᠡᠪᠯᠡᠭᠳᠡᠪᠡ᠂ ᠦᠨ᠎ᠡ: 40.00 ᠶᠤᠸᠠᠨ)

65. 《ᠮᠣᠩᠭᠣᠯ ᠰᠤᠷᠭᠠᠭᠤᠯᠢᠨ ᠤ ᠲᠡᠦᠬᠡ ᠪᠢᠴᠢᠭ ᠤᠨ ᠲᠣᠯᠢ》 (ᠪᠢᠴᠢᠭᠲᠦ ᠨᠠᠢᠷᠠᠭᠤᠯᠪᠠ᠂ ᠮᠣᠩᠭᠣᠯ᠂ ᠰᠤᠷᠭᠠᠭᠤᠯᠢ ᠰᠤᠷᠭᠠᠨ ᠬᠦᠮᠦᠵᠢᠯ᠂ ᠦᠨᠳᠦᠰᠦᠨ᠂ 2006 ᠣᠨ ᠤ 11 ᠰᠠᠷ᠎ᠠ ᠳᠤ ᠬᠡᠪᠯᠡᠭᠳᠡᠪᠡ᠂ ᠦᠨ᠎ᠡ: 28.00 ᠶᠤᠸᠠᠨ)

64. 《ᠮᠣᠩᠭᠣᠯ ᠰᠤᠷᠭᠠᠭᠤᠯᠢᠨ ᠤ ᠨᠤᠲᠤᠭ ᠤᠨ ᠨᠡᠷ᠎ᠡ ᠶᠢᠨ ᠲᠣᠯᠢ》 (ᠪᠠ ᠰᠢᠨ᠂ ᠦᠨᠡᠷ᠂ ᠳᠤ ᠰᠠᠷᠠᠨ ᠪᠠ ᠨᠠᠢᠷᠠᠭᠤᠯᠪᠠ᠂ ᠦᠨᠳᠦᠰᠦᠨ᠂ 2006 ᠣᠨ ᠤ 11 ᠰᠠᠷ᠎ᠠ ᠳᠤ ᠬᠡᠪᠯᠡᠭᠳᠡᠪᠡ᠂ ᠦᠨ᠎ᠡ: 30.00 ᠶᠤᠸᠠᠨ)

63. 《ᠮᠣᠩᠭᠣᠯ ᠬᠡᠯᠡ ᠶᠢᠨ ᠦᠭᠡ ᠬᠣᠯᠪᠣᠭᠠᠰᠤ ᠪᠠᠶᠢᠭᠤᠯᠤᠯ ᠤᠨ ᠰᠤᠳᠤᠯᠤᠯ》 (ᠲᠡᠮᠦᠵᠢᠨᠪᠠᠶᠠᠷ ᠨᠠᠢᠷᠠᠭᠤᠯᠪᠠ᠂ ᠲᠡᠮᠦᠵᠢᠨᠪᠠᠶᠠᠷ ᠰᠤᠷᠭᠠᠨ ᠬᠦᠮᠦᠵᠢᠯ᠂ ᠦᠨᠳᠦᠰᠦᠨ᠂ ᠳᠤ ᠬᠡᠪᠯᠡᠭᠳᠡᠪᠡ᠂ ᠦᠨ᠎ᠡ: 40.00 ᠶᠤᠸᠠᠨ)

62. 《ᠮᠣᠩᠭᠣᠯ ᠰᠤᠷᠭᠠᠭᠤᠯᠢᠨ ᠤ ᠰᠤᠷᠤᠯᠴᠠᠭᠴᠢ ᠶᠢᠨ ᠲᠤᠬᠠᠢ ᠰᠤᠳᠤᠯᠤᠯ》 (ᠪᠠᠲᠤᠮᠥᠩᠬᠡ ᠨᠠᠢᠷᠠᠭᠤᠯᠪᠠ᠂ ᠦᠨᠳᠦᠰᠦᠨ᠂ 2006 ᠣᠨ ᠤ 10 ᠰᠠᠷ᠎ᠠ ᠰᠤᠳᠤᠯᠤᠯ》 (ᠰᠤᠷᠭᠠᠭᠤᠯᠢ ᠨᠠᠢᠷᠠᠭᠤᠯᠪᠠ᠂ ᠦᠨᠳᠦᠰᠦᠨ᠂ 2006 ᠣᠨ ᠤ 9 ᠰᠠᠷ᠎ᠠ ᠳᠤ ᠬᠡᠪᠯᠡᠭᠳᠡᠪᠡ᠂ ᠦᠨ᠎ᠡ: 26.00 ᠶᠤᠸᠠᠨ)

61. 《17 ᠳᠤᠭᠠᠷ ᠵᠠᠭᠤᠨ ᠤ ᠮᠣᠩᠭᠣᠯ ᠤᠨ ᠲᠦᠷᠦ ᠶᠢᠨ ᠰᠤᠳᠤᠯᠤᠯ ᠲᠣᠯᠢ ᠬᠢᠭᠡᠳ ᠮᠣᠩᠭᠣᠯ ᠬᠡᠯᠡ ᠪᠢᠴᠢᠭ ᠲᠠᠨᠢᠯ ᠰᠤᠳᠤᠯᠤᠯ ᠤᠨ ᠲᠤᠬᠠᠢ 2006 ᠣᠨ ᠤ 9 ᠰᠠᠷ᠎ᠠ ᠳᠤ ᠬᠡᠪᠯᠡᠭᠳᠡᠪᠡ᠂ ᠦᠨ᠎ᠡ: 35.00 ᠶᠤᠸᠠᠨ)

60. 《ᠮᠣᠩᠭᠣᠯ ᠰᠤᠷᠭᠠᠭᠤᠯᠢᠨ ᠤ ᠨᠤᠲᠤᠭ ᠤᠨ ᠰᠤᠷᠭᠠᠨ ᠬᠦᠮᠦᠵᠢᠯ ᠤᠨ ᠲᠤᠬᠠᠢ ᠲᠣᠪᠴᠢᠶᠠᠨ》 (ᠳᠠᠷᠢ ᠨᠠᠢᠷᠠᠭᠤᠯᠪᠠ᠂ ᠰᠤᠷᠭᠠᠭᠤᠯᠢ ᠰᠤᠷᠭᠠᠨ ᠬᠦᠮᠦᠵᠢᠯ᠂ ᠮᠣᠩᠭᠣᠯ᠂ ᠰᠠᠷ᠎ᠠ ᠳᠤ ᠬᠡᠪᠯᠡᠭᠳᠡᠪᠡ᠂ ᠦᠨ᠎ᠡ: 36.00 ᠶᠤᠸᠠᠨ)

59. 《ᠮᠣᠩᠭᠣᠯ ᠬᠡᠯᠡ ᠶᠢᠨ ᠬᠡᠯᠡ ᠰᠤᠳᠤᠯᠤᠯ ᠤᠨ ᠲᠦᠯᠬᠢᠭᠦᠷ ᠲᠤᠬᠠᠢ ᠰᠤᠳᠤᠯᠤᠯ》 (ᠵᠠ᠂ ᠲᠡᠮᠦᠵᠢᠨᠪᠠᠶᠠᠷ ᠨᠠᠢᠷᠠᠭᠤᠯᠪᠠ᠂ ᠮᠣᠩᠭᠣᠯ᠂ 2006 ᠣᠨ ᠤ 8

ᠬᠡᠪᠯᠡᠪᠡ᠂ ᠦᠨ᠎ᠡ ᠨᠢ᠄ 28.00 ᠶᠤᠸᠠᠨ)

76. 《[illegible]》 ([illegible]᠂ ᠪᠡᠭᠡᠵᠢᠩ᠂ 2007 ᠣᠨ ᠤ 7 ᠰᠠᠷ᠎ᠠ ᠳᠤ ᠬᠡᠪᠯᠡᠪᠡ᠂ ᠦᠨ᠎ᠡ ᠨᠢ᠄ 48.00 ᠶᠤᠸᠠᠨ)

75. 《[illegible]》 ([illegible]᠂ ᠪᠡᠭᠡᠵᠢᠩ᠂ 2007 ᠣᠨ ᠤ 7 ᠰᠠᠷ᠎ᠠ ᠳᠤ ᠬᠡᠪᠯᠡᠪᠡ᠂ ᠦᠨ᠎ᠡ ᠨᠢ᠄ 50.00 ᠶᠤᠸᠠᠨ)

74. 《[illegible]》 ([illegible]᠂ ᠬᠥᠬᠡᠬᠣᠲᠠ᠂ 2007 ᠣᠨ ᠤ 7 ᠰᠠᠷ᠎ᠠ ᠳᠤ ᠬᠡᠪᠯᠡᠪᠡ᠂ ᠦᠨ᠎ᠡ ᠨᠢ᠄ 35.00 ᠶᠤᠸᠠᠨ)

73. 《[illegible]》 ([illegible]᠂ ᠬᠥᠬᠡᠬᠣᠲᠠ᠂ 2007 ᠣᠨ ᠤ 7 ᠰᠠᠷ᠎ᠠ ᠳᠤ [illegible]᠂ 2007 ᠣᠨ ᠤ 6 ᠰᠠᠷ᠎ᠠ ᠳᠤ ᠬᠡᠪᠯᠡᠪᠡ᠂ ᠦᠨ᠎ᠡ ᠨᠢ᠄ 25.00 ᠶᠤᠸᠠᠨ)

72. 《[illegible]》 ([illegible]᠂ ᠬᠥᠬᠡᠬᠣᠲᠠ᠂ [illegible] 2007 ᠣᠨ ᠤ 7 ᠰᠠᠷ᠎ᠠ ᠳᠤ ᠬᠡᠪᠯᠡᠪᠡ᠂ ᠦᠨ᠎ᠡ ᠨᠢ᠄ 90.00 ᠶᠤᠸᠠᠨ)

71. 《[illegible]》 ([illegible]᠂ ᠬᠥᠬᠡᠬᠣᠲᠠ᠂ 2007 ᠣᠨ ᠤ 6 ᠰᠠᠷ᠎ᠠ ᠳᠤ ᠬᠡᠪᠯᠡᠪᠡ᠂ ᠦᠨ᠎ᠡ ᠨᠢ᠄ 40.00 ᠶᠤᠸᠠᠨ)

70. 《[illegible]》 ([illegible]᠂ ᠪᠡᠭᠡᠵᠢᠩ᠂ 2007 ᠣᠨ ᠤ 6 ᠰᠠᠷ᠎ᠠ ᠳᠤ [illegible]᠂ 2007 ᠣᠨ ᠤ 5 ᠰᠠᠷ᠎ᠠ ᠳᠤ ᠬᠡᠪᠯᠡᠪᠡ᠂ ᠦᠨ᠎ᠡ ᠨᠢ᠄ 28.00 ᠶᠤᠸᠠᠨ)

69. 《[illegible]》 ([illegible]᠂ [illegible]᠂ [illegible]᠂ ᠬᠡᠪᠯᠡᠪᠡ᠂ ᠦᠨ᠎ᠡ ᠨᠢ᠄ 42.00 ᠶᠤᠸᠠᠨ)

68. 《[illegible] 〈[illegible]〉 [illegible]》 ([illegible]᠂ ᠪᠡᠭᠡᠵᠢᠩ᠂ 2006 ᠣᠨ ᠤ 12 ᠰᠠᠷ᠎ᠠ

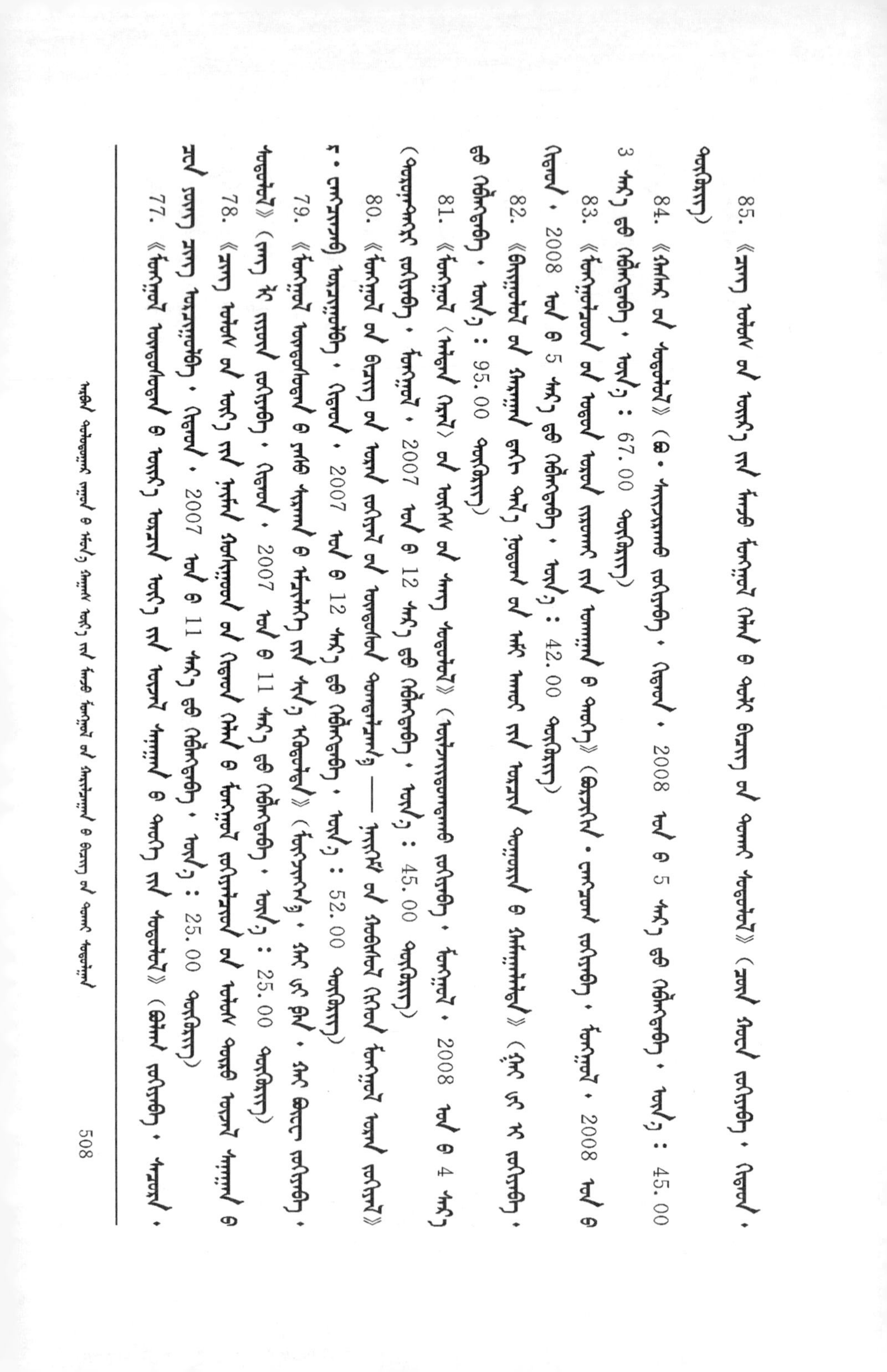

ᠣᠨ ᠤ 5 ᠰᠠᠷ᠎ᠠ ᠳᠤ ᠬᠡᠪᠯᠡᠪᠡ · ᠦᠨ᠎ᠡ : 28.00 ᠵᠣᠭᠣᠰ)

93. 《ᠮᠣᠩᠭᠣᠯ ᠬᠡᠯᠡ ᠵᠢᠷ ᠤᠨ ᠰᠤᠳᠤᠯ ᠮᠣᠩᠭᠣᠯ ᠤᠨ ᠳᠤᠷᠠᠳᠬᠠᠯ ᠤᠨ ᠰᠤᠳᠤᠯᠤᠯ》 (ᠠ · ᠰᠠᠷᠠᠨᠭᠡᠷᠡᠯ ᠨᠠᠶᠢᠷᠠᠭᠤᠯᠪᠠ · ᠮᠣᠩᠭᠣᠯ · 2009 ᠬᠡᠪᠯᠡᠪᠡ · ᠦᠨ᠎ᠡ : 40.00 ᠵᠣᠭᠣᠰ)

92. 《ᠮᠣᠩᠭᠣᠯ ᠬᠡᠯᠡ ᠶᠢᠨ ᠲᠥᠷᠥᠯᠵᠢᠭᠦᠯᠬᠦ ᠶᠢᠨ ᠰᠤᠳᠤᠯᠤᠯ ᠤᠨ ᠰᠤᠳᠤᠯᠤᠯ》 (ᠰᠠᠷᠠᠨ ᠨᠠᠶᠢᠷᠠᠭᠤᠯᠪᠠ · ᠮᠣᠩᠭᠣᠯ · 2009 ᠣᠨ ᠤ 4 ᠰᠠᠷ᠎ᠠ ᠳᠤ ᠬᠡᠪᠯᠡᠪᠡ · ᠦᠨ᠎ᠡ : 50.00 ᠵᠣᠭᠣᠰ)

91. 《ᠮᠣᠩᠭᠣᠯᠴᠤᠳ ᠤᠨ ᠰᠣᠶᠣᠯ ᠤᠨ ᠰᠤᠳᠤᠯᠤᠯ ᠤᠨ ᠰᠤᠳᠤᠯ》 (ᠪᠠᠲᠤᠴᠢᠯᠠᠭ · ᠴᠠᠭᠠᠨᠳᠠᠯ ᠨᠠᠶᠢᠷᠠᠭᠤᠯᠪᠠ · ᠮᠣᠩᠭᠣᠯ · 2009 ᠣᠨ ᠤ 1 ᠰᠠᠷ᠎ᠠ ᠳᠤ ᠬᠡᠪᠯᠡᠪᠡ · ᠦᠨ᠎ᠡ : 35.00 ᠵᠣᠭᠣᠰ)

ᠰᠣᠶᠣᠯ ᠪᠣᠯᠪᠠᠰᠤᠷᠠᠯ ᠤᠨ ᠰᠤᠳᠤᠯ ᠰᠤᠳᠤᠯᠤᠯ》 (ᠶᠠ ᠪᠠᠶᠠᠷ · ᠪᠣ ᠲᠤᠶᠠ ᠪᠠ ᠬᠠᠰᠢᠯᠠᠯ ᠲᠤᠷᠤᠭᠤᠯᠬᠤ · ᠦᠨᠳᠦᠰᠦ · 2009 ᠣᠨ ᠤ 1 ᠰᠠᠷ᠎ᠠ ᠳᠤ

90. 《ᠮᠣᠩᠭᠣᠯᠴᠤᠳ ᠤᠨ ᠡᠷᠲᠡᠨ ᠦ ᠰᠤᠶᠤᠯ ᠰᠤᠳᠤᠯᠤᠯ —— ᠡᠷᠲᠡᠨ ᠮᠣᠩᠭᠣᠯ ᠤᠨ ᠰᠤᠳᠤᠯ ᠤᠨ ᠡᠷᠲᠡᠨ ᠦ ᠰᠤᠶᠤᠯ ᠤᠨ ᠰᠤᠳᠤᠯᠤᠯ

ᠦᠨ᠎ᠡ : 95.00 ᠵᠣᠭᠣᠰ)

89. 《ᠮᠣᠩᠭᠣᠯ ᠡᠷᠲᠡᠨ ᠦ ᠰᠤᠳᠤᠯᠤᠯ》 (ᠮᠣᠩᠭᠣᠯ · ᠠ · ᠰᠠᠷᠠᠨᠭᠤᠢ ᠨᠠᠶᠢᠷᠠᠭᠤᠯᠪᠠ · ᠮᠣᠩᠭᠣᠯ · 2009 ᠣᠨ ᠤ 1 ᠰᠠᠷ᠎ᠠ ᠳᠤ ᠬᠡᠪᠯᠡᠪᠡ ·

ᠳᠤ ᠬᠡᠪᠯᠡᠪᠡ · ᠦᠨ᠎ᠡ : 38.00 ᠵᠣᠭᠣᠰ)

88. 《ᠮᠣᠩᠭᠣᠯᠴᠤᠳ ᠤᠨ ᠡᠷᠲᠡᠨ ᠦ ᠰᠤᠶᠤᠯ ᠤᠨ ᠰᠤᠳᠤᠯᠤᠯ》 (ᠪᠣ ᠲᠤᠶᠠ ᠶᠠ ᠨᠠᠶᠢᠷᠠᠭᠤᠯᠪᠠ · ᠦᠨᠳᠦᠰᠦ · 2008 ᠣᠨ ᠤ 12 ᠰᠠᠷ᠎ᠠ

ᠲᠤᠷᠤᠭᠤᠯᠤᠭᠰᠠᠨ · 2008 ᠣᠨ ᠤ 6 ᠰᠠᠷ᠎ᠠ ᠳᠤ ᠬᠡᠪᠯᠡᠪᠡ · ᠦᠨ᠎ᠡ : 75.00 ᠵᠣᠭᠣᠰ)

87. 《ᠮᠣᠩᠭᠣᠯ ᠲᠤᠷᠤᠭᠤᠯᠬᠤ ᠶᠢᠨ ᠨᠣᠮ ᠤᠨ ᠰᠤᠳᠤᠯ》 (ᠮᠣᠩᠭᠣᠯ ᠨᠠᠶᠢᠷᠠᠭᠤᠯᠪᠠ · ᠲᠠᠷ ᠨᠠᠶᠢᠷᠠᠭᠤᠯ ᠶᠢ ᠦᠨᠳᠦᠰᠦ · ᠰᠠᠷᠠᠨ · ᠪᠠᠲᠤ

ᠨᠠᠶᠢᠷᠠᠭᠤᠯᠪᠠ · ᠮᠣᠩᠭᠣᠯ · 2008 ᠣᠨ ᠤ 9 ᠰᠠᠷ᠎ᠠ ᠳᠤ ᠬᠡᠪᠯᠡᠪᠡ · ᠦᠨ᠎ᠡ : 32.00 ᠵᠣᠭᠣᠰ)

86. 《ᠮᠣᠩᠭᠣᠯ ᠲᠤᠷᠤᠭᠤᠯᠬᠤ ᠶᠢᠨ ᠲᠤᠷᠤᠭᠤᠯᠤᠭᠰᠠᠨ ᠰᠤᠳᠤᠯ ᠤᠨ ᠲᠤᠯᠢ ᠲᠠᠯ᠎ᠠ ᠶᠢᠨ ᠦᠨ᠎ᠡ ᠲᠣᠭ᠎ᠠ》 (ᠪᠠ ᠰᠠᠢ ᠪᠠᠶᠠᠷ · ᠠ · ᠲᠤᠷᠤᠭᠤᠯᠤᠭᠰᠠᠨᠪᠠ

2008 ᠣᠨ ᠤ 7 ᠰᠠᠷ᠎ᠠ ᠳᠤ ᠬᠡᠪᠯᠡᠪᠡ · ᠦᠨ᠎ᠡ : 50.00 ᠵᠣᠭᠣᠰ)

1. 《[illegible]》(ᠥᠪᠥᠷ ᠮᠣᠩᠭᠣᠯ ᠤᠨ [illegible]

[illegible]

ᠳᠤ ᠬᠡᠪᠯᠡᠪᠡ · ᠦᠨ᠎ᠡ : 38.00 ᠲᠥᠭᠦᠷᠢᠭ)

100. 《[illegible]》([illegible] ᠬᠣᠷᠢᠶ᠎ᠠ · ᠬᠥᠬᠡᠬᠣᠲᠠ · 2009 ᠣᠨ ᠤ 7 ᠰᠠᠷ᠎ᠠ ᠳᠤ ᠬᠡᠪᠯᠡᠪᠡ · ᠦᠨ᠎ᠡ : 32.00 ᠲᠥᠭᠦᠷᠢᠭ)

99. 《[illegible]》([illegible] ᠬᠣᠷᠢᠶ᠎ᠠ · [illegible] · 2009 ᠣᠨ ᠤ 7 ᠰᠠᠷ᠎ᠠ ᠳᠤ ᠬᠡᠪᠯᠡᠪᠡ · ᠦᠨ᠎ᠡ : 30.00 ᠲᠥᠭᠦᠷᠢᠭ)

98. 《[illegible]》([illegible] ᠬᠣᠷᠢᠶ᠎ᠠ · ᠬᠥᠬᠡᠬᠣᠲᠠ · 2009 ᠣᠨ ᠤ 7 ᠰᠠᠷ᠎ᠠ ᠳᠤ ᠬᠡᠪᠯᠡᠪᠡ · ᠬᠣᠷᠢᠶ᠎ᠠ · [illegible] · 2009 ᠣᠨ ᠤ 7 ᠰᠠᠷ᠎ᠠ ᠳᠤ ᠬᠡᠪᠯᠡᠪᠡ · ᠦᠨ᠎ᠡ : 30.00 ᠲᠥᠭᠦᠷᠢᠭ)

97. 《[illegible]》([illegible] ᠬᠡᠪᠯᠡᠪᠡ · ᠦᠨ᠎ᠡ : 55.00 ᠲᠥᠭᠦᠷᠢᠭ)

96. 《[illegible]》([illegible] ᠬᠣᠷᠢᠶ᠎ᠠ · ᠬᠥᠬᠡᠬᠣᠲᠠ · 2009 ᠣᠨ ᠤ 6 ᠰᠠᠷ᠎ᠠ ᠳᠤ ᠬᠡᠪᠯᠡᠪᠡ · ᠦᠨ᠎ᠡ : 30.00 ᠲᠥᠭᠦᠷᠢᠭ)

95. 《[illegible]》([illegible] ᠬᠣᠷᠢᠶ᠎ᠠ · ᠬᠥᠬᠡᠬᠣᠲᠠ · 2009 ᠣᠨ ᠤ 5 ᠰᠠᠷ᠎ᠠ ᠳᠤ 2009 ᠣᠨ ᠤ 5 ᠰᠠᠷ᠎ᠠ ᠳᠤ ᠬᠡᠪᠯᠡᠪᠡ · ᠦᠨ᠎ᠡ : 38.00 ᠲᠥᠭᠦᠷᠢᠭ)

94. 《[illegible]》([illegible] ᠬᠣᠷᠢᠶ᠎ᠠ · ᠬᠥᠬᠡᠬᠣᠲᠠ ·

9. 《ᠮᠣᠩᠭᠣᠯ ᠪᠢᠴᠢᠭ ᠰᠤᠷᠭᠠᠯ ᠤᠨ ᠰᠤᠳᠤᠯᠤᠯ ᠤᠨ ᠳᠡᠪᠲᠡᠷ》 (ᠠ · ᠮᠣᠩᠭᠣᠯᠵᠢᠨ ᠨᠠᠢᠷᠠᠭᠤᠯᠪᠠ · ᠮᠣᠩᠭᠣᠯ · 2011 ᠣᠨ ᠤ 8 ᠰᠠᠷ᠎ᠠ ᠳᠤ ᠰᠢᠨᠵᠢᠯᠡᠬᠦ ᠤᠬᠠᠭᠠᠨ · ᠪᠦᠬᠦ ᠬᠡᠪᠯᠡᠯ ᠬᠡᠪᠯᠡᠭᠰᠡᠨ · 2011 ᠣᠨ ᠤ 7 ᠰᠠᠷ᠎ᠠ ᠳᠤ ᠬᠡᠪᠯᠡᠪᠡ · ᠦᠨ᠎ᠡ : 30.00 ᠲᠦᠭᠦᠷᠢᠭ)

8. 《ᠮᠣᠩᠭᠣᠯ ᠤᠨ ᠰᠤᠷᠭᠠᠯᠢ ᠰᠤᠳᠤᠯ》 (ᠮᠣᠩᠭᠣᠯ ᠪᠠᠭ᠎ᠠ) (ᠥᠪᠦᠷ ᠮᠣᠩᠭᠣᠯ ᠤᠨ ᠰᠤᠷᠭᠠᠨ ᠬᠦᠮᠦᠵᠢᠯ ᠦᠨ ᠨᠠᠢᠷᠠᠭᠤᠯᠪᠠ · ᠦᠨᠳᠦᠰᠦᠲᠡᠨ ᠦ ᠨᠠᠢᠷᠠᠭᠤᠯᠬᠤ ᠭᠠᠵᠠᠷ ᠮᠣᠩᠭᠣᠯ · ᠬᠡᠪᠯᠡᠪᠡ · ᠦᠨ᠎ᠡ : 36.00 ᠲᠦᠭᠦᠷᠢᠭ)

7. 《ᠮᠣᠩᠭᠣᠯ ᠬᠡᠯᠡᠨ ᠦ ᠨᠠᠢᠷᠠᠭᠤᠯᠤᠯ ᠤᠨ ᠰᠤᠳᠤᠯ ᠤᠨ ᠳᠡᠪᠲᠡᠷ》 (ᠯ · ᠬᠠᠰᠡᠷᠳᠡᠨᠢ ᠨᠠᠢᠷᠠᠭᠤᠯᠪᠠ · ᠮᠣᠩᠭᠣᠯ · 2011 ᠣᠨ ᠤ 5 ᠰᠠᠷ᠎ᠠ ᠳᠤ 2011 ᠣᠨ ᠤ 4 ᠰᠠᠷ᠎ᠠ ᠳᠤ ᠬᠡᠪᠯᠡᠪᠡ · ᠦᠨ᠎ᠡ : 40.00 ᠲᠦᠭᠦᠷᠢᠭ)

6. 《ᠵᠠᠩ ᠤ ᠪᠠᠶᠢᠷ ᠤᠨ ᠰᠤᠳᠤᠯᠤᠯ ᠪᠠᠶᠢᠳᠠᠯ ᠤᠨ ᠬᠢᠵᠠᠭᠠᠷ ᠰᠤᠷᠭᠠᠯ ᠤᠨ ᠳᠡᠪᠲᠡᠷ》 (ᠰᠤᠷᠭᠠᠭᠤᠯᠢ · ᠲᠥᠪ ᠬᠤᠷᠠ ᠨᠠᠢᠷᠠᠭᠤᠯᠪᠠ · ᠪᠡᠭᠡᠵᠢᠩ · ᠰᠠᠷ᠎ᠠ ᠳᠤ ᠬᠡᠪᠯᠡᠪᠡ · ᠦᠨ᠎ᠡ : 98.00 ᠲᠦᠭᠦᠷᠢᠭ)

5. 《ᠮᠣᠩᠭᠣᠯ ᠬᠡᠯᠡᠰᠦᠯᠬᠡᠨ ᠦ ᠪᠠᠶᠢᠷ ᠰᠢᠨᠵᠢ ᠶᠢᠨ ᠬᠡᠯᠡᠨ ᠦ ᠪᠢᠴᠢᠭᠯᠡᠯ ᠦᠨ ᠳᠡᠪᠲᠡᠷ》 (ᠮᠠᠨᠳᠤᠬᠤ ᠨᠠᠢᠷᠠᠭᠤᠯᠪᠠ · ᠪᠡᠭᠡᠵᠢᠩ · 2010 ᠣᠨ ᠤ 12 ᠤᠨ ᠳᠡᠪᠲᠡᠷ》 (ᠪᠠᠶᠠᠷᠰᠠᠶᠢᠬᠠᠨ ᠨᠠᠢᠷᠠᠭᠤᠯᠪᠠ · ᠪᠡᠭᠡᠵᠢᠩ · 2010 ᠣᠨ ᠤ 12 ᠰᠠᠷ᠎ᠠ ᠳᠤ ᠬᠡᠪᠯᠡᠪᠡ · ᠦᠨ᠎ᠡ : 38.00 ᠲᠦᠭᠦᠷᠢᠭ)

4. 《ᠵᠠᠯᠠᠭᠤ ᠬᠡᠯᠡᠨ ᠦ ᠬᠡᠯᠡ ᠵᠦᠢ ᠶᠢᠨ ᠰᠤᠷᠭᠠᠯᠢ ᠬᠦᠮᠦᠵᠢᠯ ᠦᠨ ᠬᠡᠯᠡᠰᠦᠯᠬᠡᠨ ᠦ ᠬᠡᠯᠡᠯᠴᠡ ᠪᠢᠴᠢᠭ ᠪᠠᠷ ᠪᠢᠴᠢᠭᠯᠡᠭᠰᠡᠨ ᠬᠡᠷᠡᠭᠯᠡᠭᠡ ᠪᠢᠴᠢᠭ ᠤᠨ ᠰᠤᠷᠭᠠᠭᠤᠯᠢ

ᠲᠦᠭᠦᠷᠢᠭ)

ᠮᠣᠩᠭᠣᠯ · ᠪ · ᠪᠠᠶᠠᠷᠰᠠᠶᠢᠬᠠᠨ · ᠰᠤᠷᠭᠠᠨ · ᠬᠦᠮᠦᠵᠢᠯ ᠦᠨ ᠨᠠᠢᠷᠠᠭᠤᠯᠪᠠ · 2010 ᠣᠨ ᠤ 12 ᠰᠠᠷ᠎ᠠ ᠳᠤ ᠬᠡᠪᠯᠡᠪᠡ · ᠦᠨ᠎ᠡ : 35.00

3. 《ᠬᠡᠯᠡᠨ ᠦ ᠰᠤᠷᠭᠠᠯ ᠤᠨ ᠰᠤᠳᠤᠯᠤᠯ ᠮᠣᠩᠭᠣᠯ ᠬᠡᠯᠡᠨ ᠦ ᠪᠢᠴᠢᠭᠯᠡᠯ ᠤᠨ ᠳᠡᠪᠲᠡᠷ》 (ᠰᠤᠷᠭᠠᠭᠤᠯᠢ ᠬᠦ ᠨᠠᠢᠷᠠᠭᠤᠯᠪᠠ · ᠦᠨᠳᠦᠰᠦᠲᠡᠨ ᠦ ᠨᠠᠢᠷᠠᠭᠤᠯᠬᠤ ᠭᠠᠵᠠᠷ 2010 ᠣᠨ ᠤ 12 ᠰᠠᠷ᠎ᠠ ᠳᠤ ᠬᠡᠪᠯᠡᠪᠡ · ᠦᠨ᠎ᠡ : 45.00 ᠲᠦᠭᠦᠷᠢᠭ)

2. 《ᠮᠣᠩᠭᠣᠯ ᠪᠡᠭᠡᠵᠢᠩ ᠤᠨ ᠰᠤᠷᠭᠠᠯ ᠰᠤᠷᠭᠠᠭᠤᠯᠢ ᠶᠢᠨ ᠮᠣᠩᠭᠣᠯ ᠬᠡᠯᠡ ᠬᠡᠯᠡᠨ ᠦ ᠰᠤᠳᠤᠯᠤᠯ ᠤᠨ ᠳᠡᠪᠲᠡᠷ》 (ᠬᠡᠪᠯᠡᠯ ᠦᠨ ᠬᠣᠷᠢᠶ᠎ᠠ ᠨᠠᠢᠷᠠᠭᠤᠯᠪᠠ · ᠪᠡᠭᠡᠵᠢᠩ · ᠨᠠᠢᠷᠠᠭᠤᠯᠪᠠ · ᠪᠡᠭᠡᠵᠢᠩ · 2010 ᠣᠨ ᠤ 12 ᠰᠠᠷ᠎ᠠ ᠳᠤ ᠬᠡᠪᠯᠡᠪᠡ · ᠦᠨ᠎ᠡ : 40.00 ᠲᠦᠭᠦᠷᠢᠭ)

18. 《ᠮᠣᠩᠭᠣᠯ [illegible] [illegible] ᠤ [illegible] ᠰᠤᠳᠤᠯᠤᠯ》（[illegible] · [illegible] ᠵᠣᠬᠢᠶᠠᠪᠠ · ᠮᠣᠩᠭᠣᠯ · 2012 ᠣᠨ ᠤ 6 ᠰᠠᠷ᠎ᠠ ᠳᠤ ᠬᠡᠪᠯᠡᠪᠡ · ᠦᠨ᠎ᠡ : 70.00 ᠶᠤᠸᠠᠨ）

17. 《ᠮᠣᠩᠭᠣᠯ [illegible] ᠤᠨ [illegible] ᠤᠨ [illegible]》（[illegible] ᠵᠣᠬᠢᠶᠠᠪᠠ · ᠮᠣᠩᠭᠣᠯ · 2012 ᠣᠨ ᠤ 6 ᠰᠠᠷ᠎ᠠ ᠳᠤ ᠬᠡᠪᠯᠡᠪᠡ · ᠬᠡᠪᠯᠡᠪᠡ · ᠦᠨ᠎ᠡ : 50.00 ᠶᠤᠸᠠᠨ）

16. 《ᠮᠣᠩᠭᠣᠯ [illegible] [illegible] ᠤᠨ [illegible] ᠦᠨ ᠰᠤᠳᠤᠯᠤᠯ》（[illegible] [illegible] [illegible] ᠵᠣᠬᠢᠶᠠᠪᠠ · ᠮᠣᠩᠭᠣᠯ · 2012 ᠣᠨ ᠤ 5 ᠰᠠᠷ᠎ᠠ ᠳᠤ ᠬᠡᠪᠯᠡᠪᠡ · ᠦᠨ᠎ᠡ : 40.00 ᠶᠤᠸᠠᠨ）

15. 《ᠮᠣᠩᠭᠣᠯ [illegible] [illegible] ᠤᠨ [illegible] [illegible] ᠤᠨ ᠰᠤᠳᠤᠯᠤᠯ》（[illegible] [illegible] [illegible] ᠵᠣᠬᠢᠶᠠᠪᠠ · ᠪᠡᠭᠡᠵᠢᠩ · 2012 ᠣᠨ ᠤ 5 ᠰᠠᠷ᠎ᠠ 3 ᠰᠠᠷ᠎ᠠ ᠳᠤ ᠬᠡᠪᠯᠡᠪᠡ · ᠦᠨ᠎ᠡ : 38.00 ᠶᠤᠸᠠᠨ）

14. 《ᠮᠣᠩᠭᠣᠯ [illegible] ᠤ [illegible] ᠦᠨ [illegible] [illegible] ᠤᠨ [illegible] ᠰᠤᠳᠤᠯᠤᠯ》（[illegible] [illegible] [illegible] ᠵᠣᠬᠢᠶᠠᠪᠠ · ᠪᠡᠭᠡᠵᠢᠩ · 2012 ᠣᠨ ᠤ ᠮᠣᠩᠭᠣᠯ · 2011 ᠣᠨ ᠤ 12 ᠰᠠᠷ᠎ᠠ ᠳᠤ ᠬᠡᠪᠯᠡᠪᠡ · ᠦᠨ᠎ᠡ : 45.00 ᠶᠤᠸᠠᠨ）

13. 《[illegible] ᠤ [illegible] ᠦᠨ ᠮᠣᠩᠭᠣᠯ [illegible] ᠤᠨ ᠪᠡᠭᠡᠵᠢᠩ [illegible] ᠤ [illegible] [illegible] ᠦᠨ ᠰᠤᠳᠤᠯᠤᠯ》（[illegible] [illegible] ᠵᠣᠬᠢᠶᠠᠪᠠ · ᠦᠨ᠎ᠡ : 30.00 ᠶᠤᠸᠠᠨ）

12. 《[illegible] ᠤ ᠮᠣᠩᠭᠣᠯ ᠤᠨ [illegible] ᠤᠨ ᠰᠤᠳᠤᠯᠤᠯ》（[illegible] [illegible] ᠵᠣᠬᠢᠶᠠᠪᠠ · ᠪᠡᠭᠡᠵᠢᠩ · 2011 ᠣᠨ ᠤ 12 ᠰᠠᠷ᠎ᠠ ᠳᠤ ᠬᠡᠪᠯᠡᠪᠡ · ᠮᠣᠩᠭᠣᠯ [illegible] [illegible] [illegible]》（[illegible] [illegible] [illegible] ᠵᠣᠬᠢᠶᠠᠪᠠ · ᠪᠡᠭᠡᠵᠢᠩ · 2011 ᠣᠨ ᠤ 11 ᠰᠠᠷ᠎ᠠ ᠳᠤ ᠬᠡᠪᠯᠡᠪᠡ · ᠦᠨ᠎ᠡ : 75.00 ᠶᠤᠸᠠᠨ）

11. 《[illegible] [illegible] [illegible] ᠤ [illegible] [illegible] [illegible] [illegible] [illegible] ᠤ [illegible] ᠦᠨ [illegible] ᠦᠨ [illegible] —— [illegible] ᠣᠨ ᠤ 8 ᠰᠠᠷ᠎ᠠ ᠳᠤ ᠬᠡᠪᠯᠡᠪᠡ · ᠦᠨ᠎ᠡ : 100.00 ᠶᠤᠸᠠᠨ）

10. 《ᠮᠣᠩᠭᠣᠯ [illegible] ᠤ [illegible] ᠤ [illegible] ᠦᠨ [illegible] [illegible] ᠤ [illegible] ᠤᠨ [illegible]》（[illegible] [illegible] ᠵᠣᠬᠢᠶᠠᠪᠠ · ᠮᠣᠩᠭᠣᠯ · 2011 ᠬᠡᠪᠯᠡᠪᠡ · ᠦᠨ᠎ᠡ : 85.00 ᠶᠤᠸᠠᠨ）

27. 《[illegible]》（[illegible] ᠮᠣᠩᠭᠣᠯ · 2013 ᠣᠨ ᠤ 3 ᠰᠠᠷ᠎ᠠ ᠳᠤ ᠬᠡᠪᠯᠡᠭᠰᠡᠨ · ᠦᠨ᠎ᠡ : 55.00 ᠵᠣᠭᠣᠰ）

26. 《[illegible]》（[illegible] ᠬᠣᠷᠢᠶ᠎ᠠ · ᠬᠡᠪᠯᠡᠭᠰᠡᠨ · ᠦᠨ᠎ᠡ : 30.00 ᠵᠣᠭᠣᠰ）

25. 《[illegible]》（[illegible] ᠬᠣᠷᠢᠶ᠎ᠠ · ᠮᠣᠩᠭᠣᠯ · 2013 ᠣᠨ ᠤ 3 ᠰᠠᠷ᠎ᠠ ᠳᠤ ᠬᠡᠪᠯᠡᠭᠰᠡᠨ · ᠦᠨ᠎ᠡ : 30.00 ᠵᠣᠭᠣᠰ ）

24. 《[illegible]》（[illegible] ᠬᠣᠷᠢᠶ᠎ᠠ · ᠮᠣᠩᠭᠣᠯ · 2013 ᠣᠨ ᠬᠡᠪᠯᠡᠭᠰᠡᠨ · ᠦᠨ᠎ᠡ : 63.00 ᠵᠣᠭᠣᠰ）

23. 《[illegible]》（[illegible] ᠬᠣᠷᠢᠶ᠎ᠠ · ᠮᠣᠩᠭᠣᠯ · 2012 ᠣᠨ ᠤ 11 ᠰᠠᠷ᠎ᠠ ᠳᠤ ᠦᠨ᠎ᠡ : 30.00 ᠵᠣᠭᠣᠰ）

22. 《[illegible]》（[illegible] ᠬᠣᠷᠢᠶ᠎ᠠ · ᠪᠡᠭᠡᠵᠢᠩ · 2012 ᠣᠨ ᠤ 9 ᠰᠠᠷ᠎ᠠ ᠳᠤ ᠬᠡᠪᠯᠡᠭᠰᠡᠨ · ᠬᠡᠪᠯᠡᠭᠰᠡᠨ · ᠦᠨ᠎ᠡ : 56.00 ᠵᠣᠭᠣᠰ）

21. 《[illegible]》（[illegible] ᠬᠣᠷᠢᠶ᠎ᠠ · ᠮᠣᠩᠭᠣᠯ · 2012 ᠣᠨ ᠤ 7 ᠰᠠᠷ᠎ᠠ ᠳᠤ ᠬᠡᠪᠯᠡᠭᠰᠡᠨ · ᠦᠨ᠎ᠡ : 45.00 ᠵᠣᠭᠣᠰ）

20. 《[illegible]》（[illegible] ᠬᠣᠷᠢᠶ᠎ᠠ · ᠮᠣᠩᠭᠣᠯ · 2012 ᠣᠨ ᠤ 7 ᠰᠠᠷ᠎ᠠ ᠳᠤ ᠪᠡᠭᠡᠵᠢᠩ · 2012 ᠣᠨ ᠤ 6 ᠰᠠᠷ᠎ᠠ ᠳᠤ ᠬᠡᠪᠯᠡᠭᠰᠡᠨ · ᠦᠨ᠎ᠡ : 35.00 ᠵᠣᠭᠣᠰ）

19. 《[illegible]》（[illegible] ᠬᠣᠷᠢᠶ᠎ᠠ · ᠦᠨ᠎ᠡ : 60.00 ᠵᠣᠭᠣᠰ）

ᠬᠣᠷᠢᠶ᠎ᠠ᠂ ᠦᠨᠳᠦᠰᠦᠲᠡᠨ ᠦ ᠬᠡᠪᠯᠡᠯ᠂ ᠪᠡᠭᠡᠵᠢᠩ᠂ ᠮᠠᠨᠳᠤᠭᠤᠯᠤᠨ ᠬᠡᠪᠯᠡᠭᠰᠡᠨ ᠬᠣᠷᠢᠶ᠎ᠠ᠄ 2013 ᠣᠨ ᠤ 6 ᠰᠠᠷ᠎ᠠ ᠳᠤ ᠬᠡᠪᠯᠡᠭᠳᠡᠪᠡ᠂ ᠦᠨ᠎ᠡ: 65.00 ᠶᠤᠸᠠᠨ)

28. 《ᠮᠣᠩᠭᠣᠯ ᠤᠨ ᠮᠡᠳᠡᠯᠭᠡ ᠶᠢᠨ ᠬᠥᠭᠵᠢᠯ ᠦᠨ ᠲᠦᠦᠬᠡ》(ᠮᠣᠩᠭᠣᠯᠴᠤᠳ ᠤᠨ ᠬᠡᠪᠯᠡᠯ ᠦᠨ ᠬᠣᠷᠢᠶ᠎ᠠ᠂ ᠪᠡᠭᠡᠵᠢᠩ᠂ 2013 ᠣᠨ ᠤ 8 ᠰᠠᠷ᠎ᠠ ᠳᠤ ᠬᠡᠪᠯᠡᠭᠳᠡᠪᠡ᠂ ᠦᠨ᠎ᠡ: 65.00 ᠶᠤᠸᠠᠨ)

29. 《ᠮᠣᠩᠭᠣᠯᠴᠤᠳ ᠤᠨ ᠰᠣᠶᠣᠯ ᠤᠨ ᠲᠡᠦᠬᠡ》(ᠳ • ᠲᠣᠭᠲᠠᠬᠤ ᠬᠡᠪᠯᠡᠭᠦᠯᠪᠡ᠂ ᠬᠥᠬᠡᠬᠣᠲᠠ᠂ 2013 ᠣᠨ ᠤ 10 ᠰᠠᠷ᠎ᠠ ᠳᠤ ᠬᠡᠪᠯᠡᠭᠳᠡᠪᠡ᠂ ᠦᠨ᠎ᠡ: 50.00 ᠶᠤᠸᠠᠨ)

30. 《ᠬᠥᠬᠡᠬᠣᠲᠠ ᠶᠢᠨ ᠪᠦᠰᠡ ᠨᠤᠲᠤᠭ ᠤᠨ ᠪᠠᠢᠳᠠᠯ ᠤᠨ ᠲᠡᠦᠬᠡ》(ᠪᠠ ᠵᠢᠶᠠᠩ ᠬᠡᠪᠯᠡᠭᠦᠯᠪᠡ᠂ ᠪᠡᠭᠡᠵᠢᠩ᠂ 2013 ᠣᠨ ᠤ 11 ᠰᠠᠷ᠎ᠠ ᠳᠤ ᠬᠡᠪᠯᠡᠭᠳᠡᠪᠡ᠂ ᠦᠨ᠎ᠡ: 37.00 ᠶᠤᠸᠠᠨ)

31. 《ᠮᠣᠩᠭᠣᠯ ᠤᠨ ᠡᠷᠲᠡ ᠶᠢᠨ ᠬᠥᠬᠡᠬᠣᠲᠠ ᠶᠢᠨ ᠲᠡᠦᠬᠡ》(ᠪᠣ ᠴᠢᠩ • ᠰᠤᠷᠭᠠᠭᠤᠯᠢ ᠬᠡᠪᠯᠡᠭᠦᠯᠪᠡ᠂ ᠬᠥᠬᠡᠬᠣᠲᠠ᠂ 2013 ᠣᠨ ᠤ 11 ᠰᠠᠷ᠎ᠠ ᠳᠤ ᠬᠡᠪᠯᠡᠭᠳᠡᠪᠡ᠂ ᠦᠨ᠎ᠡ: 52.00 ᠶᠤᠸᠠᠨ)

32. 《ᠮᠣᠩᠭᠣᠯ ᠤᠨ ᠡᠷᠲᠡ ᠶᠢᠨ ᠬᠥᠬᠡᠬᠣᠲᠠ ᠶᠢᠨ ᠰᠤᠷᠭᠠᠭᠤᠯᠢ ᠶᠢᠨ ᠲᠡᠦᠬᠡ》(ᠪᠠᠶᠠᠨ • ᠪᠠᠲᠤ ᠬᠡᠪᠯᠡᠭᠦᠯᠪᠡ᠂ ᠬᠥᠬᠡᠬᠣᠲᠠ᠂ 2013 ᠣᠨ ᠤ 12 ᠰᠠᠷ᠎ᠠ ᠳᠤ ᠬᠡᠪᠯᠡᠭᠳᠡᠪᠡ᠂ ᠦᠨ᠎ᠡ: 42.00 ᠶᠤᠸᠠᠨ)

33. 《ᠬᠦᠮᠦᠨ ᠬᠥᠬᠡᠬᠣᠲᠠ ᠮᠣᠩᠭᠣᠯ ᠬᠠᠭᠠᠨ ᠮᠣᠩᠭᠣᠯ ᠤᠨ ᠪᠠᠭᠠᠲᠤᠷ ᠤᠨ ᠪᠠᠭᠠᠲᠤᠷ》(ᠪᠠᠢᠰᠤ ᠪᠠᠲᠤ ᠬᠡᠪᠯᠡᠭᠦᠯᠪᠡ᠂ ᠪᠡᠭᠡᠵᠢᠩ᠂ 2013 ᠣᠨ ᠤ 11 ᠰᠠᠷ᠎ᠠ ᠳᠤ ᠬᠡᠪᠯᠡᠭᠳᠡᠪᠡ᠂ ᠦᠨ᠎ᠡ: 40.00 ᠶᠤᠸᠠᠨ)

34. 《ᠬᠥᠬᠡᠬᠣᠲᠠ ᠶᠢᠨ ᠮᠣᠩᠭᠣᠯ ᠰᠤᠷᠭᠠᠭᠤᠯᠢ ᠶᠢᠨ ᠲᠡᠦᠬᠡ》(ᠮᠣᠩᠭᠣᠯᠴᠤᠳ ᠬᠡᠪᠯᠡᠭᠦᠯᠪᠡ᠂ ᠬᠥᠬᠡᠬᠣᠲᠠ᠂ 2013 ᠣᠨ ᠤ 12 ᠰᠠᠷ᠎ᠠ ᠳᠤ ᠬᠡᠪᠯᠡᠭᠳᠡᠪᠡ᠂ ᠦᠨ᠎ᠡ: 45.00 ᠶᠤᠸᠠᠨ)

35. 《ᠬᠥᠬᠡᠬᠣᠲᠠ ᠶᠢᠨ ᠮᠣᠩᠭᠣᠯᠴᠤᠳ ᠤᠨ ᠰᠣᠶᠣᠯ ᠤᠨ ᠪᠠᠢᠳᠠᠯ》(ᠷ • ᠴᠣᠭᠲᠤᠴᠡᠩᠭᠡᠯ᠂ ᠮᠣᠩᠭᠣᠯ ᠬᠡᠪᠯᠡᠭᠦᠯᠪᠡ᠂ ᠬᠥᠬᠡᠬᠣᠲᠠ᠂ 2013 ᠣᠨ ᠤ 12 ᠰᠠᠷ᠎ᠠ ᠳᠤ ᠬᠡᠪᠯᠡᠭᠳᠡᠪᠡ᠂ ᠦᠨ᠎ᠡ: 40.00 ᠶᠤᠸᠠᠨ)

ᠦᠨ᠎ᠡ : 50.00 ᠵᠣᠭᠣᠰ)

44. 《[illegible] ᠰᠤᠳᠤᠯᠤᠯ》(ᠦᠨᠳᠦᠰᠦᠲᠡᠨ ᠦ ᠬᠡᠪᠯᠡᠯ ᠦᠨ ᠬᠣᠷᠢᠶ᠎ᠠ᠂ ᠪᠡᠭᠡᠵᠢᠩ᠂ 2014 ᠣᠨ ᠤ 10 ᠰᠠᠷ᠎ᠠ ᠳᠤ ᠬᠡᠪᠯᠡᠭᠰᠡᠨ᠂ ᠦᠨ᠎ᠡ : 56.00 ᠵᠣᠭᠣᠰ)

43. 《[illegible]》(ᠥᠪᠦᠷ ᠮᠣᠩᠭᠣᠯ ᠤᠨ [illegible] ᠬᠡᠪᠯᠡᠯ ᠦᠨ ᠬᠣᠷᠢᠶ᠎ᠠ᠂ ᠬᠥᠬᠡᠬᠣᠲᠠ᠂ 2014 ᠣᠨ ᠤ 9 ᠰᠠᠷ᠎ᠠ ᠳᠤ ᠬᠡᠪᠯᠡᠭᠰᠡᠨ᠂ ᠦᠨ᠎ᠡ : 40.00 ᠵᠣᠭᠣᠰ)

42. 《〈[illegible]〉 [illegible] ᠰᠤᠳᠤᠯᠤᠯ》([illegible] ᠬᠡᠪᠯᠡᠯ ᠦᠨ ᠬᠣᠷᠢᠶ᠎ᠠ᠂ ᠬᠥᠬᠡᠬᠣᠲᠠ᠂ 2014 ᠣᠨ ᠤ 7 ᠰᠠᠷ᠎ᠠ ᠳᠤ ᠬᠡᠪᠯᠡᠭᠰᠡᠨ᠂ ᠦᠨ᠎ᠡ : 45.00 ᠵᠣᠭᠣᠰ)

41. 《[illegible] ᠰᠤᠳᠤᠯᠤᠯ》(ᠦᠨᠳᠦᠰᠦᠲᠡᠨ ᠦ ᠬᠡᠪᠯᠡᠯ ᠦᠨ ᠬᠣᠷᠢᠶ᠎ᠠ᠂ ᠪᠡᠭᠡᠵᠢᠩ᠂ 2014 ᠣᠨ ᠤ 6 ᠰᠠᠷ᠎ᠠ ᠳᠤ ᠬᠡᠪᠯᠡᠭᠰᠡᠨ᠂ ᠦᠨ᠎ᠡ : 58.00 ᠵᠣᠭᠣᠰ)

40. 《[illegible]》(ᠦᠨᠳᠦᠰᠦᠲᠡᠨ ᠦ ᠬᠡᠪᠯᠡᠯ ᠦᠨ ᠬᠣᠷᠢᠶ᠎ᠠ᠂ ᠪᠡᠭᠡᠵᠢᠩ᠂ 2014 ᠣᠨ ᠤ 6 ᠰᠠᠷ᠎ᠠ ᠳᠤ ᠬᠡᠪᠯᠡᠭᠰᠡᠨ᠂ ᠦᠨ᠎ᠡ : 32.00 ᠵᠣᠭᠣᠰ)

39. 《[illegible] ᠰᠤᠳᠤᠯᠤᠯ》([illegible] ᠬᠡᠪᠯᠡᠯ ᠦᠨ ᠬᠣᠷᠢᠶ᠎ᠠ᠂ ᠬᠥᠬᠡᠬᠣᠲᠠ᠂ 2014 ᠣᠨ ᠤ 4 ᠰᠠᠷ᠎ᠠ ᠳᠤ ᠬᠡᠪᠯᠡᠭᠰᠡᠨ᠂ ᠦᠨ᠎ᠡ : 65.00 ᠵᠣᠭᠣᠰ)

38. 《[illegible]》([illegible] ᠬᠡᠪᠯᠡᠯ ᠦᠨ ᠬᠣᠷᠢᠶ᠎ᠠ᠂ ᠪᠡᠭᠡᠵᠢᠩ᠂ 2014 ᠣᠨ ᠤ 4 ᠰᠠᠷ᠎ᠠ ᠳᠤ ᠬᠡᠪᠯᠡᠭᠰᠡᠨ᠂ ᠦᠨ᠎ᠡ : 45.00 ᠵᠣᠭᠣᠰ)

37. 《[illegible] ᠰᠤᠳᠤᠯᠤᠯ》([illegible] ᠬᠡᠪᠯᠡᠯ ᠦᠨ ᠬᠣᠷᠢᠶ᠎ᠠ᠂ ᠪᠡᠭᠡᠵᠢᠩ᠂ [illegible] 2014 ᠣᠨ ᠤ 4 ᠰᠠᠷ᠎ᠠ ᠳᠤ ᠬᠡᠪᠯᠡᠭᠰᠡᠨ᠂ ᠦᠨ᠎ᠡ : 50.00 ᠵᠣᠭᠣᠰ)

36. 《[illegible]》 ([illegible] ᠬᠡᠪᠯᠡᠯ ᠦᠨ ᠬᠣᠷᠢᠶ᠎ᠠ᠂ [illegible]᠂

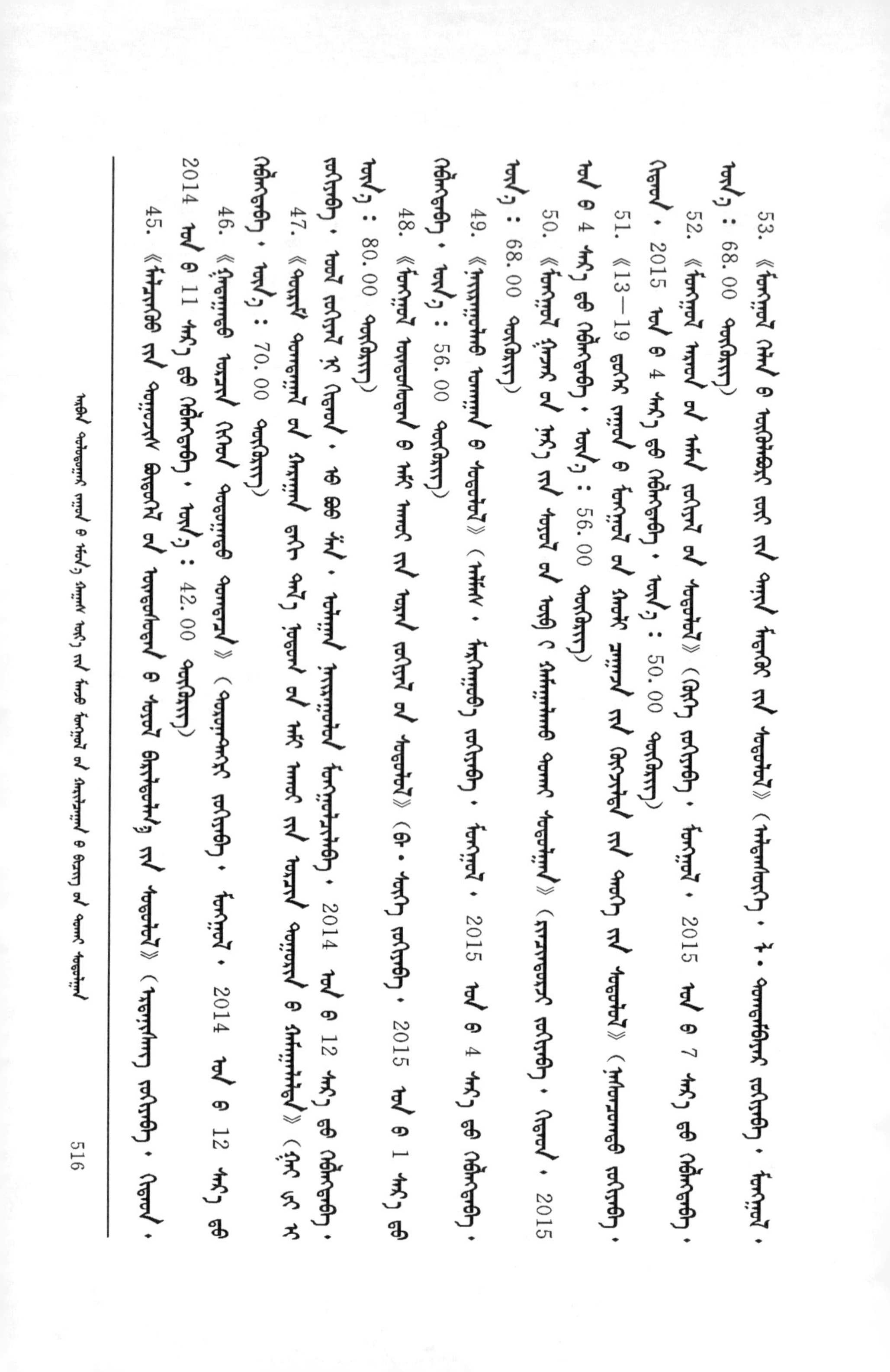

75.00 ᠲᠥᠭᠦᠷᠢᠭ)

61. 《ᠮᠣᠩᠭᠣᠯ ᠬᠡᠯᠡ ᠶᠢᠨ ᠰᠤᠳᠤᠯᠤᠯ》 (ᠳ᠂ ᠮᠥᠩᠬᠡ ᠨᠠᠶᠢᠷᠠᠭᠤᠯᠪᠠ᠂ ᠥᠯᠥᠨ᠂ 2016 ᠣᠨ ᠤ 9 ᠰᠠᠷ᠎ᠠ ᠶᠢᠨ ᠬᠡᠪᠯᠡᠯ᠂ ᠦᠨ᠎ᠡ： 48.00 ᠲᠥᠭᠦᠷᠢᠭ)

60. 《ᠰᠤᠷᠤᠯᠴᠠ ᠰᠢᠨᠵᠢ ᠰᠤᠯ ᠰᠤᠷᠭᠠᠯ ᠤᠨ ᠰᠤᠳᠤᠯᠤᠯ》 (ᠪᠠᠳᠤ ᠨᠠᠶᠢᠷᠠᠭᠤᠯᠪᠠ᠂ ᠥᠯᠥᠨ᠂ 2016 ᠣᠨ ᠤ 7 ᠰᠠᠷ᠎ᠠ ᠶᠢᠨ ᠬᠡᠪᠯᠡᠯ᠂ ᠦᠨ᠎ᠡ： ᠦᠨ᠎ᠡ： 80.00 ᠲᠥᠭᠦᠷᠢᠭ)

59. 《ᠮᠣᠩᠭᠣᠯ ᠲᠠᠭᠤᠯᠢ ᠶᠢᠨ ᠰᠣᠳᠤ ᠪᠢᠴᠢᠭ ᠦᠨ ᠰᠤᠳᠤᠯᠤᠯ》 (ᠬᠠᠰᠡᠷᠳᠡᠨᠢ ᠨᠠᠶᠢᠷᠠᠭᠤᠯᠪᠠ᠂ ᠮᠣᠩᠭᠣᠯ᠂ 2016 ᠣᠨ ᠤ 6 ᠰᠠᠷ᠎ᠠ ᠶᠢᠨ ᠬᠡᠪᠯᠡᠯ᠂ ᠰᠤᠳᠤᠯᠤᠯ》 (ᠵᠠ ᠪᠠᠨ ᠰᠤᠯᠠ ᠨᠠᠶᠢᠷᠠᠭᠤᠯᠪᠠ᠂ ᠥᠯᠥᠨ᠂ 2016 ᠣᠨ ᠤ 5 ᠰᠠᠷ᠎ᠠ ᠶᠢᠨ ᠬᠡᠪᠯᠡᠯ᠂ ᠦᠨ᠎ᠡ： 60.00 ᠲᠥᠭᠦᠷᠢᠭ)

58. 《ᠬᠣᠭᠣᠯ ᠲᠡᠮᠳᠡᠭᠯᠡᠭᠰᠡᠨ ᠤᠳᠬ᠎ᠠ ᠰᠠᠶᠢ ᠪᠣᠯᠤᠨ 〈ᠮᠣᠩᠭᠣᠯ ᠨᠣᠮ〉 ᠤᠨ ᠬᠡᠪ ᠬᠡᠯᠡᠨ ᠦ ᠰᠢᠨᠵᠢᠯᠡᠯ ᠨᠠᠶᠢᠷᠠᠭᠤᠯᠤᠯ ᠲᠠᠯᠠᠪᠤᠷ ᠤᠨ ᠪᠣᠳᠤᠯᠭ᠎ᠠ ᠶᠢᠨ ᠬᠡᠪᠯᠡᠯ᠂ ᠦᠨ᠎ᠡ： 78.00 ᠲᠥᠭᠦᠷᠢᠭ)

57. 《ᠮᠣᠩᠭᠣᠯ ᠰᠤᠷᠭᠠᠯ ᠬᠦᠮᠦᠵᠢᠯ ᠤ ᠵᠤᠭ ᠤ ᠰᠤᠷᠤᠯᠴᠠᠭᠰᠠᠨ ᠲᠣᠭᠠᠨ ᠰᠡᠳᠬᠦᠯ》 (ᠰᠤᠷᠤᠯᠴᠠᠭᠠᠴᠢ ᠨᠠᠶᠢᠷᠠᠭᠤᠯᠪᠠ᠂ ᠮᠣᠩᠭᠣᠯ᠂ 2016 ᠣᠨ ᠤ 5 ᠰᠠᠷ᠎ᠠ ᠲᠥᠭᠦᠷᠢᠭ)

56. 《 〈ᠬᠢᠮᠣᠩᠭᠣᠯ〉 ᠤᠨ ᠰᠤᠳᠤᠯᠤᠯ》 (ᠬᠠᠰ ᠪᠠᠭᠠᠲᠤᠷ ᠨᠠᠶᠢᠷᠠᠭᠤᠯᠪᠠ᠂ ᠥᠯᠥᠨ᠂ 2016 ᠣᠨ ᠤ 5 ᠰᠠᠷ᠎ᠠ ᠶᠢᠨ ᠬᠡᠪᠯᠡᠯ᠂ ᠦᠨ᠎ᠡ： 55.00 2015 ᠣᠨ ᠤ 12 ᠰᠠᠷ᠎ᠠ ᠶᠢᠨ ᠬᠡᠪᠯᠡᠯ᠂ ᠦᠨ᠎ᠡ： 72.00 ᠲᠥᠭᠦᠷᠢᠭ)

55. 《ᠮᠣᠩᠭᠣᠯ ᠪᠦᠰᠡᠭᠦᠢ ᠶᠢᠨ ᠲᠠᠭᠤᠯᠢ ᠶᠢᠨ ᠬᠠᠨ ᠤ ᠪᠢᠴᠢᠭ ᠬᠡᠯᠡ ᠶᠢᠨ ᠬᠠᠷᠢᠴᠠᠭ᠎ᠠ ᠶᠢᠨ ᠰᠤᠳᠤᠯᠤᠯ》 (ᠰᠣᠳᠤᠨ ᠤ ᠰᠤᠳᠤᠯ ᠨᠠᠶᠢᠷᠠᠭᠤᠯᠪᠠ᠂ ᠮᠣᠩᠭᠣᠯ᠂ ᠬᠡᠪᠯᠡᠯ᠂ ᠦᠨ᠎ᠡ： 65.00 ᠲᠥᠭᠦᠷᠢᠭ)

54. 《ᠮᠣᠩᠭᠣᠯ ᠤᠨ ᠬᠠᠮᠲᠤᠷᠠᠯᠴᠠᠭᠠᠨ ᠪᠣᠯᠤᠨ ᠰᠠᠶᠢᠬᠠᠨ ᠤ ᠲᠠᠯᠠᠪᠤᠷ》 (ᠳ᠂ ᠰᠠᠷᠠᠨ ᠨᠠᠶᠢᠷᠠᠭᠤᠯᠪᠠ᠂ ᠮᠣᠩᠭᠣᠯ᠂ 2015 ᠣᠨ ᠤ 12 ᠰᠠᠷ᠎ᠠ ᠶᠢᠨ 2015 ᠣᠨ ᠤ 12 ᠰᠠᠷ᠎ᠠ ᠶᠢᠨ ᠬᠡᠪᠯᠡᠯ᠂ ᠦᠨ᠎ᠡ： 50.00 ᠲᠥᠭᠦᠷᠢᠭ)

62. 《ᠬᠥᠮᠦᠵᠢᠯᠲᠡᠢ ᠶᠢᠨ ᠤᠯᠠᠮᠵᠢᠯᠠᠯ ᠤᠨ ᠠᠮᠢᠳᠤᠷᠠᠯ》(ᠦᠨᠳᠦᠰᠦᠲᠡᠨ ᠦ ᠬᠡᠪᠯᠡᠯ ᠦᠨ ᠬᠣᠷᠢᠶ᠎ᠠ · ᠬᠥᠬᠡᠬᠣᠲᠠ · 2016 ᠣᠨ ᠤ 12 ᠰᠠᠷ᠎ᠠ ᠳᠤ
ᠬᠡᠪᠯᠡᠭᠰᠡᠨ · ᠦᠨ᠎ᠡ : 60.00 ᠲᠥᠭᠦᠷᠢᠭ)

63. 《ᠰᠢᠨ᠎ᠡ ᠴᠠᠭ ᠤᠨ ᠴᠠᠭᠠᠨ ᠤ ᠰᠤᠷᠭᠠᠭᠤᠯᠢ ᠶᠢᠨ 〈ᠰᠣᠶᠣᠯ ᠤᠨ ᠰᠤᠷᠭᠠᠯ ᠤᠨ ᠨᠣᠮ ᠬᠡᠪᠯᠡᠯ〉 ᠬᠡᠪᠯᠡᠯ
ᠤᠨ ᠬᠡᠪᠯᠡᠯ》(ᠦᠨ᠎ᠡ ᠰᠣᠶᠣᠯ ᠬᠣᠷᠢᠶ᠎ᠠ · ᠬᠥᠬᠡᠬᠣᠲᠠ · 2017 ᠣᠨ ᠤ 2 ᠰᠠᠷ᠎ᠠ ᠳᠤ ᠬᠡᠪᠯᠡᠭᠰᠡᠨ · ᠦᠨ᠎ᠡ : 65.00 ᠲᠥᠭᠦᠷᠢᠭ)

64. 《ᠬᠦᠮᠦᠨ ᠤ ᠰᠡᠳᠬᠢᠯ ᠰᠠᠨᠠᠭᠠᠨ ᠤ ᠬᠥᠭᠵᠢᠯ ᠰᠤᠳᠤᠯᠤᠯ ᠤᠨ ᠬᠡᠪᠯᠡᠯ》(ᠮᠣᠩᠭᠣᠯ ᠰᠤᠷᠭᠠᠨ ᠬᠣᠷᠢᠶ᠎ᠠ · ᠬᠥᠬᠡᠬᠣᠲᠠ · 2017 ᠣᠨ ᠤ 3 ᠰᠠᠷ᠎ᠠ
ᠳᠤ ᠬᠡᠪᠯᠡᠭᠰᠡᠨ · ᠦᠨ᠎ᠡ : 70.00 ᠲᠥᠭᠦᠷᠢᠭ)

65. 《ᠰᠢᠨ᠎ᠡ ᠦᠶ᠎ᠡ ᠶᠢᠨ ᠮᠣᠩᠭᠣᠯ ᠤᠨ ᠮᠣᠩᠭᠣᠯ ᠪᠢᠴᠢᠭ ᠦᠨ ᠰᠤᠷᠭᠠᠯ ᠤᠨ ᠮᠡᠳᠡᠯᠭᠡ ᠰᠤᠳᠤᠯᠤᠯ ᠤᠨ ᠬᠡᠪᠯᠡᠯ》
(ᠮᠣᠩᠭᠣᠯ ᠰᠤᠷᠭᠠᠯ ᠬᠣᠷᠢᠶ᠎ᠠ · ᠬᠥᠬᠡᠬᠣᠲᠠ · 2017 ᠣᠨ ᠤ 5 ᠰᠠᠷ᠎ᠠ ᠳᠤ ᠬᠡᠪᠯᠡᠭᠰᠡᠨ · ᠦᠨ᠎ᠡ : 65.00 ᠲᠥᠭᠦᠷᠢᠭ)

66. 《ᠰᠤᠷᠭᠠᠨ ᠬᠦᠮᠦᠵᠢᠯ ᠦᠨ ᠮᠡᠳᠡᠯᠭᠡ ᠶᠢᠨ ᠰᠤᠳᠤᠯᠤᠯ ᠤᠨ ᠬᠣᠷᠢᠶᠠᠩᠭᠤᠢ ᠬᠣᠷᠢᠶ᠎ᠠ》(ᠮᠣᠩᠭᠣᠯ ᠬᠡᠯᠡ ᠰᠤᠷᠭᠠᠯ ᠬᠣᠷᠢᠶ᠎ᠠ · ᠬᠥᠬᠡᠬᠣᠲᠠ · 2017 ᠣᠨ ᠤ 6
ᠰᠠᠷ᠎ᠠ ᠳᠤ ᠬᠡᠪᠯᠡᠭᠰᠡᠨ · ᠦᠨ᠎ᠡ : 70.00 ᠲᠥᠭᠦᠷᠢᠭ)

67. 《ᠰᠤᠷᠭᠠᠭᠤᠯᠢ ᠶᠢᠨ ᠰᠤᠷᠭᠠᠯ ᠤᠨ ᠰᠤᠳᠤᠯᠤᠯ ᠤᠨ ᠴᠤᠭᠯᠠᠭᠤᠯᠤᠯ ᠴᠢᠨᠠᠷ ᠰᠤᠷᠭᠠᠯ ᠤᠨ ᠬᠦᠮᠦᠵᠢᠯ ᠦᠨ ᠬᠡᠪᠯᠡᠯ》(ᠮᠡᠳᠡᠭᠡᠯᠡᠯ ᠦᠨ ᠬᠦᠮᠦᠵᠢᠯ
ᠮᠡᠳᠡᠭᠡᠯᠡᠯ ᠬᠣᠷᠢᠶ᠎ᠠ · ᠬᠥᠬᠡᠬᠣᠲᠠ · 2017 ᠣᠨ ᠤ 7 ᠰᠠᠷ᠎ᠠ ᠳᠤ ᠬᠡᠪᠯᠡᠭᠰᠡᠨ · ᠦᠨ᠎ᠡ : 75.00 ᠲᠥᠭᠦᠷᠢᠭ)

68. 《ᠰᠤᠷᠭᠠᠭᠤᠯᠢ ᠶᠢᠨ ᠰᠤᠷᠭᠠᠯ ᠤᠨ ᠬᠦᠮᠦᠵᠢᠯ ᠦᠨ ᠰᠤᠳᠤᠯᠤᠯ ᠤᠨ ᠠᠷᠭ᠎ᠠ ᠪᠠᠷᠢᠯ ᠤᠨ ᠪᠣᠳᠤᠯ》(ᠪᠠ · ᠪᠠᠲᠤ · ᠮᠣᠩᠭᠣᠯ ᠬᠣᠷᠢᠶ᠎ᠠ · ᠬᠥᠬᠡᠬᠣᠲᠠ ·
2017 ᠣᠨ ᠤ 7 ᠰᠠᠷ᠎ᠠ ᠳᠤ ᠬᠡᠪᠯᠡᠭᠰᠡᠨ · ᠦᠨ᠎ᠡ : 70.00 ᠲᠥᠭᠦᠷᠢᠭ)

69. 《ᠰᠤᠷᠭᠠᠭᠤᠯᠢ ᠰᠤᠷᠭᠠᠯ ᠤᠨ ᠰᠤᠳᠤᠯᠤᠯ ᠤᠨ ᠬᠡᠪᠯᠡᠯ》(ᠪᠡᠶ᠎ᠡ ᠪᠢᠯᠢᠭ ᠦᠨ ᠬᠣᠷᠢᠶ᠎ᠠ · ᠬᠥᠬᠡᠬᠣᠲᠠ · 2017 ᠣᠨ ᠤ 10 ᠰᠠᠷ᠎ᠠ ᠳᠤ
ᠬᠡᠪᠯᠡᠭᠰᠡᠨ · ᠦᠨ᠎ᠡ : 75.00 ᠲᠥᠭᠦᠷᠢᠭ)

70. 《ᠰᠤᠷᠭᠠᠯ ᠤᠨ ᠰᠢᠨᠵᠢᠯᠡᠬᠦ ᠤᠬᠠᠭᠠᠨ ᠤ ᠰᠤᠳᠤᠯᠤᠯ ᠤᠨ ᠬᠡᠪᠯᠡᠯ》(ᠠᠷᠠᠳ ᠤᠨ ᠰᠣᠶᠣᠯ ᠬᠣᠷᠢᠶ᠎ᠠ · ᠬᠥᠬᠡᠬᠣᠲᠠ · 2017 ᠣᠨ ᠤ 11 ᠰᠠᠷ᠎ᠠ ᠳᠤ
ᠬᠡᠪᠯᠡᠭᠰᠡᠨ · ᠦᠨ᠎ᠡ : 80.00 ᠲᠥᠭᠦᠷᠢᠭ)

[illegible] · 2018 ᠣᠨ ᠤ 8 ᠰᠠᠷ᠎ᠠ ᠳᠤ ᠬᠡᠪᠯᠡᠪᠡ · ᠦᠨ᠎ᠡ : 70.00 ᠲᠥᠭᠥᠷᠢᠭ)

76. 《[illegible]》 ([illegible] · [illegible] · [illegible] · 2018 ᠣᠨ ᠤ 8 ᠰᠠᠷ᠎ᠠ ᠳᠤ ᠬᠡᠪᠯᠡᠪᠡ · ᠦᠨ᠎ᠡ : 68.00 ᠲᠥᠭᠥᠷᠢᠭ)

75. 《[illegible]》 ([illegible] · ᠦᠨ᠎ᠡ : 75.00 ᠲᠥᠭᠥᠷᠢᠭ)

74. 《[illegible]》 ([illegible] · [illegible] · [illegible] · 2018 ᠣᠨ ᠤ 5 ᠰᠠᠷ᠎ᠠ ᠳᠤ ᠬᠡᠪᠯᠡᠪᠡ · ᠬᠡᠪᠯᠡᠪᠡ · ᠦᠨ᠎ᠡ : 70.00 ᠲᠥᠭᠥᠷᠢᠭ)

73. 《ᠮᠣᠩᠭᠣᠯ ᠤᠨ [illegible]》 ([illegible]) ([illegible] · ᠮᠣᠩᠭᠣᠯ · 2018 ᠣᠨ ᠤ 5 ᠰᠠᠷ᠎ᠠ ᠳᠤ 2018 ᠣᠨ ᠤ 4 ᠰᠠᠷ᠎ᠠ ᠳᠤ ᠬᠡᠪᠯᠡᠪᠡ · ᠦᠨ᠎ᠡ : 75.00 ᠲᠥᠭᠥᠷᠢᠭ)

72. 《[illegible]》 ([illegible] · [illegible] · ᠮᠣᠩᠭᠣᠯ · ᠬᠡᠪᠯᠡᠪᠡ · ᠦᠨ᠎ᠡ : 65.00 ᠲᠥᠭᠥᠷᠢᠭ)

71. 《[illegible]》 ([illegible] · [illegible] · 2018 ᠣᠨ ᠤ 3 ᠰᠠᠷ᠎ᠠ ᠳᠤ

《ᠮᠣᠩᠭᠣᠯ ᠦᠨᠳᠦᠰᠦᠲᠡᠨ ᠦ ᠰᠤᠷᠭᠠᠯ ᠬᠦᠮᠦᠵᠢᠯ ᠦᠨ ᠪᠢᠴᠢᠭ》

ᠰᠤᠷᠭᠠᠯ ᠤᠨ ᠬᠡᠪᠯᠡᠯ ᠦᠨ ᠬᠣᠷᠢᠶ᠎ᠠ ᠶᠢᠨ ᠬᠡᠪᠯᠡᠯ

ᠴᠢᠲᠦᠯᠭᠡᠨ ᠤ ᠰᠤᠷᠭᠠᠭᠤᠯᠢ ᠶᠢᠨ ᠪᠢᠴᠢᠭ ᠤᠨ ᠮᠣᠩᠭᠣᠯ ᠬᠡᠯᠡ

ᠭᠠᠳᠠᠷ : ᠰᠢᠨ᠎ᠡ ᠲᠣᠭᠤᠷᠢᠭ

ᠬᠠᠷᠢᠭᠤᠴᠠᠭᠰᠠᠨ ᠨᠠᠶᠢᠷᠠᠭᠤᠯᠤᠭᠴᠢ : ᠪᠠ ᠲᠡᠨ ᠭᠡ

ᠬᠠᠷᠢᠭᠤᠴᠠᠭᠴᠢ ᠺᠣ : ᠪᠣ ᠬᠠᠰ

ᠦᠰᠦᠭ ᠨᠠᠶᠢᠷᠠᠭᠤᠯᠤᠭᠴᠢ : ᠪᠠ ᠬᠦ ᠮᠢ

ᠬᠡᠪᠯᠡᠨ ᠨᠡᠶᠢᠲᠡᠯᠡᠭᠴᠢ ᠺᠣ : ᠯᠢᠶᠣᠣᠨᠢᠩ ᠤᠨ ᠦᠨᠳᠦᠰᠦᠲᠡᠨ ᠦ ᠬᠡᠪᠯᠡᠯ ᠦᠨ ᠬᠣᠷᠢᠶ᠎ᠠ

ᠬᠡᠪᠯᠡᠭᠰᠡᠨ ᠭᠠᠵᠠᠷ ᠺᠣ : ᠯᠢᠶᠣᠣᠨᠢᠩ ᠤᠨ ᠰᠢᠨᠬᠤᠸᠠ ᠬᠡᠪᠯᠡᠯ ᠦᠨ ᠬᠢᠵᠠᠭᠠᠷᠲᠤ ᠺᠣᠮᠫᠠᠨᠢ

ᠴᠠᠭᠠᠰᠤᠨ ᠤ ᠬᠡᠮᠵᠢᠶ᠎ᠡ : 145mm×210mm

ᠬᠡᠪᠯᠡᠯ ᠦᠨ ᠬᠠᠭᠤᠳᠠᠰᠤ : 17.125

ᠦᠰᠦᠭ ᠦᠨ ᠲᠣᠭ᠎ᠠ : 400 ᠮᠢᠩᠭ᠎ᠠ

ᠬᠡᠪ ᠳᠠᠷᠤᠭᠰᠠᠨ ᠤᠳᠠᠭ᠎ᠠ : 2019 ᠣᠨ ᠤ 10 ᠰᠠᠷ᠎ᠠ ᠳᠤ ᠨᠢᠭᠡᠳᠦᠭᠡᠷ ᠬᠡᠪ ᠳᠠᠷᠤᠪᠠ

ᠬᠡᠪᠯᠡᠭᠰᠡᠨ ᠤᠳᠠᠭ᠎ᠠ : 2019 ᠣᠨ ᠤ 10 ᠰᠠᠷ᠎ᠠ ᠳᠤ ᠨᠢᠭᠡᠳᠦᠭᠡᠷ ᠤᠳᠠᠭ᠎ᠠ ᠬᠡᠪᠯᠡᠪᠡ

ᠪᠢᠴᠢᠭ ᠤᠨ ᠳ᠋ᠤᠭᠠᠷ : ISBN 978—7—5497—2100—9

ᠦᠨ᠎ᠡ : 70.00 ᠶᠤᠸᠠᠨ

ᠮᠡᠳᠡᠭᠡᠯᠡᠯ ᠤᠨ ᠤᠲᠠᠰᠤ : 024—23284347 23284335